Expressionismus

Manifeste und Dokumente zur deutschen Literatur 1910 – 1920

Expressionismus

Manifeste und Dokumente zur deutschen Literatur 1910 – 1920

Mit Einleitungen und Kommentaren
herausgegeben von
Thomas Anz und Michael Stark

ERSCHIENEN IM DREIHUNDERTSTEN JAHR
DER J. B. METZLERSCHEN VERLAGSBUCHHANDLUNG
STUTTGART

Für
David, Johannes, Martin und Benedikt

CIP-Kurztitelaufnahme der Deutschen Bibliothek

Manifeste und Dokumente zur deutschen Literatur
... – Stuttgart : Metzler
1910 – 1920 : Expressionismus / hrsg. von
Thomas Anz u. Michael Stark. – 1982.
ISBN 3-476-00412-0 kart.
ISBN 3-476-00411-2 Gewebe

NE: Anz, Thomas [Hrsg.]

ISBN 3 47600412 0 (Kartoniert)
ISBN 3 476 00411 2 (Leinen)

Satz: Bauer & Bökeler Filmsatz GmbH, 7306 Denkendorf
Druck: Gutmann & Co., Heilbronn
Printed in Germany

Inhalt

4. Stellungnahmen der Älteren und Außenstehenden

5. Verabschiedungen vom Expressionismus um 1920

II. Kulturkritik und Geist der Utopie

1. Krisenbewußtsein in der veränderten Welt: Entfremdung, Orientierungsverlust und Ordnungssuche

2. Der alte und der neue Mensch

III. Aspekte des literarischen Lebens

1. Die Legitimationskrise der Schriftsteller

a) Dichterberuf und Intellektuellenrolle

b) Der jüdische Künstler

c) Boheme und Avantgarde

2. Gruppenbildung in Kunst und Politik

3. Formen der Literaturvermittlung

a) Arten der Publikation

b) Kabarett und Aktionskunst

c) Literaturkritik als Propaganda

4. Medienkonkurrenz und Massenkommunikation

a) Das Elend der Presse

b) Die Kinodebatte

c) Der literarische Markt

5. Kunst und Öffentlichkeit

6. Zensur und Künstlerprotest

IV. Ästhetische und literarische Positionen

1. Postulate der Neuen Kunst

a) Konvergenz der Künste und das Gesamtkunstwerk

b) Visionen und Abstraktionen

c) Pathos, Ekstase, Schrei

d) Die nicht mehr schönen Künste

2. Spracherneuerung und Wortkunsttheorie

3. Probleme der modernen Lyrik

4. Poetik der Prosa und Romantheorie

5. Dramentheorie und Theaterpraxis

Vorwort

Als Herausgeber einer Dokumentensammlung zum Expressionismus sahen wir uns mit einer Reihe von Problemen konfrontiert, die wir dem Leser nicht vorenthalten wollen. Es waren dies in erster Linie spezielle Probleme des Epochenkonzepts, das man einem solchen Band zweckmäßig zugrundelegen sollte, sowie allgemeinere methodische Probleme dokumentarischer Projekte überhaupt. Zum problembeladenen Ärgernis geworden ist bekanntlich schon der Name »Expressionismus«. »Also was ist der Expressionismus?« hatte bereits Gottfried Benn in der Einleitung zu der Anthologie *Lyrik des expressionistischen Jahrzehnts* (1955) ungeduldig gefragt: »Ein Konglomerat, eine Seeschlange, das Ungeheuer von Loch Ness, eine Art Ku-Klux-Klan?« Das Dickicht der Definitionsversuche und Begriffsbestimmungen ist seither noch gewachsen, und ein Unbehagen an den Antworten ist geblieben. Das Schlagwort und der Epochenbegriff »Expressionismus« gelten auch nach jahrzehntelanger extensiver Forschung als provisorisch. So richtig es ist, sich durch seine inflatorische Verwendung vor naivem Gebrauch gewarnt zu fühlen, und so wenig das Epochenproblem Expressionismus bagatellisiert werden darf, die terminologische Vorsicht und die literarhistorische Skepsis kann man auch übertreiben. Wohin sie führen, ist immer wieder einmal zu lesen: leidiger Wortklauberei, definitorischer Spitzfindigkeiten und der ohnehin willkürlich wirkenden Grenzziehungen überdrüssig, wird da die Existenz des Expressionismus letzten Endes zum Wunschprodukt von Literaturgeschichtsschreibern erklärt. Der hinter solchem Agnostizismus stehende Einwand, die Dinge seien zu verschieden gewesen, als daß man sie alle einem »vereinfachenden« Begriff zuordnen könne, ist nie ganz falsch und daher banal.

Eine »Epoche« der deutschen Literaturgeschichte freilich dokumentiert dieser Band nur in sehr eingeschränktem Sinn. Das sogenannte »expressionistische Jahrzehnt« war weit weniger expressionistisch, als uns das manche Augenzeugen und spätere Interpreten glauben machen möchten. Der literarische »Haushalt« zwischen 1910 und 1920 war durch vieles andere stärker geprägt als durch den »Expressionismus«. Seine Zeit war auch noch die eines keineswegs abgeschlossenen Naturalismus, eines weiter wirksamen Ästhetizismus, eines epigonalen Klassizismus oder auch einer antimodernen Heimatkunst. Gerhart Hauptmann, Thomas Mann, Hugo von Hofmannsthal, Arthur Schnitzler, Hermann Hesse oder Rainer Maria Rilke, sie alle hatten ja nicht plötzlich zu publizieren aufgehört, sie zählten vielmehr für den gehobenen Lesergeschmack weiterhin zu den dominierenden Schriftstellerpersönlichkeiten – von Publikumslieblingen wie Ludwig Ganghofer, Peter Rosegger, Gustav Frenssen oder der Hedwig Courths-Mahler einmal ganz abgesehen. Blättert man in den Feuilletons der großen Tageszeitungen damals, so findet man von dem, was uns heute an diesem Jahrzehnt wichtig und vorwärtsweisend erscheint, bis 1914 fast nichts angesprochen und noch bis 1918 relativ wenig. Ein später zum »Klassiker der Moderne« avancierter Autor gar, der ein Gutteil seines Oeuvres in diesem Jahrzehnt schrieb und in expressionismusnahen Zeitschriften und Buchreihen veröffentlichte, war damals selbst unter »Insidern« wenig bekannt: Franz Kafka.

Wer »Expressionismus« heute als periodisierenden Begriff verwendet, bezieht sich also von vornherein auf die Denk- und Stilformen nur eines kleinen Teils der literarischen Intelligenz in dieser Zeit. Das gesamte Spektrum der damaligen Literatur zu erfassen, wäre eine literarhistorische Arbeit, die – etwa im Stil von Friedrich Sengles *Biedermeierzeit* – noch nicht einmal in Ansätzen geleistet worden ist und auch von uns mit diesem Band nicht geleistet werden konnte. Er dokumentiert vorrangig eine literarische Rand- oder Gegenkultur mit ihren eigenen Zeitschriften, Verlagen, Kreisen, Clubs, Kabaretts und Cafés, die sich nur zögernd vom etablierten Kulturbetrieb vereinnahmen ließ. Was der Titel dieser Dokumentation als »Expressionismus« bezeichnet, das war die Kunsttheorie und -praxis einer dem Alter oder doch zumindest der Einstellung nach betont jugendlichen Avantgarde, die künstlerische Innovation und kulturrevolutionäres Engagement als Aspekte ein und derselben Pioniertat begriff; das war keine Literatur für alle, sondern hier schrieben Intellektuelle für Intellektuelle – trotz der rhetorisch oft lautstarken Appelle an eine breite Öffentlichkeit und der forcierten Anstrengungen, die eigene Isolation aufzubrechen. Diese Subkultur, in der man die Verbindlichkeit geltender Traditionen in Frage stellte und die etablierte literarische Kultur unterwanderte – nach dem Ersten Weltkrieg sogar mit einigem Erfolg –, war getragen von begabten Außenseitern, die in ihrer Mehrheit erst um 1910 die literarische Szene betraten: keine »freien«, d. h. marktabhängigen Berufsschriftsteller, sondern hauptsächlich Studenten, frisch Promovierte, Bohemiens und solche Doppelexistenzen, die sich ihre künstlerische Unabhängigkeit dadurch garantierten, daß sie zwischen bürgerlichem Broterwerb und literarischer Tätigkeit strikt unterschieden. Einige Ältere, im Literaturbetrieb Erfahrene, haben ihnen eine Bresche geschlagen.

Diese »moderne« Intellektuellenliteratur bildete sich um die Jahrhundertwende als relativ autonomer Bereich einer Literaturgesellschaft heraus, die sich seit dem 18. Jahrhundert und beschleunigt gegen Ende des 19. im Rahmen gesamtgesellschaftlicher Modernisierungsprozesse immer stärker ausdifferenziert hatte. Eine »Epoche« dokumentiert dieser Band also vor allem als Zeitabschnitt in der geschichtlichen Entwicklung dieser intellektuell-avantgardistischen Literatur. Was außerhalb von ihr stand, ist jedoch indirekt soweit mitdokumentiert, als sich der Expressionismus kritisch-polemisch davon abgrenzte, und darüber hinaus durch einige Texte solcher Autoren, die als »Außenstehende« zum Expressionismus Stellung nahmen.

Die literarische Subkultur, um die es uns vor allem geht, ist freilich auch in sich noch so heterogen und widersprüchlich, daß ernstere Bedenken angebracht sind, sie mit dem eine gewisse Homogenität suggerierenden Einheitsetikett »Expressionismus« zu bezeichnen und zu erfassen. Sie hat in diesem Jahrzehnt eine Fülle miteinander konkurrierender und sich gegenseitig überbietender »Ismen« und kunstrevolutionärer Programme hervorgebracht: Futurismus, Kubismus, Dadaismus, Konstruktivismus, Äternismus, Aktivismus, und wie sie alle hießen. Überaus zahlreich waren die Verbalgefechte, mit denen sich die Literaten und Künstler im Kampf um den Fortschritt der Kunst eine vordere Position zu reservieren gedachten. So unterscheiden sich die Standpunkte etwa von Franz Pfemferts Aktions-Kreis, Herwarth Waldens Sturm-Kreis, Kurt Hillers Aktivisten-Bund und den Dadaisten in Zürich und Berlin ganz erheblich. Dennoch ist das Ausmaß der aus zeitlicher Distanz oft deutlicher sichtbaren Gemeinsamkeiten nicht gering zu achten. Der Streit um Nuancen wurde innerhalb der Avantgarde nicht selten heftiger und verbissener vorgetragen als der Angriff gegen den gemeinsamen künstlerischen und ideologischen Gegner. Private Eitelkeiten, persönliche Animositäten und individualistische Profilierungsbedürfnisse spielten dabei eine oft ungute Rolle und sollten in ihrer historischen Aussagekraft nicht überschätzt werden. Um es mit Nachdruck zu sagen: den analytischen Gewinn, den sich mancher vom Verzicht auf den nicht eben schlecht belegten und von der Forschung fraglos bevorzugten historischen Eigennamen »Expressionismus« versprechen mag, sucht man in der interpretatorischen Praxis vergeblich.

Auch die vielleicht etwas altmodisch erscheinende zeitliche Eingrenzung auf das »expressionistische Jahrzehnt«, der wir gefolgt sind, läßt sich nach wie vor rechtfertigen. Umstritten ist dabei vor allem das Jahr 1920. Als völlig unangemessen hat es sich während der Arbeit erwiesen, die Epoche mit dem Jahr 1917 zu begrenzen. Dieser *real*-historisch motivierte Einschnitt, wie ihn die Literaturgeschichtsschreibung der DDR einzuführen versucht hat, ist *literar*historisch nicht zu legitimieren. Die russische Oktoberrevolution stellt allenfalls ein wichtiges Datum für die Entstehung dessen dar, was man gewöhnlich den – stark politisierten – »Spätexpressionismus« nennt. Die eigentliche Breitenwirkung des Expressionismus setzte erst 1918 ein, und sie reichte bis weit in die Zeit der Weimarer Republik hinein. Die Schrift *Expressionismus und Film* von Rudolf Kurtz beispielsweise, die Mitte der Zwanziger Jahre erschien, sprach vom Expressionismus keineswegs als einer historischen, sondern als einer noch aktuellen Strömung. Für die Wortführer von ehedem war indes bereits um 1920 das Ende des »authentischen« Expressionismus als einer produktiv-innovatorischen Bewegung eine abgemachte Sache. Spätestens jetzt wurde ihnen bewußt, daß das Überangebot an Ideen, mit dem diese Kunst- und Kulturrevolte die erstarrten ideologischen Fundamente der Kaiserzeit hatte erschüttern wollen, nunmehr ins Leere lief. Mit der vorläufigen Konsolidierung der Republik von Weimar begann für sie die Phase der prüfenden Rückblicke und der offenen Kritik an einer bereits epigonalen und kommerzialisierten Expressionismus-Mode. Die Lektüre der nach 1920 publizierten Manifeste und Dokumente bestätigt, daß von nun an neue positive Gesichtspunkte zum Expressionismus kaum mehr in die Diskussion eingebracht wurden. – Wir haben also an dem Jahr 1920 als Grenzdatum für die Dokumentenauswahl festgehalten, diese Selbstbeschränkung jedoch (wie auch die durch das Jahr 1910) einigermaßen großzügig gehandhabt. Die Verwendung »runder« Jahreszahlen bei der historischen Periodisierung signalisiert ja im übrigen auch, daß man die Epochengrenzen nur ungefähr markieren möchte.

Ein generelles Problem dieser »Manifeste und Dokumente zur deutschen Literatur« ist die Ausklammerung aller poetisch-fiktionalen Texte. Man muß sich die Frage stellen, wieweit die Beschränkung auf nicht-fiktionale Texte aus dem Bereich vor allem der Literaturtheorie, -programmatik und -kritik ein repräsentatives Bild der Epoche vermitteln kann oder wieweit unser Band damit nur unzulängliche, wenn nicht gar verfälschende Hilfsmittel zu ihrer Erschließung anbietet. So kommt etwa die Arbeit von Geoffrey Perkins über *Contemporary Theory of Ex-*

pressionism (1974) zu dem – freilich nur bedingt gültigen – Ergebnis, daß die zeitgenössische Theorie des Expressionismus mit der expressionistischen Kunstpraxis nur wenig gemeinsam habe und daher für ein angemessenes Verständnis dieser Bewegung heute nicht viel beitrage. Und wo die jüngere Expressionismusforschung gegenüber der messianischen Rhetorik die poetisch vermittelten Krisenerfahrungen als Fundament und tradierenswertes Charakteristikum hervorhebt, werden die Manifeste und Programme entweder stark abgewertet oder gar nicht erst berücksichtigt. Eine wichtige Rolle hatte die Unterscheidung von expressionistischer Theorie und Praxis auch schon in der »Expressionismusdebatte« von 1937/38 (1973 hg. von H.-J. Schmitt) gespielt. Vor allem Ernst Bloch wies hier mit einigem Recht auf die Auswahl des Materials hin, auf dessen Basis Georg Lukács in dem für die Debatte einflußreichen Aufsatz *Größe und Verfall des Expressionismus* (1934) die Bewegung ideologiekritisch abgeurteilt hatte: die bildnerische Praxis des Expressionismus hatte er überhaupt nicht und die poetische kaum berücksichtigt. Einwände dieser Art ließen sich analog auch gegen diesen Dokumentenband vorbringen. Dazu einige Überlegungen, die unser Unternehmen dennoch rechtfertigen und dabei den Stellenwert der abgedruckten Texte verdeutlichen dürften:

1) Allein mit dem Abdruck von Manifesten und Dokumenten läßt sich gewiß nicht das »ganze« und »authentische« Bild des Expressionismus vermitteln. Nicht weniger problematisch freilich ist es, die poetische Praxis gegen die Theorie und Programmatik dieser Bewegung auszuspielen. Texte, wie sie dieser Band präsentiert, sind nicht bloß »indirektes« Material, Meta-Literatur also, selbst dort nicht, wo sie tatsächlich *über* die faktische oder postulierte Kunstausübung sprechen. Sie sind vielmehr ein konstitutiver Bestandteil dieser Bewegung. Die Flut poetologischer, politischer und kulturkritischer Manifeste, Programme und Appelle gehört zur Signatur des Expressionismus. »Eine Literaturform, in die sich viele unserer Empfindungen und Gedanken hineinpressen ließen, war das Manifest. Das Manifest als literarischer Ausdruck entsprach unserem Wunsch nach Direktheit.« So erinnerte sich Richard Huelsenbeck (*Dada.* Katalog 1958). Die junge und fortschrittliche Literatengeneration bediente sich dieses Texttyps dermaßen exzessiv, daß Franz Pfemfert schon bald ironisch vom »Manifestantismus« sprach (Die Aktion 3, 1913, Sp. 957–960 und Sp. 1136–1138). In der Tat verselbständigte sich das Manifest damals zur eigenständigen literarischen Gattung. Mit seiner appellativen Rhetorik, seinen kämpferischen Provokationen und der programmatischen Eigenwerbung entsprach es dem heraufgesetzten Lärmniveau einer von Massenkommunikation und Reklametechniken neu geprägten Zeit. – Die Texte dieses Bandes bieten also nicht nur mehr oder weniger brauchbare Verständnishilfen im Umgang mit einer schwieriger gewordenen Kunst, nicht nur Orientierungshilfen in einer unüberschaubarer gewordenen literarischen Kultur, sondern sie sind gleichzeitig auch ein »primärer« Bestandteil des damaligen literarischen Lebens.

2) Einige auch qualitativ hervorragende Autoren, ohne deren Werk man sich kein adäquates Bild der damals »jüngsten Literatur« machen kann (z. B. Trakl, Benn, Heym oder Kafka) sind in diesem Band deshalb mit gar keinen oder unangemessen wenigen Texten vertreten, weil sie keine oder wenige diskursive Texte publiziert haben. Dagegen sind so aktive Programmatiker wie Kurt Hiller, Kurt Pinthus oder Ludwig Rubiner, die keine (bedeutende) poetische Praxis vorzuweisen haben, stark überrepräsentiert – in der historischen Wirklichkeit noch stärker als

in diesem Band, der in seiner Textauswahl diesem Ungleichgewicht ein wenig entgegenzusteuern versucht.

3) Die Differenz von expressionistischer Dichtung und Programmatik drückt sich freilich nicht nur auf einer solchen personalen Ebene aus, sondern auch auf der inhaltlichen. Es gibt signifikante Merkmale dieser Literatur (z. B. die poetisch nachhaltig thematisierten Krisen- und Entfremdungserfahrungen), die mit den vorgefundenen Dokumenten nur ungenügend belegt werden konnten. Andere charakteristische Aspekte des Expressionismus freilich lassen die Manifeste und Dokumente wiederum deutlicher hervortreten als die poetischen Texte: die Affinität etwa zum Anarchismus, die Beziehung zur Psychoanalyse oder auch zur Jugendbewegung. Der III. Teil dieses Bandes zum »literarischen Leben« hätte sich ohne den Rückgriff auf außerpoetische Texte so gut wie gar nicht dokumentieren lassen.

Was die Auswahl, Anordnung und Kommentierung der Dokumente angeht, so braucht nicht geleugnet zu werden, daß wir dem Leser zuweilen eigenwillige Vorlieben und kompetenzbedingte Ausführlichkeiten (oder auch Lücken) zumuten. Von dezisionistischer Willkür oder subjektivistischen Gewaltakten haben wir uns jedoch möglichst freigehalten. Etwas riskant mag manchem der Verzicht erscheinen, die »Ismen« mit eigenständigem Profil, also Futurismus, Aktivismus und Dadaismus, gesondert zu dokumentieren. Sie finden sich hier nicht katalogartig aneinandergereiht, sondern versuchsweise epochalen Gesichtspunkten und Tendenzen zugeordnet. Im übrigen gibt es für sie bereits separate Dokumentensammlungen (siehe Literaturverzeichnis).

Im Gegensatz zu dem objektivistischen Schein, mit dem sich dokumentarische Unternehmungen gerne umgeben, verbindet dieses Buch Dokumentation mit Interpretation insofern, als die Texte so gruppiert wurden, daß sie auf Zusammenhänge verweisen, die uns zur Charakterisierung des Expressionismus wesentlich erscheinen. Gewiß bequemer wäre es gewesen, die ausgewählten Dokumente chronologisch oder alphabetisch nach Autoren zu ordnen, vielleicht auch nach verschiedenen Zeitschriften, Kreisen oder lokalen Zentren. Statt dessen haben wir Wert darauf gelegt, mit der Auswahl und Anordnung ein (wenn auch fragmentarisches) Bild der Gesamtbewegung zu entwerfen und dabei auch neueren literaturwissenschaftlichen Interessenschwerpunkten Rechnung zu tragen.

Daß sich bei der Arbeit Übereinstimmungen mit Befunden der jüngeren Expressionismusforschung, neue Akzentsetzungen oder sogar einige Vorstöße in bislang Unbekanntes ergaben, war uns natürlich recht. Auf eine grundsätzliche Revision der bisherigen Forschung hatten wir es jedoch nicht abgesehen. Sie dürfte heute auch kaum möglich sein. So reizvoll die von Wolfgang Rothe (1977) vorgebrachte Überzeugung, die Expressionismus-Forschung befinde sich noch immer in ihren Anfängen, für entdeckerfreudige Herausgeber und Interpreten klingen mag, zumindest beim Geschäft des Dokumentierens wäre der Anspruch, bisherige Epochendarstellungen prinzipiell überholen zu können, fragwürdig gewesen. Angesichts einer nur noch schwer überschaubaren Forschung, über die heute nur noch im Buchformat einigermaßen umfassend berichtet werden kann (vgl. den 1980 erschienenen Forschungsbericht von Richard Brinkmann), kostet es neuen Arbeiten einige Anstrengungen, nicht hinter den erreichten Wissensstand zurückzufallen oder gar berechtigte Originalitätsansprüche anzumelden. Bahnbrechende Leistungen wie der inzwischen antiquarisch gehandelte Expressionismuskatalog des Deutschen Literaturarchivs in Marbach oder Paul Pörtners vergriffene Dokumentenbände zur *Literaturrevolution 1910–1925* haben zu Beginn der sechziger Jahre außerordentlich anregend gewirkt und der Forschung für lange Zeit eine unverzichtbare Materialbasis zur Erkundung der Epoche geliefert. Pörtners Verdienste, die auch durch die vor allem editionsphilologischen Schwächen seiner Bände kaum geschmälert werden konnten, lagen fraglos in der Fülle der recherchierten Materialien und in der mutigen Präsentation damals noch als zweitrangig geltender Autoren, die er manchen Berühmtheiten vorzog. Daß sich im Band II »Zur Begriffsbestimmung der Ismen« vieles wiederholt und die Dokumentenauswahl »Zur Ästhetik und Poetik« weithin dem mittlerweile so nicht mehr gültigen Paradigma der Produktionsästhetik und der Literaturimmanenz verhaftet ist, sieht man heute erst genauer. Der Plan zu einem nicht mehr erschienenen, nach Auskunft Pörtners damals fast vollendeten dritten Band mit dem Untertitel »Manifeste, Pamphlete, Utopien« deutet an, was ihm selbst seinerzeit schon ergänzungsbedürftig schien: die Dokumentation des kulturkritischen Räsonnements, der messianischen Erneuerungsprogramme und politischen Utopien. Texte dazu bringt unser Band vor allem in Teil II.

Wenig bekannt ist, daß Kurt Pinthus, der aufmerksame Zeitgenosse des Expressionismus und Herausgeber der berühmten *Menschheitsdämmerung*, 1961 selbst eine Sammlung »Dokumente des Expressionismus: Manifeste, Programme, Bekenntnisse« vorbereitete. Er schrieb die Überlebenden an und bat sie um die Zusendung möglichst unpolitischer Beiträge. Dies geht jedenfalls aus einem unveröffentlichten Antwortschreiben Armin T. Wegners hervor, dessen entscheidender Passus lautet:

»Sie wiesen mich darauf hin, lieber Pinthus, bei meiner Auswahl möglichst alles außer acht zu lassen, was die Geschäfte der Gesellschaft und des Staates anbetrifft. Dies widerspricht einmal dem von Ihnen genannten Hinweis, Ihnen etwas zu schicken, das mit der ›allgemeinen geistigen Bewegung oder der politischen Dichtung jener Zeit‹ im Zusammenhang stände. Zudem bitte ich Sie zu bedenken: in einem Zeitalter, das von dem Bemühen ausging, die Welt nicht nur abzubilden, sondern ihr das eigene Antlitz aufzuprägen (Expressionismus), konnte es nicht ausbleiben, daß Künstlertum und das Streben nach einer andern Ordnung der Gesellschaft und des Staates dabei Hand in Hand ging. Darum ist alles, das man mit ›Aktion‹ oder ›Aktivismus‹ bezeichnet hat, gerade für diese Zeit so bedeutsam. Ihre Dichter wollten handelnd eingreifen, warnen, zu einer sittlichen gerechten Haltung aufrufen, wie Sie das in der Einleitung der *Menschheitsdämmerung* mit Recht hervorhoben. Sie werden deshalb nicht umhin können, auch dem einen Platz in Ihrer neuen Sammlung einzuräumen. Für mein Gefühl sollte dabei allerdings nicht der Inhalt von Anrufen, Zeugnissen und Bekenntnissen allein entscheidend sein, sondern wenigstens ebenso stark die künstlerische Form, in der sie abgefaßt wurden.« (Brief vom 14. März 1961, Masch. Original im Deutschen Literaturarchiv Marbach).

Man hat allen Grund, über diese Stellungnahme zur historisch adäquaten Auswahl expressionistischer Dokumente nachzudenken. Sie insistiert auf einer Einheit von politischer Programmatik und künstlerischem Formbewußtsein, die dem expressionistischen Selbstverständnis in der Tat entspricht. Gegen die ästhetizistische Trennung von Kunst und Leben hatte der

Expressionismus stets entschieden opponiert. Und die Debatten um die neue Kunst hatten in den maßgeblichen Zeitschriften dieses Jahrzehnts keineswegs ein größeres Gewicht als die Diskussionen, in denen es in der kritisch-polemischen Auseinandersetzung mit dem alten Kaiserreich um den neuen Menschen und die neue Gesellschaft ging. In diesem Buch nehmen daher, anders als in vergleichbaren Dokumentenbänden, die Bereiche der Kulturkritik und der Ästhetik/Poetik etwa den gleichen Raum ein.

Eine noch deutlichere Neuerung gegenüber den von Paul Pörtner, Paul Raabe oder Otto F. Best herausgegebenen Dokumentensammlungen ist in diesem Band der Teil III über »Aspekte des literarischen Lebens«. Mit bislang selten beachteten Texten sind hier kommunikations- und sozialgeschichtlich relevante Bereiche dokumentiert, so z. B. die zeitgenössischen Auseinandersetzungen mit der Rolle des Schriftstellers, der Autor-Leser-Beziehung, den publizistischen Möglichkeiten der Literatur und dem literarischen Markt, mit dem Kino und der Presse, der Literaturkritik und der Zensur.

Abgesehen von den eher konzeptionellen und arbeitstechnischen Erläuterungen in diesem Vorwort haben wir auf eine vom Dokumententeil getrennte und ihm vorangestellte Gesamteinleitung verzichtet*; und zwar zugunsten eines Konzepts, das interpretierende Vorbemerkungen, Dokumentation und Kommentierung eng aufeinander bezieht. Dies mag einem strengen Begriff der wissenschaftlichen Gattung »Dokumentation« widersprechen, hat jedoch für den Leser des Bandes, so meinen wir, erhebliche Vorteile. Die Einzeleinleitungen, die den systematisch geordneten Dokumentengruppen jeweils vorangestellt sind, erfüllen mehrere Funktionen: Sie versuchen die gewählten Rubriken plausibel zu machen, das einzelne Dokument in übergeordnete Zusammenhänge zu rücken und in diese kurz einzuführen. Sie stellen weiterhin eine Vielzahl von Dokumenten, die nicht abgedruckt werden konnten, wenigstens referierend oder durch ausführlichere Zitate vor. Zusammen mit den Anmerkungen lassen sich die Einleitungen so auch als weiterführende Quellen- und Literaturhinweise zu den jeweiligen Themenbereichen benutzen. Das gilt zum Teil auch für die Kommentare. Sie dienen unter anderem dem Ziel, eine grundsätzliche Schwäche von Textsammlungen auszugleichen, indem sie über den Kontext berichten, aus dem die abgedruckten Dokumente zwangsläufig herausgenommen wurden, der jedoch ihre Bedeutung mit konstituiert. Wo und in welcher Umgebung der Text in einer Zeitschrift plaziert war, in welchen Diskussionszusammenhängen er stand, welches Echo er hervorrief, über solche Fragen haben wir in vielen Fällen, in denen uns dies nötig und möglich erschien, nach bestem Wissen zu informieren versucht. Nicht selten auch haben wir die raumsparende Schriftgröße der Kommentare dazu genutzt, zusätzliche Texte als Subdokumente abzudrucken.

Briefe, Tagebucheintragungen oder unveröffentlichte Nachlaßmaterialien haben wir weitgehend unberücksichtigt gelassen und (mit wenigen Ausnahmen) ausschließlich solche Schriften aufgenommen, die bereits damals publiziert wurden. Dies schien uns ein höheres Maß an Repräsentativität der Dokumente zu gewährleisten, insofern sie nicht nur Ausdruck eines indi-

* Wer eine erste Einführung in den Expressionismus sucht, dem empfehlen wir zur Lektüre den Rück- und Überblick von F. M. Huebner (Dok. 1).

viduellen Autorenbewußtseins, sondern auch eines redaktionellen oder verlegerischen Konzeptes sind.

Da der damals hektisch geführte literatur- und kulturkritische Diskurs schnellen Nachahmungen und Verschleißerscheinungen ausgesetzt war, und um das dabei jeweils Innovatorische herauszustreichen, haben wir bei der Auswahl in Zweifelsfällen das frühere dem späteren Dokument vorgezogen. Manchmal entschied auch die Kürze eines Textes für diesen, wenn er in der Substanz den zu dokumentierenden Sachverhalt im großen und ganzen enthielt. Das ursprüngliche Vorhaben, Texte nur ungekürzt abzudrucken, konnte nicht konsequent durchgehalten werden. Und einige wichtige längere Dokumente wie z. B. Otto Flakes *Von der jüngsten Literatur,* Kurt Hillers *Philosophie des Ziels,* Kurt Pinthus' *Rede für die Zukunft* oder Heinrich Eduard Jacobs Einleitung zur Anthologie *Verse der Lebenden,* die eigentlich zum Abdruck vorgesehen waren, fielen buchstäblich in letzter Minute den Kürzungen zum Opfer, die dem Band einen ökonomisch noch vertretbaren Umfang sichern sollten. Der Verzicht wurde uns dadurch erleichtert, daß diese Dokumente bereits andernorts nachgedruckt worden sind.

Aus Mangel an geeigneten Dokumenten konnten einige für die expressionistische Bewußtseinslage wichtige Themen, für die wir weitere Rubriken vorgesehen hatten, nicht eigens abgedeckt werden: so etwa die Auseinandersetzung mit Wissenschaft und Technik oder mit Religion und Theologie, die Beschwörungen vom »Untergang« und »Weltende«, die durch die Massenmedien mitbedingten wahrnehmungspsychologischen Probleme der *Überfülle des Erlebens* (K. Pinthus), die Vorliebe für das Groteske und der Primitivismus, die Naturalismus-, Impressionismus- und Klassizismuskritik oder auch die Nietzsche-, Kleist-, Hölderlin- und Büchner-Rezeption. All diese Bereiche sind jedoch in den Dokumenten immer wieder präsent.

Einige Texte sind thematisch so vielseitig und ergiebig, daß sie durchaus auch anders hätten plaziert werden können. So ist beispielsweise Kasimir Edschmids vielbeachtete Rede über *Expressionismus in der Dichtung* vom Dezember 1917 in Teil I unter den programmatischen Begriffsbestimmungen zu finden und nicht in Teil IV, wenngleich sie die zentralen Postulate der neuen Kunst resümiert. Wir haben für solche Fälle die Einleitungen auch zu den entsprechenden Querverweisen benutzen können.

Wer über das hier Angebotene hinaus nach weiteren Dokumenten des Expressionismus sucht, sei auf die im Literaturverzeichnis angeführten Sammelbände verwiesen. Auch die vorhandenen bibliographischen Hilfsmittel sind dort angegeben. Kaum eine Epoche dürfte bibliographisch so gut erschlossen sein wie der Expressionismus. Vor allem Paul Raabe hat hierzu mit seinen Arbeiten, von denen wir viel profitieren konnten, Vorzügliches geleistet. Mit dem *Index Expressionismus* hat er der Forschung ein umfassendes Quellenrepertorium der zeitgenössischen Zeitschriftenbeiträge zur Verfügung gestellt, das die für die Reihe sonst vorgesehene Quellenbibliographie hier überflüssig macht. Die eigenständige Durchsicht der damaligen Zeitschriften, Anthologien, Almanache und Schriftenreihen hat der »Index« uns freilich nicht ersparen können, zumal er die vielen und wichtigen Beiträge zum Expressionismus in »nichtexpressionistischen« Zeitschriften nicht verzeichnet hat. Auch die Auswertung der Tageszeitungen, die von uns nur fallweise vorgenommen werden konnte, bleibt ein Desiderat. Hier gäbe es für Literarhistoriker wohl noch einiges zu entdecken.

Die Teile I und II dieses Buches hat Thomas Anz, die Teile III und IV Michael Stark ausgearbeitet. Der Band ist jedoch insgesamt keineswegs das Produkt einer im Wissenschaftsbetrieb mittlerweile üblichen Ökonomie der Arbeitsteilung, sondern einer weit aufwendigeren Kooperation: eines ständigen Austausches von Hinweisen, Ratschlägen, gedanklichen Anregungen und gegenseitiger Kritik. Wenn das Buch mit einiger Verzögerung erst jetzt erscheinen kann, so liegt dies auch an den von uns immer wieder unterschätzten Problemen des Einleitens und Kommentierens. Nach mehr als fünf Jahren Arbeit würden wir heute manches wieder anders machen und noch vieles gerne verbessern.

Zu danken haben wir etlichen Anregern und Helfern. Unsere Beschäftigung mit dem Expressionismus erhielt viele und wichtige Impulse durch Prof. Dr. Walter Müller-Seidel (München) und seine langjährigen Vorarbeiten zu einer großangelegten Epochendarstellung zur Literatur der Jahrhundertwende bis zum Exil. Für weitere Hinweise und Hilfestellungen danken wir vor allem Drs. Johannes J. Braakenburg (Heerenveen/Niederlande), Prof. Dr. Wieland Herzfelde (Berlin-Weissensee), Ingrid Hannich-Bode (Riehen/Schweiz), Dr. Anton Kaes (Irvine/USA), Hans Christian Kosler (München), Philip Mann (Norwich/England), Prof. Dr. Fritz Martini (Stuttgart), Dr. Jochen Meyer (Marbach), Friedrich Pfäfflin (Marbach), Prof. Dr. Paul Raabe (Wolfenbüttel), Hans Burkhard Schlichting (Frankfurt), Dr. Richard W. Sheppard (Norwich/England), Dr. Joachim W. Storck (Marbach), Reinhard Tgahrt (Marbach), Joseph Vogl (München). Bei den Erben und Rechtsinhabern bedanken wir uns für die Abdruckgenehmigungen. Für die Zumutung erheblicher Terminüberschreitungen haben wir uns bei Dr. Bernd Lutz zu entschuldigen, der das Buch als Lektor des Verlages mit nicht nachlassendem Interesse betreut hat. Nicht zuletzt seiner produktiven Ungeduld verdanken wir es, daß wir die Arbeit nun endlich abgeschlossen haben.

Bamberg und München, im Mai 1981 Die Herausgeber

Editorische Notiz

Offensichtliche Schreib- bzw. Druckfehler in den Textvorlagen wurden stillschweigend verbessert, einige ältere Schreibweisen (z. B. »ss« im Sinne des heutigen »ß«) durch die heute üblichen ersetzt. Die Interpunktion der Vorlagen wurde nur dann korrigiert, wenn sie sinnstörend wirkte.

Hervorhebungen in den Textvorlagen (Sperrung, Kursivsatz, Fettdruck usw.) erscheinen einheitlich kursiviert. Gleichfalls in Kursivschrift gesetzt wurden die in den Dokumenten erwähnten Werktitel und Namen von Zeitschriften, Jahrbüchern, Almanachen und dergleichen. In Großbuchstaben Abgedrucktes wurde dagegen beibehalten.

Die Kürzungen innerhalb der Dokumente sind durch eckige Klammern mit Auslassungspunkten gekennzeichnet. Bibliographische Daten, die nicht aus dem Text erschlossen sind, stehen ebenfalls in eckigen Klammern.

Hinweise zur Benutzung

Das Inhaltsverzeichnis dieses Bandes gibt die Titel der ausgewählten Dokumente in vereinfachter Form wieder. Die genauen bibliographischen Angaben stehen jeweils über dem abgedruckten Text. Die angegebene Jahreszahl bezeichnet das Datum der Erstveröffentlichung, die in der Regel zugleich als Druckvorlage diente.

Den einzelnen thematischen Unterabschnitten der Sammlung sind Bemerkungen vorangestellt, die in den dokumentierten Problemkreis einführen und die entsprechende Textgruppe der zeitgenössischen Diskussion zuordnen.

Um die Kommentare und Anmerkungen zu entlasten, blieben lexikalisch leicht greifbare Informationen weitgehend ausgespart. Dagegen findet der Benutzer in den Anmerkungen zum jeweiligen Dokument epochenspezifische Querverweise, die z. T. auch entlegenere Details berücksichtigen.

Über die Verfasser der abgedruckten Beiträge und über Personen aus dem Umkreis des Expressionismus in Kunst und Literatur, die in den Texten erwähnt werden, geben die biographischen Stichworte im Register Auskunft.

Das Literaturverzeichnis am Schluß des Buches enthält die wichtigsten Hilfsmittel zur dokumentarischen Rekonstruktion der Epoche sowie die mehrfach zitierte Forschungsliteratur, die im Anmerkungsapparat nur in Kurzform angegeben wurde.

I. »Expressionismus« im zeitgenössischen Urteil

1

Friedrich Markus Huebner: [*Der Expressionismus in Deutschland*]. In: F.M.H.: *Europas neue Kunst und Dichtung.* Berlin: E. Rowohlt 1920. S. 80–95.

1. Allgemeines

Es ist üblich geworden, die neue Kunst des Expressionismus durch seinen Vorgänger und sein Gegenteil, den Impressionismus, gedanklich zu bestimmen und geschichtlich abzuleiten. Das Verfahren ist ein Spiel mit zwei Schlagworten; es erlaubt Parallelen und Vergleiche zu ziehen und gescheite Einfälle aus dem Zusammenstoß der vorgeblichen Gegensätze aufsprühen zu lassen, aber die Erkenntnis, die am Ende übrigbleibt, ist wie für den Impressionismus so für den Expressionismus nicht nur lückenhaft, sondern von Grund aus schief und fehlgreifend, denn die beiden Größen, die man gegeneinander abspiegelt, lassen sich zuletzt in eine eigentliche Vergleichsbeziehung nicht setzen: der Impressionismus ist eine Stillehre, der Expressionismus eine Norm des Erlebens, des Handelns, umfassend also der Weltanschauung.

Sonach darf man den Impressionismus als eine der mit den Generationen vorüberziehenden Kunstrichtungen betrachten, die nacheinander im 19. Jahrhundert (Klassizismus, Romantismus, Realismus, Impressionismus, Symbolismus) sich abgelöst haben; der Expressionismus ist mehr; er bedeutet eine Zeitwende; seine eigentliche wertgleiche Gegengewalt ist der Naturalismus.

Der Naturalismus bildet das Lebensgefühl der Menschen des 19. Jahrhunderts; er bestimmte das Denken und Wollen auch dort, wo die Kunstbetätigung sich auf lebens- und naturfremden Wegen zu ergehen schien. Die Natur als Wirklichkeit, die Natur als Übermacht, die Natur als regulierendes Gesetz, dies gilt um 1820 ebenso unverrückbar wie um 1850 oder um 1880, und nur darin mögen sich die drei Zeitstufen unterscheiden, wie und mit welcher Vollendung sie an die positive Welt, die den allgemeinen Namen »Natur« trug, sich anzupassen suchen. Diese Anpassung geschah allerwege passiv. Da die Natur, hinter deren ganze schreckliche Gewalt man vermöge der mannigfachen Entdeckungen auf dem Gebiete der Technik, der Chemie, der Heilkunde, der Physik sehen gelernt hatte, es schlechthin verbot, sich aufzulehnen, mußte der Mensch, um von ihr nicht überhaupt erdrückt zu werden, von ihr, der Natur selbst die Gesetze ablesen, die sein Dasein sichern konnten. So verlor er Schritt um Schritt das Gefühl der persönlichen Freiheit, welches die Aufklärung des 18. Jahrhunderts dem Menschen für immer erkämpft zu haben vermeinte. Die Darwinsche Entdeckung von der Entwicklung der Arten, die Marxistische Zergliederung des Produktionsvorganges, die von einem Dichter wie Henrik Ibsen auf die Bühne gestellte Erkenntnis des biologischen und sittlichen Vererbungsgesetzes, all diese, der Natur abgelesenen »Wahrheiten« legten sich als ebensoviele Schlingen um das Individualgefühl des Menschen, zogen sich enger und erstickten es. Hippolyte Taine wies in glänzender Schilderung nach, wie Charakter, Genie und Sonderart zustandekommt, nämlich nicht aus sich selber, sondern als vorausberechenbares Ergebnis der sinnfälligen Realmächte: Rasse, Umwelt, Zeitpunkt.

Daß der Mensch sich seiner Freiheit begeben und als Wollender abgedankt hatte, hierüber war er an und für sich nicht unglücklich. Ein unendlich umfangreiches seelisches Konfliktsgebiet war jetzt gewissermaßen ausgeschaltet und zur Ruhe gebracht, das Gebiet der unmittelbaren Entscheidung zwischen dem Menschen und dem Leben: hier regierte hart und unumstößlich die Natur, die Wirklichkeit, und man ließ sie regieren. Die Unterwerfung geschah willig. Wie die Natur es machte, so war es gut, und wenn nicht gut, so immerhin logisch. Es ward hierdurch das Dasein derart übersichtlich und aus den Einzelheiten derart leicht zusammensetzbar, wie eine Maschine; die mechanistische Deutung des Daseins überhob den Menschen aufs bequemste von ehemaligen, metaphysischen Sorgen. Konflikte, die dennoch entstanden, verlegten sich von allein in den Sonderbereich des Verstandes: hier rang das Bewußtsein mit den Gegebenheiten der Religion, des sozialen Zusammenhausens, des Geschlechterproblems aber nicht eigentlich um sich aufzulehnen und um der erdrückenden Macht der Tatsachen einen eigenen, die Macht der Tatsachen überwindenden Glauben entgegenzusetzen, sondern um von Fall zu Fall mit der Natur Frieden zu machen und um die Einzelpunkte der Kapitulation in Formeln zu bringen. Die Nivellierung des Menschen, die Friedrich Nietzsche als den Schrecken der Schrecken empfand und die er, sie möglichst fern von sich fortrückend, erst für spätere Jahrhunderte warnend vorausgesagt hatte, war gerade um die Zeit, da er den Zarathustra schrieb, in einem Maße wie niemals früher zur Wirklichkeit geworden: Hatten doch sogar die Künstler aufgehört, als Schöpfer von Mythologien und lebensbestärkenden Illusionen zu wirken und hatten diese doch stattdessen ihre Kraft des Nachlebens vollkommen in den Dienst der haargenauen Beobachtung und der getreuen Nachahmung der Natur gestellt.

Im Maße, wie der Mensch das Feld preisgegeben hatte und die Natur machen ließ wie sie wollte, wuchs diese Natur zu immer stolzerer Selbstherrlichkeit. Was der Mensch schuf, das schuf er ja nur in Anlehnung an die Natur und so hörten die Dinge auf, sein eigen und ihm gehorsam zu sein: sie rissen sich aus der Fessel und unterwarfen ihrerseits den Menschen. Das Gleichgewicht, welches im Jahrhundert der Aufklärung zwischen dem menschlichen Ich und zwischen der Außenwelt geherrscht hatte, ein klares, fruchtbares, aus gegenseitigem Nehmen und Geben bestehendes Gleichgewicht, hatte sich zu des Menschen Ungunsten vollständig verschoben. Der Mensch war zum bloßen Anhängsel der Natur geworden, und die Natur, gestachelt von ihrem trunkenen Freiheitsgefühle, stürmte hohnlachend davon und schleifte den geschundenen Menschen am Boden hinter sich her. Die Katastrophe trat in volle Sichtbarkeit mit dem Jahre 1914; vier kleine Jahre genügten, um den Zusammenbruch endgültig zu machen und den Nachweis zu erbringen, daß das Europa des 19. Jahrhunderts für immer verurteilt war.

Die aufbauenden Kräfte waren 1914 noch nicht stark genug, um den Übergang in eine neue Zeit durch friedliche Mittel herbeiführen zu können; vielmehr waren sie noch derart schwach, daß es eine Weile schien, als sollten auch sie in den Untergang mit hineingerissen werden. Wer ein feineres Gehör hatte, der merkte freilich schon 1914 heraus, daß der Krieg diesen Kräften den Entfaltungsweg unendlich verkürzen würde, daß der Krieg, wie immer er ausfallen mochte, ihren Sieg erzwingen mußte.

Der Expressionismus ist das Lebensgefühl, welches nunmehr, wo die Erde zu einer schauerlichen Trümmerstätte wurde, dem Menschen sich darreicht, damit diese eine neue Ära, eine neue Kultur und eine neue Glückseligkeit aufbauen können. Stand hinter dem Naturalismus als regulierende Norm die Natur in ihrer ganzen Tatsächlichkeit, so steht hinter dem Expressionismus als regelnde Norm die Idee in ihrer ganzen Tatsächlichkeit.

Der Expressionismus verhält sich gegenüber der Natur feindselig. Er aberkennt ihre Übermacht; er zweifelt an ihrer »Wahrheit«. Er stellt fest, daß auch die Wissenschaft nur ein Versuch der Ausdeutung ist, daß sie nicht unumstößliche Erkenntnisse, sondern äußerst einwandzugängliche Hypothesen liefert. Die Instrumente, die sich der Mensch erfindet, und mit denen er das Leben zu greifen, die Wahrheit zu sieben hofft, sind ebenso viele Werkzeuge, mit denen er sich hinter das Licht führt. Die Natur ist nicht ein objektiv Unveränderliches und nichts Größeres als der Mensch. Sie bietet sich dar für jede Art von Vorstellung; sie ist das Nichts und wird erst zu Form und Gestalt durch den Menschen, der sie mit Sinn beseelt. Sie ist der unendlich biegsame und knetbare Urstoff, in welchem alle Möglichkeiten schlummern.

Der Expressionismus glaubt an das All-mögliche. Er ist die Weltanschauung der Utopie. Er setzt den Menschen wieder in die Mitte der Schöpfung, damit er nach seinem Wunsch und Willen die Leere mit Linie, Farbe, Geräusch, mit Pflanze, Tier, Gott, mit dem Raume, mit der Zeit und mit dem eigenen Ich bevölkere. Der Mensch beginnt wieder, wo er vor Jahrmillionen begann. Er darf so frei und so unbefangen sein, wie das Kind, welches eben geboren wird und das sich sein Glück, zu leben, nicht trüben läßt durch Fragen nach den Bedingungen seiner Vererbung und seines irdischen Hierseins. Das Problem der individuellen Freiheit, dieses Kernproblem des Denkens und des Wollens, sucht er nicht zu durchgrübeln, nicht zu beantworten, nicht zu systematisieren, sondern er sucht es kurzweg aufzuheben durch ein schöpferisches Handeln.

Diese Lebensgesinnung ist, wie gesagt, nicht ein Ergebnis des Krieges, sondern sie war bereits 1914 mit aller Umrißdeutlichkeit vorhanden. Sie wuchs aus dem Pessimismus eines Schopenhauer, dessen transzendente Einsicht: »Die Welt ist unsere Vorstellung« sie übernahm, ohne sich freilich an die asiatisch-buddistische Schlußfolgerung: »Der Wille zum Leben ist bös und muß überwunden werden«, zu halten; vielmehr vermählte sie sich an diesem Punkte mit dem tragischen Optimismus Nietzsches, der dem Leben, gerade weil es unablässig die Buntheit der Illusionen schafft, ein hymnisches Lied singt. War unter dem Einflusse Nietzsches diese Lebensgesinnung eine Weile in Gefahr, sich völlig diesseitig einzukleiden und die Sendung des schöpferischen, des starken Individuums brutal-imperialistisch auszulegen, so ward ihr durch Rußland, durch Erscheinungen wie Dostojewski und Tolstoi jene dritte Kraft zugetragen, die ihr noch fehlte: die mystische des intellekt-befreiten Glaubens.

2. Die Entwicklung bis zum Kriege

Wenn man sich gewöhnt hat, das Wort »Expressionismus« fast ausschließlich als einen Stilbegriff der Kunst und nicht als einen allgemeinen Lebensbegriff anzuwenden, so kommt das daher, daß in der Kunst das neue Wollen seine ersten sichtbaren Zeichen gab und daß es gegenüber diesen so neuartigen Werken vornehmlich der Malerei nötig wurde, ein Kennwort zu prägen. Seitdem die Malerei den Anfang machte, sind die Schriftsteller mit expressionistischen Gedichten, Romanen, Dramen, sind die Musiker mit expressionistischen Opern, die Denker mit expressionistischen Philosophien, die Politiker mit expressionistischen Staatsreformvorschlägen hervorgetreten. In allen diesen Werken handelt es sich nicht um Willkür und Modespielerei, sondern so gezwungen und gesetzhaft wie selten vereinigen sich hier die Anstrengungen aller Geister in einer einzigen Richtung und diese Richtung ist die einer neuen Sittlichkeit.

Stilversuche und nichts als solche liegen vor in den Erscheinungen des Kubismus und des Futurismus. In ihnen sucht die Malerei das analytisch arbeitende Verfahren des Impressionismus zu verdrängen durch ein synthetisches. Der Raum beim Kubismus, die Bewegung beim Futurismus wird nicht mehr nach der Erscheinung sondern nach dem Wesen begriffen; an die Stelle des mit Farbenvaleurs arbeitenden Sensualismus tritt die Abstraktion. Das sittliche Element, das sich immerhin auch im Kubismus und im Futurismus vorfindet, verbirgt sich hinter einem rein formalen Problem. Es betrifft die Stellung des Beschauers zum Bilde, eine Stellung, die bei der impressionistischen Malerei sich im gegenüberliegenden Abstand zum Bilde befunden hatte; Bild und Beschauer formten eine Zweiheit; das eine hatte den anderen nötig; der entscheidende Eindruck kam als Augenblicksbegegnung zustande. Im Kubismus und im Futurismus wird der Beschauer optisch – noch nicht seelisch und sittlich – in die Tiefe des Bildes vom Maler mit hineingezogen; das Bild und der Aufnehmende formen eine Einheit; der Aufnehmende ist unmittelbar am Entstehungsprozesse des Werks beteiligt. Damit kündigt sich, wie gesagt erst formal, die Linie an, in der sich die Entwicklung fortbewegt, jene Entwicklung, die allmählich den Menschen wieder in die Mitte setzt von allem: von Werk, von Welt, von Denken, von Handeln.

Die ersten deutschen Zeugnisse der neuen Kunst entstanden in Dresden, wo zu Beginn des 20. Jahrhunderts sich junge Maler in der Vereinigung »Die Brücke« zusammengefunden hatten. [1] Kurz darauf flackerte das Feuer in München auf, und schon hier wird das nahe Verhältnis des Expressionismus zu Rußland anschaulich. In München wirkten die Russen Kandinski, Bechtejeff und Frau Werefkin, die Polen Jawlensky und Stückgold; zu ihrem unmittelbaren Freundschaftskreise gehörte Franz Marc. Kandinski fand in Reinhard Piper den verständnisvollen Verleger für seine theoretischen Schriften: *Das Geistige in der Kunst* [2] und den *Blauen Reiter* [3]; in diesen Schriften formulierte er hellseherisch die ganze grundsätzliche Umwälzung, erklärte er den Feldzug gegen die »wirkliche Natur«. Was seiner Schreibart an verstandesmäßiger Umrissenheit abging, das war ersetzt durch das Glühende und Reine der Überzeugung. Viel verspottet, wirkten Kandinskis Anschauungen doch mit ungeahnter Schnelligkeit in die Breite. Die einzige ernsthafte Künstlergruppe in München, die »Sezession« [4], ein Gebilde aus der Zeit des anstürmenden Impressionismus, teilte sich in zwei gegnerische Lager; es entstand die »Neue Sezession« [5], die ihre gesonderten Ausstellungen veranstaltete und wo die expressionistische Malweise sich immer ausschließlicher zur Führerin machte.

Inzwischen war es auch in der Dichtkunst lebendig geworden. Auch hier sind die slavischen Einflüsse sofort spürbar. Hatte sich zwar zuerst eine Gruppe in Berlin [6], geführt von dem Lyriker Georg Heym und vertreten von den Wochenblättern *Der Sturm* und *Die Aktion* in den Dienst des neuen Ausdrucks gestellt, so empfing dieser, durch Berlin allzu verstandesmäßig begriffen, seine höhere Weihe erst durch das Auftreten gewisser Dichter aus Böhmen, die, wie Franz Werfel und Max Brod, aus der sprachlichen Schule des großen deutschen Prager Lyrikers Rainer Maria Rilke hervorgegangen, den poetischen Expressionismus unmittelbar auch mit sittlichen Gefühlselementen anfüllten. Werfel verkündete von Anfang an die für den Expressionismus kennzeichnende Haltung der christlich gefärbten Nächstenliebe zu allem was lebt und webt und die Freiheit des Menschen gegenüber den Objekten durch die Gnade des schöpferischen Aktes.

Im Roman hatte den Expressionismus technisch aufs vollkommenste Heinrich Mann vorweggenommen, der nach impressionistischen Anfängen mit dem Buche *Die Göttinnen* [7] das Musterbeispiel einer nicht naturalistischen, sondern geistig geborenen epischen Form schuf; seine Ethik hält freilich noch im vorhergehenden Zeitalter; auch wo er Gesellschaftskritiker ist wie in seinen letzten Büchern, zeigt er nicht jene Lösungen der Liebe und des Erbarmens, die z. B. aus dem Ethiker Dostojewski schon einen echten Expressionisten machen.

Das Drama hatte sich der naturalistischen Wissenschaftlichkeit des 19. Jahrhunderts am innigsten ergeben; Ibsen war der anerkannte Meister und den Gerhart Hauptmann, Arno Holz, Hermann Sudermann schien vieles geglückt, wenn sie mit möglichster Genauigkeit auf der Bühne einen psychologischen Fall zergliedert, irgendein soziales Milieu naturgetreu dargestellt hatten. Von 1910 ab erschien auf dem Spielplane der deutschen Bühnen mehr und mehr Ibsens Gegenfüßler August Strindberg, für den nicht nur eine andere Gebärden- und Sprechkunst als bei Ibsen und Björnson, sondern auch eine veränderte, aus der Phantasie sich nährende malerische Szenendekoration nötig wurde. Zugleich mit Strindberg kam der Deutsche Frank Wedekind zu Worte, dessen Dramen *Lulu, Erdgeist, Büchse der Pandora* [8], noch in der Zeitspanne des Naturalismus geschrieben, jetzt bei dem veränderten Publikumsgeschmacke außerordentliche Erfolge erzielten und zum Vorbilde für eine ganze Schar schreibender Dramatiker wurden. Just vor Kriegsanfang wurde in München die Aufrichtung der ersten, rein expressionistischen Bühne ins Auge gefaßt. [9]

In der Philosophie bereitete für die neue Denkweise Georg Simmel den Boden vor, der zwar kein selbständiges System schuf, vielmehr zu jeder Art Sitten- und Erkenntnislehre der Vergangenheit sich gleichmäßig skeptisch verhielt, der aber mit seiner Herausarbeitung der Begriffe »Form«, »Ich«, »Leben« [10], sich unendlich instinktreich erwies und der, sei es als Vortragender auf dem Katheder, sei es als Schreibender in seinen Büchern, die Materie des Denkens wieder aufs heftigste verlebendigte; er ließ die philosophische Materie sich gewissermaßen selber verkünden; er verschwand mit seiner Person hinter dem Prozesse der schaffenden Intuition; auch er setzte, zwar nicht ethisch, aber doch dynamisch den Menschen wieder in die Mitte seiner Gehirnfunktionen.

Realpolitisch suchte die neue Gesinnung sich in gewissen Protesten gegen den landesüblichen Schulunterricht durchzusetzen; freie Schulgemeinden und Landerziehungsheime gewannen, von den Kultusministerien mißgünstig genug betrachtet, mehr und mehr Zulauf. Wenn in den staatlichen Mittel- und Hochschulen der junge Mensch zum Untertan des Wissens gedrillt wurde, so predigten diese Neupädagogen gerade die Bedingtheit des Lehrstoffes und die Unbedingtheit der jungen Menschenseele. Statt des Lernens forderten sie das Erleben; der Mensch sollte nicht Kenntnisse, nicht Fähigkeiten, sondern sollte sich, seine verborgene und unsterbliche Seele entwickeln.

Im allgemeinen Gedankenleben der Nation ging diese Entwicklung gepaart mit einem Neuerwachen des Interesses für die religiösen Probleme und für das religiöse Erlebnis in seiner Ursprungsgestalt, für die Mystik. Die östlichen Mystiker Chinas und Indiens wurden namentlich durch die Fürsorge des Verlags Eugen Diederichs, Jena, um billiges Geld zugänglich gemacht; die europäischen Mystiker des Mittelaltrs: Ekkehard, Angelus Silesius, Suso erschienen in Auswahl- und Gesamtausgaben; die Naturmystik des finnischen *Kalewala*-Lieds, die namentlich von Martin Buber in Obhut genommene jüdische Mystik, die großartige Weltversunkenheit des noch lebenden Alfred Mombert, dies alles zog bildend und bereichernd in die geistige Beschäftigung des Volkes ein.

3. Die Jahre 1914 bis 1918

Die Jahre 1914 bis 1918 bedeuteten für den Expressionismus ein verborgenes Sammeln der Kräfte. Zeitschriften wie die *Aktion* verneinten den Krieg und die Politik dieser Jahre vollständig; wo die neue Kunst sich der vom Kriege aufgeworfenen Menschheitsprobleme bemächtigen wollte, griff die Zensur ein und erzwang auf diese Weise Schweigen; nur dem und jenem Schriftsteller, z. B. Leonhard Frank, gelang es, sein Manuskript [11] ins neutrale Ausland, in diesem Falle nach der Schweiz zu bringen, wo die *Weißen Blätter* (Zürich) unter René Schickeles Leitung eine Gaststätte aller Verfolgten waren und wo der Verlag Rascher & Co. die Reihe seiner *Europäischen Bücher* herausbrachte.

Es gibt kein expressionistisches Werk, das während dieser vier Jahre an die Öffentlichkeit gebracht wäre und das sich zum Kriege bekannt hätte: so gegensätzlich ist in ihrem tiefsten Wesen die national-individualistische Ideologie des 19. Jahrhunderts und die humanitär-sozialistische der neuen Zeit. Formal bestanden keine Unstimmigkeiten – die Werke, welche allenthalben nach 1918 herauskamen und Kriegsvorgänge, sei es als Schilderung, sei es als Reflexion behandelten, sie zeigen, daß gerade der Krieg ein außerordentlich ergiebiges Thema für den Expressionismus ist, denn welches Massenerlebnis führt so nahe an den Tod und an das Leben heran wie er? Der Expressionismus wächst und nährt sich aus der Chaotisierung der menschlichen Beziehungen; die ungeheure Auflockerung, welche der Krieg auch in den alltäglichen Seelen erzeugte, schuf alle organischen Vorbedingungen für das Entstehen der neuen Kunst [12]; diese Kunst aber stellte sich ja gerade schützend vor den Menschen, der, im 19. Jahrhundert von der Natur erdrückt, aufgehört hatte, dem Dämon in sich zu lauschen; sie will die Erhaltung des Lebens und der Freiheit und des Rechts; sie ist notwendig international, dieses jedoch nicht im Sinne einer künstlerischen durch die Länder ziehenden Mode, derart, daß in einem bestimmten Augenblicke die Malerateliers von Paris, Rom, Berlin und Stockholm alle den gleichen Stilüberzeugungen huldigen und daß allenthalben der Markt für die gleichen Werke die höchsten Verkaufspreise erzielt; vielmehr packt der Expressionismus den europäischen Menschen tiefer und entscheidender; er führt die Geister unendlich brüderlich zusammen und macht aus Europa zum ersten Male eine einzige, fast religiös wie im Mittelalter geschlossene Gefühlszone.

Die Verbindungen des deutschen Expressionismus mit dem Auslande begannen eben vor dem Kriegsausbruche sich fest und handgreiflich auszubauen. Hierbei half freilich keines jener bestallten Institute, die aus der Pflege internationaler Geistesbeziehungen bisher ihre Aufgabe gemacht hatten, keine Universität, kein Museumsvorstand, keine Theaterdirektion, sondern diese nahen und freundschaftlichen Beziehungen verzweigten sich fast so geheim wie in vergangenen Zeiten die Anhängerausbreitung einer Glaubenssekte. Die Fäden zu Rußland wurden bereits erwähnt; zu Italien liefen sie durch die Hände von deutschen Schriftstellern, die wie Jacques Hegner und Theodor Däubler zu Florenz ansässig waren; mit Frankreich war man durch René Schickele, den Elsässer, verbunden und durch die große Anzahl deutscher Maler, die nach Paris gingen, um dort mit Matisse, Picasso, Leger, Dérain Freundschaften zu schließen. So traf man denn in den deutschen expressionistischen Zeitschriften ebenso viele Ausländer wie Deutsche, in den deutschen Kunsthandlungen sogar beinahe mehr Fremde (van Gogh, Gauguin, Cézanne, Boccioni, Munch) denn Einheimische.

Während des Krieges sind diese Fäden fast überall zerrissen. Notdürftig unterhielten ein paar Deutsche in der Schweiz, in Belgien, in Holland die Berührung mit den Schaffenden des Auslandes, da aber diese, aus den gleichen Gründen wie die Deutschen, ihrer Arbeit entweder durch den Krieg entzogen waren oder dieselbe infolge der Zensuraufsicht dem Publikum nicht zeigen konnten, so war die beibehaltene Verbindung wie ein leerer, ausgetrockneter Wasserlauf; kein Element strömte mehr befruchtend herüber und hinüber.

Der Abschluß des Krieges brachte in Deutschland einen fast tumultarischen Ausbruch der zu lange zwanghaft zurückgehaltenen Kräfte. Es tauchten nicht eigentlich neue Persönlichkeiten auf, denn alle, die seit 1910 in der gleichen Richtung arbeiteten, kannten einander und wußten von ihrem Tun. Aber dem Publikum schien es plötzlich wie Schuppen von den Augen zu fallen; auch das Publikum prägte seinem Gedächtnisse nun die seit langem bedeutsamen Namen ein; das Publikum schien von einem plötzlichen Heißhunger befallen nach gerade dieser neuen Kunst. Praktisch drückte sich das aus in den hohen Preisen, die für Gemälde von Kokoschka, Kirchner, Heckel trotz der militärischen Niederlage bezahlt wurden, in den mehrfachen Buchauflagen, welche sogar Lyriker wie Johannes R. Becher und Theodor Däubler erzielten, ganz zu schweigen der Bücher von den Romanschriftstellern Heinrich Mann und Kasimir Edschmid, in dem Zulauf, der an den Theatern von München, Frankfurt, Berlin herrschte, wenn Stücke von Walter Hasenclever, von Carl Sternheim, von Georg Kaiser, von Paul Kornfeld gespielt wurden, und schließlich in den Straßenplakaten, mit denen die staatlichen Machthaber, sei es für die Wahlen zur Nationalversammlung, sei es gegen den russischen Bolschewismus in den deutschen Städten zur Revolutionszeit arbeiteten: bis zu dieser Plakatkunst herab triumphierte das neue Formgefühl. Jetzt begriff das Publikum plötzlich ganz unmittelbar philosophische Schriften wie Vaihingers *Philosophie des Als-Ob* [13], wie Ernst Blochs *Geist der Utopie* [14], wie Oswald Spenglers *Der Untergang des Abendlandes* [15] und die Ereignisse, die auf den einzelnen Menschen einstürzten und ihm zuschrien: Entscheide dich! ließ viele zu den Schriften der philosophischen Mystiker wie zu der zeitgemäßesten Literatur greifen. Das Gefühl wurde deutlicher, daß nicht nur eine Kultur, nicht nur eine Weltanschauung in Gefahr waren – denn inmitten der Schrecken des vierjährigen Weltkrieges waren alle diese Werte in ihrer trostlosen Abhängigkeit und Bedingtheit erkannt worden – sondern in Gefahr war vor allem, so fühlte man, das Ich selber, nämlich das enge, zaghafte, an die Natur angeklammerte Intellektualich des Menschen von gestern.

Was verlangte die Zeit? Sie verlangte den Tod des gewesenen, abgenützten, an sein Ende gelangten Menschenichs; hierüber entsetzten sich die Menschen. Sie sollten hergeben, was ihr Alles war, was ihnen als die einzige feste Gewißheit gegolten hatte. Ein Taumel der Verzweiflung setzte ein. Schreckliche Egoismen türmten sich auf, Wehrlose zerdrückend, über dem Abgrunde in grotesken Nerventänzen wackelnd. In dieser Zeit leuchtete die expressionistische Kunst vor fiebernden Augen als die einzige Bürgschaft dafür, daß der Tod nur das Pfand war, welches das Leben verlangte, um von ganz vorn anfangen zu können, nämlich eben beim Ich des Menschen, bei einer neuen Unschuld, einer neuen Bewußtlosigkeit.

Erneut wurde der Zusammenhang fühlbar, der um den ganzen europäischen Erdteil lag und den der Krieg unbemerkt so fest geschmiedet hatte, daß es für die Bewohner Europas künftighin kein getrenntes, nur ein gemeinsames menschliches Schicksal gibt. Die Figur der neuen Welt, die aus der Asche auftauchen muß, ist nicht eine slavische, nicht eine deutsche, nicht eine lateinische, sondern der gesamte Erdteil fängt jetzt an, aus Blutnebeln das Ich desjenigen Menschen zu gebären, der in den nächsten Jahrtausenden wachsen, sich entfalten, Kultur erzeugen, genießen, leiden und wieder untergehen soll. Er bereitet sich nicht jenes technische Zeitalter vor, welches das von seinen Erfindungen berauschte 19. Jahrhundert prophezeit hatte und welches doch nur der Abschluß einer absteigenden Lebenskurve war, sondern das geistige Zeitalter, wo der Mensch aus der Erde und aus seinen Werken einen Garten der Frömmigkeit machen wird.

4. Urkunden der neuen Kunst

Damit die Bildungsfreunde in den verschiedenen Ländern denjenigen Zusammenhang wieder aufnehmen und pflegen können, der gerade vor dem Kriege sich zu verdichten begann, ist es notwendig, daß sie gegenseitig von den praktischen Verständigungsmitteln wissen, welche der Gedanke braucht, um zu den Menschen zu gelangen und auf sie Einfluß auszuüben. Und auch das nur aufnehmende Publikum hat das größte Interesse daran zu erfahren, wo es die Bücher, Zeitschriften, graphischen Drucke der neuen Kunst suchen muß, um sie erwerben zu können.

Das wichtigste Material zum Werden des neuen Weltgefühls bieten noch immer die etwa 1910 gegründeten zwei Berliner Zeitschriften *Der Sturm* (Herausgeber Herwarth Walden) und *Die Aktion* (Herausgeber Franz Pfemfert). In diesen zwei Zeitschriften ist ein jeder einmal Mitarbeiter gewesen, der heute in der neuen Kunst sich schaffend hervortut. Der *Sturm* neigt hauptsächlich dem Kubismus und Futurismus zu; er führte in Original-Holz- und Linoleumdrucken dem deutschen Publikum Werke der italienischen und französischen fortschrittlichen Maler vors Auge. In den ständigen Ausstellungs- und Verkaufsräumen des *Sturm* (Berlin, Potsdamerstraße) findet man die meist kennzeichnenden Originalwerke von Boccioni, Severini, Archipenko, Chagall und der Deutschen Klee, Grosz, Feininger. Die *Aktion* betrachtet ihre Sendung als eine weit politischere; vor dem Kriege radikal sozialistisch orientiert, entwickelte sie sich während der Revolution vollkommen zum kommunistischen Ideal und gab in dankenswerter Weise die Manifeste der russischen Sowjets, die Kampfschriften der Lenin, Trotzki, Lunatscharski heraus.

Das Gefühl, daß es sich beim Expressionismus um mehr als um eine bloße Stilveränderung der Malerei handle, kam programmatisch zum ersten Male in der Zeitschrift *Die neue Kunst*

(Herausgeber H.F.S. Bachmair, München) zum Ausdrucke; doch vermochte sich dieses Organ, an dem Johannes R. Becher der Hauptmitarbeiter war, nicht zu halten; es stellte nach Jahresfrist sein Erscheinen ein. Die *Weißen Blätter*, von Franz Blei begründet, haben erst unter René Schickele aus neukatholisierendem Geliebäugel sich zu einer radikaleren Haltung durchgeschlagen; das Organ bevorzugt politische Aufsätze über Zeitfragen. In verwandtem Geiste arbeitet *Das Forum* von Wilhelm Herzog. Der rein sachlichen Vermittlung der neuen Kunst dient das mit viel Umsicht von Paul Westheim geleitete *Kunstblatt* (Verlag Kiepenheuer, Potsdam); es ist ebensowenig ein Kampforgan wie ein schwerfällig wissenschaftliches Archiv; es ist durchweht von einer feinen, duldsamen Genießerempfindlichkeit und hat dem Verständnisse für die neue Malerei vorzüglich durch gute Reproduktionsblätter nachgeholfen. Es wurde vor dem Kriege gegründet. Ein ähnliches Unternehmen sind die *Neuen Blätter für Kunst und Dichtung*, welche Hugo Zehder in Dresden während des Krieges herauszugeben begonnen hat, derselbe, welcher auch die geistig ungestüme Monatsschrift *Die neue Schaubühne* ins Leben rief. In den Dienst vorwiegend Münchener Expressionisten stellen sich die *Münchener Blätter für Dichtung und Graphik*. Wichtig für Fremde ist schließlich das *Literarische Echo* [16], eine seit 22 Jahren bestehende Halbmonatsschrift, die, auf keine einzige Richtung besonders festgelegt, archivalisch alles bucht, was an Einzelaufsätzen, Büchern und Zeitschriften auf jedwedem Wissensgebiete erscheint; in den Jahresregistern findet der Suchende unter dem Schlagworte »Expressionismus« nahezu alle Fingerzeige, deren er bedarf.

Nach dem Waffenstillstande und in der Revolutionszeit nahm mit dem geistigen Durchbruche des Expressionismus auch das deutsche Bücherverlagswesen einen allgemeinen Ruck nach links: fast in jeder größeren deutschen Stadt fand sich beides, Begeisterung und Geld, um die Herausgabe neuer Zeitschriften und Bücher zu wagen. So kam in Breslau die von Rilla geleitete *Erde* heraus, in Hannover *Das hohe Ufer*, in Darmstadt *Das Tribunal*, in Zürich *Der Zeltweg*, in Düsseldorf *Das Feuer* [17], in München der *Ararat* [18] und als Organ des Reichsbunds geistiger Arbeiter, *Der Wagenlenker* [19]. Neben die bewährten Verlage von Kurt Wolff, Die Insel, Erich Reiß, Paul Cassirer, Ernst Rowohlt, Albert Mundt stellten sich neue und schüttelten die expressionistischen Bekenntnisse in ganzen Serien auf den Markt.

Kritisch wurde der Erscheinung des Expressionismus nachgegangen in den wertvollen Jahrbüchern: *Das Ziel*, dessen Herausgabe Kurt Hiller, in den Einzelheften der *Tribüne der Kunst und Zeit*, deren Herausgabe Kasimir Edschmid und in dem Jahrbuche *Die Erhebung* (S. Fischer Verlag), deren Herausgabe Alfred Wolfenstein in Händen hat. Es darf behauptet werden, daß der heutige Stand der Bewegung in diesen drei dokumentarischen Veröffentlichungen erschöpfend verzeichnet steht.

Es war bereits erwähnt, daß auch die Theater den Anschluß an die neue Bewegung suchten; gab es anfänglich noch keine Originaldramen der neuen Richtung, so kam der Geist des Expressionismus doch an gewissen antiken Stücken zur Veranschaulichung, die von jungen Dichtern (die *Troerinnen*, z. B. von Werfel [20], *Antigone*, z. B. von Hasenclever [21]) neu verdeutscht worden waren. Am ersten und entschlossensten betraten den neuen Weg die »Münchener Kammerspiele«; im »Frankfurter Stadttheater« fand der neue Geist ebenfalls frühzeitig eine verständnisvolle Pflege; in Berlin experimentierten eine ganze Menge Theater mit mehr oder minder Glück. Um das Zuschauerpublikum über die so plötzlich hereinbrechende Wandlung zu unterrichten, ward es mehr und mehr zur Gewohnheit, daß die führenden Theater eigene Zeitschriften herausgaben; die inhaltreichste dieser Zeitschriften veröffentlichen die Max Reinhardt-Bühnen in Berlin unter dem Titel *Das junge Deutschland*, worin sowohl dichterische wie schauspielerische, philosophische wie politische Gegenstände behandelt werden.

Die Tagespresse steht dem Expressionismus verhältnismäßig mit gutem Willen gegenüber; gegen ihn anzukämpfen und Versuche, ihn lächerlich zu machen, sind nur noch in der Provinz an der Mode.

Die Tagespresse vervollständigt damit das Bild, welches man sich vom Stande der expressionistischen Bewegung im heutigen Deutschland machen muß. Sie ist allenthalben der Name für das Keimende und das Neue; sie bildet die Wasserscheide zwischen der Vergangenheit und der Zukunft; sie schiebt sich durch das öffentliche Geistesleben als jene mittlere Ebene von Wollen und Empfindung, die der Ausdehnung nach vielleicht in keinem anderen Lande sich derart breit und überzeugend hinstreckt.

Druckvorlage war das Kapitel »Deutschland« in dem angegebenen Buch. Die übrigen Kapitel sind jeweils einem anderen Land gewidmet. Unter dem angegebenen Titel ist der Aufsatz in P. Raabe: *Expressionismus. Der Kampf um eine literarische Bewegung*, und in O.F. Best: *Theorie des Expressionismus*, abgedruckt. Die dort gemachten Angaben über den Erstdruck (*Preußische Jahrbücher* 173, 1920, S. 176–188) konnten nach Autopsie nicht bestätigt werden. Das gleiche gilt für die Angabe in der Bibliographie der Zeitschriftenliteratur »Dietrich«, die unter dem Titel auf die *Zs. f. pädagogische Psychologie* 21 (1920), S. 176–186, verweist. Die Druckvorlage macht mehrere falsche Namens- und Titelangaben, die hier verbessert wurden: z. B. Kurt (statt Reinhard) Piper, Mark (statt Marc), Fr.X. (statt H.F.S.) Bachmair. Zu den erwähnten Zeitschriften, Jahrbüchern und Schriftenreihen s. P. Raabe: *Die Zeitschriften*. Nur das dort nicht Verzeichnete wurde in den folgenden Anmerkungen kommentiert.

1 Die Künstlergemeinschaft »Brücke« wurde 1905 von vier Architekturstudenten der Dresdener Technischen Hochschule gegründet: Ernst Ludwig Kirchner, Fritz Bleyl, Erich Heckel und Karl Schmidt-Rottluff. Der Gemeinschaft, die in der Graphik ihr wichtigstes Ausdrucksmittel fand, schlossen sich später u. a. noch Emil Nolde, Max Pechstein und Otto Mueller an. 1910/11 übersiedelte die Gruppe mit der Gründung der »Neuen Sezession« (s. Anm. 5) nach Berlin. 1913 löste sie sich auf. Vgl. Dok. 2.

2 (Wassily) Kandinsky: *Über das Geistige in der Kunst*. München: R. Piper 1912 (9. Aufl. Bern 1970).

3 *Der Blaue Reiter*. Hg. v. Franz Marc und (Wassily) Kandinsky. München: R. Piper [Mai] 1912. Vgl. Dok. 5 und 6.

4 (Münchener) Sezession: Ende des 19. Jahrhunderts spalteten sich in Opposition gegen die offizielle akademische Kunst einige fortschrittliche Künstlergruppen von den bestehenden konventionellen Standesorganisationen als »Sezessionen« ab. Die 1892 von Stuck, Trübner und Uhde gegründete »Münchner Sezession« war die erste dieser Art, der u. a. in Wien, Berlin und Darmstadt weitere folgten. Sie förderten besonders den Impressionismus und den Jugendstil. Vgl. Hans-Ulrich Simon: *Sezessionismus. Kunstgewerbe in literarischer und bildender Kunst*. Stuttgart 1976.

5 Als die Jury der Berliner Sezession 1910 Arbeiten von 27 Künstlern ablehnte, spaltete sich von ihr die »Neue Sezession« ab (u. a. mit O. Mueller, M. Pechstein, E.L. Kirchner, E. Heckel, K. Schmidt-Rottluff, E. Nolde). An ihr beteiligten sich wesentlich auch die Mitglieder der »Brücke« (s. Anm. 1) und der »Neuen Künstlervereinigung München« (von der sich 1911 »Der Blaue Reiter« abspaltete). Vgl. Rudolf Pfefferkorn: *Die Berliner Secession. Eine Epoche deutscher Kunstgeschichte*. Berlin 1972. Die »Neue Münchener Secession« wurde 1914 gegründet.

6 Gemeint ist wohl die im März 1909 gegründete literarische Vereinigung der »Neue Club« und das aus ihm 1910 hervorgegangene »Neopathetische Cabaret« (s. S. 29 f. und 437 dieses Bandes, vgl. auch Dok. 7, 18, 52, 112). Georg Heym schloß sich diesem literarischen Kreis im Frühjahr 1910 an, hat ihn

jedoch nicht, wie Huebner schreibt, »geführt«. Dem vor allem von K. Hiller und E. Loewenson initiierten Club gehörten weiterhin u. a. an: J. v. Hoddis, E. Unger, E. Blass, A. Drey, R. Jentzsch, F. Koffka.

7 Heinrich Mann: *Die Göttinnen oder Die drei Romane der Herzogin von Assy*. 3 Bde. München: A. Langen 1902.

8 Unter dem Titel *Lulu* (München, Leipzig 1913) faßte Wedekind die beiden Stücke *Der Erdgeist* (Tragödie in vier Aufzügen. München 1895; entstanden seit 1892) und *Die Büchse der Pandora* (Tragödie in 3 Aufzügen. Juli 1902 in *Die Insel*, Buchausgabe München 1903) zusammen.

9 Siehe dazu Hugo Ball: *Das Münchener Künstlertheater*. In: *Phöbus* 1 (1914), H. 2, S. 68–74.

10 Vgl. S. 196 und Dok. 55.

11 Gemeint ist Leonhard Franks pazifistischer Novellenband *Der Mensch ist gut* (Zürich, Leipzig: Rascher & Co 1917).

12 Vgl. F.M. Huebner: *Krieg und Expressionismus* (Dok. 75).

13 Hans Vaihinger: *Die Philosophie des Als Ob*. Berlin 1911.

14 Ernst Bloch: *Geist der Utopie*. München, Leipzig: Duncker & Humblot 1918 (s. Dok. 36).

15 Oswald Spengler: *Der Untergang des Abendlandes*. Wien 1918 (Bd. 1), München 1922 (Bd. 2).

16 *Das literarische Echo. Halbmonatsschrift für Literaturfreunde*. Hg. v. Josef Ettlinger. Berlin 1898–1922, Stuttgart 1922–1943.

17 Gemeint ist wohl: *Feuer. Monatsschrift für Kunst und künstlerische Kultur*. Hg. v. Guido Bagier. Saarbrücken 1919–1922.

18 *Der Ararat. Glossen, Skizzen und Notizen zur neuen Kunst*. Hg. v. Leopold Zahn. München 1919–1921.

19 *Der Wagenlenker. Organ des Reichsbundes geistiger Arbeiter*. München: Wagenlenker-Verlag 1919 (1. Jg. April–September 1919, 2. Jg. Oktober–Dezember 1919).

20 *Die Troerinnen des Euripides*. In deutscher Bearbeitung von Franz Werfel. Leipzig: K. Wolff 1915.

21 Walter Hasenclever: *Antigone. Tragödie in fünf Akten*. Berlin: P. Cassirer 1917.

1. *Frühe Proklamationen zur »jüngsten Kunst« und zum »Expressionismus«*

Als Etikett für neueste, gegenimpressionistische Tendenzen in der Malerei der jüngsten Künstlergeneration ist der Begriff »Expressionismus« in Vorworten von Ausstellungskatalogen und in kunstkritischen Essays seit 1911 nachgewiesen. [1] Den bislang frühsten schriftlichen Beleg für diese Begriffsverwendung hat man im Vorwort des *Katalog[s] der XXII. Ausstellung der Berliner Secession* (eröffnet im April 1911) gefunden:

> Ferner haben wir noch eine Anzahl Werke jüngerer französischer Maler, der Expressionisten, untergebracht, die wir glaubten nicht dem Publikum und namentlich nicht den Künstlern vorenthalten zu dürfen, da die Secession es von jeher für ihre Pflicht hielt, zu zeigen, was außerhalb Deutschlands Interessantes geschaffen wird. [2]

Daß »Expressionismus« hier nicht als neue Begriffskreation hingestellt, sondern mit einer gewissen Selbstverständlichkeit verwendet wird, deutet darauf hin, daß er vorher schon im Gespräch gewesen ist. Weiterhin geht aus dem Passus hervor, daß der Begriff der Bezeichnung jüngster *französischer* Kunst vorbehalten war. Diese wurde in der ansonsten durch führende Impressionisten geprägten Ausstellung in einem gesonderten Saal durch Bilder u.a. von Georges Braque, André Dérain, Raoul Dufy, Albert Marquet, Pablo Picasso und Maurice de Vlaminck repräsentiert, größtenteils also der »Fauves« und »Kubisten«. Daß diese sich selbst »Expressionisten« genannt hatten, wurde zwar von einigen Besprechungen der Ausstellung verbreitet [3], konnte indes von der Forschung nicht bestätigt werden. Es handelt sich also offensichtlich zunächst um eine *deutsche* Bezeichnung für eine *französische* Kunstrichtung. Von der raschen Verbreitung des Begriffs zeugt die polemische Bemerkung eines Kritikers vom Juni 1911:

> Eine Gruppe junger Franzosen ist – auch von der Sezession leider – unter dem abschreckend dummen Namen »Expressionisten« angekündigt worden. Dieser Name wird nun von allen Wortgläubigen sofort nachgeschwatzt oder von Anderen zu wohlfeilen Witzen benutzt. [4]

Einen Monat später verwendet Wilhelm Worringer den Begriff in seiner Stellungnahme zu der von dem Maler Carl Vinnen initiierten und von 132 Künstlern unterzeichneten, antimodern und deutschnational argumentierenden Protestschrift gegen die Überbewertung und Überbezahlung der neuen Kunst aus Frankreich durch deutsche Museumsleiter und Kunsthändler (s. Dok. 3 mit Kommentar). Auch Worringer bezieht »Expressionismus« auf »die sog. Jungpariser«, schätzt jedoch ihren experimentierenden Primitivismus ebenso für die Entwicklungsgeschichte der deutschen Kunst als wichtig ein.

Die Besprechungen zur genannten Ausstellung der Berliner Sezession griffen den im Katalog gefundenen Begriff wiederholt auf und sorgten damit für seine Verbreitung. So u.a. Walther

Heymann in einem Juli-Heft des *Sturm*. Der Artikel erwähnt damit in dieser später den Expressionismus ganz für sich reklamierenden Zeitschrift das Wort zum ersten Mal:

Um Verklärung, Steigerung, Ausdruckskraft, Expression geht dies allgemeine Ringen. Eine französisch-belgische Malerverbindung nennt sich die »Expressionisten«. Wäre dies durchaus im Gegensatz des Ziels, nicht des Weges zum Impressionismus gemeint, so müßte man widersprechen. Wie viel »Expressionistisches« ist etwa in Monet und Renoir zu finden. [...] Das Zimmer der Expressionisten ist während dieser Ausstellungein Schauplatz des Elements unserer künstlerisch-kulturellen Zustände geworden. Alles Talente von gut durchschnittlicher Begabung, alle etwas durch Fanatismus der Theorien verwildert. Kenner versicherten mir, es gäbe bedeutendere Kräfte dieser Bewegung im Auslande. Und warum lud man nicht lieber die besten Einheimischen ein, einen Pechstein, einen Melzer. Da hatte die Jury wohl Hintergedanken. [5]

Die »Einheimischen«, die diese Bewegung auch hätten dokumentieren können, waren in der Ausstellung deshalb nicht vertreten, weil sie sich 1910 von der Berliner Sezession getrennt und eine »Neue Sezession« gebildet hatten, nachdem ihre Bilder von der alten Sezessions-Jury abgewiesen worden waren. (vgl. Anm. 5 zu Dok. 1) Die sich um 1910 gegen den Impressionismus durchsetzende neue Bewegung wurde weniger durch die für die fortschrittliche Kunst um die Jahrhundertwende wichtigen »Sezessionen« gefördert und repräsentiert, sondern eben von den »Neuen Sezessionen«, den an ihnen maßgeblich beteiligten Künstlergemeinschaften »Brücke« (1905 in Dresden gegründet) und »Neue Künstlervereinigung München«, dem sich von dieser Ende 1911 abspaltenden »Blauen Reiter« sowie von dem ebenfalls 1910 mit seiner ersten Ausstellung hervortretenden »Sonderbund westdeutscher Künstler und Kunstfreunde« (vgl. die Dok. 1–5 mit Anmerkungen).

Schon Ende 1911 wurde »Expressionismus« nicht mehr nur zur Bezeichnung jüngster französischer Malerei verwendet, sondern zur Etikettierung internationaler (vor allem auch deutscher) Innovationstendenzen. So in Paul Ferdinand Schmidts Aufsatz (Dok. 4), der ihm erstmals die Würde eines Titelbegriffs zukommen läßt. Und ähnlich dann im Februar 1912 in Walter Serners Artikel über *Die neue Sezession*, der den ersten erläuternden Verweis auf den Begriff in der *Aktion* enthält. Bei aller vorsichtigen Distanz gegenüber einem »Etikett« wie »Expressionismus« verteitigt Serner die »junge Kunst« gegen ihre zahlreichen Kritiker und sieht in ihr notwendige und von »familienblätterlichen Atavismen« nicht aufzuhaltende Entwicklungstendenzen. Daß in Wien, Paris, München und Moskau »Maler mit den gleichen Ambitionen« arbeiteten, wertet er als Beweis,

daß hier nicht persönliche Willkür oder Effekthascherei am Werk sind, sondern ein gemeinsamer Trieb, der überall zugleich hervorbricht. Das neue Kunstbedürfnis, das er entfacht, hat in den Ausstellern der Neuen Sezession seine Berliner Exponenten und bekam von der leidigen Etikettierungssucht, die mit Richtungen arbeitet und mit einer Registratur, bereits sein Mäntelchen: Expressionismus. [...] Nach dem Verebben der jüngsten Entwicklung der Malerei in der Richtung des Impressionismus war das Anheben des Expressionismus konsekutiv so zwingend, daß es schlankweg überraschen muß, wie sehr die neue Kunst überraschte. [6]

Ausdrücklich als internationale Erscheinung stellte den »Expressionismus« dann auch die im Mai 1912 eröffnete Sonderbund-Ausstellung in Köln vor:

Die diesjährige vierte Ausstellung des Sonderbundes will einen Überblick über den Stand der jüngsten Bewegung in der Malerei geben, die nach dem atmosphärischen Naturalismus und dem Impressionismus der Bewegung aufgetreten ist und nach einer Vereinfachung und Steigerung der Ausdrucksformen, einer neuen Rhythmik und Farbigkeit, nach dekorativer oder monumentaler Gestaltung strebt, einen Überblick über jene Bewegung, die man als Expressionismus bezeichnet hat. Die jüngeren Künstler fast aller europäischen Kulturländer haben sich dieser Bewegung angeschlossen. [...] Versucht diese internationale Ausstellung von Werken lebender Künstler einen Durchschnitt durch die expressionistische Bewegung zu geben, so will eine retrospektive Abteilung die historische Grundlage aufzeigen, auf der sich diese vielumstrittene Malerei unserer Tage aufbaut: das Werk von Vincent van Gogh, Paul Cézanne, Paul Gauguin. [7]

1912 ist »Expressionismus« innerhalb der deutschen Kunstprogrammatik und -kritik bereits ein verbreiteter Begriff, der offensichtlich auch als werbewirksam erachtet wird: Der die neuste Kunst entscheidend fördernde Piper Verlag empfiehlt in einer Anzeige auf der letzten Seite seines Almanachs *Der Blaue Reiter* (Mai 1912) Kandinskys im Januar erschienene Schrift *Über das Geistige in der Kunst* mit einem Rezensionsauszug aus dem *Mannheimer Tageblatt*:

Das Programm des Expressionsimus wird in ihr entwickelt, derjenigen Kunstrichtung, die die Verinnerlichung, Vergeistigung der Kunst (und besonders der Malerei) verlangt und die als oberstes Gesetz die Notwendigkeit des Gemalten hinstellt. [8]

So sehr man sich zu Beginn der zehner Jahre über die Existenz einer neuen Kunstrevolution einig war (vgl. die hier ausgewählte Dokumentengruppe), so umstritten war doch der Begriff »Expressionismus«. *Primitive, Expressionisten, Kubisten, Futuristen und Genossen* – so ironisierte Kurt Martens 1912 im Titel eines die modernste Kunst und ihre Programme kritisch beurteilenden Aufsatzes die Vielfalt der in der avantgardistischen Szene miteinander konkurrierenden Begriffe. [9] Erst später setzte sich »Expressionismus« als zusammenfassender oder zumindest wichtigster »Ismus« gegen die anderen in diesem Jahrzehnt relevanten »Ismen« durch. Die erste Monographie über den »Expressionismus« erschien 1914 im Piper Verlag. [10]

1 Siehe dazu vor allem Paul Pörtner: *Zur Begriffsbestimmung der Ismen*. In: P. P.: *Literaturrevolution I*, S. 6–30 (Nachdruck in H.G. Rötzer: *Begriffsbestimmung des literarischen Expressionismus*, S. 189–211); P. Pörtner: *Was heißt »Expressionismus«?*. In: *Neue Züricher Zeitung*, 29.1.1961, Literaturbeilage (Abdruck in H.G. Rötzer, S. 212–226); Fritz Schmalenbach: *Das Wort »Expressionismus«*. In: *Neue Züricher Zeitung*, 11.3.1961, Literaturbeilage; A. Arnold: *Die Literatur des Expressionismus*, S. 9–15. Geoffrey Perkins: *Contemporary Theorie of Expressionism*. Bern, Frankfurt 1974. S. 11–18.

2 *Katalog der XXII. Ausstellung der Berliner Secession*. Berlin 1911. S. 11.

3 Max Osborn: *Berliner Sezession 1911*. In: *Kunstchronik* 22 (1910/11), 5. Mai 1911, Sp. 385–390: »Das ›Hochmoderne‹ aber ist ein Saal ›Expressionisten‹, wie sich diese Gruppe von Herbstsalonleuten nennt, um ihr Abrücken vom älteren Impressionismus äußerlich zu markieren. Der Raum erregt in Berlin Unwillen und Gelächter – ich gestehe, daß ich nicht begreifen kann, warum. [...] Diese Gruppe der Pariser mit dem gewiß preziösen Namen gibt der Ausstellung einen Zug, den ich nun und nimmer an ihr entbehren möchte.« (Sp. 390)

4 Karl Scheffler in der von ihm redigierten Zeitschrift *Kunst und Künstler* vom Juni 1911 (Jg. 9): *Berliner Sezession. Die zweiundzwanzigste Ausstellung*, S. 471–490; Zitat S. 486.

5 Walther Heymann: *Berliner Sezession 1911*. IV. In: *Der Sturm* 2 (1911/12), Nr. 68 (Juli 1911), S. 543.

6 Walter Serner: *Die neue Sezession*. In: *Die Aktion* 2 (1912), 5. Februar, Sp. 173–176; Zitat Sp. 174.

7 *Internationale Kunstausstellung des Sonderbundes westdeutscher Kunstfreunde und Künstler zu Cöln 1912*. Vom 25. Mai bis 30. September. Illustrierter Katalog. S. 3–5.

8 In einer Fußnote der 2. Auflage spielt Kandinsky offen auf den Expressionismus-Begriff an: » [...] die Neigung, Natur nicht als äußerliche Erscheinung darzustellen, sondern überwiegend das Element der

inneren Impression, die kürzlich Expression genannt wurde, kundzugeben.» (Zitiert nach der 9. Aufl., Bern 1970, S. 96)
Ernst Barlach hingegen grenzt in einem Brief vom 28.12.1911 an Reinhard Piper, der ihm ein Exemplar von Kandinskys Schrift zugeschickt hatte, seine expressionistische Art des Schaffens, die er auch in der neusten Musik realisiert sieht, von der Kandinskys ab (Ernst Barlach: *Die Briefe* I 1888–1924. Hg. v. F. Dross. München 1968. S. 395).

9 K.T.M.S. [Kurt Martens]: *Primitive, Expressionisten, Kubisten, Futuristen und Genossen.* In: *Der Zwiebelfisch* 4 (1912), H. 4, S. 125–132.

10 Paul Fechter: *Der Expressionismus*. München: Piper & Co 1914.

2
Ernst Ludwig Kirchner: *Programm der »Brücke«*. 1906

MIT DEM GLAUBEN
AN ENTWICKLUNG
AN EINE NEUE GE-
NERATION DER SCHAFFEN-
DEN WIE DER GENIESSEN-
DEN RUFEN WIR ALLE JU-
GEND ZUSAMMEN UND
ALS JUGEND, DIE DIE ZU-
KUNFT TRÄGT, WOLLEN
WIR UNS ARM- UND LE-
BENSFREIHEIT VERSCHAF-
FEN GEGENÜBER DEN
WOHLANGESESSENEN ÄL-
TEREN KRÄFTEN. JEDER GE-
HÖRT ZU UNS, DER UN-
MITTELBAR UND UNVER-
FÄLSCHT DAS WIEDER-
GIEBT, WAS IHN ZUM
SCHAFFEN DRÄNGT

3
Wilhelm Worringer: *Entwicklungsgeschichtliches zur modernsten Kunst. Im Kampf um die Kunst. Die Antwort auf den »Protest deutscher Künstler«.* München: R. Piper (Juli) 1911. S. 92–99.

Die Vinnensche Broschüre ist mir psychologisch wohl verständlich, und ich zögere nicht, sie als eine symptomatische Erscheinung zu respektieren, ja ich begrüße sie sogar als ein zu rechter Zeit ausgesprochenes Stichwort zur ernsten prinzipiellen Auseinandersetzung. Die Krise, in der wir mit unseren Kunstvorstellungen und Kunsterwartungen stehen, kann nicht vertuscht werden: sie muß zur offenen und entschiedenen Aussprache führen.

Von diesem Gesichtspunkt aus muß ich es allerdings bedauern, daß die prinzipiellen Fragen in jener Tendenzschrift kaum ernsthaft behandelt werden, sondern nur hier und da flüchtig gestreift werden, um dann gleich allgemeinen Redensarten und unbeweisbaren Gefühlspostulaten Platz zu machen. So ist das Hauptargument, mit dem die angreifende Partei auf das Publikum einzuwirken sucht, nicht irgend eine sachlich diskutierbare Widerlegung der neuen Kunstprinzipien, sondern die in allen Tonarten wiederholte skrupellose Verdächtigung jener Persönlichkeiten, die auf der anderen Seite stehen. Deren Überzeugungsehrlichkeit und Urteilsfähigkeit wird mit all den billigen Mitteln einer oft bis zum Mitleid gehenden überlegenen Ironie bloßgestellt. Man macht sich damit derselben Irreführung des Publikums schuldig, die man den Gegnern mit einer so gewaltigen moralischen Entrüstung vorwirft. Denn es geht doch wohl nicht an, dem breiten Publikum, das in dieser Beziehung schon aus natürlicher Trägheit und aus Selbsterhaltungstrieb leichtgläubig ist, die willkommene Überzeugung beizubringen, es handle sich bei der angegriffenen Bewegung nur um ein sinnloses Spiel impotenter, sensationslüsterner Künstler, urteilsloser, der Modesuggestion unterlegener Kunstschreiber und abgefeimter Kunsthändler, die unter verhaltenen Lachausbrüchen den Profit aus dieser Komödie ziehen.

Ich bestreite übrigens nicht, daß sich Vertreter dieser drei Kategorien auch in diese neue Entwicklungsbewegung der Kunst eingeschlichen haben. Das ist das unvermeidliche Schicksal jeder Entwicklungsbewegung, und darum ist es kaum zu entschuldigen, wenn man ein neues Wollen nur mit der einen Tatsache zu diskreditieren sucht, daß belanglose Mitläufer es lächerlich machen.

Denn neben diesen unverantwortlichen Mitläufern stehen ernste suchende Künstler, die bei allem sachlichen Selbstbewußtsein persönlich voller Bescheidenheit sind, stehen ernste Theoretiker, die bei aller produktiven Parteinahme doch das historische Bewußtsein und damit die kritische Besonnenheit wahren, stehen schließlich Kunsthändler, die bei aller selbstverständlichen geschäftlichen Rücksichtnahme doch mit innerer Überzeugung und innerem Verständnis eine Bewegung fördern, bei der das Risiko des Gewinns ein viel größeres ist als bei dem Vertrieb der ganz unproblematischen und anerkannten Publikumsware.

Ich habe hier nur das Recht, für die zweite Kategorie einzutreten, deren Vertreter man zu den eigentlichen Prügelknaben der verfahrenen Situation zu machen sucht und die man dementsprechend abkanzelt. Worin besteht nun unser Verbrechen?

Wenn ich Vinnen recht verstehe, sind es nicht die großen Klassiker des Impressionismus, wie

Manet, Monet, Renoir etc., vor deren Einfluß er die deutsche Kunst bewahren will, sondern die sog. Jungpariser, die von Cézanne, van Gogh und Matisse ausgehen [1], um eine neue Form der künstlerischen Gestaltung zu finden.

Was man uns nun vorwirft, ist, daß wir diesen neuen Bestrebungen, die naturgemäß vorläufig noch Experimentalcharakter tragen, ein Verstehenwollen entgegenbringen, das auch vor dem unverständlich und absurd Scheinenden und Extremen nicht zurückschreckt. Diesen Willen zum Verständnis können wir verantworten. Mag für einige Snobs das Credo quia absurdum da entscheidend sein, wir andern haben das Bewußtsein, daß es der unbeirrbare entwicklungsgeschichtliche Instinkt ist, der uns hier leitet. Darin liegt das Entscheidende. Wo das unvorbereitete und entwicklungsträge Publikum nur Ausgeburten subjektiver Willkür und blöder Sensationsmache sieht und sehen muß, da empfinden wir das Entwicklungsgeschichtlich-Notwendige, da sehen wir vor allem eine Einheitlichkeit der Bewegung, die etwas Elementares an sich hat und vor der alles Subjektiv-Scheinende verschwindet. Ja, ich glaube nicht fehlzugehen, wenn ich die tiefste Wurzel dieses neuen künstlerischen Wollens gerade in der Überwindung des Subjektiv-Willkürlichen und nur Individuell-Bedingten sehe. Mit diesem unverkennbaren Drang zum Objektiven, zur zwingenden Vereinfachung der Form, zu einer elementaren Vorurteilslosigkeit der künstlerischen Wiedergabe, hängt jener Grundcharakter der neuen Kunst zusammen, den man als sinnlose Primitivitäts- und Kindlichkeitskomödie vor dem erwachsenen Europa lächerlich machen zu können glaubt.

Aber diese Wirkung wird nur bei denen erreicht werden, die die primitive Kunst noch nicht verstehen gelernt haben und in ihr nur ein unentwickeltes Können sehen, über das man mit der Überlegenheit des Erwachsenen lächelt. Dieser Erwachsenenhochmut des europäischen Kulturmenschen aber beginnt heute wankend zu werden und der wachsenden Einsicht in die elementare Großartigkeit primitiver Lebens- und Kunstäußerung zu weichen. Aus derselben Notwendigkeit heraus, aus der wir den jungpariser Synthetisten und Expressionisten ein williges Verstehen entgegenbringen, ist in uns ein neues Organ lebendig geworden für die primitive Kunst. Wie selbstverständlich erscheint es uns heute, daß der Stilcharakter dieser primitiven Kunst nicht durch ein unentwickeltes Können, sondern durch ein andersgerichtetes Wollen bedingt ist, durch ein Wollen, das auf großen elementaren Voraussetzungen beruht, wie wir mit unserem heutigen wohltemperierten Lebensgefühl es uns kaum ausdenken können. Wir fühlen nur dunkel, daß die groteske Unnatürlichkeit und die zwingende Einfachheit dieser primitiven Kunst (zwingend allerdings nur für die, die den Zwang einer Formung nicht mit dem Zwang der Illusionswirkung identifizieren) von einem stärkeren Spannungsgehalt des künstlerischen Ausdruckswollen herrühren, und wir lernen erkennen, daß es nicht nur ein gradueller, sondern ein genereller Unterschied ist, der zwischen unserem und dem primitiven Kunstschaffen liegt. Ein genereller Unterschied, der darin besteht, daß man den Wirkungsertrag, den man von der Kunst erwartete, nicht wie heute in der Auslösung sinnlicher oder seelischer Luxusgefühle, sondern in der Auslösung elementarer Notwendigkeitsempfindungen sah. Eine Beschwörung der Vieldeutigkeit der Erscheinungen: darin lag der Sinn, darin lag die Notwendigkeit, darin lag die Mystik dieser Kunst. Ihr natürliches Element war die Synthese, um die wir heute wieder ringen, nachdem wir uns an der ganzen Ausschlürfung jener Vieldeutigkeit ermüdet haben.

Wir können uns gewiß heute nicht künstlich auf das Niveau des primitiven Menschen zurückschrauben, aber was heute unterirdisch in uns drängt, das ist doch schließlich eine Reaktion nicht nur auf den Impressionismus, sondern auf die ganze vorhergehende Entwicklung, in den wir seit der europäischen Renaissance stehen und deren Ausgangspunkt und Richtung durch Burckhardts lapidares Wort von der Entdeckung des Individuums umfassend bezeichnet wird. Der große äußere Erkenntnisreichtum der vergangenen Epoche hat uns arm zurückgelassen und aus diesem Armutsgefühl heraus stellen wir heute wieder bewußt Forderungen an die Kunst, die sich mit denen in etwa decken, die der primitive Mensch naiv an sie stellte. Wir wollen wieder eine Suggestionskraft der Kunst, die stärker ist als die Suggestionskraft jenes höheren und kultivierten Illusionismus, der seit der Renaissance das Schicksal unserer Kunst ist. Um das zu erreichen, versuchen wir uns zu emanzipieren von jenem Rationalismus des Sehens, der dem gebildeten Europa als das natürliche Sehen erscheint und an dem man sich nicht versündigen darf, wenn man nicht als kompletter Narr hingestellt werden will. Um das zu erreichen, zwingen wir uns zu jener primitiven – durch kein Wissen und keine Erfahrung gebrochenen – Art des Sehens, die das schlichte Geheimnis der mystischen Wirkung primitiver Kunst ist. Den äußeren Symbolismus, wie er als nationale Eigentümlichkeit gerade der deutschen Kunst gepriesen wird, ihn wollen wir in das innerste Innere des Kunstwerks zurückdrängen, damit er von hier mit elementarer Notwendigkeit ausstrahlt, befreit von jedem Dualismus von Form und Inhalt. Kurz, die primitive Art des Sehens, zu der wir uns zwingen, ist nur ein Mittel, den letzten elementaren Wirkungsmöglichkeiten der Kunst nahe zu kommen. So wie Faust zu den Müttern, so wagen wir es, in das Reich der noch unartikulierten Formung hinabzusteigen, um mit einer neuen, mit elementaren Wirkungskräften gesättigten Form wieder an die Oberfläche zu kommen. Das ist der Sinn des »willkürlichen snobistischen Archaismus«, das ist der Sinn der »Primitivitäts- und Originalitätshascherei« die man den neuen Kunstbestrebungen vorwirft.

Dem Entwicklungsgeschichtlich-Denkenden ist solches Zurückgehen auf frühere elementarere Entwicklungsstufen, solches Kraftschöpfen aus den konzentrierteren Kraftreservoirs der Vergangenheit nichts Neues. Es ist ihm nur die Wiederholung einer fast gesetzmäßigen Entwicklungserscheinung. Nur die Pendelweiten wechseln. Und es ist nur das beste Zeichen für die Stärke und die Sehnsucht unserer Zeit, daß der Pendelschlag nun so weit ausholt und daß er zurückgeht auf das Letzte und Elementarste, von dem uns bisher der Hochmut unserer europäisch-klassischen Befangenheit und die Kurzsichtigkeit unseres europäischen Erwachsenenstandpunkts trennten. Man geht auf elementarere Entwicklungsstufen zurück, weil man hofft, damit der Natur wieder näher zu kommen. Nun, die vielbelächelte und vielverhöhnte Unnatur der neuen Bildungen, sie ist schließlich nichts anderes als das Resultat eines solchen Zurückgehens auf die Natur, allerdings auf eine Natur, die noch nicht durch die rationalistische Optik europäischer Bildung durchfiltriert worden ist und von deren keuscher Unberührtheit und symbolischer Wirkungskraft der Durchschnittseuropäer dementsprechend nichts wissen kann.

Aus solchen Überlegungen heraus erwächst uns das Bewußtsein der entwicklungsgeschichtlichen Notwendigkeit der neuen Bewegung, die uns zu so entschlossener prinzipieller Parteinahme drängt. Der große Sinn dieser Bewegung kann auch durch kleine und irritierende Erscheinungsformen, wie sie naturgemäß mitunterlaufen, nicht diskreditiert werden. Und letzten Grundes ist es ja das Zukünftige, um dessentwillen wir das Gegenwärtige pflegen. Denn diese moderne Primitivität, sie soll ja kein endgültiges Stadium sein. Der Pendelschlag bleibt nicht an dem äußersten Punkt stehen. Diese Primitivität soll vielmehr nur ein Übergang, ein großes langes Atemholen sein, bevor das neue und entscheidende Wort der Zukunft ausgesprochen wird. Was vorläufig noch Experimente, unartikulierte Laute sind, aus ihnen wird sich das klare Wort herausringen, und wie stark kann diese Zukunftskunst werden, die nach der Verarbeitung der elementarsten und mächtigsten Formensprache sich wieder zur engeren Tradition und damit wieder zu sich selbst zurückfindet. Um dieser Zukunftshoffnung willen lassen wir uns gerne als verstiegene urteilsunfähige Theoretiker und als betrogene Betrüger ansehen. Von solchen entwicklungsgeschichtlichen Blickweiten umfangen, entrücken wir allerdings der engen Sphäre, in der ein Herr Vinnen über deutsche und französische Kunst streitet und uns mit Marktstatistiken überzeugen will.

Drum nur zwei Worte zur nationalen Seite der Frage. Wer um sein Deutschtum wirklich Bescheid weiß, wer vor allem die Entwicklungsschicksale der deutschen Kunst kennt, der weiß, daß es uns mit unserer angeborenen Problematik und mit unserer angeborenen sinnlichen Instinktunsicherheit nicht gegeben ist, den direkten Weg zu einer eignen Form zu finden, der weiß, daß wir das Stichwort immer erst von draußen empfingen, der weiß, daß wir uns immer erst aufgeben und verlieren mußten, um unser eigentliches Selbst zu finden. Das ist von Dürer bis Marées die Tragik und die Größe der deutschen Kunst, und es heißt unsere eigentliche nationale Tradition verleugnen, wer unsere Kunst von der Auseinandersetzung mit anderen Kunstwelten abschneiden will. Nur für einen ganz kindlichen und psychologisch unreifen Standpunkt bedeutet diese Konstatierung der Unselbständigkeit eine Herabsetzung unserer Kunst. Mir ist das Schauspiel dieser Auseinandersetzung und dieser sehnsüchtigen Ausweitung der eignen Enge immer das Erhebendste an der deutschen Kunstentwicklung gewesen, und ich möchte diese Tragik, diese Problematik in ihr nicht missen, denn sie gab der deutschen Kunst ihre eigentliche Dynamik.

Eine kurze Bemerkung noch zu dem äußeren Anlaß der ganzen Diskussion: zur Stellungnahme unserer Museumsleiter zu der neuen Bewegung. Das Problem für sie ist, kurz formuliert, folgendes: sollen sie nur gute Bilder kaufen, d.h. gute im Sinne des herrschenden Durchschnittsgeschmacks, oder sollen sie hier und da diese relative Güte opfern zugunsten des Entwicklungsgeschichtlich-Bedeutsamen, aber noch nicht durch den Mehrheitsgeschmack Sanktionierten? Die Frage wird für unsere Museen jetzt erst akut, weil sie selbst vor eine Entwicklungskrise gekommen sind und sich über den Weg entscheiden müssen. Entstanden sind sie ja als Luxusinstitute fürstlicher Höfe: Wagelust und Propaganda lag ihnen naturgemäß fern. Sollen sie diesen reifen, kulturgesättigten, rückwärtsgewandten Luxuscharakter behalten oder wollen sie sich dem Rhythmus der Zeit anpassen und aus einem toten Entwicklungsherbarium zu einem lebendigen Entwicklungsinstrument werden? Sollen sie nur Geschichte registrieren oder sollen sie selbst Geschichte machen?

Ich denke, die Generationen nach uns werden von unseren Museen nicht nur wissen wollen, welches die Durchschnittsphysiognomie unserer Zeit war, sie werden vielmehr die Entwicklungsvorgänge kennen lernen wollen, die sich jenseits dieser Durchschnittsphysiognomie abspielten und die vielleicht gerade die feinsten und entscheidensten waren. Und die werden sie nur kennen lernen, wenn ihnen jene Experimente zur Gewinnung einer neuen elementaren Formensprache erhalten werden, von denen hier die Rede ist. Mögen diese Experimente zu einem positiven Ziele führen oder mögen sie sich als ein nutzloser Kraftaufwand herausstellen: in ihnen hat ein wertvollen Stück des eigentlichen inneren Lebens unserer Zeit gelebt, und darum gehört ihnen auch ein Platz in unseren Museen: ein Platz nicht vor, wohl aber neben den reifen unproblematischen Kunsterzeugnissen, die, wie gesagt, nur die Durchschnittsphysiognomie unserer Epoche widerspiegeln können und darum manches Feine und Beste verschweigen müssen. Auch verfehlte Experimente haben ihren Lebenswert und ihre entwicklungsgeschichtliche Bedeutung.

Dieser Beitrag Worringers in der Gegenbroschüre zu der von dem Worpsweder Maler Carl Vinnen im Frühjahr 1911 bei Eugen Diederichs, Jena, herausgegebenen Schrift *Ein Protest deutscher Künstler* (s. Einleitung, S. 14) erschien wenig später auch in *Der Sturm* (Jg. 2, Nr. 75, August 1911, S. 597–598) unter dem Titel *Zur Entwicklungsgeschichte der modernen Malerei*. Die Piper-Broschüre erschien unter dem Titel *Deutsche und französische Kunst* in noch zwei weiteren Auflagen.

1 Gemeint ist eben die Gruppe von Malern (vor allem die »Fauves«), die in der 22. Ausstellung der Berliner Sezession unter dem Begriff »Expressionismus« vertreten war (s. Einleitung).

4
Paul Ferdinand Schmidt: *Über die Expressionisten*. In: *Die Rheinlande* 21 (1911), Dezemberheft, S. 427–428.

Vielleicht stehen wir wieder an einem Wendepunkt in der Entwicklung unserer Malerei, wie zu der Zeit, da Manets erste Bilder Wut und Entsetzen erregten. Die Begleitumstände sind ganz ähnliche: das Publikum lacht oder rast, Künstler bekommen Angst und protestieren, und die Kritik schließt sich ihnen an – zum Teil wenigstens. Nur darin sind wir vorgeschritten, daß der bessere Teil der Kritik sich vornehme Zurückhaltung auferlegt oder gar, wie viele Gammler und ein großer Teil der Jugend, sich mit Begeisterung der neuen Sache anschließt.

Was ists mit denen, die man »Expressionisten« nennt, nach eigenem Wunsche? Warum sind sie unzufrieden mit dem Impressionismus und suchen neue Wege? Brauchen wir überhaupt etwas Neues?

Schon die Tatsache des Neuen beweist, daß es notwendig ist; und die rasche Ausbreitung seiner Ideen sollte uns sagen, daß ihnen werbende Kraft innewohnt. Ja, es gilt vom Impressionismus loszukommen: nicht das wahllose Wiedergeben einer Wirklichkeit mit Luft und Licht dünkt jenen Künstlern das Ziel, sondern die Auslese; nicht ein idealistisches Verfälschen, wohl aber das Aufsuchen der starken und reinen Klänge in der Natur und ihre ausdrucksvolle Darstellung bedeutet ihnen ihre Tätigkeit. Die Welt wollen sie in ungebrochenen reinen Tönen sehen; und diese ihre Welt wird schön, weil farbig, und in einem neuen, dem Impressionismus unbekannten Sinne erfüllt sie sich wieder mit Poesie.

Dies Unterfangen ist nichts unerhört Neues. Es hat sich folgerecht in Frankreich mit dem Impressionismus entwickelt. Cézanne lehrte die große Vereinfachung der Töne, Gauguin die Wirkung der Flächen, und van Gogh fügte die flammende Leuchtkraft der Farbe hinzu. Maurice Denis, Vuillard und Bonnard versuchen eine flächenhafte Vereinfachung im großen Stile vorzubereiten, aber ihnen mangelte der zwingende Ausdruck: den fanden Germanen des Nordens und äußersten Südens, Munch und Hodler. Ja, der Impressionismus selbst war schon vor 25 Jahren auf dem besten Wege gewesen, die Analyse durch äußerste Konsequenz in ihr Gegenteil zu verwandeln. Aber der Pointillismus [1] konnte schließlich die Synthese nicht geben, weil er zu sehr auf technischer Unfreiheit aufgebaut war. Evolutionisten könnten sagen: die Zeit Seurats war in ihrem Materialismus nicht reif, die Form für die große Synthese zu finden.

Man sieht, der Ring der Entwicklung ist lückenlos geschlossen. Es bedurfte nur des Entdekkermutes, um das Mittel zu finden, die Frische des großen Natureindrucks festzuhalten. Warum wirken Entwürfe und Skizzen von großen Meistern oft so viel bedeutender auf uns als ihre ausgeführten Werke? In ihnen geben sie ihre malerischen Gedanken ganz unmittelbar und unverfälscht durch die Kontrolle des Studienobjekts. Gewiß brauchte Raffael seine eminenten Aktstudien zu seinen Kompositionen und Böcklin die Exaktheit seines Formgedächtnisses zu der verblüffenden Naturwahrheit seiner Fabelwesen. Aber warum brauchte sie der moderne Künstler, der seine Eindrücke wiedergeben will? Daß sich akademische Korrektheit mit den Zielen des Impressionismus nicht verträgt, das unterscheidet ja die Arbeiten der Sezession [2] von denen der »offiziellen« Kunst. Heißt es da nicht nur die letzte Folge aus dem Eindrucksprinzip ziehen, wenn man die Unmittelbarkeit der Skizze in das Bild selber rettet? Das anscheinend so revolutionäre Mittel besteht also nur in einer weisen Beschränkung des darzustellenden Objekts: statt der Auflösung ins Weite und Viele, statt der unabsehbaren Differenzierung in allerkleinste Tonwerte, von denen man zuletzt (man denke an Corinth und Beckmann) kaum mehr irgend einen farbigen Eindruck erhält, setzt man die Konzentration auf das Wesentliche, auf die Linien und Farben, welche den Eindruck regieren. Natürlich läßt sich für solche Arbeitsweise kein Rezept geben, und keine Malschule kann sie lehren, weil sie eben das Unlernbare aus allem akademisch »Richtigen« herausschält: die künstlerische Konzeption. Weshalb es eine ganz eigenartige Komik verrät, wenn ausgerechnet hier von Mode und Nachäfferei geredet wird. Denn Nachäffen läßt sich zwar akademische Manier, aber nicht künstlerische Empfindung.

Es ist auch müßig, von salopper Skizzenhaftigkeit zu reden. Matisse und einige junge Deutsche vernachlässigen allerdings manchmal die äußerliche Wahrscheinlichkeit in einem Grade, der als Kinderkrankheit gelten darf und auch von der Bewegung in ihrem Kern längst überwunden ist. Nicht jedem steckt die Begabung zur Form in gleichem Maße im Blute, und die besten Bilder der Expressionisten haben schon jetzt mit einer »vergrößerten Skizze« nichts zu tun. Auch wird man hier keineswegs irgend ein Schema anwenden können, nach dem die »Expressionisten« etwa gleichmäßig arbeiteten. Wo die ganz persönliche Anschauung sich so rein von allen Zutaten im Bilde äußert, kann von Schema keine Rede sein. Welche Verwandtschaft hat Pechstein mit Puy, oder welches Schema soll de Vlaminck und Herbin mit Nolde gemeinsam sein? Das Aufatmen vom Zwange der Korrektheit eint sie; aber während der eine in stark abgesetzten Flächen malt, läßt der andere ein Feuerwerk von Farben über seine Bilder regnen, führt der dritte verschwimmende Töne duftig ineinander über oder kontrastiert düstere und grelle Flecken miteinander. Ihr gemeinschaftlicher Name ist ja ein Verlegenheitsprodukt, denn er besagt wenig.

Dafür, und an Stelle äußerlicher Wahrscheinlichkeit, besitzen sie die starke Form, welche innere Wahrheit verleiht. Die Zurückführung des Bildlichen auf die stärksten Akzente in Flächen und Farben und die sorgfältige Auslese des räumlichen Ausschnittes (die der auch Komposition nennen mag, für den der Begriff keinen fatalen Beigeschmack besitzt) führen von selbst zu einer starken dekorativen Wirkung. Diese Bilder zerfließen nicht in eine unbestimmte Masse: noch aus weiter Entfernung sprechen ihre Farben mit der sinnlichen Glut, die zum Schmucke der Wand notwendig ist. Und war es bisher nur Behelf, Bilder an die Wand zu hängen, so werden sie fortan zum reifsten Schmucke des Raumes gehören, dessen Farbigkeit sie in sich als in Brennpunkten sammeln. Ja, diese Kunst scheint berufen, die ersehnte Monumentalmalerei aus sich zu erzeugen. Der einzige Freskomaler großen Stils, der heute lebt, gehört ihr seinem innersten Wesen nach an: Ferdinand Hodler.

Die Befreiung von den letzten Fesseln der persönlichen Kunst hat aber auch eine ungeheure Steigerung der inneren Ausdrucksmöglichkeiten gebracht. Die Assoziationswerte der Farbe werden erst von ihr entbunden; die Schönheit ungebrochenen Farbenglanzes zeigt uns, welche seelischen Werte wir auf unmittelbarem Wege von der Malerei erhalten können, und wie sehr wir ihren Mangel bisher entbehrt haben. Eine wirklich malerische Inbrunst kann jetzt an die Stelle des bloßen Naturausschnittes treten, der durch seine Gegenwärtigkeit den Künstler wie den Betrachter terrorisierte, der oft zum Eingehen auf unnötige Nebendinge nötigte und die Aufmerksamkeit zerstreute, anstatt sie zu konzentrieren. Jetzt kommt es darauf an, in einer anderen Weise »richtig zu sehen«: nicht um den Vergleich mit der Wirklichkeit zu bestehen, sondern um die Empfindung der Wirklichkeit so rein und innig zu vermitteln, daß das Mittel überzeugt. Die Kunst tritt wieder in ihr altes Recht ein, ihre Werke nach höheren Gesetzen von der Natur zu extrahieren.

Wilhelm Schäfer hat jüngst in der Frankf[urter] Zeitung in einem Artikel über die Sonderbündler [3] darauf hingewiesen, daß die neue Bewegung in gewissem Sinne an die Farbigkeit der altniederländischen Primitiven erinnere, die nicht mit Schatten und Helldunkel arbeiteten wie die Malerei vom 16. Jahrhundert bis heute, sondern mit schattenlosen Lokalfarben. Die Intensität in der Wirkung dieser alten nordischen Meister empfinden wir als naiv und poetisch; es ist nur erstaunlich, daß ein gleiches Mittel unsern jungen Künstlern untersagt sein soll, die in der Natur mehr zu entdecken finden als ein Spiel zerstreuter Lichter.

Ein Niederländer, van Gogh ist es, der die Bewegung entfesselt hat. Franzosen haben sie, als Träger der großen malerischen Tradition der Neuzeit, aufgenommen. Ihre Bilder sind den Deutschen noch weit überlegen durch ihre Geschmackskultur. Aber der gärende Sturm und Drang ihrer deutschen Schüler, die wachsende Breite der Bewegung bei uns, die keineswegs auf junge Brauseköpfe beschränkt ist (weder Nolde und Rohlfs, noch Deußer können zu solchen gerechnet werden), scheinen zu prophezeien, daß Deutschland das Land ihrer Bestimmung sein soll. Das starke Mitwirken des Empfindungsmäßigen, das ideale Moment in der Ausdrucksmalerei spricht durchaus dafür. Es kommt hinzu, daß wir in den letzten Jahrzehnten auf verschiedenen Kulturgebieten verwandte Bewegungen erleben. In der Dichtkunst ist die Abkehr vom Naturalismus durchgreifend geworden, in der gewerblichen und architektonischen Kunst ist die Aufrichtung der großen Gesetze des Einfachen und Organischen als gelungen zu betrachten. In ihr System fügt sich gleichstrebend die Malerei der Expressionisten ein: dekorativ und freudig sich zur Farbe bekennend, organisch im inneren Ausdruck. Sie geht in der Folgerichtigkeit des idealistischen Prinzipes am weitesten, indem sie den Weg zum Gefühl unmittelbar durch die Sinne nimmt. Ihre Farbenflächen lassen nichts sinnlich Ungelöstes, keine außerkünstlerische Assoziation zwischen sich. Und sie sind vom Zweck erlöst, reine Gebilde der Schönheit und als solche das höchste Produkt dieser ganzen Kunstbewegung.

Daß noch nicht alle Werke dieser Art ihrem Ideal entsprechen, darf uns nicht stören. Jede Frucht braucht Zeit zum Ausreifen; es kommt nur darauf an, auf welchem Baume sie wächst.

Unter dem Titel *Die Expressionisten* erschien der Aufsatz wenig später auch in: *Der Sturm* 2 (1911/12), Nr. 92 (Januar 1912), S. 734–736.
Angaben zu den hier zahlreich genannten Künstlern finden sich in den biographischen Stichworten des Registers (soweit aus dem Umkreis des Expressionismus) oder in den einschlägigen Konversationslexika. Vgl. auch L.G. Buchheim (Hg.): *Knaurs Lexikon Moderner Kunst*. o. O. u. o. J. (Copyright 1955 by Buchheim Verlag Feldafing/Obb.).

1 Mit »Pointillismus« bezeichnet man das von neoimpressionistischen Malern gehandhabte Verfahren, auf der Leinwand den Gegenstand durch das Aneinanderfügen vieler kleiner Flecken aus reinen Farben abzubilden. Die Mischung der Töne sollte sich erst im Auge des Betrachters vollziehen.
2 Zur »Sezession« s. Anm. 4 zu Dok. 1.
3 Der Artikel konnte bibliographisch nicht ermittelt werden. Die »Sonderbündler« waren Mitglieder des »Sonderbundes westdeutscher Künstler und Kunstfreunde«, einer die jüngste europäische Kunst fördernde Vereinigung, deren erste Ausstellung 1910 in Düsseldorf stattfand.

5
Der Blaue Reiter. (Text des von Franz Marc Mitte Januar 1912 verfaßten Subskriptionsprospektes).

Die Kunst geht heute Wege, von denen unsere Väter sich nichts träumen ließen; man steht vor den neuen Werken wie im Traum und hört die apokalyptischen Reiter in den Lüften; man fühlt eine künstlerische Spannung über ganz Europa, – überall winken neue Künstler sich zu: ein Blick, ein Händedruck genügt, um sich zu verstehen!

Wir wissen, daß die Grundideen von dem, was heute gefühlt und geschaffen wird, schon vor uns bestanden haben, und weisen mit Betonung darauf hin, daß sie in ihrem *Wesen* nicht neu sind; aber die Tatsache, daß neue Formen heute an allen Enden Europas hervorsprießen wie eine schöne, ungeahnte Saat, das muß verkündet werden und auf all die Stellen muß hingewiesen werden, wo Neues entsteht.

Aus dem Bewußtsein dieses geheimen Zusammenhanges der neuen künstlerischen Produktion wuchs die Idee des »Blauen Reiters«. Er soll der Ruf werden, der die Künstler sammelt, die zur neuen Zeit gehören, und der die Ohren der Laien weckt. Die Bücher des »Blauen Reiters« [1] werden ausschließlich von Künstlern geschaffen und geleitet. Das hiermit angekündigte erste Buch, dem andere in zwangloser Reihe folgen sollen, umfaßt die neueste malerische Bewegung in Frankreich, Deutschland und Rußland und zeigt ihre feinen Verbindungsfäden mit der Gotik und den Primitiven, mit Afrika und dem großen Orient, mit der so ausdrucksstarken ursprünglichen Volkskunst und Kinderkunst, besonders mit der modernsten musikalischen Bewegung in Europa und den neuen Bühnenideen unserer Zeit.

Nachdruck des Textes in: *Der Blaue Reiter*. Hg. v. Wassily Kandinsky und Franz Marc. Dokumentarische Neuausgabe von Klaus Lankheit. München 1965. S. 316.

1 Es erschien nur der Almanach von 1912. Ein zweiter Band wurde noch vorbereitet, die Arbeiten wurden jedoch durch den Krieg endgültig unterbrochen.

6
Franz Marc: *Die »Wilden« Deutschlands*. In: *Der Blaue Reiter*. Hg. v. Franz Marc und [Wassily] Kandinsky. München: R. Piper 1912. S. 4–7.

In unserer Epoche des großen Kampfes um die neue Kunst streiten wir als »Wilde«, nicht Organisierte gegen eine alte, organisierte Macht. Der Kampf scheint ungleich; aber in geistigen Dingen siegt nie die Zahl, sondern die Stärke der Ideen.

Die gefürchteten Waffen der »Wilden« sind ihre *neuen Gedanken*: sie töten besser als Stahl und brechen, was für unzerbrechlich galt.

Wer sind diese »Wilden« in Deutschland?

Ein großer Teil ist wohlbekannt und vielbeschrien: Die Dresdener »Brücke« [1], die Berliner »Neue Sezession« [2] und die Münchener »Neue Vereinigung« [3].

Die älteste von den dreien ist die »Brücke«. Sie setzte sofort mit großem Ernst ein, aber Dresden erwies sich als ein zu spröder Boden für ihre Ideen. Die Zeit war wohl auch noch nicht gegeben für eine breitere Wirkung in Deutschland. Erst einige Jahre später brachten die Ausstellungen der beiden anderen Vereinigungen neues, gefährliches Leben in das Land.

Die »Neue Sezession« rekrutierte sich anfänglich zum Teil aus Mitgliedern der »Brücke«; ihre eigentliche Entstehung aber war eine Ablösung unzufriedener Elemente aus der alten Sezession, die diesen zu langsam marschierte; sie übersprangen kühn die dunkle Mauer, hinter der die alten Sezessionisten sich verschanzt hatten, und standen plötzlich, wie geblendet, vor der unermeßlichen Freiheit der Kunst. Sie kennen kein Programm und keinen Zwang; sie wollen nur vorwärts um jeden Preis, wie ein Strom, der alles Mögliche und Unmögliche mit sich führt, im Vertrauen auf seine reinigende Kraft.

Der Mangel an Distanz verbietet uns den Versuch, hier Edles von Schwachem zu scheiden. Die Kritik träfe auch nur Belangloses und steht entwaffnet und beschämt vor der trotzigen Freiheit dieser Bewegung, die wir »Münchener« nur mit tausend Freuden begrüßen.

Die Entstehungsgeschichte der »Neuen Vereinigung« ist versteckter und komplizierter.

Die ersten und einzigen ernsthaften Vertreter der neuen Ideen waren in München zwei Russen, die seit vielen Jahren hier lebten und in aller Stille wirkten, bis sich ihnen einige Deutsche anschlossen. Mit der Gründung der Vereinigung begannen dann jene schönen, seltsamen Ausstellungen, die die Verzweiflung der Kritiker bildeten. [4]

Charakteristisch für die Künstler der »Vereinigung« war ihre starke Betonung des *Programms*; einer lernte vom andern; es war ein gemeinsamer Wetteifer, wer die Ideen am besten begriffen hatte. Man hörte wohl manchmal zu oft das Wort »Synthese«.

Befreiend wirkten dann die jungen Franzosen und Russen, die als Gäste bei ihnen ausstellten. Sie gaben zu denken, und man begriff, daß es sich in der Kunst um die tiefsten Dinge handelt, daß die Erneuerung nicht formal sein darf, sondern eine Neugeburt des Denkens ist.

Die *Mystik* erwachte in den Seelen und mit ihr uralte Elemente der Kunst.

Es ist unmöglich, die letzten Werke dieser »Wilden« aus einer formalen Entwicklung und Umdeutung des Impressionismus heraus erklären zu wollen (wie es z. B. W. Niemeyer in der Denkschrift des Düsseldorfer Sonderbundes versucht [5]). Die schönsten prismatischen Farben und der berühmte Kubismus sind als Ziel diesen »Wilden« bedeutungslos geworden.

Ihr Denken hat ein anderes Ziel: Durch ihre Arbeit ihrer Zeit *Symbole* zu schaffen, die auf die Altäre der kommenden geistigen Religion gehören und hinter denen der technische Erzeuger verschwindet.

Spott und Unverstand werden ihnen Rosen auf dem Wege sein.

Nicht alle offiziellen »Wilden« in Deutschland und außerhalb träumen von dieser Kunst und von diesen hohen Zielen.

Um so schlimmer für sie. Sie mit ihren kubistischen und sonstigen Programmen werden nach schnellen Siegen an ihrer eigenen Äußerlichkeit zugrunde gehen.

Dagegen glauben wir – hoffen wir wenigstens glauben zu dürfen –, daß abseits all dieser im Vordergrunde stehenden Gruppen der »Wilden« manche stille Kraft in Deutschland um dieselben fernen und hohen Ziele ringt und Gedanken irgendwo im stillen reifen, von denen die Rufer im Streite nichts wissen.

Wir reichen ihnen, unbekannt, im Dunkeln unsere Hand.

1 Siehe Anm. 1 zu Dok. 1.
2 Siehe Anm. 5 zu Dok. 1.
3 1909 gründete Kandinsky gemeinsam mit Erbslöh, Jawlensky, Kanoldt, Kubin, Gabriele Münter, Marianne von Werefkin, Schnabel und Wittenstein die »Neue Künstler-Vereinigung München e. V.«. Meinungsverschiedenheiten bewogen im Dezember 1911 Kandinsky, Kubin, Marc und Münter zum Austritt aus der Gruppe und zur Eröffnung einer eigenen Ausstellung (1. Ausstellung der Redaktion des »Blauen Reiter«), deren Titel (nach dem Bild Kandinskys) der Gruppe ihren Namen gab.
4 1. Ausstellung in der »Modernen Galerie Thannhauser«, München, Theatinerstraße 7, vom 1.–15. Dezember 1909 (mit Katalog). 2. Ausstellung ebenfalls bei Thannhauser, vom 1.–14.9.1910 (mit Katalog). Franz Marc wurde durch diese Ausstellung dem Kreis der »Neuen Vereinigung« nahe gebracht. Reaktionen der verständnislos-empörten Kritik sind abgedruckt in Lothar Günther Buchheim: *Der Blaue Reiter*. Feldafing 1959. S. 27 ff. Siehe auch S. 78 dieses Bandes.
5 Wilhelm Niemeyer: *Malerische Impression und koloristischer Rhythmus*. Beobachtungen über Malerei der Gegenwart. Denkschrift des Sonderbundes auf der Ausstellung 1910. Düsseldorf 1911. Zu dem »Sonderbund« siehe Anm. 3 zu Dok. 4.

2. *Programmatische Definitionen und Charakterisierungen des literarischen »Expressionismus«*

In der Halbmonatsschrift *Das literarische Echo*, die damals umfassend und relativ neutral über das literarische Geschehen der Gegenwart informierte, gab im Juni 1917 ein ausführlicher Artikel über die zeitgenössische Literatur des »sogenannten ›Expressionismus‹« folgende Hinweise zur Verwendung und Verwendbarkeit dieses Begriffs:

Im übrigen hat die neue Richtung auch schon einen Namen erhalten, der sich für einen Teil wenigstens einzubürgern scheint, so wenig treffend er auch ist. Man spricht nämlich in Analogie zur jüngsten bildenden Kunst von literarischem Expressionismus. Es hat wenig Zweck, sich solchen Schlagworten zu widersetzen. Wenn sie einmal im Kurs sind, sind sie nicht auszurotten, und das einzige, was man dabei tun kann, ist, daß man den damit bezeichneten Begriff zu möglichster Klarheit und Deutlichkeit bringt. Entstanden ist der Begriff des Expressionismus auf dem Gebiete der bildenden Künste. Es sollte damit ursprünglich der Gegensatz gegen den Impressionismus gekennzeichnet werden und würde wörtlich demnach besagen, daß statt des Eindrucks der Außenwelt der Ausdruck der Innenwelt das Wesen der Kunst ausmachen solle. So allgemein gefaßt wäre damit nur ein Gegensatz formuliert, der die Geschichte der Künste seit alters durchzieht. Indessen ist das Wort Expressionismus nur ein Etikett für Bestrebungen, die mit seinem wörtlichen Sinn auch nicht annähernd bezeichnet sind. Der Umstand, daß sie »Ausdruck« wären, ist keineswegs eine erschöpfende Kennzeichnung all der kompositionellen, koloristischen und intuitiven Neuerungen, die die Kunst der Cézanne und Matisse und ihrer zahlreichen Anhänger in allen Kulturländern brachte. Mehr und mehr tritt die bewußte Deformierung der Wirklichkeit in einem bisher nicht gekannten Maße als das Wesentliche der neueren Kunst hervor, und in diesem Sinne mag eine Übertragung des Begriffs auf die Dichtung eine gewisse Berechtigung haben, wenn auch eine erschöpfende Definition damit keineswegs erreicht ist. Im Gegenteil: das Schlagwort Expressionismus ist nachgerade zu einem Sammelbegriff geworden, mit dem das Publikum (und nicht nur das Publikum) so ziemlich alle ihm neuen und nicht auf den ersten Blick verständlichen Kunstbestrebungen der Gegenwart zusammenfaßt. [1]

Die Zahl der Programme und Aufsätze, die im Titel eine Auseinandersetzung mit dem literarischen »Expressionismus« ansagten, war 1917 noch relativ gut überschaubar. In inflationärer Weise stieg sie erst mit dem Abdruck von Kasimir Edschmids resonanzreichem Vortrag in der *Neuen Rundschau* vom März 1918 (Dok. 12). [2] Als Sammelbegriff auch für die jüngste *Literatur*, der nicht zuletzt auf die »Konvergenz der Künste« (s. S. 543 ff. dieses Bandes) hinweisen sollte, setzte sich »Expressionismus«, befördert auch durch Hermann Bahrs so betitelte Monographie von 1916 (s. u. S. 61), erst in der zweiten Hälfte des Jahrzehnts durch – obwohl Kurt Hiller schon im Juli 1911, drei Monate nach der ersten nachweisbaren Verwendung des Wortes zur Kennzeichnung jüngster Malerei (s. o. S. 14), jene literarische »Clique [...], die sich, in Berlin, gegenwärtig für die neue Generation hält« (Dok. 7, S. 33), »Expressionisten« nannte. Gemeint waren die Mitglieder des im März 1909 gegründeten und von Hiller präsidierten »Neuen Clubs« und des aus ihm im Frühjahr 1910 hervorgehenden »Neopathetischen Cabarets« (vgl. Dok. 18, 28, 52, 112), die für den Expressionismus in der Literatur ähnlich wichtig waren wie die Künstlervereinigungen »Brücke« und »Der Blaue Reiter« für den Expressionismus in der bildenden Kunst. [3] Hiller, der öffentlich wirksamste Programmatiker dieser Gruppe, definierte noch einmal 1913 den »Expressionismus« im Sinne seiner gegen den passivistischen »Impressionismus« gerichteten Literaturkonzeption (Dok. 8), bevorzugte jedoch bald das neue Etikett »Aktivismus« (s. S. 263ff. dieses Bandes). Doch schon vorher waren die Mitglieder des »Neuen Club« entsprechend dem Namen ihres Cabarets eher als »Neopathetiker« denn als »Expressionisten« bekannt. Überhaupt setzte sich der Name »Expressionismus« in der Literaturkritik und -programmatik sehr viel langsamer durch als in der Kunstkritik und galt (Hiller war hier eher eine Ausnahme) noch bis 1914 als eigentlich auf die bildende Kunst bezogen. Ein Aufsatz vom Mai 1914 über *Die Grundlagen des Expressionismus* beginnt mit der Feststellung: »Wenn man heute vom ›Expressionismus‹ spricht, so meint man in den meisten Fällen den Malerischen Expressionismus.« [4] Als Beleg dafür sei hier Max Brod zitiert, der, mit der aktuellen Literaturszene bestens vertraut, 1914 Kafkas im vorhergehenden Jahr bei Rowohlt erschienenen Erzählband *Betrachtung* mit der Bemerkung charakterisierte: »Die Unmittelbarkeit, mit der Kafka statt der Realität die ihm eigentümliche Formsprache setzt, macht ihn der expressionistischen Richtung heutiger Malerei verwandt.« [5] Auf die Malerei verwies im selben Jahr auch Ernst Stadler, als er zur Charakterisierung des »jagenden, rücksichtslosen, zum Wesen drängenden Stils« der Dramen Carl Sternheims den ansonsten »viel mißbrauchten« Begriff »Expressionismus« geeignet hielt: »Keine Frage, daß die Technik moderner Malerei diesem Stil wichtigste Anregungen und Wirkungsmittel gegeben hat. Vor diesen Werken darf man wirklich das viel mißbrauchte Wort Expressionismus aussprechen.« [6] 1914 war die Übertragung des Expressionismus-Begriffs auf die Literatur zwar nicht mehr ungewöhnlich, und die meisten Abhandlungen über den »Expressionismus« in der bildenden Kunst versäumten es nicht, auf analoge Tendenzen in der neuesten Literatur hinzuweisen.[7] Zum bevorzugten Sammelbegriff war er indes noch nicht geworden. Ende 1914 hielt die in Münchener Literaturkreisen verkehrende Käthe Brodnitz einen gut informierten Vortrag, der die Tendenzen der neuesten Literatur im Titel als »futuristische Geistesrichtung« kennzeichnete.[8] Man war um diese Zeit begrifflich noch wenig festgelegt und sprach von »futuristischer«, »fortgeschrittener«, »neopathetischer«, »expressionistischer« oder einfach »jüngster« Dichtung gleichermaßen. Noch 1915 betitelten Otto Flake und Kurt Pinthus ihre damals wichtigen und diskussionsanregenden Versuche zur neuesten Literatur mit *Von der jüngsten Literatur* (s. S. 82) und *Zur jüngsten Dichtung*. Flake schrieb in diesem Zusammenhang vor allem auch vom »Expressionismus«, Pinthus hingegen gar nicht. In der seinen frühen Aufsatz wesentlich weiterführenden Einleitung zur *Menschheitsdämmerung* (Dok. 13) wird der Begriff dann wenigstens erwähnt. Doch auch unabhängig von ihm schrieb Pinthus 1915 der »jüngsten Dichtung« eben die Merkmale zu, die meist auch bei den gleichzeitigen Definitionen und Charakterisierungen des »Expressionismus« angeführt wurden. Die hierfür zentralen Abschnitte des Aufsatzes lauten:

Mit aufkeimender Einsicht: Wirklichkeit und Kunst seien nicht ein Abhängiges, Bedingtes, sondern (um es schärfstens zu formulieren) sie schlössen sich aus, beginnt die Epoche der jüngsten Kunst. Die Wirklichkeit, die starr und wild, mild und sanft uns umgibt, jene Wirklichkeit, die unsere Sinne lockt, ätzt, quält, entzückt, jene Wirklichkeit, von der wir nicht wissen, was eigentlich an sich sie ist, jenes uns ganz Fremde, das außer uns, ohne uns ist, Chaos, jenseits unseres geistigen Willens, in das mühsam wir Gesetze hineininterpretieren, – und jene Kunst, die ganz und gar aus uns selbst strömt, die ganz in der Idee, in der von uns gegebenen Form lebt, also ganz und immer Schöpfung und Werk unseres Gefühls, Geistes und Willens ist . . . was eigentlich haben sie miteinander gemein? . . . Was anderes, als daß wir der Kunst Ausdrucksmöglichkeiten, Requisiten wie eine Haut abnehmen von den Erscheinungen, welche die Wirklichkeit unseren Sinnen darbietet, – um das der Wirklichkeit Fremdeste: Geist, Fühlen, Wollen einander sichtbar zu machen. Die Wirklichkeit vom Umriß ihrer Erscheinung zu befreien, uns selbst von ihr zu befreien, sie zu überwinden nicht mit ihren eigenen Mitteln, nicht indem wir ihr entfliehen, sondern, sie um so inbrünstiger umfassend, durch des Geistes Bohrkraft, Beweglichkeit, Klärungssehnsucht, durch des Gefühls Intensität und Explosivkraft sie besiegen und beherrschen, . . . das ist der gemeinsamste Wille der jüngsten Dichtung. Unter Wirklichkeit soll nicht etwa nur die Erscheinungswelt der Natur und der uns umgebenden, von uns selbst geschaffenen, körperlichen Kulissen der Städte und der Erzeugnisse formender Technik verstanden werden, sondern vor allem das Gewirr unserer sozialen, kulturellen, politischen, wirtschaftlichen Beziehungen und Einrichtungen. [9]

Wie Paul Pörtner zu Recht bemerkt, gab es wenige Künstler und Literaten, die sich mit dem vor allem von Kritikern und Programmatikern gebrauchten Begriff vorbehaltlos identifizierten. [10] Auch wo man, wie die Autoren der hier abgedruckten Dokumentengruppe, mit der literarischen Richtung weitgehend übereinstimmte, zeigte man doch meist Distanz zu dem Richtungs*etikett* dadurch, daß man den Begriff in Anführungszeichen setzte, vom »sogenannten Expressionismus« sprach oder von den »Expressionisten«, »die man so bezeichnet«, oder daß man ihn zwar übernahm, doch mit dem Vorbehalt, er sei nur ein »Schlagwort«, ein »Etikett«, eine »Formel«. Oft auch versuchten die Sympathisanten des Expressionismus dem stets latenten Vorwurf, sie würden sich einem Modebegriff und -trend anschließen, mit dem Hinweis zu begegnen, daß es die als expressionistisch geltenden Merkmale der jüngsten Kunst schon »zu jeder Zeit« (Edschmid, Dok. 12, S. 50) gegeben habe (vgl. auch H. Hesse, Dok. 20).

Auch von den Zeitschriften der jüngsten Literaturszene bekannten sich nur wenige ausdrücklich zum »Expressionismus«. Wichtige Debatten über den Begriff und die von ihm bezeichnete Richtung wurden außerhalb von ihnen in der *Schaubühne* [11] und vor allem in der *Neuen Rundschau* (s. Dok. 12, 16, 20) geführt. Für die *Aktion* spielte der Begriff keine wesentliche Rolle. Zu den »Ismen« äußerte sich Pfemfert im Gegenteil sehr ironisch (s. u. S. 61). Paul Hatvanis *Versuch über den Expressionismus* (Dok. 11) stand in dieser Zeitschrift ziemlich isoliert. *Die weißen Blätter* griffen den Begriff zwar schon im ersten Jahrgang (1913) auf [12], doch bekam er auch für diese Zeitschrift keine programmatische Bedeutung. Ihr Herausgeber René Schickele äußerte sich 1916 zu dem Wort eher beiläufig und mit Distanz (Dok. 10). Programmatisch verschrieb sich indes die Dresdner Nachkriegszeitschrift *Menschen* dem »Expressionismus« zu einem Zeitpunkt, als der Begriff schon zunehmend als »modisch« abqualifiziert wurde:

Die Zeitschrift *Menschen* vertritt in Literatur, Malerei, Kritik, Musik und Politik die aufsteigende jüngste Generation geistig tätiger Menschen, die sich – aus allen Altersschichten zusammengesetzt – in bewußten Gegensatz stellt zu den heute noch wirksamen und mächtigen Überbleibseln und Erben jener Generation, die die Menschheit, auf tausend Wegen, in den Zusammenbruch führten, den sie heute erlebt. Dem Materialismus und seinen maskierten und unmaskierten Variationen setzt sie, durch das von ihm angerichtete vierjährige Blutbad gestärkt und erhöht, in künstlerischer, politischer und praktischer Tat ihren *prinzipiellen Idealismus* entgegen, von dessen endlichem Sieg sie überzeugt ist. Dieser Idealismus heißt in Literatur, Malerei, Musik und Kritik *Expressionismus*. Also ist Expressionismus kein rein technisches oder Form-Problem, sondern vor allem eine geistige (erkenntnistheoretische, metaphysische, ethische) Haltung, die nicht erst seit heute oder gestern, sondern seit Jahrtausenden in der Geschichte der Menschheit erscheint. [. . .] [13]

Orientiert man sich am begrifflichen Selbstverständnis der Zeit und rechnet die kurzlebigen epigonalen Zeitschriften der Endphase des Expressionismus nicht mit ein, dann ist freilich die einzige »expressionistische« Zeitschrift *Der Sturm*, der 1911/12 die ersten Aufsätze, die den Begriff verwendeten, nachdruckte (Dok. 3, 4), bald die ersten Expressionismus-Ausstellungen organisierte, die jüngste Kunst und Literatur als Einheit förderte und seit etwa 1918 das Prädikat eines »echten Expressionismus« nachdrücklich für sich zu reservieren versuchte:

Gegenüber dem deutlichen Bestreben einiger malerischer und literarischer Kreise, sich die Bezeichnung des siegenden Expressionismus ohne künstlerische Berechtigung anzumaßen, liegt es im Interesse einer reinen Scheidung der künstlerischen Werte und künstlerischen Entwicklung, darauf hinzuweisen, daß alle Künstler, die eine führende Bedeutung für den Expressionismus haben, an einer Stelle vereint sind. Diese ist *Der Sturm*. [14]

1 Richard Müller-Freienfels: *Die Literatur um 1915 (Der sogenannte Expressionismus)*. In: *Das literarische Echo* 19 (1917), H. 18 (15. Juni), Sp. 1103–1112, Zitat Sp. 1105.
2 Vgl. die (freilich bei weitem nicht vollständige) Bibliographie bei Paul Raabe: *Expressionismus. Der Kampf um eine literarische Bewegung*, S. 308–314; weiterhin Geoffrey Perkins: *Contemporary Theory of Expressionism*. Bern, Frankfurt 1974. S. 144–182.
3 Zum »Neuen Club« und »Neopathetischen Cabaret« siehe Gunter Martens: *Vitalismus und Expressionismus*. Stuttgart u. a. 1971. S. 188–199; Thomas B. Schumann: *Geschichte des Neuen Clubs in Berlin als wichtigster Anreger des literarischen Expressionismus*. Eine Dokumentation. In: *Emuna* 9 (1974), Nr. 1, S. 55–70. Eine zweibändige Dokumentation zum »Neuen Club« hat Richard W. Sheppard angekündigt (s. u. S. 202).
4 W. Warstat: *Die Grundlagen des Expressionismus*. In: *Die Grenzboten* 73 (1914), Nr. 20 (20. Mai), S. 312–318.
5 Max Brod: *Kleine Prosa*. In: *Das bunte Buch*. [Almanach des Verlages Kurt Wolff]. Leipzig 1914. S. 39.
6 Ernst Stadler: *Carl Sternheim: Die Hose*. Leipzig 1911. – *Die Kassette*. Leipzig 1912. – *Bürger Schippel*. Leipzig 1913. – *Der Snob*. Leipzig 1914. Zitat nach dem Abdruck in: *Carl Sternheim. Materialienbuch*. Hg. v. W. Wendler. Darmstadt, Neuwied 1980. S. 17–19. Zuerst in: *Cahiers Alsaciens – Elsässer Hefte* 3 (1914), Nr. 3.
7 Vgl. etwa Leonore Ripke-Kühn: *Expressionismus und Plastik*. In: *Die weißen Blätter* 1 (1913), S. 1048–1052; oder auch die erste »Expressionismus«-Monographie von Paul Fechter: *Der Expressionismus*. München: R. Piper 1914.
8 Käthe Brodnitz: *Die futuristische Geistesrichtung in Deutschland*. Erstdruck in P. Raabe: *Expressionismus*, S. 42–52.
9 Kurt Pinthus: *Zur jüngsten Dichtung*. In: *Die weißen Blätter* 2 (1915), S. 1502–1510, Zitat S. 1503; Nachdruck in P. Raabe: *Expressionismus*, S. 68–79.
10 Siehe Anm. 1 auf S. 16.
11 Hermann Bahrs 1916 erschienene und viel kritisierte Expressionismus-Monographie (H. B.: *Expressionismus*. München: Delphin Verlag) nahm Friedrich Koffka zum Anlaß einer aggressiven Kritik des »Expressionismus« (s. das längere Zitat auf S. 61 dieses Bandes): F. Koffka: *Expressionismus und einiges Andre*. In: *Die Schaubühne* 13 (1917), Bd. 1, S. 104–107 (Abdruck bei P. Pörtner: *Literaturrevolution II*, S. 195–200); hiergegen wiederum Friedrich Markus Huebner: *Expressionismus und nichts anderes*. Ebd., S. 123–127 (Auszug bei Pörtner II, S. 200–203); Antwort darauf von F. Koffka: *Expressionismus und das Andere*. Ebd., S. 222–225 (Auszug bei Pörtner II, S. 203–204).
12 L. Ripke-Kühn (s. Anm. 7).
13 Titelseite von: *Menschen. Zeitschrift für neue Kunst, Literatur, Graphik, Musik, Kritik, Politik*. Hg. v. H. Schilling u. W. Rheiner. Jg. 2 (1919), Nr. 1.
14 [Rudolf Blümner]: *Der Sturm. Eine Einführung*. Berlin: Verlag Der Sturm 1918. S. 1. Vgl. Dok. 103.

7
Kurt Hiller: *Die Jüngst-Berliner.* In: *Literatur und Wissenschaft.* Monatliche Beilage der *Heidelberger Zeitung*, Nr. 7, 22. Juli 1911, Sonderabdruck, S. 2–6.

I

Sie wünschen, etwas erzählt zu kriegen – über uns; über den ziemlich geschlossenen Kreis – was sage ich Kreis? wir sind eine Clique, und stolz darauf (weil wir Ziele sichten) . . . kurzum: Sie wünschen etwas zu hören über jene Clique von Dichtern, Glossatoren und sonstwie Logophilischen, die sich, in Berlin, gegenwärtig für die neue Generation hält. (Das tut sie selbstverständlich mit Recht; wie ab 1920 beweisbar.)

Wer sind wir? Wo schreiben wir? Was wollen wir? Ich werde die Fragen alle unwissenschaftlich behandeln, Nummer drei aber etwas breiter.

Orientierungshalber also erst ein paar Namen (ich schweige natürlich tot, wen ich nicht leiden mag). Als genialste – will sagen: reichste, umfangreichste, einfühlsamste, zusammengesetzteste, geschmeidigste – erscheinen mir: Ferdinand Hardekopf und Ernst Blass; der am meisten potente, wiewohl weniger zerebrale, der Hinhauer, der Rubens ist: Georg Heym; persönlich am nächsten steht mir: Kurt Hiller; beachtenswert finde ich auch: Ludwig Rubiner, Erich Unger. An Namen wie Robert Jentzsch oder Wilhelm S. Ghuttman oder Golo Gangi [1] wird man sich gewöhnen müssen.

Wir sind meist noch jung – und die Berliner Journale, zumal die »literarischen«, meist auf dem Hund; *Pan* [2] und *Sturm*, auch *Aktion* zum Teil, machen hiervon eine Ausnahme, lassen uns folglich zu Worte kommen. Auch die Wiener *Fackel* akzeptiert uns manchmal. Hardekopf [3], der jetzt schweigt (es ist zum Weinen), schrieb in früheren Jahren sogar in die *Schaubühne* [4], dieses Blatt, das inzwischen zur Stätte geworden ist, wo jede Mediokrität ihren plebejischen Neid austoben darf.

II

Was wollen wir? – Zunächst mal: wir wollen mit nichten Tyrannen stürzen. Kitschzelebritäten, darauf vertrauen wir, sinken von selber zusammen; und die sechs, sieben wahrhaft Großen, die leben (ich nenne da Heinrich Mann, Frank Wedekind, Alfred Kerr, Karl Kraus, Rainer Maria Rilke, Stefan George, auch den frühen Hofmannsthal) – denen fühlen wir uns nicht nur nicht antipodisch, sondern geradezu religiös subjiziert. Ich weiß nicht, ob es eine Kunstsoziologie gibt, und, falls es eine gibt, ob sie an ein Gesetz glaubt, wonach die jeweils jüngere Generation zu der älteren sich eminent kriegerisch verhalte; auf uns träfe solch Gesetz jedenfalls nicht zu. Wir bekämpfen Richtungen, Theorien – nicht Meister. Ob wir den revolutionären Gestus haben, entzieht sich meiner (wundervollen) Distanzlosigkeit: – daß nie eine Gruppe der Jugend frömmer, begeisterter, autoritätengläubiger war als wir, steht fest.

Übrigens treiben wir nicht bloß Kultus, sondern lernen auch. Wir verspüren die künstlerische Pflicht, zu lernen . . . Aber es gibt, in Ihrer Stadt wie in unserer, Moderantisten, Moralisten des Maßvollen, Freunde der Zurückhaltung, Unpersönlichkeit, Ordentlichkeit, und es wäre peinlich, von denen mit Sympathie bedacht zu werden. Darum will ich schnellstens versichern, daß wir stofflich und auch der (inneren) Form nach nicht das mindeste zu »lernen« beabsichtigen (sondern uns darin vollauf autonom fühlen), vielmehr bloß – wenn man mich versteht – bezüglich der *Form der Form.* In Einem nämlich gleichen sie sich ja alle, noch ein George einem Kerr – das ist: in der *Latinität.*

Das Erlebnis (eingerechnet das Erlebnis der »inneren Form«, des Stils) ist irrational, mystisch, chaotisch; um es in Kunst umzusetzen, muß man es rationalisieren, objektivieren, organisieren; Herausarbeitung, Knetung, Klärung – gleichsam Transparentmachung des Dunstig-Blinden –: das ist eine Aufgabe, deren Schwierigkeiten die wenigsten kennen, weil die wenigsten sich ihr unterziehen; eine Aufgabe indes, zu deren vollkommener Lösung liebevolles Studium des Vollkommenen verhelfen kann.

Damit ist, scheint's, schon ein »Ziel« unsrer Bewegung angedeutet; ein mehr technisches Ziel; aber ein Ziel: der energische Kampf gegen »Mystik in der Form«. Wir suchen die begriffliche wie die imaginative Verschwommenheit zu vermeiden; wollen weder holzhackern wie Kant noch waldströmen wie Mombert [5]; wollen deutsch, das heißt deutlich, ein lateinhaftes Deutsch, schreiben. Um es noch genauer zu sagen: ein *luzides.* Mystik in der Form: der innerliche Erbfeind, den jeder Künstler des Worts unterjochen muß; immer wieder von neuem. Mystik in der Form: ein Zeichen schlechter Selbsterziehung.

III

Was aber den »Stil« angeht, so verneinen wir die deutsche Einheitsedelsprache. Wir sind weder grundsätzlich für kurze noch grundsätzlich für lange Sätze; weder unerschütterlich für Pathos noch strikte für Zynik; weder Freirhythmiker aus Prinzip noch Steifstrophler; weder ohne Erbarmen symbolisch-synthetisch, noch rigoros für Begrifflichkeit und Analyse. Wir meinen, daß jedweder Stil absolut gut sei – wenn er nur dem Stilisierten adäquat ist. Man muß auf sämtlichen Instrumenten spielen können; freilich auf jedem zur passenden Stunde. In allen Punkten des Kunstschaffens hat man herrisch zu sein (meinen wir), bloß im Stile sklavisch; die Gestalt soll sich stets in die Knechtschaft des Gehalts begeben. Nur ein Unkenner kann meinen, dabei ginge die »Einheit« verloren oder die »individuelle Note« flöten. Im Gegenteil! – Übrigens dürfte im allgemeinen der konzentrierte, knappe, ungemütliche Stil von uns bevorzugt werden; ebenso »Heiterkeit« (im Sinne Nietzsches und Kerrs).

IV

Weder auf Technik noch auch auf Stil kommt es an. Mag sein, daß in den Raum-Künsten der Stil alles ist; daß so eine Bronze, so eine Landschaft (wenn man sie, isolierend, als Objekt des Kunstgenusses betrachtet) sich in nichts als Stil auflöst. Bei der Literatur liegt das anders. Leute, die sich des Worts bedienen, um Kunst daraus zu machen, haben etwas zu *sagen.* Der Essayist und Glossator, der Dramatiker und Erzähler sicherlich; aber durchaus auch der Lyriker. Wenigstens erscheinen uns jene Ästheten, die nur zu reagieren verstehen, die nur Wachsplatten für Eindrücke sind und exakt-nuancensam arbeitende Deskribiermaschinen, (gerad' so wie die »reinen Theoretiker« in der Philosophie) als ehrlich inferior. Wir sind Expressionisten. Es kommt uns wieder auf den Gehalt, das Wollen, das Ethos an. (Daß »Ethos« nichts mit Sozialpolitik zu tun hat oder gar mit Patriotismus und Enthaltsamkeitslehre – brauchte ich nicht erst zu betonen, wenn nicht immer noch gelegentlich ein Grautier uns dahin mißverstünde.)

So ist in der Dichtung unser bewußtes Ziel: die Formung der Erlebnisse des intellektuellen Städters. Wir behaupten (beispielsweise), daß der Potsdamerplatz uns schlechthin mit gleich starker Innigkeit zu erfüllen vermag, wie das Dörfli im Tal den Herrn Hesse. Oder daß die Lektüre eines Buches für unser Dasein (die Gemütsseite; durchaus für die Gemütsseite des Daseins!) eine höhere Bedeutung haben kann als Meer und Liebe und Armut. Probleme, weiß Gott, lassen sich dichterisch nicht lösen; aber Probleme leben in uns, wir stehen in einem Zwangsverhältnis zu ihnen, nicht in dem der freien Wahl; und dieses *Leben* der Probleme will gestaltet sein. Angesichts ihrer sind die üblichen Naturkisten, Schick- und Schmachtsale – Bagatellen. Das, was man Kultur oder das Geistige nennt, ist uns wirklich nicht »Bildung«, nicht Anhängsel; es ist unserm Wesen nicht mechanisch, sondern *chemisch* verbunden. Beiläufig sind wir ebensoweit entfernt, uns dessen zu rühmen, wie: es zu verhehlen – oder gar uns zu hassen um seinetwillen; wie es der antisemitische Jude, der »Neuklassizist«, der komplizierte Einfachheitsfanatiker tut; etwa Herr Lissauer, aus der Kommerziensratsgegend [6], von dem Ernst Blass schrieb: »Man weiß es: daß er bei Pflug und Stier und Brot und Wasser Körperkultur treibt – und dies für eine Angelegenheit von öffentlichem Interesse hält, die er gern auf die gesamte Kunst ausgedehnt sähe. Persönlichkeit ist Verfettung. Man muß sie sich abtranspirieren . . . und Objektivität fordern« [7] . . . Am Ende sind aber die Merkmale städtischer Erlebensart gar nicht Potsdamerplatz, Buch und Problem; sondern die indefinible Vermischung von Potsdamerplatz-Buch-Problem mit jenem Allgemein-Menschlichen, davon der Agrariker singt. Diese Vermischung, die ist es; von der hat man, östlich von Frankreich, bisher nichts geahnt.

V

Bleibt die analytische Prosa. Ein Charmeur hat uns mal gesagt: unsere Gedichte seien Glossen und unsere Glossen Gedichte. Er dürfte insofern recht gehabt haben, als wir nicht dem Zweikammersystem huldigen. Weder suchen wir im Gedicht das Denkerische auszuschalten, noch in der Erörterung das Affektive. Rundheit, Ganzheit, Amalgam aus allem – ist unsre Absicht; nicht Spezialität (sei es Spezialität der αἴσϑησις, sei es des λόγος). Die Dinge so zu geben, wie wir sie erleben; nicht unter »Kategorien«. – Philosophie, ich meine vollendete Formung dessen, worüber sich entwickeltere Menschen wesentlichere Gedanken machen, existiert heute fast ausschließlich noch in der Glossenkunst; vor allem bei Kerr und Kraus. Nietzsche, der philosophischste aller neueren Philosophen – übrigens unser gewaltiger und demütig geliebter Meister, als dessen Jünger wir uns mit jeder Zeile, die wir schreiben, ja mit jedem Atemzug fühlen –, war imgrunde ein (überirdischer) Glossator. Diese Formel setzt ihn nicht herab; wohl aber die Kunst der Glosse herauf . . . (Daß das, was sich heute als »Philosophie« höchsteigen abstempelt, größtenteils nur Begriffsspalterei in Einteilungsfragen, Wichtigtuerei mit Zünftlerkram, kurzum Fachwissenschaft = Flachwissenschaft ist, bedarf keines weiteren Nachweises – außer für die, so sich getroffen fühlen.)

Die Glosse enthält Urteile, im Gegensatz zur »reinen« Dichtung. Diese Urteile treten, bei aller

Methodenlosigkeit, mit dem Anspruch auf Richtigkeit auf, nämlich auf subjektive Richtigkeit; sie prätendieren, richtig zu sein in ihrer Subsumierbarkeit unter einen umfassenden Wert, einen idealen charakterologischen Typus . . . Jene Pedanten und Idyllisten, die neuerdings die Glosse »verwerfen« und das gesamte Schrifttum in Systematik und Beschreibung einteilen (worunter dann die Glosse wahrhaftig nicht rangieren kann), bedenken nicht, daß auch der *Kampf* eine Erscheinung des Lebens ist, und durchaus eine des geistigen. In der Glosse organisiert sich der Hirnkampf. Sie ist die Waffe der Wollenden, Ideelichen, Typuspropagatoren; ist der ethischen Künstler schimmernder Stahl. Das Pathos des Wollens aber zu begeistern, gegen Polemik zu polemisieren –: dazu bedarf es schon einer kräftigen Portion Unlogik!

Die Glosse: unsre Kunstform par exzellence. Denn – Sie werden es schon bemerkt haben – wir sind sehr kampflustig. Wir sind gehässig und halten uns Ideale. Welche? Mon Dieu, auf eine Formel läßt sich das nicht so bringen; ließe sich's, – wir dürften zu schreiben aufhören. Man lese uns; man wird finden, daß von Hardekopf der Neue Hedonismus, von Heym das Revolutionsdrama, von einem Dritten vielleicht die soziale Aristokratie begründet werden kann. Uns ist die Kunst mehr wert als die Erkenntnis, Macht mehr als Kunst. Der Verhaltenheit ziehen wir die Prostitution vor, dem Quietismus die Ekstase.

Wenn ich bedenke, daß auf unserer Gegenseite der Asket, der Snob und der Gelehrte stehen, so scheint mir, wir kämpften (in einer etwas schwärmerischen Art) gegen die *Lüge*.

1 Golo Gangi ist das Pseudonym von Erwin Loewenson (vgl. Dok. 52).
2 *Pan* ist die seit dem November 1910 erscheinende Halbmonatsschrift, die anfangs von Wilhelm Herzog und Paul Cassirer, später von Alfred Kerr herausgegeben wurde (vgl. P. Raabe: *Die Zeitschriften*, Nr. 3).
3 Ferdinand Hardekopf wurde von Hiller, der ihn 1912 einen »Expressionisten« nannte (K. H.: *Ferdinand Hardekopf*. In: *Die Aktion* 2 (1912), Sp. 1484), mehrfach feierlich als Genie gepriesen. Vgl. u. a. K. H.: *Hardekopf*. In: K. H.: *Die Weisheit der Langenweile*. Eine Zeit- und Streitschrift. Bd. 1. Leipzig: K. Wolff 1913. S. 203–208.
4 *Die Schaubühne* (1905–1918; dann unter dem Titel *Die Weltbühne* bis 1933) war unter dem Herausgeber Siegfried Jakobsohn anfangs eine reine Theaterzeitschrift. Jakobsohn wurde von Alfred Kerr stark angefeindet, und Hiller war ein Bewunderer von Kerr.
5 Der »Kosmiker« Alfred Mombert (1872–1842) gilt als Vertreter eines formauflösenden, mytisch-mystischen, naturverklärenden Lyrikstils (»Die Seele schwimmt im Dämmerwald«).
6 Über den der völkisch-nationalen Heimatkunst nahestehenden Dichter Ernst Lissauer (1882–1937; 1907 erschien sein lyrisches Erstlingswerk *Der Acker*) schrieb Hiller später noch schärfer: »Daß der antidestruktive, knorr'ge, ichlos-vaterländische Dichter Ernst Lissauer in Wahrheit ein fettquellender Kommerzienratssproß ist, [. . .] das wäre vielleicht eine unsachliche Indiskretion, wenn es nicht aus der brechreizerregenden Schwüle seines wuchtvollen Eintretens für antisemitische Symbola, für Acker und Eisernes Kreuz, klar hervorginge.« (K. H.: *Die Weiheit der Langenweile* I – s. Anm. 3 –, S. 106 f.)
7 Ernst Blass schrieb dies unter dem Pseudonym Erich Sternow: *Neuland*. In: *Die Aktion* 1 (1911), Nr. 11 (1. Mai), Sp. 338–339 [Rez. zu Paul Friedrich (Hg.): *Neuland. Ein Buch jüngstdeutscher Lyrik*. Mit einem Vorwort von Julius Hart. Berlin 1911]. Vgl. dazu die Notiz von Michael Stark: *Ein Pseudonym aus der »Aktion«. Erich Sternow alias Ernst Blass*. In: arcadia 16 (1981), H. 3.

8
Kurt Hiller: *Expressionismus.* In: K. H.: *Die Weisheit der Langenweile. Eine Zeit- und Streitschrift.* Erster Band. Leipzig: K. Wolff 1913. S. 103.

Den Impressionismus schreibt längst niemand mehr auf ein Panier. Man stellt sich unter ihm heut weniger einen Stil vor als eine unaktive, reaktive, nichts-als-ästhetische Gefühlsart, der man als allein bejahbar eine wieder moralhafte entgegensetzt (Gesinnung; Wille; Intensität; Revolution); und man neigt dazu, den Stil, den diese neue Gefühlsart erzeugt, wegen seiner konzentrierten Hervortreibung des voluntarisch Wesentlichen Expressionismus zu nennen. Aber alles, was Calé impressionistischen Schriftstellern vorwirft [1], paßt auf expressionistische genau so; es trifft Qualitäten, die der neue Stil aus der Liquidation des älteren herübergerettet hat. Die Weise Altenberg's und die Weise Hardekopf's [2]: dem Klassizismus müssen sie verwandter anmuten denn Geschwister. Wir, aus der Nähe, sehen zu deutlich den Gegensatz.

1 Hillers Notiz geht sein Aufsatz *Calé und Impressionismus* voraus (S. 97–103). Die Kritik des neuromantischen Dichters Walter Calé (1881–1904) am literarischen Impressionismus, daß dieser zwar von größter Momentwirkung sei, aber deshalb um so rascher veralte, kritisierte Hiller hier seinerseits zugunsten einer antiklassischen, zeitgebundenen Kunst.
2 Der Wiener Bohemien Peter Altenberg (1859–1919) steht hier als Beispiel eines »impressionistischen« Autors, Hardekopf wurde von Hiller als »expressionistischer« Autor mehrfach hoch gelobt (s. Anm. 3 zu Dok. 7).

9
Tristan Torsi [eig. Iwan Goll]: Vorwort zu dem Gedichtband *Films.* Berlin-Charlottenburg: Verlag der expressionistischen Monatshefte 1914.

Der Expressionismus ist keine neue Religion, die hier gegründet wird. Er ist schon längst das tägliche Brot der Malerei. Er ist eine Seelenfärbung, die (für die Techniker der Literatur) noch nicht chemisch analysiert war und daher keinen Namen hatte.

Expressionismus liegt in der Luft unserer Zeit, wie Romantik und Impressionismus die einzige Ausdrucksmöglichkeit früherer Generationen waren.

Expressionismus entfernt sich streng von ihnen. Er verleugnet jene Kunstgattungen des l'art pour l'art, denn er ist weniger eine Kunstform als eine Erlebnisform. Im Goetheschen Sinn.

Expressionismus nähert sich der Klassik. Er hat mehr Gehirn als Gefühl, er ist mehr Ekstase als Traum. Und so ist er klassizistisch, ohne den Anspruch zu haben, je klassisch zu werden.

10
René Schickele: [Expressionismus]. In: *Die weißen Blätter* 3 (1916), 1. Quartal, S. 135–136.

Da wir schon beim »Expressionismus« sind, will ich mit meiner Meinung über ihn nicht hinter dem Berg halten. Der Expressionismus ist ebensoviel und ebensowenig wert, wie jedes Schlagwort. Es gab expressionistische Dichtungen, expressionistische Gemälde, bevor es einen »Expressionismus« gab. Vielfach nennen wir heute expressionistisch, was früher romantisch hieß, und deshalb ist es nicht richtig, daß uns die Intensität des Ausdrucks, die ihn kennzeichnen soll, erst durch französische Werke vermittelt werden mußte. Jedenfalls hat das Schlagwort den Wert eines Schlagworts, es ist mit ihm bestellt wie mit dem Realismus und Naturalismus früherer Generationen. Es kann eine moralische Macht werden oder in der Literaturgeschichte stecken bleiben. Der Essai von Heinrich Mann im Novemberheft [1] zeigte, zu welcher politischen Macht der Naturalismus in Frankreich gelangen konnte, ein Vergleich mit der sozialisierenden Liebhaberei der schnell emporgekommenen deutschen Naturalisten, die eben nur Literaturbeflissene waren, Literaten, die, wenigstens bildlich gesprochen, eilig nach Berlin W übersiedelten, würde das Mißverhältnis in ein noch grelleres Licht setzen.

Der Expressionismus, so, wie ihn die sehn, die als Expressionisten angesprochen werden, ist natürlich auch eine technische Ausdrucksform – der die Naturalisten genau so gegenüberstehn, wie die »totalen« Deutschen der achtziger Jahre den Naturalismus ansahn. Er bedeutet aber vor allem den Wunsch, neben die Schilderung einen moralischen Willen zu setzen, er ist kämpferisch, er ist radikal, er schleudert die Kunst, die in und seit unsrer Klassik ein vornehmes Privatleben führte, durch die Straße – selbst auf die Gefahr hin, daß sie dort zugrunde gehe.

Schickeles »Meinung« zum »Expressionismus« steht zusammen mit verschiedenen anderen Notizen in der die Hefte der *Weißen Blätter* jeweils abschließenden Rubrik »Bemerkungen des Herausgebers«. Der Passus wurde bei P. Pörtner: *Literaturrevolution II*, und P. Raabe: *Expressionismus*, fälschlich als »Antwort an Otto Flake« mit abgedruckt. Die Antwort auf Flakes Kritik u. a. an H. Mann und dem »Expressionisten« Schickele (s. S. 82, Anm. 21) geht dem hier abgedruckten Passus zwar unmittelbar voraus, doch sind beide Texte typographisch (und inhaltlich) deutlich als jeweils eigenständig erkennbar gemacht.

1 Heinrich Mann: *Zola*. In: *Die weißen Blätter* 2 (1915), S. 1312–1382.

11
Paul Hatvani: *Versuch über den Expressionismus*. In: *Die Aktion* 7 (1917), Sp. 146–150.

I

Der Expressionismus ist eine Revolution: damit will ich nun keine Definition gesagt haben, sondern bloß ein Argument zu seiner Geschichte. Denn, – mag es auch banal und akademisch klingen –: Evolutionen in der Kunst können nur nach Form und Inhalt, immer wieder nach Form und Inhalt, definiert werden und niemals nach den äußeren Umständen ihrer Entwicklung. Geradeso kann man auch sagen, der Expressionismus hätte nun neuerdings das *Ich* entdeckt: diese Erkenntnis allein ist schon ein Bekenntnis zur Revolution, wenn man darunter das maßlose, aber berechtigte Überhandnehmen eines Teiles über ein Ganzes versteht. Im Impressionismus hatten sich Welt und Ich, Innen und Außen, zu einem Gleichklang verbunden. *Im Expressionismus überflutet das Ich die Welt.* So gibt es auch kein Außen mehr: der Expressionist verwirklicht die Kunst auf eine bisher unerwartete Weise. (Die konventionellere »ungeahnte Weise« wäre hier falsch: dem Expressionismus steht ja die Ahnung näher als die Erwartung, und so ist die eine Steigerung der andern.)

Nach dieser ungeheuerlichen Verinnerlichung hat die Kunst keine Voraussetzung mehr. So wird sie *elementar.* Der Expressionismus war vor Allem die *Revolution für das Elementare.* –

II

Der Weg zum Elementaren ist die Abstraktion. Allerkonsequenteste Abstraktion führt bis ins Element: über die Form hinaus, die sie zerstört, bis sie im Ursprung des Inhaltes landet. Man darf nicht sagen, daß der Expressionismus den Inhalt vor die Form stelle. *Aber er macht auch die Form zum Inhalt.* So wird auch hier ein Äußerliches verinnerlicht, und über das vorherige Chaos triumphiert das Element.

Nichts ist reiner, moralischer, ethischer als die Darstellung des Elementaren. Das Element kennt kein Kompromiß; es besteht für sich, in sich, aus sich: *es ist.* Nur das Element ist durch bloßes Dasein wirkend: so erfüllt es sich in einer *Idee der Weiblichkeit.* Der Mann schafft – das Weib ist; der Mann beweist sich der Welt durch das Bewußtsein – das Weib wird von der Welt bewiesen. So erhält – das Element einen geistigen Reflex vom Weibe, und der Expressionismus eine sinnliche Bezüglichkeit zum Geschlecht. Und da der Künstler doch im ewigen Gegensatze zum Stoffe lebt, wird dieser weibliche Stoff des expressionistischen Künstlers ein Urquell seiner erhöhten Männlichkeit.

Der Mann ist differenziert; der Künstler eine höhere Potenz davon; der Expressionist die vorläufig höchstdenkbarste. Das Weib ist das Element.

Und im Anfang war das Element. –

III

Die Form wird beim Expressionismus zum Inhalt: sie macht einen bedeutungsvollen Schritt über sich selbst hinaus. Das ist ein Gegensatz nicht etwa zur Musik, sondern zu dem, das ich »*Idee des Musikalischen*« (im Sinne Schopenhauers) nennen will: denn in der Musik wird auch der Inhalt formal. Aber »in Form aufgelöst«.

Diese Transformation der Form in den Inhalt bedingt die ungewöhnliche *Verdichtung* des Expressionismus. Das expressionistische Kunstwerk ist so konzentriert, daß scheinbar für die Form weder Zeit noch Raum übrigbleibt. Der Inhalt wächst über Zeit und Raum hinaus; er erfüllt seine Welt und bestätigt sich im Willen zur Ewigkeit. So wird das Kunstwerk auf eine neue Art unabhängig von Zeit und Raum.

Aber es lebt eine eigene Dimension der Zeit.

IV

Rhythmus ist ein Zeit-Reflex auf das Kunstwerk. Er ist die innere Periodizität einer metaphysischen Lebensbejahung und damit auch das sichtbare Merkmal einer Kraft, die durch das Kunstwerk wirkt. Das Kunstwerk ist ja wohl in erster Linie Sein – dann aber auch *Wirkung*: und der Expressionismus vereinigt diese beiden Prädikate der Kunst.

Im expressionistischen Kunstwerke ist Sein und Wirkung Eins geworden: so ist nun auch der Rhythmus ganz ins Innere des Werkes verlegt. Ohr und Auge sind ausgeschaltet; aber das Bewußtsein der Kunstempfindung ist ungeheuerlich gesteigert. Hier ruht nun der Rhythmus im Inhalte selbst und hat mit der Form nichts mehr zu tun.

(Dieses hat wohl den Philister am ärgsten gegen den Expressionismus aufgebracht: der »goldene Mittelweg« ist ganz verschwunden, und die leichtfaßliche Gliederung in Klang, Reim, Ornament und ewiger Wiederkehr ist nicht mehr zu erkennen. Das sind aber Dinge, die dem Philister das Wesen der Kunst ausmachen; der Expressionismus hat ihn darum betrogen!)

Der Rhythmus des Expressionismus ist nicht mehr Wirkung, sondern *Ereignis*. Er ist nicht mehr das scheinbare Wellenspiel eines toten Meeres, sondern die ewige, unendliche *Bewegung* der Ströme im Meer. –

V

Im Expressionismus, endlich, ist sich die Kunst selbst Inhalt genug. Das »l'art pour l'art« hat sich zur Idee der »Kunst an sich« geläutert. Nicht, ohne diesem ureigenen Inhalte eine radikale Umwertung zu bereiten.

Im Impressionismus noch war ein starrer Inhalt in das Bewegliche der Form gekleidet: mit der Form nun hat der Inhalt des expressionistischen Kunstwerkes auch die *Beweglichkeit* erlangt. So hatte die neue Kunst ihre erste große, überirdische Freude am Ausdruck der Bewegung. (Die futuristische Malerei entlud sich vorerst in der bewegten Darstellung des Raumes; nach und nach hat *jedes* expressionistische Kunstwerk die widerspruchsvolle Statik früherer Kunstrichtungen in die sinnreichere Dynamik unserer Anschauung verwandelt. Die Bewegung ist ein Attribut des Inhalts geworden und also der Inhalt selbst.) Statik und Dynamik: dieser Gegensatz ist im Expressionismus bewußt geworden. Und dieses Bewußtsein wird viel Abgestorbenes überwinden; es scheint mir, als wäre jetzt erst die letzte Stunde des Naturalismus gekommen: der Expressionismus hat seine Starrheit befreit und in Bewegung verwandelt. –

VI

Bewegung als Bewußtseinsinhalt ist so eminent neu, daß wir gar keine Begriffe dafür haben. Und da das Kunstwerk ein Sein gewordener Bewußtseinsinhalt ist, hatte es auch keine Methoden für die Bewegung. Hier wurde der Expressionismus zum erstenmale schöpferisch: er schuf Raum für die Bewegung.

Der Raum ist ein Formproblem; – diese aber hat der Expressionismus im Inhalte gelöst. So kann man etwa sagen, daß der Expressionismus *die Form teilweise durch Bewegung ersetzt* habe, und hat damit schon sehr viel gesagt. –

[...]

VII

Ein beachtenswertes Zusammentreffen geistiger Erlebnisse: gleichzeitig fast mit der Geburt der neuen expressionistischen Kunst begann sich die neue *Relativitätstheorie* (vor Allem Einstein) [1] der Naturwissenschaften zu bemächtigen.

Ich will hier auf diese größte Abstraktion, die menschlichem Denken außerhalb der Kunst bisher gelungen ist, nur kurz hingewiesen haben. Auch die Relativitätstheorie hebt jedes Ding und jedes Ereignis aus der Starrheit der Statik und löst es in eine kosmische Dynamik auf. Alles ist Bewegung.

Ich will nur anführen, daß es zum Beispiel dem Professor Einstein gelungen ist, die Newtonsche Gravitationsanschauung durch eine neue zu ersetzen, die ich »psychozentrisch orientiert« nennen möchte: sie hebt *alle* Voraussetzungen der ultra- und intraphysikalischen Trägheit des Denkens auf und löst das denkende Ich *selbst* in den Bewußtseinsinhalt »Gravitation« auf.

... Und tut dies nicht auch jedes expressionistische Kunstwerk?

Der Expressionismus zwingt uns, alle Voraussetzungen unserer bisherigen Daseinswelt aufzugeben. Der Beschauer versetze sich in das Bild, der Leser in den Gedanken, der Theaterbesucher in die Handlung. Um nun die organische Einheit des Bildes, des Gedankens, der Handlung nicht weiter zu stören, bedarf es jener *Relativität der Anschauung*, auf die es ja auch dem Physiker ankommt. Man hat nichts weiter zu tun, als seinen *Standpunkt* aufzugeben: die »*psychozentrische Orientierung*« des Denkens und Fühlens verbietet es, Standpunkte zu haben. So fließt alles dorthin zurück, woher es einmal gekommen ist: ins *Bewußtsein*. –

VIII

Der Expressionismus stellt wiederum die Apriorität des Bewußtseins her. Der Künstler spricht: Ich bin das Bewußtsein, die Welt ist mein Ausdruck. Die Kunst vermittelt also zwischen Bewußtsein und Welt; oder, wenn man will, sie entsteht im Werden des Bewußtseins. So ist also die große Umkehrung des Expressionismus: das Kunstwerk hat das Bewußtsein zur *Voraussetzung* und die Welt zur *Folge*; es ist also schöpferischer, als es das impressionistische Kunstwerk sein konnte. Dort »brachte« das Kunstwerk die Welt »ins Bewußtsein«; –

Der Expressionismus macht die Welt bewußt. Er apperzipiert das Weltall und führt es in das Reich des Geistes ein. –

IX

Der Expressionismus stellt das Bewußtsein *nicht über*, aber immer *in alles*. Das ist seine einzige Forderung und seine einzige Methode.

Das expressionistische Kunstwerk ist nicht nur verbunden, sondern auch identisch mit dem Bewußtsein der Künstler. Der Künstler schafft seine Welt in seinem Ebenbilde. Das Ich ist auf eine divinatorische Art zur Herrschaft gelangt.

... Und, getreu seinen relativistischen Grundlagen, muß der Expressionismus auf jede starre Definition seines Wesens verzichten. Alles, was über ihn ausgesagt wird, ist durch ihn bestätigt. Das Wort erlebt sich selbst, und da es einen Begriff verfolgt, empfindet es sich als Bewegung: jeder Ausdruck des Bewußtseins ist Bewegung.

Bewegung: darauf kommt es an. Der Expressionismus hat die Bewegung entdeckt und weiß, daß auch die Ruhe und das Gleichgewicht und die ungeheure Trägheit der Welt und des Schicksals nur Bewegungen sind. Und es ist letzten Endes nur die Erkenntnis einer ursprünglichsten Form, wenn er von seiner Welt sagt:

Im Anfang war Bewegung. Denn auch das Wort ist Bewegung, und im Anfang war das Wort!

1 Vgl. S. 115 dieses Bandes und Anm. 2 zu Dok. 35.

12
Kasimir Edschmid: *Expressionismus in der Dichtung*. Rede gehalten am 13. Dezember 1917 vor dem Bund Deutscher Gelehrter und Künstler und der Deutschen Gesellschaft 1914. In: *Die neue Rundschau* 29 (1918), Bd. 1 (Märzheft), S. 359–374.

Vorbemerkung. Wir bringen den Aufsatz Edschmids aus keinem andern Grunde, als um dem Leser eine Probe zu geben, wie ein Dichter der jüngeren Generation sich seine Auffassung expressionistischer Ziele definiert und seine historischen und zeitgenössischen Urteile bildet. Wir brauchen nicht zu betonen, daß eine programmatische Bindung in dieser Zeitschrift damit nicht nur nicht gegeben ist, sondern daß wir die ästhetische und literar-historische Rangordnung der Werte, soweit sie sich auf die Produktion der letzten dreißig Jahre bezieht, durchaus ablehnen. Es hat sich bisher immer erwiesen, daß mit der Abschätzung einer literarischen Richtung die Werke, die man ihr zuzählt, keineswegs mit getroffen werden. Nie wird eine Persönlichkeit von der Richtung geschluckt, sie wird von ihr genährt und dann entbunden. Das ist eine ewige Erfahrung der Kunstgeschichte. Auf dies delikate Problem wird sich lohnen, in größerem Zusammenhange zurückzukommen.

Wenn man, selbst verstrickt in eine Bewegung, darüber auszusagen den Drang spürt, bedarf es vor allem Unerbittlichkeit und Hingabe. Voll tiefem Glauben an die Idee habe man Mißtrauen gegen die Zeitlichkeit. Unser Blick, allzusehr befangen im Irdischen, täuscht unsere Liebe zu leicht.

Inbrunst ohne die Strenge aber ist zügellos. Der Glaube nur, der sich aus Sehnsucht selber peinigt, wird endlich aktiv. Tieferer Sinn steigt erst aus der Mißhandlung. Schmänung der eigenen Hingabe macht sie erst süß. Hier muß viel gewagt werden, um das Undeutliche zu vermeiden, alles, um das Gerechte deutlich zu machen. Eifer allein ist die Leidenschaft des Beschränkten. Kühnheit, die sich quält, ist das Ziel des Edlen und Tapferen.

Schon der Außenstehende hat zwischen dem Absoluten und sich die Zeit. Der Innenstehende und Beteiligte hat zu der Zeit noch die Sehnsucht, daß der Ausdruck, dem er die unendliche Form gibt, der dauernde sei. Ihm verwirrt das Urteil noch dazu die Liebe. Es gibt darum nur eine Forderung: Grausamkeit.

So allein vermag manchmal das objektive Bild aufzustehen und blank zu scheinen. Doch auch dies ahnen wir nur. Die letzten Urteile werden erst in der Zeit gefällt, nicht in der Zeitlichkeit unseres Tags. Um gerecht zu sein, bedürfen wir vieler Distanz. Die aber haben wir nur durch den Mut der Strenge. Ja wir müssen es wagen, voll Hoffnung, unsterbliche Ziele aufzutürmen, den Gedanken zu halten, wir seien ein Spielzeug nur der Schöpfung, und das was uns groß erschien und das Höchste, sei nur ein kleiner Versuch. Hohn käme über das, was wir liebten, Verachtung auf unsere Inbrunst. Auch dies bedenkend, muß der Angriff gewagt sein.

Es muß der Mut da sein, größer als jener, der bejaht, sich selbst zu schänden, zu bluffen, geformtem Ding den Schädel einzuschlagen, voll der Neugier, ob Bleibendes sich weise. Nur Wille, sich selbst zu mißtrauen, macht die Sehnsucht frisch, das Positive rund. Nur so erhält das prüfende Auge Distanz.

Nur so verschwindet das gorgonische Haupt der Bewegung, das die Zeit umspielt, und wir greifen ihr ins Herz. Mit einem einzigen Griff. Sein Ausschlag, seine Zuckung weist in Vergangenes, weist in das Kommende. Durch strengste Forderung allein kommen wir zu überzeitlichem Urteil. Vielleicht aber müssen wir hier auch nur stehen, glaubend und hoffend, aber nicht wissend. Aber eines besitzen wir zum wenigsten dann: geprüfteren Blick.

Der Blick geht auf die Historie.

Doch ist sie nur logisch, dunkleren Zusammenhängen der Idee gegenüber taub. Logisch entwickelt der Geist sich nicht, tieferen Kräften nach steht er auf und braust oder schweigt. Wir fühlen ihn nur. Zusammenhänge laufen nicht gradlinig, mehr unter, als in der sichtbaren Zeit. Dazu kommt, daß auch rein formale Entwicklung bei uns getrübt ist. Auch das rein Orientierende am äußeren Verlauf der Entwicklung ist in Deutschland schwer.

Wir haben noch nicht Tradition, noch nicht gefestigten Mutterboden, aus dem in organischem Wachstum die Idee sich entwickelt. In Frankreich etwa steht jeder Revolutionär auf den Schultern seines Vorgängers. In Deutschland hält der Achtzehnjährige den von zwanzig für einen Idioten. In Frankreich verehrt der Junge im Älteren irgendwie den Erzeuger. Bei uns ignoriert er ihn. Aus dem Zentrum völkischen Weltgefühls schafft der Franzose. Der Deutsche beginnt jeder von anderer Stelle der Peripherie. Bei uns ist vieles noch Zuckung sich gestaltender völkischer Mentalität. Vieles noch stürzendes Chaos, noch nicht starke tragfähige Ebene.

Darum haben wir wildere, unendlichere, aber zerrissenere Kunstwerke. Andere Völker haben mehr die stete Form.

So ist selbst schwer beim Suchen des Wesentlichen, die formale Entwicklung aufzuzeichnen. Historie bedeutet auch hier nur die äußere Leitung.

Seit der Romantik war Stagnation.

Der große Bogen bürgerlichen Gefühls, der zu enden jetzt anhebt, begann. Gegen ausgepumptes Epigonentum schlug die naturalistische Welle. Aus Schminke, Fassade und Feigenblatt brach schamlos die Tatsache. Nichts vom Wesen eines Dings. Nichts Eigentliches, was der Gegenstand unserer sensuellen Welt nur zudeckt. Nur Notiertes, nur endlich Ausgesprochenes. Aber mit grandioser Wucht lauter Dinge, belanglos für das Kunstwerk in seiner letzten Form, aber Anstöße, Kampf. Der Naturalismus war eine Schlacht, die wenig Sinn für sich hat, aber er gab Gesinnung.

Da standen plötzlich wieder Dinge: Häuser, Krankheit, Menschen, Armut, Fabriken. Sie hatten keine Verbindung noch zu Ewigem, waren nicht geschwängert von Idee. Aber sie wurden genannt, gezeigt. Nackte Zähne der Zeit klafften und zeigten Hunger.

Er warf auch menschliche Fragen auf und brachte das Eigentliche damit näher. Er mischte sich mit Sozialem eng: schrie .... Hunger, Huren, Seuche, Arbeiter.

Doch ohne Ahnung seiner Grenzen focht er nicht nur gegen die Form der Zeitlichkeit, er hatte schöpferische Ambition. Er glaubte ohne Geist sein zu können, begann den Zikadenkampf gegen Gott. Das löste ihn sofort auf. Er dauerte kaum einen Atemzug.

Gegen seine wüste Orientierung gab es einen Gegenpol voll Aristokratie. Gegen den Lärm Adel, das Asoziale, das Kunst-à tout prix. Die Überschätzung des Maschinellen ließ auf die Seele deuten.

Hier wurde zum erstenmal wieder Dichtung. Stefan Georges große Gestalt erhebt sich da. Doch war es ihr, die noch zu nahen reinen Tatsachen stand, nicht gegeben, Tempo, Geist und Form der Zeit zu großen umfassenden Schöpfungen zu verdichten. Dazu war die Zeit noch nicht reif. Das wesentlichste Verdienst dieser Bewegung ist der Wert, den sie auf das Formale legte. Man begann sich wieder zu besinnen, was Schilderung und was dagegen Dichtung sei. Die Unterschiede zwischen Schriftsteller und Dichter wurden klar.

Jedoch: sie wurden allzu klar gelegt. So lief diese Bewegung in Erstarrung. Man verwechselte Dichten und Würde. Man glaubte, das Wesentliche sei das Erlauchte und Würde sei besser als der Mut unbedenklichen Zugriffs. Es wurde Cenakelkult getrieben. Ästhetentum verbreitete sich und traf in eine Zeit, die, reich geworden, von den Gründerjahren und dem Zustrom des Geldes übersättigt, noch völlig ohne die Struktur eines kulturellen Zeitbodens, glaubte die schöne Dekadenz spielen zu können.

Immerhin aber hob sich das ganze Niveau. Man konnte nach George nicht mehr vergessen, daß eine große Form unumgängig sei für das Kunstwerk. Man konnte nicht mehr nur durch Kraßheit, Photographieren der Wirklichkeit, nicht mehr mit flauen Sentiments nach dichterischen Zielen greifen. Das strenge Gesetz Georges brach über den Rand des Geheimbunds, kam in Lyrik und Essai, in Drama und Roman und half erziehen.

So kam zum Blick für die Tatsachen der Sinn für die Form.

Der Impressionismus begann, die Synthese ward versucht.

Sie ward sogar erreicht in einem gewissen Bezirk. Die leitenden Ströme der Zeit schlossen sich zusammen, aber sie entzündeten sich nur am Moment. Es wurde die Kunst des Augenblicks.

Man war geschult und hatte Vorwürfe. Mit nervöser Zärtlichkeit behandelte man die Objekte. Sprunghaft setzte man Stück an Stück. Mit gehobener Technik vermochte man die Dinge anzugreifen, doch wurde es oft Deskription. Das eigentliche, der letzte Sinn der Objekte, erschöpfte sich noch nicht ganz. Denn der Lichtstrahl des Schöpfers überzuckte sie nur kurz. Es gab blendende Gebärden, göttliche Momente. Das Unsterbliche tauchte bestürzend auf und verschwand. Es war wie die Anrufung eines Geistes, dessen Umriß zitternd in der Luft schwebt, geahnt wird, aber nie mit Brausen in die Form der Wirklichwerdung stürzt. Es gab Momentbilder von Schönheit, gab Gesten von Tiefe, es gab vielleicht eine Tat, eine Handlung, eine kurz herausgebrochene unsterbliche Schönheit.

Aber auch diese Zeit lag noch in jenem Riesenboden, der bürgerlichen Vorstellungen zugängig, kapitalistischen Zusammenhängen unterworfen, privat blieb. Nöte und Sorgen des Individuums lebten darin. Die bürgerliche Gesellschaft gab ihr Thema, Not und Gehalt. Ehe, Familie, bürgerliches Dasein wurden Themen, die man künstlerisch und technisch geschickt verarbeitete. Versuchte man Kosmisches, ward es nicht erreicht, blieb im Lallen, gab man Natur, war es Ausschnitt, gab man Leben, war es Sekunde, gab man Tod, war es nur das Erlöschen, nicht das ungeheure nie endende Geschehen des tragischen Hingehns.

Der Impressionismus, der so nie total ward, nur Stückwerk gab, nur dramatisch oder lyrisch oder sentimental für einen Gestus, ein Gefühl war, diese kleinen Ausschnitte der großen Welt aber oft herrlich formte, wurde und mußte werden, dem Kosmos gegenüber, im Auge die Schöpfung, Mosaik. In unzählige kleine Teile zerlegte er die Welt, um ihr den tieferen Atem einzuhauchen. Er war das Ende einer langen Entwicklung. Das große Raumgefühl der Renaissance erreichte in ihm den Schluß.

Er zersetzte, löste auf und parzellierte, formte das Zerschlagene in kleine Gefühle, nicht zu massiv verschmolzenen Zusammenhängen. Über ihn hinaus gab es nur Anarchie.

Seine letzte Zerstäubung ist der Futurismus. Expressionismus hat nicht die Spur mit ihm zu tun. Futuristen waren es, die den schon in Teile, Minuten, Fermaten zerteilten Raum noch einmal zum Explodieren brachten, indem sie das Weltbild als ein gleichzeitiges Nebeneinander von Sinneseindrücken darstellten. Sie spitzten die Teile des Impressionismus nur zu, glätteten sie, gaben ihnen schärfere Form und gespenstigeren Umriß, vermieden das Kokette und schoben das Nacheinander des impressionistischen Weltlaufs zu einem hastigen, gehetzten Nebeneinander, Ineinander.

Der Expressionismus, ein Schlagwort von zweifelhafter Formulierung, hat mit dem Impressionistischen nichts zu tun. Er kam nicht aus ihm. Er hat keinen inneren Kontakt, nicht einmal den des neuen, der den alten erschlägt. Es sei denn, daß dies die beiden Bewegungen verbände, daß die eine die andere vorbereitete nach einem dunklen immanenten und unlogischen Gesetz des Triebes, der Steigerung der Idee und der Kraft.

Der Expressionismus hat vielerlei Ahnen gemäß dem Großen und Totalen, das seiner Idee zugrunde liegt, in aller Welt, in aller Zeit. Was die Menschen heute an ihm sehen, ist fast nur das Gesicht, das was erregt, das was epatiert. Man sieht nicht das Blut. Programme, leicht zu postulieren, nie auszufüllen mit Kraft, verwirren das Hirn, als ob je eine Kunst anders aufgefahren sei als aus der Notwendigkeit der Zeugung. Mode, Geschäft, Sucht, Erfolg umkreisen das erst Verhöhnte.

Als Propagatoren stehen die da, die in dumpfem Drang des schaffenden Triebes zuerst das Neue schufen. Als ich vor drei Jahren mein erstes Buch schrieb, las ich erstaunt, wenig bemüht damals um künstlerische Fragen: hier seien erste expressionistische Novellen. [1] Denn Wort und Sinn waren mir damals neu und taub. Nur die Unproduktiven eilen mit Theorie der Sache voraus. Eintreten für sein Ding ist eine Kühnheit und eine Sache voll Anstand. Sich für das Einzige erklären, Frage des bornierten Hirns. Eitel ist dies ganze äußere Kämpfen um den Stil, um die Seele des Bürgers. Am Ende entscheidet lediglich die gerechte und gut gerichtete Kraft.

Es kamen die Künstler der neuen Bewegung.

Sie gaben nicht mehr die leichte Erregung. Sie gaben nicht mehr die nackte Tatsache. Ihnen war der Moment, die Sekunde der impressionistischen Schöpfung nur ein taubes Korn in der mahlenden Zeit. Sie waren nicht mehr unterworfen den Ideen, Nöten und persönlichen Tragödien bürgerlichen und kapitalistischen Denkens.

Ihnen entfaltete das *Gefühl* sich maßlos.

Sie sahen nicht.

Sie schauten.

Sie photographierten nicht.

Sie hatten Gesichte.

Statt der Rakete schufen sie die dauernde Erregung. Statt dem Moment die Wirkung in die Zeit. Sie wiesen nicht die glänzende Parade eines Zirkus. Sie wollten das Erlebnis, das anhält.

Vor allem gab es gegen das Atomische, Verstückte der Impressionisten nun ein großes umspannendes *Weltgefühl*. In ihm stand die Erde, das Dasein als eine große Vision. Es gab Gefühle darin und Menschen. Sie sollten erfaßt werden im Kern und im Ursprünglichen. Die große Musik eines Dichters sind seine Menschen. Sie werden ihm nur groß, wenn ihre Umgebung groß ist. Nicht das heroische Format, das führte nur zum Dekorativen, nein groß in dem Sinne, daß ihr Dasein, ihr Erleben teil hat an dem großen Dasein des Himmels und des Bodens, daß ihr Herz, verschwistert allem Geschehen, schlägt im gleichen Rhythmus wie die Welt.

Dafür bedurfte es einer tatsächlich neuen Gestaltung der künstlerischen Welt. Ein neues Weltbild mußte geschaffen werden, das nicht mehr teil hatte mit jenem nur erfahrungsmäßig zu erfassenden der Naturalisten, nicht mehr teil hatte mit jenem zerstückelten Raum, den die Impression gab, das einfach sein mußte vielmehr, eigentlich und darum schön.

Die Erde ist eine riesige Landschaft, die Gott uns gab. Es muß nach ihr so gesehen werden, daß sie unverbildet zu uns kommt. Niemand zweifelt, daß das Echte nicht sein kann, was als äußere Realität erscheint. Die Realität muß von uns geschaffen werden. Der Sinn des Gegenstands muß erwühlt sein. Begnügt darf sich nicht werden mit der geglaubten, gewähnten notierten Tatsache, es muß das Bild der Welt rein und unverfälscht gespiegelt werden. Das aber ist nur in uns selbst.

So wird der ganze Raum des expressionistischen Künstlers Vision. Er sieht nicht, er schaut. Er schildert nicht, er erlebt. Er gibt nicht wieder, er gestaltet. Er nimmt nicht, er sucht. Nun gibt es nicht mehr die Kette der Tatsachen: Fabriken, Häuser, Krankheit, Huren, Geschrei und Hunger. Nun gibt es die Vision davon. Die Tatsachen haben Bedeutung nur soweit, als durch sie hindurchgreifend die Hand des Künstlers nach dem greift, was hinter ihnen steht.

Er sieht das Menschliche in den Huren, das Göttliche in den Fabriken. Er wirkt die einzelne Erscheinung in das Große ein, das die Welt ausmacht. Er gibt das tiefere Bild des Gegenstands, die Landschaft seiner Kunst ist die große paradiesische, die Gott ursprünglich schuf, die herrlicher ist, bunter und unendlicher als jene, die unsere Blicke nur in empirischer Blindheit wahrzunehmen vermögen, die zu schildern kein Reiz wäre, in der das Tiefe, Eigentliche und im Geiste Wunderbare zu suchen sekündlich voll von neuen Reizen und Offenbarungen wird.

Alles bekommt Beziehung zur Ewigkeit. Der Kranke ist nicht nur der Krüppel, der leidet. Er wird die Krankheit selbst, das Leid der ganzen Kreatur scheint aus seinem Leib und bringt das

Mitleid herab von dem Schöpfer. Ein Haus ist nicht mehr Gegenstand, nicht mehr nur Stein, nur Anblick, nur ein Viereck mit Attributen des Schön- oder Häßlichseins. Es steigt darüber hinaus. Es wird so lange gesucht in seinem eigentlichsten Wesen, bis seine tiefere Form sich ergibt, bis das Haus aufsteht, das befreit ist von dem dumpfen Zwang der falschen Wirklichkeit, das bis zum letzten Winkel gesondert ist und gesiebt auf den Ausdruck, der auch auf Kosten seiner Ähnlichkeit den letzten Charakter herausbringt, bis es schwebt oder einstürzt, sich reckt oder gefriert, bis endlich alles erfüllt ist, das an Möglichkeiten in ihm schläft. Eine Hure ist nicht mehr ein Gegenstand, behängt und bemalt mit den Dekorationen ihres Handwerks. Sie wird ohne Parfüme, ohne Farben, ohne Tasche, ohne wiegende Schenkel erscheinen. Aber ihr eigentliches Wesen muß aus ihr herauskommen, daß in der Einfachheit der Form doch alles gesprengt wird von den Lastern, der Liebe, der Gemeinheit und der Tragödie, die ihr Herz und ihr Handwerk ausmachen. Denn die Wirklichkeit ihres menschlichen Daseins ist ohne Belang. Ihr Hut, ihr Gang, ihre Lippe sind Surrogate. Ihr Wesen ist darin nicht erschöpft. Die Welt ist da. Es wäre sinnlos, sie zu wiederholen. Sie im letzten Zucken, im eigentlichsten Kern aufzusuchen und neu zu schaffen, das ist die größte Aufgabe der Kunst.

Jeder Mensch ist nicht mehr Individuum, gebunden an Pflicht, Moral, Gesellschaft, Familie. Er wird in dieser Kunst nichts als das erhebendste und kläglichste: er wird Mensch.

Hier liegt das Neue und Unerhörte gegen die Epochen vorher. Hier wird der bürgerliche Weltgedanke endlich nicht mehr gedacht. Hier gibt es keine Zusammenhänge mehr, die das Bild des Menschlichen verschleiern. Keine Ehegeschichten, keine Tragödien, die aus Zusammenprall von Konvention und Freiheitsbedürfnis entstehen, keine Milieustücke, keine gestrenge Chefs, lebenslustige Offiziere, keine Puppen, die an den Drähten psychologischer Weltanschauungen hängend mit Gesetzen, Standpunkten, Irrungen und Lastern dieses von Menschen gemachten und konstruierten Gesellschaftsdaseins spielen, lachen und leiden. Durch alle diese Surrogate greift die Hand des Künstlers grausam hindurch. Es zeigt sich, daß sie Fassaden waren. Aus Kulisse und Joch überlieferten verfälschten Gefühls tritt nichts als der Mensch.

Keine blonde Bestie, kein ruchloser Primitiver, sondern der einfache, schlichte Mensch, sein Herz atmet, seine Lunge braust, er gibt sich hin der Schöpfung, von der er nicht ein Stück ist, die in ihm sich schaukelt, wie er sie wieder spiegelt. Sein Leben reguliert sich ohne die kleinliche Logik, ohne Folgerung, beschämende Moral und Kausalität lediglich nach dem ungeheuren Gradmesser seines Gefühls.

Mit diesem Ausbruch seines Inneren ist er allem verbunden. Er begreift die Welt, die Erde steht in ihm. Er steht auf ihr mit beiden Beinen angewachsen, seine Inbrunst umfaßt das Sichtbare und das Geschaute. Nun ist der Mensch wieder großer unmittelbarer Gefühle mächtig. Er steht da, so deutlich in seinem Herzen zu erfassen, so absolut ursprünglich von den Wellen seines Bluts durchlaufen, daß es erscheint, er trüge sein Herz auf der Brust gemalt. Er bleibt nicht mehr Figur. Er ist wirklich Mensch. Er ist verstrickt in den Kosmos, aber mit kosmischem Empfinden. Er klügelt sich nicht durch das Leben. Er geht hindurch. Er denkt nicht über sich, er erlebt sich. Er schleicht nicht um die Dinge, er faßt sie im Mittelpunkt an. Er ist nicht un-, nicht über-menschlich, er ist nur Mensch, feig und stark, gut und gemein und herrlich, wie ihn Gott aus der Schöpfung entließ. So sind ihm alle Dinge, deren Kern, deren richtiges Wesen er zu schauen gewohnt ist, nahe. Er wird nicht unterdrückt, er liebt und kämpft unmittelbar. Sein großes Gefühl allein, kein verfälschtes Denken führt ihn und leitet ihn. So kann er sich steigern und zu Begeisterungen kommen, große Ekstasen aus seiner Seele aufschwingen lassen. Er kommt bis an Gott als die große, nur mit unerhörter Ekstase des Geistes zu erreichende Spitze des Gefühls.

Doch sind diese Menschen nicht töricht. Ihr Denkprozeß verläuft nur in andere Natur. Sie sind unverbildet. Sie reflektieren nicht. Sie erleben nicht in Kreisen, nicht durch Echos. Sie erleben direkt.

Das ist das größte Geheimnis dieser Kunst. Sie sind ohne gewohnte Psychologie. Dennoch geht ihr Erleben tiefer. Es geht auf den einfachsten Bahnen, nicht auf den verdrehten, von Menschen geschaffenen, von Menschen geschändeten Arten des Denkens, das, von bekannten Kausalitäten gelenkt, nie kosmisch sein kann. Aus dem psychologischen kommt nur Analyse. Es kommt auseinanderfalten, nachsehen, Konsequenzen ziehen, erklären wollen, besser wissen, eine Klugheit heucheln, die doch nur nach den Ergebnissen geht, die unseren für große Wunder blinden Augen bekannt und durchsichtig sind. Denn vergessen wir nicht: alle Gesetze, alle Lebenskreise, die psychologisch gebannt sind, sind nur von uns geschaffen, von uns angenommen und geglaubt. Für das Unerklärliche, für die Welt, für Gott gibt es im Psychologischen keine Erklärung. Ein Achselzucken nur, eine Verneinung.

Die neue Kunst ist daher positiv. Weil sie intuitiv ist. Weil sie, elementar empfindend, willig aber stolz sich den großen Wundern des Daseins hingebend, frische Kraft hat zum Handeln und zum Leiden. Diese Menschen machen nicht den Umweg über eine spiralenhafte Kultur. Sie geben sich dem Göttlichen preis. Sie sind direkt. Sie sind primitiv. Sie sind einfach, weil das Einfachste das Schwerste ist und das Komplizierteste, aber zu den größten Offenbarungen geht. Denn täuschen wir uns nicht: erst am Ende aller Dinge steht das Schlichte, erst am Ende gelebter Tage bekommt das Leben ruhigen steten Fluß.

So kommt es, daß diese Kunst, da sie kosmisch ist, andere Höhe und Tiefe nehmen kann als irgendeine impressionistische oder naturalistische, wenn ihre Träger stark sind. Mit dem Fortfall des psychologischen Apparats fällt der ganze Decadencerummel, die letzten Fragen können erhascht, große Probleme des Lebens direkt attackiert werden. In ganz neuer Weise erschließt sich aufbrandendem Gefühl die Welt. Der große Garten Gottes liegt paradiesisch geschaut hinter der Welt der Dinge, wie unser sterblicher Blick sie sieht. Große Horizonte brechen auf.

Allein die andere Art des Blickpunkts verwirrt den Menschen oft das Dargestellte. Da geschaut und nicht gesehen wird, täuscht der neue Umriß. Dem Menschen, der ungeschult lebt, ist die Vision etwas Entferntes, der plumpe Gegenstand aber deutlich und nah. Das ausgewiesene Psychologische gibt dem Aufbau des Kunstwerks andere Gesetze, edlere Struktur. Es verschwindet das Sekundäre, der Apparat, das Milieu bleibt nur angedeutet und mit kurzem Umriß nur der glühenden Masse des Seelischen einverschmolzen. Die Kunst, die das Eigentliche nur will, scheidet die Nebensache aus. Es gibt keine Entremets mehr, keine Hors d'oeuvres, nichts Kluges was hineingemogelt, nichts Essayistisches, was allgemein unterstreichen, nichts Dekoratives mehr, was von außen her schmücken soll. Nein, das Wesentliche reiht sich an das Wichtige. Das Ganze bekommt gehämmerten Umriß, bekommt Linie und gestraffte Form. Es gibt keine Bäuche mehr, keine hängenden Brüste. Der Torso des Kunstwerks wächst auf straffen Schenkeln in edle Hüften und steigt von dort in den Rumpf voll Training und Gleichmaß. Die Flamme des Gefühls, das direkt zusammenfließt mit dem Kern der Welt, erfaßt das Direkte und ordnet es in sich ein. Es bleibt nichts anderes übrig.

Manchmal unter dem großen Trieb des Gefühls schmilzt die Hingabe an das Werk dieses übermäßig zusammen, es erscheint verzerrt. Seine Struktur aber ist nur auf das letzte Maß der Anspannung getrieben, die Hitze des Gefühls bog die Seele des Schaffenden so, daß sie, dunkel das Unermeßliche wollend, das Unerhörte hinauszuschreien begann.

Das Wollen wird deutlicher im Malerischen, am klarsten in der Plastik. Im Schreiben verwirrt die nicht zum erstenmal, aber noch nie mit solcher Innigkeit und solcher Radikalität vorgenommene Verkürzung und Veränderung der Form. Bei Plastiken Rodins sind die Oberflächen noch zerrissen, jede Linie, jede Gebärde noch orientiert nach einem Affekt, einem Moment, einer einmaligen Handlung, kurz: eingefangen in den Augenblick und bei aller Kraft doch unterworfen einer psychologischen Idee. Einer denkt, zwei andere küssen sich. Es bleibt ein Vorgang.

Bei modernen Figuren sind die Oberflächen mit kurzem Umriß gegeben, die Furchen geglättet, nur das Wichtige modelliert. Aber die Figur wird typisch, nicht mehr untertan einem Gedanken, nicht mehr hinauszuckend in die Sekunde, vielmehr sie erhält Geltung in die Zeit. Alles Nebensächliche fehlt. Das Wichtigste gibt die Idee: nicht mehr ein Denkender, nein: das Denken. Nicht zwei Umschlungene: nein, die Umarmung selbst.

Dasselbe unbewußt waltende Gesetz, das ausscheidet, ohne negativ zu sein, das nur erlesenen Moment zu magnetisch gleichen Punkten bindet, reißt die Struktur des Schreibenden zusammen. Die Sätze liegen im Rhythmus anders gefaltet als gewohnt. Sie unterstehen der gleichen Absicht, demselben Strom des Geistes, der nur das Eigentliche gibt. Melodik und Biegung beherrscht sie. Doch nicht zum Selbstzweck. Die Sätze dienen in großer Kette hängend dem Geist, der sie formt.

Sie kennen nur seinen Weg, sein Ziel, seinen Sinn. Sie binden Spitze an Spitze, sie schnellen ineinander, nicht mehr verbunden durch Puffer logischer Überleitung, nicht mehr durch den federnden äußerlichen Kitt der Psychologie. Ihre Elastizität liegt in ihnen selbst. Auch das Wort erhält andere Gewalt. Das Beschreibende, das Umschlürfende hört auf. Dafür ist kein Platz mehr. Es wird Pfeil. Trifft in das Innere des Gegenstands und wird von ihm beseelt. Es wird kristallisch das eigentliche Bild des Dings. Dann fallen die Füllwörter. Das Verbum dehnt sich und verschärft sich, angespannt, deutlich und eigentlich den Ausdruck zu fassen. Das Adjektiv bekommt Verschmelzung mit dem Träger des Wortgedankens. Auch es darf nicht umschreiben. Es muß das Wesen am knappsten geben und nur das Wesen. Sonst nichts.

Doch an diesen sekundären Dingen, nicht an den Zielen, scheitert gewöhnlich die Diskussion.

Die technische Frage verwirrt und wird gehöhnt. Man glaubt, sie sei Bluff. Nie ist in einer Kunst das Technische so sehr Produkt des Geistes wie hier. Nicht das ungewohnte Formale schafft die Höhe des Kunstwerks. Nicht hierin liegt Zweck und Idee. Der Ansturm des Geistes und die brausende Wolke des Gefühls schmelzen das Kunstwerk auf diese Stufe zusammen und erst aus dieser gesiebten, geläuterten Form erhebt sich die aufsteigende Vision. Die Menschheit aber will nicht wissen, daß unter dem Äußeren erst das Dauernde liegt. Der Geist, der die Dinge hinauftreibt in eine größere Existenz, anders geformt als die Sinne sie zeigen in dieser begrenzten Welt, ist ihr unbekannt. Es ist ein lächerlich kleiner Sprung zu diesem Begreifen. Aber die Menschheit weiß noch nicht, daß die Kunst nur eine Etappe ist zu Gott.

Die Ziele aber liegen nahe bei Gott. Das Herz der Menschen strahlt über die Oberfläche hin. Persönliches wächst in das Allgemeine. Seitherig übertriebene Bedeutung des Einzelnen unterzieht sich größerer Wirkung der Idee. Das Reiche entkleidet sich seines äußeren Rahmens und wird reich in seiner Einfachheit. Alle Dinge werden zurückgestaut auf ihr eigentliches Wesen: das Einfache, das Allgemeine, das Wesentliche. Die Herzen, so unmittelbar gelenkt, schlagen groß und frei. Die Handlung wird voll Ehrfurcht auch im Gemeinen. Die Elemente walten nach großem Gesetz. So wird das Ganze auch ethisch.

Nun aber springen die verwandten Züge auf. Sie liegen nicht in der vorhergegangenen Generation, von der diese Kunst alles scheidet. Sie liegen nicht im Einzelnen, nicht in der Gotik, nicht im Nationalen, nicht bei Goethe, Grünewald oder Mechtild von Magdeburg. Nicht in romanischer Krypta, nicht bei Notker, bei Otto dem Dritten, nicht bei Eckehard, Chrestien von Troye oder den Zaubersprüchen. So einfach läuft die Geschichte der Seele nicht am logisch historischen Band. Verwandtschaft ist nicht begrenzt. Tradition nicht national oder an Geschichte einer Zeit gebunden.

Nein, überall ist das Verwandte, der Ansatz, das Gleiche, wo eine ungeheuere Macht die Seele antrieb, mächtig zu sein, das Unendliche zu suchen und das Letzte auszudrücken, das Menschen schöpferisch mit dem Universum bindet.

Überall, wo die Flamme des Geistes glühend aufbrach und das Molluskenhafte zu Kadavern brannte, Unendliches aber formte, als solle es zurückgehen in die Hand des Schöpfers, alle dunklen großen Revolutionen des Geistes trieben dasselbe Bild der Schöpfung hervor. Es ist eine Lüge, daß das, was mit verbrauchtem Abwort das Expressionistische genannt wird, neu sei. Schändung, es umfasse eine Mode. Verleumdung, es sei eine nur künstlerische Bewegung.

Immer wenn der oder jener der Menschheit die Wurzeln der Dinge in der Hand hielt und seine Faust Griffe hatte und Ehrfurcht, gelang das Gleiche. Diese Art des Ausdrucks ist nicht deutsch, nicht französisch. Sie ist übernational. Sie ist nicht nur Angelegenheit der Kunst. Sie ist Forderung des Geistes. Sie ist kein Programm des Stils. Sie ist eine Frage der Seele. Ein Ding der Menschheit.

Es gab Expressionismus in jeder Zeit. Keine Zone, die ihn nicht hatte, keine Religion, die ihn nicht feurig schuf. Kein Stamm, der nicht das dumpfe Göttliche damit besang und formte. Ausgebaut in großen Zeiten mächtiger Ergriffenheit, gespeist aus tiefen Schichten harmonisch gesteigerten Lebens, einer breit ins Hohe wachsenden, in Harmonie gebildeter Tradition wurde der Stil der Gesamtheit: Assyrer, Perser, die Gotik, Ägypter, die Primitiven, altdeutsche Maler hatten ihn. Bei ganz tiefen Völkern, die Witterung der Gottheit aus schrankenloser Natur überstob, wurde er anonymer Ausdruck der Angst und Ehrfurcht. Großen einzelnen Meistern, deren Seele von Fruchtbarkeit übervoll war, heftete er sich als natürlichster Ausdruck in ihr Werk. Er war in der dramatischsten Ekstase bei Grünewald, lyrisch in den Jesuliedern der Nonne, bewegt bei Shakespeare, unerbittlich in der Weichheit bei den Märchen der Chinesen, in der Starre bei Strindberg. Nun ergreift er eine ganze Generation.

Eine ganze Generation Europas. Die große Welle einer geistigen Bewegung schlägt überall hoch. Die Sehnsucht der Zeit fordert das Letzte. Eine ganze Jugend sucht gerecht zu werden der Forderung. Was kommen wird, ist der Kampf der Kraft mit der Forderung. Denn daß Kunstwerke entstanden, war nie allein Folge der Idee. Sie ist nur die Sehnsucht nach Vollkommnerem, die in die Menschen schlägt. Zur Formung gehört die Kraft. Die Generation wird sie besitzen oder nicht. Das liegt nach vorwärts und entzieht sich unserem Hirn. Um so schärfer, da diese Hauptgefahr einer Bewegung noch im Dunklen liegt, muß die Forderung nach dem Echten mit Strenge gestellt sein. Nur innere Gerechtigkeit bringt bei so hohem Ziele das Radikale. Schon wird das, was Ausbruch war, Mode. Schon schleicht übler Geist herein. Nachläuferisches aufzudecken, Fehler bloß zu legen, Ungenügendes zu betonen, bleibt die Aufgabe der Ehrlichen, soweit es klar liegt und schon erkennbar ist. Der tiefste Wert und der tiefste Sinn liegt uns allen verborgen.

Nicht die schöpferische Stärke, die seltsame Außenformen annimmt, verwischt nach außen das Gesicht der Bewegung ins Irritierende und Modegeile. Es ist vielmehr das bewußt durchgeführte Programm. Geistige Bewegung ist kein Rezept. Sie gehorcht lediglich gestaltendem Gefühl. Da die Bewegung durchgesetzt ist, beginnt ihre nachträgliche Theorie produktiv zu werden. Sie wird Schule, wird Akademie. Die Fackelträger werden Polizisten, Ausrufer der einseitigen Dogmatik, Beschränkte, Festgebundene an das Heil eines Buchstabens. Stil in höherem Sinne setzt sich durch als Kraft, als selbständige Wucherung, reguliert von tausend Zuflüssen und Strömen vom Geist gebändigter Schöpferkraft. Nie als Form. Gerade die einfachen Linien, die großen Flächen, die verkürzte Struktur werden einförmig bis zum Entsetzen, langweilig zum Erbleichen werden, wenn sie nur gekonnt, nicht gefühlt werden. Das abstrakte Wollen aber sieht keine Grenze mehr. Erkennt nicht mehr, welch ausbalanciertes Vermögen besteht zwischen dem Gegenstand und der schaffenden Form. Die Grenzen des Sinnlichen durchbrechend, schafft sie lauter Theorie. Da ist kein Ding mehr, das gestaltet, umgeformt, aufgesucht wird, da ist, den Kampfplatz verlassend, nur öde Abstraktion. Hier wird, wie oft, vergessen, daß jede Wahrheit einen Punkt hat, wo sie, mit törichter Überkonsequenz ausgeübt, Unwahrheit wird.

Man ist nicht genial, wenn man stottert, man ist nicht schlicht, indem man niggert, man ist nicht neu, indem man imitiert. Hier mehr wie irgendwo entscheidet die Ehrlichkeit. Wir können nicht aus unserer Haut und unserer Zeit. Bewußte Naivität ist ein Greuel. Gemachter Expressionismus ein übles Gebräu, gewollte Menschen werden Maschinerie. Auch dies wird Frage der dienenden Stärke. Hier ist das Treibende und Gemeinsame nur der Glaube, die Kraft und die Inbrunst.

Wo dies aber beisammen sich fand zur mystischen Hochzeit, war Expressionismus in jeder Kunst, in jeder Tat:

Am Anfang die Schöpfung, die großen Kreise der Mythen, die Sagen, die Edda. Bei Hamsun, bei Baalschem, bei Hölderlin, Novalis, Dante, bei den Utas, im Sanskrit, bei De Coster, bei Gogol, bei Flaubert, bei der Mystik des Mittelalters, in den Briefen van Goghs, in Achim von Arnim. Bei dem Flamen Demolder, bei Goethe, manchmal bei Heinse. Im serbischen Volkslied, bei

Rabelais, bei Georg Büchner, bei Boccaccio. Diese Namen, zufällig herausgegriffen, sind kein Abschluß, keine Vollständigkeit, nur Andeutungen und vielleicht nicht einmal hierin genügend. Es ist vom Wichtigen nur das eine und das andere.

Aber sie leiten über. Da stehen die Heutigen. Da steht eine ganze Generation.

Da steht René Schickeles fanatische Figur, der über Bürgerliches hinweg, vom Blut zweier Länder entzündet, die Kunst wie eine Barrikade stürmte, in jeder Arbeit, sei sie versagend, sei sie erreichend, sterbend oder die Hände hochhebend, immer die Fahne des Geistes kühn vor sich einstößt.

Da steht Heinrich Mann, der Älteste, voll von Liebe zum großen Gedanken der Menschheit, auch in der Verzerrung und im Haß nicht ohne Sehnsucht zum Steigern des Menschen, noch nicht rein, noch nicht ganz geläutert, aber immer Dichter, hereinragend aus früherer Epoche in die neue. Einer Zeit noch untertan, die sich an Bürger und Kapital noch orientierte, gab ihm die große Schöpfungskraft seiner Kunst die Möglichkeit zum Kampf. Bei ihm sieht man die gigantische Anstrengung, die Materie zu kneten und zu vergeistigen. Doch stehen die Menschen noch nicht einfach da. Noch erleben sie indirekt und ihr Herz ist umsponnen von Reflexion. Aber der große Durchbruch bereitet sich hier groß vor.

Da steht Paul Adler, der immer wieder den Versuch macht, die Hülle der Irdischkeit ganz zu durchbrechen. Sein Schreiben kommt aus ganz schöpferischem Geist. Im dunkelsten Traum das eigentliche Bild der Welt und der Seele suchend, spiegelt seine sametweiche und wie das Nachtschwarz gleißende Sprache den Raum und die Sehnsucht in unruhvoll musikalischer Form. Hier ist schon letzte Grenze.

Quadratisch steht Döblin da. Ohne die Spur psychologischer Konstruktion baut er seinen Roman aus kubischen Gleichmassen. Ohne Leidenschaftswelle, gebirgig, organisch wächst der monumentale Ausdruck. Er kündet, die Welt sei nur geistig und nicht durch die Tat zu erlangen, durch Handeln nur zu verlieren, eine schon asiatisch abgeblendete Sonne des Ethischen. Hier ist China als riesenhafte Vision. Nichts gemalt, alles geschaut, nichts geschildert, alles erfühlt. Nichts Notiertes, alles gestaltet zur Vision.

Es kommt die ungeheuere Wucht der Überzeugung des Leonhard Frank. Sein fanatischer Glaube reißt ihn zu aufgetürmten Forderungen der Güte.

Ehrenstein, der kosmische Schlemihl, zerrissen und wütend weinend über die Sinnlosigkeit der realen Welt, gibt eine heroisch depressive Weltanschauung, sich befreiend in Anklage und zornigen Gebeten.

Es kommt Walser, der mit knabenhaftem Lächeln die Welt hinnimmt, und der noch tiefer ihm nachgrabende Kafka, der das Wunder auf die Erde bringt und die äußeren Dinge mit schlichten Worten zart und fein mit Selbstverständlichkeit wie etwas Unirdisches wiedergibt.

Sternheim weist Prosakunst, die aus geschärftestem Hirn kommt, Hirn, das so übermächtig wurde, daß es produktiv sich äußert, daß es dichterisch wird. Ein Rezept, aber ein geniales. Der Haken, an dem Nachläufer sich aufhängen. Diese Kunst, am wenigsten unter all diesen vom Ausbruch des Gefühls herausgeschleudert, ist am leichtesten zu imitieren. Hier liegt die Gefahr einer Seuche, die an Dürrheit und Trockenheit das Äußerste wird, was einen Stil unleidlich machen kann.

Dann kommt noch Buber, der mit unerbittlicher Strenge hart und gütig, den großen Ekstatikern seines jüdischen Volkes nachwandelnd, in Worten von Einfalt und Größe die eigenen Hymnen mit denen der großen religiösen Ausbrüche der Rabbiner mischt.

Sie alle suchen das Ende, das Absolute. Ihnen diktiert kein Gesetz außer der innerlichen Kraft. Eine Historie bedingt sie. Keine Landschaft schränkt ein. Das Moralische spannt sich in dem angezogenen Gefühl. Sie diktieren der Außenwelt den ewigeren Rhythmus ihres bewegten Geistes. Sie sind religiös, indem sie das Letzte erstreben, ethisch ohne Dogma, indem sie den dunklen, unbewußten Drang des Ethos tragen, ohne den keine Dichtung in das Dunkel drang. Und dann: da sie die Menschen lieben, sind sie politisch, indem sie die Liebe wollen, nicht die Macht. Je nach Kraft und Vermögen suchen sie Gott.

Dann kommt die Lyrik: Franz Werfel, der größte. Seine Musik donnert: Liebe. Unmittelbar und großartig im Gebären des Gedichts, wie man es jüdischer Dichtung nicht geglaubt hätte, unmittelbar fast wie jene der Lasker-Schüler, wo schon Gleichung einsetzt zwischen Vers und Blut. Sie ist eine der größten Dichterinnen, weil sie zeitloser ist als alle, sie tritt dicht neben das Hohe Lied. Man glaubt, ganz Asien sei in der seltsamen Schau ihres Gedichts Lyrik geworden. Werfel dagegen ein Prophet aus dem Osten, der ein europäisches Ethos trägt. Werfel ist mächtiger mit der fanatischen Flamme, die Lasker-Schüler ist nur Gedicht. Sie ist unmittelbarer. Werfel ist Dichter, verstrickt in die Zeit. Die Lasker hat nichts um sich. Vielleicht wird sie später die größere sein.

Da ist Georg Heym, der zuerst Gedichte wieder mit monumentalem Zugriff stürzte und im Zusammenhämmern der Bilder Vision aus den Strophen glühte. Da ist Zechs robuste Kraft, der die Vorwürfe Zolas in dynamische Sonette formte.

Da ist das süße Farbspiel, aus Verwesung das Göttliche mit krankhafter Schönheit suchend, bei dem Tiroler Georg Trakl, der die Natur mit elegischen Gesichten nie gesehener Schönheit erfüllte.

Bei Johannes R. Becher verströmt die große Explosion. Im Herauswurf gerät ihm das Gedicht in Fetzen. So ungeheuer ist das Gefühl aufgestanden in ihm. Ihm geraten Klänge manchmal wie keinem anderen, weniger oft durch allzugroße Zerstörung ein ganzes Gedicht.

Das letzte hier ist Stramm, der den Satzleib so zerglühte, daß nur Stichflammen, einzelne Worte, benommenstes Stöhnen der Sehnsucht übrig blieb. Auch hier ist Grenze. Diese Gedichte, die mehr mit Schreien als mit Kunst, aber dennoch noch geleitet von stärkstem Geist, Bild der Schöpfung wiederformen wollen, sind schon jenseits der Dichtung und werden erst, zurückgeholt in die bewegte Stimme des Rezitierenden, Musik und aus dem Chaos sich schließende Realität.

Da ist Däublers in silbernen Wucherungen kosmisch wucherndes Versfleisch, Ehrensteins manchmal zu klassischer Rundung in großem Pathos sich formende Anklage über die Unvollkommenheit der Welt.

Wolfensteins in Starre unentwegt suchender Geist. Blaß, der an erster Stelle das Gedicht zu revolutionieren begann, Rubiner, aktivisches Heil suchend, Loerkes süße und dunkle Pansmusik.

Die männliche, kühne und edle Figur Ernst Stadlers, der mit Inbrunst und einer wunderbar rhythmischen Sprache die Außenwelt einsog und umgestaltete zu Fließen und Farbe und Sehnsucht.

Vor dem Drama steht Wedekind wie Mann vor der Prosa, ein Klotz, der hineinwächst, Brükke in die Zeit. Da steht als stärkster Georg Kaiser, der den Geist kristallisch zu dramatischer Gespanntheit formt und der ausschweifend in die Höhe bewegteste Ekstase aus den Menschen schlägt. Wilder, von Osten her kommend, Sendling russischen Geistes Kornfeld, der in Milde und Dienen und Weltüberwinden Menschen gibt mit einem einfachen Pathos, zu lyrisch, was Kaiser zu kalt ist. Hasenclevers jünglingshafte Beschwingtheit eilt zu lyrischen Räuschen der Freiheit, zu schönen knappen Szenen, zwar ohne Werfel nicht denkbar, aber eigen wieder in dem geschmeidigen, raschen Suchen nach der Tiefe. Unruh, noch nicht ganz entfernt von Kleist, geht in stark gewachsener Szene ursprünglichsten Fragen der Menschheit wild an die Brust. Sorge, verzückt in katholischer Inbrunst, erhebt sein Gesicht zum Göttlichen. Nirgends ist hier Draperie, nirgends der psychologische Apparat, gesellschaftliche Bedingtheit, Weltanschauung oder Stück des Milieus. Dies offensichtlich zu töten ist Sternheim am Werk, der in seinem steten Kampf gegen das Bürgerliche Pionier ist, der Satire den neuen Gestus seines Stils zeigte, zu den großen Aufgaben des einfachen Menschenbildes selbst aber nur Übergang ist im letzten Sinn.

Hier auf der Bühne sind Menschen, die Welt, das Schicksal. Es kann große Tragödie werden.

Wenn die Kraft dazu langt.

Denn die Ziele stehen klar und übersichtlich. Aber die Stärke der Begabungen übersieht hier keiner. Es ist billig, zu tadeln, beschränkt, nur zu loben. Doch vermag niemand das tiefere Bild zu entscheiden. Hier ist ebenso vermessen, ja zu sagen, wie nein. Dies alles ist Schicksal.

Uns vermag der Glaube, daß die Ziele dieser Kunst höher sind als die vergangener unserer nahen Zeitlichkeit, nicht darüber zu täuschen, daß das große Kunstwerk dennoch nur der große Schöpfer bildet. Dies ist das Letzte.

Die Tragödie der Zeit könnte es gewollt haben, die Begabungen zu verteilen nach ihrem Ermessen und uns nicht durchdringbarem Sinn. Es kann das eine meinen wie das andere. Sie kann die großen Begabungen hinüberwerfen in Zeiten niederer Kunst und die kleinen aufsparen für die großen Kämpfe und tiefen Ziele. Auch dies ist hinzunehmen.

Noch sind unsere Augen zu befangen. Noch haben wir nicht Raum zum Sehen. Einziger Regulator geleisteten Werkes bleibt nur die Zeit. Das Letzte entscheidet, das wissen wir heute wie immer, die Kraft. Dies ist aber die größte Verwirrung, daß die Menschen, geschlagen von dem Geist der Zeitlichkeit, die Ambition der Leistung verwechseln mit dem Werk. Wohl steigt der Wille des Geistes heftiger und höher, aber die Entscheidung letzter Stunde liegt bei der Persönlichkeit.

Niemand ist gut, weil er neu ist. Keine Kunst ist schlecht, weil sie anders ist. Diese Anmaßung ist grenzenlos. Ruhig urteilendem Gefühl der Gerechtigkeit nach ist nur das Gute dauernd, nur das Echte gerecht. Ein guter Impressionist ist größerer Künstler und bleibt für die Ewigkeit aufbewahrter als die mittelmäßige Schöpfung des Expressionisten, der nach Unsterblichkeit schaut. Vielleicht besteht vor dem Urteil des letzten Tages Zolas schamlose, gigantische, stammelnde Nacktheit der Kraft besser als unser großes Ringen um Gott.

Auch das ist Schicksal.

Vielleicht, daß diese Kunst aber zu großen Dingen führt. Wir würden es tragen. Vielleicht, daß wir zu niederen Dingen nur ausersehen waren und die Ziele nicht erreichten. Wir hätten auch dann Sinn gehabt. Wir hätten anderes, vielleicht erst spät einbrechendes Große vorbereitet, das Niveau an großen Aufgaben geschult und einen tatsächlichen Stil der Epoche vorbereitet. Es wäre menschlich, auch dies zu tragen.

Hier haben wir kein Wissen. Das steht bei Gott, der uns anrührte, daß wir schufen. Wir haben kein Urteil, nur Glauben. Wir dienen auch im Geringen. Auch dies ist unsterblich.

Über den »Bund Deutscher Gelehrter und Künstler« und die »Deutsche Gesellschaft 1914«, vor denen die Rede gehalten wurde, siehe den Kommentar zu Dok. 76! Die Rede Edschmids ist, geringfügig verändert und vor allem um den Schlußteil über die einzelnen Autoren gekürzt, wieder abgedruckt unter dem Titel *Über den dichterischen Expressionismus* in K. E.: *Über den Expressionismus in der Literatur und die neue Dichtung*. Berlin: E. Reiß 1919 (*Tribüne der Kunst und Zeit*. Bd. 1). S. 39–78. Zu der resonanzreichen Rede nahmen in der *Neuen Rundschau* u. a. H. Hesse (Dok. 20) und unmittelbar daran anschließend A. Döblin (Dok. 16) Stellung.

1 K. Edschmid: *Die sechs Mündungen*. Novellen. Leipzig: K. Wolff 1915. Die Novellen wurden von Joachim Benn (einem Vetter von Gottfried Benn) in der *Frankfurter Zeitung* vom 1. August 1915 als »Musterbeispiele des literarischen Expressionismus, ja, die ersten, die es bisher gibt«, gewertet.

13
Kurt Pinthus: *Zuvor*. In: *Menschheitsdämmerung. Symphonie jüngster Dichtung*. Hg. von Kurt Pinthus. Berlin: E. Rowohlt 1920. S. V–XVI. Hieraus S. IX–XVI.

[Dem hier abgedruckten Hauptteil der Einleitung gehen Erläuterungen zur Konzeption der Gedichtsammlung voraus.]

[...] Aber ich will einen Querschnitt durch diese Poesien versuchen, so daß aus der grausamen Wunde des Schnittes das Wesentliche entströmt, was sie eint zur Dichtung dieser Epoche.

Die Jünglinge dieser Generation fanden sich in einer Zeit, aus der jedes Ethos geschwunden war. Es galt, in jeder Situation Haltung zu bewahren; möglichst umfangreich und mannigfaltig mußte die Menge des genießerisch Rezipierten sein; Kunst wurde ganz nach ästhetischem, Leben ganz nach statistisch materiellem Maß gemessen; und der Mensch und seine geistige Betätigung schienen nur da zu sein, um psychologisch, analytisch betrachtet, nach historischen Maximen definiert zu werden. Wenn einer der jungen Dichter versuchte, tiefer von der Oberfläche in sich einzudringen, zerbrach er unter der Last der Umwelt (Walter Calé [1]). Zwar empfand man die Notwendigkeit, von der realistischen Schilderung der Umwelt, vom Auffangen der vorüberjagenden Impressionen sich zu entfernen – und kam doch nur zur äußersten Differenzierung und Sublimierung der zerlegten Genüsse, wodurch wiederum der Genuß vernichtet wurde (Hardekopf, Lautensack).

Aber man fühlte immer deutlicher die Unmöglichkeit einer Menschheit, die sich ganz und gar abhängig gemacht hatte von ihrer eigenen Schöpfung, von ihrer Wissenschaft, von Technik, Statistik, Handel und Industrie, von einer erstarrten Gemeinschaftsordnung, bourgeoisen und konventionellen Bräuchen. Diese Erkenntnis bedeutet zugleich den Beginn des Kampfes gegen die Zeit und gegen ihre Realität. Man begann, die Um-Wirklichkeit zur Un-Wirklichkeit aufzulösen, durch die Erscheinungen zum Wesen vorzudringen, im Ansturm des Geistes den Feind zu umarmen und zu vernichten. Und versuchte zunächst, mit ironischer Überlegenheit sich der Umwelt zu erwehren, ihre Erscheinungen grotesk durcheinander zu würfeln, leicht durch das schwerflüssige Labyrinth hindurchzuschweben (Lichtenstein, Blass) oder mit varietéhaftem Zynismus ins Visionäre zu steigern (van Hoddis).

Doch schon fühlten die gereizten und überempfindlichen Nerven und Seelen dieser Dichter deutlich auf der einen Seite das dumpfe Heranrücken der liebe- und freudeberaubten proletarischen Massen, von der anderen Seite den heranrollenden Zusammenbruch einer Menschheit, die ebenso hochmütig wie gleichgültig war. Aus der strotzenden Blüte der Zivilisation stank ihnen der Hauch des Verfalls entgegen, und ihre ahnenden Augen sahen bereits als Ruinen eine wesenlos aufgedunsene Kultur und eine ganz auf dem Mechanischen und Konventionellen aufgetürmte Menschheitsordnung. Ein ungeheurer Schmerz schwoll empor – und am frühesten und klarsten in denen, die in dieser Zeit, an dieser Zeit starben: Heym hämmerte (noch nach Baudelaires strengem Vorbild) Visionen des Todes, des Grauens, der Verwesung in zermalmenden Strophen; Trakl glitt, nichtachtend der realen Welt, hölderlinisch in ein unendlich blaues Strömen tödlichen Hinschwindens, das ein Herbstbraun vergeblich zu rahmen trachtete; Stadler sprach und rang mit Gott und der Welt, sehnsuchtsgemartert, inbrünstig wie Jakob mit dem Engel; Lichtenstein quirlte in leidvoller Heiterkeit die Gestalten und Stimmungen der Stadt zu bitterlustigen Tränken schon in der beseeligenden Gewißheit, »groß über alles wandelt mein Menschenangesicht«; und Lotz unter Wolken, aus Drangsal bürgerlichen Daseins, rief nach Glanz und Aufbruch. Immer fanatischer und leidenschaftlicher donnerte zerfleischende Klage und Anklage. Die Verzweiflungen Ehrensteins und Bechers rissen die düstere Welt mitten entzwei; Benn höhnte die faulende Abgebrauchtheit des Kadavermenschen und pries die ungebrochenen Ur-Instinkte; Stramm löste seine Leidenschaft vom Trugbild der Erscheinungen und Assoziationen los und ballte reines Gefühl zu donnernden Ein-Worten, gewitternden Ein-Schlägen. Der wirkliche Kampf gegen die Wirklichkeit hatte begonnen mit jenen furchtbaren Ausbrüchen, die zugleich die Welt vernichten und eine neue Welt aus dem Menschen heraus schaffen sollten.

Man versuchte, das Menschliche im Menschen zu erkennen, zu retten und zu erwecken. Die einfachsten Gefühle des Herzens, die Freuden, die das Gute dem Menschen schafft, wurden gepriesen. Und man ließ das Gefühl sich verströmen in alle irdische Kreatur über die Erdoberfläche hin; der Geist entrang sich der Verschüttung und durchschwebte alles Geschehen des Kosmos, – oder tauchte tief in die Erscheinungen hinab, um in ihnen ihr göttliches Wesen zu finden. (So verknüpft sich die Jugend Hasenclevers, Stadlers, Werfels, Schickeles, Klemms, Golls, Heynickes mit der Kunst der Älteren Whitman [2], Rilke, Mombert, Hille.) Immer deutlicher wußte man: der Mensch kann nur gerettet werden durch den Menschen, nicht durch die Umwelt.

Nicht Einrichtungen, Erfindungen, abgeleitete Gesetze sind das Wesentliche und Bestimmende, sondern der Mensch! Und da die Rettung nicht von außen kommen kann – von dort ahnte man längst vor dem Weltkrieg Krieg und Vernichtung –, sondern nur aus den inneren Kräften des Menschen, so geschah die große Hinwendung zum Ethischen.

Während im Weltkrieg der gewußte Zusammenbruch sich in der Realität ereignete, war bereits die Dichtung wiederum der Zeit vorangestürmt: Aus den Ausbrüchen der Verfluchung brachen die Schreie und Aufforderungen zur Empörung, zur Entscheidung, zur Rechenschaft, zur Erneuerung (Becher, Rubiner, Hasenclever, Zech, Leonhard, Heynicke, Otten, Werfel, Goll, Wolfenstein), nicht aus Lust an der Revolte, sondern um durch die Empörung das Vernichtende und Vernichtete ganz zu vernichten, so daß Heilendes sich entfalten konnte. Aufrufe zum Zusammenschluß der Jugend, zum Aufbruch einer geistigen Phalanx ertönten; nicht mehr das Individuelle, sondern das allen Menschen Gemeinsame, nicht das Trennende, sondern das Einende, nicht die Wirklichkeit, sondern der Geist, nicht der Kampf aller gegen alle, sondern die Brüderlichkeit wurden gepriesen. Die neue Gemeinschaft wurde gefordert. Und so gemeinsam und wild aus diesen Dichtern Klage, Verzweiflung, Aufruhr aufgedonnert war, so einig und eindringlich posaunten sie in ihren Gesängen Menschlichkeit, Güte, Gerechtigkeit, Kameradschaft, Menschenliebe aller zu allen. Die ganze Welt und Gott bekommen Menschenangesicht: die Welt fängt im Menschen an, und Gott ist gefunden als Bruder –, selbst die Steinfigur steigt menschlich herab, die Stadt der Qualen wird zum beglückenden Tempel der Gemeinschaft, und triumphierend steigt das erlösende Wort empor: Wir sind! [3]

Jeder erkennt, wie ungeheuer weit der Bogen ist von Calés Verzweiflung »Und keine Brücke ist von Mensch zu Mensch« . . ., von Werfels »Fremde sind wir auf der Erde alle« . . . bis zu Bechers: »Keiner dir fremd, / Ein jeder dir nah und Bruder« . . . Klemms: »Wir kommen uns so nahe, wie sich nur Engel kommen können« . . . Heynickes: »Ich fühle, / endelos, / daß ich nicht einsam bin . . . so nahe bist Du, / Bruder Mensch« . . . »Doch das Lächeln schlägt Bogen von mir zu Dir / . . . wir schenken einander das Ich und das Du – / ewig eint uns das Wort: / MENSCH.«

Es scheint, daß nachbetrachtende Darstellung stets den direkten Einfluß der Dichtung auf die realen Zeit- und Volksereignisse überschätzte. Die Kunst einer Zeit ist nicht Verursacher des Geschehens (wie man das z. B. allzusehr von der revolutionären Lyrik aller Zeiten annahm), sondern sie ist voranzeigendes Symptom, geistige Blüte aus demselben Humus wie das spätere reale Geschehen, – sie ist bereits selbst Zeit-Ereignis. Zusammenbruch, Revolution, Neuaufrichtung ward nicht von der Dichtung dieser Generation verursacht; aber sie ahnte, wußte, forderte dies Geschehen. Das Chaotische der Zeit, das Zerbrechen der alten Gemeinschaftsformen, Verzweiflung und Sehnsucht, gierig fanatisches Suchen nach neuen Möglichkeiten des Menschheitslebens offenbart sich in der Dichtung dieser Generation mit gleichem Getöse und gleicher Wildheit wie in der Realität . . ., aber wohlgemerkt: nicht als Folge des Weltkriegs, sondern bereits vor seinem Beginn, und immer heftiger während seines Verlaufs.

So ist allerdings diese Dichtung, wie manche ihrer Programmatiker forderten (und wie wurde dieser Ruf mißverstanden!): politische Dichtung, denn ihr Thema ist der Zustand der gleichzeitig lebenden Menschheit, den sie beklagt, verflucht, verhöhnt, vernichtet, während sie zugleich in furchtbarem Ausbruch die Möglichkeiten zukünftiger Änderung sucht. Aber – und nur so kann politische Dichtung zugleich Kunst sein – die besten und leidenschaftlichsten dieser Dichter kämpfen nicht gegen die äußeren Zustände der Menschheit an, sondern gegen den Zustand des entstellten, gepeinigten, irregeleiteten Menschen selbst. Die politische Kunst unserer Zeit darf nicht versifizierter Leitartikel sein, sondern sie will der Menschheit helfen, die Idee ihrer selbst zur Vervollkommnung, zur Verwirklichung zu bringen. Daß die Dichtung zugleich dabei mitwirkte, gegen realpolitischen Irrsinn und eine entartete Gesellschaftsordnung anzurennen, war nur ein selbstverständliches und kleines Verdienst. Ihre größere überpolitische Bedeutung ist, daß sie mit glühendem Finger, mit weckender Stimme immer wieder auf den Menschen selbst wies, daß sie die verloren gegangene Bindung der Menschen untereinander, miteinander, das Verknüpftsein des Einzelnen mit dem Unendlichen – zur Verwirklichung anfeuernd – in der Sphäre des Geistes wiederschuf.

Demgemäß ist es natürlich, daß dies die Worte sind, die sich am meisten in ihr finden: Mensch, Welt, Bruder, Gott. Weil der Mensch so ganz und gar Ausgangspunkt, Mittelpunkt, Zielpunkt dieser Dichtung ist, deshalb hat die Landschaft wenig Platz in ihr. Die Landschaft wird niemals hingemalt, geschildert, besungen; sondern sie ist ganz vermenscht: sie ist Grauen, Melancholie, Verwirrung des Chaos, ist das schimmernde Labyrinth, dem Ahasver sehnsuchtsvoll sich entwinden will; und Wald und Baum sind entweder Orte der Toten, oder Hände, die zu Gott, zur Unendlichkeit hinsuchen. Mit rasender Schnelligkeit bewegt sich diese Dichtung vom fanatischen Kampfruf zum Sentimentalen, vom anarchischen Toben zur Didaktik des Ethischen. Wenig nur ist Freude und Glück in ihr; Liebe ist Schmerz und Schuld, – Arbeit wird zu gefühlvernichtender Qual; noch das Trinklied ist dumpfes Schuldbekenntnis; und lichtere, frohere Töne erklingen nur aus der Sehnsucht nach dem Paradies, das verloren ist, und das doch vor uns liegt.

Niemals war das Ästhtetische und das L'art pour l'art-Prinzip so mißachtet wie in dieser Dichtung, die man die »jüngste« oder »expressionistische« nennt, weil sie ganz Eruption, Explosion, Intensität ist – sein muß, um jene feindliche Kruste zu sprengen. Deshalb meidet sie die naturalistische Schilderung der Realität als Darstellungsmittel, so handgreiflich auch diese verkommene Realität war; sondern sie erzeugt sich mit gewaltiger und gewaltsamer Energie ihre Ausdrucksmittel aus der Bewegungskraft des Geistes (und bemüht sich keineswegs, deren Mißbrauch zu meiden). Sie entschleudert ihre Welt . . . in ekstatischem Paroxismus, in quälender Traurigkeit, in süßestem musikalischen Gesang, in der Simultanität durcheinanderstürzender Gefühle, in chaotischer Zerschmetterung der Sprache, grausigster Verhöhnung menschlichen Mißlebens, in flagellantisch schreiender, verzückter Sehnsuch nach Gott und dem Guten, nach Liebe und Brüderlichkeit. So wird auch das Soziale nicht als realistisches Detail, objektiv etwa als Elendsmalerei dargestellt (wie von der Kunst um 1890), sondern es wird stets ganz ins Allgemeine, in die großen Menschheitsideen hingeführt. Und selbst der Krieg, der viele dieser Dichter zerschmetterte, wird nicht sachlich realistisch erzählt; – er ist stets als Vision da (und zwar lange vor seinem Beginn), schwelt als allgemeines Grauen, dehnt sich als unmenschlichstes Übel, das nur durch den Sieg der Idee vom brüderlichen Menschen aus der Welt zu schaffen ist.

Die bildende Kunst dieser Jahre zeigt dieselben Motive und Symptome, zeigt das gleiche Zersprengen der alten Formen und das Durchlaufen aller formalen Möglichkeiten bis zur Konsequenz völliger Auflösung der Realität, zeigt den gleichen Einbruch und Ausbruch des Menschlichen und den gleichen Glauben an die lösende, bindende Macht des menschlichen Geistes, der Idee. Es geschah bereits, daß manche Versuche und Entartungen für nachahmende Nichtkönner zur leeren Form, zur Formel, zur geschäftsmäßigen Phrase wurden. Und Pathos, Ekstase, große Gebärde brechen nicht nur hervor und empor, sondern stürzen oftmals zusammen im Krampf, weil sie zur Form sich nicht verwesentlichen können. Immer wieder aber bläst in die ungeheure Eruption des Gefühls klärend und reinigend der Geist; erschallt aus dem Zerfallenden der Ruf nach der Gemeinsamkeit des Menschlichen; schwebt über dem ziellosen Chaos der Gesang der Liebe.

Und immer wieder muß gesagt werden, daß die Qualität dieser Dichtung in ihrer Intensität beruht. Niemals in der Weltdichtung scholl so laut, zerreißend und aufrüttelnd Schrei, Sturz und Sehnsucht einer Zeit, wie aus dem wilden Zuge dieser Vorläufer und Märtyrer, deren Herzen nicht von den romantischen Pfeilen des Amor oder Eros, sondern von den Peinigungen verdammter Jugend, verhaßter Gesellschaft, aufgezwungener Mordjahre durchbohrt wurden. Aus irdischer Qual griffen ihre Hände in den Himmel, dessen Blau sie nicht erreichten; sie warfen sich, sehnsuchtsvoll die Arme ausbreitend, auf die Erde, die unter ihnen auseinanderbarst; sie riefen zur Gemeinschaft auf und fanden noch nicht zueinander; sie posaunten in die Tuben der Liebe, so daß diese Klänge den Himmel erbeben ließen, nicht aber durch das Getöse der Schlachten, Fabriken und Reden zu den Herzen der Menschen drangen.

Freilich wird die Musik dieser Dichtung nicht ewig sein wie die Musik Gottes im Chaos. Aber was wäre die Musik Gottes, wenn ihr nicht die Musik des Menschen antwortete, die sich ewig nach dem Paradies des Kosmos sehnt ... Von den vielen, vielen Dichtungen dieser Generation werden fast alle mit den verebbenden Stürmen ihrer Epoche untergegangen sein. Statt einiger großer leuchtender wärmender Gestirne wird Nachlebenden ihre Menge wie die von unzähligen kleinen Sternen erschimmernde Milchstraße erscheinen, die fahlklärenden Glanz in wogende Nacht gießt.

Keiner dieser Dichter kokettiert mit der Unsterblichkeit, keiner wirft sich den Triumphmantel mit distanzierend heroischer Gebärde um, keiner will als Olympier in edler Haltung entschweben; und wenn diese Dichter in ausschweifender Weitschweifigkeit, in unmäßigem Fortissimo psalmodieren, stöhnen, klagen, schreien, fluchen, rufen, hymnen – so geschieht es niemals aus Hochmut, sondern aus Not und Demut. Denn nicht sklavisches Kriechen, untätiges Warten ist Demut; sondern es ist Demut, wenn einer hintritt und öffentlich aussagt, bekennt und fordert vor Gott und den Menschen, und seine Waffen sind nur sein Herz, sein Geist und seine Stimme.

Als einer, der mitten unter ihnen stand, vielen durch Freundschaft und allen durch Liebe zu ihren Werken verbunden, trete ich vor und rufe: Laßt es genug sein, die Ihr Euch selbst nicht genügtet, denen der alte Mensch nicht mehr genügte; laßt es genug sein, weil Euch diese zerklüftete, ausbrechende, zerwühlende Dichtung nicht genügen darf! Laßt es nicht genug sein! Sondern helft, alle, voraneilend dem Menschheitswillen, einfacheres, klareres, reineres Sein zu schaffen. Denn jener Augenblick wird, muß kommen, da aus Beethovens Symphonie, die uns den Rhythmus unserer Jugend gab, im wildesten Chaos der tobenden Musik plötzlich die vox humana emporsteigt: Freunde, nicht diese Töne! Lasset uns andere anstimmen und freudenvollere!

Ihr Jünglinge aber, die Ihr in freierer Menschheit heranwachsen werdet, folget nicht diesen nach, deren Schicksal es war, im furchtbaren Bewußtsein des Unterganges inmitten einer ahnungslosen, hoffnungslosen Menschheit zu leben, und zugleich die Aufgabe zu haben, den Glauben an das Gute, Zukünftige, Göttliche bewahren zu müssen, das aus den Tiefen des Menschen quillt! So gewiß die Dichtung unserer Zeit diesen Märtyrerweg wandeln mußte, so gewiß wird die Dichtung der Zukunft anders sich offenbaren: sie wird einfach, rein und klar sein müssen. Die Dichtung unserer Zeit ist Ende und zugleich Beginn. Sie hat alle Möglichkeiten der Form durchrast –, sie darf wieder den Mut zur Einfachheit haben. Die Kunst, die durch Leidenschaft und Qual der unseligsten Erdenzeit zersprengt wurde, – sie hat das Recht, reinere Formen für eine glücklichere Menschheit zu finden.

Diese zukünftige Menschheit, wenn sie im Buche »Menschheitsdämmerung« (»Du Chaos-Zeiten schrecklich edles Monument«) lesen wird, möge nicht den Zug dieser sehnsüchtigen Verdammten verdammen, denen nichts blieb als die Hoffnung auf den Menschen und der Glaube an die Utopie.

Neudruck dieser im Herbst 1919 verfaßten Einleitung in der Taschenbuchausgabe der Lyrikanthologie *Menschheitsdämmerung. Ein Dokument des Expressionismus.* Mit Biographien und Bibliographien neu herausgegeben von Kurt Pinthus. Hamburg: Rowohlt 1959 u. ö.

1 Der neuromantische Dichter Walter Calé (geb. 1881 in Berlin) nahm sich 1904 das Leben.
2 Zur Bedeutung des amerikanischen Lyrikers Walt Whitman (1819–1892) vgl. Vincent J. Cosentino: *Walt Whitman und die deutsche Literaturrevolution.* Diss. München 1968, S. 81 ff. (s. a. Anm. 3 zu Dok. 89)
3 Anspielung auf Franz Werfel: *Wir sind. Neue Gedichte.* Leipzig: K. Wolff 1913.

3. *Distanzierungen vom Expressionismus innerhalb der Avantgarde*

Gegen den Begriff »Expressionismus« und die von ihm bezeichneten Tendenzen in der jüngsten Literatur opponierten unter den Zeitgenossen nicht nur die traditionsorientierten Kritiker, die älteren und schon »etablierten« Autoren und die politisch nationalkonservative Intelligenz (s. dazu S. 78 ff.); Skepsis und Widerstand äußerten vielfach auch einige, die ihrem eigenen Verständnis und dem der literaturkritischen Öffentlichkeit nach selbst zur jüngsten Literaturszene dazugehörten. Daß ausgerechnet Hermann Bahr, der sich jedem neuen Trend allzu rasch aufgeschlossen zeigte, zu den ersten gehörte, die den »Expressionismus« auch als literarisches Phänomen in einer Monographie zu beschreiben versuchten [1], hat sicher mit dazu beigetragen, den Begriff und die Sache der literarischen Avantgarde schon früh verdächtig zu machen. Friedrich Koffka, der ein Mitglied des »Neuen Club« (s. o. S. 29) war und dessen Drama *Kain* 1918 in einer Veranstaltung der den Dramen-Expressionismus fördernden Gesellschaft »Das junge Deutschland« (vgl. Dok. 23) uraufgeführt wurde, nahm Bahrs Schrift zum Anlaß eines heftigen Angriffs gegen den »Expressionismus« und seine Programmatiker:

Hermann Bahr veröffentlicht eine Schrift über den Expressionismus. (Die *Schaubühne* brachte eine Probe und eine Kritik.) Es macht diesem Schriftsteller anscheinend Freude, jeder neuen Parole seine Genehmigung zu erteilen und durch entsprechende Nachworte allemal sicherzustellen, daß er auf dem laufenden sei. Unter den Programmen der letzten Jahrfünfte ward kaum eines ohne die gütige Mitwirkung Hermann Bahrs vom Stapel gelassen. Immer wieder erstaunt man, was so ein Wiener Magen alles verdaut.

Es geht hier nicht um den geistreichen, sehr gebildeten Schriftsteller Bahr. Man hat sich vielmehr zu fragen, ob ein Anlaß besteht, auf jede Torheit hereinzufallen; ein bündiger Grund, jeden Mist, von heutigen Maler- und Dichterschulen bedeutungsvoll vor die Tür geschaufelt, mit dem geduldigen I-A des nikkenden Esels zu grüßen. Haben wir, weil wir jung sind, kein Recht darauf, eine Banalität, die jung ist, beim Namen zu nennen? Müssen wir Kategorien für Brot nehmen? Einfältige Benennungen für Speise? Und soll das immer so weitergehen, daß man Prinzipien für Geschöpfe in die Welt setzt und Bewegungen für Bewegtes?

Es hört sich gut an: die Kunst sei in Frage, nicht das einzelne Kunstwerk. Aber man kann den Satz auch umgekehrt lesen, und ich stimme mit einiger Entschiedenheit für die Umkehrung. Es ist das Verhängnis dieser Zeitläufe, daß immerfort neue »Strömungen« sichtbar werden, nirgends ein Strom. Wenn nichts noch, aber auch gar nichts vorhanden ist: der Name liegt immer schon vor; die Kategorie ist parat. Man mag diesen Herren manches nachsagen: aber ihre Begriffe haben sie fest am Schnürchen, und mit der Luft verstehen sie wie nur einer zu hantieren. [2]

Die »Parole« »Expressionismus«, beklagte Koffka weiterhin, sei heute allmächtig und beirre auch die Guten:

Junge Menschen [...] werden auf Schritt und Tritt von geistigen Managern belästigt; man redet sie tot und preßt ihnen Manifeste in die hilflosen Hände. Das Schauspiel ist sehr beschämend, und die Herren von der »Geistigkeit« haben das Recht, sich einiger Erfolge zu rühmen. [3]

Die »Manifestanten« (Koffka) und der ausufernde »Manifestantismus« (Pfemfert) [4] wurden von manchen (daran freilich oft selbst nicht unbeteiligten) Literaten der jüngeren Generation polemisch attakiert oder parodistisch ad absurdum geführt. Das »Manifest« des »Impertinentismus« (Dok. 14) nahm dabei die dadaistische Diktion und Intention der Expressionismuskritik (Dok. 17, s. a. Dok. 32) schon früh vorweg. Gegen die realitätsverachtende Abstraktion sowie den moralisierenden Ernst des idealistischen Weltverbesserungspathos innerhalb der jüngsten Kunst und Literatur (vor allem der »Aktivisten« um Kurt Hiller) richteten sich Koffka, Sternheim (Dok. 15) und die Dadaisten bei aller Unterschiedlichkeit ihrer Ausgangspositionen gleichermaßen.

Was der Identifikation mit einer literarischen Bewegung und der Übernahme von Tendenzetiketten generell entgegenstand, war das vielfach individualistisch-anarchistische Selbstverständnis der literarischen Intelligenz und die damit verbundene Angst, als Mitläufer, als einer unter vielen, als modeabhängig zu gelten. Mit immer neuen Ismen- und Grüppchenbildungen oder mit der Berufung auf die »Freiheit eines Dichtermenschen« (Döblin, Dok. 16) und »das einzig lohnende Ziel, eigener, originaler, einmaliger Natur zu leben« (Sternheim, Dok. 15, S. 68) versuchte man sich zwar allen kollektivierenden Etikettierungs- und Einordnungsbestrebungen zu entziehen, zeigte gerade darin jedoch wiederum eine gewisse Konformität. Alfred Döblin, der die Expressionismusdiskussion in der *Neuen Rundschau* zum Anlaß nahm, grundsätzliche Betrachtungen über das Verhältnis der einzelnen Persönlichkeit zu kollektiven Bewegungen anzustellen (Dok. 16), hatte schon 1912 gegenüber Marinetti mit dem bezeichnenden Satz auf seiner Individualität insistiert: »Pflegen Sie Ihren Futurismus. Ich pflege meinen Döblinismus.« [5]

1 Hermann Bahr: *Expressionismus.* München: Delphin Verlag 1916. Teile daraus wurden schon 1914 publiziert: *Expressionismus und Goethe.* In: *Die neue Rundschau* 25 (1914), Bd. 2, S. 913–926. Das Buch stieß in den expressionistischen Zeitschriften vorwiegend auf Ablehnung. Vgl. z. B. die Rezension von Adolf Behne in: *Die Aktion* 6 (1916), Sp. 473–476.

2 Friedrich Koffka: *Expressionismus und einiges Andre* (s. S. 32, Anm. 11); Zitat nach dem Abdruck in P. Pörtner: *Literaturrevolution II*, S. 195 f.

3 ebd., S. 198.

4 August Stech: *Aufruf zum Manifestantismus.* In: *Die Aktion* 3 (1913), Sp. 957–960. Franz Pfemfert gab sich später als Verfasser dieser »vielbelachten Parodie auf den Schreier Hiller und seinesgleichen« zu erkennen: *Die Einscharrung erfolgte: Ein manifestantistisches Manifest.* In: *Die Aktion* 3 (1913), Sp. 1136–1138.

5 Alfred Döblin: *Futuristische Worttechnik. Offener Brief an F. T. Marinetti.* In: *Der Sturm* 3 (1912/13), Nr. 150/51, S. 280–282; Zitat S. 282 (s. a. Dok. 159).

14
A. Undo: *Der Impertinentismus.* Ein Manifest. In: *Die Aktion* 5 (1915), 4. September, Sp. 448–450.

Wir wollen uns nicht erst auf die ethymologischen Finessen des Wortes einlassen, sondern wollen es so genommen wissen, wie man es braucht, von impertinent her, also frech, unverschämt, aufdränglich. Wir wollen uns auf diese Schulbezeichnung ralliieren, wir, die Unverschämten, Frechen, Würdelosen, Anstandslosen, Unbürgerlichen, stolzen Habenichtse.

Wir wollen uns nicht mehr Expressionisten nennen! Denn ausdrücken tut jeder Eindrückling und Schafskopf was! Es kommt doch schließlich darauf an, was man ausdrücken will! Und ich wüßte nicht, was wir nötiger, bestimmter auszudrücken hätten als unsere maßlos junge und unverschämte Frechheit! Oder meint einer, Talent solle sich ausdrücken? Mit Talent kann man es zum vollendeten Idioten bringen! Haben Rückert [1], Caprivi [2], Stuck [3] kein Talent gehabt? Also! Und, frage ich, was tut dieser gräßlich großen Zeit noter als die goldenste Frechheit? Man erstickt das Leben ja in Würde, Pedanterie, Leistung und Fleiß und Talentiererei! Wir wollen nichts sein als prachtvoll frech!

Wir wollen uns auch nicht mehr Futuristen nennen! Denn wir pfeifen auf die Zukunft, wenn unsere Gegenwart nur ein Wechsel auf sie sein soll! Wir wollen äußerst präsentisch und gar nicht zukünftlerisch sein! Wir sind nicht so dumm, so gescheut zu sein, die Werte der Zukunft genau berechnet in der Tasche zu haben. Zweiundzwanzig Jahre sind wir nur heute in dieser Stunde und in der Zukunft vielleicht und wahrscheinlich vierzigjährige Esel. Wir wollen uns auch nicht Aktivisten nennen. [4] Denn wir wollen weder in der Tat noch im Werke die alleinige Heiligung sehen! Wir wollen die Faulheit nicht ausschließen, im Gegenteil! Wir wollen die Faulheit heiligen, wenn sie sich mit der Frechheit den Adel gibt!

Wir wollen uns auch nicht Melioristen [5] nennen. Einmal, weil uns dann die Karrierevolteure [6] sofort für sich reklamieren würden, und so billig tun wir es nicht, wenngleich auch wir nicht die Spur einer Ahnung von einem Ziel [7] haben, zu dem hin schon die Welt oder die pp Mitmenschen gebessert werden sollen. Beiläufig werden die pp Menschen das schon besser finden, wohin sie gerade wollen, als wir ihnen sagen könnten. Wir könnten ihnen nur sagen: seid frech!

Ja, wir wollen uns also die Impertinentisten nennen. Der Dümmste versteht, was darunter gemeint ist, und so werden wir bis in Kreise der Fremdwortunkenntnis hinein rasch sehr populär werden. Die Frau Pollack sogar kann uns nicht mißverstehen, geschweige das »B. T.« [8]!

Wir wollen nichts als frech bei jeder Gelegenheit sein! Wir wollen keineswegs unsere Frechheit in besonderen Werken akkumulieren! Wir sind weder eine besondere Dichter-, Maler- oder Musikerschule. Wir bestreiten, daß Talent was Gutes sei, das dem Menschen schon das Recht auf sein Trotteltum [9] gäbe! Wir bestreiten, daß der Wert eines Menschen nur an seinem Werk zu messen sei! Wir beweisen nichts aus der Geschichte, denn unser Leben ist erst- und einmalig. Wir erachten uns unsern Werken, wenn wir sie schon tun, in keiner Weise verpflichtet und lachen den aus, der uns darauf verpflichten will! Wir stecken aus Frechheit voller schlechter Streiche! Wir können bluffen wie die abgesottensten Pokerspieler. Wir tun so, als ob wir Maler,

Dichter oder sonst was wären, aber wir sind nur und nichts als mit Wollust frech. Wir setzen aus Frechheit einen riesigen Schwindel in die Welt und züchten Snobs, die uns die Stiefel abschlecken, parce que c'est notre plaisir!

Freunde, Kameraden, wir wollen unsern Namen aufrollen wie ein gutes Banner und uns Impertinentisten nennen! Kein Mißverständnis mehr bei uns und unsern »Gegnern«! Nehmen wir ihnen den Wind unserer Blähungen aus den Segeln ihrer Tageblätter! Windmacher, Sturmmacher sind wir mit unserer Frechheit. Es lebe der Impertinentismus!

Als Verfasser dieses pseudonym erschienenen Manifests sind die Hiller-Gegner Franz Pfemfert und Franz Jung sowie Hugo Kersten denkbar. Vgl. dazu die Mutmaßungen von Michael Stark im Nachwort zu: *Impertinenter Expressionismus. Texte von Hugo Kersten.* Hg. v. M. Stark. Stuttgart 1980. S. 156–158.

1 Friedrich Rückert (1788–1866), spätromantischer Lyriker und Übersetzer, Professor für orientalische Sprachen.
2 Leo Graf von Caprivi (1831–1899), preußischer General und deutscher Reichskanzler.
3 Franz von Stuck (1863–1928), Münchener Jugendstilmaler und Akademieprofessor.
4 Gegen Kurt Hiller gerichtet, der seine Vorstellungen einer politisch-ethisch engagierten Literatur etwa seit Kriegsbeginn als »Aktivismus« propagierte (s. S. 265 ff. dieses Bandes).
5 »Meliorist« (Weltverbesserer) nannte sich Kurt Hiller. In der *Aktion* erschien dazu anonym die Polemik: *Der Meliorist.* In: *Die Aktion* 5 (1915), 27. Februar, Sp. 103–106.
6 Den Begriff »Karriererevolteur« verwendet Franz Pfemfert im Titel jenes Pamphlets, das den endgültigen Bruch zwischen ihm und Hiller (bis dahin Mitarbeiter in *Die Aktion*) öffentlich markiert. F. Pfemfert: *Der Karriere-Revolteur.* In: *Die Aktion* 3 (1913), 6. Dezember, Sp. 1129–1136.
7 »Ziel« spielt auf einen Zentralbegriff Hillers an. Im ersten seiner *Ziel-Jahrbücher* (Ende 1915 erschienen) faßt er sein Programm als »Philosophie des Ziels« zusammen (s. u. S. 265).
8 Das *Berliner Tageblatt* wurde von der *Aktion* wiederholt attakiert.
9 Anspielung auf Franz Jungs ersten Roman *Das Trottelbuch* (Leipzig: Gerstenberg 1912), der übrigens von Hiller sehr abfällig kritisiert worden war.

15
Carl Sternheim: *Kampf der Metapher!* In: *Berliner Tageblatt*, 21. 7. 1917; Ergänzung dazu in C. St.: *Prosa.* Berlin-Wilmersdorf: Verlag der Wochenschriften Die Aktion 1918. S. 12–14.

Wir geben diese hörenswerte Stimme wieder, ohne die – besonders im ersten Teil – geäußerten Ansichten mit unseren eigenen gleichzusetzen. *Die Redaktion*

Die öffentliche Meinung kümmert sich seit einiger Zeit um Literatur und die Absichten jüngerer deutscher Dichter. Man sagt, es interessiere, die persönliche Geste, die in der Wirklichkeit verschwunden ist, auf Papier gedruckt zu sehen, und man erstaune, wie frei sich Schrifttum noch äußere, und wie junge Geister mutig sich für Dinge einsetzen, die man gestorben glaubt.

Man ist geheimnisvoll, spricht man von Helden, und legt den Finger auf den Mund. Andeuten will man, es sei überraschend, wieviel Freiheit in dieser gebändigten Zeit noch schweife, und man sei geschmeichelt, eine Zensur zu besitzen, die großmütig so viel Selbstsucht und Empörergeste dulde.

Merkwürdig, daß mir, der inmitten literarischer Bewegungen steht, meiner schreibenden Kameraden Aufruhr in ihren Werken nicht eher auffiel, als ich durch Zeitungen und Gründung von Vereinen zu ihrem Schutz [1] davon erfuhr. Nach den Berichten sollte es sich um elementare Ausbrüche persönlichen Freiheitsgefühls, um teilweise anarchische Proklamationen in Vers und Prosa, kurz um völligen Umsturz unserer guten hausgemachten deutschen Literatur handeln. Es wurde sogar angedeutet, um kräftiger zu des Ichs Befreiung wirken zu können, sei ein Teil der Rufer zum Selbstgefühl schon ins Ausland fortgeeilt.

Also schrieb ich dem Buchhändler um die letzten Schriften und um alles, was mir noch hatte entgehen können. Vorzüglich prüfte ich die im Sturm, in der Aktion, den Weißen Blättern, diesen führenden Blättern der Fronde seit Kriegsbeginn erschienenen Bekenntnisse, las einen Berg bei S. Fischer und Kurt Wolff erschienener Dramen, Gedichte und Romane. Bestätigte mir, daß nach der Verleger Meinung seit zwei Jahren einige Dutzend »einsam ragender Erscheinungen« in die Dichtkunst aufgeschossen waren.

Ich fand Talent. Vielleicht mehr, als jedes Jahr vor dem Kriege auch dagewesen war, und das nun schon lange wieder der Vergessenheit gehört. Gute Verse gab es, einige kräftige Prosasätze und sogar eine wirklich zu sehende Dramenszene.

Aber was trotz gehöhtem Stil, unbändig kreißenden Perioden aus diesen oft mit Schaum am Mund Sprechenden mir nicht entgegentönte, war der Beweis großer, einzelner Person mit eigenem, fertigem, neuem Bild der Welt, von dem den Zeitgenossen sie den überwältigenden Eindruck gibt. All diese einsam Ragenden teilten im Grund mit der Umgebung des Wünschens und Spekulierens sämtliche Voraussetzungen. Überall klang aus dem Donner ihrer künstlich gemachten Gewitter irgendwie friedlich das Weserlied. Noch immer hatten mit aller Welt sie gleiche Begriffe, die sie nur mit vollen Backen bis zum Platzen aufgeblasen hatten.

Für mein Urteil war sogar durch den Überschwang das Übel größer geworden, als bürgerliche Dinge, die, bisher nicht genannt, also auch kaum gekannt, unschädlich gewesen waren, jetzt mit üblen Dünsten öffentliche Luft verpesteten und, literaturfähig geworden, sich in ihr behaupten konnten. Moralische Katastrophen im klischierten Sinn waren immer noch die Themen bourgeoiser Putschs, an denen, wenn auch empört, jeder Spießbürger mit Leib und Seele Anteil hatte. Trieb man es weit, setzte für das käufliche Mädchen kräftig man sich ein. Aber wo tut im Schwung der von Familienrücksichten befreiten zärtlichen Neigung abends das der bärtige Bürger nicht?

Also kam zur alten Ansicht über deutsches Schrifttum ich zurück: ungleich seltener als in anderen Literaturen sei bei uns der Mann, der mit eigenem Bild, das eigene Sprache verkörpert, die in Begriffen festgelegte und allgemein akzeptierte Welt verändert. Jener wirkliche Befreier, der die alten Schlagworte sprengt und neues, gültiges Element setzt, das wahren Furor hat und alsbald Geschichte macht.

Ist er aber wirklich einmal da, sei es ausgeschlossen, daß man überstürzt ihn feiere und Vereine sich bilden, ihn zu stützen. Denn, sein neues Reich einsetzend, muß notwendig er ein anderes stürzen, dessen Leitung in den Händen des kauf- und stimmkräftigen Publikums liegt. Wie könnte er, der klug ist, Hilfe erwarten, die kein Gutsituierter ihm gewähren kann?

Oder wäre etwa der letzten zehn Jahre literarischer Neuerer in Deutschland laut und nachdrücklich anerkannt und seiner Erkenntnisse Folgen schon öffentlich spürbar?

Aber des Einzigen Name, den bei des Nachwuchses Musterung ich schon tauglich fand, morsche Vorstellungen aus Fesseln zu lösen, ihr Essentielles auf heutige Lebensfähigkeit zu prüfen und sogar neue Weltatmosphäre hinzuzugewinnen, sei früh genug genannt, daß die wenigen Interessierten schon jetzt auf fernerem Lebensweg ihn begleiten können: Gottfried Benn. Zwei schmale Hefte liegen gedruckt von ihm vor: *Fleisch*, Verse und *Gehirne*, Prosastücke. Im Aktionsverlag dies, jenes bei Kurt Wolff. [2] In ihnen wird seit Ernst Stadlers Versen zum erstenmal Menschliches in deutscher Sprache wieder vorwärtsgestoßen. Benn ist der wahrhaft Aufständische. Aus den Atomen heraus, nicht an der Oberfläche revoltiert er; erschüttert Begriffe von innen her, daß Sprache wankt und alle Bürger platt auf Bauch und Nase liegen.

Deutsche Welt, die in Worten lebt, von denen jedes, falsch gebildet, an allem Heutigen in phantastischer Weise vorbeigreift, gilt es vom Keller aus neu aufzubauen. Das heißt: nicht mit des Zeitgenossen Sprache macht er sich über dessen Unarten und Allzumenschliches lustig, sondern gibt aus der Notwendigkeit der Stunde allem Wort neuen heutigen Sinn, daß der Mensch, Kaufmann, Journalist und Soldat, der es noch in alter Weise weiterspricht, auf einmal unerhört altmodisch und komisch ist, man ihn überholt und im Bratenrock von anno dazumal sieht. Daß er und seine Moral, Ideale, Urteile und hehrsten Ziele wie in Anführungsstrichen daherkommen. Sie überhaupt noch zu begreifen, nimmt man sie bilderbogenhaft historisch.

Während – bei fast allen anderen heutigen Dichtern – das scheinbar sich Empörende, Verschiedenartige sich immer auf ein großes Allgemeines noch zurückbezieht, der Autor im Dunstkreis zentraleuropäischer Gemeinplätze bleibt, erhellt aus Benn, es sei Geist in jener Form, wie er den Menschen bis zu den heutigen Kriegen geführt hat, völlig erschöpft und müsse durch ein anderes abgelöst werden. Alles Wißbare sei gefunden und durch Worte schon Gemeingut. »Verbreitet ist das Wandbrett mit dem Lexikon.« Aus dem billige Kenntnis der Welt jeder ziehen kann.

Von dieser sieht Benn völlig ab. Spürend, jedes irdische Ding enthält viel mächtigere Schwellung, üppigere Vermischung, als der durch ein Wort geprägte Begriff von ihm fassen kann, sucht er jedes Atom vielmehr in seiner ganzen ursprünglichen Fülle und Unabhängigkeit von logischen und wertenden Zwängen des Menschenwillens uns nah zu bringen, indem er es in seine Regenbogenfarben zerspellt und sich und uns in den Rausch einer Zusammenhangsentfernung hineinreißt.

Indem er Welt von sich selbst und nicht von des Menschen Gnaden besessen zeigt, bereitet er in dem das gleiche souveräne Gefühl vor, sich nur auf sich und nicht mehr auf des Vorfahren und Nachbarn Willen mit ihm zu besinnen.

War es nicht *Ernst Kamnitzer*, der vor dem Krieg schon etwa diese Laute hatte?

Ein Stück von ihm war da: *Die Nadel*. [3] Da sprachen Leute schon wie Bennsche Menschen, an Klischee und Metapher vorbei, aus sich selbst ursprünglich.

Doch kennt der jüngere Dichter bestimmt des Älteren Arbeit nicht. Denn es verschwand

Kamnitzer so schnell aus der Literatur, wie er gekommen war. Ein Teil der großen Kritik erschlug ihn, weil er mich als seines dramatischen Versuches Anstoß und innere Ursache ganz öffentlich genannt, getrost auf seine geistige Abstammung hingewiesen hatte. Das nahm man als in Deutschland nicht üblich, übel.

II

(Aus *Prosa*)

Anläßlich der kürzlich von mir gemachten Anmerkung gegen die Metapher und die Idyllen, die in politisch so bewegter Zeit selbst im neudeutschen Dichterwald noch spielen, hob bei einem Teil der jüngsten Generation sich Lärm [4], und es erhielt, wie es am Kopf einer kürzlich erschienenen Programmschrift heißt, durch meinen Kampfruf: »der Feind klaren, naheliegenden Körper«.

Den Leser wieder ins Bild zu stellen: ich sagte, da rings menschliche Not ist, sei auch für den Dichter es nicht mehr wichtig, den Deutschen weiter mit Ideologien zu mästen, während ein beispielloser Krieg hartem Leben zu begegnen und mit ihm auszukommen zwingt. Man würde des Chaos nur Herr werden, durchdränge kühn man geistig es bis zum Kern, beschäftige sich einzig mit ihm und ferner nicht mit schönen Gleichnissen, ließe sich durch nichts »Besseres«, »Edleres«, »Erhabeneres« von krassen Tatsachen fortverführen. Habe an sich keinen kategorischen Imperativ, in sich keine metaphysische Sehnsucht sondern Kraft nur für den Augenblick und Zugriff in Wirklichkeit.

Die mit dem lieben Gott in Krieg und Frieden von uns doch schließlich angerichtet wird und die – davon mag unter anderm mein Werk Beweis sein – auch dem Dichter genügen kann. Man wird alsbald sehen, wie unverdrossen auf dem Theater und in Erzählungen ich weiter den Feind suche, dessen erster Schrei zeigt, wie gut der Angriff saß, der aus dem Urwald von Allegorien, Apotheosen, Utopien und großen Abgängen durch die Mitte ans Licht menschlicher Tatsachen ihn zieht.

Leichter und erfolgssicherer ist es gewiß für den Dichter, in schwarzem, flatterndem Mantel bei Mondlicht den Mann auf der Szene zu zeigen, der, den Stahl in der Rechten, vom bösen König einer verklungenen Zeit Gedankenfreiheit oder sonst eine heroische Anspielung leidenschaftlich für die Menschheit und im Handumdrehen will. Während augenblicklich über den einzigen Abend und der Nähmädel und Einkäufer Phantasie für lebendige Mitwelt damit nichts ausgerichtet und durch spielerische Beschäftigung mit dem Unwirklichen des wirklich Vorhandenen Kenntnis und Beherrschung versäumt wird.

Ein Ressentiment im Dichter ist es, das ihn treibt, den verkleideten Helden mit Pathos von eingebildeten Personen fordern zu lassen, was gegen Schluß des letzten Aktes man bei Fahnenschwung und Trompetenschall, die Träne der Rührung über eigene Großmut in der Wimper, dann leicht bewilligen darf. Ohne sonderliche Mühe erfüllt dem Leser und Zuschauer man ein angefachtes Verlangen, das, an heutige Wirklichkeit gestellt, bei Formulierung des Antrags schon von sämtlichen politischen Gegnern mit Höllengelächter abgelehnt würde und gar keine Aussicht hätte, über die Zensur auf die Bühne zu kommen.

Der politische Gegner und die Zensur haben recht mit ihrem augenblicklichen Widerstand.

Nur sollten sie ihn auf den unter der Metapher und im Faltenwurf verschminkten Gegner ausdehnen. Denn wie alle Kunst bricht auch Dichtung für des Menschen »höhere Forderungen« nie und unter keinen Umständen eine Lanze, erzieht, erhebt, verbessert nicht. An seiner Wirklichkeit hat sie nichts auszusetzen und wahrhaftige Welt ihm nicht zu verekeln.

Anstelle der uns angewiesenen Erde soll kein Paradies sie »dichten«. Sichtbar Vorhandenes soll sie nur am rechten Ende packen, krüde, daß nichts Wesentliches fehlt, und es zu Formen verdichten, die der Epoche Essentielles späteren Geschlechtern festhalten.

Keinem Lebendigen soll der Dichter das einzig lohnende Ziel, eigener, originaler, einmaliger Natur zu leben, damit verstellen, daß mit seit ewigen Zeiten klischierten Melodien er »höhere Menschheit« vorharft, die diejenigen geringschätzen, die mit mir eine vorhandene wirklich kennen und mit Inbrunst lieben.

Manchen Namen trug dieser Überzeugung betonte Dringlichkeit mir von Freunden ein. Den rechten fand ein kleiner Feind, dem eines Abends ich vor Freunden sein wie oben gemachtes Theaterstück sehr unsanft ablehnte, und der mir nun »als Vertreter der Jüngeren« in einer Zeitung wieder entgegentritt und mich dort mit »ruhiger Höflichkeit« anredet. »Den am wenigsten dichterischen Dichter unserer Zeit« nennt er mich.

Das ist es! Besser als die drollig gehässigen Anwürfe fängt dieser Name meiner Schriften Wesen, wie es zu dem meisten im Gegensatz steht, was in Deutschland Dichtung heißt.

Ihn will ich festhalten, und es mögen sich, mich fortan leicht zu unterscheiden, auch Kritiker und Leser an ihn gewöhnen.

Druckvorlage war der Text in Carl Sternheim: *Zeitkritik.* (*Gesamtwerk* Bd. 6). Neuwied a.Rh. 1966. S. 32–38.

1 Gemeint ist wohl der Verein »Das junge Deutschland« (s. Dok. 23).

2 Mit Gottfried Benn war Sternheim seit November 1917 eng befreundet (vgl. die Anmerkungen zur Druckvorlage, a. a. O., S. 500). Die genannten »*Hefte*« Benns erschienen 1917 und 1916.

3 Ernst Kamnitzer (1885–1946): *Die Nadel*. Berlin: S. Fischer 1915. Das Lustspiel trug den Vermerk: »Nach Plänen von Carl Sternheim«.

4 Der Aufsatz Sternheims löste lebhafte Diskussionen aus. Schon vier Tage nach seinem Erscheinen veröffentlichte der sich wohl zu Recht mit angegriffen fühlende Kurt Hiller unter dem Titel *Die Fronde der Jungen* ebenfalls im *Berliner Tageblatt* (25. Juli 1917) eine scharfe Erwiderung: »Sie haben recht, sich über Ihre sogenannt revolutionären Kollegen lustig zu machen, aus deren künstlichen Wortgewittern immer irgendwie friedlich das Weserlied klinge. Jenes geistige Loch, das hinter der Fassade ›expressionistischer‹ Erregtheiten zu gähnen pflegt, ist keineswegs Ihnen erst aufgegangen! Aber Sie sollten nicht mit so spöttischer Diktatorenmiene alles, was um Sie herum bei Fischer und Wolff Bände herausgibt, in einen Topf werfen; nichts ist billiger als grandseigneurale Verallgemeinerung – nichts bequemer als diese Geste, die übersieht. [...]Überall vernimmt Ihr gelangweiltes Ohr die alte Leier. Aber der Fehler, den Sie begehen, ist: Sie tanzen, als Zeitkritikus, höchstselbst nach der alten Leier. Sie glauben sich ›inmitten literarischer Bewegungen‹ stehend [...] und schauen nichts von der Literatur, die heute wirklich bewegt. Enkel des Hofmannsthal-Zeitalters, vermuten Sie, Literatur müsse, durchaus und durchum, gedichtete Literatur (allenfalls Literatur über Gedichtetes) sein. Welch ein Vorurteil! Jener massive Protest, den Sie mit Recht in der modernsten Schöngeisterei vermissen, vollzieht sich nicht innerhalb ihrer, sondern gegen sie [...] (Zitiert nach dem Abdruck in den Anmerkungen von Sternheims *Gesamtwerk* Bd. 6, a. a. O., S. 501 f.) – Die im folgenden von Sternheim noch erwähnten und zitierten Stellungnahmen zu seinem Aufsatz konnten nicht ermittelt werden.

16
Alfred Döblin: *Von der Freiheit eines Dichtermenschen.* In: *Die neue Rundschau* 29 (1918), Bd. 2, S. 843–850.

Die Tatsache dieser Bewegung, die man ruhig Expressionismus nennen kann, ist nicht zu bezweifeln. Ein, zwei Jahre vor dem Krieg hatte ich Gelegenheit französische, russische, italienische Künstler der jetzt dominierenden Generation zu sprechen; zu meinem Erstaunen, dessen Heftigkeit ich mich noch entsinne, äußerten sie, die mit deutschen Verhältnissen gerade so unbekannt waren wie ich mit ihren, Wünsche, Urteile, Pläne über Kunst und Verwandtes, die verblüffend mit einigen in Deutschland umgehenden übereinstimmten. Es war und ist eine Bewegung, eine atmosphärische Welle, wie ein wanderndes barometrisches Maximum oder Minimum. Keine Richtung, durchaus im Gegenteil: Gärung ohne Richtung; etwa Zeitströmung im Sinne von Brandes [1], nicht einmal so bestimmt und gezielt wie etwa ganz allgemein »Romantik«. Einen wirklich bezeichnenden Namen kann das Ganze nicht, oder noch nicht, haben; spricht man von Expressionismus, so bezeichnet man den Wagen nach einem Rad; möglich ist, daß mit Expressionismus sich schon ein wesentlicher Einzelwille der Bewegung formuliert. Was voranging, so in der am meisten auffälligen Malerei, in Kubismus, Futurismus, aber noch früher, ja vielleicht längst vorher im Impressionismus, jawohl Impressionismus, gehört zu der gleichen Geisteswelle, die durchweg bei ihren Trägern oder Befallenen durch eine zunehmende Steigerung des Lebensgefühls, ein leidenschaftliches Sichbesinnen sich charakterisiert, durch eine berserkerhaft entschlossene Stellungnahme im Formalen und Inhaltlichen, Drang zu intensiver ungebrochener Äußerung.

Vielleicht hängt diese Bewegung, nicht nur zeitlich, mit anderen Bewegungen im Leben der europäischen Nationen zusammen: mit dem Erstarken der ganzen Volkskörper im letzten Jahrzehnt, dem Anschwellen des Nationalgefühls; wirtschaftliche Parallelvorgänge sind wahrscheinlich. Ich habe das Gefühl, daß diese Bewegung aus keiner Not, sondern einem Überfluß stammt; Stolz ist ihr charakteristisches Grundgefühl.

Es ist keine Bewegung der Jugend, ich meine kein plötzliches Auftreten einer neuen Jugend in der Kunst, »die nicht von Joseph wußte«. Die Herren, deren Personalien mir bekannt sind, sind zum Teil zwischen zwanzig und dreißig, welche zwischen dreißig und vierzig und schon darüber. Weder Franz Marc noch der sehr befallene August Stramm waren Knaben. Nun ist es zweifellos, daß diese und andere schon vorher, früher charakteristische Züge aufwiesen, jedoch der Durchbruch, die Ausbreitung, das Bodenfinden, damit das Hervortreten an die Öffentlichkeit ist erst in diesem Jahrzehnt ermöglicht. Jetzt konnten die einzelnen zu einer Welle zusammenschlagen, sich verstärken, indem sie rechts und links Bereitschaften verwirklichten. Und dieser Prozeß und sein Durchschlagen ist erst im Beginn, seine Ausbreitung auf andere Gebiete ist sehr wahrscheinlich und steht bevor.

Die Persönlichkeit hat sich ihrer Haut zu wehren gegenüber einer geistigen Bewegung. Personen sind die Träger der Bewegung, ihre Macher, sind die Beweger, andere geraten in das Fahrwasser, ahnungslos oder bewußt, treiben mit ihm. Von dieser Welle werden einzelne kaum bespült, andere waten knietief hinein, andere schwimmen darin stoßweise nach eigenem Antrieb, andere werden weggeschwemmt, liegen nach Abflauen der Flut platt auf dem Strand. Von solcher Bewegung erfahren viele eine Reinigung, viele eine Stärkung, viele eine Richtung. Sie folgen, wie einmal Hegel sagt, den Seelenführern, denn sie fühlen die unwiderstehliche Gewalt ihres eigenen inneren Geistes, der ihnen entgegentritt.

Das muß noch genauer gesagt werden, möglichst unbildlich oder mit anderen Bildern. Das fesselnde Renkontre von geistiger Bewegung und Charakter. Zunächst ist festzuhalten: eine Bewegung ist keine Mache oder das Arrangement einer Gruppe Interessenten. Vielmehr, aus zahlreichen zunächst dunklen Ursachen sozialer politischer menschlicher Art wächst sie, hier flammt es, dort flammt es bei Feinfühligen, Scharfhörigen, Hellsichtigen auf, durch sie kommt die Maschine zu ihren ersten Kolbenstößen und Umdrehungen. Und so sich voranschiebend, unsicher ratternd, mehr dampfend als bewegend, ist sie außerhalb bestimmter oder überhaupt einzelner Menschen, eine allgemeine öffentliche Angelegenheit, aber was mehr als das ist, unabhängig von den Plänen und dem Vorhaben von Menschen. Ein aus bestimmten Situationen und Konstellationen fließendes breites Spannungs- und Kraftgefälle. Ein Außerhalb des Menschen wie eben ein Milieumerkmal. Dies ist überaus wichtig, denn damit entfallen viele Angriffspunkte. Bewegungen sind prinzipiell zunächst einmal zu erkennen; damit ist schon alles geschehen. Daß ein Konservativer nicht die Notwendigkeit des Zentrums, des Liberalismus oder gar der Sozialdemokratie anerkennen wird, ist ihm nachzufühlen, er bedarf dieser Partei nicht zu seiner Existenz, aber daraus folgt nicht die fehlende Existenzberechtigung der Parteien. Der Eitelkeitsfrage ist damit der Boden entzogen, denn da die Bewegung kein Privateigentum ist, kann sich jeder von ihr aneignen, was er will und wieviel er will. Man kann sich auch ohne Entschuldigung von dieser Table d'hote zurückziehen und Diner à part bevorzugen. Wie es Goethe mit der Romantik gemacht hat, bald so bald so, ist bekannt. Was Theodor Fontane im Alter getan hat, war kein Schade für ihn. Es muß jeder wissen, wie ihm zumute ist.

Die der Bewegung mit Leib und Seele verschrieben sind, werden ihre Märtyrer. Sie werden von der Bewegung aufgebraucht und bleiben nachher liegen krüppelhaft, invalide. Hier kann man in der Tat sagen: sie werden verschluckt von der Idee, nur werden sie wieder ausgespien, nachdem ihr Bestes und Brauchbarstes resorbiert ist. Sie hatten außerordentlich feine Organe für die Not ihrer Zeit, sie dienten leidenschaftlich ihrer Zeit, trieben eine Art hohen Journalismus, sie begleiteten den Tag als sein Priester oder vielleicht als Vorreiter, um an einer bestimmten Wegstrecke abgedankt zu werden. Was sie leisteten: ein meist bald verschollenes Werk, das höchst signifikant für die Sache war, scharf ein paar Jahre vorwärts leuchtete, bei dessen Betrachtung man später rasch das dünne wesenlose Menschlein erkennt, das daran zappelt, aufgehängt erstickt an seiner Momentbegabung. Was ihnen fehlte? Oh an sich nichts, keinem Menschen fehlt etwas, nur die Ursache dieses Verlaufs war das dünne Wesenlose der Persönlichkeit. Wesenhaft nämlich ist dieser Mensch nur gewesen in seiner Zeitspanne, aus ihr floß sein Wesen, zugleich mit ihr war er hin, verbrannt, verpufft, verronnen.

Das Tempo des Menschen aber, der nicht Märtyrer der Zeit, sondern ihr Herr ist, ist ein durchaus eigentümliches; ein Organismus wächst, entfaltet sich, altert aus sich heraus, rücksichtslos, keine Zeit hält damit, mit dieser Sonderbarkeit, Schritt. Und wie sollte sie auch. In unserem Leben sind Jahrmillionen zusammengezogen der Erd- und Menschengeschichte, was können mich sechzig Jahre lehren? Oder bloß zehn. Wie könnten »Bewegungen« anders als flüchtig über uns schwimmen; ein wirklich umwälzendes Geschehen ist auf keine Weise möglich. Wir sind gut gesichert gegen Einbruchdiebstahl und Verführung. Man will nicht, man kann auch nicht aus seiner Haut heraus.

Die Bindung der Bewegung an die Persönlichkeiten ist ganz und gar nicht zwingend. Und hier beginnt ein besonderes, sehr fesselndes Kapitel. Es ist das Kapitel, das Ruhmreiches erzählt, denn es behandelt die Trennung Nietzsches von Wagner, das traurig ist, wenn es erzählt, wie von den Bewegungen Menschen wie von Hefe aufgetrieben und dann fallen gelassen werden. Die Zeit ist danklos, treulos, erbarmungslos. Gegen die Zeit gibt es keine Rettung als unser angeborenes adern- und darmdurchflossenes Altenteil, anderthalb Meter hoch, sechzig, siebzig Kilogramm schwer. Ja die Entscheidung letzter Stunde liegt bei der Persönlichkeit. An dieser Stelle ist es Zeit Fanfaren zu blasen. Es ist das Kapitel von der menschlichen Freiheit.

Es braucht keiner Furcht haben, es verliert sich niemand, auch nicht an eine Bewegung. Etwas Abwechslung ist immer erwünscht. Und viel mehr kommt bei dem Zauber hier doch nicht heraus.

Wenn eine Bewegung viel getan hat, hat sie archäologisch gewirkt: sie hat eine Verschüttung in uns beseitigt.

Die Bewegung macht ein Ritzchen: tut nicht weh, tut nicht weh. Homer bewegt dabei nicht den Kopf, und nur das liebe Kindchen schreit.

Die Zeit dringt verschieden tief in unsere Poren ein. Man glaube nur nicht, daß die blanke glatte Hingabe an die Zeit die Regel und das Gewöhnliche wäre. Die wenigsten Menschen erleben ihre Zeit, das muß hart festgestellt werden, die meisten Menschen sind geschäftlich tätig und haben keine Zeit für ihre Zeit. Woraus nun nicht folgt, daß sie das Haupt in die Sterne erheben. Vielmehr, aber man weiß schon, was ich sagen will: sie sind überhaupt nicht vorhanden in einem gewissen Sinne. Die Gegenwart senkt sich verschieden tief in die künstlerischen Individuen, dies ist kein einfacher Vorgang wie zwischen Zeus und Danae. Es gibt im Menschen recht viele, sehr unterschiedliche Strömungen; für literarische Zwecke kann man diesen Tatbestand nicht brauchen, jetzt haben wir keinen Grund ihn zu verheimlichen. Wie die Erde einen Kern von Nickeleisen hat, sechstausend Kilometer tief, drüber einen Mantel von Magnesium Silicium 1500 km tief, darüber eine ganz schmale Schicht Silicium, Aluminium, Basalt, Diabas, der

Boden unserer Erde, dann wehend unsere Stickstoffatmosphäre, überragt von Wasserstoff in zweihundert Kilometer Höhe, so geschichtet und noch schlimmer verschoben und verschachtelt die erdgeborenen Individuen. Wir haben Fältelungen in uns, die auf die Eiszeit zurückgehen, andere, die mit Christi Geburt datieren, andere; wir stammen durch Vater und Mutter von sehr weit her, die kreuz und quer ab, das sind Dutzende Quellen, aere perennius. Aber in dies dunkle Triebwerk von Erinnerungen und Instinkten greift unsere Erziehung. Unsere Umwelt, unser Umgang gruppiert hier, macht es wie bei einer Gesellschaftsphotographie: läßt den im Dunklen, setzt den in scharfes Licht, schiebt den vor, den daneben. Um unseren Reichtum zu zeigen, müssen Ereignisse herankommen. Die Bewegung als Reiz, Versuchung, Aufspaltung. Als Schlüssel zum Geldschrank.

Und da ist die Rolle der Bewegung für das Leben der Individuen schon klar; sie ist nicht mehr und nicht weniger wie sonst ein Ereignis von Belang. Über den Prozeß Steinheil seligen Angedenkens können wir eine Umwälzung, eine Erdrevolution im Wasserglase sozusagen erfahren, oder über dem Buch so und so von Tolstoi oder über dem Urteil in einem Prozeß, über einer Zeitungsnotiz, einer kindlichen Bemerkung, einer Reifbildung an einer Holzlatte.

Die Entscheidung letzter Stunde liegt bei der Persönlichkeit. Es gibt Menschen, die eine solche Spannung ihrer Vitalität durchstrafft, daß sie gänzlich unfähig sind, aufzumerken, ihrer Zeit bewußt zu werden, Einflüssen zu unterliegen. Produkte fließen aus ihnen kontinuierlich, aus ihnen schlägt es dauernd von Urteilen, Hinweisen, Anregungen, Förderungen. Sie sind eisern gepanzert, halb taub, halb blind. Ihre Kraftquellen kommen tief herauf. Sie sind umdüstert von den Gewalten ältester Zeiten, können nur wirken, sich ausstrahlen. Ihre persönliche Entwicklung ist wichtiger als alle Bewegung, welche demgegenüber nur ein Hilfsmittel ist, etwa wie der Ersatz eines großen Staatsmannes durch ein Parlament. Sie berührt keine Bewegung, was sollte sie bei ihnen? Etwas aufdecken? Vulkane oder Sterne aufdecken? Sie können selbst Reihen von Bewegungen auslösen.

Die Bewegung ist mit einer Egge zu vergleichen, die den Boden aufreißt; das heißt, sie befruchtet nicht. Befruchten ist ein irreführendes Bild; die Persönlichkeit zentriert und orientiert sich an dem Geschehen. Die Bewegung revidiert, bietet mutig Ladenhüter aus. Daher die Rückwärtsentdeckungen: Rampsenit der Zwölfte [2] als Novität.

Sie wirkt wie das bekannte Salzkörnchen in der Mutterlauge, um das die Kristallisation, aber die der Mutterlauge, stattfindet.

Einseitigkeit, Monomanie der Bewegung. Die Gäule bekommen Scheuklappen, Selbstfahren verboten.

Eine Massenerscheinung, Erscheinung an Massen. Es gibt noch Aristokraten.

Ein Heilungsprozeß, der zu einer neuen Gesundheit führt. Es gibt noch Gesunde.

Ein Wachstumsprozeß. Er geht Erwachsene nichts an.

Eine Epidemie. Unbeschadet daß manche schon aus den Masern heraus sind.

Unzeitliche aus Not: sie sind innerlich gefesselt, ihr Organismus erschöpft sich in Störungen, Reibungen. Sie kommen nicht zu sich, geschweige zu andern.

Reiz und Auslösung. Es werden manche in die falsche Zeit hineingeboren, erleben staunend Bewegungen mit, deren Reize an ihnen vorbeigleiten. Ein dumpfes suchendes quälendes Gefühl in ihnen: sie können nicht. Sind verbiestert. Die Raffaels ohne Arme, die Fehlgeburten. Mit der Demokratie allein ist es nicht getan; wie kommt der Tüchtigste, wenn das Malheur es nicht will, zu seiner höchsten Potenz? Wer geht politisch gegen das Malheur vor?

Ceterum: die ganze Menschenbetrachterei ist überflüssig. In der Kunst dreht es sich um das Opus. Der Künstler ist nur die Möglichkeit zum Opus, wir reden von den Fakten. Die Merkmale der Größe beim mazedonischen Alexander und Napoleon sind nicht schwer zu finden; das Ungeheure, das sie leisteten, springt hervor, man kann es negieren, man muß es erleiden, man hört: die und die Völker ausgerottet, umgepflanzt, Grenzen in dem und dem Maße verschoben, so und so viele hunderttausend Tote. Hier nun die Kunst, das Reich der Werte, jenseits des Zentimetermaßes, der Arithmetik, der Waagschale. Werte: das ist, was zwischen Menschen von Mensch zu Mensch geht. Das Opus ein Gewirr ethischer und ästhetischer Werte. Die Güte dieses Übertragungsapparates bemißt sich nach dem, was er überträgt, und wie er übertragen kann. Ein physikalisches Instrument, das psychische Spannungen beherbergt wie ein Kopf.

An sich ist ein Buch, Bild ein Raumfüllsel, – gänzlich ohne diese psychische Spannung. Nicht einmal ein Übertragungsapparat: nämlich dazu gehört einer, der sich etwas übertragen läßt. Das ist peinlich; Michelangelos Deckenmalerei ist Anstrich ohne den Herrn Müller und seine beiden Töchter, die sich die Sache besehen. Es ist peinlich, aber es hilft nichts. Michelangelo hat nicht an den Herrn Müller bei seiner Arbeit gedacht, aber von dem Augenblick an, wo er seinem Werke den Rücken kehrte, war es auf Herrn Müller angewiesen, als auf seinen nunmehrigen Pflegevater. Will dieser Herr nicht, so verkommt das Kind. Und so geschieht es bekanntlich: Dinge von ehemaliger Kostbarkeit verschwinden von der Bildfläche wie nichts, ohne Recht zu tragischer Grimasse zu haben. Was es ist, ob der Übertragungsapparat nicht funktioniert, ob die übertragenen Werte nicht taugen, beurteilt einzig Seine Majestät Herr Müller, es hängt von seinem Belieben ab.

Solche Zeitperiode ist ein weißer Elefant, pompös über und über behängt mit Dingen, die ihm Spaß machen, die es fressen und saufen kann, mit denen es sich und andere belustigt. Manchmal sitzt einer oben, mimt den Lenker. Die Bestie trabt gigantisch vorwärts, langt sich mit dem Rüssel heran, was es mag, wirft ab, was ihm nicht paßt, schabt sich an Bäumen, Felsen wie eine Laus den Michelangelo ab. Man hat leicht, ironisch »Herr Müller« sagen! Es läßt sich großartig sagen: das Kunstwerk ist ein organisches Gewächs. Ist es leider nicht, dann brauchte es nicht nach dem genannten Herrn zu rufen, um auf seinen, nämlich dessen Beinen zu stehen. Ist eine totale Null, von Haus aus belangloser als ein Kretin, nicht mal soviel wert, wie eine Leiche, ja dies, woran Flaubert bluttriefend sechs Jahre lang feilte. [3] Und in welcher Zeit wird ein Kind gezeugt von einem Betrunkenen und einer Betrunkenen? Das Opus ist einfach von dem Range einer alten Hose, günstigstenfalls einer neuen, und es können Debatten entstehen über den Wertunterschied von Bratkartoffeln und einem Beethovenquintett. Kein Wunder, wenn man das Großhirn ohne nennenswerten Schaden aus dem Kopf entfernen kann, dagegen bei dem Versuch nichts zu essen –

Man weiß, daß in der katholischen Kirche nur der geweihte Priester die Vollmacht hat zu absolvieren, die Pforte zum Himmel zu öffnen. In der Kunst hat Herr Müller diese Vollmacht. Dies sind die Massen der Zeitgenossen, ein vielgestaltiges Gebilde. Sie sind tief gestaffelt wie ein römisches Karree und eine spanische Armada. Zähflüssig für sie wie das Magma, auf dem unsere Erdrinde schwimmt. Sie werden wie das Individuum von hundert, sich fremden, aneinander, durcheinander ziehenden Strömungen durchwogt, – das ist das Leben der Massen. Hundert Instinkte brauchen Sättigung, Störung, jene Instinkte, die die Werte spenden, von welchen alles abhängt, unsere Zeitgötter, die verblichene Marlitt, der glatte ewige Raffael, Munch der gespenstige, Zend-Avesta [4], Räuberpistolen, Frömmigkeit, Atheismus, Zoterei. Im Hause meines Vaters sind viele Wohnungen. Noch einmal müssen Fanfaren geblasen werden zum Lobe dieser Massen und der menschlichen Freiheit. Einmal nämlich fallen mir die Zähne aus, meine Haare werden weiß werden, knickebeinig werde ich gehen, falls ich nicht vorher ins Gras gebissen habe. Dann wird sich, was ich produziere, vergeblich umsehen nach einer Bewegung, die schon längst guten Morgen gesagt hat und um die Ecke geschwunden ist, nicht ohne einen angenehmen Duft hinterlassen zu haben. Meine armen lumpengestampften Kinder werden ins Weinen geraten. Aus dem Kreise des Herrn Müller wird einer an sie herantreten und wird sie fragen, wie es ihnen geht. Sie werden zusammen dinieren, Bratkartoffeln mit Schinkenstückchen; wenn noch Krieg ist, Kohlrabi mit Wuchertunke. Es wird anders sein als in früheren Zeiten, aber es wird auch sein.

Der Aufsatz gehört zu der 1918 in der *Neuen Rundschau* geführten Expressionismusdebatte. Er schließt direkt an H. Hesses Stellungnahme (Dok. 20) zu K. Edschmids Expressionismusrede (Dok. 12) an.

1 Georg Brandes (1842–1927): *Die Hauptströmungen der Literatur des 19. Jahrhunderts.* Vorlesungen gehalten an der Kopenhagener Universität. 6 Bde. Berlin 1900–1909 (zuerst dänisch veröffentlicht ab 1872).
2 Wohl ungebräuchlicher Name für Ramses XII.
3 Gemeint ist Gustav Flauberts Roman *Madame Bovary*, an dem er von 1851–1856 arbeitete.
4 *Zend-Avesta* ist das heilige Buch der Parsen (Anhänger der Lehre des Zoroaster).

17
Dadaistisches Manifest. (Verfaßt von Richard Huelsenbeck, vorgetragen auf der großen Berliner Dada-Soirée im April 1918). In: *Dada Almanach.* Im Auftrag des Zentralamts der deutschen Dada-Bewegung, herausgegeben von Richard Huelsenbeck. Berlin: Erich Reiss 1920. S. 36–41.

dadaistisCHes maniFest*)

Die Kunst ist in ihrer Ausführung und Richtung von der Zeit abhängig, in der sie lebt, und die Künstler sind Kreaturen ihrer Epoche. Die höchste Kunst wird diejenige sein, die in ihren Bewußtseinsinhalten die tausendfachen Probleme der Zeit präsentiert, der man anmerkt, daß sie sich von den Explosionen der letzten Woche werfen ließ, die ihre Glieder immer wieder unter dem Stoß des letzten Tages zusammensucht. Die besten und unerhörtesten Künstler werden diejenigen sein, die stündlich die Fetzen ihres Leibes aus dem Wirrsal der Lebenskatarakte zusammenreißen, verbissen in den Intellekt der Zeit, blutend an Händen und Herzen.

Hat der Expressionismus unsere Erwartungen auf eine solche Kunst erfüllt, die eine Ballotage unserer vitalsten Angelegenheiten ist?

Nein! Nein! Nein!

Haben die Expressionisten unsere Erwartungen auf eine Kunst erfüllt, die uns die Essenz des Lebens ins Fleisch brennt?

Nein! Nein! Nein!

Unter dem Vorwand der Verinnerlichung haben sich die Expressionisten in der Literatur und in der Malerei zu einer Generation zusammengeschlossen, die heute schon sehnsüchtig ihre literatur- und kunsthistorische Würdigung erwartet und für eine ehrenvolle Bürger-Anerkennung kandidiert. Unter dem Vorwand, die Seele zu propagieren, haben sie im Kampfe gegen den Naturalismus zu den abstrakt-pathetischen Gesten zurückgefunden, die ein inhaltloses, bequemes und unbewegtes Leben zur Voraussetzung haben. Die Bühnen füllen sich mit Königen, Dichtern und faustischen Naturen jeder Art, die Theorie einer melioristischen Weltauffassung [1], deren kindliche, psychologisch-naive Manier für eine kritische Ergänzung des Expressionismus signifikant bleiben muß, durchgeistert die tatenlosen Köpfe. Der Haß gegen die Presse, der Haß gegen die Reklame, der Haß gegen die Sensation spricht für Menschen, denen ihr Sessel wichtiger ist als der Lärm der Straße und die sich einen Vorzug daraus machen, von jedem Winkelschieber übertölpelt zu werden. Jener sentimentale Widerstand gegen die Zeit, die

---
* erstes Dada-Manifest in deutscher Sprache; verfaßt von Richard Huelsenbeck, vorgetragen auf der großen Berliner Dada-Soirée im April 1918.

nicht besser und nicht schlechter, nicht reaktionärer und nicht revolutionärer als alle anderen Zeiten ist, jene matte Opposition, die nach Gebeten und Weihrauch schielt, wenn sie es nicht vorzieht, aus attischen Jamben ihre Pappgeschosse zu machen – sie sind Eigenschaften einer Jugend, die es niemals verstanden hat, jung zu sein. Der Expressionismus, der im Ausland gefunden, in Deutschland nach beliebter Manier eine fette Idylle und Erwartung guter Pension geworden ist, hat mit dem Streben tätiger Menschen nichts mehr zu tun. Die Unterzeichner dieses Manifests haben sich unter dem Streitruf

DADA!!!!

zur Propaganda einer Kunst gesammelt, von der sie die Verwirklichung neuer Ideale erwarten. Was ist nun der DADAISMUS?

Das Wort Dada symbolisiert das primitivste Verhältnis zur umgebenden Wirklichkeit, mit dem Dadaismus tritt eine neue Realität in ihre Rechte. Das Leben erscheint als ein simultanes Gewirr von Geräuschen, Farben und geistigen Rhythmen, das in die dadaistische Kunst unbeirrt mit allen sensationellen Schreien und Fiebern seiner verwegenen Alltagspsyche und in seiner gesamten brutalen Realität übernommen wird. Hier ist der scharf markierte Scheideweg, der den Dadaismus von allen bisherigen Kunstrichtungen und vor allem von dem FUTURISMUS trennt, den kürzlich Schwachköpfe als eine neue Auflage impressionistischer Realisierung aufgefaßt haben. Der Dadaismus steht zum erstenmal dem Leben nicht mehr ästhetisch gegenüber, indem er alle Schlagworte von Ethik, Kultur und Innerlichkeit, die nur Mäntel für schwache Muskeln sind, in seine Bestandteile zerfetzt.

Das **BRUITISTISCHE Gedicht**

schildert eine Trambahn wie sie ist, die Essenz der Trambahn mit dem Gähnen des Rentiers Schulze und dem Schrei der Bremsen.

Das **SIMULTANISTISCHE Gedicht**

lehrt den Sinn des Durcheinanderjagens aller Dinge, während Herr Schulze liest, fährt der Balkanzug über die Brücke bei Nisch, ein Schwein jammert im Keller des Schlächters Nuttke.

Das **STATISCHE Gedicht**

macht die Worte zu Individuen, aus den drei Buchstaben Wald, tritt der Wald mit seinen Baumkronen, Försterlivreen und Wildsauen, vielleicht tritt auch eine Pension heraus, vielleicht Bellevue oder Bella vista. Der Dadaismus führt zu unerhörten neuen Möglichkeiten und Ausdrucksformen aller Künste. Er hat den Kubismus zum Tanz auf der Bühne gemacht, er hat die BRUITISTISCHE Musik der Futuristen (deren rein italienische Angelegenheit er nicht verallgemeinern will) in allen Ländern Europas propagiert. Das Wort Dada weist zugleich auf die Internationalität der Bewegung, die an keine Grenzen, Religionen oder Berufe gebunden ist. Dada ist der internationale Ausdruck dieser Zeit, die große Fronde der Kunstbewegungen, der künstlerische Reflex aller dieser Offensiven, Friedenskongresse, Balgereien am Gemüsemarkt, Soupers im Esplanade etc. etc. Dada will die Benutzung des

neuen Materials in der Malerei.

Dada ist ein CLUB, der in Berlin gegründet worden ist, in den man eintreten kann, ohne Verbindlichkeiten zu übernehmen. Hier ist jeder Vorsitzender und jeder kann sein Wort abgeben, wo es sich um künstlerische Dinge handelt. Dada ist nicht ein Vorwand für den Ehrgeiz einiger Literaten (wie unsere Feinde glauben machen möchten), Dada ist eine Geistesart, die sich in jedem Gespräch offenbaren kann, so daß man sagen muß: dieser ist ein DADAIST – jener nicht; der Club Dada hat deshalb Mitglieder in allen Teilen der Erde, in Honolulu so gut wie in New-Orleans und Meseritz. Dadaist sein, kann unter Umständen heißen, mehr Kaufmann, mehr Parteimann als Künstler sein – nur zufällig Künstler sein – Dadaist sein, heißt, sich von den Dingen werfen lassen, gegen jede Sedimentsbildung sein, ein Moment auf einem Stuhl gesessen, heißt, das Leben in Gefahr gebracht haben (Mr. Wengs zog schon den Revolver aus der Hosentasche). Ein Gewebe zerreißt sich unter der Hand, man sagt ja zu einem Leben, das durch Verneinung höher will. Ja-sagen – Nein-sagen: das gewaltige Hokuspokus des Daseins beschwingt die Nerven des echten Dadaisten – so liegt er, – so jagt er, so radelt er – halb Pantagruel [2], halb Franziskus und lacht und lacht. Gegen die ästhetisch-ethische Einstellung! Gegen die blutleere Abstraktion des Expressionismus! Gegen die weltverbessernden Theorien literarischer Hohlköpfe! Für den Dadaismus in Wort und Bild, für das dadaistische Geschehen in der Welt. Gegen dies Manifest sein, heißt Dadaist sein!

Tristan Tzara. Franz Jung. George Grosz.
Marcel Janco. Richard Huelsenbeck. Gerhard Preiß.
Raoul Hausmann. Walter Mehring.
O. Lüthy. Fréderic Glauser. Hugo Ball.
Pierre Albert Birot. Maria d'Arezzo. Gino Cantarelli.
Prampolini. R. van Rees. Madame van Rees.
Hans Arp. G. Thäuber. Andrée Morosini. François
Mombello-Pasquati.

Das Manifest wurde zuerst 1918 als Flugblatt gedruckt.

1 Gegen den Aktivisten-Kreis um Kurt Hiller gerichtet, deren Weltverbesserungsabsichten u. a. als »Meliorismus« etikettiert wurden (vgl. Anm. 5 zu Dok. 14).
2 »Pantagruel« ist der Held der Romane *Gargantua et Pantagruel* (zwischen 1532 und 1552 erschienen) von François Rabelais.

4. *Stellungnahmen der Älteren und Außenstehenden*

Die Zeitungsfeuilletons und Kulturzeitschriften reagierten anfangs auf die jüngste Kunst und Literatur um 1910 vielfach verständnislos, spöttisch oder sogar mit aggressivem Hohn. Über die zweite Ausstellung der 1909 von Kandinsky gegründeten »Neuen Künstlervereinigung München« vom September 1910, aus deren Mitgliedern sich Ende 1911 »Der Blaue Reiter« rekrutierte, konnte man in den *Münchener Neuesten Nachrichten* folgende von M. K. Roth gezeichnete Bemerkungen lesen:

Diese absurde Ausstellung zu erklären, gibt es nur zwei Möglichkeiten: entweder man nimmt an, daß die Mehrzahl der Mitglieder und Gäste der Vereinigung unheilbar irrsinnig ist, oder aber, daß man es mit schamlosen Bluffern zu tun hat, denen das Sensationsbedürfnis unserer Zeit nicht unbekannt ist und die die Konjunktur zu nutzen versuchen. [1]

Und über dieselbe Ausstellung hieß es in der eine bodenständig-traditionelle Malerei favorisierenden Zeitschrift *Kunst für Alle*:

Man greift sich wie von Sinnen an den Kopf, wenn man vor diesen merkwürdigen Gebilden steht. Man will es lange nicht glauben, daß man es hier nicht mit spaßhaftem Bluff zu tun hat. Und wenn man sich endlich wohl oder übel entschließt, die Sache ernst zu nehmen, so steigen einem wohlberechtigte Zweifel pathologischer Natur auf. Hier muß eine ganz verrückte Massensuggestion am Werk gewesen sein. Diese etwa dreißig Leute (die gangbaren Plastiker ausgenommen) sind plötzlich von einem Genie-Furor gepackt worden. Alles, was einem Menschen von gesundem Verstand und gebildeter Sinnlichkeit einleuchtet, haben sie von sich abgetan. [2]

Der Ton und die Argumente solcher Kritiken finden sich ganz ähnlich auch in den damaligen Urteilen zur jüngsten Literaturszene. Über die den literarischen Expressionismus einleitenden Veranstaltungen des »Neopathetischen Cabarets« (s. o. S. 29 f.) machte man sich vielfach lustig; als einen Haufen jugendlicher Spinner, die der »geistigen Hygiene Berlins« abträglich seien, stellte der Berliner Berichterstatter der *Münchener Allgemeinen Zeitung* die Beteiligten dar. (Dok. 18) Am 30. Oktober 1913 freute sich die *Tägliche Rundschau* darüber, daß die Zeitschrift der jüngsten Münchener Literaturszene *Revolution* beschlagnahmt worden war, denn »dies Geschrei und Gestammel und dieses Schwelgen in Gräßlichkeit hat mit Kunst nicht das geringste mehr zu tun.« (Dok. 139, S. 533) In der Österreichischen Zeitschrift *Der Merker* ärgerte sich noch 1914 ein Kritiker über die Zurückhaltung mancher Kollegen in der Verurteilung der »Allerjüngsten« (u. a. W. Hasenclever, E. Lasker-Schüler, Kandinsky), die er selbst als »Narren« und »Schreibclowns« bezeichnete, deren »hervorstechendste Eigenschaft« die »großartige Überlegenheit über die Kasusregeln der deutschen Sprache« sei. Die Kritik habe viel zu viel »Angst, für philiströs und rückständig zu gelten« und glaube deshalb, »jedwedem Blödsinn, sofern er genügend anspruchsvoll auftritt, die Stange halten zu müssen« [3]:

In dieser Angst vor der Blamage liegt die Erklärung der unbegreiflichen Toleranz so vielen kecken und vorlauten Blendern gegenüber; die Erklärung für dieses unbekümmerte »laisser faire« in Dingen der Kunst, das heute schon so weit gediehen ist, daß man fast die Schranken zünftischer Meisterregeln gern aufs neue aufgerichtet sähe. Weil tatsächlich oft starke Neuerer eine Weile lang verkannt und verspottet wurden [...], genießen heute alle wirklichen pathologischen Stümper, noch mehr aber alle auf Verblüffung abzielenden Spekulanten jede Freiheit [...]. [4]

Psychiatrisierende Attribute wie »krankhaft«, »pathologisch« und auch »entartet« sowie der Vorwurf der mit bloßen Sensationseffekten arbeitenden Geschäftstüchtigkeit finden sich damals keineswegs nur in der »trivialen« Expressionismuskritik, sondern ähnlich auch bei anspruchsvolleren Zeitgenossen: bei Karl Kraus zum Beispiel.

Das etwas komplizierte und für das fehdenreiche literarische Leben damals höchst aufschlußreiche Verhältnis von Kraus zum Expressionismus [5] nahm sich in der frühsten Phase dieser Bewegung noch vielversprechend positiv aus. Im Sommer 1909 machte er die Bekanntschaft mit Else Lasker-Schüler und Herwarth Walden. Auch bei Franz Pfemfert und den ihm nahestehenden Autoren war er zu dieser Zeit noch sehr angesehen. Walden leitete wenig später ein neu errichtetes Berliner Büro der *Fackel*, bemühte sich hier engagiert um den Vertrieb dieser Zeitschrift und initiierte für Kraus erfolgreiche Leseabende. Bis 1910/11 veröffentlichte die *Fackel* Lyrik von E. Blass, J. v. Hoddis, B. Viertel, und vor allem A. Ehrenstein, E. Lasker-Schüler und F. Werfel. Waldens nach dem Vorbild von Kraus im Selbstverlag erscheinende Zeitschrift *Der Sturm* brachte ihrerseits zahlreiche Beiträge von ihm – angefangen gleich mit dem allerersten in dieser Zeitschrift überhaupt. Die junge Literatenclique in Berlin, zunächst vor allem der Kreis um Franz Pfemfert, begann sich allerdings von Kraus zu distanzieren, als Ende 1910 dessen Essay *Heine und die Folgen* erschien. Nicht nur, aber auch damit zusammenhängend kam es zusätzlich noch zu einer publizistischen Fehde zwischen Kraus und Alfred Kerr, bei der sich die literarische Jugend größtenteils auf die Seite des angesehenen Berliner Kritikers stellte. Eine *Umfrage über Alfred Kerr* im ersten Jahrgang (1911) der *Aktion* bildete den Auftakt zu einer groß angelegten Kampagne gegen Kraus, die bis Ende des Jahres andauerte. 1912 brach Kraus die Kontakte mit Berlin endgültig ab, indem er sich auch vom Sturm-Kreis distanzierte. (Dok. 19) Nicht zuletzt die von Walden veröffentlichten futuristischen Manifeste waren ihm ein Grund dafür. Das Zerwürfnis mit dem anfangs sehr geschätzten Werfel begann Ende 1913, und einige Jahre später brach Kraus schließlich auch mit Ehrenstein, den er entscheidend gefördert hatte. Gegenüber dem Expressionisten-Verleger Kurt Wolff, der Kraus gerne für seinen Verlag gewonnen hätte, äußerte dieser in einem Brief vom 9. Dezember 1913 seine

Bedenken, welche schon ein Blick auf die Nachbarschaft mir eingeben mußte, in die ich durch meinen Eintritt in Ihren Verlag geraten würde, auf die Umgebung eben jenes fürchterlichsten Literaturmißwachses, unter dessen hysterischer Annäherung und unruhvoller Befassung mit meinem Dasein meine Nerven seit Jahren umso schlimmer zu leiden haben, je besser dieses Treiben meine Erkenntnis nährt. Ich habe Ihnen aus diesen Bedenken kein Hehl gemacht und gerade herausgesagt, daß ich die merkantile Umgebung eines farblosen, wenngleich auch energielosen Verlags wie meines bisherigen dem modernen Getue des neuesten Berlinertums im eigenen wie im Interesse der Literatur vorziehe und daß ich diese durch die elendsten Handwerker noch immer für weniger gefährdet halte als durch die besten Quallen. Ich sprach den Wunsch aus, in meiner Nähe lieber nichts zu sehen als die Mißgeburten des jüngsten Deutschland. [6]

Die Berliner »Neutöner« (Dok. 19) kritisierte Kraus hinfort als in die Literatur verschlagene Kaufmannssöhne, als auf äußerliche Effekte bedachte Geschäftemacher, Kunstdilettanten und »Phraseure«, aus denen »durch Substantivierung von Verben, Adjektiven oder adjektivierten Verben sowie durch die Fähigkeit, einen abgegriffenen Singular in einen funkelnagelneuen Plural zu verwandeln, im Handumdrehn ein Expressionist wird.« [7] Kraus scheute in seinen Polemiken gegen die Expressionisten selbst den Vorwurf des Abartigen und Krankhaften nicht, wenn er z. B. unter Hinweis auf eine Vielzahl an ihn gerichteter Briefe den pubertierenden »Literarhysterikern« homoerotische Neigungen bescheinigte und einen pathologischen Befund ausstellte:

In meinem Archiv brüllt unbefriedigte Knabenhysterie mit zwanzigtausend Stimmen. Das Geheimnis der Zeit liegt in meinen Papieren. Es wird einmal, wenn meine Erben es aufbrechen, ein Grundbuch der Pathologie geben: wie man um 1910 jung war. Die Herrn Eltern oder Vormünder hatten versäumt, dieser Brut rechtzeitig das Geschlecht austauschen zu lassen, und ich sollte das Opfer sein! [8]

Ernst Toller rechnete er zu denen, die »ihre Pubertätskrisen mit Maschinengewehren austragen müssen.« [9]

Trotz derart heftiger Angriffe und gegenseitiger Feindschaftserklärungen stand Kraus den Expressionisten doch wohl geistig näher als etwa Hugo von Hofmannsthal oder Stefan George und sein Kreis. Hofmannsthal ignorierte die jüngste Literaturszene der zehner Jahre weitgehend. Auf die briefliche Bemerkung seines Freundes Eberhard von Bodenhausen hin, er (Bodenhausen) habe kein »Verhältnis zu Becher« und »zu den sogenannten Expressionisten, Kubisten, Futuristen etc.« [10] und Harry Keßler (ein gemeinsamer Bekannter) zweifle deshalb vorwurfsvoll an seiner Aufnahmefähigkeit, antwortete Hofmannsthal am 28. 4. 1916 in bezeichnender Weise:

Alles was Du von H. K. schreibst, hat mich recht amüsiert, und wieder gerührt, wie Du Dich zu ihm in Gegensatz stellst. Aber glaub mir, Eberhard, Dein Anteil, wo Du Anteil nimmst, an Schröder, an Borchardt, an mir, das ist doch ganz etwas anderes, aus einer anderen Wurzel entsprungenes, als das ewige Verständnis, die Allerweltsintimität, die ein solcher Philister für jedes, aber auch jedes neu auftauchende Kunstwesen aufbringt. Ich weiß nicht, vielleicht bin ich ungerecht, aber er setzt auf jedes Pferd, das im Rennen läuft, ich finde das zum Sterben langweilig. Einmal hat er mir wahrhaftig in einem Brief auch irgend eine »Qualität« von Ernst Hardt analysiert. – Herrn Becher kenne ich nicht, Däubler und Werfel aber wohl – aber siehst Du, ich hab in Jahren nicht das Bedürfnis gehabt Dir von einem von beiden zu sprechen. Wozu denn auch von einem Phänomen zum andern jagen? Ich bin noch nicht so weit, daß ich mir Stefan George, Borchardt, manches andere, das mir nahe ist, genug zu eigen gemacht hätte. [11]

Stefan George, der von der jungen Dichtergeneration z. T. heftig kritisiert, z. T. aber auch als Vorbild verehrt wurde, beachtete den Expressionismus nicht mehr mit der gleichen Aufmerksamkeit wie noch in jüngeren Jahren den Naturalismus. [12] Doch wo er auf ihn zu sprechen kam, fielen seine Urteile negativ aus. Für das »Gesudel der Kandinsky und Kokoschka« [13] hatte er nur Verachtung übrig. Und dem formsprengenden Pathos des expressionistischen Schreis hielt er seinen Merkspruch *Über Kraft* entgegen:

Vor den zu lebhaften ausbrüchen der kraft im kunstwerk muß man auf der hut sein . . hinter ihnen steht oft gar nicht des empfindens wahrheit und tiefe· sondern nur schwärende unreife oder die anstrengung sich durch die eigenen schreie in etwas einzureden was nicht vorhanden ist. Durch bezwingen dieser ausbrüche zeigt sich wahre kraft . . . kunst ist nicht schmerz und nicht wollust sondern der triumpf über das eine und die verklärung des andern. Tiefster schmerz deutet sich auch nicht an durch ausstoßen von wehlauten auf offenem markt: der kenner der seele aber hört ihn unendlich rührend als seufzer aus einer scheuen einsamkeit. Tiefste wollust gibt sich auch nicht zu erkennen durch anwendung heftiger worte und bilder sondern durch lächeln· durch eine zerdrückte träne und durch ein beben. Aus der größe des sieges und der verklärung fühle man größe und echtheit der erregung. [14]

Der George-Schüler Gundolf unterschied zwischen dem »Neuen Pathos« der Vorkriegszeit, das er ebenfalls sehr negativ beurteilte (s. Anhang zu Dok. 22) und dem späteren »Expressionismus«, der wie der Krieg ein Krisensymptom sei, jedoch der Krise im Gegensatz zu George keinen festen Standort jenseits zeitgebundener Relativität entgegensetzen konnte. (Dok. 22)

Hermann Hesse, der in seiner Antwort auf Edschmids programmatische Expressionismus-Rede eigentlich nur die mangelnde Toleranz im Umgang mit der Tradition bemängelte (Dok. 20), stand der jüngsten Dichtung sehr viel aufgeschlossener gegenüber. [15] Das gleiche gilt auch für Rilke. [16] Dieser hatte vor allem zu Werfel seit 1913 ein sehr positives Verhältnis. Die von Rilke im Herbst dieses Jahres verfaßte kleine Schrift *Über den jungen Dichter* ist mit der Anmerkung versehen: »Für den Verfasser war die vielfach beglückende Beschäftigung mit den Gedichten Franz Werfels gewissermaßen die Voraussetzung zu dieser Arbeit.« [17] Aufschluß über Rilkes Beurteilung der jüngsten Literatur gibt auch sein Brief an Katharina Kippenberg vom 19. Dezember 1916, in dem er sich über Däubler, Becher, Trakl und Werfel so äußerte:

Däubler –: es tut mir jetzt manchmal leid, nicht mit ihm gesprochen zu haben, – nun, dazu wird wieder Gelegenheit, ich möchts gar nicht so sehr im Anschluß an seine Produktion tun, als vielmehr einmal aus dem Vollen des Erlebens überhaupt mich an ihn wenden. Daß man sich zu Becher überzeugt und für ihn einsetzt, kann ich durchaus begreifen –, wenn nur nicht jenes Phosphoreszieren einiger seiner Zeilen schwindet, sowie man die Ufer seiner unsichern Flut zu ordnen versucht. Gerade deshalb verließ ich mich so viel mehr auf Trakl, weil an ihm die Zersetzung seine Art Gesundheit war, seine genaue Richtung zum eigenen Tod; bei Becher ist vieles (und wer weiß, ob nicht das Schönste) Zufall und List der Krankheit, eine Ausbeutung ihrer Schwingung, und wenn das Alles sich als Lebensjubel gibt, so liegt in dieser Haltung etwas von der obstinaten Hiesigkeit gewisser Schwindsüchtiger, die das jähe Aufkochen ihres unsichern Bluts für Jugend und Natur nehmen: also eine Täuschung und nach außen hin, ein Betrug.

Werfel, obwohl nun schon lange wirklich im Feld, scheint viel zu arbeiten. Die ›Aktion‹ bringt fast in jeder Nummer ein schönes Gedicht von ihm und ich höre, daß er Manuskript um Manuskript nach Hause schickt. Ich bin jetzt nicht ohne Vorsicht auch gegen seine Arbeit und doch geht er mir, immer noch, von den Jüngeren am Genauesten nah. [18]

In den Nachkriegsmonaten stand Rilke, der schon 1917 die russische Oktoberrevolution emphatisch begrüßt hatte, auch den revolutionären Expressionisten in München persönlich und politisch nahe [19] – ganz im Gegensatz zu Thomas Mann, der in den Kriegsjahren zum entschiedenen Gegner vor allem des politischen Expressionismus wurde (s. S. 265 f. und 292 ff. dieses Bandes sowie Dok. 21 und 69). Von den vielen Schriften der Expressionismus-Gegner lieferte er 1918 mit den *Betrachtungen eines Unpolitischen* die umfassendste (s. den als Dok. 21 abgedruckten Auszug). Daß, wie Th. Mann u. a. kritisierte, der Expressionismus »undeutsch« sei, war schon in den Anfängen der Auseinandersetzungen um die neueste Kunst ein häufig vorgebrachtes Argument [20], das während des Krieges dann noch chauvinistisch verschärft wurde. Den Vorwurf des »Undeutschen« äußerte ebenfalls die den Vorstellungen Th. Manns sehr nahe stehende Kritik Otto Flakes an Heinrich Mann und dem Expressionismus in der *Neuen Rundschau* von 1915. [21]

Von Th. Manns *Betrachtungen* stark angeregt, aber weit weniger politisch motiviert, beschäftigte sich Robert Musil nach dem Krieg gründlicher mit dem Expressionismus:

Bevor ich einrückte gab es eine explosive, intellektuelle Vorstellungslyrik, eine Lyrik intellektueller Intuition, herausgesprengte philosophische Gedankenpartien mit mitgerissenen Fleischfetzen von Gefühl behangen. Als ich zurückkehrte gab es den Expressionismus. [22]

Wo Musil in seinen Tagebuchnotizen den Begriff »Expressionismus« erwähnte, tat er dies neutral bis unfreundlich. [23] Den Aktivisten warf er einen falschen »Geist«-Begriff vor [24] und der empiriefeindlichen Ästhetik des Expressionismus die Neigung zum Dogmatismus:

Das weitere Wesen des Expressionismus ist das einer synthetischen Methode im Gegensatz zur analytischen. Der Expressionist verzichtet auf Analyse. Deshalb ist er den von ihm anerkannten Komplexen gegenüber schlechthin gläubig. Deshalb neigt er zur Dogmatik. Er sucht deshalb das neue Weltgefühl so wie ein Chemiker den synthetischen Kautschuk sucht. Seine Grenze: daß es ein rein synthetisches Verfahren nicht gibt. [25]

1 Zitiert nach Lothar Günther Buchheim: *Der Blaue Reiter*. Feldafing 1959. S. 27.
2 ebd., S. 28.
3 Ernst Goth: *Die Allerjüngsten und die Furcht vor der Blamage*. In: *Der Merker* 5 (1914), H. 14 (1. Dezember), S. 638–642; Zitate S. 641 f.
4 ebd., S. 639.
5 Siehe dazu besonders Eduard Haueis: *Karl Kraus und der Expressionismus*. Diss. Nürnberg 1968.
6 Kurt Wolff: *Briefwechsel eines Verlegers 1911–1963*. Frankfurt 1966. S. 124.
7 Karl Kraus: *Notizen*. In: *Die Fackel* 19 (1917), Nr. 457–461 (10. Mai), S. 59.
8 Karl Kraus: *Notizen*. In: *Die Fackel* 16 (1914), Nr. 400–403 (10. Juli), S. 56.
9 Karl Kraus: *Mit vorzüglicher Hochachtung*. (10. Bd. der Werke von K. Kraus. Hg. v. H. Fischer). München 1962. S. 82.
10 Hugo von Hofmannsthal/Eberhard von Bodenhausen: *Briefe der Freundschaft*. Jena 1953. S. 212.
11 ebd., S. 213 f.
12 Über die Beziehung zwischen dem Expressionismus und Stefan George siehe Manfred Durzak: *Zwischen Symbolismus und Expressionismus: Stefan George*. Stuttgart u. a. 1974.
13 Zitiert nach Berthold Vallentin: *Gespräche mit Stefan George*. Amsterdam 1967. S. 92.
14 Stefan George: *Werke*. Hg. v. R. Boehringer. Bd. 1. München, Düsseldorf ^{2}1968. S. 531 f.
15 Bernhard Gajek: *Hermann Hesses Verhältnis zum Expressionismus*. Unveröffentl. Manuskript.
16 Vgl. dazu die Materialien und Erläuterungen in dem Marbacher Ausstellungskatalog: *Rainer Maria Rilke 1875–1975*. Ausstellung und Katalog von Joachim Storck. Stuttgart 1975. S. 181 ff., 190 ff., 224.
17 Rainer Maria Rilke: *Sämtliche Werke*. Bd. 6. Frankfurt 1966. S. 1046.
18 Rainer Maria Rilke/Katharina Kippenberg: *Briefwechsel 1910 bis 1926*. Wiesbaden 1954. S. 197 f.
19 Vgl. dazu den in Anm. 16 genannten Ausstellungskatalog, S. 228 ff.
20 Vgl. z. B. die von dem Maler Carl Vinnen 1911 herausgegebene Schrift *Ein Protest deutscher Künstler* (s. o. S. 14).
21 Otto Flake: *Von der jüngsten Literatur*. In: *Die neue Rundschau* 26 (1915), Bd. 2 (Septemberheft), S. 1276–1287. Gekürzter Nachdruck in P. Pörtner: *Literaturrevolution II*, S. 181–188; ungek. in P. Raabe: *Expressionismus*, S. 53–65.
22 Robert Musil: *Tagebücher*. Hg. v. Adolf Frisé. Reinbek bei Hamburg 1976. S. 474 f. Ein aus verschiedenen Tagebuchnotizen synthetisierter und geglätteter Text über den Expressionismus wurde in der

älteren Tagebuchausgabe abgedruckt: R. M.: *Tagebücher, Aphorismen, Essays und Reden.* Hg. v. A. Frisé. Hamburg 1955. S. 206 f.; Nachdruck auch in P. Raabe: *Expressionismus*, S. 160–162.

23 Siehe das Register in R. M.: *Tagebücher.* Anmerkungen, Anhang, Register. Hg. v. A. Frisé. Reinbek bei Hamburg 1976.

24 R. Musil: *Tagebücher* (s. Anm. 22), S. 483.

25 ebd., S. 477.

18
Hans Hentig: *Bei den Neopathetischen.* In: *Münchener Allgemeine Zeitung*, 16. Juli 1910, S. 559–560.

Da ich mich für alle Kulturerscheinungen interessiere und nichts so leicht ablehne, bevor ich es nicht selbst gesehen habe, so gehe ich auch einmal zu den Somalis im Lunapark oder zu den zusammengewachsenen Schwestern Blazek mit dem eigenen Kind. Ich bin auch zu den Neopathetikern gegangen, obgleich der Mangel ermäßigter Eintrittskarten für Militär und Kinder unter zehn Jahren der Reellität des Unternehmens gegenüber zu Vorsicht einlud.

In einem kleinen, warm-braun getäfelten Raum sind ungefähr 50 Personen anwesend. Ein Herr ist mit Sicherheit als über dreißig Jahre einzuschätzen, eine ältere Dame gibt dem Raum einen würdigen Eindruck. Dann ein paar Riesenhüte, unter denen ich jüngere weibliche Wesen vermute. Sonst nur Jünglinge mit abgrundtiefen Augen, sehr viel Haaren und Selbstgefühl. Einige germanische Typen fallen aus dem Rahmen der Veranstaltung.

Die Hälfte des Zimmers nehmen zwei Vorstandstische und ein Podium ein, das andauernd von einem der Herren Neopathetiker herumgerückt wird, wahrscheinlich, um eine Betätigung für die überschwellende Kraft zu haben, von der sie nachher so viel reden werden. Einer von den Vorstandsherren fällt durch seinen tadellosen Frack, eine wohlgelungene Glatze und sein autoritatives Wesen auf. Ich glaube, in diesem Herrn den Kassierer der Neopathetiker erraten zu haben. Er macht einen sympathischen, appetitlichen Eindruck, der durch den Namen Hiller noch verstärkt wird.

Nun wird es dunkel. Eine besonders neopathetisch konstruierte Lampe wirft ihre rückwärts gewandten Strahlen auf das blasse Kindergesicht eines Jünglings, der mit einigen glatten Worten sich und seine Bestrebungen willkommen heißt und die Eigenart der Neopathetiker zu erklären sucht. Ich habe das alles nicht mehr behalten und glaube nicht, daß es besonders eigenartig war.

Dann kommt ein junger Mann und beginnt eine Art Skizze vorzulesen. [1] Er lispelt leider, spricht Cocktail französisch aus und erzählt hauptsächlich von einem jungen, natürlich blassen Kapellmeister, aus dessen Stirnlocke die Musik hervortritt. Arme Musik! Als er geendet hat – der Neopathetiker, meine ich –, erwacht jubelnd der Beifall. Daran sieht man, daß fast nur Klubmitglieder im Saal sind.

An seine Stelle tritt ein gesund und frisch aussehender junger Mann und schmettert mit energischer Stimme ein paar Gedichte seinen Zuhörern ins Gesicht. [2] Er beschäftigt sich hauptsächlich mit Würmern, die im Kopf einer Leiche umherschwirren, und sucht uns auch dafür zu interessieren. Als irgendeiner schüchtern lacht, wirft er dem Publikum einen scharfen Blick zu. Schon fürchten wir, er will uns mit der Entziehung seiner Gedichte bestrafen. Aber nein, die Gefahr geht vorüber. Am Schlusse Jubel.

Nummer drei des Programms. Ein magenkrank aussehender Herr erklärt, er müsse platzen, wenn er uns nicht eine Stelle aus Nietzsche vorlesen dürfe. [3] Wir haben Mitleid mit ihm und erlauben ihm das. Er aber hat gar kein Mitleid mit uns und liest so lange und mit so falscher Betonung, daß Zwischenrufe laut werden. Dieser Mensch ist im höchsten Grade langweilig. Während er von Kraft, Rausch und Siegesbewußtsein spricht, sinkt sein müder Kopf immer mehr zwischen die schmalen Schultern. Wäre er doch geplatzt! Im Nebenzimmer natürlich, nachdem die Neopathetiker erst ihre Kasse in Sicherheit gebracht hätten.

Dann wundert man sich plötzlich, daß Tilla Durieux [4] auf dem Podium sitzt und den letzten Akt aus Wedekinds: »Mit allen Wassern gewaschen« vorzulesen beginnt. Es wird ganz still. Keiner lacht mehr. Tilla in ihrem schlichten, blauen Kleid da droben wird warm und spielt Theater. Seltsames, nervenpackendes Stück, wo Häßlichstes und Schönstes so eng beieinanderwohnen! Und trotz alledem lebt eine große, harte und überlegene Kunst in dem Ganzen. Tilla schließt. . . . Mich reuen meine zwei Mark Eintritt nicht mehr.

Nach einer kurzen Pause, während der sich die Herren Neopathetiker gegenseitig zu ihren Erfolgen gratulieren, kommt der Herr mit dem wohlgebauten Frack an die Reihe.

Er trägt eigene und fremde Gedichte vor. Das Publikum scheint sich unterdessen um einige Normalmenschen vermehrt zu haben, denn es wird Heiterkeit laut, und auf einmal lacht das ganze Zimmer. Aber der Herr liest weiter fremde und eigene Gedichte. Eine »Betrachtung auf dem Markusplatz« läßt wünschen, er setzte sie an Ort und Stelle fort. Der Herr ist unglaublich komisch. Wollte er es sein?

Das Schlimmste aber erleben wir jetzt. Ein junger Mann, der sich J. van Hoddis nennt, nimmt auf dem Podium Platz und lächelt schon von vornherein schadenfroh über die gemißhandelten Zuhörer. Dann liest er so schnell seine Machwerke ab, daß man überrascht nicht mehr Zeit hat, an die Tür zu kommen. Nach jeder Strophe lächelt er befriedigt. Ich habe selten so etwas bodenlos Häßliches gehört. Sie haben Augen, Herr van Hoddis, die mir nicht gefallen. . . . Als er endlich, endlich schweigt, wundere ich mich, daß er so lange auf dem Podium sitzen bleibt, aber bei näherem Zusehen bemerkt man, daß er schon längst aufgestanden ist. Seine Dichtungen hatten ja auch kein Gardemaß.

Dann beginnt noch ein Herr mit sympathischer Stimme eine längere Novelle von Jakob Wassermann zu lesen. Auf das Wort »länger« hin flüchte ich, obwohl ich vor Wassermanns Kunst Respekt habe.

Man kann nicht verstehen, wie sich Tilla Durieux und Wassermann hierher verirrt haben. Die Neopathetiker wollen noch weitere Abende veranstalten. Dem gewissenhaften Menschen aber bleibt nichts anderes übrig, als vor Herrn van Hoddis zu warnen und die anderen Neopathetiker nicht zu empfehlen. Das ist man er geistigen Hygiene Berlins schuldig.

Es handelt sich um den 2. Abend des vom »Neuen Club« veranstalteten »Neopathetischen Cabarets« (s. Einleitung). Vgl. auch die Abdrucke des Programms und weiterer Besprechungen in Georg Heym: *Dokumente zu seinem Leben und Werk.* Hg. v. K. L. Schneider und G. Burckhardt. (Gesamtausgabe Bd. 6). München 1968. S. 403, 412–417.

1 Heinrich Eduard Jakób las seine Novelle *Sommernacht.*
2 Georg Heym.
3 Golo Gangi (eig. Erwin Loewenson) las aus Nietzsche *Von Rausch und Kunst.*
4 Die Schauspielerin Tilla Durieux (eig. Ottilie Godeffroy, 1880–1971) kam 1903 nach Berlin zu Reinhardt und spielte seit 1911 an verschiedenen Berliner Bühnen; setzte den expressiven Stil Gertrud Eysoldts fort.

19
Karl Kraus: [*Gegen die Neutöner*]. In: *Die Fackel*, Nr. 351–353, 21. Juni 1912, S. 53–54.

Absichtlichkeit und Zudringlichkeit von Mißverständnissen, die sich um das Eindringen der Fackel in Berliner literarische Interessen gebildet haben, legen mir die Pflicht auf, das Folgende zu erklären: Das Eindringen der Fackel in Berliner literarische Interessen ist mir peinlich. Jeder Anhänger, den ich in Berlin verliere, ein Gewinn. Ich habe nie von irgend jemand Förderung, Verbreitung, Eintreten, Wohlwollen oder Begeisterung erwartet, verlangt oder auch nur – wie nachgewiesen werden kann – stillschweigend geduldet. Wer in Kneipen oder Kneipzeitungen das Gegenteil behauptet, wäre ein Schmierfink, auch wenn er nicht zufällig die »fünf Frankfurter« verfaßt hätte. Ich habe mit Berliner literaturpolitischen Bestrebungen, mit Futuristen, Neopathetikern, Neoklassizisten und sonstigen Inhabern von Titeln ebensowenig zu schaffen wie mit Wiener Kommerzial- oder Sangräten. Ich hasse das Publikum; aber ich zähle die Schmarotzer an seinen Mißverständnissen zum Publikum. Ich stehe nicht auf dem Standpunkt, daß jeder Gymnasiast, dem die in unserer Zeit vorhandenen Süchte und Dränge und sonstigen ekelhaften Plurale zu einem »Niveau« verholfen haben, mehr taugt als Mörike, Eichendorff und Lenau. Ich bin nicht der Meinung, daß die Meinung in der Kunst genügt, glaube, daß das bloße Rechthaben gegen den Journalismus mit ihm identisch ist, und sage, daß jeder, der schlicht behauptet, daß Herr Rudolf Lothar [1] ein Übel sei, sich einer Verdoppelung des Herrn Rudolf Lothar schuldig macht. Ich sage, daß Polemik vor jeder anderen Art von schriftlicher Äußerung durch Persönlichkeit legitimiert sein muß, damit nicht die Null zum Übel, sondern das Übel nullifiziert werde. Polemik ist eine unbefugte Handlung, die ausnahmsweise durch Kunst zum Gebot wird. Lyrik ohne Berechtigung greift den Täter an: der schlechte Angriff alle Unbeteiligten. Ich halte Polemik, die nicht Kunst ist, für eine Angelegenheit des schlechten gesellschaftlichen Tons, die dem schlechten Objekt Sympathien wirbt. Ich halte das Manifest der Futuristen [2] für den Protest einer rabiaten Geistesarmut, die tief unter dem Philister steht, der die Kunst mit dem Verstand beschmutzt. Ich halte das Manifest der futuristischen Frau [3], der ich jede perfekte Köchin vorziehe, für eine Handlung, der ein paar lustlose Rutenhiebe zu gönnen wären. Ich halte Else Lasker-Schüler für eine große Dichterin. Ich halte alles, was um sie herum neugetönt wird, für eine Frechheit. Ich bin dem Komponisten der Dafnis-Lieder [4] für einen der seltenen Eindrücke dankbar, die ich Abgesperrter zu mir einließ. Ich achte und beklage einen Fanatismus, der nicht sieht, daß unter den Opfern, die er der Kunst bringt, diese selbst ist. Ich verfluche eine Zeit, die den Künstler nicht hört; aber sie zwingt ihn nicht, ihr das zuzuschreien, was er ihr nicht zu sagen hat. Ich weiß, daß die schonungsloseste Wahrheit über diesen Punkt noch immer so viel Ehre übrig läßt, daß das Gesindel ringsherum keinen Anlaß zur Freude haben kann. Überhaupt möchte ich jedem einzelnen in dieser Hunnenhorde, aus der kein Attila entsteht, jedem einzelnen dieser Literaturhamster, die kein Fell geben, den Rat erteilen, nichts von meiner Mißbilligung polemischer Minderwertigkeit oder lyrischen Dilettantismus auf den andern zu beziehen, sondern alles auf alle. Auch möchte ich bitten, den Verkehr mit mir in jeder Form abzubrechen und im Pendeln zwischen Verehrung und Büberei es definitiv bei dieser zu belassen, aber so, daß kein Aufsehen entsteht. Man soll mir keine Drucksorten und keine Briefe schicken. Ich weiß Bescheid. Es wäre mir peinlich, wenn ich genötigt wäre, Berlins kulturelle Mission als einer straßenreinen Stadt gegen den Schönheitsdreck zu verteidigen und nachzuweisen, daß der übelste Abhub der Wiener Geistigkeit sich jetzt dort vor den Betrieb stellt. Ich bin für Asphalt und gegen Gallert. Ich bin für Berlin: nämlich für die Chauffeure und gegen die Neutöner, für das Reviersystem und gegen die Weltanschauung, für die Kellner und gegen die Gäste.

Ohne Titel erschienen unter der Rubrik »Notizen«.

1 Rudolf Lothar (eig. Rudolf Spitzer, 1865 – 1943), u. a. Feuilletonist an der *Neuen Freien Presse*, Verfasser eher mittelmäßiger, doch erfolgreich aufgeführter Bühnenstücke, u. a. des Maskenspiels *König Harlekin* (1900).
2 Siehe Dok. 155.
3 Valentine de Saint-Point: *Manifest der futuristischen Frau.* Übersetzt von Jean-Jaques. In: *Der Sturm* 3 (1912/13), S. 26 – 27. Nachdruck u. a. in Christa Baumgarth: *Geschichte des Futurismus.* Reinbek bei Hamburg 1966. S. 286 – 239.
4 Gemeint ist der Herausgeber des *Sturm*, Herwarth Walden, den Kraus mehr als Komponisten denn als Literaten schätzte (s. Einleitung).

20
Hermann Hesse: *Zu Expressionismus in der Dichtung.* In: *Die neue Rundschau 29* (1918), Bd. 1 (Juniheft), S. 838–843.

Der Edschmidsche Aufsatz über *Expressionismus in der Dichtung* [1] mußte eine Diskussion auslösen. Wir geben im folgenden Hermann Hesse und Alfred Döblin [2] das Wort zur Erörterung und Richtigstellung des Problems, die es rund genug ansehn, um jede historische und psychologische Einseitigkeit vermeiden zu können.

Die Redaktion

Die Schriftleitung der *Neuen Rundschau* lädt mich ein, etwas auf Edschmids Aufsatz im Märzheft dieser Zeitschrift zu erwidern. Aus eigenem Antriebe hätte ich das nicht getan. Ich habe jenen Aufsatz mit Vergnügen gelesen, ich bin mit ihm einverstanden.

Aus der Stellung aber, welche viele zu Edschmids Artikel und zu allen programmatischen Äußerungen der Expressionisten einnehmen, witterte ich eine gewisse Verstimmung, eine Art von Furcht und Mißbehagen. Diese Stimmung gilt der Polemik im Auftreten der Jüngeren und dem unbekümmerten Wegwerfen, Verachten oder Nichtkennen von Werken und Werten, welche wir zu schätzen und zu lieben gewohnt waren.

Hier freilich ist Antworten leicht. Der historische Überblick über die nun eben zu Ende gegangene schlimme Niedergangszeit der Dichtung, den Edschmid andeutet, wird ja zum Teil von ihm selbst wieder korrigiert. Er gedenkt der öden Zeiten des Impressionismus, und findet einige Seiten später ein Liebeswort für Flaubert. Er schreibt, unten auf der fünften Seite seines Aufsatzes, die schönen Worte über »Weltgefühl«, welche dort so klingen, als sei dies Weltgefühl eine Sache des Expressionismus und als habe es Ähnliches seit langem nicht mehr gegeben – einige Zeit später aber fällt ihm doch der Name Hamsun ein.

Ungerecht im Verschweigen oder Nichtkennen ist Edschmid aber in allem, was er über die neuere (jetzt also soeben vergangene) *deutsche* Dichtung sagt. Daß er die bürgerlichen Maßstäbe und Probleme nicht ernst nehmen kann, fühle ich ihm lebhaft nach – aber hat wirklich unsere Dichtung in den Zeiten seit der Romantik aus nichts anderem bestanden als aus »Ehegeschichten, aus Tragödien, die aus Zusammenprall von Konvention und Freiheitsbedürfnis entstehen, aus Milieustücken« usw., wie er es darstellt? Und ist wirklich Stefan George der einzige deutsche Dichter zwischen Novalis und Wedekind, dessen Name einem bei einem raschen Überblick einfallen darf?

Hier geht es Edschmid nach seinem eigenen Wort: »An diesen sekundären Dingen (womit Stilfragen und die Technik des Einzelausdrucks gemeint sind), nicht an den Zielen, scheitert gewöhnlich die Diskussion.« Nämlich aus der ganzen Dichtung der letztvergangenen Jahrzehnte hat nichts ihm Eindruck gemacht als George, weil der allein sich von seiner Zeit in den äußerlichen Dingen der Wortwahl usw. unterschied. Sähe Edschmid unterm Kleide das Herz, so fände er die trostlose Literatur dieser Zeiten gar nicht so leer und tot. Und wie konnte er, gerade er, kein Gefühl für Richard Dehmel haben! Edschmid schreibt über die Zeit des Impressionismus: »Versuchte man Kosmisches, ward es nicht erreicht, blieb im Lallen –.« Das mag richtig sein, auch im Blick auf Dehmel, Mombert und andre. Aber ich kann bei aller Liebe durchaus nicht finden, daß bei den Expressionisten (man denke an J. R. Becher) das Gefühl des Kosmischen sich anders als in ekstatischem Lallen äußere.

So könnte man lange fortfahren. Edschmid tut dem Historischen unrecht auf jeder Seite. Es fragt sich aber, ob wir mit dieser Feststellung nicht wieder ihm bitter unrecht tun? Hat er denn die Aufgabe übernommen, eine objektive Tatsachenweisheit zu geben? Will und soll er denn etwas anderes als das: seinen Glauben aussprechen, seinen Gott verkündigen, seine Liebe ausströmen?

Das hat Edschmid getan. Er hat ausgesprochen, daß für ihn »Expressionismus in jeder Kunst, in jeder Tat« sei.

Für ihn nun hat der Name »Expressionismus« sakralen Wert. Vielleicht nimmt er an, daß bei anderen der Name »Impressionismus« ebenso wirke und gelte, und vielleicht gibt es das. Jedenfalls ist dies glühend fromme Eingeschworensein auf einen Namen ein Stück Jugend. Und von der Jugend, wenn wir sie lieben wollen, fordern wir nichts, als daß sie jung sei. Der Sturm gegen Namen und gegen selbstgemachte geschichtliche Konstruktionen ist etwas Jugendliches, ist nicht nur eine Art oder Unart, sondern ein Recht und Trieb der Jugend (die man ja nicht nach Kalenderjahren zu zählen braucht). Ob ich Goethe den großen Frommen nenne, oder den großen Heiden, oder den Expressionisten, oder sonst irgendwie, das ist lediglich Sache meiner Gefühle. Ich kann jede Kunst, die mich ergreift, göttlich nennen, oder kann sie expressionistisch nennen, es ist mein Recht.

Und so hat Edschmid auch das gute Recht, eine Kunst abzulehnen, sie nicht schätzen und nicht kennen zu wollen, von der er vermutet, daß sie die Merkmale der bürgerlichen Epoche trage. Ihm selber ist es so gegangen, daß man zu seinem Erstaunen einst seine ersten Novellen expressionistisch nannte. Er wußte damals nichts von Expressionismus. Zahllosen früheren Künstlern ist es ebenso gegangen – sie machten impressionistische Kunst, ohne etwas von Impressionismus zu wissen. Neben alledem aber existiert in der Kunst aller Zeiten auch noch ein zeitloser Geist, ein Weltgefühl ohne Zeitprägung und ohne Alter. Wenn einst, sagen wir in hundert Jahren, jemand diejenigen Gedichte aus der Zeit von 1850 bis 1910 zusammenstellt, in denen er dieses zeitlose Weltgefühl findet, so wird vielleicht nicht manches von Stefan George und nicht manches von den heutigen Jüngsten dabei sein, vielleicht aber dies und jenes von Dichtern, welche heute als »Impressionisten« gelten.

Der Hauptunterschied zwischen Impressionisten und Expressionisten in der Dichtung scheint mir im Augenblicke der zu sein, daß der Impressionist seinen Namen von fremdher aufgeprägt erhält, der Expressionist ihn selber wählt.

Im Streit um die Kunst ist es wie in allem Streit um Meinungen. Man versteht einander nicht, solange man einander nicht liebt. Einander lieben aber kann man nur, wenn man die Welt mehr in sich selbst erlebt als im Äußeren. Man liebt nicht Objekte, sondern die Objekte sind willkommener Anlaß für unsre Seele, ihre wärmste Kraft, das Lieben, strömen und spielen zu lassen. Mir ist es nie begreiflich gewesen, daß man ein Gedicht nicht lieben könne, weil es von einem Franzosen oder Japaner stammt, daß man einen Menschen ablehnen könne, weil er Katholik, Jude oder Konservativer ist. Ich liebe Dostojewski anders als ich Goethe liebe, und Kornfeld anders als Mörike, aber es wäre mir unmöglich zu sagen, welchen ich mehr liebe. Ich liebe jeden in dem Augenblick, wo er mich angeht, wo ich ihm gehören, ihm zuhören kann – ein andermal könnte ich es nicht, wäre er kein Leiter für meinen Strom.

Und so habe ich an mir in vielen Lesestunden erfahren, daß man sehr gut Gottfried Keller und auch Werfel lieben kann. Ich kann mit Hölderlin einen Tag im Garten glücklich sein, und kann in Schickeles *Benkal* [3] Seiten finden, die mich reich beschenken.

Und auch ich sehe »Expressionismus« überall da, wo Kunst mich tief und groß anruft. Denn für mich, in meiner ganz privaten Theologie und Mythologie, nenne ich Expressionismus das Erklingen des Kosmischen, die Erinnerung an Urheimat, das zeitlose Weltgefühl, das lyrische Reden des einzelnen mit der Welt, das Sichselbstbekennen und Sichselbsterleben in beliebigem Gleichnis.

Dieser Expressionismus ist es, zu welchem in dem ganzen nicht polemischen Teil seines Aufsatzes auch Edschmid sich bekennt. »Niemand ist gut, weil er neu ist. Keine Kunst ist schlecht, weil sie anders ist.« So sagt Edschmid.

Und wenn er nicht überall so zu tun scheint, wie er sagt, so ist auch das ein Recht seiner Jugend. Jugend hat es schwer, sie ist voll von Kräften und stößt aller Enden an Regeln und Konventionen. Der Sohn haßt nichts so sehr als die Regeln und Konventionen, in denen er den Vater befangen sieht. Ein Faustschlag ins Gesicht der Pietät gehört zu den Taten, ohne welche man nicht von der Schürze der Mutter loskommt. Und da nun die junge Generation eine ganze jahrzehntealte bürgerliche Welt hinabsinken fühlt, unter deren kleinlicher Rute sie aufwuchs, frohlockt sie mit Recht.

Daß inmitten dieser hinabsinkenden Welt das Gute und Eigene auch da war, daß diese sterbenden und gestorbenen Onkel keineswegs lauter schnöde Lustspielfiguren waren, daß während dieser ganzen bürgerlich impressionistischen Zeit in hundert Herzen das zeitlose Feuer brannte, das zu wissen, das anzuerkennen, dafür dankbar zu sein, ist nicht Sache der Jungen.

Wohl aber ist es Sache derer, die jene Zeit und Kunst mehr miterlebt haben, sich nun nicht irre machen zu lassen. Sache der Älteren ist es, freier, spielender, erfahrener, gütiger mit der eigenen Liebesfähigkeit zu verfahren, als Jugend es tun kann. Alter findet immer leicht die Jungen altklug. Aber Alter ahmt selber immer gern die Gebärden und Arten der Jugend nach, ist selber fanatisch, ist selber ungerecht, ist selber alleinseligmachend und leichtbeleidigt. Alter ist nicht schlechter als Jugend, Lao Tse ist nicht schlechter als Buddha, Blau ist nicht schlechter als Rot. Alter wird nur gering, wenn es Jugend spielen will.

Es gibt Kunstredner und Schnelläufer, die immer auf der Höhe sein wollen. Die ihren Böcklin verkauften, um einen Leibl zu haben, und den Leibl für einen Picasso tauschten. Wer zu diesen gehört, ist unbelehrbar. Er wird heute den Hauptmann, morgen den Ibsen, übermorgen den Goethe aus seiner Bibliothek werfen und die Lücke schamhaft verhüllen.

Und andere können es nicht vertragen, daß heut etwas anderes gelten soll als gestern. Sie werden furchtbare Schwüre tun, daß ihnen eher die Hand abfaulen soll, ehe sie ein Buch von Werfel lesen oder in ein Stück von Kornfeld gehen.

Andre, unter denen ich gern meine Freunde sähe, werden über diese beiden lachen können. Sie werden die Liebe nicht verleugnen, die sie zu Storm, zu Keller, zu Dehmel, zu Herman Bang haben, und werden eben darum einen Klang aus der Welt der Jüngeren, der sie mahnend und rührend trifft, gern in sich aufnehmen. Warum denn nicht? Denn mit der Liebe ist es gerade so wie mit der Kunst: wer das Größte ein klein wenig zu lieben vermag, der ist ärmer und geringer, als wer am Kleinsten aufglühen kann.

Es ist wunderlich mit der Liebe, auch in der Kunst. Sie vermag, was alle Bildung, aller Intellekt, alle Kritik nicht vermag, sie verbindet das Fernste, stellt das Älteste und Neueste nebeneinander. Sie überwindet die Zeit, indem sie alles aufs eigene Zentrum bezieht. Sie allein gibt Sicherheit, sie allein hat recht, weil sie nicht recht haben will.

Ihr ist nichts heilig – ehe sie es liebt. Nichts verdächtig, ehe sie es liebt. Ihr gilt der alte Schmöker und das heftig auftretende Pamphlet des Tages gleich – wenn nur der Geist daraus weht.

Wir alle haben in Knabenjahren nebeneinander den Schiller und das Indianerbuch geliebt. Es ergab sich von selber, daß das revidiert wurde. Wir haben in Shakespeare, in Goethe alle zehn, alle fünf Jahre anderes gesehen, anderes geliebt, und alles war gut. Wir werden, wenn wir dem Herzen folgen, auch im veränderten Rhythmus einer ganz neuen Dichtung nicht völlig heimatlos stehen. Nicht, weil wir ein Programm des »Menschlichen« haben, nicht weil wir es für unsre Pflicht halten, keiner Moral zu unterliegen. Warum nicht einer Moral, einer Kunstrichtung unterliegen? Aber nur so lange, als sie Gegenstand unsrer Liebe sind. Sie können immer nur Anlässe sein, nicht Wesenheiten. Wesentlich ist unsrer Seele nichts als der Funke des Lebens, der in uns glüht, dessen Glühen uns Gnade und Gotteskindschaft bedeutet, dessen Glühen allein uns unbedingt und immer wichtig ist.

Darum scheint es mir nicht bedenklich zu stehen mit dem historischen Unrecht, das ein Aufsatz wie der von Edschmid begeht. Wer bisher Keller oder Fontane, Storm oder Ibsen geliebt hat, wird sie heut nicht wegwerfen, nicht um alle schönsten Artikel der Welt. Tut er es, so tue er's, es ist sein Schade. Und wer die Einseitigkeit und kühne Umstürzlerei in solchen Äußerungen nicht ertragen kann, wer Jugend lieber weise, lieber gütig, lieber allverstehend sähe als fanatisch und puritanisch, der lehne sie ab. Es wird sein eigner Schade sein.

Eine Säuberung und Sichtung wird die brennende Frage vielleicht in der Kritik bringen. Der Kritiker, der bis jetzt nach gutem Rezept gelesene und ungelesene Bücher besprochen hat, der voll von Ahnungen, voll von Modernität ist, das Alte kennt und das Neue kommen fühlt, der nirgends unrecht tun, der drüber schweben und stets der Weise sein will, der hat es jetzt bitter schwer. Aber warum sollen Kritiker es nicht schwer haben? Dazu sind sie da.

1 Dok. 12.
2 Dok. 16.
3 René Schickele: *Benkal, der Frauentröster*. Roman. Leipzig: Verlag der weißen Bücher 1914.

21
Thomas Mann. Auszug aus: *Betrachtungen eines Unpolitischen*. Berlin: S. Fischer 1918. S. 583–585.

Expressionismus, ganz allgemein und sehr abgekürzt zu sprechen, ist jene Kunstrichtung, welche, in heftigem Gegensatz zu der Passivität, der demütig aufnehmenden und wiedergebenden Art des Impressionismus, die Nachbildung der Wirklichkeit aufs tiefste verachtet, jede Verpflichtung an die Wirklichkeit entschlossen kündigt und an ihre Stelle den souveränen, explosiven, rücksichtslos schöpferischen Erlaß des Geistes setzt. O, ausgezeichnet, – wenn auch natürlich nicht durch und durch neu. Nie war Kunst eine Nachbildung der Wirklichkeit; Naturabgüsse haben niemals für Kunst gegolten. Auch war Kunst nie ein bloßes Erdulden, passive Kunst nicht ist denkbar, stets war sie aktiv, war sie Wille zum Geist, zur Schönheit, stets war ihr Wesen Stil, Form und Auswahl, Verstärkung, Erhöhung, Entstofflichung, und jedes Lebenswerk eines Künstlers, ob klein oder groß, war ein Kosmos, ruhend in sich, geprägt mit dem Stempel seines Schöpfers. Impression und Expression waren allezeit beide notwendige Elemente des Künstlerischen, und eines ohne das andere war ohnmächtig, – mochte ihr Verhältnis auch wechseln, mochte im einen Fall Lust, Treue und Kraft der Naturempfängnis, im anderen der Trieb zum *Grotesken* überwiegen und das seelische Grundgesetz eines Künstlertums bilden. Der Gegensatz von impressionistischer und expressionistischer Kunst ist der von Realismus und Groteske. Tolstoi und Dostojewskij: der realistische Plastiker und der visionäre Groteskkünstler stehen sich da innerhalb einer Nation und Epoche in voller Größe gegenüber. Zu fragen, wer der Größere sei, bleibt müßig. Zu behaupten, der Wille in dem Expressionisten Dostojewskij sei stärker, wäre dreist. Nichts übertrifft den ethischen Willen, die moralistische Kraft, die aus Tolstois ernstem Riesenwerk sprechen. Lassen wir aber gelten, daß der expressionistischen Kunsttendenz ein geistigerer Impetus zur Vergewaltigung des Lebens innewohne, so wird man doch der »Freiheit der Kunst«, die hier in Rede steht, gewisse Grenzen ziehen müssen, – sie wird sie sich selber ziehen müssen. Das Groteske ist das Überwahre und überaus Wirkliche, nicht das Willkürliche, Falsche, Widerwirkliche und Absurde. Einen Künstler, der jede Verantwortlichkeit vor dem Leben leugnete; der den Abscheu gegen die Impression so weit triebe, daß er sich jeder Verpflichtung gegen die Lebensformen des Wirklichen praktisch entschlüge und nur die herrischen Emanationen irgend eines absoluten Kunstdämons gelten ließe: einen solchen Künstler dürfte man den größten aller radikalen Narren nennen.

Hier liegen die Gefahren der *Satire*. Der innere Konflikt der Satire, so scheint mir, ist der, daß sie notwendig Groteskkunst, das heißt: Expressionismus ist und daß also das liebend und leidend empfangende Element in ihr schwächer ausgebildet, ihre Naturverbundenheit der Lockerung ausgesetzt ist, – während doch gleichzeitig keine Kunstart dem Leben und der Wirklichkeit verantwortlicher und inniger verbunden bleiben muß, als die Satire, da sie Leben und Wirklichkeit ja anklagen, richten und züchtigen will. Dieser Konflikt und diese Gefahr – die Gefahr nämlich der Entartung zum *Unfug* (denn ein Zerrbild ohne Wirklichkeitsgrund, das nichts ist, als eine »Emanation«, ist weder Verzerrung noch Bild, sondern ein Unfug) – diese Gefahr also tritt merkwürdigerweise weniger hervor und ist auch wohl in geringerem Grade vorhanden, solange es sich um Satire größten Stils, um Welt- und Menschheitssatire handelt. Sie wird aber brennend, wenn die Satire zum Politischen, zur Sozialkritik hinabsteigt, kurz, wenn der expressionistisch-satirische Gesellschaftsroman auf den Plan tritt. Sie wird auf diesem Punkt zu einer politischen, einer internationalen Gefahr. Denn ein sozialkritischer Expressionismus ohne Impression, Verantwortlichkeit und Gewissen, der Unternehmer schilderte, die es nicht gibt, Arbeiter, die es nicht gibt, soziale »Zustände«, die es allenfalls ums Jahr 1850 in England gegeben haben mag, und der aus solchen Ingredienzien seine hetzerisch-liebenden Mordgeschichten zusammenbraute, – eine solche Sozialsatire wäre ein Unfug, und wenn sie einen vornehmeren Namen verdiente, einen vornehmeren, als den der internationalen Verleumdung und der nationalen Ehrabschneiderei, so lautete er: Ruchloser Ästhetizismus.

Der Auszug ist dem vorletzten Kapitel des Buches mit der Überschrift »Ästhetizistische Politik« entnommen. Der Vorwurf des »Ästhetizismus« versteht sich als eine den Begriff zurückgebende Antwort auf den (auch gegen Th. Mann gerichteten) Anti-Ästhetizismus besonders der »Aktivisten« um Kurt Hiller, denen der frankophile »Zivilisationsliterat« H. Mann eng verbunden war (s. S. 263 ff. dieses Bandes). Im Anschluß an den hier abgedruckten Passus über den »Expressionismus« heißt es erläuternd: »Was ich hier sagte – wie alles, was ich sage –, ist Ausdruck meiner Empörung gegen die Unverschämtheit, womit der Geistespolitiker die Identität von Politik und Moral statuiert; gegen den Dünkel, womit er jede Moralität verneint und infamiert, die der Frage des Menschen auf anderem, seelischerem Wege nachgeht als dem der Politik, – jenen ungebildeten, ich meine: undeutsch gebildeten Dünkel, der Ästhetizismus schimpft, was nicht Politik ist [...].«

22
Friedrich Gundolf: *Stefan George und der Expressionismus*. In: *Die Flöte* 3 (1920/21), H. 10, S. 217–223.

Mag jedes Zeitalter sich anders nach den ewigen Sternen richten: das pure »Zeitalter«, unseres, ist das erste, das die Aufhebung *aller* Maßstäbe theoretisch wünscht und praktisch betätigt. Nicht die Umwertung der bisherigen Werte, sondern die Entwertung aller Werte: der »absolute Relativismus«. Nicht kühne Neuerer und folgerechte Verbrecher wollen das, sondern Quallen und Wellen, und die sind diesmal nicht wie ehedem die Nachzügler und Mitläufer, sondern die Vorläufer des Zeitgeistes, sein vorgeschrittenstes Stadium. Das ist etwas neues in der Geschichte, wie zum erstenmal in der Geschichte ein Zeitgeist, das Fließen, das Abrollen, die Beziehung, der Fortschritt sich als Welt und Gott genommen hat. Zum erstenmal ist Beziehung das einzige Wesen. Für jeden, der dies bejaht, ist das Quallentum, das bloße Schwabbeln und Wohinfließen auch die Erfüllung. Der Fortschritt zu immer überholbaren Zielen, der Genuß immer wechselnder Reize, das »Pathos« als Sensation, das »Erlebnis« als Lebensgehalt, das sind nur notwendige Vorstufen der Entwertung, wie es notwendige Folgen der Verzeitlichung und notwendige Formen der Entmenschlichung sind.

Der »pfeilgerade Willen« führt notwendig in das »Nichts«. Der Mensch, der die wandelnden, werdenden, weder starren noch vergänglichen, d. h. überholbaren Gesetze *lebt*, der allein schafft Kosmos, der allein kann ihn erleben: und dieser Mensch ist nicht wie Münchhausens Bohnenranke, auch nicht Münchhausens Zopf, sondern er ist eine Kugel mit wachsendem, mit strahlig weitergreifendem Umfang bei immer gleicher Mitte, immer gleicher Form, d. h. immer gleichem Gesetz, wie sehr auch immer neues Chaos ihr einbezogen werde. Wer aber statt dieser ewigen Kugel die zeitliche Flugbahn, die Fortschrittsbahn will, statt des Menschen irgend ein *Ziel* des Menschen oder den *Weg* zu diesem Ziel, der verliert notwendig mit dem Menschen sowohl Ziel als Weg. Das ist die Entwicklung, die der europäische Geist mit immer wachsender Geschwindigkeit im 19. Jahrhundert genommen hat. Es begann mit dem Glauben an ein in der Zeit zu verwirklichendes Ziel, dann wurden die Mittel dazu selbständig, dann der Weg selbst.

Wir haben das deutsche Schrifttum bis zum Krieg nur als das uns zunächst angehende Zeichen dieses Hergangs betrachtet, um nachher Georges Sinn deutlicher zu begreifen: der ist einfach genug, aber schwer vorstellbar denen, die in den Gedanken und Gefühlen des puren Zeitalters verstrickt sind, die pfeilhaft denken statt kugelhaft – gleichgültig ob sie Vergangenheit, Gegenwart, Zukunft oder bloße »durée« wollen . . sie wollen Zeit und er will den *Menschen*: das Maß, nicht das Geschöpf der Zeit. Es mußte einmal der Zeitpunkt kommen, da die Menschflucht nach außen zu immer leereren Zielen, die Menschflucht nach innen zu immer feineren, wilderen, dunkleren Reizen sich selber vernichtete, in ihren eigenen boden-losen Ab-grund starrte . . da alle Teleskope zur Menschheit oder zum Chaos oder zum Nirwana hinaus, alle Mikroskope in die Seele, in die Nerven, ins Geziefer hinein nicht mehr das schauderhafte Ungenügen stillten. Der Stolz auf Errungenschaften war schon länger erschüttert, aber man mußte zwangsläufig weiter erringen. Noch betäubte man sich an primitiven exotischen, möglichst entlegenen, möglichst unverpflichtenden Fernzaubern, solange noch irgendein unangetastetes Abseits zu entdecken schien – Altägypten, Frühchina, Gilgamesch, Neger, Maya . . all das nicht mehr als Wissenschaft, Historismus, sondern als Verkindung, als Narkotikum. Nur möglichst weg vom eigenen Sein, denn man ahnte das Loch, das da gähnte.

Der Krieg hat dies Loch endlich vielen gezeigt, und nun erscholl bei vielen der Schrei: los von den Mitteln! los von den Stoffen! los von den Zielen! ein ganz neuer Beginn muß geschehen, ein innerstes Werde, ein Ur, ein Ansich, ein utopisch unbedingter Grund, der nichts mehr mit den Gründen und Dingen des Zusammenbruches zu tun hat . . wir müssen mit dem anfangen, was wir jetzt ganz sicher haben! Und nur zwei Dinge hatten sie ganz sicher: das Loch und den Schrei. Dies ist (zurückgeführt auf seinen ehrlichen Ursprung und entlaust von modisch gesindelhaftem Mitläufertum) der *Expressionismus*. Er gehört ganz wesentlich zum Krieg und ist nicht seine Folge, sondern das geistige Symptom derselben Krise, deren weltliches Symptom der Krieg ist – wie dieser durch mancherlei Vorboten angekündigt und wie dieser umlagert, gemengt und beschmutzt mit vielen Resten und Trümmern seiner Vorschichten und Vorgeschichte. Er ist ein gewaltsames Aufbäumen des beraubten nackten und zerschlagenen Zeitgeistes gegen seine bisherigen Täuschungen, zunächst ein rasendes »Nicht mehr das!«, ein entlastendes Geheul, Schluchzen, Stöhnen, Hilfe- oder Ermunterungsrufe Ertrinkender und verrücktes Gelächter. Kein Zufall, daß der Schrei schlechthin als Erlösung gelten soll!

Auch diese Opfer des Zeitwahnsinns haben keinen archimedischen Punkt, auch der Schrei, der Ausbruch, der Ausdruck schlechthin gehört durchaus zur Zeit und die Zerschlagung der Sprach- und Formgefüge schafft noch keinen einzigen neuen Laut. Darin nun gehören die Expressionisten mit all ihrer Anfangswut, mit allem programmatisch tobenden Utopismus durchaus zu der zertrümmerten Zeit, daß auch sie nicht »den Menschen« wollen – alles, nur nicht den Menschen! sondern abermals entweder die »Menschheit« (diesmal nicht als Gesellschaftszustand, sondern als Seelenlage), oder den »guten Menschen« d. h. die Qualle, oder den Schrei in Permanenz, die Revolution um der Revolution willen, das Chaos: kurz, die meisten Ideale des Fortschritts, ihres Fortschritts-charakters entledigt als bedinglosen »Ausbruch«. Aktivismus, Mystizismus, Ästhetentum fallen hier zusammen, Reizsucht und Nutzsucht sind aufgehoben in einem einzigen ziellosen Ausdruckstaumel, der zugleich die Notdurft befriedigen, das Herz entlasten und das Heil bringen, vielmehr vorwegnehmen, bedeuten soll. Der *Schrei* ist zugleich tierische Regung, politisch soziales Programm und geistige Spannung. Man schreit nach dem Unerfüllbaren, nach der Utopie, weil das Schreien selbst schon Entladung, Erlösung ist, ganz gleichgültig, wonach man schreit. Man zerschlägt die Sprache in ihre alogischen, augenlosen Kleinteile, in ihr vorgeistiges Kinderlallen, weil dies Zerschlagen selbst schon etwas »ausdrückt«.

Was auf bloßem Zweck oder Trieb beruht, wird mit irgendeinem Selbstzweck oder Selbsttrieb enden, d. h. in der Atomisierung . . das Atom ist das Unzerlegbare: drum nimmt es sich leicht für den Anfang, doch es ist das Ende. Jeder Fortschritt an sich läuft endlich ins bloße Fort und ins bloße Geschreite aus . . jede Zielerei endet im Tanz der Atome durcheinander oder im Kreisen der Atome um sich selbst. Der Expressionismus schafft keine Keimzellen des neuen Lebens, sondern zeigt die Atome des alten. Und wenn einige Ältere kopfschüttelnd wohlwollend sagen, man müsse abwarten, was daraus werde, so ist auch das fortschrittlich gedacht: der Mensch ist immer am Ziel, die Zeit und der Fortschritt nimmer und »was ihr heut nicht leben könnt, wird nie«.

Der Expressionismus leugnet das, was ihm hier nachgesagt wird, gar nicht, sondern bejaht es . . auch ist es eine Feststellung, keine Anklage. Es ist kein Vorwurf, Atom, Dauer-säugling, Qualle zu sein: es sei denn, man beanspruche was anderes und das Einzige zu sein. Berechtigt ist durchaus der Anspruch des Expressionismus, die vorgeschrittenste heutige Menschheit auszudrücken, den Endschrei des »Zeit-Alters«, und mit Fug blickt er auf Naturalismus und Ästhetentum als auf altmodische Vorstufen und Hemmnisse herab. Wer den Fortschritt und das Zeitalter will der muß ehrlicherweise auch seine Letztlinge wollen: das programmatische Säuglingslallen ist das *»letzte Wort«* (le dernier cri) des bloßen *Zeitalters*, und die vorletzten Worte haben keinen Grund zu mildem Lächeln oder zur entrüsteten Abwehr. (Ich rede von dem Willen der diese Geisterwelle treibt, nicht von den privaten Meinungen und Motiven einzelner Personen. Es gibt hier wie überall bloße Dummköpfe und schlaue Literaturschieber, Prinzipienreiter und Schmöcke, Interessenten und Opfer. Ich wäge hier nicht persönliche Verdienste und Leistungen ab, sondern die Bewegungen der *Zeit*, gewissermaßen eines einzigen Wesens. In jedem heutigen Schriftsteller ist vielerlei Erbschaft und keiner ist mit seinem ganzen Werk der chemisch reine Ausdruck seiner eigenen *Richtung*. Diese wallt über die Privatpersonen hinweg, in ihnen, mit ihnen, durch sie, wie der Sturm durch Wellen. Man klage also nicht über Unbilligkeit gegen einzelne vortreffliche Köpfe, wackere Herzen, gute Leistungen – darum handelt es sich hier nicht . . nicht um die hundert Iche, sondern um das eine Es. So rede ich auch nicht von den Handwerkszeugen und Bedürfnisanstalten des Zeitgeistes: Theater, Presse und Lichtspiel, von den Mitteln Lyrik, Roman, Drama, nicht von den Kunstfertigkeiten Einzelner in der Benutzung dieser Mittel – so wenig ich beim Blick auf die Mechanisierung der Welt jedem genialen Erfinder und Mechaniker gerecht werden kann: Verdienste *innerhalb der Zeitmittel* bleiben ungeschmälert und unberücksichtigt, wo der große Kampf des ewigen *Menschen* gegen die fortschreitende *Zeit* in Frage steht. Virtuositäten sind freilich fast der einzige Ruhm, den die verschiedenen Vertreter der wechselnden Stadien beanspruchen und den man irrigerweise George selbst zugebilligt hat. Angesichts jenes Kampfes ist es müßig, heute noch von geschickten Dramatikern, Lyrikern usw., von einer neuen Psychologie oder Verstechnik Aufhebens zu machen. Fortschritte des Bühnenwesens sind so gleichgültig, so wünschenswert oder beklagenswert wie Verfeinerungen des Hotelbetriebs. Es handelt sich nicht mehr darum, was auf der alten Ebene *Neues*, Gutes oder Schlechtes geschieht, sondern darum, auf welcher Ebene sich fortan das Leben abspielt.)

Hierin ruht zunächst, von dem Ausmaß und Umfang seines Wesens abgesehen, Stefan Georges geschichtlicher Sinn: er allein beherrscht heute die neue Ebene, die Nietzsche zuerst wieder sah, die Ebene des ewigen Menschen, nicht die der modernen »Menschheit«. Er allein hat den archimedischen Punkt außerhalb des *Zeitalters*, und sowohl sein Anders-erscheinen als sein Wirklichsein, sein Lockendes und sein Drohendes kommt heute daher. Er wird heute erst allgemeiner sichtbar, ja verständlich, da die bloße Zeit nicht mehr weiter weiß. Wenn jetzt wieder vom »Kosmischen«, d. h. von einer übergesellschaftlichen, außerzeitlichen Lage die Rede geht, wenn der Expressionismus nach einem Ansich, nach urtümlichem Ich verlangt, so entnimmt er dabei (wohl unwissentlich) die Zeichensprache für seinen eigenen Endschaftswirbel abermals dem mißdeuteten Bereich Georges. Nicht durch seinen höheren Grad innerhalb der modernen Welt, durch sein höheres Können ist George wichtig, sondern durch ein Sein, das ohne ihn verschollen oder sagenhaft bliebe. Er allein hält heute den lebendigen Zusammenhang mit der wesenhaften Vorwelt aufrecht, in seinem Blut, seiner Gestalt und seiner Schau . . nicht durch Gedächtnis, Romantik und Pietät, nicht durch rückgewandte Bewahrertreue, starre Orthodoxie, Träumersehnen und Trümmerwehmut, Gelehrtenaltgier und Ausgrabungszärtlichkeit. All das gibt es genug und es soll nicht gescholten werden: doch nur George hat heute den lebendigen Willen und die menschliche Wesenheit, die zuletzt in Goethe und Napoleon noch einmal Fleisch geworden, die in Hölderlin und Nietzsche zuletzt als körperlose Flamme gen Himmel schlug und verglühte. Er hat nicht ein klassizistisches Streben, sondern er ist eine antike Natur, er ist Katholik nicht durch Glauben oder gar aus Geschmack, sondern durch Geblüt: er bewahrt die ewigen Kräfte, die geschichtlich bisher in klassischen und katholischen Gebilden erschienen sind, in der heutigen noch unbenamten Form. Wir bedienen uns der geschichtlichen Namen nur als annähernder Chiffren, um ihn zu verdeutlichen und abzugrenzen gegen das eigentlich »moderne«, aber es wäre ein ebensolches Mißverständnis, ihm die Wiederholung der geschichtlichen Niederschläge »Antike« und »Mittelalter« zuzuschreiben wie den Willen zur »Modernität«. Nochmals, soweit solche Dinge formulierbar sind: er will das Ewige im heutigen Kairos, nicht eine edle Vergangenheit und nicht eine zeitgemäße Neuheit. Er *will*, das heißt nicht: er erstrebt oder fordert oder möchte als etwas, das ihm fehlt, sondern er entwirkt es als etwas, das ihn treibt, von dem er besessen ist – nicht wie das Tier Futter will, sondern wie die Blüte Frucht will und die Idee Erscheinung. George ist uns das Zeugnis einer Welt, die war und von der wir ohne ihn nur historisch wüßten, d. h. fruchtlos – denn »Luft, die wir atmen, gibt nur der Lebendige«. Er verheißt, indem er vergegenwärtigt, ein Es, das heraufkommt, wie jedes Exemplar einer Pflanze eine ganze Flora und ein ganzes Klima mitankündigt für den Boden, worin sie wächst.

Der Aufsatz ist ein nachgedruckter Auszug aus dem einleitenden Kapitel »Zeitalter und Aufgabe« in F. Gundolf: *George*. Berlin: Bondi 1920. S. 18–23. Dem Aufsatztext gehen in der Buchfassung folgende Passagen über das »neue Pathos« unmittelbar voraus, die für die Einschätzung des Expressionismus durch den George-Kreis symptomatisch sind:

Den längsten Widerstand hat Georges Kunst – als »Wortkunst«, »Mystizismus«, »leerer Formalismus« – gefunden bei den redlich Nutzsüchtigen: den fanatischen Dienern des Zeitgeistes, mochten sie den »Fortschritt der Menschheit« oder die »Entwicklung der Persönlichkeit« erstreben. Diese konnten sich mit dem eigentlichen Ästhetentum noch eher abfinden insofern es »ins Leben ging« wie der technische Ausdruck dafür lautete, d. h. sich der üblichen Fortschritts- und Entwicklungsgeräte, des Theaters und der Presse, bediente, insofern es Geschäfte machte und rasche Erfolge suchte, insofern es den Massen entgegenkam und entsprach. Als alle Ästheten außer George »ins Leben gingen«, erschien seine unnachgiebige Abseitigkeit als das »Ästhetentum« schlechthin: denn auch hier sah man im Abseitigen nicht das Drüber und Jenseits das ihn füllte, nur das Anders wodurch er sich abhob.

Dies änderte sich zuerst, als George etwas zu wollen und mit den Zeitgedichten sich an der Gegenwart, gleichviel ob freundlich oder feindlich, zu beteiligen schien. Gleichzeitig trafen die Reize ohne Geheimnis und Gehalt auf immer stumpfere und gierigere Gaumen, die das arrivierte Ästhetentum zu immer schnellerem Wechsel der Modeschüsseln nötigten. Ein neues Mißverständnis begann und erweiterte Georges Wirkungszone in der Zeit: man begann ihn als »ethischen Willen« oder als »religiöses Erlebnis« zu nehmen, d. h. als eine Bereicherung der Zeitinhalte um ein neues Streben oder um eine neue Innerlichkeit. Das Schlagwort vom »neuen Pathos« kam auf, der Vorläufer des »Expressionismus«. Auch jetzt wollte niemand die gewohnte Zeit-ebene, die einzig vorstellbare, verlassen, niemand den ganzen Menschen wandeln, auch jetzt begnügte man sich mit einer Umlagerung der vorhandenen Seelengewichte oder mit einer heftigeren Gebärde des Genießens und des Forderns. Das neue Pathos nahm in sich auf die mißdeutete Gesinnung Georges und das Ästhetentum wie dieses den Naturalismus und die mißdeutete Sprachzucht Georges aufgenommen hatte: all diese Elemente mischten sich jetzt darin und kamen in verschiedenen Dosen bei seinen einzelnen Trägern zum Vorschein. Die einen ballten in Georgischen Tonfällen (hauptsächlich aus seinem Baudelaire) qualvolle und widrige Bilder um der Bilder willen, andere benutzten die Bilder und die Tonfälle zu sozialen oder poltischen Manifesten, andere lockerten die neue Gespanntheit zu süß schwelgender Seelenvergötterung oder Dingverinnigung oder blähten die neue Schwebe zu slavischer, menschheits-wütiger Mitleidsemphase. Innerhalb des »neuen Pathos« können wir mehr zielstrebige und mehr beschauliche Tendenzen unterscheiden, »aktivistische« oder »mystische«. Gemeinsam ist ihnen, zum Unterschied vom Naturalismus, die gepflegte Form und die Heftigkeit des Sagens (sei es Innigkeit oder Ausbruch), zum Unterschied vom Ästhetentum die grimmige Lust am Gegenwärtigen und am Wilden Lauten Jähen. Gemeinsam mit Naturalismus und Ästhetentum ist ihnen die Entstaltung nach außen durch Ziele oder nach innen durch Triebe . . die Zerlösung der Formen in Seele- oder Stoffbrei, der Mangel an Grenze, Maß und Mitte, an umwölbender Welt und festem Herzen, die zügellose Hingabe an jedes äußere oder innere Anders, die bald als Weltfreundschaft, bald als Gottsuche, bald als Menschheitsdienst verbrämte Zeitfron und Selbstflucht (oft bei schmatzendem Ich-genuß). Ein überzeitlicher Kosmos, ein »Gott« wird nun und nimmer erstrebt oder erlebt, sondern geschaut und gelebt – und dazu gelangt kein Seelenschwelger, kein Zielsüchtiger, kein Dingesammler und kein Geschmäckler.

Sie alle sind verbunden durch die Wahllosigkeit gegenüber den Reizen, den Wirrwarr der Werte und die absichtliche oder unwillkürliche Mischung der menschlichen Ränge und Stufen. Nicht zufällig verherrlichen einige das Aas, denken sich andere ins Ungeziefer, alle in Sachen hinein – und mit Wollust wühlen die meisten bald in untermenschlichen bald in außermenschlichen Zuständen, mit animalischem Stofftaumel, amerikanischer Maschinen-romantik, abstrakter Menschheitsumarmung: lauter Erregungen die nicht verpflichten, Hingebungen die nichts heischen, bloße Wallungen im Dumpfen und Rufe ins Leere. Alle meiden sie geflissentlich die besondere menschliche *Gestalt* im bedingten Raum und mit dem unabdingbaren Gesetz. Den Willen kennen sie nur als Trieb oder als Programm, die Liebe als weiches Mitleid mit der beliebigen Kreatur, als Geilheit oder als Utopie, die Leidenschaft verwechseln sie mit der Aufregung oder mit dem Fanatismus, die Ehrfurcht mit dem Begeistertsein und die Frömmigkeit mit der Wallung, dem Untertauchen und Hinfließen. Durchgehends trachten sie nach dem Glück, d. h. nach Aufhebung des Schicksals durch Einzelgenuß oder Allwohlfahrt, nicht nach dem Werk, der Erfüllung des Schicksals durch Sein, Tun oder Bilden. Von allen Existenzen ist nur eine ihnen durchaus zuwider: der heroische Mensch: sie können ihn nur als Kranken oder als Unternehmer erklären. Dagegen wird ein besonderer Kult getrieben mit dem Weib, dem dumpfen Fleisch, und mit dem Heiligen, der puren Seele: beides die menschlichen Pforten ins Außermenschliche, sei es hinunter ins vormenschliche Chaos, sei es hinaus ins nachmenschliche Nirwana.

Fragen wir nach dem einen Grundwillen dieser Zeichen, so heißt er: weg vom leibhaften, gottgestaltigen welthaltigen Menschen! »Weil die dünne Lymphe Gottes Kraft nicht mehr erträgt«, weil dem geschwächten Blut das menschliche Leibgesetz zu streng wird, strebt es vom europäischen Menschen der ewigen Gestalt hinweg entweder zum tropischen Pflanzentum der unbedingten Ruhe, zum exotischen Tiertum der heißen Einfalt, zum russischen Seelentum der ausschweifenden Wallung, zum amerikanischen Maschinentum der sensationellen Wohlfahrt, zum Chinesentum der alt-klugen Wohlfahrt, zur Allerweltsmenschheit worin alles gilt und nichts mehr west. Diese Welten – in ihrer Stätte und Stunde richtig und sinnvoll – sind für wurzellose Europäer nicht »Welten« sondern Reize, Wähne, bestenfalls Gleichnisse ihrer unruhigen Selbstflucht inmitten der rollenden Zeit. Ihr *eigener* Boden ist ihnen verloren und darum wird auch die beste Fremdwelt sie nicht wurzeln lassen, und kein Gott wird aus dem Tanz um gewesene Götter entstehen: es bleibt beim naschhaften Erlebnis, meist beim bloßen Erlebenwollen. Eine Unmenge Anregungen, Aufregungen, Betäubungen, Entzückungen einerseits, eine Unmenge Forderungen, Bestrebungen, Verheißungen und Utopien anderseits: »Fülle fehlt«, weil gerade die eine Stufe übersprungen oder ausgefallen ist die all das halte und binde: der leibhaftige Mensch. Darum zwar Rudel von Talenten, von Könnern, Wissern, Fühlern, Träumern, Leidern, aber keine Ächtheit und Größe, und meist bei bunten Virtuositäten der Seele und des Hirns eine gewisse Öde des Wesens . . Niemals hat es so gewimmelt von aufgeblasnen Schulmeistern, verrückten Pfaffen, phrasentrunknen Hochstaplern, von Poeten und Profeten wie Nietzsche sie zeichnet: Leuten »die von allen Möglichkeiten der Größe, auch der sittlichen Größe, zu strotzen scheinen und es dabei im Leben nicht einmal bis zur gewöhnlichen Rechtschaffenheit bringen«. Maß-lose, im eigentlichen Sinn maßstab-lose Eitelkeit und Verlogenheit ist nicht mehr ein Charakterfehler Einzelner, sondern naturnotwendige Eigenschaft eines Geschlechts das nicht den Menschen will, sondern das Chaos, das Atom, das Nirwana. Denn nur vom *Menschen* aus gibt es ein Maß der Größe und der Wahrheit, gibt es Götter und Werte hinauf und hinab. (S. 14–18)

5. *Verabschiedungen vom Expressionismus um 1920*

Die Suche nach einem geeigneten »Stich- oder Schlagwort« zur Kennzeichnung der entscheidenden »künstlerischen Zeitfrage« um 1920 hielt Wilhelm Worringer damals in einem Vortrag für nicht weiter schwierig: »Es bietet sich von selbst an. Es heißt: Krise des Expressionismus. In diskreten Klammern dahinter: Ende des Expressionismus.« [1] Zu einem Zeitpunkt, als der Expressionismus seine größte öffentliche Resonanz hatte, als sich die Dramen der jüngsten Autorengeneration auch die etablierten Theaterbühnen eroberten, die modernen Kunstausstellungen einen vorher nicht gekannten Besucherzustrom verzeichnen konnten, und noch bevor das expressionistische Kino sich eigentlich entwickelt hatte, sprachen besonders die Programmatiker und Kritiker, die sich schon seit Jahren für die jüngste Kunst eingesetzt hatten, bereits von der »Krise«, vom »Tod«, vom »Ende« oder »Ausgang« des Expressionismus, zogen ihre Bilanzen oder gaben ihre rückschauenden Überblicke. [2] Schon 1918 konstatierte der renommierte Kunstkritiker Wilhelm Hausenstein: »Der Expressionismus ist bereits in dem Moment seiner historischen und sachlichen Vollendung angekommen; der Pendel hat durchgeschwungen; das Positive der Zukunft liegt offenbar in einer neuen und frommen Bescheidung auf die Natur [...].« [3] Mit der Rede vom »Ende des Expressionismus« versuchte die ambitionierte Kunstkritik noch einmal ihre fortschrittliche Position zu behaupten. Ein »etablierter« Expressionismus vermochte nicht mehr dem avantgardistischen Rollenselbstverständnis der künstlerischen Intelligenz zu entsprechen. Wo mittlerweile so viele am Expressionismus Geschmack fanden, da war es nicht mehr originell, sich zu ihm zu bekennen, und nicht mehr nötig, für ihn publizistisch zu kämpfen. Und in der Tat setzte nach Kriegsende mit der Flut neuer expressionsismusfreundlicher Zeitschriften ein Prozeß der Konventionalisierung und Automatisierung ehemals innovativer und provokativer Denk- und Stilformen ein, der von denen, die die Richtung maßgeblich repräsentiert hatten, nicht zu Unrecht als »Mode«, »Geschäft« und »Verbürgerlichung« kritisiert wurde. Der Expressionismus lebte zwar bis weit in die zwanziger Jahre hinein [4], doch als »fortschrittliche«, »avantgardistische«, »innovatorische« Bewegung war er um 1920 tot. »Es gibt wenige, denen etwas einfällt und viele Expressionisten!« meinte schon 1918 Walter Hasenclever. [5] Und Worringer stellte in dem erwähnten Vortrag 1920 fest:

> Was viele von uns als den kaum erhofften erlösenden Durchbruch einer neuen Elementarität und einer zweiten Naivität in unserer ermüdeten Intellektualität zu spüren glaubten, das gibt sich jetzt bei der Bilanz zu erkennen als ein bloßer neuer Antrieb zu einem gesteigerten Raffinement der kunstgewerblichen Mache. [6]

Doch war das sogenannte Ende des Expressionismus sicher nicht nur das Resultat eines quasi gesetzmäßigen Verlaufsprozesses avantgardistischer Kunstbewegungen von der Innovation hin zur Konvention, sondern hatte viel mehr auch realhistorische Gründe. Besonders der utopische Expressionismus wurde 1919 mit dem Scheitern der Revolution seiner Hoffnungen beraubt. (s. u. S. 330) Angesicht der wachsenden Resignation wirkte das messianische Pathos, wo es noch weiter gepflegt wurde, zunehmend verkrampft und unglaubwürdig:

Immer mehr wurde die Gestikulation des Expressionismus zu einem gespenstischen Spiel mit leeren Gesten; immer drohender tat sich darunter der Hohlraum des Vergeblichkeitsbewußtseins auf und immer deutlicher klang aus der gewaltsamen Sicherheit die betäubte Angst heraus und der Kampf gegen eine schon halbbewußte Leere. Da brauchte nur in die Zeitstimmung ein so unheimliches Wort wie das vom Untergang des Abendlandes zu fallen und die Katastrophe der veränderten Blickrichtung war da: man sah den Expressionismus auf einmal von hinten, sah ihm auf den Rücken – und da sah er auf einmal wie eine große Torschlußpanik der an sich selbst verzweifelnden Kunst aus. [7]

1 Wilhelm Worringer: *Künstlerische Zeitfragen*. Vortrag gehalten am 19. Oktober 1920 in der Ortsgruppe München der Deutschen Goethegesellschaft. München: Hugo Bruckmann Verlag 1921. S. 7.
2 Vgl. den von Paul Raabe herausgegebenen Dokumentationsband: *Der Ausgang des Expressionismus*. Biberach an der Riss 1966. Der Band enthält u. a. die Bibliographie *Der späte Expressionismus 1918–1922* und Raabes Vortrag *Das Ende des Expressionismus* (ohne Seitenzahl).
3 Wilhelm Hausenstein: *Vom Expressionismus in bildender Kunst*. Vortrag, gehalten am 14. März 1918 vor dem Bund Deutscher Gelehrter und Künstler und der Deutschen Gesellschaft 1914. In: *Die neue Rundschau* 29 (1918), Bd. 2, S. 913–930; Zitat S. 927.
4 Vgl. etwa die betreffenden Kapitel in Jost Hermand/Frank Trommler: *Die Kultur der Weimarer Republik*. München 1978.
5 Walter Hasenclever: *Kunst und Definition*. In: *Neue Blätter für Kunst und Dichtung 1* (1918), H. 2, S.40
6 W. Worringer (s. Anm. 1), S. 19.
7 ebd., S. 9 f.

23
Arthur Kahane: *Das junge Deutschland. Ein Abschied.* In: *Das junge Deutschland* 3 (1920), S. 121–122.

Das junge Deutschland, Verein zur Förderung junger Autoren, hat sich aufgelöst. Es glaubt, sein vorgestecktes Ziel erreicht zu haben. Die Absicht war: eine Organisation zum Schutze junger Kunst gegen die Willkür der Zensur; gegen die vorgefaßte Meinung des Publikums; gegen die Kritik. Die Zensur: ist nicht mehr; das Publikum: hat sich an die junge Kunst gewöhnt; es liebt sie nicht, hat sich aber an sie gewöhnt, an ihre Subjektivität, an die Unverhülltheit ihrer Krämpfe und Ausbrüche, an die Unerbittlichkeit und Strenge ihrer Gesinnung, an die Neuheit ihrer Sprachgewohnheiten; es unterhält sich nicht grade bei ihnen, aber bei den Andern langweilt es sich bereits. Und die Kritik: blieb konsequent und sich selber treu: wohlwollend im Prinzip und in jedem Einzelfall feindselig; schrie nach der Jugend und verriß sie, wenn sie kam; als die Jungen nicht aufgeführt wurden, schimpfte sie, weil sie nicht aufgeführt werden; als man sie aufführte, schimpfte sie, daß man sie aufführe; grade die aufführe; sie zu früh oder zu spät aufführe. Immerhin, die jungen Autoren werden an allen Theatern gespielt, auch an den Staatstheatern, die das vornehme Wesen von gestern abgestreift haben und in der Konkurrenz die happigsten geworden sind; man reißt sich um die Werke der Jungen: einige von ihnen entscheiden als Regisseure und Dramaturgen mit; andere sogar als Kritiker. Kurz, es gibt nichts mehr zu schützen: die jungen Künstler schützen sich selbst.

Das junge Deutschland, Monatsschrift für Theater und Literatur, stellt sein Erscheinen ein. Seine Aufgabe war, ein klares und wahres Bild der jungen Generation zu geben, von ihr und durch sie. Der diese Zeitschrift der jungen Generation leitete, ihr in Liebe zugetan, wenn auch weder an Alter, noch an Kunstgesinnung zu ihr gehörig, aber vielleicht grade dadurch befugt und geeignet, ihr, abseits des unvermeidlichen Cliquenkrieges, gerecht zu werden, war bemüht, selbst im Hintergrund bleibend, alle ihre Richtungen und Schattierungen zu Wort kommen zu lassen; ihre besten Namen, aber auch neue Stimmen und Gesichter zu sammeln. Und gleichzeitig die Brücken zu finden, die von ihr zur Vergangenheit führten; zumal zu ihrer nächstjüngsten, zu jener starken und fruchtbaren Kulturschicht, die durch die Namen Stefan George, Gundolf, Worringer, Pannwitz und Borchardt mannigfach und geschlossen bezeichnet ist. Die Aufgabe war undankbar. Übelwollen und Unverständnis höhnten; in der Nähe brodelten Unzufriedenheit und Neid nicht genügend Respektierter. Und doch lohnte es schließlich. Wertvolle Freunde, starke Talente fanden sich. Die stillsten wie immer die schönsten. Und haben sich durchgesetzt, sitzen heute in allen Redaktionen, dringen in die gelesensten Tageszeitungen, haben die besten Revuen erobert, haben ihre eigenen Zeitschriften, deren Zahl Legion ist, jeden Tag erscheint eine neue, und die fördernde und sammelnde Freundin brauchen sie nicht mehr.

Das junge Deutschland, Generation, kämpft und ringt weiter. Leidet. Ist schwer und ernst wie kaum je eine junge Generation vorher. Ohne Heiterkeit, ohne Humor, ohne Leichtigkeit, ohne Anmut. Schmerzlich und verbittert, enttäuscht bis zur Ernüchterung, sehnt sie sich nach Geistigkeit, sehnt sich nach Leidenschaft, täuscht sich Beides vor. An das schwerste Schicksal gekreuzigt: sie hat den grauenhaften Wahnsinn des Krieges erlebt, den Novemberfrühling, die Enttäuschung der um Erfolg und Freiheit geprellten Revolution, einige ihrer besten Kräfte sind im Kriege gemordet worden (die Dichter Stadler, Sorge, Heymann, Trakl, Stramm, die Maler Marc und Macke), die ihr Nächststehenden der vorigen Generation sind vorschnell ins Grab gesunken, deren bester Dichter Frank Wedekind, deren gütigster Willi Handl, deren edelster Revolutionär Gustav Landauer, nun spürt sie das langsame Wiederhochkommen aller bösen Mächte der Vergangenheit, Brutalität, nationale Engstirnigkeit, Machtgier, Militarismus, spürt sie bis ins eigene Blut, vegetiert in dieser trost- und lichtlosen Atmosphäre von Gegenrevolution, Reaktion, Restauration oder wie man unseren unerträglichen Zustand sich täglich abschnürender Freiheitshoffnung heißen mag –: irrt sie ihren Dornenweg, gezeichnet, von Ekstase zu Ekstase, von Krampf zu Krampf und sucht in einem ohnmächtigen Strecken der Hände, das sie Tat nennt, in einem neuen Pathos, in einem neuen Ethos, in Religionen Erlösung, die sie nicht findet. So wenig wie ihre Dichtung die Erlösung vom Schrei, mit dem sie das Leiden ihrer Seele zu überschreien sucht, in harmonischer Synthese von Gestaltung und Ausdruck bisher zu finden vermochte.

Aus ähnlich verzweifelnder Zeitstimmung, nach der Erschöpfung der napoleonischen Kriege, wuchsen Musset, Puschkin, Byron und Shelley.

Im letzten Heft der seit 1918 erscheinenden, die *Blätter des Deutschen Theaters* fortführenden Monatsschrift zieht noch einmal Heinz Herald in einem *Rückblick auf das Junge Deutschland* (1920, S. 165 f.) eine kurze Bilanz der Tätigkeit dieses von Max Reinhardt mitbegründeten und dem »Deutschen Theater« als Experimentierbühne angeschlossenen »Vereins«:

»Das Junge Deutschland löst sich auf. Warum? Ganz einfach: weil es seinen Zweck erfüllt hat. Vor drei Jahren ins Leben gerufen, hatte es die Aufgabe, wie einst die Freie Bühne, einen bestimmten Stil, damals neu, bestritten und fast behördlich verboten, durchzusetzen. Jungen angefeindeten Dichtern, denen sich die bestehenden Theater verständnislos verschlossen, vor deren Werken sich die Bürger entsetzt oder lachend bekreuzigten, Gehör und Geltung zu verschaffen. Den Bestrebungen des neuen Dramas eine Art Zentralstelle, ein fester, die Anlehnung ermöglichender Punkt zu sein. Und endlich auch für das Theater eine Stätte zu sein, wo Experimente gewagt, neue Methoden der Darstellung, parallel dem neuen Stil des Dramas, erprobt werden konnten. [...]

Die Gesellschaft hat 12 Dramen zur Aufführung und zumeist zur Uraufführung gebracht und bereitet sich vor, als Schlußvorstellung ein dreizehntes zu spielen. Die gespielten sind: Sorges *Bettler*, Goerings *Seeschlacht*, Hasenclevers *Sohn*, Werfels *Besuch aus dem Elysium*, Koffkas *Kain*, Unruhs *Geschlecht*, Laucknens *Sturz des Apostel Paulus*, Else Lasker-Schülers *Wupper*, Kokoschkas *Hiob* und *Brennender Dornbusch*, Zweigs *Sendung Semaels* und Kornfelds *Himmel und Hölle*; das in der Vorbereitung befindliche ist Zareks *Kaiser Karl V.* [...]

Es ist selbstverständlich, daß man, am Anfang einer Bewegung stehend, für die zu kämpfen man entschlossen ist, noch nicht die zukünftige Entwicklung dieser Bewegung überschauen kann, ebensowenig wie die Entwicklung der Einzeltalente, die sich eben anzukündigen beginnen. Auch während des Kampfes kann und darf das Urteil noch nicht von der Liebe zur Sache, ja von Verliebtheit frei sein. Jetzt, an einem Wendepunkt, sieht der Blick klarer. Und er erkennt, bei allem Gefühl für das da und dort Gelungene, daß dem literarischen Expressionismus unserer Zeit noch immer die große Persönlichkeit, die ihn erst legitimieren kann, fehlt. Die Formen sind vorbereitet und da, aber man wartet noch immer sehnsüchtig auf den, der sich ihrer bemächtigt, sie füllt und zerbricht. Auch von der starken Bewegung des deutschen Naturalismus ist, wie man heute nach einem Menschenalter deutlich sieht, nicht allzuviel übrig geblieben. Immerhin aber blieb ein Dichter, der – mit allen Einschränkungen, die man für ihn haben kann, – einige Jahrzehnte spielend überdauert hat. Eine solche Persönlichkeit ist heute, unter den Wachsenden, noch nicht zu erkennen. [...]«

24
Kasimir Edschmid: *Stand des Expressionismus*. Rede, gehalten zur Eröffnung der 1. Deutschen Expressionisten-Austellung in Darmstadt am 10. Juni 1920. In: (Katalog) *Deutscher Expressionismus*, Darmstadt 1920. Unter künstlerischer Leitung der Darmstädter Sezession. Darmstadt 1920. S. 18–25.

Was vor zehn Jahren anfing, den Bürger heftig zu verwirren, hat in der weniger gottgesegneten Gegenwart des Jahres Neunzehnhundertzwanzig nicht einmal das Rührende mehr der Sensation. Es haben sich in der Zwischenzeit seit dem Untergang des Rekordschiffes ›Titanic‹, dem U-Boot-Krieg und den Bürgerschlachten zu viele Sensationen in der Peripherie des deutschen heimatlichen Bodens ereignet. Was damals als Gebärde kühn schien, ist heute Gewohnheit. Der Vorstoß von vorgestern ist die Allüre von gestern und das Gähnen von heute geworden. Wer die Bewegung der Geister nur äußerlich kapierte, hat jedes Recht dieser Einstellung, aber er ist ein törichter Fälscher und ein armseliger Spekulant nur gewesen und rasch in den Stand der nervösen Schwätzer hineingeglitten, die, was sie messianisch lobten, sehr bald zum Plunder jeweils warfen, weil sie vom Kern der Dinge ewig unberührt nur das modisch Gebaute und die überraschende Wendung sahen.

Die um Achtzehnhundertneunzig Geborenen machten ohne Absicht eine neue Kunst, nicht weil sie Ehrgeiz dazu verführte, sondern weil irgend ein wohlmeinender Gott sie zwischen die Jahrhunderte und die Ideen gestellt hatte. Schickele ist romantisch, Lehmbruck gotisch, Sternheim barock in der Äußerung. Dazu kam, was sie früher Sturm und Drang nannten, man kann es auch den Aufbruch der Jugend nennen. Geist und Angriff waren die Spannungen. Man schuf später dreihundert Rezepte und den Namen Expressionismus, was nichts weiter besagt, als daß so innerliche Tendenzen und so ins Äußere weit und sichtbar greifende neue Formgefühle sich einer Linie genähert haben, auf der die einfachen Ausdrucksmittel vieler vergangener Epochen von Grünewald bis zu den Chinesen, von Ramses bis zu den Pompejanern lagen. Das Ganze war durchaus nichts Neues, immerhin war es der Ausgangspunkt des Schöpferischen in der Epoche.

Immerhin genügte es, eine enorme Anzahl von Kunstgelehrten, die in den Zeugen bedeutender Vergangenheit nur Kuriosität und nicht den Sinn sahen, sehr zu bewegen und das Meer der nur Abziehbilder und Familienerbauung gewohnten Bürger in ungewöhnlichen Aufruhr zu versetzen. Dieselben, die Goethe ein Schwein nannten, Marées nicht kapierten, Shakespeare jahrhundertlang für einen Rowdy hielten, Büchner für einen Fortissimo-Schreier, Böcklin verklatschten, Manet beschrien, hatten in der unendlichen Zeugungsfähigkeit ihrer Gesinnung eine legionäre Meute sehr rasch dagegen gestellt. Es gab eine groteske Fuchsjagd, wo man die Jugend hetzte und alte Greise sie in peinlicher Verkennung des Geistes, der auch die deutschen Dome baute, aber in guter Anlehnung an die Kriegsfanfaren undeutsch und irr geworden schalten.

Doch bald sammelte sich die Meute um die Gejagten, und hier ward der Ort der Sammlung, je mehr die Weltgeschichte sich eigenwillig nach einer Seite drehte, deren Unwahrscheinlichkeit den Inszeneuren bis in die letzte Sekunde ihr strammes Herz zu versichern gestattete. Ein Kulminationspunkt der Kurve war durchschwungen, sogar die öffentliche Anerkennung war erreicht, im Grunde belanglos und in der Konsequenz gefährlich. Das Mißverständnis und die Diskreditierung begann.

O Ihr Jungfrauen von Kötzschenbroda, Ulm und Gnesen, die Ihr statt Schlummerrollen und Holzschnitzereien Eure unverstandene deutsche Schwermut nun in abstrakten Landschaften und gedreieckten Visionen dem erschreckten und ahnungslosen Publikum Eurer Heimat verweist, wie sehr habt Ihr (wie die meisten alle) mißverstanden, daß die Wölfe allein im Stande sind, die schlanke Geistesbeute zu fassen und zu zerreißen, und daß die Tauben und die idyllischen Hühner, selbst wenn sie die tragischen Masken tragen, unerbittlich an Girren und Scharren gebunden sind. Wer wähnte, die neue Kunst sei modern und es sei nötig und guten Tones gewiß, sich mit zeitgemäßem Badekostüm, Teekleid und Fingergestus auch dem Geistigen bestimmt nun modisch anzuschließen, hat schlechte Börsentips des Geschmacks getan. Modern ist bei Gott hier nicht die Spur, was hier erstrebt ward, war uralt. Modern ist allein und undeutsch auch nebenbei der Kitsch, den die guten Schulen unseres Mittelalters und aller anständigen Vergangenheit nicht kannten.

Eins jedenfalls ist sicher: die Generation ist ausgekernt. Überraschung wird nur noch aus der

Leistung kommen, nicht aus dem Affront. Die Redner, Maler, Dichter, Regisseure, Plastiker dieser Jugend stehen in der Arbeit, es ist wohl abgeschlossen, was hinter ihnen kommt. In zehn Jahren vielleicht wird eine andere Generation kommen, vielleicht mit Tomahawks gegen die unsere, vielleicht mit sehr betrüblichem Nazarenertum. Man wird sich um beides nicht kümmern, seinen Weg gehen, seine Tat tun. So wurde jeweils eine »Bewegung« ausgewirkt. Narren nur hätten in Frankreich zehn Jahre seit den Anfängen Monets und Pissarros gerufen, der Impressionismus sei tot. Vorgestern erst starb Renoir und heute lebt noch Monet und es wird keinen Ernsthaften geben, der die große Leistung ihrer Zeit nicht auch heute noch in ihrem Werk mit Bewunderung grüßt. Der Snob und der Beschränkte, der Tumultuöse und der Unbegabte sind ohne Duldung, weil Respekt ihrer kleinen Seele nicht gemäß ist. Die Berufenen werden auch so das Ziel ihres Lebens und die in der Kunst der Zeit ihnen gesteckten Ziele erreichen und ihre Terrains ausbauen. Alles Maulen drumherum ist ohne Bedeutung.

Das Formale ist als Frage und Problem wohl erledigt. Nun kommt die stille Arbeit. Ich bin für die Leistung. Aber ich bin gegen Expressionismus, der heute Pfarrerstöchter und Fabrikantenfrauen zu Erbauung umkitzelt. Es hat mich nie gereizt, eine Schar zu führen, die in geometrischen Orgien und stilistischen Wettrennen auch nur erstrebenswerte Stationen der Kunst erblickte. Ich erschauere über die nachgeplapperte Gebärde, deren Sinnlosigkeit Brechreiz erregt. Ich bin dagegen, daß die siebenklassigen Leute sich verdrehen, schöne Mädchen und zu anderen Hoffnungen durchaus berechtigende Knaben sich ereifern, die Welt mit kosmischen Tapeten und hysterischen Gedichten zu erfüllen, statt ein bescheideneres und menschlicheres Dasein sich zu erwählen. Ich bin dagegen, daß die Programme der Theater und der Kunstgewerbeschulen und der öffentlichen Vergnügungshäuser schon allgemach beginnen, sich »steil ins Visionäre aufzurecken«, und daß die alternden Damen bereits nicht weit davon entfernt scheinen, ägyptische Coiffuren den schlichten und sicher in ihrer Unreizbarlichkeit gelasseneren aufgeklebten Teetassen vorzuziehen. Ich bin voll Gram und Übelkeit über diese Dürre, diese Trockenheit, dieses Mißverständnis eines Nachwuchses, der keiner ist, sondern ein Ameisenhaufen von Ehrgeizigen, Affen und Modischen und Harlekins. Wahrlich, so setzt ein Stil sich nicht durch, nie geschieht durch die kritiklose Aufnahme der Idioten die Wandlung in schöpferische Breite. Glaubte ich nicht, daß, nachdem (Lob, wenn es bald sich ereignet) die Allzuraschen das Geraffte wieder treulos verworfen haben, glaubte ich nicht, daß gegen die Programme, gegen die sie hilflos sind, die Sicheren und Aufrechten, dennoch, sich wandelnd mit der Zeit und dem aufsteigenden Saft ihrer eigenen Reife, diese Mischung von Glauben, Einfachheit und Stärke des Ausdrucks zum guten Ziel breiten werden . . ., müßte ich wirklich denken, dies Gewimmel von Nichtsen und Nachbetern sei die »moderne Schule«, ich wüßte keinen anderen Wunsch, als daß ich sekündlich bei aller meiner antimilitaristischen Überzeugung bäte, irgend ein deutscher oder gallischer oder tonkinesischer Kriegsgott mit aufgeteiltem Schnurrbart möge dies alles sporenklirrend in die Welt-Latrinen tragen.

Es ist im Augenblick nichts nötiger als Selbstbesinnung, Arbeit und Geduld. Im europäischen Chaos ist hier sicher ein Punkt und Ort der Haltung und Gesinnung bei aller Anarchie an der Peripherie. Die Franzosen haben im rein Malerischen unbedingt eine überragendere Kultur. Immerhin wird, was heute geleistet, vielleicht kühn, vielleicht sogar bedeutend, jedenfalls als ein überzeugter Übergang, eine vielleicht rohe aber überzeugungshafte Auffahrt der deutschen Seele geheißen werden. Es wird auch Ruhe einkehren. Bald werden die Mauern und noch störenden Hemmungen des Stils noch mehr fallen, die Führer heraustreten und sich vielleicht anschließen an die Reihe von Mäleßkircher zu Marées und Liebermann. In hundert Jahren gilt nicht mehr die Welle der Bewegung, das dauert nur bestenfalls dreißig Jahre. Da gilt schon die Leistung. Man wird sagen Slevogt und Picasso, Monet und Beckmann, Renoir und Munch. Es trennt sie kaum ein Menschenalter, die Geschichte der Menschheit ist aber von unausdenkbarer Zeit, so treten sie dicht nebeneinander.

Als Präsident der Darmstädter Sezession hielt Edschmid diesen Text als Eröffnungsrede zur Ausstellung. Sie wurde in der *Frankfurter Zeitung* und im *Kunstblatt* nachgedruckt. Der Text ist ein veränderter (polemisch-kritischerer) Auszug aus dem Kapitel »Bilanz« in Edschmids Essaysammlung *Die doppelköpfige Nymphe* (Berlin: P. Cassirer 1920, erschienen Weihnachten 1919. S. 209–231); abgedruckt auch in: *Die weißen Blätter* 7 (1920), S. 49–66.

25
Paul Hatvani: *Zeitbild*. In: *Renaissance* 1 (1921), H. 1, S. 3–4; H. 2, S. 10–12.

1. Der Expressionismus ist tot . . .,

. . . Der Expressionimus war, immerhin, eine Entscheidung zur Form. Er war es, denn Auseinandersetzungen und akademische Essays beweisen, daß seine Zeit vorüber sei, daß die Aufgabe einer Epoche ihre Bedeutung verloren hätte, daß eine neue Jugend, neuen Zielen verschrieben, neue Wege zu betreten eben im Begriffe sei . . . Man macht Bilanz; sieht plötzlich, daß man einem Phantom aufgesessen war und fühlt sich genötigt, Anschauungen indigniert einer Revision zu unterwerfen. Das Bleibende der Epoche dürfte das Wort »Ballung« sein; Werke, die sie schuf, müssen sich eine neue Rubrizierung gefallen lassen.

Die Apologeten des Expressionismus, in der Suggestion des eigenen Stils befangen, beschwichtigen uns. Sie bringen neue Interpretationen; haben für den Zweifler den Vorwurf des Akademismus; spielen, wie jede Generation der Abtretenden, die Argumente des hart erkämpften Selbstbewußtseins gegen die nächste aus. Dazu kommt noch die Vehemenz des expressionistischen Zeitalters. Dazu kommt noch die Rapidität des Erlebens während der Kriegsjahre; die nationale Spaltung; die soziale Idee in den Untertönen der aktivistischen Bewegung; die Welle der Humanität, die den künstlerischen Ausdrucksmöglichkeiten in zäher Entschlossenheit sich angelehnt hat. Ist Henri Barbusse etwa Expressionist? [1] Bei Leonhard Frank, der ja immerhin die *Räuberbande* und die *Ursache* [2] geschrieben hat, schwanken wir. Die Lage ist verwickelt. Das Zeitgefühl hat uns berauscht; es ist an der Zeit wieder einmal genau zu werden. Was ist Expressionismus?!

. . . Immerhin . . .: ein Problem für den *Kunstwart* [3]. Der Deutsche ist gründlich, doch ungenau; er kann nicht denken, steht ihm nicht eine mit allem Komfort der Neuzeit ausgestattete Polarität zur Verfügung. Er freut sich seiner handfesten Dialektik; nicht viel Scharfsinn war zur Erkenntnis nötig, der Expressionismus sei etwa das Gegenteil des Impressionismus. Und man sagte: »Impressionismus? Aha, das ist Liebermann, Slevogt; und Peter Altenberg; und dann die Franzosen . . . Man war nämlich überzeugt davon, die Franzosen seien eine impressionistische Nation. Was eigentlich nicht einmal ganz falsch ist. Falsch ist nur die Abstraktion vom Nationalen; die lineare Definition, die Komplikationen einfach nicht zur Kenntnis nimmt und abstrakte Begriffe mit lebenden Tatsachen konfrontiert. Denn (trotz aller Banalität muß es gesagt werden): die Kunst lebt und was man jetzt ›Geist‹ nennt, ist identisch mit dem »élan vitale« romanisch-romantischer Naturphilosophie. [4] Dem Deutschen ist Kunstentwicklung eine Art Lotteriespiels; vordem hatte man »Eindrücke« »verarbeitet« – das war der Impressionismus. Dann besann man sich auf den Formwillen der Seele, wollte etwas ausdrücken – und wurde Expressionist.

. . . Deutsche Definitionen haben den Vorteil philosophischer Unsachlichkeit. Sie kleben am Wort und das Wort muß sich den Parasitismus falscher Deutung gefallen lassen. Es bleibt eindeutig; und das ist gewiß viel. Aber der philologischen Ortsbestimmung muß die Auflösung ins stete Werden folgen; der Abstraktion die Einfühlung, die Intuition, die Beseelung des starren Begriffs. Historizistische Ableitungen haben Wert, wo sie psychologischen Erwägungen zugänglich sind, was dem Ganzen verbunden bleibt, hat Anspruch auf Teilnahme und Verständnis.

. . . Der Expressionismus kam aus Frankreich nach Deutschland. Paris, immer noch der europäische Brennpunkt jeder geistigen Evolution, hatte das letzte Klischee überwunden; eine große Epoche, die fast beim Realismus Flauberts begonnen hatte, hatte ihre suggestive Kraft verloren: der Mensch stellte sich in den Mittelpunkt des Erlebens. Es war eine Revolte gegen den Inhalt; da mußte die Form siegen. Den Deutschen bedeutete dies »neue Gotik«, nichts weniger. Und es entstand der Expressionismus, eine eminent deutsche Tatsache.

Es gab eigentlich nur geringen Widerstand. Vorhanden war das Wort »Ausdruckskultur«; der Wille zum Monumentalen; die Leichtigkeit, mit der man Schlagworten zu verfallen geneigt war. Vorhanden war der dem expansiven Pseudogeist stets entgegenkommende »Betrieb«. Vorhanden war, – Expression an sich! –, die neudeutsche Mentalität. Hinter keiner Errungenschaft zurückbleiben; der Zeit brutal ins Antlitz schauen, um ihr die Maske abzugucken; Alles verstehen, um Nichts zu verzeihen; die von Anderen erlebten Dinge mit den Tatsachen der eigenen, instinktlos verlaufenden Lebensführung in Einklang bringen . . .: das war die deutsche Mentalität der furchtbar entscheidenden Jahre. Der Expressionismus war besetztes Gebiet; er mußte dem deutschen Geist Nahrungsstoffe liefern.

Er tat es, nicht ohne sich zu rächen. Heute ist Berlin, die Hauptstadt des deutschen Betriebes, eine Angelegenheit expressionistischer Formexzesse. »Expressionistisch« ist ein Berliner Adjektiv, das der Reihe nach die Ausrufe »Gott, wie doll!« und »Sieh mal, wie niedlich!« verdrängt hat. Was doll war, wird mit der Zeit niedlich und ist heute expressionistisch geworden. Der Inhalt hat die Form diskreditiert und der Betrieb die Kunst.

Die Abkehr vom deutschen Expressionismus ist ein Symptom der Kunstbesinnung. Nicht um die Fronde gegen einen neuen Akademismus handelt es sich, sondern um eine neue Ablehnung des bürgerlichen Intelligenzbetriebs. Schokoladepackungen mit Weltanschauung dürfen fürderhin die Formen lyrischer Bekenntnisse nicht mehr beeinflussen. Wo das Leben stärker wird als es die Idee war, endet die Sendung des Geistes. Der Bildungsphilister aber rubriziert eine neue Stilepoche. Das Leben geht weiter . . .

2. . . . es lebe der Expressionismus!

. . . Die Idee lebt von der Zeit unabhängig; sie ist echt und stark, wo sie den Sinn der Zeit revoltiert. (Große Ideen haben ganz das Format der Revolution; ihre Träger sind Gläubige der kaum erahnten Verkündigung.)

Allzu rasch hatte die Zeit sich mit dem Expressionismus identifiziert. Da mußte etwas nicht in Ordnung sein.

Wir haben die Zeit erkannt, die Welt, in der die Idee der neuen Kunst zu leben verdammt war. Wir haben gerichtet, das Urteil gesprochen und wissen nicht mehr, wohin die Idee uns geführt hat. Wir lieben sie, sind ihr verschworen und erkennen an den Werken, die sie in uns geschaffen hat, ihren Wert.

Die Idee des Expressionismus war Revolte gegen das konventionelle Gleichgewicht zwischen Form und Inhalt. Nicht mehr ästhetische Erwägungen bestimmten das Verhältnis; die Form zerbrach und eine schöne Leidenschaft war da, die, das Horizontale sprengend, sich hoch auftürmte und meinetwegen auch geballt war.

Man lese doch einmal die Schriften der Apologeten des Expressionismus in der bildenden Kunst, Hausenstein, Grautoff, Westheim; ein menschlicher Unterton verklärt die Doktrin, es rauscht Leben durch die Abstraktion und es beseligt uns ein neues, junges Gefühl der Freude. Wir vermissen es schon einen Schritt rückwärts; Meier-Gräfe, soignierter als jene, bleibt innen und außen Ästhet: das Erlebnis bleibt konserviert. Freilich, sein Dreigestirn Greco, Marées, Cézanne leuchtet auch uns; aber wir haben Leidenschaft. Wir kennen Guillaume Apollinaire und wissen, daß das ästhetische Problem in die Seele dringen muß, um schöpferisch zu werden. Wir bewundern die Entfesseltheit des Gefühls: wir denken mit dem Blute, sind Abenteuern auf der Spur, die zwischen Großstadt und Urwald sehnsüchtig pendeln.

. . . Die Errungenschaft des Expressionismus heißt Simultaneität!

. . . Der Expressionismus hat die Großstadt entdeckt. Die Großstadt: das ist die eminent neue Lebensform. Die Zeit hat den Dichter endgültig aus Arkadien vertrieben . . .: Arthur Rimbeaud versuchte, Kind seiner Zeit, letzte Flucht: es trieb ihn das Schicksal zurück, er starb im Hafen der Kultur, in Marseille, wo irrsinnig-verschlungene Rassen um das europäische Wesen tanzen. Zwei Jahrzehnte später erst, es konnte Dichter Ländlich Francis Jammes daran nichts ändern, geschah demütig in Extase das Unabwendbare: die Großstadt wurde in Besitz genommen. Da war nicht nur die neue Schönheit, der Triumph des Zweckmäßigen, das Tempo, das neues Leben beherrscht; da war auch das neue Abenteuer, die Nervosität, die Kulturhöhe, die Errungenschaft der Zivilisation, der ein Ringen vorausgegangen sein mußte. Da war, in der Maske einer vitalen Kunstform, das soziale Problem dynamisch gelöst. Lyrik ist, was im Straßenlärm des Alltags noch Herzenstöne hören läßt. Episch breitet sich der Sinn der Demokratie durch die bewegte Stadt. Dramatisch beherrschen Zwischenfälle, schicksalhaft, dein Leben, das dem Rausch der Stadt verfallen ist. Du gehst durch die Straßen: was kann da nicht alles geschehen! Abenteuer lauern, Autos bedrohen deinen Leib, Dirnen deine Seele. Es schwankt dein Gleichgewicht; du sitzest im Café, die Geliebte erwartend; links drüben zeigt ein Mädchen graue Seidenstrumpfbeine, während hinter dir zwei Gauner ein Geschäft abschließen. Es heult dir ein Kinoplakat seine Wunder entgegen; mit unfehlbarer Eleganz will dir ein idealer Einbrecher die Souveränität der weltmännischen Gebärden beweisen. In die Bar, in die Wunder-Bar, trittst du mit bangem Herzklopfen: So traten früher fromme Pilger in den Glasfensterraum ihres Heiligtums. Man zelebriert dir einen Cocktail; der Klavierspieler trampelt anmutig die Sentiments seiner Musik dir in die Seele. Nun ist wieder stählern Alltag; das Rad dreht sich; dem Dasein blickst du ins Antlitz, du bist ein Atom des Rekords, den die Zeit aufgestellt hat, um über die Welt hinwegzukommen.

Und dann die Mystik! Die Skurrilität bürgerlicher Vertracktheiten spukt durch den Tag; Ideologie wird irreal, gefällt sich in Kapriolen und hebt die Kausalität des gesunden Menschenverstandes fallweise auf. Die Wirklichkeit wird zum Gespenstertanz einer Logik, der man höchstens psycho-analytisch beizukommen vermag. Die Dimensionen des Lebens recken sich hoch über die Kleinwelt E. T. A. Hoffmanns hinaus; auf Maskenredouten siehst du Manifestationen deiner Träume, die von einem unsentimentalen Toulouse-Lautrec Gestalt bekommen haben.

Aber wir sind noch naiv, noch sentimental. Wir kehren zu einer Natur zurück, die uns ein andrer Rousseau staunend aufstellt. Er hat nicht mehr die große Geste Jean-Jacques'; er war Zolleinnehmer und hieß Henri.

. . . Wir haben noch die Tugend des gerechten Lebens; aber unser Mut rechnet mit der Brutalität des vehementen Lebens; unsere Ehre kennt keine Verlogenheit mehr; sie hat mit dem Mittelalter endgültig gebrochen.

. . . Der neue Künstler, unblasiert, doch stets auf seiner Hut, sieht in diese Welt. Großstadt wird Heimat; sein Heimweh ist Sehnsucht nach den neuen Sensationen. Im Lunapark der Gefühle ist er heimisch; die Tradition ist ein Panoptikum, darin verstaubte Figuren ein verträumtes Dasein führen. Sie sind Klischee; das Leben aber ist Kampf gegen das Klischee.

Der Expressionismus hat sich mit dem Leben solidarisch erklärt. Er war groß, wo er die neue Dynamik gegen das statische Moment erstarrter Kunstformen ausspielen wollte. Ewig wird er groß bleiben. Und noch im Tode muß der Wissende neuen Schicksals ihn erwecken; es lebe der Expressionismus: denn er ist Fronde gegen den Tod.

. . . Dann, freilich, kamen die Theoretiker. Neue Gotik, hieß es, sei diese große Evolution der Formen. Die Vergangenheit wollte ihr Recht. Neue Ideologie erstand; aus Form wurde Formel und was Kampf gegen Erstarrtheit sein wollte, war neuer Kristall geworden. Doktrin; Dogma.

Man muß gegen das expressionistische Dogma sein. Gegen den deutschen Versuch, der Welt eine neue Weltanschauung aufzuschwatzen. Gegen das Kunstwartthema; gegen das Problem der Oberlehrer, die über »Goethe und Alles« hinaus sind.

Und überhaupt: gegen den jederzeit Auf-der-Höhe-seienden Bildungsphilister.

Expressionismus aber kümmert sich nicht um Deutungsmöglichkeiten. Er gehört der Welt, die ohne Lüge zu sich selbst finden will.

1 Der pazifistisch engagierte französische Schriftsteller Henri Barbusse (1873–1935) war 1919 der Initiator der Intellektuellengruppe »Clarté« (s. S. 327 u. 406 dieses Bandes).
2 Leonhard Frank: *Die Räuberbande*. Roman. München: Müller 1914. – *Die Ursache*. Eine Erzählung. München: Müller 1916.
3 Die »bürgerlich«-kulturkonservative Zeitschrift *Der Kunstwart* (Hg. v. Ferdinand Avenarius) hatte sich des Themas »Expressionismus« u. a. 1919 angenommen: *Georg Simmel und Johannes Volkelt über den Expressionismus*. In: *Der Kunstwart* 32 (1919), S. 40–42.
4 »élan vital« ist ein Zentralbegriff der Lebensphilosophie Henri Bergsons (s. S. 196 dieses Bandes).

26
Iwan Goll: *Der Expressionismus stirbt*. In: *Zenit* 1 (1921), Nr. 8, Oktober, S. 8–9.

Was aller orten gemunkelt, belächelt, geahnt wird, bestätigt sich: wieder stirbt eine Kunst an der Zeit, die sie verrät. Ob die Schuld an der Kunst liegt oder an der Zeit, ist ohne belang. Wollte man kritisch sein, so wäre allerdings nachweisbar, daß Expressionismus am jenem Revolutionsaas krepiert, dessen mütterliche Pythia er sein wollte.

Und dies erklärt das, nämlich: daß der ganze Expressionismus (1910–1920) nicht einer künstlerischeren Form, sondern einer *Gesinnung* Name war. Viel mehr Sinn einer Weltanschauung als als Objekt eines Kunstbedürfnisses.

Ludwig Rubiner: *Der Maler greift in die Politik* (Die Aktion 1912). [1] Derselbe: »Unser Ruf für die kommende Zeit über alle Länder hinweg ist die Forderung: L'homme pour l'homme, statt der früheren L'art pour l'art.« (Zeit – Echo. Mai 1917).

Kasimir Edschmid: » . . . Kein Programm des Stils. Eine Frage der Seele. Ein Ding der Menschheit«. (Neue Rundschau. März 1918). [2]

Hasenclever: »Die Bühne werde Ausdruck, nicht Spiel!« »Bühne für Kunst, Politik und Philosophie«. (Schaubühne. Mai 1916).

Also:

Forderung. Manifest. Appell. Anklage. Beschwörung. Extase. Kampf. Der Mensch schreit. [3] Wir sind. [4] Einander. [5] Pathos.

Wer war nicht dabei? Alle waren dabei. Ich war dabei: »Neuer Orpheus«. Kein einziger Expressionist war Reaktionär. Kein einziger war nicht Anti-Krieg. Kein einziger, der nicht an Brüderschaft und Gemeinschaft glaubte. Auch bei den Malern. Beweis: »Gesinnung«.

Und: Expressionismus war eine schöne, gute, große Sache. Solidarität der Geistigen. Aufmarsch der Wahrhaftigen.

Aber das Resultat ist leider, und ohne Schuld der Expressionisten, die deutsche Republik 1920. Ladenschild. Pause. Bitte rechts hinausgehn. Der Expressionist sperrt den Mund auf . . . und klappt ihn einfach wieder zu. Die Waffe, die Tuba nämlich, fällt den Meidnerschen Europa-Propheten aus der Hand. [6] Derselbe, der so ernst – bedeutend die Arme in die Luft warf, tut dasselbe nun aus anderem Grund. Der Browning knallt lauter.

Jawohl, mein guter Bruder Expressionist: das Leben zu *ernst* zu nehmen, ist heute die Gefahr. Kampf ist zur Groteske geworden. Geist in dieser Schieberepoche Ulk. Der »Intellektuelle«, der seine Gesinnung bis zum Bolschewismus erhöht, muß sich vor den Massen klein, ganz klein machen, wohl auch eine Maske der Dummheit über die jüdische Stirne ziehen, damit ihm Steine nicht die Zähne ausschlagen. Bitter, bitter wird der ekstatische Mund.

Der gute »Mensch« mit einer verzweifelten Verbeugung begibt sich in die Kulisse. Das Leben, die *Maschine*, die Natur behalten recht: jenseits von Gut und Böse. Die schöne Kraft, der als erster von den Modernen Alexander Blok die *Skythen* [7] widmete. Der Urmensch, mit dem dunklen Jahrhundertblut und den unheimlichen Augen tritt aus Urwäldern des Äquators heraus und aus den Steppen des Pols: mit Mond- und Sonnengeheimnissen. Er tanzt über die Meridiane des Globus.

Aufruf des Bruders, o Expressionist, was für eine Sentimentalität! Was für ein Pathos in deiner Menschlichkeit.

Das nackte Leben ist besser, will sagen: wahrer als du. Beweis: deine Weltanschauung hat nirgends gesiegt. Du hast nicht einem von sechzehn Millionen das Leben gerettet. *Der Mensch ist gut* [8]: Eine Phrase. »Aber in tausend Jahren vielleicht«.

Aber eine neue Kraft scheint über uns zu kommen: die gehirn-maschinelle. Der Kran der Zeit packt uns am Kragen und schifft uns über. Man faßt sich im Haar: Herrgott, was für ein Rythmus tönt aus der Erde. Wozu in den Himmel schweifen. *Auch Himmel ist Erde*, weiß der Aviatiker. Himmel ist die Erde längst für den Neger und den Primitiven. Vielleicht hat er doch recht. Jeder Amerikaner sagt »Yes«. Weg mit der Sentimentalität, ihr Deutschen, was gleichbedeutend ist mit: ihr Expressionisten. Denn wetten: auch Ludendorff ist schließlich ein Expressionist?

In Frankreich, wo ich lebe, ist man während des ganzen Kriegs *nicht sentimental* geworden. (Drei Schwächlinge abgerechnet, die kaum gelten). Neue Länder rufen hinterm Ural, hinterm Balkan, hinter allen Ozeanen ihren Willen zum Leben, zur Kraft. Junge Länder. Junge Menschen. Ihr erstes Wort an uns ist elektrisch.

1 Es muß heißen: *Der Dichter greift in die Politik* (s. S. 264 dieses Bandes).
2 Dok. 12.
3 Albert Ehrenstein: *Der Mensch schreit*. Gedichte. Leipzig: K. Wolff 1916.
4 Franz Werfel: *Wir sind*. Leipzig: K. Wolff 1913.
5 Franz Werfel: *Einander*. Leipzig: K. Wolff 1915.
6 Vielleicht Anspielung auf das von Meidner gezeichnete Titelbild zu Walter Hasenclever: *Der politische Dichter*. Berlin: E. Rowohlt 1919.
7 Alexandr Alexandrowitsch Blok (1880–1921), russ. Lyriker, bedeutender Vertreter der zweiten Generation des russ. Symbolismus, Sympathisant der Oktoberrevolution. Sein Gedichtband *Skythen* erschien auf deutsch 1920.
8 Leonhard Frank: *Der Mensch ist gut*. Novellen. Zürich, Leipzig: Rascher & Co. 1917.

27
Kurt Pinthus: *Nachklang*. (Berlin, April 1922). In: *Menschheitsdämmerung. Symphonie jüngster Dichtung*. Hg. v. K. Pinthus. Berlin: E. Rowohlt 1922 (15.–20. Tsd.). S. 293–295

Dies Buch, im Herbst 1919 zusammengefügt, fand rasch die Anteilnahme der Zeit, deren Ausgeburt es darstellt. Schnell mußten die Auflagen aufeinander folgen . . ., und jetzt, fast drei Jahre später, im Frühling 1922, da es gilt, das zwanzigste Tausend der ›Menschheitsdämmerung‹ vorzubereiten, erhebt sich die Frage, ob ich das Werk umarbeiten soll: Vermodertes herausstoßen, Später-Entstandenes einkomponieren, neue Motive erklingen machen, andere Gruppierungen, anderen Aufbau anstreben.

Ich entschloß mich, das Werk unverändert zu lassen. Nicht nur, weil die Beurteiler aller Gesinnungen und Richtungen äußerten, daß der Hauptwert dieses Buches in seiner Einheitlichkeit, in seiner symphonischen Wirkung bestünde; nicht nur, weil man – was beabsichtigt war – fühlte, daß hier ein geschlossenes Dokument für das aufgewühlte Gefühl und die dichterische Ausdrucksform einer zeitgenössischen Generation vorlag. Sondern, unsere Zeit und Dichtung kritisch betrachtend, muß ich einsehen, daß die ›Menschheitsdämmerung‹ nicht nur ein geschlossenes, sondern ein abgeschlossenes, abschließendes Dokument dieser Epoche ist. Klar herausgesagt: es ist, nach Abschluß dieser lyrischen Symphonie nichts gedichtet worden, was zwingenderweise noch in sie hätte eingefügt werden müssen.

Wer, abstreifend den revolutionären Furor, offenäugig in die Gegenwart blickt, weiß, daß diese Jahre bedeutsamer sind im Zusammenbruch des Alten als im Erwachen des Neuen, gleichviel ob wir von den Geschehnissen im Politischen, im Gemeinschaftsleben, im Wirtschaftlichen oder in der Kunst sprechen. Freilich: Es geschieht viel . . ., aber was geschieht, sind nur die Auflösungsvorgänge der langsam, aber unaufhaltsam zusammenstürzenden Vergangenheit Europas. Was uns als neu und verwirrend gilt, sind stets nur die konzentriert und übersteigert sich zu Tode hastenden Elemente des Alten. Die Fundamente der wirklichen Zukunft sind noch nicht ersichtlich.

Das gilt auch im Bezirk der Kunst. Was hier so neuartig und trächtig schien, waren im wesentlichen Zerstörungsformen des Alten, vom gestaltauflösenden Kubismus der Malerei bis zur ekstatischen Ein-Wort-Lyrik. Mochten die Künstler selbst fühlen, daß ihr Werk mehr oppositionell als schöpferisch war, oder geschah es, daß ihre Kraft nicht ausreichte, Reifes, Zukunftswertiges zu schaffen – es ist bereits zehn Jahre nach dem gewaltigen und gewaltsamen Aufbruch dieser Jugend eine allgemeine Stagnation in den Gefilden der Kunst festzustellen.

Von den dreiundzwanzig Dichtern dieses Buches sind sieben nicht mehr unter den Lebenden. Die anderen haben in den letzten Jahren entweder überhaupt nichts Wesentliches mehr geschaffen, oder jedenfalls nichts, was über das bisher Geleistete als neu oder qualitativ besser emporragt. Sie wiederholen sich oder tasten qualvoll weiter. Selbst wenn man, nüchtern-sachlich gesprochen, die unheilvollen Zustände in Betracht zieht, die dem Dichter und dem Verleger die Produktion unendlich erschweren, muß man den Mut haben, zu sagen, daß die junge Dichtung unserer Zeit fruchtlos und unfruchtbar zu werden droht.

Was von der kleinen Schar dieses Buches zu sagen ist, das gilt in verstärktem Maße von der großen Menge der mitlebenden Dichter. Viele sind gestorben . . ., viele sind im bürgerlichen Leben verschollen, aufgesaugt vom praktischen Beruf oder skeptischen Müßiggang . . ., und die Unzahl der anderen begnügt sich damit – bald blasser, bald überreizter –, das zum tausendsten Male zu stöhnen, zu stammeln, zu schreien, was die Führenden bereits im zweiten Jahrzehnt dieses Jahrhunderts in ihren Büchern niedergelegt haben. Schon muß ich mit Bewußtsein feierlich sagen »niedergelegt haben«, denn schneller als jede andere Generation ist diese in die Literaturgeschichte eingegangen, ist historisch geworden; zum Paradigma, zum Schema sind für die Nachfolgenden ihre Gedichte erstarrt.

Frühzeitig erstarb die Dichtung dieser Jugend, denn weder die voranschreitenden noch die nachrückenden Dichter vermochten dies Werk weiterzuführen. Es scheint für Deutschland ein geistiges Gesetz zu sein, daß jede künstlerische Bewegung alsbald eine Reaktionsbewegung wachruft, denn schon beginnen Bestrebungen zu triumphieren, die klassischen und romantischen Vorbildern folgen. Manchem Leser wird dies Buch, dessen Dichtung als Fanfare und Fanal gewollt war und für kurze Zeit auch so wirken konnte, bereits als ein Herbarium erscheinen. Es ist wahr: manches ist für immer tot . . ., manches zündet nicht mehr . . ., manches ist Übergang und Wirrsal . . ., einiges jedoch ist so vollendet und schön, wie es nur einmal gedichtet werden kann . . ., manches Gute ist schon in die Lesebücher übergegangen. Alles aber ist Zeugnis für die Glut einer inneren und äußeren Bewegung, die fast gänzlich wieder erloschen ist. Die Glut dieser Generation hatte sich aus Opposition gegen das Gewesene, Verwesende entzündet und konnte für Augenblicke in die Zukunft leuchten, aber nicht die Menschheit zur großen Tat oder zum großen Gefühl entflammen.

So ist, nochmals sei es gesagt, dies Buch, mehr als ich beim Zusammenfügen ahnen konnte, ein abschließendes Werk geworden – und deshalb soll es bleiben, wie es damals war: ein Zeugnis von tiefstem Leid und tiefstem Glück einer Generation, die fanatisch glaubte und glauben machen wollte, daß aus den Trümmern durch den Willen aller sofort das Paradies erblühen müsse. Die Peinigungen der Nachkriegszeit haben diesen Glauben zerblasen, wenn auch noch der Wille in vielen lebt. Von der kleinen lyrischen Schar dieses Buches blieb nichts als der gemeinsame Ruf von Untergang und Zukunftsglück. Und dennoch beginnen schon einige, wie, neben Däubler und Else Lasker-Schüler, der tote Heym und der lebende Werfel über die Zeit hinauszuragen.

Mächtig, doch nicht allmächtig haben die Ereignisse eines Jahrzehnts die Seelen, Geister und die äußeren Lebensumstände der Zeitgenossen zerpflügt. Aber die große allgemeine neue Dichtung, von vielen als Stab und Weiser ersehnt, ist nicht entsprossen, weder den Nachkommen des alten Bürgertums, noch den anrückenden Massen der Proletarier, weder dem Glanz der über die Erdoberfläche hemmungslos schweifenden Neubeglückten, noch der Qual des neugewordenen Proletariats. Im Dunkel der Jugend, die jetzt aufwächst, sind kaum einige Lichtlein für die Dichtung zu erblicken.

Lasset uns deshalb verehrende Erinnerung der Dichterschar wahren, die Großes und Zunft enthusiastisch zumindest gewollt hat und zuversichtlich glaubte, Erste einer neuen Menschheitsepoche zu sein. Man verhöhne sie nicht und beschuldige sie nicht, daß sie nur aufrührerische Letzte gewesen seien, die sich von der Untergangsdämmerung hinweg zum Glühen vermeintlicher Morgendämmerung wandten, aber erlahmen mußten, bevor sie an der Spitze ihrer Zeitgenossen gereinigt ins Licht treten konnten.

Vgl. Dok. 13.

II. *Kulturkritik und Geist der Utopie*

1. *Krisenbewußtsein in der veränderten Welt: Entfremdung, Orientierungsverlust und Ordnungssuche*

Wir sind alle hineingestellt in eine fürchterliche Unübersehbarkeit, der Reichtum der Einsichten und Organismen trug Verzweiflung und Wahnsinn in uns hinein, wir stehen machtlos der Einzelheit gegenüber, die keine Ordnung zur Einheit macht, es scheint, das *Und* zwischen den Dingen ist rebellisch geworden, alles liegt unverbindbar auf dem Haufen, und eine neue entsetzliche Einsamkeit macht das Leben stumm. [1]

Die 1914 von Franz Werfel so beschriebene Erfahrung einer in unzusammenhängende Einzelteile zerfallenen Welt und eines entsprechend dissoziierten Ichs ist symptomatisch für das Krisenbewußtsein der literarischen Intelligenz, das sich gemessen an den ähnlich schon von Hofmannsthal in dem *Lord Chandos-Brief* (1902) artikulierten Erkenntnis- und Sprachproblemen [2] nach 1910 erheblich verstärkte. In den expressionistischen Programmschriften allerdings sind die Erfahrungen der Entfremdung und Orientierungslosigkeit von dem lautstarken Pathos der Erneuerungsvisionen weithin verdeckt worden. Die zeitgenössischen wie die späteren Vorstellungen über den Expressionismus zeigen sich davon nachhaltig beeinflußt. Die jüngere Forschung hat indes die existentiellen Krisenerfahrungen als grundlegenden bewußtseins- und stilprägenden Bestandteil dieser Bewegung stark akzentuiert. [3]

»Wir haben keine Wahrheit mehr«, beginnt ein 1909 erschienener Aufsatz Carl Einsteins. [4] Der Verbindlichkeitsverlust tradierten Orientierungswissens in »einer aus den Fugen gehenden Kultur« (v. Caudern, Dok. 29) hinterläßt den Eindruck des »Chaos« (s. vor allem Max Picard, Dok. 149), einer »irrsinnverbreitenden Vielheit« möglicher Standpunkte, eines »enormen Durcheinanders der Dinge« (Erich Unger, Dok. 28).

Der wichtigste der in diesem Abschnitt abgedruckten Texte, Hugo Balls Vortrag über Kandinsky, erläutert drei Faktoren, die »die Kunst unserer Tage bis ins Tiefste erschütterten«: »Die von der kritischen Philosophie vollzogene Entgötterung der Welt, die Auflösung des Atoms in der Wissenschaft, und die Massenschichtung der Bevölkerung im heutigen Europa.« (Dok. 31, S. 124) Zentrale philosophie-, wissenschafts- und sozialgeschichtliche Veränderungsprozesse sind damit angesprochen, die für das expressionistische Krisenbewußtsein konstitutiv sind. Eine desorientierende (wenn auch gleichzeitig befreiende) Wirkung entfaltete neben Nietzsches Diktum über den Tod Gottes (vgl. dazu die Anm. 1 zu Dok. 31) das zunehmende Bewußtsein der Subjektabhängigkeit, Relativität und Fiktionalität aller Wahrheitsbehauptungen und Aussagen über »die Wirklichkeit«. Hierin lag eine Art gemeinsamer Nenner von Nietzsches Nihilismusbegriff [5], Albert Einsteins Relativitätstheorie (1905) (vgl. dazu die Anm. 2 zu Dok. 35), Hans Vaihingers *Philosophie des Als Ob* (1911) [6] oder Theodor Lessings *Geschichte als Sinngebung des Sinnlosen* (1916) [7].

Früher in meinem Dorf wurde jedes Ding nur mit Gott oder dem Tod verknüpft und nie mit einer Irdischkeit. Da standen die Dinge fest auf ihrem Platze und reichten bis ans Herz der Erde. Bis mich die Seuche der

Erkenntnis schlug: es geht nirgends etwas vor; es geschieht alles nur in meinem Gehirn. Da fingen die Dinge an zu schwanken, wurden verächtlich und kaum des Ansehens wert. [...] Nun gab es nichts mehr, das mich trug.

Gottfried Benn spricht in diesen erkenntnisskeptischen Sätzen aus einer 1913 erschienenen Prosaskizze [8] mit dem Hinweis auf das frühere dörfliche Leben implizit die Probleme des sozialen Wandels an, von denen die »verspätete Nation« Deutschland in den Jahrzehnten zwischen der Reichsgründung und dem Ersten Weltkrieg besonders stark betroffen war [9] und die sich für die expressionistische Generation im Erlebnisraum der Großstadt verdichteten. Über die Entfremdungs- und Angsterfahrungen des Großstädters, wie sie in der zeitgenössischen Prosa von Rilkes 1910 erschienenen *Aufzeichnungen des Malte Laurids Brigge* und dann vor allem von der expressionistischen Lyrik [10] vermittelt wurden, schrieb Hermann Bahr 1912 in einem Aufsatz über den *Betrieb der Großstadt*:

Er [der Großstädter] empfindet, daß er dabei schließlich sich selbst abhanden kommt. Er empfindet, daß er in der Großstadt nicht seine Tat tut, nicht sein Leid leidet, sich nicht seiner Freuden freut und niemals sein eigenes Leben lebt, sondern immer in ein fremdes eingespannt ist. Er empfindet, daß er nicht für sich, sondern als Mittel für fremde Zwecke gebraucht und verbraucht wird. Und so stellt er an sich die bange Großstädter Frage: Was hat das alles mit mir zu tun, und da es gar nichts mit mir zu tun hat, wozu das alles? [...] Daher die furchtbaren Ermüdungen des Großstädters, der ja niemals ein Ziel sieht; er muß immer wieder weiter. Daher, wenn er sich doch einmal besinnt und sich rings von dieser ungeheueren Sinnlosigkeit eingeschlossen sieht, die heillosen Angstanfälle des Großstädters, und die Fluchtversuche. [11]

Die durch die Komplexität und Massivität der großstädtischen Umweltreize bedingte »andere Art des Sehens« (J. L. Windholz, Dok. 30), die als kunstrevolutionierendes Charakteristikum des Expressionismus angesehen wurde (vgl. v. Caudern, Dok. 29; J. L. Windholz, Dok. 30, hatte schon 1903 Georg Simmel in seinem Essay *Die Großstadt und das Geistesleben* beschrieben:

Die psychologische Grundlage, auf der der Typus großstädtischer Individualitäten sich erhebt, ist die *Steigerung des Nervenlebens*, die aus dem raschen und ununterbrochenen Wechsel äußerer und innerer Eindrücke hervorgeht. Der Mensch ist ein Unterschiedswesen, d. h. sein Bewußtsein wird durch den Unterschied des augenblicklichen Eindrucks gegen den vorhergehenden angeregt; beharrende Eindrücke, Geringfügigkeit ihrer Differenzen, gewohnte Regelmäßigkeit ihres Ablaufs und ihrer Gegensätze verbrauchen sozusagen weniger Bewußtsein, als die rasche Zusammendrängung wechselnder Bilder, der schroffe Abstand innerhalb dessen, was man mit einem Blick umfaßt, die Unerwartetheit sich aufdrängender Impressionen. Indem die Großstadt gerade diese psychologischen Bedingungen schafft – mit jedem Gang über die Straße, mit dem Tempo und den Mannigfaltigkeiten des wirtschaftlichen, beruflichen, gesellschaftlichen Lebens – stiftet sie schon in den sinnlichen Fundamenten des Seelenlebens, in dem Bewußtseinsquantum, das sie uns wegen unserer Organisation als Unterschiedswesen abfordert, einen tiefen Gegensatz gegen die Kleinstadt und das Landleben, mit dem langsameren, gewohnteren, gleichmäßiger fließenden Rhythmus ihres sinnlich-geistigen Lebensbildes. [12]

Angesichts der dissoziierten Erkenntnis- und Wahrnehmungsformen in der veränderten Welt zeigten die expressionistischen Künstler unterschiedliche Reaktionsweisen. Das Spektrum reichte von der anarchistischen Bejahung einer ordnungs- und gesetzesbefreiten Chaotik (*Laßt uns chaotisch sein!*, E. Mühsam, Dok. 33; vgl. auch Huelsenbeck, Dok. 32) und ihrer ästhetischen Reize (vgl. E. Unger, Dok. 28) über den Ausdruck des Leidens an der Orientierungs- und Heimatlosigkeit in einer fremd gewordenen Welt bis zu den Versuchen, die Komplexität der Umwelt durch künstlerische Typisierung und Abstraktion zu reduzieren (s. Max Picard, Dok.

149) oder dem durch die eigene Kritik beschleunigten Zerfall tradierter Werte neue Sinnentwürfe entgegenzustellen (vgl. dazu die folgenden Abschnitte »Der alte und der neue Mensch« und die dadaistische Kritik an solchen Bewältigungsversuchen in Dok. 32).

1 Franz Werfel: *Aphorismus zu diesem Jahr.* In: *Die Aktion* 4 (1914), 5. Dez., Sp. 902–905. Zitat Sp. 903.
2 Hugo von Hofmannsthal: *Ein Brief.* In: H. v. H.: *Das erzählerische Werk.* Frankfurt 1969. S. 102–113.
3 S. Vietta, H.-G. Kemper: *Expressionismus;* Th. Anz: *Literatur der Existenz;* W. Rothe: *Der Expressionismus.*
4 Carl Einstein: *Der Snob.* In: *Gesammelte Werke.* Hg. v. E. Nef. Wiesbaden 1962. S. 33.
5 Siehe dazu S. Vietta, H.-G. Kemper: *Expressionismus,* S. 134 ff.
6 Hans Vaihinger: *Die Philosophie des Als Ob.* Berlin 1911.
7 Theodor Lessing: *Geschichte als Sinngebung des Sinnlosen.* München 1919.
8 Gottfried Benn: *Heinrich Mann. Ein Untergang.* In: *Ges. Werke in acht Bänden.* Wiesbaden 1968. Bd. 5. S. 1181.
9 Siehe dazu Erich Born: *Der soziale und wirtschaftliche Strukturwandel Deutschlands am Ende des 19. Jahrhunderts.* In: *Moderne deutsche Sozialgeschichte.* Hg. v. H.-U. Wehler. Köln, Berlin 1966. S. 271–284. Helmut Böhme: *Prolegomena zu einer Sozial- und Wirtschaftsgeschichte Deutschlands im 19. und 20. Jahrhundert.* Frankfurt 1968. Zum Prozeß der »Verstädterung« dort S. 85 ff. Vgl. besonders auch: *Deutsche Sozialgeschichte. Dokumente und Skizzen.* Bd. II: 1870–1914. Hg. v. G. A. Ritter u. J. Kocka. München 1974. Darin die Einleitung zum 1. Kapitel: Industrialisierung, S. 11–17.
10 Vgl. Wolfgang Rothe (Hg.): *Deutsche Großstadtlyrik vom Naturalismus bis zur Gegenwart.* Stuttgart: Reclam 1973.
11 Hermann Bahr: *Der Betrieb der Großstadt.* In: *Die neue Rundschau* 23 (1912). S. 697–705. Zitat S. 698, 702.
12 Georg Simmel: *Die Großstadt und das Geistesleben.* In: *Die Großstadt. Jahrbuch der Gehe-Stiftung.* Dresden 1903. S. 187–206. Zitat S. 188. Wiederabdruck in G. S.: *Brücke und Tür.* Stuttgart 1957. S. 227–242. Teilabdruck auch in S. Vietta (Hg.): *Die Lyrik des Expressionismus,* S. 10–16. In ganz ähnliche Richtung wie Simmels Aufsatz zielt der z. T. schon Erfahrungen der zwanziger Jahre mit einbeziehende Illustriertenartikel von Kurt Pinthus: *Die Überfülle des Erlebens.* In: *Berliner Illustrierte* vom 28.2.1925. Abdruck auch in S. Vietta (Hg.): *Die Lyrik des Expressionismus.* S. 9–10.

28
Erich Unger: *Vom Pathos. Die um George*. In: *Der Sturm* 1 (1910), Nr. 40 (1. Dez.), S. 316.

»Denken heißt, die Dinge einfacher nehmen, als sie sind«, sagt Nietzsche in der »Fröhlichen Wissenschaft«, und wirklich – genau genommen ist jede Einteilung, jeder Standpunkt, jede Betrachtungsweise, jede Perspektive eine Fälschung – eine Unterschlagung an der ungeheuren Kompliziertheit, dem enormen Durcheinander der Dinge, das eigentlich alle jene Perspektiven auf einmal für sich verlangt.

Dessen bin ich mir bewußt, wenn ich etwas zu einem Problem sagen will, das man »Mechanik des Geistigen« nennen könnte. Zwei Zustände des Denkens trenne ich, die sich, wie ich glaube, zu psychologischen Gegensätzen gestalten, deren Träger sich für unabsehbare Zeiten gegenüber stehen.

Die Linie der geistigen Entwicklung stellt sich dar als eine Reihe von Standpunkten und Reaktionen. Eine ganz bestimmte Art, zu den Dingen zu stehen, beherrscht eine Zeit, in der Linse eines unerschütterlichen Grunddogmas sammeln sich für sie die Strahlen der Welt, bis sich andere Generationen gegen diesen Aspekt empören und, ohne in dem Besitze eines anderen zu sein, in fiebernder Unrast alle Möglichkeiten des Denkens probieren.

Diese Übergangspartien sind die Bewegungszustände des Denkens.

Im Gleichgewicht hat das denkende Subjekt eine relativ große Befriedigung seines Denktriebes erlangt, es glaubt sich in den Besitz einer grundlegenden Wahrheit gekommen, einer Wahrheit, die nunmehr immer und ewig die Grundlage alles Forschens abgeben müsse.

In diesen Zeiten beginnt das Denken nachzulassen, wie jeder befriedigte Trieb, auszusetzen und beschäftigt sich nur damit, die Vielheit der untergeordneten Dinge in eine Beziehung zu der Grundwahrheit zu setzen, bemüht sich nur, die Farbe der Grundwahrheit an allen Dingen aufleuchten zu lassen. Die ganze geistige Bewegung ist ein schwaches Hin- und Herpendeln in dem durch so eine Grundwahrheit abgegrenzten Bezirk. Das ist das Bild aller sogenannten »umfassenden Standpunkte«. Alles zum Beispiel, was Schopenhauer und seine Anhänger berühren, zeigt seine ganze hervorragende Qualifikation, Wille zu sein.

Tausendmal bunter als diese Stand- und Ruhesitze des Geistes sind die Erscheinungen, die das Denken in der Bewegung erzeugt, in allen ober- und unterirdischen Posen der Verzweiflung, in Wut und Gelächter nach Vergewaltigung und Überlegenheit über die Dinge dürstend.

Auch unsere Zeit, der dieser Augenblick angehört, zeigt ein solches Antlitz. Zehntausend Standpunkte, Überwindungen im ganzen Bezirk des Geistigen.

Schwärme schattenhafter Fragen flattern durch die Nächte der Zeit – eine lautlose Ungeduld liegt wie drohendes Fieber unter dem Tag – ein geheimes Zittern durchrinnt die Luft von dem Getöse hoffnungsloser Wallungen – und die Weltanschauungen stehen sich so gegenüber – wie Schönheitsmittel.

Mit einer rasenden Beklemmung starrt der Intellekt – das Denken, dessen Natur es ist, zurückzuführen, in Beziehung zu setzen, zu vereinfachen – auf diese irrsinnverbreitende Vielheit.

Heftiger als je wird das krampfige Greifen nach Ruhepunkten, nach einem festen

Rhythmus, nach einer Sicherheit und Bestimmtheit des Erlebens und Anschauens.

Ein Ruhepunkt ist: Stefan George.

Es gelang ihm ein Tempo zu erfinden, in dessen Schwingungen das Bewußtsein, *obwohl* es *einheitlich* bleiben und mit immer *gleichem* Pulsschlag auf die Erscheinungen blicken konnte, *dennoch* eine *größere* Fülle von Empfindungsgebieten umspannen konnte als je zuvor. Diese Fähigkeit des Zusammenbindens so vieler und vordem so weit getrennter Dinge in *eine*, komprimiert in dem Tonfall einer Zelle, ergab die Höhe seines Pathos. Er umspannte mehr.

Eine Gruppe will ich von den Menschen trennen, die die großartige Stille aufhorchen machte, die durch die *Erstarrung*, die George über ein wahnwitziges Chaos goß, eintrat:

Die Eine, die glaubte, Georges Erleben sei »*die*« Art, zu den Dingen zu stehen, die absolute.

Gegen diese richte ich mich.

Eine absolute Betrachtungsweise – also eine, außer der es keine andere geben darf – müßte entweder alle andern Perspektiven in sich verschmelzen oder die, welche sich nicht vereinen lassen, ausschließen, aufheben, vernichten.

Es ist nicht zu leugnen, daß in der Musik Georges ein Ton fehlt – ein Ton, aus dem ein Ja zu dem hastigen, verzerrten, geschmacklos schreienden, sich bizarr überbietenden Kräfte-Durcheinander herausklingt, das als Hintergrund unserer überaus wunderbaren Zeit erscheint. Die Eindruckslosigkeit, ins Immense getrieben, hat für uns den Schein der Groteske angenommen – wir haben inzwischen die ästhetischen Qualitäten des phantastischen Gemenges von Bewegungen sehen gelernt, zu dessen Überwindung George gesandt war.

Daß Stefan George selbst kein Organ für die Dämonie dieses Chaos hatte, kompensiert sich durch die Intensität, mit der sein Blick auf Entgegengesetztes gerichtet war. Aber dieses Nichtwahrnehmen, dieses Nichtsehen eines Aspekts zum Prinzip zu machen, zur Moral zu erheben, einen Mangel als Forderung proklamieren, erachte ich als verlogen und lehne es ab.

Es begab sich nämlich, daß die Fehler Georges sich objektivierten und Menschen wurden. Als solche aber gaben sie Jahrbücher heraus. [1]

Ebenso wie ihnen die Macht eines ästhetischen Ja zu dieser ehern-wirklichen, jagenden Monotonie fehlte – und aller Blick für das Diesseitige, So-Seiende ist nach Nietzsche eine Frage der eigenen Macht – steht es im innersten Zusammenhang damit, daß sie das fröhliche, tötende Gelächter, mit dem das seiner eigenen Existenz Gewisse die Gegenkräfte vernichtet, nicht ertragen.

Ein widerlicheres Zeichen der Schwäche ist nicht leicht zu denken.

»Würde« proklamieren sie in ihren Jahrbüchern – und wissen nicht, daß bewußt erstrebte Würde ein psychologisches Monstrum ist.

Aber diese Furcht vor dem Gelächter ist nicht nur das Symptom totaler Existenzunfähigkeit, es ist das schlimmste Zeichen der inneren Verlogenheit, der Unanständigkeit vor sich selber.

Nietzsche hat uns dieses Kriterium des Wertes im Zarathustra gegeben:

»Ihr höheren Menschen, euer Schlimmstes ist: ihr lerntet alle nicht tanzen, wie man tanzen muß – über euch hinweg tanzen! Was liegt daran, daß ihr mißrietet!

Wie vieles ist noch möglich! So lernt doch über euch hinweg lachen! Erhebt eure Herzen, ihr guten Tänzer, hoch! höher! Und vergeßt mir auch das gute Lachen nicht!

Diese Krone des Lachenden, diese Rosenkranz-Krone: euch, meinen Brüdern, werfe ich diese Krone zu! Das Lachen sprach ich heilig; ihr höheren Menschen, *lernt* mir – lachen!«

Der um George darf nicht lachen. So leicht »lacht er sich – tot«.

Denn das Gelächter ist darum ein Zeichen der Macht, die Wirklichkeit zu ertragen, wie sie ist, weil es als unmittelbarste, unkorrumpierteste Äußerung unseres Bewußtseins die vollkommenste, redlichste Gleichgültigkeit gegen jede Perspektive ausdrückt.

Zwischen jeder Auslegung des Geschehens, das ist: zwischen jeder pathetischen Umspannung, die das Denken selbst ist, und dem Aspekt des Alltags klaffte bisher eine Lücke, ein Unüberbrückbares.

Unvermittelt standen sich Alltag und Pathos gegenüber. Und jedes Pathos zerbrach bisher an der Gewalt des Alltags. Nur *das* Pathos, das diese Lücke ausfüllt, ist so sicher vor dem Umfallen als alles Alltägliche.

Jedes andere ist verlogen.

Wir ersehnen ein Pathos, das dem Alltag ebenbürtig ist.

Als Mitglied des »Neuen Clubs« und des ihm angeschlossenen »Neopathetischen Cabarets« (vgl. S. 29 dieses Bandes) leistete Erich Unger mit diesem Vortrag einen programmatischen Beitrag zur Bestimmung des »Neuen Pathos« (vgl. S. 572 dieses Bandes).

1 Gemeint sind die seit Februar 1910 erscheinenden, von den George-Schülern Friedrich Gundolf und Friedrich Wolters herausgegebenen *Jahrbücher für die geistige Bewegung*.

29
Johanna Freiin von Caudern: *Die neue Kunst*. In: *Deutsches Literaturblatt* 3 (1913), Nr. 3 (1. März), S. 7–8.

Wer wundert sich darüber, daß auf Spruch Widerspruch, auf Sinn Wider- oder Unsinn folgt – auf Impressionismus Expressionismus? Auf Plusquamperfektisten endlich einmal Futuristen?

Sobald sich die Empfindung verändert, sucht auch ihr Ausdruck neue Mittel und Wege und stellt in der Kunst neue Ideale und Ziele auf. Ein anderes Schauen führt notwendigerweise zu anderem Gestalten. Schön oder häßlich ist hier nicht die Frage. Zunächst will sich das gestaltende Menschenkind in voller Ehrlichkeit und Wahrhaftigkeit durchsetzen. Sieht es den Himmel grün und die Wiese blau, so will es auch auf dem Bilde diese Farben haben – das ist seine neue Schönheit, daß der Himmel grün und die Wiese blau ist. Davon läßt sich nichts abhandeln.

Die Großstadtmenschen, denen nie die wirkliche Sonne auf- und untergeht, die ewig im Dunst und Flimmer künstlichen Lichtes, im Staub und Nebel des Asphalts die Dinge sehen, haben allmählich andere Sinne bekommen. Ihre Nerven arbeiten anders als die des natürlichen Menschen in freier Luft und Sonne. Dazu kommt: der Großstadtmensch ist veralkoholisiert, vernikotinisiert, degeneriert. Was ißt und trinkt, was sieht und hört dieser Großstadtwechselbalg nicht alles durcheinander! Was züchtet seine Narrheit zu allem Ererbten hinzu! Was für ein erstickendes Durcheinander liegt in der Großstadtluft, der atmosphärischen wie der geistigen! Zweifellos müssen die eingeatmeten Gift- und Unnaturkeime, sobald sie den entsprechenden Nährboden gefunden, in den verblüffendsten Erscheinungen zutage treten und Gebilde zeitigen, über die der einfache Mensch die Hände über dem Kopf zusammenschlägt. Der Wissenschaftler sagt: Entwicklung, Differenzierung – und der Moralist: Überkultur, Entartung. Wohin treiben wir? Geht alles mit rechten Dingen zu, berühren sich nur die Extreme und haben wir nur einen Barbaren-Einfall in unsere gute ererbte Kultur und Kunst zurückzuschlagen? Sollen wir Weltenrichter spielen, ohne uns vor unserer Gottähnlichkeit bange werden zu lassen? Bricht ein neues Chaos herein? Götterdämmerung – oder nur Götzendämmerung? Wer weiß Rat?

Auf Ab- und Um- und Irrwegen des Großstadtlebens und der spezifischen Großstadtkultur sind wir allmählich zu den haarsträubendsten Moralitäten, zu den tollsten Sezessionen in den Künsten wie in der schönen Literatur gekommen – und die Musik selbst, die liebliche und wohllautende, läßt sich nicht mehr zurückhalten, es einmal anders, ganz anders zu probieren.

Die neue Kunst!

Die Manifeste der neuen Künstler, die auf das begriffliche und begreifliche Wort angewiesen sind, nehmen sich übel hochtrabend und frech verrückt aus. Die neue Sprache als richtige Dolmetscherin der neuen Kunst ist noch nicht gefunden. Noch nicht einmal ein geeignetes Volapük oder Esperanto. Man muß also die Manifeste nehmen wie sie sind und darf sich nicht verblüffen lassen. Sowenig wie durch die Unnatur-Produkte der neuen Kunst selbst. Mögen sie heilbringend oder verderbenschwanger sein – gleichgültig: sie sind gekommen, nachdem ihre Zeit erfüllt war. Das ist der Fluch der Großstadtkultur, daß sie Vergehen am gewohnten guten Geschmack und an der gesunden künstlerischen Überlieferung gebären muß.

Nichts trägt das Kainszeichen des Großstadtwesens deutlicher aufgeprägt, als diese neue Kunst. Alles was ihr Kern und Rückgrat gibt, ist nicht die hysterische Farbe, nicht die epileptische Form oder womit sie sonst schaudernden Prunk treiben mag – es ist überhaupt nichts Gegenständliches, sondern eine übermenschliche Sehnsucht, die sich befriedigen will und die sich in ihrer kranken Leidenschaft nicht anders zu helfen vermag. Hat sie nicht bei Negern und Malaien Vorbilder und Ausdrucksmittel gesucht? Es ist ein gräßliches Ringen der Großstadtpsyche mit ihren eigenen Halluzinationen. Es ist eine oft grauenhafte Katzbalgerei tollgewordenen Künstlertums mit den kategorischen Imperativen einer aus den Fugen gehenden Kultur. Ein Kampf, der aus bitterer Not geführt wird und, wie wir bald erleben werden, mit dem letzten Einsatz aller lebenverzehrenden Kräfte, aller kunstschaffenden Energien, Verzweiflungskampf des Großstadt-Radikalismus, der sich nicht hindern lassen kann, auch im Bereiche des Schönen, der adeligen Form, seinen Weg zu suchen und zu Ende zu gehen – er führe wohin er wolle.

Die Kunst im Rinnstein – wer hat nicht schon einmal darüber gehöhnt, als kaum die ersten Spritzer von der neuesten Bewegung bemerkbar waren? Das Frechste von damals ist heute schon den Futuristen das Rückständigste.

Man braucht nicht allen Schauerwirkungen des Suggestiven in der darstellenden Kunst verfallen zu sein, wenn man zu ruhiger Vorsicht in der Beurteilung dieser neuen Bewegung mahnt. Man braucht nicht selbst verrückt zu sein, wenn man vor Bildern oder Plastiken eines Kandinski, eines Erbslöh, Kanoldt, v. Bechtejeff, Pechstein, van Dangen, Gimmi, Girieud – oder was man sonst bei einem Rundgang durch die Säle des Herrn Hans Goltz am Odeonsplatz zu München zum Sehen und Sinnen vorgesetzt bekommt – die Empfindung hat: Hier ist mehr als Verrücktheit! Oder vor Emil Noldes Werken, besonders vor seinen graphischen: Hier ist mehr als Spaß und Spielerei!

Auch das gibt zu denken, daß es gerade München ist, wo in letzter Zeit drei Kunstsäle von ernsten Unternehmern begründet wurden, um die neuesten Bewegungen auf dem Gebiete der bildenden Kunst zu Schau zu stellen. Bemühen wir uns zunächst um ehrliches Verständnis!

30
J. L. Windholz: *Die von dreißig Jahren.* In: *März* 7 (1913), Bd. 3 (Juli – Sept.), S. 167–170.

Eine Revolution ist im Gange, eine Revolution der Künste, die gleicherweise Malerei und Dichtung ergriffen hat. In dem verwirrenden Lärm von Evoè- und Wehegeschrei sieht der unbeteiligt Betrachtende vorerst nur das Neue und Ungewohnte, und daher Unbequeme, und übersieht vielleicht, daß es diesmal sonderbarerweise die Jugend von dreißig Jahren ist, die gegen die vierziger revoltiert.

[...]

Die neue Jugend hat eine *andere* Art des Sehens.

Wir stehen am Rande einer Großstadtstraße, und sehen in den Trubel hinein, und wir möchten uns bemühen den verwirrenden und ewig wechselnden Eindruck festzuhalten. Das ist nicht so einfach, als es den Anschein hat. Denn wenn wir den Eindruck reproduzieren wollen, dann hat unser verbindendes und ergänzendes Gehirn seine Arbeit bereits geleistet, und das Bild dieser Fülle von Bewegung und Bewegtheit wird steif und hölzern, als ob wir Figuren aus einer Spielzeugschachtel heraushöben und es damit wieder aufbauen wollten. Und doch war der Eindruck in seiner Unmittelbarkeit so ganz anders. Hier ein flimmerndes Rot, das in den Himmel zu reichen scheint und schon verschwindet, und daneben, wie davon losgelöst, zwei blinkende Punkte, – und da eine zur Erde strebende dunkle Masse, – und da ein silberner Strich und ein rot und blau gewürfeltes Ding, – und jetzt am Boden irgendein rotierendes ovales oder rechteckiges Etwas, darüber gelbe Striche und Punkte, und ein langer grüner Schweif, der nicht mehr dazu zu gehören scheint. – Das sehen wir und nicht mehr. Ja, selbst das einzig Ruhende in der Verwirrtheit dieser Eindrücke, der Schutzmann dort an der Ecke, erscheint unserem nervös über ihn hingleitenden Auge, als ob wir ihn mit den tausend Fassetten des Insektenauges vertausendfacht und stückweise sähen, jetzt die Augen und ein Stück Helm und jetzt wieder die erhobene Hand und die Helmspitze und jetzt nur den Schnauzbart und den behäbigen Bauch. Und doch fühlen wir anfangs nichts als Verwunderung, wenn wir diese blitzartigen Eindrücke in der Kunst der Expressionisten, der Kubisten und der jüngsten Lyriker »verewigt« finden, weil wir es uns in unserem Wissen von den Dingen allzubehaglich eingerichtet haben und noch nicht gewohnt sind, die Eindrücke in ihrer Unmittelbarkeit uns zum Bewußtsein kommen zu lassen. Denn wir wissen es eben zu gut, daß es ein Fräulein mit lachenden Augen und roter aufrechtstehender Hutschleife, und ein gebückter alter Mann, und ein Soldat mit dem Helm auf dem Kopfe, und ein Automobil mit wohlgezirkelten kreisrunden Rädern, Messingbeschlägen und grüner Karosserie war, die wir vorhin sahen, und wir empfinden es einstweilen noch als unbequem, wenn die jüngste Kunst uns die Augen öffnen und zeigen will, daß wir alle diese Dinge zwar wüßten, aber in Wirklichkeit doch nicht sähen.

Es ist nun freilich ein atomisiertes Weltbild, das uns diese jüngste Kunst vermittelt. Doch es wird verständlicher, wenn wir uns vergegenwärtigen, daß es die Kunst dieser Zeit des Hundert-Kilometer-Tempos, daß es die Kunst der modernen Großstadt mit ihren sausenden Autos, surrenden Luftschiffen und ihrem Menschengewühl ist, die uns den Spiegel vorhält. Und die Ansätze zu dieser Kunst liegen weit zurück. Schon bei Dickens findet sich dieses unvermittelte Nebeneinandersetzen flüchtigster Eindrücke und Assoziationen und die Absicht, aus einzelnen und im hergebrachten Sinne durchaus nicht charakteristischen Einzelzügen den Menschen zu gestalten, wie es die jüngste Dichtkunst überall zeigt, – und Dickens ist der vielleicht erste Großstadtdichter. Bemerkenswert bleibt es immerhin, daß diese neue und flächenhafte Art des Sehens nur in der Lyrik und der Skizze und kleinen Novelle sich betätigt, während der expressionistische Roman oder das Drama dieser Art kaum noch versucht wurde. Ebenso scheint, wenn man von den futuristischen Versuchen absieht, die Bildhauerei von dieser Bewegung noch ganz unberührt zu sein, und doch hat sie gerade hier vielleicht den bedeutsamsten Vorgänger. Ich meine Medardo Rosso mit seinen »impressionistischen« Skulpturen. Der »Buchmacher« dieses in Paris lebenden Italieners würde heute als das Werk eines begabten Expressionisten oder Kubisten klassifiziert werden. Und Medardo Rosso glaubte noch, – als ob es in der Kunst auf Theorien ankäme – seine Kunst mit den Vereinfachungen mittelalterlicher Bildhauerei erklären zu sollen.

Wenn auch die Sehnsucht nach dem »Werk« unheildrohend wie die unerlöste Sphinx hinter aller moderner Kunst lauert, so wäre es doch müßig jetzt schon darüber zu disputieren, ob diese jüngste Kunstbewegung uns hierzu den Weg bereiten wird. Vielleicht ist das letzte Wort bei denen, die noch schweigen, bei den Zwanzigjährigen.

Die Münchener Wochenschrift *März* wurde 1913 von Theodor Heuß redigiert, 1907 von A. Langen und L. Thoma begründet. Die literarische Abteilung war stark von H. Hesse geprägt. (Vgl. F. Schlawe: *Literarische Zeitschriften I*, S. 71–72)

31
Hugo Ball: *Kandinsky*. Vortrag gehalten in der Galerie Dada. Zürich, 7. April 1917.

I. Die Zeit

Zwei [Drei] Dinge sind es, die die Kunst unserer Tage bis ins Tiefste erschütterten, ihr ein neues Gesicht verliehen und sie vor einen gewaltigen neuen Aufschwung stellten: Die von der kritischen Philosophie vollzogene Entgötterung der Welt [1], die Auflösung des Atoms in der Wissenschaft [2], und die Massenschichtung der Bevölkerung im heutigen Europa [3].

Gott ist tot. Eine Welt brach zusammen. Ich bin Dynamit. Die Weltgeschichte bricht in zwei Teile. Es gibt eine Zeit vor mir. Und eine Zeit nach mir. Religion, Wissenschaft, Moral – Phänomene, die aus Angstzuständen primitiver Völker entstanden sind. Eine Zeit bricht zusammen. Eine tausendjährige Kultur bricht zusammen. Es gibt keine Pfeiler und Stützen, keine Fundamente mehr, die nicht zersprengt worden wären. Kirchen sind Luftschlösser geworden. Überzeugungen Vorurteile. Es gibt keine Perspektive mehr in der moralischen Welt. Oben ist unten, unten ist oben. Umwertung aller Werte fand statt. Das Christentum bekam einen Stoß. Die Prinzipien der Logik, des Zentrums, Einheit und Vernunft wurden als Postulate einer herrschsüchtigen Theologie durchschaut. Der Sinn der Welt schwand. Die Zweckmäßigkeit der Welt in Hinsicht auf ein sie zusammenhaltendes höchstes Wesen schwand. Chaos brach hervor. Tumult brach hervor. Die Welt zeigte sich als ein blindes Über- und Gegeneinander entfesselter Kräfte. Der Mensch verlor sein himmlisches Gesicht, wurde Materie, Zufall, Konglomerat, Tier, Wahnsinnsprodukt abrupt und unzulänglich zuckender Gedanken. Der Mensch verlor seine Sonderstellung, die ihm die Vernunft gewahrt hatte. Er wurde Partikel der Natur, vorurteilslos gesehen ein Wesen frosch- oder storchenähnlich, mit disproportionierten Gliedern, einem vom Gesicht stehenden Zacken, der sich Nase nennt, abstehenden Zipfeln, die man gewohnt war »Ohren« zu nennen. Der Mensch, der göttlichen Illusion entkleidet, wurde gewöhnlich, nicht interessanter als ein Stein es ist, von denselben Gesetzen aufgebaut und beherrscht, er verschwand in der Natur, man hatte alle Veranlassung ihn nicht zu genau zu besehen, wenn man nicht voller Entsetzen und Abscheu den letzten Rest von Achtung vor diesem Jammer-Abbild des gestorbenen Schöpfers verlieren wollte. Eine Revolution gegen Gott und seine Kreaturen fand statt. Das Resultat war eine Anarchie der befreiten Dämonen und Naturmächte. Die Titanen standen auf und zerbrachen die Himmelsburgen.

Aber man zerbrach nicht nur die Mauern, man zerrieb, zerlegte, zertrat noch die Sandkörner. Es blieb nicht nur kein Stein auf dem andern, es blieb auch nicht einmal kein Körnchen, kein Atom beim andern. Das Feste zerrann. Stein, Holz, Metall zerrannen. Das Große wurde klein und das Kleine wuchs riesenhaft. Die Welt wurde monströs, unheimlich, das Vernunfts- und Konventionsverhältnis, der Maßstab schwand.

Die Elektronenlehre [4] brachte ein seltsames Vibrieren in alle Flächen, Linien, Formen. Die Gegenstände änderten ihre Gestalt, ihr Gewicht, ihr Gegen- und Übereinander. Wie auf philosophischem Gebiet die Geister, so wurden auf physikalischem Gebiet die Körper von Illusion erlöst. Die Dimensionen wuchsen, die Grenzen fielen. Letzte beherrschende Prinzipien gegenüber der Willkür der Natur blieben der individuelle Geschmack, Takt und Logos des Individuums. Inmitten von Finsternis, Angst, Sinnlosigkeit hob eine neue Welt voll Ahnungen, Fragen, Deutungen schüchtern ihr riesenhaftes Haupt.

Und als ein weiteres Element traf zerstörend, bedrohend mit dem verzweifelten Suchen nach einer Neuordnung der in Trümmer gegangenen Welt zusammen: die Massenkultur der modernen Großstadt. Das individuelle Leben starb, die Melodie starb. Der einzelne Eindruck besagte nichts mehr. Komplektisch drängten die Gedanken und Wahrnehmungen auf die Gehirne ein, symphonisch die Gefühle. Maschinen entstanden und traten an die Stelle der Individuen. Komplexe und Wesen entstanden von übermenschlicher, überindividueller Furchtbarkeit. Angst wurde ein Wesen mit Millionen Köpfen. Kraft wurde nicht mehr nach dem einzelnen Menschen, sondern nach zehntausenden Pferdekräften gemessen. Turbinen, Kesselhäuser, Eisenhämmer, Elektrizität ließen Kraftfelder und Geister entstehen, die ganze Städte und Länder in ihrer furchtbaren Gewalt hatten; neue Schlachten, Untergänge und Himmelfahrten, neue Feste, Himmel und Höllen. Eine Welt abstrakter Dämonen verschlag die Einzeläußerung, verzehrte die individuellen Gesichter in turmhohen Masken, verschlang den Privatausdruck, raubte den Namen der Einzeldinge, zerstörte das Ich und schwenkte Meere von in einandergestürzten Gefühlen gegen einander. Psychologie wurde Klatsch. Komplexe zeterten. Metaphysik donnerte, bebte, unterminierte. Zärteste Vibrationen und unerhörteste Massen-Monstra zeichneten sich auf den Horizonten, vermengten, zerschnitten, durchdrangen einander.

II. Der Stil

Die Künstler dieser Zeit sind nach innen gerichtet. Ihr Leben ist ein Kampf mit dem Irrsinn. Sie sind zerrissen, zerstückt, zerhackt, falls es ihnen nicht glückt, für einen Moment in ihrem Werk das Gleichgewicht, die Balance, die Notwendigkeit und Harmonie zu finden. Die Künstler in dieser Zeit schmücken nicht Jagdzimmer aus wie in der Renaissance. Sie erzählen nicht Märchen wie im Rokoko, es fehlt ihnen sogar der Anlaß zur Vergöttlichung, wie die Gotik und die frühe Renaissance ihn fanden. Die stärkste Verwandtschaft haben ihre Werke noch mit den Angstmasken der primitiven Urvölker, den Pest- und Schreckensmasken der Peruaner, Australier und Neger. [5] Die Künstler in dieser Zeit sind der Welt gegenüber Asketen ihrer Geistigkeit. Sie führen ein tief verschollenes Dasein. Sie sind Vorläufer, Propheten einer neuen Zeit. Ihre Werke tönen in einer nur erst ihnen bekannten Sprache. Sie stehen im Gegensatz zur Gesellschaft wie die Ketzer des Mittelalters. Ihre Werke philosophieren, politisieren, prophezeien zugleich. Sie sind Vorläufer einer ganzen Epoche, einer neuen Gesamtkultur. Man versteht sie schwer und nur dann, wenn man die innere Basis ändert, wenn man bereit ist, zu brechen mit der Tradition eines Jahrtausends. Man versteht sie nicht, wenn man an Gott glaubt statt an das Chaos. Die Künstler in dieser Zeit wenden sich gegen sich selbst und gegen die Kunst. Auch die letzte, bisher unerschüttertste Basis wird ihnen Problem. Wie können sie noch nützlich sein, oder versöhnlich, oder beschreibend oder entgegenkommend? Sie lösen sich ab von der Erscheinungswelt, in der sie nur Zufall, Unordnung, Disharmonie wahrnehmen. Sie verzichten freiwillig auf die Darstellung von Naturalien, die ihnen von allem Verzerrten das Verzerrteste scheinen. Sie suchen das Wesentliche, Geistige, noch nicht Profanierte, den Hintergrund der Erscheinungswelt, um dies, ihr neues Thema in klaren, unmißverständlichen Formen, Flächen und Gewichten abzuwägen, zu ordnen, zu harmonisieren. Sie werden Schöpfer neuer Naturwesen, die kein Gleichnis haben in der bekannten Welt. Sie schaffen Bilder, die keine Naturnachahmung mehr sind, sondern eine Vermehrung der Natur um neue, bisher unbekannte Erscheinungsformen und Geheimnisse. Das ist der sieghafte Jubel dieser Künstler, Existenzen zu schaffen, die man Bilder nennt, einem Kristall gleichwertigen Bestand haben.

Das Geheimnis der Kubisten ist der Versuch die Convention der Leinwandfläche zu brechen, sie setzten auf die Leinwandfläche eine und mehrere imaginäre Flächen, die sie als Basis nahmen. Das ganze Geheimnis Kandinskys ist, daß er als der Erste und radikaler als die Kubisten alles Gegenständliche als unrein ablehnte und auf die wahre Form, den Klang der Dinge, ihre Essenz, ihre Wesenskurve zurückging. In Picasso dem Faun und in Kandinsky dem Mönch, hat unsere Zeit ihre stärksten künstlerischen Nenner gefunden. Bei Picasso die Finsternis, das Grauen und die Qual der Zeit, ihre Askese, ihre infernalische Fratze, ihr tiefes Leid, ihr Stöhnen und Grollen, ihre Hölle und namenlose Trauer, ihr Leichengesicht und den schwarzen Schmerz. Bei Kandinsky ihr Jubel, ihr Festtaumel, ihr Himmelssturm, ihre Erzengelfuge, ihre bunten Donquichoterien, ihre blauroten Marseillaisen, ihr Untergang gesegnet, ihr Aufschwung ein Cherubinenflug von gelb-blauen Fanfaren ins Unendliche gerufen.

III. Die Persönlichkeit

Kandinsky ist Befreiung, Trost, Erlösung und Beruhigung. Man sollte wallfahren zu seinen Bildern: sie sind ein Ausweg aus den Wirren, den Niederlagen und Verzweiflungen der Zeit. Sie sind Befreiung aus einem zusammenbrechenden Jahrtausend. Kandinsky ist einer der ganz großen Erneuerer, Läuterer des Lebens.

[Es folgt ein einführender Überblick über Kandinskys Kunstkonzeption.]

Abdruck nach der ersten vollständigen Veröffentlichung des Vortrags durch Andeheinz Mößer: *Hugo Balls Vortrag über Wassily Kandinsky in der Galerie Dada in Zürich am 7.4.1917*. In: DVjs 51 (1977), H. 4, S. 676–704. Mößer hat den Text hier ausführlich eingeleitet und kommentiert. Die folgenden Anmerkungen beziehen sich nur zum Teil darauf.

1 Angesprochen ist wohl vor allem Friedrich Nietzsches Religionskritik und sein Diktum vom »Tod Gottes«, das zu einem wichtigen Motiv expressionistischer Dichtung geworden ist. Vgl. u. a. A. Wolfensteins ersten Gedichtband *Die gottlosen Jahre* (Berlin 1914), A. Ehrensteins Gedicht *Gottes Tod* (*Gedichte und Prosa*. Neuwied, Berlin 1961. S. 150) oder G. Trakls Gedicht *Die tote Kirche* (*Dichtungen und Briefe I*. Salzburg 1969. S. 256). Zu dem gesamten Themenkomplex siehe besonders Christoph Eykman: *Zur Theologie des Expressionismus*. In: Ch. E.: *Denk- und Stilformen des Expressionismus*, S. 63–107. Einen expressionistischen Beitrag zur »Entgötterung der Welt« lieferte in programmatischer Form Arthur Kahane: *Die 13 Glaubensartikel eines Ungläubigen*. In: *Das junge Deutschland* 2 (1919). S 3.

2 Durch die Entdeckung des radioaktiven Zerfalls (Bequerell 1896) und des Elektrons (J. J. Thomson 1897) wurde die überkommene Vorstellung von der unteilbaren Einheit des Atoms negiert. Mit dem Atommodell N. Bohrs (1913), demzufolge Elektronen den Atomkern umkreisen wie Planeten die Sonne, erreichte die revolutionierte Atomtheorie seinerzeit den höchsten Erkenntnisstand. Zu den allgemeinen bewußtseinsgeschichtlichen Implikationen der wissenschaftlichen Revolutionen um die Jahr-

hundertwende vgl. Walter Schulz: *Philosophie in der veränderten Welt*. Pfullingen 1972. Über ihre Bedeutung für seine persönliche Entwicklung schrieb 1913 Kandinsky: »Das Zerfallen des Atoms war in meiner Seele dem Zerfall der ganzen Welt gleich. Plötzlich fielen die dicksten Mauern. Alles wurde unsicher, wackelig und weich. Ich hätte mich nicht gewundert, wenn ein Stein vor mir in der Luft geschmolzen und unsichtbar geworden wäre. Die Wissenschaft schien mir vernichtet: ihre wichtigste Basis war nur der Wahn, ein Fehler der Gelehrten, die nicht im verklärten Licht mit ruhiger Hand ihr göttliches Gebäude Stein für Stein bauten, sondern in Dunkelheit aufs Geratewohl nach Wahrheiten tasteten und blind einen Gegenstand für einen anderen hielten.« (Kandinsky: *Rückblicke* [Mai 1913]. In: *Kandinsky 1901–1913*. Berlin: Verlag Der Sturm o. J. [1913]. S. I-XXXVIII; Zitat S. X.)

3 Zu den sozialgeschichtlichen Umschichtungsprozessen in den Jahrzehnten vor dem Ersten Weltkrieg siehe die in Anm. 9 zur Einleitung (S. 117) angegebene Literatur. Zur expressionistischen Auseinandersetzung mit dem Phänomen der »Masse« vgl. die Einleitung zu dem Abschnitt »Soziale Entfremdung und Gemeinschaft« (S. 247 ff.)

4 Vgl. Anm. 2

5 Vgl. dazu etwa Carl Einstein: *Negerplastik*. Leipzig 1915.

32

[Richard Huelsenbeck]: *Was wollte der Expressionismus?* In: *Dada-Almanach*. Im Auftrag des Zentralamts der deutschen Dada-Bewegung hg. v. Richard Huelsenbeck. Berlin: E. Reiss 1920. S. 35–36.

Er »wollte« etwas, das bleibt für ihn charakteristisch. Dada will nichts, Dada wächst. Der Expressionismus wollte die Verinnerlichung, er faßte sich als Reaktion gegen die Zeit auf, während der Dadaismus nichts anderes als ein Ausdruck der Zeit ist. Dada ist in der Zeit als das Kind dieser Epoche, die man beschimpfen kann, die sich aber nicht wegleugnen läßt. Dada hat die Mechanisierung, die Sterilität, die Erstarrung und das Tempo dieser Zeit in seinen großen Schoß aufgenommen, es ist am Ende nichts anderes und unterscheidet sich in nichts hiervon. Der Expressionismus ist keine Spontan-Aktion. Er ist die Geste der müden Menschen, die aus sich heraus wollen, um die Zeit, den Krieg und das Elend zu vergessen. Hierzu erfanden sie sich die »Menschlichkeit«, gingen skandierend und Psalmen absingend durch die Straßen, in denen die rollenden Treppen fahren und die Telephonapparate schrillen: Die Expressionisten sind naturabgewandte, müde Menschen, die der Grausamkeit der Epoche nicht ins Gesicht zu sehen wagen. Sie haben es verlernt, tapfer zu sein. Dada ist die Tapferkeit in sich selbst, Dada exponiert sich der Gefahr seines eigenen Todes. Dada stellt sich in die Dinge hinein. Der Expressionismus wollte sich vergessen, Dada will sich behaupten. Der Expressionismus war harmonisch, mystisch, engelisch, Baadrisch-Oberdadaistisch [1] – Dada ist das Geschrei der Bremsen und das Gebrüll der Makler an der Chicagoer Produktenbörse. Vive Dada!

1 Anspielung auf den oft als »Oberdada« titulierten Johannes Baader, der an zahlreichen Aktionen des Berliner Dadaismus beteiligt war.

2. *Der alte und der neue Mensch*

»Der Expressionismus war nicht die neue Form, sondern auch Ausdruck einer Verzweiflung Ungläubiger, die ratlos geduckt sich den Tag des Gerichts im Toben ihrer subjektiven Empfindungen zu übertäuben suchten. Versprengt in vielen, wie Keim einer neuen Seele eines neuen Menschen, leuchtet Hoffnung auf bessere Zukunft.« [1] Kulturkritischer Skeptizismus gegenüber der Gegenwart und die zukunftsgerichtete Suche nach ihrer Überwindung aus dem »Geist der Utopie« (Bloch, s. Dok. 36 und 62) konstituieren in ihrem antithetischen Nebeneinander die Denk- und Stilformen der expressionistischen Bewegung. Mit der sie leitenden Idee des »Neuen Menschen« und »Neuen Lebens« [2] knüpft sie zwar an klassisch-idealistische Bewußtseinstraditionen an, die hierin ihrerseits über den Pietismus des 18. Jahrhunderts christlich-religiös vermittelt sind. [3] Doch hat das auf die Synthetisierung von Gegensätzen ausgerichtete Denken um 1800 im Kontext der Französischen Revolution antirevolutionär-reformerische Implikationen [4], denen gegenüber sich das expressionistische Pathos geistiger Erneuerung zu revolutionärem Anspruch radikalisiert. Zwei nicht mehr »dialektisch« zu vermittelnde Welten stehen sich im Vorstellungshorizont der literarischen Intelligenz antithetisch gegenüber [5]: absolut negativ gewertet die gegenwärtige alte der Wilhelminischen Patriarchalgesellschaft, in der ein traditionsgeprägtes soziales und kulturelles System sich mit wissenschaftlichem, technischem und ökonomischem Fortschritt verbindet; absolut positiv dagegen die in vagen Visionen beschriebene neue Welt, in der die einzelnen Menschen in zwanglosem Miteinander ihre Bedürfnisse ausleben und ihr »eigentliches Selbst« verwirklichen.

Der expressionistischen Tendenz zu polaren Typisierungen entsprechend (vgl. Dok. 149, S. 569 f.), bilden zwei oppositionelle Paradigmen die semantische Tiefenstruktur vieler poetischer und programmatischer Texte. In dem einen Paradigma mit dem Merkmal »alt« dominieren pejorative Schlagworte wie »Bürger«, »Ungeist«, »Materialismus«, »Masse«, »Erstarrung« oder »Ordnung«, in dem anderen mit dem Merkmal »neu« die damals höchstbewerteten Modebegriffe »Jugend«, »Leben«, »Gemeinschaft« und vor allem »Geist«. Gemäß dem vorherrschenden syntagmatischen Grundmuster folgt in den expressionistischen Texten der Darstellung einer Ekel, Angst, Langeweile, Verzweiflung oder zerstörungswütigen Haß provozierenden gegenwärtigen alten Welt und des in ihr gefangenen und beschädigten Individuums die pathetische Verklärung des neuen Zustands. Titel wie *Verfall und Triumph* [6], *Tod und Auferstehung* [7], *Umsturz und Aufbau* [8], *Der jüngste Tag* [9] oder *Menschheitsdämmerung* (s. Dok. 13) fassen dieses rhetorische Schema formelhaft zusammen. Auf den Untergang der alten Welt folgt *Der Aufbruch*, *Die Entfaltung*, der *Aufschwung* [10] in Richtung auf *Das Neue* [11], *Die neue Zeit*, die *Neue Erde* [12], *Das neue Leben* [13].

Der Wechsel des einen Zustands zum anderen, wie ihn die poetischen Texte exemplarisch vorführen [14] und die programmatischen fordern, vo[illegible]ht in Form einer kontinuierlichen Entwicklung bzw. als organischer Bildungspro[illegible] ei[illegible]iduums, sondern vielmehr als »Revolution« (vgl. Dok. 33), als plötzlicher Ausbruch[illegible]gsakt, als psychologisch nicht motivierbarer irrationaler »Sprung« vom »uneigentl[illegible]n« [illegible]ntliche« Dasein (vgl. S. 216). Wie sehr die expressionistische Idee des neuen Menschen [illegible]istlich-religiösen Denkformen geprägt ist, zeigt u. a. der predigthafte Ton, das me[illegible]an[illegible]hos, mit dem der einzelne zum Umdenken aufgerufen wird. In den zeitgenössischen [illegible]men nach dem Muster von Strindbergs *Nach Damaskus*, für die Titel wie *Die Wandl*[illegible]*erung*, *Empor* oder *Metanoeite* bezeichnend sind [15], hat die innere Revolution de[illegible] Protagonisten den Charakter religiöser Erweckungs- und Bekehrungserlebnisse. »Vo[illegible]er neuerung wird eine große Bekehrung kommen müssen.« So Ludwig Rubiner in seiner sp[illegible]pressionistischen Programmschrift *Die Erneuerung*. [16].

Den säkularisierten Heilslehren vom »Neuen Menschen« und »Neuen Leben« sind die entsprechend innovationsfreudigen ästhetischen Forderungen (s. Abschnitt IV. dieses Bandes) untergeordnet. Als nur einer unter vielen proklamiert Karl Otten 1918: »Nicht die Neue Kunst, die Neue Dichtung, der Neue Geist, sondern der Neue Mensch!« [17]

1 Karl Otten: *Adam*. In: *Neue Blätter für Kunst und Dichtung* 1 (1918), August, S. 79–81, Zitat S. 80. Abgedruckt auch in P. Pörtner: *Literaturrevolution II*, S. 228–232; und in O. F. Best (Hg.): *Theorie des Expressionismus*, S. 119–124.

2 Siehe dazu besonders Walter H. Sokel: *Der Literarische Expressionismus*, S. 175 ff.; Walter Riedel: *Der neue Mensch. Mythos und Wirklichkeit*. Bonn 1970; S. Vietta, H.-G. Kemper: *Expressionismus*, S. 186 ff.; S. Vietta (Hg.): *Die Lyrik des Expressionismus*, S. 217 ff. Vgl. als Dokument auch Moritz Lederer: *Der neue Mensch*. In: *Der Revolutionär* 1 (1919), Nr. 11, S. 1–13.

3 Vgl. dazu Klaus H. Kiefer: *Wiedergeburt und Neues Leben. Aspekte des Strukturwandels in Goethes Italienischer Reise*. Bonn 1978.

4 Vgl. dazu Walter Müller-Seidel: *Deutsche Klassik und Französische Revolution. Zur Entstehung einer Denkform*. In: *Deutsche Literatur und Französische Revolution*. Mit Beiträgen von G.-L. Fink u. a. Göttingen 1974. S. 39–62.

5 Vgl. dazu die »Vorbemerkungen« in W. Rothe: *Der Expressionismus*, S. 9–27, bes. S. 14 ff. Vgl. auch Carl Einstein *Anmerkungen*. In: *Die Aktion* 2 (1912), Sp. 1093 f. Einstein hebt hier die „Revolte“ von der „dialektischen Opposition“ ab.

6 Johannes R. Becher: *Verfall und Triumph*. Teil 1–2. Berlin: Hyperion 1914. (Gedichte und Prosa)

7 Walter Hasenclever: *Tod und Auferstehung*. Neue Gedichte. Leipzig: K. Wolff 1917.

8 *Umsturz und Aufbau*. Eine Folge von Flugschriften. Berlin: Rowohlt 1919–1920.

9 *Der jüngste Tag*. Bd. 1–86. Leipzig (München): K. Wolff 1913–1922.

10 Titel zeitgenössischer Zeitschriften, Jahrbücher und Anthologien (verzeichnet bei P. Raabe: *Die Zeitschriften*, Nr. 37, 108, 130, 107, 62).

11 Alfred Wolfenstein: *Das Neue*. Ein Vorwort. In: *Die Erhebung*. Jahrbuch für neue Dichtung und Wertung. Hg. v. A. Wolfenstein. Berlin: S. Fischer (1919). S. 1–6.

12 Titel eines zeitgenössischen Sammelbandes und einer Zeitschrift (s. P. Raabe: *Die Zeitschriften*, Nr. 133, 57).

13 Heinrich Vogeler: *Das Neue Leben*. Ein kommunistisches Manifest. Hannover: P. Steegemann 1920 (Die Silbergäule Bd. 19).

14 Vgl. dazu besonders Horst Denkler: *Drama des Expressionismus*. München 1967.

15 Dramentitel von E. Toller (1917), G. Kaiser (Skizze für ein Drama), P. Zech (1916), R. J. Sorge (1915).

16 Ludwig Rubiner: *Die Erneuerung*. In: *Die Gemeinschaft. Dokumente der geistigen Weltwende*. Hg. v. L. R. Potsdam [1919]. S. 71–77; Zitat S. 76.

17 K. Otten: *Adam* (s. Anm. 1), S. 80.

a) Allgemeines Erneuerungspathos

Das Erneuerungspathos äußert sich in vielen expressionistischen Programmschriften ohne genauer umrissene Kritik an der »alten« und ohne konkretere Zielvorstellungen von der »neuen Welt«. Sie artikulieren einen globalen »Überdruß« an der traditionsgeprägten Gegenwart, die in allen abgedruckten Texten als »erstarrt« charakterisiert ist, von deren fesselndem Druck der »Neue Mensch« sich eruptiv befreit oder der er sich verweigert. Die Innovationslust richtet sich dabei bald gegen die Erneuerer selbst (Dok. 38; vgl. auch oben S. 61 ff.).

Die in den folgenden Abschnitten dokumentierten Tendenzen der expressionistischen Kulturkritik und utopischen Versionen finden sich dabei alle in den Texten dieses Abschnitts bereits vage angesprochen.

33
Erich Mühsam: *Revolution.* In: *Revolution* 1 (1913), H. 1 (15. Okt.), [S. 2].

Revolution ist die Bewegung zwischen zwei Zuständlichkeiten. Hierbei stelle man sich nicht das Bild einer sich langsam drehenden Rolle vor, sondern eines ausbrechenden Vulkans, einer explodierenden Bombe oder auch einer sich entkleidenden Nonne.

Alle Revolution ist aktiv, singulär, plötzlich und ihre Ursachen entwurzelnd.

Revolution entsteht, wenn ein Zustand unhaltbar geworden ist: mag dieser Zustand in den politischen oder sozialen Verhältnissen eines Landes, in einer geistigen oder religiösen Kultur oder in den Eigenschaften eines Individuums stabilisiert sein.

Die treibenden Kräfte der Revolution sind Überdruß und Sehnsucht, ihr Ausdruck ist Zerstörung und Aufrichtung.

Zerstörung und Aufrichtung sind in der Revolution identisch. Alle zerstörende Lust ist eine schöpferische Lust (Bakunin).

Einige Formen der Revolution: Tyrannenmord, Absetzung einer Herrschergewalt, Etablierung einer Religion, Zerbrechen alter Tafeln (in Konvention und Kunst), Schaffen eines Kunstwerks; der Geschlechtsakt.

Einige Synonyma für Revolution: Gott, Leben, Brunst, Rausch, Chaos.

Laßt uns chaotisch sein!

Der Aufruf leitet die erste Nummer der Münchener Zeitschrift *Revolution* ein und erläutert damit programmatisch ihren Titel. Auf die Kritik von offenbar orthodox linker Seite an dem anarchistisch-unkonventionellen Revolutionsbegriff der Zeitschrift antwortete ihr Herausgeber Hans Leybold: »Kinder nehmts doch nicht alles so lächerlich ernst! Einsichtslose blaffen die ›Revolution‹, nein, eben leider nicht die ›Revolution‹, sondern den Herausgeber an: warum er noch keine Barrikaden gebaut hätte. Warum er noch keine Gratis-Bombenverteilung veranstaltet hätte. Und so.« (H. 2, S. 2)

34
Richard Huelsenbeck: *Der neue Mensch.* In: *Neue Jugend* Nr. 1 (23. Mai 1917), Wochenausgabe, S. 2–3.

I.

Benvenuto Cellini [1] sehnt sich im Traume die Sonnenscheibe zu sehen, wir aber wollen sie am Tage fühlen als mächtig pulsierendes Herz, als absolute Maßregel unserer Persönlichkeit, als Ziel unseres Geistes. Wir hörten zuviel von den Dialogen der Toten, allzu Künstliches empfing unser Ohr, so daß wir Gefahr liefen, Innerlichkeiten zu verlieren. *Worte, Worte,* zuviel *Worte* – die Stille muß aufstehen und das Ohr muß für das Orphische heiligster Nächte parat sein. Es wechseln Tage und Nächte, Götter fallen von ihrem Thron, das aber bleibt, wodurch wir wachsen und Mensch sind. Wir haben ganz tief in uns hinein zu sehen, um begreifen zu können, was sich aus Menschlichem machen läßt und wo die Synthese aller Fähigkeiten und Dinge des Menschen zu suchen ist. Wir müssen ganz ehrfürchtig werden vor der Gewalt unserer Seele, wenn wir die Erfahrung erreichen wollen, die uns sagt, daß das Imponderabil eines erhabenen Augenblicks eine bessere Beantwortung kompliziertester Fragen sein kann, als präziseste Berechnung. Die Banalität ist Wahrheit, daß zu sich selbst jasagen muß, wer berufen ist, zu vielem jazusagen.

Der neue Mensch muß die Flügel seiner Seele weit ausspannen, seine inneren Ohren müssen gerichtet sein auf die kommenden Dinge und seine Knie müssen sich einen Altar erfinden, vor dem sie sich beugen können. Er trägt das *Pandämonium naturae ignotae* in sich selbst und niemand kann etwas dafür oder dagegen tun. Verrenkt zum Göttlichen, der Erlösung entgegentaumelnd wie Fakire, Styliten und Lumpenmärtyrer aller Jahrhunderte, die geheiligt worden sind, sieht er sich eines Tages von der Glut seines Herzens erschlagen, verzehrt, niedergerissen – er der Jauchzende, Irrende, paralytisch Verzückte. Ahoi, ahoi, Geißeln und Hussah, Kriege seit Äonen her und doch Mensch, der neue Mensch, gleichsam aus allen Aschen erstanden, von den Toxinen phantastischster Welten genesen, mit dem Erleben der Proskribierten, Vertierten, mit Kot und den teuflischen Ingredienzien beschmierten Europäer, Afrikaner, Polynesier jeder Art, jeden Geschlechts gesättigt, saturiert, vollgestopft bis zum Ekel: sieh da, der neue Mensch.

Er hat seine Kraft, die in zwei Vertikalen zum Himmel federt, doch liegt in der Ausbreitung nach oben nichts Gewaltsames und die Mystik der Steigerung ist nicht abenteuerlicher als ein *buon giorno* oder ein *felicissima notte.* Der neue Mensch findet sich selbst in ekstatischer Erlösung, er betet sich selbst an, so wie Maria den Sohn anbetet. Ipsum quem genuit adoravit Maria.

Der neue Mensch ist nicht neu, weil die Zeit es so will, die Neuorientierung, das Umsichtasten aller Blindlinge und Maulwurfsmenschen – er ist nicht die unterirdische Quelle, die auf die Axt des Barbaren wartet, um eine Verwendung zu finden – er ist nicht neu, weil *gehillert* wird wie *gemüllert* [2] wurde (der Tanz der Aktivisten, dieser Libertins der trockenen Seele ist ein Geräusch vor seinen Händen) – er ist der Gott des Augenblicks, die Größe der seligen Affekte, der Phönix aus dem guten Widerspruch und er ist immer neu, der homo novus eigenen Adels, weil sein Herz ihm in jede Minute die Alternative bereit hält: Mensch oder Unmensch. Seine Wurzel zieht Kräfte aus mykenischem Zeitalter (die Thyrsusstäbe und Schellenklappen antiker Tänzerinnen sind sein Nachmittagsgespräch) – er lebt einen Tag wie Lukian, wie Aretin und wie Christus – er ist alles und nichts, nicht heute, nicht gestern.

II.

Man muß von ihm erzählen wie von einem Vater, der gestern starb – die Erinnerung an ihn überwältigt uns, so sehr sind wir noch er selbst. Seine beste Charaktereigenschaft ist die Demut, die große Demut, die nichts verzeiht, weil sie alles versteht und niemals straft. Alles Magisterhafte ist ihm fremd, er kennt kein System für Lebendes, Chaos ist ihm willkommen als Freund, weil er die Ordnung in seiner Seele trägt. Er liebt das Meer mehr als die Berge, weil es Symbol des Volkes ist, der Masse, der Verjüngung, des noch Nichts, des großen Formenkorbes, des Materials aller göttlichen Statuetten. Seine Stirn ist hoch und weit und umfaßt die menschlichsten Dinge, die Perlenkette der tabetischen Primadonna wie das Dekokt des besoffenen Kurpfuschers, den Harlekin der Straße wie den Dementen im Winkel der Krankenhäuser. Er kann sich so lächerlich machen, daß er mit jeder Geste seiner Hand an das Zwerchfell der versammelten Zuschauer rührt. Dann wird er zum Buckligen (zugleich hochgewachsen), der eine Rose im Knopfloch trägt und einen Orden auf dem Gesäß. Sein Gesicht leuchtet roter als Mohn, täuscht alle Farben vor, grau, violetten, hat den Perlmuttglanz venezianischer Schultern und schreit sich wie ein Marktschreier in die lachlustigen Herzen der Zuschauer. Die kleinen Mädchen werfen Äpfel nach dem Bauch seiner Hänge-Hose, Steine werfen sie nach dem Schwein, das er sich als Haustier hält. Aber der neue Mensch entkleidet sich aller Häute, aller Brillen, Perücken, Postichen und Schürzenbänder – er tritt von der Bühne, die er für nötig hält, mit wachsamem Schritt: sieh da der neue Mensch, welch ein Held bleibt er inmitten der grausamsten Lächerlichkeiten, welche Kraft in seiner Hose, welche Erhabenheit in seiner Armmuskulatur – er ist es, der den Menschen ihre Würde zurückgibt und sie in ihrem Elend aufzurichten sucht. Wenn er von den Malern erzählt, die die Madonna malten, weil sie sich in göttliche Augen verliebt hatten (wer verliebt sich heute in göttliche Augen), fallen alle Steifheiten von seinem Buckel und dem Buckel der Umstehenden. Seine Stimme ist in der Glocke, die man über dem Marktplatz läutet – ave, ave Maria. Der neue Mensch ist nicht für oder wider, er kennt keine Schmerzen der Polarität und Nationalitäten bedeuten ihm längst keine Gegensätze mehr. »Sie irren sich alle«, sagt er, »die an den Wert einer aristokratischen Lebensordnung glauben. Alle Aristokratien, die wir sehen oder gar die Aristokratien der Bildung, des Reichtums, des Namens sind wertlos; denn es gibt nur die eine Seele, den einen Elan, die eine Tapferkeit, die jeder Mensch besitzt. Alle Pluralität ist ein Geschwätz und noch kein Treppenwitz der Weltgeschichte – ein Affe, der sich putzt, ist darum nicht mehr als sein Nachbar. Ja – so – ganz gleich tut ihr es mit angenommenen Eigenschaften, die ihr überschätzt – und wer sich nicht an einsamen Seen auf die Kiesel geworfen und seine Knie zerfleischt hat, ist ein Dieb am Leben. Falsch ist der Gedanke, daß mit der Macht der Geistigen eine Verbesserung der Welt erreicht werden könne – ach das Gegenteil wird sein; denn wir kennen die kleinen Arroganzen der Geistlinge [3] und umgeschlagenen Literaten, die ihren dyspeptischen Tenor wie ein kostbares Wickelkind durch die langweiligen Räume der Revuen tragen, ohne der Langeweile Weisheit [4] jemals begriffen zu haben. Die Macht ist

Attribut und Glanz des Bösen und darum erstrebenswert (auch für die Frommen, die doch nur leben, weil es Böses gibt). Wem fehlte nicht bald in euerer Welt das schöne und grausame Vergnügen, mit Dickteufeln zu kämpfen? Verbessern? O – mon chéri – verbessere jene force extraordinaire Deiner Seele und vergiß nicht, daß sie zugleich deine force sexuelle ist. Glaub nicht an das Geschrei der Kastraten und Schwachbrüstigen, die die Folter aus der Welt schaffen wollen und denke an die Memoiren des Totenhauses.«

Der neue Mensch glaubt nicht an die Phalanx der Geistigen, da er alle Schlachtordnungen in seinem Herzen trägt.

III.

Der neue Mensch glaubt, nur einen Kampf zu kennen, den Kampf gegen die Trägheit, den Combat gegen die Dicken. Es handelt sich um das alte Gefecht der Dünnen gegen die Dicken, mein lieber Paul Beyer. Ronsard [5] singt ein Lied gegen die Schwerköpfigen, die Igel, die Pfosten und Fels mauern – und so wünscht sich der neue Mensch das Schwert St. Georgs für seinen Drachen. Er sieht einen Baum an und findet, daß er nur die Fiktion eines Baumes vor sich hat, denn er sieht nur den Elan jeder Zelle, groß zu werden. Ein Baum, scheint ihm, ist nur Leidenschaft und Sehnsucht nach der Krone. Ja – er – der demütigste Mensch sucht sich seine Feinde (die rachitischen Möpse und Jungfern, die Pfäfflein der Temperamentlosigkeit) und er hat eine ausgemachte artistische Befähigung, sich seine Bürger aus den Löchern zu jagen. Sein Feind ist der Unehrliche (der neue Mensch ist ehrlich und wahrhaft, ganz männlich, holzgeschnitzt auch in pervertiertesten Lastern), der Halbe, der Dauerlügner und Trunkenbold eigener Hohlheit. Der Feind ist der Rufer an Europa (jener »späte Schwabingknabe«) [6], der den Mist seines Hauses nicht entfernt hat – der Rhythmenklüngel und phantastische Verssnob, der Mensch des Morphins, der bewußt Unnüchterne, der Verpester der gleichgültigen Augenblicke. Der neue Mensch, der das Gewicht seiner Persönlichkeit hat, haßt den Klamauk, den unnützen Lärm, das Plärren um des Plärrens willen, alle Faxen erogen excitierter Jugendlichkeit; denn er weiß zu gut, was die Zeit von ihm will – sie will das Männliche und Tüchtige, die Einfachheit, die Solidität.

Simplizität führt viel schneller zum Ziel als eine Verrenkung irgend welcher Art und der Eingeweihte bekommt einen scharfen Blick für gestellte Wunderlichkeiten und jonglierte Phantastik; und dies vor allem, es wird ihm zur Pflicht, der neue Mensch macht es sich zur Pflicht: alle Umwege der Artistik versperrt man sich selbst aus angeborenem Ordnungsgefühl und innerer Reinlichkeit. »Träge« nennt der neue Mensch deshalb alle diejenigen, die unwahr, darum umwegig, harzeliert und verschwommen sind.

IV.

Es bleibt das punktum maximum und die Frage aller Fragen. Was ist Demut? Waren die demütig, die die Menschen in naiven und guten Stunden verehren, Christus, Göthe, Dostojewski? Der neue Mensch schickt sich an, zu antworten: Demütig sind alle die, die an den Sinn der kleinsten Dinge glauben und deshalb eine große Ruhe und gesicherte Erwartung in ihrem Herzen tragen.

Das langsame Wachsen der seelischen Erregung vergleicht der neue Mensch den natürlichen Dingen allein. Er richtet seinen Blick auf die Pflanzen, die an seinem Fuße blühen und er beobachtet die Organismen, die er mit seinem Stiefel zu zertreten sich hüten muß. Ein Gewitter schwillt an, Wolken sammeln sich über der Stadt, brüllend folgt nun die Detonation. Ein Berg steht auf, dein erstaunter Blick hängt an ungeheuerer Schattenwand und eine rote Sonne füllet die Welt gleichmäßig mit ihrer Wärme. Das Mannigfaltige aller Bewegungen, den Sturm und die Ruhe der großen Formen, das auf und ab, das hin und wieder, Ebbe und Flut, das Kreisen der Monde – alles umfaßt der neue Mensch mit seiner Seele, die an den Dingen wächst. Der neue Mensch fühlt seine Demut in der Kenntnis der Dinge. Er weiß das Leben der Protozoen und er kennt das Wachstum der lebenden Substanz bis zu den Gehirnbahnen des Menschen – o – er hat sich vertieft in die barocke Wunderlichkeit ältester Gesteinsformationen und der Dom von Toledo zählt zu seinen intimsten Freunden und Gesprächsgenossen. Der neue Mensch sagt: Die Modernen wissen von den Dingen nichts, sie haben keine Sehnsucht nach der Rundung der Gegenstände, die Sinnlichkeit der Formen rührt ihre Netzhaut nicht, am trägsten aber sind die Dichter. Mit Versen läßt sich keine Welt erobern. Die Modernen wissen nicht, daß ein Tropfen Wasser den Extrakt aller Dramen Shakespeares enthält, sie wissen nicht, daß der Blick auf ein engbegrenztes Stück Wiese eine Tiefe des Himmels entschleiern kann. Demut ist meine Kenntnis aller Formen und mein Glaube an ihre Göttlichkeit – wie kann man, frage ich, abstrakt sein, malen, schreiben, bildhauern, wenn man nicht Dinge hat, von denen sich abstrahieren ließe.

Der neue Mensch verwandelt die *Polyhysterie* der Zeit in ein ehrliches Wissen um alle Dinge und eine gesunde Sinnlichkeit. Der neue Mensch zieht es vor, ein guter Akademiker zu sein, wenn er die Möglichkeit hat, ein schlechter Revolutionär zu werden. Jenes antike Mädchen bleibt Vorbild wenn sie sagt: *Nicht mitzuhassen, mitzulieben bin ich da.* Alle Problematik, jeder Satz, jede These kann und darf nur Interpretation dieser Sentenz sein.

V.

Der neue Mensch hält folgende Rede an seine Jünger und Zuhörer: Suchet euch einen Mittelpunkt für euer Leben und beginnet wieder an die großen Eigenschaften der Helden zu glauben. Wo ist euer Plutarch, aus dem ihr lernen könnt, was es heißt für geistige Dinge zu sterben? Warum rührt es Euch nicht zu Tränen, wenn ihr von den Märtyrern lest, die sich für ihre Überzeugung rädern ließen – warum habt ihr keinen Begriff von der Schönheit und dem Mut einer Jeanne d'Arc, warum fallt ihr nicht auf dem belebten Platz auf die Knie wie Raskolnikow und schreit: Herr, Herr, schaue auf mich herab, ich bin ein sündiger Mensch. Ihr habt kein Verhältnis zu den Dingen, ihr seht über die kleinen Dinge hinweg zu großen fiktiven Bergen – ihr sucht den Heiland in aller Welt und denkt nicht an euer Herz, das in ängstlicher Brust der Erlösung entgegenschlägt. Warum denkt ihr nicht an den Tod – jenen großen allmächtigen Tod, den Tod der spanischen Stierarena, den Tod der antiken Relieffe, den Tod der Cholera und Beulenpest – warum denkt ihr nicht an ihn, der die Glieder auseinanderreißt und die Familienmitglieder in Mordsucht aufeinander hetzt? Warum denkt ihr an nichts, was die Welt groß und furchtbar macht? Wie? Seid ihr nicht klüger als der kleinste Medizinstudent und naturwissenschaftliche Figurant, der eine physiologische Angelegenheit aus dem Leben der heiligen Mutter macht? Der neue Mensch weiß den Tod zu fürchten um des ewigen Lebens willen; denn er will seiner Geistigkeit ein Monument setzen, er hat Ehre im Leib, er denkt edeler als ihr. Er denkt: Malo libertatem quam otium servitium. Er denkt: alles soll leben – aber eins muß aufhören – der Bürger, der Dicksack, der Freßhans, das Mastschwein der Geistigkeit, der Türhüter aller Jämmerlichkeiten.

Die dadaistischen Tendenzen nahestehende Wochenausgabe der *Neuen Jugend* kam im Anschluß an H. 11/12 der neu im Malik-Verlag Wieland Herzfeldes erscheinenden Zeitschrift in Zeitungsformat heraus (vgl. P. Raabe: *Die Zeitschriften*, Nr. 30).

1 Die Autobiographie *Vita* des Renaissance-Bildhauers und -Graveurs Benvenuto Cellini (1500–1571) erschien in der Übersetzung Goethes neu illustriert von M. Slevogt 1913 in Berlin.
2 Anspielung auf die Aktivisten Kurt Hiller und Robert Müller.
3 »Geistige« und »Geistlinge« spielt auf den Geist-Begriff im Umkreis von Kurt Hillers »Aktivismus« an (vgl. S. 215 ff. u. 263 ff.)
4 Anspielung auf Kurt Hiller: *Die Weisheit der Langenweile. Eine Zeit- und Streitschrift.* 2 Bde. Leipzig: K. Wolff 1913.
5 Der französische Dichter Pierre de Ronsard (1524–1585).
6 Gemeint ist Johannes R. Becher, dessen literarische Karriere in der Schwabinger Boheme begann. 1916 erschien im K. Wolff Verlag Leipzig sein Gedichtband *An Europa*.

35
Robert Müller: *Die Zeitrasse*. Als Conférence gesprochen anläßlich der am 11. November 1917 in der »Neuen Wiener Bühne« abgehaltenen Matinee »Das junge Wien«. In: *Der Anbruch* 1 (1917/18), Nr. 1 (15. Dez. 1917), [S. 2]; Nr. 2 (15. Jan. 1918), [S. 2].

Eine neue Menschenart drängt vor. Ihnen allen haftet etwas Gemeinsames an. Sie stehen unter einer inneren Spannung, wie plötzlich Freigelassene, eine geistige Schicht, die bisher nur gelitten und nicht produziert hat. Jetzt preßt sie ihr innerer Druck nach aufwärts, sie kommen an die Oberfläche, in den Tag, in das Licht, in ein grausames Gleißen und Schreien. *Der Mensch schreit*, heißt ein zeitgemäßer Lyrikband von Ehrenstein [1]. Diese Spannung ist ihr Gemeinsames. Sie erinnern an die Geschöpfe in einer Erzählung des Engländers Kipling *Die Seeschlangen*. In dieser Erzählung wird geschildert, wie ein Unterwasservulkan seinen Ausbruch hatte. Ein Seebeben türmte die Gründe der Meere zu oberst und mit ihnen alle die Wesen, die dort dunkel und unter dem Druck von Wasserwelten gedeihen. Jetzt kommen sie an das grausame Licht, sie taumeln, sie schreien grotesk entblößt, von Dunkelsicherheiten geladen, unerträglich entsetzt, sie bersten von innen her, sie sterben aus sich heraus! Mit diesen Geschöpfen möchte ich die Rasse dieser Zeit vergleichen. Irgendwo bekam die Gesellschaftskruste einen Riß – seit damals sieht man diese heimliche Gattung an der Oberfläche.

Es war ein Irrtum der Weltgeschichte, uns die Ereignisse immer nur in statuesken Persönlichkeiten oder in deren Ideen zu spiegeln. Die wirkliche Weltgeschichte bewegt sich in Menschheitscharakteren weiter, wobei gar nicht gesagt werden kann, daß diese Weiterbewegung eine Entwicklungsleiter darstelle, an der der Höchste und Letzte zugleich auch der Fortgeschrittenste sei. Im Gegenteil, dies ist nicht die Meinung dieser Generation. Ihre Denker glauben nicht, daß sie überlegen, wohl aber, daß sie gleichberechtigt seien. Die historischen Charaktere verlaufen nebeneinander, sie sind simultan vorhanden, heute gerade so wie vor 2 000 Jahren, als die großen europäischen Durchdringungsprozesse begannen. Gewisse Lebensformen halten sich allerdings gar nicht und sterben aus. Die übrigen bleiben und existieren nebeneinander. Es wird nie etwas anderes geben, als was schon da ist, aber dies mit einem neuen Akzent. Die kleinen Nationen waren schon immer da. Aber erst heute sind sie wirklich da, insoferne sie wirken. Sie haben eine eigene Sprachigkeit, eine Stimme, einen Raum. Auch die Rasse, der unsere Dichter entsprechen, hat es immer gegeben. Aber erst heute treten diese dreißig Dichter aus ihr hervor und morgen werden diese drei Politiker aus ihrer Mitte treten, die der Gesellschaft ihren Stempel aufprägen. Die Meinung war fehlerhaft, die das Künstlerische lediglich an einen zeitlosen, einmal festgesetzten Typus knüpfte. Als ob die Künstler aller Zeiten und Zonen einander näherstünden, als sie etwa zu den Nichtkünstlern ihrer Zeitrasse stehen. Der höchststehende Jetztzeitler hat zu dem unbedeutendsten Mitgliede seiner Zeit engere Beziehungen als zu Goethe.

Es gibt in der Kunst keinen Aufstieg und keinen Abstieg, keine Dekadence. Die Kunstabschnitte liegen parallel zur Serie der Menschheitscharaktere, die sich für unsere Sinne nur so weit verändern, als sich etwa für unsere Auffassungskraft die Planetenbahnen verschieben. Man muß die Menschheit eben mit astronomischen Maßen messen, so ungeheuer groß ist für unsere Fassungskraft ihre zeiträumliche Ausdehnung. Die Evolution der Menschheit ist das Emportauchen neuer Ich-Schichten. Die Kunst begleitet es jeweils mit Schreien, wie sie aus der großen Weltwandlungsangst geboren werden.

Eine Jugend ist dann neu, wenn sie sich die Perspektiven, unter der sie betrachtet sein will, selbst mitbringt. Eine neue Kraftanstrengung ist also in die Weltrechnung eingeführt. Diese äußert sich nicht nur in fessellosen Gedichten. Wohin Sie blicken, auf allen Gebieten begegnen Sie einem forcierten intellektuellen oder emotionellen Typus. Dieser ist das neue Subjekt, dessen objektives Resultat in einem fertigen, gespannt weicheren, universelleren System zu sehen ist.

Wenn ich auf etwas Konkretes hindeuten soll, so würde ich nicht einmal auf unsere Dichter zeigen, sondern auf die Wissenschaft. Der Schweizer Physiker Einstein [2] hat Gedanken zu Ende gedacht, die fruchtbar zu Deutungszwecken herangezogen werden können.

Einstein sagt nämlich: Die Zeit ist keine selbständige Funktion, wie sie etwa Kant oder Schopenhauer verstanden haben. Die Zeit ist vierte Dimension, ist die alte klassische raumkörperliche Funktion in einer neuen Bewegtheit, Zeit ist, wie ich es ausdrücken will, ein Nebeneinander von Raumgegenwarten. So weit Einstein. Einsteins Tat ist Revolution auf dem Gebiete der Wissenschaft, mehr, der Welterklärung. Durch empirische Tatsachen aus der Geschwindigkeit des Lichtes gelangt Einstein zu einer Kritik des Messens, ferner zu einer Kritik der alten galileischen starren Bezugsmethoden. Durch Einführung des schon bekannten elastischen Gauß'schen Koordinationssystems erhält er einen neuen Erkenntniswert und Erkenntnismesser, die »Bezugsmolluske«. Im allgemeinen gipfeln seine Theorien in diesem Übergang von einem starren zu einem labileren System, in dem die galileische Lehre nur einen Grenzfall darstellt.

Dieser Begriff der Bezugsmolluske ist der Schlüssel zu allem Neuen. Die Alten sind nicht im Unrecht, aber sie stellen einen Grenzfall dar. Die Klassiker auf allen Gebieten haben sozusagen nur extreme, hypothetische, ausgestopfte Fälle behandelt, nicht die ganze lebendige Tatsache in ihrer vollen Beweglichkeit. Wir gehen zu den elastischen Systemen über. Die klassischen starren Systeme sind Grenzfall und befriedigen nur fallweise.

Mit den elastischen Beziehungen arbeitet die heutige Wissenschaft, aus den elastischen Beziehungen schafft die heutige Kunst. Das wird vor den Malern zuerst einmal sinnfälliger als bei den Dichtern. Das Bild des neuen Malers ist unabhängig von jenen Starrheitsmomenten, auf die hin wir unsere täglichen optischen Eindrücke versteifen. Solche Unabhängigkeit und Elastizität zeigen etwa die Bilder des jungen Wiener Malers Johannes Fischer. In diesen Bildern haben Sie Gegenwölbungen, Um-, Abwölbungen des vom Bilde gefaßten Raumes. Der furchtbar gepreßte Raum ist förmlich in die zu kleine Bildfläche hineingeknittert, das Kosmische ereignet sich inmitten des Alltäglichen und Sachlichen. Das Auge, das an diese Neuigkeit nicht gewöhnt ist, sondern an das Starre, folgt erst, wenn es sich beschleunigt, wenn es bahnmäßig kreist, wenn es sich bemüht, elastisch zu sehen. Ich gebe Ihnen eine Analogie: Wenn Sie an einem Bretterzaun entlang gehen und durch die Spalten zu spähen trachten, so werden Sie entweder garnichts sehen oder nur haltlose Bruchstücke. Wenn Sie aber daran vorbeisausen, dann ist es, als ob zwischen Ihnen und dem Dahinter die Bretter verschwänden. Was Sie ohne Mühe, ohne angestrengte Rechenschaft, mit elastisch weichendem und wieder andringendem Erfassen verstehen, ist das Ganze. Das Bild des Malers schaukelt. Schaukeln Sie mit, geben Sie Ihre eigene Starre auf – das ist Expressionismus.

Und so ist es auch bei den Dichtern. Was sollen diese queren und überzwerchen Sätze eines Gütersloh, eines Theodor Däubler, Johannes R. Becher? Jenes waren Raumphantasien, dieses sind Sprachvisionen. Erinnern Sie sich, wenn Sie einmal einen tiefsinnigen und leidenschaftlichen Brief schreiben wollten: Zusammenhänge, leuchtende Worte, das Plastische und das Phonetische des Ausdruckes, der Sinn und der Glanz waren Ihnen zum Greifen klar. Als Sie sich aber an den Schreibtisch setzten, da war das Gebilde zerronnen. Was Sie sich da zusammengereimt hatten, das hielt nicht stand vor dieser logischen Koordinatenspindel, auf die hin Sie alles zu vergewaltigen gelernt haben. Sie haben dann mit vieler Mühe und technischer Härte die Sache zurechtgerückt. Aber jener Schmelz, jene innere Wahrheit und Anschaulichkeit waren dahin.

Der moderne Dichter ist nun derjenige, für den es diese logische Manufaktur nicht gibt. Auf diese starre Koordinatenspindel hin wählt man seine innersten Ergebnisse nur im Grenzfalle, dem der Tagesschriftstellerei, der Pädagogik. Seine dichterischen Ergebnisse rekonstruiert der Dichter aus elastischeren Beziehungen. Die Leuchtkraft, die Freiheit, die Unmittelbarkeit seines Innersten müssen in seinem Stile wiederkehren, sein innerstes Menschsein.

Mit den einfachen und gradlinigen Erklärungen ist es vorüber. Die Maßstäbe sind relativ, sie federn. Alles Bezügliche wird »elfisch«. Das Märchen erzählt uns von Elfen. Der Physiker entdeckt uns die Bezugsmolluske, das ist die Elfe, die uralte Hoffnung des Menschen auf eine lichte, leichte, lockere Zukunft. Ein unstarres System des Daseins beginnt sich zu verkörpern. Das beweist die Starrtechnik selbst, das Fliegen. Nicht nur der Dichter und der Maler, alle, die da planen, sinnen in ihrer Art auf die Bezugselfe. Auch der pragmatische Kaufmann. Von der Umwälzung auf finanziellem Gebiete haben Sie wohl schon gehört. Es ist ein unumstößliches, aber elastisches Kreditsystem geplant. Dasselbe im Politischen. An die Stelle des starren Staates tritt der Relativitätsstaat, die knochigen Mammutstaaten sterben aus, die Katzenstaaten kommen auf, diese gelenken Sammelwesen, wie England und Österreich. In der Ferne wirkt dieses Elastizitätswunder Europa sichtbar. Auf diesem Gebiete sind sehr originelle Gedanken von dem Wiener Geologen Prof. Erwin Hanslik gedacht worden. Aber auch das Allerstarrste, unsere bureaukratische Politik, kommt ins Wogen. Das Unglaubliche ist geschehen. Unsere Behörden veranstalten Ausstellungen im Auslande, bei denen sie die Größe dieses Staates nicht durch Repräsentanten der Backhendelkultur, sondern durch Kokoschka, Johannes Fischer und Egon Schiele vertreten sehen.

Die Ergebnisse dieser Zeit sind als Subjekt: der Relativitätsmensch, als Objekt: die Bezugselfe.

Die Kunst dieser Zeit kann man nicht verstehen. Man kann sie nur verdauen oder nicht verdauen. Ob man mit ihr eins wird, ob man sie sich einverleibt, das ist schließlich eine Frage jenes frenetischen Lebensappetites, der diese Generation kennzeichnet.

Zusammen mit anderen Beiträgen der (stark den österreichischen Expressionismus repräsentierenden) Zeitschrift *Der Anbruch* erschien diese Rede später noch einmal in: *Der Anbruch.* Ein Jahrbuch neuer Dichtung. München-Pasing: Roland 1920. Hier S. 5–9.

1 Albert Ehrenstein: *Der Mensch schreit.* Gedichte. Leipzig: K. Wolff 1916.
2 Auf Albert Einsteins (1879–1955) Relativitätstheorie (1905, erweitert 1916) als Paradigma revolutionär veränderten Denkens verweist man in der expressionistischen Programmatik des öfteren (s. Dok. 11). Vgl. als Beispiel der Einstein-Rezeption in expressionistischen Zeitschriften auch Erwin Freundlich: *Die Entwicklung des physikalischen Weltbildes bis zur allgemeinen Relativitätstheorie.* In: *Die Weißen Blätter* 7 (1920), S. 174–191.

36
Ernst Bloch: *Absicht.* In: *E. B.: Geist der Utopie.* München, Leipzig: Duncker u. Humblot 1918. S. 9.

Wie nun?

Es ist genug. Nun haben wir zu beginnen. In unsere Hände ist das Leben gegeben. Für sich selber ist es längst schon leer geworden. Es taumelt sinnlos hin und her, aber wir stehen fest, und so wollen wir ihm seine Faust und seine Ziele werden.

Was jetzt war, wird wahrscheinlich bald vergessen sein. Nur eine leere, grausige Erinnerung bleibt in der Luft stehen. Wer wurde verteidigt? Die Faulen, die Elenden, die Wucherer wurden verteidigt. Was jung war, mußte fallen, aber die Erbärmlichen sind gerettet und sitzen in der warmen Stube. Von ihnen ist keiner verloren gegangen, aber die andere Fahnen geschwungen haben, sind tot. Die Maler haben die Zwischenhändler verteidigt und den Seßhaften das Hinterland warm gehalten. Es lohnt sich nicht mehr, darüber zu reden. Ein stickiger Zwang, von Mittelmäßigen verhängt, von Mittelmäßigen ertragen; der Triumph der Dummheit, beschützt vom Gendarm, bejubelt von den Intellektuellen, die nicht Gehirn genug auftreiben konnten, um Phrasen zu liefern.

Und dieses allein ist wichtig. Wes Brot ich eß, des Lied ich sing. Aber dieses Versagen vor dem Kalbsfell war doch überraschend. Das macht, wir haben keinen sozialistischen Gedanken. Sondern wir sind ärmer als die warmen Tiere geworden; wem nicht der Bauch, dem ist der Staat sein Gott, alles andere ist zum Spaß und zur Unterhaltung herabgesunken. Wir bringen der Gemeinde nicht mit, weswegen sie sein soll, und deshalb können wir sie nicht bilden. Wir haben Sehnsucht und kurzes Wissen, aber wenig Tat und was deren Fehlen mit erklärt, keine Weite, keine Aussicht, keine Enden, keine innere Schwelle, geahnt überschritten, keinen utopisch prinzipiellen Begriff. Diesen zu finden, das Rechte zu finden, um dessentwillen es sich ziemt, zu leben, organisiert zu sein, Zeit zu haben, dazu gehen wir, hauen wir die phantastisch konstitutiven Wege, rufen was nicht ist, bauen ins Blaue hinein, bauen uns ins Blaue hinein und suchen dort das Wahre, Wirkliche, wo das bloß Tatsächliche verschwindet – incipit vita nova.

Erweiterte Fassungen dieser Vorrede zum *Geist der Utopie* erschienen in: *Neue Erde* 1 (1919), S. 3–4, und in der zweiten Fassung des Buches (Berlin 1923). Vgl. auch Dok. 62 als Beispiel für die sehr positive Aufnahme der Schrift in den expressionistischen Zeitschriften.

37
Georg Kaiser: *Vision und Figur.* In: *Das junge Deutschland* 1 (1918), S. 314–315.

Aus Vision wird Mensch mündig: Dichter.

Mit dem Grad der Heftigkeit, in der sie ihm geschah, verbreitet sich die Mündung für Aussprache: große Mitteilung strömt hin – in tausendmal tausend Worten Rede von der Vision, die einzig ist.

Einer Vision ist Hülse der Dichter. (Ein Spieler beschwatzt vielfaches, da er großem Gesetz nicht untersteht, das ihn auffordert.) Nur von diesem Gegenstand kann er noch reden – will nur noch zu diesem überreden. Ganz und ohne Lücke ist sein Erfülltsein: jede Silbe färbt sich an ihm – Spruch und Pause hämmern und ruhen in Takt von ihm. Gleich bleibt Werk von Werk zu Werk. Aufstand in Frühe ist wie Kraft am Mittag – wie Abendüberschwang gestoßen aus einer Bewegtheit. Die ist Gesetz von Geburt, das sich enthüllt mit ungeheurem Zwang durch die Laufbahn: ein Antrieb mit Skorpion – und doch vom Dichter bejaht.

Das einzig Eine zu wiederholen, ist ihm bestimmt. Irrte er einmal von seinem Thema – das These ist – ab, fördert er den Irrtum, der bei der Menge ist – und mischt ihn tiefer. Vorbild geschmälert zu Abbild – Rat zu Verrat – Sammlung zu Verwirrung.

Zu Einseitigkeit beruft die Vision. (Nur so bezeugt sie ihre Bedeutung.) Es gibt kein Nebenher – die Kugel rollt um sich und verbindet Anfang und Ende ohne Anfang und Ende. Alles ist die Vision – weil sie Eins ist. Das Eine, das an sich Himmel und Erde und den himmlischirdischen Menschen schließt.

Vielgestaltig sind die Figuren, die Träger der Vision sind – von den heißen Fingern des Dichters beladen mit der großen Fracht seiner Mitteilung. Sie würde zehn und hundert erdrücken – so müssen Scharen hinausgehn und Teile des Ganzen tragen, soviel ihre Schultern tragen. Aus allen Zonen holt sie der Anruf – kein Zeitalter, das nicht einen wichtigen und würdigen Boten lieferte. Immer bunter flirrt die Gestaltung der Vision – es wird schwer in Übersicht aus der Vielheit der Teile das Ganze zu erkennen.

Der herbeilaufende Beschauer starrt aufs Gewühl. Er sieht nur Gewühl. Er widerspricht: wo steckt die Einheit, die ich hier mit einem Blinzeln überschauen sollte? Zersprengen diese Gestalten nicht den Kreis, in dem sie stehen – mit suchender Wucht nach außen? Was drängt sich hier alles im Ring, um den ich laufe – und stutze bei jeder neuen Figur im Nebeneinander von Buntheit? Was für Stimmen? Baut einer wieder am Turm zu Babel? Oder entliefen sie dem Turmbau und scharten sich hier? Meine Augen tränen – und die Ohren dröhnen! – Kein Tadel für den Beschauer, der heranläuft. Was wußte er vom Gesetz, das die vielen Figuren, die ihn erschrecken, zueinander stellt. Kann er von heute auf morgen die Stücke so ordnen, wie sie seiner Erkenntnis nützen? Mit seinen verwirrten Händen?

Vielgestaltig gestaltet der Dichter eins: die Vision, die von Anfang ist. So stößt sie mit seinem Blut, das sie stößt: unnachgiebig und hitzig. Der Druck ist gewaltig gegen das Gefäß, das sie einschließt. Im Gegendruck wird die Gefahr der Sprengung bezwungen –: daß nicht formlos ausfließt, was nur in Formung mitgeteilt wird! – daß nicht der Schrei sich über die Rede erhebt!

Gefährlich versucht die Vision: – Leidenschaft stachelt sie – die erstickt die Stimme, die reden soll, um gehört zu sein. Furchtbar schwingt dieser Kampf zwischen Schrei und Stimme. Im Schrei will es sich aus dem Munde reißen – Aufschrei aus Entsetzen und Zorn! – zur Stimme muß er herabsinken, um wirkend zu werden. Kühle Rede rollt leidenschaftlicher Bewegtheit entgegen – das Heißflüssige muß in Form starr werden! – und härter und kälter die Sprache je flutendüberflutender Empfindung bedrängt.

Von welcher Art ist die Vision?

Es gibt nur eine: die von der Erneuerung des Menschen.

38
Lothar Schreyer: *Der neue Mensch.* In: *Der Sturm* 10 (1919), H. 2, S. 18–20.

Wir Menschen sind Träger der Weltwende, ihr Werkzeug, ihr Opfer.

In uns zerbricht die alte Welt. Die neue Welt ersteht in uns.

Die Welt des Leidens, die Welt unseres Leidens zerbricht.

Unsere Familie ist das Leiden.

Die Familie zerbricht. Wir fühlen den lauten und stummen Haß der gefesselten Männer und

Frauen, die dumpfe Gewohnheitsgier der Geschlechter. Jede Ehe ist gebrochen durch jedes Begehren nicht angetrauten Leibes. Jede Ehe ist Lüge. Darum fliehen die Kinder vor ihren Eltern. Daher schämen sich die Eltern vor ihren Kindern. Daher kennt keine Mutter, kein Vater das Kind. Darum ist Kindheit Leiden. Eltern wollen das Kind schaffen nach ihrem Bilde. Gebrochen wird der Wille des Kindes durch Prügel, durch Näscherei. Die verlorenen Söhne, die verlorenen Töchter klagen an. Die Anklage ist ihr willenloses, ihr unterjochtes Leben.

Frei sollen Kinder sein: Kind und Mann und Weib.

Unsere Gesellschaft ist das Leiden.

In der Gesellschaft gesellen sich die Menschen nicht. Wenige glauben Güter zu haben. Die Wenigen versklaven zahllose Menschen. Sklaven und Sklavenhalter sind schlecht. Schlecht sind sie um Güter willen, die keine Güter sind. Die Güter sollen die gute Gesellschaft verschönen. Anklage ist diese Schönheit, so schwer, daß niemals froh werden kann, wer sie hört. Wir sind schuldig. Die Gesellschaft hört es nicht. Sie unterhält sich zu laut.

Der Mann hat einen Beruf. Er muß Geld verdienen. Wer reich ist, kann alles haben. Aber die Berufenen dienen und haben nichts und bauen am neuen Reich. Die Frau putzt ihre Reize. Wenn sie keinen Mann findet, der ihren Reizen dient und für sie verdient, muß sie selbst Geld verdienen. Und wenn Mann und Frau nicht genug verdienen, müssen die Kinder Geld verdienen. Die Arbeit ist kein Segen. Die Arbeitsteilung, ins Ungemessene gesteigert, hat die Arbeit zum Unsegen gemacht. Der Taumel der Arbeit stockt. Aber die Gesellschaft hört nicht das Schuldig. Sie unterhält sich zu gut.

Diese Gesellschaft hat sich eine Wissenschaft gemacht. Diese Wissenschaft hat längst bewiesen, daß ihre Gesellschaft die vernünftige Entwicklung der Menschheit ist. Aber das Entwicklungsgesetz, schon längst brüchig, zerbricht.

Diese Gesellschaft hat sich eine Kunst gemacht. Die Kunst verherrlicht die Menschen der Gesellschaft und verschönt ihr Dasein. Die armseligen Lügner belügen sich selbst.

Diese Gesellschaft hat sich eine Kirche gemacht. Die Menschen nennen sich Christen und reden von Glauben. Sie handeln wie der Antichrist und glauben es nicht.

Diese Gesellschaft hat sich eine Moral gemacht. Durch diese Moral ist die Unsittlichkeit Sitte geworden. Die Moral des Genusses, die Moral der Langeweile haben der Gesellschaft den Lebenskünstler gegeben. Der Lebenskünstler ist der Widersacher der Menschheit.

Diese Gesellschaft hat sich einen ununterbrochen redenden Anwalt gemacht: die Presse. Die Presse erzeugt die öffentliche Meinung des Hasses, der Betriebsamkeit, der Oberflächlichkeit. Sie nimmt nichts ernst, weil sie nichts weiß. Sie betreibt alles, weil sie nichts kann. Sie lebt vom Haß, weil die Liebe ihrer Gesellschaft ein geschlechtliches Genußmittel ist.

Diese Gesellschaft nennt sich gebildet.

Uns schaudert vor ihrer Bildung. Denn wir haben sie mit unserem Leib gelitten. Darum wollen wir gesunden von dieser Bildung. Und niemand mehr soll unter ihr leiden. Darum muß diese Bildung fallen.

Die Presse und die Moral der Gesellschaft zerbrechen.

Kirche, Kunst und Wissenschaft der Gesellschaft zerbrechen.

Die Arbeit, durch die diese Gesellschaft zusammenhält, zerbricht.

Die Gesellschaft ist am Ende.
Alle Menschen sollen frei sein.
Frei sein, das heißt: nicht leiden.
Unser Staatswesen ist das Leiden.

Der Staat ist das Idol, von der Gesellschaft nach ihrem Bilde geschaffen, der selbsteingesetzte Gott. Seine Heiligkeit ist verabredet. In seinem Namen werden die Kinder zwangserzogen, daß die ungemessene Arbeitsteilung ihnen heilig werde. Der Staat lebt vom Handelsgewinn der Gesellschaft. Der Handel erzielt einen Gewinn durch die Vermittlung der Güter. Wenn einer gewinnt, muß ein anderer verlieren. Das Gut bekommt keinen höheren Wert durch den Handel. Der aufgeschlagene Gewinn ist eine Werttäuschung. Wer die Gütervermittlung für eine Leistung hält, die zu ungunsten des Gutes bewertet werden muß, der leugnet, daß jeder Mensch aus sich heraus ein Recht am einzelnen Gut hat. Das ist das Recht des Staates. Im Namen des Staates hat die Gesellschaft eine Rechtsordnung geschaffen, durch die sie sich sanktioniert. Daher straft der Staat den, der sich außerhalb der Gesellschaft stellt. Im Strafrecht wird das Recht eine Strafe, und die Gesellschaft ahnt nicht, daß sie damit ihr Recht widerlegt. Zur Durchführung der Gesellschaftsordnung sind dem Staat Beamte gegeben: die Staatsdiener. In der Beamtenschaft ist die Verantwortungslosigkeit zum System erhoben. Nicht der Diener, der Beamte, ist für seine Tat verantwortlich, sondern der Herr, der Staat. Aber den Staat kann niemand zur Verantwortung ziehen, da er ein Idol ist, wie der liebe Gott. Im Namen dieser Idole schließen die Beamten aller Länder, Ententen und Völkerbünde. Die Beamten können die Gesellschaft nicht mehr retten, auch nicht, wenn sie ein Oberidol, einen Oberstaat hinzaubern. Es ist zu spät.

Die Staaten zerbrechen.
Alle Menschen sollen frei sein.
Die Welt des Leidens zerbricht.

Die Ursache des Leidens ist der Machtwille, der die Erde und ihre Güter erfaßt. Jeder will alles haben. Der maßlose Daseinskampf hat uns Menschen schlecht gemacht. Alle kämpfen gegen alle. Das Wort Mein und Dein hat die alte Welt zur Hölle gemacht. Mein Land, mein Haus, mein Weib, mein Kind, mein Kleid, mein Brot. Das Wort Mein und Dein trennt Mensch von Mensch. Diese Trennung kann die Gesellschaft nur überbrücken durch Geld oder die Liebe der Geschlechter. Darum ist das Geld und diese Liebe die Leidenschaft der alten Welt. Aber die Leidenschaft schafft nur Leiden. Die Trennung wird nur scheinbar überbrückt; sie wird größer. Der eine vermehrt das Seine, der andere verliert es. So wird Reich und Arm, so wird Glück und Unglück. Die Weltwende zerbricht Arm und Reich, Unglück und Glück.

Die Weltwende zerbricht die Leidenschaft und Mein und Dein.
Der alten Welt Machtwille zerbricht.
So werden die Menschen frei.
Wir werden frei.
Zahllose wenden sich ab von der alten Welt und suchen die neue.
Viele gehen bewußt die Wege zur neuen Welt und fühlen das Ziel.
In allen wird der neue Mensch.

Wir erkennen den neuen werdenden Menschen an seiner Tat. Seine erste Tat ist Abkehr von der alten Welt. Er tut nicht mehr, was die alte Welt von ihm fordert. Oft ist sein Tun nur schüchtern. Denn vielen ist der Weg schwer und ihre Kraft ist gering. Wir haben mit ihnen Geduld, wenn sie mit sich selbst keine Geduld haben. Einer hat erkannt, daß jede Wohltätigkeitsveranstaltung schlecht ist und lehnt nun jede Teilnahme ab. Eine Frau hat erkannt, daß sie nicht besser wird, wenn sie ihre Reize herausputzt, und tut es nicht mehr. Einer weiß, daß die Kirche keine Christen macht, und läßt sein Kind nicht taufen. Einer sieht die Schlechtigkeit der Presse der Gesellschaft und liest diese Presse nicht mehr. Das sind erste kleine Schritte der Menschen, die sich fortwenden von der alten Welt. Dann kommen die entscheidenden Taten, durch die der Mensch die alte Welt verläßt, sie in sich zerbricht und vergißt.

Völlige innere und äußere Abwende des Menschen von der alten Welt und ihrer Gesellschaft, Familie, Staat, Kirche, Kunst, Wissenschaft, Moral, Bildung ist Voraussetzung für die Freiheit der neuen Welt.

Nun erleben wir die Stunde unserer Entscheidungen. Jeder von uns, der das Leiden der alten Welt erkennt, steht unter der Verantwortung. Selbst tragen wir wieder die Verantwortung der Welt: den Tod der alten, die Geburt der neuen Welt.

Diese Stunde der Wende ist unsere Gegenwart. In ihr wird der neue Mensch.

Unsere Zukunft wissen wir nicht. Aber wir ahnen das Ziel. Aber wir fühlen die Wegrichtung, in der wir treiben. Und wir machen uns einen Weg urbar im Ungangbaren. Die neue Tat unseres Lebens hat nichts gemein mit den Taten, die wir vergessen haben. Der Kampf ums Dasein ist zu Ende. Wir treiben bewußt im Werden der Welt. Wir sind ein Trieb des Werdens. Trieb wie Tier und Pflanze, Sturm und Licht. Wir erheben uns nicht über unsere Schwester Blume, über unseren Bruder Tier. Es gibt keinen anderen Menschen neben uns, immer lebt ein zweiter Mensch mit uns. Was wir machen, ist nicht gemacht, um Macht zu gewinnen. Denn unsere Taten sind Taten, in denen das innere Leben alles Lebendigen wächst. Arbeit ist Schöpfung. Tun ist Teilnahme am Wachsen der Welt. Wir haben keine Güter. Unser Gut ist die Güte.

Wo immer Menschen auf dem neuen Wege sind, sind sie eins. Sie sind eine Gemeinschaft mit jeder Tat. Was der eine tut, nimmt dem anderen nichts, sondern hilft auch ihm vorwärts auf dem Weg. Jeder ist Teil des Alls, jeder ist Teil der Welle, aus der die neue Welt geboren wird. Alle behüten einander, daß das Geheimnis, das alle umhüllen, unzerstört und unzerstörbar sich enträtsele. Diese Gewißheit der Schöpfung, diese Schickung, an der jeder einzelne trägt, macht alle allen sicher und gut.

In der Hingabe dieser Güte aufersteht alles Leben, das die Gemeinschaft umgibt. Die Erde mit Stein und Tier und Pflanze und Mensch erschließt sich zu erlöstem Sinn. Die eine Gemeinschaft gibt sich der zweiten hin, bis sie nicht mehr gezählt werden und über die Länder die Erde umspannen. Das ist keine Macht der Güter. Das ist die Macht der Güte. Sie wächst aus der Hingabe des einen an alle. Sie ist die Hingabe des Eins an das All.

Das ist der erste Weg zur Aufhebung des Leidens.

Den zweiten Weg gehen die in der Gemeinschaft Berufenen. Sie erkennen, daß der Mensch nicht um des Menschlichen willen lebt. Sie handeln danach. Sie handeln nicht mehr. Sie lösen sich von den treibenden Triebgestalten. Sie heben die Erscheinungen ihres Körpers auf. Ihre Hingabe ist Auflösung der Erde, Erlösung der Erde, der Eingang in das Unfaßbare, das keinen

Sinn und kein Wort mehr hat, Menschen nennen es das Nichts.

Das ist die Aufhebung des Leidens.

Den zweiten Weg kann nur gehen, wer den ersten ging. In ihm vereinen sich All und Nichts. So schließt sich der Ring von Neugeburt und Tod. Und so wird ein jeder den zweiten Weg gehen, der den ersten ging. Denn jeder ist zum Tod berufen. Aber es ist der neue Tod ohne Sterben.

Denn die Erde kreist im Himmel.

Die Erde ist ein Stern.

b) Alter und Jugend, Väter und Söhne

Der Expressionismus als eine literarische Jugendbewegung, die sich selbst in der Tradition des Sturm und Drang und des Jungen Deutschland sieht, steht mit seiner Hochwertung der Jugendlichkeit [1] und dem intensiven Interesse an Autoritäts- und Generationenkonflikten [2] in bewußtseinsgeschichtlichen Zusammenhängen, die für die Jahrhundertwende charakteristisch sind. Wandervogelbewegung und Jugendstil erscheinen der kulturrevolutionären Intelligenz um 1910 jedoch schon völlig verbürgerlicht und dringend regenerationsbedürftig. Das zeigt E. Mühsams Polemik gegen die vielgelesene Münchener Zeitschrift *Jugend* (Dok. 39), aber auch die Phaseneinteilung der Jugendbewegung von G. Gretor (Dok. 44). [3] Mit der vor allem während des Krieges in sich gespaltenen Jugendbewegung [4] konnte man sich im Umkreis des Expressionismus, wie der informative Aufsatz von G. Gretor deutlich macht, nur zum Teil identifizieren. So wichtige Programmatiker der Jugendbewegung wie Hans Blüher und Gustav Wyneken sind zwar nach Kriegsbeginn von K. Hillers Aktivistenkreis [5], nicht jedoch von F. Pfemferts Aktionskreis [6] akzeptiert.

Zu den verhaßten Repräsentationsfiguren der alten Generation gehörten vornehmlich Lehrer, Professoren, Pfarrer, Richter und vor allem Väter. Der »Protest gegen die Väter«, schreibt der expressionistische Programmschriftsteller R. Kayser in der Zeitschrift mit dem bezeichnenden Titel *Das junge Deutschland* [7] über W. Hasenclevers Drama *Der Sohn*, »kann nur den Protest gegen die Hemmungen jugendlichen Lebens durch Staat, Gesellschaft, Familie [...]bedeuten.« Vater-Sohn-Konflikte sind nicht nur ein beliebtes Motiv in der damaligen Dichtung – von Hasenclevers Stück über Hanns Johsts *Der junge Mensch* (1916), Fritz von Unruhs *Ein Geschlecht* (1917), Arnolt Bronnens *Vatermord* (1920) bis hin zu Franz Kafkas Erzählungen *Das Urteil* (1913) und *Die Verwandlung* (1915 in der expressionistischen Monatsschrift *Die weißen Blätter* erschienen) –, sondern auch immer wiederkehrendes Thema theoretischer und programmatischer Erörterungen. Wie weit sich dabei das Interesse der literarischen Intellektuellen mit dem der zeitgenössischen Psychoanalyse überschneidet, zeigt die *Sohn*-Besprechung von Hans Sachs in der von Freud herausgegebenen *Imago* (Dok. 43). [8] Auch Paul Federns (hier nur in kurzen Auszügen abgedruckte) Schrift *Zur Psychologie der Revolution* (Dok. 45) – jener Revolution, in der die expressionistische Bewegung ihren Höhepunkt fand und deren Scheitern ihr Ende war – bewegt sich, obwohl explizite Bezugnahmen auf den Expressionismus fehlen, innerhalb von Denkformen, die denen der damaligen literarischen Avantgarde sehr nahe stehen.

Eine für die Verbindung von Psychoanalyse und Expressionismus wichtige und symptomatische Figur war der Freud-Schüler Otto Gross. Den Bohemekreisen in Prag, Wien und vor allem München und Berlin vermittelte der Arzt die Psychoanalyse in einer dezidiert gesellschaftsbezogenen, kulturkritischen, antiautoritären Version (Dok. 41 u. 56). Von der Faszination, die er mit seinen Ideen und seiner Person ausübte, zeugen die vielen autobiographischen Romane und Erinnerungen über die Zeit des Expressionismus, in denen er auftaucht: als Dr. Gebhart in F. Werfels *Barbara oder die Frömmigkeit* (1929), Dr. Kreuz in L. Franks *Links wo das Herz ist* (1952), Dr. Hoch in J. R. Bechers *Abschied* (1940), Dr. Othmar in K. Ottens *Wurzeln* (1963) und unverschlüsselt in F. Jungs Roman *Sophie* (1915) und seiner Autobiographie *Der Weg nach unten* (1961). In F. Werfels Drama *Schweiger* (1922) tritt er als Dr. Ottokar Grund auf. Der wie Gross zeitlebens an seiner Vaterbeziehung leidende F. Kafka plante mit ihm und Werfel 1917 zusammen eine gemeinsame Zeitschrift mit dem bezeichnenden Titel *Blätter zur Bekämpfung des Machtwillens.* [9] Starkes Aufsehen erregte im November 1913 die Verhaftung des Arztes (s. Dok. 42): O. Gross' einflußreicher Vater hatte seinen aus der bürgerlichen Ordnung ausgebrochenen Sohn in eine Irrenanstalt verschleppen lassen und damit für die literarischen Bearbeitungen des Vater-Sohn-Konflikts ein reales Exempel geliefert. [10]

1 Vgl. z. B. R. Kurtz: *Der junge Dichter,* Dok. 90; oder auch Heinrich Mann: *Das junge Geschlecht.* In: *Tätiger Geist! Zweites der Ziel-Jahrbücher.* Hg. v. K. Hiller. 1917/1918. München, Berlin: G. Müller 1918. S. 349–353.

2 Vgl. P. U. Hohendahl: *Das Bild der bürgerlichen Welt im expressionistischen Drama,* S. 80 ff.; S. Vietta, H.-G. Kemper: *Expressionismus,* S. 176 ff.; R. Hamann, J. Hermand: *Expressionismus,* S. 18 ff.; W. Rothe: *Der Expressionismus,* S. 182 ff.

3 Vgl. auch Hans Blüher: *Die Untaten des bürgerlichen Typus.* In: *Das Ziel. Aufrufe zu tätigem Geist.* Hg. v. K. Hiller. München, Berlin: Georg Müller 1916. S. 9–30. Hier S. 20 ff.

4 Ein wichtiger Dokumentenband zur Jugendbewegung: *Grundschriften der deutschen Jugendbewegung.* Hg. v. W. Kindt. Düsseldorf, Köln: E. Diederichs 1963.

5 Blüher und Wyneken sind mit mehreren Beiträgen in K. Hillers Ziel-Jahrbüchern (s. P. Raabe: *Die Zeitschriften,* Nr. 105) vertreten. Vgl. außerdem Kurt Hiller: *Gustav Wynekens Erziehungslehre und der Aktivismus.* Hannover: P. Steegemann 1919 (Die Silbergäule Bd. 4). Eine wichtige Stellungnahme Hans Blühers zum Expressionismus/Aktivismus enthält sein Aufsatz: *Die Jugendbewegung vor der geistigen Entscheidung.* In: *Neue Jugend* 1 (1916/17), S. 124–126.

6 s. G. Gretor (Dok. 44), S. 164. Zu F. Pfemferts Ablehnung Wynekens zu Kriegszeiten siehe »Kleiner Briefkasten« in: *Die Aktion* 8 (1918), Sp. 999 ff.

7 R. Kayser: *Der Sohn.* Anmerkungen zur Neu-Aufführung. In: *Das junge Deutschland* 1 (1918), S. 315–316; Zitat S. 315. Vgl. auch die Titel anderer Zeitschriften: *Neue Jugend* (s. P. Raabe: *Die Zeitschriften,* Nr. 18 u. Nr. 30), *Die junge Kunst* (s. ebd., Nr. 75).

8 Siehe dazu auch Theodor Reik: *Dichtung und Psychoanalyse.* In: *Pan* 2 (1911/12), S. 519–526.

9 Zur Beziehung Gross-Kafka s. Hartmut Binder: *Kafka in neuer Sicht.* Stuttgart 1976.

10 Thomas Anz: *Zwischen Freud und Schwabing. Otto Gross: ein vergessener Kulturrevolutionär im Wilhelminischen Deutschland.* In: *Süddeutsche Zeitung* vom 11./12.2.1978. S. 100–101. Vgl. auch Th. Anz. (Hg.): *Phantasien über den Wahnsinn,* S. 160 ff. Emanuel Hurwitz: *Otto Gross. Paradiessucher zwischen Freud und Jung. Leben und Werk.* Zürich, Frankfurt 1979. Die wichtigsten Aufsätze von Gross enthält Kurt Kreiler (Hg.): *Otto Gross. Von geschlechtlicher Not zur sozialen Katastrophe.* Frankfurt 1980.

39
Erich Mühsam: [*Georg Hirth*]. In: *Kain* 1 (1911), Nr. 3 (Juni), S. 47–48.

Georg Hirth [1] wird in diesen Tagen siebzig Jahre alt. Man wird ihn in Festartikeln und beim Wein feiern, wie es sich am Ehrentage eines um den Geschmack unserer Tage sehr verdienten Mannes gehört. Ich möchte nicht zurückstehen, und ich glaube, Herr Doktor Hirth wird den Glückwunsch zu achten wissen, der sich nicht am Weihrauchstreuen genug tut, sondern kritisch wertet, wie sich das Lebenswerk eines ehrlichen Kulturwillens heute darstellt. Als die *Jugend* [2] gegründet wurde, wirkte sie wie ein Freudenschuß in der Nacht. Das deutsche Lesepublikum, an die kitschigen Bilderdrucke der *Gartenlaube* und des *Daheims* gewöhnt, wurde plötzlich gewahr, daß es über die Genremalerei hinaus eine Kunst gibt, die in Ausdruck, Farbe und Geste jugendliche Lebendigkeit hat. Es wurde erinnert, daß der Mensch nackt auf die Welt kommt, daß er fröhliche Sinne hat, und daß die bisher überall muckerisch verhüllten Formen des menschlichen Körpers schön genug sind, um sie zur Freude des Auges und des Geistes auch außerhalb der Museen im Bilde zu zeigen. In lustigen Karikaturen wurde der pfäffische Feigenblattgeist verulkt; in Skizzen, Novellen und Versen sagten von der Wohlanständigkeit ängstlich gemiedene Dichter ketzerische Bekenntnisse, und munterer Witz erschütterte den fundierten Respekt vor allen traditionellen Dogmen. Trotz ihrer patriotischen Richtung – die *Jugend* war ein revolutionäres Blatt, ein Blatt der Neuerung und Hoffnung, das seinem famosen Titel Ehre machte. Bildende und schreibende Künstler, von denen die Menge nichts gewußt oder die sie spöttisch und ärgerlich belächelt hatte, wurden populär, und Georg Hirth war der Mann, dessen Energie, Opfermut und fortschrittlicher Geist, unbeirrt durch Kabalen und Rankünen, durch Angriffe und Sittlichkeitsgezeter, der heiteren Festlichkeit der *Jugend* zum Erfolg verhalf. Das beste Zeugnis, das man einem Menschen ausstellen kann, Georg Hirth hat es verdient; er hat gewirkt. Ihm danken wir eine Läuterung des Geschmacks bei der große Masse, die vor 15 Jahren noch unmöglich schien. Man vergegenwärtige sich nur die Variationen des Wertbegriffs »Jugendstil«. Als das Wort aufkam, war es das Kampfgeschrei der »Modernen«. Den Vielen galten die Linienarabesken der neuen Ornamentik als übelste Geschmacklosigkeiten – bis sie sich durchsetzten; bis sie in allen Massenartikeln der Warenhäuser prangten, – bis sie – so ist es heute – uns als überlebter Kitsch vom Speien zuwider geworden sind. Der »Jugendstil« gehört der Vergangenheit an, und das ist überaus erfreulich, denn es zeigt, daß sein Aufkommen der Entwicklung einen so kräftigen Stoß nach vorwärts gab, daß er selbst sich nicht so lange festsetzen konnte, wie der Gute-Stuben-Stil der drei Jahrzehnte vorher. Hirth's Verdienst. Und Hirth's Verdienst ist es auch, daß der Anstoß, den die *Jugend* selbst der künstlerischen Einsicht des deutschen Volks gegeben hat, so stark war, daß der Geschmack der Zeit das, was die *Jugend* im Anfang bot und heute noch bietet, längst überholt hat. Daß die »Jugend« nicht schrittgehalten hat mit der Zeit, ist nicht Hirths Verschulden. Er hat deutlich gezeigt, was er wollte: die Jungen an der Spitze marschieren lassen. Hirth hat so lange wie wenige zu den Jungen gehört. Heut aber sieht er wohl nicht mehr, daß die Jugend schon ganz woanders ist wie die *Jugend*. Der ist das Publikum nachgerückt, und die Zeitschrift, die einst die Standarte im fröhlichen Kampfe war, hat ihr gärend Drachengift zur Milch der frommen Denkart gerinnen lassen und ist heute ein Familienblatt, das in keinem besseren Haushalt fehlt. Das aber ist das Schlimmste, daß ihr der Charakter als Familienblatt bewußt geworden ist, daß sie Rücksichten nimmt auf den Spießer, der ihr Abonnent ist, und daß sie das Draufgängertum, das Junge, das Kräftige und Neue jetzt Schulter an Schulter mit dem Philister bekämpft. Hirth ist nicht verantwortlich dafür, daß die Mitarbeiter an seinem Blatt heute nicht mehr nach Talent und frischem Wollen gefragt werden, sondern nach bravem Lebenswandel und loyaler Gesinnung. Möge er die *Jugend* eines Tages wieder von neuem, freiem, kämpferischem Geist belebt sehen, der sie ihres Namens wert mache! Das ist mein Wunsch für den Siebzigjährigen.

1 Georg Hirth (1841–1916), Verleger und Herausgeber u.a. der *Münchner Neusten Nachrichten* (seit 1881) und der *Jugend*.
2 *Jugend. Münchner illustrierte Wochenschrift für Kunst und Leben* (1896–1940).

40
Erich Mühsam: *Idealistisches Manifest.* In: *Kain* 4 (1914), Nr. 1 (April), S. 1–8. Hier S. 5–8.

[...]

Seit ganz kurzem aber beobachten wir die ersten Atemzüge einer neuen Bewegung, die vielleicht berufen sein wird, das höchste anarchistische Ideal, die Selbstbestimmung des Menschen, sein stolzes Vertrauen auf die eigene Persönlichkeit zur Sehnsucht der gehorsambeherrschten Zeitgenossen zu machen. Zum erstenmale organisiert sich die Jugend gegen Autorität und Zwang, gegen Tradition und Erziehung, gegen Schule und Eltern. Die jungen Leute wollen die Hälse freibekommen von den Umschnürungen der Verbote und des Drills. Sie wollen anerkannt werden als Menschen mit eigner Sehnsucht, mit eignem Leben, die nicht zu danken, sondern zu fordern haben. In schönem Radikalismus streben sie nach den größten Dingen: nach Wahrheit in Empfangen und Geben, nach Freiheit in Leben und Lernen, nach Raum zum Atmen und Werden. Was in der Zeitschrift der Jugend *Der Anfang* [1] aus jungen Herzen nach Ausdruck drängt, das ist viel ungegorenes und manchmal bizarres Zeug, aber es ist die Sprache der Jugend, es ist das aufgeregte und den Freund der Zukünftigen heiß aufregende Bekennen heiliger, starker revolutionärer Inbrünste. Mögen Lehrer, Pfaffen und Eltern vor Entsetzen bersten, mögen sie sich mit Maulkörben bewaffnen und die Polizei herbeirufen, um das freie Wort im Munde der Jungen zu verstopfen, – es nützt nichts mehr. Der Gedanke ist stärker als das Wort, der Gedanke ist losgelassen, ihn hält nichts mehr auf. Das Problem Väter und Söhne ist gelöst, die Jugend hat es gelöst. Sie schreitet dahin über den Jammer der Alten wie der Frühling über die Dürre des Winters. Die immer und immer bewährten »Erfahrungen« der Sechzig- und Siebzigjährigen sind um diese bereichert worden: daß die recht haben, die eine ganze Generation jünger sind, also um eine Generation Erfahrungen mehr haben. Der Kampf der Jungen ist angefacht. Er wird zum Siege führen, denn an Nachwuchs wird er nie Mangel haben, und die fröhliche Torheit, die das schöne Vorrecht der Jugend ist, wird allzeit seine gute Waffe sein.

Hier ist ein prächtiges Beispiel, wie idealistische Agitation wirkt, bis der Ursprung verwischt ist und bis plötzlich an einer Stelle, die niemand kannte, in einer Art, die niemand voraussah, ihr Segen aus der Erde quillt. Was haben die Alten nicht getan, um ihre Macht über die Jungen zu konservieren! Sie haben verboten und gestraft, geprügelt und gelogen, sie haben das Geheimnis der Menschwerdung vor den Kindern gehütet, als ob alles Seelenheil in Gefahr wäre, wenn der Junge weiß, wie das Mädel beschaffen ist. Und nun stellt sich die Jugend lachend vor ihnen auf und ruft ihnen ins Gesicht: ihr braucht uns nichts zu erklären, denn wir sind längst so klug wie ihr. Ihr braucht uns nichts zu verbieten, denn wir tun doch, was wir für recht halten. Ihr braucht uns nichts zu befehlen, denn wir gehorchen euch nicht mehr. Wir Älteren haben das noch nicht gewagt, wie brünstig wir es auch gefühlt haben. Aber nun wollen wir uns ehrlich freuen, daß wir es bei den Jüngeren mit ansehen dürfen, und die nach uns kommen werden, wollen wir in einem Geiste aufwachsen lassen, der die Beherrschung in sich selbst hat und keine Beherrschung von außen mehr duldet.

Die Jugend, der Nachwuchs, die kommende Generation hat sich mündig erklärt. Das Alter ist nicht berechtigt, mit seinen überlebten, verknöcherten Prinzipien daran zu rütteln. Bei der Jugend ist alle Zukunft geborgen. Ihr wollen wir unsere Ideale anvertrauen. Haben wir die jungen Leute gewonnen, dann haben wir alles gewonnen: Freiheit und Kultur, Revolution und neue Menschheit. Die Jugend soll uns die Staaten zertrümmern und den Frieden aufbauen, sie soll Sozialismus und Kultur schaffen, sie soll die Erde dem Geiste und dem Menschenglück bewohnbar machen. Wir anderen müssen uns ja wohl begnügen, ihr in Dichtung und Werbung anfeuernd zuzurufen und zu gleichem Tun denen den Mund zu öffnen, in denen die geistigen Güter der Menschheit gespeichert sind.

Noch verträumen die Künstler und Kulturellen ihre Zeit in ästhetischen Zirkeln. Noch haben sie nicht begriffen, daß sie zum Volke gehören, in die Gemeinschaft aller, und daß ihr Werk erst Wert erhält, wenn es Resonnanz findet im Herzen der Mitmenschen. Der Geist der Lebenden gehört an die Spitze und in die Gefolgschaft der rebellischen Jugend. Seien wir Agitatoren, bilden wir eine Jungmannschaft der Welt, auf daß auch unser Wort Keime lege zu neuem Geschehen und neuer Gestaltung! Verstopfen wir unsere Ohren vor den Unkenrufen träger Philister und vor den Rechenexempeln praktischer Nörgler! Rufen wir die Wahrheit unserer Ideale aus, unbekümmert um Erfahrungen und zweifelnde Erwägungen, – und wir werden eine Welt erleben, die auf Schönheit und Gemeinschaft und – fern ab von Gott und Kirche – auf religiöser Inbrunst errichtet ist.

1 *Der Anfang*: vgl. zu dieser 1908 von Schülern gegründeten Zeitschrift, die 1913/14 in Franz Pfemferts Verlag »Die Aktion« erschien, Dok. 44 dieses Bandes, S. 159.

41
Otto Gross: *Zur Überwindung der kulturellen Krise.* In: *Die Aktion* 3 (1913), Sp. 384–387.

Die Psychologie des Unbewußten ist die Philosophie der Revolution, d. h. sie ist berufen, das zu werden als das Ferment der Revoltierung innerhalb der Psyche, als die Befreiung der vom eigenen Unbewußten gebundenen Individualität. Sie ist berufen, zur Freiheit innerlich fähig zu machen, berufen als die *Vorarbeit* der Revolution.

Die unvergleichliche Umwertung aller Werte, von der die kommende Zeit erfüllt sein wird, beginnt in dieser Gegenwart mit dem Gedanken Nietzsches über die Hintergründe der Seele und mit der Entdeckung der sogenannten psychoanalytischen Technik durch S. Freud. Es ist dies die praktische Methode, die es zum ersten Male möglich macht, das Unbewußte für die empirische Erkenntnis freizumachen, d. h. für uns, es ist jetzt möglich geworden, sich selbst zu erkennen. Damit ist eine neue Ethik geboren, die auf dem sittlichen Imperativ zum wirklichen Wissen um sich und um die Nächsten beruhen wird.

Dies ist das Überwältigende in diesem neuen Wahrheit-Begreifen müssen, daß wir von dem Eigentlichen, Wesentlichen, vor allen Fragen unvergleichlich Fragenswerten – von unserem Sein, unserem inneren Leben, von Uns, vom Menschen bis zu diesen Tagen nichts gewußt haben, ja nicht einmal danach zu fragen imstande gewesen sind. Was wir zu wissen lernen, das ist, daß jeder Mensch von uns, so wie wir heute sind, nur einen Bruchteil dessen innehat und als sein Eigen kennt, was seine psychische Persönlichkeit in ihrer Gesamtheit umfaßt.

Ausnahmslos in jeder Psyche ist die Einheit der Gesamtfunktion, die Einheit des Bewußtseins durchgerissen, hat sich ein Unbewußtes abgespalten, das sich der Führung und Kontrolle durch das Bewußtsein und jeder Selbstwahrnehmung überhaupt an sich entrückt erhält.

Ich muß die Kenntnis der Freudschen Methode und deren wesentlichen Ergebnisse als bereits allgemein voraussetzen. Seit Freud verstehen wir die Unzweckmäßigkeiten und Unzulänglichkeiten des psychischen Lebens als Folgerungen innerer Erlebnisse von intensiv konflikterregendem Affektgehalt, die seinerzeit – vor allem in der frühen Kindheit – als unauflösbar scheinend aus der Kontinuität des ichbewußten Innenlebens ausgeschaltet wurden und seither aus dem Unbewußten als Kontrastmotive und unbeherrscht zerstörend weiterwirken. Ich glaube, daß das wesentlich Entscheidende für das Zustandekommen der Verdrängungen im inneren Konflikt gegeben ist – unerreicht bleibt, was Carl Wernicke [1] über den Konflikt als Krankheitsursache geschrieben hat – mehr als in der Beziehung zum sexuellen Moment. Die Sexualität ist das universelle Motiv für eine Unendlichkeit an inneren Konflikten, nicht an sich selbst sondern als das Objekt einer Sexualmoral, die in unlösbarem Konflikt mit allem steht, was Wert und Willen und Wirklichkeit ist.

Es zeigt sich, daß das eigentliche Wesen dieser Konflikte im tiefsten Grund sich stets auf *ein* umfassendes Prinzip zurückführen läßt, auf den Konflikt des Eigenen und Fremden, des angeboren Individuellen und des Suggerierten, das ist des Anerzogenen und Aufgezwungenen.

Dieser Konflikt der Individualität mit der *ins eigene Innere eingedrungenen Autorität* ist mehr als jemals sonst der tragische Inhalt der Kindheitsperiode.

Tragisch gerade desto mehr, je reicher in sich selbst, je fester in der Eigenart die Individualität veranlagt ist. Je intensiver und je früher das Widerstandsvermögen gegen Suggestion und Eingriff seine schützende Funktion beginnt, um soviel intensiver und soviel früher wird der zerreißende Konflikt vertieft und verschärft. Verschont sind nur die Naturen, deren Individualitätsanlage so schwach entwickelt und so wenig widerstandsfähig ist, daß sie unter dem Druck der Umweltssuggestionen – dem Einfluß der Erziehung – geradezu der Atrophie verfällt und überhaupt verschwindet – Naturen, deren richtunggebende Motive endlich ganz aus überkommenem fremdem Material an Wertungen und Gewohnheiten des Reagierens sich zusammensetzen. Bei solchen Charakteren zweiten Ranges kann eine – scheinbare – Gesundheit sich erhalten, d. h. ein ungestörtes Zusammenfunktionieren der seelischen Totalität oder, besser gesagt, des Seelenrestes. Jedwedes Individuum dagegen, das irgend höher steht als diese Normalität von heute, ist unter den bestehenden Verhältnissen außerstande, am krankheitsschaffenden Konflikt vorbeizukommen und seine *individuelle Gesundheit* zu erreichen, d. h. die harmonische Vollentwicklung seiner individuellen, in angeborener Anlage präformierten höchsten Möglichkeiten.

Man versteht aus all dem, daß derartige Charaktere bisher, gleichgültig in welcher Erscheinungsform sie sich offenbaren – ob gegen Gesetze und Moral, ob positiv über den Durchschnitt hinausführend oder in sich zusammenbrechend und krank – mit Abscheu oder Verehrung oder Mitleid als beunruhigende Ausnahmen empfunden und auszumerzen versucht worden sind. Man wird verstehen, daß heute die Forderung besteht, diese Menschen als die Gesunden, die Kämpfer, die Fortschrittler gutzuheißen und von und an ihnen zu lernen.

Es ist keiner der Revolutionen, die der Geschichte angehören, gelungen, die Freiheit der Individualität aufzurichten. Sie sind wirkungslos verpufft, jeweils als Vorläufer einer neuen Bourgeoisie, sie sind geendet in einem hastenden Sicheinordnenwollen in allgemein geltende Normalzustände. Sie sind zusammengebrochen, weil der Revolutionär von gestern die Autorität in sich selbst trug. Man kann jetzt erst erkennen, daß in der *Familie der Herd aller Autorität* liegt, daß die Verbindung von Sexualität und Autorität, wie sie sich in der Familie mit dem noch geltenden Vaterrecht zeigt, jede Individualität in Ketten schlägt.

Die Krisenzeiten hoher Kulturen haben bisher immer die Klagen über das Lockern der Ehe und der Familienbande in Gefolgschaft – die Ehe ist eine vorwiegend bäuerliche Institution – man konnte indes aus dieser »Unsittlichkeitstendenz« den lebensbejahenden ethischen Schrei nach Erlösung der Menschheit nicht heraushören. Es ging alles wieder zugrunde, und das Problem der Befreiung von der Erbsünde, der Versklavung der Frau um der Kinder willen, blieb ungelöst.

Der Revolutionär von heute, der mit Hilfe der Psychologie des Unbewußten die Beziehungen der Geschlechter in einer freien und glückverheißenden Zukunft sieht, kämpft gegen Vergewaltigung in ursprünglichster Form, gegen den Vater und gegen das Vaterrecht.

Die kommende Revolution ist die Revolution fürs Mutterrecht. Es bleibt gleichgültig, unter welchen Erscheinungsformen und mit welchen Mitteln sie sich vollzieht.

Wie Gross in der hier nicht mitabgedruckten Vorbemerkung angibt, versteht sich dieser Aufsatz als »Antwort auf einen Angriff, den Landauer in seinem ›Sozialist‹ gegen die Psychoanalyse und gegen mich gerichtet hat«. Siehe die Anmerkung von Gustav Landauer zu einem Artikel von L. B.: *Einige Bemerkungen über die Psycho-Analyse.* In: *Der Sozialist* 3 (1911), Nr. 13 (1. Juli), S. 102–104; hier S. 104. Der Streit um die Psychoanalyse, der zum Teil im Kontext der expressionistischen Psychologie- und Positivismuskritik steht (vgl. z. B. Dok. 61 dieses Bandes), setzte sich innerhalb der *Aktion* zwischen Ludwig Rubiner und Otto Gross fort. Siehe dazu Ludwig Rubiner: *Psychoanalyse.* In: *Die Aktion* 3 (1913), Sp. 483; Otto Gross: *Ludwig Rubiners »Psychoanalyse«.* Ebd., Sp. 506 f.; L. Rubiner: *Uff ... die Psychoanalyse.* Ebd., Sp. 565-568; O. Gross: *Die Psychoanalyse oder wir Kliniker.* Ebd., Sp. 632–634.

1 Carl Wernicke (1848–1905), Psychiater, Begründer der Aphasielehre, Forschungsschwerpunkt: Gehirnerkrankungen.

42
Richard Oehring: *Die Internierung des Dr. Otto Groß und die Polizei.* In: *Wiecker Bote* 1 (1914), H. 7 (März), S. 1–3.

Anmerkung der Schriftleitung. Ein Universitätsprofessor läßt seinen Sohn, einen Arzt von verbürgter medizinischer und philosophischer Bedeutung mit Hilfe der Polizei in ein Irrenhaus verschleppen, weil er anders geraten ist, als der Vater sich geträumt hat. Die einzige unabhängige akademische Zeitschrift hat eine erste Verpflichtung, diesen unerhörten Fall zur Sprache zu bringen.

In die Verschollenheit seines Zimmers, in der er im Tiegel seiner Weltliebe sein Leid schmolz – in die Verschollenheit seines Zimmers, aus der er sich nur wenige Stunden am Tage löste, um die unerhörte Bewegung seiner Gedanken im Kreise seiner Freunde auszuströmen, dringen am 9. November 1913 einige stämmige Männer, die sich als Kriminalbeamte ausweisen. Sie sind gewohnt mit feindlichen Mienen empfangen zu werden und stehen einen Augenblick hilflos vor dem Arzt Dr. Otto Groß, der, freundlich auf sie zugehend, nach dem Grund ihres Besuches fragt. Doch bald ermannt erklären sie ihn gefangen, behüten ihn bis zur Abfahrt vor dem Besuch seiner überrumpelten Kameraden und bringen ihn unter Assistenz eines medizinischen Kollegen über die Grenze in sein Heimatland Österreich, wo ihn der Vater in einem festen Irrenhaus unterbringt – seit damals dringt zu ihm kein Ruf seiner Freunde. Die Mauern geben kein Echo.

Wer Dr. Otto Groß ist, stand genugsam in den aus Anlaß dieses Ereignisses erschienenen Sondernummern der *Aktion* und der *Revolution* [1], im März, in österreichischen und französischen Tageszeitungen, wie im *Intransigeant* und *Mercure de France* (die deutsche Tagespresse hat mit wenigen Ausnahmen versagt!). Die geistige Klarheit des Dr. Otto Groß zeigt sein Buch *Über psychopathische Minderwertigkeiten* [2] und seine bis heute erscheinenden Aufsätze über Fragen der Psychoanalyse und der neuen Ethik in der *Aktion*. [3] Die Haltbarkeit seiner Theorien und seine Befähigung zu ihrer Anwendung tat dar die Heilung einiger Patienten, die er aus tiefsten Verzweiflungen dem Leben zurückgewann. Sein Glauben, sein Vertrauen zu der inneren Gemeinsamkeit aller Menschen, zu der Überbrückbarkeit aller Fernheiten schmolz jede Verkrustung. Seine erkennende Liebe befreite die vergessensten Kräfte. Er gab ihnen das Gefühl ihrer Verantwortung, hob sie ins Niveau und gab ihnen ihre Bewegung. Das Unbewußteste bejahte sich. So wie seine eigene Seele unantastbar vom Banalen war, so wie das Nebensächlichste, einmal in seinen Kreis gebracht, von dem lebendigen Strome seines Gefühles machtvoll erfaßt wurde, so vermochte er auch noch im Stammeln des Ärmsten das Mitfließen im All zu fühlen. Aus allen Dingen, die er berührte, quoll ein seliger Reichtum. Es gab für ihn nichts Uninnerliches, Mechanisches, Automatisches.

Wie ist es denn möglich, daß Otto Groß interniert wurde? Kann denn die Polizei ohne ein vorschriftsmäßiges Attest hierzu behilflich sein? Oder ist die Aktion der Polizei mit der des Vaters nur scheinbar verbunden, nur zufällig gleichzeitig? Hat sie einen Grund gehabt, den ruhigen, pekuniär versorgten, politisch nicht auftretenden Wissenschaftler als lästigen Ausländer auszuweisen? Ist vielleicht Psychoanalyse polizeiwidrig? – Als Otto Groß urplötzlich aus dem Kreise seiner Kameraden verschwand, als kein Lebenszeichen von ihm kam, als wir unsere schlimmsten Vermutungen noch nicht zu glauben wagten, bestürmte man den Vater mit flehentlichen Briefen. Es kam keine Antwort. Schließlich war auf Umwegen zu erfahren, daß Otto Groß wegen übermäßigen Gebrauchs von »Cocain« ausgewiesen und in die Privatirrenanstalt Tulln bei Wien gebracht worden sei. Eine Ausweisung nicht aus politischen oder kriminellen Gründen, sondern lediglich einer Privatbesonderheit halber, gegen die – wie Pfemfert bemerkte – die Rücksichtslosigkeit des Rauchens ein unerhörtes Verbrechen ist! Wegen einer Privatbesonderheit obendrein, die nichts von einer Wüstlingsnatur verrät, sondern höchstens irgendwie auf ein persönliches Leid hindeuten könnte, das nicht leichtfertig abreagiert wurde! Obendrein Cocain, dessen Gebrauch seiner Zeit von Sigmund Freud als belebend rückhaltlos propagiert wurde, das von vielen stark arbeitenden Menschen ohne Schädigung genommen wird! Ein in seiner Seltsamkeit wohl einzig dastehender Ausweisungsgrund!

Oder sollte die Polizei auf Bitten des Vaters, des bekannten Kriminalisten Professor Dr. Hans Groß (Graz) [4] ausnahmsweise die unentgeltliche Besorgung einer Privatangelegenheit übernommen haben? Hat sie vielleicht ihr Herz erweichen lassen durch die Darstellung des Vaters, der seinen Sohn um jeden Preis aus der bedenklichen Gesellschaft der jungen Berliner Literatur reißen wollte, um seinen Vaterstolz durch eine glänzende Universitätskarriere seines Sohnes zu krönen? Der seinen Sohn im Geiste von Erpressern, Zuhältern, Ausbeutern, politischen Verbrechern umgeben sich zu sehen zwang. Dann hätte die Polizei ihre Gewalt mißbraucht. Dann ist zu befürchten, daß wir alle interniert werden können, daß die Polizei häufiger den Vätern helfen wird, daß die alte unumschränkte väterliche Gewalt eine Renaissance erlebt. Es ist ja zu begreifen, daß die Polizei in der Familie ihre festeste Stütze, ihren eigentlichen Brotgeber sieht – aber, es gibt ja immer noch Gesetze.

Als wir dies in unseren Protesten sagten, scheint die Polizei einen Schrecken bekommen zu haben, und sie wird sich nach ihrem österreichischen Auftraggeber hilfesuchend umgeblickt haben. Doch der ließ die deutsche Polizei ohne Dank im Stich. Er hatte den Sohn wieder, war glücklich – unselige Welt, die solchen Glückes bedarf! – und so war die Sache für ihn erledigt. Und die Polizei? Sie vergaß die unbestreitbare Tatsache ihrer unumschränkten Gewalt, ließ sich nervös in die Falle locken und gab an die Presse Privatinformationen, die eine Begründung ihrer Handlung aus dem öffentlichen Interesse darstellen sollten: Otto Groß, dessen Vater mit der Polizei in Verbindung stand, dessen Tun und Treiben offenlag, ist (ohne vorherige Warnung) wegen Mangels an Papieren ausgewiesen worden!! Weiterhin, Groß soll in eine zweifelhafte Gesellschaft geraten sein! Groß soll seiner körperlichen Funktionen nicht mehr fähig sein! Ich frage hiermit die Herren: Was meinen Sie damit?? Wenn ich auch derartige Dinge mir nicht zu deuten versuche, so glaube ich doch nicht, daß damit auf einen leichten Straßenbahnunfall hingedeutet werden soll, bei dem Otto Groß keine nennenswerten Verletzungen erlitt. Und dann, was wagt man uns schließlich noch zur Beschwichtigung anzubieten? Derartige Behauptungen sind unglaublich: »Dr. Otto Groß soll sich an der Grenze freiwillig in ein Irrenhaus begeben haben!« In ein Irrenhaus, wo ankommende Briefe ihm nicht ausgehändigt, die von ihm geschriebenen nicht befördert werden!

Man protestiere gegen das Verhalten des ausländischen Professors Dr. Hans Groß, des Kriminalisten und Universitätsbeamten, der eine preußische Institution unentgeltlich zu seinen Privatzwecken benutzt.

Die ganze Jugend wird in dem Geschick unseres Kameraden Otto Groß ihren eigenen Kampf, ihre größte Gefahr sehen. Deshalb ist es gut, daß durch die Genialität eines Sohnes, der sich der durch staatliche und familiäre Sanktionierung gestützten Kraft des Vaters nicht beugte, die Katastrophe herbeigezwungen wurde. Hier liegt der Freiheit Kampfplatz.

Alles andere bleibt in uns beschlossen.

Dieser Beitrag zum »Fall Gross« ist Teil einer groß angelegten Protestkampagne, die maßgeblich von expressionistischen Zeitschriften geführt wurde (s. Anm. 1) und bald die Entlassung von Gross aus der Anstalt bewirkte. Der *Wiecker Bote* ist eine der *Aktion* personell und geistig verbundene »Akademische Monatsschrift« des Greifswalder Expressionistenkreises um Dr. Oskar Kanehl (vgl. P. Raabe: *Die Zeitschriften*, S. 45 f.). Der Verf. Richard Oehring gab später zusammen mit O. Gross, Franz Jung, Georg Schrimpf und Richard Huelsenbeck die expressionistisch-dadaistische Zeitschrift *Freie Straße* heraus (vgl. P. Raabe: *Die Zeitschriften*, S. 60).

1 *Die Aktion* 3 (1913), Nr. 51 (20. Dez.); *Revolution* 1 (1913), H. 5 (Hg. v. Franz Jung); vgl. weiterhin Erich Mühsams *Kain* 3 (1913/14), S. 153 f.; Maximilian Hardens *Die Zukunft* vom 28. Febr. 1914; *Die Schaubühne* 10 (1914), S. 235–238.
2 O. Gross: *Über psychopathische Minderwertigkeiten.* Wien 1909.
3 Siehe Dok. 41 u. 56 dieses Bandes sowie die im Kommentar zu Dok. 41 angeführten Beiträge.
4 Hans Gross (1847–1915), Strafrechtspsychologe und Begründer der Kriminologie.

43
H. S. [Hanns Sachs]: *Der Sohn.* Ein Drama in fünf Akten von Walter Hasenclever. Verlag Kurt Wolff, Leipzig [1914]. In: *Imago.* Zeitschrift für Anwendung der Psychoanalyse auf die Geisteswissenschaften. Hg. v. S. Freud. Redigiert v. O. Rank und H. Sachs. V. Jg. (1917), H. 1, S. 43–48.

In diesem Drama hat das »In tyrannos«, das als Motto über so vielen Erstlingswerken stehen könnte, seine ursprüngliche Bedeutung, aus der es den nie alternden Affektwert schöpft, uneingeschränkt und unverhüllt beibehalten. Das Thema ist die Auflehnung des Sohnes, der Kampf gegen den äußeren Zwang und den geistigen Druck der väterlichen Autorität, die Abschüttelung des Joches, das offene, feindselige Gegenübertreten und die schließliche Überwindung des Vaters, der ins Grab sinkend dem Jüngling die ersehnte Freiheit lassen muß. Überflüssig zu sagen, daß der Dichter mit all seinen Sympathien auf seiten des Sohnes steht; trotzdem hat er es vermieden, das Bild des Konfliktes zu verzerren und einen in völliger Lieblosigkeit verhärteten, bösen und grausamen Vater zu schildern. Nicht daß Väter durch allzugroße Strenge das Leben ihrer Söhne verdüstern können, wird gezeigt, sondern jener allgemein-menschliche Konflikt, der zwischen Vater und Sohn nie völlig ausbleibt, der jedem Sohn einmal die Nähe des Vaters verhaßt, seinen Tod ein ersehntes Ziel werden läßt. Der Dichter macht nur von seinem Vorrecht der Gestaltung Gebrauch, wenn er den Wünschen, die in der Seele unbewußt, von den herrschenden Mächten verdrängt und kaum je ohne die Gegenströmung innigster Zärtlichkeit vorhanden sind, die grelle Beleuchtung des Bewußtseins und die Plastik wirklichen Geschehens gibt. Der Fall, daß ein sanfter, zärtlichkeitsbedürftiger Jüngling die Waffe gegen den Vater erhebt, ist gewiß nicht typisch, wohl aber die seelischen Triebkräfte, die ihn hervorbringen. Tiefes an die Oberfläche bringen, Verworrenes schlichten, Widersprechendes ausscheiden, das sind die Mittel, um aus dem ewig wiederkehrenden Material ewig neue Gestalten und Motive zu schaffen. Merkwürdig ist nur, daß hier wie die Verzerrung auch jede Verhüllung verschmäht wurde. In so vielen anderen Sohnes-Dramen wird ein Nebenmotiv in den Vordergrund gestellt; selbst in dem bis an die Grenze der Aufrichtigkeit gehenden *Don Carlos* – dem übrigens der Aufbau der entscheidenden Szene zwischen Vater und Sohn im II. Akt Zug für Zug entspricht – überdeckt die politische Auflehnung bald die familiäre. Bei Hasenclever gilt der Haß des Sohnes nicht einem Unterdrücker, obgleich es der Vater ist, sondern dem Vater als dem ersten und eigentlichen Unterdrücker.

Freilich, das Staunen über die Aufrichtigkeit wird geringer, wenn man den Vergleich mit *Don Carlos* fortsetzt. Dort wird das Fundament, auf dem der Vaterhaß eigentlich ruht, beibehalten, sein wirklicher Ursprung, die Rivalität um den Alleinbesitz der Mutter, eingestanden. Vater und Sohn sind Nebenbuhler bei dem Weibe des Vaters, das nur nicht des Sohnes leibliche Mutter ist. Im *Sohn* aber wurde dieses Motiv von vornherein völlig ausgeschaltet, die Mutter ist längst tot, der Vater Witwer geblieben. Es ist ersichtlich, daß eine übergroße, die Grenze des literarisch Darstellbaren fast überschreitende Aufrichtigkeit mit einem völligen Verschweigen der anderen Hälfte des Problems erkauft werden mußte. Der Verzicht darauf, diese Seite zu behandeln, die Standhaftigkeit den Lockungen der Inzest-Phantasie gegenüber, war offenbar die Voraussetzung für die völlige Freigabe der Gestaltungsfähigkeit nach der anderen Seite hin.

Ein derartiger Verzicht läßt sich nie und nimmer erfolgreich bis zu Ende führen, das Verdrängte weiß sich stets unter irgend einer Larve Eingang zu verschaffen. So ist hier die Tatsache, daß der Vater ohne erotische Beziehung bleibt, kein Hindernis gewesen, um der Figur der von dem Sohn geliebten Frau einige unzweideutig mütterliche Züge zu geben. Sie ist Hausgenossin, Autoritätsperson, vom Vater zur Bewachung des Sohnes bestellt; sie verrät den, der sie als seine Bundesgenossin in das Haus aufgenommen hat und betrügt ihn mit dem Sohn, zu dessen Partei sie übergeht. Das Gefühl, daß der Vater durch ihr zärtliches Einverständnis hintergangen wird, ist für den Sohn ein Teil der Anziehungskraft, die sie auf ihn ausübt: »Welche Wollust ihn zu betrügen! Als ich Sie gestern in seinem Zimmer küßte, wie genoß ich dieses Glück. Und das Sofa, auf dem wir uns umarmten, hat meine Rache gespürt. Und die toten, höhnischen Möbel, vor denen mein Vater mich prügelt, haben alle, alle das Wunder gesehen. Ich bin nicht mehr der Verachtete. Ich werde Mensch!« Und später: »Ich werde jeden töten, der dich verletzt: und wäre es mein Vater.«

Der Freund, der ihn zuerst in dem Fräulein das begehrenswerte Weib entdecken läßt, eifert ihn dadurch an, daß er sie an die Stelle der Mutter setzt: »Hab keine Angst, sie ist gütig. Auch deine Mutter war eine Frau wie sie. Du wirst ihr Kind sein.« Für jeden Kenner der Symbolik weisen auch die Worte, in die der Sohn seinen Entschluß zur Liebeswerbung kleidet, tiefbedeutsam in dieselbe Richtung: »Ich will diesen Zaubergarten betreten, und koste es mein Augenlicht!« Es läßt sich nicht wohl übersehen, wie gut hier die aus dem *Hohen Lied* und auch sonst aus dem mannigfachsten Material bekannte erotische Bedeutung des »Gartens« zu der Strafe paßt, die auch König Ödipus an sich vollzieht, weil er Gemahl der Mutter geworden ist.

Auch bei der vollsten Hingabe sucht das vom »Sohn« begehrte »Fräulein« nicht den eigenen Liebesrausch, nur das ungestüme Blut ihres Geliebten will sie beruhigen, ihn besänftigen und beglücken. »Mein kleiner Junge, komm zu mir, wenn es dich glücklich macht. Ich möchte dir so nahe sein. Ich streichle ja deine Hände, und wenn das geschieht, kann es nicht verloren gehen. Du sollst einmal voll Dankbarkeit an mich denken. Geh zu keiner anderen Frau. Ich will für dich sorgen. Und bei mir darfst du alles tun.« Rein mütterlich, wie die Liebesgewährung hier ausgesprochen ist, läßt sie deutlich die aus der Analyse bekannte Knabenphantasie anklingen, daß sie, der die Zärtlichkeit des Kindes galt, ihn auch in die Liebeswelt der Erwachsenen einführe und ihn nicht teilnahmslos sich selbst und fremden Frauen überlasse. Nur so wird es auch verständlich, daß dem Sohn, als ihm der Freund am Schluß des zweiten Aktes den Weg zur Freiheit und zum Leben außerhalb des Vaterhauses geöffnet hat, die eben noch Geliebte gleichgültig wird.

Mehr noch als die dargestellten Phantasien verdient die Form ihrer Darstellung Aufmerksamkeit. Der Dichter drückt sich mit einer fast unheimlichen Geläufigkeit in jener »Grundsprache« aus, von der die Psychoanalyse behauptet, daß sie die dem Unbewußten eigene, sinnvolle und übersetzbare Äußerung verdrängter Seelenregungen sei. Besonders der Symbolik, deren Deutung den Analytikern soviel Vorwürfe eingetragen hat, trotzdem sie nicht nur durch die Erfahrungen an Träumen und neurotischen Symptomen, sondern ebenso durch alle Untersuchungen über Sitte, Brauch, Sprache, Religion und Sage gestützt wird, bedient er sich reichlich und mit einer bis ins einzelste gehenden Übereinstimmung mit den Resultaten der Analyse. Statt vieler nur ein einziges Beispiel: Freud berichtet in der *Gradiva* [1] von einem jugendlichen Patienten, der in der Mathematik vor seinen, auf die Mutter gerichteten, verdrängten Wünschen Zuflucht suchte, »bis seine Fassungskraft eines Tages plötzlich vor einigen scheinbar harmlosen Aufgaben erlahmte. Von zweien dieser Aufgaben ließ sich noch der Wortlaut feststellen: Zwei Körper stoßen aufeinander, der eine mit der Geschwindigkeit . . . usw. – Und: Einem Zylinder vom Durchmesser der Grundfläche m ist ein Kegel einzuschreiben usw. Bei diesen für einen anderen gewiß nicht auffälligen Anspielungen an das sexuelle Geschehen fand er sich auch von der Mathematik verraten und ergriff auch vor ihr die Flucht.« Und gleich zu Beginn des Dramas klagt der bei der Matura durchgefallene Sohn: »Weshalb mußte es an der Formel für den abgestumpften Kegel scheitern . . . Ich hätte die Aufgabe glänzend gelöst – wäre ich nicht im letzten Augenblick geflohn . . . Ich wußte sogar, daß man den kleinen vom großen Kegel subtrahiert und trotzdem – ich habe es nicht getan.« Wer die Möglichkeit, daß eine mathematische Schulaufgabe der erotischen Symbolik diene, noch bezweifelt, erhält dann im vierten Akt die Aufklärung: »Ich bin ein Anfänger in der Liebe: das wird mir mit Schrecken klar. Aber die Kunst ist groß, und ein junger Mann muß Bescheid wissen, bevor er die höhere Mathematik versteht.« Wäre nicht der symbolische Sinn in jener, die neurotische Hemmung des *Sohnes* auslösenden Aufgabe ein anderer als in dem von Freud mitgeteilten Fall – er bezieht sich nicht auf inzestuöse Begierden, sondern auf das Vater-Verhältnis – so könnte man zunächst vermuten, der ganze Sachverhalt sei aus der *Gradiva* übernommen. Wie unmöglich eine solche Annahme ist, erweist sich, sobald man über die erste Seite hinaus ist, denn dergleichen symbolische Fragmente sind fast in jeden Satz eingesprengt, oft sind sie mit einer solchen Selbstverständlichkeit nebeneinandergesetzt, daß der manifeste Sinn darunter leidet und ganze Stellen dunkel und unverständlich werden. Das gilt nicht nur für dieses Drama, sondern auch für zwei andere lyrische Werke des Dichters: *Der Jüngling* und *Das unendliche Gespräch.* [2] Dieser Verzicht auf das Verständnis des Lesers schafft vorübergehend Ähnlichkeiten mit der Ausdrucksweise der Paraphreniker (an dementia praecox Erkrankten), die volle Verfügung über die Symbolik besitzen und sie ungehemmt durch die Rücksicht auf den Mitteilungszweck in ihrer Sprache schrankenlos verwenden.

Noch in einem zweiten Punkt verrät das Werk, daß es unweit der Grenze steht, die poetisches Schaffen von allen anderen Formen der Phantasie, zu denen auch der Tagtraum und der krankhafte Wahn gehören, scheidet. Der Dichter hat sich von den eigenen seelischen Erlebnissen, aus denen er schöpfte, nur soweit losgerissen, daß ihm ihre neuen Träger namenlos und dadurch allgemein, eines bestimmten Menschenantlitzes entbehrend, geworden sind: Der Vater, der Sohn, der Freund. Das erinnert an die Urform menschlicher Kunsttätigkeit, wie sie jene kleine Statue aus der älteren Steinzeit, die sogenannte Venus von Willendorf zeigt: ein nacktes Weib, überstark an Brüsten und Schoß, deren Antlitz durch ein Geflecht, sei es Schleier oder Haar, verhüllt wird. Unter dieser Maske konnte sich jeder Beschauer die Züge verborgen denken, denen seine, durch die Darstellung der Geschlechtsmerkmale entflammten Begierden unmittelbar zustrebten, der Bildner selbst hatte die seinigen nicht eingestanden, aber auch nicht verleugnet.

Gereifte Kunst opfert alle andere Lust der eigenen Schöpferfreude und zeugt völlig eigenwüchsige Gestalten. Auch in Hasenclevers Drama ist trotz der geflissentlichen Bemühung, das Typische hervorzukehren, die das Jugend- und Erstlingswerk kennzeichnet, manches bis zu vollkommener persönlicher Geschlossenheit gediehen; dabei ist alles ohne Anempfindung und Sentimentalität aus seelischen Tiefen hervorgeholtes Gefühl, weit jenseits von Banalität und Effekthascherei.

Zwischen den beiden Gegenspielern steht außer dem »Fräulein«, der Geliebten des Sohnes, noch eine männliche Figur, der Freund. Daß sich in ihm ein Stück von dem Aufruhrgeist des Sohnes verkörpert, ist ohne weiteres klar; er öffnet dem Verzückten die Augen, so daß er in der Gouvernante das begehrenswerte Weib entdeckt, er verhilft ihm zur Flucht und zwingt ihm das Werkzeug und den Vorsatz des Vatermordes auf. Mit dieser Erklärung ist aber das ganze Geheimnis, das ihn umgibt, noch keineswegs aufgehellt, um so weniger, als die Empörungstendenz im Sohne selbst höchst lebendig ist, also nicht erst einer Darstellung als selbständige Figur bedarf. Auch die Herrschaft, die er über den Sohn ausübt, bleibt von dieser Seite her unaufgeklärt; die anfängliche Nachgiebigkeit gegen die Ratschläge des unbekannten Befreiers steigert sich bis zur Unterwerfung und Besitznahme, so daß schließlich der Wille des Freundes unmittelbar in den Geist des Sohnes übergeht und ihm gegenüber eine ungeheuere Übermacht besitzt. »Ein furchtbarer Wille ist in ihm, den Redenden unter seinen Gedanken zu zwingen.« Er sagt es dem Sohn ins Gesicht, daß er ihn als willenloses Werkzeug seiner Absichten benützt hat: »Ich gebe zu, daß mein Wille über dir geherrscht hat. Ich mißbrauchte dich von Anfang an. Sogar während der Rede habe ich dir, ohne daß du es wußtest, Worte und Gesten diktiert. Dein Haß gegen mich ist vollkommen begreiflich.« Diese geheimnisvolle Macht über die Seele und der mit ihr ringende Haß sind wohlbekannte Vaterattribute, die übrigens genau in derselben Form wie hier auch in dem typischen paranoischen Wahn wiederkehren. Nimmt man noch dazu, daß am Schluß des zweiten Aktes der Freund genau so als Störer der Liebesbeziehung zum »Fräulein« auftritt, wie zu Anfang der Vater, daß der Sohn gegen ihn, ebenso wie gegen den Vater den Revolver in Anschlag bringt und daß beide gleich darauf ohne Einwirkung des Sohnes sterben, so läßt sich erraten, daß der Freund eine zweite Vaterfigur ist, in der die Anbetung der väterlichen Macht und die Sehnsucht nach der Freundschaft mit dem Vater (»Zerreiße die Fesseln zwischen Vater und Sohn – werde mein Freund« sagt der Sohn in jener großen Szene des zweiten Aktes) stärker, Auflehnung und Todeswunsch nur gedämpft zum Ausdruck kommen.

Der Todeswunsch gegen den Vater selbst wird nicht bloß gedacht und ausgesprochen, er reift bis zur Mordabsicht. Der schon erhobene Revolver des Sohnes wird nicht abgefeuert – weil der Vater im selben Augenblick einem Schlaganfall erliegt. Der Wunsch allein hat genügt, um den Vater zu töten, und die »Allmacht der Wünsche« erspart es dem Sohn, die schwerste Blutschuld auch wirklich auf sich zu laden. Er ist durch die Kraft seiner Wünsche, denen das Unbewußte Allmacht zuschreibt, des Vatermordes schuldig, ohne ihn doch begangen zu haben. So entsteht jenes »unschuldig schuldig werden«, das zur Voraussetzung des richtigen Tragödienhelden gehören soll; der unsinnig scheinende Widerspruch löst sich völlig auf, wenn man ihn zwischen die Realität und die »Allmacht« der unbewußten Todeswünsche verteilt.

Jedes Kunstwerk ist nicht nur ein »Bruchstück einer großen Konfession«, das Fragment eines individuellen Entwicklungsganges, sondern dort, wo es aus dem Tiefsten schöpft, auch der Reflex eines Teils der Menschheitsgeschichte; denn im innersten Kern bleibt jedes einzelne Erleben an die Bahn und den durchschrittenen Weg des ganzen Geschlechtes gefesselt. Der Vatermord, der hier dramatisches Thema geworden ist, steht als folgenschwerste Tat am Eingang unserer Kulturgeschichte. Im letzten Teil von *Totem und Tabu* [3] schildert Freud, wie die Söhne, nachdem sie um des Besitzes der dem Vater allein gehörigen Frauen willen die Untat begangen haben, schließlich aus Schuldgefühl zu nachträglichem Gehorsam gelangen und auf das Weib – die Mutter – verzichten. Im Drama tritt vor den Sohn, nachdem er den Unterdrücker aus dem Weg geräumt hat, tröstend die Geliebte und begrüßt ihn, sich zu ihrer Mutter-Rolle bekennend:

»sei nun willkommen einer Mutter Hand.«

Der Sohn kann ihre Hingabe jetzt nicht mehr annehmen:

»Kennst du den Knaben noch der dir entschwindet?
O glaube nicht, ich kehre dir zurück. –
Wo ist der Mensch, der das noch überwindet!

Und könnt' ich heute noch die Worte sagen:
Geburt und Dasein – einst in ihrem Schoß –
mich würde Ihre Liebe nicht mehr tragen,
ich bin zu arm. Die Erde ließ mich los.«

So schließt das Stück mit einem Abschied und Verzicht, der in symbolischer Kürze das zusammenfaßt, was Freud als die menschliche Urgeschichte schildert, von der alle Kultur ausgegangen ist: »Sie reichen sich die Hände und gehen ab nach verschiedenen Seiten. Der Tote, in der Mitte des Saales, bleibt allein.«

1 S. Freud: *Der Wahn und die Träume in W. Jensens Gradavia.* Leipzig, Wien 1907. Jetzt u. a. auch in: *Studienausgabe* Bd. X. Frankfurt 1969. S. 9–85.
2 W. Hasenclever: *Der Jüngling.* Gedichte. Leipzig: Kurt Wolff 1913. W. H.: *Das unendliche Gespräch. Eine nächtliche Szene.* Leipzig: Kurt Wolff 1913 (Bücherei »Der jüngste Tag« Bd. 2).
3 S. Freud: *Totem und Tabu. Einige Übereinstimmungen im Seelenleben der Wilden und der Neurotiker.* Leipzig, Wien 1913. Jetzt u. a. auch in: *Studienausgabe* Bd. IX. Frankfurt 1974. S. 287–444.

44
Georg Gretor: *Die entschiedene Jugendbewegung. Ein Rückblick.* In: *Die Aktion* 8 (1918), 6. April, Sp. 161–169.

I. Ihre Entstehung (1900–1914)

Zur bewußten, entschiedenen Jugendbewegung haben in Deutschland drei Strömungen zu Beginn des Jahrhunderts geführt:

Der Wandervogel, eine romantische Empörung der bürgerlichen Jugend gegen Schule und Familie. Lebens- und Wanderformen sind Ausdruck seines inneren Wesens, aus jugendlicher

Not und Bedrängnis geboren. Die Entstehung ist von Hans Blüher in seinem Buche *Der Wandervogel, Geschichte einer Jugendbewegung* [1] geschildert (Verlag Bernhard Weise, Berlin-Tempelhof).

Die »Freie Schulgemeinde« [2], die als jugendliche empörerische Tat zustande kam (gegen die Spekulation des Alters) und die ihr Gründer Gustav Wyneken [3] als Burg der Jugend erdachte.

Die Zeitschrift *Der Anfang*, von Schülern im Jahre 1908 gegründet; sie versuchte sogleich jugendliche Probleme in gefährlicher Weise zu berühren. Dies wurde ihr verunmöglicht und so mußte sie sich eine Zeitlang mit literarischen Allüren begnügen. Sie wurde redigiert in Berlin, Wien, Zürich, Paris, London und wieder Berlin. Schließlich rang sie sich selbständig zur Aufgabe durch, »daß die Jugend erwache, daß sie teilnehme an dem Kampf, der um sie geführt wird«. Da der Inhalt diesem Leitsatze noch nicht entsprach, rief ihr im Jahre 1911 Wyneken zu: »Hinein in die Fragen, die die heutige Jugend wirklich bewegen, in ihre Lebensfragen«.

Mit der Neugründung des *Anfang* unter Wynekens verantwortlicher Redaktion tritt die entschiedene Jugendbewegung in die Öffentlichkeit. Wyneken verkündete im ersten Heft:

»Indem wir diese unsere Zeitschrift der Jugend anbieten, bieten wir ihr etwas Großes und Wichtiges, etwas, was ihr noch nicht angeboten worden ist. Wir geben ihr die Möglichkeit, allen Mächten und Autoritäten, wenn es sein muß zum Trotz ihre Meinung und ihren Willen auszusprechen, rückhaltlos und weit vernehmbar. Wir geben ihr diese Zeitschrift in die Hand, wenn es sein muß, als Werkzeug und Waffe in ihrem Kampf um Achtung, um Recht der Persönlichkeit, um Freiheit der Überzeugung, um eine neue Lebensgestaltung und als ein Mittel, zum ersten Mal sich selbst zu finden und zum Bewußtsein ihres Wesens und ihrer gemeinsamen Interessen zu kommen. Wir reihen damit das Denken und Wollen der Jugend – und das ist etwas geschichtlich Neues – in das öffentliche Denken der menschlichen Gesellschaft ein, und wir erwarten von der Jugend, daß sie das versteht.«

Trotzdem war die Zeitschrift *Der Anfang* nur ein schwacher und vorsichtiger Ausdruck des jugendlichen Lebens, das dahinter stand. Sie erschien vom Mai 1913 bis Juli 1914 im Verlag der »Aktion«. Franz Pfemfert zeigte das aktivste Verständnis [4] und verhinderte im August 1914, daß die Zeitschrift der Jugend in die allgemeine Verwirrung hineingezogen wurde. Während seines Jahrganges gruppierten sich um die Redaktion verschiedene Organisationen: das »Akademische Comité für Schulreform« (A. C. S.) verbarg unter diesem wissenschaftlichen Namen aufregende Initiative. Es wurde vom Wiener Herausgeber des *Anfang*, Siegfried Bernfeld [5], ins Leben gerufen. Die Leitgedanken lauten:

»Kindheit und Jugend sind nicht die zwecklosen Durchgangsstadien zum erwachsenen Menschen, sondern notwendige, in sich geschlossene Entwicklungsstufen.

Jugend und Mannheit sind nicht graduelle, sondern qualitative Unterschiede.

Die Jugend ist also nicht unvollkommene, unreife Mannheit, sondern ein vollkommener Zustand für sich.

Der Übergang von einer Stufe in die andere erfolgt naturnotwendig, organisch, zwanglos.

Die Jugend hat nur einen Sinn: sich zum vollkommenen Träger des Kulturgeistes zu bilden. Wenn die Entwicklungsgesetze und das Ziel von Jugend und Mannheit verschieden sind, so muß es auch die rationellste Gestaltung ihres äußeren Lebens sein.

Die Gestaltung des Lebensverhältnisses der Jugend, die der Sonderheit ihrer Natur entspricht, heißt Jugendkultur.

Die Schulreform hat die Aufgabe, das Schulwesen neu zu gestalten in dem Sinne, daß die äußere und innere Organisation der Schule der erreichbar vollkommenste Ausdruck für das Streben nach Jugendkultur ist.

Das A. C. S. sucht seine Aufgaben in diesem Rahmen, beschränkt sich aber auf folgende drei Komplexe:

1. Beiträge zu schaffen zur wissenschaftlichen Fundierung des Begriffes, der Aufgaben und der Technik der Jugendkultur.

2. Die Verbreitung des Begriffes und der Gesinnung »Jugendkultur« unter der Studentenschaft.

3. Einrichtung und Unterstützung von Unternehmungen, die der Mittelschülerschaft, wenigstens fragmentarisch, neben der Schule und der üblichen Lebensweise herlaufende Mittel zur Jugendkultur geben sollen.«

Viele Gründungen gingen vom A. C. S. aus. Die »Sprechsäle« boten in den meisten großen Städten Gelegenheit zu »freier geistiger Betätigung« der Schüler. Zunächst waren diese Jugendgemeinschaften auf elterliche Wohltätigkeit angewiesen. Von Mal zu Mal fand man sich in einem andern Zimmer zusammen, das fremd, uneigen und dabei immer dasselbe war. In der Atmosphäre roten Plüsches, auf Möbeln, die für die Proportionen einer andern Generation gedrechselt waren, zwischen Nippchen und Deckchen konnte Jugend nicht wirklich jugendlich sein. Doch da damals die Fähigsten die Tätigsten waren, entstanden in Wien, Berlin und Heidelberg eigene Jugendheime. In Wien kamen häufig viele hundert Kameraden zusammen. Ein Ausschuß Jugendlicher leitete die Selbsthilfe der Jugend ein. Er setzte sich mit zuverlässigen erwachsenen Freunden (Ärzten, Juristen, Abgeordneten und Schriftstellern) in Verbindung. Bei allen Konflikten innerer oder äußerer Art, hauptsächlich in Schule, Elternhaus oder Beruf, stand der Ausschuß durch Intervention, direkte Hilfe, Gastfreundlichkeit und durch Einwirkung auf die Öffentlichkeit den Kameraden bei.

Im Herbst 1913 luden über ein Dutzend Jugendverbände zum »Freideutschen Jugendtag« auf dem Hohen Meißner [6] mit diesen Worten ein:

»Die Jugend, bisher aus dem öffentlichen Leben der Nation ausgeschaltet, und angewiesen auf eine passive Rolle des Lernens, auf eine spielerisch-nichtige Geselligkeit und nur ein Anhängsel der älteren Generation, beginnt, sich auf sich selbst zu besinnen. Sie versucht, unabhängig von den trägen Gewohnheiten der Alten und von den Geboten einer häßlichen Konvention, sich selbst ihr Leben zu gestalten . . .«

2000 beteiligten sich; eine kleine Gruppe Entschiedener setzte gegen alldeutsche Abstinenten und Singsangromantiker das Gelöbnis durch: »Die Freideutsche Jugend will aus eigener Bestimmung, vor eigener Verantwortung, mit innerer Wahrhaftigkeit ihr Leben gestalten; sie tritt für die innere Freiheit unter allen Umständen geschlossen ein.« Drei Monate später wird dieses Gelöbnis in München von der Majorität und ihren strebsamen Führern aus moralischer Feigheit gebrochen. Die freideutsche löste sich von der entschiedenen Jugend los, indem sie in zahlreichen gewundenen Erklärungen festzustellen sucht, daß sie niemals »etwas mit ihr gemein gehabt hatte«.

Das kam so:

Das Jahr des Unheils, 1914, wurde in Deutschland mit der Hetze gegen »Jugendkultur« eröffnet von einer Roheit und Brutalität, die erst später ein Gegenstück fand.

Ein Zentrumsabgeordneter erklärt im bayerischen Landtag:

»Welches sind die Ziele der Jugendkultur: Kampf gegen das Elternhaus, Kampf gegen die Schule, Kampf gegen jede positive Religion, Kampf gegen die christliche Moral, Kampf gegen einen gesunden Patriotismus. Einer ihrer Vertreter hat erklärt: Wir können uns unter dem Worte ›deutsch‹ nichts mehr denken. Also: anarchistische Auflösung unentbehrlicher, unersetzlicher Werte, eine Art pädagogischer Futurismus.«

Der Kultusminister las seinen Erlaß gegen »Anfang« und »Sprechsäle« vor:

»Seit Mai 1913 erscheint im Verlage der ›Aktion‹ . . . *Der Anfang,* eine Monatsschrift, die sich als Zeitschrift der Jugend, und zwar der studierenden Jugend, vorstellt. Soviel aus einzelnen Nummern ersehen werden kann, tritt diese Zeitschrift durch bewußte Erschütterung jedes Autoritätsgefühls, durch Verhöhnung der Lehrer in der ständigen Rubrik Klassenspiegel, durch Empfehlung einer gesunden Erotik, und durch Herabwürdigung der Religion und des Religionsunterrichts den Zielen und den Bestrebungen der höheren Unterrichtsanstalten für eine religiös-sittliche Erziehung der Jugend geradezu feindlich entgegen. Außerdem war der ersten Nummer vom Mai ein Fragebogen beigelegt, der sich auf den Zustand des Vereinswesens an den deutschen und österreichischen Mittelschulen bezieht, und in dem unter Verbürgung unbedingter Verschwiegenheit der Schüler zur Angabe über geheime, von der Schulbehörde nicht geduldete Schülervereine aufgefordert wird.

Da unter den Beiträgen aus Schülerkreisen, die bisher in der Zeitschrift veröffentlicht wurden, auch solche aus Nürnberg und München sich finden, besteht Anlaß zu der Annahme, daß diese Zeitschrift auch bei den Schülern von bayerischen höheren Lehranstalten bereits Verbreitung gefunden hat. Die Schulvorstände und Lehrer werden daher beauftragt, sofort in geeigneter Weise einzuschreiten, wenn sie wahrnehmen sollten, daß sich die Zeitschrift *Der Anfang* in den Händen von Schülern vorfindet; insbesondere wäre gegen Schüler strafweise vorzugehen, die die Weiterverbreitung der Zeitschrift irgendwie zu fördern suchen. Falls etwa beobachtet werden sollte, daß die Zeitschrift von Buchhandlungen des Schulortes an Schüler versandt wird, ist Anzeige hierher zu erstatten.

Einem ähnlichen Zwecke scheint wohl eine Einrichtung zu dienen, die im Anschluß an einen im Oktober vorigen Jahres auf dem Hohen Meißner bei Kassel abgehaltenen Freideutschen Jugendtag unter Vermittlung einer gewissen E. S. in München unter dem Namen ›Sprechsaal Münchner Mittelschüler‹ einzuführen versucht wurde. Gedruckte Aufforderungen zum Beitritt dieser Einrichtungen wurden Schülern der höhern Lehranstalten eingehändigt, und es ist möglich, daß auch in andern, insbesondere größeren Städten gleiche Veranstaltungen ins Leben gerufen werden sollen. Nach der erwähnten Aufforderung ist der Sprechsaal Münchner Mittelschüler gedacht als ›Mittelpunkt der freien geistigen Betätigung der Münchner Mittelschüler und Schülerinnen. Er ermöglicht es jedem, über den Kreis seiner zufälligen Bekannten und Mittelschüler hinaus mit Gleichaltrigen und Gleichgesinnten sich über alles auszusprechen, und im freien Verkehre mit jüngeren und älteren Kameraden und mit Studenten neue geistige Anregungen zu geben und zu empfangen‹.

Was oben bezüglich der Zeitschrift *Der Anfang* gesagt und angeordnet wurde, hat im allgemeinen auch für den ›Sprechsaal‹ zu gelten; die Anstaltsvorstände werden die Bewegung sorgfältig im Auge zu behalten haben und nach Maßgabe der Disziplinarordnung wird der Verbreitung der gedruckten Zeitschrift unter den Schülern, so auch ihrem Eintritt in den Sprechsaal in der entsprechenden Weise nachdrücklich entgegenzuwirken sein.«

»Soweit die erlassene Anordnung. Sie sehen hieraus, daß die Unterrichtsverwaltung auf diesem Gebiete die Hände schon bisher nicht in den Schoß gelegt hat. Ich werde der Bewegung auch weiterhin meine Aufmerksamkeit schenken.«

Der Kultusminister schließt seinen Vortrag mit den Worten – ein halbes Jahr vor Kriegsbeginn –: »Hier heißt es: Principiis obsta! Es gilt hier ein Übel im Keime zu ersticken, bevor es schlimmere Früchte tragen kann«. Da eine große Protestversammlung der Freideutschen Jugend beabsichtigt war, bei welcher neben Professor Weber [7] aus Heidelberg auch Wyneken sprechen sollte, hielt der berühmte Zentrumsabgeordnete nochmals eine Ansprache im bayerischen Landtag. Er sagte:

»Wenn ein Mann der akademisch gebildet ist, wenn ein Mann, der in der Öffentlichkeit vorgibt, er wolle das ganze verkehrte Erziehungswesen reformieren und auf gesunde Bahnen lenken, wenn ein Mann, der den Titel Doktor vor seinem Namen hat, so naiv ist, daß er nicht einmal weiß, daß er in dem Falle, wenn er die pressegesetzliche Verantwortung für solches Zeug übernimmt, auch die moralische Verantwortung hat, dann steht der Mann nach meiner Anschauung auf einem so tiefen moralischen Empfinden, daß mit ihm überhaupt nicht zu rechten ist. Und wenn dieser Mann sich auch noch herausnimmt, in einer Versammlung am Montag in München seine Ideen in aller Öffentlichkeit vertreten zu wollen, und wenn er diejenigen Ideen vertritt, die tatsächlich im ›Anfang‹ vertreten werden, dann weiß ich überhaupt nicht mehr, was in Bayern noch verboten ist.«

Der Vortrag kam aber trotzdem zustande.

Professor Alfred Weber legte die geistige Verfassung, die Ziele und Wege der neuen Jugend dar. Sie sei idealistisch und für jede Volksgemeinschaft äußerst wertvoll. »Wir sind belehrt worden, daß die Jugend ihre selbstgewählte Freiheit niemals mißbraucht habe; nun sei es Zeit, das Prinzip der Freiheit und Selbstverantwortlichkeit auf die Schule zu übertragen. Schmachvoll sei es gewesen, daß die liberale Partei über all diese Dinge völlig unorientiert gewesen sei; daß sie sich von den ›Enthüllungen‹ des Zentrumsabgeordneten überrumpeln ließ; daß sie ängstlich zusammengeklappt sei, als derselbe das Freiheitsbestreben der Jugend mit dem Liberalismus in Zusammenhang gebracht habe, mit dem ein neuer, großer Abschnitt der Weltgeschichte beginnen wird. Die liberale Partei ist dem politischen Geschäftsgeist, der ewigen Angst um den Bestand der Partei erlegen. Die Jugend möge in ihrem großen Kampf um Recht und Freiheit aufrecht bleiben.« Aber schon war sie es nicht mehr. Auf die »völlig ungerechtfertigten und entstellenden Äußerungen« im bayerischen Landtage stellte die Freideutsche Jugend nur fest, daß sie »kein Verein mit besonderen Zielen sei« und daß sie sich keineswegs mit dem *Anfang* identifiziere oder in einem Verhältnis zu dem »Akademischen Comité für Schulreform« oder zu den »Sprechsälen« stehe. »Im übrigen lehnt die Freideutsche Jugend die ihr mit Hinweis auf den *Anfang*, auf den *Jungwandervogel* [8] und die *Festschrift* (vom Freideutschen Jugendtag) [9] – ob mit Recht oder Unrecht sei dahingestellt – unterschobenen Tendenzen, nämlich Kampf gegen Elternhaus, Schule, Staat und Religion auf das allerschärfste ab.«

In Wien fand ein ähnlicher, von polizeilichen Vortragsverboten gewürzter Kampf statt. Bei einer Protestversammlung von 1500 Kameraden und Freunden wurde, unter Mitwirkung von Reichsräten und Professoren, diese Resolution angenommen:

»Wir werden der Jugend immer zur Seite stehen, wenn sie Selbstbestimmung, rückhaltloses Bekennen der Wahrheit und der Geistesfreiheit gegen vermessene Angriffe oder listige Verlockungen verteidigt. Wir erwarten, daß sie dereinst die Vorsätze ihrer Jugendzeit nicht vergißt und kämpfen wird für ein freies Geschlecht vollberechtigter Menschen, die an den geistigen und Sachgütern der Erde, die allen gehört, gleichen Anteil nehmen.«

Es folgte die halbjährige Auseinandersetzung in der Jugendbewegung und um sie, die erst vom Kriege unterbrochen wurde. Eine kleine geistige Elite schützte in der Öffentlichkeit die neue Jugend. Sonst überall, in fast allen deutschen und österreichischen Landtagen und Zeitungen dieselben schwarzen, blutigen Schlagworte, der Ruf nach mittelalterlicher Strenge, polizeilicher Unterdrückung, »Ausfegen mit eisernem Besen« usw. Es kam zu Relegationen, behördlichen Maßnahmen, verbotenen Versammlungen jeder Art.

Der offizielle freideutsche Verband verfiel immer mehr. Es herrschte darin unter den Jüngeren zuviel primitiver Idealismus, zuviel guter Wille, zuviel billiges Pflichtgefühl, ohne die Erleuchtung scharfen kritischen Verstandes, ohne Fähigkeit, die Erscheinungen des Lebens unter eigener Verantwortung neu zu durchdenken. Die einseitige Zusammensetzung dieser Eigenschaften hemmt den großen, schönen Impuls einer komplizierten Bewegung, die vom Bestehenden eingeengt wird. Die Älteren, teilweise akademischen Streber, von Oberlehreraspiranten durchsetzt, teilweise schon wieder Familienväter geworden, hatten an einer frischfröhlichen Jugend Gefallen und wünschten sie daher von jeder entschiedenen Problemstellung zu bewahren. Diese Führer fanden kein anderes Mittel, ihre Getreuen vor der Infektion der intellektuellen Jugend zu schützen, als indem sie die entschieden gesinnten Kreise durch Auslegung und Abänderung der Verfassung aus dem Freideutschen Verbande entfernten.

Bei dieser Auseinandersetzung versagte auch der schöpferische Geist des *Anfang*. Der *Anfang* ließ sich von seiner ursprünglichsten und eigensten Aufgabe ablenken. Er führte eine breite Polemik, anstatt, wie in den ersten Heften, die geistigen Quellen der Jugendbewegung zu erschließen und rein zu halten. Er opferte die unmittelbare Wirkung zugunsten einer mittelbaren Propaganda. – Die erstrebte Verbindung mit der proletarischen Jugend wäre Wiedergeburt gewesen. Die letzten Worte des letzten *Anfang*-Heftes berichten die Beteiligung zweier Vertreter der proletarischen Jugend.

II. Der Krieg und die Jugendbewegung (1914 bis 1917)

Durch den Krieg zerfielen die äußeren Zusammenhänge der Jugendbewegung. Franz Pfemfert ist es zu verdanken, daß keine Kriegsnummer des *Anfang* erschien. Fast alle persönlichen Kreise wurden gesprengt und aufgelöst. Während Kriegsfreiwilligentum und Begeisterung die Freideutsche Jugend bis tief nach links in Rausch versetzte und so aller jugendlichen Problemstellung enthob, versuchten einige radikalere und befähigtere Elemente, ihren Sinn hochzuhalten und neuen Ansporn zu geben.

Der echteste und jugendlichste Ausdruck dieses Strebens verkörperte sich während des ersten Kriegswinters in Wien. Ein Gymnasiast veröffentlichte auf privatem Wege die *Jugendprobleme* [10]. Vom literarischen Teil abgesehen, sind sie vielseitiger und anregender als die letzten Hefte des *Anfang*. Die Zeitschrift überlebte die militärische Einberufung ihres Herausgebers nicht. Ein halbes Jahr nachdem sie eingegangen war, wurden die *Jugendprobleme* vom Vater eines Mädchens, das sich sträflicherweise in einen Jüngling der Jugendbewegung verliebt hatte, als geheime Zeitschrift den Behörden denunziert. Im Sommer 1915 gab ein Berliner Freistudent, Ernst Joel [11], die Zeitschrift *Der Aufbruch* [12] heraus. Er versuchte dem Begriff »Jugend« eine rein ethische Forderung zugrunde zu legen. Schüler standen fern. Alles sollte vergeistigt und beseelt werden. Soziale Arbeit, Sozialismus und Jugendgemeinschaft. Aber die Zeit ließ nur vier Hefte zu und die Berliner Universität fühlte sich (in Gestalt des Rektors Ulrich von Wilamovitz-Möllendorf) veranlaßt, den Herausgeber, Ernst Joel, zu relegieren.

Ferner schrieb Ernst Joel die *Wartende Hochschule* und *Die Jugend vor der sozialen Frage*[13]. Er gibt im Auftrage der Freistudenten *Flugblätter an die deutsche Jugend* zu zehn Pfennigen heraus. Bis jetzt sind 24 erschienen. Das zehnte ist erst nach dem Kriege beziehbar. Unter anderen seien erwähnt: Friedrich Schleiermacher: *Jugend und Alter;* Leo N. Tolstoi: *Besinnet Euch;* Friedrich Hölderlin: *Vom deutschen Volk;* M. Maeterlinck: *Dem tiefen Leben.*

Darauf trat Hans Blüher, Mitbegründer und Geschichtsschreiber des Wandervogels, mit seinem Kriegsprodukt, dem geistigen Antifeminismus, an die Öffentlichkeit. [14] Es ist das uralte Lied von der weiblichen geistigen Minderwertigkeit, welches bei der durch die Kriegsverhältnisse bedingten körperlichen, geistigen und psychischen Widerstandslosigkeit auch in den Kreisen der Jugendbewegung gläubige Ohren findet. Ferner entsprang diesem vergeistigt barbarischen Kopfe eine »neue«, in Wirklichkeit ebenso alte Führer-Ideologie [15], die er mit den Sätzen einleitet: »Führer und Volk sind in dem Einen und Wichtigen unterschieden: daß der Führer des Volkes nicht bedarf, um Führer zu sein, daß aber das Volk nur durch den Führer Volk wird.« Und: »Die Menge wird erst Volk, wenn sie folgt; von diesem Augenblick an bekommt sie Seele und gleicht dem Adam Michelangelos, der den halbschlaffen Arm Gottvater entgegenstreckt, um den göttlichen Funken zu empfangen. Welche Menge von Menschen also immer den Drang fühlt, Volk zu werden und den Adel solcher Gemeinsamkeit zu spüren, bedarf hierzu des führenden Mannes.«

Diese Sätze, für den geistigen Menschen so verführerisch klingend, sind verbrecherisch. Man kann keine geistig-legitimistischen Theorien aufstellen, ohne daß sie sich unter dem Druck der Verhältnisse und durch den Einfluß der Realpolitik sofort in Erbrecht, Gottesgnadentum, Machtverherrlichung, Mystik und Byzantinismus umsetzen. Die Broschüre ist um so verwerflicher, als sie Wyneken auf den Leib geschrieben wurde. Damit erweist ihm Blüher einen schlechten Dienst; er macht Wyneken lächerlich*. Blüher ist (vor allem seinen Freunden und Anhängern) mit seinen geistreichen und seelenvollen Inversionen darum so sehr gefährlich, weil er viele seiner Trugschlüsse auf Teilrichtigkeiten aufbaut, in ihnen Halbwahrheiten, ja Genialitäten vermengt und unter radikaler Geste und revolutionären Worten Instinkte und Gesinnung verbirgt, auf der das reaktionärste System aufgebaut werden kann. Seine Ideologie führt bei einfacher Hebelumschaltung zu barbarischem Machtanspruch.

Die »Zentralarbeitsstätte für Jugendbewegung«, Berlin 1916, und ihre Veröffentlichungen [16] sind das Gegenstück zu Blühers Führerideologie. Sie stellt das Gegengewicht wieder her, ohne daß allerdings dadurch ein Vorteil ersichtlich wäre. Die Zentralarbeitsstätte übernahm den Ideengehalt des *Anfang* und des Akademischen Comités für Schulreform und propagierte kräftig das gemeinsame Interesse der Jugend aller Staaten und aller Stände. Aufklärungsarbeit herrschte vor. Leider wurde dies in so unjugendlichem Tone betrieben, daß man Journale vor sich zu haben glaubte. Von wesentlicher Jugendlichkeit, dem geistigen Erfassen des Menschen, war nichts zu merken. Der jugendliche Kampf wurde im Gegenteil aus seiner geistigen Sphäre gehoben, und ihm daher mehr geschadet, als wenn nichts geschehen wäre.

Viele Kameraden sind während des Krieges umgekommen oder erkrankt. Einige haben aus freier Erkenntnis und eigenem Ermessen die große Zeit nicht erleben und überleben wollen. Manche lernten um. So z. B. Siegfried Bernfeld, der Wiener Herausgeber des *Anfang*, der unter die Zionisten gegangen ist und aus Jugendkultur die Notwendigkeit nationaler Erziehung vergeblich abzuleiten sucht.

---

* Dies, lieber Gretor, ist nicht mehr nötig: Jener Wyneken, der unser Kamerad war, starb im August 1914; was da noch als Dr. Gustav Wyneken, auch mit Hilfe des Rechtsanwalts Wolfgang Heine, »zeitgemäß« herumfuchtelt, das ist ein Feind unserer Sache, ein verärgerter Oberlehrer. F. P.

Aber die Idee der entschiedenen, bewußten Jugendbewegung, die zu menschlicher Regeneration führt, und das Streben, das danach immer wieder in erwachenden Menschen ersteht, ist nicht mehr aus der Welt zu schaffen. Die Geschehnisse der letzten vier Jahre erweisen die großartige Unmöglichkeit der geltenden seelischen und sachlichen Ordnung. Dagegen richtete sich – schon vor der Katastrophe – die ursprüngliche Jugendbewegung. Sie wird nach dem Kriege entscheidende Bedeutung erlangen.

Georg Gretor veröffentlichte auch unter dem Namen Georges Barbizon, war Schüler in der Freien Schulgemeinde (s. Anm. 2), gab 1911 und später (von Mai 1913 bis Juli 1914) zusammen mit Siegfried Bernfeld im Verlag »Die Aktion« die im Text angesprochene Zeitschrift *Der Anfang* heraus. Vgl. auch Georges Barbizon: *Der Anfang.* In: *Die Aktion* 3,(1913), Sp. 508–509; ders.: *Die grüne Gefahr.* Ebd., Sp. 587–89; und besonders ders.: *Die Auferstehung der Jugend.* In: *Wiecker Bote* 1, 1913, H. 3, S. 1–2. Gretor lebte nach Kriegsausbruch in der Schweiz.

1 1912 erschienen. Noch im gleichen Jahr erschien von H. Blüher der als Ergänzung gedachte Band *Der Wandervogel als erotisches Phänomen.*
2 »Freie Schulgemeinde«: 1906 von Gustav Wyneken mitbegründetes Landerziehungsheim in Wickersdorf bei Saalfeld (Thür.). Vgl. auch: *Die Freie Schulgemeinde.* Organ des Bundes für freie Schulgemeinden und der Freien Schulgemeinde Wickersdorf. Hg. v. G. Wyneken. Jena: E. Diederichs 1910–1919.
3 Gustav Wyneken (1875–1964), Pädagoge und Schriftsteller, der Jugendbewegung zeitweise eng verbunden, z. T. auch dem Expressionismus (s. o. S. 145, Anm. 5 u. 6).
4 Vgl. z. B. Franz Pfemferts engagiert für die Jugendbewegung eintretende Antwort auf die Kritik eines bayrischen Abgeordneten am *Anfang*: *Die Jugend und die Schlittenbauer.* In: *Die Aktion* 4 (1914), 21. Febr., Sp. 155–156.
5 Biographische Angaben konnten nicht ermittelt werden.
6 Siehe dazu: *Freideutsche Jugend.* Festschrift zur Jahrhundertfeier auf dem Hohen Meißner. Jena: E. Diederichs 1913.
7 Der Volkswirtschaftler und Kultursoziologe Alfred Weber (1868–1958), Bruder von Max Weber.
8 *Jungwandervogel.* Zs. des Jung-Wandervogel-Bundes für Jugendwandern. Breslau 1910–1921.
9 *Freideutscher Jugendtag 1913.* Hg. v. G. Mittelstraß u. Ch. Schneehagn. Hamburg: A. Saal 1913.
10 Bibliographische Angaben konnten nicht ermittelt werden.
11 Biographische Angaben konnten nicht ermittelt werden.
12 *Der Aufbruch.* Monatsblätter aus der Jugendbewegung. Jg. 1, H. 1–4. Jena: E. Diederichs 1915 (Mitarbeiter u. a. Ernst Joel, Kurt Hiller, Gustav Landauer, Klabund, Alfred Wolfenstein).
13 E. Joel u. Erich Mohr: *Die wartende Hochschule. Akademische Kundgebungen.* Jena: E. Diederichs 1916. – E. Joel: *Die Jugend vor der sozialen Frage.* Jena: E. Diederichs 1915.
14 Hans Blüher: *Der bürgerliche und der geistige Antifeminismus.* Berlin-Tempelhof o. J. [1916].
15 Hans Blüher: *Führer und Volk in der Jugendbewegung.* Jena: E. Diederichs 1917.
16 Bibliographische Angaben konnten nicht ermittelt werden.

45
Paul Federn: *Zur Psychologie der Revolution: Die vaterlose Gesellschaft.* In: *Der österreichische Volkswirt* 11. Jahr, Nr. 32, 10. Mai 1919, S. 571–574; Nr. 33, 17. Mai 1919, S. 595–598. Hier S. 574 u. 595 f.

[...]

So hätten wir die Antwort auf die Frage nach der Natur der allgemeinen Ehrfurchtsverpflichtung gegenüber dem Obrigkeitsstaate dahin gegeben, daß sie ein leidenschaftliches, unbewußtes, kindlich intensives Verlangen nach vaterähnlicher Autorität sei. Sie muß daher überall entstehen, wo in einem patriarchalisch aufgebauten Staate normale Kinder unter mütterlicher Pflege und väterlichem Familienhaupte aufwachsen. Daß dann die Schule auch verstandesmäßig und methodisch diese Einstellung fördert, ist selbstverständlich; aber die Schule ist darin so erfolgreich, weil sie der Vatereinstellung entgegenkommt. Darum lassen die Menschen leicht das Wissen der Schule hinter sich, aber nicht den Geist. Die allgemeine Vatereinstellung war schuld, daß die soziale Ordnung sich so lange erhalten konnte. Verstandesmäßig war längst die unzulängliche Technik ihrer Organisation erkannt, gefühlsmäßig haben die Opfer an Menschenglück, die sie erforderte, die Seele aller besseren Naturen mit tiefem Leid erfüllt, – sie erhielt sich aber dennoch infolge ihrer unbewußten Verankerung.

Nun wissen wir aus der Analyse der Schicksale Einzelner, daß unbewußte Bedingungen dann entwurzelt werden, wenn sie den alten unbewußten Wunsch, der sie geschaffen hat, nicht mehr erfüllen. Dann aber verliert all das Wert und Macht, worauf die unbewußte Bindung übertragen worden. Eine solche Loslösung erfolgt mit starkem Unlustgefühl und bedingt oft eine psychische Erkrankung. Ich habe ausführlich den riesenhaften Eindruck, den das Kind von seinem Vater erhält und die innere Kettung des Kindes an den Vater geschildert. Das Kind hat das Verlangen, von einem geliebten Wesen abzuhängen, dessen Größe, Macht und Wissen ihm absolute Sicherheit und Schutz gewähren. Der Wunsch nach einem solchen Vater läßt eben den wirklichen Vater fallen und bleibt als Bedingung für die Wahl der Vatergestalten. Er schafft die Intensität der Verehrung und Abhängigkeit für die späteren Autoritäten, als letztes irdisches Abbild, für den König und Kaiser. Der Sicherheitsgewinn der uralten Wunscherfüllung, die in der tiefsten Seele das Paradies der Kindheit mit seinem unvergleichlichen Vater bewahrte, erhielt sich trotz der Kritik des Verstandes. Aber der Sturz des Kaisers, der Macht und Land verlor und jetzt keine Sicherheit mehr bieten konnte, hat ihm diese unbewußte Bedingung entzogen. Und damit stürzten alle Ehrfurchtsgefühle vor der Staatsordnung, stürzte die sichere Sohneseinstellung zusammen, und wenn auch das Verlangen nach einer Vatergestaltung noch bei vielen Menschen erhalten blieb, so hatten diese keinen gemeinsamen, sie vereinigenden Halt mehr. So standen plötzlich in begreiflicher innerer Verwirrtheit eine Menge vaterloser Gesellen da, welche das gemeinsame Mutterland und die Not zur Schaffung einer vaterlosen Gesellschaft zwingt.

[...]

Und es war das Verlangen nach endgültiger Befreiung vom alten Vatertum so stark, daß eine neue Organisation automatisch entstehen mußte, die aus der gesamten *Bruderschaft* Gleichberechtigter gebildet ist. Alle bisherigen Organisationen wurden von den Führern aus organisiert;

der Organisationspyramide gab das Vater-Sohnverhältnis das ideelle Gerüste, von der Spitze der Parteileitung abwärts zur breiten Volksbasis ging die Richtung der Impulse und der Beeinflussung. Die neue Organisation – die der Räte – wuchs aus der Masse, aus der Basis empor, aus der Basis empfängt sie die Impulse und ihr unsichtbares psychologisches System ist das Verhältnis der Brüder.

Es ist nun sehr merkwürdig, daß die revolutionären Versuche, die Vorgesetzten-Organisation durch die Verbindung selbst Herren gewordener, freier Brüder zu durchbrechen, eine Wiederholung sind analoger Vorgänge in vorgeschichtlicher Zeit und daß solche Versuche in einer früheren Periode der Menschheit die Richtung für die Entwicklung aller Geisteskultur gegeben haben.*

Durch Jahrtausende sind nur Organisationen mit Vaterkonstruktion – von kleineren Organisationen abgesehen – von Dauer und Kulturbestand gewesen. Wiederholt sind in historischen Zeiten nach dem Zusammenbruch einer gemeinsamen Vateridee Organisationen als – mitunter auch internationale – Bruderschaft gebildet worden. Viel Keime zu höherem Menschentum sind in ihren Stätten gereift, und die Kultur schuldet ihnen viel Dank. Aber sie erhielten sich nicht oder sie gaben sich doch wieder später ein Gerüste nach dem Vater-Sohnverhältnis, wie das ursprüngliche Christentum in der Hierarchie der Kirche. Es wäre voreilig, daraus zu schließen, daß auch die jetzige Bruderschaftsbewegung scheitern muß.

Nach unseren Untersuchungen ist klar, daß die Bruderschaftsbewegungen bisher deshalb scheiterten, weil das Aufwachsen in der Familie die Individuen nur zu einer patriarchalischen Gesellschaft vorbereitet. Wohl ist das Verhältnis zum Bruder gleichfalls von fundamentaler Bedeutung für die Entwicklung des Individuums, und die Psychoanalyse entdeckt oft im späteren Schicksale, im Charakter und in Krankheitssymptomen eine unbewußte Wiederholung der Erlebnisse mit dem älteren oder jüngeren Bruder während der ersten Kindheit. Das Verhältnis zum Bruder gestaltet direkt oder durch darauf erfolgte Reaktionen meist die Art und Tiefe des späteren freundschaftlichen Verhaltens. Aber nur in Ausnahmefällen hat die Bruderbindung autoritativen Charakter und ist dann mit dem Vaterverhältnisse vergleichbar. Vor allem fehlt ihr das Moment der notwendigen Enttäuschung und somit der Grund, weshalb das Kind eine unbewußte Verschiebung der Vaterbindung vornehmen muß. Auch fehlt das typische Verhältnis des Schwachen zum Starken, welches die Vaterreihe aufwärts bis zur höchsten gemeinsamen Vaterbildung fortschreiten läßt. Die Kongruenz der Familie mit dem gestürzten, patriarchalisch gebauten Staate und ihre Inkongruenz mit einer Bruderschaftsorganisation ist deshalb das eigentliche psychologische Problem der Aufrichtung einer nicht patriarchalischen Gesellschaftsordnung. Soll diese Bestand haben, so müssen diese inneren Bedingungen bewußt und

* Freud hat auf Grund von Forschungen englischer Ethnologen und seiner psychoanalytischen Untersuchungen mit größter Wahrscheinlichkeit nachgewiesen, daß die Vorgeschichte der Menschheit von dem blutigen Kampfe zwischen den Darwin'schen Bruderhorden und ihren väterlichen Häuptlingen ausgefüllt war. Durch Jahrtausende währten die »Revolutionen«, die allmählich die Allgewalt der Väter einschränkten. Die während dieser Kämpfe entstandenen Gefühle von Haß und Feindschaft, von Ehrfurcht und Schuld sind als vererbte, triebhafte Seelenkräfte noch heute im Unbewußten wirkend. Siehe Freud. Totem und Tabu. Wien, Heller, 1913.

dadurch bekämpfbar gemacht werden. Allmählich wird die Struktur der Familie sich der neuen Ordnung anpassen, wenn nicht vielleicht diese einen Ersatz der Familie durch eine Aufzucht der Kinder nach Mutterrecht oder nach einem unbekannten System nötig machen wird.

[...]

Eine geringfügig erweiterte Fassung des Aufsatzes erschien unter demselben Titel wenig später in der Reihe *Der Aufstieg. Neue Zeit- und Streitschriften* als selbständige Schrift (Leipzig, Wien 1919).

Diese Abhandlung Paul Federns steht am Anfang seiner Versuche, die Psychoanalyse auf soziale und historische Probleme anzuwenden. Freud wurde durch sie nach eigener Aussage zur Niederschrift von *Massenpsychologie und Ich-Analyse* (1921) angeregt. Siehe dazu das wissenschaftsbiographische Nachwort von Heinrich Meng in: Paul Federn: *Ichpsychologie und die Psychosen*. Frankfurt 1978. S. 344.

c) *Bürger und Mensch*

Die negative Darstellung der »bürgerlichen« Welt steht im Zentrum der Gesellschaftskritik der expressionistischen Prosa und vor allem Dramatik. [1] Die außerhalb der literarischen Avantgarde von den Zeitgenossen diskutierten Versuche, den Begriff des »Bürgers« zu definieren, werden von den expressionistischen Zeitschriften interessiert zur Kenntnis genommen. So erscheint in den *Weißen Blättern* eine ausführliche Stellungnahme von Max Scheler [2] zu Werner Sombarts Buch *Der Bourgeois. Zur Geistesgeschichte des modernen Wirtschaftsmenschen* (München 1913). Thomas Mann, den das Verhältnis von Künstler und Bürger schon länger beschäftigte, widmet dem Thema unter dem Titel »Bürgerlichkeit« noch einmal in den 1918 veröffentlichten *Betrachtungen eines Unpolitischen* ein längeres Kapitel. Er bezieht sich dabei u. a. auf Georg Lukács' Aufsatz *Bürgerlichkeit und l'art pour l'art: Theodor Storm* (in dem Essayband *Die Seele und die Formen*. Berlin 1911). Manns hier vorgenommene positive Selbstidentifikation mit dem deutschen Bürger (vgl. auch Dok. 69) entspricht ganz der Einschätzung, die ihm der Expressionismus entgegenbringt – allerdings mit umgekehrten Wertvorzeichen. Thomas Mann repräsentiert in W. Rillas Aufsatz (Dok. 47) all die Denkweisen, die der jungen literarischen Intelligenz am »Bürger« so verhaßt sind. Sie gebraucht den Begriff in erster Linie polemisch-affektiv. »Wer ist Bürger – Wer ist Mensch?«, fragt eine spätexpressionistische Programmschrift von Th. Haubach und gibt sogleich die definierende Antwort:

Bürger: d. i. kümmerlicher Mensch mit vermoosten Horizonten, enger begrenzter Nörgler am Leben, Sattzufriedener oder hämischer Besserer (hierher alle Reformer), ein Blutloser, Ordnungssüchtiger, Feind allen Höhen und Tiefen, Vergreister, Steriler, Botmäßiger, nie ganz Reiner, nie ganz Böser.
Doch Mensch: Ungebärdig und nie ohne Chaos, Teufel und Gott, Tendenzloser, Sehnsüchtiger nach Abenteuer und Rätsel, voll tropischer und polarer Stürme in den Wettern der Seele, oft Tier, oft Engel, Aufbäumender zum gestirnten Himmel.
Dieser allein ist Ziel und gute Hoffnung. Wo er verschüttet ist, grabt ihn heraus, kämpft ihn heraus [...]. [3]

»Bürgerlich« ist im expressionistischen Sprachgebrauch kein sozialanalytischer Begriff, sondern bezeichnet einen bestimmten Denk- und Verhaltenstypus [4] jenseits der juristisch oder ökonomisch begründeten Unterscheidung von Ständen, Schichten oder Klassen. Für G. Lukács war das später ein Grund, am Expressionismus die scheinoppositionelle, romantisch-bohemehafte, abstrakte Antibürgerlichkeit zu kritisieren, »weil sie die Kritik der Bürgerlichkeit sowohl von der wirtschaftlichen Erkenntnis des kapitalistischen Systems wie von dem Anschluß an den Befreiungskampf des Proletariats trennt« [5]. An die positive historische Rolle des proletarischen Klassenbewußtseins vermag man im Umkreis des Expressionismus nicht zu glauben. Es gelte, »den Bürger, den bourgeoisen wie den proletarischen« zu besiegen, schreibt R. Leonhard im zweiten Ziel-Jahrbuch K. Hillers. [6] Für E. Mühsam ist es der unorganisierte 5. Stand (»Verbrecher, Landstreicher, Huren und Künstler«) bzw. die Boheme [7], »die einer neuen Kultur die Wege weist.« (s. den Schluß von Dok. 98) »Der Marxismus ist der Philister«, kritisiert Mühsams Lehrer G. Landauer und steht damit im Einklang mit der im Expressionismus verbreiteten anarchobohemehaften Marxismuskritik. [8] Dem »Bürger«, »Philister« [9], »Spießer« (s. Dok. 48) oder dem »Juste-Milieu« [10] weisen die Expressionisten stereotype Eigenschaften zu, die wesentlich zur negativen Definition der eigenen, »ganz anderen« Identität dienen. [11] In dieser Funktion ist der »Bürger«, wie W. Michel (Dok. 46) ausführt, ihre »Vorbedingung« und »Voraussetzung« – eine Voraussetzung, auf die auch noch die dadaistische Expressionismuskritik zurückgreift (Dok. 48) und sich damit dem Kritisierten eng verhaftet zeigt (s. a. Anm. 5 zu Dok. 48).

1 Siehe dazu vor allem Peter Uwe Hohendahl: *Das Bild der bürgerlichen Welt im expressionistischen Drama.* Heidelberg 1967.

2 Max Scheler: *Der Bourgeois.* In: *Die weißen Blätter* 1 (1913/14), S. 580–602.

3 Th. Haubach: *Wider die Politik.* In: *Das Tribunal* 1 (1919), S. 51–52; Zitat S. 52.

4 Vgl. auch den in diesem Zusammenhang wichtigen Aufsatz von Hans Blüher: *Die Untaten des bürgerlichen Typus.* In: *Das Ziel. Aufrufe zu tätigem Geist.* Hg. v. K. Hiller. München, Berlin: G. Müller 1916. S. 9–30. Aus dem Umkreis der linken Jugendbewegung äußert sich zu dem Thema auch der von Kurt Hiller anfangs hochgeschätzte (s. P. Pörtner: *Literaturrevolution II*, S. 423) Ernst Joel in einem Aufsatz, der u. a. den sozusagen gepflegten Bourgeois in den eigenen Reihen der sich unbürgerlich Gebenden anprangert. E. J.: *Der soziale Bourgeois.* In: *Der Aufbruch.* Monatsblätter aus der Jugendbewegung. 1. Jg. (1915), H. 4 (Okt.), S. 73–86. Siehe weiterhin Paul Nikolaus: *Manifest gegen den Bürger.* In: *Der Revolutionär* 1 (1919), Nr. 7, S. 19–20; nachgedruckt in Friedrich Albrecht: *Deutsche Schriftsteller in der Entscheidung. Wege zur Arbeiterklasse 1918–1933.* Berlin, Weimar 1970. S. 501–502. – Den Bürger als Typ (in Opposition zur Individualität des Unbürgerlichen) zeichnet in kleinen aphorismusartigen Prosaskizzen M. Picard: *Der Bürger.* Leipzig: Verlag der Weißen Bücher 1914.

5 Georg Lukács: *Größe und Verfall des Expressionismus.* In: *Internationale Literatur* 4 (1934), S. 153–173. Wieder abgedruckt u. a. in: G. L.: *Werke.* Bd. IV. Neuwied, Berlin 1971. S. 109–149. Zur expressionistischen Antibürgerlichkeit s. hier S. 120 f.; Zitat S. 121.

6 *Tätiger Geist!* Zweites der Ziel-Jahrbücher. Hg. v. K. Hiller. 1917/1918. München, Berlin: G. Müller 1918. S. 115. Vgl. auch S. 375 sowie H. Blüher auf S. 13: »Aber der Bourgeois gehört diesmal allen Ständen an [...].«

7 Zur Antibürgerlichkeit der Boheme s. Helmut Kreuzer: *Die Boheme*, bes. S. 141–154.

8 Vgl. ebd., S. 145 f.; s. a. E. Mühsam: *Aufruf zum Sozialismus* (Dok. 65), S. 254 ff.

9 Siehe Friedrich Saß: *Naturgeschichte des deutschen Philisters.* In: *Die Aktion* 2 (1912), Sp. 67–71; Röhl: *Junge Bildungsphilister.* Ebd., Sp. 323–324. Beide Artikel berufen sich mit ihrer Philisterkritik auf Friedrich Nietzsche. So auch Carl Dallago: *Nietzsche und – der Philister.* In: *Der Brenner* 1 (1910), H. 2, S. 25–31; H. 3, S. 49–53.

10 Vgl. dazu H. Kreuzer: *Die Boheme*, S. 149–153. Siehe auch Carl Sternheim: *Berlin oder Juste milieu.* München: Kurt Wolff 1920; *Tasso oder die Kunst des Juste milieu.* Berlin: Erich Reiß 1921 (*Tribüne der Kunst und Zeit.* Eine Schriftenreihe, hg. v. Kasimir Edschmid, Bd. XXV).

11 Vgl. P. U. Hohendahl: *Das Bild der bürgerlichen Welt im expressionistischen Drama*, S. 50 f.; H. Kreuzer: *Die Boheme*, S. 141 f.

46
Wilhelm Michel: *Rede über die Metaphysik des Bürgers.* In: *Das Tribunal.* Hessische radikale Blätter 1 (1919), H. 1 (Januar), S. 13–14.

Wir brauchen den Bürger. Er zwar glaubt unserer nicht zu bedürfen. Er nennt unsre Qual mit argen Namen, er feiert unsere Feste nicht. Aber wir wissen, daß wir seiner nicht entraten können.

Nicht als ob er irgend etwas täte, um uns nützlich zu sein. Er sträubt die Borsten, wenn er uns sieht. Er schnaubt durch die Nase, er bläst seinen Schnauzbart auf, wenn wir ihn bescheidentlich vor unsere gemalten und gedichteten Erkenntnisse führen. Und wenn er davor steht, peitscht er seine subalternen Hosenschläuche mit dem Spazierstock. Dafür läßt er uns hungern, der Kamerad Bürger, bis wir schwarz werden oder berühmt oder steinalt und steinkalt.

Und dennoch: der Demiurg erschuf ihn eigens zu unserm Nutz und Frommen. Er konnte uns nicht denken, ohne zugleich den Bürger zu denken.

Der Bürger ist unsere Vorbedingung. Er ernährt uns zwar nicht, aber er ermöglicht uns. Er ist unsere metaphysische Voraussetzung. Nicht etwa in dem Sinne, daß er den Staat erhält (in dem wir bis jetzt immer Ausgestoßene waren) oder die Familie (in der wir als die verlorenen Söhne und Schwiegersöhne im zugigen Korridor stehen) oder die Industrie und den Handel (für die wir Ausbeutungsobjekte sind wie jeder rußgeschwärzte Proletarier). Sondern in einem höheren, fast religiösen Sinne. Ich habe viel darüber nachgedacht, wie in dem erstaunlichen, schweißtriefenden Machwerk des Demiurgen eins ins andere greift. Ich bin noch nicht dahinter gekommen, weshalb er die Tsetse-Fliege erschaffen hat, die ihren Lebenszweck darin erblickt, die Schlafkrankheit zu verbreiten. Aber weshalb er den Bürger erschuf – seht, dieses einzusehen ist mir in einer guten Stunde gelungen.

Es ist aber schwer, es zu sagen. Denn wir reden von nichts seltener und widerwilliger als von den Voraussetzungen. Ich sage also: unsere Existenz setzt den Bürger voraus. Es gibt eine gewisse Summe Feigheit und Dummheit in der Welt, die durchaus gefeigt und gedummt werden muß. Diese Arbeit nimmt uns der Kamerad Bürger fast vollständig ab. Er ist Knecht, damit wir frei sein können. Er ist Zerlegungsprodukt aus einem Ganzen, aus dem wir uns luftig und leicht herausdifferenzieren konnten, weil er, der Jammermann Voll und Ganz, als oberflächlich gestaltetes Schlammgebilde in der Tiefe sitzen blieb.

Seht euch die ganze Schöpfung an. Was findet ihr darin als Haupttätigkeit des Demiurgen? Das Zerlegen. Er schied das Licht von der Finsternis; er schied das Feste vom Flüssigen. Und so sind wir Produkt, der Bürger Residuum. Wo ihr ihn anpackt, sprudelt der Urschlamm, die Schöpfungshefe. Er wirft uns heute noch gerne vor, daß wir gähren. Darin kommt seine Hefennatur zum Vorschein.

Damit wir fein und stark, geistig und bewegt sein können, trampelt er geschäftig durch die Welt und trompetet mit hochgerecktem Elefantenrüssel die Grobheit und die Ohnmacht, die Stofflichkeit und die Trägheit über den Erdkreis. Ja, aus Angst, mit seinem täglichen Pensum Schleimproduktion nicht fertig zu werden, druckt er außerdem noch eine erhebliche Anzahl von Anzeigern, Tageblättern, Volksblättern, wo alles Dumme und Feige, das er in vierundzwanzig Stunden getan und gesagt hat, sorgfältig aufgeschrieben und erklärt ist.

Es ist nicht anders: wir brauchen ihn. Er ist unser Widerstand, unsere Bestätigung, unser Opferlamm, unser Komplement. Er ist uns nötiger als das tägliche Brot, das er uns aus Leibeskräften verkürzt. Wenn er nicht da wäre, müßte er erfunden werden; nein, noch viel schlimmer: dann müßten wir ihn ersetzen im Schweiße unseres Angesichtes. Lob und Preis der Weisheit, die ihn absonderte und die, um den Begriff des Reinen zu gewinnen, das Unreine in homogener Niederträchtigkeit schwarz und schleimig erstehen ließ!

Dem Volke muß der Bürger erhalten werden!

Ich fordere euch auf, zu seiner Erhaltung alles beizutragen, was in euren Kräften steht, indem ihr ihn durch Kunst zu wohltätigen Schlammsekretionen anregt und durch aufreizendes Anders-Sein seinen Kamm zum Schwellen und sein Bierherz zu nationalliberalen Evolutionen bringt. Ich reize euch auf zum geistigen Klassenhaß! Grenzt euch ab gegen den Bürger. Das bekommt ihm, das ersehnt er, denn aller Schlamm braucht Begrenzung. Rempelt ihn durch lyrische Gedichte an! Werft ihm mit Aphorismen die Fensterscheiben ein! Entpreßt ihm Interjektionen durch Novellen! Malt, daß sich seine Schleimhäute kräuseln! Das tut ihm gut. Dann kann er »Unentwegt« sagen, dann kann er »Voll und Ganz« drucken. Das braucht er. Dann bläht sich sein Gebäuche, sein Vorhemd bäumt sich, er sträubt seinen Schnauzbart gleich einem Stachelschweine, er rollt hörbar die Augäpfel. Er stampft die Fliesen seines Stammlokals und fletscht uns mit grimmgestrafften Backentaschen an – seht, so muß er sein, um seine gottgewollte Mission als metaphysischer Weltkuli zu erfüllen: den Geist zu ermöglichen durch seine eigene Unmöglichkeit, das Reine zu verwirklichen, indem er alle böse, feige, unreine Schwere opferwillig und staatserhaltend an sich zieht.

Die »Rede« erschien noch einmal in W. M.: *Essays über Gustav Landauer, Romain Rolland, Friedrich Hölderlin. Die Metaphysik des Bürgers.* Hannover: P. Steegemann 1920 (*Die Silbergäule* Bd. 33/33a). Zusammen mit anderen Beiträgen aus dieser Schriftenreihe wieder abgedruckt in der dem Dadaismus nahestehenden Zeit- und Streit-Schrift *Der Marstall* 1920, H. 1/2, S. 3–4.

Zu der spätexpressionistischen politisch-literarischen Zeitschrift *Das Tribunal* s. P. Raabe: *Die Zeitschriften*, Nr. 59.

47
Walther Rilla: *Der Bürger*. In: *Die Erde* 1 (1919), H. 11 (1. Juni), S. 321–329.

I.

Kann man ihn definieren? Seine obstinate Verbohrtheit ins Gegebene, die Mediocrität seines um den eigenen Nabel spiralig sich drehenden Vegetierens durchleuchtend –: kann man gültig ihn festlegen in Begriffen, die, am flüchtigen Gestus des aktuellen Augenblicks aufblitzend, den Nerv einer ganzen verdammten Epoche zuckend entblößen? Kann man seine intereuropäische Existenz am Wesen des deutschen Exemplars notorisch machen, ohne bestimmende Züge seiner Psychologie zu unterschlagen? Am Ende, – man wird vielleicht genötigt sein festzustellen, daß »der deutsche Bürger« ein Pleonasmus ist, daß die Vokabeln »deutsch« und »Bürger« nur zwei Bezeichnungen für dieselbe schlechte Sache sind?

Man wird. Und erwüchse aus dieser Feststellung die unerbittliche Forderung, die Atmosphäre dieses Sterns von der Vokabel »deutsch« (mitsamt den Begriffen, die sie deckt) zu säubern, wollte anders man sie von der Existenz und Pestilenz des Bürgers befreien, – die Entscheidung dürfte nicht einen Augenblick lang fraglich sein.

II.

In München wird Leviné-Nissen [1], ein unalltäglicher Mensch und revolutionärer Führer von kühner Energie, gefangen gesetzt und mit Eisenketten an die Mauer seiner Zelle geschlossen. Eine radikale Zeitung erhebt dagegen Protest, worauf eine andere, konservative, kein Hetzblatt, nur eines der Blätter mit alter preußisch-deutscher Tradition, ins Delirium verfällt und folgendes von sich gibt: »Nach der Ansicht jedes halbwegs anständigen und auf Ehre haltenden Menschen ist dieser Leviné gleich seinen traurigen spartakistischen Spießgesellen allerdings nichts anderes als ein *gemeiner und tückischer Verbrecher,* den schärfstens zu bewachen die Behörden allen Anlaß haben. Das ist ein unerhörter Skandal, daß eine deutsche Zeitung es wagt, einen derartig gemeingefährlichen russischen Verbrecher wie Leviné noch in Schutz zu nehmen und aus ihm einen politischen Märtyrer zu machen!« Dieselbe Zeitung gibt sich keine Mühe, ihre triumphale Genugtuung darüber zu verstecken, daß der Leutnant Vogel unter Beihilfe sämtlicher in Frage kommender Behörden aus dem Gefängnis befreit und über die holländische Grenze in Sicherheit gebracht wird. Das ist – die Presse? Es ist der Bürger, der sich hier räuspert und spuckt; für den die Ermordung Liebknechts und der Rosa Luxemburg ein Gott wohlgefälliges Werk ist, Revolution aber und Sozialismus Ausgeburten des Teufels, gemeine und tückische Verbrechen, für deren »Sühnung« ihm kein Massacre zu blutig, keine Strafe teuflisch genug ist. Er macht sich weiter darüber keine Gedanken, es ist überhaupt sein Charakteristikum, daß er sich über nichts Gedanken macht; statt zu denken, begnügt er sich damit, zu fühlen, – aber mit dem Herzen, nicht mit Lessings »unbestochener von Vorurteilen freier Liebe«; er fühlt – mit dem Gefühl, das ihm sagt: bete und arbeite, mit Gott für König und Vaterland, Deutschland Deutschland über alles, Heil Dir im Siegerkranz, Ordnung muß sein.

Oder (um in die Große Zeit des Vornovember zurückzusteigen) man las: »Das deutsche Volk hat den Einmarsch in Belgien gebilligt und nichts daran auszusetzen gehabt, als das Wort des Kanzlers vom Unrecht, das man begehe. Gebilligt hat es die Vernichtung jenes frechen Symbols der englischen Seeherrschaft und einer immer noch komfortablen Zivilisation, des Riesenlustschiffes »Lusitania« [2], und dem welterfüllenden Zetermordio humanitärer Hypokrisie die Stirn geboten. Den uneingeschränkten Unterseebootskrieg aber hat es nicht nur gebilligt, es hat danach geschrieen und bis zur Auflehnung mit den Führern gehadert, die zögerten, ihn walten zu lassen.« [3] Das ist der Reventlöwe [4]? Nur ein Mann (der immerhin ein Kerl ist) *seines* fanatischen Schlages kann jauchzen über die Versenkung des Passagierdampfers mit seinen Tausenden von harmlosen, unkriegerischen Männern, Frauen, Kindern, kann, wie der Hirsch schreit nach frischem Wasser und die Seele des Frommen zu Gott, schreien nach dem infamen Verbrechen des uneingeschränkten U-Bootkrieges, dessen Verkündigung das Todesurteil für ungezählte friedliche Seeleute war? Es ist der Bürger, nämlich – Thomas Mann. Incipit tragoedia.

III.

Oder sollte es eine Komödie sein? Sollte der Fall Thomas Mann das große Satyrspiel sein, der Schlußakt in der dramatischen Entwicklung des deutschen Geistes, durch welchen dieser Geist, soweit er spezifisch »deutsch« ist, als Ungeist und Widergeist, als bürgerlich, als Exponent und aufgeblähter Träger alles dessen, was im Begriff »Bürger« dies Dasein bis heute verunreinigte, entlarvt und dem furchtbaren Gelächter der Welt preisgegeben wird? Sicher ist, daß sein Buch (*Betrachtungen eines Unpolitischen*, bei S. Fischer Verlag, Berlin) eine Enzyklopädie, eine neue Augsburgische Konfession (des Bürgertums diesmal), daß es, vermittelst dessen, was es ist und was es sagt, – und weil es überhaupt geschrieben wurde, die erschöpfende Psychologie bürgerlicher Haltung und Einstellung zum Leben ist.

Die Beziehungen des Bürgers zum Geist sind . . . nicht nur höchst fragwürdiger Art; sondern das eben ist seine Beziehung zum Geist, daß er keine Beziehungen zu ihm hat. Wie sollte er auch? Wie sollte er auf die gefährlichen Emotionen geistiger Entscheidungen, die ewig beunruhigenden Revolutionen des Geistes anders reagieren als durch vollkommene Indifferenz im besten und stupidesten Falle, im ungünstigeren durch tückischen Haß und wütende Meuchelung des Aufrührers? Geist – das ist ihm höhere Schulbildung, Staatsexamen, Puppchen du bist mein Augenstern und die Zeitungsrubrik: Literatur und Kunst. Das ist ihm ein Zeitvertreib für die Langeweile der Feierabendstunden, sofern er sie nicht am Stammtisch mittelst Bier verkonsumiert. Das ist ihm, auf einer Stufe höherer Entwicklung, ein kostbarer Zierrat am Rande des Lebens, eine subtile Sensation ermüdeter, auf Reize der Epidermis nicht mehr reagierender Nerven. Aber immer ist es ihm dabei zu tun . . . nicht um den Menschen, sondern um den Bürger (und den Staatsbürger obendrein), nicht um Erlebnis, sondern um Sentimentalität, nicht um Schöpfung, sondern um Kunstgewerbe. »Ernst ist das Leben, heiter die Kunst«; man könnte auch sagen »– – der Geist« –: des Bürgers Sinn- und Wahrspruch, wobei sich ihm der Ernst des Lebens in den hohen Fleisch- und Gemüsepreisen erschöpfend ausdrückt.

Und nun die Definition Eines, der es wissen muß: »Das Deutsche und das Bürgerliche, das ist Eins; wenn der Geist überhaupt bürgerlicher Herkunft ist, so ist der deutsche Geist bürgerlich auf besondere Weise, die deutsche *Bildung* ist bürgerlich, die deutsche Bürgerlichkeit *human*, –

woraus folgt, daß sie nicht, wie die westliche, *politisch* ist, es wenigstens bis gestern nicht war, und es nur auf dem Wege ihrer Enthumanisierung *wird.*« Über die Tollkühnheit dieser Behauptungen und Unterstellungen, deren machiavellistische Logik das politische Schriftstellertum Thomas Manns kennzeichnet, hinweg –: dieser Satz ist der deutscheste und der bürgerlichste, er ist, in seiner Häufung von pharisäischem Dünkel, impertinenter Arroganz und raffinierter Sophistik, in seiner ethosarmen, leidenschaftslosen, gottfeindlichen Sittigung, die Komponente ... etwa – zum Prozeß gegen die Schlächter Liebknechts und Luxemburgs, zum Regiment Noskes und des Generals Maerker, zum deutschen Verteidigungskrieg oder –, aber das beste Beispiel gibt Thomas Mann selber, wenn er sich über die ruchlose Erschießung der Miß Cavell [5] so ausläßt: »Was war es anders als süßlicher Unernst und erbärmlicher Mangel an tragischem Sinn, wenn die Ententewelt die standrechtliche Erschießung einer englischen Frau beplärrte, die in Belgien ihr Pflegerinnenkleid mißbrauchte, um belgischen Soldaten über die Grenze zu helfen?« »Deutsche Bildung« – – »Bürgerlichkeit« – »human« – »Mangel an tragischem Sinn« – »Pflegerinnenkleid mißbrauchte« –: dies Abracadabra einer teuflisch gerissenen Spiegelfechterei mit großen Worten und Schlagworten, dies funktionierende Jonglieren mit obrigkeitlich befohlenen Losungen, bis ein neues Sittengesetz daraus wird, dies bedenkenlose Seiltanzen über dem Abgrund zwischen der Phraseologie einer selbstbewußt proklamierten Moral und dem Handeln danach, – das wäre das Gesicht nur der Presse? Es ist der Bürger. Es ist Thomas Mann.

IV.

Nämlich so: »Ich will die Monarchie ... Ich will nicht Politik. Ich will Sachlichkeit, Ordnung, Anstand.« Das ist er, das will er, so sieht er aus, der Bürger. Monarchie, Glanz der fernen Menschheitshöhen (auf denen der Sänger mit dem König gehen soll), tröstliches Bewußtsein: es lebt jemand, dessen Untertan zu sein Stolz und Glück ist. In dessen Lebenssphäre noch Romantik blüht, vor dessen Räuspern der Erdball zittert, dessen herrscherliche Größe Legitimation für das eigene, hochmütige Machtbewußtsein gegenüber den dunkler umschattet Lebenden bedeutet. Der uns »herrlichen Zeiten entgegenführt«, der überhaupt *führt,* sodaß man nur blindlings zu folgen braucht, ohne etwelche Verantwortung tragen zu müssen. (Man will nicht Politik, das heißt Wille zur Verantwortung in der Gestaltung des Lebens.) Es lebt jemand in Sphären fremder Reize, welche die Sentimentalität des Bürgers sehnsüchtig umschleicht, um in Romanen (etwa von *Königlicher Hoheit* [6] sich abzureagieren. Und wäre es auch nur als »Stoff«, als sanctum Venerabile –: ich will die Monarchie!

Monarchie aber, das ist die eigentlich bürgerliche Lebensordnung, die Gehorsams- und Untertanenordnung; das ist »Meine Marine und Mein Heer«, das ist »An Mein Volk«, das ist frischfröhlicher Krieg und »Nun aber wollen wir sie dreschen«. Er fühlt, der Bürger, nicht die Peitsche, einem Menschen, Geschöpf gleich ihm, untertan zu sein, nicht die Schmach, überantwortet zu sein einem Herrn über Leben und Tod. Er hält, appliziert man ihm einen Streich auf die linke Wange, noch die rechte hin und erschauert, unter Backpfeifen aufglühend, in hoher Wonne ganz, über sich zu wissen den Liebling des Volks, dem seines Amtes Majestät von Gott verliehen wurde, um dareinzufahren mit gepanzerter Faust, so jemand sein Windspiel scheel ansieht.

Er kann nicht atmen, wenn er nicht Gehorsam üben darf, und daß »Gehorsam« die infamste Entwürdigung des Menschen, daß es »hörig sein«, jeder beliebigen Willkür sklavisch unterworfen sein bedeutet, sofern nur ein Amt damit verknüpft ist, kommt ihm nicht in den Sinn. Vielmehr »Stolz, Ehre, Lust des Gehorsams«, das ist die »deutsche Besonderheit«. Er verrät auch, warum: »Wer etwa einen deutschen Fähnrich betrachtet, der vor einem kaum älteren Kameraden von Offiziersrang dienstlich stramm steht, wird bemerken, daß das mit einem gewissen Enthusiasmus und zugleich mit einem gewissen Humor geschieht: kurz: es ist romantisches Spiel darin.« Hier entschleiern sich Intimitäten des bürgerlichen Seelenlebens. Gehorsam, noch dazu militärischer Gehorsam, – man sollte meinen, seinem Denken eingebrannt wäre das tausendmal erlebte und immer wieder zu erlebende Bild eines tumben Bauernjungen, zartnervigen Studenten oder vierzigjährigen Landsturmmannes und Familienvaters: auf dem Kasernenhof stillgestanden, Hände an der Hosennaht, und vor ihm der Unteroffizier, mit unflätigen Schimpfworten und ordinärsten Rülpsern ihn peinigend bis aufs Blut; er kommandiert etwa, inmitten einer ausgedehnten Kot- und Wasserlache, fünfzigmal hintereinander »Hinlegen – Aufstehen – Hinlegen – Aufstehen!« – und jener, der Lust, dem Stolz, der Ehre des Gehorsams Unterworfene, muß – gehorchen. Er kann auf der Stelle verrecken, aber er muß gehorchen; Jahre zwischen Gefängnismauern sind ihm sonst, wegen »Gehorsamsverweigerung im Dienst«, sicher. Der Bürger? Aber wer wird sich mit so inferioren Lappalien abgeben. Dienst ist Dienst, und Schnaps ist Schnaps, und »unser Militär« – das ist das Offizierkorps, der Leutnant mit Schärpe, Monokel und blitzendem Degen, und dann noch der Fahnenjunker, das junge Blut, der bald auch Leutnant sein wird. Und Gehorsam, das ist romantisches Spiel zwischen älterem und jüngerem Kameraden, und der »gemeine Mann« kommt überhaupt nicht in Betracht.

»Ich will nicht Politik. Ich will Sachlichkeit, Ordnung, Anstand.« Revolution ist unordentlich, Sozialismus unanständig, und der Zustand des Friedens entbehrt gegenüber dem des Krieges jener exakten Sachlichkeit des Tötens und Getötetwerdens und ist überdies nicht im Stande, den Menschen zu veredeln. »Es kann, nach der Aussage vertrauenswürdiger Beobachter, von individueller Verrohung durch den Krieg, ins Große gerechnet, durchaus nicht die Rede sein. Nach ihnen liegt die Gefahr vielmehr in einer Verfeinerung des einzelnen Mannes durch ein so langes Kriegsleben, eine Verfeinerung, geeignet, ihn seinem Alltag auf immer zu entfremden.« Das ist die Kriegspsychologie des Bürgers, die Psychologie der Großen Zeit. Der Krieg hat keine andere Gefahr, als die einer »Verfeinerung des einzelnen Mannes« (wobei es, den Irrsinn dieser Verfeinerung einmal hypostasiert, bezeichnend für die Mentalität und Sentimentalität des Bürgers ist, daß sie ihm eine Gefahr bedeutet! – Denn sie bedroht das Reservat seiner eigenen Feinheit). Und damit die bekannte Phraseologie sich erschöpfe, liest man von der »äußeren Erweiterung des Horizonts«, von dem alltäglichen, friedlichen Leben, das, im Gegensatz zu dem des Krieges, fortan »ohne Gefahr und Luxus« (der Schützengräben etwa mit Zentralheizung und Warmwasserversorgung) sich abspielen werde, liest man: »Es ist nicht Dichtereinbildung erforderlich, um ahnungsweise zu ermessen, welche seelisch-geistige, religiöse Erhöhung, Vertiefung, Veredelung die jahrelang-tägliche Nähe des Todes im Menschen hervorbringen muß.« Und sieht den Bürger feixend, jubelnd, hurrarufend die religiös erhöhten, vertieften, veredelten Soldaten, welche in München, Leipzig, Halle, Berlin, Eisenach, Bremen Ruhe, Ordnung, Sachlichkeit und Anstand wiederherstellten, befeiern und mit Geld zum Dank überschütten, gelegentlich wohl auch selber einmal einen Ordnungsstörer aus dem Auto, das ihn gefangen abtransportieren sollte, zerren und zu Brei zertrampeln.

V.

Und doch hat es einen Sinn, wenn der Bürger nicht Politik will, – oder nur will, was er darunter versteht: Sicherung seiner Existenz vor dem Nochnicht-Bürger, dem Proletarier. Es hat einen Sinn, wenn er die Monarchie will, oder, nachdem er sich auf den Boden der Tatsachen gestellt, die Demokratie. Er will einen Zustand, er will feste Verhältnisse, die Mauer wuchtiger Gegebenheiten will er, um, gegen jeden Eindringling von außen geschützt, sich entfalten, Macht werden zu können. Er will nicht genötigt werden, sein Vorhandensein irgendwie durch Leistung legitimieren zu müssen, und schon garnicht will er Gefahr laufen, einer Revision über die Berechtigung seines Vorhandenseins unterzogen zu werden. Er kennt den Begriff »Leistung« nur, soweit er, bei andern erkennbar und auswertbar, in Gewinn für seine Tasche, in Erhöhung und Steigerung seines körperlichen Wohlbefindens sich umsetzen läßt. Er kennt den Begriff »Leistung« nur aus der Schulzeit (wo immer ein Prädikat, Genügend oder Ungenügend, damit verbunden war), er kennt, im Grunde, nur den Begriff »Umsatz«, und noch die Arbeit ist ihm nur ein Umsatzmittel. Wird sein Umsatz bedroht (und er wird sofort bedroht, wenn statt des politischen Zustandes der Monarchie oder Demokratie eine politische Aktion, die immer auf Änderung der Welt zielt, durch geistige Schöpferkräfte eingeleitet wird), – so trifft ihn der Schlag, oder er verfällt in Tobsucht und verwandelt sich in die scheußlichste Bestie. Der wildgewordene Bürger, – das ist der Gottseibeiuns und höllischste aller Schrecken. Sachlichkeit, Ordnung, Anstand – das alles fällt von ihm ab, und alle Greuel der Weltgeschichte verblassen vor dem Totentanz, den er aufführt, um Sachlichkeit, Ordnung, Anstand wiederherzustellen. Es zeigt sich dann, weshalb er Monarchie (oder Demokratie) will und nicht Politik: weil beides, so Monarchie wie Demokratie, nur dazu da ist, ihm, dem Bürger, dem Gott und Abgott dieser Welt, das Leben untertänig, um ihn zum Herrn über alle Kreatur zu machen, als Garantien für die ungestörte Entfaltung seines Geschäfts mit dem Leben und um ihm, in den höchsten Gütern der Nation, einen Zitatenschatz an die Hand zu geben, der es ihm ermöglicht, das graue Elend seines Volkes mit schicksalhaft-transzendentalem Weihrauch zu umnebeln.

Denn ungeachtet seiner Vorliebe für den »gesunden Menschenverstand« versteigt er sich in metaphysische Spekulationen, wenn, zur Verteidigung seiner Machtsphäre, vernunftgemäße Argumentationen nicht verfangen wollen. Handelt es sich zum Beispiel um die Bedrohung durch das gleiche Wahlrecht, so bekennt er (um noch einmal, zum vorletzten Mal, Thomas Mann zu zitieren), »daß die sittlichen und geistigen Argumente zugunsten des gleichen Wahlrechts ihm sehr schwach, sehr wenig stichhaltig erscheinen.« Zum Beweise dessen macht er folgenden Luftsprung: »Eine mechanisch-demokratische Abstimmung im Deutschland des dritten Kriegsjahres würde mit kläglicher Wahrscheinlichkeit eine erdrückende Majorität zugunsten eines sofortigen und bedingungslosen, das heißt ruinösen Friedens ergeben. *Aber damit ist das Prinzip der Abstimmung ad absurdum geführt, denn das wäre mitnichten der Wille des Volkes.* Der Wille eines historisch aufsteigenden Volkes ist eins mit seinem Schicksal.« – Es ist hundert gegen eins zu wetten, daß Thomas Mann heute die Nationalversammlung gegen die Rätediktatur, die Regierung Ebert-Scheidemann-Noske gegen alles das, was dem Bürger »Spartakus« heißt, mit dem Prinzip eben jener Demokratie und Volksabstimmung verteidigt, das ihm ad absurdum geführt erschien, als es sich (hätte sich zu äußern man ihm erlaubt) gegen das wandte, was er, der Bürger Thomas Mann, als transzendentalen Willen und metaphysisches Schicksal dem Volke substituierte. Erkennt man an diesem Beispiel die abgründige Verlogenheit, die jammervolle Unredlichkeit und Unehrlichkeit, die jede Handlung und jeden Gedanken des Bürgers stempelt? Erkennt man seine Halsstarrigkeit und obstinate Renitenz gegen die geringste Forderung einfältigster Menschlichkeit: jedem Lebenden *sein* Recht und *seinen* Willen zum Leben zu heiligen und mittelst Politik nichts anderes zu betreiben, als den *gerechtesten* Ausgleich zwischen den ungezählten Einzelwillen in harmonischer (nun wahrhaft humaner!) Gemeinschaft zu suchen? – statt ihn ein für alle Mal unmöglich zu machen durch grenzenlos dünkelhafte Verabsolutierung des Willens einiger Weniger, die sich Auguren glauben mit der Berechtigung, das (metaphysische) »Schicksal« eines (ihres!) Volkes aus den Sternen zu lesen.

Nicht Politik – *sondern* Sachlichkeit, Ordnung, Anstand –: diese Antithese ist deutsch, wie alles mit dem Gefühl Abgetane, Unzerdachte, Pseudo-Tiefe, Unklare, Sentimentale deutsch ist. Sie ist bürgerlich, weil sie den instinktiven Haß des Bürgers gegen die schöpferische, das heißt ändernde, umwälzende, gestaltende Tat (und wahre Politik hat schöpferische Tat zu sein, oder sie ist ein gefährlicher Bierulk) offenmacht. Es bewiese sich also hier jene schon geahnte Identität von »deutsch« und »bürgerlich«, derart, daß man den Begriff »Bürger« nicht ausrotten kann, man rottete denn sein Geschwister »deutsch« aus?

(Am Rande: daß . . . nicht der Kontrast, aber die Homogenität Politik und Sachlichkeit, Ordnung, Anstand, als ethisches Postulat weiser Einsicht Forderung einer neuen Verantwortlichkeit sein könne, bleibt dem Ausposauner jener bürgerlichen Tugendskala ewig unfaßbar.)

VI.

Das deutsche Volk hatte im November . . . zwar keine Revolution, aber den Anfang dazu. Es konnten ihm, wie man's oft liest, ihre Früchte nicht geraubt werden, da sie noch garnicht gewachsen waren. Aber daß sie in der Blüte ihm schon geknickt wurden, daß das Morgenrot einer helleren, leichteren, gotterfüllteren Zeit, an fernem Himmel kaum aufdämmernd, den Finsternissen eines ungeheuren Sumpfes der Lüge, der Heuchelei, der Unterdrückung (vorläufig) unterlag, – verdankt es dem Bürger. Der, als es losging, schlotternd hinter den Ofen kroch, um feist und dreist breitbeinig wieder auf der Bildfläche zu erscheinen, nachdem der erste Sturm vorüber war. Den zweiten parierte er bereits, und beim dritten saß er schon wieder fest im Sattel.

Ruhe und Ordnung [7] –: auf diesem Friedhof blüht des Bürgers Weizen. Krummer Rücken nach oben, Fußtritt nach unten, frommer Augenaufschlag zum Himmel, Verachtung vor den Forderungen der Menschenwürde (wo bleibt das Geschäft?), Ächtung jeder aufrechten, die politische Tat (und die Politik der Tat und der Menschlichkeit) wollenden Gesinnung als rüdes Verbrechertum –: so hält er durch. Nehmt ihm den Phrasenschatz seiner allgemeinen Schulbildung, nehmt ihm teutschen Männergesang, Kriegerverein und das stolze Bewußtsein: auch ich bin ein gedienter Soldat, und Disziplin, da kann mir keiner!, nehmt ihm seine Dividenden und Tantiemen und Prozente, entwurzelt die Rangleiter seiner Gesellschaftsordnung, die gesicherte Umgrenzung seiner parasitären Existenz in Klasse A, B und C, reißt vom Leibe ihm die Uniform, die einzig Haltung und Geltung ihm verschafft, sägt ab den Ast, auf dem er sitzt: den unbeschreiblich dummen, einfältigen, lächerlichen Dünkel, Mitglied zu sein des auserwählten Volkes, das besser denn alle andern ist und an dessen Wesen noch einmal die Welt genesen soll, –: und er fällt um und tut den letzten Atemzug.

Er hätte ihn längst getan, wäre (in Wahrheit) in Deutschland Revolution gewesen. (Und geblieben wäre von ihm nur sein Spiegelbild, das Carl Sternheim in den unerbittlichen, exakten, ätzenden Feststellungen seiner *Komödien aus dem bürgerlichen Heldenleben* und der *Chronik von des 20. Jahrhunderts Beginn* schuf. [8] Nun aber ist es eine Lüge, daß in Deutschland (bisher) Revolution geschehen sei. Und der Bürger . . .

VII.

Der Bürger hält durch. Der Bürger rast. Wie er viereinhalb Jahre, rasend, durchgehalten hat. Er hat nichts vergessen und nichts gelernt. Wieder hat ihn mitten im Frieden der Feind überfallen, wieder verpestet er die Atmosphäre der Welt mit den Triumphen seiner Wissenschaft, die ihre Pforten schließt, um einzutreten in den Kampf wider den inneren Feind, das verbrecherische Gesindel. Revolutionärer Geist, – es ist ihm beides in tiefster Seele verhaßt, so Geist wie Revolution, er knüttelt darauf los, denn es geht um sein Heiligstes, es geht um den Besitz. Er feiert Sieg über Sieg – und merkt nicht, wie die klare, die letzte, die endgültige Entscheidung, die Teilung der Lebenden in die beiden großen Phalangen sich vollzieht: hie Bürger (das ist Dummheit, Aufgeblasenheit, Strebertum, Kriechertum, Ungeist, Stagnation) – hie arbeitendes Volk (das ist die Gemeinschaft der im Geiste zur weltbildenden, lebengestaltenden Tat Verpflichteten und Verbundenen). Und merkt nicht, daß sein letztes Stündlein (und währte es auch noch eine kleine Ewigkeit) geschlagen hat, während er flammend protestiert gegen den »Erdrosselungsfrieden«.

Er *werde* erdrosselt, der Bürger. Denn wie? Versprach er nicht, vermaß er, als die Große Zeit noch in vollem Gedeihen stand, spöttisch sich nicht, die Folgen auf sein Haupt zu nehmen? Um zum letzten Mal Thomas Mann zu zitieren, mit allen Gänsefüßchen: »Der demokratischen Rechtgläubigkeit der Feinde, für die »das Volk« natürlich immer »gut« sein muß, wie auch ihrer politischen Schlauheit steht es an, zwischen dem braven deutschen Volk und seinen verabscheuenswürdigen »Herren« zu unterscheiden; nicht uns. Und wie der Krieg nun ausgehen möge: den deutschen Anteil der »Schuld« daran wollen wir auf uns nehmen, jeder einzelne, eine Handvoll Pazifisten und Literaturheilige etwa ausgenommen, – und nicht irgendwelche Zufallsfunktionäre zu Sündenböcken machen.«

Der Krieg ist aus, die Zufallsfunktionäre sind in der Versenkung verschwunden: das Schuldkonto wird eben aufgemacht. Er trete hervor, der Bürger, und liquidiere die Rechnung. Sein Todesurteil, er unterschreibe es, – und die Welt wird, von einer Pest befreit, aufatmen, neuem Schöpfungsmorgen entgegen.

Die Erde war eine am politischen Vorbild der *Aktion* orientierte spätexpressionistisch-revolutionäre Zeitschrift (s. P. Raabe: *Die Zeitschriften*, Nr. 54), die der Verfasser dieses Aufsatzes verlegte und herausgab.

1 Eugen Leviné (1883–1919), Führer der KPD während der Münchener Revolution, am 5. Juni standrechtlich erschossen.
2 Lusitania: englischer Großdampfer, bei dessen Versenkung (7. Mai 1915) 1200 Menschen ums Leben kamen.
3 Dieses und die folgenden Zitate stammen aus Thomas Mann: *Betrachtungen eines Unpolitischen*. Berlin: S. Fischer 1918.
4 Reventlöwe: gemeint ist der Marineoffizier und deutschnationale Schriftsteller Ernst Graf zu Reventlow (1869–1943).
5 Edith Cavell (1865–1915), engl. Krankenpflegerin, half im 1. Weltkrieg während der deutschen Besetzung zahlreichen militärpflichtigen Belgiern über die Grenze und wurde deshalb standrechtlich erschossen.
6 Th. Mann: *Königliche Hoheit*. Roman. Berlin 1909.
7 Vgl. dazu Wolfgang Frühwald: *Ruhe und Ordnung. Literatursprache – Sprache der politischen Werbung*. Texte, Materialien, Kommentar. München 1976.
8 Gemeint sind die Komödien *Die Hose* (1911), *Die Kassette* (1912), *Bürger Schippel* (1913), *Der Snob* (1914), *1913* (1915) und die beiden Erzählbände *Chronik von des zwanzigsten Jahrhunderts Beginn* (Leipzig 1918).

48
Raoul Hausmann: *Der deutsche Spießer ärgert sich*. In: *Der Dada*, hg. v. R. Hausmann, Nr. 2, [1919], [S. 2].

(s. S. 180)

Der deutsche Spiesser ärgert sich.

Warum? Wer ist der deutsche Spießer, daß er sich über Dada ärgert? Es ist der deutsche Dichter, der deutsche Geistige, der vor Wut platzt, daß man seine formvollendete Schmalzstullenseele in der Sonne des Gelachters schmoren ließ, der tobt, weil man ihn mitten ins Gehirn traf, das bei ihm dort liegt, wo er sitzt — und nun hat er nichts mehr, daß er sitze! Nein, greifen Sie uns nicht an, meine Herren, wir sind schon unsere eigenen Gegner und wissen uns besser zu treffen, als sie. Begreifen Sie doch, daß Ihre Positionen uns völlig gleichgültig sind, wir haben andere Glieder am Leibe. Rühren sie nur aus Leibeskräften die Trommel ihres geistigen Geschäfts, schlagen Sie nur feste auf Ihrem Bauch herum, daß ein Gott sich des Schalles erbarme — wir haben längst diese alte Trommel beiseite geschmissen. Wir dudeln, quietschen, fluchen, lachen die Ironie: Dada! Denn wir sind — **Antidadaisten!**

Da haben sie den Salat! Sparen Sie sich Ihre zerschundenen Knochen und nähen Sie Ihre zerrissene Fresse, Sie haben alles umsonst getan! Dass Sie uns nicht an die Wand stellen lassen können, das macht uns feierlich. Und so wollen wir Ihnen denn Ihre Gedärme ausspülen und Ihnen die Bilanz Ihrer feierlichen Werte vorlegen.

Nach einer ungeheuren Verdünnung des Lebensgefühls in ästhetische Abstraktionen und moralisch-ethische Farcen enttauchte dem europäischen Wurschtkessel der Expreßionismus des deutschen Patrioten, der aus einer anständigen Bewegung, die von Franzosen, Russen und Italienern ausging, ein kleines profitables Kriegsgeschäft in einer endlos dicken Begeisterung fabrizierte. Der Leierkasten der reinen Dichtung, Malerei, Musik wurde in Deutschland auf einer äusserst tüchtigen Geschäftsbasis gespielt. Aber dieses Pseudo-theosophisch-germanische Teekränzchen, das es bis zur Anerkennung durch ostpreußische Junker [1] brachte, soll uns hier gleichgültig sein, ebenso wie die kaufmännischen Machinationen des Herrn Walden, [2] der, ein typischer deutscher Spießer, seine Transaktionen mit einem buddhistisch-hochtrabenden Mäntelchen behängen zu müssen glaubt. Sein Geschäftsgenie in Ehren, aber seine Aesthetik und sein Kunstpreußentum dorthin, woher sie stammen, ins Büro des Winkeladvokaten. Wäre der Walden und seine Dichterschule im geringsten revolutionär, sie müßten zunächst das eine begreifen, daß Kunst nicht ästhetische Harmonisierung bürgerlicher Besitzvorstellungen sein kann.

O, meine Herren Spießer, Sie sagen, die Kunst sei in Gefahr? Ja, wissen Sie denn nicht, daß die Kunst eine schöne weibliche Gestalt ist, ohne Kleidung, daß sie darauf rechnet, ins Bett genommen zu werden, oder dazu anzusporne? Nein, meine Herren, die Kunst ist nicht in Gefahr — denn die Kunst existiert nicht mehr! Sie ist tot. Sie war die Entwickelung aller Dinge, sie umhüllte noch die Knollennase und die Schweinslippen des Sebastian Müller mit Schönheit. Sie war ein schöner Schein, ausgehend von einem sonnig-heiteren Lebensgefühl, — und nun erhebt uns nichts mehr, nichts mehr! Geben Sie die Geschlechtsromantik auf, meine Herren Dichter — uns ist nicht mehr danach zumute; zeigen Sie lieber Ihre schön tätowierten Bäuche, speien Sie Worte, panschen Sie Geometrie in Farben und nennen Sie's abstrakte Kunst — es ist uns so piepe, wie Ihre Seiltänzerei rund um den Expressionismus! **Die absolute Unfähigkeit,** etwas zu sagen, ein Ding zu fassen, mit ihm zu spielen — **dies ist der Expressionismus,** ein geistiger Prießnitzumschlag [3] für verdorbene Eingeweide, eine von vornherein verdorbene Glibberspeise, von der man feierliches Bauchgrimmen bekam. Der schreibende oder malende Spießer konnte sich dabei ordentlich heilig vorkommen, er wuchs endlich irgendwie über sich selbst hinaus in ein Unbestimmtes, allgemeines Weltgedusel — o, Expressionismus, Du Weltwende der romantischen Lügenhaftigkeit! Unerträglich wurde die Farce aber erst durch die Aktivisten, [4] die den Geist und die Kunst, die sie vom Expressionismus absahen, dem Volke bringen wollten. Diese Schwachköpfe, die irgendwie mal Tolstoi gelesen und selbstverständlich nicht verstanden haben, triefen nun von einer Ethik, der man nur mit der Mistgabel sich nähern kann. Diese Dussel, die unfähig sind, Politik zu treiben, haben die aktivistische Aeternistenmarmelade [5] erfunden, um sich doch auch an den Mann, hier den Proletarier, zu bringen Aber so dof, verzeihen Sie, ist der Proletarier garnicht, daß er die unfruchtbare Toberei in lauterer Hohlheit nicht merkte. Kunst ist ihm was, was vom Bürger kommt. Und wir sind soweit Antidadaisten, als irgendeiner von uns noch etwas Schönes, Aesthetisches, ein sicher umgrenztes Wohlgefühlchen aufstellen will, wie die abstrakte Kunst etwa — daß wir ihm diese gut belegte Stulle in den Dreck schlagen. Uns hat die Welt heute keinen tiefen Sinn, als den des ungründlichsten Unsinns, wir wollen nichts von Geist oder Kunst wissen. Die Wissenschaft ist albern — wahrscheinlich dreht sich heute noch die Sonne um die Erde. Wir propagieren keine Ethik, die immer ideal (Schwindel) bleibt — aber wir wollen darum den Bürger nicht dulden, der seinen Geldsack über die Existenzmöglichkeit des Menschen gehängt hat, wie Geßler [6] seinen Hut. Wir wünschen, die Oekonomie und die Sexualität vernünftig zu ordnen, und wir pfeifen auf die Kultur, die keine greifbare Sache war. Wir wünschen ihr ein Ende, und damit ein Ende dem Spiesserdichter, dem Verfertiger der Ideale, die nur seine Exkremente waren. Wir wünschen die Welt bewegt und beweglich, Unruhe statt Ruhe, — fort mit allen Stühlen, weg mit den Gefühlen und edlen Gesten! Und wir sind Antidadaisten, weil für uns der Dadaist noch zu viel Gefühl und Aesthetik besitzt. Wir haben das Recht zu jeder Belustigung, sei es in Worten, in Formen, Farben, Geräuschen; dies alles aber ist ein herrlicher Blödsinn, den wir bewußt lieben und verfertigen, — eine ungeheure Ironie, wie das Leben selbst: die exakte Technik des endgültig eingesehenen Unsinns als Sinn der Welt!!

R. Hausmann.

Nieder mit dem deutschen Spiesser!

1 »ostpreußische Junker« spielt wohl auf den expressionistischen Dramatiker Fritz von Unruh und seine Herkunft an.
2 Gemeint ist natürlich Herwarth Walden (1878–1941), der Herausgeber des *Sturm*, dessen kunsthändlerischen Aktivitäten seinerzeit nicht nur von Hausmann beargwöhnt wurden.
3 Prießnitzumschlag, genannt nach dem Naturheilkundler Vincenz Prießnitz (1790–1851).
4 Siehe zu dem »Aktivisten«-Kreis um Kurt Hiller S. 265 f. dieses Bandes.
5 »Aeternistenmarmelade«: Seit April 1916 erschienen in der Reihe *Aktions-Bücher der Aeternisten* (s. P. Raabe: *Die Zeitschriften*, Nr. 148) von Aktions-Mitarbeitern (u. a. F. Hardekopf, C. Einstein, F. Jung, G. Benn) Bücher, denen Franz Pfemfert, der Herausgeber der *Aktion*, zeitüberdauernde Bedeutung zumaß. Eine von Ferdinand Hardekopf verfaßte *Erste Proklamation des Aeternismus* erschien unter dem Obertitel *Die Aeternisten* in dem Prospekt zu dieser Reihe (Dok. 134). Die Proklamation artikuliert bereits einen ähnlich starken antibürgerlichen Affekt (»Unsere Bücher werden euch unfaßlich sein, Bürger.«) wie hier R. Hausmann.
6 Geßler: Gegenspieler Wilhelm Tells.

d) Der normale und der pathologische Typus

Die vom Expressionismus geschätzte Abweichung von der »bürgerlichen« Norm schlägt sich u. a. in der literarischen Vorliebe für soziale Außenseiter nieder, die aus »normaler« Perspektive gern als pathologische Fälle diffamiert werden. Dirnen, Kriminelle, Gefangene, Kranke oder Irre sind für die literarische Avantgarde beliebte Identifikationsfiguren. Die in der expressionistischen Literatur so zahlreichen Irrenfiguren und Wahnsinnsmotive [1], mit denen sich Normabweichungen besonders augenfällig darstellen lassen, weisen eine semantische Doppelwertigkeit auf. Am Wahnsinn positiv erscheint die Unbelastetheit von Rationalität und gesellschaftlicher Norm, die der Triebunmittelbarkeit, Phantasie und Genialität entgegenstehen. Doch erschöpfen sich die poetischen Texte des Expressionismus keineswegs in einer bloß romantisierenden Verklärung des Wahnsinns. Mit dem Motiv verbildlicht man oft zugleich das Leiden an der eigenen Identitätslosigkeit und inneren Gespaltenheit sowie an einer Gesellschaft, die den normabweichenden Typus isoliert, ausstößt oder verfolgt.

Die expressionistische Programmatik tendiert dazu, diesen Leidensaspekt zu vernachlässigen zugunsten einer entschiedenen Aufwertung des Pathologischen. Ihre poetologischen Implikationen werden dabei gut an dem Text von W. Herzfelde (Dok. 49) sichtbar. Mit den Äußerungsformen der Geisteskranken beschreibt er feste Bestandteile der expressionistischen Poetik, bis in Bereiche des Wortgebrauchs und der Zeichensetzung hinein. Daß die Darstellung psychopathologischer Phänomene auch der expressionistischen Vorliebe für alles Groteske (vgl. auch S. 585 ff.) entgegenkommt, sei hier zusätzlich noch angemerkt. [2]

Adolf Hitler bezeichnete später Kubismus und Dadaismus als »die krankhaften Auswüchse irrsinniger und verkommener Menschen«. [3] Der Expressionismus galt unter seinem Regime als »entartet«. Solche psychiatrisierenden Argumente sind schon in der zeitgenössischen Expressionismuskritik immer wieder anzutreffen (s. o. S. 78 ff.). »Der expressionistische Künstler ist [...]ein geradezu pathologischer Idealist. [...]Weshalb für ›Bürger‹ dieser unabweisbare Eindruck der Verrücktheit?« So fragt noch relativ freundlich eine der damaligen Expressionismus-Betrachtungen. [4] Die Avantgarde übernimmt die Fremdeinschätzung der eigenen Kunst als »verrückt«, »wahnsinnig« oder »pathologisch«, doch wertet sie solche in diffamierender Absicht verwendeten Attribute ins Positive um. So erklärt eines der 1912 im *Sturm* abgedruckten futuristischen Manifeste, »daß man es als Ehre ansehen muß, ›verrückt‹ genannt zu werden; denn damit bemüht man sich, die Neuerer zu knebeln.« [5]

Einen bezeichnenden Nebeneffekt hatten solche Umwertungen darin, daß die Unterscheidung zwischen »nichtkünstlerischen« Werken der Kranken und der »Kunst« der Gesunden viel von ihrer alten Selbstverständlichkeit verlor. Die Arbeiten und Sammlungen der Psychiater Walter Morgenthaler und Hans Prinzhorn zum Thema »Schizophrenie und Kunst« sind am Ende des expressionistischen Jahrzehnts entstanden und wären ohne den Anstoß dieser Bewegung nicht denkbar. [6] Prinzhorn selbst wies auf die Affinität der von ihm gesammelten Bilder von Schizophrenen zur expressionistischen Malerei mehrfach hin.

Die Umwertung des Wahnsinns im Expressionismus, der damit z. T. an die Tradition der Romantik anknüpfen kann (s. Dok. 51), impliziert eine deutlich antipsychiatrische Einstellung (s. Dok. 50). Zu Kurt Hillers in seiner *Philosophie des Ziels* erhobenen Forderungen gehört der »Schutz vor Psychiatrie« als einer »Wissenschaft«, »welche unfähig ist oder, vor lauter Vorliebe fürs Mittelmäßige, instinktiv nicht gewillt, die Begriffe des Regelwidrigen (Abnormen) und des Krankhaften (Pathologischen) zu unterscheiden.« [7]

Bei aller Kritik ist indes das Interesse der Autoren an der Psychiatrie und besonders Psychoanalyse sehr groß (vgl. Dok. 51). [8] Es ist vielfach beruflich [9], vielfach durch eigene pathogene Erfahrungen motiviert.

1 Siehe dazu und zum folgenden Wolfgang Rothe: *Der Geisteskranke im Expressionismus*. In: *Confinia Psychiatrica* 15 (1972), S. 195–211; S. Vietta/H.-G. Kemper: *Expressionismus*, S. 155 f., S. 182–185; Th. Anz: *Literatur der Existenz*, bes. S. 39–45; Thomas Anz (Hg.): *Phantasien über den Wahnsinn. Expressionistische Texte*. München 1980.
2 Vgl. Th. Anz: *Literatur der Existenz*, Anm. 207 auf S. 185 f.
3 Adolf Hitler: *Mein Kampf*. Jubiläumsausgabe. München 1939. S. 256.
4 Otmar Best: *Zum Thema Expressionismus*. In: *Die Sichel* 1 (1919), S. 30–34, Zitat S. 34.
5 P. Pörtner: *Literaturrevolution II*, S. 46.
6 Walter Morgenthaler: *Ein Geisteskranker als Künstler*. Bern 1921; Hans Prinzhorn: *Bildnerei der Geisteskranken. Ein Beitrag zur Psychologie und Psychopathologie der Gestaltung*. Berlin 1922.
7 Kurt Hiller: *Philosophie des Ziels*. In: *Das Ziel. Aufrufe zu tätigem Geist*. Hg. v. K. Hiller. München, Berlin: G. Müller 1916. S. 187–217; Zitat S. 215. Vgl. auch Hans Blüher: *Die Untaten des bürgerlichen Typus*, ebd., S. 28.
8 Vorläufige Hinweise zu diesem von der Expressionismusforschung noch nicht aufgearbeiteten Zusammenhang bei Th. Anz: *Literatur der Existenz*, Anm. auf S. 41 f. Vgl. auch in diesem Band S. 145 zu dem Freudschüler Otto Gross.
9 Vgl. Curt Hohoff: *Die Ärzte des Expressionismus*. In: C. H.: *Schnittpunkte*. Gesammelte Aufsätze. Stuttgart 1963. S. 272–283.

49
Wieland Herzfelde: *Die Ethik des Geisteskranken.* In: *Die Aktion* 4 (1914), Sp. 298–302.

Geisteskrank nennen wir Menschen, die uns nicht verstehen oder die wir nicht verstehen. Nur von letzteren sei die Rede.

Gemeinhin macht man diese Unterscheidung nicht. Die Kranken einer Irrenanstalt sind verrückt; das genügt. Wenn man von Geisteskranken spricht, stellt man sich Größenwahnsinnige, Tobsüchtige, religiös Irrsinnige usw. vor. Man bedauert diese armen Unglücklichen, lacht sie aus und graut sich vor ihrem Schicksal.

Dieses übliche Verhalten ist unberechtigt. Der Geisteskranke ist sicher fähig, glücklicher zu sein, als wir es vermögen: denn er ist natürlicher und menschlicher als wir. Ihn treibt Gefühl zum Handeln, nicht Logik. Sein Tun ist machtvoll, unmittelbar. »Religion des Willens« nenne ich den Wahnsinn: nur der Wille kann das Gefühl zur Kraft erziehen.

Der Geisteskranke ist künstlerisch begabt. Seine Arbeiten weisen einen mehr oder minder ungeklärten, doch ehrlichen Sinn für das Schöne und Bezeichnende auf. Da aber sein Empfinden vom unsrigen abweicht, muten uns die Formen, Farben und Verhältnisse seiner Arbeiten meist fremdartig, bizarr und grotesk an: wahnsinnig. Davon bleibt die Tatsache unberührt, daß der Besessene arbeiten kann, schöpferisch und mit Hingabe wirken. So ist er vor der Langeweile, dem triftigsten Grund, um unglücklich zu sein, geschützt, obwohl es für ihn wenig Überkommenes, Aufgezwungenes gibt. Er nimmt nur in sich auf, was mit seinen seelischen Wallungen in Einklang steht, nichts Wesensfremdes. Seine Sprache behält er bei: sie ist seelischer Ausdruck, doch Rechtschreibung, Zeichensetzung, auch Wörter, Redewendungen, die nicht in seinem Empfinden wurzeln, vermeidet er; nicht aus Vergeßlichkeit, sondern aus Unwillen. Der Irre ist nicht vergeßlich. Was sich in seine Seele einmal eingeprägt, bleibt in seiner Erinnerung. Für alles, was Eindruck auf ihn macht, hat er ein besseres Gedächtnis als wir, dagegen gar keins für ihm gleichgültige Dinge. Ähnliche Veranlagung hat auch dem Künstler den Ruf eines wirklichkeitsscheuen, wissenschaftslosen Träumers eingetragen.

Seinen Sinn für das Wesentliche und Besondere offenbart der Irre darin, daß er Sprache und Schrift nie ungewählt, schwerfällig und charakterlos gebraucht. Für Dinge, von denen er häufig spricht, wie Blumen, Kostbarkeiten, hohe Würden, genügen ihm unsre gezählten Begriffe nicht. Auch spricht er die Worte anders aus als wir, nicht aus Unvermögen, sondern aus künstlerischer Initiative: Erfindungskraft, Freude am Willkürlichen. Das nennt man leichthin verrückt. Dank ihrer Eigenart sind manche Künstler diese Benennung auch gewöhnt. Doch Duden ist bekanntlich eine von Menschen eingesetzte Instanz, und Knigge hat sich auch nicht vom lieben Gott belehren lassen. Man organisiert Triebe erst, wenn sie erlahmt sind, doch der Geisteskranke ist ein ewiger Entdecker.

Diese Lebendigkeit der Triebe könnte aber nicht so einflußreich auf sein Handeln sein, wenn nicht eine unbezwingliche Willenskraft damit verbunden wäre. Nur durch sie ist der Irre imstande, sein Gefühl zu der Kraft zu erziehen, die ihn so künstlerisch leben läßt, wie er fühlt.

Zwar hindert ihn unsre Übermacht an freier Willensentfaltung; nehmen wir aber an, alle

Menschen außer den Kranken des Geistes stürben, unsre Kultur sei tot, alles, was von ihr zeugen könnte, verschwunden: Jetzt ist der Besessenen wahnsinniges Reden die alleinige, ich behaupte höhere Weltweisheit, da sie menschlicher ist. Nun kennt man keine unumstößlichen Gesetze der Materie mehr. Wer sich den Frühling wünscht, geht in Frühlingskleidern spazieren und friert nicht. Es mag schneien, für ihn sind es kosende Blütenblätter. Er sonnt sich im Lichte des Mondes – und erfriert. Doch er friert nicht. Der Tod ist zum Erlebnis geworden; ähnlich manchem andern, vielleicht romantischer. Man freut sich auf ihn, ist neugierig oder fürchtet sich auch. Aber man glaubt nicht, wie wir, an ein unvermeidliches Schicksal. Man glaubt nur an sich selbst. Selbstkultur, Kultur des ehrlichen, rücksichtslosen Willens ist die Basis der herrschenden Ethik (vgl. unsre heutigen Künstler). Dem »vernünftigen« Menschengeschlecht kann keine Religion die Angst vor dem Tode nehmen, weil keine die Religion des Ich ist, sondern jede das Zittern vor dem Unbekannten. Das hypothetische Menschengeschlecht wird vor unserm Todesbangen bewahrt, dank seinem Willensimpuls, seiner Unbekümmertheit – der Krankheit des Geistes. –

Unsre ethischen Bestrebungen haben bewußtermaßen das Ziel, uns von Zufälligkeiten unabhängig zu machen. Das haben wir noch nicht erreicht. Die Ohnmacht, die wir alle noch gegenüber dem Willkürlichen, Sklavischen in uns empfinden, macht uns alle im Innersten unglücklich. Der Irre kennt nicht die Zerknirschung, die diese Unfreiheit in uns hervorruft. Ihm schlägt die Einbildungskraft Brücken von einer Unmöglichkeit nach der andern; zahllose Stege baut sie ihm, er wählt, wie's ihm beliebt, und springt während des Überschreitens zwanglos von einem auf den andern. Wieviel ärmer sind wir! Für uns gibt es nur die eine nüchterne, langweilige, unverrückbare, zwingende Wirklichkeit. Dem Künstler gelingt es zuweilen, sich aus den Fesseln des realen Seins zu befreien, doch bald schleppt ihn der Häscher der Notwendigkeit, der Bruder des Philistertums, die phantasielose, seelenfremde Logik wieder zurück in die Armut der nackten Tatsächlichkeit. Wie kleinlich sind wir! Wir schreien, wenn man uns schlägt, es ist uns unangenehm; der Hund zieht den Schwanz ein und entfleucht, es geht ihm gerade so wie uns: der Geisteskranke kann sich auch gezüchtigt fühlen, er kann aber auch zum Ritter geschlagen werden, wenn er will, sich im Kampfgewühl tummeln. Oder nickende Blumenstengel küssen seine Schultern, ein Platzregen hat ihn überrascht, widerspenstige Bäume greifen ihn an. Im Traume gleichen wir ihm darin: wenn die Tür zuschlägt, können wir im Schlaf Kanonen donnern, Sektpfropfen knallen, die Lampe explodieren, Hände klatschen hören, – aber nicht nach unserm Belieben. Denn wir sind im Traum noch abhängig von der Wirklichkeit. Das Geschrei beim Empfang einer Ohrfeige ist uns so selbstverständlich, daß wir es sogar im Traum ausstoßen, wenn wir eine zu empfangen glauben. Aber man kommt sich stets als Held vor, als Persönlichkeit, und darum ist das Träumen soviel schöner als das Wachsein.

Der Geisteskranke ist immer Held, immer Persönlichkeit, nicht nur im Traum. Er ist König, wenn er will. Hat er Verlangen danach, dann macht er sein Gärtchen zum Königreich. Er befehligt Beamte, die seine Phantasie mit Namen nennt, und begnadigt Verbrecher da, wo sein Auge eine Gießkanne sieht. Weil es für ihn nichts Unerreichbares gibt, kennt er den Neid nicht, das unadligste der Gefühle. – – –

Zu diesen Darstellungen steht scheinbar in Widerspruch, daß wir geistig Gesunden uns vor dem Wahnsinn so sehr entsetzen und die von ihm Befallenen bemitleiden, daß die Kranken selber sich in ihren »lichten Augenblicken« aufs höchste unglücklich fühlen und ihr trauriges Schicksal verfluchen. Diese »lichten Momente« treten jedoch nur bei physisch Erkrankten auf, bei denen gewisse Teile des Hirns, nicht aber der gesamte seelische Organismus, anders als auf die übliche Art und Weise funktionieren. Ich rede aber nur von Geisteskranken, die uns seelisch, ethisch entrückt sind, wie Hölderlin, Nietzsche. Bei denen kann man nicht von »lichten Augenblicken« sprechen. Das Einzige, was dazu verführen könnte, ist der Umstand, daß die geistige Verfassung des Kranken ihn *gewöhnlich* zu einem Gebaren treibt, das unsern ethischen Begriffen und Gewohnheiten einfach zuwiderläuft, *manchmal* aber auch Formen annimmt, die äußerlich unsrer Ethik und Lebensform völlig angepaßt sind, in Wirklichkeit aber nur auf einer *zufälligen* Konstellation beruhen. Glauben wir dann zu beobachten, der Kranke verwünsche sein »schreckliches Los«, so ist das nur ein Beweis für unsre schiefe Beobachtungsgabe. Und unser Entsetzen vor dem Wahnsinn beruht auf Anmaßung und Einsichtslosigkeit, zwei eng verbundenen Begriffen; der erste hat nur den Zweck, beim andern die Hilflosigkeit zu bemänteln. Wir verhalten uns ja ähnlich gegen alles, was uns unfaßbar, verborgen ist:

Sterben ruft in uns fast dieselben Gefühle hervor wie Irrsinn, außer Mitleid und Gleichgültigkeit, denn es betrifft alle Menschen. Wir fürchten uns und es graut uns davor, wir glauben Geheimnisse oder eine fremde Macht mit ihnen verbunden. Mit unsrer schwindenden Naivität verloren wir den Glauben an sie. Als in Angst und Ratlosigkeit das einzige Rückgrat aller Konfessionen zusammenbrach, fielen sie der Lächerlichkeit anheim. Auch die Wahnsinnigen verehrte man solange als Propheten oder Götter, bis man sie hohnlachend anlachte und einsperrte. Denn der Spott ist die Leibwache der Angst: man fürchtete Wahnsinn und Tod nach wie vor und spottete daher.

Doch es kamen Menschen, die begnügten sich nicht damit. Sie haben so lange nicht geruht, sich mit Tod und Weltall und Ewigkeit in absolut ethische Verbindung zu bringen, bis sie gelernt haben, daß – dies unmöglich ist. Sie haben begriffen, daß das Sein nach dem Tode mit unserm Leben nichts zu tun hat, daß unsre Ethik nur für unser Leben gültig sein kann und soll, aber stets unvereinbar mit Außermenschlichem, Außerirdischem bleiben wird, daß jede Verknüpfung, das heißt jede Konfession ein Kompromiß ist, eine Fiktion. Sie haben einsehen gelernt, daß man das Weltliche nicht mit irdischen Augen betrachten und danach objektiv einschätzen kann, daß es einen menschlichen Objektivismus nur für menschlich-subjektive Dinge geben kann. In ihnen ist die Angst vor Tod und Ewigkeit nicht mehr, denn sie haben erkannt, daß es ein Fürwitz ist, außerirdische Ding mit menschlichen Gefühlen begreifen, meistern, kritisieren zu wollen. Es ist das Ergebnis jahrhundertelanger religiöser, metaphysischer Kämpfe, daß wir heute die Unmöglichkeit erkannt haben, uns in ein bewußt objektives Verhältnis zu den Begriffen Gott, Ewigkeit, Nichts zu bringen.

Warum haben wir diese Einsicht gegenüber der Welt des freien Willens und der Phantasie noch nicht gewonnen? Weil wir *äußerlich* die Herren des Wahnsinns sind, weil die Geisteskranken von uns vergewaltigt werden und wir sie daran hindern, nach ihren ethischen Gesetzen zu leben. So gut, wie es mancher Schulmeister für unmöglich hält, daß es noch andre berechtigte, wertvolle Eigenschaften gibt, als solche, die er selbst besitzt, gerade so trauen wir den Geisteskranken nichts Wertvolles zu, das nicht unsern Werten gliche. Aus diesem Grunde gestehen wir den Wahnsinnigen ***prinzipiell*** keine Ethik zu. Ausschlaggebender aber für unsere ungerechte Beurteilung ist die Tatsache, daß der Wahnsinn nicht jeden betrifft, wie der Tod, sondern nur einzelne, die es im voraus nicht wissen. Man läßt das Kosmische des Wahnsinns links liegen, weil man damit nichts anzufangen weiß. Man erkennt ihn nicht als eine für sich berechtigte, uns unfaßliche Welt an, sondern lacht darüber, so wie etwa vor fünfzig Jahren über die Religion. Damals erklärte man nonchalant Frömmigkeit und Glaubensbedürfnis für ein Gemisch aus Dummheit, Rückständigkeit und Heuchelei, die Religionen für Humbug. Aber heute noch posaunt man die »Weisheit« aus: »Der Wahnsinn ist das Schrecklichste, das einem Menschen widerfahren kann, der Irre ist das unglücklichste aller Geschöpfe, ist ein Gestrafter Gottes.« In der Metaphysik haben wir uns eine ehrliche Anschauung erkämpft. Jetzt müssen wir den toten Punkt in unserm Verhältnis zur Geisteskrankheit zu überwinden trachten. Wir müssen die ererbte Vorstellung einer grauenhaften, weglosen unendlichen Leere und Abgestorbenheit aus uns herausreißen, um Raum zu schaffen für das neue Bild einer Bergspitze, die unsre graue Himmelskuppel durchstößt. – – –

Aber die Mehrzahl hat das Recht. Sie kann sich von einem Geistesgestörten nicht den Schädel einhauen lassen, weil er geruht, Freiübungen zu machen. Sie muß ihn einkerkern, nicht gemäß *der* Moral, die es nicht gibt, sondern gemäß ihrer Moral.

In einem Begleitschreiben vom 21.12.1913 schrieb der Verfasser an Franz Pfemfert, den Herausgeber der *Aktion*: »Ich weiß, daß meine Anschauung des Wahnsinns für einen Wissenschaftler ein Witz ist. Ich bin jedoch der Meinung, daß das Thema, wie ich es auffasse, weder mit Wissenschaft noch mit Kunst unmittelbar etwas zu tun hat. Ich möchte es sozial nennen, denn es handelt von den Lebensverhältnissen eines Teiles der Menschheit. Es ist meiner Ansicht nach nicht nur wichtig, wie diese *sind*, sondern auch, wie sie *gewertet* werden [...] Es wäre ein Fortschritt unserer Kultur, wenn wir uns den Wahnsinn weniger schrecklich und mehr unfaßbar vorzustellen lernten. Es wäre außer einer Verfeinerung unserer Ethik eine Erleichterung des sozialen Gewissens. Man käme sich nicht mehr halb gebrandmarkt vor, wenn in der Familie ein Geisteskranker ist, man würde nicht mehr so viele Menschen Nietzsche geringschätzen hören, weil er geisteskrank war, man würde nicht mehr das Betreten eines Irrenhauses scheuen, man würde Kinder geisteskranker Eltern nicht mehr belügen oder zu beschämen brauchen, wir hätten wieder ein Stück der Welt entdeckt, wenn wir die Angst vor ihm verlieren würden. Dies ist das Wesentlichste, was ich zum Wert der Arbeit sagen könnte.

Was nun den Inhalt angeht, so versichere ich Ihnen, daß die angeführten Beispiele und Beobachtungen nicht erfunden sind, sondern der Erinnerung an meine Besuche einer Irrenanstalt entstammen, die ich vor 10–11 Jahren gemacht habe. Man könnte sagen, daß ich damals zu jung war, um wertvolle Beobachtungen zu machen und maßgebende Eindrücke zu empfinden. Ich meine aber, daß es gerade dem Zufall zu verdanken ist, so jung und völlig vorurteilslos die Kranken kennengelernt zu haben, daß ich die Geisteskrankheit eher lieben als fürchten gelernt habe, und daß dies auch der Beweis ist, daß meine Gedanken ihren Ursprung nicht in Extravaganz und Widerspruchsgeist haben, vielmehr in kindlicher Naivität und Gerechtigkeitsliebe.« (Zitiert nach der Abschrift, die uns der Verf. in einem Brief vom 28. 5. 1979 zuschickte.)

50
Fidelis: *Deutschlands Psychiater in ihrer Stellung zu den Revolutionären.* In: *Das Forum* 4 (1919/20), H. 5 (Febr. 1920), S. 397–400.

Als Heinrich Mann vor einigen Jahren in seinem Roman *Die Armen* ein unerfreuliches Bild von den Psychiatern zeichnete [1], beklagten sich nicht wenige in den Fachzeitschriften [2] über seine lieblose Darstellung. Es verletzte sie; sie waren in ihrer Eitelkeit gekränkt, daß die Führer der Modernen (Heinrich Mann ist ja nur einer von vielen) in den Psychiatern, den »Seelenärzten«, nur willige Werkzeuge der herrschenden Gesellschaftsordnung sehen.

Im letzten Heft der *Zeitschrift für die gesamte Neurologie und Psychiatrie* (Bd. 52, S. 91) schreibt ein Herr Dr. Eugen Kahn [3] aus Kräpelins [4] psychiatrischer Klinik in München über Psychopathen als revolutionäre Führer, als ob er den Haß gegen die Psychiater als berechtigt erweisen wollte. 66 Leute waren ihm in seiner Eigenschaft als Anstaltsarzt zur Untersuchung zugeführt worden und nicht weniger als 15 sind nach ihm »minderwertig«. Er folgt ganz den Fußspuren seines Herrn und Meisters Kräpelin. Wenn er nur 15 als defekt ansieht, so entschuldigt er sich, indem er hinzufügt, daß kaum einer »als psychisch« völlig intakt erachtet werden kann«.

Hinter leicht durchsichtigen Pseudonymen werden uns die bekannten Führer der bayrischen Revolution vorgeführt. Herr Dr. Eugen Kahn teilt sie in vier Gruppen, und ich möchte aus der Verborgenheit der Fachzeitschrift einen oder den andern hervorholen, um zu zeigen, wie deutsche Psychiater, »unparteiisch und nach bestem Wissen und Gewissen« ihr Urteil abgeben.

Als ethisch defekten Psychopathen sieht er an:

»Robert Iglauer, 21 Jahre, ledig, Matrose.

Personalakten vernichtet. Stelzner berichtet über ihn, daß er sich in verschiedenen Berufen versucht, ein Jahr Zuchthaus hinter sich habe und wegen Marinemeuterei zum Tode verurteilt worden sein. Mitbegründer der Kommunistischen Partei München. Hatte schon vor dem Aprilumsturz im geheimen rote Armee gebildet, plante gegen maßgebende Personen schärfstes Vorgehen. Während der Räterepublik Stadtkommandant, Oberbefehlshaber der roten Armee. Wilde Erlasse. War einverstanden mit dem Vorschlag, daß für jeden Rotgardisten fünf Geiseln erschossen werden; gab schriftlich sein Einverständnis zum Münchener Geiselmord. Plante, vor Einzug der Regierungstruppen die Münchener Bürger auf der Theresienwiese zusammenschießen zu lassen. Brutal, herrschsüchtig, eitel, ungebildet, mäßige Intelligenz. Athletisches Äußeres. Bei Fluchtversuch erschossen.

Antisozialer Psychopath.«

Das ist Egelhofer [5]. Wer ihn kannte, weiß, daß er ein mutiger, klarsehender Revolutionär war, der tatkräftig das von ihm als richtig erkannte verfolgte und sich mit seiner Person dafür einsetzte. Er war gerecht denkend und wollte daher dem Proletariat, dem er entstammte und dessen Leiden er zur Genüge kannte, geben, was es brauchte: den Reichen den Überfluß nehmen und ihn den Armen geben.

»Brutal«. Er hatte für das Leiden jedes Proletariers ein mitfühlendes Herz.

»Herrschsüchtig«. Man mußte ihn bitten, bis er einwilligte, die Stadtkommandatur zu übernehmen.

»Eitel«. Von seinem Wirken ist nur das wenigste bekannt geworden. Er suchte zu hindern, daß er gerühmt wurde.

»Ungebildet«. Eine formale Bildung hatte er sich allerdings in Deutschlands Volksschulen nicht aneignen können.

»Mäßige Intelligenz«. Durch seine Klugheit war er den Bürgern einer der verhaßtesten und gefürchtesten, weil gefährlichsten.

»Bei Flutversuch erschossen«. Mit Verlaub, Herr Kahn: nicht auf der Flucht erschossen, sondern von Ihren Freunden, den Weißgardisten, aufs brutalste mit Gewehrkolben zu Tode gemartert. Wofür genügend Zeugen da sind!

Ein anderer Typ, hysterische Persönlichkeiten. Hierher zählt Herr Kahn den 26jährigen Studenten Sinner. Nur ein Auszug aus der Geschichte:

»Schwer belastet. Sorgenkind . . . Lebensüberdruß. Begabter Gymnasiast, schauspielerisches Talent, hohe Meinung von sich . . . Aus der jüdischen Gemeinde ausgetreten . . . verliest eigenen Aufruf an das deutsche Volk; hetzt in Versammlungen zum Streik. Verhaftet; wegen nervöser Beschwerden bald entlassen . . . intelligent; erregbar, gedrückt, enttäuscht, verzweifelt . . . gequält, theatralisch, Phrasen . . . Menschheitsbeglücker . . . viele Erlasse . . . gegen Blutvergießen, für Verhandeln . . . Als dichterisches Talent lauter, weltfremd bezeichnet.«

Das soll Toller [6] sein. Nicht unser Freund. In ihm den Prototyp »des intellektuellen hysterischen Dégénérés« zu sehen, ist albern und blöd.

Auch ich glaube, daß Ernst Toller ein Psychopath ist. Aber was will denn das besagen? Herr Kahn, als Fachmann, könnte doch wissen, daß man endlich auch in psychiatrischen Kreisen so weit ist, einzusehen, daß das Wort »Psychopath« nicht ein Werturteil ist. Der Meister der Neurologie, der jüngst verstorbene Berliner Oppenheim [7], hat zweifellos recht, wenn er betont, daß hohe geistige Begabung und normale Entwicklung der ethischen Eigenschaften mit psychopathischer Grundlage wohl vereinbar sind. Ja, es gibt sogar eine Höherwertigkeit, die ihre Wurzel in der Psychopathie hat. Solche psychopathischen Personen können Gipfel der kulturellen und geistigen Entwicklung darstellen. Ich erinnere an Kleist oder Schopenhauer.

Aus der Gruppe der fanatischen Psychopathen, in der man u. a. auch Mühsam findet, nur noch ein Beispiel, aber nicht im Auszug um die ganze hemmungslose Anmaßung des Herrn Kahn zu zeigen:

»Otto Wasner, 51 Jahre, verh., Schriftsteller.

Gymnasialbildung, studierte. War freier Schriftsteller, Journalist, mehrfach auch Redakteur. Dichtete sozialistische Schriften. Verheiratet, geschieden, später wieder geheiratet. Hielt Vorträge und Lehrkurse über soziale und historische Themata für Arbeiter. Januar 1918 nach mißlungenem Streik wegen Landesverrats unter Anklage; lange in Haft. Leitete die Revolution in süddeutschem Bundesstaat, dessen Ministerpräsident er dann wurde. Gewandter Redner, *politischer Dilettant.* Richtete Arbeiter- und Soldatenräte ein; versprach allen Parteien etwas. Belehrte Spartakisten, die eine bürgerliche Zeitung besetzt, zweifelhafte Existenzen, die in eine ausländische Gesandtschaft eingedrungen waren; hielt im Theater Rede an Mittelschüler; inszenierte Revolutionsfeiern. Glaubte, guten Frieden machen zu können. Wurde erschossen. Intelligent, erregbar, phantastisch, fanatisch; eitel bis zur Selbstüberschätzung, großsprecherisch; Phraseur, Poseur; empfindsam (Briefe).«

Das soll Eisners [8] Persönlichkeit sein, des Dichters der Weltbefreiung, des Mannes, der für seine Überzeugung ins Gefängnis ging, des Mannes, der keine Konzessionen machte. Ein Mann, an dessen Bahre Gustav Landauer sagte, das Leben sei verarmt. Nach Herrn Kahn legt ein Mann wie Eisner »bei aller Hingerissenheit für seine Idee den größten Wert darauf«, »sich selber in Szene zu setzen«.

Herr Kahn ist ein exakter, gewissenhafter Wissenschaftler und deshalb vergißt er nicht »einen alten Schizophrenen« zu erwähnen, der mehrere Tage der roten Armee angehörte und somit die ethische Inferiorität der Armee beweist.

Allen Revolutionsführern gemein ist im allgemeinen der »intellektuelle Tiefstand, primitive, ungehemmte Affektivität, blinde Triebhaftigkeit«. Also Herr Kahn, nach dem diese Leute wie Eisner »gesellschaftsfeindlich« sind. Was braucht Herr Kahn, wenn er Gutachten über ihm anvertraute Menschen abgibt, sich mit Marx zu beschäftigen. Ihm genügt die gute liberale Phraseologie. Gesellschaftsfeindlich, als wenn diese Gesellschaft, die heute herrscht, nicht absterbend ist und den Todesstoß schon allein für den Krieg und die Greuel, die sie in München, Hamburg, Ungarn usw. beging, verdiente.

Noch eins: Herr Kahn liebt die Landfremden nicht; besonders nicht die Juden. Nicht die guten Bajuvaren sind es, die die Revolution »machten«. Wir glauben es gern. München, das wir lieben, ist keine Schöpfung engherzigen Lokalpatriotengeistes, sondern die Metropole inter- und antinationaler Dichter und Denker. Aus Levinés [9] grandioser Rede vor dem Militärgericht [10] (das Herr Kahn liebt, nicht aber wir) möchte ich einen Satz hierher setzen: »Wie konnte ich (ein Jude, ein Russe, ein Nicht-Bayer) mir anmaßen, einen Posten anzunehmen, der dem eines Ministerpräsidenten entsprach? Um das zu verstehen, müssen Sie sich hineinversetzen in die Denkweise der internationalen Arbeiterschaft, in unser Ideal der deutschen Räterepublik und später der internationalen Räterepublik. Wir waren selbstverständlich der Ansicht, daß in jeder Räterepublik jeder mitarbeiten konnte und den Posten übernehmen mußte, den ihm das Proletariat übertrug, wenn er sich ihm gewachsen fühlte.«

Das bayrische Volk, auch die Münchener Arbeiter, stammelten und lallten in den herrlichen Apriltagen; und Nord-Deutsche, Russen und – horribile dictu – Juden mußten ihr ihnen kaum bewußtes Fühlen, Denken und Wollen übersetzen und ihre Haut zu Markte tragen: Levien [11], Leviné, Landauer, Axelrod [12], um nur einige zu nennen. Bewußt sind sie in den Tod gegangen – für das Volk, von dem sie die Erneuerung erwarten.

Psychiatrisch diese Männer werten kann wohl nur die Leichtfertigkeit eines ganz von bürgerlichen Vorstellungen abhängigen »Forschers«. An ihrem Grabe mögen die leertönenden Worte des Pseudowissenschaftlers schweigen, der sich selbst als Schützer der Gesellschaft bezeichnet und der Prototyp des Arztes ist, wie er nicht sein soll.

Angaben zu dem Pseudonym konnten nicht ermittelt werden.

1 Heinrich Mann: *Die Armen.* Roman. Leipzig: K. Wolff [1917]. Hier S. 130–148.
2 Ermittelt werden konnte: Dr. Hermann Haymann: *Irrenärztliche Bemerkungen zu H. Manns neuem Buch.* In: *Zs. f. die gesamte Neurologie und Psychiatrie* Bd. 39, H. 12, 3. Febr. 1918, S. 225–228.

3 Dr. Eugen Kahn: *Psychopathen als revolutionäre Führer.* In: *Zs. für die gesamte Neurologie und Psychiatrie* Bd. 52 (6. Okt. 1919), H. 1/3, S. 90–106.
4 Emil Kräpelin (1865–1926), einer der namhaftesten Psychiater seiner Zeit, seit 1903 in München tätig.
5 Rudolf Egelhofer, 13.4.1896 geb. in München, revolutionärer Matrose, vom 13.–17. April 1919 Stadtkommandant von München, seit 16. April Oberkommandierender der Roten Armee, am 3. Mai 1919 bei seiner Gefangennahme erschlagen.
6 Toller erzählt in dem Kapitel »Irrenhaus« seiner Autobiographie *Eine Jugend in Deutschland* (Amsterdam: Querido 1933) über den damaligen Aufenthalt in der psychiatrischen Klinik (E. T.: *Gesammelte Werke.* Bd. 4. Hg. v. W. Frühwald u. J. M. Spalek. [München, Wien] 1978. S. 103–107). Zu den ärztlichen Gutachten über Toller siehe auch W. Frühwald/J. M. Spalek (Hg.): *Der Fall Toller.* Kommentar und Materialien. München, Wien 1979. S. 40.
7 Hermann Oppenheim (1858–1919), gründete 1891 eine bald weltberühmte private Nervenklinik, seit 1893 Professor in Berlin.
8 Kurt Eisner (1867–1919), Journalist, Schriftsteller, Politiker; seit 1917 Mitglied der Unabhängigen Sozialdemokraten, als deren Führer er am 7.11.1918 in München die Räterepublik ausrief und bayerischer Ministerpräsident wurde; am 21. Febr. 1919 von Graf Arco Valley erschossen.
9 Siehe Anm. 1 zu Dok. 47.
10 Abgedruckt in Eugen Leviné: *Ahasver, Rede vor Gericht und anderes.* Berlin 1919. S. 21–29. Auszugsweiser Nachdr. in: Tankred Dorst/Helmut Neubauer (Hg.): *Die Münchener Räterepublik.* Zeugnisse und Kommentar. Frankfurt/M. 1966. S. 157–167.
11 Max Levien, 21.5.1885 geb. in Moskau, Studium in der Schweiz und in Deutschland, Mitbegründer des Spartakusbundes und der KPD in München, nach der Räterepublik Flucht vor der Polizei nach Rußland, dort verschollen.
12 Towia Axelrod, 1887 geb. in Moskau, Schriftsteller, 1917 Pressechef der Sowjetregierung, in München während der kommunistischen Räterepublik Mitglied des Vollzugsrat, nach Verurteilung von der russischen Regierung als Diplomat reklamiert und ausgetauscht, seitdem verschollen.

51
Ernst Jolowicz: *Expressionismus und Psychiatrie.* In: *Das Kunstblatt* 4 (1920), S. 273–276.

Der Name, den eine neue Kunstrichtung erhält, paßt ihr meist ebensowenig, wie etwa einem Individuum das Konfektionskleid, das für viele angefertigt ist. Es ist hier zu eng und dort zu weit, und mancher kriecht nur hinein oder wird hineingesteckt, weil es bequem und modern ist. So geht es mit dem Namen »Expressionismus« für die neue Kunst. Ihr vom Wortbegriff aus beizukommen, ist daher ein eitles Bemühen. Aber trotzdem ein jeder sieht, daß die vielgestaltigen Erscheinungen den Wortbegriff nicht ausfüllen, gewöhnt man sich an ihn, und unversehens hat er sich nach dem Inhalt gewandelt. Jede exakte Definition wird am Expressionismus zuschanden, und doch weiß »man« jetzt schon ganz gut, welche Kunstrichtung darunter zu verstehen ist. Daß die Klassifizierung nicht für alle Werke eindeutig ist, liegt in der Natur der Sache.

Den ausgeprägten Werken der expressionistischen Richtung jeder Kunstgattung wird, wie so mancher ungewöhnlichen Erscheinung, sehr leicht das Beiwort »verrückt« angehängt, es wird, da es nicht »normal« ist, als das Produkt eines kranken Geistes gebrandmarkt. Dieser verständnislose Unfug wäre der Betrachtung nicht wert, wenn nicht wirklich tiefere und innerliche Beziehungen zwischen Expressionismus und Psychiatrie bestünden.

Der Expressionismus ist eine romantische Kunstrichtung und als solche schon verdächtig. Strindberg spricht einmal von dem »Evangelium der Reichen, dieser Gehirnentzündung, die Romantik genannt wird, und die lächerlich wurde in ihrer Kläglichkeit, als sie zur Unterklasse hinunterdrang«. Er will damit die aristokratische Verstiegenheit und Verlogenheit einer Corinna [1] ins Krankhafte verweisen und unmöglich machen. In demokratischer Zeit als Nachfolger und Reaktion auf einen literarischen Ästhetiszimus entstanden, hat sich der Expressionismus zwar von diesen Fehlern früherer Romantik frei gehalten, er erstrebt sogar eine Wirkung in die Massen und eine Spiegelung der Massen; trotzdem trägt er unverkennbare Merkmale seiner romantischen Gesinnung.

Jede romantische Richtung hat eine Vorliebe für das Außergewöhnliche, Seltsame, Geheimnisvolle, für all das, was mit dem Verstande allein nicht zu fassen ist oder überhaupt jenseits der Grenzen menschlicher Erkenntnis liegt. Im Interesse an den ungewöhnlichen Erscheinungen begegnen sich Romantiker und Psychiater. Die Verständigung zwischen beiden, die zu gegenseitiger Befruchtung führen könnte, wird dadurch so erschwert, daß ein Künstler gelegentlich Objekt des Psychiaters wird, und daß die Begriffe »abnorm und pathologisch« im Geistigen wie auch im Körperlichen ohne scharfe Grenze ineinander übergehen. Eine ältere Psychiaterschule – ich nenne hier nur Moebius [2] – hat zu sehr dazu geneigt, Abweichungen von der Norm auch beim Künstler in das Gebiet des Krankhaften zu verweisen und nicht immer ohne Gewalt psychiatrische Diagnosen zurechtzuzimmern. Die Übergriffe der Psychographie haben sicher dazu beigetragen, den Kredit der Psychiater bei den Künstlern zu schmälern. Ein Kriterium dafür ist die meist spöttisch ablehnende, oft grob beschimpfende Behandlung, die Psychiatrie und Psychiater zumal in der neuesten Literatur erfahren. Die Szene in Heinrich Manns *Die Armen*, die im Irrenhaus spielt, hat sogar zu einer erregten Auseinandersetzung in den Fachzeitschriften geführt. [3] Wenn in den »Armen« die Karikatur einer psychiatrischen Untersuchung noch künstlerisch zu begründen ist, so finden sich doch z. B. bei Meyrink [4] und Altenberg [5] Stellen, die lediglich dem Ärger und der Nichtachtung Ausdruck geben, also rein persönliche Angriffe. Die neue, romantische Kunstrichtung hat sich noch mehr als frühere mit Psychiatrie befaßt. Ich erinnere nur an den gewaltigen Einfluß, den die Freudschen Gedankengänge auf die Kunst ausgeübt haben. Es gibt kaum ein Kunstwerk der jungen Dichtung, das nicht den Einfluß der psychoanalytischen Forschungsrichtung erkennen ließe. Das ist auch nicht verwunderlich, denn beide befassen sich mit der Psychologie des Außergewöhnlichen, des Grenzgebietes zwischen gesunder Originalität und Geisteskrankheit.

Bleiben wir zunächst im Stofflichen: Einen breiten Zustrom erhält die neue Literatur durch die »romantische Kolportage«, ein Ausdruck, den Paul Adler prägte. Ich meine den Weg, der von Poe, Wells [6] über Pannizza [7], Kubin [8], Ewers [9] zu Döblin [10] und Meyrink führt. Ist es Zufall, daß sich unter diesen sieben Namen, die durchaus nicht nach diesem Gesichtspunkt ausgewählt sind, zwei Psychiater von Fach finden? Döblin ist Arzt und war zeitweise als Psychiater tätig, Pannizza war Psychiater und in seinen späteren Jahren selbst geisteskrank. Zwei weitere Künstler dieser Gruppe, Poe und Kubin, sind zeitweise ausgesprochen pathologisch gewesen. Diese Literatur beschäftigt sich mit Vorliebe mit Verbrechern, Geisteskranken, Hellsehern, Geistern, Gespenstern, Hypnotisierten usw., lauter Typen, über die mitzureden dem Fachpsychiater immerhin gestattet sein sollte, denn diese Quelle strömt ihm doch ergiebiger. Es sollte auch der Künstler vorurteilslos den Standpunkt des Psychiaters zu diesen Dingen zu erfassen suchen.

Eine weitere Quelle, aus der Künstler und Psychiater für ihre Zwecke schöpfen, ist der Traum. Auch hier findet sich wieder der Einfluß Freudscher Gedanken, seiner *Traumdeutung* [11]. Wohl jeder erfahrene Psychotherapeut könnte aus seiner Praxis Träume erzählen, die den besten künstlerischen Produkten dieser Art an die Seite zu stellen sind. Und auch aus der bildenden Kunst sind mir Beispiele von Traumgestaltungen bekannt, die alle Merkmale echter expressionistischer Kunst tragen. Ich selbst besitze Malereien eines ganz unvorgebildeten Geisteskranken von erstaunlicher Reife und Fülle des Ausdrucks, die später veröffentlicht und der breiteren Diskussion zugänglich gemacht werden sollen. Es ist ja gerade eine Stärke des Expressionismus, daß seine Werke unmittelbarer Ausdruck seelischer Tiefen sein wollen, daß sie sich frei halten von sichtbarer gedanklicher Vor- und Nacharbeit, daß ihnen technisches Können niemals Selbstzweck, immer nur unerläßliches Mittel ist, den seelischen Ausdruck möglichst zu steigern und eindringlich zu machen. Da uns in den Tiefen seelischen Fühlens der gewohnte intellektuelle Leitfaden gar zu leicht im Stiche läßt, empfinden wir hier das Mystische, Geheimnisvolle besonders deutlich, das schließlich in jedem, auch dem einfachsten lebendigen Geschehen liegt und uns trotz unserer sogenannten Aufgeklärtheit das Staunen nie verlernen läßt.

Sensationslüsternheit allein kann für diesen Hang zum Mystischen nicht verantwortlich gemacht werden, sonst hätte sich die Literatur nie über das Niveau der Kriminalromane eines Conan Doyle erhoben. Es liegt ihm vielmehr das inbrünstige Verlangen zugrunde, dem Geheimnis der Menschenseele, dem von den Müttern behüteten Quell des Lebens näher zu kommen. Von jeher war die Mystik einer der Wege, auf dem dies versucht wurde. Daß auch die psychiatrische Forschung ein berechtigter Weg ist, muß anerkannt werden.

Einen zweiten Weg hat uns erst das durch den Naturalismus geschärfte Auge finden lassen. Es ist der Versuch, die kleinen, alltäglichen Lebensregungen, die allergewöhnlichsten Erlebnisse durch psychologische Vertiefung zum Typus, zum Symbol zu erheben. Ein Beispiel dafür ist das panpsychische Gedicht von Werfel: »Wie nichts erkennend« [12], ein anderes die Tierbilder von Marc und Campendonk. Wir sehen auf manchem expressionistischen Bilde, wie eine Linie, eine Farbe, die das für den Ausdruck, nicht aber immer für den Stoff, Wesentliche enthält, so lange unterstrichen, verstärkt, wiederholt wird, bis sie ins Monumentale gewachsen ist. Wieder muß ich bei diesem Verfahren an eine Schrift von Freud erinnern, die *Psychopathologie des Alltags* [13]. Sie enthält den meiner Meinung nach mißglückten, aber doch sehr geistvollen Versuch, die kleinen alltäglichen Mißgriffe, ein Versprechen, Vergessen, Nebenbewegungen, kleine Angewohnheiten als Leitfaden zu benutzen, um sich an ihm in die Tiefe psychischen Geschehens führen zu lassen. In beiden Fällen ist es die Hervorhebung des an sich unwesentlichen Details, das erst durch seelische Vertiefung eine wesentliche Bedeutung gewinnt.

Und nun kommt dasjenige, was den »gesunden Menschenverstand« am Expressionismus so empört. Dieses Herausheben geschieht rücksichtslos, gewaltsam, unter Nichtachtung jedes durch die endlich mühsam erkannten Naturgesetze verbürgten Zusammenhanges. So wird von den Dichtern nicht nur die Logik, sondern sogar die Grammatik vergewaltigt, von den Musikern die Harmonielehre, von Malern und Bildhauern die Anatomie, alles zur Verherrlichung des seelischen Ausdruckes, ad majorem expressionis gloriam. Wenn z. B. Lehmbruck, ein gewiß bedeutender und sicher expressionistischer Künstler, seinen Gestalten Köpfe aufsetzt, die nicht größer sind als ihre Hand, und ihnen Beine gibt, die offenbar unproportioniert lang sind, so weiß er so gewiß wie jeder weise Laie, daß es derartige Mißgestalten nicht gibt, es ist ihm aber mehr als belanglos. Er läßt sich durch das Unmögliche nicht von seiner leitenden Vorstellung abbringen und scheut sich nicht, jede Linie, jede Fläche, jedes Wort umzubiegen, bis es dem rechten Ausdruck dient. Die Kritik hat zu prüfen, wie diese Aufgabe gelöst ist. Ob freilich jede Vergewaltigung unter allen Umständen statthaft ist, darüber läßt sich streiten. Keineswegs ist es angängig, derartig bewußte und beabsichtigte Abweichungen von dem Herkömmlichen als »verrückt« zu bezeichnen.

Wir kommen damit zum Formalen des Expressionismus. Es ist ganz unrichtig zu sagen, die Form werde vom expressionistischen Künstler vernachlässigt. Es gibt innerhalb des Expressionismus Futuristen, die die Form sprengen wollen, und Primitivisten, die sie auf das unbedingt Notwendige beschränken, die übergroße Mehrzahl der Echten aber nehmen nur das Recht in Anspruch, die überkommene Form für ihre Zwecke umzugestalten und zu erweitern. Es wird der expressionistischen Form so oft Mangel an Harmonie vorgeworfen. Nachgerade sollte es doch schon eine Binsenweisheit sein, daß der Begriff der Harmonie den Einflüssen des Milieus, der Mode, der Zeit, des Volkes usw. direkt unterworfen ist. Unsere auf den Dreiklang aufgebaute Musik ist eine der harmonischen Möglichkeiten, die dem Japaner und Inder so unharmonisch erscheint, wie uns die seine. Billroth sagt in seiner Schrift *Wer ist musikalisch?* [14]: »Die Empfindung des Harmonischen ist eine im Subjekt allmählich entstandene konventionelle, nicht eine ursprünglich notwendige.« Man braucht sich nur des Sturmes gegen die Wagnersche Musik oder gegen die impressionistischen Farben zu erinnern, um die Kurzsichtigkeit dieses Einwandes zu erkennen. Eine jede Kunstrichtung schafft sich die ihr harmonische Form von innen heraus.

Es ist ersichtlich, daß im expressionistischen Kunstwerk sich unbedingt der Geist den Körper bauen muß. Ein Steckenbleiben im nur Formalen wird hier zum Unsinn, ein expressionistischer Ästhetizismus ist ein Widerspruch in sich. Aus der Stärke der Idee und der Rücksichtslosigkeit der Gestaltung ergibt sich eine Intensität des Ausdrucks, die in höchstem Grade suggestiv wirkt. Auf diesem suggestiven Wege allein ist es möglich, daß der Ausdruck, der seiner Natur nach romantisch individualistisch ist, also eigentlich nur in einem bestimmten Augenblick und nur für den schaffenden Künstler volle Gültigkeit hat, sich auf den Betrachter bzw. Hörer oder Leser überträgt und in ihm entsprechende Saiten mitschwingen läßt. Diese suggestive Kraft wohnt allen intensiven Ideen, auch den krankhaften inne. Wir müssen vom expressionistischen Künstler einen ganz besonders starken Gestaltungstrieb verlangen, er muß von seiner Idee besessen sein bis zum heiligen Wahnsinn.

Damit kommen wir wieder zur Psychiatrie. Ist ein gewöhnlicher Sterblicher ohne Gestaltungstrieb und Schaffenskraft, ohne Talent von einer Idee in so intensiver Weise besessen, so wird die Idee zur überwertigen, zur Wahnidee, die intensive Vorstellung zur Halluzination. Sie gerät in Konflikt mit der Wirklichkeit, untergräbt die Einheitlichkeit des Ichbewußtseins, der

Persönlichkeit und führt zur Neurose, vielleicht auch zu manchen Formen von Geisteskrankheit. Die intensiven Ideen der Schaffenden sind ebenso abnorme psychische Gebilde, ebensolche Gegensätze zur Wirklichkeit, sie verlieren aber den krankhaften Charakter, sobald sie sich in künstlerisch schaffende Tat umsetzen. Die »verrücktesten« Ideen produktiver Künstler brauchen nicht krankhaft verrückt zu sein, und die relativ geringfügigen Verschrobenheiten mancher »Normaler« stempeln diese zu Geisteskranken. Hier ist die Grenze zwischen Abnormem und Pathologischem zu suchen.

Naturgemäß bleiben die intensiven Vorstellungen und Ideen meist nicht auf das enge Gebiet der Produktion beschränkt, sondern greifen in den Alltag über. Es wäre aber auch verfehlt, aus solchen Abnormitäten die Diagnose einer pathologischen Persönlichkeit abzuleiten. Es ist doch gewiß ein Unterschied, ob irgendein Dégénéré sich einen hochtrabenden Namen zulegt, oder ob eine Dichterin von der Qualität einer Lasker-Schüler den ihr von Peter Hille gegebenen Namen »Tino von Theben«[15] auch im täglichen Leben annimmt. Andererseits muß man sich wohl hüten, nun einer jeden sich künstlerisch gebärdenden Abnormität diese weiten Grenzen zuzubilligen, denn selbstverständlich sind unter den Abnormen mehr pathologische Persönlichkeiten, als unter den Normalen. Zweifellos steckt in jeder einwandsfrei pathologischen »Pseudologia phantastica« eine künstlerische Komponente, darum sind wir aber noch nicht berechtigt, jede Äußerung übermäßig ausladender Phantasie ins Krankhafte zu verweisen. Den geisteskranken und den künstlerischen, speziell den nach expressionistischer Darstellung verlangenden Ideen ist gemeinsam, daß sie aus mehr oder weniger unbewußten Tiefen der Seele aufsteigen, weiter aber geht die Gemeinsamkeit der Sache nach nicht. Das göttliche Feuer des Kunstschaffens hebt die künstlerische Idee in eine andere Sphäre.

Die stärkste Beherrschung des Materials, die blendendste Technik, die gesprengteste Form wird in der expressionistischen Kunst zur leeren Maske, zur Farce, wenn jener Funke fehlt, wenn das Werk auf kaltem Wege konzipiert ist. Das Feuer, das den Menschen brennt, das Kunstwerk läutert es, den Menschen vernichtet es, dem Werke gibt es Kraft auch in seiner höchsten Steigerung.

Franz Werfel drückt einen ähnlichen Gedanken in seinem Nachwort zu dem Gedichtband *Wir sind* aus, wenn er sagt: »Die Katastrophen und Erschütterungen, durch die in normalen Menschen der göttliche, unfaßbare Willen handelt und die diesem gar nicht zum Bewußtsein kommen, im Dichter bestehen sie rund, für sich, als kontrollierbarer Wahnsinn, als jenes entformteste und daher wahrhaftigste Außersichsein, um dessentwillen der gnadenlose Philosoph die Dichter aus dem Reiche vertreibt.«[16]

Biographische Angaben über den Verfasser konnten nicht ermittelt werden.

1 Corinna: Titelfigur des 1807 erschienenen Romans *Corinne ou l'italie* von Germaine Necker, Baronne de Staël-Holstein (Deutsche Übers. von D. Schlegel 1907/8 erschienen).
2 Paul Moebius (1853–1907), Nervenarzt, schrieb Pathographien bedeutender Philosophen und Künstler (u. a. Rousseau, Goethe, Schopenhauer, Nietzsche).
3 Siehe Anm. 1 und 2 zu Dok. 50.
4 Gustav Meyrink (1868–1932) gehörte zu den damals wichtigsten Autoren der phantastischen Literatur, in der psychopathologische Phänomene eine durchwegs wichtige Rolle spielten.

5 Peter Altenberg (1859–1919), der Wiener Bohemien und Autor impressionistischer Prosakleinkunst, hat des öfteren die Behandlung von Nervenkranken durch Ärzte ironisiert und angegriffen. Vgl. z. B. die Skizzen *Leidenswege* (*Mein Lebensabend*. Berlin 1919. S. 17 f.) und *Sanatorium für Nervenkranke (Semmering 1912*. Berlin 1913. S. 78). Siehe vor allem auch den Abschnitt »Irrenhaus« in P. Altenberg: *Leben und Werk in Text und Bildern*. Hg. v. Hans Christian Kosler (erscheint 1981).

6 Herbert Georg Wells (1866–1946), engl. Autor zahlreicher phantastischer Erzählungen (u. a. *The time machine*, 1895), die größtenteils bald nach Erscheinen auch ins Deutsche übersetzt wurden.

7 Oskar Pannizza (1853–1921), Studium der Medizin, Assistenzarzt in einer Münchener Irrenanstalt, schloß sich 1890 in München dem Kreis der »Gesellschaft« an, lebte von 1905 an in einer Nervenheilanstalt; schrieb u. a. die »Dem Andenken Edgar Poe's gewidmet[en]« *Dämmerungsstücke* (Vier Erzählungen. Leipzig o. J. [1890]) sowie: *Visionen. Skizzen und Erzählungen*. Leipzig o. J. [1893]. Vgl. auch den Vortrag *Genie und Wahnsinn* (Münchener Flugschriften I. Serie, Nr. V und VI. München 1891).

8 Der Zeichner Alfred Kubin (1877–1932), der führende Illustrator damals erschienener phantastischer Dichtungen, veröffentlichte 1909 seinen in der Tradition der Schauerromantik stehenden Roman *Die andere Seite*.

9 Hanns Heinz Ewers (1871–1943) gehörte zu den damals populärsten Autoren phantastischer Dichtungen.

10 Unter Döblins frühen Erzählungen, die 1913 unter dem Titel *Die Ermordung einer Butterblume* erschienen sind, finden sich etliche »Schauergeschichten« (u. a. *Der Ritter Blaubart*, *Das Stiftsfräulein und der Tod*).

11 Sigmund Freud: *Die Traumdeutung*. Leipzig, Wien 1900.

12 Franz Werfel: *Wir sind*. Neue Gedichte. Leipzig; K. Wolff 1913. S. 49.

13 Sigmund Freud: *Zur Psychopathologie des Alltagsleben. Über Vergessen, Versprechen, Vergreifen, Aberglaube und Irrtum*. Berlin 1901.

14 Theodor Billroth: *Wer ist musikalisch? Nachgelassene Schrift*. Hg. v. E. Haaslick. Berlin 1896.

15 Peter Hille (1854–1904), der berühmteste Dichter der Berliner Boheme um die Jahrhundertwende, verherrlichte E. Lasker-Schüler u. a. in der 1904 erschienenen Skizze *Else Lasker-Schüler* (In: *Kampf!* Neue Folge 1904. S. 238 f.).

16 F. Werfel: *Wir sind*. (s. Anm. 12) Nachwort, S. 123 f.

e) Erstarrung und Vitalität

Wie Gunter Martens in seiner grundlegenden Arbeit über den Zusammenhang von *Vitalismus und Expressionismus* [1] an fünf exemplarisch ausgewählten Autoren gezeigt hat, gehört zu den Schlüsselbegriffen expressionistischer Kulturkritik der des »Lebens«. Er fungierte als positiver Gegenbegriff zu der als lebensfeindlich kritisierten Wilhelminischen Gesellschaft. Wie mit seinem Jugendkult (s. o. S. 144) nahm der Expressionismus auch mit dem Lebenskult bereits um 1910 trivialisierte Tendenzen der Jahrhundertwende auf und versuchte sie in einer meist radikal subjektbezogenen, anarchistisch gefärbten Weise zu regenerieren. Das vom Expressionismus in der Nachfolge vor allem Friedrich Nietzsches und Henri Bergsons und in partieller Gleichzeitigkeit zu den späteren sozialphilosophischen Schriften Georg Simmels verherrlichte Prinzip des Lebens war charakterisiert durch Bedeutungsmerkmale wie bewegt (vs. erstarrt), unruhig und chaotisch (vs. geordnet), schöpferisch und aktiv (vs. unproduktiv und rezeptiv), sprunghaft (vs. kontinuierlich oder einer Kausallogik folgend), spontan (vs. berechnet, überlegt), emotional intensiv (vs. rational distanziert), naturhaft (vs. kulturabhängig), unendlich (vs. begrenzt), ganzheitlich (vs. isoliert).

Georg Simmel, dessen Werk im letzten Lebensjahrzehnt (1908–1918) stark lebensphilosophisch geprägt war und dessen Vorlesungen in Berlin von den expressionistischen Autoren des »Neuen Club« (s. u.) regelmäßig gehört wurden [2], beschrieb während des Krieges den Expressionismus und Futurismus als Beispiele der Revolte des »Lebens« gegen die Zwänge erstarrter künstlerischer Formen (Dok. 55). [3] Die formsprengende Kraft expressionistischen Lebenselans bezog sich freilich nicht nur auf ästhetische Normen. Einer der damaligen Zeitschriftenaufsätze, die über Bergson und seinen Begriff des »élan vital« sprachen [4], signalisierte schon mit dem Titel *Die leblose Gegenwart* den umfassenden Kritikanspruch des Vitalismus. »Der ›Elan vital‹«, heißt es da, »konnte zum Kennwort des Lebens nur in einer Zeit erhoben und akzeptiert werden, die ihn als Sehnsucht fühlt.« [5] Hinter dieser Sehnsucht nach mehr Lebensintensität stand das Unbehagen an einer Kultur, der man aufgrund ihrer zunehmenden Tendenz zur Verwissenschaftlichung, Rationalisierung, Mechanisierung, Spezialisierung und Konventionalisierung vorwarf, den vitalen Kräften und Bedürfnissen des Individuums keine Entfaltung mehr zu gewährleisten.

Die vitalistische Kulturkritik begegnet einem in der Zeit des Expressionismus in oberflächlich sehr verschieden anmutenden Versionen. Gegen die »Kulturkrankheit« der Décadence richtete sich der unmittelbar an Nietzsche orientierte Vitalismus im Umkreis des im März 1909 begründeten »Neuen Club«, jener den Beginn dieser Literaturbewegung markierenden und sie entscheidend prägenden literarischen Vereinigung. [6] In programmatischer Form verfocht hier vor allem Erwin Loewenson, mit Kurt Hiller der führende theoretische Kopf des Clubs, die »Steigerung der Lebensintensität« (s. Dok. 52) gegen alle Formen dekadenter Lebensunterdrückung: »Dekadent ist alles, was dem Diesseits, dem Leben, dem Bravourstück solitärer Kraft, dem Abenteuer, dem heidnisch-unschuldigen Lachen aufatmender Körperlichkeit und den Sensationen esprittrunkener Nerven abhold ist [...]; daß wir es wissen und bewußt uns dagegen wehren, verdanken wir zum größten Teil Nietzsche.« [7] Ähnlich klagte Loewenson in einer früheren Rede, im Juni 1910 gehalten am ersten Abend des aus dem »Neuen Club« hervorgegangenen »Neopathetischen Cabarets« (s. u. S. 437), gegen die affektfeindlichen Ideale der zeitgenössischen Kultur: »Alle diese intellectiven Verlogenheiten sind Präservative der décadence und erfüllen die Funktion, das Leben zu verhüten, das Weiterdämmern zu schützen, das Stagnieren des voluntarischen Zentrums in Ruhe zu lassen.« [8] Georg Heym, der sich im Frühjahr 1910 diesem literarischen Kreis anschloß, hat Loewensons theoretische Anregungen unmittelbar aufgegriffen (vgl. Dok. 53) und dichterisch produktiv umgesetzt.

Ein wichtiger Teilaspekt der expressionistischen Kritik an den lebensunterdrückenden Wertvorstellungen der Wilhelminischen Kultur ist der Angriff gegen die offiziell gültige Sexualmoral. Erotik und Sexualität waren seinerzeit in der avantgardistischen Literatur, doch nicht nur hier, ein äußerst beliebtes Thema. [9] Und meist verfochten die jungen Autoren die Befreiung der Erotik von sozialen Zwängen. Der mit seinen sexualrevolutionären Ideen stark auf die expressionistischen Bohemekreise wirkende Arzt Otto Gross (s. o. S. 145) beschreibt in seinen Publikationen die aus der Sexualverdrängung resultierenden pathologischen Konflikte und beruft sich dabei zugleich auf Nietzsche und Freud (Dok. 56; vgl. auch Dok. 41). Die Psychoanalyse vertrat er damit in einer kulturrevolutionären Variante, die Freud selbst ablehnte. [10] Doch hatte auch dieser damals die Möglichkeiten einer psychoanalytisch fundierten Kulturkritik bereits ausführlicher erörtert; so in der 1908 erschienenen Schrift *Die ›kulturelle‹ Sexualmoral und die moderne Nervosität.* [11] In einem 1913 veröffentlichten Aufsatz äußert sich Freud unter anderem über »Das soziologische Interesse« an der Psychoanalyse. Sie habe den Anteil entdeckt, »welchen soziale Verhältnisse und Anforderungen an der Verursachung von Neurosen haben [...]. Die Kräfte, welche die Triebeinschränkung und Triebverdrängung von seiten des Ich herbeiführen, entspringen wesentlich der Gefügigkeit gegen die sozialen Kulturforderungen.« [12] Auch wenn die hinter dieser Sozialdiagnose stehende Argumentationsform der vitalistischen Kulturkritik nahesteht, verbindet Freud mit ihr doch keineswegs dieselbe Zielsetzung wie Gross und viele expressionistische Autoren: *Die Revolution der Erotik.* In einem so betitelten Manifest von 1914 stellt der Verfasser fest: »Unsere Gesellschaft, unsere Kunst und Literatur, aller unser Leben krankt an unerfüllten Wünschen«, und erhebt abschließend seinen Revolutionsaufruf nach »dem allgemeinen, gleichen und direkten Coitus!!!« [13] Theoretisch anspruchsvoller fordert 1919 Raoul Hausmann in einem den Vorstellungen von Gross nahestehenden Aufsatz *Zur Weltrevolution* die »Auflösung der existierenden kleinbürgerlich-moralischen Sexualverhältnisse von Grund aus«. [14]

Mit der Begeisterung für rauschhafte Geschwindigkeitserlebnisse und der intellektfeindlichen Forderung nach intuitiver Wahrnehmung leistete auch der Futurismus seinen Beitrag zum damaligen Vitalkult. Daß Marinettis 1912 im *Sturm* abgedrucktes *Technisches Manifest* (Dok. 159) an Bergson anknüpfte, hatten seine Zeitgenossen sofort bemerkt. [15] In diesem Kontext futuristisch-vitalistischer Technikbegeisterung (es gibt freilich auch eine vitalistische Kritik an der Technik und der durch sie bewirkten Mechanisierung und Rationalisierung des Lebens! [16]) steht Marie Holzers kurze Hymne auf das Automobil (Dok. 54), die nicht nur zentrale Werte des »Lebens« (»Tempo«, »Wille«, »Kraft«, »Stärke« usw.), sondern auch den ebenso bei Gross anzutreffenden Zusammenhang zwischen Vitalismus und Anarchismus gut dokumentiert.

Dem forcierten Modernismus des futuristischen Vitalkults entgegengesetzt sind die eher regressiven, zivilisationsfeindlichen Mythen Gottfried Benns (Dok. 58). In der sein Frühwerk charakterisierenden Konfrontation von Intellektualismus und Vitalismus erweist sich Benn als enger Geistesverwandter seines Freundes Carl Einstein (vgl. Dok. 57).

1 Gunter Martens: *Vitalismus und Expressionismus.* Stuttgart u. a. 1971.
2 Siehe ebd., S. 196 (Anm. 35).
3 Vgl. auch Georg Simmel: *Der Konflikt der modernen Kultur.* München, Leipzig 1918. S. 19 f. Zu Simmels Lebensphilosophie siehe vor allem noch seine Schriften: *Der Krieg und die geistigen Entscheidungen.* München, Leipzig 1917; *Lebensanschauung.* München, Leipzig 1918.
4 Siehe außer dem in der folgenden Anm. genannten: Franz Blei: *Philosophie und Gemeinschaft.* In: *Zeit-Echo* 2 (1915/16), H. 6, S. 83–85; und vor allem Fritz Hoeber: *Das Erlebnis der Zeit und die Willensfreiheit. Die intuitive Philosophie von Henri Bergson.* In: *Der Sturm* 9 (1918/19), H. 9, S. 120–122; H. 10, S. 132–133.
5 Dr. Bruno Altmann: *Die leblose Gegenwart.* In: *Der neue Merker* 1 (1914), Bd. 1, S. 440–448. Zitat S. 441.
6 Siehe G. Martens: *Vitalismus und Expressionismus*, S. 188–199; Thomas B. Schumann: *Geschichte*

des »Neuen Clubs' in Berlin als wichtigster Anreger des literarischen Expressionismus. Eine Dokumentation. In: *Emuna* 9 (1974), Nr. 1, S. 55–70. Vgl. auch in diesem Band S. 29.

7 Erwin Loewenson: *Zur Schopenhauer-Psychologie. Der Masochismus des Unterbewußtseins.* Vorgetragen im »Neuen Club« am 23.11.1910. Unveröffentlicht. Zitat nach G. Martens: *Vitalismus und Expressionismus*, S. 192.

8 Erwin Loewenson: *Tragödien der Décadence. Hamlet – Dichtungen von Stefan George u. Hugo von Hofmannsthal.* Vortrag, gehalten am ersten Abend des »Neopathetischen Cabarets« (6.6.1910). Unveröffentlicht. Zitat nach G. Martens: *Vitalismus und Expressionismus*, S. 191.

9 In der *Frankfurter Zeitung* vom 30.1.1910 konstatiert der Rezensent einer neuen sexualreformerischen Schrift: »Die Literatur über die verschiedenen Erscheinungen des Sexuallebens vermehrt sich in einer unheimlichen Geschwindigkeit.« In der *Münchener Allgemeinen Zeitung* erscheint, dieses Phänomen bespöttelnd, eine Glosse mit dem Titel *Der Sexualbazillus* (21.1.1911). Über Erotik und Sexualität in der expressionistischen Literatur handelt erstmals ausführlich, doch noch keineswegs erschöpfend Arnim Arnold: *Die Prosa des Expressionismus.* Stuttgart 1972. S. 136–165. Zu dem Thema in den frühen Werken Alfred Döblins und Robert Musils sowie in Thomas Manns *Der Tod in Venedig* vgl. Th. Anz: *Literatur der Existenz*, S. 121–129.

10 Vgl. dazu Otto Gross: *Ludwig Rubiners »Psychoanalyse«.* In: *Die Aktion* 3 (1913), Sp. 506 f.

11 S. Freud: *Studienausgabe* Bd. IX. Frankfurt 1974. S. 9–32.

12 S. Freud: *Das Interesse an der Psychoanalyse* (1913). In: S. F.: *Darstellungen der Psychoanalyse.* Frankfurt 1969. S. 127.

13 Hans von Flesch: *Die Revolution der Erotik.* In: *Wiecker Bote* 1 (1914), H. 11/12 (Juli), S. 5–12. Zitate S. 6 u. S. 12. Vgl. auch Paul Nikolaus: *Revolutionierung der Erotik.* In: *Der Revolutionär* 1 (1919), Nr. 3, S. 16–18. Dieses Manifest proklamiert freilich eine »geistige« Erotik im Gegensatz zur »fleischlichen« Sexualität.

14 Raoul Hausmann: *Zur Weltrevolution.* In: *Die Erde* 1 (1919), H. 12 (15. Juni), S. 368–371. Zitat S. 369.

15 Dies ist indirekt zu entnehmen aus Marinettis *Supplement zum technischen Manifest der Futuristischen Literatur* (P. Pörtner: *Literaturrevolution II*, S. 56).

16 Vgl. z. B. Bruno Altmann: *Die leblose Gegenwart* (s. Anm. 5), S. 441: »Wir haben uns zu einem Teil an unsere Maschinen verschrieben und von Stunde an unsere Vitalität verloren. Wir kommen rasend schnell vorwärts, aber wir bewegen uns nicht [...].«

52
Erwin Loewenson: *Die Décadence der Zeit und der Aufruf des Neuen Club.* [Auszug aus dem Einführungsvortrag am 1. öffentlichen Abend des »Neuen Club« (8. Nov. 1909)]

[Loewenson erläutert zu Beginn seines Vortrags den »Aufruf« des »Neuen Club« [1] und geht dabei auf die Eigenschaften ein, durch die die potentiellen Teilnehmer an den Club-Abenden positiv charakterisiert sein könnten. Er versucht sie im folgenden zu präzisieren.]

[...]Daraus folgt, daß ich keine »Ästheten« meinte: das sind solche, für die nur *ästhetische* Probleme existieren, also keine Probleme im eigentlichen, tiefen, nachdenksamen Sinn. Solche Menschen mögen in ihrer Kunst Taten tun, aber die schwersten Werte der Kultur bleiben für sie ohne Leben und Macht, und ihr eigenes Sein ohne Niveau, ohne Erdbeben, ohne Minengänge des Reichtums. Der Ästhet macht einen Unterschied zwischen sich als Künstlerischen und sich als Menschen; er kultiviert nur den Artifex, alles übrige schiert ihn nicht, und er hat keine Sehnsucht nach den Klüften der Antworten. Er brauchte nie plötzlich stehn zu bleiben, umringt von Rätseln, Blitzen und Ewigkeit und die Schlacht der Fragen zu leiten.

Es ist ihm ungemein wohl – und wäre er artistisch und gesellschaftlich ein funkelnder Anarchist ohne Gnade – der Ästhet ist ein geistiger Philister.

Philosophie dünkt ihm etwas Lebensfernes, Neblig-Abstraktes, Dimensionsloses.

Aber da verwechselt er zweierlei: Er verwechselt das landläufige akademische Philosophieren, diese Karikatur, diese »Begriffsspinneweberei« (Nietzsche), diese Gedankenverkrüppeltheit, dieses Aufblasen unnatürlichster Materien, dieses Wesenlose, ewig Gleichgültige, diese Kreuzzüge um Worte, diese Kritik der reinen Bezeichnungen, diese Impotenz aus Prinzip – – solche Blasphemie und solchen entmenschten Unfug *verwechselt* man heute mit der göttlichsten aller Menschentätigkeiten: das Weltgebäude noch einmal zu baun. Schöpfer und Schöpfung zugleich zu sein, und die Pracht der Zusammenhänge als furchtbarstes Glück zu erleben.

Ich rede nicht von Menschen, die darum philosophieren, weil es das Fach »Philosophie« gibt, oder weil sie glauben, es ihrer historischen Bildung schuldig zu sein, daß sie die Ergebnisse sämtlicher Philosophen wissen, sondern ich denke an solche Menschen, die da organisch gezwungen sind, überall Wunder und Unergründlichkeiten zu erblicken, und die nicht vorbeigehn können, ohne zu rütteln und zu schlagen an den verschlossenen Toren.

Ich denke an solche Menschen, die ihrer Natur nach nicht ewig auf der »platform« stehen bleiben können, von der es ihnen naiv-pueril scheint, weiter zu fragen und zu denken, und vor allem an solche, die auch das Vorhandensein einer scharfen, sehr scharfen Erkenntniskritik nicht geistig verflachen konnte. Ich denke an solche, die der Dichter Max Brod neulich mit einem entzückenden Ausdruck die »Cerebralen« getauft hat; die trotz aller Verfeinerung ästhetischer Hochkultur noch die Notwendigkeit fühlen, die Dinge des Daseins mit dem Blick des *Verstehens* zu durchglühn.

Und wenn ich Ihnen nun sage: Schaffen Sie ein Rendezvous für solche Menschen, und Sie werden die »kulturelle Situation in der Stadt Berlin« (Ausdruck von Kurt Hiller) bedeutend verändert haben: so gebe ich Ihnen damit nicht den Rat, ein Depôt für Erstlings-Problematiker einzurichten, die rekta vom Galgen kommen, an dem sie eben Gott, Freiheit, Unsterblichkeit und die sittliche Weltordnung aufknüpfen mußten und nun ratlos-verzweifelnd zusammenlaufen . . . sondern es handelt sich freilich um den *Menschen der zweiten Stufe.*

Menschen der zweiten Stufe sind solche, die einen tief-erlebten Nihilismus hinter sich haben, durch einen Machtentschluß hinter sich ließen und – »wieder von vorn anfangen«, die aus einer tieferen Skepsis heraus für tiefere Antworten empfänglich wurden, und solche, die aus der Periode differenziertesten Genießertums und Lustwandelns durch die Schächte glitzernden Erlebens wieder zurückkehren zu den steileren Gipfeln der schaffenden Kraft.

Der Mensch der zweiten Stufe tut wieder dieselben Dinge, die er auf der ersten Stufe tat, aber doch in ganz andrer Weise, mit einer andern Gebärde und in einem freieren Tonfall im Rhythmus.

Er *weiß* jetzt, daß Wahrheit nicht möglich ist und tritt nicht mehr wie früher *sentimental* und *verurteilt* an den Abgrund der Dunkelheit; er weiß, daß das Wahrste, was er erleben kann, eine *Dichtung des Seins* ist: aber auf die Dichtung muß er nicht mehr verzichten: wie in der rein-analytischen, rein-skeptischen Zwischenzeit.

Er schreit nicht mehr nach Antwort (wie auf der ersten Stufe) und schlägt nicht mehr um sich (wie das Zwischenglied), alles, alles von sich fortstoßend, was »metaphysisch« umleuchtet ist in der Nacht des Schauens und am Tag mit Mikroskopen nicht mehr zu finden ist – sondern er hat Mut des Spielers und Verschwendergewißheit und segelt bewußt in den unsichern blutdunklen Raum, wo die ungeheuren Dichtungen wie unsichtbar funkelnde Paläste aufgebaut sind und angerufen sein wollen.

Aber Sie fragen: warum tut er das? warum täuscht er diese ewig zwecklose Sehnsucht nach Erkenntnis des Wirklichen, wenn er selbst durch alle kristallenen Bauten den weißen Glanz der Fragwürdigkeit sieht?

Was er tut, tut er um eines Dinges willen: um der *Steigerung seiner Lebensintensität* willen.

Alles was in ihm funktionieren kann, will er rege haben, Energien sollen sich ausstrahlen, alle Gestaltungskräfte in Tätigkeit sein. Denn was er jetzt bewußt verlangt, ist mehr denn je umfangendstes Erleben und Aufleben, brutalstes Sich-Lebendig-Fühlen und hochwogendes Bewußtsein der eigenen Kraft.

Der Mensch der zweiten Stufe hat dieses Kriterium des Handelns gefunden, das ihm alle Moral ablösen kann, das ihm selbst zur Waage für jede Moral wird.

Das Gefühl der Kraft ist ihm Gefühl der Gesundheit: und daran klammert er sich: und das ist das Neue.

Der Mensch der zweiten Stufe ist der, der die Décadence in sich überwunden hat.

Erwarten Sie nicht, daß ich Ihnen an dieser Stelle und in wenigen Minuten eine Lehre von der Décadence auseinandersetze: mir scheint dieses Problem zu wichtig und ich möchte nicht in den Ruf kommen, daß ich mich eines untauglichen Apparates bediene.

Ich will Ihnen heute nicht einmal eine gepanzerte Definition dieser Kultur-Krankheit geben und nicht darauf hinweisen, vermittelst welcher Form der Selbstanalyse und der Autohypnose man diese Kultur-Krankheit in sich überwinden kann; ich will Ihnen nur einen kleinen Complex von *Symptomen* nennen, die der heutige Mensch in sich erfahren kann, wenn seine Psychophysis sich in einem bestimmten Stadium der Décadence aufhält. Das Hauptsymptom ist: daß er sein Leben nicht zu steigern vermag.

Sein Temperament ist in einer solchen Weise gestört, daß es auf bewußte Impulse des Wollens nicht mehr reagiert (die Reaktionsnerven sind zernagt durch dreifache Selbstbeobachtung).

Seine Affekte sind schwach, funktionieren fast gar nicht mehr.

Seine Intensitäten sind in irgend einer Weise gehemmt oder gelähmt, eine tiefe Stille ist in ihm. Er kann ganz apathisch werden.

Er hat das Bedürfnis, sich zu verkapseln und für sich allein hinzuvegetieren.

Wenn man ihn fragt, fühlt er sich wohl in seiner Vermauerung: denn er hat wie jedes Ding die Tendenz in seiner Lage zu beharren: aber mehr als jedes Ding eine Angst vor aller Bewegung seiner Lebendigkeit.

Ruhe ist ihm das erste Bedürfnis; es kann sich soweit erstrecken, daß er jede Gesellschaft flieht; wenn er intelligent ist, – daß er solche Gesellschaften feiert, in denen Intellekte in

Schwingung sind.

Er erfindet sich natürlich Motive, um seinen Zustand für berechtigt zu halten und vor dem Forum seiner Vernunft zu entschuldigen, und überhaupt, um sich vor jeder Bewegung zu schützen. Er erfindet sich ein ganzes System von Wertbestimmungen zu diesem Zweck. Alles fast, was er redet und tut, sind Symptome für seine Aversion gegen Bewegung.

Der Dekadente ist natürlich unproduktiv – – wenn er ehemals produktiv war (über die Grenze seiner Pubertät hinaus), so hat er seine souveränste Funktion eingebüßt – – also sagt er, daß es dumm sei, sich anzustrengen und etwas zu schaffen, daß der heiter Dahinlebende, der Egoist von der Gnade des Lebens das höchste und vornehmste Wesen sei.

Der berühmteste Typ dieses geistig Erschöpften ist der deutsche Dandy, dieser lächerliche Nachahmungsversuch jener wundervollsten Synthese aus den extraitesten Culturen Englands und Frankreichs.

Die reservierte Veraltung des deutschen Dandys und das lächelnde Herabsehen auf alles, was Denken und Produktivität heißt, auf tiefes Pathos und intensivstes Temperament ist das Zeichen (gegen den edlen Herrn von Balthesser [2] rede ich nicht, sondern gegen seine unter uns wandelnden jüngsten Verwandten).

Der Kern des deutschen Dandy ist eine Scham vor dem Leben, ein In-sich-verkrochen-sein, eine Furcht hinauszutreten und aufzufallen: es sei denn im Mantel der Pose: aber er selbst weiß ja jedesmal, daß er das nicht ist.

Das Dandytum ist eine falsche Prüderie vor dem Lebend-sein. Der Mensch der zweiten Stufe war auch einmal Zwischenglied; aber gerade darum verlangt er jetzt nach dem letzten möglichen Leben.

Er darf wieder alle Dinge tun, die der deutsche Dandy, das Zwischenglied, der Grinsende, der Vegetierend-Dekadente kindlich nennt und belächelt.

Er darf wieder verwegene Gedanken haben, wieder Probleme sehn, gegen Unsauberkeit propagieren, er darf selbst Politik treiben: alle die Dinge tun, die er früher einmal auf der ersten Stufe sentimental und in unreifem Pathos tat.

Er darf wieder Vereine gründen! Ganz so wie früher: Nur mit dem Bewußtsein der Climax.

Wer von den Begabten dies kindlich nennt, ist ein Zwischenglied, dekadent, krankhaft, verloren. Das grinsendste Zwischenglied hat keine Ahnung von dem Genuß und dem Leben der zweiten Stufe. Seine Erfahrung reicht nicht so weit.

Lassen Sie mich sagen, was Friedrich Nietzsche in seinem überwachen Herbst [18]88 vor ein Buch setzen wollte:

»Dies Buch wendet sich an Wenige, – an die *freigewordenen Menschen,* denen nichts mehr verboten ist: wir haben Schritt für Schritt das Recht auf alles Verbotene zurückgewonnen. Den Beweis der erreichten Macht und Selbstgewißheit damit geben, daß man sich »zu fürchten verlernt hat«; das Vertrauen zu seinen Instinkten eintauschen dürfen gegen das Mißtrauen und den Verdacht; daß man sich liebt und ehrt in seinem Sinn, – in seinem Unsinn noch; ein wenig Hanswurst, ein wenig Gott; kein Düsterling, keine Eule, keine Blindschleiche . . .«

So verstand ich jene Menschen: übermütig, gottvoll und springend, ohne Rücksicht auf die Grinsenden; auf die Plumpen, die Ernsthaften. Das Leben ernst nehmen, weil es sonst keine *Kurzweil* bereitet, keinen Affekt und kein Fest der Gedanken versäumen, und den Intensitätenrausch als höchsten Wert über sich haben; das scheint mir Gesundheit. Wer nicht über sich selber *lachen* kann und grade *dadurch* sich ernstnimmt, wer nicht auch durch Auslachen *bejahen* kann, der gehört heut nicht mehr in die oberste Reihe.

»Daß wir wirkende Wesen, Kräfte sind, ist unser Grundglaube« [3]:

Was heißt das bei Ihnen?

Wir wollen uns vergesellschaften, wir paar Cerebralen, wir paar Dutzend Ästhetisch-Starken und wollen einmal Krieg-spielen. Wir wollen zusehn, was standhält von dem, was uns richtig dünkt. Wir wollen so tun, als ob wir von vorn anfingen!

Einander bekämpfen: und dadurch uns gegenseitig ein Stimulans zum Leben sein.

Seinen höchstmöglichen Grad von Gesundheit nämlich kann ein Individuum erst dann erreichen, wenn ihm sein Tiefstes real wird, wenn seine untersten Latenzen und verborgensten Kräfte sich auswirken, wenn er den Stil findet, in dem alle seine verwunschenen Fähigkeiten in Schwingung geraten und aufleben können.

Die Lebensordnung, in die wir heutzutage von unsern geistigen Regierungen hineingezwungen werden, ist einem Ideal sich ausstrahlender Gesundheit des ganzen Menschen allerdings nicht gerade freundlich gesinnt.

[...]

[Es folgt eine stark an Nietzsche orientierte, ausführlichere Kritik dieser lebensfeindlichen Ordnung: ihrer Erlebnis- und Geniefeindlichkeit, ihrer demokratistischen Nivellierungstendenzen, ihrer Vernunft-, Wissenschafts- und Geschichtsgläubigkeit, eine Kritik der zeitgenössischen Erkenntniskritik, des naturwissenschaftlichen Positivismus, der herrschenden Medizin und Jurisprudenz. Der Vortrag endet mit Hinweisen auf einige von ihrer Zeit mißachtete Opfer dieser avitalen Kulturtradition: Kleist, Nietzsche und Wedekind.]

Von dem Vortrag liegt eine von Loewenson im Oktober 1912 vorgenommene handschriftliche Abschrift des Konzepts vor (Loewenson-Nachlaß, Marbach, Notizbuch Nr. 2). Als Druckvorlage für den bislang unveröffentlichten Vortrag hat uns dankenswerterweise Richard W. Sheppard den Umbruch des von ihm herausgegebenen Dokumentenbandes zum »Neuen Club« zur Verfügung gestellt (*Die Schriften des Neuen Club 1908-1914*. 2 Bde. Hildesheim: Verlag Dr. Gerstenberg 1980 und 1981). Wir haben diese Vorlage mit der Handschrift verglichen und geringfügig korrigiert.

1 Ein für das erste öffentliche Auftreten des »Neuen Club« werbender Anschlag am Schwarzen Brett in der Halle der Friedrich-Wilhelm-Universität Berlin:

Aufruf.

»Daß wir wirkende Wesen, Kräfte sind, ist unser Grundglaube« sagt Friedrich Nietzsche. »Aber wenn der Mensch unter solchen Individuen lebt. die mit seiner Natur übereinstimmen, so wird eben dadurch seine Productivität gefördert oder ausgebrütet werden« sagt Spinoza. »Wir leben in einer Zeit, die zu viel arbeitet und zu wenig erzogen ist, in einer Zeit, wo die Leute vor Fleiß blödsinnig werden« sagt Oscar Wilde.

»In der jetzigen Zeit soll niemand schweigen oder nachgeben; man muß reden und sich rühren, nicht um zu überwinden, sondern sich auf seinem Posten zu erhalten« hat Wolfgang von Goethe gesagt.

»Welche Kurzweil bereitet uns denn das Leben, wenn wir es nicht ernst nehmen?« sagt Wedekind.

»Merkt auf, merkt auf! Die Zeit ist sonderbar« sagt Hugo von Hofmannsthal.

2 Balthesser: Titelfigur in Richard von Schaukal: *Leben und Meinungen des Herrn Andreas von Balthesser, eines Dandy und Dilettanten.* München: G. Müller 1907.

3 Zitat aus dem *Aufruf* des »Neuen Club« (s. Anm. 1).

53
Georg Heym: *Eine Fratze.* In: *Die Aktion* 1, 1911, Nr. 18 (19. Juni), Sp. 555–556.

Unsere Krankheit ist unsere Maske.

Unsere Krankheit ist grenzenlose Langeweile.

Unsere Krankheit ist wie ein Extrakt aus Faulheit und ewiger Unrast.

Unsere Krankheit ist Armut.

Unsere Krankheit ist, an einen Ort gefesselt zu sein.

Unsere Krankheit ist, nie allein sein können.

Unsere Krankheit ist, keinen Beruf zu haben, hätten wir einen, einen zu haben.

Unsere Krankheit ist, Mißtrauen gegen uns, gegen andere, gegen das Wissen, gegen die Kunst.

Unsere Krankheit ist Mangel an Ernst, erlogene Heiterkeit, doppelte Qual. Jemand sagte zu uns: Ihr lacht so komisch. Wüßte er, daß dieses Lachen der Abglanz unserer Hölle ist, der bittere Gegensatz des: »Le sage ne rit qu'en tremblant« Baudelaires.

Unsere Krankheit ist der Ungehorsam gegen den Gott, den wir uns selber gesetzt haben.

Unsere Krankheit ist, das Gegenteil dessen zu sagen, was wir möchten. Wir müssen uns selber quälen, indem wir den Eindruck auf den Mienen der Zuhörer beobachten.

Unsere Krankheit ist, Feinde des Schweigens zu sein.

Unsere Krankheit ist, in dem Ende eines Welttages zu leben, in einem Abend, der so stickig ward, daß man den Dunst seiner Fäulnis kaum noch ertragen kann.

Begeisterung, Größe, Heroismus. Früher sah die Welt manchmal die Schatten dieser Götter am Horizont. Heut sind sie Theaterpuppen. Der Krieg ist aus der Welt gekommen, der ewige Friede hat ihn erbärmlich beerbt.

Einmal träumte uns, wir hätten ein unnennbares, uns selbst unbekanntes Verbrechen begangen. Wir sollten auf eine diabolische Art hingerichtet werden, man wollte uns einen Korkzieher in die Augen bohren. Es gelang uns aber noch zu entkommen. Und wir flohen – im Herzen eine ungeheure Traurigkeit – eine herbstliche Allee dahin, die ohne Ende durch die trüben Reviere der Wolken zog.

War dieser Traum unser Symbol?

Unsere Krankheit. Vielleicht könnte sie etwas heilen: Liebe: Aber wir müßten am Ende erkennen, daß wir selbst zur Liebe zu krank wurden.

Aber etwas gibt es, das ist unsere Gesundheit. 3mal »Trotzdem« zu sagen, 3mal in die Hände zu spucken wie ein alter Soldat, und dann weiter ziehen, unsere Straße fort, Wolken des Westwindes gleich, dem Unbekannten zu.

54
Marie Holzer: *Das Automobil.* In: *Die Aktion* 2 (1912), Nr. 34 (21. Aug.), Sp. 1072–1073.

Das Automobil ist der Anarchist unter den Gefährten. Es rast, Schrecken verbreitend, durch die Welt, losgelöst von althergebrachten Gesetzen. Kein Schienenstrang schreibt ihm die Wege vor; keine Pferdelunge zwingt ihn zu einem vorgeschriebenen Tempo, das in sich selber engge-zogene Grenzen hat. Es ist der Herr der unbegrenzten Möglichkeiten.

Sein Lenker spottet jeder Fahrordnung, jeden Aufenthaltes, jeder Ruhepause, für ihn gibt es nur ein Gesetz, und das ist sein eigener Wille. Vorschriften werden erdacht und ersonnen, um auch diese Tyrannenlaune menschlichen Geistes einzufrieden. Um auch diesen Teufelsspuk an ihre Leine zu bekommen. Aber der Einzelwille triumphiert hier über die Bedürfnisse der Gesamtheit, erzwingt sich sein Recht, tritt zerstörend in ihre Gewohnheiten, in ihre Ruhe ein, weist alle Einwendungen mit Eroberergeste von sich.

Es ist der Sieg der Kraft über die Pedanterie vorgeschriebener Grenzpfähle, ein Überschlagen, Überspringen langsamer Entwicklungsstadien, ein plötzliches Emporwachsen. Ein herrisches Bejahen eines Gedankens, der uns emporträgt, der sich zum Bedürfnis aufgezwungen. Ein glänzender Rekord der Technik, die uns bewiesen, daß persönlicher Wille zum Gesetz werden kann, werden muß; daß Kraft, Stärke und Überzeugung über alles mühsam Zusammengetragene und mühsam Erworbene hinweggeht, hinwegsaust . . .

Es ist die Versinnbildlichung des Gedankens, der keine Wege braucht, keine Radabweiser, keine Bahnschranken, Leuchtkörper, Wächterhäuser, Stationen, Fahrpläne, er bahnt sich einen Weg mitten durch das alltägliche Getriebe, über Marktplätze, Straßen, zwischen Spaziergängern und an Leiterwagen vorbei, immer vorbei seinem weiten Ziele entgegen.

Das Automobil ist der Überwinder der Zeiteinteilung, unseres Lebens grausamster Uhr . . .

55
Georg Simmel: *Die Krisis der Kultur.* Rede, gehalten in Wien, Januar 1916. In: G. S.: *Der Krieg und die geistigen Entscheidungen.* Reden und Aufsätze. München, Leipzig 1917. S. 43–64. Hieraus S. 50–51.

[...]

Der Prozeß zwischen dem immer weiterflutenden, mit immer weitergreifender Energie sich ausdehnenden Leben und den Formen seiner historischen Äußerung, die in starrer Gleichheit beharren oder wenigstens beharren wollen, wie er die ganze Kulturgeschichte erfüllt, scheint mir an einer großen Anzahl besonderer Kulturformen jetzt aufs deutlichste aufzeigbar. Als gegen Ende des vorigen Jahrhunderts der künstlerische Naturalismus sich ausbreitete, war dies ein Zeichen, daß die von der Klassik her herrschenden Kunstformen das zur Äußerung drängende Leben nicht mehr in sich aufnehmen konnten. Es kam die Hoffnung auf, in dem unmittelbaren, möglichst durch keine menschliche Intention hindurchgegangenen Bilde der gegebenen Wirklichkeiten dieses Leben unterbringen zu können. Allein der Naturalismus hat den entscheidenden Bedürfnissen gegenüber ebenso versagt, wie es doch wohl auch der jetzige Expressionismus tut, der das unmittelbare Gegenstandsbild durch den seelischen Vorgang und seine ebenso unmittelbare Äußerung ersetzt. Indem sich die innere Bewegtheit in eine äußere Schöpfung fortsetzt, sozusagen ohne Rücksicht auf deren eigene Form und auf objektive, für sie gültige Normen, glaubte man dem Leben endlich die ihm ganz angemessene, durch keine ihm äußere Form gefälschte Aussprache zu gewinnen. Allein es scheint nun einmal das Wesen des inneren Lebens zu sein, daß es seinen Ausdruck immer nur in Formen findet, die eine Gesetzlichkeit, einen Sinn, eine Festigkeit in sich selbst haben, in einer gewissen Abgelöstheit und Selbständigkeit gegenüber der seelischen Dynamik, die sie schuf. Das schöpferische Leben erzeugt dauernd etwas, was nicht selbst wieder Leben ist, etwas, woran es sich irgendwie totläuft, etwas, was ihm einen eigenen Rechtsanspruch entgegensetzt. Es kann sich nicht aussprechen, es sei denn in Formen, die etwas für sich, unabhängig von ihm, sind und bedeuten. Dieser Widerspruch ist die eigentliche und durchgehende Tragödie der Kultur. Was dem Genius und den begnadeten Epochen gelingt, ist, daß der Schöpfung durch das von innen quellende Leben eine glücklich harmonische Form wird, die mindestens eine Zeitlang das Leben in sich bewahrt und zu keiner, ihm gleichsam feindseligen Selbständigkeit erstarrt. In den allermeisten Fällen indes ist solcher Widerspruch unvermeidlich, und wo die Äußerung des Lebens, um ihn doch zu vermeiden, sich sozusagen in formfreier Nacktheit bieten will, kommt überhaupt nichts eigentlich Verständliches heraus, sondern ein unartikuliertes Sprechen, aber kein Aussprechen, an Stelle des freilich Widerspruchsvollen und fremd Verhärteten einer Einheitsform schließlich doch nur ein Chaos atomisierter Formstücke. Zu dieser extremen Konsequenz unserer künstlerischen Lage ist der Futurismus vorgedrungen: leidenschaftliches Sichaussprechenwollen eines Lebens, das in den überlieferten Formen nicht mehr unterkommt, neue noch nicht gefunden hat, und deshalb in der Verneinung der Form – oder in einer fast tendenziös abstrusen – seine reine Möglichkeit finden will – ein Widerspruch gegen das Wesen des Schöpfertums, begangen, um dem anderen in ihm gelegenen Widerspruch zu entgehen. Nirgends vielleicht zeigt sich stärker als in manchen Erscheinungen des Futurismus, daß dem Leben wieder einmal die Formen, die es sich zu Wohnstätten gebaut hatte, zum Gefängnis geworden sind.

[...]

56
Otto Gross: *Die Einwirkung der Allgemeinheit auf das Individuum.* In: *Die Aktion* 3 (1913), Sp. 1091–1095.

Sonntag, den 9. November mittags wurde der bedeutende Wissenschaftler Doktor Otto Groß in seiner Wilmersdorfer Wohnung von drei kräftigen Männern, die sich angeblich als Kriminalbeamte legitimiert haben sollen, besucht und bis zum Abend dort zwangsweise festgehalten. Mitarbeitern der *Aktion*, die in meinem Auftrage Manuskripte holen wollten, wurde der Zutritt zum »Gefangenen« nicht erlaubt. Am Abend ist Groß (der sich nicht politisch betätigte, sondern sein neues wissenschaftliches Buch schrieb) unter Bedeckung aus der Wohnung fort . . . wahrscheinlich in eine österreichische Irrenanstalt gesperrt worden.
Der Fall wird im Reichstag zur Sprache gebracht werden. F. P. [1]

Die Frage muß zunächst einmal auf die Probleme und Entdeckungen des Forschers zurückgehen, dem wir die fruchtbarste Förderung der biologischen Erforschungsweise sozialer Tatsachen verdanken: auf Friedrich Nietzsche. Zu den Entdeckungen, die nie mehr verloren gehen, gehört die durch Nietzsche der Wissenschaft erschlossene Erkenntnis von einer pathogenen Einwirkung der Gesellschaft auf das Individuum. Wir wissen durch ihn, daß gerade den gesündesten Individuen Expansionstendenzen innewohnen, auf deren Repression die Tendenzen der Allgemeinheit gerichtet sind. Dieser Konflikt, dessen Gesetzmäßigkeit durch Nietsche in ihrer historisch notwendigen Gegebenheit erschlossen worden ist, wirkt pathogen in zweifacher Weise. Die eine Möglichkeit hat Nietzsche selbst zu Ende gedacht und besonders damit die Disziplin der biologischen Soziologie gegründet: er hat gezeigt, daß der in Rede stehende Konflikt zu einer Ausmerzung gerade der gesündesten und stärksten – mit den größten Expansionstendenzen begabten – Individuen durch die Repressalien von seiten der Allgemeinheit, zu einer negativen Selektion und damit zu einem Niedergang der Rasse, zu progressivem Zuwachs der hereditären Degeneration gelangen muß. Die andere Möglichkeit ist die der direkten Schädigung des einzelnen Individuums durch das psychische Trauma des Konfliktes. Zu dem Problem, das hier gegeben ist, hat Nietzsche eine unerschöpfliche Gedankenfülle beigebracht, deren Wichtigkeit eine fast unabsehbare ist für die individuelle und soziale Psychologie. Allein die Bedeutung der Frage für die Pathologie zu erkennen, dazu war eine andere Entdeckung nötig: die Entdeckung der im eigentlichsten Sinne pathogenen Wirkung zurückgedrängter Affekte. Ich möchte deshalb wagen, auf diesen Gebieten die Forschung Freuds als die geradlinige Fortsetzung der Forschungen Nietzsches anzusprechen.

Der naturnotwendige Konflikt zwischen dem Individuum und der Allgemeinheit verwandelt sich unter dem Druck des sozialen Zusammenlebens naturnotwendig in einen Konflikt im

Individuum selbst, weil sich das Individuum sich selbst gegenüber als der Vertreter der Allgemeinheit zu fühlen beginnt. Erst dieser innere Konflikt ist es, der eigentlich pathogen zu wirken vermag. Unsere Frage lautet also: welche typischen ideellen Momente sind danach angetan, das Individuum in Konflikt mit sich selbst zu bringen?

Es ist in erster Linie das große Gebiet der Sexualität, auf welchem ideelle Momente zu ganz besonders wichtiger pathogener Bedeutung gelangen. Das gilt natürlich ganz besonders beim Weib. Dieses wird auf sexuellem Gebiet von weitaus mehr Gegensuggestionen beeinflußt als der Mann. So wird auch begreiflich, daß die spezifische Morbidität bei Frauen an Hysterie nicht durch eine Disposition des Geschlechtes bedingt wird, sondern durch den Inhalt der allgemeinen sexualmoralischen Ideen.

Man darf wohl sagen, daß seelische Morbidität, daß pathologische Verzerrung der Persönlichkeit, so wie sie uns als hysterischer Charakter und als noch feinere und weniger merkliche pathologische Depravation begegnet – daß alle diese so überaus verbreiteten, spezifisch weiblichen Psychopathien auf jenen stereotypen sexuellen Konflikt zurückzuführen sind. Das Dominierende in der psychischen Entwicklung des Weibes ist die Unmöglichkeit, eine umfassende und zusammenhängende Einheitlichkeit der inneren Vorgänge zu begründen, eine lückenlose Kontinuität des seelischen Erlebens herzustellen. Denn die Suggestionen, aus denen sich von Kindheit an das ethische Milieu der Frau zusammensetzt – dieser beherrschende Wertkomplex ist inhaltlich unvereinbar mit den stärksten und eindringlichsten Trieben und Regungen. Die ganze plastische Kraft des Seelenlebens verwendet sich darauf, die sexuellen Regungen entweder ganz zu verdrängen oder ihnen eine bewußtseinsfähige Umformung und Umdeutung zukommen zu lassen. Und auch dieser Prozeß des Ummodelns besteht im wesentlichen in einer Verdrängung. Die sexuellen Strebungen in ihrer wahren Wesenheit erscheinen nie und niemals in der Gestalt jener ausschließlich monogamen und familiären Tendenzen, in der sie Eingang ins Bewußtsein finden. Und was dabei verdrängt worden ist und immer weiter, immer wieder verdrängt wird, all dies ergibt zuletzt ein weites und großes, von stärksten Affekten besetztes und doch der Kontinuität des Bewußtseins, der einheitlichen Zusammenfassung der psychischen Vorgänge entrücktes Gebiet des Seelenlebens. Und dieses von innerem Zusammenhang der Persönlichkeit ausgeschlossene Gebiet wirft fremde unverständliche Charakterzüge, perverse und abnorme Triebe und Hänge in die Persönlichkeit. Genauer gesagt: Die angestaute Energie des verdrängten Materials überträgt sich auf den von den assoziativen Zusammenhängen präformierten, von der Persönlichkeit und ihren dominierenden Werten und Gefühlen unkontrollierbaren Wegen in das bewußte Seelenleben herein, wirkt modifizierend, anregend, hemmend, annulliert und schwächt die einen, verstärkt die anderen Komponenten, gibt paradoxen, fremden und bösen Impulsen eine unerklärliche Intensität, verändert den Charakter und prägt ihm Züge auf, die ihre Provenienz aus dem Unbewußten durch ihre oft unmotivierbare autochtone Existenz, durch eine gewisse inhaltliche Analogie mit den verdrängten Komplexen verraten. Das eigentümlich Typische, in den verschiedensten Formen ewig Wiederkehrende in diesen morbid gewordenen weiblichen Charakteren ist jener allbekannte, so eigentümlich zwangsmäßige Hang zum Verbotenen, zu allem von den eigenen dominierenden Werten Verworfenen, den eigenen Grundinstinkten Zuwiderlaufenden. Das ist ein stets übereinstimmender charakteristischer Zug, der seinem Wesen nach derselbe bleibt, mag nun das Fremde und Gegensätzliche jener Impulse noch subjektiv empfunden oder mag die ganze Persönlichkeit allmählich widerstandslos von ihnen erfüllt werden. Der pathologische Hang zum Verbotenen wirkt als ummodelnde depravierende Konstituente des Charakters. Wir finden ihn als Grausamkeit oder als Hang zur Selbstquälerei, als bohrenden Trieb zum immer Neuen, zum steten Wechsel, als kritiklosen Hang zum Bizarren und wieder als unerklärliche und unüberwindliche Sperrung natürlicher Gefühle. Er schiebt sich hemmend vor jedes zweckmäßige Handeln, jedes natürliche und gute Empfinden, jeden fundierten und konformen Geschmack. Und immer bewahrt er darin das Abbild des ursprünglichen pathogenen Konfliktes zwischen dem sexuellen Wunsch und seiner gewollten Verneinung. –

Ein einfaches Beispiel. Dem Arzt nur selten merkbar und überhaupt beinahe nie als pathologisch erkannt, dabei fast stets im Leben von tragischer Bedeutung ist eine für ungeahnt viele Frauen typische ideogene Tendenz, sich häßlich zu machen. Dahinter wirkt ein pathologischer Hang zum Verbotenen von Kindheit bei, der sich als Teil des Triebes zum Verbotenen überhaupt im Unbewußtsein verankert und unverändert erhalten hat.

Umfaßt der pathogene Konflikt des Sexuallebens besonders stark das weibliche Geschlecht, so liegt sein Äquivalent für das männliche auf dem Gebiete der Kampf- oder *aggressiven* Instinkte. Wir wissen, es ist der spezifisch männliche Grundinstinkt, und wie auf den sexuellen Impulsen bei der Frau, so lastet beim Manne auf den aggressiven Instinkten die Wucht moralischer *Gegen*tendenzen. Nur in der Quantität und vor allem im Grad der Verinnerlichung dieser Gegentendenzen besteht ein gewisser Unterschied. Der aggressive Wunsch, die innerliche bewußte Konzeption des aggressiven Gedankens ist nicht so ganz und nicht so von vornherein der Zensur unterworfen. Mit anderen Worten: es besteht hier eine größere Möglichkeit, wenigstens innerlich den Konflikt zu Ende zu kämpfen. Je mehr sich auch diese Möglichkeit einschränkt, desto pathogener natürlich wird der Konflikt. Das ist aber um so mehr der Fall, je mehr die Gegentendenzen an Intensität und Extensität zunehmen. Die Größe dieser Gegentendenzen ist eine sehr variable, nach Ort und Zeit sehr verschiedene, im allgemeinen rapid steigende. Nach Nietzsche geht das herrschende Streben dem Ziele zu, daß irgendwo und irgendwann einmal nichts mehr zu fürchten sei. Der Weg dahin heißt heute in Europa immer und überall: »Fortschritt«. Ist das richtig, ist wirklich eine innere Furcht vor allem Gefährlichen, Plötzlichen, Aggressiven ein wertbestimmender Faktor geworden, so muß die Niederhaltung aggressiver Tendenzen eine immer stärkere, der innere Konflikt eine immer ergiebigere Quelle neurotischer Spaltung der Persönlichkeit werden. Durch Schopenhauer ist die Darstellung gegeben und seither oft wiederholt worden, daß bei den Hellenen durch einen Akt der Aggression, z. B. durch eine körperliche Mißhandlung nicht der Angegriffene, sondern der Angreifer als entehrt betrachtet worden sei. War dies wirklich der Fall, so setzt eine solche Umdeutung und Verbildung der Instinkte einen ähnlichen Komplex von Verdrängungsprozessen voraus, wie heute die Umdeutung sexueller Tendenzen. Auffallend ist, daß die hellenische Poesie sich überwiegend in Emotionen der Aggression ergeht, sowie ein großer Teil der unseren in sexuellen Emotionen. In beiden Fällen läge der Kunst die Tendenz zugrunde, das »Abreagieren« gerade der jeweils unterdrücktesten Instinkte herbeizuführen.

Wir können uns leicht die Möglichkeiten nachkonstruieren, in welchem Sinne der innere Konflikt mit aggressiven Tendenzen den Charakter mehr oder minder pathologisch beeinflussen wird. Wir werden wieder erwarten müssen, in den Symptomen das Abbild ihrer Provenienz zu finden, und diese Voraussetzung erfüllt sich im Bilde der neuropathischen *Konfliktsangst,* ich möchte sagen, der pathologischen Feigheit. Wie überaus häufig diese anzutreffen ist, das ist wohl bekannt, desgleichen die Art, in der sie sich prägt und wie sie zur Grundlage eines krankhaften Mißtrauens, einer im Sinne dieses Mißtrauens verschobenen Auffassungsweise sich zu entwickeln vermag.

Der assoziative Konnex dieser Charakterzüge mit dem pathogenen Konflikt ist leicht nachzukonstruieren; das verbindende Gemeinsame ist etwa der Inhalt: »Ich darf oder kann nicht angreifen, mich nicht rächen, mich nicht wehren.«

1 F. P. = Franz Pfemfert. Zu Gross und zur Gross-Affäre siehe S. 145 dieses Bandes und Dok. 42.

57
Georg Rudolph: *Carl Einstein. Ein Beitrag zum Problem Vitalismus-Intellektualismus.* In: *Wiecker Bote* 1 (1914), H. 5 (Januar), S. 9–11.

Der unkünstlerische Mensch ist unfähig, sich in einer Perspektive zu halten, die auf Extreme, Spiegelungen oder Polarisierungen eingestellt ist. Nach dem Wechsel von Spannung und Entspannung, Tag und Nacht, erwartet er eine ewige Sonne oder eine endgültige déluge: Elpistik oder Resignation. Das ist *intellektualistische* Einstellung, denn der Intellekt hat die Funktion der Vereinheitlichung. Zugleich ist aber ersichtlich, wie diese Vereinheitlichung Entspannung, Ermüdung zum Grunde hat. Intellektualist ist jeder Dogmatiker und Systematiker. Subjektiv. Fernab von den Objekten. Geheimnis»lüstern«. Mit Worten die Welt schächtend und schachtelnd. Wo seine angeblich aus ihm selbst entwickelten Erkenntnisse nicht mehr ausreichen, führt er die mathematische Größe »unendlich« ein. Er braucht kein Erkennungsmerkmal, denn er ist allgemein. (Der Vitalist ist eine *besondere* Erscheinung.) Doch ist sein Characteristicum: den Körper überwiegend entfalteter Intellekt, und dies scheint der gegenwärtig allgemeinst verbreitete Bestand zu sein. Es bedeutet aber einen Vorbeigriff an der Wirklichkeit und kein »Be«greifen derselben. Ein Messen mit Elle und Winkelmaß. Eine bequeme und berechnende Auswahl der Erkenntnismittel wie auch der Erkenntnisse. Ein Phantasieren und ein pöbelhaftes Sichbescheiden mit dem geistigen Erbe, ein selbstherrliches Sichbespiegeln.

Der *Vitalist* dagegen ist der Unsystematische, Prinzipienlose, Objektive. Nicht lebenslüstern, sondern lebend. Nicht selbstgenügsam, sondern liebend, empfangend, fortzeugend, hingestreckt an die Ströme des Lebens: Auf die Welt körpermäßig mit ungehinderter Beweglichkeit reagierend, das Gehirn seiner Automatie überlassend. Worte sind ihm weitabständige Wegzeichen einer verschneiten Fläche, die den Weg nur ahnen lassen, nicht zeigen. Vorwärtsgerichtet, unhistorisch, vergessend. (Gedächtnis ist rückgewandt wie das Alter.) Eine ewige Jugend ohne

Reue. Von Moment zu Moment fortschreitend, keine Sprünge in Unendliches, sondern unendlich schrittweis-rhythmisches Gehen. Zweck: Das Leben. (Der Intellektualist hat ein hypothetisches Ziel.) Dramatisch widersprechend. Negation der intellektualistischen Positiven, die die asymmetrische Dramatik des Lebens nicht als Belebung, sondern als Unreinlichkeit des Denkens empfinden. Sein Panier: der Blödsinn, aufgepflanzt auf der intellektualistischen Verschanzung. Proklamation der Lebenslogik. Die bisherige Logik nur eine tötende Ausnahme. Wahllosigkeit in den Mitteln der Erkenntnis, keine Distanz von den Dingen wahrend. Unwirklich im Rausch des Wirklichen, da unsubjektiv, unpersönlich, charakterlos. Wird er von der Spannung des Lebens gehoben und sinkt noch vor der Entspannung in den Tod zurück. – Geschieht dies nicht, bleibt er ein Dilettant des Lebens, des Wunders, so wird er tragisch. Auf das Selbstverlieren folgt die Selbstbesinnung. Die Entspannung setzt den Intellekt wieder in sein Recht ein. Die Fülle des gelebten Lebens geht aber nicht mehr in die Enge des Intellekts ein. Der Vitalist wird eine intellektuelle Karikatur. Er wird gottgläubig und zieht sich aus der Geselligkeit des Lebens in die Einsamkeit zurück. Stand er bisher dem Leben als dem Wunderträchtigen gegenüber, so befestigt sich jetzt der Wille zum Wunder Gottes in ihm. Er versinkt in Nacht und Wahnsinn.

Als Vorform dieser intellektuellen Karikatur ist der Künstler zu betrachten. Er fängt die Lebensfülle im Symbol auf, ehe sie im Intellekt Verzerrung erfahren kann. Er erhält sich in polarer Perspektive. Entspannung hat die imaginäre Größe »unendlich« geschaffen, Gott geschaffen oder den Wahnsinn, damit aber zugleich sich selbst ein Ende gesetzt. Spannung läßt das Leben ständig von Moment zu Moment sich neuern. Deshalb hat der subjektivistische Intellektualist in Wahrheit eine endliche, der objektivistische Vitalist eine unendliche Blickrichtung. Paradox klingt es nun, daß jener aus dem Vitalisten zum Religiösen Gewandelte kurzblickend geworden sei. Offenbar ist Religion aus solcher Krisis dogmatisch, intellektualistisch, wie extrem vital auch sonst Religion sein mag. Auch klingt es ferner wie Ironie, die Hure als intellektualistisch anzusprechen. Doch steht sie als Subjektivistische und Unproduktive neben dem philosophischen Systematiker. Das normale Weib dagegen persifliert den Intellekt und ist höchstens eines intellektuellen Theismus fähig. Es ist der incarnierte Vitalismus, der auf den intellektualistischen Mann überspringt, selten wirklich Vitalist. Oft ist das Kind auch Intellektualist und der Greis Vitalist. – Man sieht, es handelt sich bei den Begriffen Vitalismus und Intellektualismus um Extreme. Sie auszugleichen und zu umspannen, bedarf es einer besonderen Position, wenn anders nicht die ganze Tragik der darin zum Ausdruck kommenden Weltprinzipien in Erscheinung treten soll. Die symbolische Umwertung des Künstlers bleibt als einzige Lösung bestehen. Symbol im Sinne von Wirklichkeitssymbol. Das religiöse Symbol hat eine vitalistische und das Begriffssymbol eine intellektualistische Akzentuierung. Der künstlerische Symboliker steht gleichsam zwischen den Bildern der tanzenden Bacchantin und des sinnenden Olympiers und läßt sich von beiden enthusiasmieren.

In dem Roman *Bebuquin oder die Dilettanten des Wunders* von Carl Einstein [1] ist das Umgekehrte von dem dargestellt, was uns im Drama Gegebenes ist. Da sehen wir den Intellektualismus gegen den Vitalismus angestrengt; hier vernichtet der Vitalist den Intellektualisten. Daß dieser schlechte, weil langweilige Romanstoff durch Tragikomik auf Grund schärfsten Intellekts und ausschweifendster Romantik interessant gemacht worden ist, ist ein höheres Lob für das Werk als das falsche Wort Franz Bleis an Einstein: »Sie haben Enthaltung von allen ›modernen Problemen‹ bis zur Askese getrieben.« Bebuquin, der Säugling mit der Denkerstirn, übersteht die hypnotische Spiegelung seines Widerparts nicht, ebenso wie die Menge im Zirkus die verzerrenden Spiegel, die gleichsam ihr ungeheures vitales Selbst erschließen, im Intellekt nicht ertragen kann und paralytisch wird. In meiner Abhandlung gilt das von den Vitalisten Gesagte zum Teil auch für Bebuquin, weil er sich doch ständig trotz seiner intellektualistischen Natur unter vitalistischem Training befindet. Reine Intellektualisten markieren der Platoniker, die Hure und auch die un»natürliche« Schauspielerin Fredegonde Perlenblick. Vitalisten sind Böhm und Euphemia, letztere mit erwähnter Einschränkung. Künstler ist der Maler Lippenknabe, der jedoch die Zuendebildung seiner Theorie Bebuquin zuzuwerfen scheint, der, obwohl selbst unfähig, durch künstlerische Produktion die Paralyse zu stoppen, in dem Zugleich von Spannung und Entspannung die Garantie für ein ewig Schöpferisches und damit Bleibendes, Ruhendes sieht. – Carl Einstein hat, wie mir scheint, in *Bebuquin* zum ersten Male bewußt das aktuelle Problem Vitalismus-Intellektualismus künstlerisch gestaltet.

1 Carl Einstein: *Bebuquin oder die Dilettanten des Wunders.* Berlin-Wilmersdorf: Verlag *Die Aktion* 1912 (Nachwort von Franz Blei).

58
Gottfried Benn: *Das moderne Ich.* Berlin: E. Reiß 1920 [gedruckt im Herbst 1919] (*Tribüne der Kunst und Zeit. Eine Schriftensammlung.* Hg. v. K. Edschmid. H. 12). Hieraus S. 47–56.

[Dem hier abgedruckten Schlußteil des Textes gehen polemische Ausführungen gegen die Überschätzung des technischen, wissenschaftlichen und sozialstaatlichen Fortschritts voraus. In diesem Zusammenhang steht auch eine sich u. a. auf Bergson berufende Kritik des darwinistischen Entwicklungsdenkens.]

Meine Herren, die Biographie des Ich ist nicht geschrieben, aber wo Sie sich in die Geschichte des Verhältnisses von Welt und Ich vertiefen, sehen Sie mit großer Deutlichkeit diese Entwicklung vor sich: die Erstarkung des Gefühls der Selbständigkeit des individuellen Subjekts. Das Ich sich zunächst durchaus in die äußere Welt hineinstellend, in seinem Bewußtsein anfangs kaum die Stellung der eigenen Person und der es umgebenden Lebewesen in seinem Weltbild unterscheidend, sammelt und konzentriert allmählich das subjektive Lebensgefühl zu der Bewußtheit von einer individuellen Existenz.

Aber dies, der Individualismus der attischen Epoche und der hellenistischen Zeit, noch durchaus objektivistisch wie das gesamte Weltbild der Periode, vollendet sich in zwei parallelen Entwicklungsreihen zu dem heutigen Bewußtsein im Sinne des Trägers der rein phänomenalen Welt.

Der Veränderung des Weltbildes, ausgehend von der durchaus pluralistischen Weltauffassung des Animismus: die Welt zerklüftet in unzählige objektive Einzelexistenzen, unter denen das Ich, ein Einzelwesen wie jene, keine irgendwie ausgezeichnete Stellung einnimmt, über des

Polytheismus allmählich sich verschärfende Trennung zwischen Göttern und Geistern: dem vielspältigen, unberechenbaren, launischen Wirken der Geister das irgendwie gesetzliche Walten der Götter gegenüberstellt, bis zu des Monotheismus Einheitsidee: die Welt von *einem* Willen, *einem* Gesetz geregelt, von *einem* Prinzip des Lebens beseelt, geht eine Entwicklung des Lebensgefühls des Menschen parallel, indem das Ich Zug für Zug jenen Gedanken des Subjektivismus in sich bildet, daß die ganze äußere Welt als ein inneres Erlebnis ihm gegeben ist.

Sie kennen den Weg von Heraklits dunklem und fast verschollenem Werk über Marc Aurels Buch an sich selbst, die Lyrik Gregors von Nazianz und Augustins Konfessionen bis zu dem großen Aufstand in der Renaissance, als das Ich es aufgab, sich nur »als Korporation oder sonst in irgendeiner Form des Allgemeinen« (Burckhardt) zu fühlen; Ihnen steht vor Augen die dunkle Fülle subjektivistischer Motive aus der christlichen Mystik des Mittelalters, Sie erinnern sich des grundsätzlichen Zweifels an aller Realität des Descartes, des Neookkasionalismus von Malebranche, für den alle uns mögliche echte Erkenntnis sich in der Erfassung von Ideen und deren Beziehungen erschöpft, des Psychologismus Lockes und seiner Nachfolger, der Trennung Kants von Dingen an sich und Erscheinungen und schließlich vor Ihren Augen des modernen Positivismus Relativierung von Zeit und Raum geradezu orgiastischen Finales.

Nun steht es da dies Ich, Träger alles erlebten Inhaltes, allem erlebbaren Inhalt präformiert. Anfang und Ende, Echo und Rauchfang seiner selbst, Bewußtsein bis in alle Falten, Apriori experimentell evakuiert, Kosmos, Pfauenrad diskursiver Eskapaden, Gott durch keine Nieswurz zu Geräusch lanciert; – Bewußtsein, fladenhaft, Affekte Zerebrismen; Bewußtsein bis zur Lichtscheu, Sexus inhärent; Bewußtsein, Fels mit des Königs Inschrift, krank von der Syntax mythischem Du, letzter großer Buchstabe: persisch, susisch, eleamitisch, drohend Gewalt unterworfenen Ebenen: Erbe und Ende und Achämenide.

Erloschenes Auge, Pupille steht nach hinten, nirgends mehr Personen, sondern immer nur das Ich; Ohren verwachsen, lauschend in die Schnecke, doch kein Geschehnis, immer nur das Sein; überreif, faulig, giraffig, unbeschneidbar, ohne Glauben und ohne Lehre, ohne Wissenschaft und ohne Mythe, nur Bewußtsein ewig sinnlos, ewig qualbestürmt –: von den Küsten an die Strände, von den Wüsten an die Belte, über die Meere, auf die großen Schiffe, durch die Brisen, zwischen die Azorenmöven, zwischen die springenden Fische, durch die Golfströme über New-Yorkens hellstes Weib –: verfluchtes bräunliches Gestöhne, Cowboygerammel, Prärienotzucht, womöglich in Wäsche, schneeleinern, etwas abstehend, wo Kaliforniens große Frucht und Kanadas glühender Stoß des Sommers, – oder von Giften, letzten, die die Schleimhäute zerfressen, an den Abgrund der Vergehen bringt.

Erwachend: witternd: nach südlichem Wort; in die Runde: nach: ligurischem Komplexe – tödlicher, nördlicher, nebliger Fluch, abendländisches Funèbre.

Hellstes Griechenland, die Taineschen Hellenen, wie kräftig der Hals und wie hoch die Brust. Arme, sparsame, junge Rasse, Hirten von drei Oliven lebend, einer Knoblauchszehe und einem Sardellenkopf; schlafend auf Straßen, die Frauen auf den Dächern, helle Winde, Glücke um ein Nichts –, ihre Götter, die nicht sterben, die die Winde nicht erschüttern, die der Regen nie durchnäßt, die der Schnee nicht erreicht, »wo wolkenlos der Äther sich öffnet und das weiße Licht leichtfüßig läuft.«

Hellstes Griechenland, die Taineschen Hellenen, arme sparsame junge Rasse und plötzlich: aus Thrazien: Dionysos.

Aus den phrygischen Bergen, von Kybelens Seite, unter dem Brand von Fackeln um Mitternacht, beim Schmettern eherner Becken, einklingend ihm tieftönende Flöte von der Lippe taumelnder Auleten, umschwärmt von Mänaden in Fuchspelz und gehörnt, tritt er in die Ebene, die sich ergibt.

Kein Zaudern, keine Frage: Über die Höhen geht der Nächtliche, die Fichte im Haar, der Stiergestaltete, der Belaubte: Ihm nach nun, und nun das Haupt geschwungen, und nun den Hanf gedünstet, und nun den ungemischten Trank –: nun ist schon Wein und Honig in den Strömen – nun: Rosen, syrisch – nun: gärend Korn – nun ist die Stunde der großen Nacht, des Rausches und der entwichenen Formen.

Es ist eine Esse von Haschisch auf der Welt, zwischen Haiti und den Abiponen, es ist ein Schrei, von einer Insel an der Mündung der Loire bis zu den Tlinkitindianern nach dem Übergang, nach den Epiphanien. Es ist ein Tanz zwischen den beiden Reichen der Brüder, die Sie so umschlungen sehn: die zu Boden gesenkte Fackel halten Sie und Sie den Mohnstengel, Sie träumen und dem anderen ist es schon geschehn.

Es ist Mittag über dem Ich oder Sommer, es schweigt von Früchten, über allen Hügeln, es schweigt von Mohn. Es ruft; Echo ruft –, das ist keine Stimme, keine Antwortstimme, kein Glück, kein Ruf.

Nun eilt es durch den Hain, durch die Räucherungen der Lentisken, es ist lange nach den Adoniden, es ist Sommer, Pan glüht.

»Wo bist du, dessen Schatten vor mir geht, durch gelbe Wiesen, durch Wiesenschaumkrautwiesen, rotdörniges Land und fliedriges Gedörfe, wo bist du, ich sah dich doch am Wasser, zwischen den Ulmen, am Rand.«

»Wo ist Wasser, dort ist Meer. Es war Wasser ohne die Delphine, wo gurrt es, es ist doch Sommer, ich streifte eine Distel, von Honig ein Atem haftete an meiner Hand. Die Myrthe sirrend, Rosmarien, Salbei, Lavendel stürmend ihren Traum; das Land räuchert, es brennt wie Harz die Insel, – wo ist Oleander, der den Bächen folgt?

Wo bist du? Ich bin einsam, ich bin immer auf den Triften, im Wachtelland bei meinen Netzen, in den Wäldern, wo verschlungen Kräuter, Iltis und Orions Stern –«

Es ist Mittag über dem Ich, oder Sommer, es schweigt von Früchten, über allen Hügeln, es schweigt von Mohn. Es ruft, Echo ruft, das ist keine Stimme, keine Antwortstimme, kein Glück, kein Ruf.

Aber es sind Felder über der Erde, die tragen nichts als Blumen des Rauschs – halt an, Narciß, es starben die Moiren, mit den Menschen sprichst du wie mit Wind –, wie weit du fühltest, wie weit du spültest, dir ward dein eignes lyäisches Bild.

Narciß, Narciß, es schweigen die Wälder, die Meere schweigen um Schatten und Baum: – Du, Erde, Wolken, Meer, um deine Schultern, schreiend nach Zeugung, hungernd in den Fäusten, dir Stücke aus dem Leib der Welt zu reißen, sie formend und sich tief in sie vergessend, aus aller Not und Scham der Einsamkeit – dann: über die Lider des Baumes Hauch, dann: Gurren, dann: zwischen Asphodelen schaust du dich selbst in stygischer Flut.

Unter Berücksichtigung späterer Fassungen ist der vollständige Text abgedruckt in G. Benn: *Gesammelte Werke in acht Bänden.* Hg. v. D. Wellershoff. Wiesbaden, Zürich 1968. Bd. 3. S. 569–584.

Auf eine Kommentierung dieses anspielungsreichen Textes wurde ausnahmsweise verzichtet. Sie wäre befriedigend nur in Form einer aufwendigeren Arbeit möglich gewesen, wie sie im Rahmen dieses Bandes nicht zu leisten war.

Für die Veröffentlichung des Textes in *Der neue Staat und die Intellektuellen* (Stuttgart, Berlin 1933) hat Benn später in einer Vorbemerkung seine »Jugendarbeit« erläutert: » [...]Ihre Formulierungen sind vielfach nicht allein weltanschaulich zu beurteilen, sondern auch ausdruckshaft anzusehen, sie sind vielfach lauthaft und dichterisch ersucht und dann geprägt. Ihr Grundzug ist aber schon damals – und damit stand sie ganz vereinzelt und isoliert – der Haß gegen das wissenschaftlich Utilitaristische, die kaufmännisch gewordene Erkenntnis, den Staat als reinen Verpfleger, den Menschen als reinen Rentenempfänger, gegen alles Mechanistische des Lebens, ihre Sehnsucht ging über das Empirische und Soziale hinaus auf die schöpferische Substanz, auf die Verwandlungsgefühle, auf Bilder und Gegenbilder, die ihr aufstiegen aus der ewigen, von Untergang umkränzten, der ichlos strömenden, der stygischen Flut.« (Zitiert nach G. Benn: *Ges. Werke* 8, S. 2156).

f) Selbstentfremdung und Geistigkeit

Geist werde Herr, fordert der Titel einer 1920 erschienenen Aufsatzsammlung Kurt Hillers und verwendet damit einen zentralen Topos der zeitgenössischen Kulturkritik. [1] »Geist« wird für die literarischen Intellektuellen der zehner Jahre zu *dem* Schlagwort schlechthin. Mit ihm versuchen sie eine Vielzahl zugleich kulturkritischer und poetologischer Forderungen auf einen allgemeinen Begriff zu bringen, dessen inflationärer Gebrauch die bislang von der Expressionismusforschung kaum geleistete Rekonstruktion seiner Bedeutungsmöglichkeiten [2] schwer macht. Expressionismus und »geistige Kunst« galten damals weithin als dasselbe, sowohl im Selbstverständnis der Programmatiker als vor allem auch in der Expressionismuskritik der zwanziger Jahre. »Nun kann man freilich das Wort Geist nicht mehr aussprechen, ohne des Expressionismus zu gedenken, der es verdorben hat«, schrieb 1922 Robert Musil. [3] Und der junge Brecht definierte den Expressionismus als »Heraus- oder Übertreibung des Geistes, des Ideellen« [4] und kritisierte ihn darin als zu abstrakt und wenig vital. [5] Der eigenen Abhängigkeit vom expressionistischen Vitalismus war er sich dabei nicht bewußt.

Kandinskys 1910 verfaßte Schrift *Über das Geistige in der Kunst* [6], in der die »Epoche der großen Geistigen« angekündigt wird, hat die ursprüngliche Hochwertung dieses Signalbegriffs innerhalb der avantgardistischen Kunstdebatte ebenso maßgeblich befördert wie Heinrich Manns Anfang 1911 erschienener Essay *Geist und Tat* (Dok. 68) innerhalb der literaturpolitischen Diskussion. Programmatisch eingeführt war der Geistbegriff freilich schon vor Beginn des expressionistischen Jahrzehnts durch die seit der Jahrhundertwende erstarkenden neuidealistischen Bewegungen in Kunst und Philosophie. [7] Ihre zivilisationskritischen und kulturkonservativen Tendenzen sind auch noch in manche expressionistische Berufung auf »Geist« oder »Seele« (vgl. etwa P. Kornfeld, Dok. 61) eingegangen. Das von den George-Jüngern Friedrich Gundolf und Friedrich Wolters herausgegebene *Jahrbuch für die geistige Bewegung* erschien zwar erstmals 1910, es signalisierte zu diesem Zeitpunkt indes keinen Neuanfang, entsprach doch die hier propagierte »geistige Bewegung« der schon in den vorangehenden Jahren vom George-Kreis gepflegten »geistigen Kunst«. Dasselbe gilt im Bereich der Philosophie und Wissenschaft für Wilhelm Diltheys 1910 erschienene Abhandlung *Der Aufbau der geschichtlichen Welt in den Geisteswissenschaften*, die ebenfalls weit mehr eine Ausarbeitung seiner schon länger währenden Versuche einer Grundlegung der Geisteswissenschaften war als ein innovativer Denkansatz.

An dem u. a. durch Dilthey repräsentierten Zusammenhang von Lebensphilosophie und Geisteswissenschaften zeigt sich im übrigen, daß im damaligen kulturellen Wissen »Leben« und »Geist« sich keineswegs gegenseitig ausschließen müssen. Daß in der zeitgenössischen Diskussion gelegentlich beide Begriffe gegeneinander ausgespielt werden [8], ist seltener als ihre Synonymisierung. [9] Ihre Zusammengehörigkeit zeigt sich außerdem in einer Reihe positiv gewerteter gemeinsamer semantischer Merkmale, die den Attributen der »ungeistigen« Wirklichkeit (u. a. Wissenschaft, Technik [10], Masse [11], Staat, Krieg) entgegengesetzt werden. So ist »Geist« in Iwan Golls Manifest (Dok. 60) oppositionell, schöpferisch, dynamisch, unkonventionell, innovativ, lebendig, willensintensiv und trägt damit alle Merkmale des »Lebens« (s. o. S. 195). Auch in der von Goll betonten Opposition des »Geistes« zu »Wissenschaft« und »Bildung« sowie in der von Kornfeld (Dok. 61) formulierten Kritik kausallogischen Denkens [12] zeigt sich die Nähe zu lebensphilosophischen Argumentationsformen.

Ein spätexpressionistisches Manifest mit dem Titel *Geistrevolution – Weltrevolution* beginnt mit dem programmatischen Satz: »Geist hört nicht auf, Vorbereitung der Revolution zu sein.« [13] Im Umkreis des politisch-revolutionären Expressionismus (vor allem Landauer, Mühsam, Toller, Heinrich Mann und die Aktivisten um Hiller) fungiert »Geist« als enthusiastisch gebrauchtes Losungswort für alles zukunftsgerichtete Engagement (s. den Abschnitt »Geist und Tat« in diesem Band, S. 263 ff.). In Kurt Pinthus' *Rede für die Zukunft* [14] steht er für das Prinzip menschlicher Freiheit gegenüber allen Determinanten der natürlichen und sozialen Wirklichkeit.

Auf den umfassenden Prestigewert des Begriffs zu dieser Zeit verweist weiterhin, daß auch die Kritiker des Aktivisten-Slogans *Tätiger Geist* (Titel von Hillers zweitem Ziel-Jahrbuch) sich ihrerseits auf den »Geist« berufen. [15] Im Rahmen eines dezidiert antipolitischen Jargons der Innerlichkeit und Eigentlichkeit spricht man an seiner Stelle auch gerne von »Seele« [16], die des Menschen »eigentliches«, »wesentliches«, »göttliches« Dasein (Kornfeld, Dok. 61), sein »innerstes Wesen« (Blass, Dok. 62) ausmache. Martin Heideggers 1927 in *Sein und Zeit* getroffene Unterscheidung zwischen dem eigentlichen und uneigentlichen, dem »Man« verfallenen Dasein bewegt sich noch ganz im Kontext solcher Denkformen. [17] In der Zeit des Expressionismus haben sie einen vielfach ausgeprägt neureligiösen und mystischen Charakter. [18] Wie sich freilich am Beispiel Landauer oder Bloch zeigt, schließt die zeitgenössische Mystikrenaissance (vgl. dazu auch v. Sydow: *Das religiöse Bewußtsein des Expressionismus*, Dok. 63) politischen Aktivismus keineswegs aus.

Daß die im Gesamtrahmen der expressionistischen Literaturbewegung sich untereinander befehdenden Gruppen und Grüppchen alle den Geistbegriff zu vereinnahmen suchen, deutet auf eine oberhalb der kontroversen Standpunkte liegende abstrakte Gemeinsamkeit der Denkform hin. Sie basiert auf der vielfach artikulierten Angst, daß der Mensch als Individuum oder auch als Gattungswesen angesichts der »Macht der Objekte« und »Tatsachen« (Blass, Dok. 62) seine in Anspruch genommene Autonomie verliert. Der spätere Dadaist Walter Serner schreibt 1913 in der *Aktion* in einer wütenden Anklage gegen den »hemmungslose[n] Sieg der Zivilisation über die Kultur« mit Bezugnahme auf den Expressionismus: »wohl nie noch hat zeitlich derart zusammengetrieben ein solch weggetrenntes und atemloses Kunstwollen die großen Städte durchhastet. Es ist, als wäre in den Tagen der alles nivellierenden Technik die spastische Angst ausgebrochen: die Applikatur dieses stinkenden Massenbetriebs könnte unbeirrbar werden; als wäre, sie durch einen wilden Schrei aus dem Takt zu stoßen, als die tiefste Menschenpflicht des Geistigen erkannt worden.« [19] Der Intensität dieser Angst entspricht die des Pathos, mit dem proklamiert wird: *Der Mensch in der Mitte!* (Dok. 59). Mit dem *Appell an den Geist* (Mühsam) [20] insistiert die literarische Intelligenz in der Tradition des deutschen Idealismus auf einem Freiraum zur (wie immer gemeinten) Selbstverwirklichung, auf dem *Geist der Utopie* (Bloch; s. Dok. 62 und 36) gegenüber einer das Ich entmündigenden und selbstentfremdenden Natur und sozialen Realität. Der Kunst und dem Künstler wird dabei eine Führungsrolle zuerkannt.

Kunsttheoretisch äußern sich die forcierten Autonomieansprüche vor allem als Kritik des Naturalismus, den man als Unterwerfung des Künstler-Ichs unter die »äußere« Wirklichkeit diskreditiert. Daß die aus dieser Kritik hervorgehende antimimetische Ästhetik der Typisierung und Abstraktion, die sich allein der »inneren Notwendigkeit« (Kandinsky) verpflichtet sieht, einer humanistisch-antropozentrischen Ethik untergeordnet ist, zeigen nicht nur die Schriften im Umkreis des »Blauen Reiter« [21], sondern deutlich auch die in diesem Abschnitt abgedruckten Texte.

1 Kurt Hiller: *Geist werde Herr.* Berlin 1920.
2 Zahlreiche Beleghinweise gibt dazu jetzt im Zusammenhang mit dem damals ebenfalls in Mode kommenden Begriff des »Intellektuellen« Michael Stark: *Für und wider den Expressionismus.*
3 Robert Musil: *Symptomen-Theater I.* In: *Der neue Merkur* 6 (1922), Bd. 1. Zitat nach P. Pörtner: *Literaturrevolution II,* S. 336.
4 Bertolt Brecht: *Gesammelte Werke* 15. Frankfurt 1967 (Werkausgabe edition suhrkamp). S. 44.
5 ebd., S. 34 f.
6 (Wassily) Kandinsky: *Über das Geistige in der Kunst.* München: Piper 1912 (9. Aufl. Bern: Benteli 1970).
7 Siehe dazu Richard Hamann, Jost Hermand: *Stilkunst um 1900.* München 1973. S. 77–149.
8 Vgl. z. B. Oskar Maria Grafs Kritik des Geistbegriffs in seinem *Manifest 4.* In: *Blätter für Kunst* (1920), H. 10, S. 31 f. Umgekehrt argumentiert Karl Theodor Bluth in einer Aktivismus-Kritik mit dem Titel *Der Begriff der Geistigkeit,* daß »sich Vitalität und Geistigkeit mit Notwendigkeit widerstreiten.« (In: *Die Rettung* 2, 1920, Nr. 4/5, S. 45–49. Zitat S. 48) In einer Kritik des expressionistischen Vitalkults beruft sich auf den »Geist« Rudolf Paulsen: *Das Tempo unserer Zeit und der Expressionismus.* In: *Das literarische Echo* 21 (1918), H. 3, S. 141–145.
9 Vgl. z. B. Rubiner (Dok. 59), Goll (Dok. 60), v. Sydow (Dok. 63).
10 Vgl. etwa den Abschnitt »Die technische Kälte« in der zweiten Fassung von Ernst Blochs *Geist der Utopie* (Berlin 1923) bzw. die entsprechende Passage der ersten Fassung (München 1918. S. 19 ff.). Zur Opposition »Geist« vs. »Technik« siehe auch René Schickele: *Rede vor Mitternacht.* In: *Die weißen Blätter* 5 (1918), Quartal Oktober–Dezember, S. 143–146.
11 Vgl. besonders die Schrift des sich mehrfach auf den Expressionismus berufenden Theologen Paul Tillich: *Masse und Geist. Studien zur Philosophie der Masse.* Berlin 1922. Vgl. auch den folgenden Abschnitt dieses Bandes!

12 Vgl. besonders auch Kurt Pinthus: *Rede für die Zukunft.* In: *Die Erhebung. Jahrbuch für neue Dichtung und Wertung.* Hg. v. A. Wolfenstein. Berlin: S. Fischer o. J. (1919). S. 398–422. Nachdruck auch in W. Rothe (Hg.): *Der Aktivismus,* S. 116–133.
13 Oskar Kanehl: *Geistrevolution-Weltrevolution.* In: *Die Erde* 1 (1919), H. 8 (15. April), S. 230–232.
14 Siehe Anm. 12.
15 Vgl. z. B. Fritz Usinger: *Mystik.* In: *Die Dachstube* 4 (1918), Blatt 63, S. 243–248; sowie den in Anm. 8 genannten Aufsatz *Der Begriff der Geistigkeit* von Th. Bluth.
16 Siehe F. Usinger: *Mystik* (s. Anm. 15) und besonders P. Kornfeld: *Der beseelte und der psychologische Mensch* (Dok. 61). Vom »Geist der Seele« und vom »seelischen Geist« spricht Hans Reichel: *An alle Wollenden.* In: *Der Weg* 1 (1919), H. 8/9, S. 14–16. Begrifflich ganz analog zu Kornfeld argumentiert Friedrich Burschell: *Vom Charakter und der Seele.* In: *Die weißen Blätter* 2 (1915), S. 3–29. In Opposition zum (allerdings genau gegenteilig zum Expressionismus verwendeten) Geistbegriff tritt der stark lebensphilosophisch geprägte Begriff der »Seele« in Walther Rathenaus philosophisch-kulturkritischer Abhandlung *Zur Mechanik des Geistes oder Vom Reich der Seele* (Berlin 1913). Dasselbe gilt für Ludwig Klages' Werk *Der Geist als Widersacher der Seele* (3 Bde. Leipzig 1929–1932), das seine seit etwa 1910 ausgearbeiteten kulturkritischen Konzepte zusammenfaßt.
17 Auf diesen Zusammenhang weist hin Walter H. Sokel: *Der Literarische Expressionismus,* S. 71–73.
18 Zu dem in diesem Kontext wichtigen Zusammenhang von Expressionismus und Theologie siehe besonders Wolfgang Rothe: *Der Mensch vor Gott: Expressionismus und Theologie.* In: W. Rothe (Hg.): *Expressionismus als Literatur,* S. 37–66; Christoph Eykman: *Zur Theologie des Expressionismus.* In: Ch. E.: *Denk- und Stilformen des Expressionismus,* S. 63–107; W. Rothe: *Der Expressionismus,* S. 31–147.
19 Walter Serner: *Kunst und Gegenwart.* In: *Die Aktion* 3 (1913), Sp. 613 f.
20 Erich Mühsam: *Appell an den Geist.* In: *Kain* 1 (1911), Nr. 2 (Mai), S. 18–21.
21 Vgl. u. a. den Einleitungsaufsatz zu dem Almanach von Franz Marc: *Geistige Güter.* In: *Der Blaue Reiter.* Hg. v. Wassily Kandinsky und Franz Marc. München: Piper 1912. Dokumentarische Neuausgabe von Klaus Lankheit. München 1965. Hier S. 21–24.

59

Ludwig Rubiner: *Der Mensch in der Mitte. Vorbemerkungen.* In: L. Rubiner: *Der Mensch in der Mitte.* Berlin-Wilmersdorf 1917 (Politische Aktionsbibliothek Bd. 2). S. 5–8.

Der Ruf: *Unbedingtheit!* darf nicht länger Legende bleiben.

Der Grundplan allen öffentlichen Ausdrucks sei Willenshingabe. Ausgangspunkt ist: Das Leben im Unbedingten. Ziel ist: Das Leben in Unmittelbarkeit. Weg ist: Das Leben in Intensität. – Und die Erfahrung kann nur das Material sein, in dem wir arbeiten; die ewige Besonderheit des Lebens; die bloße Variation auf das Thema vom Geiste.

Jedes gesprochene Wort fällt in der Welt als ein Keim nieder, der Tatsachen zeugt. Jedes gesprochene Wort ist ein Vorwort zu den Handlungen der Menschen, und dafür ist der Sprecher verantwortlich.

Es kommt darauf an, immer im Willen zu stehen, des göttlichen Planes eingedenk zu sein, und die Tatsachen zu schaffen. Nicht: Ereignisse zu antizipieren. Sondern: Vorbild für die Ereignisse zu sein. –

Das Vorbild für die Ereignisse ist der Mensch. Der Mensch ist die Mitte der Welt. Um ihn, seinen Händen heiß entzischend von neugewonnener Gestalt, rast seine Schöpfung, die Welt der Ereignisse; stets bereit, wieder wirbelndes Chaos zu werden und den eigenen Schöpfer zu ersticken. Der Mensch die Mitte der Welt. Nicht mehr, nicht weniger. Aber das ist unendlich viel. Denn hier liegt der einzige Fall im Leben, wo höchste Vollzogenheit der Tatsachen und höchste Forderung für die Ewigkeit: sich treffen.

Der Mensch ist die Mitte der Welt – er sei die Mitte der Welt!

Die stärkste Forderung des Menschen heißt:

DER MENSCH IN DER MITTE

Das ist der Ruf nach größtem Recht. Nach größter Freiheit. Nach größter Unmittelbarkeit. Nach größter Menschlichkeitsnähe. Nach größter Liebe.

Jede strenge und wirklich absolute Überzeugung äußert sich in Widersprüchen. Die Tatsache eines Widerspruchs zweier Stellen zeigt, daß man beide Male recht hatte. Soweit »Recht haben« überhaupt noch Sinn hat; es hat aber keinen. Die Tatsache des Widerspruchs zeigt nämlich, daß an beiden Stellen Ideenschöpfungen entstanden, die, wie alle Schöpfungen, geistigen Raum einnehmen und einander räumlich jede an ihrem Platze ausschließen: also beide erst in einer höheren Einheit Platz haben. Widersprüche sind dazu da, um ihre gemeinsame höhere Einheit zu zeugen, innerhalb der sie vollkommen lebendige Tatsachen sind. Je reiner man eine Idee verleiblicht, um so stärker fordert sie, nicht allein gelassen zu werden.

Die Kameradschaft der Ideen ist nicht ein Widerspiel des Lebens, sondern ein Vorspiel des Lebens. Mit der höheren Einheit der Ideen beginnt das Schöpfertum des Geistes; in eine Erdball-Einheit der Völker mündet die Verwirklichung.

Zuletzt liegt es in unserer Hand, die Erdkugel aufzuteilen, nicht mehr nach Nationalitäten sondern nach Idealitäten.

Jeder Mensch auf der Erde zu unseren Lebzeiten hat einmal in einer wachen und energischen Sekunde an diese Schöpfungspläne gerührt. Nur die große Schlafsucht der Welt gebiert dann jene Konvention von Böswilligkeit, die ebenso mit gewaltsam herbeigewünschtem Vergessen wie mit Füsilladen die Exekutive des Geistes zum Verschwinden bringen möchte.

Diese Weltträgheit muß immer wieder durchbrochen werden. Dazu sind die Geistigen da. Es ist gleich, wer von ihnen das Wort ergreift. Nur dies gilt: Der Welt, die mit Millionen von einrauschenden Sonderklängen und nachleuchtenden Sonderfarben uns als ihr Objekt aufschlukken will, keine Eigenexistenz zuzubilligen. Sondern, umgekehrt, an ihr den göttlichen Schöpfungsplan zu gestalten; mit ihr den Wert durchzusetzen, die Heiligung des Lebens.

Zum erstenmal heißt Welt-Fremdheit nicht mehr: Idiotie, sondern: höchste Bewußtheit. Nämlich: Platz auf einem der Welt überlegenen Standpunkt. Weltfremdheit heißt aber auch nicht mehr Weltferne, sondern äußerste Weltnähe; nämlich die Nähe des Schöpfers, des Menschen, zu seiner Schöpfung, der Welt.

Nach allem bleibt uns nichts übrig als die äußerste Strenge. Dem träg Verharrenden (nur seinen Augen spiegelt das Chaos seiner Umwelt vor, er stürze in aufregenden Abenteuern durch die Welt – wie jene gemalten Wandelpanoramen, die im vorgetäuschten Eisenbahnwagen die Illusion des Reisens erregen), ihm müssen die selbstverständlichen Voraussetzungen des Lebens im Geiste als fürchterliche Askese erscheinen. Aber das hat nichts zu sagen. Wer nur sanft den Finger hebt und auf die Wunder der Weltschöpfung aus dem Geiste zeigt, der gilt schon als schrecklicher Mahner.

Es ist aber besser, den Ruf der Unerträglichkeit auf sich zu nehmen, als zu dulden, daß die Menschenerde von dem dichten, in grüner Pflanzlichkeit treibenden Urwalde des Vergessens ganz umschlungen werde, in dem nur schattenhaft letzte Fetzen von Mißverständnissen aus einer Atmosphäre von Sumpfgasen hochschwirren, wie lichtgestäubte, willenlos sterbende Riesenschmetterlinge.

Täglich dröhnt vor uns das Jüngste Gericht auf. Täglich müssen wir uns dem Gerichtsspruch des Absoluten stellen. Einst war diese Gewissensstunde der Menschheit fürchterlichste Drohung und Henkersangst. Heut ist sie die letzte, die einzige Rettung. Trostreichste Rettung ist es, daß wir unsere grausamsten Henker hinter uns lassen, die Ausflüchte, die Zweideutigkeiten, die Versteckspiele.

Das Jüngste Gericht brüllt hinaus zur Welt mit allen Gigantenchören sternzitternder Wunderposaunen den schrillend hellen Schrei: *Entscheidung!*

Vor unsern Herzen ist kein Zweifel mehr möglich. Die Welt ist Gut oder Böse. Recht oder Unrecht. Liebe oder Gewalt. Freiheit oder Sklaverei. Alles was darüber, darunter, dazwischen ist, ist Betrug. Betrug zugunsten von Böse, Unrecht, Gewalt, Sklaverei.

Entscheidung! Und jeder Mensch muß auf alle Ewigkeit sich entscheiden, täglich neu, für das Recht, die Hingabe, die Freiheit.

60
Iwan Goll: *Vom Geistigen.* In: *Die Aktion* 7 (1917), 29. Dez., Sp. 677–679.

I.

Es gibt nur zwei Parteien: Für oder Gegen. Der Geist ist immer dagegen. Und deshalb ist er der schöpferische Teil des Lebens. Er bewirkt die Dynamik der Welt. Er bekämpft das Alte, das Steinerne, das Morsche, das Mürbe und bereitet den Sturm, den Strahl, das Licht vor. Der Geist wendet sich gegen alles Tote: gegen die Väter, die nur noch Name sind und nicht mehr Wille, gegen die Gesetze, die nur noch Schrift sind und nicht mehr Wille. Der Geist ist der ewige Kampf, die tägliche Geburt, die fortwährende Auferstehung. Der Geist ist immer die Gegenpartei.

Und die andere Partei? Das sind die Schmarotzer. Die Sässigen, die Satten, die Denkfaulen. Das sind die, die Geschichte wiederholen, statt aus sich heraus zu gestalten, die immer mit Beispielen kommen, statt mit Vorspielen und Vorbildern. Für die das Gewesene erst *ist,* nachdem die Begriffe dafür erfunden sind; für die das Seiende erst *wird* und also sinnlos einer Zukunft zugeschoben wird, die erst die Begriffe und die Kritik zu statuieren hat. Diese andere Partei hat es bequem: sie hat alles von der Vergangenheit zu erwarten. Sie sitzt. Sie ist schwerblütig. Sie fault ab. Sie wälzt Bücher und putzt die verrosteten Formeln blank. Sie sammelt (o ihr staatlichen Museen, Waffen-, Münz-, Briefmarken-, Schmetterlingsammlungen: staubiges, lebloses Getrödel; alles mit den gefälschten Etiketten des Pseudogeistes: der Wissenschaft, der Geschichte und der Forschung beklebt! Und das mißt man in den Schulen und Universitäten der werdenden Jugend in genau bemessenen Fiolen als »Geist« zu).

Die Gegenpartei hat die Gicht: schwer beweglich und immer griesgrämisch. Ihr erstes Wort ist: Moral. Sie unterscheidet zwischen Gut und Bös, um sich zu rechtfertigen. Der Geist aber, der Zersetzer, der Zeuger, der Schöpfer, kennt kein Bös. Denn er ist immer der Anfang. Und am Anfang war das Nichts, das die Reinheit selbst ist. Das Nichts kennt kein Minus.

Die katholische Kirche tauft, um den Sohn des Menschen, des ewigen Sünders, von vornherein reinzuwaschen. Der mosaische Geistgott braucht das nicht: denn jede Geburt ist göttlich und unbewußt rein: das blutige Kind, ebenso wie der Sommerapfel, sind ewig fern von Staub und Bös: und höchstens am Schluß des Lebens, beim Tod des Menschen, kann er sich Waschungen und Taufe erlauben, nach der Berührung mit dem Geistlosen: nach den fünfzig Jahren Leben.

Der Geist ist Optimist. Er kann nur lieben. Er ist immer nackt und schämt sich nicht.

Die andere Partei muß hassen, weil sie sich schwächer fühlt: sie muß töten, Krieg führen und das Bös erfinden. Die andere Partei, das sind die Väter, die Blinden, die Sklaven. Und gegen alle diese historischen Giganten und steinernen Götzen, gegen Goliath, gibt es immer einen Knaben David, den jungen Geist, der sie erschlägt.

II.

Verwechselt nicht »Geist« und »Bildung«.

Bildung ist eine Kopie, eine Fälschung. Geist ist der Gott. Bildung ist der Götze. Und die meisten Menschen glauben immer lieber an die greifbare Natur als an die metaphysische Gestalt.

Bildung ist der irdische Niederschlag der geistigüberirdischen Bewegungen und Ereignisse. Bildung ist also etwas Vergangenes, etwas Gelebtes, und nie selbst Erlebnis. Bildung ist Scheinleben. Daher ist sie unschöpferisch, steril und eine Hemmung. Bildung geht in die Weite, will Fortschritt; schürft nie in die Tiefe, greift nie nach Erkenntnis. Die Zeiten, in denen der Mensch sehr gebildet und zivilisiert tat, waren immer schwach an Willensintensität. In den vergangenen vierzig Jahren suchte die Menschheit wie nie zuvor, möglichst »gebildet« zu sein. Man ging so weit, daß man dem Proletarier und dem Bauern moderne Bildung in Sonntagsschulen, Fabrikbibliotheken und Dorflesesälen anklebte. Hat das die proletarischen Massen gestärkt? Im Gegenteil. Sie eigneten sich ein Scheinwissen an: aber das genügte ihnen, und sie hielten sich für entschuldigt, daß sie nicht selber »dachten«.

Es geht nicht um die Bildung, sondern um den Geist. Es gilt, den Geist im Menschen zu entfachen. Geist ist allein Auflehnung: aber das bedeutet nicht so sehr: umstürzlerisch als schöpferisch. Der Geist allein ist Flamme, Bewußtsein, Impuls, Wille. Bildung war bisher ein Privileg besonderer Klassen. Geist aber gehört von vornherein allen Menschen, auch dem kleinsten Kind, und allen Klassen, auch dem einsamsten Bauern. Die russischen Bauern, die Analphabeten sind, aber menschlichen Geist und menschliche Güte in hohem Maße besitzen, sind den flauen und befriedigten westeuropäischen Briefträgern, das Gewerkschaftsblatt lesenden Erdarbeitern, in den Feuilletonroman vertieften Concierges und Tagelöhnern weit vorzuziehen. Jene sind Menschen, diese sind Kulturprodukte. Dort ist Geist, hier ist halbe, unschöpferische Bildung.

Auch der Ungebildete kann sehr geistig sein. Geist ist das Vermögen, im Alltag die Wahrheit zu erkennen und die Freiheit zu spüren. Wer den Geist besitzt, wird ewig nach diesen beiden höchsten Gütern: Wahrheit und Freiheit, verlangen und um sie kämpfen. Der größte Feind des Geistes ist das Sklaventum. Der Geist ist. Der Geist will. Es gibt keine anderen Götter neben ihm.

61
Paul Kornfeld: *Der beseelte und der psychologische Mensch. Kunst, Theater und Anderes.* In: *Das junge Deutschland* 1 (1918), Nr. 1, S. 1–13.

Tausendmal urteilen und klagen wir über Menschen und ihren Charakter. Einmal entsteigt uns der Schrei: auch der, auch jener hat eine Seele! – und es verschwindet vor der erhabeneren Ungerechtigkeit das Urteil der allzu Gerechten. Es gibt Augenblicke, da wir fühlen, wie irrelevant alles ist, was wir über den oder jenen zu sagen haben, denn der Mensch ist kein Ding, das man abwägt und mißt nach seinen Eigenschaften und Fähigkeiten, und tausend Charaktere, und wären es die der Besten, verfliegen wie die Spreu im Wind vor einer einzigen Seele.

Ist der Mensch Mittelpunkt der Welt, so ist er's nicht um seiner Talente willen, er ist's, weil er Spiegel und Schatten des Ewigen, weil er, zwar erdgeboren, und doch: Verwalter des Göttlichen ist. Seine Seele ist Gefäß der Weisheit und Liebe, ist Gefäß des Gewissens, der Güte und Erkenntnis, des Glaubens, der Frömmigkeit und des Wissens vom Guten, ist Quelle der unendlichen Raserei und der unendlichen Ruhe. Des Menschen Charakter aber ist Herberge für's Tausendfache: für die Klugheit und Schlauheit, für die Gutmütigkeit und Humanität, für Trotz und Neid, für Zuneigung und Abneigung, ist Herberge für's Tausendfache: für alle Eigenschaften und ihre Regungen. Es gibt Menschen, abgerundete, in ihrer Anlage vollkommene Gestalten, in denen Seele und Charakter glücklich zu eins verschmolzen sind, in denen dieser als eindeutige Folge jener und gleichsam als jüngerer Freund neben ihr, kaum mehr, als ihr Schatten, untrennbar einherschreitet, und andere, die, aus Mangel an Einsicht und Verstand oder aus irgend einem anderen Grunde, mit dieser Parallelität nicht begnadet sind; von diesen letzteren könnte man sagen, ihr Charakter wäre ein Irrtum. Doch es ist Sache jenes Menschen, der sich innerhalb seiner Natur vollenden will, diese Harmonie zu erreichen; und Sache des wahren Menschenkenners: das Göttliche, das eigentlich Unmenschliche in den labyrinthischen Gängen eines anderen Charakters zu erraten. Und so auch Sache der Selbsterkenntnis: statt die Kompliziertheiten des Allzuzeitlichen untersuchen und analysieren zu wollen, sich dessen bewußt zu werden, was unzeitlich in uns ist, und also in höherem Sinne sich zu erleben, statt in niedrigerem Sinn sich zu begucken. Denn wir wollen nicht untergehen im Schlamm des Charakters, wollen uns nicht verlieren im Chaos der Eigenschaften und ihrer Zuckungen, und wollen uns dessen bewußt sein, daß in manchen, heiligeren Stunden unsere Hülle sich auftut und Heiligeres uns entschreitet.

Überlassen wir's dem Alltag, Charakter zu haben, und seien wir in größeren Stunden nichts, als Seele. Denn es ist die Seele des Himmels, der Charakter aber allzuirdisch.

Die Psychologie sagt vom Wesen des Menschen ebenso wenig aus, wie die Anatomie.

Es könnte sein, daß ein Mensch gewordener Engel einen schlechten Charakter hätte, ein Teufel sehr gutmütig wäre, und vor einem Gericht, das nicht über ein Chaos, wie es der lebendige Mensch ist, sondern über ein wahres menschliches Wesen seinen Spruch zu fällen hätte, würde ein mittelalterlicher König, der für die Religion Tausende mitleidslos gemordet hat, eher bestehen, als mancher brave Mann. Es gibt Vorzügliches im Menschen, das für einen größeren Maßstab nicht vorzüglich ist, und manches Böse nur für den Schein, nur für den Blick der Gutmütigen und Klugen; so wie es eine Dummheit gibt, neben der im selben Kopf in anderer Sphäre höhere Weisheit strahlt, und umgekehrt Menschen, von denen man sagen kann: sie sind auf gescheite Weise dumm; das bedeutet, daß sie mit einer gewissen Verstandesschärfe ihre Seelenlosigkeit verteidigen. – Gut sein aus irgend einer Veranlagung, ist nichts, man muß wissen, daß es gut ist, gut zu sein. Meinungen des Verstandes sind nichts wert, der Geist des menschlichen Wesens hat Erkenntnisse und Axiome, die er unbegreiflich auf diese Welt mitbringt. Meinungen hat jeder: im besten Fall sind sie richtig. Der Kluge beherrscht die Logik, jene Leiter, die überall angesetzt werden und also überall hinführen kann – doch was macht im letzten Grunde die Persönlichkeit aus? Nichts als die Dogmen, die Einer hat. Die Dogmen sind des Geistes, sind die Weisheit, und seinen Verstand zum Diener seiner Weisheit zu machen, ist Merkmal des wahrhaft Geistigen.

So ist es des Menschen Schicksal, daß sein wesentliches Wesen eingefangen ist in einen bluterfüllten, triebhaften Körper, in ein Konglomerat von Eigenschaften und Fähigkeiten und in einen Verstand, der eben noch des Alltags Notdurft zu verrichten vermag, wie sein Körper; und des Menschen Unglück, daß er, sich dieser Disharmonie bewußt, nie mehr unbeschwerten Gewissens ganz irdisch sein und vielleicht auch niemals mehr ganz geistig werden kann. Die Attribute des Menschlich-Irdischen abstreifen zu wollen, wäre Traum einer anderen Welt, doch es nur in Erscheinung treten zu lassen, wenn's Funktion des Seelischen ist, das Menschlich-Irdische selbst zum Attribut zu machen, ist Traum für *diese* Welt: die Disharmonie aufzulösen und es nur Echo sein zu lassen, so wie in der Kunst die mächtigen Gestalten nur Flamme und Gesang ihres Inneren sind, und das Irdische, kein eigenes Dasein führend, nichts ist, also ein sich ergebender, mitschwingender Ton, nichts, als der sich ergebende Schatten. Doch im Menschen zu eigenem Leben sich vordrängend, überschattet es selbst dessen eigentlichen Mittelpunkt, und läßt ihn so nur ein Scheindasein führen.

Nur alle Kunst, jene Gestalten, sind frei von diesem Gegensatz und Zwiespalt. Ihnen allein ist die zu ihrem Geist gehörige Umhüllung gegeben. Ihr Charakter und Verstand sind nur Diener und Handlanger ihres eigentlichen Wesens und hören auf, ein eigener Teil ihrer Erscheinung zu sein. So ist hier der Mensch nichts, als Geist und Seele, und darum haben diese großen Gestalten etwas vom Rasenden an sich. Aus dem Dickicht alles Irdischen treten sie, ekstatisch und wahnsinnig, hervor, doch sie erst mit den wirklichen Merkmalen des Menschen begabt. Sie scheinen die Maße des Menschlichen zu verlieren und finden sie doch eigentlich erst. Sie erscheinen dem gewöhnlichen Menschen übernatürlich und stellen doch erst des Menschen wahre Natur dar. Denn befreit von den Launen eines Charakters und den Zufälligkeiten einer Individualität, unabhängig von ihrem Körper und ungestört von allem, was nicht ihres wahren Wesens ist, sind sie, die ihren Weg ungehemmt dahinstürmen, sind sie, diese Rasenden, diese Nur-Beseelten, abseits von aller Entwicklung des Unprinzipiellen, sind sie die Urmenschen und die reine Schöpfung Gottes. Und diese Entblößten, die mit gewaltigen Gebärden gewaltige Reden halten, sich im Schmerz auf der Erde wälzen, für Jammer und Glück als Ausdruck nur Gesang und Aufschrei finden, die über die Bühne stürzen und Dolche schwingen, all diese Schamlosen, die dem banalen Menschen so fremdartig erscheinen, all diese sind doch eigentlich die Banalen, denn sie sind die Primitiven. Und jener Zuschauer, der sie sonderbar findet, ist der Verderbte. Wer nicht in jeder dieser Gestalten seinen Bruder wiedererkennt, ist verloren, denn er weiß nichts von seinem eigentlichen Wesen und ist im wirklichen Sinn bewußtlos, ist abgefallen als faule Frucht vom Baum der Menschheit, denn er findet keinen Zusammenhang mehr mit der Welt und ihrem Mittelpunkt, und sein Dasein ist für immer nichts als irdisch.

Niemals mehr als in unseren Tagen des sich scheinbar so entwickelnden Wissens über unsere Natur, wäre es notwendiger, daß die Menschen von diesen Gestalten umgeben wären, damit sie wahrere Kenntnis bekommen, damit ihnen vorgeführt wird, wie sie einst geschaffen wurden, damit sie hingelenkt werden zum wahrhaft Wichtigen. Denn gehen sie im Laufe der Jahrtausende, wie der Einzelne im Lauf seines Lebens, den Weg des Geistes und der Erkenntnis, so gehen sie doch auch jenen Weg der Bewußtheit und der Selbstanalyse, der um so interessanter zu sein scheint, als es der Charaktere so viele gibt und immer einer anders ist, als der andere; gehen sie doch auch den Weg der Psychologie, jener Wissenschaft, die ihrem Namen nach die Lehre von der Seele ist und sich dennoch zur Lehre vom Charakter und von den kausalen Zusammenhängen der menschlichen Funktionen und Instinkte degradiert hat. Doch die Kunst mag sie aufklären, wie noch die interessantesten Charaktere uninteressant sind, mag ihnen vorführen, wie all der Wirrwarr ihres Lebens, wie aller Ablauf ihrer Tage leer ist vor dem Erfülltsein eines Beseelten, und mag ihnen beweisen, wie der Mittelpunkt des Menschen ein anderer ist, als die meisten Leute es glauben.

Das eben mag die letzte Mission und der letzte Sinn aller Kunst sein, nichts, als das: die Menschheit zu erinnern, daß sie aus Menschen besteht, und den Menschen zu erinnern, daß er Gottes ist und eine Seele hat, daß sie sein einziger Mittelpunkt, sein einziges Wesen ist und alles andere nur Last, die sie niederzieht, und das Netz, in das sie eingefangen sein muß, um auf der Erde zu sein; letzter Sinn aller Kunst, dem Menschen vorzuführen, wie alle Wirklichkeit nur Schein ist und hinschwindet vor dem wahren menschlichen Dasein. Ja, alle Wirklichkeit ist nur Irrtum, da ja die Beseeltheit die Wahrheit ist. So ist die Kunst, sofern sie diese Mission erfüllt, Werkzeug der Ethik und Mittel der Religion, und Bewußtsein dieser Mission, Bewußtsein seiner Verantwortung ist jene Eigenschaft des wahrhaft Geistigen, ist jene höchste Eigenschaft des Künstlers, die ihn mehr sein läßt, als einen Verfertiger von Kunstwerken. – Gefühl zu haben, ist nichts, Gefühl hat jeder Metzger, der sich für seine Geliebte in's Wasser wirft. Seine Gefühle in Worte einzufangen, ist Sache des unwichtigeren Talentes – der Künstler aber sei das Gewissen der Menschheit!

Seine Worte und Töne mögen die Glockenschläge sein, die an Sonntagen die Menschen an sich und ihren Gott erinnern. Doch sonderbar: je mehr sie sprechen, desto weniger werden sie gehört. Man horcht auf sie, wenn sie singen, und bleibt verschlossen, wenn sie Reden halten. Je mehr sie in's Einzelne gehen, desto wirkungsloser bleiben ihre Mahnungen, und je mehr sie willens sind, ihr Ziel zu erreichen, desto weniger gelingt es ihnen.

Manche Kunstwerke sind wie Predigten, sind an die Menschen gerichtete, mehr oder weniger ausgeführte ethische Forderungen. Es sei davon abgesehen, daß dadurch ihr literarischer Wert vermindert wird; doch auch die Forderungen verhallen ungehört und unerfüllt. Denn die Menschen sind wohl bereit, bei Betrachtung eines Kunstwerkes allerlei Schlüsse zu ziehen, und auch solche ethischen Inhalts, und sie und manche Mahnungen zur Kenntnis zu nehmen, doch nicht ihrem eigenen Dasein entnommen, bleiben sie ihrer Einsicht gleichsam nur Theorie und ihrem Innern fremd. So führen die gewonnenen Erkenntnisse ein recht platonisches Dasein und sind nicht solche jener Art, die, kaum aufgetaucht, schon zum Willen sich umzusetzen, fähig sind. Es sei denn, die Lehren werden so handgreiflich dargereicht, daß für die Gestaltung kein Raum mehr bleibt und das Werk aufhört, ein Kunstwerk zu sein.

Allerdings: das Wesen mancher Lyrik scheint die Predigt zu sein, und doch: sie ist es nicht, diese Predigt ist, genau gesehen, nichts, als eine Kunstform, und ihr Inhalt nichts anderes, ist nicht schwerwiegender und hat kein anderes Gesicht, als der Inhalt jedes anderen Kunstwerkes. Die ethische Forderung wird nicht als Forderung gehört, sondern als Voraussetzung für die Schaffung eines Kunstwerkes angesehen und hingenommen, bleibt für's Publikum persönliches Erlebnis des Dichters, ist nichts, als Anlaß für einen ästhetischen Wert, kaum anders, als jenes Erlebnis oder Ereignis, das für einen anderen Dichter der letzte Anstoß wurde, um einen Roman oder ein Drama entstehen zu lassen. Vom künstlerisch formulierten Postulat sieht der Leser – und vor allem gerade der wahre Leser – nur die Formulierung und nicht das Postulat. Das Wesen der Kunst und ihr einziges Mittel ist die Gestaltung, und auf jede Tendenz, und wäre es die höchste, verzichtend, geht sie in ihren Zielen aufs Allgemeinste. Und mit diesem Allgemeinen ist genug getan: denn ist sich der Mensch dessen bewußt, was er ist, und ist er willens, danach zu leben, so wird der Dämon jedem Menschen seine Wege weisen.

So ist die Kunst, mag auch etwa die Freude an ihr Sache weniger, die richtige Wertung Sache anderer sein, mögen diese und jene als Kanäle, ja, mögen tausend Kanäle notwendig sein, ehe der Geist eines Kunstwerkes von Allen aufgenommen wird – so ist die Kunst doch nur für das *Bewußtsein* des Menschen Angelegenheit des Einzelnen, jenseits dieses Bewußtseins aber Angelegenheit der Menschheit, und so auch ihre Wirkung eine andere, allgemeinere, als man gemeinhin annimmt. Und mag der Künstler getrost den l'art pour l'art-Standpunkt haben. Er hat ihn mit Recht, denn seine Aufgabe ist die Gestaltung. Doch seine Mission ist eine andere. –

Niemals war die Kunst notwendiger, niemals war's notwendiger, als heute, zu beweisen, daß des Menschseins erstes Merkmal die Beseeltheit ist und nicht die höhere Stufe mancher Instinkte und die höhere Entwicklung mancher Fähigkeiten.

Europa war vor dem Krieg ein Warenhaus, sein Zweck und Ziel, wie das jedes Warenhauses, der Geldverdienst, und seine Menschen, welcher Art immer sie waren, dessen Angestellte. Geist wurde anerkannt, sofern er den Verdienst erhöhte, den Handel erleichterte und das Tempo beschleunigte. Deshalb waren technische Errungenschaften der Stolz des Zeitalters, deshalb war Arbeit Selbstzweck, ja, war Ideal geworden. Man hat nicht verdient, um leben zu können, sondern hat gelebt, um zu verdienen. Der Ernst des Daseins bestand darin, daß man essen mußte, und nicht darin, daß man da war. Gedanke daran, daß wir, in diese Welt gesetzt, anderen Sinn und anderes Ziel haben müssen, als uns im Kampf um die Voraussetzungen des Daseins, im Kampf um die Notdurft zu Tode zu schinden, Bewußtsein dessen, daß wir über anderes Rechenschaft zu geben haben werden, als über unsere Buchführung, jedes Überschreiten der Grenzen dieser grausigen Realität, sei es im Gefühl, sei es im Geist, sei es in einer Äußerung dieses oder jenes, jeder Gedanke, der nicht ihr selbst galt, war Traum, war Phantasie und erdenferner Luxus.

Und während die Menschen so vom Bewußtsein ihres wahren Wesens weit entfernt waren, war ihr Selbstbewußtsein, da ihr Leben sich innerhalb der von ihnen selbst gesteckten Ziele und Grenzen durchaus erfüllte, da ihr Beginnen in der Welt der Tatsachen überall so belebend wirkte und ihre Arbeit scheinbar so reiche Früchte trug, ja, da sich in diesem Zeitalter der Quantität alles in ungeheuere Dimensionen steigerte, war ihr Selbstbewußtsein ob des Fortschritts in diesem Sinn, ob der großen Errungenschaften und der großen Zahlen um so entwickelter. Sie fühlten sich Herren der Erde und haben bewiesen, daß sie Sklaven ihrer eigenen Verderbnis waren: der Konkurrenzkampf erfährt augenblicklich seinen Höhepunkt.

Es herrschte Plutokratie und die pervertierte Plutokratie: die Empörung gegen sie, die sich nicht äußerte, um sie zu überwinden, sondern, um an ihr teilzuhaben, also sie selbst oder die Sehnsucht, ihr anzugehören. Das einzig Wirkliche war die Wirklichkeit, Materialismus ward, bewußt oder unbewußt, zur Weltanschauung, Monismus zur Religion, und Subjektivismus und Relativismus die Mittel, um mit der Welt fertig zu werden; und der Kunst höchstes Ziel war, all dem entsprechend, Abbild der Wirklichkeit zu sein. Denn der Naturalismus ist nur scheinbar überwunden: handelt sich's auch nicht um Wiedergabe der körperlichen, so doch um die der psychischen Realität, welch letztere um so verderblicher ist, als sie des Menschen Geist zu spiegeln, vorgibt. Man glaubte den Menschen erschöpft, wenn man ihn auf die Kausalität seiner psychischen Vorgänge hin beobachtet hatte, und da sein höherer Teil sich selbst verleugnete, funktionierte um so mehr alles dem Tatsächlichen Zugewandte, alles, was allzu irdisch, was Charakter in ihm war. Was aber war der Charakter der Zeit? Der eines sentimentalen und humanen Wucherers. Doch so wie Reichtum, sind soziale Errungenschaften nicht das Heil der Welt, und das Heil wird nicht von ihnen kommen. Denn die Welt wird nicht besser, wenn es den Menschen besser geht, wenn die Welt aber schlecht ist, kann es den Menschen nicht gut gehen – welche Einsicht vielleicht das einzige Resultat ist, das diese Zeit ans Tageslicht gefördert hat – so daß also jenes Bessergehen nur Schein, und man damit beginnen soll, die Welt besser zu machen.

Die Zeit war den niederen Fähigkeiten und ihrer fleißigen Betätigung, war der Tatsächlichkeit und ihrer Entwicklung gewidmet; doch so lange wir innerhalb unserer vergänglichen Natur aufwärts streben, bleiben wir Natur und bleiben wir gemein. Und es sei vielmehr Objekt seiner Beobachtung und Entwicklung, was im Menschen als Widerschein des Ewigen ist: Bewußtsein des Ewigen, seine Liebe und sein Gewissen. – Überwindung des Krieges durch Kunst bedeutet nichts anderes, als Überwindung durch Geistigkeit und Beseeltheit.

Man soll nicht hoffen, daß durch Politik der Zustand der Welt verändert wird, man soll nicht glauben, daß Gewalt, Handel und List jemals zum Ziele führen werden. Auf diesem Weg mögen wohl die Symptome mancher Verderbnis, doch nicht die Verderbnis beseitigt werden, und sie hat noch jedesmal, wenn ihr Möglichkeiten entzogen wurden, neue Möglichkeiten gefunden, sich neu zu zeigen. Die französische Revolution mag als Schreckgespenst manchen Tyrannen zur Vorsicht mahnen, doch jener Geist der Tyrannei lebt fort, mag er sich auch anders äußern, als in Tyrannei. Was durch Gewalt erreicht ist, ist nicht erreicht. Die einzig wirksame Gewalt ist die gegen sich selbst, und den Ausweg der Politik zu wählen, um dem Chaos zu entrinnen, ist ebenso beschämend, wie das Chaos selbst. Fesseln, die Menschen einander anlegen, können durch Menschen gelöst werden. Immer hat noch der Schlaue einen Schlaueren, der Starke einen Stärkeren gefunden. Immer wurde ein Gutes, das ein Übel überwunden hat, selbst zum Übel, das Heilmittel Keim zu neuer Krankheit, und nicht selten zur selben, gegen die es angewandt war. Was nur auf der Erde steht, wirft seinen Schatten auf die Erde.

So werden auch alle Vorsichtsmaßregeln gegen den Krieg erfolglos sein, und alle Gesetze und Vereinbarungen, und seien sie auch noch so erfinderisch, mit um so größerer Erfindungsgabe umgangen werden, und es wird sich immer so verhalten, wie bei den Einbrechern, deren Werkzeuge sich um so mehr verbessern, je mehr die Vorsichtsmaßregeln gegen sie vervollkommnet werden. Alle Gewalt ist Irrtum und alle Schlauheit wird zuschanden. Das Böse verschwindet nicht aus der Welt, es wäre denn, es verschwindet aus der Brust des Einzelnen. Aus dem Labyrinth all der Zeiten, die die unsrige heraufbeschworen haben, führt kein anderer Weg, als jener, der den Menschen zu sich selbst führt. Die Menschheit ist eine Summe von Menschen, und das einzige Mittel, sie zu ändern, ist der Einzelne. Wenn auch nur ein Einziger sich wahrhaft ändert, ändert sich das Gesicht der Welt, doch nicht, wenn Hunderte beieinander sitzen und die folgenschwersten, bestgemeinten Entschlüsse fassen. – Was für die Politik geschieht, geschieht für's Heute, und auf das bessere Heute folgt das schlechtere Morgen und so geht's auf und ab, und alles ist nur Spielerei.

Man flüchte sich nicht hinter Einrichtungen, Vereinbarungen und politische Veränderungen und erkenne endlich den einzigen, schwersten Weg: daß jeder Einzelne sich dessen bewußt werde, daß er ein Zug ist im Gesichte der Welt, erkenne, was gottgewollt ist, erkenne, was sein eigenes Gesetz ist, erkenne, daß der Weg aufwärts nicht von Gesetzen, sondern vom Dämon des Gewissens gewiesen wird.

Es sei der Mensch sein eigener Tyrann, damit er frei sein kann!

Heute, da alles zusammengebrochen ist, da die Grenzen der Staaten Grenzen zwischen Menschen geworden sind, da Alle so merkwürdige Unterschiede zwischen Mensch und Mensch zu machen, sich angewöhnt haben, an ihrer Spitze auch all jene, deren Wesen das doch wahrlich zuwiderlaufen müßte, da auch die Sozialdemokratie, die sich einst über alle Grenzen – wenn auch zu einem anderen Kampf, allerdings: zu einem unblutigeren und in seinen Zielen menschlicheren, und doch: zu einem Kampf – über alle Grenzen hinweg vereinigt hatte, diese wieder anerkennt und zu ihren früheren Zielen ein anderes noch hinzugefügt hat, da selbst der Katholizismus zu erkennen meint, daß sich die Menschheit in Nationen einteilt, und solch schauerliche Worte, wie »Nationalitätenprinzip« und »Interessensphäre« gleichsam die Titel unserer Zeit zu sein scheinen, heute, da alles getrennt ist, was verbrüdert war, und was verbrüdert ist, es nur zum Schein ist, da alle Vereine, Vereinbarungen und Konferenzen der Vergangenheit sich als teuflische Farce zu erkennen geben, heute, in diesen Tagen der Katastrophe, da es aussieht, als ob der christliche Gott der Milde wieder jenem anderen, strengen, alttestamentarischen das Regiment der Welt übertragen hätte, in diesen Tagen ist es an der Zeit, sich an die Brust zu schlagen, ist es endlich Zeit, daß jeder sich entlarve, ist es an der Zeit, einzusehen, daß dieser Weg es nicht ist, der uns gegeben ist, daß er die wahren Wege verschüttet und die wahren Ziele verschleiert.

Man bekenne endlich, daß alle Politik – sei es die innerstaatliche oder die zwischenstaatliche – daß alle Politik Verirrung und Humbug ist und fauler Selbstbetrug. Sie ist das Mittel der Bequemen und Verantwortungslosen, die sich, statt an sich, lieber an die Masse wenden, lieber die Umwelt und ihre Einrichtungen verändern wollen, statt sich selbst, und lieber hoffnungslos, und das Bewußtsein dieser Hoffnungslosigkeit unterdrückend, Pläne schmieden und Vorbereitungen zu treffen scheinen, als würden sie die Welt aus den Angeln heben, statt zu wissen und einzugestehen: daß eher eine gute Tat, selbst getan im Bezirke des eigenen Lebens, daß eher eine große Menschlichkeit die Welt aus den Angeln heben kann, als alle Versuche, die *Symptome* der Unmenschlichkeit verschwinden zu lassen. Das einzige Mittel, das der Einzelne hat, um die Welt zu ändern, ist das, sich selbst zu ändern. Jedem ist ein Rayon zugewiesen, innerhalb dessen er gut oder schlecht sein kann – diesen verwalten und dadurch, daß er anders wird, der Welt ein anderes Gesicht geben zu dürfen, ist seine ungeheuere Macht.

Man denke daran, daß Staaten jeder Verfassung an diesem Krieg beteiligt sind, und so wie weder diese, noch jene Staatsform, noch auch diese oder jene Politik den Krieg vermeiden konnte, so wird's auch in Zukunft eine andere nicht können. – Vielleicht verschwindet einst die Gemeinheit vom Erdboden, doch so lange sie da ist, läßt sich ihr kein Riegel vorschieben. Und wir sind auch nicht da, haben nicht dazu unsere Fähigkeiten, um der Gemeinheit Konsequenzen auszuweichen, sondern dazu, sie selbst zu überwinden – das aber ist ja gerade das Ziel der gutgemeinten Politik: durch geeignete Maßnahmen den *Folgen* unserer eigenen Roheit zu entgehen. Doch unsere Zeit, die die Kausalität gar so wichtig nimmt, müßte wissen, daß keine Ursache ohne ihre Wirkung bleibt; und das Schicksal ist strenger, als diese gutmütigen Politiker. Denn die Ziele der Politik und ihrer Erziehung sind nicht, wie manche vorgeben und andere es wirklich meinen, das Mittel, um das Wesen des Menschen zu erhöhen, sondern dafür, es nicht erhöhen zu müssen, sind tatsächlich die Bemühungen, unbeschadet der menschlichen Wohlfahrt um die Vervollkommnung der Menschen herumzukommen, sind in Wirklichkeit nichts, als der Versuch, für's letzte menschliche Ideal einen Ersatz zu schaffen, und so das sinnlose Beginnen, Gott betrügen zu wollen.

So sei das letzte Ziel der unpolitische Mensch, denn es handelt sich nicht um Verbesserung, sondern um Überwindung des Staates. Die Länge des Weges ist kein Argument dagegen, daß er zum Ziel führt.

Vom letzten menschlichen Ziel zu wissen, ist wichtiger, als alle Ziele der bestgemeinten Politik anzustreben. Daß auf der Erde jeder Einzelne gut und rein werde, ist eine Utopie, daß er sich aber durch Politik und Organisation bessern könnte, ist ein non-sens. Und es ist besser, zur Verwirklichung der Utopie wenigstens hinzustreben, als hoffnungslos auf einem Weg herumzuirren, der den Menschen das Bewußtsein dieser Utopie raubt und das Bewußtsein der Notwendigkeit, zu ihr hinzustreben. Und werden die Menschen nicht eher den richtigen Weg suchen, als daß der falsche zum richtigen Ziel führt?

Die Tür, durch die der Mensch aus dem Paradies gejagt wurde, führte ins Polizeibüro. Gewiß, wir streben nicht nach jenem Paradies zurück, in dem der Mensch wie ein Baum lebte, wir suchen eines, in dem er bewußter ist, doch: wie konnte etwas gut sein, was entstanden ist, weil der Mensch gemein wurde!

So bleibt nichts anderes, als umzukehren, statt sich fortzuquälen und fortzuschwindeln auf dieser ziellosen, endlosen Straße des Elends zwischen Abgrund und Abgrund; nicht umkehren, um zur Natur zurückzukommen, sondern um zum Geiste hinzustreben und zum Bewußtsein des Gewissens. Der Geist aber läßt sich nicht politisieren, läßt sich nicht einfangen in Vereinen, Bünden und Parteien. Jede Politisierung einer Idee nimmt dieser ihr Leben und führt zur – Politik, wenn nicht gar eines Tages zur Parteipolitik. Jede dieser Vereinigungen hätte als letztes Mittel nur die Gewalt. Der Zweck heiligt nicht das Mittel, jede Tat führt unabhängig ihr eigenes Dasein, und so müßte auch diese Gewalt, wäre sie auch fürs Beste verwendet, schlecht sein. Und das Gewissen aber ist jedem Einzelnen eingepflanzt und Gott offenbart sich nicht als Ratgeber in Versammlungen, sondern eröffnet sich in der Brust des einzelnen Menschen. Bewußtsein des Guten läßt sich nicht in Statuten einfangen, und das Schlechte und Ungeistige durch Organisation nicht zwingen, besser und geistiger zu werden.

Alle Verbrüderung für gemeinsames Ziel entlastet den Einzelnen von seiner Verantwortung. Wenn hundert Menschen – einzeln – hundert Gewissen haben, so ist es so, als hätten diese hundert Menschen vereinigt gemeinsam auch nur ein Gewissen.

So lange nicht jeder weiß, was es bedeutet, Mensch zu sein, so lange nicht jeder, da doch alle an das Axiom glauben, daß gut zu sein, besser ist, als schlecht zu sein, jenem wunderbarsten, unergründlichsten Egoismus, gut sein zu wollen, unabänderlich folgt, und auf diese Weise das Gute zur Macht wird, so lange werden wir uns dem Gestrüpp, in das wir verfangen sind, nicht entwinden. Nicht nur, daß jedes andere Mittel unzulänglich ist, es verschleiert auch die Notwendigkeit dieses einen einzigen Mittels.

Es wäre unfruchtbar, definieren zu wollen, was gut ist, doch aus den oftmaligen Definitionen im Laufe der geistigen Weltgeschichte war festzustellen: daß bestimmte Axiome und Dogmen allen Menschen gemeinsam sind, und gewiß ist, daß aller Menschen tiefste Axiome und Dogmen sich an ihn selbst wenden. – Allerdings, in unserer Zeit, in der man seinem Dämon Genüge getan zu haben glaubt, wenn man sein Humanitätsbedürfnis befriedigt hat (wobei freilich manchmal zu unterscheiden ist, ob diese Humanität Sentimentalität ist oder Bewußtsein einer Pflicht), in dieser Zeit funktioniert das Bewußtsein dieser Axiome und Dogmen ebenso mangelhaft, wie sich Reflexionen und Selbstreflexionen breit machen. Man kennt statt der Pflichten nur Verpflichtungen, und die Aufklärung hat mit dem Begriff Gott auch die Begriffe der Ethik und der Pflicht gefällt. So wird statt des Gottesdienstes nicht etwa Menschendienst getrieben – denn im wahrhaft Menschlichen vereinigt sich dieser mit jenem – sondern sozialer Dienst, und an die Stelle des Tempels tritt das Vereinslokal.

Wenn alle Gewalt sinnlos und Irrtum ist, und Überredung auch nur eine Art von Gewalt, so kann's gewiß nicht Sache der Kunst sein, überreden zu wollen. Da ferner verschiedene geistige Veranlagung und mehr oder weniger entwickelte Bewußtseinsmöglichkeiten verschiedenen Menschen verschiedene Verantwortung auferlegt, da in immer neuer Verbindung zwei oder mehr menschliche Gesetze miteinander zu konkurrieren scheinen, und es dem Einzelnen kraft seiner Einsicht überlassen sein muß, den Konflikt zu lösen, weil es ja doch nicht sein kann, daß ein Gesetz mißachtet werden muß, wenn ein anderes befolgt wird, da in den tausend andersartigen, wenn auch von außen gesehen: ähnlichen Fällen tausenderlei Entscheidungen zu treffen sind, da im Labyrinth des menschlichen Geschehens jede Konstellation von Tatsachen und Menschen neu und einzigartig ist, so kann sich selbst der Mensch nicht starren, sondern nur elastischen Normen unterwerfen; da aber jedes geschriebene Gesetz unelastisch, starr sein muß, sofern man nicht den unfruchtbaren Versuch machen will, seine unzähligen Anwendungsmöglichkeiten aufzuzählen, so kann's auch nicht Sache der Kunst sein, Gesetze aufzustellen. Nach alle dem wird dem Menschen letzten Endes seine Entscheidung nur vom Bewußtsein seiner Pflicht, dem Drängen des Gewissens und dem ethisch argumentierten Instinkt diktiert sein können.

So ist also jede Auflösung einer Forderung nach Ethik, ihre Zerlegung in ethische Forderungen, ja, jede ausgesprochene Mahnung und Predigt weder dem Begriff der Kunst entsprechend, noch dem Begreifen der ethischen Notwendigkeit förderlich. Letzter Sinn der Kunst – ihr selbst unbewußt – ist das, daß sie den Menschen bei der Wurzel seines Wesens packt, das bedeutet: daß sie ihn auf sein eigentliches Wesen zurückführt und so Erziehung im allgemeinsten, aber auch höchsten Sinn wird, ihn jenem Chaos entzieht, zu dem das Leben geworden ist: ein Kampf um's Dasein, das der Mensch wahrlich nicht verdient, so lange er nichts anderes tut, als verdienen; ein Wettlauf der Tüchtigkeit und Betriebsamkeit, bei dem angeblich Zeit Geld bedeutet, womit angedeutet werden soll, daß sie das Kostbarste, mit welchem Vergleich also eingestanden wird, daß Geld das Wertvollste ist; wobei man allerdings vergißt, daß Zeit nur etwas wert ist, wenn man sich Zeit läßt; ein Wettlauf, bei dem man sich bewußt ist, daß Geist nur beschwerlich und hinderlich sein müßte, weshalb man ihn verurteilt hat, am Abend nach beendetem Sieg als Erholung zu fungieren, wobei man entsprechend der Erschöpfung, in der man sich am Abend befindet, sich weiter nicht bemühen und lieber in der eigenen Sphäre bleiben will, weshalb der Bürger nicht geistig, der Geist aber bürgerlich wird; ein Hinrasen, das durch Bewußtsein der eigenen Menschlichkeit verlangsamt werden müßte, ein Stehen-bleiben, ein Atem-holen, mit der Grimasse des Gehetzten, ein Staunen, daß man nach all dem doch noch Mensch ist und menschlicher Regungen fähig, darum ein schnelles Sich-begucken, wobei man, da man weiter muß, in der Eile nur an der Oberfläche bleibt und sich mit der Konstatierung begnügt: der Mensch sei ein interessantes Geschöpf und jeder habe andere Eigenschaften, andere Fähigkeiten als der andere – weshalb es sich einerseits verlohnen muß, den oder jenen Charakter, vor allem seinen eigenen, zu analysieren, und wodurch es andererseits erklärlich wird, daß jeder eine andere Meinung hat; ein entmenschlichtes Menschtum, das stumm sein muß, weil es nur die Geschäftssprache spricht, ein bei lebendigem Leibe Entseelt-sein, in dem Freude und Glück durch Vergnügen, und Unglück durch Malheur ersetzt wird, ein ungeheueres Büro, in dem der Geistige ein närrischer Eindringling ist, in dem die Liebe zur Geschäftsangelegenheit, das Geschäft aber zur Leidenschaft wird; in dem man sagt: Geschäft ist Geschäft! und: Alles ist relativ! und in dem auch die Wahrheit noch Meinungsangelegenheit ist; eine wilde Herrschaft der Realität, Erniedrigung und Verwässerung der Wissenschaft zum Hilfsmittel des Betriebes und zur Befriedigung der bürgerlichen Neugier; und Regierung der Kunst. Und über allem ein riesengroßer Börsenbericht. – Mission der Kunst, daß sich dem Menschen durch sie die Sinnlosigkeit dieser seiner Welt erweist, daß sich ihm erweist, daß eine andere ihm die gemäßere ist: jene, in der die höheren Eigenschaften seiner höheren, seiner beseelten Natur lebendig sind, und sei es auch, daß diese sich zu einem anderen Kampf, vielleicht sogar zu einem anderen Chaos verdichten; in welcher der Rasende, der von einer Liebe oder einer Leidenschaft Besessene Mittelpunkt ist, in der der stärkste Kampf nicht die Konkurrenz, sondern der zweier Liebender ist, oder jener innere Kampf zweier Pflichten, oder jener zwischen Menschen, dessen Sieg den Sieg einer Idee, eines Begriffes oder eines Glaubens darstellt, und in der die Herrschaft von einer geistigen Macht ausgeübt wird, oder deren höchstes Merkmal es wenigstens ist, daß ihr Träger nicht nur oberster Kriegsherr, sondern auch oberster Glaubensherr ist, und sei es auch, weil die letzte Einsicht fehlt, daß jener Kampf zur Grausamkeit und diese Herrschaft zur Tyrannei entgleisen; jene Welt, in der nicht das Mittelmaß lobenswert, sondern das Extrem bewundernswert ist, und in der die bürgerliche Moral und Humanität nicht den Mangel an Kraft und Leidenschaftlichkeit zu verdecken braucht; in der das Alter nicht nur tüchtiger, sondern – weil es seine ihm bemessenen Tage und Jahre wahrhaft gelebt hat – auch weiser und verehrungswürdiger ist, als die Jugend, und die Jugend nicht nur unerfahrener, sondern auch lodernder, als das Alter; in der der Mensch Schicksal und Berufung, und nicht nur einen Beruf hat, in der der Tod nicht nur die Beendigung einer Karriere darstellt, in der nicht nur die materielle Kausalität, sondern auch jene der Schuld und Sühne und der Vorsehung besteht, und die ewige Menschheitsfrage: warum? sich nicht mit der Erklärung einiger Zusammenhänge zwischen Ursache und Wirkung als Antwort begnügt, und in der die Erkenntnis sich mehr auf selbsterlebte Dogmen stützt, als auf die Empirie, auf Analyse und Selbstanalyse; in der der wahre Mensch nicht von den Funktionen seiner geistigen und körperlichen Notdurft verschlungen wird, und er, auf eine eigentliche Form gebracht, sich seines tiefsten Wesens und seines Dämons bewußt wird: des Dämons des Mensch-seins, dessen eine Stimme die des Gewissens ist. – Freilich, die Wesen dieser jetzigen Welt haben nur jene geistigen und menschlichen Merkmale entwickelt, deren sie zur Abwicklung ihres Daseins und seines Getriebes unbedingt bedürfen, und ihre Kenntnis von sich und den anderen Menschen bezieht sich darauf, was sich in tausend Nuancen und Schattierungen im alltäglichen Wirrwarr dokumentiert. Doch schließlich hat auch jedes Tier so etwas, wie einen Charakter. So hat man wohl eine Bewußtheit für die niedrigeren geistigen Funktionen, doch kein Bewußtsein seiner Selbst, und man glaubt, weil sich des Menschen niedrigere Merkmale, seine Instinkte und sein Selbsterhaltungstrieb, und sein Verstand und die Geschicklichkeit, die ihnen dienen, in ungeahnte Höhen und zu unerhörtem Raffinement entwickelt haben, weil sich das Unterste zu oberst kehrt, weil jenes, was einst klein und nebensächlich war, alles überwuchernd größer wurde, man glaubt, weil ein nichtiger Teil sich im Verhältnis zu anderen und auf Kosten anderer Teile entwickelt hat, daß sich der Mensch als Ganzes schon entwickelt habe. Doch das ist offensichtlich eine Verwechslung. Daß sie möglich ist, beweist, daß man die Ahnung dessen verloren hat, was des Menschen ganze Erscheinung in der Welt darstellt.

Es ist, als müßte die Welt durch Melodien errettet werden. Könnten die Gestalten von den Bühnen niedersteigen, all die Helden und Geliebten, die Märtyrer und die großen Kämpfer, die Verirrten und Reuigen, die unendlich Gütigen und sei es: auch die Grausamen und Bösen, könnten aus Büchern, aus Buchstabe und Wort lebendige Körper erstehen, und könnten diese und jene, all die Rasenden, die Erschütterten, die von einem Schicksal Gesegneten oder Verfluchten, könnten diese und jene dann in diese Welt sich mengen und zwischen uns umgehen, könnte Landschaft, Mensch und Ding so offen vor unseren Augen liegen, wie vor denen des Malers, könnte Tanz einer Tänzerin und Musik zwischen uns schweben, zwischen uns tanzen, könnten aus den Sälen und Opernhäusern, aus den Zimmern und Notenheften, Gesang und Melodie sich erheben, sich verbreiten, könnte all diese Welt des Aufschwungs und der Ekstase, der Rührung und der Leidenschaft, der Einsicht und des inneren Kampfes, nicht nur Wahrheit, die sie ist, sondern auch Wirklichkeit werden, und würde ein Kampf entstehen zwischen der jetzigen und der neuen Wirklichkeit – diese letztere hätte wahrlich nichts anderes zu tun, nichts anderes, als da zu sein, damit jene gebannt wird und ihre Wesen angesichts der überzeugenderen Wirklichkeit erstarren und endlich in der Einsicht, daß sie sinnlos sind in einer Welt, in der der Mensch eine Seele hat, sich selbst negieren und vom Hauch des neuen Daseins, vom Atem des neuen Lebens berührt, weggefegt werden und vom Erdboden verschwinden. – Doch jene wahreren Gestalten sind verurteilt, nur im Wort zu leben und manchmal nur Körper und Wirklichkeit zu werden, all jene Gestalten, jene Melodien, all jene ganze reinere Welt ist an ihre Stunde und ihren Ort gebannt, da sie erklingen und erstehen darf; und so bleibt sie denn nur berufen, von diesem Ort, von dieser Stunde aus Strahlen zu werfen und Wellen zu schlagen. Doch wenn sie, in ihren Bezirk gesperrt, nicht in unsere Welt herübertreten dürfen, so gelingt's dafür der letzteren, der Wirklichkeit, diese Grenze zu überschreiten – und – umgekehrt – sich jener Welt der Kunst aufzudrängen.

In diesen Zusammenhängen kann es sich nicht um ästhetische Fragen und um die Frage nach der Verschiedenheit der Kunstmethoden handeln, doch fragt es sich nach der Stellung zur Welt in einem Kunstwerk und ihrer Dokumentierung. Denn bleibt die Kunst im Bann der Wirklichkeit, und erhöht sie sich nicht zur Wahrheit, bemüht sie sich nur, eine mehr oder weniger kluge, mehr oder weniger verschrobene Wiedergabe jener zu sein, vielleicht überdeckt von jener Atmosphäre, die man Stimmung zu nennen pflegt, ist der Künstler nichts, als ein, vielleicht klügerer, schärferer, instinktbegabterer, feinnervigerer Beobachter und Berichterstatter von psychischen Tatsachen, ist auch sein Ziel, als Produkt des Zeitgeistes oder als Konzession an ihn, die Analyse, ist die Quelle seines Schaffens die Realität und Reflexion, und ist es also so, daß der Bürger nicht mehr zur Kunst aufschaut, sondern die Kunst zum Bürger hinüberschielt – dann allerdings bleibe jene Mission der Kunst unerfüllt und sie selbst nur Spielerei und Unterhaltungslektüre für bessere Menschen.

Allerdings: es gibt zweierlei Naturalismus: zuerst jenen, der nur Form, Mittel einer großen Kunst, und dann den anderen, der Selbstzweck ist. Man glaubt den letzteren überwunden, doch ist in Wirklichkeit nur das Talent zu ihm verschwunden, nicht aber die Tendenz. Falsche Wiedergabe der Wirklichkeit, verlogene Berichterstattung ist auch Naturalismus, und es ist nichts damit getan, wenn zur falschen Tendenz das falsche Mittel tritt. Manche Kunsttheorie eines mißratenen Intellekts ist nichts, als toll gewordener Naturalismus, so wie mancher Bohémien nichts, als ein toll gewordener Bürger ist. Ein falsches Abbild ist nicht künstlerischer, als ein richtiges, so wie ja eine Photographie nicht dadurch, daß sie mißlungen, das Objekt unkenntlich ist, zum Kunstwerk wird, oder ein Sprachstil nicht, wie manche Schriftsteller es glauben, dadurch geschaffen wird, daß man die Grammatik vergewaltigt. – Doch der mittelmäßige Mensch hat einen scharfen Blick für die Wirklichkeit und erkennt wohl, wann man ihm ein falsches Bild von ihr vorführt. Er folgt dem Naturalismus nicht, wenn er – der Naturalismus – auf Abwege gerät, und so ist denn auch dieser, je untalentierter, desto ungefährlicher, doch je gelungener, desto mehr hängt ihm der Bürger an und läßt ihn nicht. Er weiß die Konzessionen der Künstler an ihn zu schätzen, weiß es zu schätzen, daß sie sich in seine Sphäre begeben haben, und daß nicht mehr er zur Kunst zu kommen braucht, da ja die Kunst zu ihm gekommen ist.

Einzelne Menschen und einzelne Cliquen, die den Naturalismus jeder Art und die Art der Kunstbetrachtung und die Weltanschauung, der er entsprungen ist, überwunden haben, glauben aus ihrer eigenen Stellung und der ihrer Freunde, indem sie nicht über die Grenzen ihrer Clique hinübersehen, schließen zu dürfen, diese Weltanschauung wäre im allgemeinen überwunden. Dem ist nicht so; denn was vor etwa dreißig Jahren auch nur Sache eben solcher Einzelner war, hat sich inzwischen verbreitert und ist nun erst ganz Sache der Masse und des Publikums geworden. – Und ist nicht auch der politische Dichter nur Naturalist? Auch er ist, wenn auch Anteil nehmend, von der Wirklichkeit abhängig und wendet sich, moralisch tendenziös, an die reale Welt. Doch wenn schon die Kunst die bewußte ethische, um wieviel mehr vermeidet sie die moralische Tendenz, die nicht nur als Tendenz, sondern auch als Moral das Kunstwerk keines mehr sein läßt. So führt die politische Kunst, diese verkünstelte Politik, das paradoxe Dasein von dramatisiertem Patriotismus oder von zu Reimen zusammengeballtem Sozialismus, verfehlt mit ihren unnatürlichen Mitteln den politischen Zweck und mißachtet mit ihren ungemäßen, verfehlten Absichten den Sinn der Kunst.

Jene scharfen und sensiblen Beobachter, die kraft dieser Eigenschaften, nämlich der Sensibilität und der Schärfe der Beobachtung, Kunst zu produzieren, sich für fähig halten, mögen sich wieder mit der Rolle der geistreichen Plauderer in Salons begnügen, und jene anderen, denen die Voraussetzungen auch dafür fehlen, indem sie falsch beobachten und weniger sensibel sind, mögen sich eben in bescheidenerer Rolle dem bürgerlichen Leben wieder einreihen; denn ihr Untalent für bürgerliche Berufe beweist noch nicht, wie sie es meinen, ihr Talent zur Kunst. Sie finden sich in der Realität nicht zurecht und glauben damit schon die Realität überwunden und das Recht erworben zu haben, sich zur Kunst, diesem Asyl für alle Unfähigkeit, flüchten zu dürfen. Doch auch hier in einer ihnen nicht gemäßen Welt, in einer Welt, der sie noch weniger gewachsen sind, glauben sie, wie verirrte Kinder, das Gefühl der Hilflosigkeit angesichts der ihnen fremden Umgebung durch Schreien und Brüllen zu übertäuben, und sind bemüht, sich die Erlaubnis, trotz ihrer Unzugehörigkeit hier bleiben und wüsten zu dürfen, vor sich und der Welt durch Entwicklung schamloser Theorien, die ihre Existenz, ihre Unzulänglichkeit und ihr sinnloses Beginnen rechtfertigen sollen, zu erwirken. Sie glauben revolutionär zu sein, indem sie

Lärm machen, und sind doch nur, wie manche Kokotten verirrte Backfische sind, entgleiste Bürger. – Jene Dichter aber, die, Formen der Kunst benützend, zu politischen Tagesschriftstellern werden, werfen sich selbst in jenen Hexenkessel des Getriebes, das zu überwinden, sofern sie Dichter sind, sie berufen wären, das aber nur zu überwinden ist, indem man es zu Gunsten des wahreren Wesens der Welt umgeht. Sie predigen für's Heute und Morgen und versuchen, auf's Allzunaheliegende zu wirken, doch seien sie sich dessen bewußt, daß sie sich eben dadurch ihrer besten und weittragendsten Wirkungskraft begeben: jener der Kunst, die sich zuerst auf's scheinbar Entfernte, hinter der Mauer der Wirklichkeit Liegende, das aber Wurzel und Quelle alles Geschehens ist, erstreckt, und dann, und nur auf diesem Weg, die Welt der Tatsachen umzugestalten bemüht ist.

Wer aber unter den Lebenden teilhaftig ist eines höheren Bewußtseins, erfüllt mit anderem Wissen, als dieses Leben es geben kann, begnadet mit unerschütterlichen Dogmen, die ihm festeres Fundament sind, als alle Erfahrungen, wer seine Heimat im All und nicht nur auf der Erde hat, wer ein reineres, ursprünglicheres Bild von dieser Welt kennt, als unsere Wirklichkeit es darstellt, und ein reineres, ursprünglicheres Bild des Menschen, als das tatsächliche Leben es schafft, der setze, unbeirrt von Zufälligkeiten der Umwelt und den zufälligen Merkmalen des Menschen, der setze dieses Bild als Licht, daß es strahle, in diese Welt, als Denkmal für den von Gott geschaffenen Menschen und als mahnende Erinnerung an ihn. Und es wird nicht anders sein können, als daß einmal alle Menschen, daß jeder Mensch erkennt, daß dieses Bild auch sein Bild und dieses Denkmal auch für ihn gesetzt ist. Es sei dieser unvermengt reine, zugleich rückwärts und vorwärts schauende Geist, der allein, weil er da ist, schon Gewalt über die Menschen haben und Kraft von seiner Kraft und seine Natur auf sie übertragen muß, es sei dieser Geist, von dem sich die Menschen umschweben lassen mögen, um sich ihm zu ergeben und um zu erfahren, daß der Inhalt der Welt nur aus der Seele des Menschen besteht. Es sei dieser Geist, der die Kunst beherrsche, und der, wenn er herrscht, der Kunst anderen Inhalt, größere Themen, größere Gestalten und andere Form geben wird. –

Doch es gibt ja eine Kunst, die unabhängig ist vom Heute und vom heute schaffenden Menschen: das Theater. In seiner zweifachen Rolle als eigene und Vermittler für andere Kunst, hat es die Wahl, für welche andere es Sprachrohr sein und seine Möglichkeit, in's Breiteste zu wirken, ausnützen will. Sie ist die suggestivste aller Künste, weil sie auf alle Sinne wirkt, und hat die größte Ausstrahlungsfähigkeit, weil sie auch jene zu sich locken kann, die nicht von der Kunst verlockt werden. Sie, die sichtbarste, in's Körperlich-lebendige umgesetzte, ist die vorgeschobene, weit nach vorn, wie zur Aktivität, hingestellte Kunst, gleichsam die Hand, die sich nach den Menschen ausstreckt, der Mund, der zu ihnen spricht, und das Gesicht der Kunst, in das Auge in Auge die Menschen sehen. So hat denn das Theater, das stärkste Mittel der Kunst, das stärkste Gewicht und sein Niedergang die ärgste Gefahr. Doch immer einer anderen Kunst dienend, folgt es ihr auf allen Wegen und Abwegen, und die Wirkung, die jene andere Kunst, die doch, den Menschen als Mittelpunkt des Werkes hinstellend, am deutlichsten den Sinn der Kunst errät oder verfehlt, die Wirkung also, die jene in gutem oder schlechtem Sinne tut, vergrößert und verbreitet das Theater in's Unendliche.

Wenn der Mensch Mittelpunkt des Dramas ist, so bleibt es immer noch dem Künstler überlassen, ob er diesen Mittelpunkt gestalten und festhalten will als Seele des Menschen oder als ein Charakter eines Menschen. Die Dramatiker der vorigen Generation – und ihre Wirkung spielt auch noch in die heutige Generation in allen Künsten herüber – wählten das letztere und es bereitete ihnen Befriedigung, auf den Irrwegen eines Charakters spazieren zu gehen und den auf den Kompliziertheiten seines Labyrinths herumirrenden Menschen mit einem Aphorismon einzufangen. Der Mensch ward zum Mechanismus, dessen Reaktionen auf bestimmte Ursachen hin zu prüfen und zu beobachten, sehr unterhaltsam war. Das Publikum war auf's Höchste befriedigt, denn es fand sich in seiner Stellung zu sich und zum Menschen bestärkt: daß er eine Summe von Eigenschaften und Fähigkeiten sei, von einer psychologischen, der materiellen ähnlichen, Kausalität beherrscht und gelenkt, deren Gesetze erforscht – das Wesen des Menschen erschöpft zu haben, bedeutet. Angesichts dieser Irreführung, der der zeitgemäße Mensch gar zu gern zum Opfer fiel, weil sie ihm einerseits tiefere Selbsterkenntnis ersparte, andererseits seiner Neigung zur Selbstanalyse entgegenkam, weil sie sein Leben, seinen Alltag, seine Psyche in die Sphäre der Kunst zu ziehen versuchte und ihm so einredete, daß sein Alltag das Leben, seine Psyche die Seele des Menschen und seine kleinen Nöte und Verwirrungen große Probleme darstellen, angesichts dieser, den Menschen entgeistigenden, Irreführung ist man versucht, von verbrecherischer Kunst zu sprechen. Denn der Mensch ist kein Mechanismus, der bewußte Subjektivismus ist verderblich und die psychologische Kausalität ist so unwichtig, wie die materielle.

Vom Drama geführt, wohl auch teilweise auf direkterem Weg vom Geist der Zeit beeinflußt, folgte die Schauspielkunst, und auch auf der Bühne erstand statt des beseelten der psychologische Mensch. Da aber jeder geistigen Tatsache die ihr eigene Realität anhaftet, und der psychologische Mensch derjenige ist, der in dieser unserer Welt gewöhnlich in Erscheinung tritt und also an das uns eigene Gebahren gebunden ist, mußte die pathetische Darstellung der naturalistischen weichen. So war ihr Spiel, nur die Außenseite des Menschen darstellend, nichts als die Flucht aus der unprinzipiellen, niemals eindeutigen Vielheit des Alltags in eine andere Vielheit eines anderen Alltags. Und weiterwirkend auf Werke, die diese Darstellung wahrlich nicht verdienen, opfert sie der naturalistischen Aufführung das Drama selbst, indem sie an der Gestalt eines Menschen, aus dem Jammer, Gesang oder Aufschrei einer Seele einen interessanten Charakter macht. Man nennt das »dem Publikum eine Gestalt näher rücken«, doch wichtiger ist, daß es ein Fortrücken von der Kunst und die Regierung ihres Geistes ist, und der Naturalismus kommt auch tatsächlich jener Tendenz entgegen, zu der die große Masse immer bereit ist: durch Banalisierung ein Kunstwerk verstehen zu wollen. – Der gewöhnliche Mensch kennt nur seine Oberfläche, und so meint er bei diesem oberflächlichen Spiel sich selbst auf der Bühne wiederzusehen. Je genauer und differenzierter der Schauspieler seinen Alltag kopiert, desto größere Tiefen seines eigenen Wesens glaubt er erforscht, und erlebt sie von neuem. Er findet sich wieder auf der Bühne und findet sich bestätigt. So muß dieser psychologische Naturalismus jenen Zulauf haben, den auf dem Jahrmarkt der Photograph findet. – Doch all die Feinheiten, Beobachtungen, gelungenen Kopien und Sonderbarkeiten eines Charakters sind nichts, als Spielerei, sind unprinzipiell, unwichtig und im letzten Grunde doch nur wieder uninteressant; und dieser Alltag auf der Bühne ist den Äußerungen und Erscheinungen unseres Lebens allzuähnlich und für den Menschen, wie er wahrhaft ist, allzu unsymbolisch.

Der Mensch des Dramas, wie der jeder Kunst, und wie alle Kunst, ist, losgelöst von den Bedingungen der Wirklichkeit und von allen Beschränkungen, Hemmungen und Zufälligkeiten, in Parallelität zu seinem Wesen und Inhalt, pathetisch, und Schauspieler, die Dramengestalten so darstellen, wie diese wären, wenn sie unserem Leben angehören würden, spielen nicht Theater und stellen nicht Kunst dar, sondern verstellen sich nur. Den Menschen nachzumachen, genügt nicht, um den Menschen darzustellen. So befreie sich also der Schauspieler von der Wirklichkeit und abstrahiere von den Attributen der Realität und sei nichts als der Vertreter des Gedankens, Gefühls oder Schicksals! Muß er auf der Bühne sterben, so gehe er nicht vorher ins Krankenhaus, um sterben zu lernen, und nicht in die Kneipe, um zu sehen, wie man's macht, wenn man betrunken ist. Er wage es, groß die Arme auszubreiten und an einer sich aufschwingenden Stelle so zu sprechen, wie er es niemals im Leben täte; er sei also nicht Imitator und suche seine Vorbilder nicht in einer dem Schauspieler fremden Welt, kurz: er schäme sich nicht, daß er spielt, er verleugne das Theater nicht und soll nicht eine Wirklichkeit vorzutäuschen suchen, die ihm einerseits niemals voll gelingen könnte, die andererseits aber auch nur dann auf's Theater zu stellen wäre, wenn die dramatische Kunst sich so heruntergebracht hätte, nur eine mehr oder weniger gelungene, und sei es mit Empfindungen, sei es mit moralischen Forderungen, sei es mit Aphorismen durchtränkte Imitation der körperlichen Realität und der Psyche des Alltags zu sein.

Wenn der Schauspieler die Gestalten im Erlebnis der Empfindungen oder des Schicksals, das er darzustellen hat, und mit diesem Erlebnis adäquaten Gesten, und nicht in der Erinnerung an Menschen, die er von dieser Empfindung erfüllt oder diesem Schicksal verfallen gesehen hat, formen, ja, sogar diese Erinnerung vollkommen aus seinem Gedächtnis bannen wird, dann wird er erfahren, daß gerade sein Ausdruck eines Gefühls, das doch nicht wirklich und dessen Anlaß doch nur fingiert ist, reiner, eindeutiger und stärker sein wird, als der jenes Menschen, dessen Gefühl aus wirklichem Anlaß wirklich ist; denn des Menschen Ausdruck kann nie eindeutig sein, weil er selbst nie eindeutig, indem er niemals nur Eines, und wäre er nur Eines, es immer in anderer Beleuchtung ist. Glaubt er nur einem Erlebnis hingegeben zu sein, so sind es doch unzählige psychische Tatsachen, die in ihm existieren und manches verfälschen: der Schatten der gegenwärtigen Umgebung, der Schatten der Vergangenheit fällt auf ihn. Manche sind vor sich selbst Komödianten, und es ergibt sich, daß der Schauspieler, nur spielend, wahrer in seinem Ausdruck ist, als mancher jener, die tatsächlichem Schicksal unterworfen sind. Rücksicht auf vieles hemmt ihn, sich ganz zu äußern; Erinnerung an Unzähliges ist in ihm festgelegt und Strahlen Tausender Ereignisse durchkreuzen ihn; so kann er immer nur eine in jedem Augenblick wechselnde Summe sein. Doch der Schauspieler ist frei von allem; er ist kein Komplex und immer nur Eines, durch nichts verfälscht, deshalb kann nur er eindeutig und geradlinig sein. Und ist er nur dieses Einen Verkörperung, so kann er es, da es das einzige ist, ganz und großzügig sein; und er wird gestaltend das Pathos des Eindeutigen finden.

Die Melodie einer großen Geste sagt mehr, als die höchste Vollendung dessen, das man Natürlichkeit nennt, es jemals könnte.

Er denke an die Oper, in der der Sänger, sterbend, noch ein hohes C hinausschmettert und mit der Süßigkeit seiner Melodie mehr vom Tode aussagt, als wenn er sich winden und krümmen würde; denn daß der Tod ein Jammer ist, ist wichtiger, als daß er gräßlich ist.

Zu zeigen, wie einer *stirbt,* ist Sache der Erfahrung und einer gewissen Virtuosität, doch zu zeigen, daß einer stirbt, ist Sache des Erlebnisses und der Gestaltung.

Es müßte eine Generation von Schauspielern erstehen, die von dieser äußeren Natürlichkeit ebenso weit entfernt wäre, wie von jener Unnatürlichkeit, die das erstarrte Pathos darstellt, von jenem Ersatz, jener Imitation von Pathos, die eine gewisse Zahl von konventionellen Bewegungen, Arten des Blicks und der Mimik zur Verfügung hat, und, sie wie ein Register handhabend, je nach Bedarf, diese oder jene hervorzieht; eine Generation von Schauspielern, die, frei von dieser und jeder Konvention, doch auch frei von der Anbetung der Wirklichkeit, spielen, indem sie, wie jede Kunst bekennerhaft, sich selbst darstellen, mehr vom Menschen ahnen, als die intellektuelle Analyse zu Tage fördern kann, eine andere, dem wahren Menschen gemäßere Realität schaffen und deren Spiel, kraft der von ihnen erlebten Erschütterungen, selbst Erschütterungen auszulösen vermag, eine Generation von jungen Schauspielern, die man versammeln müßte, ehe ihre Menschlichkeit von der Routine verschlungen wird und ehe sie alles können, weil sie aufhören, etwas zu sein, eine Generation, die allerdings wahrscheinlich selbst einmal, wenn auch ihr Spiel zur Konvention erstarrt ist, ebenso, damit das Theater niemals aufhört, seinen Sinn zu erfüllen, von neuer Jugend abgelöst und erneuert werden müßte. –

Es ist, als müßten die Menschen täglich und stündlich, immer von neuem, aufgewühlt, ihre Hülle durchbrechen, der Alltag von ihnen gerissen werden, damit auch der Vernünftigste noch erinnert wird und ahnt, daß auf dem Grund auch seines Wesens der Keim zu jenem Wahnsinn liegt, der nicht die Verwirrung, sondern die Überwindung der Vernunft ist, jener Vernunft, die, von der Logik geführt und von den Merkmalen seiner zufälligen Individualität beherrscht, seine Tage erfüllt.

Es ist, als würden die prinzipiellen Merkmale des Mensch-seins verschüttet und begraben sein unter den zufälligen Merkmalen des Lebens. Die Form, das Attribut, die Notdurft haben sich zum Tyrannen aufgeschwungen, und es ist, als würden, ohne Körper und Gesicht dahinter, gespenstisch Kleid und Maske auf der Erde umgehen. Was einst den Menschen Mittel war, um leben zu können, ist ihnen Zweck und Ziel des Lebens geworden. Zuerst haben sie um's goldene Kalb getanzt, jetzt raufen sie darum, und es wäre wahrlich der einzige Vorteil dieses Krieges, wenn sie all ihr Geld für diesen Kampf ausgeben müßten, damit nachher nicht der Tanz von neuem beginnen kann.

Das Nichtige im Menschen, das, einst ihm als Handlanger für's Leben mitgegeben, nun seinem Herrn über'n Kopf gewachsen ist und sich als Götze auf den Thron hinaufgeschlichen hat, dieser Dienstbote sei wieder entlarvt als das, was er ist, und sei gestürzt, damit der Geist im Menschen sich nicht verkriechen muß.

Europa wird nicht vergangen sein, wenn es arm ist, sondern wenn es entseelt und geistlos geworden sein wird.

Die Entwicklung der Menschheit auf- oder abwärts geht nicht im Bezirke der Tatsachen vor sich: was auf den Schlachtfeldern und in den Konferenzsälen geschieht, ist irrelevant – die Weltgeschichte spielt sich ab im menschlichen Herzen.

Auch Griechenland besteht geographisch, politisch und staatlich noch, doch was ist heute Griechenland?

Auch Amerika ist groß, reich und stark, doch was ist Amerika?

Es handelt sich nicht um diesen oder jenen Staat, es handelt sich um den ganzen Komplex Europa, jenen Teil der Erde, dem seit Jahrtausenden unversiegbar Quelle um Quelle unendliche Ströme von Schönheit und Weisheit entsprungen sind, jenes Europa, das kraft seines Geistes die Welt beherrscht hat und das seinen Geist aufzugeben und diese Herrschaft aufzuopfern, eben im Begriff ist, indem seine Teile einander zerfleischen, um eine andere, nichtigere Herrschaft zu erringen, weil seine Bewohner vergessen zu haben scheinen, daß der Mensch, auf diese Erde hergestellt, mit einer Seele ungeheuer in die Welt geschleudert, irdisch zwar, jedoch ein Mensch, von Gott und nicht vom Affen abstammt.

Der Aufsatz leitet programmatisch die Zeitschrift *Das junge Deutschland* ein, für deren beiden erste Hefte Kornfeld verantwortlich zeichnete. In den Schlußteil ist Kornfelds *Nachwort an den Schauspieler* eingegangen (in: *Die Verführung.* Eine Tragödie in fünf Akten. Berlin 1916. S. 201–204). Teile des Manifests sind von zeitgenössischen Zeitschriften noch einmal abgedruckt worden: *Der Anbruch* 1 (1918), H. 3, 4, 6; *Die Dichtung* 2 (1920).

Eine gekürzte Fassung (mit Kommentar) jetzt auch in Paul Kornfeld: *Revolution mit Flötenmusik und andere kritische Prosa 1916–1932.* Hg. u. kommentiert von Manon Maren-Grisebach. Heidelberg: Lambert Schneider 1976. S. 31–46.

62
Ernst Blass: *Geist der Utopie.* In: *Das junge Deutschland* 2 (1919), Nr. 3, S. 63–67.

Ernst Bloch ist der Name des Philosophen, der das Buch *Geist der Utopie* [1] geschaffen hat. »Incipit vita nova« [2].

Wir wollen wieder »sein«; alles Andere trete hinter dies Bestreben zurück. Denn wir sind in grauenhafter Weise abhanden gekommen. Irgendwohin sind wir versteckt worden; wir träumen hinter Dornen. Das Leben draußen ist unheimlich geworden. Es ist unmöglich, daß wir in Wahrheit die sind, die morgens in möblierten Zimmern erwachen und mit der Stadtbahn ins Bureau fahren. Aber die Abstraktheit der großen Stadt trägt nicht die Schuld. Zwar kennen wir den Briefträger nicht, der zu uns die Briefe der Geliebten trägt, und an unserem Weg sind immer »Laternen und viel Stein«, aber die anderen Dinge haben sich uns ebenso entfremdet, ja verfeindet, sie drohen, uns zu überfallen, und was wir für unsere Wohnung und liebe Gewohnheit halten, könnte jeden Augenblick die höhnischste Miene annehmen. Nur unser Spiegelbild lebt in diesen Räumen, unser Selbst ist uns entwendet worden, aber es kann zu jeder Zeit als unser Doppelgänger auftreten und uns verfolgen und narren.

Die Dinge tragen nicht die Schuld daran, daß wir zu ihren Narren geworden sind. Wir haben uns zu den Dingen begeben und unser Selbst verlassen. Nun fehlt es uns, wir haben Vieles, aber das Eine müssen wir qualvoll suchen, und wir haben vergessen, was wir suchen wollten. So treiben wir umher und wähnen uns im täglichen Leben und in der Wohnung daheim, indessen irgend etwas Furchtbares und maßlos Albernes, etwa der Verfolgungswahn, auf uns wartet und plötzlich, ungeahnt, aus einer Ecke auf uns zutreten kann. Nein, wir sind das nicht zwischen den Möbeln und im Alltag agierend, konsumiert und Konsumenten; ein Betrug mit uns wird ausgeführt, so kann es in Wahrheit nicht um uns stehen. Wir müssen unser verlorenes Ich wiederfinden, oder wir verfallen dem Doppelgänger, der uns, seine Schatten, vor sich her treibt und an uns rächt, daß wir ihn verlassen haben.

Deshalb tut eine lange Besinnung not, ein Sanatorium; wir können eines Tages vielleicht wieder ruhig sein und lächeln; es wird »in unserm Busen helle, im Herzen, das sich selber kennt.«

Der Krieg, die teuflische Auftürmung des uns Feindlichsten, das tote Gerät, das Gas, wir, als ebenso bereitwilliges Werkzeug verwandt, muß vielen gezeigt haben, daß wir zu Schatten und Narren gesunken sind – wie wäre es sonst möglich gewesen, daß solches geschah? Und es ist unmöglich, daß wir in Wahrheit es taten!

Wir haben vieles, das Leben ist künstlich und kompliziert, mit Schmuck behängt, der Verstand überwindet Schwierigkeiten, die Genußsucht pflückt Blumen, eh' sie verwelken, das Haus ist reich und kostbar, aber der Bewohner fehlt; das Gemach ist verlassen, es ist unheimlich im Heim.

Wir müssen erst wieder heraufkommen. Wir wollen wirklich *»sein«*.

Wir müssen uns bei unserem Namen rufen. Wir müssen uns erkennen, erwählen, uns treffen und besitzen.

Blochs Werk ist ein gewaltiges »Fanget an!« Möge ihm die wahllose »günstige Aufnahme bei Presse und Publikum« erspart bleiben! Ich zöge Beckmessers Kritik dem entmutigenden Erlebnis vor, von den mageren Kühen aus Pharaos Traum verschlungen zu werden, ohne sie fetter zu machen. Eine andere Aufnahme ziemt sich, nicht die des Gastes, wenn man ihn auch mit offenen Armen empfängt. Die Gedanken dieses Buches müssen bewegen, erwecken und bilden, in Bewußtheit, Handeln und Wesen der Zeit übergehen. Denn es ist notwendig, daß zutiefst eingegriffen und daß zuinnerst erkannt werde, wer die Erreger von Unglück, Verzweiflung, Schlechtigkeit, Weltverwüstung heute sind. So ist das Buch eine »rettende Tat«, der eine tiefe Dankbarkeit geschuldet wird.

»Wie nun? Es ist genug. Nun haben wir zu beginnen.« Das sind die Worte seines Anfangs, seiner »Absicht«.

Wir sind es, die zu beginnen haben. Denn daß wir unser Selbst versäumt, unseren bewegenden Mittelpunkt verfehlt haben, hat alles auf den heutigen Stand gebracht. Allzulange waren wir exzentrisch, bis wir uns verirrten und verloren und nur nach äußerem Gewinn und Zuwachs trachteten. Von unserem innersten Wesen entfernten wir uns so weit, daß wir seinen Ruf kaum mehr vernahmen. So fingen die Objekte um uns an, über uns zu gebieten, unsere verführte Kraft diente dem uns Feindlichsten, eine Wüste umgab uns bald, und der uns eingeborene erste Traum, unser Ich, das uns rief, der Doppelgänger, der uns suchte, brachte uns nur aus der Irre in den Wahn. Aber es ruft noch in uns, wenn es auch übertönt wird. Es ist nicht erstorben; hier allein ist das Wort zu finden, das den Bann zerbrechen kann. Was in uns träumte, muß zum Leben gebracht werden. Die Entfernung von diesem entscheidenden, erzeugenden Selbst, hat alles öde werden lassen und das Sterben Gottes verursacht, das nichts als unser eigenes Verglimmen ist. Es ist vergeblich, draußen zu suchen und in unseren äußeren Kräften: gedenken wir des heimlichen Brennens auf unserem Herd, des vorzeitlichen Traums, den wir hegen, ja, der wir in Wahrheit sind, der unser eigentliches Selbst ist. Es ist so einfach, und wir könnten endlich eine Heimat finden. Nicht um zu träumen und auf der Erde nur Gast zu sein, sondern wie wir uns geträumt haben, das entscheidet unser Leben, steckt uns das Ziel, das es zu erreichen gilt: daß sich der Traum erfülle, und wir »wirklich« »seiend« werden. Freilich steht die Welt mit feindlichen Dämonen zwischen uns und der Erfüllung; sie sind bestrebt, uns zu ermüden und in die Irre zu führen; wir müssen wach sein und dürfen nicht erliegen; Tatkraft wird von uns verlangt.

So wollen wir zu uns selbst gelangen, suchen uns auf, quer durch die Welt, in den Erscheinungen, die unser eigenstes Wesen enthalten; noch unvollendet, aber schon erwärmt und klopfend, ist die Musik, der gestaltete Ton, unser Wesen. Aber erst das Ende, dem wir zuwandern, wird uns ganz zu uns selber machen, fertig und nicht mehr getrübt. Am Ende werden wir völlig sein, was wir jetzt nur träumen, ahnen und ersehnen. So warten wir auf den Messias, rufen nach ihm, bereiten sein Kommen vor, daß das Begonnene vollendet werde. Wir rufen ihn und bereiten ihn vor, indem wir unabgelenkt unsrem Ich und unsren Selbstbegegnungen die Bahn durch die Welt brechen und auf dieser Straße hin wandern bis zur Apokalypse.

Geist der Utopie – das weit Zurückliegende und Künftige, die verborgenste, innerste Weise, das Geheimnis unseres Wesens, des zuständlichen, uns selbst meist scheinbar »entlegenen« Wesens werde Tat, durchbreche den sich andrängenden Stoff! Denn wir wollen endlich nach Hause gelangen in unseren wesentlichen Traum. In den Tatsachen der Erde und der anderen Sterne sind wir Fremde, nirgends nimmt man uns gastlich auf: die Tatsache, das ist der Verrat an uns, nur der Traum des Anfangs ist treu und vertraut. Der Weg zu den Tatsachen geht über die Leiche unserer tiefsten, rätselhaften, von uns immer gesuchten und oft verlassenen Person. Die Tatsachenwirklichkeit raubt uns das eigentliche Sein, die volle Fahrt unseres Fahrzeugs. Hier hat nichts Tiefgang; wer mit den Tatsachen fährt, verliert das Ziel. Es ziemt sich nur das Eine: ganz zu uns, zu dem Traum, der wir sind, heimzukehren, umzukehren auf dem Weg zu den Tatsachen, selbst die Straße der »Werke« zu verlassen und in den innersten Ring des warmen Ich zu pilgern. Denn nur hier können wir völlig die werden, als die wir von uns selbst geträumt wurden; die Werke sind schon abgerückt, ein fremder Lichtschein ist in sie gefallen, die innerste Dauer und Treue ist unterbrochen, sie stehen bereits neben uns wie neben den Tatsachen der Anfall und der Einfall stehen.

Es kommt nur auf diese Treue an: das in uns Seiende, Währende, unsere Tiefe.

Aber überall wird sie angefochten. Es treibt uns fort von uns zu Verwandlung und Untreue; wir verirren uns und gehen leicht verloren. Wir bleiben nicht, die wir waren oder gar als Künftige ahnen; das Fremde nimmt überhand, uns in tote Steine zu verzaubern.

Wie aber bleibe ich mir treu inmitten der gefahrvollen, gegen mich anspruchsvollen Tatsachenwelt? Denn der Wille zur Treue verbietet mir ja, im inwendigen Traumwesen, in der Wärme des Ursprungs zu verharren; er befiehlt mir den Traum zur Verwirklichung reif zu machen. Auch führt mich der Traum nicht wie eine Feuersäule durchs Leben. Ich soll ihn auch nicht wie Don Quixote lebend nachträumen, sondern ihn bis zur Wirklichkeit hin leben. Deshalb bin ich auf schmalem Weg zwischen Abgründen, in Angst, die wahre zu mir hin gewandte Entscheidung zu versäumen, mich zu täuschen, mein Selbst zu verfehlen. Aber trotz allem: es glimmt in mir, es sucht, das Dunkel zu lichten, eingedenk, lebendig, inständig, getreulich zu bleiben, die verhängnisvollen Fragen des Lebens angemessen, vom Traume ausgehend, aber dem Leben gebend, was des Lebens ist, zu beantworten und so für das Kommen des Messias bereit zu werden.

So geht es dem Traume treu durch die Welt, wandernd, kämpfend, Entscheidungen treffend, vollbringend, durch die Gefahren des Ausgelöschtwerdens den Weg der Selbstbegegnungen zum Ziel der Verwirklichung des Ichtraums, der Vollendung des geträumten Ichs. Denn ich habe mich nur geträumt wie Ofterdingen, aber am Ende werde ich es sein. Vorher bin ich unklar, verschwommen, dämmernd zwischen Tag und Nacht, aber wenn ich getreu zum aufgehenden Stern meines ursprünglichen Traums hin wandere, zu mir hin, wie ich noch nie war, aber sein müßte, wenn sich der Traum erfüllte, mich durchschlagend, mir entgegen, mich verstärkend und mich treffend, dann ist solche »Treue« ein Hinwirken auf das Ziel des ewigen, sich treuen Seins und Bleibens.

Es ist Geist der Utopie: dem traumhaften Ich die Treue zu halten, damit es am Ende erfüllt und sich selber treu sei, dem von ihm wie Wirklichkeit von Traum getrennten Selbst entgegenzuziehen, auf dämmerhaftem Weg, zugleich Wanderer und zitternde Nadel im Kompaß, um mit ihm am Ende zusammentreffend zu verschmelzen und sich zu vollenden. Um am Ende das Geträumte »sein« zu können, muß bereits jetzt das in mir Keimende und Klopfende, Mitgehende und Verkündende gewählt, bekannt und befolgt werden. So wird der Traum zum Gelübde und zur versuchten Treue, um die wirkliche Treue am Ende, das Sein, vorzubereiten.

Ernst Blochs Buch hat den Untertitel »Die Selbstbegegnung«. Es enthält die ersten Skizzen zu dem »System des theoretischen Messianismus«, zu dessen sechs spezifischen Selbstbegegnungen des »lebendigen, eingebauten, menschlichen, sozialen, musischen und gläubigen Ich« die Fahrt geht, zur »Theorie des Lebens«, »Theorie des Weltbaus«, »Philosophie der Geschichte«, »Philosophie des Staates«, »System der Ästhetik« bis zur »Ethik und Metaphysik der Innerlichkeit«, um so für den praktischen Messianismus des Endes sturmreif zu machen. Allein das Ich hat den Schlüssel; die Aufgabe, unabgelenkt auf sich selbst zu dringen, sich selbst anzutreffen mit dem Ziel des dereinstigen vollendeten Seins, der Traumerfüllung ist ihm gestellt. »Der Wunsch baut auf und schafft Wirkliches, wir allein sind die Gärtner des geheimnisvollsten Baums, der wachsen soll. Es hilft dazu die andauernde Traumkonzentration auf sich selbst, auf sein reineres, höheres Leben, auf das innere Hellwerden, auf die Erlösung von Bosheit, Leere, Tod und Rätsel, auf die Gemeinschaft mit den Heiligen, auf die Wendung aller Dinge zum Paradies; immer und überall – die Apokalypse ist das Apriori aller Politik und Kultur, die sich lohnt so zu heißen.«

Das Utopiebuch als Skizze des Systems und essayistische Ahnung und Vorbereitung läßt seinen Hauptgedanken nicht isoliert, erkaltet, als transportablen Gegenstand für Diskussionen, sondern er schwingt in dem anhebenden gewaltigen Schwingen, im Sturm, in der Tat dieses Buchs. Und was sich im Buch zuträgt, ist nicht nähere Erörterung und Ausführlichkeit, sondern Ausführung, Leben, Marsch. Es geht die Straße zu uns hin; die Entdeckungsreise nach unserem Mittelpunkt wird unternommen, nicht um nur zu entdecken, darzustellen, eine neue den alten

Tatsachen anzureihen, sondern um dort in der einzigen Heimat zu bleiben, den heimatlichen Stern immer mit den Füßen zu berühren und mit seinem Licht die Dunkelheit zu durchdringen.

So ist das Buch lebendig, Aktivität, glühendes Erleben der Selbstbegegnungen, nicht deren abstrakte Predigt; es erzählt die Fahrt nach innen, die immer tiefere Einkehr in das fremde und doch sonderbar nahe Sich-Schreiben des Ornaments; in unser Weinen und Lachen über Don Quixote; in das, was tönt und Musik wird, ein unkörperliches Schiff, mit uns befrachtet; in das Wachen, Gedenken und Warten; in die von uns ausgehende, zu uns her bewegende Liebe, die uns und die Geliebte so verwandelt, wie sie uns beide zu uns selbst kommen läßt; in die letzte, eigentümliche, unkonstruierbare, alles sagende Frage, im Fließenden der Welt sich umfangend.

Der Philosoph führt hindurch durch die Breite der Welt ins Tiefe hinein, in jeder der Sphären verweilend und doch immer weiter stürmend, im Aufbruch begriffen, um erst durch das Zusammenschauen der Einzelbegegnungen, das Durchmessen der ganzen Strecke, den Prozeß des Reisens selbst, den feurig mit den Erlebnissen angefachten und genährten Begriff, das Ziel zu gewinnen, zu beschwören. Den Weg der Selbstbegegnungen führt der Philosoph zum Spüren dessen, was unser eigenes warmes Herz schlagen will, zurück von den Verrichtungen und Werken, die erkalten und unser Bestes vergraben, unsere geheime Losung und den Schlüssel, der wie der Finger des Mädchens im Märchen den Berg aufschließen soll. Aber in der Musik ist es, hier kommen wir zu uns. »Der gestaltete Klang bleibt so kein Gegenüber, sondern es ist etwas in ihm, das uns die Hand aufs Herz legt, das uns mit uns selber umstellt und derart unsere bedürftige, ewig fragende Rezeptivität mit sich selbst, zum mindesten mit ihrer unabgelenkten, rein gewordenen, als sie selbst widerhallenden Frage nach der Heimat beantwortet.«

So uns durchwandelnd, um ganz finden und besitzen zu können, führt der Weg des Philosophen, nicht Beschreibung noch Aufforderung, sondern Beginn und Tat, um ans Ende zu gelangen, um die Wahrheit und das Licht des Endes zu beschwören, um das endgültige Gedeihen unseres von den Tatsachen müde gemachten, entflohenen, versteckten und geheimnisvoll tickenden utopischen Existierens vorzubereiten. »Wie es sich in diesem Buche regt, zu wissen, was zu tun sei und die Ichwelt aufzuschließen, so sind bereits diese ersten Skizzen aus dem System nicht für das Publikum, sondern, geschichtsphilosophisch diktiert, für den Menschengeist in uns, für den Gottgeist im Zustand dieser Epoche, als Anzeiger seines Standindexes geschrieben; und jedes Buch in seinem Gesolltsein, in seinem Apriori, die Kraft dieses Utopiebuches möchte zuletzt wie zwei Hände sein, die eine Schale umspannen, wie zwei politische Hände, die die gewonnene Schale zum Ende tragen, gefüllt mit dem Trank der Selbstbegegnungen und der Musik, als den Sprengpulvern der Welt und den tropischen Essenzen des Ziels, hoch emporgehoben zu Gott.«

Und nun: wie ist es für uns, dies Buch aufzuschlagen und zu lesen? Nicht nur Bereicherung ist hier zu gewinnen und Belehrung, sondern es handelt an uns; ein Leuchtturm, nicht mehr erhofft, in unserem Dunkel, versendet plötzlich sein gewaltiges Licht. So wird es das sonderbarste Glückserlebnis, nicht weil neue Wege gezeigt, neue Ziele verheißen würden, sondern die endlose Nacht dieser Zeit ohne Stern und Hoffnung bekommt Sinn, unser mühseliges Beginnen wird Handlung in dem umfassendsten Mythos, unser Treiben erhält Richtung und Bewußtsein; wir fangen an uns wieder zu verstehen. Unser Dunkel und der sich verbergende, uns entzogene Gott sind freilich nicht in ihrem Zustand verändert, aber wir werden zu dem in uns noch glimmenden, utopischen Schein gewiesen, zu dem Herd, auf dem noch einmal Feuer und Wärme bereitet werden soll. So fängt »Hoffnung wieder an zu blühn«, Gewißheit, noch etwas zu besitzen, das nicht allein den zukünftigen Weg bahnen und erleuchten kann, sondern auch die trübste Gegenwart lichtet, sie als feindliche, aber »sinnvolle« Phase der Geschichte entdeckend. Keineswegs wird hier indessen alles Bestehende als sinnvoll akzeptiert – gerade den Panlogismus und das Sich-Schicken bekämpft diese messianische Philosophie leidenschaftlich – doch indem gezeigt wird, wo die Hoffnung wächst und wo die feindlichen Dämonen des Todes, der Ermattung, der Vereitelung, der Selbstentfremdung hausen, wird das Buch ein »Geländer am Strome«, das fasse, wer es fassen kann.

So ist diese weithin, bis zum Ende deutende Philosophie der Mythos vom Menschen; das die Erscheinungen durchquerende, in sich selbst einmünden lassende und so zur Sturmflut ansteigende Begreifen wird hier Symbol der menschlichen Aufgabe. Es ist heilend und erschütternd, dies Werk zu gewahren, diesen Aufruf zur Innerlichkeit, zum verhülltesten, wahrsten, aber nach außen treibenden, umstoßenden und durchdringenden Wollen zu vernehmen. Doch auch die in diesem Buch wirkende Tatkraft selbst, die innere Fülle, der beispiellose Reichtum an Gedanken und Verbindungen, das Weiträumige, Durchbrochene, Vielstimmige, das sich hier und dort erkennende, Vieles hereinziehende, schwingende und schwellende Barock, das grandiose Genie schafft ein großes Glück. Werde uns das Buch aber zu noch Wichtigerem als zu einem Glück, nämlich zum Heil!

Und der Regen regnet jeglichen Tag. Aber wir können tiefer zu uns gelangen, in die enge Zelle, die Lampe brennt freundlich, das Herz kennt sich selber, der Traum taucht auf und sendet uns aus, unablässig seiner eingedenk, den Anbruch der wahren Wirklichkeit vorzubereiten.

1 Ernst Bloch: *Geist der Utopie.* München 1918.
2 Dieser Aufruf zum »Neuen Leben« steht am Ende der Einleitung zu Blochs Buch (s. Dok. 36).

63
Eckart von Sydow: *Das religiöse Bewußtsein des Expressionismus.* In: *Neue Blätter für Kunst und Dichtung* 1 (1918/19), Januar, S. 193–194, 199.

Die geistige Revolution Mittel-Europas, welche den Namen des »Expressionismus« führt, scheint auch die religiösen Tendenzen wieder neu erkräftigen zu wollen. Es ist dies ganz besonders überraschend; denn: hatte nicht Nietzsche als größtes Verdienst dies gewonnen, daß er den Gott getötet hatte? Und nun regen sich, zum mindesten in den verschiedenen Bekenntnissen expressionistischer Führer, »atavistische« religiöse Neigungen in ganz unzweideutiger Art. So hat Franz Marc als das Problem seiner Generation »die mystisch-innerliche Konstruktion« bezeichnet und als das Ziel der jetzigen Moderne ganz konsequent: »durch ihre Arbeit ihrer Zeit Symbole zu schaffen, die auf die Altäre der kommenden geistigen Religion gehören und hinter denen der Erzeuger verschwindet«. Kandinsky gar redet von der »göttlichen Sprache«, die Menschen brauche, um von Menschen an Menschen gerichtet werden zu können, – von dem »Ewig-Künstlerischen«, »welches durch alle Menschen, Völker und Zeiten geht .... und als Hauptelement der Kunst keinen Raum und keine Zeit kennt«. Deutlicher noch in seiner charakteristischen Unbekümmertheit proklamiert Kaismir Edschmid die Kunst als eine »Etappe nur zwischen den Menschen und Gott«, – sie ziele über den Moment nach Ewigkeit, nach dem Einfachen, Allgemeinen, Wesentlichen; denn erst unter dem Äußeren liege das Dauernde, Ewige, – »in gesteigerter Sehnsucht Gott zu suchen, durchdringt die Schöpferkraft die Welt und steigt über sich hinaus. Das Werk .... wird der ergreifende Ausdruck der Sehnsucht der Zeit nach dem Unendlichen«.

Man hört überall in den deutschen, deutsch-russischen Erklärungen das Pathos, das aus dem Erfühlen der Ewigkeit, aus dem Willen (vor allem) zur Ewigkeit quillt. Doch ist der Sprachgebrauch, der so altertümelnd den Namen Gottes verwendet, äußerlicher als man zunächst glauben möchte. Denn das Wesentliche, was die moderne Kunst aus der christlichen Mythologie übernommen hat, ist nicht der Gedanke des transzendenten, persönlichen Gottes, den eine Kluft vom Menschlichen und Weltlichen trennt, sondern die Konzeption des *Erz-Engels.* Kaum ein einziger Lyriker wagt den Namen Jehovas zu nennen; wie in alttestamentarischer Scheu hält hier die Sprache und die Vorstellung inne. Nur der Engel tritt im Strahlenglanze seines Lebens auf. Denn der moderne Mensch ist zu selbstbewußt geworden, als daß er eine ewige Wirklichkeit jenseits der Sterne über sich dulden könnte. Auch als religiöser Mensch, – gerade als Religiöser, – steht er zwar der Ewigkeit nahe, aber doch auch wiederum fern; – gerade nämlich in jenem Punkte steht sein innerstes Lebensgefühl und Wollen, wo die Wirklichkeit entspringt aus dem Absoluten, – gerade in jener Schicht, in welcher sich die Schale der Wirklichkeit anschmiegt an den Kern der Ewigkeit, Göttlichkeit. Hierfür ist Symbol der Engel: der ist nicht identisch mit der Ewigkeit Gottes, sondern nur ihr Werkzeug; er ist nicht identisch mit der rastlos fließenden Momentanëität des Augenblicks der Menschlichkeit, sondern nur deren idealisiertes Ähnlichkeitsbild. So ist er rastloser Bote aus dem Jenseits in unsere Welt, Mittler (im eigentlichsten Sinne) zwischen Mensch und Gott, der wahrhafte Übermensch und Untergott. So schwebt er inmitten der ungeheuren und doch stetig von ihm durchflogenen Kluft, die Gott vom Menschen trennt, – aber dem Schöpfer doch irgendwie näher als dem Menschen.

Dies Symbol der Ewigkeit, vielmehr des Hinweises aus der Ewigkeit ins Vergängliche und aus dem Vergänglichen ins Ewige, ist höchst bemerkenswert. Denn würde der Name Jehovas zum Kristallisationspunkt unserer Religiosität, so wäre nicht *Mystik,* sondern Ekstatik unser religiöses Teil; nunmehr aber ist es die Mystik, der wir anheimgegeben sind.

Freilich einer Mystik, die wesentlich anders ist als die des Mittelalters. Denn jene alte, eigentliche Mystik wandte sich ab von der Wirklichkeit; sie fühlte, ihr Angesicht dem Gotte zugekehrt, hinter sich irgend etwas wie eine Luftleere, eine ängstigende Bosheit. Ihr Ziel war letztlich die Ekstase, die den Menschen heraushebt aus der Umwelt, aus der Einheit auch mit den Mitmenschen. Denn mag sie auch noch so sehr voll wirbelvoller Lebendigkeit stecken, sie hat als Sinn doch das restlose Eins-Sein mit jenem Gute, das nicht von dieser Welt ist: das völlige Le–

ben im himmlischen Jerusalem, über dessen Eingangstore der Verheißungsspruch steht: »Es ist noch eine Ruhe vorhanden dem Volke Gottes!«

Man mag über diesen Satz denken wie man will – (er ist die Tröstung unzähliger Mühseliger und Beladener gewesen) –, so besteht er doch heute nicht mehr in seinem alten überirdischen Glanze wie vordem. Die Ruhe ist gründlich verscheucht aus unserer modernen Welt: äußerlich durch den Kapitalismus, innerlich durch die aufpeitschende Dogmatik Nietzsches. Ihn, den Leitstern unserer jüngsten Vergangenheit, hat man in sehr unkluger Weise als den »Mörder Gottes« bezeichnet. Sehr unklug –: denn er trat dem Gotte mit offenem Visier und vor allen Völkern Europas entgegen; und sehr falsch –: weil er in Wirklichkeit gar nicht das Göttliche Wesen in seiner Totalität tötete, sondern nur sozusagen die eine seiner beiden Hälften niederschlug, um in die andere Hälfte alle Macht und Lebendigkeit hineinzupressen. Diese zweite, unendlich kräftige Hälfte der Göttlichkeit nannte er das »Leben«. Diese mythologische Gestaltung des »Lebens« gewann die wundervolle Gewalt und das unheimlich Unbezwingbare der Reden Zarathustras: den allmächtigen Überschwang der Lebendigkeit und des Willens zur Macht. Seit Nietzsche beherrscht unser Bewußtsein immer stärker der Trieb: immer weiter um uns zu greifen, immer intensiver und extensiver zu erleben. Die Beweglichkeit und Bewegtheit faszinierte unsäglich. Die Ausströmung des göttlichen Wesens usurpierte alle Energie: im Hochdruck sprühte die innerste Kraft der Welt ins Grenzenlose!

Die Tat des Kapitalismus und des Nietzschetums wirkt auch heute noch weiter. Ganz unbegreiflich wäre es ja, wie eine solche tiefstgreifende Umwälzung aller Wertungen nun etwa sich sogleich ganz anders wenden lassen sollte. Wohl ist die Ruhe wieder eines jener alten Dinge, nach denen wir Sehnsucht haben, aber wir erreichen sie noch nicht. Wie die Hände Ruderern noch zittern in der ersten Muße nach langer anstrengender Fahrt, sind so auch unsere Seelen noch tiefstbewegt von allen Zufälligkeiten der jüngst verflossenen Epoche? Doch nicht! – sondern: wie Ruderern die Hände vor Erregung zittern, wenn sie vor einem neuen Start sich auf die Ausfahrt vorbereiten? Nein, auch so nicht! – sondern: wie in einer Mischung von beidem: Rückkehr und Wieder-Ausfahrt! In dieser schwer beschreibbaren Mischung von Willen zum Ausruhen und Angespanntheit zur Weiterfahrt liegt das Eigentümliche unserer gegenwärtigen Situation, Haltung der Geistigkeit unseres Herzens und Gedankens!! Denn selbst jener Künstler, dem es noch am ehesten gelingt, aus der Vielfältigkeit der Umwelt die Geistigkeit zurückzuführen in den alleinen Ausgangspunkt der Göttlichkeit und Begrifflichkeit, – auch Schmidt-Rottluff noch steht gewissermaßen diesseits Gottes, nicht in ihm. Seine Werke tendieren immer stärker dahin: die Welt so zu geben, wie sie der göttliche Geist im Momente der Schöpfung sah, während er ihre Namen dachte und aussprach. *Expressionistische Kunst ist Ausdruck der problematischen Mischung des Hinstrebens zum Göttlichen, Begrifflichen und des Willens, neu gekräftigt wieder an das Tagewerk der Zeitlichkeit zu gehen.*

Die heutige Religiosität der Expressionisten ist eben nicht eindeutig christlich, noch weniger freilich nietzscheanisch. Es kreuzen sich vielmehr in ihr beide Arten des religiösen Welterlebnisses. Denn nicht das ruhige Allgemeine des Absoluten, auch nicht die Ruhelosigkeit der Momentaneität herrscht in ihm. Sondern das Gesicht des modernen Menschen ist zwar wieder der dunklen Tiefe der Gottheit zugekehrt, – aber nicht so: daß er (wie der mittelalterliche Ekstatiker) im Rücken irgend eine Feindseligkeit spürte, sondern so: daß er genau weiß, hinter ihm liege eine Welt voll Glanz und Fülle, Kraft und Größe, von der er sich nur abwendet, weil es ihm notwendig und erfreulich erscheint, ältere, tieferliegende Schichten seines Wesens neu zum Leben der Gegenwart zu erwecken, – Schichten, die doch auch (wie spätere) im Feuer leidenschaftlichen Erlebens glühen sollten, doch noch erstarrten und verkrusteten. So ist der Mensch unserer Zeit gleichsam im ruhigen Fluge dem Absoluten zugewendet, um doch in irgend einer lehmbruckhaften Biegung seines Körpers, seines Halses die Bereitschaft und den Willen zu erneuerter Umkehr und vertiefterer Arbeit zu verraten.

Nicht ganz richtig ist es daher, eine starke seelische Verwandtschaft zwischen Theosophie und Expressionismus heraustüfteln zu wollen. Gewiß ist die Theosophie weniger quietistisch wie die alte Mystik, sie glaubt an eine vage Vervollkommnung des göttlichen Geists während seiner Arbeitsamkeit innerhalb der irdischen Welt, in den Masken der Einzelmenschen. Aber trotz aller Achtung vor der gegenwärtigen Lebendigkeit liegt der höchste Wert dem Theosophen doch im Kern der Welt, nicht in ihren bunten Schalen. So steht er dem Christentum näher als dem Expressionismus.

Man darf mit gewisser Einschränkung sagen: der deutsche Geist hat nun wieder den unmittelbaren Anschluß an die Weltseele gefunden wie in den Tagen des Mittelalters, und zugleich das Bewußtsein für die Berechtigung der Existenz überhaupt, wie zu den Zeiten Goethes fast. Aus dieser religiösen Einstellung in die doppelte Bewußtseinrichtung: auf das Absolute *und* auf das Weltliche hin und zweitens aus der einfacheren Blickrichtung auf das Absolute allein, ergeben sich die *zwiefachen Formungsmöglichkeiten der expressionistischen Lebendigkeit.* Zwar liegt solcher Doppeltheit des Expressionismus zunächst der Lebens-Willen zur Einfachheit und Größe zugrunde: zur Größe – denn wo wäre eine Kraftquelle, die sich mit dem Absoluten vergleichen könnte? und zur Einfachheit – denn hierzu zwingt sie die Nähe des Absoluten, dessen verzehrendes Feuer nichts Raffiniertes duldet, sondern ans Primitive zurückverweist. Aber diese innerste Quelle primitiver Monumentalität kann sich in zwiefacher Richtung ein breites Flußbett bahnen. Denn einmal mag sich der Geist, zurückgewandt zum Göttlichen, so seine Welt im Kunstwerk gestalten, daß die Grundlinien allgemeiner Art immer stärker hervortreten. So formen sich dann die allgemeinen Bilder der Dinge, der Begierden, der Begriffe, der sozialen Verhältnisse: zum *abstrakten Expressionismus.* – Oder aber der Geist spürt den Ausstrom des Lebens aus seinem absoluten Kraftreservoir hinaus in die Einzelheiten der Wirklichkeiten. Auch diesem Expressionismus raubt die Primitivität den Willen und das Vermögen zur klaren Umschreibung der Einzelheiten der Welt: das Gegenständliche ruht auf Unendlichem, und dessen Lebensfülle überflutet den engen Raum der natürlichen Gegebenheit. Es weitet sich alles aus, wird größer, machtvoller, intensiviert sich in der Weite und berauscht sich: im *ekstatischen Expressionismus.* Vielleicht kann man diese zweite Art auch als »barocken Expressionismus« bezeichnen, denn gemeinsam ist ihm und dem Barock der Sinn für die Überschwänglichkeit und die unbezähmbare Glut des Herzens. Zwei Richtungen des Expressionismus (deren Analyse spätere Aufsätze gewidmet sein mögen) sollen hiermit angedeutet sein: der absolute und der ekstatische Expressionismus. Diese beiden Richtungen werden wir überall wiederfinden in unserer Gegenwartskunst: in Schmidt-Rottluff und Nolde, Werfel und Becher, Hasenclever und

Kaiser. Überall aber pulsiert in überaus engen oder überaus weiten Adern das Blut der expressionistischen *Primitivität und Leidenschaftlichkeit.*

g) Soziale Entfremdung und Gemeinschaft

»Mein einziger Wunsch ist, Dir, o Mensch, verwandt zu sein!« beginnt Franz Werfels 1910 geschriebenes Gedicht *An den Leser* [1], und es endet mit dem Ausruf: »Oh, könnte es einmal geschehn, / Daß wir uns, Bruder, in die Arme fallen!« Das expressionistische Verbrüderungs- und O-Mensch-Pathos, das sich in diesem Gedicht auf die intendierte Beziehung des Künstlers zum Publikum bezieht (vgl. den Abschnitt »Kunst und Öffentlichkeit«, besonders Dok. 136), steht vor dem Hintergrund tiefgreifender sozialer Entfremdungserfahrungen, wie sie die damalige literarische Intelligenz bevorzugt in der Identifikation mit gesellschaftlichen Außenseiterfiguren (Kranke, Irre, Gefangene, Verbrecher, Dirnen, Juden und Künstler) darstellt. Die vielfach artikulierte »Begierde nach Gemeinschaft« (Martin Buber, Dok. 67) zielt dabei nicht auf eine Reintegration in die bestehende Gesellschaft, sondern auf eine neue, »unbürgerliche« Form zwischenmenschlicher Solidarität. In der epxressionistischen Sozialphilosophie [2] steht »Gemeinschaft« in semantischer Opposition zu »Vereinzelung«, doch gleichzeitig auch zur individualitätsvernichtenden »Masse« und eines sich dem einzelnen gegenüber verselbständigenden »Staates«. [3] Ludwig Rubiner, einer der lautstarksten Propagandisten der Gemeinschaftsidee, mit der er sich u. a. von dem elitären Dichterselbstverständnis Stefan Georges, des »vornehmen Sehers, der die Menge verachtet«, absetzt [4], schreibt 1917 in der *Aktion*:

> *Wir haben die Erbsünde,* sie heißt heute für uns: Isolation. Sie ist Insichsein, Einzelner sein, Seele sein. Nehmender sein.
>
> *Wir haben aber auch die Erbliebe.* Und die ist: Geben; Schöpfer sein; Genosse, Mitmensch, Kamerad, Bruder sein. Die Erbliebe heißt: Gemeinschaft! [5]

Als bindende Kraft der mit religiösem Vokabular geforderten Gemeinschaft gilt Rubiner der »Geist« (vgl. S. 215 ff. dieses Bandes), d. i. »die Äußerungsform Gottes gegenüber dem Menschen, [...] die darum eine Gemeinsamkeit für alle Menschen bildet. *Geistige* sind Menschen, welche durch diese Gemeinsamkeit vor dem Absoluten sich in einer besonders großen Verantwortlichkeit gegenüber den anderen Menschen verpflichtet fühlen«. [6] Die angestrebte Sozialform der Gemeinschaft setzt im expressionistischen Vorstellungshorizont die Wandlung des einzelnen Menschen zu einer neuen Geistigkeit voraus. »Nur aus innerlicher Mensch-Wandlung kann die Gemeinschaft, die wir erstreben, erwachsen«, schreibt Ernst Toller 1917 in seinen *Leitsätzen für einen kulturpolitischen Bund der Jugend in Deutschland.* [7] Für ihn ist »Gemeinschaft« ein Gegenbegriff zu »Masse« [8] und »Staat«. Die tragische Heldin seines spätexpressionistischen Stücks *Masse-Mensch* kritisiert den »Massenmenschen« und »Staatsmenschen« [9] und fordert: »Masse soll Volk in Liebe sein. Masse soll Gemeinschaft sein.« [10] Tollers Gemeinschaftspathos ist wie das Erich Mühsams (Dok. 65), Martin Bubers (Dok. 67), der aktivistischen Literaten im Umkreis von Kurt Hillers Ziel-Jahrbüchern [11] (u. a. Ludwig Rubiner, vgl. Dok. 66) und vieler anderer Intellektueller damals stark vom Geiste Gustav Landauers geprägt (s. Dok. 64 u. 86). An ihn schreibt Toller 1917: » [...] ich glaube, wir müssen vor allem den Krieg, die Armut und den Staat bekämpfen, der letzthin nur die Gewalt und nicht das Recht (als Besitz) kennt und an seine Stelle die Gemeinschaft setzen, wirtschaftlich gebunden durch den friedlichen Tausch von Arbeitsprodukten gegen gleichwertige andere, die Gemeinschaft freier Menschen, die durch den Geist besteht.« [12]

Die expressionistischen Gemeinschaftsutopien haben vielfach einen sozialgeschichtlich regressiven Charakter. Sie knüpfen an Vorstellungen über vorindustrielle und vorkapitalistische Sozial- und Wirtschaftsformen an. In Anlehnung an Ferdinand Tönnies soziologische Abhandlung *Gemeinschaft und Gesellschaft* (Leipzig 1887), die spätestens seit der Neuauflage von 1912 (7. Aufl. 1926) einen beträchtlichen kulturkritischen Einfluß auf die deutsche Intelligenz ausübte, sah man in der modernen durch Privateigentum, Arbeitsteilung und Geldwirtschaft [13] gekennzeichneten »Gesellschaft« ein Verfallsprodukt der alten »Gemeinschaft«, in der »gemeinsamer Bodenbesitz, gemeinsame Arbeit, gemeinsame Sitte, gemeinsamer Glaube« (M. Buber, Dok. 67, S. 260) die Menschen persönlich miteinander verband. [14] Dem durch die herrschende Handelsmentalität verdinglichten zwischenmenschlichen »Verkehr« stellt Rudolf Leonhard die durch gegenseitige liebende Hingabe charakterisierte »Gemeinschaft« entgegen [15]; und in einem Aufsatz mit dem Titel *Naivität und Gemeinschaft* schreibt ein ebenfalls dem Aktivismus nahestehender Autor: »Die kapitalistisch-gewissenlose Abenteurer-Produktionsform zerstört das Naive. Indem sie die genossenschaftlich gebundene Wirtschaftsform der Menschen auflöst, werden die Menschen fürchterlich voneinander isoliert. Sie stellen ein kaufmännisches Verhältnis untereinander her.« [16] Dem Willen zur Gemeinschaft stehe entgegen: »Das egoistische Streben, der Wille zum Privatbesitz, das Beherrschtsein des Einzelnen durch die Produkte, der imperialistische Wille, andre im eignen Interesse auszubeuten, der hemmungslose Unternehmerwille, die Vergewaltigung andrer, zugunsten der (eigenen) ›Sache‹, die eine Vergewaltigung des eigenen Menschen ist«. [17]

Eine zentrale Rolle für den politischen Expressionismus spielt der Gemeinschaftsbegriff im pazifistischen Engagement gegen den Krieg, gegen nationalstaatliches Denken und (in Übereinstimmung mit dem politisch traditionsreichen Aufruf zur »Brüderlichkeit«) für die Revolution. In der zu Kriegszeiten von der Zensur besonders bedrohten *Aktion* (vgl. S. 526 ff. dieses Bandes) erscheint 1916/17 eine Folge von Artikeln des Mediziners G. F. Nicolai, der mit naturwissenschaftlichen Argumenten gegen die sozialdarwinistische Vorstellung vom gegenseitigen »Kampf ums Dasein« anschreibt und sich statt dessen auf das Prinzip der »gegenseitigen Hilfe« des von den Expressionisten hochgeschätzten Naturforschers und Anarchisten Peter Kropotkin beruft. [18] Nicolais Aufsätze versuchen empirisch-argumentativ das Konzept einer übernationalen Menschengemeinschaft zu rechtfertigen, für das so viele Manifeste damals [19] bloß rhetorisch appellieren. Ludwig Rubiner, der den neuen Geist der Gemeinschaft in der russischen Februarrevolution 1917 realisiert sieht und sich durch ihn ein baldiges Ende des Krieges erwartet (Dok. 66), propagiert in seiner »Vorbemerkung« zu dem 1919 erschienenen Jahrbuch *Die Gemeinschaft* die internationale »Weltgemeinschaft« in einer für die literarische Intelligenz repräsentativen Diktion:

Aber das Auge des neuen Menschen blickt unendlich anders als das der bürgerlichen Einstellung. Ziel des Schreitens, Horizont des Blickens: Die Gestaltung der produktiven Menschengemeinschaft über alle Länder hin. Diesem Ziel eines wirklich schöpferischen Lebens aus Erde und Mensch, das unserem Dasein in unendlicher Einfachheit Sinn gibt, ist nicht mehr auszuweichen; keine Konjunktur kann es mehr umbiegen, kein militärischer Erfolg oder Mißerfolg mehr aufhalten, keine Reaktion mehr morden. Das Erdballbewußtsein vom Gemeinschafts-Sollen des Menschen ist für den Jahrtausend-Weltprozeß, in dessen Anfang wir stehen, nicht mehr zu vernichten. Es geht um die Arbeit, die einen Weltgemeinschafts-Sinn hat. [20]

1 Franz Werfel: *Das lyrische Werk.* Hg. v. A. D. Klarmann. Frankfurt 1967. S. 62 f.

2 Siehe den zum Thema dieses Abschnitts wichtigen Aufsatz von Christoph Eykman: *Zur Sozialphilosophie des Expressionismus.* In: *Zeitschrift für deutsche Philologie* 91 (1972), S. 481–497. Wiederabgedruckt in Ch. Eykman: *Denk- und Stilformen des Expressionismus,* S. 28–43; und in: H. G. Rötzer (Hg.): *Begriffsbestimmung des literarischen Expressionismus,* S. 447–468. Vgl. hierzu auch W. Rothe: *Der Expressionismus,* S. 151 ff. (»Zur Soziologie des Expressionismus«).

3 Parallel zum Gemeinschaftspathos findet sich in den damaligen Manifesten ein diesem nicht unbedingt widersprechendes Individualitätspathos. Siehe z. B. Paul Sellin: *Massenmensch und Individualist.* In: *Die Aktion* 1 (1911), Sp. 169–171; Ralph Waldo Emerson: *Die Macht der Minoritäten.* In: *Die Aktion* 2 (1912), Sp. 135–137; s. besonders auch von Arthur Kahane (dem Herausgeber der Zeitschrift *Das junge Deutschland*): *Manifest eines Einzelnen.* In: *Das junge Deutschland* 1 (1918), S. 297–299. Nicht vereinbar mit der Gemeinschaftsidee erscheint hingegen die an der individualanarchistischen Position Max Stirners orientierte Zeitschrift *Der Einzige* (1919–1925; vgl. P. Raabe: *Die Zeitschriften,* Nr. 61).

4 Ludwig Rubiner: *Heinrich Mann und Stefan George.* In: *Die Aktion* 8 (1918), Sp. 29–39; Zitat Sp. 38.

5 Ludwig Rubiner: *Der Kampf mit dem Engel.* In: *Die Aktion* 7 (1917), Sp. 211–232; Zitat Sp. 226. Abdruck des Aufsatzes auch in L. R.: *Der Mensch in der Mitte* (s. Dok. 59), S. 155–190.

6 ebd., Sp. 218.

7 Ernst Toller: *Gesammelte Werke.* Hg. v. J. M. Spalek u. W. Frühwald. München 1978. Bd. 1. S. 31–34. Zitat S. 32.

8 Vgl. zur zeitgenössischen Kritik der »Masse« besonders Gustave Le Bon: *Psychologie des Foules.* Paris 1895. Dt.: *Psychologie der Massen.* Leipzig 1908.

9 Ernst Toller: *Gesammelte Werke,* Bd. 2, S. 107.

10 ebd., S. 95.

11 Am Ende des ersten Ziel-Jahrbuchs gibt Kurt Hiller den Hinweis: »Die Leser seien noch auf die Broschüre ›Aufruf zum Sozialismus‹ des hervorragenden Gustav Landauer hingewiesen, dessen Nichtmittun an diesem Buch der Herausgeber herzlich bedauert.« (*Das Ziel.* München, Berlin 1916. S. 222)

12 Ernst Toller: *Brief an Gustav Landauer.* In: *Schöpferische Konfession.* Hg. v. K. Edschmid. Berlin: E. Reiss 1920. S. 41–46. Zitat S. 45.

13 Vgl. dazu auch Georg Simmel: *Philosophie des Geldes.* Leipzig 1900.

14 Vgl. auch Lothar Schreyer: *Der neue Mensch* (Dok. 38); und Franz Blei: *Philosophie und Gemeinschaft.* In: *Zeit-Echo* 2 (1915/16), H. 6, 83–85.

15 Rudolf Leonhard: *Verkehr und Gemeinschaft.* In: *Tätiger Geist!* Zweites der Ziel-Jahrbücher. Hg. v. K. Hiller. 1917/18. München, Berlin: G. Müller 1918. S. 290–293.

16 Hermann Schüller: *Naivität und Gemeinschaft.* In: *Die Erhebung.* Jahrbuch für neue Dichtung und Wertung. Hg. v. A. Wolfenstein. Zweites Buch. Berlin: S. Fischer 1920. S. 289–295. Wiederabgedruckt in: W. Rothe (Hg.): *Der Aktivismus,* S. 139–144, Zitat S. 142.

17 ebd., S. 139.

18 Siehe vor allem G. F. Nicolai: *Über Instinkte.* In: *Die Aktion* 6 (1916), Sp. 457–463; *Der Kampf ums Dasein,* ebd., Sp. 477–483 (Hier die Berufung auf Kropotkin); *Der Kampf der Menschheit,* ebd., Sp. 529–536; *Über Intelligenz und Friedfertigkeit der Tiere,* ebd., Sp. 615–617; *Der Familiensinn.* In:

Die Aktion 7 (1917), Sp. 55 – 58; *Die Internationalität der Kultur,* ebd., Sp. 239 – 243. Die Aufsätze sind eingegangen in Nicolais Buch: *Die Biologie des Krieges. Betrachtungen eines deutschen Naturforschers.* Zürich 1917.

19 Von der »Gemeinschaft ›Menschheit‹« spricht L. Franz: *Zur Regelung der zwischenmenschlichen Angelegenheiten.* In: *Die Aktion* 7 (1917), Sp. 521 – 524. Und der nicht genannte Autor einer pazifistischen »Osterpredigt« in der *Aktion* fordert in Opposition zu nationalen oder auch europäischen Einheitsvorstellungen: »Das Ziel ist die Menschheit als höchste Gemeinschaft.« *(Möglichkeiten, Wege, Forderungen. Eine Untersuchung als Osterpredigt.* In: *Die Aktion* 8, 1918, Sp. 138 – 149; Zitat Sp. 148.) Vgl. hierzu auch Heinrich Vogeler: *Über den Expressionismus der Liebe. Der Weg zum Frieden.* Bremen: Hauschild 1918. Neue veränderte Ausgabe. Hannover: P. Stegemann 1919 (*Die Silbergäule* Bd. 12).

20 *Die Gemeinschaft. Dokumente der geistigen Weltwende.* Hg. v. L. Rubiner. Als Jahrbuch des Verlages Gustav Kiepenheuer. Potsdam [1919]. Vorbemerkung S. 5 – 6.

64
Gustav Landauer: *Die Zwölf Artikel des Sozialistischen Bundes* [Erste und zweite Fassung]. In: *Der Sozialist* 2 (1910), Nr. 14 (15. Juli), S. 1; Der Sozialist 4 (1912), Nr. 1 (1. Januar), S. 2.

Die Zwölf Artikel des Sozialistischen Bundes

ARTIKEL 1.

Die Grundform der sozialistischen Kultur ist der Bund der selbständig wirtschaftenden, untereinander in Gerechtigkeit tauschenden Wirtschaftsgemeinden.

ARTIKEL 2.

Dieser Sozialistische Bund tritt auf den Wegen, die die Geschichte anweist, an die Stelle der Staaten und der kapitalistischen Wirtschaft.

ARTIKEL 3.

Der Sozialistische Bund akzeptiert für das Ziel seiner Bestrebungen das Wort Republik im ursprünglichen Sinne: die Sache des Gemeinwohls.

ARTIKEL 4.

Der Sozialistische Bund erklärt als das Ziel seiner Bestrebungen die Anarchie im ursprünglichen Sinne: Ordnung durch Bünde der Freiwilligkeit.

ARTIKEL 5.

Der Sozialistische Bund umfaßt alle arbeitenden Menschen, die die Gesellschaftsordnung des Sozialistischen Bundes wollen. Seine Aufgabe ist weder proletarische Politik noch Klassenkampf, die beide notwendiges Zubehör des Kapitalismus und des Gewaltstaates sind, sondern Kampf und Organisation für den Sozialismus.

ARTIKEL 6.

Die eigentliche Wirksamkeit des Sozialistischen Bundes kann erst beginnen, wenn sich ihm größere Massenteile angeschlossen haben. Bis dahin ist seine Aufgabe: Propaganda und Sammlung.

ARTIKEL 7.

Die Mitglieder des Sozialistischen Bundes wollen ihre Arbeit in den Dienst ihres Verbrauchs stellen.

ARTIKEL 8.

Sie vereinigen ihre Konsumkraft, um die Produkte ihrer Arbeit mit Hilfe ihrer Tauschbank zu tauschen.

ARTIKEL 9.

Sie schicken Pioniere voraus, die in Inlandsiedlungen des Sozialistischen Bundes möglichst alles, was sie brauchen, auch die Bodenprodukte, selbst herstellen.

ARTIKEL 10.

Die Kultur beruht nicht auf irgend welchen Formen der Technik oder der Bedürfnisbefriedigung, sondern auf dem Geiste der Gerechtigkeit.

ARTIKEL 11.

Diese Siedlungen sollen nur Vorbilder der Gerechtigkeit und der freudigen Arbeit sein: nicht Mittel zur Erreichung des Ziels. Das Ziel ist nur zu erreichen, wenn der Grund und Boden durch andere Mittel als Kauf in die Hände der Sozialisten kommt.

ARTIKEL 12

Der Sozialistische Bund erstrebt das Recht und damit die Macht, im Zeitpunkt des Übergangs durch große, grundlegende Maßnahmen das Privateigentum an Grund und Boden aufzuheben und allen Volksgenossen die Möglichkeit zu geben, durch Vereinigung von Industrie und Landwirtschaft in selbständig wirtschaftenden und tauschenden Gemeinden auf dem Boden der Gerechtigkeit in Kultur und Freude zu leben.

Die Zwölf Artikel des Sozialistischen Bundes

Vorbemerkung: Die Zwölf Artikel, wie sie vielfach gedruckt worden sind, haben mir ursprünglich zur Zusammenfassung der Ausführungen eines über zwei Versammlungen ausgedehnten Vortrags gedient, an den sich dann die Verkündung des Sozialistischen Bundes anschloß. Ihre Fassung, die gar zu sehr an ihren zufälligen Ursprung und an die zufällige Zusammensetzung jener Versammlungen und die dort gepflogenen Debatten gebunden war, hat mir schon lange nicht genügt. Ich gebe daher im Folgenden eine Fassung, die mir besser scheint und ziehe für meine Person den ersten Wortlaut zurück. Daß ich vom Inhalt meines Sozialismus nichts aufgegeben und nichts daran geändert habe, sieht jeder, der die neuen und die alten Artikel miteinander vergleicht.

Gustav Landauer

1. Sozialismus ist der Aufbau einer neuen Gesellschaft.
2. Die sozialistische Gesellschaft ist ein Bund selbständig wirtschaftender, unter einander in Gerechtigkeit tauschender Gemeinden, deren Individuen im Besonderen frei, im Gemeinsamen freiwillig einig sind.
3. Der Sozialistische Bund, der berufen ist, schließlich an die Stelle der Staaten und der kapitalistischen Wirtschaft zu treten, kann nur dadurch anfangen, Wirklichkeit zu werden, daß die wollenden Sozialisten zu Lebensgemeinschaften zusammentreten und so nach jeweiliger Möglichkeit ihren Austritt aus der kapitalistischen Wirtschaft betätigen.
4. Die beginnenden Siedlungen des Sozialismus werden vorbereitet durch die Zusammenlegung des Konsums und den Ersatz der Geldwirtschaft durch gegenseitigen Kredit. Auf diese Weise wird die Möglichkeit geschaffen, daß die arbeitenden Menschen und die Wirtschaftsgemeinden ohne Dazwischentreten von Profitmachern und Schmarotzern produzieren und die Produkte ihrer Arbeit untereinander tauschen.
5. Was heute Kapital genannt wird, ist im Sozialistischen Bunde zweierlei: erstens verbindender Geist, der Institutionen schafft, die den arbeitenden Menschen gewährleisten, während der Arbeit an Dingen, die nicht für ihren Verzehr, sondern für die Tauschwirtschaft bestimmt sind, ihre Bedürfnisse für Leben und Handwerk zu befriedigen; dieser Geist der Gegenseitigkeit und seine Einrichtungen treten an die Stelle der wucherischen und sinnlose Produktion fördernden Geldwirtschaft. Zweitens gehört heute zum Kapital, gehört immer und so auch im Sozialistischen Bunde zu den Bedingungen der Wirtschaft: der Boden, ein Stück Natur also, wie das vorher genannte Kapital ein Stück Geist ist.
6. Die Freimachung des Bodens und seine Neuaufteilung unter die Wirtschaftsgemeinden auf der Grundlage der Gerechtigkeit, der wahren Bedürfnisse und der Anerkenntnis, daß es keinerlei unverjährbares Eigentumsrecht am Boden geben kann, ist Bedingung für die endgültige und völlige Durchsetzung des Sozialismus unter den Völkern.
7. Damit die große Umwälzung in den Bodenbesitzverhältnissen komme, müssen die arbeitenden Menschen erst auf Grund der Einrichtungen des Gemeingeistes, der das sozialistische Kapital ist, so viel von sozialistischer Wirklichkeit schaffen und vorbildlich zeigen, wie ihnen jeweils nach Maßgabe ihrer Zahl und Energie möglich ist.
8. Solange die Sozialisten nicht da sind, die den Sozialismus verwirklichen und leben, ist keinerlei Aussicht auf Umgestaltung der sozialen und Eigentumsverhältnisse.
9. Der Sozialismus ist keineswegs eine Sache der Staatspolitik, der Demagogie oder des Kampfes um Macht und Stellung der für die kapitalistische Wirtschaft tätigen Arbeiterklasse, ist ebenso wenig beschränkt auf Umwandlung materieller Verhältnisse, sondern ist heute in erster Linie eine geistige Bewegung.
10. Anarchie ist nur ein anderer, in seiner Negativität und besonders starken Mißverständ-

lichkeit weniger guter Name für Sozialismus. Wahrer Sozialismus ist der Gegensatz zu Staat und kapitalistischer Wirtschaft. Sozialismus kann nur erwachsen aus dem Geiste der Freiheit und freiwilligen Einigung, kann nur erstehen in den Individuen und ihren Gemeinden.

11. Je weiter der Geist des Sozialismus um sich greift, je tiefer herauf er aus der echten Natur der Menschen geholt wird, um so energischer wenden sich die Menschen von alten Einrichtungen der Geistlosigkeit ab, die zu Unterdrückung, Verdummung und Verelendung geführt haben, um so durchgreifender tritt an die Stelle der autoritären Gewalt der Vertrag, an die Stelle des Staats der Bund der freien Gemeinden und Verbände: die Gesellschaft.
12. Während des Aufbaus des Sozialistischen Bundes kommt es mit Notwendigkeit zu einer Abwanderung des Proletariats aus den Industriestädten aufs Land, zu einer Verbindung von Landwirtschaft, Industrie und Handwerk, von geistiger und körperlicher Arbeit und zu den starken Gefühlen der Arbeitsfreude und Gemeinschaftsinnigkeit, durch die wir Menschen zu Gemeinden und zum Volk erhoben werden.

Am 16. Mai 1908 gründete Gustav Landauer in Berlin den »Sozialistischen Bund«, zu dessen ersten Mitgliedern Martin Buber (vgl. Dok. 67) und Erich Mühsam gehörten. Im Juni 1908 wurden als eine Art Gründungsmanifest die *Zwölf Artikel des Sozialistischen Bundes* verfaßt. Die erste Fassung fand (mit dem Datierungszusatz 14. Juni 1908) auch als Anhang zu Gustav Landauers *Aufruf zum Sozialismus* (Berlin 1911) Verbreitung. Vgl. Wolf Katz: *Gustav Landauer. Kultursozialist und Anarchist.* Meisenheim am Glan 1967. Direkt anschließend an den Erstdruck der *Zwölf Artikel* veröffentlichte Landauer folgende Bestimmungen *Aus dem Organisationsentwurf* des Bundes:

»Der Sozialistische Bund besteht aus Gruppen.

Jede Gruppe ernennt ihren Gruppenwart, der die Geschäfte führt, die Verbindung mit den andern Gruppen unterhält und seinen Namen öffentlich bekannt gibt.

Jedes Mitglied einer Gruppe kann an den Beratungen der andern Gruppen teilnehmen.

Jede Gruppe beschließt selbständig.

Jede Gruppe kann die andern Gruppen am Platze zu gemeinsamer Tagung der Gruppengemeinde einladen.

Jede Gruppengemeinde kann die Gruppengemeinden und Einzelgruppen bestimmter oder aller andern Plätze zu gemeinsamer Tagung einladen.«

65
Erich Mühsam: *Aufruf zum Sozialismus.* In: *Kain* 1 (1911), Nr. 3 (Juni), S. 33–39.

»Der Staat sitzt nie im Innern der Einzelnen, er ist nie zur Individualeigenschaft geworden, nie Freiwilligkeit gewesen. Er setzt den Zentralismus der Botmäßigkeit und Disziplin an die Stelle des Zentrums, das die Welt des Geistes regiert: das ist der Schlag des Herzens und das freie, eigene Denken im lebendigen Leibe der Person. Früher einmal gab es Gemeinden, Stammesbünde, Gilden, Brüderschaften. Korporationen, Gesellschaften, und sie alle schichteten sich zur Gesellschaft. Heute gibt es Zwang, Buchstaben, Staat.«

»Sozialismus ist Umkehr; Sozialismus ist Neubeginn; Sozialismus ist Wiederanschluß an die Natur, Wiedererfüllung mit Geist, Wiedergewinnung der Beziehung.«

Das sind Sätze aus einer Schrift von Gustav Landauer, die eben erschienen ist und den Titel führt: *Aufruf zum Sozialismus*, und in diesen Sätzen ist in nuce enthalten, woher uns, die wir werbend auf die Tribüne treten, die Verzweiflung kommt, und wohin unsere Sehnsucht will.

Gesetze, Reglementierungen, Zentralisationen, Zwangsgebilde sind den Menschen der Gegenwart so selbstverständliche Faktoren der gesellschaftlichen Organisation, daß ihnen jedes Bekenntnis zur Dezentralisation, zur Staats- und Herrschaftslosigkeit närrisch oder verbrecherisch vorkommt. Anarchie, das Wort der Freiwilligkeit, meinen sie, sei Verwirrung. Polizei aber scheint ihnen Ordnung, Kapitalismus Ausgleich, Justiz Gerechtigkeit. Den Begriff Sozialismus haben sie in den Bestand der Dinge eingereiht und nehmen ihn als Flagge einer demokratischen Reformpartei.

Nur an den kleinen Symptomen der gesellschaftlichen Wirrnis wird Rednerei und Kritik geübt, wird gebastelt und gemodelt. Das heißt man Politik; und um das Parlamenteln und Schachern, um die Flickerei und Pflasterei am kranken Körper der Gesamtheit erregen sich die Leidenschaften. Von dem andern, von der Seuche selbst, von all dem Furchtbaren, das die Menschen zu Betrügern und Mördern aneinander, das Unrecht zu Recht, Lüge zu Wahrheit, Heuchelei zu Ehrlichkeit, Diebstahl zu Eigentum, Ausbeutung zu Lohn, Knechtung zu Vertrag, Gewalt zu Liebe macht, wird nicht gesprochen. Selbst da, wo sich die Not der Zeit am traurigsten fühlbar macht, in den Schichten der arbeitenden Bevölkerung, gibt es keinen Kampf, der von innen kommt, der verzweifelt hinausdrängt aus der kapitalistischen Sklaverei; sondern nur einen vorsichtigen Eiertanz im Dunkeln und Dumpfen und ängstliche Scheu vor radikalen Wandlungen und vor frischer Luft.

Die trockne Kathederweisheit des Marxismus hat es vermocht, im unterdrückten Volk jeden frohen Willen zu lähmen. Die entsetzliche Theorie, daß sich die Zeit nach naturnotwendigen Gesetzen wandeln muß, in der Richtung wandeln muß, die Karl Marx und seine demagogischen Spießgesellen anweisen, hat in Millionen Menschen den Wahnsinn kultiviert, sie dürften nur zusehen, wie sich der Kapitalismus selbst auffrißt. Man muß ihn nur nähren und pflegen und ihn auswachsen lassen, bis er sich überschlägt, platzt, stinkt und sich an seine Stelle der Sozialismus, vielmehr die komisch-philiströse Zwittergestalt eines sozialdemokratischen Zukunftsstaates präsentiert. – Seit einem halben Jahrhundert ist der Marxismus Evangelium des deutschen Proletariats. Seit einem halben Jahrhundert ist eine These dieser pseudo-wissenschaftlichen Sozialprophetie nach der andern von den Tatsachen der Wirklichkeit ad absurdum geführt worden. Und heute noch winselt die Sozialdemokratie bei den Inhabern der Macht um Beteiligung an der Verwaltung des Staats, den sie angeblich bekämpft. Heute noch sammelt sie in untätiger Geschäftigkeit Stimmen, hunderttausende, Millionen Stimmen zum Bekenntnis zu Marx' Lehren.

Die angekündigte und umfänglich bewiesene Akkumulation des Kapitals ist ausgeblieben: es gibt heute mehr Kapitalisten als vor 50 Jahren. Die Verelendung der Massen die »naturnotwendig« zur Katastrophe führen sollte, ist ausgeblieben: denn der Staat, der ebenso schlau war wie Marx, hat – mit Hilfe der »Sozialisten« – durch eine Arbeiterschutzgesetzgebung ein Ventil geschaffen, das das Äußerste verhütet, also geeignet ist, den Kapitalismus zu verewigen. Die wirtschaftlichen Arbeiterorganisationen, die – von den Marxisten anfänglich keineswegs willkommen geheißen – sich aus den Zeitumständen wirklich »naturnotwendig« entwickelten, drehen sich innerhalb der kapitalistischen Wirtschaft im Kreise herum, erzielen als Produzenten bessere Bezahlung und müssen sie als Konsumenten ihrer Waren selbst wieder hereinbringen; sie schaffen den Kapitalismus sowenig ab, wie sie den Sozialismus herbeiführen, und sie haben das Unternehmertum gelehrt, das stärkste Bollwerk gegen die Gefährdung des Kapitalismus durch wirtschaftliche Kämpfe dadurch zu schaffen, daß sie selbst sich zu Interessenorganisationen, zu Arbeitgeberverbänden, zu Ringen und zu Trusts zusammengeschlossen haben.

So stellen sich unter der Herrschaft der marxistischen Dogmen die Aussichten des Sozialismus dar. Die Sozialdemokraten aber predigen noch immer die materialistische Geschichtsentwicklung, das Hineinwachsen in den Sozialismus als Krönung des Baus, dessen Grundlagen sie selbst schon als bröckelhaft auf den Kehricht geworfen haben. Denn die Verelendung der Massen behaupten selbst die Frömmsten der Marx-Jünger nicht mehr, und die Konzentration des Kapitals mitsamt der Krisentheorie wird zumindest von den Revisionisten schon stark in Zweifel gezogen, die ja nachgerade kaum mehr etwas andres scheinen wollen, als reformerische Realpolitiker, und die das Wort Sozialismus, wenn sie es bei Wahlreden oder andern Repräsentationsgelegenheiten mal aussprechen müssen, nur unter Ächzen und Würgen aus dem Halse bringen.

Müssen wir denn nun, nachdem wir die gewaltige Bewegung, die unter dem Namen Sozialdemokratie seit einem halben Jahrhundert trübe, faulig und unendlich breit stagniert, als Charlatan-Wissenschaftlhuberei erkannt haben, – müssen wir denn nun darauf verzichten, jemals aus der qualvollen Knechtschaffenheit des kapitalistischen, militaristischen, klerikalistischen Polizeistaats heraus- und in eine menschenwürdige, freiheitliche, im Volke gefügte und auf Gegenseitigkeit gegründete Gesellschaft hineinzukommen? Das müssen wir wahrlich nicht, sofern der Wille zur Freiheit, zur Gerechtigkeit und zum Sozialismus in uns lebendig und zur Tat bereit ist.

Marxens leblose, ertiftelte und erklügelte Theorien sind an den Tatsachen der Wirklichkeit jammervoll gescheitert. Jede einzelne seiner Aufstellungen ist als falsch erwiesen. Wollen wir zum Sozialismus kommen, so dürfen wir an keinen der Versuche, die – auch mittelbar, wie der Syndikalismus, der Anarchosozialismus etc. – von seinen Ansichten ausgingen, anschließen. Wir müssen den Mut finden, zurückzugreifen. Wir müssen den Karren dahin zurückführen, wo er, von Marx geschoben, in den Dreck fuhr, in dem er jetzt erbarmungslos drinsteckt. Wir müssen da anfangen, wo Marx' großer Zeitgenosse Pierre Joseph Proudhon [1] anfangen wollte.

Der sah die Dinge der Welt nicht mit den Augen des politisierenden Philosophasten, sondern mit denen des freiheitlichen Enthusiasten: und darum sah er sie, wie sie wirklich waren. Er sah das Elend und die Verworrenheit und wußte, daß man dagegen nicht mit theoretischen Systemen kämpft, sondern mit der zugreifenden Hand. Und so riet er zum Anfang, zur Tat, zur Arbeit.

Das ist der Unverstand der kapitalistischen Produktionswirtschaft: es wird gearbeitet ohne Rücksicht auf die Nachfrage. In den Speichern häufen sich die Waren, man redet von Überproduktion, aber die, die Waren brauchen, bekommen sie nicht. Mancher Arbeiter fertigt sein Leben lang Hemdstoffe an; sein Auftraggeber jammert über die Krise in der Textilindustrie, die ihm mit seinen Vorräten an Hemdstoffen den Markt verschließt; aber der Arbeiter, der unermüdlich weiter webt, kommt nie in den Besitz der hygienisch und ästhetisch notwendigen Zahl Hemden. – Diese Absurdität erkannte Proudhon, und so empfahl er die Gründung der Tauschbank, d. h. einer Institution zur Regelung des Austausches der Produkte unter den Arbeitern selbst.

Heute ist eigentlich die Fabrik Arbeitgeber, und es sollte so sein, daß die Kundschaft Arbeitgeber wäre. Arbeitet der Produzierende nur noch für den Bedarf, stellt er also seine Arbeit ausschließlich in den Dienst des Verbrauchs, dann hat er von selber die Kundschaft, die für ihn Geld, oder – was dasselbe ist – Kredit bedeutet. Die Gründung von Produktiv-Konsum-Genossenschaften, die unter Vermeidung des kapitalistischen Marktes mit- und füreinander schafften und anschafften, wäre der erste entscheidende Schritt auf dem Wege zum Sozialismus.

Zur Gründung solcher Genossenschaften ruft Gustav Landauer auf. Gruppen sollen sich bilden, in denen sich Menschen vereinigen, die zu gemeinsamem Tun bereit sind. Vorerst ist nur Werbung und Verständigung Aufgabe dieser Gruppen, deren etliche schon bestehen und die sich Gruppen des »Sozialistischen Bundes« nennen. Ehe sie ans Werk gehen können, an den Beginn, bedarf es noch mancher Vorarbeit. Der Staat, die Parteien, der sinnlose Konkurrenzkampf haben vieles zerstört, was als verbindender Geist unter den Menschen war und unter den Menschen sein muß, die Gemeinsames wirken wollen. Brüderlichkeit, Gerechtigkeit, Nächstenliebe sind Eigenschaften, die nur mit sehr viel gutem Willen, mit sehr viel Aufopferung und mit sehr viel Nachsicht unter den Menschen unserer Zeit wieder geweckt werden können. Solidarität, die über das gemeinsame materielle Interesse hinausgeht, muß erst wieder in die Menschen hineingetragen werden, – das Mittel, Solidarität, Entschlossenheit, Opfermut und Rechtsgefühl zu beleben, ist die Idee, die zur Überzeugung wird, zur Überzeugung, daß das Neue das Richtige ist, daß es kommen soll und kommen muß, weil das Alte als schlecht erkannt und nicht mehr erträglich ist.

Sind die rechten Menschen beieinander, solche, deren Wille sich nicht bändigen läßt, Verzweifelte, die keine Materialisten sind, sondern Draufgänger, Unbesonnene, Idealisten, dann wird die neue, die sozialistische Gesellschaft von innen heraus von selbst erwachsen. Dann werden die Gruppen, die zur Arbeit drängen, in eigenen Siedlungen das herstellen, was sie nötig haben. Die verschiedenen Siedlungen werden mit einander in Tauschverkehr treten; der Ertrag der Arbeit wird denen gehören, die sie geleistet haben, und aus den Gemeinschaften, Bünden, Siedlungen, Kommunen wird die neue sozialistische Gesellschaft erstehen, die gewiß anders aussehen wird als wir sie träumen, und die ganz gewiß besser, menschlicher, schöner, kulturvoller sein wird, als der Staat mit seinen Kasernen, Gefängnissen, Zuchthäusern, Bordellen, Polizeiwachen, Zwangsschulen, Kirchen und Parlamenten.

Was ich hier skizziert habe, ist der dürftige Extrakt dessen, was Landauers *Aufruf zum Sozialismus* enthält. Was da Kritisches über den Staat und über den Marxismus steht, ist ebenso überzeugend, wie das, was Landauer Positives vom Sozialismus und vom Sozialistischen Bunde sagt, begeisternd ist. Wen Theorien, Kritiken und national-ökonomische Spekulationen nicht interessieren, der lese das Buch um der warmen, starken Leidenschaft willen, mit der es geschrieben ist. Wer aber bei der Lektüre kalt bleibt und nicht selbst zum Eiferer wird, der bleibe ja bei seinem Leisten oder bei seiner Politik; aus ihm soll beileibe kein Proselyt gemacht werden.

Erich Mühsam hatte um 1900 die Bekanntschaft Gustav Landauers in der »Neuen Gemeinschaft« der Brüder Julius und Heinrich Hart gemacht. Mühsam leitete nach der Gründung des »Sozialistischen Bundes« einige der ihm angeschlossenen Aktionsgruppen, in München seit 1909 die Ortsgruppe »Tat«.

1 Pierre Joseph Proudhon (1809–1865), französischer Sozialist. Entwickelte, in zeitweilig heftiger Auseinandersetzung mit Marx, sozialreformerische Pläne einer auf gegenseitigen Dienstleistungen beruhenden Gesellschaftsordnung (Mutualismus) ohne staatliche Zwangsverordnungen und zentralistische Organisationsformen. Vor allem auf ihn sowie auf Bakunin und Kropotkin beruft sich Landauers sozialer Anarchismus.

66
Ludwig Rubiner: *Mitmensch.* In: *Zeit-Echo* 3 (1917), Nr. 1 (Mai), S. 10–13.

Und da nun endlich überall in der Welt vom Geist und von den Geistigen die Rede ist, so wollen wir uns gewiß nicht bei dem bloßen Worte beruhigen. Es geschieht noch nichts für den Geist, wenn ein Musiker Sinfonien vor Musikfreunden klingen läßt, die nach seiner Hoffnung das Fühlen der Menschen umheben; wenn ein Maler Bilder vor Eingeweihten ausstellt, die nach seiner Überzeugung einen neuen Begriff vom Zusammenhalt der Dinge geben; wenn ein Dichter Gesellschaftsromane schreibt, die seiner Meinung nach aus demokratischen Ideen kommen; wenn ein Essayist alle diese Fragen zur Erörterung stellt. Es geschieht nichts. Es wird nur viel schlimmer. Denn eine Schicht von Menschen, deren Tatneigung ohnehin nicht groß ist, glaubt, schon aus dem bloßen Mitmachen dieser Werke etwas Geistiges getan zu haben.

Es ist aber heute nicht mehr zweifelhaft, was eine geistige Tat ist. Diese Frage kann gar nicht mehr ehrlich gestellt werden. Sie ist uns allein durch die Tat eines Volkes in ungeheuerster Weise beantwortet worden. Vor unsern Augen. [1]

Was dort geschah, ist kein »Ereignis«. Nicht ein Vorfall, der durch einen neueren Vorfall, durch ein anderes Ereignis verdrängt werden könnte. Es ist eine wirkliche Tat. Eine Tat ohne Symbolik, ohne Nebenbedeutung. Tat, vorbereitet, gezeugt und geschaffen aus der tiefsten, langschwingendsten, intensivsten Erhebung für den Geist. Und darum nicht mehr aus der Welt zu räumen. Kein Mißerfolg, kein Verrat, kein Rückschlag mehr, so Bitterstes auch noch eintreffen mag, kann die größte Entscheidung, die ein Jahrhundert gesehen hat, wieder ungeschehen machen. Die Entscheidung gegen die Macht, die Gewalt, die Unterdrückung: zum Geist, zur Freiheit und zum Menschenrecht nach dem Plane der Idee.

Daß dies alles nicht Bluff, nicht Schiebung oder äußerlich auferlegte Beeinflussung war, ersieht man aus der unglaublich vielfachen und fruchtbar um sich wirkenden Lebendigkeit des neuen Organismus: Von dem, was im Ostlande geschah, erwartet jeder etwas. Der Politiker erwartet eine Beeinflussung der Weltteile, der Marxist erwartet einen Aufschwung des Klassenkampfs, der Militär erwartet eine Veränderung der Kriegslage, der Pazifist erwartet Frieden, der Agent erwartet neuen Zwischenhandel, der Sozialist erwartet neue Gemeinschaft, der Reporter erwartet neue Sensationen, der Genosse der Finsternis erwartet sehr Böses für sich.

Jeder, der in den Handlungen der Menschen nicht nur Nützliches, sondern vor allem Menschliches sieht, wird wild vor der Unbescheidenheit, vor der aufdringlichen Unverschämtheit höchsten Grades, wenn er sieht, wie Unbeteiligte mühelos der russischen Revolution lyrisch oder wohlwollend auf die Schulter klopfen. Es ist nicht die Zeit, weise Worte über die Gemeinschaftstat eines Volkes zu sagen; es ist nicht die Zeit, Dynastenhistorie zu erzählen; es ist nicht die Zeit, den Leser oder den Hörer mit der Feststellung von Erfolgen zu unterhalten, zu denen er nichts selbst getan und gegeben hat!

Denn da drüben geschah nichts unerwartet Plötzliches. Aber auch nichts von dem Narrenchaos, das bequeme hämische Propheten ansagten. Um die neue, höhere Menschheitsordnung im Osten hat das edelste Blut dieses Landes mehr als ein halbes Jahrhundert lang gekämpft. Durch Jahre hindurch haben Hunderttausende ihr Haus, ihre Familie, ihr Vermögen, ihre Bequemlichkeit, ihre Genüsse, ihre Sicherheit, ihr Leben für nichts erachtet, um der Hingabe willen an ein Gebild aus dem Geiste. Diese wahrhaften Freiwilligen, die ihr Gesetz diktiert fanden von der Bruderliebe, schufen an der Verwirklichung einer Idee. Diese wahrhaft Tapferen waren nicht gedeckt durch Befehl und Massenzwang, sondern jeder wußte sich in jedem Augenblicke des Lebens ungeschützt, preisgegeben. Sie waren gestützt nur auf das Vertrauen zu ihrem Gewissen, auf ihren festen Willen zur Unbedingtheit, auf ihren Glauben an die dereinstige Leibwerdung ihrer Idee, auf ihren Glauben an die neue Auferstehung des Geistes auf Erden. Sie waren gestützt auf ihren Glauben an die Heiligkeit des Mitmenschen.

Derweile war in den andern Ländern der Erde Entmutigung, Skepsis, Erörterung und Erwerb von bloßen Methoden, denen der Antrieb des Geistes längst in Vergessenheit geraten war.

Aber der Puls dieses neuen Leibes der Menschheit aus dem Geiste klopft so laut, daß ihn die ganze Erde hört. Einer, der einst Umstürzler hieß, jetzt zur Hilfe am Aufbau seines Landes gebeten: Krapotkin [2], zeigt in seinem Buch *Gegenseitige Hilfe* (Abschnitt »Gegenseitige Hilfe im Mittelalter«), wie im 12. Jahrhundert eine ungeheure Freiheitswelle über Europa stürmte; die Schöpfung von Bünden, Gesellschaften, Gilden, freien Städten, Kommunen. Diese Geistwanderung über die Völker war Jahrhunderte lang vergessen, und nur die Dome und die großen Bauten der Städte sind uns als erstarrte Zeichen der Geistesglut zur Gemeinschaft geblieben. –

Es kann Zeiten geben, in denen die Besinnung des Menschen zum Geistigen schläft; unser Wesentlichstes, unser Brudertum und unsere Gemeinschaft kann verfressen und vergessen werden. Aber der Geist kann nicht vernichtet werden. Immer wieder richtet er sich weithin sichtbar auf in Einzelnen und in kleinen Gruppen, den Frühen, den inspirierten Eingeweihten der menschlichen Freiheit, jenen die nie Vergleiche mit der Macht des Ungeistes schlossen, und die, märtyrerhaft geschmäht und verfolgt, noch im qualvollsten Tode verkündeten, daß sie Söhne der Idee waren.

Es gibt nichts, das heute allen Menschen der Erde, allen, so klar geworden ist, als die Idee der Freiheit, der Bruderschaft und des Mitmenschentums. Dieser Erde ist es so unglaublich schlecht gegangen, sie hat so nichts mehr zu verlieren, sie ist so verschwistert mit der Verzweiflung, daß endlich auch der Träge und Böswillige als Heilung erkennt, was früher nur erhabene Seelen, unter aller Gefährdung ihrer Sicherheit, in eine stählern feindliche Welt zu künden wagten.

Wen schaudert der Rückblick nicht? zu sehen, daß durch Jahrhunderte unsere Brüder gehetzt, gemartert und als tolle Störer der Gesellschaft ums Leben gebracht wurden, Menschen, deren Gemeinschaftspläne (um nur einen zu nennen: Thomas Morus) wir längst als selbstverständlichste Voraussetzung nehmen, während das Chaos ihrer Zeit uns als irrsinnig erscheint.

Auf einem neuen Erdreich werden diesen die Heldenmale gerichtet werden, und das Bruderhaus der Menschheit wird eine Gedenkschrift haben: »Zum Gedächtnis der Wiedertäufer, hingerichtet für ihren Kampf um eine bewußte Menschengemeinschaft aus dem Geiste.« –

Es ist nicht Zeit, diese Revolution im Osten zu betrachten. Betrachtet nur erst euch selber, ihr geübten Betrachter! Betrachtet eure Voreltern, Eltern, Verwandten, Frauen, Bräute, Freunde – ob sie so gläubig mutvoll hingegebene Kameraden einer Idee waren, wie die dort drüben lange Jahre, erbittert und langmütig weiten Herzens! Betrachtet euch, ob ihr, ohne Rentabilitätsversprechen, ob ihr geistig das gewagt hättet! Es ist nicht mehr Zeit, zu *betrachten.*

Es ist Zeit, vor dieser Neuordnung des Ungeordnetsten sich auf sein Gewissen zu besinnen. Auf die eigenen sittlichen Fähigkeiten. Auf den eigenen Trieb zur unbedingten Hingabe an das Geistige. Auf die eigene Kraft zur Entfaltung des Willens für die Idee vom Mitmenschen. Für die Idee allein? Für die Tatsache vom Mitmenschen! Und welche Tatsache kennt die Welt heute besser, als daß jeder Mensch das Recht auf Existenz, Platz, Leben hat, nicht anders als du selbst. So weit sind wir endlich. Selbst in den Regierungshäusern des Erdballs.

Es ist Zeit, das Wort vom Mitmenschen laut auszusprechen. Aber wer es spricht, der rechne erst ganz mit sich ab, der sei gleichgültig bereit, alles zu verlieren, erst dann wird sein Wort eine Schwingung und seine Idee der Gewinn eines Wagnisses.

Wir alle, zu unsern Lebzeiten, werden noch das Ungeheuerste sehen. Die höchste Not der Menschheit wird ihre Gegenwage haben in der höchsten Verwirklichung von Paradiesträumen. Niemand von uns braucht mehr entmutigt zu sein.

Es gibt für den Menschen keine innere Leere mehr. Jeder hat sich mit seinem Gewissen unter das Auge der Ewigkeit zu stellen und die Sekunde jedes Lebensmoments hinzugeben an die Verwirklichung der Mitmenschenfreiheit.

Diese Idee ist wahrhaft und wirklich schon so stark in die Welt gedrungen, daß keine Kriegsmaschine ihr mehr ein tatsächlicher Gegner ist. Immer, wenn die Welt zwischen Dunkel und Licht schwebt, gibt es noch Wirrnis, und die Gewalt dringt im letzten Zucken vor, aber sieglos, nur im Todeskrampf. Es gibt keine Siege mehr. Vor dem Geist dieser neuen Menschheit werden die Heere zersplittern.

Nach fast einjähriger Unterbrechung erschien das *Zeit-Echo* in der Schweiz mit diesem Heft, für das der neue Herausgeber Ludwig Rubiner alle Beiträge selbst verfaßte. Er gab der Zeitschrift eine entschieden pazifistisch-internationale Tendenz.

1 Gemeint ist die russische Revolutionsbewegung seit dem Februar 1917.

2 Fürst Pjotr A. Kropotkin (Krapotkin) (1842–1921), von den politischen Expressionisten hoch geschätzter russischer Anarchist, ehemaliger zaristischer Offizier, wurde 1872 in der Schweiz Sozialist und lebte von 1876–1917 meist im Exil. Sein Buch *Gegenseitige Hilfe in der Entwicklung* erschien in der von G. Landauer besorgten autorisierten deutschen Ausgabe Leipzig 1904.

67
Martin Buber: *Gemeinschaft*. In: *Neue Erde* 1 (1919), H. 1 (Januar), S. 6–8.

Eine große Begierde nach Gemeinschaft geht durch alle Seelen seelenhafter Menschen in diesem Lebensaugenblick der abendländischen Kultur. Nicht mehr wie einst in die Unmittelbarkeit des Miteinander gebettet und an einen natürlichen Verband geschlossen, mit dem man in so sicherer und selbstverständlicher Wechselbeziehung steht, daß man sich getrost von ihm in eine *positive* Einsamkeit entfernen kann, – vielmehr den absterbenden Zellen der Gesellschaft entfallend, einer radikalen Verlassenheit mitten im Getriebe preisgegeben, diese negative Einsamkeit notwendig als absolute, als das erfahrend, was der religiöse Mensch Gottferne, Gottmangel nennt: begehren sie die Gemeinschaft, werben, dienen um sie. Und wie dem Jaakob Sohn Jizchaks nach sieben Jahren des Dienstes an Stelle der geliebten Rahel die trübäugige Lea ins Brautbett gelegt wird, so dürfen sie statt der Erträumten die wohlaufgezogene Staatspuppe umarmen; dies die Seelengeschichte Europas während seines großen Kriegs. Möge sie sich in der Revolution, die diesen ablöste, nicht noch bitterer, noch trostloser wiederholen!

Der gegenwärtige Staat, auch wenn er sozialistisch wird, kann die Sehnsucht nach Gemeinschaft nicht erfüllen, den Einzelseelen das elementare Bewußtsein der Verbundenheit nicht geben, das sie von der Gemeinschaft begehren: weil er keine Gemeinschaft ist und keine werden kann. Ein großer Menschenverband ist nur dann so zu nennen, wenn er aus kleinen lebendigen Gemeinschaften, aus kräftigen Zellenorganismen unmittelbaren Miteinanderseins besteht, die zueinander in gleich direkte und vitale Beziehungen treten, wie die ihrer Mitglieder sind, und die sich in gleich direkter und vitaler Weise zu diesem Verband zusammenschließen, wie ihre Mitglieder sich zu ihnen zusammengeschlossen haben. Wo das wirkliche Leben zwischen Menschen und Menschen in seinen natürlichen Einheiten zersetzt ist, kann der große Menschenverband der Begierde nach Gemeinschaft nur Trug und Blendwerk entgegenhalten.

Es gilt die Befreiung des wirklichen Lebens zwischen Menschen und Menschen. Es gilt die Wiedergeburt der Gemeinde. Der Ortsgemeinde, der Genossenschaft, der Kameradschaft, der religiösen Einung. Diese, heute sei es zu staatsähnlichen Maschinerien entartet, sei es vom Staat geduldete oder übersehene Schlupfwinkel einer unzeitgemäßen Vegetation, müssen wieder die Stätten werden, an denen das Auf-Erden-sein seelenbegabter Wesen zu seiner Fülle kommt. Hier muß sich das öffentliche, das ist das zum Gemeinschaftsleben erweiterte Leben des Menschen vollziehen. Hier allein können die inneren Bindungen der primitiven Gemeinschaft, gemeinsamer Bodenbesitz, gemeinsame Arbeit, gemeinsame Sitte, gemeinsamer Glaube – die vier Prinzipien der Bindung, die jenen vier Arten der Gemeinschaft entsprechen – in neuer Gestalt erstehn. Nicht Staat, nur Gemeinde kann rechtmäßiges Subjekt gemeinschaftlichen Bodenbesitzes, (der sich sehr wohl mit Volks-Obereigentum verträgt), nicht Staat, nur Genossenschaft rechtmäßiges Subjekt gemeinschaftlicher Produktion werden. Nicht in der Gesellschaft, nur in Kameradschaften kann neue Sitte wachsen, nicht in der Kirche, nur in Brüderschaften neuer Glaube gedeihen.

Dazu gehört freier Raum für die Gemeinden, unbestrittene Geltung ihres Willens innerhalb ihres natürlichen Umkreises, uneingeschränktes Wirken im Rahmen ihrer natürlichen Aufgaben, gehört wahre Autonomie; die ihre Grenzen am Zwischengemeindlichen und Übergemeindlichen findet, an alledem, was gemeinsame Sache mehrerer Gemeinden ist und in geeigneter Weise – am zweckmäßigsten wohl in einem gestaffelten Vertretungssystem – von gemeinsamen Organen zu beraten, zu beschließen, zu verwalten ist.

Dieser freie Raum aber, diese Autonomie der Gemeinden – die zuinnerst gleichbedeutend ist mit einer Autonomie der organischen Willenssphären – wäre vom gegenwärtigen Staate niemals zuerkannt worden; erst recht würde sie es nicht von dem sozialistisch gewordenen, denn der aufs straffste zentralisierte wird seine eigene Dezentralisierung nicht aussprechen, der in seiner Mechanik vollendete nicht zu Gunsten des Organischen abdanken. Nur der in der Entwicklung zum Sozialismus begriffene (und diese Entwicklung wird trotz aller gegenteiligen Anzeichen nicht kurz sein) wird sich der starken Forderung sozialistischer, das ist gemeinschaftlich leben und wirtschaften wollender Gemeinden nicht entziehen können. Aber dazu müssen sie eben erst wahrhaft da sein, wahrhaft wollen.

Dekretierbar ist die Autonomie im Grunde überhaupt nicht. Sie kann nicht anders errichtet werden als durch Wachstum und Selbstbehauptung eines vom fiktiven zum realen Sein aufgestiegenen Gemeindewesens. Wenn die heute absterbenden Zellen sich verjüngen, wenn um sie sich neue in starker Jugend atmende reihen, wenn, des großen Sinns solchen Geschehens tätig bewußt, die Gemeinden gleicher Art und verschiedenen Orts sich verbünden, die gleichen Orts und verschiedener Art sich verbrüdern, wenn so aus dem Zusammenschluß wahrhafter Gemeinden ein wahres Gemeinwesen zu werden beginnt, – dann kann es nur noch Bestätigung, nicht Zuerkennung geben.

Damit all dies aber werde, tut not, daß Menschen, Menschenscharen sich vieler privaten Vorteile und Vorrechte um der Gemeinden willen begeben und sich deren Gemeinwirtschaft mit ihrer ganzen Werkfähigkeit einordnen; tut somit das Unerhörte not, daß Menschen, Menschenscharen die Gemeinde mit aller Kraft, die ihre Seele herzugeben vermag, wollen. Daß sich Menschen um die Gemeinden, denen sie angehören, wie um ihre Liebschaften und Freundschaften bekümmern, – vielmehr wie sie sich in ihren innigsten Augenblicken um ihre Liebschaften und Freundschaften zu bekümmern gedenken; daß sie neue Gemeinden gründen wie man sein Haus gründet – vielmehr wie man es gründete, als es noch wahre Häuser gab. Und hinwieder, daß Menschen erkennen, wie dieses schmale, unscheinbare Gebilde, das sie mit kurzem Halbmesser umzirkelt, nicht geringeren Ranges ist und höheren werden kann als der breite und großmächtige Staat; wie rechte Teilnahme an einer rechten Gemeindeversammlung nicht leichtere Seelenmacht als die an irgend einem Parlament erheischt. Ja, wie über der Politik am Fremden, Fernen, Unbekannten, die allgemein geübt wird, die Tätigkeit am Eignen, am Nahen, am Vertrauten steht; wie einzig diese ihrem Wesen nach (jene nur in urseltenen großen Momenten) nicht unverbundenes, unbefugtes Gerede und Getue, sondern rechtmäßige Hilfe ist; und wie eine künftige legitime »Staatspolitik« nur als Auslese und Ergebnis eines vollkommen durchgebildeten gemeindehaften Wirkens entstehen kann: weil – mit Ausnahme jener beherrschenden Geister, die die Ferne naturhaft durchdrangen – nur dem, der in echter Aktivität am Nahen die Seele bewährte, das Ferne nah werden kann.

Das aber ist eben das entscheidend Problematische am Menschen unsrer Zeit, das, worin sich die Auflösung der Gemeinschaft durch die Gesellschaft am eindeutigsten kundgibt: daß er, auch wo er sich am »öffentlichen Leben«, an der res publica beteiligt, es ohne Verbundenheit und überhaupt fiktiv tut. Besonders deutlich, noch deutlicher als an den ganz vom Fiktiven besessenen Typen des Wählers und des Abgeordneten, deutlicher als an den krassen Interessenpolitikern wird dies an jenen Ideenpolitikern, die eifrig dafür wirken, daß etwas z. B. in der Form der Gesetzgebung getan werde, was in der Form des Lebens zu tun sie keinerlei innere Nötigung verspüren; für die etwa Gerechtigkeit ein Ding ist, das »durchzusetzen« ist, nicht eins, mit dessen Verleiblichung begonnen werden kann und soll, wo immer ein Mensch inmitten von Menschen wohnt; die nicht ahnen oder nicht ahnen wollen, daß, wenn nicht allerorten mit freier seelenhafter Gerechtigkeit begonnen wird, die »durchgesetzte« eine leere Hülse, ein Prunkgewand auf einem Kleiderstock bleiben muß. Wenn etwa ein Kreis von Intellektuellen die Umgestaltung der menschlichen Beziehungen mit dialektischem Pathos erörtert und verficht, aber die ihm Angehörenden ahnungslos mit einander ebenso verblasen, ebenso indirekt verkehren, wie dies unter Intellektuellen heutzutage üblich ist, dann wird ihr Wille die soziale Wirklichkeit nur dem Schein nach in höherem Maße bestimmen, als er ihre persönliche Wirklichkeit zu bestimmen vermochte. Die Echtheit des politischen Gehalts eines Menschen erprobt sich, bildet sich in seiner natürlichen, seiner »unpolitischen« Sphäre. Hier ist der Keimboden aller wahrhaft in die Gemeinschaft wirkenden Kraft. Die erleuchtende chassidische Lehre, daß jedem Menschen die Dinge seiner Umgebung zugeteilt sind, daß er sie erlöse, darf ergänzt werden: nicht kürzeren Weg als diesen geht die Erlösung der Welt. Keine gelebte Gemeinschaft ist verloren, und nicht aus anderen Elementen kann sich Gemeinschaft des Menschengeschlechts aufbauen.

3. *Literatur und Politik*

a) *Geist und Tat*

Wieweit der allseits hochbewertete Begriff des »Geistes« (vgl. S. 215 ff. dieses Bandes) mit dem der »Politik« zu vereinbaren sei – diese abstrakte, die Auseinandersetzung um konkrete politische Positionen übergreifende Frage stand im Zentrum der im expressionistischen Jahrzehnt ausgiebig geführten Diskussionen über das Verhältnis von Dichtung und politischem Engagement. Entscheidende Anregungen gab hierzu Heinrich Manns zur Jahreswende 1910/11 erschienener Essay *Geist und Tat* (Dok. 68), über den der damals der *Aktion* nahestehende Autor Kurt Kersten später im Rahmen der »Expressionismusdebatte« von 1937/38 schrieb: »Dieser Aufsatz wurde das Programm einer Gruppe von Schriftstellern, die man als Expressionisten bezeichnet.« [1]

Geist und Tat, Die Aktion, Aktivismus, Tätiger Geist (s. Anm. 26), *Die Politiker des Geistes* [2], *Der politische Dichter* [3] – solche die damals üblichen Dichtungsvorstellungen provozierenden Titel zeugen für eine auf öffentliche Wirksamkeit bedachte Umorientierung der literarischen Intelligenz, die seit 1910 nicht nur im Umkreis des Expressionismus anzutreffen ist (vgl. den Abschnitt »Dichterberuf und Intellektuellenrolle«, S. 355 ff.), sondern auch im ideologiepolitisch entgegengesetzten nationalkonservativen Bereich des damaligen intellektuellen Kräftefelds, z. B. in der 1909 begründeten und seit 1912 im Eugen Diederichs Verlag erscheinenden Monatsschrift *Die Tat*. [4]

Die Einheit von Geist und Tat, die Heinrich Mann in seinem Manifest mit Hinweis auf die Vorbildhaftigkeit der französischen Kulturtradition [5] postulierte, schloß für ihn unter den gegebenen Verhältnissen in Deutschland die Einheit von Geist und Macht aus: »Ein Intellektueller, der sich an die Herrenkaste heranmacht, begeht Verrat am Geist.« (Dok. 68, S. 272) So lautete die von den zeitgenössischen Linksintellektuellen wiederholt als Kernsatz des Essays zitierte Absage an die Repräsentanten des Wilhelminischen Obrigkeitsstaates, die dem antiautoritären Impuls der expressionistischen Bewegung voll entsprach. Mit der Kritik an der Mentalität der Deutschen, die den »großen Männern« mehr vertrauten als sich selbst, und einer Intelligenz, die fern den Belangen des »Volkes« und der politischen Praxis ihre Erfolge im selbstgenügsamen Spiel der reinen Vernunft und Poesie suchte, profilierte sich H. Mann zur Leitfigur der expressionistischen Linksintellektuellen. Ihr politisches Denkspektrum umfaßte jenseits der Richtlinien der parlamentarisch offiziell vertretenen Linkspartei (SPD) [6] radikaldemokratisch-syndikalistische Positionen (*Die Aktion*), einen staats-, partei- und gewerkschaftsfeindlichen Bohemeanarchismus (in der Münchener Literatenszene) sowie geistesaristokratischer Staatskonzepte (Hiller, Wolfenstein).

»*Werdet politisch!*« forderte im Juni 1914 ein Aufruf, der über »die junge Zeit« urteilte, daß sie »aus dem romantisch ästhetisierenden Zellenleben einer George-Bergson-Generation in eine Vergesellschaftung und Tatengemeinschaft umschlägt«. [7] Das Politikverständnis dieser zwischen den Klassen und Parteien »freischwebenden« Intellektuellen [8] basierte weniger auf einem analytischen Verständnis der sozialen und politischen Kräfteverhältnisse in der pseudokonstitutionellen Monarchie [9], es war vielmehr Teil ihres allgemeinen kulturkritischen Räsonnements. In diesem Sinne bescheinigte Kurt Pinthus 1917 den jungen Dichtern ihre »entschiedene Hinwendung zum Politischen. Sie erkannten, daß das wirklich Politische nicht die Realpolitik des Tages, nicht Lösung von Territorialproblemen oder Erfindung diplomatischer Methoden ist, sondern eine edlere, wirksamere Politik, die sich direkt an den Menschen wendet. Es ist eine Politik, die nicht durch Zustände den Menschen, sondern durch Menschen die Zustände ändert, weil sie überzeugt ist, daß der aufgerüttelte, erkennende, bessere Mensch sich selbst die besseren Zustände, besseren Staat, bessere Wirtschaft, ein lebenswerteres Leben schafft!« [10] Nicht so sehr die soziale Lage unterprivilegierter Schichten provozierte die literarische Intelligenz jenes Jahrzehnts zur außerparlamentarischen Opposition, sondern die »Unkultur«, der »Ungeist« der den Staat repräsentierenden Institutionen und Personen. Als einen »Kulturkampf« begriff *Die Aktion*, im Frühexpressionismus (vor den Zeitschriften *Pan, Kain, Wiecker Bote* oder *Revolution*) das wichtigste Organ der politisierten literarischen Intelligenz [11], ihre Öffentlichkeitsarbeit, und zwar zugunsten der überparteilichen »Idee der Großen Deutschen Linken«. [12]

An Ludwig Rubiners 1912 in der *Aktion* erschienenem Manifest *Der Dichter greift in die Politik* [13], dessen Titel zum viel zitierten Slogan des politischen Expressionismus wurde, zeigt sich rückschauend, wie (in engerem Sinne) unpolitisch das Selbstverständnis der literarischen Linksintellektuellen damals war. Auch diesem Manifest ging es keineswegs um aktuelle tagespolitische Probleme und soziale Interessen, sondern um eine globale Kritik des »ungeistigen« »Zivilisationsmaterialismus« und der herrschenden, im Entwicklungsdenken des 19. Jahrhunderts befangenen Fortschrittsgläubigkeit. Solcher Kritik fiel auch der Marxismus anheim (vgl. oben S. 169): »Der marxistische (Evolutions-)Nachweis, daß die Zivilisation des 19. Jahrhunderts einmal allen verfügbar sein muß – ist eine Überschätzung dieser Zivilisation.« [14] Der »politische Dichter« ist für den innerhalb des politischen Expressionismus weithin akzeptierten Programmatiker Rubiner der Protagonist des gegen Materialismus und Zivilisation rebellierenden Geistes. In diesem Selbstverständnis stand er wie dem Marxismus so auch der Arbeiterbewegung denkbar fern. Identifikationsmöglichkeiten bot ihm jenseits der bürgerlichen und proletarischen Klasse der fünfte Stand: das Sub- oder »Lumpenproletariat« (vgl. S. 169 und 387 f. dieses Bandes). An der Stelle eines proletariatsgläubigen Marxismus steht eine Kompilation christlich-humanistischer Traditionen und anarchistischer Theorieelemente Bakunins, Kropotkins und Stirners.

Die von vielen Expressionisten oft so vage beredete Politisierung der Literatur läßt sich nur vor dem Hintergrund der um und nach 1900 vorherrschenden Denkformen adäquat einschätzen, die von ihnen mit Etiketten wie »Ästhetizismus«, »l-art pour l-art«, »Indifferentismus« oder »psychologischer Relativismus« kritisch belegt wurden. »Politik ist die Veröffentlichung unserer sittlichen Absichten«, definierte Rubiner in seinem *Aktions*-Manifest. [15] Mit der geforderten Politisierung war ein ethisches Engagement der Literatur gemeint, die sich an den ideologiepolitischen Diskussionen der Zeit aktiv beteiligen sollte. Kunst nicht mehr um der Kunst, sondern um sittlicher, handlungsorientierender Ziele willen zu produzieren, literarische Tätigkeit also pragmatisch als sprachliches Handeln zu begreifen – dies stand hinter der Forderung nach einem in die Politik eingreifenden Dichter, der *Die Änderung der Welt* [16] zum Ziele hat.

Kurt Hiller, sicher einer der wichtigsten Programmatiker der jungen Literatur dieses Jahrzehnts, hatte eine derart verstandene *Literaturpolitik* schon 1911 ausdrücklich verfochten. [17] Seit Anfang 1916 propagierte er sie verstärkt unter dem Begriff »Aktivismus« (s. Dok. 70) in den von ihm herausgegebenen *Ziel*-Jahrbüchern. Zum Abschluß des ersten Bandes, dem Hiller H. Manns *Geist und Tat* in programmatischer Absicht voranstellte, faßte er seine früheren Schriften in dem umfangreichen Manifest *Die Philosophie des Ziels* zusammen. Das postulierte Verhältnis von Geist und politischer Praxis beschreibt Hiller hier so: »Geist und Praxis – das war ehemals eine Antithese; heute bezeichnen diese Worte eine korrelative Abhängigkeit. Der Geist setzt die Ziele, die Praxis verwirklicht sie. [...] Geist, der nicht Ziele setzte, nämlich ›praktische‹ Ziele, wäre onanistischer Unfug; Praxis, die anderes als das durch den Geist Gebotene würde verwirklichen wollen, wäre Geschäft oder Paranoik oder Sport. Wie der Geist der Praxis bedarf, um erfüllt zu werden, so bliebe Praxis ohne den Geist leer. Die Praxis ist der Arm des Geistes, der Geist das Hirn der Praxis. Praxis: das Feldheer; Geist: der Feldherr. Beide sind aufeinander angewiesen, keines kann des anderen entraten«. [18]

Der von Hillers *Ziel*-Jahrbüchern (1916–1924) und z. T. auch von Alfred Wolfensteins Jahrbüchern *Die Erhebung* (1919, 1920) propagierte Aktivismus, dessen wichtigsten Manifeste Wolfgang Rothe 1969 herausgegeben hat [19], stand im Spätexpressionismus im Zentrum der Diskussionen über das Verhältnis von Literatur und Politik. In einer frühen Besprechung des ersten, von der Zensur wegen seiner pazifistischen Tendenzen Anfang 1916 verbotenen Jahrbuchs schätzte Theodor Heuß unter dem Titel *Die Politisierung des Literaten* die literarhistorische Bedeutung des Aktivismus wohl richtig ein, wenn er trotz mancher Vorbehalte gegenüber der Phrasenhaftigkeit und dem Pathos vieler Aufsätze doch anerkennend schrieb:

> Der Literat entrinnt seiner selbstgewollten oder halb erzwungenen Vereinsamung; er bindet sich an sachliche Ziele und Zwecke und begibt sich damit in den Kreis einer überpersönlichen Verantwortung. Welche Wohltat für einen überwiegend asozialen Typus, dessen egozentrisches Weltbetrachten kaum noch viel mehr als einen Kreis oder eine Clique umfaßte! [...] den Literaten aus der Spazierwiese der ästhetischen Wertungen oder des selbstgenießerischen Skeptizismus herauszulocken und ihn zum Kampf für die Idee, für ethische Werte, für öffentliche Reinlichkeit, meinethalben für das ›Vernünftige‹ einzustellen, das bleibt verdienstlich, insofern es Betrachtende in Tätige zu verwandeln vermag. [20]

Der prominenteste Kritiker des Aktivismus war Thomas Mann, der der politisierten literarischen Intelligenz 1918 seine *Betrachtungen eines Unpolitischen* [21] entgegenhielt. Grundlegende und zusammenfassende Gedankengänge dieses durch und durch antiexpressionistischen Buches (vgl. den Auszug in Dok. 21) veröffentlichte er im November 1916 im Rahmen der Besprechung einer neuen Ausgabe von Eichendorffs *Taugenichts*, in der er direkt zu Hillers erstem *Ziel*-Jahrbuch Stellung nahm. (Dok. 69; dazu die Replik Hillers: Dok. 70) Th. Mann übernahm mit diesem Aufsatz als Repräsentant des deutschen Bürgertums aktiv die Rolle des entschiedenen Gegners der jüngsten Literatur und seines ihr geistig verbundenen Bruders Heinrich [22], die ihm aufgrund seiner Kriegsessays von dieser Seite schon 1914/15 zugewiesen worden war. vgl. S. 296) Th. Manns Distanz zu Hiller und zum Expressionismus darf freilich wohl nicht ganz so groß gesehen werden, wie es das von den Kontrahenten geäußerte Selbstverständnis nahelegen mag. Zwar findet man im Umkreis des antinational und antibürgerlich eingestellten Expressionismus nicht die für Th. Mann so charakteristische Berufung auf eine spezifisch deutsch-bürgerliche Kulturtradition, doch sind der antizivilisatorische Affekt (bei den Expressionisten allerdings nicht wie bei Th. Mann chauvinistisch-antifranzösisch aufgeladen), der Rekurs auf Nietzsche und die Aversion gegenüber der Realpolitik den Streitenden gemeinsam. Speziell mit Hiller verband Th. Mann auch das bohemefeindliche und das geistesaristokratische Selbstverständnis. [23]

Will man Th. Manns Position in der Literaturszene der zehner Jahre historisch adäquat einschätzen, so ist weiterhin zu bedenken, daß der Aktivismus der *Ziel*-Jahrbücher auch innerhalb der expressionistischen Bewegung z. T. mit Argumenten kritisiert wurde, die denen Th. Manns recht nahe kamen. Schon in das erste *Ziel*-Jahrbuch hatte Hiller eine Kritik seiner eigenen Position aufgenommen: Franz Werfels fiktiven ***Brief an einen Staatsmann*** (die hier beschriebenen Standpunkte des »Staatsmanns« zeigen, daß mit ihm offensichtlich Hiller angesprochen war!), in dem der Satz steht: »Ich kann gar nicht beschreiben, wie kontradiktorisch für mich die Begriffe Poesie und Politik sind!« [24] Einen nicht-fiktiven, offenen Brief an Kurt Hiller veröffentlichte der bei der literarischen Jugend hoch angesehene Werfel zwei Monate nach Erscheinen von Th. Manns Taugenichts-Aufsatz im Januarheft (1917) der *Neuen Rundschau.* Auch hier der Hauptgegner: die Zivilisation, der »Urquell aller Verzweiflung«, der »Mikrobenherd im Geschwür der aussätzigen, sich krümmenden Menschheit«. [25] Unter Berufung auf die christliche Tradition (und auf den Anarchismus) stellte er der politisch aktiven Erneuerung der Gesellschaft und des Staates die Erneuerung des einzelnen und seines Bewußtseins entgegen – eine Gegenüberstellung, die Hiller in seiner Replik u. a. mit dem Hinweis auf die Theologie eines aktiven Christentums nicht gelten ließ. [26] Die öffentlichen Diskussionen, die Hiller mit Thomas Mann und Franz Werfel führte, waren nicht die einzigen Aktivismus-Debatten gegen Ende des Jahrzehnts. [27] Doch sind die gegenseitigen Argumente weithin gleich geblieben. Sie können rückblickend nicht über die breite gemeinsame Basis der untereinander Zerstrittenen hinwegtäuschen, die alle mit messianischem Pathos zur Erneuerung des menschlichen Bewußtseins aufriefen. Der »Aktivismus« hatte seine innerexpressionistischen Gegner einmal im Lager derer, die wie Werfel der prinzipiellen Unvereinbarkeit von Geist und Tat, Dichtung und Politik das Wort redeten sowie einem organisatorischen Zusammenschluß der »Geistigen« grundsätzlich mißtrauten [28], zum anderen innerhalb der literarischen Linken besonders im Umkreis der *Aktion.* [29] Als sich jedoch in den ersten Revolutionstagen im November 1918 der Aktivistenbund (»Bund zum Ziel«) als »Rat geistiger Arbeiter« im Reichstag konstituierte, repräsentierte dessen *Programm* (Dok. 71) immerhin den republikfreundlichen, USPD-nahen Standort eines gewichtigen und prominenten Teils der damaligen Intelligenz.

1 Kurt Kersten: *Strömungen der expressionistischen Periode*: In: *Die Expressionismusdebatte.* Hg. v. H.-J. Schmitt. Frankfurt 1973. S. 95–103; Zitat S. 98. Zur zeitgenössischen Beurteilung H. Manns als »Vater der intellektuellen Literatur« s. die Rezeptionsdokumente in: *Heinrich Mann. Texte zu seiner Wirkungsgeschichte in Deutschland.* Mit einer Einleitung hg. v. Renate Werner. Tübingen und München 1977. Hier S. 74 ff.

2 Robert Müller: *Die Politiker des Geistes. Sieben Situationen.* Berlin 1917.

3 Walter Hasenclever: *Der politische Dichter* [Gedichte und Prosa]. Berlin: Rowohlt 1919 (Umsturz und Aufbau. Zweite Flugschrift).

4 Vgl. zum synchronen und diachronen Kontext des »Aktivismus« auch die Bemerkungen von W. Rothe (Hg.): *Der Aktivismus*, Einleitung, S. 9 ff. Kurt Hiller machte 1916 auf die Übereinstimmung des von ihm propagierten »Aktivismus« (der Begriff wird hier von Hiller zum ersten Mal im Titel einer Publikation gebraucht!) mit dem Aufsatz *Vom Sinn der Tat* des Philosophen Fritz Münch aufmerksam und wies dabei u. a. auf Fichte als den »ersten neudeutschen Aktivisten« hin (K. H.: *Über einen neuen Aktivismus.* In: *Die neue Rundschau* 27, 1916, S. 1679 – 1680).

5 Vgl. auch Heinrich Mann: *Der französische Geist.* In: *Die Aktion* 2 (1912), Sp. 1607 – 1611. Siehe besonders auch H. M.: *Zola.* In: *Die weißen Blätter* 2 (1915), S. 1312 – 1382.

6 Siehe besonders die Kritiken an den Sozialdemokraten, die vor dem Krieg in der *Aktion* erschienen; u. a. Franz Pfemfert: *Ist die Sozialdemokratie revolutionär?* In: *Die Aktion* 1 (1911), Sp. 1057 – 1058; Carl Einstein: *Die Sozialdemokratie.* In: *Die Aktion* 4 (1914), Sp. 146. Weitere Hinweise zum Verhältnis der *Aktions*-Schriftsteller zur Sozialdemokratie gibt Lothar Peter (s. Anm. 11), S. 29 – 36. Vgl. auch E. Mühsam, Dok. 65.Indiskutabel wurde die SPD dann für die literarische Linksintelligenz, als sie am 4. August 1914 die Kriegskredite mit bewilligte.

7 Oskar Kanehl: *Werdet politisch!* In: *Wiecker Bote* 1 (1914), H. 10 (Juni), S. 1 – 4; Zitat S. 4.

8 Vgl. Michael Stark:Für und wider den Expressionismus.

9 Vgl. Hans-Ulrich Wehler: *Das Deutsche Kaiserreich 1871 – 1918.* Göttingen ^{2}1975. Über das politische System hier S. 60 ff.

10 Kurt Pinthus: *Rede an junge Dichter.* In: *Die neue Dichtung.* Ein Almanach. Leipzig: K. Wolff 1918. S. 137 – 157; Zitat S. 140 f. Die Rede wurde neu abgedruckt in K. Otten: *Ahnung und Aufbruch.* Expressionistische Prosa. Darmstadt 1957. S. 41 – 54.

11 Vgl. Lothar Peter: *Literarische Intelligenz und Klassenkampf. »Die Aktion« 1911 – 1932.* Köln 1972.

12 So in einer programmatischen, im Druck hervorgehobenen *Note*, die im ersten und den folgenden Heften der *Aktion* zu lesen ist. Abdruck in diesem Band als Anhang zu Dok. 107.

13 Ludwig Rubiner: *Der Dichter greift in die Politik.* In: *Die Aktion* 2 (1912), Sp. 645 – 652; 709 – 715; veränderter Abdruck in L. R.: *Der Mensch in der Mitte* (s. Dok. 59), S. 187 – 217. Jetzt auch in L. R.: *Der Dichter greift in die Politik.* Ausgewählte Werke 1908 – 1919. Hg. v. K. Schumann. Frankfurt 1976. S. 251 – 264.

14 ebd., Sp. 712.

15 ebd., Sp. 645.

16 Ludwig Rubiner: *Die Änderung der Welt.* In: *Das Ziel* (s. Anm. 18), S. 99 – 120; neu abgedruckt in W. Rothe (Hg.): *Der Aktivismus,* S. 54 – 72.

17 Kurt Hiller: *Litteraturpolitik.* In: *Die Aktion* 1 (1911), Sp. 168 f. Neu abgedruckt in P. Raabe (Hg.): *Ich schneide die Zeit aus,* S. 23 f.

18 Kurt Hiller: *Die Philosophie des Ziels.* In: *Das Ziel. Aufrufe zu tätigem Geist.* Hg. v. Dr. Kurt Hiller. München, Berlin: G. Müller 1916. S. 187 – 217; Zitat S. 209. Neu abgedruckt auch in W. Rothe (Hg.): *Der Aktivismus,* S. 29 – 54. Aus früheren Publikationen sind in das Essay (z. T. wörtlich) eingegangen: K. H.: *Wir.* In: *Das Zeit-Echo* 1 (1914/15), H. 9 (Februar 1915), S. 132 – 134 (neu abgedruckt in K. H.: *Ratioaktiv.* Reden 1914 – 1964. Wiesbaden 1966. S. 9 – 12); K. H.: *An die Partei des deutschen Geistes.* In: *Der neue Merkur* 1 (1914/15), Bd. 2 (Okt.-März), S. 645 – 653.

19 Wolfgang Rothe (Hg.): *Der Aktivismus* 1915 – 1920. München 1969. Weitere Dokumente zum Aktivismus in P. Pörtner: *Literaturrevolution II,* S. 385 – 472.

20 Theodor Heuß: *Die Politisierung des Literaten.* In: *Das literarische Echo* 18 (1916), H. 11 (1. März), Sp. 657 – 664; Zitat Sp. 659. Vgl. auch die z. T. in ähnliche Richtung gehende ausführliche Rezension von Samuel Saenger: *Das Ziel.* In: *Die neue Rundschau* 27 (1916), Bd. 1, S. 399 – 410; vgl. weiterhin Martin Sommerfeld: *Das Ziel.* In: *Die Schaubühne* 12 (1916), Nr. 19 (11. Mai), S. 442 – 447.

21 Thomas Mann: *Betrachtungen eines Unpolitischen.* Berlin: S. Fischer 1918.

22 Herbert H. Lehnert: *Der Taugenichts, der Geist und die Macht: Thomas Mann in der Krise des Bildungsbürgertums.* In: *Thomas Mann 1875–1975.* Vorträge in München-Zürich-Lübeck. Hg. v. B. Bludau, E. Heftrich u. H. Koopmann. Frankfurt 1977. S. 75–93.

23 Zwischen Hiller und der *Aktion* kam es wegen dieses geistesaristokratischen Standorts (vgl. S. 64, Anm. 6) 1913 zum Bruch (s. *Die Aktion* 3, 1913, Sp. 637 f.).

24 Franz Werfel: *Brief an einen Staatsmann.* In: *Das Ziel* (s. Anm. 18), S. 91–98; Zitat S. 95.

25 Franz Werfel: *Die christliche Sendung. Ein offener Brief an Kurt Hiller.* In: *Die Neue Rundschau* 28 (1917), Bd. 1, S. 92–105; Zitat S. 100. Siehe auch Anm. 26.

26 Hiller druckte Werfels Brief zusammen mit einer eigenen Vorbemerkung wieder ab in: *Tätiger Geist!* Zweites der Ziel-Jahrbücher. Hg. v. K. Hiller. München, Berlin 1918. S. 202–221. Im Anschluß daran Stellungnahmen dazu von Alfred Kurella *(Brief an Franz Werfel,* S. 222–228) und Kurt Hiller *(Zur Ergänzung,* S. 229–242). Über das Verhältnis des Aktivismus zum Christentum äußerte sich Hiller auch in dem Aufsatz *Christ und Aktivist* (*Die neue Rundschau* 30, 1919, Bd. 1, S. 42–54.).

27 Vgl. besonders die (im Kontext der Revolution) geführte Diskussion in der politisch-literarischen Zeitschrift *Das Tribunal.* Hier Wilhelm Michel: *Geist, Forderung, Quietismus* (Jg. 1, 1919, S. 49–50); Th. Haubach: *Wider die Politik* (ebd., S. 50–52); C. Mierendorff [der Hg. d. Zs.]: *Und doch Politik. Eine Verteidigung des aktivistischen Idealismus* (ebd., S. 62–63); Th. Haubach: *Offener Brief an Kurt Hiller* (ebd., S. 75–76).

28 W. Michel (s. Anm. 27); s. auch S. 218, Anm. 15; vgl. vor allem auch P. Kornfeld: *Der beseelte und der psychologische Mensch* (Dok. 61, hier S. 228); und P. Kornfeld: *Metapolitik.* In: *Der Anbruch* 1 (1918), Nr. 3, S. 1; Nr. 4, S. 3. Vgl. auch den über die Entwicklung des Hillerschen »Bundes zum Ziel« informierenden Brief von Frank Thiess an Kurt Hiller (1923), auszugsweise abgedruckt in P. Pörtner: *Literaturrevolution II,* S. 453–459. Vgl. weiterhin Friedrich Koffka: *Vom »tätigen« und vom »lebendigen« Geist.* In: *Das junge Deutschland* 1 (1918), S. 155–159; Willi Wolfradt: *Der Geist in der Politik.* In: *Das junge Deutschland* 2 (1919), S. 95–97; Rudolf Kayser: *Zur Polarität unserer Zeit.* Ebd., S. 267–271; auch Hermann Hesses Kritik an der »Politisierung des Geistes«, an den »Geistigen« und »Intellektuellen« (*Phantasien* (1918). In: H. H.: *Ges. Werke* 10. Frankfurt 1970 (Werkausgabe). S. 61 f.). Weitere Hinweise zur zeitgenössischen Diskussion über das Thema bei Christoph Eykman: *Zum Problem des politischen Dichters im Expressionismus.* In: Ch. E.: *Denk- und Stilformen des Expressionismus,* S. 9–27.

29 Hugo Kersten: *Aktivismus.* In: *Das literarische Echo* 19 (1917), Sp. 665–667. Eine der schärfsten Polemiken schrieb 1919 in der zunehmend intellektuellenfeindlichen *Aktion* Pol Michels: *Das Verbrechen der Intellektuaille. Zum 9. November.* In: *Die Aktion* 9 (1919), H. 45/46 (15. Nov.), Sp. 752–754: »Sie nennen sich in der Anmaßung frechstem Superlativ, die ›Geistigen‹ und nie war Geist einer Kaste ferner als diesem Klumpen zutiefst verdammter Schmarotzer am Volkskörper, als diese keine Konjunktur ablehnenden Bande von plärrenden Jüngferchen. [...] die verschmitzten, kurthillerisch ausgepowerten Kerle bildeten Spalier zu jedem zeitgemäßen Aufzug und stoben auseinander, so die Menschen einmal barsch aufbegehrten. Nie haben Halunken ihrem Volke gemeinere Eselstritte versetzt, als die Intellektuellen deutscher Währung [...]. Mit Recht – aber es klingt wie ein Witz aus heutigem ›Simplizissimus‹ – gründeten sie, die winzigen Bourgeois, in junkerlich gedunsener Überhebung, ›Politische (!) Räte (!!) geistiger (!!!) Arbeiter (!!!!)‹, wobei doch schon die Etikette ein widerlicher Nonsens und eine direkte antisoziale Eselei bedeutet. Die deutschen Intellektuellen – als unmittelbare Helfershelfer die einen, als tobsüchtige Gaffer die übrigen – *waren und sind* dienstbeflissen beteiligt an jedem Komplott gegen das tödlich getroffene, werktätige Volk.« (Sp. 754)

68
Heinrich Mann: *Geist und Tat.* In: *Pan* 1 (1910/11), Nr. 5 (1. Januar 1911), S. 137–143.

I.

Von allen, die je schrieben, hat den größten, greifbarsten Erfolg Rousseau gehabt. Wer ist er? Ein trauriger Figaro, der nichts liebt als seine Leidenschaft und tiefernst genommen werden will. Ein Landstreicher, der ein Volk sucht und einen Staat erträumt. Ein Kranker, der sich nach guter, gesunder Natur sehnt. Ein Menschenfeind, der mit einer fernen, geläuterten, geistigen und gütigen Menschheit rechnet. Ein Feind der Privilegierten, der Gräfinnen begehren muß; der die eigene Niedrigkeit, die eigenen Laster haßt und sich, unfähig, je dem Schlamm zu entrinnen, immer von neuem mit den Tränen und Gesichten der Seele reinigt, seine ausgesetzten Kinder in einem Roman erzieht, seine schöne Liebe in einem Roman liebt; der so gerecht und wahr in seinem Roman vom Staat ist, daß ein ganzes Volk von diesem Augenblick ab sich gerecht und wahr will, und über sein armes Leben hinaus ein so verklärter Kämpfer ist, daß nun ein ganzes Volk, das geistigste und tätigste, das je da war, seinen Kampf weiterkämpft.

Seine idealistischen Romane fanden ein Volk von Lesern, das sie darstellte. Dies Volk machte die Revolution nicht, solange es nur hungerte: es machte sie, als es erfuhr, daß es eine Gerechtigkeit und eine Wahrheit gebe, die in ihm beleidigt seien. Auch seine Nachbarn erfuhren es; aber obwohl sie nicht weniger hungerten, handelten sie doch nicht. »Revolutionen sind selten«, sagt Napoleon, »weil das menschliche Leben zu kurz ist. Jeder denkt bei sich selbst, es lohnt sich nicht, die bestehende Ordnung umzustürzen.« Die Franzosen von 1790 dachten, daß es sich lohne. Ihre feurige Naivität, ihr Glaube an den Geist machte sie fähig, den Traum eines Dichters auf die Erde herabzureißen. Und war's nur der Augenblick, als die Grenzen der Provinzen fielen, der Adel abdankte, auf weiten Feldern die Zehntausende der Föderationen sich Liebe schwuren; als Bauern einander sagten, daß die Revolution nicht Frankreich gehöre, sondern der Menschheit, und Abgesandte aller Völker herbeizogen, um der französischen Nation Ehre und Bruderschaft zu entbieten: dieser einzige Augenblick, den so viel Blut bezahlt hat, warf dennoch über die Jahrhunderte voraus den märchenhaften Schein, der sie nun weniger trostlos macht. Nur noch eins gilt seitdem für die Menschheit: diesem vorweggenommenen und entflogenen Augenblick nachdrängen, ihn wieder einholen. Die Geschichte hat keinen anderen Sinn mehr, als jener großen Stunde Dauer zu geben und dem Geist, der das Geschlecht jenes Jahres beseelte, die Welt zum Körper. Was entgegensteht, alle verzögernden Mächte, jeder Triumph ungerechter Gewalt wird zum Zwischenfall vor der Ewigkeit des Geistes, der damals aufleuchtete. Aber ein Volk war nötig, das sich hingab, ihn darzustellen. Und das ihm Treue hielt. Das seit hundert Jahren Irrtümer und Zusammenbrüche nicht scheut, Despotismus und Niederlagen, Bruderkrieg und grausame Rückschläge übersteht, um nach jeder Wirrsal und Erschlaffung eine Etappe weiter zu gelangen auf dem Wege, den der Geist befiehlt. Ein Volk mußte geschaffen sein, für den Geist zu streiten, mußte die Ratio militans selbst sein. Die Notwendigkeit der Dinge? Die »Entwicklung«? Sie wird in aller Welt nie etwas anderes zeitigen als ein Mindestmaß von Lebensmöglichkeit. Nicht Freiheit: nur Lebenkönnen. Nicht Gerechtigkeit: nur Lebenkönnen.

Nicht Menschenwürde: nur Lebenkönnen. Auf die Entwicklung bauen, heißt, sich der Natur anheimstellen; und noch niemand sah sie verschwenden. Der Geist, die Revolte des Menschen gegen die Natur, ihre Langsamkeit und Härte: der Geist, der in einer Stunde den Himmel verschenkt, verschwendet Generationen für einen Funken vom Brand des Ideals. Ein Volk war nötig, das sich ihm darbrachte und von dessen stolzem Opferwillen die anderen leben konnten.

Sie haben es leicht gehabt, die Literaten Frankreichs, die, von Rousseau bis Zola, der bestehenden Macht entgegentraten: sie hatten ein Volk. Ein Volk mit literarischen Instinkten, das die Macht bezweifelt, und von so warmem Blut, daß sie ihm unerträglich wird, sobald sie durch die Vernunft widerlegt ist. Was alles mußte zusammenkommen, damit dem Geist Krieger erstanden! Nordische Menschen, vom Blut und noch mehr von der Kultur des Südens durchdrungen. Die Synthese Europas. Das Geschlecht mächtig wie im Süden, aber die ganze Künstlerschaft, die es verleiht, auf den Geist geworfen. Der Geist ist hier nicht das luftige Gespenst, das wir kennen, – und drunten trottet plump das Leben weiter. Der Geist ist das Leben selbst, er bildet es, auf die Gefahr, es abzukürzen. Möglich immerhin, daß Gerechtigkeit das Leben beeinträchtigt, und daß Wahrheit zu Abgründen führt. Ließe sich denn nicht auskommen unter einer überlieferten Herrschaft, angesichts der Vorrechte einiger, bei der formalen Unterworfenheit unter einen längst abgestoßenen Glauben? Man könnte genießen, erraffen, was die Mächtigen übrig lassen, könnte, seines heimlichen Wissens und gepflegten Innenlebens froh, abwarten, daß die Zeit von selbst reif wird. Hier aber ist ein Volk, das die erhaltenden Lügen verachtet. Das es verschmäht, ein Leben hinzufristen, über das sich nicht ungestraft nachdenken ließe. Die Pflege der Persönlichkeit scheint ihm eitel, wenn sie nicht um sich greift, erobert und beglückt. Kriegerisches Wohlwollen ist hier und generöser Leichtsinn. Sie haben nicht gefragt, diese Franzosen, wohin der Vernunfttraum eines Dichters, eines fragwürdigen Kranken, sie führen werde. Sie haben nach ihm gehandelt, weil er ihnen auf einmal die Welt erhellte; haben alles durch ihn erfahren, Schuld, Sieg, Buße – und sind, arme menschliche Tiere wie alle andern, weil sie den Mut hatten, sich zu begeistern, dennoch der Vergeistigung heute näher als andere: haben im ganzen der Nation einen Ausgleich und Gewinn errungen an Menschenwürde und sittlicher Kraft. Mögen sie, kaum, daß ein Freiheitskampf beendet, sich in neuen Ketten sehen; mögen Freiheit und Gerechtigkeit zurückweichen vor dem, der ihnen entgegengeht und erst mit dem letzten Atemzug der Menschheit erfüllt sein: wenigstens verbaut hier nicht mehr die eiserne Wand der Autorität die Zukunft. Kein Machthaber hält sich fortan gegen den Geist, dessen Strom ihn herauftrug und hinwegraffen wird ... »Die französischen Soldaten können ihre Vernunft gebrauchen«, sagte Napoleon. »Drum sind sie weiches Wachs in der Hand dessen, der sie bei ihrer Vernunft faßt; und doch sind sie die unerschrockensten der ganzen Welt.« – Die Geistesführer Frankreichs, von Rousseau bis Zola, hatten es leicht, sie hatten Soldaten.

II.

In Deutschland hätten sie es schwerer. Sie hätten es mit einem Volk zu tun, das leben will, nichts weiter. Niemand hat gesehn, daß hier, wo so viel gedacht ward, die Kraft der Nation je gesammelt worden wäre, um Erkenntnisse zur Tat zu machen. Weder die Abschaffung ungerechter Gewalt noch die Befreiung von den Ansprüchen eines lächerlich gewordenen Glaubens hat Hände bewegt. Man denkt weiter als irgendwer, man denkt bis ans Ende der reinen Vernunft, man denkt bis zum Nichts: und im Lande herrscht Gottes Gnade und die Faust. Wozu etwas ändern. Was anderswo geschaffen, hat man in Theorien schon überholt. Man lebt langsam und schwer, man ist nicht bildnerisch genug begabt, um durchaus das Leben formen zu müssen nach dem Geist. Mögen neben und über den Dingen die Ideen ihre Spiele aufführen. Wenn sie hinunterlangten und eingriffen, sie würden Unordnung und etwas nicht Absehbares stiften. Man klammert sich an Lügen und Ungerechtigkeit, als ahnte man hinter der Wahrheit einen Abgrund. Das Mißtrauen gegen den Geist ist Mißtrauen gegen den Menschen selbst, ist Mangel an Selbstvertrauen. Da jeder einzelne sich lieber beschirmt und dienend sieht, wie sollte er an eine Demokratie glauben, an ein Volk von Herren. Die angestammten und bewährten Herren mögen manchmal, unbeleckt wie sie sind, der hochgebildeten Nation auf die Nerven fallen: mit ihnen aber ist sie gewiß, zu leben, sicherer zu leben als die, die nur der Geist führt. Auch beherrschen sich diese Herren und werden schwerlich der Überspannung der Gewalt verfallen, die Explosionen schafft. Das extrem Tyrannische ist hier so unwahrscheinlich wie die Gleichheit. Keine Grausamkeit, aber auch keine Liebe. Nirgends liegen zwischen den Klassen solche Eisberge von Fremdheit. Man liebt einander nicht und liebt nicht die Menschen. Die Monarchie, der Herrenstaat ist eine Organisation der Menschenfeindschaft und ihre Schule. Die Masse der Kleinen, die hier wie überall die größere Wärme des Geschlechts enthält, wird zu entlegenen Hoffnungen verdammt und verdorben für die tätige Verbrüderung, die ein Volk groß macht. Kein großes Volk: nur große Männer. Was es hat an Liebe und allen Ehrgeiz, alles Selbstbewußtsein setzt dies Volk in seine großen Männer.

Seine großen Männer! Hat man je ermessen, was sie dies Volk schon gekostet haben? Wieviel Talent, Entschließungskraft und adliger Sinn unterdrückt worden ist, was an Demut, Neid, Selbstverachtung gezüchtet ward, und was versäumt ward in hundert Jahren an der Nivellierung, der moralischen Höherlegung der Nation, damit in unermeßlichen Abständen je ein Manneswunder und Ausbund aller Herrlichkeit erscheinen konnte, übermästet von der Entsagung ganzer Geschlechter und dem lebenden Dünger der Nation entsprossen wie eine tierisch fette Zauberblume. Nun liegt und betet an! Ihr, die schaffende Macht nicht kennt, braucht nicht zu wissen, wie es um die Mächtigen steht, und daß auch der Größte, gerade der Größte nur in den Stunden groß ist, da er schafft: daß die Verehrung seiner Person eine leere Puppe trifft. Wieviel tote Zeit im Leben des großen Mannes, da er sich ausgeleert und klein weiß. Wieviel Schwindel und gewaltsame Überhebung, um tagein tagaus zu vertreten, was er zuweilen war. Welch wahnwitzige Selbstsucht, von der Masse derer aufgehäuft, die abdanken in seine Hand. Welche Entfernung vom Menschlichen, welche Vereisung. Was für Leiden auch, Überreiztheit und Angst des Zusammenbruchs. Was für schaurige Einblicke eines, der absolut zu sein hat, ins Nichts. Er saugt nicht nur Tatkraft und Stolz seines Volkes in sich auf, der große Mann: er kauft ihm auch die Abgründe ab, vor denen das wohltemperierte Dasein der Gewöhnlichen zurückschreckt . . . Aber das dürfte nicht sein, und er dürfte nicht sein. Ein Volk von heute hat kein Recht auf so große Männer. Es hat kein Recht, sich von ihnen der Selbstbestimmung entheben, korrumpieren, gar anstecken zu lassen und sich, Wollwarenfabrikant oder Schmock, ein Übermenschentum einzureden, während noch sein Menschentum rückständig ist.

Der Letzte aber, dem all diese Verirrung und Feigheit erlaubt wäre, der Mensch des Geistes, der Literat: gerade er hat sie geweiht und verbreitet. Seine Natur: die Definition der Welt, die helle Vollkommenheit des Wortes verpflichtet ihn zur Verachtung der dumpfen, unsauberen Macht. Vom Geist ist ihm die Würde des Menschen auferlegt. Sein ganzes Leben opfert der Wahrheit den Nutzen. Die Erscheinungen löst er auf, vermag das Große klein zu sehen und im Kleinen das durch Menschlichkeit Große: dergestalt, daß ihm Gleichheit zur letzten Forderung der Vernunft wird . . . Gerade er aber wirkt in Deutschland seit Jahrzehnten für die Beschönigung des Ungeistigen, für die sophistische Rechtfertigung des Ungerechten, für seinen Todfeind, die Macht. Welche seltsame Verderbnis brachte ihn dahin? Was erklärt diesen Nietzsche, der dem Typus sein Genie geliehen hat, und alle die, die ihm nachgetreten sind? Ist es der überwältigende Erfolg der Macht, den diese Zeit und dies Land sahen? Die Hoffnungslosigkeit, die eigene Natur durchzusetzen, heute und hier? Der Drang zu wirken, sei es gegen sich selbst: durch Steigerung und Verklärung des Feindes, als bewunderter Anwalt des Bösen? Ist es die perverse Abdankung des allzu Wissenden, der sich im schlechten, unbewußten Leben wälzt wie ein entflohener Sträfling? Vom tragischen Ehrgeiz bis zu elender Eitelkeit, von der albernen Sucht, besonders zu sein bis zum panischen Schrecken der Vereinsamung und dem Ekel am Nihilismus: die abtrünnigen Literaten haben viele Entschuldigungen. Sie haben vor allem eine in der ungeheuerlich angewachsenen Entfernung, die, nach so langer Unwirksamkeit, die deutschen Geister vom Volk trennt. Aber was taten sie, um sie zu verringern? Sie haben das Leben des Volkes nur als Symbol genommen für die eigenen hohen Erlebnisse. Sie haben der Welt eine Statistenrolle zugeteilt, ihre schöne Leidenschaft nie in die Kämpfe dort unten eingemischt, haben die Demokratie nicht gekannt und haben sie verachtet. Sie verachten das parlamentarische Regime, bevor es erreicht ist, die öffentliche Meinung, bevor sie anerkannt ist. Sie tun, als hätten sie hinter sich, wofür nur die andern geblutet haben, und maßen sich die Miene der Übersättigung an, obwohl sie niemals weder kämpften noch genossen. Sie sollten herrschen, der Geist sollte herrschen, dadurch daß das Volk herrscht. Sie sollten diesem Volk das Glück vermitteln, sich wahr zu sehen, damit es sich höher achte und wärmer fühle. Die Zeit verlangt und ihre Ehre will, daß sie endlich, endlich auch in diesem Lande dem Geist die Erfüllung seiner Forderungen sichern, daß sie Agitatoren werden, sich dem Volk verbinden gegen die Macht, daß sie die ganze Kraft des Wortes seinem Kampf schenken, der auch der Kampf des Geistes ist. Ihre Vornehmheit sollte nicht Selbstkultus sein; die deutsche Überschätzung des Einzelfalles, der Auszeichnung geht täglich mehr gegen Vernunft und Wahrheit; sie sollte in der Kraft sein, Maß und Vorbild zu geben. Denn der Typus des geistigen Menschen muß der herrschende werden in einem Volk, das jetzt noch empor will. Das Genie muß sich für den Bruder des letzten Reporters halten, damit Presse und öffentliche Meinung, als populärste Erscheinungen des Geistes, über Nutzen und Stoff zu stehen kommen, Idee und Höhe erlangen. Der Faust- und Autoritätsmensch muß der Feind sein. Ein Intellektueller, der sich an die Herrenkaste heranmacht, begeht Verrat am Geist. Denn der Geist ist nichts Erhaltendes und gibt kein Vorrecht. Er zersetzt, er ist gleichmacherisch; und über die Trümmer von hundert Zwingburgen drängt er den letzten Erfüllungen der Wahrheit und der Gerechtigkeit entgegen, ihrer Vollendung, und sei es die des Todes.

Der Essay wurde 1916 als programmatische Einleitung des ersten Ziel-Jahrbuchs der »Aktivisten« um Kurt Hiller wieder abgedruckt *(Das Ziel. Aufrufe zu tätigem Geist.* Hg. v. Dr. Kurt Hiller. München, Berlin: G. Müller 1916. S. 1–8.); später noch einmal in der pazifistisch-linksrevolutionären Zeitschrift *Das Forum* (6, 1921/22, S. 215–223), deren Herausgeber Wilhelm Herzog auch schon den *Pan*-Jahrgang mit herausgegeben hatte, in dem er erstmals erschienen war.

Der Aufsatz fand schon früh bei den Autoren der »jüngsten« Generation, besonders im Umkreis der *Aktion*, ein begeistertes Echo. In einer mit *Geist und Tat* betitelten Glosse spielte Franz Pfemfert im 1. Jg. seiner *Aktion* (22. Mai 1911, Sp. 425) auf ihn an und schrieb: »Die Soldschreiber der Reaktion fühlen sich schlecht. Ihnen droht ein Gegner, dem sie nicht mit Kartätschen begegnen können: der Mensch des Geistes, der Literat. Unsere Besten werden zu Agitatoren und wirken, die dumpfen Bande der Reaktion zu lokkern. Das macht den gewerbsmäßigen Unkulturvertretern, die noch in der Schnurrbartsbinde ein staatliches Hoheitszeichen erblickten, Sorge. Heinrich Manns Ruf: ›Der Faust- und Autoritätsmensch muß der Feind sein. Ein Intellektueller, der sich an die Herrenkaste heranmacht, begeht Verrat am Geist‹, suchen sie noch mit einem kümmerlichen Lächeln zu überhören. Doch fühlen sie dunkel, daß der Ruf gefährlicher, drohender, revolutionärer wirken wird als alle Straßendemonstrationen.« In einer Kritik des zeitgenössischen Pressewesens schrieb Pfemfert knapp ein Jahr später: »Da hat Heinrich Mann ein radikales, mutiges, funkelndes Manifest ›Geist und Tat‹ ins Land geschleudert. Wir atmen tief auf: dieses unerhörte Ereignis, ›der Einbruch der Literatur in die Politik‹ muß, hoffen wir, die Geister Deutschlands aufpeitschen. Die Zeitungen werden ihrer Informationspflicht genügen müssen und ihren Lesern diesen Aufsatz übermitteln, werden (einer der Größten unter den lebenden deutschen Dichtern hatte gesprochen!) diese Tatsache nicht totschweigen können. Sie konnten es. Heinrich Manns Worte verhallten wirkungslos, da unser Blätterwald nur echot, was der Parteischablone gleicht.« (*Die Aktion* 2, 1912, Sp. 453 f.) Zur Rezeption des Essays vgl. weiterhin Rudolf Kurtz: *Heinrich Manns politische Ideologie.* In: *Die Aktion* 2 (1912), Sp. 1605 f.; Emil Faktor: *Die Ritter vom Geiste.* In: *Pan* 1 (1910/11), S. 212–214.

73
Thomas Mann: *Der Taugenichts.* In: *Die neue Rundschau* 27 (1916), (November), S. 1478–1490.

In einem Augenblick, wo literarische Aktivistentugendhaftigkeit ihre rhetorisch geschulte Stimme mit den Stimmen jener Exzedenten der Staatsfrömmigkeit vereinigt, welche kategorisch dafür halten, daß das Menschliche dazu da sei, organisiert, *restlos* organisiert und sozialisiert zu werden und im Staatlich-Gesellschaftlichen unbedingt aufzugehen, – in einem solchen Augenblick mag es sehr frech, sehr zigeunerhaft oder sehr – bürgerlich scheinen (der Unterschied ist heute so groß nicht, als man denken sollte, und war es niemals), von einem deutschen Buche zu sprechen und es mit Nachdruck als deutsch, *auch noch* als deutsch zu bezeichnen, das der politischen Tugend in einem wahrhaft liederlichen Grade enträt: nämlich so, daß es nicht nur nichts davon wissen will (das wäre noch keine Willenlosigkeit), sondern tatsächlich rein gar nichts davon weiß und sich also auf eine heute schlechthin verblüffende Weise im Stande politischer Unschuld und Ruchlosigkeit befindet: ich meine den *Taugenichts*, Joseph von Eichendorffs wundersam hoch und frei und lieblich erträumte Novelle, die wir alle in unserer Jugend gelesen haben, und von der uns allen all die Zeit her ein feiner Saitenschlag und Glockenklang im Herzen nachgeschwungen hat. *Aus dem Leben eines Taugenichts* . . . Weiß man noch? Und möchte man die holde Erinnerung nicht einmal auffrischen, gerade und trotzigerweise jetzt die schwebende, klingende Geschichte wieder lesen, die, als wir sie vordem lasen, vielleicht ein zerschlissenes Fetzchen mit Eselsohren war und unterdessen zum vornehmsten Buchwerk geworden ist: solennen Formats, gedruckt in klaren und großen deutschen Lettern auf schönes, starkes Papier und obendrein geschmückt mit Zeichnungen von einem wunderlich anachronistisch wirkenden, genialen kleinen Herrn mit dem romantisch-vorpolitischen Namen Preetorius? So nämlich ist sie kürzlich, mitten im Kriege, wieder erschienen: als »Sechster Hyperiondruck« in Hans von Webers Verlag [1]; und als sie kam und vor mir lag, wußte ich gleich, daß ich eine Buchanzeige schreiben und auf die außerordentliche bibliophile Ehrung hinweisen wollte, die ausgemacht jetzt dem alten *Taugenichts* zuteil geworden. Denn die Sendung paßte, wie das ja geheimnisvollerweise öfters zu gehen pflegt, genau in den Gedankengang, den ich eben verfolge, und das Nachdruckswort im Titel wurde mir in dem Augenblick, wo ich es wiedersah, zum Symbol und Inbegriff für vieles, was mir am Herzen liegt, und was zu entwickeln und in treffende Worte zu fassen derzeit meine Aufgabe ist . . .

Es hat doch wohl keinen Sinn, daß ich die Fabel rekapituliere? Sie anspruchslos zu nennen, wäre schon zu viel gesagt. Sie ist – die reine ironische Spielerei, und der Verfasser selbst macht sich darüber lustig, indem er gegen den Schluß jemanden sagen läßt: »Also zum Schluß, wie sich's von selbst versteht und einem wohlerzogenen Romane gebührt: Entdeckung, Reue, Versöhnung, wir sind alle wieder lustig beisammen, und übermorgen ist Hochzeit!« Aber der Roman ist nichts weniger als wohlerzogen, er entbehrt jedes soliden Schwergewichts, jedes psychologischen Ehrgeizes, jedes sozialkritischen Willens und jeder intellektuellen Zucht; er ist nichts als Traum, Musik, Gehenlassen, ziehender Posthornklang, Fernweh, Heimweh, Leuchtkugelfall auf nächtlichen Park, törichte Seligkeit, so daß einem die Ohren klingen und der Kopf summt vor poetischer Verzauberung und Verwirrung. Aber er ist auch Volkstanz im Sonntagsputz und wandernde Leierkasten, ein deutsch-romantisch gesehenes Künstler-Italien, fröhliche Schiffahrt einen schönen Fluß hinab, während die Abendsonne Wälder und Täler vergoldet und die Ufer von Waldhornklängen widerhallen, Sang vazierender Studenten, welche »die Hüt' im Morgenstrahl schwenken«, Gesundheit, Frische, Einfalt, Frauendienst, Humor, Drolligkeit, innige Lebenslust und eine stete Bereitschaft zum Liede, zum reinsten, erquickendsten, wunderschönsten Gesange . . . Ja, die Weisen, die da erklingen, die überall eingestreut sind, als sei es nicht weiter viel damit, – es sind nicht solche, die man nur eben in Kauf nimmt, es sind Perlen der deutschen Lyrik, hochberühmt, unserm Ohr und Herzen alt und lieb vertraut; hier aber stehen sie an ihrem eigentlichen Platze, noch ganz ohne Ruhmespatina, noch nicht eingegangen in den Liederschatz der Jugend und des Volkes, frisch, erstmalig und nagelneu: Dinge wie »Wohin ich geh und schaue«, oder jenes »Wer in die Fremde will wandern« mit dem Endruf »Grüß dich, Deutschland, aus Herzensgrund!«, oder »Die treuen Berg' stehn auf der Wacht«, und dann die Zauberstrophe, die eine als wandernder Maler verkleidete Frau zur Zither auf dem Balkon in die warme Sommernacht singt; die, wie jedes der Lieder auf noch prosaischem Wege musikalisch vorbereitet wird – »Weit von den Weinbergen herüber hörte man noch zuweilen einen Winzer singen, dazwischen blitzte es manchmal von ferne, und die ganze Gegend zitterte und säuselte im Mondschein« –, und die nun freilich nicht mehr volkstümlich ist, sondern ein non plus ultra, eine betörende Essenz der Romantik, –

»Schweigt der Menschen laute Lust:
Rauscht die Erde wie in Träumen
Wunderbar mit allen Bäumen,
Was dem Herzen kaum bewußt,
Alte Zeiten, linde Trauer,
Und es schweifen leise Schauer
Wetterleuchtend durch die Brust.«

Der Taugenichts nun also, um persönlich auf ihn zu kommen, ist ein Müllersjunge, der seinen Schimpfnamen daher hat, daß er daheim zu nichts taugt, als sich in der Sonne zu rekeln und die Geige zu streichen, und den sein Vater darum ärgerlich auf die Wanderschaft schickt, damit er sich draußen sein Brot erwerbe. »Nun,« sagt der Junge, »wenn ich ein Taugenichts bin, so ist's gut, so will ich in die Welt gehen und mein Glück machen.« Und während rechts und links seine Bekannten und Kameraden, »wie gestern und vorgestern und immerdar«, zur Arbeit hinausziehen, graben und pflügen, streicht er, »ewigen Sonntag« im Gemüte, mit seiner Geige durchs Dorf in die freie Welt hinaus und lenkt mit dem nagelneuen Liede »Wem Gott will rechte Gunst erweisen« begreiflicherweise die Aufmerksamkeit zweier Damen auf sich, die ihn in einem »köstlichen Reisewagen« auf der Landstraße überholen. Sie nehmen ihn auf dem Trittbrette mit nach Wien, das er ins Blaue hinein als sein Wanderziel genannt hat; und damit beginnt der verträumte Reigen seiner deutschitalienischen Abenteuer, die Geschichte seiner Liebe zur viel schönen gnädigen Frau, diese willenlose Geschichte, die sich in einer Opernintrige verwirrt, um sich in kindliches Wohlgefallen aufzulösen, und in welcher der Charakter dessen, der sie erlebt und erzählt, sich so treuherzig-unverantwortlich offenbart.

Der Charakter des Taugenichts ist folgender. Seine Bedürfnisse schwanken zwischen völligstem Müßiggang, so daß ihm vor Faulheit die Knochen knacken, und einem vag-erwartungsvollen Vagabundentriebe ins Weite, der ihm die Landstraßen als Brücken – über das schimmernde Land sich fern über Berge und Täler hinausschwingende Brücken zeigt. Er ist nicht allein selber nutzlos, sondern er wünscht auch die Welt nutzlos zu sehen, und als er ein Gärtchen zu bewirtschaften hat, wirft er Kartoffeln und anderes Gemüse, das er darin findet, hinaus und bebaut es zum Befremden der Leute ganz mit erlesenen Blumen, mit denen er allerdings seine hohe Frau beschenken will und die also wohl einen Zweck haben, aber nur einen unpraktischempfindsamen. Er ist von der Familie der jüngsten Söhne und dummen Hänse des Märchens, von denen niemand etwas erwartet und die dann doch die Aufgabe lösen und die Prinzessin zur Frau bekommen. Das heißt, er ist ein Gotteskind, dem es der Herr im Schlafe gibt, und er weiß das auch; denn als er in die Welt zieht, wiederholt er nicht seines Vaters Wort vom Broterwerb, sondern erklärt leichthin, er gehe, sein Glück zu machen. Auch ist er so hübsch von Gesicht, daß in Italien, wo er, ohne es zu wissen, infolge der Intrige eine Zeitlang für ein verkleidetes Mädchen gilt, ein schwärmerischer Student sich recht hoffnungslos in ihn verliebt und daß überhaupt alle Herzen sich freundlich zu ihm neigen. Trotzdem aber und obgleich er die schöne Wandererde, das frische Krähen der Hähne über die leise wogenden Kornfelder hin, die schweifenden Lerchen zwischen den Morgenstreifen hoch am Himmel, den ernsten Mittag, die flüsternde Nacht aus dankbarer Seele liebt und innig belauscht, ist er in der Welt doch nicht zu Hause, hat in der Regel nicht teil an dem Glücke derer, die sich in ihr zu Hause fühlen. »Alles ist so fröhlich,« denkt er, während er wie öfters über der Welt in einer Baumkrone sitzt; »um dich kümmert sich kein Mensch. Und so geht es mir überall und immer. Jeder hat sein Plätzchen auf der Erde ausgesteckt, hat seinen warmen Ofen, seine Tasse Kaffee, seine Frau, sein Glas Wein zu Abend und ist so recht zufrieden. Mir ist's nirgends recht. Es ist, als wäre ich überall eben zu spät gekommen, als hätte die ganze Welt gar nicht auf mich gerechnet.« Er vergleicht sich mit einem zusammengerollten Igel, mit einer Nachteule, die in Ruinen hockt, mit einer Rohrdommel im Schilfe eines einsamen Weihers. Und er nimmt dann seine Geige von der Wand und spricht zu ihr: »Komm nur her, du getreues Instrument! Unser Reich ist nicht von dieser Welt!« Er ist ein Künstler und ein Genie, – was nicht seine eigene Behauptung noch die des Dichters ist, aber durch seine Lieder zur schönsten Evidenz erwiesen wird. Gleichwohl hat sein Wesen nicht den geringsten Einschlag von Exzentrizität, Problematik, Dämonie, Krankhaftigkeit. Nichts ist bezeichnender für ihn, als sein »Grausen« vor den wildschönen und überspannten Reden des Malers in dem römischen Garten, eines Bohemiens von dekorativem Gebaren, der mit grotesker Lustigkeit von Genie und Ewigkeit, von »Zucken, Weintrinken und Hungerleiden« rodomontiert und dabei mit seinen verwirrten Haaren vom Tanzen und Trinken im Mondschein ganz leichenblaß anzusehen ist. Der Taugenichts schleicht sich davon. Obgleich Landstreicher, Musikant und Verliebter, versteht er sich nur schlecht auf die Boheme, – denn die Boheme ist eine äußerst literarische und naturferne Form der Romantik, und er ist vollkommen unliterarisch. Er ist Volk, seine Melancholie ist die des Volksliedes und seine Lebensfreude desselben Geistes. Er ist gesund, wenn auch keineswegs derb, und kann die Verrücktheiten nicht ausstehen. Er »befiehlt sich Gottes Führung, zieht seine Violine hervor und spielt alle seine liebsten Stücke durch, daß es recht fröhlich in dem einsamen Walde erklang«. Sein Romantizismus also ist weder hysterisch, noch phthisisch, noch wollüstig, noch katholisch, noch phantastisch, noch intellektuell. Dieser Romantizismus ist ganz unentartet und unentgleist; er ist human, und sein Grundton ist melancholisch-humoristisch. Wo dieser Ton drollig wird, erinnert er auffallend an den eines sehr hohen germanischen Humoristen der Gegenwart, der ebenfalls Volk und inniger Landstreicher ist: an den Knut Hamsuns. »Parlez-vous français? sagte ich endlich in meiner Angst zu ihm. Er schüttelte mit dem Kopfe, und das war mir sehr lieb, denn ich konnte ja auch nicht französisch.« – Der Taugenichts verleugnet den Humoristen auch nicht in der Liebe. Auch seine Liebe ist nicht »leichenblaß«, auch sie ist human, das heißt melancholisch, innig und humoristisch. Er würde sich niemals, wie der welsche Student tut, der ihn für ein Mädchen hält, jemandem mit Iddio und cuore und amore und furore zu Füßen stürzen. Als »alles, alles gut« ist und er seine hohe Frau haben kann, da sie gottlob nur eine Portiersnichte ist, da ist er »so recht seelenvergnügt« und langt eine Handvoll Knackmandeln aus der Tasche, die er noch aus Italien mitgebracht hat. »Sie nahm auch davon, und wir knackten nun und sahen zufrieden in die stille Gegend hinein.« Das ist so freiwillig humoristisch, daß keine unfreiwillige Komik aufkommen kann, und man erinnert sich, daß auch die Märchenhänse sich nicht exaltierter aufführen, wenn sie die Prinzessin bekommen. Der Taugenichts ist in geschlechtlichen Dingen unschuldig bis zur Tölpelhaftigkeit und geht aus recht heiklen Lebenslagen, in die er dank der Intrige gerät, unberührt und ahnungslos hervor. Daß seine Reinheit nicht albern wirkt, ist eine starke poetische Leistung. Es ist die Reinheit des Volksliedes und des Märchens und also gesund und nicht exzentrisch. Er hat die Naivität und Freimenschlichkeit gemeinsam mit Gestalten wie den Wagnerschen Waldknaben, dem Helden der Dschungelbücher und Kaspar Hauser. Aber er hat weder Siegfrieds Muskelhypertrophie, noch Parsifals Heiligkeit, noch Mowglis Halbtierheit, noch Hausers seelische Kellerfarbe. Das alles wären Exzentrizitäten; der Taugenichts aber ist human-gemäßigt. Er ist Mensch, und er ist es so sehr, daß er überhaupt nichts außerdem sein will und kann: eben deshalb ist er der Taugenichts. Denn man ist selbstverständlich ein Taugenichts, wenn man nichts weiter prästiert, als eben ein Mensch zu sein. Auch ist sein Menschentum wenig differenziert, es hat etwas Abstraktes, es ist bestimmt eigentlich nur im nationalen Sinne, – dies allerdings sehr stark: es ist überzeugend und exemplarisch deutsch, und obgleich sein Format so bescheiden ist, möchte man ausrufen: wahrhaftig der deutsche Mensch!

Preetorius hat diese Figur wundervoll verstanden und wiedergegeben. Sie ist nur zwei Zoll hoch auf seinen Zeichnungen, aber voll von poetischem und symbolischem Leben. Der Taugenichts vor dem Amtmann, auf der verwitterten Gartenmauer, im Schlafrock vor seinem Zollhäuschen; der Taugenichts im Frührot wandernd und geigend oder im Baum über das weite Land hin meditierend; der Taugenichts, sein Instrument schwenkend, vor der Silhouette von Rom oder am Schluß mit der Geliebten auf dem Söller über dem tiefen Tal: das sind Fixierungen von zarter und eindringlicher Bildkraft. Der Illustrator macht seinen Helden nicht »schön«, obwohl es im Buch über ihn heißt: »Come è bello!« Aber die Schönheit des Taugenichts ist auch sicher nichts weiter als ein Durchschimmern seiner Gotteskindlichkeit, und der Illustrator tat recht, dem Zug seines humoristischen Talentes zu folgen und keinen Idealjüngling, sondern einen linkischen Märchenhans zu zeigen. Sein Taugenichts – und man wird ihn nun wohl immer so sehen müssen – ist ein Bursche in einem braunen Schoßrock und ungeschickten Hosen, mit Vatermördern, einem komisch widerspenstigen Haarwuchs und einem spitznäsigen, unendlich naiven, unklugen und guten Gesicht. Der Zeichner gab viel, mit ganz sparsamen, aber genau und sinnig verwandten Mitteln: er gab nach der Vorschrift des Dichters ein in seiner Anspruchslosigkeit rührendes und erheiterndes Symbol reiner Menschlichkeit, human-romantischer Menschlichkeit, noch einmal denn: des deutschen Menschen.

Der deutsche Mensch ist heute kein Taugenichts mehr, – o nein. Man hat vielmehr den Eindruck, daß er so viel taugt, wie alle übrigen zusammengenommen; er hat ein Reich, das gar sehr »von dieser Welt« ist, und er verteidigt es mit so gewaltiger Tüchtigkeit, daß es der Welt täglich sauerer wird, ihr Staunen unter Schimpfreden gegen den zu verbergen, mit dem zu »rechnen« sie sich in fünfzig, in hundertundfünfzig Jahren nicht gewöhnen konnte. Die Welt bedenkt nicht, daß sie dem Deutschen das »Reich« nur teurer macht, dadurch, daß sie es ihm nicht gönnen will. Er aber, der deutsche Mensch, läuft dabei eine Gefahr, die oft erkannt worden ist, die aber aufs neue zu erkennen niemals schaden kann: da er so spät ein Reich bekam, das von dieser Welt ist, und für dieses Reich so furchtbar kämpfen muß, läuft er Gefahr, glauben zu lernen, sein »Reich« überhaupt sei nun gänzlich von dieser Welt, Gefahr also, völlig zum »Weltbürger« in einem ursprünglich recht undeutschen Sinne zu werden: zum politischen Bürger nämlich, – während sich uns bisher mit dem Namen des deutschen Bürgers, deutscher Bürgerlichkeit noch immer ein ungleich höherer, freierer, reinerer Sinn als der bloß politische verband. Deutsche Bürgerlichkeit, das war deutsche Menschlichkeit, Freiheit und Bildung. Der deutsche Bürger, das war eigentlich der deutsche Mensch, und zu seiner Mitte strebte von oben und unten alles, was zur Freiheit und Geistigkeit strebte . . .

Ich sagte anfangs, der Gegensatz zwischen dem »Zigeuner« und dem »Bürger« habe für uns keine rechte Schärfe. Er hat sie deshalb nicht, weil er gar kein deutscher, sondern ein französischer Gegensatz, eine Übersetzung aus dem Französischen ist und bei uns nur von einem Literatentum gehandhabt wird, das in übersetzter Begriffswelt lebt und webt. Es ist der glorreiche Pariser Gegensatz von 1830 zwischen dem bohémien und dem bourgeois, dem artistischen Libertin in seiner Sammetflausherrlichkeit und dem großen Amusischen, Engherzigen, auf Nützlichkeit Bedachten, gravitätisch Satten und Lächerlichen, – und er geht uns, wie andere französische Antithesen, überhaupt nichts an. Die deutsche Romantik besaß kein allgemein akzeptiertes Wort, das dem französischen »bohémien« entsprochen hätte. Auf eigene Hand nannte Eichendorff seinen reinen Menschen den *Taugenichts*. Was aber das Wort »bourgeois« betrifft, so ist es freilich durch das kapitalistische Zeitalter internationalisiert worden, aber es mit »Bürger« zu übersetzen, ist ein Literatenunfug. Die deutsche Romantik sprach vom »Philister«; aber der Bürger ist kein Philister, denn der Philister ist der wesentlich unromantische Mensch, zur deutschen Bürgerlichkeit aber gehört unverbrüchlich ein romantisches Element: der Bürger ist romantischer Individualist, denn er ist das geistige Produkt einer überpolitischen oder doch vorpolitischen Epoche, einer Humanitätsepoche, in der, wie Turgenjew in seiner *Faust*-Kritik [2] sagt, »die Gesellschaft in Atome zerfiel und bis zur eigenen Negation ging, in der jeder Bürger sich in einen *Menschen* verwandelte«. Man nenne also – und man tut es ja heute – den Bürger in seiner geistigen Reinkultur einen Atomisten: diesen Begriff des atomistischen Bildungsindividualismus mit dem des Philistertums sich decken zu lassen, wird immer schwer halten. Schopenhauer, der den Staat für eine bloße Schutzanstalt gegen die eingeborene Ungerechtigkeit des Menschengeschlechtes erklärt (auch Wilhelm von Humboldt, ein anderer großer Bürger, dachte zu Zeiten über den Staat nicht anders) – Schopenhauer also wird nicht müde, auf »die Philosophaster« (nämlich Hegel) zu schimpfen, »welche, in pompösen Redensarten, den Staat als den höchsten Zweck und die Blüte des menschlichen Daseins darstellen *und damit eine Apotheose der Philisterei liefern*«. Danach wäre der Philister der Staatsbürger, der *nichts als das, nichts darüber hinaus* ist, – und vielleicht ist ein Augenblick gekommen, wo es sich um des deutschen Menschen willen empfiehlt, diese Definition, die natürlich nicht definitiver ist, als andere Definitionen, probeweise ein wenig gelten zu lassen. Kein Mißverständnis! Es kann in Deutschland nie wieder werden, wie es gewesen war bis zu dem Augenblick, als Luden [3] in Weimar zu Goethe sprach: »Denn gerade das, daß der deutsche Michel bisher nur für sich selbst gesorgt, sein eigenes Steckenpferd geritten, alsdann seinen Kloß gegessen und sich behaglich den Mund abgewischt hat, unbekümmert um das gemeine Wesen, um Vaterland und Volk – gerade dies ist es ja, was Schimpf, Schande und unermeßliches Unglück über Deutschland gebracht hat.« Ein Zustand, in dem der ästhetische Tee dem Gebildeten die Öffentlichkeit bedeutete, könnte wiederkehren in der schaurigen Stickluft eines geschlagenen, entmannten und hoffnungslos gemachten Deutschland; er ist undenkbar in einem Deutschland, das den Ansturm der Welt bestand. Der Privat-Michel und der Teetisch-Ästhet, sie beide sind Erscheinungsformen des ödesten vorpolitischen Philisteriums. *Politisches* Philisterium und Banausentum wäre die entgegengesetze Form menschlicher Verkümmerung, Verdummung und Verarmung, – das Philisterium ist ein Extrem; aber die Mitte, das Bürgerliche, das Menschliche, das ist der Deutsche.

Der deutsche Bürger ist heute Staatsbürger, Reichsbürger, und der Krieg arbeitet mit Macht an der Vollendung seiner politischen Erziehung. So soll es sein, denn so muß es sein. Ein Riese setzte Deutschland in den Sattel: nun muß es reiten, denn herunterfallen darf es nicht. Es hält zur Zeit, um Buschklepper abzuwehren, die ihm in den Zügel fielen; doch dann wird es weiter und immer besser reiten . . . Der deutsche Bürger, sage ich, ist zum Staatsbürger, Reichsbürger geworden, aber nie, so Gott will, wird er Staatsphilister sein, nie glauben lernen, daß der Staat Zweck und Sinn des menschlichen Daseins sei, daß die Bestimmung des Menschen im Staatlich-Gesellschaftlichen aufgehe, und daß Politik Menschen bilde. Er weiß, daß wichtigste Teile des Menschengeistes: Religion, Philosophie, Kunst, Dichtung, Wissenschaft neben, über, außer dem Staate und oft genug gegen ihn existieren, jede Verwendung und Verwendbarkeit dieser Organe des Menschengeistes als Staatsorgane, jede offizielle, uniformierte und reglementierte Geistigkeit also, wird immer seine Ironie herausfordern, – und »politisch organisierter Geistigkeit« sollte das *nicht* tun? Nochmals, die Vornehmtuerei des Künstlers und Geistigen gegen den »Bürger« ist bloße Unart und etwas falsch Übersetztes in diesem Lande, wo »Bürgerlichkeit« und »Geistigkeit« so innig sinnverwandte Wörter sind, und wo die Mischung von Artistik und Bürgerlichkeit, bürgerliches Kunstmeistertum, von Erwin bis auf Theodor Storm eine legitim-nationale Lebensform war. Der Artist, der Zigeuner und Libertiner vergesse doch nicht oder bemerke endlich, daß ein gutes Stück seiner selbst im deutschen Bürger steckt: denn Artistik, Zigeunertum und Libertinage ist der überpolitische Teil des Menschlichen, jener Teil, der im Staatlich-Gesellschaftlichen nicht aufgeht, – der atomistisch-individualistische, der romantische, der Taugenichts-Teil, der für den deutschen Bürger beinahe das Menschliche selbst bedeutet.

Nennen wir das Wort, das heute in aller Gedanken und aller Munde ist und das eine Schicksalsnotwendigkeit, eine Entwicklungs- und Fortschrittsnotwendigkeit, aber auch eine Gefahr für den deutschen Menschen, für deutsche Bürgerlichkeit und Geistigkeit bezeichnet! Es lautet: »*Politisierung*«, – und indem ich es nenne, *vermeide* ich ein anderes antikisierendes Wort, welches heute ganz dasselbe besagt, wegen seines parteiischen Klanges aber zu Mißverständnissen Anlaß geben könnte. Die Politisierung Deutschlands also, die nur mit den gewaltsamsten Mitteln ins Werk gesetzt werden zu können scheint, was nicht eben auf eine natürliche Anlage und Bereitschaft des nationalen Objektes schließen läßt; die Politisierung Deutschlands, die, von Bismarck angebahnt und nur halb vollendet, durch diesen Krieg zur deutschen Lebensfrage, zur allerdringlichsten Forderung und Willensmeinung des nationalen Bewußtseins selbst geworden ist, so daß die Vorbedingungen zu ihrer Vollendung nun erst wirklich vorhanden scheinen: – wenn sie ihrem Wesen nach nur in einer gerechteren Verteilung von Rechten und Pflichten, nur in der volkstümlichen Gestaltung unserer öffentlichen Einrichtungen, in einem Inniger-, Echter- und Vertraulicherwerden also des Verhältnisses zwischen Nation und Staat bestände, –

wer wollte zögern, sie zu bejahen, wer sie nicht ebenso wünschbar als notwendig finden! Es wäre jedoch denkbar, daß es dabei nicht sein Bewenden hätte und haben könnte; daß es nach den Köpfen Derer ginge, die unter der Politisierung Deutschlands nicht sowohl eine Vervolkstümlichung und Nationalisierung des Staates, als die komplette Verstaatlichung und Republikanisierung der Nation verstehen – und dieser Prozeß würde eine wirkliche Veränderung in der Struktur des deutschen Geistes, eine Nivellierung, Verengung, Verarmung dieses nationalen Geistes bedeuten, wovon mancher lieber noch die Notwendigkeit als die Wünschbarkeit wird anerkennen wollen.

Frau von Staël rühmte ihren Franzosen drei deutsche Eigenschaften, die nach ihrer Einsicht die Überlegenheit deutschen Wesens über das französische ausmachten: die *Unabhängigkeit des Geistes*, die *Liebe zur Einsamkeit*, die *Eigenartigkeit* des einzelnen Menschen. – »Wer die Signatur des neuen deutschen Reiches kennt«, schrieb Paul de Lagarde, »wird, wenn er dies gelesen, mit Tränen im Auge wissen, wie deutsch dieses Reich ist.« [4] – Und doch war dem Fürsten Bismarck die Politisierung Deutschlands nur halb gelungen.

Man weiß, was Lagarde gegen Bismarck und das neue Reich auf dem Herzen hatte; man kennt den Haß, den Schmerz, die Forderung dieses großen und geistvollen Patrioten. Er forderte »die volle Durchführung des Grundsatzes, daß der Staat zur Nation in demselben Verhältnis steht, in welchem die Hausfrau sich zum Hausherrn befindet, daß er alle Äußerlichkeiten zu besorgen hat, damit die Nation das wirklich Wesentliche des Lebens mit ungeteilter Aufmerksamkeit ins Auge fassen und in die Hand nehmen könne«. Er forderte, »daß man Religion, Wissenschaft, Kunst auf eigene Füße stelle, weil diese alle nur, wenn sie auf eigenen Füßen stehn, überhaupt existieren«. Er forderte »ein Reich, das nur soweit Staat ist, als die Nation den Staat nicht entbehren kann«, und »die Anerkennung, Erziehung, Verklärung *unserer eigenen Natur*«. Er protestierte gegen die Anschauung, daß der Staat die höchste Form des Menschenlebens sei, – protestierte gegen diese römische und heidnische Anschauung im Namen der evangelischen und der germanischen Freiheit.

Man weiß auch, was Nietzsche, der sich den »letzten unpolitischen Deutschen« nannte, an Bismarck haßte: Gewiß nicht dies, daß er ein den Durchschnitt beleidigender großer Mann war, ein Herr, ein »Machtmensch«. Er haßte ihn und bezweifelte seine Größe, wenn auch nicht seine Stärke, weil er ihn an jener Änderung der geistigen Struktur Deutschlands, an der »Politisierung« Deutschlands arbeiten sah, weil er ihm die Heraufkunft einer Ära des politischen Mannes, des Zeitungslesens und der »literatenhaften Mitsprecherei von Jedermann über Jegliches« zur Last legte, – kurz, wenn Lagarde gegen die Politik im Namen der Freiheit protestierte, so protestierte Nietzsche gegen sie im Namen der *Philosophie* – das Wort in einem sehr unfranzösischen und auch keineswegs exklusiv wissenschaftlichen, sondern in einem sehr deutschen und einem bürgerlich-kulturellen Sinne genommen –, und dieser Protest zieht sich von früh bis ans Ende durch sein ganzes Werk. »Hier«, sagt er in den *Unzeitgemäßen Betrachtungen* [5], »erleben wir aber die Folgen jener neuerdings von allen Dächern gepredigten Lehre, daß der Staat das höchste Ziel der Menschheit sei und daß es für einen Mann keine höheren Pflichten gebe, als dem Staate zu dienen: worin ich nicht einen Rückfall ins Heidentum, sondern in die Dummheit erkenne . . . . Wahrscheinlich wird es von jetzt ab immer mehr das Zeichen geistiger Überlegenheit sein, wenn jemand den Staat und seine Pflichten einfach zu nehmen versteht; denn der, welcher den furor philosophicus im Leibe hat, wird schon gar keine Zeit mehr für den furor politicus haben und sich weislich hüten, jeden Tag Zeitungen zu lesen oder gar einer Partei zu dienen: *ob er schon keinen Augenblick anstehen wird, bei einer wirklichen Not seines Vaterlandes auf seinem Platze zu sein.* Alle Staaten sind schlecht eingerichtet, bei denen noch andere als die Staatsmänner sich um Politik bekümmern müssen, und sie verdienen es, an diesen vielen Politikern zugrunde zu gehn.«

Indem ich diese Sätze mit Genuß und Zustimmung exzerpiere, bin ich im Zweifel, ob heute irgendwo Bereitschaft vorhanden sein wird, sie nachzudrucken. Sie besagen nichts anderes, als die Polemik des späteren und späten Nietzsche gegen den ironischerweise hypostasierten Staatsmann besagte, der »sein Volk in die Lage brächte, einer neuen zweifelhaften Mittelmäßigkeit zu Liebe seine alten und sicheren Tugenden zu opfern«, der dieses Volk »zum Politisieren überhaupt verurteilte, während dasselbe bisher Besseres zu tun und zu denken hatte und im Grunde seiner Seele einen vorsichtigen Ekel vor der Unruhe, Leere und lärmenden Zankteufelei der eigentlich politisierenden Völker nicht los würde . . .« Auch hier kehrt die Antithese wieder, die, so wenig sonst alle Antithetik dem deutschen Geiste gemäß sein mag, wahrhaftig eine deutsche Antithese ist: die nämlich von Philosophie und Politik.

Welches die höhere, edlere, menschlichere Geistesstruktur und Bildung sei, die »politische« oder die »philosophische« – man darf glauben, daß es selbst heute, *gerade* heute keinen Deutschen gibt, der vor dieser Frage zweifelte. Zeiten der gründlichsten Prüfung kamen . . . Zeiten, welche Ernst, Anstand und Würde der Völker, ihre Ehrfurchtsfähigkeit vor dem Schicksal, die Widerstandsfähigkeit ihrer Bildung gegen furchtbare Erschütterungen auf eine entscheidende Probe stellten. Hat die Bildung der »eigentlich politisierenden Völker« in dieser großen Prüfung sich besser bewährt, als die Deutsche? Hat sie sich überhaupt bewährt? Billigkeit ist nicht Chauvinismus, und ich verlange nichts als Billigkeit! Der Vergleich, der aufgedrungene Vergleich fällt zu Deutschlands Gunsten aus, er wird im Urteil der Geschichte zu Deutschlands Gunsten ausfallen. Jene Gespräche, die das einsame, verfemte, bespieene Deutschland unter dem unerhörten Druck der öffentlichen Weltmeinung mit seinem Gewissen führte, die viel beschrieene deutsche »Kriegsliteratur« also, wird Deutschland sich ihrer zu schämen haben, wie jene Gemeinschaften sich des schamvergeßnen Tugendgeschwefels zu schämen haben werden, das ihnen geistig Genüge tat? Haben sie nicht vom ersten Tage an das Schicksal zur sentimental-moralischen Affäre, die Tragödie zum Melodrama erniedrigt? Ihre Besten widerstanden dem nicht, den einen Romain Rolland allenfalls ausgenommen. Aber Rolland mußte nach Genf gehen anläßlich des bescheidenen Maßes von Gerechtigkeit, das er in »Au dessus de la mêlée« bekundete [6], während ich beinahe nach Genf hätte gehen müssen wegen des außerordentlich bescheidenen Maßes von Chauvinismus, das ich in *Friedrich und die große Koalition* an den Tag legte. [7] Das ist der Unterschied zwischen Frankreich und Deutschland . . . Europas weisester Greis, Anatole France [8] in Paris, leistete er Widerstand? Wo war sein Wissen, sein Zweifel, seine radikale Freiheit? Das Melodrama ergriff Besitz von seinem feinen Hirn, und er geiferte. Wille zur Gerechtigkeit: sicher, trat individuell hervor; aber nicht drüben, nicht bei den politischen Völkern war es, daß er sich als repräsentativ, als typisch, als bildungswesentlich erwies und behauptete . . . Was ist die Phrase? Sie ist der politisierte Hochbegriff, nichts andres. Das haben wir erlebt. Ist denn der hohe Begriff, sind »Wahrheit«, »Gerechtigkeit«, »Freiheit«, »Menschlichkeit« in sechsundzwanzig Monaten nicht hinlänglich durch die politische Gosse gezogen, nicht hinlänglich mißbraucht, besudelt, verhunzt, verheuchelt und entwürdigt worden, daß wir noch immer nicht »vorsichtigen Ekel« vor der Predigt von der Politisierung des Geistes sollten gelernt haben?

Politisierung des Geistes! Das ist es, was gewollt – und zwar nicht so sehr von den Staatsfrommen gewollt wird, welche sich wohl überall um den Geist nicht sonderlich kümmern. Die es wollen, wollen den Staat überhaupt nicht, es sind Politiker gegen den Staat, und die »Macht« gar ist ihrem französisch-antithetisch konstruierten Hirn der strikte und teuflische Gegensatz des Geistes, – was sie nicht hindert, die Machtergreifung des Geistes zu fordern und zu lehren. [9] Sie wollen die Politisierung Deutschlands durchaus nicht darum, weil Deutschland reiten muß und nicht abfallen darf; für die Herrschaftsaufgaben, um derentwillen die geistigen und seelischen Opfer, die mit solcher Entwicklung verbunden sind, einzig lohnen würden, interessieren sie sich nicht nur nicht, sondern verneinen sie geradezu und wären mit der Rheingrenze ganz einverstanden. Dies sind die eigentlichen Doktrinäre der Politisierung. Sie lehren sie um ihrer selbst willen, nicht, weil, wer den Zweck will, auch die Mittel wollen muß. Für sie ist die Politisierung Deutschlands weniger das Notwendige, als das an und für sich Wünschenswerte; denn sie ist der Fortschritt.

Freilich, der Fortschritt ist sie wohl, – wenn man nämlich dem Aberglauben abgesagt hat, daß aller Fortschritt unbedingt ein Fortschritt zum Besseren sei. Man kann einen Fortschritt für notwendig und schicksalsgegeben erachten, ohne im mindesten gestimmt zu sein, mit Hurra und Hussa hinterdrein zu feuern – was, sollte ich denken, der Fortschritt auch gar nicht nötig hat. Der Fortschritt hat alles für sich. Nur scheinbar ist er die Opposition. Der erhaltende Gegenwille ist es, der in Wahrheit immer und überall die Opposition bildet, der sich in der Verteidigung befindet und zwar in einer, wie er genau weiß, aussichtslosen Verteidigung.

Der deutsche Fortschritt, der vor dem Kriege in vollem Gange war und mit höchster Wahrscheinlichkeit durch den Krieg einen mächtigen Antrieb erfahren wird, ist ein Prozeß, für den »Politisierung« nur ein Wort unter anderen ist. Es handelt sich um die Intellektualisierung, Literarisierung, Radikalisierung Deutschlands; um seine »Vermenschlichung« im westlich-politischen Sinne und um seine Enthumanisierung im deutschen. Es handelt sich, daß ich dies Wort, den Kriegs- und Jubelruf des Zivilisationsliteraten, nun dennoch ausspreche, um die *Demokratisierung* Deutschlands, – was alles man wohl in das Wort *Entdeutschung* nicht übel zusammenfaßt. Fiat! Es ist der Fortschritt; und jeder, der ein Kind seiner Zeit ist, hat nach dem Maß seiner Kräfte Anteil an seiner Förderung. Trotzdem ist mir, als wäre die Politisierung der Kunst, wie der sogenannte Aktivismus sie will, ein wahrer Greuel, – in ihrer gedachten Vollendung sowohl, wie schon als bloße Forderung eines scharfstimmigen Chorus. Politisierung der Kunst! Als ob nicht die Kunst, wie sehr sie immer eine Sache der einsamen Seele, des Gewissens, des Protestantismus und der Gottesunmittelbarkeit sei, – als ob sie nicht an und für sich und allewege eine soziale Macht wäre, als ob nicht »die ihr nach Kräften geleisteten Dienste«, wie Turgenjew sagt, »die Menschen immer eng zusammenhielten«! Welche *Unbildung* in deutschem Sinne redet aus der Antithese von »Ästhetizismus« und »Aktivismus«, aus der Behauptung, meine ich, die Kunst sei frivoles Schmuckwerk und tändelnder Zierat, *wenn sie nicht Politik*, das heißt unmittelbar moralischer Weltbesserungswille sei. Schiller und Humboldt haben nicht gelebt für eine Gescheitheit, die nicht weiß, daß Nutzlosigkeit und Nichtsnutzigkeit nicht dasselbe sind, daß Sittlichkeit nicht Tugendhaftigkeit und Kunst eine *Form* der Moral, aber kein moralisches Mittel ist.

Zuletzt ist es wirklich die Frage, ob die Herrschaft der Politik dem Staate zuträglich ist, und ob Die nicht recht seine Politiker sind, die »Politisierung« sagen und Anarchisierung meinen. Bei den »eigentlich politisierenden Völkern« stand es sehr merkwürdig, sehr amüsant um den Staat, vor dem Kriege, – man weiß es; und die Auffassung hat ihre Anhänger, daß dieser Krieg im Grunde ein konservatives Einschreiten Deutschlands zur Rettung des Staates überhaupt bedeute: wie in einem früheren Europa Kant, indem er seine furchteinflößende Gelehrtenfrage nach der »Möglichkeit synthetischer Urteile a priori« in militärischem Kommandoton bejahte, *eingeschritten* sei gegen die völlige Zersetzung des Menschengeistes, an welcher die Aufklärung arbeitete. Aber es gibt nicht nur einen politischen Individualismus, der den Staat unterhöhlt; es gibt auch einen außer- und überpolitischen Individualismus, der dem Staate gibt, was des Staates ist, und der einsamen Menschenseele, was ihrer ist. Die anderen waren liberal-individualistische Bummler, und der Krieg hat sie sehr stramm gemacht. Staat und »Organisation« ist ihnen das Letzte und Neueste. Aber Deutschland führt. Deutschland ist ein wenig wie sein großer Goethe, der zu sagen pflegte: »Wenn die Leute glauben, ich sei noch in Weimar, so bin ich schon in Erfurt.« Die individualistische Reaktion wird aus Deutschland kommen . . . Was aber die Kunst in Deutschland betrifft, so wird jede Bindung ihr gemäßer sein, als die der Republikanertugend, und der deutsche Künstler als Jakobiner und citoyen vertueux mit dem Zivismusschein in der Tasche ist eine allzu wunderliche Einbildung, als daß man ihre dauernde Verwirklichung zu befürchten hätte.

Dies sind in knapper Umschreibung die Gedanken, zu denen die Neuausgabe von Eichendorffs *Taugenichts* mich nicht anregte, sondern in denen sie mich betraf. Ich will sie ausführlicher sagen in einem Buche, das bald fertig sein wird, und von dem ich nicht weiß, ob ich es »politisch«, »unpolitisch« oder »antipolitisch« nennen soll.

Gekürzt und verändert ging dieser Aufsatz in das achte Kapitel von Thomas Manns *Betrachtungen eines Unpolitischen* (Berlin: S. Fischer 1918) ein (»Von der Tugend«).

1 Joseph von Eichendorff: *Aus dem Leben eines Taugenichts*. Mit Orig.-Lithographien von Emil Preetorius. München 1914.
2 Iwan Turgenjew: *Über Goethe's Faust und andere Aufsätze*. Berlin 1891. Vgl. auch Alois Hofmann: *Thomas Mann und Turgenev*. In: *I. S. Turgenev und Deutschland*. Materialien und Untersuchungen. Hg. v. G. Ziegengeist. Bd. I. Berlin 1965. S. 330–349.
3 Der Geschichtsschreiber und Publizist Heinrich Luden (1780–1847) berichtete in seinen *Rückblicken auf mein Leben* (1847) über seine Unterredungen mit Goethe in Weimar.
4 Der zitierte Passus, in dem de Lagarde auf die französische Schriftstellerin Germaine Necker, Baronne de Staël-Holstein und ihr Hauptwerk *De l'Allemagne* (1810; dt. 1814) Bezug nimmt, findet sich in der zuerst 1913 und später in vielen Auflagen erschienenen Schriftensammlung: Paul de Lagarde: *Deutscher Glaube. Deutsches Vaterland. Deutsche Bildung*. Das Wesentliche aus seinen Schriften ausgew. u.

eingel. v. F. Daab. Jena: E. Diederichs 1913. Dort in dem Abschnitt »Deutsches Vaterland« S. 81; in diesem Abschnitt auch die von Th. Mann im folgenden referierten Gedankengänge.

5 Auf Friedrich Nietzsches *Unzeitgemäße Betrachtungen* (Leipzig 1873–1876) spielt Thomas Mann dann mit dem Titel *Betrachtungen eines Unpolitischen* an.

6 Siehe unten S. 296 und die Anm. 38 dazu, weiterhin den Kommentar zu Dok. 82.

7 Thomas Mann: *Friedrich und die große Koalition*. Berlin: S. Fischer 1916 (Sammlung von Schriften zur Zeitgeschichte 5. Bd.). Mit dem Essay, der schon in den Januar- und Februarheften 1915 des *Neuen Merkur* erschienen war, stieß Th. Mann auf Ablehnung sowohl der pazifistischen Literaten als auch der Patrioten, denen die Titelfigur (als Repräsentant Deutschlands) ein zu negatives Bild abgab.

8 Anatol France (1844–1924), der als Pazifist und Sozialist galt, überraschte nach Kriegsausbruch die Öffentlichkeit, indem er (siebzig Jahre alt!) als Kriegsfreiwilliger in das französische Heer eintrat. Mit antideutschen Verlautbarungen schloß er sich der allgemeinen Stimmung in Frankreich an. Vgl. auch Wilhelm Hausenstein: *Anatole France, die französische Gesellschaft und der Krieg*. In: *Das Forum* 1 (1914/15), H. 8 (November), S. 377–389.

9 Direkt gegen seinen Bruder Heinrich Mann und dessen Essay *Geist und Tat* (Dok. 68) gerichtet.

70
Kurt Hiller: *Vom Aktivismus*. In: *Die weißen Blätter* 4 (1917), (April–Juni), S. 88–94.

Im Novemberheft der *Neuen Rundschau* knüpft Thomas Mann an die Würdigung einer bibliophilen Ausgabe des Eichendorffschen Taugenichts polemische Betrachtungen über eine Bewegung, die, unter Führung Heinrich Manns und anderer, seit etwa 1910 in Deutschland da ist, von akademischer Pathetik gelegentlich als Neu-Idealismus bezeichnet wird, sonst als Voluntarismus, Politizismus oder *Aktivismus*, und, so sehr ihr Kernwille in den einzelnen Vertretern differenziert, doch dies als ihre oberste Norm wohl durchweg anerkennt: *Umgestaltung der Welt nach dem Befehl der Idee*. Eine Parole, für eine geistige Bewegung weit genug und eng genug; weit genug, insofern die Idee in der Zeit ihre Befehle ja wechselt und ja auch – *abgesehen* vom »Werden in der Zeit«, »seins« mäßig, »unbedingt« gedacht – eine Einigung hinsichtlich der formalen Dominanz des Ideelichen (gegenüber dem Empirisch-Historischen und Materiellen) keineswegs eine Übereinstimmung hinsichtlich des Inhalts der Idee in sich schließt, vielmehr den Geistern zum theoretischen Kampf um das Was des zu Erringenden zunächst alle Freiheit läßt; eng genug, insofern – und dies ist das Entscheidend-Neue der Bewegung – Um-Gestaltung, tatsächliche Änderung der greifbar-dreidimensionalen Welt gefordert wird, Verwirklichung der Ideegebote im Raum, nicht bloß ein Schein-Realisieren in irgendeiner metaphysischen, musischen oder sonstwie »geistigen« Neben- und Schemenwelt. Das undimensionale Sein sogenannt geistiger Werte in der Totheit von Kunstwerken und Büchern, in der Fruchtlosigkeit bloßer Gesinnungen genügt uns nicht; die erhabenen Postulate der asiatischen, hellenischen, der deutschen Propheten, Philosophen, Verzückten und Kritiker müssen endlich einmal *wörtlich* genommen, müssen endlich aus jener Ebene von »Bildung«, auf die das große Gesetz der Trägheit sie seit Jahrhunderten projiziert hat, zurückgeworfen werden in die Dynamik der wirklichen Welt, in die räumliche Menschenheimat ...

...Wir glauben nicht an den absoluten, das heißt aller Legitimationspflicht enthobenen, Wert eines der biologischen Form nach »geistigen« Verhaltens schlechthin, also zum Beispiel an den absoluten Wert »guter« Graphik; wir fragen nach dem *Sinne* des Geistes. Die Antwort »Selbstzweck!« erschiene uns da sehr plump. Wir folgen nur dem unsterblichen Dualismus der platonischen Schule und des deutschen Denkens in Kant, Fichte, Nietzsche, wenn wir, innerhalb der beiden großen überhaupt möglichen Einstellungen zur Welt – als zur seienden und zur seinsollenden –, die Aufgabe des Geistes (wohlgemerkt: die Aufgabe) darin erblicken, daß er das Bild der seinsollenden Welt entwirft und die seiende der seinsollenden zutreibt. Die erste Hälfte dieses Programms (die Entwerfung des Weltbildes) hat der Geist der Vergangenheit mehr oder minder erfüllt; von der zweiten, der Verwirklichung, bleibt so gut wie alles zu tun übrig. Da jene »Welt«, auf deren Umgestaltung es ankommt, weder der Mikrokosmos in uns noch die Natur ist, die astrisch-physikalische und vegetativ-animalische Materiewelt um uns, vielmehr die Welt des Zueinanders aller Iche, die Welt der Koexistenz, die Welt der Gemeinsamkeit von Mikrokosmen, – so darf eine Grundeinstellung, die auf Bau oder Umbau der menschlichen Gesellschaft zielt, rechtens »politisch« genannt werden. Entschließt sich eine im Geist einige Gruppe, diese tatsächlich hinreichend beschmutzte Nomenklatur in das reinigende Bad ihrer griechischen Herkunft zu tauchen und neu zu adeln, so gehört schon ein grobes Ohr oder böser Wille dazu, mißzuhören. Der junge Begriff des Politischen stellt sich erstlich dem Psychologismus entgegen, der überall nur einzusehn, zu begreifen, aufzudecken, zu verstehen trachtet und auf Verwandlung des Gegebenen durch den sich frei fühlenden Willen Überlegner verzichtet (»Vernunft« contra »Verstand«); zweitens stellt er sich einem Musivismus entgegen, der im bloßen kunsthaften Fixieren sensualer oder gemütlicher »Erlebnisse«, in der Herstellung und im Genusse von »Formen« das höchste Ziel des Geistes zu erblicken glaubt. Dabei liegt dieser »politischen« Gesinnung nichts ferner, als zur Kunst als Gesamtphänomen ironisch zu stehen. Im Gegenteil: unter allen Methoden des Verwirklichens scheint ihr keine edler und vielleicht keine so erfolgreich wie die »Kunst« genannte. Nur freilich legen wir die Grenzlinie zwischen dem, das innerhalb der empirischen Kunst taugt und nicht taugt, grundsätzlich anders als der Musivische, der Formalist, der Ästhet sie legte. Er hob gestalterische Tugenden, deren relative Bedeutung wir gar nicht verkennen und die wir, gerade wir, in die Zukunft hineinzunehmen wünschen, ins Absolute; er machte Mittel zu Zwecken und nahm der Kunst als Wesentliches schließlich allen Gehalt, alles Feuer, alle Richtung auf das grandiose (wenn auch dunkel) Menschheitsziel. Die vornehmsten, heroischen Werke sämtlicher Zeitalter fügen sich dem Rahmen dieser sinnlich-engen Theorie nicht ein. Der Aktivist ist kein Feind der Kunst; er weist ihr im Gesamtbau der Kultur sogar einen viel höheren Rang zu als das l'art pour l'art-Volk der verflossenen Ära, wenn er lehrt: »In Wahrheit sind alle wirklich großen Kunstwerke, will sagen alle, welche Geister umrichteten, Herzen umrissen, groß gewesen nicht durch die Vollkommenheit ihres spezifisch Kunsthaften, sondern durch die Mächtigkeit des Bildes ihrer gewollten Welt; durch die Wucht ihres Bejahens und Verneinens, Verherrlichens und Verfluchens; durch die postulative Flamme, die aus ihnen schlug; durch die Erhabenheit ihres Was, ihrer Idee, ihres Ziels, ihres Ethos. An allen großen Kunstwerken ist, daß sie Kunstwerke sind (und nicht Religionen, nicht Philosophien, nicht Politiken), Zufall und Nebensache.«*

Diesem (hier notgedrungen nur sehr ungefähr mitgeteilten) Sachverhalt gegenüber behauptet nun Thomas Mann allerlei Irriges; und zuweilen widerspricht er sich selbst . . .

Daß Thomas Mann Lanzen für den »Bürger« bricht, kann nicht weiter überraschen; daß er aber uns, die er erst des Staatsphilisteriums bezichtigte, nun den Vorwurf macht, wir negierten den Bürger zugunsten des Bohême-Menschen, des »artistischen Libertin in seiner Sammetflausherrlichkeit« (weil wir überhaupt eine Schwäche für, pfui, französische Antithesen hätten und »ein Literatentum« seien, »das in übersetzter Begriffswelt lebt und webt«) – das stellt seiner Logik kein günstiges Zeugnis aus: denn Politisierung und Libertinage vertragen sich doch wohl nicht miteinander.

In Wahrheit wirft Th. Mann hier zwei Gegensatzpaare zusammen, die ein scharfsinniger Analyst peinlich getrennt halten sollte. Der voraktivistische Gegensatz zwischen Bourgeois und Zigeuner läßt uns kalt; wir sehen an ersterem viel zu sehr das immerhin Positive (Ordnung, Sauberkeit, Zuverlässigkeit), am andern viel zu sehr das schließlich nichts-als-Negative (Schmutz ohne Schöpfung), als daß wir umhin könnten, wollte man uns die Pistole vor die Brust setzen und eine Entscheidung erzwingen, womöglich doch noch dem Bourgeois als dem kleineren von beiden Übeln den Vorzug zu geben. Aber *unsere* Antithese zwischen Bürger und *Geistigem* – über die sei Thomas Mann gebeten, in Nietzsches erster Unzeitgemäßer [1] (die frisch und deutlich gegen ihn gerichtet ist), in Landauers *Aufruf zum Sozialismus* [2] und in den Schriften Hans Blühers** nachzulesen. Daß »Bürgerlichkeit und Geistigkeit so innig sinnverwandte Wörter sind« – diese witzige Behauptung wird, der sie aufgestellt hat, dann wohl selbst einer Nachprüfung unterwerfen . . .

Aber *Nietzsche*? Auf den beruft Th. Mann sich ja geradezu! Der habe sich nämlich den »letzten unpolitischen Deutschen« genannt und habe gegen den »furor politicus« den »furor philosophicus« ausgespielt – noch dazu in jenen selben Betrachtungen, die ich, Thomas Mann *zuliebe*, vor einer Minute unexzerpiert ließ.

Hier zeigt sich am deutlichsten, wie mäßig der gute Wille war, mit dem das Verständnis des Bourgeoispoète sich unserm Begriff von Politik näherte. Denn jene Politik, vor der es Nietzsche geekelt hat, war das Treiben der Parteiflachköpfe und Leitartikler; gerade die *Ungeistigkeit* des (im ehemaligen Sinn) »politischen« Lebens peinigte ihn, so wie ihn allerdings auch die Ungeistigkeit der zeitgenössischen Philosophie entnervte. Sein Begriff aber von Geist ist der politischeste, der sich denken läßt; aller Kampf Heutiger gegen die scheinlegitime Absonderung einer Begriffs- und Formenwelt von der »eigentlichen«, aller Kampf für Inthronisation eines *Ziels* in der

* *Das Ziel. Aufrufe zu tätigem Geist*, Georg Müller Verlag, München und Berlin 1916, Seite 192.

** Besonders: *Die Intellektuellen und die Geistigen*, Verlag H. Blüher, Berlin-Tempelhof, 1916; *Der bürgerliche Typus und seine Philosophie*, in der Zeitschrift *Das Neue Deutschland*, Berlin, 1. XI. 1916.

Philosophie (unter Verweisung jeder bloß theoretischen »Erkenntnis«-Lehre in den *Vorhof* des Tempels), alles wertende, Soll- und Schöpfungsdenken, kurz aller Aktivismus (selbst das *Wort* miteingerechnet, ob es gleich, im Willen zur Macht, erst »aktiver Nihilismus« heißt) leitet sich unmittelbar – wiewohl nicht durchweg bewußt – von Nietzsche ab. Den Philosophen als den *Gesetzgeber* zu definieren (Nietzsche tat das) – falls solche Denkart nicht Politizismus, falls sie nicht sogar Prototyp und Superlativ von Politizismus ist . . . hört alle Debatte auf. So wahr es bleibt, daß das, was Nietzsche unter Philosophie verstand, durch Abgründe getrennt war von dem, was sein Zeitalter Politik nannte, so absurd bleibt die Versicherung, man dürfe sich auf Nietzsche berufen, wenn man die angeblich »deutsche Antithese« von Philosophie und Politik (nicht der empirischen irgendeiner Epoche, sondern von Philosophie als Idee und Politik als Idee) beweisen will. Des jungen Aktivismus politisch intentionierte Philosophie und philosophisch fundamentierte Politik – diese Synthesis, nein, dieses *Idem* wäre (ich will nicht sagen, seinen Inhalten, wohl aber seiner hirnstruktürlichen Modalität nach) sehr im Sinne des Weisen von Sils-Maria [3]; und wenn er heut zwischen Thomas und Heinrich zu wählen hätte – meine Wenigkeit bürgt dafür: er schwankte nicht!

Sich auf Autoritäten berufen ist schon an sich immer heikel; denn einmal sind Biegsamkeit und Reichtum großer Geister zu groß, als daß sich bei ihnen, in verschiedenen Denkzusammenhängen, nicht scheinbar verschiedene Stellungnahmen zu ein und derselben Fraglichkeit vorfinden sollten; und dann wird ein Starkes stark wollender Kopf sich von keinerlei Dialektik verbieten lassen, den autoritativen Charakter einer Autorität, die ihm wirklich polar ist, zu bezweifeln. Aber Th. Mann hat darin, nämlich im Heranziehen erlauchter Toter zu Eideshelfern, eine ganz besonders unglückliche Hand. So führt er als Analogon zum gegenwärtigen *Kriege*, der ihm »im Grunde ein konservatives Einschreiten Deutschlands zur Rettung des Staates überhaupt« bedeutet, *Kant* an, insofern dieser »eingeschritten sei gegen die völlige Zersetzung des Menschengeistes, an welcher die Aufklärung arbeitete«. Ach, der böse »Rationalismus«! Und, ach, die böse »Aufklärung«! Sie arbeitete indes an wesentlich anderem, als an Zersetzung des Menschengeistes; Kant bekämpfte sie nicht, sondern zog, auf seine Art, ihr Résumé (sie von Schlacken befreiend, ihr Gediegenes sichernd); seine theoretische Vernunftkritik wurde von ihm selber *erlebt* lediglich als Weg zum Ziele der praktischen: alle Philosophie gipfelte für ihn in der Ethik und in dem, was wir Heutigen »Politik« nennen; vollends den Verfasser des Entwurfs Zum ewigen Frieden, einer Schrift, die der Zensor dieser Tage wahrlich nicht ihrer Gemäßigtheit halber, sondern nur aus Respekt vor dem Namen Kants (oder im Vertrauen auf die Ahnungsarmut und Gleichgültigkeit der Lesescharen) dem Index zu überantworten vergaß; . . . diesen radikalen Pazifisten Kant als kulturhistorisches Phänomen, gleichviel unter welchem Gesichtspunkt, mit dem kulturhistorischen Phänomen Krieg zu vergleichen – welch ein Geschmack!

Vokabeln werden drüben und hüben, einstmals und jetzt, dort und da mit verschiedenen Begriffen verbunden: eine Schwierigkeit der Verständigung, die der Polemiker nicht jesuitisch-advokatorisch ausnutzen sollte! Ähnlich wie mit »Politik«, »Politisierung«, »Fortschritt«, »Demo-« und »Aristokratie« verhält sichs mit »Macht«. Die Macht, die der Verkünder des Tätigen Geistes in der Antithese »Geist und Macht« befehdet, hat, wie jeder Einsichtige sieht, ihrer Herkunft, Gattung und Funktion nach nichts zu schaffen mit jener Macht, die zu erringen des Geistes Pflicht ist. Hier einen Widerspruch konstruieren zu wollen, steht Dem besonders schlecht an, der denselben Autoren, die er erst der Absicht einer »kompletten Verstaatlichung und Republikanisierung der Nation« zieh, nunmehr vorwirft, sie seien »Politiker gegen den Staat«, sie »wollen den Staat überhaupt nicht«.

Wie reimt sich das zusammen? Die Wahrheit ist: daß sie den *empirischen* Staat »nicht wollen«; daß sie Politiker . . . nicht »gegen den Staat«, aber für einen *andersartigen* sind . . .

Diese Antwort auf Thomas Manns Taugenichts-Essay (Dok. 69) ist eine gekürzte Fassung von Kurt Hiller: *Taugenichts – Tätiger Geist – Thomas Mann*. Berlin 1917. Ein gekürzter Abdruck dieser Schrift erschien auch unter dem Titel *Mißverständnisse Thomas Manns* in: *Europäische Zeitung* 1(1917), S. 1473–1476.

1 Friedrich Nietzsche kritisiert in der ersten seiner *Unzeitgemäßen Betrachtungen* (*David Strauß: der Bekenner und Schriftsteller*. Leipzig 1874) in David Strauß den Typ des deutschen »Bildungsphilisters«, der über der selbstherrlichen Beschäftigung mit vergangenen Bildungsgütern unfähig zu eigenen geistigen Taten und zur Verknüpfung von Erkennen und Handeln geworden ist.
2 Gustav Landauer: *Aufruf zum Sozialismus*. Berlin 1911 (Vgl. Dok. 86).
3 Sils-Maria (Schweiz) war 1881–1888 Sommeraufenthaltsort Nietzsches.

71
Rat geistiger Arbeiter. In: *Die Weltbühne* 14 (1918), Nr. 47, 21. November, S. 473–475.

Programm, das am Vorabend der Revolution, Freitag, am achten November, fertig vorgelegen hat.

Leitstern aller künftigen Politik muß die Unantastbarkeit des Lebens sein. Die Schöpfung zu heiligen, das Schöpferische zu schützen, die Sklaverei in jeglicher Gestalt vom Erdball zu fegen: das ist die Pflicht.

Der Rat geistiger Arbeiter kämpft daher vor allem gegen die Knechtung der Gesamtheit des Volkes durch den Kriegsdienst und gegen die Unterdrückung der Arbeiter durch das kapitalistische System. Er will persönliche Freiheit und soziale Gerechtigkeit. Entschlossen zu raschester und radikaler Durchsetzung der Gebote menschlicher Vernunft, ruft er auf gegen die Lauen, die Vorsichtigen, die Verzögerer und begrüßt alle Methoden der Umwälzung, die nicht zur Anarchie, das heißt: zur Vernichtung der Kulturgüter und zur Blutherrschaft einer Minderheit führen.

Aus dieser Gesinnung fordert der Rat geistiger Arbeiter

I.

Als Bürgschaften für die unbedingte Verhinderung des Krieges:

Den Völkerbund mit Völkerparlament, das Zwangsschiedsgericht und, über diese Vorschläge des Pazifismus hinaus, auf Grund eines Völkervertrages die Abschaffung der Wehrpflicht in allen Ländern und das Verbot aller militärischen Einrichtungen. Die internationale Exekution gegen den Friedensstörer hat allein durch wirtschaftliche Maßnahmen zu erfolgen.

Die planmäßige Umwandlung der Gesinnung, insbesondere durch gründliche Änderung des Geschichtsunterrichts, der von freien Volksausschüssen kontrolliert werden muß.

II.

Förderung des Ausleseprozesses durch gerechte Verteilung der äußern Lebensgüter.

Handarbeitern und Kopfarbeitern gebührt der volle Ertrag ihrer Arbeit, unverkürzt um den »Mehrwert«, den der kapitalistische Unternehmer bisher eingesteckt hat.

Progressive Verkürzung der Arbeitszeit nach dem jeweiligen Stande der Produktionstechnik; Wohnungs- und Siedlungspolitik; Arbeitslosenversicherung. Abschaffung aller indirekten Steuern; stärkste Progression der Einkommen- und Erbschaftssteuer. Vergesellschaftung von Grund und Boden; Konfiskation der Vermögen von einer bestimmten Höhe an; Umwandlung kapitalistischer Unternehmungen in Arbeiterproduktivgenossenschaften.

Schutz der Konsumenteninteressen.

III.

Freiheit des Geschlechtslebens in den Grenzen der Verpflichtung, den Willen Widerstrebender zu achten und die Unerfahrenheit Jugendlicher zu schützen. Beschränkung des Strafrechts auf Interessenschutz; durchgreifende Herstellung des Rechtes aller Männer und Frauen, über den eigenen Körper frei zu verfügen. Strengere Bestrafung vorsätzlicher und fahrlässiger Übertragung von Geschlechtskrankheiten. Rechtliche und gesellschaftliche Gleichstellung der unehelichen Kinder nicht nur, sondern auch der unehelichen Mütter mit den ehelichen.

IV.

Abschaffung der Todesstrafe; Recht des Verurteilten auf Freitod. Tötung auf ausdrückliches und ernstliches Verlangen des Getöteten bleibt straflos.

Vermenschlichung des Strafvollzugs; durchweg Beschäftigungszwang anstelle der Zwangsarbeit.

V.

Radikale Reformation der öffentlichen Erziehung.

Einheitsschule: Unmechanische Auslese der Begabteren aller Stände für die

Kulturschule. Ihr Besuch: unentgeltlich. Ihre Aufgabe: weniger Lern- als Denkschule zu sein, weniger Historie zu treiben als die Wege der Zukunft zu weisen, weniger zu praktischen Berufen als zu ideelichem Leben anzuleiten. Beseitigung des Vorgesetztenverhältnisses zwischen Lehrer und Schüler. Weitgehende Beteiligung der Schüler an der Verwaltung der Schule. Beaufsichtigung des Unterrichts durch Ausschüsse hervorragender Universitätslehrer. Fakultativität der alten Sprachen. Abschaffung des Abiturientenexamens. Die Absolvierung der Kulturschule berechtigt zum Besuch der

Universität. Durch Abtrennung von Fachhochschulen für angewandte Wissenschaften, durch Einordnung der Theologie in die philosophische Fakultät, durch freie Dozentur, durch Wahl der Professoren seitens studentischer Ausschüsse, die auf Grund gleichen, direkten und geheimen Verhältniswahlrechts gebildet sind, durch Beseitigung des Trink- und Duellzwanges, durch unbeschränkte Freiheit der politischen Diskussion und Aktion sämtlicher Hochschulbürger, durch allgemeine Entgreisung des Lehrbetriebs soll die Universität wieder zur Hochburg des Geistes werden. Neben den Universitäten

Volkshochschulen in möglichst großer Zahl, jedermann zugänglich.

Säuberung der Presse vom Unrat der Korruption, von nationalistischer Verhetzung und feuilletonistischer Verdummung. Preßgerichtshöfe, bestehend aus bewährten Publizisten geistiger Richtung, zur Aburteilung über jeden unanständigen journalistischen Akt.

Preßfreiheit; Vereins- und Versammlungsfreiheit; Freiheit der Schule, der wissenschaftlichen Forschung, der philosophischen Lehre und der Kunst von jeder staatlichen Bevormundung.

VI.

Trennung von Kirche und Staat. Beseitigung des konfessionellen Unterrichts an allen Schulen. Dafür Morallehre; philosophische Propädeutik.

VII.

Sicherung und Ausbau der gesamtdeutschen sozialen Republik. Auflösung der bundesstaatlichen Sonderformationen; weitgehende Selbstverwaltung der deutschen Stämme; ebenso der Kommunen und ihrer Verbände.

Der Reichstag: Nach wahlkreislosem Verhältniswahlrecht zu wählen. Gleiches, direktes und geheimes Wahlrecht aller über zwanzig Jahre alten Reichsangehörigen beiderlei Geschlechts. Wählbarkeit der Frauen. Dreijährige Legislaturperiode.

Daneben, zur Beseitigung der Gefahr einer Beeinträchtigung der Kulturpolitik durch einseitig wirtschaftliche Gesichtspunkte und zur Ausgleichung der Schäden parteibürokratischer Erstarrung:

Der Rat der Geistigen. Er entsteht weder durch Ernennung noch durch Wahl, sondern – kraft der Pflicht des Geistes zur Hilfe – aus eigenem Recht, und erneuert sich nach eigenem Gesetz.

Die Regierung: In den Händen eines Ausschusses von Vertrauensleuten des Reichstags und des Rates; bevor der Rat zusammentritt, eines Ausschusses von Vertrauensleuten des Reichstags.

Der Präsident der Deutschen Republik: Auf begrenzte Zeit vom Reichstag auf unverbindlichen Vorschlag des Rates zu wählen; vor Konstituierung des Rats allein vom Reichstag.

Der Rat geistiger Arbeiter glaubt, daß unter dieser Verfassung, welche den demokratischen

Gedanken vollendet und die Führung durch die Besten gewährleistet, eine Politik der Freiheit, der Gerechtigkeit und der Vernunft am ehesten möglich und am wirksamsten gesichert ist.

Der Rat geistiger Arbeiter sucht alle Menschen zu sammeln, die sein Ziel bejahen. Kameraden, unterstützt uns!

Vorbedingung zur Durchführung dieses Programms ist die Einberufung einer konstituierenden Nationalversammlung, auf Grund des allgemeinen gleichen, direkten und geheimen Verhältniswahlrechts. Sie ist nach Herstellung der Ordnung sofort mit aller Kraft zu verwirklichen.

Kameraden, unterstützt uns! Kameraden, bildet Ortsgruppen! Kameraden, sagt uns Eure Vertrauensleute, die sich zum Geist dieses Programms bekennen. Krittelt nicht! Es kommt nur auf den Geist an.

Kameraden, unterstützt uns! Helft uns die kulturpolitische Radikale durchsetzen auf dem Boden der sozialen Republik!

Mit geringfügigen Änderungen wurde das Programm wieder abgedruckt in: *Das Ziel.* Jahrbücher für geistige Politik. Hg. von Kurt Hiller. Jahrbuch III. 1. Halbband. – Leipzig: Kurt Wolff 1919, S. 219–223; folgende Unterzeichnerliste hat Hiller hier dem Dokument beigefügt:

Zum Geist dieses vorläufigen Programms haben sich u. a. bekannt:

Lou Andreas-Salomé (Hannover), Lucian Bernhard, Bund der geistig Tätigen, Wien (Vorsitzender: Dr. Franz Kobler), Dr. Richard Nicolaus Graf Coudenhove (Pöstlingberg bei Linz a. D.), Kasimir Edschmid (Darmstadt), W. E. Axel von Fielitz, Dr. Hans W. Fischer (Hamburg), Otto Flake (Zürich), Dr. Alfred H. Fried (Bern), Dr. Manfred Georg, Dr. Alfons Goldschmidt, Prof. Dr. Albert Görland (Hamburg), Willi Handl, † Wilhelm Herzog, Werner Richard Heymann, Dr. Kurt Hiller, S.-R. Dr. Magnus Hirschfeld, Arthur Holitscher, Willy Jaeckel, Dr. Rudolf Kayser, Annette Kolb (Bern), Berta Lask, Moritz Lederer (Mannheim), Rudolf Leonhard, Dr. Leo Matthias, Dr. Walter Meckauer (Breslau), Ludwig Meidner, Moritz Melzer, Carlo Mierendorff (Darmstadt), Alexander Moissi, Robert Müller (Wien), Max Freiherr von Münchhausen (Burg i. Spreewald), Dr. Robert Musil (Wien), Hans Natonek (Leipzig), Heinrich Nienkamp, Dr. Kurt Peschke, Dr. Kurt Pinthus, Politischer Rat geistiger Arbeiter München (Vorsitzender: Heinrich Mann), Hermann Rahtjen (Bremen), Dr. Hans Reichenbach, Walther Rilla (Breslau), René Schickele (Bern), Hermann Schüller, Egmont Seyerlen, Dr. Hugo Sinzheimer (Frankfurt a. M.), Dr. Martin Sommerfeld (München), Franz H. Staerk (Sigmaringen), Dr. Friedrich Sternthal (Dresden), Dr. Helene Stöcker, Bruno Taut, Dr. Frank Thieß, Fritz von Unruh, Prof. Dr. J. M. Verweyen (Bonn), Gustav von Wangenheim, Carl M. Weber (Coblenz), Prof. Dr. Eduard Wechssler (Marburg), Dr. Armin T. Wegner, J.-R. Dr. Johannes Werthauer, Willi Wolfradt, Kurt Wolff (Leipzig), Dr. Gustav Wyneken, Paul Zech.

In seiner Präsidialrede *Wer sind wir? Was wollen wir?*, die Kurt Hiller am 2. Dezember 1918 vor einer vom »Politischen Rat geistiger Arbeiter« einberufenen Versammlung im Berliner Blüthnersaal hielt, berichtete er von der Genese des Dokuments und der Namensänderung der Gruppierung:

»Der 9. November traf uns nicht unvorbereitet. Am 8. war unser punktiertes Programm (Sie kennen es; sein Kern stand schon 1915 fest) durchberaten und textlich fertiggestellt; am 10. konstituierte sich im Reichstag der Aktivistenbund als ›Rat geistiger Arbeiter‹. Der Name, den wir aus der Situation heraus rasch gewählt hatten, gab dann leider zu Mißverständnissen Anlaß; man verwechselte ›Rat‹ mit ›Beratungsstelle‹ und hielt uns für ein Stellenvermittlungsbüro« (*Ratioaktiv, Reden 1914–1964. Ein Buch der Rechenschaft.* Wiesbaden 1966, S. 21); zur Vermeidung weiterer Fehleinschätzungen setzte Heinrich Mann daraufhin die Kennzeichnung »politisch« vor den Namen der Organisation (vgl. auch S. 292 und Dok. 85 in diesem Band). Einen kritisch-informativen Überblick über Entstehung und Funktion dieser Intellektuellenräte gibt Moritz Geiger: *Die Räte geistiger Arbeiter.* In: *Süddeutsche Freiheit* 1 (1918/19), Nr. 21 vom 7. April 1919, S. 3:

Nach dem Vorbild anderer Arbeitergruppen haben sich auch die »Kopfarbeiter« – Musiker, Universitätsprofessoren, Schriftsteller, Rechtsanwälte, bildende Künstler, Ärzte und die Vertreter vieler anderer geistiger Berufe – zu »Räten geistiger Arbeiter« zusammengeschlossen. Vom allgemein theoretischen Gesichtspunkt aus kommt dieser Tatsache keine besondere Bedeutung zu; – diese politisch neutrale Berufsorganisation der »Geistigen« ist eine Berufsorganisation unter vielen anderen, die nur insoweit eine besondere praktische Wirksamkeit gewinnen kann, als sie imstande ist, der Allgemeinheit Sachverständige für alle möglichen Fragen zur Verfügung zu stellen. Zu beanstanden ist nur, daß diese Berufsorganisationen der Geistigen sich gerade den Namen »Räte« beilegten (in neuester Zeit haben sie freilich vielfach ihren Namen geändert). Wenn der Rätegedanken irgendeinen spezifischen Sinn haben soll, so muß er an die Einheit des Betriebes, nicht an die Einheit des Berufes anknüpfen. Nur als Angehörige desselben Betriebes finden die Schlosser, Monteure, Schreiner, Maurer, Bureauangestellte sich zur Wahl von Räten vereinigt; als Angehörige ihres Berufes dagegen verbleiben sie in ihren Gewerkschaften – dem Metallarbeiterverband, dem Holzarbeiterverband usw. Wo aber ist der Betrieb, in dem der Musiker und der Arzt, der Bildhauer und der Professor für Sanskrit in gleicher Weise beschäftigt sind? So sollten sich die Berufsgemeinschaften geistiger Arbeiter nicht hinter den Namen von Räten verstecken, sondern als Gewerkschaften Farbe bekennen.

An einigen Orten hat sich jedoch noch ein anderer Typus von Räten geistiger Arbeiter herausgebildet. Sie nennen sich »politische Räte geistiger Arbeiter«, um darzutun, daß sie nicht bloße Standesvertretungen sein, sondern politische Gesinnungsgemeinschaften darstellen wollen. Den Namen »Rat« führen sie freilich ebenso zu Unrecht wie die geistigen Gewerkschaften.

Diese »politischen Gemeinschaften geistiger Arbeiter«, wie ich sie am liebsten nennen möchte, wollen Sachwalter des Geistes im öffentlichen Leben sein –; und als solche könnten sie eine ungeheure Bedeutung für das Werden einer neuen Zeit gewinnen. [...]Sie besitzen die geistige Schulung, die den einen fehlt, sie können sich freimachen von der Routine, welche die anderen beengt. Und so sind sie die Berufenen, die neuen Ziele aufzuspüren, die neuen Pfade ausfindig zu machen, welche die Praktiker gehen können, und in den Gemütern der Menschen diesem Neuen den Weg zu bereiten.

Wenn der Berliner politische Rat geistiger Arbeiter es als eine seiner Hauptforderungen aufstellt, zusammen mit der Nationalversammlung das Reich regieren zu wollen, so fehlt ihm die Bescheidenheit jener Geistigen, welche die neue Zeit heraufführen sollen. Woher nehmen diese Journalisten, Schriftsteller und Künstler das Recht, sich vor aller Leistung als zur Herrschaft berufen anzusehen? Auch der Geistige muß erst beweisen, daß er Träger des wahren Geistes ist – durch sein Wirken muß er es offenbaren, nicht aber durch seine Ansprüche.

Was uns not tut, ist die Gemeinschaft von Geistigen, bei denen der Geist aus dem Herzen und nicht nur aus dem Kopfe stammt, aus dem Charakter und nicht aus der Schulung, aus dem Rückgrat und nicht aus der Regsamkeit. Wir brauchen Weise, nicht Vielwissende, die Wahrheit Suchende, nicht die Wahrheit Besitzende, Schaffende, nicht Machende. Aus Gemeinschaften des Geistes, die solchen Herzens sind, fremd allem Hochmut, sachlich, suchend und verantwortungsbewußt, kann die innere Führung der neuen Zeit entstehen – mögen sie sich Bünde oder Räte oder Gemeinschaften nennen oder wie sonst.

b) Expressionismus und Krieg

Wie die Herzen der Dichter sogleich in Flammen standen, als jetzt Krieg wurde! [1] Wir hatten an den Krieg nicht geglaubt, unsere politische Einsicht hatte nicht ausgereicht, die Notwendigkeit der europäischen Katastrophe zu erkennen. Als sittliche Wesen aber – ja, als solche hatten wir die Heimsuchung kommen sehen, mehr noch: auf irgendeine Weise ersehnt; hatten im tiefsten Herzen gefühlt, daß es so mit der Welt, mit unserer Welt nicht mehr weiter gehe. Wir kannten sie ja, diese Welt des Friedens. [...]Wimmelte sie nicht von den Ungeziefern des Geistes wie von Maden? Gor und stank sie nicht von den Zersetzungsstoffen der Zivilisation? [...]Wie hätte der Künstler, der Soldat im Künstler nicht Gott loben sollen für den Zusammenbruch einer Friedenswelt, die er so satt, so überaus satt hatte! Krieg! Es war Reinigung, Befreiung, was wir empfanden, und eine ungeheure Hoffnung. Hiervon sagten die Dichter, nur hiervon. [2]

Als Thomas Mann diese *Gedanken im Krieg* im August/September 1914 niederschrieb, konnte er sich des Beifalls der deutschen Öffentlichkeit sicher sein. Über jene legendär gewordene Euphorik, die Anfang August 1914 das ganze deutsche Volk zu ergreifen schien, schrieb Hugo Ball 1918 in seinem durch dieses Ereignis motivierten Pamphlet *Zur Kritik der deutschen Intelligenz*: »Was man die deutsche Mentalität nennt, hat sich berüchtigt gemacht: kaum eine offizielle Persönlichkeit, die sich nicht kompromittierte. Pastoren und Dichter, Staatsleute und Gelehrte wetteiferten, einen möglichst niedrigen Begriff von der Nation zu verbreiten.« [3] Der kriegsbegeisterten Stimmung in diesen Monaten vermochten sich auch unter den jungen Künstlern viele nicht zu entziehen. [4] Oskar Kokoschka, Rudolf Leonhard, Franz Marc, Ernst Toller meldeten sich als Kriegsfreiwillige. Andere, wie Alfred Lichtenstein, Ernst Wilhelm Lotz oder Reinhard J. Sorge, drückten feierlich ihre Schicksalsbereitschaft aus. In der *Neuen Rundschau* publizierten die literarisch Arrivierteren ihre Kriegsapologien, neben Thomas Mann (s. o.) auch die dem Expressionismus verbundenen Autoren Alfred Kerr [5], Franz Blei [6], Robert Musil [7] und Alfred Döblin [8]. Selbst der für die Wilhelminische Gesellschaft zuvor untragbare, von der Zensur vielfach verfolgte und der jungen Generation verehrte Frank Wedekind schrieb nun (ähnlich wie Gerhart Hauptmann [9]) patriotische Zeitungsartikel [10]. Der als kulturrevolutionäres Ereignis gefeierte Krieg schien die (nicht nur) expressionistischen Werte zu verwirklichen, die man der Welt des mittlerweile über vierzigjährigen Friedens so aggressiv entgegengestellt hatte: eine die Isolation des Künstlers überwindende Gemeinschaft [11], eine die Dekadenz aufhebende Vitalität und eine den unverbindlichen Ästhetizismus verabschiedende politische Verantwortlichkeit. Wilhelm Herzog, der mit Heinrich Mann, Franz Pfemfert (Dok. 72), Karl Kraus [12], Annette Kolb, Johannes R. Becher, Walter Hasenclever, Leonhard Frank, Franz Werfel, Arthur Schnitzler, Ricarda Huch und vielen anderen zu der in ihrer Größe nicht zu unterschätzenden Gruppe von Schriftstellern gehörte, die sich durch auffälliges Schweigen, offene Kritik oder zumindest vorsichtige Distanz der allgemeinen Stimmung verweigerte, versuchte in seiner von der Kriegszensur bald verbotenen Zeitschrift *Das Forum* (s. u.) im Rahmen einer Entgegnung auf Thomas Manns Aufsatz die Motivationsbasis für den Kriegsenthusiasmus innerhalb der literarischen Intelligenz so zu beschreiben:

Da brach der Krieg herein. Und aus kultivierten ichsüchtigen Ästheten wurden Politiker, Volksanbeter. Jetzt schwuren sie ihren Individualismus ab und wollten nur noch Masse sein. [...]Der ahnungslose Kulturmensch jedoch war überrascht, staunte und pries die neue, die herrliche, die große Zeit. Zum erstenmal fand er, der sich bisher mit seiner Indifferenz brüstete, einen Zusammenhang mit seinen Mitmenschen, ja, ihm kamen geradezu soziale Ideen, und aus den kleinen Ichs von gestern wurden plötzlich unterwürfige Enthusiasten der Masse, die keinen anderen Ehrgeiz mehr kennen wollten, als sich dem Mann mit der schwieligen Faust zu verbrüdern. [...]Ja, sie brauchten den Krieg als Erlebnis; sie fühlten sich befreit und gereinigt, und berauscht sprechen sie mit Vorliebe vom Segen des Krieges. [13]

Herzog bezog sich hier zwar auf den Typ des apolitischen Ästheten (besonders Th. Mann; auch Hofmannsthal [14], Borchardt [15] oder die Georgianer [16] könnten angesprochen sein), der durch den Krieg mit einem Male politisiert schien, doch treffen seine Überlegungen auch die Autoren der expressionistischen Generation, die sich in ihrer antiästhetizistischen Position auf großartige Weise bestätigt sahen (vgl. z. B. K. Hiller in Dok. 74) [17]. In den Phantasien mancher Autoren aus dem Umkreis des Expressionismus war der Krieg schon vor seinem Ausbruch als Alternative zur langweiligen [18], banalen und aller Vitalität beraubten Ordnung des Kaiserreichs antizipiert worden. In Georg Heyms oft zitierten Tagebuchaufzeichnungen ist die als

Kritik der Gegenwart geäußerte Sehnsucht nach dem Krieg austauschbar mit der nach einer Revolution:

Mein Gott – ich ersticke noch in meinem brachliegenden Enthusiasmus in dieser banalen Zeit. Denn ich bedarf gewaltiger äußerer Emotionen, um glücklich zu sein. Ich sehe mich in meinen wachen Phantasieen, immer als einen Danton, oder einen Mann auf der Barrikade, ohne meine Jakobinermütze kann ich mich eigentlich gar nicht denken. Ich hoffe jetzt wenigstens auf einen Krieg. Auch das ist nichts. [19]

Schon gut ein Jahr vorher, im Juli 1910, hatte Heym notiert:

Es ist immer das gleiche, so langweilig, langweilig, langweilig. Es geschieht nichts, nichts, nichts. Wenn doch einmal etwas geschehen wollte, was nicht diesen faden Geschmack von Alltäglichkeit hinterläßt. [...]Würden einmal wieder Barrikaden gebaut. Ich wäre der erste, der sich darauf stellte, ich wollte noch mit der Kugel im Herzen den Rausch der Begeisterung spüren. Oder sei es auch nur, daß man einen Krieg begänne, er kann ungerecht sein. Dieser Frieden ist so faul ölig und schmierig wie eine Leimpolitur auf alten Möbeln. Was haben wir auch für eine jammervolle Regierung, einen Kaiser, der sich in jedem Zirkus als Harlekin sehen lassen könnte. Staatsmänner, die besser als Spucknapfhalter ihren Zweck erfüllten, denn als Männer, die das Vertrauen des Volkes tragen sollen. [20]

Aus einer ähnlichen, ebenfalls von Nietzsche angeregten vitalistischen Dekadenzkritik heraus [21] veröffentlichte 1912 in der frühexpressionistischen Wiener Zeitschrift *Der Ruf* der spätere Aktivist Robert Müller in einem Sonderheft *Krieg*, dessen Reinerlös dem Verein zur Schaffung einer österreichischen Luftflotte zugedacht war, eine *Apologie des Krieges*. »Der Krieg ist nicht als solcher wünschbar«, hieß es hier einschränkend, »sondern in seinen ethischen Erscheinungen und in seiner Produktivität.« [22] Dies entspricht der Einstellung gegenüber dem realen Krieg, die zwei Jahre später in weiten Teilen der deutschen Intelligenz dominierte. Nicht als politisches, ökonomisches oder militärstrategisches Geschehen, sondern als qualitativ neue Erlebnisquelle wurde der Krieg so begeistert begrüßt.

Wie sich Krieg und Kunst miteinander vereinbaren ließen, zu dieser häufig gestellten Frage hatte wiederum Thomas Mann wichtige Diskussionsanregungen gegeben. Die von ihm konstruierten Gegensätze und Entsprechungen (Kultur vs. Zivilisation = Krieg vs. Friede = Soldat vs. Zivilist = Künstler vs. Zivilisationsliterat) stützten sich u. a. auf militärästhetische Phänomene wie Organisation, Ordnung, Exaktheit, repräsentativer Schmuck, die in Verbindung mit Begeisterung, Risikobereitschaft und Engagement gemeinsame Merkmale des Soldaten und Künstlers seien. Mit solchen Denkformen stand Th. Mann auch solchen Expressionismusanhängern fern, die anfangs noch den Krieg als Verbündeten der neuen Kunst hinstellten (vgl. Dok. 73 und 75). Im Umkreis des Expressionismus wurden freilich solche Stellungnahmen schon Anfang 1915 selten. Zu dieser Zeit überschrieb der dieser Bewegung nahestehende Kunstkritiker Wilhelm Hausenstein in den *Weißen Blättern* einen Aufsatz mit *Für die Kunst*. Der Leser wußte nach der Lektüre, wie er den Titel zu ergänzen hatte: Gegen den Krieg. »Kein Krieg bringt Kunst hervor«, behauptete Hausenstein hier, und gegen die aufblühende Kriegsliteratur, die in diesen Jahren vor allem in der Lyrik große quantitative Erfolge aufweisen konnte [23], wendete er ein: »Weshalb ist das meiste, das mit künstlerischem Anspruch aus dem Krieg und für den Krieg gezeichnet und geschrieben wird, so belangslos? [...] Wie kam es, daß ungefähr alle europäischen Dichter und gerade die Dichter Schwaches oder baren Unsinn geschrieben haben, als sie vom Krieg zu reden anfingen – wobei Inhalt und Form gleich unwert waren?« [24] Besonders mit den Abstraktionstendenzen in der neuen Kunst sei der Krieg unvereinbar:

Der Krieg ist etwas ungeheuer Gegenständliches. Nur die im Gegenständlichen wirken können, sind jetzt Künstler: Militärs, Politiker, Techniker, Organisatoren. Die Kunst, mit der wir bis an die Schwelle des Krieges gegangen waren, war nicht gegenständlich. Wir lebten im Sommer 1914 in einem Augenblick, in dem die Kunst zu einer unerhört abstrakten Formalität gediehen war. [25]

In Hausensteins Parteinahme für die Kunst und gegen den Krieg fand freilich eine pazifistische Antikriegskunst, wie sie schon ab 1915 für die expressionistische Literaturszene prägend wurde, keine Berücksichtigung. Sie entsprach eher der aktivistischen Kunstauffassung, die sich gerade durch den Krieg besonders legitimiert sah.

»Kein einziger Expressionist war Reaktionär. Kein einziger war nicht Anti-Krieg. Kein einziger, der nicht an Brüderschaft und Gemeinschaft glaubte.« Die so pauschal von Iwan Goll (Dok. 26, S. 108) rückblickend beschriebene Einstellung der Expressionisten zum Krieg trifft zwar nicht die Sachlage in den ersten Monaten nach seinem Beginn, doch schon ein Jahr danach findet sich in der Tat kaum mehr ein dem Expressionismus nahestehender Intellektueller (eine Ausnahme ist Alfred Döblin [26]), der mit Pro-Kriegsäußerungen an die Öffentlichkeit getreten wäre. Im Gegenteil: Die aktiven Pazifisten stammten während des Ersten Weltkriegs zu weiten Teilen aus der expressionistischen Bewegung, und die expressionistischen Zeitschriften wurden zum wichtigsten Forum intellektueller Kriegsgegnerschaft. Die Kriegsbegeisterung der jungen Künstler hatte oft nur wenige Monate, manchmal wenige Tage angedauert. Gedämpft wurde sie u. a. durch die mit tradierten Kriegs- und Heldenvorstellungen nicht mehr übereinstimmende neue Realität technisierter Materialschlachten [27], durch das Massensterben an der Front und die vielen Gefallenen gerade auch aus den eigenen Reihen. [28] Rudolf Leonhard, Fritz von Unruh, Ernst Toller, der damals noch sehr junge Bertolt Brecht und Klabund, der sich dafür von einem Oppositionellen der ersten Stunde als »Konjunkturbube« beschimpfen lassen mußte (s. Dok. 79 und den Kommentar dazu), sind bekannte Beispiele für Wandlungen von der Kriegsbegeisterung zur Kriegskritik. Sie vollzogen sich häufig in Form schockhafter Schlüsselerlebnisse. [29] Die expressionistischen Aufrufe zur Erneuerung des Menschen und der Gesellschaft fielen nun zusammen mit den Appellen zur Beendigung des Krieges. Dieser wurde bestenfalls noch als notwendiges Durchgangsstadium zu der erhofften neuen Ära des Friedens und der Mitmenschlichkeit akzeptiert. [30]

Die leitenden, primär ethisch motivierten Ideen der intellektuellen Opposition gegen den Krieg waren Brüderlichkeit, Gemeinschaft (vgl. den Abschnitt »Soziale Entfremdung und Gemeinschaft«, S. 247 ff.) und Gewaltlosigkeit [31]. Die Beschwörung einer partei- und klassenübergreifenden »Volksgemeinschaft«, mit der Wilhelm II. im August 1914 auch die vorher staatskritischen Intellektuellen ideologiepolitisch zu integrieren verstand, wurde von den meisten bald als zu national begrenzt empfunden. Sie stellten ihr die ins Internationale ausgeweitete Utopie der Menschheitsverbrüderung gegenüber oder – etwas bescheidener und politisch konkreter – die Vorstellung eines europäischen Völkerbundes. (vgl. auch F. Marc, Dok. 73) Die antinationalistische Idee der Völkerverständigung und der europäischen Gemeinschaft prägte 1914/15 die anfangs weniger kriegs- als kriegspropagandakritischen Aufsätze in Wilhelm Herzogs *Forum* [32], das sich auch in der Auswahl seiner Beiträger und der Themen betont international gab. Programmatisch hob seine »europäische Gesinnung« auch 1917 das *Zeit-Echo* unter dem neuen Herausgeber Ludwig Rubiner hervor (s. z. B. Dok. 80). Für Franz Pfemferts *Aktion* war die forcierte Beschäftigung mit ausländischen Autoren und Kulturen ebenfalls von programmatisch-antinationaler Bedeutung. Sondernummern der Zeitschrift sind Schriftstellern aus Rußland, England, Frankreich, Italien, Polen, Belgien und der Tschechoslowakei gewidmet.

Der expressionistische Internationalismus hob sich bewußt ab von dem »Krieg der Geister« [33], in dem sich parallel zum militärischen Kampf die künstlerische und wissenschaftliche Intelligenz der kriegführenden Länder ihre Gefechte lieferte. Gerhart Hauptmann (Mitunterzeichner von Dok. 76, s. a. Anm. 9) und Thomas Mann exponierten sich hier als geistige Repräsentanten Deutschlands besonders. Thomas Mann, der vor dem Krieg bei den Zeitschriften des Expressionismus noch mit gewisser Sympathie rechnen konnte [34] und Beiträge in der *Aktion* und im *Forum* erscheinen ließ, machte sich mit seinen Kriegsessays [35] zum bevorzugt kritisierten Autor des politischen Expressionismus (vgl. auch S. 265 f.). Hatte er den Krieg zum Kampf der deutschen Kultur gegen die Zivilisation Englands und vor allem Frankreichs hochstilisiert (auch als Antwort auf französische Polemiken, die vom Krieg der demokratisch-zivilisierten Länder gegen die deutsche Barbarei sprachen [36]), so stieß er damit in den expressionistischen Zeitschriften auf entschiedene Kritik. [37] In Absetzung von den seit Kriegsbeginn in Deutschland üblichen »Haßgesängen« (Lyriktitel von Ernst Lissauer) auf die Feindesländer veröffentlichte das frankophile *Forum* seit Dezember 1914 in einer gesonderten Rubrik »Dokumente der Liebe«, darunter den damals aufsehenerregenden Aufsatz *Au–dessus de la mêlee* des Hauptmann- und Th. Mann-Gegenspielers Romain Rolland. [38] In den *Weißen Blättern* erschien im November 1915 Heinrich Manns *Zola*-Essay [39], ein gegenüber der Zensur notdürftig getarnter profranzösischer Angriff auf den wilhelminischen Staat und seine Kriegspolitik sowie auf die Schriftsteller (besonders seinen Bruder), die diesen Krieg rechtfertigten.

Die Zensur setzte dem Spielraum expressionistischer Opposition gegen den Krieg enge Grenzen (vgl. den Abschnitt »Zensur und Künstlerprotest«, S. 525 ff.) und verfälschte damit das Bild der bestehenden intellektuellen Kräfteverhältnisse zugunsten der kriegsapologetischen Publizistik und – was den Expressionismus angeht – einer politikabstinenten Kunst, wie sie vor allem von Herwarth Waldens *Der Sturm* (entsprechend dem ihm nachgesagten Motto: »Kunst und Politik haben nichts gemeinsam« [40]) gepflegt wurde. Hinweise auf das Kriegsgeschehen finden sich hier selten (Dok. 73 gehört zu den Ausnahmen) [41], sieht man von den Nachrufen auf gefallene Dichter und Mitarbeiter ab. [42] Die politisch engagierten Zeitschriften des Expressionismus hatten es, wenn sie sich nicht wie Alfred Kerrs *Pan* der offiziellen Stimmungslage anpaßten [43], schwer, den August 1914 zu überleben. Und Zeitschriftenneugründungen waren oft nur noch getarnt möglich. [44] Der politisch der *Aktion* nahestehende *Wiecker Bote* stellte mit dem Juli-Heft sein Erscheinen ein. Ebenso Erich Mühsams *Kain*. Mühsam rechtfertigte dies Anfang August in einem gedruckten Rundschreiben:

Die Ereignisse nehmen mir, der ich um der Menschlichkeit willen meine Zeitschrift geschaffen habe, die Feder aus der Hand. Die Leser, die in vierzig Monaten mein Wollen erkannt haben, werden meine Stellung verstehen und billigen. Ich habe nur die Wahl, ganz zu schweigen oder zu sagen, was niemanden frommt und was unter dem geltenden Ausnahmerecht meine persönliche Sicherheit gefährden kann. [45]

In der am 15. August 1914 erscheinenden ersten Kriegsnummer der *Aktion* kündigte Pfemfert, der noch in der vorausgehenden Nummer in Form eines politischen Leitartikels die allgemeine Kriegseuphorie richtig vorausgesagt hatte (Dok. 76), an, wie er mit seiner schon vorher zensurgefährdeten Zeitschrift (vgl. Dok. 107) die verschärfte Kriegszensur zu überstehen gedachte:

Freunde der *Aktion*, Leser, Mitarbeiter!

Die Aktion wird in den nächsten Wochen nur Literatur und Kunst enthalten.

Soweit es von meiner Kraft abhängt, von meinem Wollen, wird unsere Zeitschrift ohne Unterbrechung *weitererscheinen*. Berlin, den 5. August 1914 [46]

Trotz dieser Ankündigung blieb *Die Aktion* von der politischen Abstinenz des *Sturm* weit entfernt. Pfemfert entwickelte erfolgreich publizistische Strategien indirekter Kriegskritik, mit denen sich die Zensur umgehen ließ. [47] Im Oktober 1914 eröffnete Wilhelm Klemm die Gedichtfolge *Verse vom Schlachtfeld*, die den Krieg aus der Leidensperspektive der als Soldaten am Kampfgeschehen beteiligten Dichter darstellten. Regelmäßig erschienen Gedichte zum Gedenken gefallener Dichterfreunde oder posthum Texte von diesen selbst. In der Rubrik »Ich schneide die Zeit aus« brachte Pfemfert in jeder Nummer kommentarlos eine Reihe von Pressezitaten, die sich in ihrer chauvinistischen Haltung zum Krieg gedanklich und sprachlich selbst entlarven sollten. Diesen Stellenwert hatte u. a. auch der Nachdruck des damals besonders aufsehenerregenden, doch keineswegs einzigartigen [48] *Aufruf an die Kulturwelt* (Dok. 76), in dem 93 größtenteils prominente Künstler und vor allem Professoren die deutsche Kriegspolitik manifestartig zu rechtfertigen versuchten. Im übrigen zitierte Pfemfert rigoros die Stimmen seiner Schriftstellerkollegen (gerade auch aus der Reihe der Expressionisten), die ihm kriegsbejahend erschienen, und lehnte unnachgiebig auch alle die als Mitarbeiter seiner Zeitschrift ab, die sich nach ihrer anfänglichen Begeisterung zu engagierten Gegnern des Krieges und zu Fürsprechern der Revolution gewandelt hatten. Man kann daher davon ausgehen, daß fast jeder, der ab August 1914 in der *Aktion* publizierte, sich im Sinne von Pfemferts klarer Antikriegshaltung nichts hatte zu Schulden kommen lassen.

Weniger erfolgreich im Umgang mit der Zensur war *Das Forum*, dessen zunehmend kriegskritischen Beiträge seit Sommer 1915 durch Streichungen der Zensur entstellt wurden, die der Herausgeber Wilhelm Herzog seinerseits mit provokativer Auffälligkeit als solche hervorhob (s. als Beispiel Dok. 77). Im September 1915 wurde die Zeitschrift vom Bayerischen Kriegsministerium mit einer für die damaligen Bedingungen politischer Publizistik aufschlußreichen Begründung (Dok. 78) ganz verboten.

Einen anderen Weg zur Umgehung der Zensur als Pfemfert schlug René Schickele ein, der im Januar 1915 die Herausgeberschaft der seit Kriegsausbruch nicht mehr erschienenen *Weißen Blätter* übernahm. Als diese anfangs gemäßigt kriegskritische Monatschrift mit der Zensur zunehmende Schwierigkeiten bekam, ging Schickele 1916 mit ihr ins Schweizer Exil (Zürich). Hier wurde sie zum zentralen Publikationsmedium besonders jener Kriegsgegner, die (anders als die *Aktions*-Schriftsteller) in groß angelegten kulturkritischen Entwürfen unter Berufung auf »Geist« und »Seele« (vgl. den Abschnitt »Selbstentfremdung und Geistigkeit«, S. 215 ff.) die politischen Gewaltverhältnisse als Resultat der Zivilisation bzw. des technischen Zeitalters angriffen. [48]

Die Geschichte der deutschen Exilliteratur während des *Ersten* Weltkrieges ist noch nicht (auch nicht in Ansätzen) geschrieben worden. Die Internationale der exilierten Kriegsgegner (in ihrem Vaterland als »vaterlandslos« diffamiert) hatte in der neutralen Schweiz ihren Mittelpunkt. Nach dem Vorbild Schickeles verlegte Ludwig Rubiner als neuer Herausgeber das *Zeit-Echo*, das nach Kriegsausbruch als »Kriegstagebuch der Künstler« (Untertitel des 1. Jahrgangs) essayistische, dichterische und zeichnerische Stellungnahmen von Künstlern verschiedenster Richtungen veröffentlichte (s. Dok. 74 und den Kommentar dazu), mit dem 3. Jahrgang (Mai 1917) von München nach Bern und gab dieser Zeitschrift damit ein neues, dezidiert pazifistisches Profil. In der Schweiz lebte schon vor 1914 Hermann Hesse, der – ebenfalls nach einer kurzen patriotischen Begeisterungsphase – während des Krieges mit pazifistischen Schriften hervortrat. [49] In der Schweiz lebten auch Iwan Goll und Ernst Bloch. Ende 1916 ließen sich in Zürich nieder: Albert Ehrenstein, Leonhard Frank, Ferdinand Hardekopf sowie die Frühdadaisten Richard Huelsenbeck, Hugo Ball und seine Frau Emmy Hennings. Zeitweilig hielten sich in der Schweiz auch Stefan Zweig, Franz Werfel, Alfred Wolfenstein, Else Lasker-Schüler, Hugo Kersten und Walter Serner auf. Vor allem über Romain Rolland knüpfte die oppositionelle deutsche Intelligenz in der Schweiz internationale Kontakte.

Sowenig wie im Schweizer Exil kam es in Deutschland zu einem tragenden organisatorischen Zusammenschluß der Kriegsgegner, obwohl es an entsprechenden Versuchen nicht gefehlt hat. Auf Walter Hasenclevers Anregung hin versammelte sich zur Jahreswende 1914/15 ein Konzil der Kriegsgegner, an dem u. a. Martin Buber, Albert Ehrenstein, Rudolf Leonhard, Kurt Pinthus und Paul Zech teilgenommen haben sollen. [50] Franz Pfemfert sammelte 1915 unter dem Risiko der Illegalität Freunde und Mitarbeiter seiner Zeitschrift zur »Antinationalen Sozialisten Partei Gruppe Deutschland«, die allerdings erst mit der Novemberrevolution 1918 politisch offen hervortrat. (s. Dok. 81). Kurt Hiller schließlich gründete im August 1917 seinen ebenfalls kriegsgegnerischen »Bund zum Ziel«. Das alles waren jedoch Organisationsversuche, die partikular und wenig wirksam blieben (vgl. auch den Abschnitt »Gruppenbildung in Kunst und Politik«, S. 404 ff.). Die gegen Ende des Krieges zunehmenden und in Revolutionsaufrufe einmündenden Künstlerproteste gruppierten sich um einzelne Zeitschriften und Jahrbücher, deren Denkformen zu heterogen waren, um eine organisierte oppositionelle Einheit zuzulassen.

1 Thomas Mann: *Gedanken im Krieg*. In: *Die neue Rundschau* 25 (1914), H. 11 (November), S. 1471–1484. Später in: Th. M.: *Politische Schriften und Reden 2*. Frankfurt, Hamburg 1968 (*Das essayistische Werk*. Taschenbuchausgabe in acht Bänden. Hg. v. H. Bürgin). S. 7–20; Zitat hier S. 9.
2 ebd., S. 10.
3 Hugo Ball: *Zur Kritik der deutschen Intelligenz*. Bern 1919. S. 2.
4 Über das Verhältnis der literarischen Intelligenz zum Ersten Weltkrieg siehe besonders Friedrich Albrecht: *Deutsche Schriftsteller in der Entscheidung. Wege zur Arbeiterklasse 1918–1933*. Berlin, Weimar 1970. S. 26–73. Eva Kolinsky: *Engagierter Expressionismus. Politik und Literatur zwischen*

Weltkrieg und Weimarer Republik. Eine Analyse expressionistischer Zeitschriften. Stuttgart 1970. Ekkart Koester: *Literatur und Weltkriegsideologie. Positionen und Begründungszusammenhänge des publizistischen Engagements deutscher Schriftsteller im Ersten Weltkrieg.* Kronberg/Ts. 1977. Michael Stark: *Für und wider den Expressionismus.* Vgl. auch: *Das Volk steht auf. Kriegsöffentlichkeit und Kriegserlebnis.* Eine Ausstellung zum 1. Weltkrieg. Zusammengest. u. bearb. v. H. Altmann u. a. Regensburg: Universität 1978. Klaus Vondung (Hg.): *Kriegserlebnis. Der Erste Weltkrieg in der literarischen Gestaltung und symbolischen Deutung der Nationen.* Göttingen 1980.

5 Alfred Kerr: *Aus dem Kriegsbuch eines Hirnwesens.* In: *Die neue Rundschau* 25 (1914), H. 9 (September), S. 1308–1315.

6 Franz Blei: *Aus dieser Zeit.* Ebd., H. 10 (Oktober), S. 1421–1428.

7 Robert Musil: *Europäertum, Krieg, Deutschtum.* Ebd., H. 9 (September), S. 1303–1305.

8 Alfred Döblin: *Reims.* Ebd., H. 12 (Dezember), S. 1717–1722. Jetzt in: A.D.: *Schriften zur Politik und Gesellschaft.* Olten, Freiburg i. Br. 1972. S. 17–25.

9 Gerhart Hauptmann: *Gegen Unwahrheiten.* In: *Tägliche Rundschau* (Berlin) vom 26.8.1914 (Morgenausgabe). Vorher schon unter dem Titel *Die Unwahrhaftigkeit unserer Feinde* erschienen und wieder abgedruckt in H. Kellermann (Hg.): *Der Krieg der Geister* (s. Anm. 33), S. 436–440. Siehe weiterhin Hauptmanns offener Briefwechsel mit Romain Rolland, der diesen vergeblich aufforderte, sich von der deutschen Kriegspolitik (u. a. der Verletzung der belgischen Neutralität) zu distanzieren. Abdruck der zwei Briefe u. a. in H. Kellermann (s. o.), S. 440–449; und in: *Das literarische Echo* 17 (1914), S. 58–61.

10 Frank Wedekind: *Deutschland bringt die Freiheit.* In: *Berliner Tageblatt* vom 27.9.1914. Abdruck auch in H. Kellermann (Hg.): *Der Krieg der Geister* (s. Anm. 33), S. 451–454.

11 Vgl. zu dem damals immer wieder hervorgehobenen Solidarisierungs- und Intergrationseffekt des Krieges z. B. Robert Musils Feststellung, wie »schön und brüderlich« der Krieg sei:» [...]eine betäubende Zugehörigkeit riß uns das Herz aus den Händen, die es vielleicht noch für einen Augenblick des Nachdenkens festhalten wollten.« (R. M.: *Europäertum, Krieg, Deutschtum.* In: *Die neue Rundschau* 25 (1914), H. 9 (September), S. 1303–1305.) Ähnlich der auch in expressionistischen Zeitschriften publizierende Max Scheler im Oktoberheft (H. 10) der *Neuen Rundschau* (*Der Genius des Krieges,* S. 1327): »Wir waren nicht mehr, was wir so lange waren: Allein!«

12 Karl Kraus ließ *Die Fackel* nach dem Kriegsausbruch vier Monate lang nicht erscheinen. Er begründete dieses Schweigen dann mit dem u. a. gegen die Kriegspublizistik gerichteten Aufsatz *In dieser großen Zeit.* In: *Die Fackel* 16 (1914), Nr. 404 (5. Dezember), S. 1–19 (Als Vortrag gehalten am 19.11.1914).

13 Wilhelm Herzog: *Klärungen. Kultur und Zivilisation.* In: *Das Forum* 1 (1914/15), H. 11 (Februar 1915), S. 553–558; Zitat S. 554 f.

14 Hofmannsthal wurde zugunsten kriegspublizistischer Tätigkeit vom Militärdienst freigestellt. Zu seinen Kriegsaufsätzen siehe Hermann Rudolph: *Kulturkritik und konservative Revolution. Zum kulturell-politischen Denken Hofmannsthals in seinem problemgeschichtlichen Kontext.* Tübingen 1971. S. 81–109.

15 Siehe vor allem Rudolf Borchardt: *Der Krieg und die deutsche Selbsteinkehr.* Rede öffentlich gehalten am 5.12.1914 zu Heidelberg. Heidelberg 1915. Zu Borchardts Kriegsreden siehe E. Koester: *Literatur und Weltkriegsideologie,* S. 217 ff.

16 Zur Kriegsapologetik des George-Kreises siehe E. Koester: *Literatur und Weltkriegsideologie,* S. 214 ff.

17 Aus dem Umkreis des Aktivismus vgl. auch Rudolf Kayser: *Krieg und Geist.* In: *Das Ziel.* Aufrufe zu tätigem Geist. Hg. v. K. Hiller. München, Berlin: G. Müller 1916. S. 31–36; hier z. B. S. 35: »Wir machen augenblicklich die furchtbarste Schule des Aktivismus durch.«

18 Vgl. auch Walter Serners kritische Interpretation des Kriegs als Resultat herrschender Langeweile: *Die Langeweile und der Krieg.* In: *Der Mistral* (Zürich) 1 (1915), Nr. 3 (26. April), S. 1–2.

19 Georg Heym: *Dichtungen und Schriften.* Bd. 3. Hamburg, München 1960. S. 164 (15.9.1911); vgl. auch S. 128: »Ein Heilmittel wüßte ich wohl [...], eine große Revolution, ein hellenischer Krieg«.

20 Ebd., S. 138 f.

21 Siehe Gunter Martens: *Vitalismus und Expressionismus,* S. 46 ff., 244 ff. Vgl. auch S. 196 dieses Bandes.

22 Robert Müller: *Apologie des Krieges*. In: Der Ruf H. 3 (November 1912), Sondertitel »Krieg«, S. 1–8; Zitat S. 7.

23 Vgl. Julius Bab: *Die Kriegslyrik heute*. In: Das literarische Echo 17 (1914), 1. Oktober, Sp. 5. Das Deutsche Bücherverzeichnis weist für die ersten Kriegsmonate bis Ende 1914 insgesamt 235 selbständige Kriegslyrikbände nach. (laut Ausstellungskatalog zum Ersten Weltkrieg *Das Volk steht auf* [s. Anm. 4], S. 143) Vgl. weiterhin den kritischen Beitrag zur Kriegslyrik von Josef Luitpold Stern: *Dichter*. In: *Die weißen Blätter* 2 (1915), S. 337–348.

24 Wilhelm Hausenstein: *Für die Kunst*. In: *Die weißen Blätter* 2 (1915), Januar–März, S. 37–47; Zitate S. 40.

25 Ebd., S. 46.

26 Vgl. von Alfred Döblins politisch schwer festzulegenden Aufsätzen (s. a. Anm. 8): *Drei Demokratien*. In: *Die neue Rundschau* 29 (1918), H. 2 (Februar), S. 254–262.

27 Vgl. Ulrich Linse: *Das wahre Zeugnis. Eine psychohistorische Deutung des Ersten Weltkriegs*. In: K. Vondung (Hg.): *Kriegserlebnis* (s. Anm. 4), S. 90–114; hier S. 101. Zu den psychischen Implikationen des neuartig technisierten Krieges s. auch Georg Lukács: *Die deutschen Intellektuellen und der Krieg* (Manuskript aus dem Nachlaß). Abdruck in: *Text und Kritik* H. 39/40 (1973), S. 65–69. Im Rahmen einer antitechnischen Zivilisationskritik opponierten vor allem *Die weißen Blätter* gegen den Krieg (s. u.).

28 Der Hinweis auf die Kriegsopfer aus der Reihe der Expressionisten (u. a. A. Lichtenstein, E. W. Lotz, A. Macke, E. Stadler, [indirekt auch] G. Trakl, A. Stramm, F. Marc, R. J. Sorge, R. Jentsch, G. Engelke) diente immer wieder zur Anklage gegen den Krieg. Ein frühzeitiges Beispiel dafür liefert Hugo Kersten: *Als Opfer des Nationalismus*. In: *Die Ähre* 3 (1914), H. 9/10, S. 6: »Der allgemeine Irrsinn, der jetzt grassiert, und den man Nationalismus oder Patriotismus zu nennen beliebt, fordert seine Opfer.
Für ein chauvinistisches Phantom oder für den Ehrgeiz einer Kaste wird die Jugend der ›Kultur‹-Völker hingeschlachtet. [...]Wir bedauern [...]jene, die gezwungen die Waffen nehmen mußten für ein Menschenkonglomerat, das sich ›Nation‹ nennt, und in das sie zufällig hineingeboren waren.«

29 Vgl. dazu U. Linse (s. Anm. 27).

30 Vgl. E. Kolinsky: *Engagierter Expressionismus*, S. 49 ff.

31 Die Gewaltlosigkeit machten sich (noch bis in die Revolutionsphase des politischen Expressionismus hinein) besonders *Die weißen Blätter* zum Programm (s. E. Kolinsky: *Engagierter Expressionismus*, S. 37 ff.). Hervorzuheben ist hier der Aufsatz des Herausgebers René Schickele: *Der Konvent der Intellektuellen*. In: *Die weißen Blätter* 5 (1918), August, S. 96–105.

32 Siehe u.a. Franz Marc: *Das geheime Europa*. In: *Das Forum* 1 (1914/15), H. 12 (März 1915), S. 632–638. Weiterhin ein unter dem Titel *Für Europa* abgedrucktes und von Romain Rolland eingeleitetes Manifest aus Spanien, ebd., S. 651–653.

33 *Der Krieg der Geister. Eine Auslese deutscher und ausländischer Stimmen zum Weltkriege 1914*. Ges. u. hg. v. Dr. Hermann Kellermann. Weimar 1915.

34 Vgl. z. B. Franz Pfemfert: *Thomas Mann*. In: *Die Aktion* 1 (1911), Sp. 203 - 206.

35 Neben *Gedanken im Krieg* (s. Anm. 1) erschien im *Zeit-Echo* (Jg. 1, 1914/15, H. 2, S. 14 f.) der kurze essayistische Beitrag *Gute Feldpost*. In: *Der Neue Merkur* (Jg. 1, H. 10/11); darauf im Januar/Februar 1915 der etwas gemäßigt-distanziertere Essay *Friedrich und die große Koalition* (s. a. Anm. 7 zu Dok. 69). Siehe weiterhin oben S. 265 f.

36 Dokumente dazu bei H. Kellermann (Hg.): *Der Krieg der Geister*, S. 298 ff.

37 Siehe u. a. Wilhelm Herzog: *Die Überschätzung der Kunst*. In: *Das Forum* 1 (1914/15), H. 9 (Dezember 1914), S. 445–458. Später W. Herzog: *Klärungen. Kultur und Zivilisation* (s. Anm. 13). René Schickele: *Thomas Mann*. In: *Die weißen Blätter* 2 (1915), S. 924–926.

38 Romain Rolland: *Über dem Ringen*. In: *Das Forum* 1 (1914/15), H. 9 (Dezember 1914), S. 482–489. Zu diesem Aufsatz und zur Beziehung Th. Manns zu Rolland s. a. Dok. 69, S. 281, zu Rolland und Hauptmann s. o. die Anm. 9.

39 Heinrich Mann: *Zola*. In: *Die weißen Blätter* 2 (1915). S. 1312–1382. Vgl. auch H. Mann: *Vorwort zu einer Abhandlung über Zola*. In: *Das Forum* 2 (1915), H. 4 (Juli), S. 177–179.

40 Nell Walden, zitiert nach E. Kolinsky: *Engagierter Expressionismus*, S. 9.

41 Ebenso Salomo Friedländer: *Geist und Krieg*. In: *Der Sturm* 6 (1915), Nr. 9/10 (August), S. 54.

42 Vgl. E. Kolinsky: *Engagierter Expressionismus*, S. 9, 45 ff.
43 Vgl. die kritische Glosse von René Schickele: *Der »Pan« im Krieg*. In: *Die weißen Blätter* 2 (1915), S. 923 f.
44 Vgl. dazu das Beispiel *Neue Jugend*, beschrieben von P. Raabe: *Die Zeitschriften*, Nr. 30.
45 Zitiert nach P. Raabe: *Die Zeitschriften*, S. 38.
46 *Die Aktion* 4 (1914), Sp. 693.
47 Vgl. E. Kolinsky: *Engagierter Expressionismus*, S. 9 ff.
48 Vgl. ähnliche Dokumente in H. Kellermann (Hg.): *Der Krieg der Geister* (s. Anm. 33), S. 27 ff. Klaus Böhme (Hg.): *Aufrufe und Reden deutscher Professoren im Ersten Weltkrieg*. Stuttgart 1975.
49 Vgl. E. Koester: *Literatur und Weltkriegsideologie* (s. Anm. 4), S. 305 ff.
50 Vgl. E. Kolinsky: *Engagierter Expressionismus*, S. 12 f.

Die Aktion

WOCHENSCHRIFT FÜR POLITIK, LITERATUR, KUNST

4. JAHRGANG HERAUSGEGEBEN VON FRANZ PFEMFERT 1. AUGUST 1914

DIE BESESSENEN

I

Das also ist die Kulturhöhe, die wir erreichten: Hunderttausende, die gesündesten, wertvollsten und wertevollsten Kräfte, zittern, daß ein Ungefähr, ein Wink der Regierer Europas, eine Böswilligkeit oder eine sadistische Laune, ein Cäsarenwahn oder eine Geschäftsspekulation, ein hohles Wort oder ein vager Ehrbegriff, sie morgen aus ihrem Heim jagt, hinweg von Weib und Kind, hinweg von Vater und Mutter, hinweg von allem mühselig Aufgebauten, in den Tod. Der irre Zufall kann heute, kann morgen, kann jede Minute rufen, und alle, alle werden kommen. Der Not gehorchend — aber gehorchend. Anfangs werden sie heulen, da sie ihr bißchen Erdenglück zusammenbrechen sehen, — bald jedoch werden sie, wenn auch nicht mit ganz sauberer Unterwäsche, vom allgemeinen Taumel besessen sein und besinnungslos morden und ermordet werden.

II

Es ist dumm, ein Wort der Vernunft zu sprechen, wenn die Stunde der Vernunft nicht da ist. Heute Manifeste zu schreiben, Resolutionen für den Frieden zu fabrizieren, nichts Zweckloseres gibt es, nichts Belangloseres. Und wenn die internationale Sozialdemokratie jetzt phrasentoll die „Schmach des Krieges brandmarkt", wo die Genossen sich vielleicht schon zum Marschieren rüsten, sollte man die Führer auslachen oder auspeitschen. Denn allein die Pflichtvergessenheit armseliger Mandatsschacherer ist schuld, daß die Völker Europas noch heute (wie vor 50 Jahren) vor der Möglichkeit eines Weltbrandes zu bangen haben. Wäre die bombastisch quasselnde Viermillionenpartei nicht jahrzehntelang nationalistisch gedrillt worden, wir könnten heute jedes Kriegsgeheul heiter hinnehmen.

III

Möglich, daß die Gefahr, zu neun Zehntel durch gewissenlose Preßpiraten genährt, noch diesmal vorübergeht. Wenn diese Zeilen im Druck erscheinen (ich schreibe sie den 27. Juli im extrablattlosen Ilsenburg), ist das große Massenmorden vielleicht schon wieder vertagt worden. Wir werden dennoch keinen Anlaß zum Jubeln haben: das Bewußtsein bleibt: es kann jede Minute eine neue Gefahr kommen, der Chauvinismus ist die ständige Lebensgefahr der Menschheit. Er, allein er, kann über Nacht aus Millionen Vernunftswesen Besessene machen: dieser Gedanke muß uns wachhalten, auch wenn die Gefahr sich schnarchend stellt.

IV

(Was Deutschland, „realpolitisch" gesehen, von einem Weltkrieg zu hoffen, zu fürchten hat, diese Frage geht nur „Patrioten" an. Unsere Patrioten mögen sich damit abfinden, daß Preußen durch seine Polenpolitik dem Zarismus einen wertvollen Verbündeten gewaltsam aufdrängte, daß Schleswig und Elsaß-Lothringen so wenig Gelegenheiten fanden, schwarz-weiß-rot lieben zu lernen.)

Franz Pfemfert

Dieser politische Leitartikel war – durch die Kriegszensur bedingt (s. Einleitung) – für über vier Jahre Pfemferts letzter dieser Art in der *Aktion*. Er wurde unmittelbar vor Ausbruch des Ersten Weltkrieges geschrieben (am 28. Juli erklärte Österreich an Serbien den Krieg, am 1. August Deutschland an Rußland, am 3. an Frankreich, am 4. England an Deutschland).

73
Franz Marc: *Im Fegefeuer des Krieges*. In: *Der Sturm* 1 (1916/17), H. 1 (April 1916), S. 2.

Was wir Krieger in diesen Monaten draußen erleben, überragt in weitem Bogen unsere Denkkraft. Wir werden Jahre brauchen, bis wir diesen sagenhaften Krieg als Tat, als unser Erlebnis werden begreifen können.

Vielleicht schürfen die in der Heimat Verbliebenen schon ein paar Schichten tiefer in seinen Geheimnissen. Wir, die wir draußen sind, immer Erwartungen und Befehle im Kopf, unermüdlich reiten und marschieren, um dann ein paar Stunden zu schlafen wie die Bären – wir können nicht denken. Wir können nur primitiv erleben; unser Bewußtsein schwankt oft zwischen zwei Fragen: Ist dieses tolle Kriegerleben nur ein Traum, oder sind unsere Heimatgedanken, die uns manchmal streifen, der Traum? Eher scheint beides ein Traum zu sein, als beides wahr.

Wir liegen an einem Waldrand mit unseren Munitionswagen; gewitterartig rollt der Kanonendonner am ganzen Horizont. Überall die kleinen Sprengwölkchen; beides gehört schon zur Landschaft, wie auch das Echo, das jeden Schuß verdoppelt weiterträgt. Plötzlich ein Surren, das in einem ungeheuren Bogen über uns weggeht, ungleich, in steten Schwingungen, übergehend von hellem Pfeifen in tiefes Brummen; wie der hohe, weite Schrei des Raubvogels, immer kurz hintereinander, mit dem Eigensinn des Tieres, das keinen anderen Ruf kennt. Dann in der Ferne ein dumpfer Knall. Es sind schwere, feindliche Artilleriegeschosse, die über uns wegrasen, nach einem uns unbekannten Ziel. Ein Schuß zieht den anderen nach. Der Himmel steht im reinsten Herbstblau, und doch fühlen wir die hohen Rinnen, in denen die Geschosse ihn durchstürmen.

Der Artilleriekampf hat selbst für den Artilleristen oft etwas Mystisches, Mythisches. Wir sind Kinder zweier Weltalter. Wir Menschen des zwanzigsten Jahrhunderts erfahren täglich, daß alle Sage, alle Mystik, aller Okkultismus einmal Wahrheit wird, also auch einmal Wahrheit gewesen ist. Was Homer von dem unsichtbaren, donnergrollenden Zeus singt, dem fernhintreffenden, und von Mars mit seinen unsichtbaren Pfeilen, wir haben es zu Wahrheit gemacht. Und doch schützt uns alles Wissen nicht vor dem mystischen Schauer.

Man sagt uns, daß das nahe Städtchen vom Feind in Brand geschossen wird, also liegen wir wohlgeborgen unter dem Zenith der großen Geschoßkurve. Wir bleiben die Nacht in Stellung; das Sausen tönt über uns lautsingend durch die klare Nacht. Wir schlafen in unsere Mäntel gehüllt. Die Pferde senken die Köpfe und ruhen im müden Stehen.

Nun ist ein jeder für sich und kann träumen, denken, wenn ihm der Schlaf die Gedanken nicht abreißt.

In einer kleinen Ecke unseres Bewußtseins grübeln wir vielleicht noch zwischen Wachen und Schlafen:

Kaum war ein großer Krieg weniger Rassenkrieg als dieser. Wo ist heute die germanische Rasse? Hat dieses Wort je ein größeres Fiasko erlebt? Man wird sich endgültig daran gewöhnen, anstatt »germanisch« das Wort »deutsch« zu setzen; dafür wird der deutsche Adler auch ein paar wuchtige Krallen mehr in sein Wappen bekommen; den neuen deutschen Adler möchte ich gern zeichnen, wenn dieser Krieg einmal vorbei ist.

Ja, wenn der Krieg einmal vorbei ist, was wird dann in Deutschland?

Wird es neben dem politischen Deutschland auch ein künstlerisches geben?

Wir haben in den letzten Jahren vieles in der Kunst und im Leben für morsch und abgetan erklärt und auf neue Dinge gewiesen.

Niemand wollte sie.

Wir wußten nicht, daß so rasend schnell der große Krieg kommen würde, der über alle Worte weg selbst das Morsche zerbricht, das Faulende ausstößt und das Kommende zur Gegenwart macht.

Durch diesen großen Krieg wird mit vielem anderen, das sich zu Unrecht in unser zwanzigstes Jahrhundert hinübergerettet hat, auch die Pseudokunst ihr Ende finden, mit der sich der Deutsche bislang gutmütig zufrieden gegeben hat.

Der Drang der Deutschen, formbildnerisch Neues in Musik, Dichtung und Kunst aufzunehmen, war in der letzten Generation so gering, daß man sich die schlechtesten und fadenscheinigsten Wiederholungen alter guter Kunstformen gefallen ließ. Das Volk als Ganzes ahnte wohl den großen Krieg sicherer als der Einzelne und spannte alle seine Nerven nach ihm.

Kunst in solcher Wartezeit war nicht aktuell, Kunst als Volkstat unzeitgemäß.

Das deutsche Volk ahnte, daß es erst durch den großen Krieg gehen mußte, um sich ein neues Leben und neue Ideale zu formen. Es behielt recht mit seinem Unwillen, in elfter Stunde neue Kunstideen aufzunehmen. Man sät nicht feinen Samen, wenn ein Sturm am Himmel steht.

Er ist schnell hereingebrochen und hat manche zarte Saat zerstört.

Ich glaube nicht, daß viel von dem, was wir neuen Maler in Deutschland an ungewohnten Kunstformen vor dem Kriege geschaffen haben, Wurzel fassen konnte. Wir werden von vorn anfangen müssen zu arbeiten; erst an uns selber in der Schule dieses großen Krieges, dann an unserem deutschen Volk. Denn wenn das große Aufatmen kommt, wird der Deutsche auch wieder nach seiner Kunst fragen, ohne die er in keiner reifen Zeit war.

Er war Bildner in der Gotik, Dichter und Musiker im neunzehnten Jahrhundert und wird wieder Bildner im zwanzigsten Jahrhundert sein. Wir Deutsche sind seit der Gotik formbildnerisch unsagbar arm geworden; wir besorgten anderes für die Welt; heute besorgen wir das Letzte: diesen entsetzlichen Krieg. Wer ihn draußen miterlebt und das neue Leben ahnt, das wir uns mit ihm erobern, der denkt wohl, daß man den neuen Wein nicht in alte Schläuche faßt. Wir werden das neue Jahrhundert mit unserem formbildnerischen Willen durchsetzen.

Wie viele Gedanken Christi sind heute noch ungewußt, ungenutzt, verschwiegen. Jede Zeit hat ihren Christus, den sie verdient, und nimmt so viel aus diesem unerschöpften Born, als ihre Krüge fassen.

Der große Nazarener hat die Gesetze der Natur intuitiv erfaßt. Seine bilderreiche Sprache hat neben unserem neuen erkenntnis-theoretischen Denken ihre Wucht nicht verloren. Seine tiefsten Gedanken wandeln noch parallel mit unserem Forschen; wir hören noch immer das Murmeln dieses lebendigen Quells neben uns.

In so wilden Tagen wie den unseren werden alle uralte Fragen neu gestellt, manche toten totgesagten Fragen stehen auf aus ihren Gräbern. Alle großen Ereignisse der Weltgeschichte sind große Gerichtstage für die menschliche Erkenntnis. Die ehrwürdigsten Meinungen und Glaubenssätze werden neu gewogen. Was gestern galt, ist heute verpaßt und abgetan. Nur die guten Dinge bleiben, die echten, inhaltsschweren, wahren; sie gehen geläutert und gestählt durch das Fegefeuer des Krieges.

Wir Europäer haben in jahrhundertelanger ernster, gemeinsamer Arbeit einen solchen echten – nach Menschenwissen echten, wahren Schatz gehoben, ein Erbgut, das noch jeden Krieg überdauert hat und an dem kein Rost nagt: die »exakten Wissenschaften«. Zum ersten und einzigen Male ist dem menschlichen Geist das »Absolute« geglückt: sich ein Reich zu schaffen, das »auch nicht von dieser Welt« ist und doch alles, was Welt ist, fühlend und ordnend durchdringt. Die Wissenschaften kennen keine nationale Schranken, die Politik hat keinen Raum in ihnen. Alle modernen Menschen, alle guten Europäer stehen im Bann und Bunde dieses Reiches.

Wir können es nicht gutheißen, daß dem Geiste dieses obersten europäischen Gewissens entgegen einige deutsche Gelehrte mit gutem Namen etwas unternommen haben, das in Europa wie ein Signal zum Bannbruch wirken könnte: »sie verzichten in deutschem Nationalgefühl auf die ihnen durch Auszeichnungen von englischen Universitäten, Akademien und gelehrten Gesellschaften erwiesenen Ehren und damit verbundenen Rechte«.[1] Das ist nicht gut. Hier wird auf dem freien Forum der Wissenschaft ein Zaun errichtet; er kann nicht lange stehen; denn die Wissenschaft ist stärker, eine geistige Macht, die sich in das Unendliche dehnt; aber der Versuch ist eben darum nicht gut, weil er keine Zukunft in sich trägt. Alle nationale Erregung unserer Tage kann ihn nicht rechtfertigen.

Der Feind steht nicht dort, wohin der Pfeil abgesandt wurde. Unser deutscher Kulturgeist und nationaler Impuls muß in ganz anderer Richtung aktiv und aggressiv werden.

Soll der Krieg uns das bringen, was wir ersehnen und das in einem Verhältnis zu unseren Opfern steht – der Atem stockt vor dieser Riesengleichung –, so müssen wir Deutsche nichts leidenschaftlicher meiden als die Enge des Herzens und des nationalen Wollens. Sie verdürbe uns alles. Wer hat, dem wird gegeben. Nur mit dieser Devise werden wir auch geistig die Sieger bleiben und die ersten Europäer sein. Der kommende Typ des Europäers wird der deutsche Typ sein; aber zuvor muß der Deutsche ein guter Europäer werden. Das ist er heute nicht immer und überall.

Geschrieben Herbst 1914

Der Aufsatz erschien anläßlich des Todes von Franz Marc, der am 4. 3. 1916 bei Verdun gefallen war. Unmittelbar auf den Aufsatz folgt ein lyrischer Nachruf von Sophie van Leer: *Auf den Tod von Franz Marc*. Zu Marcs europäischer Gesinnung vgl. auch seinen in der Anm. 32 der Einleitung genannten Aufsatz *Das geheime Europa*.

1 Es handelt sich hier um eine *Erklärung deutscher Universitätslehrer* vom 7. September 1914, abgedruckt in H. Kellermann (Hg.): *Der Krieg der Geister* (s. Anm. 33 der Einleitung), S. 28 f.

74
Ferdinand Hardekopf: *Das Zeit-Echo. – Proben aus dem Zeit-Echo in Auszügen* (R. M. Rilke, W. Worringer, F. Werfel, M. Brod, A. Kerr, G. Simmel, A. Wolfenstein, P. Ernst, A. Kolb, K. Hiller, R. Walser). In: *Die weißen Blätter* 2 (1915), S. 931–932, 932–935.

Das Zeit-Echo

In der Voraussetzung, daß die gegenwärtigen Wirren ein Thema abgäben, für dessen Abwandlungsmöglichkeiten jedermann willige Ohren mitbrächte, hat ein Münchner Verlag dieses *Zeit-Echo* eingerichtet, periodische Hefte mit geschriebenen und gezeichneten Künstler-Reaktionen auf den Krieg. Dem vernehmlichen Reiz der europäischen Mißhelligkeiten antworten hier allerlei Leute, die es nicht nötig gehabt hätten, und die es vielfach ungeschickt tun und nicht mit den besten Manieren und in Unkenntnis mancher, beträchtlicher Dinge. Von Nietzsche hätten diese Echoisten zur Erwägung nehmen können, welch eine Klugheit und Selbstverteidigung darin bestände, so selten wie möglich zu reagieren, Stacheln zu haben, ja – mehr noch – sich allen Lagen zu entziehen, wo man auch nur zur Abwehr des Antwortens, zu der verschwenderischen »Defensiv-Aufgabe« des Stachlig-sein-müssens gezwungen wäre. So gefestigt waren die Beiträger nicht. Schweigen sei jetzt das beste Teil, weiß zwar einer, aber die Herausgeber, die hier eine Enquête zur Zeitschrift streckten, vertrauten dem Goethischen:

> Dichter lieben nicht zu schweigen,
> Wollen sich der Menge zeigen.

Immerhin gibt es Nuancen. Neben die ehedem distinguierten Romanciers, die, in der gewohnten höheren Schreibweis', aber mit sensationeller Hinopferung geistiger Besitztümer, Offiziellstes stilisieren, treten die Nachdenklicheren, Bedenklicheren, weiterhin die Postulativen, ideale Forderungen schwenkend, und endlich gar die Spröden, Degoutierten, die Eigensinnigen und Widerspenstigen. Bei alledem sei man unbesorgt: von da bleibt ein weiter Weg, führt überhaupt kein Weg bis zum Unterschlupf der »réfractaires«, zu des Auvergnaten Jules Vallès [1] epileptischer »Föderation der Schmerzen«. Das ausschweifendste Wagnis dieser Blätter: Brüderlichkeit. Der Lyriker Werfel bekennt sie, und der milde, geduldige, gütige Sozialprophet Landauer. [2] Etliche andere melden, für später, Operationen des Geistes an. Unglück könne jeder Esel haben, dozierte der Marquis von Keith [3], man müsse es nur richtig auszubeuten wissen. Aber diese »Ausbeutung« hier geschieht in zagem Ton und ohne rechte Überzeugung. Ein Unerwünschtestes soll so gebogen werden, daß es schließlich doch zum Besten diene. Unsinnigem möchte der Schreibtisch-Optimismus einen Sinn injizieren; »was nicht deutbar, dennoch deuten«. (Loris.) [4] Man proklamiert, unter Fieberschauern des schlechten Gewissens, eine geistige Zukunft. Wäre Geistes-Gegenwart nicht hübscher? Die wird als vorhanden empfunden nur von der Frohnatur Thomas Manns, der triumphiert: literarischer Geist habe Anteil gehabt an der »Wirklichkeit dieses Krieges«. [5] Hier ist nicht mehr gut weilen. Delikater geben sich ein paar Damen: Mechtild Lichnowsky, die eisig feststellt: »Was ist mit dem Tode? Er ist öffentlicher geworden« [6], und Annette Kolb, die Europäerin, mutig zwischen den Rassen stehend und jegliche Schadenfreude verabscheuend.

Das ist das Echo dieser Künstler auf den Krieg. Darf man vermuten, daß andere leben, die den Ereignissen nicht einmal eine Antwort zugestehen? Deren ungeschriebene Tagebücher, deren nicht preisgegebene Visionen bannender wären, als dieser ganze kalli- und lithographierte Widerhall? Warum in aller Welt dürfte man das nicht vermuten? Ferdinand Hardekopf.

Proben aus dem Zeit-Echo in Auszügen

Erscheinung.

Wir haben eine Erscheinung, – und es hat sie mancher angerufen; sie aber weicht nicht und schreitet durch unsere Wände und steht nicht Rede. Weil ihr tut, als kenntet ihr sie. Erhebt eure Augen und kennt sie nicht; schafft ein Hohles um sie mit der Frage eurer Blicke; hungert sie aus mit Nichtkennen! Und plötzlich, in der Angst nicht zu sein, wird euch das Ungeheuere seinen Namen schrein und wegsinken.

1. Heft. Rainer Maria Rilke.

Geschlechterkampf.

Dieser Krieg ist über alle Gegensätze der Rassen und Nationen hinaus zu etwas viel Schlimmerem geworden: zu einer Art von Kampf zwischen zwei verschiedenen Geschlechtern.

Ein Strindberg täte not, der mit all der bitteren Analyse des Wissenden hineinleuchte in die hoffnungslose Tragik dieses Geschlechterkampfs, den unsere Männlichkeit nun auszukämpfen hat mit der um keine phantastische Selbsttäuschung verlegenen Hysterie unserer Feinde.

Wir werden siegen in diesem Kampf ...

Aber wie wird uns dieser Sieg trotz aller jubelnden Genugtuung schmerzen, wie wird unser Lachen am Ziel entstellt sein durch die Schatten eines unterirdischen Grams, durch die aufzukkende Erkenntnis, daß solche Hysterie nur unschädlich gemacht, nicht aber eigentlich besiegt werden kann. Wir werden dasitzen, wie die Strindbergschen Männer dasitzen, wenn die Schlacht geschlagen und sie äußerlich das Feld behaupten, werden dasitzen mit einem durch heimlichen Ekel verzerrten Lachen und mit einem allen Siegestriumph langsam aufsaugenden Ohnmachtsgefühl. Denn das letzte Wort wird doch die Frau mit ihrer Hysterie behalten und was schlimmer ist, auch den letzten Applaus ...

Damit müssen wir uns abfinden, auch mit jenen schmerzlichsten Stunden, von denen Strindberg spricht, in denen unter der Suggestion der unverwüstlichen weiblichen Gefühlstheatralik auch die besten Freunde des Mannes sich mit merkbarer Kühle zurückziehen und damit Objektivität zu markieren vorgeben. Das Bild dieses Verrats an der gemeinsamen Männlichkeit, heute zeigen es uns jene neutralen Staaten, die doch dieselbe moralische Sprache wie wir sprachen und doch auf einmal so merkwürdig harthörig für uns geworden sind ...

Nicht um die Männlichkeit im kraftmeierischen Sinn handelt es sich hier, das wissen wir, sondern um die Männlichkeit im Strindbergischen Sinne, d. h. um den Geist der entschlossenen

Sachlichkeit und um den Geist des moralischen Verantwortlichkeitsbewußtseins, um jenen Geist, den man auch kurz den Geist von 1813 nennen kann. Denn das war uns doch allen das größte Erlebnis in diesen Wochen, daß dieses 1813 noch heute lebt. Wie rauschten die alten Ströme wieder, die im neuen Deutschland ganz verstummt schienen. Wie überraschte es uns, uns auf einmal wieder geadelt zu sehen. Nun sind schon viele Wochen dahin und wir haben mit dem alten Adel auch unseren alten Stolz wieder gefunden.

Dieser Stolz wagt es, heute ohne Erröten zu sprechen von dem deutschen Wesen, an dem die Welt genesen soll . . .

2. Heft. Wilhelm Worringer.

Ein Ulan.

In seinem symbolischen Volk hat Gott die Wahrheit dieses Herbstes sichtbar gemacht.

In den Kavalleriekämpfen in Galizien ritt auf österreichischer Seite ein polnisch-jüdischer Ulan eine Attacke mit. Als das Melee sich entwickelte, holte der Ulan mit einem Säbelhieb einen feindlichen Reiter vom Pferde. Eh' dieser aber aus dem Sattel sank, griff er hinten über in die Luft und rief schauerlich, langsam, in einem ungeheueren Entsetzen die ersten Worte von seinem und seines Feindes Glaubensbekenntnis: »Schema Jisroel«.

Der österreichische Ulan wurde in demselben Kampf leicht verwundet. Als man ihn auf den Hilfsplatz brachte, war er wahnsinnig. Jetzt sitzt er stumm, mit verwahrlostem Bart, blind, doch mit dem blinden Blick des Ödipus in einem Prager Lazarett.

3. Heft. Franz Werfel.

Gefühl von einer Verwandlung des Staates.

Das war die große Verwandlung: Der Staat begann, seine Bürger zu lieben, oder vielmehr, er hatte sie immer geliebt und sein Dasein war, richtig aufgefaßt, nie etwas anderes gewesen als diese Liebe, aber jetzt erst zeigte und sagte er dies auch, und die törichten Bürger, die ihn bisher mißverstanden hatten, sie liebten nun auch ihn mit maßloser, redlicher Liebe. Der Staat demütigte sich vor uns und wir ließen dies nicht zu, sondern demütigten uns vor ihm. Wir sahen einen großen Vater über uns, voll Fürsorge und viel gescheiter und vorausblickender als wir. Und so wurde das neue Gesicht des Staates ein Bild erhabenster Jugendlichkeit, es verband Klugheit und Liebe in sich, wie wir das vorher noch nie an irgendeinem Menschen erlebt hatten. Es war eben Übermenschliches über uns gekommen; und damit spreche ich nicht von dem Gefühl der ganz Glücklichen, für welche dieser Krieg ein nationaler deutscher Krieg ist, sondern von denen, die in ihm nur das Walten, Leiden, Siegen des bloßen Staatsorganismus fühlen können wie wir im vielsprachigen Österreich. Ich habe Lemberg und Czernowitz nie gesehen und ich werde vielleicht hundert italienische Städte besuchen, ehe es mir einfallen wird, nach Galizien zu reisen. Aber als man mir Lemberg und Czernowitz nehmen wollte, da fühlte ich an meinem Körper, daß sie Rechtens zu mir gehören und daß ich sie auf keinen Fall vermissen kann. Ich verstand plötzlich alle Drangsale und Sorgen des Staates von innen heraus; ja es fehlt nicht viel, so werde ich auch verstehen, warum er mich früher immer so bös anschauen mußte.

3. Heft. Max Brod.

Erdbeben.

Beim Erdbeben kullert ein verlorenes Zwanzigmarkstück unter der Truhe vor. »Hosiannah!« schreit Philosoph und Literat – »sei gegrüßt, Erdbeben, es ist vorgekullert!«

4. Heft. Alfred Kerr.

Es kullert . . .

. . . Im »reinen Ich« vollzieht sich das Wunder, daß der tiefste Kern der Persönlichkeit Eines ist mit einem Allgemeinen, einer lebendigen Idee, einem Gemeinsamen vereinheitlichter Millionen – und dieses hat das »empirische Ich« so übergriffen und in sich hineingenommen, daß dessen seelische Vergleichgültigung sich in die selbstverständlich hingenommene physische Vernichtung fortsetzt.

Freilich, Fichte spricht nur von einer »unendlichen Annäherung«; denn das Allgemeine, dem das Ich metaphysisch geeint ist, ist für ihn nicht Vaterland und Nation, sondern das Allgemein-Menschliche, Allgemein-Geistige, das jenseits jeder Seele, auch der Seele eines Volkes steht. In jener Richtung aber liegt vielleicht die Aufgabe derer, die den Krieg überleben – eine nun allerdings unendliche. Für den Krieger, der den Opfertod gestorben ist, ist das Unendliche eingegangen in die Form: Deutschland, er hat wirklich »vollendet«. Wir aber müssen, daß wir leben dürfen, mit der Unabschließbarkeit unserer Aufgabe bezahlen, unser relatives Ich in das Absolute aufgehen zu lassen. Nur die Gnade ward uns, daß die uns mögliche Hingebung und Opferung für die Menschheit in der Gestalt unseres Deutschlands uns sicher macht, daß unser Weg jetzt wirklich eine endliche Strecke jener unendlichen Annäherung ist.

4. Heft. Georg Simmel.

An die Entbürgerten.

. . . .

Warum bewegtet ihr euch nicht im Frieden
So seltsam, so vom Geist her und so gerne –
Gekommen wäre niemals mehr ein Krieg.

Doch lernt dies Feuer für den neuen Frieden!
Stürmt dann wie jetzt und ruft statt Hurra:
Sterne!
Und führt den ganzen Geist hinauf zum Sieg.

4. Heft Alfred Wolfenstein.

Der deutsche Gott.

. . . Ich glaube, daß wir nordischen Völker manches im Christentum falsch verstanden haben, weil wir für historisch und wirklich hielten, was überhistorisch und überwirklich gemeint war; noch heute zeugt ja davon der gänzlich gleichgültige Streit, ob Christus gelebt hat oder nicht. Die Ausdrucksweise des Christentums war uns fremd; und vielleicht ist manche Feindschaft gegen die Religion bei uns lediglich aus solchen Mißverständnissen ausgegangen. Ob uns

Deutschen eine unsinnliche Religion nicht angemessen wäre, eine Religion ohne historischen und dogmatischen Ausdruck? Aber freilich, wie könnten wir dann die wichtigen Dinge mitteilen? Es wäre uns eine neue Offenbarung nötig, die Offenbarung des Deutschen Gottes. Eine alte Welt bricht zusammen in diesem Krieg; sollte die neue Welt, die wir kaum von fern ahnen können, auch eine Religion haben, die wir uns noch nicht vorstellen können, die allem widersprechen würde, was wir kennen, das dritte Reich?

6. Heft. Paul Ernst.

Erlebnis.

. . . Und zugleich fing es im ganzen Erdteil wie in einem Bienenkorb zu wimmeln und sich zu regen an von geschäftig sich Drängenden, unübersehbaren Schwärmen, aus den verlorensten Tälern aufgeflogen, und alle in ihrem künstlichen Haß zu den künstlichen Felsen hingetrieben, aus deren Schacht nunmehr heißes Blut ächzend hervorbrach, zu Bächen, zu Strömen qualvoll unsiegbar anschwellend, doch stets so, o Gott! daß die Schmerzensrufe der Einen mit ihrem weithallenden Echo des Jammers zugleich Genugtuung und Jubel bei den anderen hervorrief. Und wenn die Einen, die Armen! in brennenden Wäldern umkamen, oder langsam in kalten Sümpfen heulend versanken – wie man sonst niedrige Tiere nicht verenden ließe – so frohlockten die Andern. Und die so taten, waren nicht etwa Ausgeburten mit Affenschwänzen, mißgestaltete Trolle, sondern gute, nach Gottes Ebenbild geschaffene Menschen, viel zarte, schöne, verwöhnte Jünglinge darunter, die nicht mehr anders konnten, als morden und sich morden zu lassen, – denn der Teufelsspuk hatte eingesetzt.

7. Heft. Annette Kolb.

Aufruf.

. . . Geistige, schließen wir einen Bund! Diese Leuchtkugel (noch tobt der Krieg) . . . diese Leuchtkugel will ich in eure Himmel werfen. Schließen wir einen Bund; . . . durch Worte Ereignisse! Unter Verarbeitung sämtlicher Gestuftheiten der letzten Jahrfünfte: für den Geist! gegen Krämer und Dunkelmänner! – Seid nicht stolz und lächelt nicht; mag der Gedanke alt sein, er bleibt solange jung, als er nicht Tat ward; ihr müßt euch abgewöhnen, den Prickel des Niedagewesenen zum Wertmaß zu machen. Bezwingt euren Reizhunger, eure Eitelkeit, euern partikulären Ehrgeiz; wer sich unterscheiden will, unterscheidet sich nie. Was taugt es, »originell« zu sein; jeder Narr ist originell; erst erreicht! dann trachtet nach Neuem. So tretet denn jetzt in den Dienst der Idee ein; weiht euch Gott; dem heiligen Geist, dem tätigen Geist; schließt euch zusammen! Unser aller Einigkeit in den Grundpunkten ist mächtiger als ihr ahnt, unser Wille zur Verwirklichung durch dieser Monate feuriges Entsetzen gehärtet. Seid nicht stolz und lächelt nicht; welch ernstere und dringendere Aufgabe stünde denn heute dem Geist bevor als die, seine Träger zu sammeln?

9. Heft. Kurt Hiller.

Idylle.

. . . Die Menschen geben und nehmen in anmutigem, Vernunft und Verstand nicht verletzenden Wechsel. Liebe ist dort das bedeutendste Gesetz; Freundschaft die vorderste Regel. Arm und Reich gibt es nicht. Keine Könige und keine Kaiser hat es dort, wo der gesunde Mensch wohnt, je gegeben. Die Frau herrscht dort nicht über den Mann, der Mann aber ebensowenig über die Frau. Es herrscht niemand, außer jedermann über sich selber. Alles dient dort allem, und der Sinn der Welt geht deutlich dahin, den Schmerz zu beseitigen. Niemand will genießen; die Folge ist, daß alle es tun. Alle wollen arm sein; hieraus folgt, daß niemand arm ist. Dort, dort ist es schön, dort möchte ich leben. Unter Menschen, die sich frei fühlen, weil sie sich beschränken, möchte ich leben. Unter Menschen, die einander achten, möchte ich leben. Unter Menschen, die keine Angst kennen, möchte ich leben. Ich sehe wohl ein, daß ich phantasiere.

11. Heft. Robert Walser.

Der erste Jahrgang des *Zeit-Echo* (1914/15; Untertitel: »Ein Kriegs-Tagebuch der Künstler«), auf den sich Hardekopfs Kritik bezieht und dem er seine *Proben* entnimmt, erschien unter der Schriftleitung von Friedrich Markus Huebner (Autor von Dok. 75) in dem Münchener Graphik-Verlag. Erklärtes Ziel des *Zeit-Echo*, in dem Autoren und Künstler verschiedenster Richtungen mit Gedichten, Prosastücken, Aufsätzen und Zeichnungen vertreten waren, war es, die Wirkung des Krieges auf die künstlerische Intelligenz festzuhalten. Es wurde damit zu einem der wichtigsten Dokumente der geistigen Situation in den ersten Kriegsmonaten. In ihrer Grundtendenz im ersten Jahrgang noch eher kriegsbejahend, war die Zeitschrift jedoch in ihrem programmatischen Selbstverständnis (und auch faktisch) nicht auf bestimmte Einstellungen festgelegt: »Es [das *Zeit-Echo*] wird also weder ein Programm bezeichnen, noch wird es gegen ein Programm verstoßen, wenn Jeder sich einfindet: der Patriot wie der Weltfremde, der Ironiker wie der Gefühlsselige, der Pazifist wie der Kriegsbegeisterte. Das verbindende und zusammenfassende Ziel, wenn immer man nach einem solchen sucht, ist höchstens, daß an dieser Stätte jedermann so reden wird, so reden darf, wie es ihm am wahrhaftesten ums Herz ist« (Einlegzettel zu H. 5). Daß dieser Offenheit freilich Grenzen gesetzt waren, darauf weist F. Hardekopfs vorsichtige Kritik deutlich hin. Die den von ihm ausgewählten und gekürzten *Proben* jeweils vorangestellten Titel stimmen nur zum Teil mit der Vorlage überein. Zu einer dezidiert pazifistischen Antikriegszeitschrift wurde das *Zeit-Echo* mit Jg. 3, den Ludwig Rubiner herausgab (vgl. Dok. 80) und der in dem Schweizer Verlag Benteli erschien. (Vgl. P. Raabe: *Die Zeitschriften*, Nr. 22.)

1 Der anarchistisch-revolutionäre französische Schriftsteller Jules Vallès (1832–1885) veröffentlichte 1866 die Aufsatzsammlung *Les Refractaires*. Mit den »Aufsässigen« waren vor allem gescheiterte, hungernde Intellektuelle gemeint, die sich von der Gesellschaft ausgestoßen sahen, nicht Proletarier und nicht wissenschaftlich gebildete Sozialisten.
2 Gustav Landauer: *Aus unstillbarem Verlangen*. H. 13 des 1. Jgs., S. 188–191.
3 Titelfigur von Frank Wedekinds 1900 erschienenem Stück. Zur kriegsbejahenden Haltung Wedekinds vgl. die Einleitung (S. 293).
4 Pseudonym von Hugo von Hofmannsthal, der mit einem lyrischen Beitrag (hieraus nicht das Zitat) im 1. Jg. vertreten war: *Österreichische Antwort* (H. 3, S. 32). Zu Hofmannsthals Kriegspublizistik s. die Angaben in der Einleitung (S. 293).
5 Zitat aus Thomas Manns Beitrag zum 1. Jg.: *Gute Feldpost* (H. 2, S. 14 f.).
6 Zitat aus Mechtild Lichnowskys Beitrag zum 1. Jg.: *Ein Brief (H. 9, S. 126 - 127).*

75
Friedrich Markus Huebner: *Krieg und Expressionismus.* In: *Die Schaubühne* 10 (1914), Nr. 48 (3. Dezember), S. 441–443.

Da der Krieg kam, war die deutsche Kunst eben aufgebrochen zu einem Ziel der Darstellung, das sehr wo anders lag, als das bisher gesehene und angestrebte Ziel. Man hat diese Bewegung den ›Expressionismus‹ genannt und zu seiner Abwehr und Lächerlichmachung viel Schreibertinte vergeudet. Heute, wo zwischen den Weg und das Ziel plötzlich der Krieg seine Pallisaden gelegt und den Raum verwüstet hat, ist es denn auch schon zu hören, dieses große, tief behäbige Aufatmen aller Unverständigen: Der Krieg hat uns vor den Tollheiten und Modekinkerlitzchen derUngefährmaler und Ungefährdichter gerettet – nun kehrt gottlob wieder die einfache, gesunde und natürliche Kunst zurück!

In der Tat: Die Entwicklung ist abgerissen. Aber sie ist nur für die kurze Dauer der Kriegsläufte unterbrochen; sie wird wieder zusammenheilen und sich kräftiger fortbilden als zuvor. Denn, wenigstens für mich, stellt sich der Zusammenhang und das Ursachenverhältnis grade umgekehrt dar: Der Krieg ist nicht der Verneiner der sogenannten Neuen Kunst, sondern sein ungeahnter, sieghafter Zu-Ende-Bildner. Das Erlebnis unsrer kriegerischen Einmütigkeit, das Erlebnis unsrer völkischen Energie, einer Energie der Seele, des Willens, der unnennbaren Gemütskräfte, dieses große geschichtliche Erlebnis ist auf das Innigste verschwistert mit dem innern zur Schöpfung drängenden Zustande jener neuen Künstler; sie sind fast einander gleich, nur daß sich die elektrische Wolke auf zwei Arten entleert: hier zerstörend unter Blitz und Donner, dort magnetisch, Kräfte treibend, Keime im Regen aussäend.

Die neue Bewegung in der Kunst entstand deswegen, weil das Gemälde, das Gedicht, das Drama nicht der Dinge Letztes brachte, sondern weil stets zwischen den Eindruck und die Wiedergabe, zurechtstutzend, das Denken und das im Atelier, in der Studierstube gelernte Können trat. Der Eindruck, so, wie er im Künstler rätselhaft auftauchte, mußte sich verdünnen, mußte Technik, mußte Wissen und Vernunft werden, bevor der Künstler seiner Herr werden und ihm Farbe und Gestalt verleihen konnte. Die Kunst war Vortrag einer Gesinnung, eines Selbstgesprächs, eines abschließenden Urteils – sie war nicht der einfache, fast kindliche Atemzug der reinen, ganz in Lust und Unlust eingetauchten Seele. So kam es, daß man in frühern Zeiten umhersuchte, zu Grünewald und den Primitiven der frühen Renaissance ging. So kam es, daß plötzlich die Bildhauerei des archaischen, ungriechischen Ägypten von uns neu entdeckt, neu geliebt wurde; und schließlich kamen die Plastiken der Neger, das Gekritzel der Hirtenvölker auf dem Schiefer ihrer Höhlen: Hier, so schien es, war nichts, was die seelische Erregung abschnitt von ihrem Ergebnis, dem bildnerischen Können.

Kurz: man suchte den Ausdruck. Die Seele sollte nicht im Verfasser bleiben und ihm bei der künstlerischen Arbeit gleichgültig zuschauen; sie sollte ihn, den Maler, den Dichter, verlassen und als zauberisches Agens ganz in das Werk übertreten. Das Werk sollte mehr sein als Linie und Gegenstand der Dekoration. Es sollte selber leben; es sollte, wie die Plastiken der Neger, Zauberkräfte enthalten, Mächte des Blicks, Mächte der Beeinflussung; das Werk sollte sein ein Mittelpunkt tätiger Ausströmungen.

Man suchte Leidenschaft. Das Zeitalter vorher war zu klug gewesen. Die Natur exakt nachbilden zu können – bedeutete das Kunst? Eine Prosa zu schreiben, die wortgetreu mit den Ausdrücken der Straßenbevölkerung daherkam – konnte hierin ein künstlerischer Sieg liegen? Nicht Nachbildung, nicht Eindruckswiedergabe, sondern Bekenntnis, Auswärtskehrung des Innersten, ›Expression‹ war jetzt die Losung.

Wie man es anstellte, in Malerei und Dichtkunst wieder dem Geistigen sein Herrscherrecht zu geben, darüber brauchen wir hier nicht die Vorworte der Ausstellungskataloge abzudrukken. Man griff daneben; man trieb sich ins Dunkle und Abgeschmackte; die Inbrunst, wo sie fehlte, ward künstlich gezüchtet.

Alle Bedeutung ist und bleibt in der Absicht. Denn diese geht zusammen mit den Entwicklungsabsichten unsres Volks überhaupt. Deutschland, seit zehn, seit fünf Jahren begann sich bedeutend umzuändern. Wo früher an die Physik und Chemie geglaubt worden war und die Bücher der Biologen als Evangelien auf den Tischen lagen, da setzte jetzt ein Prozeß ein, der fast geneigt war, das Wissen zu verlachen, sofern dieses die wertvollern Kräfte des Wollens und der Leidenschaft irgendwie antastete: es entstand die neue religiöse Bewegung; die Politik zog als greifbare Leidenschaft langsam in die Köpfe; die Technik war nicht mehr Rekord und Zweck um ihrer selbst willen; auch sie hatte sich einzufügen in den Vorrat der Mittel, durch die der Deutsche tiefer zu sich selber, tiefer zum Gefühl von sich selber und seiner Welt gelangen wollte.

Es war Zeit, daß es so kam. Denn nicht nur in der Kunst war Werk und Künstler ein Getrenntes. Der Deutsche, von jeher sparsam mit Gefühl und Gebärde, drohte sich immer mehr vor Leidenschaft und Tatenlust zu fürchten. Bis in die Umgangsformen hinein trugen unsre Landsleute mehr das Gepräge von Geistern, die nicht wagen, aus sich herauszugehen, die mit den Gebärden, statt ihre Seele hinauszurecken, diese Seele nach Kräften unscheinbar und herkömmlich zu machen suchten. Der Deutsche Mensch trug mit dem, was er dachte und sprach, mehr einen Vortrag über sich selber vor, als daß er von innen heraus mit seinem Ausdruck leidenschaftlich und mannhaft übereinstimmte.

Da kam der Krieg. Und auf einmal ward Wirklichkeit, was die Künstler und die Mystiker mit ganzer Kraft ersehnten. Die Seele zeigte sich. Ein Volk von achtundsechzig Millionen Köpfen war mit dem Schlage aus Körper, Kleidung, Besorgung des Alltags herausgefahren, um nichts zu sein als Flutung, Geistigkeit, Wollen, Entschlossenheit. Die Seelen bildeten einen einzigen riesenhaften Kontaktschluß; die okkulten Kräfte brausten und erquollen; die Widerstände verkohlten; der Geist, nicht umschrieben, nicht auf Formeln gebracht, nicht vermischt mit den Schlacken überflüssiger Erläuterung, offenbarte sich als ausgedrücktes, die Blicke entzündendes ewiges Urelement . . .

Man wird, nachdem der Krieg abgelaufen ist, sehen, wie er sowohl für die Rassenentwicklung als auch für die Entwicklung der deutschen Gemütskräfte unumgänglich war. Die Künstler, die Reformer der Schulen, die Mahner zur Machtpolitik hätten noch lange Stückwerk herstellen können. Nun ist die Vollkommenheit in zwei Monaten herabgefahren und wir, die Mitlebenden, haben nur einzuheimsen, was uns metaphysisch gespendet wurde.

Die alte Zeit wird zwar Versuche machen, wiederzukehren: ihr Ansehen ist trotzdem aus;

dieser Krieg hat mit dem ›Expressionismus‹ nicht nur nicht aufgeräumt, sondern seine Richtigkeit schlechthin und mit ungemeiner Schlagkraft gezeigt, erfüllt und bewiesen. Nach einigen Jahrzehnten, die moralisch, künstlerisch, wirtschaftlich aufspeichernd, rubrizierend, descriptiv arbeiteten, treten wir jetzt wieder in eine Epoche der Entladung, der Leidenschaft, des schrankenlosen Mutes zur Originalität. Denn der ›Expressionismus‹ ist eben nicht eine Lehre der Malerateliers, sondern ein Wechsel der Lebensauffassung, ein in alle Wirkungskreise sich ausdehnendes völkisches Kulturbekenntnis.

76
An die Kulturwelt! Ein Aufruf. In: *Die Aktion* 5 (1915), 29. Mai, Sp. 284–285.

Der nachstehende Aufruf geht uns zur Veröffentlichung zu.

Wir als Vertreter deutscher Wissenschaft und Kunst erheben vor der gesamten Kulturwelt Protest gegen die Lügen und Verleumdungen, mit denen unsere Feinde Deutschlands reine Sache in dem ihm aufgezwungenen schweren Daseinskampfe zu beschmutzen trachten. Der eherne Mund der Ereignisse hat die Ausstreuung erdichteter deutscher Niederlagen widerlegt. Um so eifriger arbeitet man jetzt mit Entstellungen und Verdächtigungen. Gegen sie erheben wir laut unsre Stimme. Sie soll die Verkünderin der Wahrheit sein.

Es ist nicht wahr, daß Deutschland diesen Krieg verschuldet hat. Weder das Volk hat ihn gewollt noch die Regierung, noch der Kaiser. Von deutscher Seite ist das Äußerste geschehen, ihn abzuwenden. Dafür liegen der Welt die urkundlichen Beweise vor. Oft genug hat Wilhelm II. in den 26 Jahren seiner Regierung sich als Schirmherr des Weltfriedens erwiesen; oft genug haben selbst unsre Gegner dies anerkannt. Ja, dieser nämliche Kaiser, den sie jetzt einen Attila zu nennen wagen, ist jahrzehntelang wegen seiner unerschütterlichen Friedensliebe von ihnen verspottet worden. Erst als eine schon lange an den Grenzen lauernde Übermacht von drei Seiten über unser Volk herfiel, hat es sich erhoben wie ein Mann.

Es ist nicht wahr, daß wir freventlich die Neutralität Belgiens verletzt haben. Nachweislich waren Frankreich und England zu ihrer Verletzung entschlossen. Nachweislich war Belgien damit einverstanden. Selbstvernichtung wäre es gewesen, ihnen nicht zuvorzukommen.

Es ist nicht wahr, daß eines einzigen belgischen Bürgers Leben und Eigentum von unsern Soldaten angetastet worden ist, ohne daß die bitterste Notwehr es gebot. Denn wieder und immer wieder den deutschen Mahnungen zum Trotz, hat die Bevölkerung sie aus dem Hinterhalt beschossen, Verwundete verstümmelt, Ärzte bei der Ausübung ihres Samariterhandwerks ermordet. Man kann nicht niederträchtiger fälschen, als wenn man die Verbrechen dieser Meuchelmörder verschweigt, um die gerechte Strafe, die sie erlitten haben, den Deutschen zum Verbrechen zu machen.

Es ist nicht wahr, daß unsre Truppen brutal gegen Löwen gewütet haben. An einer rasenden Einwohnerschaft, die sie im Quartier heimtückisch überfiel, haben sie durch Beschießung eines Teils der Stadt schweren Herzens Vergeltung üben müssen. Der größte Teil von Löwen ist erhalten geblieben. Das berühmte Rathaus steht gänzlich unversehrt. Mit Selbstaufopferung haben unsre Soldaten es vor den Flammen bewahrt. – Sollten in diesem furchtbaren Kriege Kunstwerke zerstört worden sein oder noch zerstört werden, so würde jeder Deutsche es beklagen. Aber so wenig wir uns in der Liebe zur Kunst von irgend jemand übertreffen lassen, so entschieden lehnen wir es ab, die Erhaltung eines Kunstwerkes mit einer deutschen Niederlage zu erkaufen.

Es ist nicht wahr, daß unsre Kriegführung die Gesetze des Völkerrechts mißachtet. Sie kennt keine zuchtlose Grausamkeit. Im Osten aber tränkt das Blut der von russischen Horden hingeschlachteten Frauen und Kinder die Erde, und im Westen zerreißen Dum-Dum-Geschosse unsern Kriegern die Brust. Sich als Verteidiger europäischer Zivilisation zu gebärden, haben die am wenigsten das Recht, die sich mit Russen und Serben verbünden und der Welt das schmachvolle Schauspiel bieten, Mongolen und Neger auf die weiße Rasse zu hetzen.

Es ist nicht wahr, daß der Kampf gegen unsern sogenannten Militarismus kein Kampf gegen unsre Kultur ist, wie unsre Feinde heuchlerisch vorgeben. Ohne den deutschen Militarismus wäre die deutsche Kultur längst vom Erdboden getilgt. Zu ihrem Schutz ist er aus ihr hervorgegangen in einem Lande, das jahrhundertelang von Raubzügen heimgesucht wurde wie kein zweites. Deutsches Heer und deutsches Volk sind eins. Dieses Bewußtsein verbrüdert heute 70 Millionen Deutsche ohne Unterschied der Bildung, des Standes und der Partei.

Wir können die vergifteten Waffen der Lüge unsern Feinden nicht entwinden. Wir können nur in alle Welt hinausrufen, daß sie falsches Zeugnis ablegen wider uns. Euch, die ihr uns kennt, die ihr bisher gemeinsam mit uns den höchsten Besitz der Menschheit gehütet habt, euch rufen wir zu: Glaubt uns! Glaubt, daß wir diesen Kampf zu Ende kämpfen werden als ein Kulturvolk, dem das Vermächtnis eines Goethe, eines Beethoven, eines Kant ebenso heilig ist wie sein Herd und seine Scholle.

Dafür stehen wir euch ein mit unserm Namen und *mit unserer Ehre!*

Adolf v. Baeyer, Exz., Professor der Chemie, München; Professor Peter Behrens, Berlin; Emil v. Behring, Exz., Professor der Medizin, Marburg; Wilhelm v. Bode, Exz., Generaldirektor der königlichen Museen, Berlin; Alois Brandl, Professor, Vorsitzender der Shakespeare-Gesellschaft, Berlin; Lujo Brentano, Professor der Nationalökonomie, München; Professor Justus Brinkmann, Museumsdirektor, Hamburg; Johannes Conrad, Professor der Nationalökonomie, Halle; Franz v. Defregger, München; Richard Dehmel, Hamburg; Adolf Deißmann, Professor der protestantischen Theologie, Berlin; Professor Wilhelm Dörpfeld, Berlin; Friedrich v. Duhn, Professor der Archäologie, Heidelberg; Professor Paul Ehrlich, Exz., Frankfurt a. M.; Albert Ehrhard, Professor der katholischen Theologie, Straßburg; Karl Engler, Exz., Professor der Chemie, Karlsruhe; Gerhard Esser, Professor der katholischen Theologie, Bonn; Rudolf Eucken, Professor der Philosophie, Jena; Herbert Eulenberg, Kaiserswerth; Heinrich Finke, Professor der Geschichte, Freiburg; Emil Fischer, Exz., Professor der Chemie, Berlin; Wilhelm Foerster, Professor der Astronomie, Berlin; Ludwig Fulda, Berlin; Eduard v. Gebhardt, Düsseldorf; J. J. de Groot, Professor der Ethnographie, Berlin; Fritz Haber, Professor der Chemie, Berlin; Ernst Haeckel, Exz., Professor der Zoologie, Jena; Max Halbe, München; Professor Adolf v. Harnack, Generaldirektor der königlichen Bibliothek, Berlin; Gerhart Hauptmann, Agnetendorf; Karl Hauptmann, Schreiberhau; Gustav Hellmann, Professor der Meteorologie, Berlin; Wilhelm Herrmann, Professor der protestantischen Theologie, Marburg; Andreas Heusler, Professor der nordischen Philologie, Berlin; Adolf v. Hildebrand, München; Ludwig

Hoffmann, Stadtbaumeister, Berlin; Engelbert Humperdinck, Berlin; Leopold Graf Kalckreuth, Präsident des Deutschen Künstlerbundes, Eddelsen; Arthur Kampf, Berlin; Fritz Aug. v. Kaulbach, München; Theodor Kipp, Professor der Jurisprudenz, Berlin; Felix Klein, Professor der Mathematik, Göttingen; Max Klinger, Leipzig; Alois Knoepfler, Professor der Kirchengeschichte, München; Anton Koch, Professor der katholischen Theologie, Tübingen; Paul Laband, Exz., Professor der Jurisprudenz, Straßburg; Karl Lamprecht, Professor der Geschichte, Leipzig; Philipp Lenard, Professor der Physik, Heidelberg; Maximilian Lenz, Professor der Geschichte, Hamburg; Max Liebermann, Berlin; Franz v. Liszt, Professor der Jurisprudenz, Berlin; Ludwig Manzel, Präsident der Akademie der Künste, Berlin; Josef Mausbach, Professor der katholischen Theologie, Münster; Georg v. Mayr, Professor der Staatswissenschaft, München; Sebastian Merkle, Professor der katholischen Theologie, Würzburg; Eduard Meyer, Professor der Geschichte, Berlin; Heinrich Morf, Professor der romanischen Philologie, Berlin; Friedrich Naumann, Berlin; Albert Neisser, Professor der Medizin, Breslau; Walter Nernst, Professor der Physik, Berlin; Wilhelm Ostwald, Professor der Chemie, Leipzig; Bruno Paul, Direktor der Kunstgewerbeschule, Berlin; Max Planck, Professor der Physik, Berlin; Albert Plehn, Professor der Medizin, Berlin; Georg Reicke, Berlin; Professor Max Reinhardt, Direktor des Deutschen Theaters, Berlin; Alois Riehl, Professor der Philosophie, Berlin; Karl Robert, Professor der Archäologie, Halle; Wilhelm Röntgen, Exz., Professor der Physik, München; Max Rubner, Professor der Medizin, Berlin; Fritz Schaper, Berlin; Adolf v. Schlatter, Professor der protestantischen Theologie, Tübingen; August Schmidlin, Professor der Kirchengeschichte, Münster; Gustav v. Schmoller, Exz., Professor der Nationalökonomie, Berlin; Reinhold Seeberg, Professor der protestantischen Theologie, Berlin; Martin Spahn, Professor der Geschichte, Straßburg; Franz v. Stuck, München; Hermann Sudermann, Berlin; Hans Thoma, Karlsruhe; Wilhelm Trübner, Karlsruhe; Karl Vollmöller, Stuttgart; Richard Voß, Berchtesgaden; Karl Voßler, Professor der romanischen Philologie, München; Siegfried Wagner, Bayreuth; Wilhelm Waldeyer, Professor der Anatomie, Berlin; August v. Wassermann, Professor der Medizin, Berlin; Felix v. Weingartner; Theodor Wiegand, Museumsdirektor, Berlin; Wilhelm Wien, Professor der Physik, Würzburg; Ulrich v. Wilamowitz-Moellendorff, Exz., Professor der Philologie, Berlin; Richard Willstätter, Professor der Chemie, Berlin; Wilhelm Windelband, Professor der Philosophie, Heidelberg; Wilhelm Wundt, Exz., Professor der Philosophie, Leipzig.

In den ersten Oktobertagen 1914 von der geeinten deutschen Tagespresse kommentarlos abgedruckt

Der (die) Verfasser und Initiator(en) dieses auch unter der Bezeichnung *Aufruf der 93 (Intellektuellen)* berühmt-berüchtigt gewordenen Manifests (Abdruck u. a. in der *Frankfurter Zeitung* vom 4. 10. 1914), das *Die Aktion* so wie viele andere apologetische Stellungnahmen zum Kriegsgeschehen in kritischer Absicht kommentarlos abdruckte, sind noch nicht sicher ermittelt worden. Als möglichen Verfasser hat man den Mitunterzeichner H. Sudermann in Betracht gezogen. Der Unterzeichner L. Brentano (*Mein Leben*. Jena 1931. S. 317) nennt den Berliner »Kulturbund deutscher Gelehrter und Künstler« als Urheber. H. Kellermann (*Der Krieg der Geister*, s. Anm. 33 der Einleitung, S. 85 f.) wiederum berichtet, daß sich Mitunterzeichner des Aufrufs erst im Anschluß an seine Veröffentlichung zu diesem Kulturbund zusammengeschlossen hätten, um weiter der ausländischen Kriegspropaganda entgegenzutreten. Vgl. auch Klaus Schwabe: *Wissenschaft und Kriegsmoral. Die deutschen Hochschullehrer und die politischen Grundfragen des Ersten Weltkrieges*. Göttingen, Zürich, Frankfurt 1969. S. 22 ff. Abweichend davon schreibt Peter de Mendelssohn (allerdings ohne Belegangaben) in seiner Thomas Mann-Biographie (*Der Zauberer*. Frankfurt 1975), der Aufruf sei aus dem Kreis der »Deutschen Gesellschaft 1914« in Berlin hervorgegangen, einer Vereinigung von Männern des öffentlichen Lebens, der neben Bankiers, Schwerindustriellen, ostelbischen Junkern, Zeitungsverlegern und Parlamentariern auch zahlreiche Schriftsteller und bildende Künstler angehörten. (S. 1004) Hauptmann, Rathenau und R. Strauß waren nach dieser Version Präsidiumsmitglieder. Der Gesellschaft gehörten u. a. an: Hofmannsthal, Reinhardt, Liebermann, die Brüder Ullstein, Kurt Wolff, S. Fischer, die beiden Cassirers (nicht Th. u. H. Mann). Der in viele Sprachen übersetzte und in vielen Tausend Exemplaren verbreitete Aufruf stieß im Ausland auf Kritik und Empörung (Dokumente dazu bei H. Kellermann (Hg.): *Der Krieg der Geister*, S. 68 ff.) Etliche Unterzeichner distanzierten sich bald von ihm (u. a. Harnack, Wilamowitz, besonders deutlich M. Planck). Eine detaillierte Kritik des von der expressionistischen Publizistik immer wieder negativ erwähnten Aufrufs druckten 1917 *Die weißen Blät-*

ter ab. Sie ist das Vorwort eines Buches über *Die Biologie des Krieges* (*Betrachtungen eines deutschen Naturforschers.* Zürich 1917), das der auch in der *Aktion* publizierende (s. o. S. 248) Professor der Physiologie G. F. Nicolai verfaßt hatte: *Die Entstehungsgeschichte eines Buches.* In: *Die weißen Blätter* 4 (1917), S. 254–261. Hier ist auch ein für die europäische Gemeinschaft optierender Gegenaufruf abgedruckt, den Nicolai Mitte Oktober 1914 zusammen mit Albert Einstein und Wilhelm Förster verfaßt hatte, der jedoch nicht veröffentlicht wurde, weil zu wenige der angesprochenen Kollegen zu unterzeichnen bereit waren.

77
Sigmund Freud: *Zeitgemäßes über Krieg und Tod.* Zensierter Auszug in: *Das Forum* 2 (1915), H. 1 (April), S. 190–191.

In der von ihm herausgegebenen Zeitschrift »Imago« (4. Jahrgang, Heft 1, Verlag von Hugo Heller & Cie., Wien) veröffentlicht unter diesem Titel Sigmund Freud einen Aufsatz, dem ich die folgenden Stellen entnehme:

... Völker werden ungefähr durch die Staaten, die sie bilden, repräsentiert: diese Staaten durch die Regierungen, die sie leiten. ________________________________

____

____

____

____

____

____

____

____

____

____

____

____

____

____

____

____

Man wende nicht ein, daß der Staat auf den Gebrauch des Unrechts nicht verzichten kann, weil er sich dadurch in Nachteil setzte. Auch für den Einzelnen ist die Befolgung der sittlichen

Normen, der Verzicht auf brutale Machtbetätigung in der Regel sehr unvorteilhaft, und der Staat zeigt sich nur selten dazu fähig, den Einzelnen für das Opfer zu entschädigen, das er von ihm gefordert hat. Man darf sich auch nicht verwundern, daß die Lockerung aller sittlichen Beziehungen zwischen den Großindividuen der Menschheit eine Rückwirkung auf die Sittlichkeit der Einzelnen geäußert hat, denn unser Gewissen ist nicht der unbeugsame Richter, für den die Ethiker es ausgeben, es ist in seinem Ursprunge »*Soziale Angst*« und nichts anderes. Wo die Gemeinschaft den Vorwurf aufhebt, hört auch die Unterdrückung der bösen Gelüste auf, und die Menschen begehen Taten von Grausamkeit, Tücke, Verrat und Roheit, deren Möglichkeit man mit ihrem kulturellen Niveau für unvereinbar gehalten hätte...

...Wenn das wilde Ringen dieses Krieges eine Entscheidung gefunden hat, wird jeder der siegreichen Kämpfer froh in sein Heim zurückkehren, zu seinem Weib und Kindern, unverweilt und ungestört durch Gedanken an die Feinde, die er im Nahekampf oder durch die fernwirkende Waffe getötet hat. Es ist bemerkenswert, das sich dieprimitiven Völker, die noch auf der Erde leben und dem Urmenschen gewiß näher stehen als wir, in diesem Punkte anders verhalten – oder verhalten haben, so lange sie noch nicht den Einfluß unserer Kultur erfahren hatten. Der Wilde – Australier, Buschmann, Feuerländer – ist keineswegs ein reueloser Mörder; wenn er als Sieger vom Kriegspfade heimkehrt, darf er sein Dorf nicht betreten und sein Weib nicht berühren, ehe er seine kriegerischen Mordtaten durch oft langwierige und mühselige Bußen gesühnt hat. Natürlich liegt die Erklärung aus seinem Aberglauben nahe: der Wilde fürchtet noch die Geisterrache der Erschlagenen. Aber die Geister der erschlagenen Feinde sind nichts anderes als der Ausdruck seines bösen Gewissens ob seiner Blutschuld; hinter diesem Aberglauben verbirgt sich ein Stück ethischer Feinfühligkeit, welches uns Kulturmenschen verloren gegangen ist . . .

Dieser sehr kriegskritische Aufsatz ist jetzt abgedruckt in S. Freud: *Studienausgabe* Bd. IX. Frankfurt 1974. S. 33–60; Auszüge S. 39 f., 55. Die von der Zensur verbotene Passage lautet: »Der einzelne Volksangehörige kann in diesem Kriege mit Schrecken feststellen, was sich ihm gelegentlich schon in Friedenszeiten aufdrängen wollte, daß der Staat dem Einzelnen den Gebrauch des Unrechts untersagt hat, nicht weil er es abschaffen, sondern weil er es monopolisieren will wie Salz und Tabak. Der kriegführende Staat gibt sich jedes Unrecht, jede Gewalttätigkeit frei, die den Einzelnen entehren würde. Er bedient sich nicht nur der erlaubten List, sondern auch der bewußten Lüge und des absichtlichen Betruges gegen den Feind, und dies zwar in einem Maße, welches das in früheren Kriegen Gebräuchliche zu übersteigen scheint. Der Staat fordert das Äußerste an Gehorsam und Aufopferung von seinen Bürgern, entmündigt sie aber durch ein Übermaß von Verheimlichungen und eine Zensur [!] der Mitteilung und Meinungsäußerung, welche die Stimmung der so intellektuell Unterdrückten wehrlos macht gegen jede ungünstige Situation und jedes wüste Gerücht. Er löst sich los von Zusicherungen und Verträgen, durch die er sich gegen andere Staaten gebunden hatte, bekennt sich ungescheut zu seiner Habgier und seinem Machtstreben, die dann der Einzelne aus Patriotismus gutheißen soll.« (ebd., S. 39)

78
Brief des Kriegsministeriums vom 11.9.1915 an den Herausgeber der Zeitschrift *Das Forum*, Herrn Wilhelm Herzog, betreff Handhabung der Zensur. Abdruck in: *Das Forum* 3 (1918), H. 1 (Oktober), S. 22–24.

Nr. 86356 München, 11.9.1915.
Kriegsministerium.
An
den Herausgeber der Zeitschrift
Das Forum
Herrn Wilhelm Herzog, Schriftsteller, München.

Betreff: Handhabung der Zensur.

Das Kriegsministerium hat sich wiederholt durch eingehende Aussprachen und Ermahnungen von seiten des Presse-Referates sowie durch Kriegsministerialerlaß Nr. 20533 vom 4.3.15 veranlaßt gesehen, die Schriftleitung der Zeitschrift *Das Forum* auf die schädlichen Folgen der Propagierung eines vaterlandslosen Ästheten- oder Europäertums warnend hinzuweisen und ihr nahe zu legen, sich ihrer Verantwortung in vaterländischer Hinsicht bewußt zu werden. Trotzdem hat die Schriftleitung ihre Bestrebungen fortgesetzt durch die Art und Zusammenstellung des Stoffes vaterländische Gesinnung, Äußerungen und Taten des deutschen Volkes, der Presse und Literatur wie auch des Heeres teils mit einer scheinbaren Sachlichkeit, teils hämisch als unvernünftig, Heuchelei oder als pathologische Affekte hinzustellen. Unzutreffende und irreführende Anschauungen und Urteile einzelner meist ausländischer Pazifisten und Utopisten werden geflissentlich hervorgehoben, und zahlreiche Anspielungen deuten an, daß der deutschen Regierung und dem deutschen Wesen die Schuld am Weltkriege zugeschoben werden soll.

Die an den Tatbestand des Landesverrats grenzende unheilvolle Wirkung dieser literarischen Unternehmung kann an der Hand von Äußerungen der Presse des feindlichen Auslandes nachgewiesen werden. Mit sichtbarer Genugtuung und Freude glaubt das feindliche Ausland aus den Veröffentlichungen des *Forum* auf eine Gesinnungsänderung, auf mangelndes Selbstvertrauen und schwächende Uneinigkeit der »deutschen Intelligenz« schließen zu dürfen, wodurch der Wille und die Hoffnung unserer Gegner, Deutschland und seine Verbündeten niederzukämpfen, neu gestärkt wird. Da die Veröffentlichungen des *Forum* tatsächlich aber nur die Stimmung und Anschauung einzelner weniger gänzlich einflußloser Leute wiedergeben, die sich zu der treuen und entschlossenen vaterländischen Stimmung und Haltung des deutschen Volkes in Widerspruch setzen, wird dadurch eine gefährliche Täuschung des feindlichen und neutralen Auslandes bewirkt und auch im Inlande ein Eindruck hervorgerufen, der allen Vaterlandsfreunden bedenklich und ärgerlich erscheint.

Die wohlmeinende Absicht der Zensur, die militärisch gefährliche Wirkung der Veröffentlichungen der Zeitschrift durch Streichungen und Abänderungsvorschläge abzuschwächen und aufzuheben, wurde von der Schriftleitung durch auffällige Kennzeichnung der Streichungen, ja sogar durch das allerdings rechtzeitig vereitelte Vorhaben des Herausgebers, die vorgeschlagenen Abänderungen in hervortretender Schrift zu veröffentlichen, möglichst zu durchkreuzen versucht.

Da demnach die Interessen der Landesverteidigung durch die Zeitschrift »Das Forum« bedroht und geschädigt werden, da ferner nach der bisherigen Haltung des Herausgebers nicht zu erwarten ist, daß der Inhalt dieser Zeitschrift den *zwingenden militärischen* und allgemein *vaterländischen* Erfordernissen entsprechend gestaltet wird, ordnet das Kriegsministerium auf Grund Artikel 4 Ziffer 2 des bayrischen Kriegszustandsgesetzes und § 8 der Vollzugsvorschriften hierzu, zur *Erhaltung der öffentlichen Sicherheit die Einstellung des Erscheinens dieser Zeitschrift während der Dauer dieses Krieges* an. Dem Herausgeber ist gestattet, den bisherigen regelmäßigen Beziehern dieser Zeitschrift von der Einstellung des Erscheinens Kenntnis zu geben. *Der Wortlaut dieser Mitteilung unterliegt der vorgängigen Genehmigung durch das Kriegsministerium und darf keinerlei weitere Ausführungen oder Ankündigungen enthalten.* Jede andere Art der Mitteilung oder Veröffentlichung der vorstehenden Verfügung ist unstatthaft. Zuwiderhandlungen werden mit Gefängnis bis zu einem Jahre bestraft. Kress

79
Klabund: *Bußpredigt* (Geschrieben Juni 1917). In: *Die weißen Blätter* 5 (1918), Quartal Juli – September, S. 106–108.

Was tat ich, daß ich euch schöne Worte sang und Äolsharfen in die Winde hing? Ich bin so müde meines Seins, so müde der Tulpenglocken und der grünen Hirtenflöte . . . Tut Buße! Tut Buße! Denn das Reich der Hölle ist nahe herbeigekommen. Eure Herzen wurden Schlangennester. Eure Augen trübe Pfützen des blutigsten Lasters. Eure Hände, zu liebender Umarmung einst bestimmt, greifen in leere Luft. Das Eismeer trat über seine Ufer. Erratische Blöcke zermalmen den blühenden Garten. Kometen schleifen feurige Schwänze wie Trauerschleppen durch die Straßen: und die Stadt steht steil in Brand. Schlagt euch an eure zerfallende Brust: ehemals göttlicher Dom, nunmehr eine knöcherne Ruine, darin jegliches Unkraut: Haß, Niedertracht, Neid, Unzucht, Lüge, Feigheit, Hochmut wuchert. Schreit, brüllt, kniet in den Kot eurer eigenen Leichen; schreit: Ich Sünder. Ich wandelnder Dreck. Eitriger Auswurf eines verwesenden Bonzen.

Seliger einst am Saume der Welt; saumseliger, seufzend im Süden, verweint in Nelkenduft, Falter, mit den Flügeln leise atmend auf den Orangenbrüsten der blondesten Frau.

Der Regen blutet aus meiner Wunde.

Die Sonne schlägt mich an feuriges Kreuz.

Ich schäume: rotes Meer. Ich schreie: ich Namenlos, ich Traum: bin schuld am Kriege.

Ein jeder: ich. Millionen Ich . . . sind schuld, sind schuld.

Die Geißel Gottes knallt.

Ich kenne, bekenne mich: zur Pflicht, zur Verpflichtung, zur Wahrheit, zum Geständnis. Es gilt, unsere Schuld in die Welt zu pauken, zu posaunen, zu läuten, zu zischeln, zu heulen: daß man uns Geistige oder zum Geiste doch Gewillte, nicht für Söldner eines Machtgedankens, des Räuberrevolvers, mehr halte. Der Krieg wäre nie ein so widerlicher Koloß geworden, hätte er sich nicht an gewissen eitrigen Abszessen unserer Seele gemästet.

Reißt das Hemd auf. Schlagt euch an die Brust: bekennt: ich, ich bin schuldig. Will es büßen. Durch Wort und Tat. Durch gutes Wort und bessere Tat.

Dünke sich niemand zu niedrig, seine Schuld zu bekennen. Niemand zu hoch.

Wir schweigen von den Krieglingen aller Länder, die es heute noch gibt; ihnen kann man nicht ins Gewissen reden, denn sie haben keines.

Aber ihr, die ihr, wie ich, längst erweckt seid – erwacht von einem üblen Traum, der wie ein Alp euch drückte – bekennt, aus falscher Scham bisher nur schweigend, daß dieser Traum ein Trugbild war, daß ihr Narren (und manche von euch, die sich für den Krieg als Krieg einsetzten, Schlimmeres als Narren) wart, als ihr an das Stahlbad der Seele, welches ein Blutbad wurde, als ihr an den Macht-, Nacht- und Bajonettgedanken, an den Krieg als ethischen Umwerter, an die deutsche, französische, englische »Sache« glaubtet, während ihr an die *menschliche Idee* hättet glauben sollen! Ob ihr eure damalige Meinung in Schrift oder Sprache verteidigt habt, das gilt gleichviel. Ihr dachtet so: sie klang im Chorus mit.

Schwört ab den Taumel 1914! Die Resignation 1915! Die Skepsis 1916! Bekennt euch straff zu 1917! Bäumt euch! Zum neuen Willen einer neuen Zeit! Schnellt auf aus eurer Passivität wie ein lang angezogener Bogen zur Aktivität: der Anklage, der Buße, der Besserung. Es heißt, unsere jetzige Position deutlich zu bekennen – damit noch viele zu uns aufs Podium treten. Und ihrer seien tausend, zehntausend – und mehr.

Vor dem Gedanken eines zweiten derartigen Krieges bekreuzt sich die ganze Welt. Fallen Mütter in Ohnmacht und Wahnsinn. Werden Kinder zu Verbrechern.

Es gibt in Deutschland eine mächtige Partei, die es wagt, in diesem Kriege vom nächsten Kriege zu sprechen. Ihr Gerede ist Blasphemie, Hochverrat am Geiste, Gottes- und Menschenlästerung.

Die Desorganisation der Geistigen ist mit an diesem Kriege schuld. Wir alle sind am Kriege schuld, weil wir ihn kommen sahen und nichts dagegen taten, und als er ausbrach, uns über seine wahren Wege täuschen ließen.

Ein rasender Protest gegen den kriegerischen Gedanken und das kriegerische System in der ganzen Welt tut not.

Wir wollen nicht schweigen, nicht eines zweiten Weltkrieges schuldig werden.

Erreichen wir unser Ziel nicht, so sind wir umsonst am Leben geblieben und lägen besser, geruhig gehütet, bei den Toten von Ypern und Kowno, von Gallipoli und Görz.

Es geht um den Adel der Erde. Entthront wurde die ewige Kaiserin: die Natur. Die Erbsünde des abstrakten Menschen: der Zwiespalt zwischen Idee und Wirklichkeit: wird in die Weite getragen, droht die Erde zu zerreißen. Dies darf nicht sein: als Geistiger in hohen Wolken schweben, als Wirklicher Macht vor Recht setzen, Bajonett vor flehend gehobener Hand. Es darf nicht sein: das Gute in der Anschauung haben und begreifen, und schlecht handeln, schlecht sein. Ehe nicht die Idee des Guten in die Tat umgesetzt ist, ehe wir nicht danach streben gut zu sein, anstatt Gutes zu denken, eher haben wir kein Recht, auf den wahren Sieg zu hoffen, den Sieg der Sonne, des Mondes, der blauen Berge und des roten Herzens.

Es ist entsetzlich, zu sehen, wie kleine militärische Erfolge die Völker alsbald golden umnebeln: mit einem rein äußerlichen Siegesrausch, und sie vom Wesentlichen sofort wieder abziehen. Als ob es für die ethische Beendigung des Krieges von irgendwelcher Wichtigkeit wäre, noch einige Tausend Quadratkilometer zu erobern – um den Preis von hunderttausend hingeschlachteten Menschentieren. Als ob durch einen militärischen Sieg der einen Partei die moralischen und rechtlichen Fragen aus der Welt geschafft würden!

Es ist ein trauriges Zeichen unserer militarisierten Zeit, daß die Politiker ihre Direktiven von den Generalen empfangen – anstatt umgekehrt. Es fehlt an Verjüngung in Geist und Willen, an Vergeistigung in den Zielen und Mitteln. Zum Teufel mit der Realpolitik! Man treibe Ideenpolitik! Indem man sich nicht wie die Realpolitik von den Realitäten treiben läßt, sondern indem man aus der Kraft der Idee das Reale schafft.

Am Bahnhofsportal steht der Heilsarmeesoldat Posten, gehorsam dem Befehl des Generals.

Tausende rennen, rasen, schleichen, stolpern an ihm vorbei. Er hält den »Kriegsruf« in der Hand.

Stumm, die Zähne zusammengebissen, wartet der Heilsarmeesoldat. Er darf nicht schreien: Gott! Güte! Gerechtigkeit! Denn die Polizei hat es ihm verboten.

So ist es unsere Pflicht, die Pflicht der aus trübem Traum Erwachten, der Sinnenden, der Besonnenen, nicht mehr Getäuschten (nicht: Enttäuschten), der zum Geist Emporgerissenen: Verächter der Macht, der Nacht und des räuberischen Taumels: am Portal der Zukunft zu stehen, den Friedensruf, den Ruf des ewigen Friedens und der neuen Menschlichkeit auf den Lippen, Soldaten wir der Armee des einzigen Heils. Heute hört den Ruf nur einer, morgen sind es ein Dutzend, übermorgen Tausende.

Es gilt zu warten, die Zähne zusammengebissen.

Einmal wird das mythische Feuer herniederfahren und alle heute noch Irrenden und Schwankenden mit Erkenntnis beglänzen und zu entschlossener Tat entflammen.

Mag heute noch Gelächter oder Niedertracht wie Hagel auf uns niederprasseln:

Soldaten der Seele, es heißt standgehalten. Einmal wird die rote Fahne, in unserem Blut getränkt, im Frühlingslichte flattern.

Ihr Sybariten des Blutes: dann seid verflucht!

Ihr Heuchler, ihr Unerwachten, ihr Trägen – dahin dann zu den Kröten in die Keller des ewigen Todes.

Ihr aber, Unsterbliche, Unendliche, Legionäre der heiligen Armee, auf, zu den Trommeln, zu den Flöten. Schwingt eure Waffen: den Lilienstengel, die Weidenzweige, daran noch Kätzchen hängen, die Mimosenbüschel, die Sonnenblume. Gott winkt! Uns, seinen silbernen Söhnen!

Diese *Bußpredigt* kann u. a. als exemplarisches Dokument der Wandlung vieler Schriftsteller von der Kriegsbegeisterung zum Pazifismus gelesen werden. Aufsehen erregte Klabund mit seinem etwa gleich-

zeitig geschriebenen *Offenen Brief an Kaiser Wilhelm II.*, erschienen am 3.6.1917 in der *Neuen Züricher Zeitung*, in dem er an den Kaiser appellierte, Frieden zu schließen. Abgedruckt jetzt in: Klabund: *Der himmlische Vagant. Eine Auswahl aus dem Werk.* Hg. v. M. Kesting. Köln 1968. S. 593 - 597.
Ludwig Rubiner, der ähnlich wie Franz Pfemfert solcher Wandlungsfähigkeit in der politischen Einstellung mißtraute, kommentierte im *Zeit-Echo* 3 (1917), H. 1/2 (Juni), S. 32, den Fall Klabund unter dem Titel *Konjunkturbuben*:

Dichter Klabund druckt zu Kriegsbeginn:

Mädchen, Eure Ehre
Schützen die Gewehre.
Hebt das Herz empor,
Kriegsfreiwillige vor!

Italiens Kriegsbeginn: K. höhnt in einer deutschen Zeitung den schmutzigen Italiener, in einer Schweizer Zeitung die Hindenburg-Andenken. Rußlands Revolution: K. druckt in einer Schweizer Zeitung einen Brief an den deutschen Kaiser; demokratisch – »Schattenkaiser, bitte Reformen!« Ob K. gleichzeitig in deutschen Blättern die Russen verhöhnt, steht nicht fest.

Nein, das ist kein Zeichen der Zeit. Dieses Schreibgeschäfte ist zeitlos wie die Lebensmittelschieber und die Mystiker. Nächstens werden uns vor lauter Zeichen der Zeit wohl noch die Kriegsberichterstatter revolutionär kommen?

Millionenmal gemeiner als unser Feind, der es aus politischer Trägheit ist – gilt uns die revolutionäre Phrase. Der Jobber, der Agent, der Bankier, der Zuhälter, der Leichenfledderer – sie, die Kriegsbegeisterung markierten, wagen es mit frechem Kopf, nun an unser Ohr mit der revolutionären Phrase zu treten.

Aber wir vergessen nicht. Wir wissen, daß die Konjunkturbuben nur auf die nächste Gelegenheit lauern, sich beliebt zu machen; in öligster Gleichgültigkeit dagegen, um wessen Leben und Blut und Name und Dasein und Ehre es geht.

Eine Zeit, die solche Zeichen gebrauchen kann, ist ein Irrtum.

Verlaßt euch drauf: Wenn es ernst wird, hält das Konjunkturtier das Maul. Und schon am plötzlichen Schweigen des ewig Quiekenden werdet ihr die Stunde erkennen.

80
[Ludwig Rubiner]: *Europäische Gesellschaft.* In: *Zeit-Echo* 3 (1917), 1. und 2. Maiheft, S. 6–9.

Wir leben noch.

Es ist kein Stolz, kein Ruhm, keine Ehre. Auch dies nicht, daß uns nichts anderes übrig bliebe. Sondern es ist unsere letzte Selbstverständlichkeit. Unsere erste Forderung.

Es gab die langen Zeiten, denen der wissende Gang zum Tode Märtyrertum war. Es kann eine Frage sein, ob Märtyrertum heute noch den Wert des Wirkens hat. Aber die Zusammenballung zum Leben, der unaufhörliche Widerstand gegen das Vergleiten in willenlosen Tod, der alltägliche Gang auf dem schmalsten Grat des Lebens, die einfache Bewahrung des Lebenbleibens, das ist das Märtyrertum dieser Zeit. Wir legen Zeugnis ab für das Leben. Und selbst wenn wir umstellt und niedergemacht werden: unser Wille wird weit in die Jahrhunderte greifen, unvergeßbar.

Unsere Brüder zum Leben sind da. In allen Ländern wissen wir sie. Niedergeschrien, mundtot, scheu gemacht von künstlich aufgeblähten Majoritäten, deren Massengeschrei schlau verstärkt wird durch die amtlichen Schallrohre der Informations-Schlagworte.

Unsere Brüder vom Leben sind da, man umstellt sie mit stacheldrähtigen Nationalwänden, man schlägt ihnen die Augen blind wie gemarterten Pferden, aber dennoch wissen sie von uns. Und sie sind jederzeit bereit, uns die Hand zu drücken.

Es kommt einzig darauf an, daß niemand von uns den Mut sinken läßt. Es kommt darauf an, jederzeit eingedenk zu bleiben, wie viele der Geistesbrüder in allen Ländern da sind und aufeinander warten. Es kommt darauf an, manchen Versprengten Mut zu machen, Mut zum Widerstand, und ihnen zu zeigen, daß sie nicht allein sind.

Wir werden nicht warten, bis die Wissenden dieser Zeit alle tot sind und eine neue Generation erwachsen, die der Kriegsdinge von Kindheit auf gewohnt ist! Das Einzige, das Geringste und das Schwerste, was uns auferlegt sein muß, ist, aus diesem Kriege hervor, durch ihn hindurch *den Menschen* zu retten.

Es wird nicht sein, daß das Geistige – welches allein den Menschen formt unter allen Wesen der Erde –, daß die göttliche Würde des Menschen überkarrt werde von den Rädern der Kriegsmaschinen. Das wird nicht sein. Aber wir alle, die wir wissen, daß dies nicht sein wird, die wir wissen, daß unser Ziel ist, den Menschen für den Menschen zu bewahren, uns darf das bloße, heimliche Wissen nicht mehr genügen. Wir müssen es laut aussprechen!

Man kennt die Formel einer vorgegangenen Künstlerepoche, die Forderung l'art pour l'art, die Kunst für die Kunst.

Aber unser neuer Ruf für die kommende Zeit über alle Länder hinweg ist die Forderung: *L'homme pour l'homme, der Mensch für den Menschen!*

Die vergangenen Jahrhunderte sahen drei Epochen, in denen man versuchte, die Grenzen der Völker geistig zum Verschwinden zu bringen:

Das Weltbürgertum, den Kosmopolitismus, den Internationalismus.

Das Weltbürgertum war eine Sache der persönlichen Einsicht. Der Versuch, den Angehörigen derselben geistigen Klasse des fremden Landes als gleichberechtigt zu erkennen.

Der Kosmopolitismus war schon eine Sache der aktiven Bemühung. Der Versuch, sich im fremden Land durch Angehörigkeit zu einer bestimmten Klasse als gleichberechtigt erkennen zu lassen.

Der Internationalismus war die höhere Einheit seiner beiden Vorgänger. Er war endlich die bloße Technik, Weltbürger und Kosmopolit zu sein.

Aber diese drei grenzüberschreitenden Zustände sind jeder doch nur Konstatierungen einer subjektiven Einzelsituation. Sie verpflichten zu nichts. Sie sind Mitteilungen, aber keine Forderungen. Wie innerlich leer, relativ bedingt, ungeistig materiell und nicht bindend die letzte, nächste Phase, der Internationalismus, ist, sieht man aus der bekannten Tatsache, daß gerade die nationalistischen Führer aller Länder miteinander befreundet, verwandt, Ehrenregimentskameraden, also mit einem Wort so international verbunden sind, wie sonst nur das Kapital. Wie müssen die unter Tränen kichern! Der Internationalismus hat uns nicht geholfen, nicht einmal zur Aufrechterhaltung des Internationalismus.

Dennoch ist das Erste, Dringendste die Verbindung der Menschen eines Volkes mit denen des andern, unabhängig von den Grenzen und der Aktualität des Krieges. Und welche ist die Forderung, wenn selbst der Internationalismus versagt hat?

Die Forderung der neuen Zeit heißt: *Erdballgesinnung!* Es handelt sich um nichts anderes, als daß im Moment des Kriegsendes die Übervölkischen, die *Panhumanisten*, die Menschgesinnten auf der Erde zusammenstehen. Die Geistigen. Hier aber kommt es auf die Reinheit an. Diese Armee wird niemals durch die bloße Zahl siegen – weder durch die Wucht einer Übermasse, noch durch das Mysterioso der Minorität –, sie wird allein durch die ewige Sprengwirkung der unzweideutigen, öffentlichen Gesinnung der Menschen helfen können.

Wer ist unser nächster Freund? Der wahrhaft Geistige. Der Mensch, welcher *ohne Veranlassung durch natürliche Familieninteressen, Geburtsbande, Geschäftsangelegenheiten: nur durch seine Überzeugung, durch seinen Entschluß und seine Entscheidung* die Menschen der andern Länder für seine Brüder hält.

Mit ihm im Bunde, mit dem Reinen, werden wir die Gesinnung des neuen Zeitalters nach dem Kriege heraufführen.

Zu welcher Zeit, wenn nicht jetzt, hatte das Wort *Europa* seinen tiefsten, aufwühlend nachhallendsten Klang! Niemals schwangen so hellste Erdparadiesbilder in den Wünschen der Menschen, die an Europa dachten. Vielleicht war erst heute, nach der Krisis, Europa möglich. Vielleicht schreitet erst heute – in allzugroßem Inkognito noch – der Europäer vor uns her.

Wir Europäer wissen, mehr als andere, daß die Forderung »Europa« die geringste von allen ist. Wir wissen, daß Europäismus ein Zustand ist, der nur die allererste Voraussetzung und selbstverständlich ist für ein Bewußtsein von der Rundung des Erdballs, auf dem überall fühlende, denkende, sprechende Menschen leben.

Und ist das etwa neu? Ist das etwa nur ein weltgeschichtliches Aperçu? Ist das ein Trick von Modeköpfen? – (Wie man es in der Idiotenpresse lesen kann!)

Nein, es ist nur so unendlich selbstverständlich! Es kommt nicht darauf an, daß diese drängendste aller geistigen Notwendigkeiten auch Ahnen habe. Aber käme es nur auf Stammbaum an? O, wir Europäer haben auch das, eine Vorläuferschaft der Edelsten unter den Aktiven zweier Jahrhunderte. Der Schweizer Muralt, der um 1700 das Denken der Schweiz mit seinen Briefen aus England europäisierte. Rousseau, der zwei Jahrhundertdrittel später Europa selbst zur Besinnung rief. Der deutsche Anacharsis Cloots, der inmitten der französischen Revolution den europäischen Gottesstaat durch Frankreich verwirklichen wollte. Schweigen wir von den großen ringenden Denkern des neunzehnten Jahrhunderts, die noch in aller Gedächtnis sind. Nur er noch sei erwähnt, der selbst den Versuch anstellte, die europäische Idee in vollster Realität zu verwirklichen: Mazzini, unter dessen Auge von Genf aus das *Junge Italien*, das *Junge Deutschland*, das *Junge Frankreich* entstand, und 1834 das *Junge Europa*. Mißglückte Handstreiche waren das, mißglückte Welten, zu früh geborene Ideenstaaten, aber von denen, trotz der endlichen Verjournalisierung eines kleinen Haufens der Mitläufer, ungeheure Energiekräfte zu den Bewegungen der vierziger Jahre strahlten. Es war zu früh. Auch der sozialistische Europäismus Mazzinis verlief zuletzt in einen modernen Nationalismus.

Aber heute ist es nicht mehr zu früh. Das Erfühlen Europas, das liebende Zusammenhangswissen mit diesem zerhungerten, zerhackten, zerbluteten Erdland ist heute bis in die starrsten

Bürgerherzen gedrungen. Nichts ist schlimmer, als daß es erst einer überirdisch-unterirdischen Riesenfleischermaschine bedurfte, um die Herzen der Menschen für die europäische Idee zu erschüttern. Doch obwohl der letzte Antrieb Abscheu vor dieser Zeit ist: Wert und heilig ist uns, daß Europa sich durchsetzte.

Der letzte, unabweisbare Augenblick ist da, nichts brennt stärker auf unserer Haut. Wir alle sind bereit. Alle sind bereit. Trennen wir uns nicht mehr. Im Wissen, daß wir nach der höchsten Todesgefahr da sind für

Das Junge Europa!

Dies ist einer der Beiträge aus dem ersten Doppelheft des 3. Jgs. des *Zeit-Echo*, die alle der neue Herausgeber Ludwig Rubiner schrieb. Er gab der jetzt in der Schweiz erscheinenden Zeitschrift ein neues, entschieden pazifistisches und übernational-europäisches Profil.

c) Expressionismus und Revolution

Mit der deutschen Novemberrevolution 1918 schien der expressionistische Geist der Utopie Realität zu werden. In Verbindung mit der politischen Revolution und von dem Druck der Kriegszensur befreit, erreichte die kunst- und kulturrevolutionäre Bewegung 1918/19 ihren Gipfelpunkt. »Der Expressionismus, der kein Begriff mehr ist, sondern eine herrliche Wirklichkeit, findet in der beginnenden Weltrevolution seine Bestätigung.« So warb Anfang 1919 ein Berliner Kunsthändler in einem Zeitschriftensonderheft, das sich die »Politik des Geistes« zum Thema ausgewählt hatte. [1] Das zunächst weithin ungetrübte Pathos der Revolutionsbegeisterung löste das der Kriegskritik ab: »Jetzt, jetzt. Endlich. Jetzt! Die neue Welt hat begonnen. Das ist sie, die befreite Menschheit!« [2] Mit dem Krieg sah man den apokalyptischen Zusammenbruch der alten Welt vollendet und feierte nun mit oft religiöser Emphase die Revolution als Auferstehung des neuen Menschen (vgl. F. Burschell: *Der Mensch steht auf!* Dok. 83).

»Die ursprüngliche Aufgabe, die sich der Aktivismus in Deutschland gesetzt hatte: *den Geist zu politisieren*, ist erfüllt.« Diese von Kurt Hiller 1919 in dem Prospekt zum dritten *Ziel*-Jahrbuch getroffene Feststellung [3] konnte in zweifacher Hinsicht Gültigkeit beanspruchen: In der Flut der nun neugegründeten Zeitschriften, aber auch in den schon bestehenden, drückten die rhetorisch-diskursiven Stellungnahmen zum politischen Geschehen die künstlerischen Beiträge stark in den Hintergrund, und noch die wenigen dichterischen Produkte stellten sich ganz in den Dienst revolutionären Engagements. Ein extremes Beispiel lieferte hierfür *Die Aktion*, die mit der Revolution schlagartig ihr literarisches Profil verlor und fast nur noch politische Aufsätze, Aufrufe, Erklärungen und Dokumente abdruckte. Doch nicht nur »Literaturpolitik« (s. o. S. 265) im Sinne politisch-ethischer Meinungsbildung betrieb die literarische Intelligenz, sie versuchte darüber hinaus, sich einen direkten Einfluß in der praktischen Politik zu verschaffen, die gesuchte Einheit also von Geist, Tat und Macht zu verwirklichen. »Voll Zuversicht und Hoffnung, beseelt vom Wunsche zur Mitarbeit, betritt der Schriftsteller, frei nach jahrhundertelanger Knebelung, die Schwelle der Republik. [...] Wie kein anderer ist er, der Schriftsteller, berufen zur Mitarbeit am Neuaufbau des Reiches und an seiner notwendigen geistigen Erneuerung.« [4] So bekundete Bernhard Kellermann in einem *Revolutionsalmanach* die Bereitschaft der literarischen Intelligenz zur konstruktiven Mitwirkung beim Aufbau des neuen Staates. Nach dem Vorbild der von der russischen Oktoberrevolution initiierten Arbeiter-, Bauern- und Soldatenräte bildete Kurt Hiller seinen aktivistischen »Bund zum Ziel« am 10. November im Reichtstag zum »(Politischen) Rat geistiger Arbeiter« um (s. o. S. 291 und Dok. 71), der die Mitarbeit in der Regierung für sich beanspruchte. [5] Dem Berliner Beispiel folgte die Gründung ähnlicher Räte in München (vgl. auch Dok. 85), Leipzig, Dresden, Hamburg, Darmstadt und anderen Städten. [6] Bei den bildenden Künstlern hatten diese Organisationen Entsprechungen in dem »Arbeitsrat für Kunst« unter Leitung von Walter Gropius [7] und der »Novembergruppe« um Max Pechstein [8]. Der realpolitische Einfluß dieser Räte blieb freilich gering, und die Versuche zu überregionalen Zusammenschlüssen scheiterten. [9]

Ebenfalls mit dem z. T. gegen die Funktionäre der Arbeiterparteien gerichteten Anspruch auf eine Führungsposition der Intellektuellen setzten sich Wilhelm Herzogs *Forum* (s. Dok. 82), René Schickeles *Die weißen Blätter* und auch Carlo Mierendorffs neue Zeitschrift *Das Tribunal* unter dem Slogan »Geistige Kämpfer aller Länder, vereinigt euch!« [10] für eine internationale Organisierung der Intelligenz ein. [11] (vgl. den Abschnitt »Gruppenbildung in Kunst und Politik«, S. 404 ff.; besonders auch Dok. 104). Die im Juli 1919 maßgeblich von Henri Barbusse gegründete und in Deutschland vor allem von Herzog und Schickele publizistisch unterstützte Pariser Intellektuellengruppe »Clarté« kam diesen Zielsetzungen am nächsten. [12]

Während sich der Eingriff des Dichters in die Politik in solchen Bemühungen doch weitgehend auf eine organisierte Form ideologiepolitischer Einflußnahme ohne faktische Entscheidungsbefugnisse beschränkte, waren an der Münchener Revolution, und zwar in allen Phasen, Künstler, Wissenschaftler und vor allem Schriftsteller tatsächlich führend beteiligt. [13] Nachdem der Literat Kurt Eisner [14] in der Nacht vom 7. auf den 8. November mit der Bayrischen Republik den ersten revolutionären Staat in Deutschland ausgerufen hatte, nahmen im Revolutionsverlauf, mit aktiver Unterstützung oder sympathisierender Anteilnahme von Autoren wie Oskar Maria Graf, Ret Marut (alias B. Traven), Bruno Frank, Ricarda Huch, Heinrich Mann und auch Rainer Maria Rilke [15], vor allem Gustav Landauer, Erich Mühsam und Ernst Toller einflußreiche Positionen ein. Als zwei Wochen nach der Ermordung Eisners am 7. April 1919 die Bayrische Räterepublik ausgerufen wurde (die offizielle Proklamation, Dok. 87, ist u. a. von Landauer und Mühsam unterzeichnet), übernahm Toller den Vorsitz des Revolutionären Zentralrats und wurde damit kurzfristig zum formell mächtigsten Mann Bayerns. [16] In dieser anarchistischen »Dichterrepublik« ging die Politisierung der Kunst mit der Ästhetisierung der Politik einher. Die unzähligen politisch agitierenden Maueranschläge und Plakate, auch manche Tageszeitungen wurden von Malern und Graphikern expressionistischer Stilrichtung gestaltet. [17] Und selbst die politischen Erlasse und Verordnungen (vgl. Dok. 87 und 88) waren von expressionistischer Rhetorik geprägt.

»Cheftheoretiker« der bayerischen Revolution war der für das soziopolitische Bewußtsein des Expressionismus ungemein einflußreiche Gustav Landauer (in der Räterepublik »Volksbeauftragter für Volksaufklärung«). Die von ihm propagierte anarchistische Form der Revolution (Dok. 86) und des Sozialismus (s. Dok. 64) vereinte organisationspraktische, ethische, religiöse und ästhetische Elemente gleichermaßen in sich. [18] Der Sozialismus seiner Vorstellung setzt schöpferische Kräfte in den Menschen frei, in ihm dränge die »in den Gestalten und Rhythmen der Kunst [...] verborgene Wirklichkeit« zur Verwirklichung. (Dok. 86, S. 345) Beethovens Neunte Symphonie galt für Landauer wie auch Eisner als symbolischer Ausdruck revolutionärer Freude [19], der Sozialismus als ein zu schaffendes Kunstwerk: »was wir dichten, schön machen wollen, ist Praktik, ist Sozialismus, ist Bund der arbeitenden Menschen.« [20] In diesem Sinne auch hatte Kurt Eisner in der einen Höhepunkt der ersten Revolutionsphase bildenden »Künstlerdebatte« vom 3. Januar 1919 im provisorischen Nationalrat formuliert:

So sehe ich gar keinen Gegensatz, sondern nur das innerste, intimste Verhältnis zwischen Staat und Kunst. Unser klassisches Zeitalter flüchtete aus dem Reich der unmöglichen Politik in das Reich des Schönen. Daß Freiheit nur im Reich des Schönen gedeihen könnte und nicht in der Welt, war ein Dogma verzweifelter Resignation. In der heutigen Zeit und in der Zukunft scheint es mir, als ob diese Flucht in das Reich des Schönen nicht mehr notwendig sein sollte, daß die Kunst nicht mehr ein Asyl für Verzweifelte am Leben sein soll, sondern daß das Leben selbst ein Kunstwerk sein müßte und der Staat das höchste Kunstwerk. [21]

Die im Expressionismus dominierenden Vorstellungen von Revolution und Sozialismus, die denen Landauers meist sehr nahe standen [22], gerieten freilich mit dem realpolitischen Verlauf der Revolution zunehmend in Konflikt. Bei aller grundsätzlichen Revolutionsbereitschaft waren doch die meisten in ihrer Zahl kaum überschaubaren Manifeste und Stellungnahmen schon von Beginn an von vorsichtiger Skepsis und gelegentlich von heftiger Kritik gegenüber dem realen Geschehen geprägt. Daß die Sozialdemokraten, die in ihrer Mehrheit wegen der Bewilligung der Kriegskredite und der gewerkschaftlichen Unterstützung der Rüstungsindustrie für die literarische Linksintelligenz indiskutabel geworden war, in Berlin nun die Führung des neuen Staates übernahmen (vgl. auch Dok. 81), daß sich unter den revolutionsbegeisterten Intellektuellen viele ehemalige Kriegsapologeten, modebewußte »Karriererevolteure« und verdächtig rasch der neuen Situation angepaßte »Novembersozialisten« hervortaten, wurde in den expressionistischen Zeitschriften immer wieder als Ärgernis artikuliert. (vgl. auch Dok. 81, 84.) Daß überhaupt die Revolution mehr ein Zwangsprodukt der militärischen Niederlage als das Ergebnis eines neuen Bewußtseins, mehr eine bloß institutionelle Veränderung als der von den Expressionisten geforderte »Umsturz des Geistes« [23] sei, solche Erwägungen gehörten zu den damaligen Topoi der kulturkritischen Revolteure. [24] Carl Sternheims in der *Aktion* veröffentlichten Aufsätze über *Die deutsche Revolution* äußerten noch im November die Bedenken, daß die geistfeindliche und profitfreundliche »Verbürgerung« der amerikanisierten deutschen Mentalität, von der gerade auch die Arbeiterschaft infiziert sei, den geistesrevolutionären Aufschwung bald lähmen könnte. Den neuen politischen Radikalismus mancher revolutionären Gruppen sieht Sternheim durch die Furcht motiviert, »es möchte mit neuen Namen und Schlagworten das alte *kapitalistische* Elend und Vorbereitung zu neuen Kriegen anheben«. [25]

Pfemferts *Aktion*, die ihre Leser nach der Revolution bald nicht mehr mit »Freunde«, sondern mit »Genossen« anredete, bezog ihre Maßstäbe zur Bewertung des politischen Geschehens in Deutschland aus der bolschewistischen Revolution in Rußland. [26] Während die ihr vorausgegangene »Februarrevolution« 1917 von vielen Literaten enthusiastisch begrüßt worden war [27], schieden sich 1918/19 am Bolschewismus die Geister. Die spätexpressionistisch-revolutionären Zeitschriften, Jahrbücher und Anthologien lassen sich sinnvoll nach dem Kriterium typisieren, ob sie ihre Vorstellungen von Revolution und Sozialismus am russischen Vorbild orientierten oder ob sie einen anarchistisch-antiautoritären, partei- und zentralismusfeindlichen, ethisch-ästhetischen Sozialismus propagierten. Ähnlich wie Pfemfert maß Ludwig Rubiner (vgl. auch Dok. 80), u. a. mit seiner Anthologie *Die Gemeinschaft*, der russischen Revolution das Gewicht bei, Anbruch »einer geistigen Weltwende« zu sein. [28] Dem sowjetischen Kommunismus verbunden zeigten sich auch die von Karl Otten, Julian Gumperz und (später) Wieland Herzfelde herausgegebene Zeitschrift *Der Gegner* sowie z. T. die im Malik Verlag erscheinenden Zeitschriften des Berliner Frühdadaismus.

Eine Zwischenposition nahm *Das Forum* ein. Der der USPD nahe stehende Herausgeber Wilhelm Herzog nahm zwar 1919 in steigender Zahl bolschewismusfreundliche Beiträge in seine Zeitschrift auf [29], doch schloß er sich andererseits wiederholt der Kritik revolutionärer Gewalt an [30], die für die sowjetfeindliche Intellektuellengruppe charakteristisch war. [31] Diese im Expressionismus dominierende Position vertraten besonders die von Friedrich Burschell in München herausgegebenen kurzlebigen Zeitschriften *Revolution* und *Neue Erde* (vgl. auch Dok. 83 und 84), die einer ausschließlich geistig-innerlichen Revolution das Wort redeten, das Dresdener Montagsblatt *Menschen* (von Heinar Schilling und dem Rat geistiger Arbeiter herausgegeben) und politisch konkreter die in Darmstadt von Carlo Mierendorff herausgegebenen *Hessischen Radikalen Blätter* (Untertitel) *Das Tribunal*. [32] Die ausführlichsten Kritiken des Bolschewismus schrieb der ebenfalls der USPD nahe stehende René Schickele in den *Weißen Blättern*, besonders in der auch als Buch erschienenen Schrift *Revolution, Bolschewismus und das Ideal. Der 9. November* [33]. Das schon seine Kriegskritik entscheidend prägende Postulat der Gewaltlosigkeit (s. o. S. 297 f.) stand auch im Zentrum der Bewertung des revolutionären Geschehens in Rußland und Deutschland. Zusammengefaßt besagten seine expressionismustypischen Argumente, daß die Gewalt- und Herrschaftsverhältnisse in Rußland nur ihre Farbe gewechselt hätten, daß der revolutionäre Zugriff primär bei den ökonomischen und politischen Verhältnissen nur deren Dominanz gegenüber dem »Geist« perpetuiere, daß die revolutionäre Verwendung der alten militaristischen Mittel keine wirklich neue Gesellschaft schaffen könne.

Ich bin Sozialist, aber wenn man mich überzeugte, daß der Sozialismus nur mit der bolschewistischen Methode zu verwirklichen sei, so würde ich, und nicht nur ich, auf seine Verwirklichung verzichten. [34] Die Diktatur des Proletariats aber, wie die Bolschewiki sie aufgefaßt und ausgeübt haben, das ist die Gegenrevolution innerhalb der Partei des proletarischen Ideals. [35]

Schon im August 1918 hatte Schickele seinen vielbeachteten Aufsatz *Der Konvent der Intellektuellen* mit den Sätzen abgeschlossen:

Ich hoffe auf eine Revolution gegen die Bestie, und das kann keine Revolution sein, die die Bestie gegen die Bestie losläßt. Wer auch von den beiden siegte, es wäre immer die Bestie. Ich hoffe auf eine Revolution durch keine andere Gewalt als die der Herzen, der Überredung und des frohen Beispiels. Ich sage dir: hätten wir die paar tausend Jahre, die wir mit Massakern zugebracht haben, auf die Vorbereitung dieser einzigen, wirklichen, endgültigen Revolution verwandt, wir wären schon lange über den Berg.

Einmal müssen wir Ernst machen mit der Utopie.
Heute, sag ich.
Sofort. [36]

Im November 1918 schien die Utopie einer gewaltlosen Revolution in Deutschland in Erfüllung zu gehen. Vor allem jedoch in zwei politisch bedingten Resignationsschüben wurde der utopische Elan des Expressionismus gebrochen. Der erste wurde in Berlin ausgelöst durch die bewaffneten Auseinandersetzungen im Januar 1919, die mit der Niederschlagung des Spartakusaufstands (Pfemfert, Jung und Otten waren auf Seiten der Aufständischen aktiv beteiligt) und mit der Ermordung Karl Liebknechts und Rosa Luxemburgs endeten, der zweite in München durch den Einmarsch der Truppen unter dem sozialdemokratischen Reichswehrminister Noske, die der Bayrischen Räterepublik ein blutiges Ende bereiteten. Mit der gescheiterten Revolution setzte das Ende der ihrer Hoffnungen beraubten expressionistischen Bewegung ein. Die anfängliche Revolutionsbegeisterung schlug bei den einen in Resignation um, bei den anderen bewirkte sie eine sich schon vorher abzeichnende politische Radikalisierung und den proletkultischen Anschluß an die Arbeiterbewegung. Mit dem nun als »bürgerlich« abgetanen »Expressionismus« wollte man sich dabei nicht mehr identifizieren.

1 Anzeige des »Graphischen Kabinett J. B. Neumann« (Neumann war auch Herausgeber der Zeitschrift *Der Anbruch*). In: *Der Osten* (s. Dok. 85), dort vor dem Inhaltsverzeichnis.

2 René Schickele: *Revolution, Bolschewismus und das Ideal. Der 9. November.* In: *Die weißen Blätter* 6 (1919), Nr. 3 (März), S. 97–130; Zitat S. 102.

3 *Das Ziel.* Jahrbücher für geistige Politik. Hg. v. Kurt Hiller. Jahrbuch III. 1. Halbband. Leipzig: K. Wolff 1919. Der Prospekt ist eingebunden in das Exemplar des Instituts für Deutsche Philologie der Universität München.

4 Bernhard Kellermann: *Der Schriftsteller und die deutsche Republik.* In: *Deutscher Revolutions-Almanach für das Jahr 1919 über die Ereignisse des Jahres 1918.* Hg. v. E. Drahn und E. Friedegg. Hamburg, Berlin: Hoffmann u. Campe 1919. S. 114–116.

5 Vgl. Kurt Hiller: *Wer sind wir? Was wollen wir?* In: K. H.: *Geist werde Herr. Kundgebungen eines Aktivisten vor, in und nach dem Kriege.* Berlin 1920. S. 71–92; und: *Ein Ministerium der Köpfe.* Ebd., S. 125–147.

6 Vgl. E. Kolinsky: *Engagierter Expressionismus*, S. 116–120.

7 Das »Programm« des Arbeitsrats ist abgedruckt in Ulrich Conrad (Hg.): *Programme und Manifeste zur Architektur des 20. Jahrhunderts.* Frankfurt, Berlin 1964. S. 41–42. Die wichtigste Publikation dieser Gruppe: *Ja! Stimmen des Arbeitsrats für Kunst.* Berlin-Charlottenburg 1919.

8 Siehe Dok. 105.

9 Vgl. Kurt Hiller: *Kongreßbericht* (über den 2. Aktivistenkongreß vom 15.–22. Juni 1919 in Berlin). In: *Das Ziel.* Jahrbücher für geistige Politik. Hg. v. Kurt Hiller. Vierter Band. München: K. Wolff 1920. S. 207–216.

10 Max Krell (Hg.): *Manifeste des brüderlichen Geistes.* Berlin: E. Reiss 1920 (*Tribüne der Kunst und Zeit.* Hg. von K. Edschmid. Bd. 23). S. 14.

11 Wilhelm Herzog: *Notizbuch. Die Internationale des Geistes.* In: *Das Forum* 4 (1919/20), H. 1 (Oktober), S. 74–76. Friedrich Markus Hubner: *Zum Weltkongreß der Geistigen.* In: *Das Tribunal* 1 (1919), H. 10/11, S. 112–113. Carlo Mierendorff: *Die Konferenz zu Bern – Etappe der Revolution.* Ebd., S. 115–118. Siehe auch Anm. 10, 12.

12 Wilhelm Herzog: *Clarté.* In: *Das Forum* 4 (1919/20), H. 3 (Dezember 1919), S. 180–186. Im Anschluß daran sind drei Manifeste der Gruppe abgedruckt: *Die Pflicht der Geistigen* (S. 186–188), *Clarté* (S. 188–190), *Die 15 Sätze der Clarté* (S. 190–191). *Die weißen Blätter* druckten den Gründungs-

aufruf der »Clarté« ab in Jg. 6 (1919), H. 7, S. 331–332; weitere Texte der »Clarté« in H. 12, S. 573–576, und in Jg. 7 (1920), H. 3, S. 142–143. Zur Vorgeschichte der »Clarté« vgl. M. Krell: *Manifeste des brüderlichen Geistes* (s. Anm. 10), S. 12 ff.

13 Zur Rolle der literarischen Intelligenz während der Revolution in München siehe besonders den grundlegenden Aufsatz von Wolfgang Frühwald: *Kunst als Tat und Leben. Über den Anteil deutscher Schriftsteller an der Revolution in München 1918/1919.* In: *Sprache und Bekenntnis.* Sonderband des Literaturwissenschaftlichen Jahrbuchs. H. Kunisch zum 70. Geburgstag 27. Oktober 1971. Hg. v. W. Frühwald u. G. Niggl. Berlin 1971. S. 361–389. Weiterhin Ulrich Linse: *Die Anarchisten und die Münchner Novemberrevolution.* In: *Bayern im Umbruch. Die Revolution von 1918, ihre Voraussetzungen, ihr Verlauf und ihre Folgen.* Hg. v. K. Bosl. München, Wien 1969. S. 37–73; Kurt Kreiler: *Die Schriftstellerrepublik. Zum Verhältnis von Literatur und Politik in der Münchner Räterepublik.* Berlin 1978. Vgl. auch Helmut Kreuzer: *Die Boheme.* Stuttgart 1968. Darin das Kapitel »Boheme und Politik«, S. 279 ff. Dokumentensammlungen zu dem Thema: Max Gerstl: *Die Münchener Räte-Republik.* München 1919; *Die Münchner Räterepublik.* Hg. v. Tankred Dorst. Mit einem Kommentar versehen von Helmut Neubauer. Frankfurt 1966; Karl-Ludwig Ay (Hg.): *Appelle einer Revolution.* München 1968; *Literaten an der Wand. Die Münchener Räterepublik und die Schriftsteller.* Ausstellung der Akademie der Künste vom 13. Juni bis 11. Juli 1976 [Ausstellungskatalog Berlin 1976]; s. besonders auch: *Revolution und Räterepublik in München 1918/19 in Augenzeugenberichten.* Hg. v. Gerhard Schmolze. Mit einem Vorwort von Eberhard Kolb. Düsseldorf 1969 (bei dtv München 1978). Zur deutschen Revolution allgemein: *Die deutsche Revolution 1918–1919.* Dokumente. Hg. von Gerhard A. Ritter und Susanne Miller. Frankfurt 1968 (Fischer Taschenbuch).

14 Kurt Eisner: *Die halbe Macht den Räten.* Ausgewählte Aufsätze und Reden. Eingel. u. hg. v. R. u. G. Schmolze. Köln 1969.

15 Zu Rilkes Einstellung zur Revolution: *Rainer Maria Rilke 1875–1975.* Ausstellung des Deutschen Literaturarchivs im Schiller-Nationalmuseum Marbach a. N.. Ausstellungskatalog von Joachim W. Storck. München, Stuttgart 1975. S. 228 ff.

16 Dokumente zu Toller in der Münchener Revolutionszeit enthält: Wolfgang Frühwald und John M. Spalek (Hg.): *Der Fall Toller.* Kommentar und Materialien. München, Wien 1979. S. 27–62.

17 Beispiele in: *Deutscher Revolutionsalmanach* (s. Anm. 4).

18 Vgl. Ulrich Linse (Hg.): *Gustav Landauer und die Revolutionszeit 1918/19. Die politischen Reden, Schriften, Erlasse und Briefe Landauers aus der November-Revolution 1918/19.* Berlin 1974.

19 Siehe Gustav Landauer: *Die Revolution.* Frankfurt 1907. S. 111 f. Weitere Hinweise bei W. Frühwald: *Kunst als Tat und Leben* (s. Anm. 13), dort Anm. 22, 23. Vgl. auch das Vorwort von Kurt Erich Maurer zu dem Gedichtband *Aufruf zum Sozialismus* (Berlin: Sittenfeld 1919; hier S. 8).

20 Gustav Landauer: *Aufruf zum Sozialismus* (s. Dok. 86), S. 34 f.

21 W. Frühwald/J. M. Spalek (Hg.): *Der Fall Toller* (s. Anm. 16), S. 48.

22 Vgl. z. B. R. Schickele (s. Anm. 2); Kurt Erich Meurer: *Sozialismus und Künstler.* In: *An alle Künstler.* Berlin: Willi Simon 1919. S. 40–45; Paul Adler: *Vom Sozialismus zur Utopie.* In: *Neue Blätter für Kunst und Dichtung* 1 (1918), H. 8 (Dezember), S. 170–177; ders.: *Warum denkt der Bürger nicht »sozialistisch«?* Ebd., Jg. 3 (1920/21), S. 58–61.

23 Hans Natonek: *Der Literat als Revolutionär.* In: *Das Literarische Echo* 21 (1918/19), Sp. 385–386.

24 Besonders scharfe Angriffe richteten gegen die (vor allem sozialdemokratischen) »Verfälschungen« der Revolution Albert Ehrenstein: *Bekenntnis.* In: *Die Aktion* 9 (1919), H. 1 (Januar), Sp. 1–4 (auch in: *Das Tribunal* 1, 1919, H. 2, Februar, S. 24 f.); Karl Otten: *Revolte der Enttäuschten.* In: *Die Rettung* 1 (10. Jänner 1919),Hans Hansen: *Revolutionäre Künstler.* In: *Der Weg* 1 (1919), H. 4 (April), S. 2–4.

25 Carl Sternheim: *Die deutsche Revolution.* In: *Die Aktion* 8 (1918), H. 47/48 (30. November), Sp. 613–620; Zitat Sp. 620.

26 Zum politischen Standort der *Aktion* siehe Lothar Peter: *Literarische Intelligenz und Klassenkampf. Die Aktion 1911–1932.* Köln 1972.

27 Alfred Döblin: *Es ist Zeit!* In: *Die neue Rundschau* (1917), August, Bd. 2, S. 1009–1014; Ludwig Rubiner: *Mitmensch* (Dok. 66); René Schickele: *Kerenski.* In: *Die weißen Blätter* 4 (1917), H. 6 (Juni), S. 252–254; ein enthusiastisches Votum für die Oktoberrevolution ist [Walter Rheiner]: *Prolog zum Gedichtbuch »Das tönende Herz« 1917.* (Der russischen Oktoberrevolution gewidmet). In: *Menschen* 1 (1918), Nr. 3 (15. Mai), S. [1–3].

28 Ludwig Rubiner (Hg.): *Die Gemeinschaft. Dokumente der geistigen Weltwende.* Als Jahrbuch des Verlages Gustav Kiepenheuer. Potsdam [1919]. Zitat in der Vorbemerkung, S. 6. Als Dokumente des »Weltbeginns« sind *Das Manifest der kommunistischen Internationale* und Lunatscharskis Programmschrift *Proletarische Kultur* abgedruckt.

29 Siehe die von E. Kolinski (*Engagierter Expressionismus*, S. 195 f., Anm. 81) bibliographisch zusammengestellten Beiträge.

30 Siehe u. a. Wilhelm Herzogs Nachruf auf Karl Liebknecht: *Am Grabe Liebknechts.* In: *Das Forum* 3 (1918/19), H. 3 (Februar 1919), S. 335–341; die Überlegungen zur Ermordung Kurt Eisners: *Sie wissen nicht, was sie tun.* Ebd., S. 341–347; auch Herzogs Vorrede zur »Unabhängigkeits-Erklärung des Geistes« (unterzeichnet u. a. von G. F. Nicolai, B. Russel, R. Rolland, F. Werfel, St. Zweig). Ebd., H. 11 (August), S. 825–831.

31 Siehe z. B. die von Rudolf Leonhard im Frühjahr 1919 in zahlreichen deutschen Städten gehaltene Rede: *Kampf gegen die Waffe!* Berlin: E. Rowohlt 1919 (*Umsturz und Aufbau* H. 3). Ein wichtiger Beitrag der Gegenposition zur zeitgenössischen Gewaltdiskussion ist Walther Rilla: *Politik, Revolution und Gewalt.* Berlin: E. Reiss 1920 (*Tribüne der Kunst und Zeit.* Hg. v. K. Edschmid. Bd. 24).

32 Siehe dazu E. Kolinsky: *Engagierter Expressionismus,* S. 106 ff.

33 Siehe Anm. 2. – Buchausgabe: René Schickele: *Der neunte November.* Mit einem Nachwort und einem Anhang. Berlin: E. Reiss 1919, 2.–5. Aufl. 1919 (*Tribüne der Kunst und Zeit.* Hg. v. K. Edschmid. Bd. 8).

34 R. Schickele (s. Anm. 2), S. 125.

35 Ebd., S. 116.

36 René Schickele: *Der Konvent der Intellektuellen.* In: *Die weißen Blätter* 5 (1918), III (August), S. 96–105; Zitat S. 104 f.

81
[Ludwig Bäumer, Albert Ehrenstein, J. T. Keller, Karl Otten, Franz Pfemfert, Heinrich Schaefer, Hans Siemsen, Carl Zuckmeyer]: *Aufruf der Antinationalen Sozialisten Partei (A. S. P.) Gruppe Deutschland.* In: *Die Aktion* 8 (1918), H. 45/46 (16. November), Sp. 583–586.

Die Antinationale Sozialisten-Partei Gruppe Deutschland, die im Jahre 1915 um die Berliner Zeitschrift »Die Aktion« sich gebildet und unter der Militärherrschaft illegal gearbeitet hat, wendet sich an die revolutionären Sozialisten in allen kapitalistisch regierten Ländern mit folgendem Aufruf.

Die Vaterländer des internationalen Kapitalismus sind am Zusammenbrechen.

Das werktätige Volk deutscher Sprache, das fast 4½ Jahre unter dem patriotischen Beifallsjubel des Kapitalismus abgeschlachtet wurde, das Volk hat begonnen, mit seinen Peinigern abzurechnen. Der deutsche Militarismus liegt am Boden. Die Revolution marschiert.

Der Marsch hat erst begonnen, doch schon versuchen die blutbesudelten Helfer des deutschen Raubkrieges, die revolutionären Kämpfer vom Wege abzudrängen. Schon versuchen jene Elemente, die im August 1914 das deutsche Volk und die Internationale verraten haben und die bis zum 8. November 1918 die willigsten Lakaien der Blutherrschaft waren, die ihnen entrissene Macht zurückzugewinnen. [1] Mit dem Verwirrung stiftenden Schlagwort »Einigkeit!« wollen sie das einige werktätige Volk, das soeben dabei ist, *ganze* Arbeit zu machen, in den bürgerlich-kapitalistischen Blutsumpf locken, in jenen Sumpf, der noch jede Revolution erstickt hat.

Soldaten! Arbeiter, Frauen der Revolution: Laßt euch nicht täuschen!

Mißtrauen, schärfstes Mißtrauen ist das erste Gesetz der Stunde! Seht euch die Menschen an, die euch zur »Einigkeit« aufrufen! Sind es nicht die selben Menschen, die, im August 1914, euch, eure Männer, Söhne und Brüder mit dem Ruf »Einigkeit!« in die Wüste des Todes stießen?

Seid nicht vergeßlich, Kameraden!

Unschuldige Millionen wurden über Nacht, ohne Verhör, ohne daß gegen sie auch nur ein Verdacht vorlag, zum Martertode verurteilt.

Die Welt ward ein Menschenschlachthaus.

Und in das Stöhnen der Verröchelnden hinein, in das Wehklagen der Hinterbliebenen hinein – grausiger schallend als alle Todesschreie – drangen die wüsten Rufe der Aufpeitscher, die, von ihrem Schreibtisch aus, den Verblutenden von der Herrlichkeit, der Heiligkeit, der Notwendigkeit des (planmäßig heraufbeschworenen) Schlachtens vordeklamierten. Ritter des Gummistempels »Gott strafe England«, intellektuelle Haßsänger, unabkömmliche Pressesubjekte, gewerbsmäßige »Führer«, »geistige« Karriererevolteure und sadistische Pfaffen rangen mit ehemaligen Pazifisten, »völkerbefreienden« Hohenzollernsozialisten und gutbezahlten Kruppjournallien um die Palme der Hetzkunst.

Freunde, Kameraden, die wir uns aus dem Blutbad gerettet haben: das alles sollte jemals in Vergessenheit sinken können? Wir sollten Verrat nicht Verrat, Mördergehilfen nicht Mördergehilfen, Verbrecher nicht Verbrecher nennen, nicht Abrechnung halten dürfen, weil die Mitschuldigen uns »Einigkeit« zurufen? Unsere Väter und Söhne und Brüder, unsere Männer und Kameraden sind hingeschlachtet worden, – die Verratenen vermoderten am Stacheldraht, die aber, die das Sterben als »schönste Pflicht« ausgegröhlt haben, sie waren so pflichtvergessen, *leben* zu bleiben (nicht der Tausendste der Kriegshetzer wußte nach seinem eigenen Rezept zu krepieren!!!!), – und wir sollten je wieder dulden müssen, daß die Verräter in unserem Namen, im Namen des Volkes zur Welt sprechen?

Kameraden! wenn wir jetzt einig sein können mit den Blutschuldigen, dann haben wir nicht nur nicht den letzten Krieg, dann ist unsere so herrlich begonnene sozialistische Revolution verraten, dann werden wir Mitmörder unserer Toten, dann verdienen wir die Verachtung der kommenden Jahrhunderte.

Bis heute sind wir reingeblieben von Blutschuld. Haussuchungen, Verfolgungen, Verhaftungen, Festungs- und Zuchthausmauern bestätigen die Unversehrtheit unserer Ehre. Das hat uns vier Jahre hindurch die Kraft gegeben, den namenlosen Jammer zu ertragen, das allein gibt uns die Möglichkeit, weiterzuleben:

Wir, Volk, *sind Opfer gewesen* all der Verbrechen, die unter der Diktatur des Kapitalismus begangen wurden. *Wir* sind gestorben gräßliche Tode. Wir gingen unter mit der »Lusitania« [2]; *uns* würgten und töteten die teuflischen Gase; *unserer* Hände Arbeit sahen wir zu »Brei« verwandeln in Flandern, an der Oise und überall; über *uns* ging es hinweg, als es über Luxemburg und über Belgien ging; *wir* wurden zerrissen, als man unser Paris, unser London, unser Warschau »ausgiebig mit Bomben« zerstörte; *wir* sind die Vergewaltigten gewesen in Brest-Litowsk und in Bukarest. Immer: *wir*. Wir, Volk! In allen Sprachen wehschreiend, doch stets und immer wieder nur: wir!

Jetzt aber ist bedroht, was keine Mordwaffe bisher verletzen konnte: unsere Ehre! Jetzt, erst jetzt geht es um unser Sein! Noch können wir erhobenen Hauptes sprechen: du, französisch, du, englisch, du, russisch, du, serbisch, du, italienisch sprechender Bruder: wir, das gemarterte, aus tausend Wunden blutende, durch tausend Tode gejagte Volk, wir gehören zusammen, wie wir seit Weltbeginn zusammengehört haben. Was uns gewaltsam trennte: *Wir tilgen es hinweg!* Was uns belog, um uns auseinander- und dadurch niederhalten zu können: *Wir tilgen es hinweg!*

Wir, die antinationale sozialistische Menschheit, das vaterlandslose werktätige Volk, wir wollen nie wieder zum blutigen Arenaschaustück habgierigen Verrätern und Unterdrückern dienen.

Wer das Volk in der Stunde der Gefahr verraten konnte, weil das Vaterland der Bourgeoisie Kanonenfutter brauchte, der hat abzutreten.

Kämpfer der Revolution!

Auch die Antinationale Sozialisten-Partei fordert euch auf: seid einig! Aber lehnt jede »Einigkeit« mit Mördergehilfen ab! Nur die reinen Hände des werktätigen Volkes sind würdig, am Bau unserer sozialistischen Gesellschaft mitzuwirken.

Brüder, Sozialisten im Auslande!

Der deutsche Militarismus, diese Hauptstütze der internationalen Bourgoisie ist gestürzt!

Solange er die Welt bedrohte, zitterten wir, ihr könntet zu früh losschlagen. Wir zitterten, denn wir wußten (und Brest-Litowsk und Bukarest bestätigten es uns), daß die Verräter des deutschen Volkes, die deutschen Sozialpatrioten, dem Militarismus Henkerdienste leisten würden.

Jetzt aber, Brüder in Frankreich, Italien, England, Amerika, jetzt ist sie da, *eure* Stunde der Erhebung!

Wir wissen, ihr werdet mit euren Kriegshetzern und Ausbeutern abrechnen. Zögert nicht eine Stunde! Das werktätige Volk deutscher Sprache wird nur dann restlos siegen können gegen jeden Kompromiß, wenn ihr *sofort* euern Kampf aufnehmt!

Nieder mit den Vaterländern!

Nieder mit der völkerschlachtenden, völkerexpropriierenden *Diktatur des Kapitalismus!*

Es lebe der revolutionäre, antinationale Sozialismus!

Es lebe das grenzpfahllose Land der arbeitenden Menschheit!

Hoch die sozialistische Weltrevolution!

Antinationale Sozialisten-Partei
Gruppe Deutschland.

Ludwig Bäumer, Albert Ehrenstein, J. T. Keller, Karl Otten, Franz Pfemfert, Heinrich Schaefer, Hans Siemsen, Carl Zuckmeyer

Der von Franz Pfemfert verfaßte Aufruf leitet das erste *Aktions*-Heft nach Revolutionsausbruch (in Berlin am 9. November) und der Aufhebung der Zensur (am 12. November) ein. Am Ende des Heftes ruft Pfemfert die »Freunde der Aktion« zum Beitritt in die A. S. P. und zur Mitarbeit auf. Weiterhin appelliert er an sie: »Der Aufruf der A. S. P. ist bisher in 100 000 Exemplaren als Sonderdruck erschienen, und weitere 50 000 Exemplare sind im Druck. Überall, in jeder Versammlung, auf allen Bahnhöfen, auf den Straßen muß er verteilt werden. Wer es möglich machen kann, drucke ihn auf eigene Faust ungekürzt nach und verbreite ihn sofort. [...] Arbeitet, Freunde! Wer einen Soldaten an sich vorbeigehen läßt, ohne ihm das Flugblatt gegeben zu haben, versäumt seine Pflicht! Es geht um unsern Sieg, Freunde!« (Sp. 610) Die Reichweite der sich mit der Politik des Spartakusbundes identifizierenden A. S. P. (vgl. etwa die *Erklärung* in H. 47/48 vom 30. November, Sp. 637 f.) blieb auf den *Aktions*-Kreis beschränkt. Die Partei existierte nicht lange. Die letzte der anfangs noch regelmäßig abgedruckten programmatischen Erklärungen findet sich in H. 1 des 9. Jahrgangs vom 4.1.1919. Die letzte Versammlung wurde von der *Aktion* am 18. März 1919 angekündigt. Der Initiator der A. S. P. war inzwischen der KPD (Spartakusbund) beigetreten. (Vgl. auch E. Kolinsky: *Engagierter Expressionismus*, S. 84 ff.; Lothar Peter: *Literarische Intelligenz und Klassenkampf*, S. 55–61.)

1 Gemeint sind die Sozialdemokraten, deren Vorsitzender Friedrich Ebert am 9.11. die Reichskanzlerschaft übernahm und die Linke in seinen Reden immer wieder zur Einheit aufrief.

2 Siehe Anm. 2 zu Dok. 47.

82
Wilhelm Herzog: *An die Geistige Internationale. Aufruf an Romain Rolland.* In: *Das Forum* 3 (1918/19), H. 1 (Oktober), S. 1–5.

Verehrter Romain Rolland,
erst jetzt, am 21. Tage der deutschen Revolution, kann ich befreiten Herzens Worte an Sie richten. Wir haben uns durchgerungen. Das durch harte Unterdrücker versklavte und gefesselte Deutschland ist aufgestanden. Die Orgie der Machtanbetung ist beendet. Der sich frech als Übermensch brüstende Typus des mittelalterlichen Gewaltpolitikers ist mit Schimpf davongejagt.

Wir atmen auf. Deutschland ist wieder ehrlich gemacht.

Als man Sie vor jetzt fünf Jahren fragte: »Ist in Deutschland eine Revolution möglich?« und das erste Heft des *Forum* – April 1914 – Ihre Antwort in deutscher Sprache veröffentlichen durfte [1], erschraken viele Bürger über Ihre prophetischen Worte. Wie sie seit jeher vor allem erschrecken, was der Möglichkeit, ihr herkömmliches Leben fortzusetzen, widerspricht. Sie sahen schon damals deutlich den Konflikt, der in dem Mißverhältnis wurzelte zwischen dem deutschen Geist von ehedem und einem feudalen, veralteten Regime, das diesen Geist erstickt. Und die klaren Worte, die Sie äußerten, wurden wahr: »Wenn die deutsche Revolution nicht eingedämmt wird durch die kluge Politik eines Kaisers und Kanzlers, die ihr unerschütterlich die Richtung geben müßten, statt sie zu bekämpfen (und die politische Geschicklichkeit scheint keineswegs ihre Sache zu sein), wenn sie gewaltsam ihre Erfüllung finden wird, dann wird sie durch ihr Ungestüm alle Revolutionen in den Schatten stellen, die wir in Frankreich durchgemacht haben«.

Sie führten weiter aus – und hierin hat sich in dem Jahrfünft, wir müssen gestehen durch unsere Schuld, nichts geändert – man wüßte in Frankreich nicht genau, bis zu welchem Grade der

Freiheit sich in Deutschland eine Blüte des Geistes durchgerungen hätte. Die Franzosen seien noch in dem Glauben befangen, daß wirkliche Geistesfreiheit nur in Frankreich zu finden sei. Diesen Irrtum bekämpften Sie. Ihnen, als Kenner der geistigen Internationale, waren die Kräfte in Deutschland nicht verborgen geblieben. Sie wiesen darauf hin: »Die Geister, die in Deutschland (und auch in England, wo sie zwar weniger zahlreich, aber nicht weniger unerschrocken sind) einmal die Ehrfurcht vor der Macht – vor sämtlichen Mächten – zerrissen haben, erreichen eine Verwegenheit politischer, sozialer und moralischer Freiheit, die nichts mehr aufhält und bereit ist, die letzten Verträge über den Haufen zu werfen und mit Füßen zu treten. Verträge, mit denen selbst die Freiesten unter uns noch verknüpft bleiben aus Gewohnheit, Geselligkeitstrieb, Klugheit, Bedürfnis nach Gleichgewicht oder aus gutem Geschmack.«

Wir *haben* endlich die Ehrfurcht vor den alten Mächten zerrissen. Wir *waren* verwegen genug, die letzten Verträge, die ihre Brutalität uns auferlegte, über den Haufen zu werfen und mit Füßen zu treten. Und als Sie vor drei Monaten Ihren Ruf an einen der Unsrigen richteten, und in einem Brief an Jean Longuet Ihrer Hoffnung auf eine deutsche Revolution Ausdruck gaben [2], da fühlten Sie gewiß schon die Kräfte und Leidenschaften, die sich mit Notwendigkeit am Ende dieses Weltendramas entladen mußten. Mit Recht erwarteten Sie die Befreiung des deutschen Volkes nicht von den feindlichen Armeen, sondern allein von der deutschen Revolution. Aber seien wir ehrlich: diese Revolution wäre nicht gekommen ohne Ihre feindlichen Armeen. Dieses Volk mußte – wie einer seiner größten Söhne vor dreißig Jahren es voraussah – erst durch eine Niederlage gehen, bevor es sich den Weg zur Freiheit bahnen konnte. Irregeführt durch eine falsche und verbrecherische Ideologie, berauschte es sich an Götzen, die über Nacht zertrümmert wurden.

Endlich will Geist Macht werden. Auch in Deutschland. In einer Zeit, wo die verbrecherische Losung galt: »Macht geht vor Recht«, oder gar »Macht ist Recht«, nahmen einige wenige Köpfe in Deutschland Partei für das Recht gegen die Macht. Sie, Romain Rolland, halfen uns dabei. Helfen Sie uns auch jetzt! Errichten wir die Internationale des Geistes. Geist als Macht. Und eins mit Gerechtigkeit und Güte. Wer diese Forderung sentimental oder utopistisch tauft, werde gebrandmarkt von uns und ausgeschieden aus der Schar der Kämpfer. Bei dem Befreiungskampf der Menschheit, der nun beginnt, wollen wir den Abbau des Mittelalters beschleunigen. Wir wollen die Institutionen, die Vorurteile, die Ungerechtigkeiten, die Privilegien beseitigen, die sich der Entfaltung des Menschen bisher entgegenstellten. Wir wollen bei diesem ungeheuren Werke keinerlei Rücksichten kennen. Wir wollen jedoch – eingedenk der berauschenden Größe unserer Idee – auch die Methoden der Machthaber von gestern verachten. Wir wollen die von Lüge und Brutalität vergiftete und durchseuchte Welt entgiften. Nicht ein Paradies glauben wir aus diesem Jammertal machen zu können, sondern gesicherte Stätten der Arbeit. Auf Verträgen und Recht aufgebaute Beziehungen der Völker. Ein nicht ewig bedrohtes Dasein aller Menschen. Mit Freude und Genuß und Ruhe für jedes Wesen, das Menschenantlitz trägt.

Noch ist kein Grund zu jubeln. Die Errungenschaften der Revolution müssen erst gesichert werden. Wir fühlen gleich Ihrem Viktor Hugo, als er 1878 seine große Rede auf Voltaire hielt, daß von nun an die oberste leitende Macht des Menschengeschlechtes die Vernunft sein wird, sein muß. Allen paradoxalen und spielerischen Geistern, jenen Verwandlungskünstlern und

Pionieren der Gesinnungslosigkeit gegenüber, bekennen wir uns zu einigen absoluten Wahrheiten. Ja, wir nehmen den Schimpf auf uns, »Weltverbesserer« höhnisch genannt zu werden. Unser Ziel sei es: Victor Hugos Imperativ: »Déshonorons la guerre!« zu verwirklichen. Dieser Krieg muß, wird der letzte sein.

Wir sehen, überall waren Männer am Werk, die der Vernunft zu dienen sich bemühten. Sie alle hatten dasselbe Ziel. Sammeln wir uns endlich. Es gilt, dem einzig berechtigten Imperialismus, dem der Idee, dem Eroberungstrieb des Geistes und der Menschlichkeit, zum Triumphe zu verhelfen. Die Grundlage ist gegeben. Die Atmosphäre ist gereinigt. Erfüllen wir die arme zerquälte Menschheit mit den Ideen der Güte und Gerechtigkeit. Lassen Sie uns als Vernunftwesen wie die Jünger Christi an die Dreieinigkeit – an die Gerechtigkeit glauben. Und ketten wir dem Willen die Macht an. Lassen Sie uns die Arbeiter aller Länder zusammenrufen. *Organisieren wir endlich die Armee des Geistes. Und vereinen wir uns mit den Proletarierheeren. Die bisher Verfehmten, Verbotenen oder Eingekerkerten werden unsere Führer sein müssen.* Schon beginnt die Welt, die Ideologen von gestern als die Realpolitiker von morgen zu erkennen.

Aber wieviel an geistiger Vorbereitung ist noch nötig! Wieviel Legenden gilt es zu zerstören, wieviele Gebiete sind aufzuklären, wieviele Gehirne sind zu reinigen, wieviel Schutt ist abzutragen! Und wie wenig ist bisher geschehen! Kaum daß mit den Aufräumungsarbeiten begonnen wurde. In seinen Reden und Manifesten hat uns der Präsident der Vereinigten Staaten von Amerika die zunächst anzustrebenden Ziele gezeigt. [3] Beginnen wir jetzt gemeinsam – nach dem Sturz eines Systems der Menschenfeindschaft und Menschenverachtung – an der Verwirklichung jener Ziele zu arbeiten, die in einem vielgerühmten, aber kaum gelesenen Entwurf Immanuel Kant aus Königsberg vor hundertfünfundzwanzig Jahren zwar aufstellen, aber nicht einmal anstreben konnte. [4]

Wir müssen weiter vordringen. Was dürfte jetzt noch die Versöhnung der Völker hindern? Eigennutz? Mißtrauen? Alte Feindschaft? Beseitigen wir die Vorurteile und den etwa noch schwelenden Haß gegen das Regime eines hart gestraften Volkes. Das Regime ist tot.

Die berufenen Führer des internationalen Sozialismus finden noch immer nicht den Weg, die Interessen der hinter ihnen stehenden Massen zu vereinen. Wir wollen, da Weltgewissen, Entschlußkraft, Vernunft befehlen, nicht hinter ihnen herhinken. Anfeuern wollen wir alle, die mattherzig oder schwach geworden sind. Und aufrufen die junggebliebenen, leidenschaftlichen Seelen, die der Menschheit dienen wollen. Wir hoffen auf Sie, Romain Rolland! Die Zeit ist gekommen. Wir grüßen Sie als Vorkämpfer der internationalen Armee des Geistes. Wir warten auf ihren Ruf.

Am 21. Tage der deutschen Revolution.

Wilhelm Herzog.

Der Brief leitet programmatisch das erste Nachkriegsheft des im September 1914 von der Kriegszensur verbotenen *Forum* (vgl. Dok. 78) ein. Laut redaktionellem Vermerk wurde dieses »Oktoberheft« erst am 30. November abgeschlossen.

Auf den Brief folgt ein Rolland-Portrait Wilhelm Herzogs (S. 6–10), der schon in den Vorkriegs- und Kriegsheften des *Forum* mehrere Aufsätze dieses französischen Autors abgedruckt hatte. Rolland wurde während des Krieges (gestützt auch durch den ihm im November 1916 verliehenen Nobelpreis) im

Schweizer Exil zur führenden Figur der pazifistischen Internationale. Im Jg. 3 (1918/19) des *Forum* ist Rolland nach dem Herausgeber Herzog der am häufigsten vertretene Beiträger.

1 Romain Rolland: *Ist in Deutschland eine Revolution möglich?* (Antwort auf eine Rundfrage der französischen Zeitschrift *La Vie*). In: *Das Forum* 1 (1914/15), H. 1 (April), S. 28–30.
2 »Ruf an einen der Unsrigen« meint vielleicht den offenen Brief Rollands vom Oktober 1918 an Georg Friedrich Nicolai. Unter dem Titel *Freistätten des Geistes* später abgedruckt in: *Das Forum* 3 (1918/19), H. 4 (Januar 1919), S. 243–249. Der Brief an Longuet, den Führer der französischen Minderheitssozialisten, wurde im November 1918 unter dem Titel *Gegen den Siegeszug des bismarckschen Geistes* abgedruckt in der *Populaire*.
3 Der Friedensnobelpreisträger (1919) Woodrow Wilson gab den Friedensbemühungen vor allem mit der Verkündung der *Vierzehn Punkte* am 8. 1. 1918 entscheidende Impulse. Von den zeitgenössischen Sammlungen seiner Reden und Erklärungen s. etwa: Präsident Wilson. *Der Krieg – Der Friede*. Zürich 1918; Wilson. *Das staatsmännische Werk des Präsidenten in seinen Reden*. Berlin 1919.
4 Gemeint ist Kants 1795 erschienene Schrift *Zum ewigen Frieden*. Unter dem Titel *Kant und der Krieg* war darauf im Dezemberheft 1914 des *Forum* (S. 469–472) schon Karl Vorländer eingegangen.

83
Friedrich Burschell: *Der Mensch steht auf!* In: *Revolution* 1 (1918), Nr. 1 (23. November), S. 1.

Nicht Freude oder Schmerz – das war einmal – Entschlossenheit ziemt seinen Zügen.

Die Toten sind begraben, die namenlosen, ungezählten Menschenbrüder; doch zur erfüllten Zeit im Buch des Lebens stehen Zahl und Namen herrlich eingezeichnet.

Denn jetzt erhebt der Lebende sein Haupt, aus Sünd und Mord, und duldet es nicht länger und über ihm, dem Himmel näher, wehn seine Fahnen rot wie Blut, der Schreck der alten, untergehnden Welt, wehn seine kühnen, starken Fahnen, rot wie sein Blut und das der Brüder, das heilige, lebendige Blut!

Der Mensch steht auf!

Er will des Namens würdig werden, der alle Teufel teuflischer beschämte. Freilich, er war nicht schlechthin schlecht, der eine Mensch, Du oder jener, er war so gut und schlecht wie alle anderen, die sich gefallen ließen, daß der Name zu niemals ganz begriffenen Sünden sich ergab.

Der Mensch steht auf, gewaltig wie das Schicksal, aus Leid und Ekel, und seines Namens Würde sieht er mit Demut neu in seine Hand gegeben. Noch ist nichts ausgelöscht, noch brennen alle Sünden, der Weg ist weit und diese Erde scheint nicht zum Paradies gemacht. Nur daß der Mensch jetzt aufrecht steht, ein Büßender, der seinen Sprung getan, nur daß Entschlossenheit dem Antlitz ziemt.

Der Weg ist weit, ein anderer Krieg beginnt, ein friedlicher, mit guten Waffen. Der Mensch will seines Namens würdig werden, er ruht nicht mehr, er ruft die Bruderhände, sinnlos und einsam stand er ehmals da, jetzt hat die Arbeit Sinn, jetzt warten Brüder und ob der Weg unendlich sei.

Zur Liebe geht es, zum Verschwiegensten, zum Schwersten und zum einzigen Ziel der Erde.

Verdammt ist jeder Schritt, der sich vom Weg verliert, verdammt sind Mauern, zugeschlossene Tore, verdammt ist jedes nicht gesprochene Wort, das zwischen Mensch und Mensch noch Ferne hält.

Zur Liebe geht es, zur erfüllten Zeit, zum leichten Dienen und zum leichten Herrschen, zur Heiterkeit des Schenkens und des Nehmens; o laßt uns ruhig Schwärmer sein, weil Menschsein Schwärmerei bedeutet.

Doch jetzt, da um des Namens willen der Mensch aufsteht, ist er entschlossen und sonst nichts. Der Weg sei auch unendlich weit, er sieht das Ziel, es kann nichts andres wie die Liebe sein. Und er, der so viel sinnlos litt, wird gerne für das Höchste leiden.

Denn über ihm und dem bestürmten Himmel näher wehn seine Fahnen rot wie Blut, zum Schreck der alten, untergehnden Welt, wehn ihm zum Sieg die kühnen, starken Fahnen, rot wie das Menschenblut und strahlend wie die Liebe.

Einleitender Programmtext dieser von Friedrich Burschell, Alfred Wolfenstein und Martin Sommerfeld in München gegründeten Zeitschrift (Untertitel: »An Alle und Einen«). Sie erschien nur noch in einer zweiten Nummer (30. November) und wurde dann von der ebenfalls kurzlebigen Halbmonatsschrift *Neue Erde* abgelöst. Über diese beiden auf einer Revolutionierung des Geistes insistierenden Zeitschriften vgl. auch Friedrich Burschell: *Revolution und Neue Erde*. In: *Imprimatur* NF. 3 (1961/62), S. 244–248; E. Kolinsky: *Engagierter Expressionismus*, S. 106–109.

84
Ernst Bloch: *Zur deutschen Revolution.* In: *Revolution* 1 (1918), Nr. 2 (30. November), S. 10–11.

Wir freuen uns, das ist selbstverständlich. Wir würden uns noch mehr freuen, wenn die deutsche Änderung weniger selbstverständlich wäre. So haben wir sie fast allzulange erwartet, viereinhalb Jahre Schande hindurch; gerufen, ersehnt, verzweifelt daran, ob das Rechte denn immer noch nicht kommen wolle. Nun ist es da, im Gefolge und, vielleicht, nur allzusehr: *noch* im Gefolge der ungeheuren Niederlage. Jubel kommt auf, aber auch leichte Melancholie.

Wir wollen noch mehr haben, viel mehr.

Es genügt uns nicht, daß die Deutschen so leichthin die Freiheit gründen. Allzuoft fehlt der überzeugend sichtbare Sprung in der Gesinnung, und die rote Farbe wird sehr oft wieder in diesem Volk lau und matt wie irgend nur eine vereinshafte Schleife.

Zu zahm, obgleich zahlreich schieben sich jetzt alle nach vorwärts. Neue Streber, alte Streber mit rasch umgestellter Gesinnung gehen mit, und wir wollen sie doch fernhalten. Eine eitle Betriebsamkeit mit ausgeblasenen oder gar verdächtigen Namen an der Spitze hat teilweise das Volk ergriffen. Und wenn das Wolffbüro [1] echt deutsch zu rühmen weiß, daß »weniger die Leidenschaft des Einzelnen als freudige Unterordnung unter das Ganze« die Revolution bewege, so erinnert man sich allzu rasch der unerwünschten Ähnlichkeit mit einer anderen »Volksbewegung«, die 1914 spielte. Was damals »patriotisch« war, ist für die rohen und feigen deutschen Kleinbürger jetzt »demokratisch« geworden: Stellenjägerei, Konjunktur reißt wieder mit fort, der *Akt* der Revolution mag sich nicht überall fühlbar genug vom Aktbeginn der »großen Zeit « unterscheiden. Wieder auch werden gar unverweilt Vereine, Komitees, Organisationen und Knabenhorte aller Art gegründet. Und damit die lächerlichste Parallele nicht fehle, steht jetzt in Berlin sogar eine neue Art Aufruf der 93 [2] mit weniger Personen und umgekehrtem Zweck zur Reprise: eilige Damen, literaturfreudige Herren tun sich zusammen und geben sich, mit Reichstag im Rücken und Konjunktur im Vordergrund, als »Rat geistiger Arbeiter« ihre Position. [3] Niemand hat diesen Rat beauftragt, niemand betrachtet gar seine Mitglieder als irgendwie vertretend und kompetent; ein leichtes wäre es der sozialistischen Intelligenz, in die Arbeiter- und Soldatenräte einzutreten und nach dem Maß ihrer Fähigkeiten darin sichtbar und leitend zu wirken. Aber zu viel Strebertum, zu viel Herdenhaftigkeit und zu viel Eitelkeit dabei liegt noch im deutschen Revolutionswesen; zu viel Verräter, Nutznießer und Münchhausens sind noch Regenten seines Stroms und auch seiner Spitze.

Wir aber dürfen uns das nicht leisten, man ist mit Recht empfindlich gegen uns geworden. Hätte sich das deutsche Volk nach der Todsünde von Brest [4] empört, dann möchte wohl niemand genauer den Vollzug beachten oder gar Zweifel wagen. Aber man wurde damals mitschuldig, und zwar mit offenen Augen, mit vollster Kenntnis dessen, was sich hier zutrug, mitschuldig, und der Ursprung der jetzigen Revolution: die Angst vor feindlichem Einmarsch, der ständige, spekulierende, ja sogar intrigante Seitenblick auf den politischen Friedenserfolg gibt ihr nicht jene volle, unbedingt evidente moralische Legitimierung, die sie nach Brest-Litowsk [4] und nach so viel Friedensoffensiven der früheren Regierung vor allem nötig hätte. Die Niederlage war als Anstoß unbedingt notwendig, gut, daran herrscht kein Zweifel. Aber die Niederlage darf nicht allzusehr Ursache werden; sie darf nur anheben lassen, aber nicht so lange begleiten, nicht so viel politische Absicht und hypothetischen Imperativ in das Revolutionswerk einmischen, wie es jetzt noch geschieht, in die sittliche Pflicht der Revolution. Die große Erhebung muß um der Idee und in nichts um des äußeren Erfolges willen geschehen; wie denn auch Wilson [5] jetzt um der Idee, um der Idee der Freiheit und Gerechtigkeit willen kein »Sieger« im alten Stil geworden ist, obwohl er es dem Erfolg, der Tatsache nach, also empirisch genommen, stärker als irgend jemals ein Triumphator sein könnte. Deutschland hat sich institutionell gewiß durchgreifend verändert; aber es hat sich moralisch noch kaum bewegt, geschweige denn bis auf den Grund aller bisherigen Verderbnis abgebrannt, zur Reue und Wiedergeburt, zum allüberwältigenden Schuldbekenntnis bereit.

1 Gemeint ist der Verlag Kurt Wolff.
2 Siehe Dok. 76.
3 Siehe oben S. 291 und 327 sowie Dok. 71
4 In den Friedensverhandlungen von Brest-Litowsk (März 1918) zwang Deutschland dem durch die Revolution militärisch geschwächten Rußland seine Friedensbedingungen auf.
5 Siehe Anm. 3 zu Dok. 82.

85
Heinrich Mann: *Sinn und Idee der Revolution. Ansprache im Politischen Rat geistiger Arbeiter,* München. In: *Der Osten* 1 NF. (1919), H. 9/11 (Januar/März), Sonderheft *Politik des Geistes,* S. 122–124.

Wie die neue Zeit selbst, mit ihren neuen Einrichtungen und Männern, ist auch diese unsere Vereinigung ein Erzeugnis der Not. Ein siegreicher Ausgang des Krieges würde eine deutsche Revolution nie gebracht haben, und noch ein rechtzeitiger Friedensschluß hätte sie verhindert. Alle sind wir heute Söhne der Niederlage. Ist es nicht aber der Natur gemäß, daß ein unterliegendes Land von seinen Kindern mehr geliebt wird als ein triumphierendes? Der Triumph enthüllt viel Unschönes. Zu lange haben wir es an Deutschland enthüllt gesehen. Wir bekennen uns viel lieber heute zu ihm. Darum sagen wir vor allem, daß wir es von Herzen lieben und daß wir nach unserer Einsicht und unseren Kräften ihm dienen wollen.

Fern bleibt uns der Wunsch, unseren siegreichen Feinden möge ihr Sieg zum Verhängnis werden, wie uns selbst jetzt endlich unsere alten Siege. Wir wünschen vielmehr, daß der sittliche Ernst, den ein vor fünfzig Jahren besiegtes Land dank seiner Niederlage erworben hat, sogar die größte Gefahr, seinen heutigen Sieg, überdauern möge. Nun aber wollen auch wir selbst den sittlichen Ernst erwerben. Fühlt nicht zu dieser Stunde mancher, der nie geglaubt hätte, dies fühlen zu müssen, wie sehr wir in dem lange anhaltenden Glanz unserer früheren Siege uns selbst verloren hatten, und daß wir erst jetzt auf dieser Wanderung durch Staub und erste Dämmerung, die Hoffnung haben, uns wieder zu begegnen?

»Seid nicht allzu gerecht!« rief schon Klopstock seinen Deutschen zu; und solch ein Gedanke war, sittlich gesprochen, der Anfang vom Ende. Wir können nicht gerecht genug sein. Jede Abkehr von der unbedingten Gerechtigkeit zeitigt schon in der äußeren Welt die ungeheuerlichsten Folgen; die Vergewaltigung kleiner Provinzen bewirkt noch nach Jahrzehnten den Zusammenbruch großer Reiche. Viel furchtbarer aber sind die Erschütterungen unserer inneren Welt, sobald wir die Ungerechtigkeit einmal in sie zugelassen haben. Die Fälschung unseres gesamten Volkscharakters, Prahlerei, Herausforderung, Lüge und Selbstbetrug als tägliches Brot, Raffgier als einziger Antrieb zu leben: dies war das Kaiserreich, das wir nun glücklich hinter uns haben. Und dies konnte es nur sein, weil unter ihm, nach innen wie nach außen, Macht vor Recht ging.

Macht anstatt Recht bedeutet nach außen den Krieg, und bedeutet ihn auch im Innern. Gerechtigkeit verlangt schon längst eine weitgehende Verwirklichung des Sozialismus. Jetzt soll sie ihn verwirklichen. Wir sind dabei – sind nicht nur mit unserer Vernunft, auch mit unseren Herzen dabei. Wir wünschen das materielle Glück unserer Volksgenossen so ehrlich, wie man sein eigenes wünscht. Sie mögen es anerkennen, wenn wir zudem noch ihres seelischen Wohles gedenken. Das seelische Wohl ist wichtiger; denn das Schicksal der Menschen wird mehr von ihrer Art zu fühlen und zu denken bestimmt, als durch Wirtschaftsregeln. Denkt gerecht, Bürgerliche! Solltet ihr in irgend einer gesetzgebenden Versammlung je die Mehrheit haben, ergebt euch dennoch niemals dem verhängnisvollen Irrtum, ihr könntet die begründeten Ansprüche der Sozialisten, indem ihr sie niederstimmt, aus der Welt räumen. Denkt aber auch ihr gerecht,

Sozialisten! Wolltet ihr die Sozialisierung nur eurer zufälligen Macht verdanken, anstatt der Einsicht und dem Gewissen der Meisten, ihr würdet nichts gewonnen haben. Diktatur, selbst der am weitesten Vorgeschrittenen bleibt Diktatur und endet in Katastrophen. Der Mißbrauch der Macht zeigt überall das gleiche Todesgesicht.

Man gebe doch nicht vor, die Vergesellschaftung noch der letzten menschlichen Tätigkeit sei das radikalste, das sich tun läßt. Einen Radikalismus gibt es, der alle wirtschaftlichen Umwälzungen hinter sich läßt. Es ist der Radikalismus des Geistes. Wer den Menschen gerecht will, darf sich nicht fürchten. Der unbedingt Gerechtigkeitliebende wagt sehr viel. Wir sehen einen Mann, der weiter geht in geistiger Kühnheit als der bedenkenloseste der russischen Diktatoren: es ist jener Wilson [1], der allem Drängen der Sieger zum Trotz und unbeirrt von den Versuchungen einer unerhörten, zum Wahnsinn herausfordernden Machtfülle auf dem beharrt, was sein Urteil gerecht nennt.

In diesem Rat, der nur zum Guten raten will, kann niemals, selbst wenn sie ausschweifte, gerichtet werden über eine deutsche Revolution, deren schlimmste Ausschweifungen noch immer die Verbrechen des alten Regiments nicht aufwiegen würden. Nur zu viele Entschuldigungen haben die revolutionären Fanatiker von heute. Sie werden ihnen geliefert von jenen alldeutschen Fanatikern, die bis gestern das Wort hatten, und die nur darauf warten, es wieder an sich zu bringen, um womöglich das Land noch einmal zu entvölkern, noch einmal zu entsittlichen, noch einmal an den Bettelstab zu bringen. Wo sollten die zur Macht gelangten Revolutionäre denn Gerechtigkeit erlernt haben? Sie sind unter dem Kaiserreich groß geworden. Sie sagen wohl, sie dächten nicht daran, ihre Macht freiwillig herzugeben. Ein kaiserliches Wort. Wer es spricht, hat noch so gut wie alles zu lernen von den Gesetzen einer wahrhaft befreiten Welt.

Wir sind hier, um dahin mitzuwirken, daß die sittlichen Gesetze der befreiten Welt in die deutsche Politik eingeführt werden und sie bestimmen. Wir wollen, daß unsere Republik, bis jetzt noch ein Zufallsgeschenk der Niederlage, nun auch Republikaner erhalte. Und wir sehen in Republikanern weder Bürgerliche noch Sozialisten. Dies sind hinfällige Unterscheidungen, wo es Höheres gilt. Republikaner nennen wir Menschen, denen die Idee über den Nutzen, der Mensch über die Macht geht. Unter Republikanern kann ein unschuldig Verurteilter Gewissenskämpfe heraufbeschwören, so ungehemmt, daß sie den Verkehr, den inneren Frieden, sogar die Sicherheit des Landes bedrohen – und wäre ihre Republik auch nur eine sogenannte Rentnerrepublik. Ein Kaiserreich aber; selbst ein soziales, wird solche Gewissenskämpfe nie kennen.

Unser Deutschland werde so gerecht, frei und wahr, wie einige von uns es sogar in seinen dunkelsten Tagen verlangt und erstrebt haben – bestärkt in ihrem Glauben an die Zukunft des deutschen Geistes durch seine große Vergangenheit. In diesem Lande, komme alles wie es mag, wird endlich doch der Geist herrschen. Er erobert Deutschland und die Welt; der wirkliche Sieger des Krieges ist nur er. Wer ihm widerstände, wäre verloren. Wer ihn aufnimmt, ist allen gleichberechtigt und verbrüdert. Unsere Versöhnung mit der Welt wird im Namen der uns endlich wieder mit ihr gemeinsamen, ewigen Gedanken geschehen. Wir geistigen Arbeiter wollen es uns verdienen, unter den Ersten zu sein, die Deutschland mit der Welt versöhnen.

Die Rede erschien zuerst am 1. Dezember 1918 im *Berliner Tageblatt* (Morgenausgabe), dann auch in H. Mann: *Macht und Mensch*. München: K. Wolff [1919]. S. 161–165.

Das Sonderheft der von Armin T. Wegner herausgegebenen *Zeitschrift für das östliche Europa* (Untertitel) *Der Osten* befaßt sich mit dem Aktivismus und den Räten geistiger Arbeiter. U. a. ist hier noch einmal das Programm des Berliner Rats (s. Dok. 71) abgedruckt (S. 118–121), weiterhin ein *Brief an Hiller* von Wegner (S. 113–118) und Wegners »Ansprache im politischen Rat geistiger Arbeiter, Berlin« unter dem Titel *Die Mobilisierung der Menschheit* (S. 124–128).

1 Siehe Anm. 3 zu Dok. 82.

86
Gustav Landauer: *Vorwort zur neuen Ausgabe* [des Aufruf zum Sozialismus, 3. Januar 1919]. In: *G. L.: Aufruf zum Sozialismus*. Revolutionsausgabe. 2. verm. u. verb. Aufl. Berlin 1919. S. VII–XVII.

Die Revolution ist gekommen, die ich so nicht vorausgesehen habe. Der Krieg ist gekommen, den ich vorausgesehen habe; und in ihm habe ich dann frühzeitig schon Zusammenbruch und Revolution unaufhaltsam sich vorbereiten sehen.

Mit einer wahrhaft grenzenlosen Bitterkeit spreche ich aus: es zeigt sich, daß ich in allem Wesentlichen Recht hatte mit dem, was ich vor langer Zeit in diesem *Aufruf* [1] und in den Aufsätzen meines *Sozialist* [2] gesagt habe. Eine politische Revolution in Deutschland stand noch aus; nun ist sie gründlich vollbracht, und nur die Unfähigkeit der Revolutionäre beim Aufbau der neuen Wirtschaft vor allem und auch der neuen Freiheit und Selbstbestimmung könnte schuld sein, daß eine Reaktion käme und die Einnistung neuer Gewalten des Privilegs. Daß die marxistisch sozialdemokratischen Parteien in ihren sämtlichen Tönungen unfähig zur politischen Praxis, zur Konstitution der Menschheit und ihrer Volkseinrichtungen, zur Begründung eines Reichs der Arbeit und des Friedens, und gleichermaßen unfähig zur theoretischen Erfassung der sozialen Tatsachen sind, haben sie überall aufs gräßlichste, im Krieg, vor ihm und nach ihm, von Deutschland bis Rußland, von der Kriegsbegeisterung bis zum geistlos unschöpferischen Schreckensregiment, zwischen welchen Wesensverwandtschaft ist und ja auch seltsamste Verbündung war, gezeigt. Wenn es aber wahr ist, wofür manche Nachricht und unsre nach Beseligung und Wunder zitternd verlangende Hoffnung spricht, daß russische Bolschewiki in ähnlich schönem, aber noch sprengenderem Wachstum, wie es in Österreich Friedrich Adler, in Deutschland Kurt Eisner zeigen, über sich selbst, ihren theoretischen Doktrinarismus und die Ödigkeit ihrer Praxis emporgestiegen sind, daß in ihnen Föderation und Freiheit über Zentralismus und militärisch-proletarische Befehlsorganisation Herr geworden sind, daß sie schöpferisch geworden sind und der Industrieproletarier und Professor des Todes in ihnen vom Geist des russischen Muschik [3], vom Geist Tolstois, vom ewig einen Geist besiegt worden ist, dann spricht das wahrlich nicht für den in ihnen überwundenen Marxismus, sondern für den himmlischen Geist der Revolution, der, unterm klammernden Griff und der schnellenden Schleuder

der Notwendigkeit, in den Menschen, zumal den russischen Menschen, das Verschüttete freilegt und das heilig Verborgene zum Quellen und Rauschen bringt.

Der Kapitalismus ferner hat nicht die Entwicklungsfreundlichkeit geübt, sich langsam und brav in den Sozialismus umzuwandeln; er hat auch nicht das Wunder getan, in seinem platzenden Zusammenbruch den Sozialismus zu gebären. Wie sollte das Prinzip des Schlechten, des Drucks, der Beraubung und der Philisteroutine auch Wunder tun? Der Geist, der in diesen Zeiten, wo der Schlendrian bösartige Pest wird, Rebellion sein muß, der Geist tut Wunder; er hat sie getan, als er in einer Nacht die Verfassung des Deutschen Reiches änderte und aus einem unantastbar heiligen Staatsgebilde der deutschen Professoren eine Vergangenheitsepisode deutscher Kraut- und Schlotjunker machte. Der Zusammenbruch ist da; Rettung kann nur der Sozialismus bringen, der nun wahrlich nicht als Blüte des Kapitalismus erwachsen ist, sondern als Erbe und verstoßener Sohn vor der Türe steht, hinter der der Leichnam des unnatürlichen Vaters verwest; der Sozialismus, der nicht in einem Höhepunkt des Nationalreichtums und üppiger Wirtschaft als Feiertagsgewand über den schönen Leib der Gesellschaft gezogen werden kann, sondern im Chaos fast aus dem Nichts geschaffen werden muß. In Verzweiflung habe ich zum Sozialismus aufgerufen; aus der Verzweiflung habe ich die große Hoffnung und freudige Entschlossenheit geschöpft; die Verzweiflung, die ich und meinesgleichen im voraus in der Seele trugen, ist nun als Zustand da; möge denen, die jetzt sofort ans Werk des Bauens müssen, Hoffnung, Lust zum Werk, Erkenntnis und ausdauernde Schaffenskraft nicht fehlen.

Das alles, was hier vom Zusammenbruch gesagt wird, gilt in dem Maße für den Augenblick nur für Deutschland und die Völker, die, gern oder ungern, sein Schicksal geteilt haben. Nicht der Kapitalismus als solcher ist an seiner immanenten Unmöglichkeit, wie es hieß, in sich zusammengebrochen; sondern der mit Autokratie und Militarismus zusammengespannte Kapitalismus eines Ländergebiets ist von den liberaler verwalteten Kapitalismen eines andern, militärisch schwächeren, kapitalistisch stärkeren Gebiets in schließlichem Zusammenwirken mit dem vulkanisch losbrechenden Volkszorn im eignen Volk ruiniert worden. In welchen Formen der Zusammenbruch den andern, den klügeren Repräsentanten des Kapitalismus und Imperialismus kommt, und zu welchem Zeitpunkt, darüber möchte ich gar nichts voraussagen. Die sozialen Gründe, ohne die es nirgends eine Revolution gibt, sind überall da; das Bedürfnis nach politischer Befreiung aber, aus welchem heraus allein die Revolution sich einem Ziele zu bewegt und zu mehr wird als Aufruhr, ist in den einzelnen Ländern, die ihre demokratisch politischen Revolutionen gehabt haben, verschieden stark. So viel glaube ich zu sehen: je freier in einem Lande die politische Beweglichkeit, je größer die Anpassungsfähigkeit der Regierungseinrichtungen an die Demokratie ist, um so später und schwerer wird die Revolution kommen, um so entsetzlicher und unfruchtbarer wird aber auch das Ringen sein, wenn endlich soziale Not, Ungerechtigkeit und Würdelosigkeit das Phantom einer Revolution und in seinem Gefolge den allzu wirklichen Bürgerkrieg aus sich heraustreiben, statt zum Aufbau des Sozialismus zu schreiten. Die Symptome, die sich vorerst in der Schweiz – in ekler Verfilzung freilich mit Krieg, Kriegsgeschäft, schweizerischem Kriegsersatz und nichtschweizerischer Kriegskorruption – gezeigt haben, sind deutlich genug für jeden, der schöpferisches Werk von hilflos grauenhaften Wildheiten und Zuckungen unterscheiden kann.

Denn Revolution kann es nur eine politische geben. Sie brächte es nicht zur Unterstützung durch geknechtete Massen, wenn aus ihnen nicht auch soziale Gedrücktheit und wirtschaftliche Not aufbegehrte; aber die Umwandlung der Gesellschaftseinrichtungen, der Eigentumsverhältnisse, der Wirtschaftsweise kann nicht auf dem Wege der Revolution kommen. Von unten kann da nur abgeschüttelt, zerstört, preisgegeben werden; von oben, auch von einer revolutionären Regierung kann nur aufgehoben und befohlen werden. Der Sozialismus muß gebaut, muß errichtet, muß aus neuem Geist heraus organisiert werden. Dieser neue Geist waltet mächtig und innig in der Revolution; Puppen werden zu Menschen, eingerostete Philister werden der Erschütterung fähig; alles, was feststeht, bis zu Gesinnungen und Leugnungen, kommt ins Wanken; aus dem sonst nur das Eigene bedenkenden Verstand wird das vernünftige Denken, und tausende sitzen oder schreiten rastlos in ihren Stuben und hecken zum ersten Mal in ihrem Leben Pläne aus fürs Gemeinwohl; alles wird dem Guten zugänglich; das Unglaubliche, das Wunder, rückt in den Bereich des Möglichen; die in unsern Seelen, in den Gestalten und Rhythmen der Kunst, in den Glaubensgebilden der Religion, in Traum und Liebe, im Tanz der Glieder und Glanz der Blicke sonst verborgene Wirklichkeit drängt zur Verwirklichung. Aber die ungeheure Gefahr ist, daß Schlendrian und Nachahmung sich auch der Revolutionäre bemächtigen und sie zu Philistern des Radikalismus, des tönenden Worts und der Gewaltgebärde machen; daß sie nicht wissen und nicht wissen wollen: die Umwandlung der Gesellschaft kann nur in Liebe, in Arbeit, in Stille kommen.

Noch eines wissen sie nicht, trotz allen Erfahrungen vergangener Revolutionen. Die sind alle große Erneuerung, prickelnde Erfrischung, die hohe Zeit der Völker gewesen; aber was sie Bleibendes brachten, war gering; war schließlich nur eine Umwandlung in den Formen der politischen Entrechtung. Auch politische Freiheit, Mündigkeit, aufrechten Stolz, Selbstbestimmung und organisch-korporative Verbundenheit der Massen aus einigendem Geiste heraus, Bünde der Freiwilligkeit im öffentlichen Leben kann nur der große Ausgleich, kann nur die Gerechtigkeit in Wirtschaft und Gesellschaft, kann erst der Sozialismus bringen. Wie sollte es in unsrer Ära, der vom christlichen Geiste her in den Gewissen die Gleichheit aller Menschenkinder nach Ursprung, Anspruch und Bestimmung feststeht, ein Gemeinwesen aus wahrhaften Gemeinden, wie sollte es ein freies, öffentliches Leben, durchwaltet von dem alles erfüllenden und bewegenden Geiste vorwärts befeuernder Männer und innig starker Frauen geben, wenn in irgendwelcher Form und Maskierung die Sklaverei, die Enterbung und Verstoßung aus der Gesellschaft besteht?

Die politische Revolution, in welcher der Geist an die Herrschaft, ans starke Gebot und entschiedene Durchsetzen kommt, kann dem Sozialismus, der Wandlung der Bedingungen aus erneuertem Geiste heraus, die Bahn freimachen. Aber durch Dekrete könnte man die Menschen höchstens als Staatsheloten in ein neues Wirtschaftsmilitär einreihen; der neue Geist der Gerechtigkeit muß selbst ans Werk gehn und muß sich seine Formen der Wirtschaft schaffen; die Idee muß die Erfordernisse des Augenblicks mit ihrem weiten Blick umspannen und mit ballender Hand gestalten; was bisher Ideal war, wird in der aus der Revolution geborenen Erneuerungsarbeit Verwirklichung.

Die Not zum Sozialismus ist da; der Kapitalismus bricht zusammen; er kann nicht mehr arbeiten; die Fiktion, daß das Kapital arbeite, zerplatzt zu Schaum; was den Kapitalisten einzig zu seiner Art Arbeit lockt, zum Risiko des Vermögens und zur Leitung und Verwaltung von Unternehmungen, der Profit winkt ihm nicht mehr. Die Zeit der Rentabilität des Kapitals, die Zeit des Zinses und Wuchers ist vorbei; die tollen Kriegsgewinne waren sein Totentanz; sollen wir nicht zugrunde gehn in unserm Deutschland, wirklich und wortwörtlich zugrunde gehn, kann Rettung nur bringen die Arbeit, wahrhafte, von gierlosem, arbeitsbrüderlichem Geist erfüllte, geführte, organisierte Arbeit, Arbeit in neuen Formen und befreit von dem ans Kapital zu leistenden Tribut, rastlos Werte schaffende, neue Wirklichkeiten schaffende Arbeit, welche die Erzeugnisse der Natur dem menschlichen Bedarf gewinnt und verwandelt. Das Zeitalter der Produktivität der Arbeit hebt an; oder wir sind am Ende. Uralt bekannte und neu entdeckte Naturkräfte hat die Technik in den Dienst der Menschheit gestellt; je mehr Menschen die Erde bestellen und ihre Produkte umformen, um so mehr gibt sie her; die Menschheit kann würdig und sorgenlos leben, keiner braucht Sklave der andern, keiner verstoßen, keiner enterbt zu sein; keinem braucht das Mittel zum Leben, die Arbeit, zur Mühsal und Plage zu werden; alle können dem Geiste, der Seele, dem Spiel und dem Gotte leben. Die Revolutionen und ihre peinlich lange, drückende Vorgeschichte lehren uns, daß nur die äußerste Not, nur das Gefühl des letzten Augenblicks die Massen der Menschen zur Vernunft bringt, zu der Vernunft, welche Weisen und Kindern allezeit Natur ist; auf welche Schrecknisse, auf welche Ruinen, auf welche Nöte, Landplagen, Seuchen, Feuersbrünste und Greuel der Wildheit sollen wir warten, wenn nicht in dieser Schicksalsstunde den Menschen die Vernunft, der Sozialismus, Führung des Geistes und Fügung in den Geist kommt?

Das Kapital, das bisher der schmarotzende Genießer und der Herr war, muß der Diener werden; der Arbeit Dienst leisten kann nur ein Kapital, das Gemeinschaft, Gegenseitigkeit, Gleichheit des Tausches ist. Steht ihr immer noch hilflos vor dem Selbstverständlichen und Kinderleichten, leidende Menschen? Auch in dieser Stunde der Not, die euch im Politischen eine Stunde der Tat war? Bleibt ihr immer noch die durch die Gabe der Vernunft dumm gewordenen, instinktverlassenen Tiere, die ihr so lange waret? Seht ihr immer noch nicht den Fehler, der einzig in eurer zum Himmel schreienden Großprahlerei und Herzensträgheit liegt? Was zu tun ist, ist klar und einfach; jedes Kind versteht es; die Mittel sind da; wer um sich sieht, weiß es. Das Gebot des Geistes, der die Führung in der Revolution hat, kann durch große Maßnahmen und Unternehmungen helfen; fügt euch dem Geiste, kleine Interessen dürfen nicht hindern. Aber dem Durchsetzen ins Große und Ganze hinein stehen die Schuttberge im Wege, die von der Niedertracht des Bisher auf die Zustände und zumal auf die Seelen der Massen getürmt worden sind; ein Weg ist frei, freier als je, Revolution und Einsturz helfen: im Kleinen und in Freiwilligkeit zu beginnen, sofort, allenthalben, *du* bist gerufen, du mit den deinen!

Sonst ist das Ende da: dem Kapital wird die Rente genommen, von den wirtschaftlichen Zuständen, von den Staatserfordernissen, von den internationalen Verpflichtungen; Schuld eines Volks an den Völkern und an sich selbst äußert sich finanzpolitisch immer in Schulden. Das Frankreich der großen Revolution hat sich von den Schulden des alten Regimes und den eigenen Finanzwirren wunderbar erholt durch den großen Ausgleich, der mit der Verteilung der Ländereien eintrat, und durch die Arbeits- und Unternehmungslust, wie sie die Befreiung aus den Fesseln gebracht hat. Unsre Revolution kann und soll Ländereien in großem Maße verteilen; sie kann und soll ein neues und erneuertes Bauerntum schaffen; aber sie kann dem Kapital gewiß keine Arbeits- und Unternehmungslust bringen; für die Kapitalisten ist die Revolution nur das Ende des Kriegs: Zusammenbruch und Ruin. Ihnen, ihren Industriellen und Händlern, fehlt nicht nur die Rente; es fehlen ihnen und werden ihnen fehlen die Rohstoffe und der Weltmarkt. Und überdies ist der negative Bestandteil des Sozialismus da und kann durch nichts mehr aus der Welt geschafft werden: die völlige, von Stunde zu Stunde wachsende Abneigung der Arbeiter, ja ihre seelische Unfähigkeit, ferner sich unter den Bedingungen des Kapitalismus zu verdingen.

Der Sozialismus also muß gebaut werden; mitten im Zusammenbruch, aus den Bedingungen der Not, der Krise, der Augenblicksvorkehrungen heraus muß er ins Werk gesetzt werden. In den Tag und in die Stunde hinein werde ich jetzt sagen, wie aus der größten Not die größte Tugend, wie aus dem Einsturz des Kapitalismus und aus der Notdurft lebendiger Menschenmassen die neuen Arbeitskörperschaften errichtet werden müssen; ich werde nicht verfehlen, denen, die sich heute mehr als je für die einzigen Arbeiter halten, den Proletariern der Industrie, ihre Beschränktheit, die wilde Stockung, Unwegsamkeit und Unfeinheit ihres Geistes- und Gefühlslebens, ihre Verantwortungslosigkeit und Unfähigkeit zur positiv wirtschaftlichen Organisation und zur Leitung von Unternehmungen vorzuhalten; denn damit, daß man die Menschen von Schuld freispricht und als Geschöpfe der sozialen Bedingungen erklärt, macht man diese Produkte der Gesellschaft nicht anders als sie sind; nicht mit den Ursachen der Menschen soll die neue Welt aufgebaut werden, sondern mit ihnen selbst. Ich werde nicht versäumen, die Beamten des Staats, der Gemeinden, der Genossenschaften und großen Werke, technische und kaufmännische Angestellte und Leiter, die Ehrenhaften und nach Erneuerung Begehrenden unter den vielen jetzt in diesen Rollen überflüssig gewordenen Unternehmern, Juristen, Offizieren zur bescheidenen, sachgetreuen, eifrigen, vom Geist der Gemeinschaft wie der persönlichen Originalität getriebenen Mithilfe aufzurufen.* Ich werde mich aufs schärfste gegen die papie-

---

* Diese Worte seien nachträglich dem Andenken des Bergwerkdirektors Jokisch gewidmet, der, von dem Geist der Revolution erfaßt, frei in den Tod gegangen ist. Er mag ein Konservativer gewesen sein, er mag geglaubt haben, mit seinem Tod gegen den »Sozialismus« zu wirken; was er tat, war Revolutionswerk in dem Sinne, daß die Revolution das beste und verborgenste Urindividuelle weckt und dem ganz Allgemeinen frei und heroisch hingibt. Warum er sein Leben aufgab, hat dieser Mann klar denkend und innig entschlossen in dem folgenden Vermächtnis kundgetan:

»An die oberschlesischen Berg- und Hüttenleute! Nachdem wir uns vergeblich bemüht haben, Euch durch Worte zu belehren, habe ich mich entschlossen, es durch eine Tat zu versuchen. Ich will sterben, um Euch zu beweisen, daß die Sorgen, die Ihr über unser beneidetes Dasein verhängt, schlimmer sind als der Tod. Wohlgemerkt also: Ich opfere mein Leben, um Euch darüber zu belehren, daß Ihr Unmögliches fordert. Die Lehren, die ich Euch aus dem Grabe zurufe, lauten: Mißhandelt und vertreibt Euere Beamten nicht. Ihr braucht sie und findet keine anderen, die bereit sein werden, mit Wahnsinnigen zu arbeiten. Ihr braucht sie, weil Ihr den Betrieb ohne Leiter nicht führen könnt. Fehlen die Leiter, dann erliegt der Betrieb, und Ihr müßt verhungern. Mit Euch Euere Frauen, Euere Kinder und Hunderttausende unschuldiger Bürger. Die eindringliche Mahnung, die ich an Euch richte, ruft Euch zu eifriger Arbeit. Nur, wenn Ihr mehr arbeitet als vor dem Krieg und Euere Ansprüche bescheidener werden, könnt Ihr auf Zufluß von Lebensmitteln und auf erträgliche Preise rechnen. Da ich für Euch in den Tod gegangen bin, schützt meine Frau und meine lieben Kinder und helfet ihnen, wenn sie durch Euere Torheit in Not geraten.

Borsigwerk, 11. Januar 1919. Jokisch«.

rene Falschmünzerei des Staats wenden, die jetzt Geldwesen heißt, und zumal gegen die von diesem sogenannten Geld besorgte Entlohnung der Arbeitslosigkeit, wo doch jeder Gesunde, gleichviel welchen Beruf er bisher ausgeübt hat, sich am Aufbau der neuen Wirtschaft, an der Rettung in größter Gefahr beteiligen muß, wo gebaut und gepflanzt werden muß, so viel und so gut nur irgend geschehen kann; ich werde die Benutzung der jetzt leer laufenden Militärbürokratie empfehlen, damit die Arbeitslosen des Kapitalismus an die Stellen geführt werden, wo die Notwirtschaft, welche eine Heilswirtschaft werden muß, sie braucht; nach der stärksten revolutionären Energie rufe ich, welche die Rettung und den Sozialismus der Wirklichkeit anbahnen soll. An dieser Stelle sei nur im vorhinein zusammengefaßt: was ich in dem Aufruf, der hier folgt, und in den Aufsätzen meines *Sozialist*, die zur Ergänzung dazu gehören (1909–1915), immer wieder gesagt habe: daß der Sozialismus in jeder Form der Wirtschaft und Technik möglich und geboten ist; daß er nicht an Weltmarktgroßindustrie gebunden ist, daß er die industrielle und kaufmännische Technik des Kapitalismus so wenig brauchen kann wie die Gesinnung, aus der diese Mißform sich gebildet hat; daß er, weil er anfangen muß und die Verwirklichung des Geistes und der Tugend nie massenhaft und normal, sondern nur als Aufopferung der wenigen und Aufbruch der Pioniere kommt, aus kleinen Verhältnissen, aus Armut und Arbeitsfreude heraus sich von der Verworfenheit loslösen muß; daß wir um seinetwillen, um unsrer Rettung und um des Erlernens der Gerechtigkeit und Gemeinschaft willen zur Ländlichkeit zurückkehren müssen und zu einer Vereinigung von Industrie, Handwerk und Landwirtschaft; was Peter Kropotkin uns von den Methoden der intensiven Bodenbestellung und der Arbeitsvereinung, auch der Vereinigung geistiger Arbeit mit Handarbeit in seinem jetzt eminent wichtigen Buche *Das Feld, die Fabrik und die Werkstatt* [4] gelehrt hat; die neue Gestalt der Genossenschaft und des Kredits und des Geldes: all das muß jetzt in dringendster Not, kann jetzt in zeugender Lust bewährt werden; die Not erfordert, in Freiwilligkeit, aber unter der Drohung des Hungers, den Aufbruch und Aufbau, ohne den wir verloren sind.

Ein letztes Wort noch, das ernsteste. Wie wir aus der größten Not die größte Tugend, aus der Notstandsarbeit der Krise und des Provisoriums den anhebenden Sozialismus zu machen haben, so soll uns auch unsre Schmach zur Ehre gereichen. Fern bleibe uns die Frage, wie unsre sozialistische Republik, die aus Niederlage und Zusammenbruch ersteht, unter den siegreichen Völkern, unter den Reichen, die zur Stunde noch dem Kapitalismus verschrieben sind, den Reichen der Reichen dastehen wird. Betteln wir nicht, fürchten wir nichts, schielen wir nicht; halten wir uns wie ein Hiob unter den Völkern, der in Leiden zur Tat käme; von Gott und der Welt verlassen, um Gott und der Welt zu dienen. Bauen wir unsre Wirtschaft und die Einrichtungen unsrer Gesellschaft so, daß wir uns unsrer harten Arbeit und unsres würdigen Lebens freuen; eins ist gewiß: wenn's uns in Armut gut geht, wenn unsre Seelen froh sind, werden die Armen und die Ehrenhaften in allen andern Völkern, in allen, unserem Beispiel folgen. Nichts, nichts in der Welt hat so unwiderstehliche Gewalt der Eroberung wie das Gute. Wir waren im Politischen zurückgeblieben, waren die anmaßendsten und herausforderndsten Knechte; das Unheil, das sich daraus für uns mit Schicksalsnotwendigkeit ergab, hat uns in Empörung gegen unsre Herren getrieben, hat uns in die Revolution versetzt. So sind wir mit einem Schlage, mit dem Schlag, der uns traf, zur Führung gekommen. Zum Sozialismus sollen wir führen; wie anders könnten wir führen als durch unser Beispiel? Das Chaos ist da; neue Regsamkeit und Erschütterung zeigt sich an; die Geister erwachen; die Seelen heben sich zur Verantwortung, die Hände zur Tat; möge aus der Revolution die Wiedergeburt kommen; mögen, da wir nichts so sehr brauchen als neue, reine Menschen, die aus dem Unbekannten, dem Dunkel, der Tiefe aufsteigen, mögen diese Erneuerer, Reiniger, Retter unserm Volke nicht fehlen; möge die Revolution lange leben und wachsen und sich in schweren, in wundervollen Jahren zu neuen Stufen steigern; möge den Völkern aus ihrer Aufgabe, aus den neuen Bedingungen, aus dem urtief Ewigen und Unbedingten der neue, der schaffende Geist zuströmen, der erst recht neue Verhältnisse erzeugt; möge uns aus der Revolution Religion kommen, Religion des Tuns, des Lebens, der Liebe, die beseligt, die erlöst, die überwindet. Was liegt am Leben? Wir sterben bald, wir sterben alle, wir leben gar nicht. Nichts lebt, als was wir aus uns machen, was wir mit uns beginnen; die Schöpfung lebt; das Geschöpf nicht, nur der Schöpfer. Nichts lebt als die Tat ehrlicher Hände und das Walten reinen wahrhaften Geistes.

München, 3. Januar 1919. Gustav Landauer

1 Die 1. Aufl. des *Aufruf zum Sozialismus* erschien 1911.
2 *Der Sozialist*: die von Gustav Landauer von 1909 bis 1915 verlegte und herausgegebene Zeitschrift.
3 Muschik, russ. Bauer.
4 Das Buch erschien unter einem anders übersetzten Titel. Peter Kropotkin: *Landwirtschaft, Industrie und Handwerk*. Autoris. Übers. v. G Landauer. Berlin-Grunewald 1904, ^{2}1910.

An das Volk in Baiern!

Die Entscheidung ist gefallen. Baiern ist Räterepublik. Das werktätige Volk ist Herr seines Geschickes. Die revolutionäre Arbeiterschaft und Bauernschaft Baierns, darunter auch all unsre Brüder, die Soldaten sind, durch keine Parteigegensätze mehr getrennt, sind sich einig, daß von nun an jegliche Ausbeutung und Unterdrückung ein Ende haben muß. Die Diktatur des Proletariats, die nun zur Tatsache geworden ist, bezweckt die Verwirklichung eines wahrhaft sozialistischen Gemeinwesens, in dem jeder arbeitende Mensch sich am öffentlichen Leben beteiligen soll, einer gerechten sozialistisch-kommunistischen Wirtschaft.

Der Landtag, das unfruchtbare Gebilde des überwundenen bürgerlich-kapitalistischen Zeitalters, ist aufgelöst, das von ihm eingesetzte Ministerium zurückgetreten. Von den Räten des arbeitenden Volks bestellte, dem Volk verantwortliche Vertrauensmänner erhalten als Volksbeauftragte für bestimmte Arbeitsgebiete außerordentliche Vollmachten. Ihre Gehilfen werden bewährte Männer aus allen Richtungen des revolutionären Sozialismus und Kommunismus sein; die zahlreichen tüchtigen Kräfte des Beamtentums, zumal die unteren und mittleren Beamten, werden zur tatkräftigen Mitarbeit im neuen Baiern aufgefordert. Das System der Bureaukratie aber wird unverzüglich ausgetilgt.

Die Presse wird sozialisiert.

Zum Schutze der bairischen Räterepublik gegen reaktionäre Versuche von außen und von innen wird sofort eine rote Armee gebildet. Ein Revolutionsgericht wird jeden Anschlag gegen die Räterepublik sofort rücksichtslos ahnden.

Die bairische Räterepublik folgt dem Beispiel der russischen und ungarischen Völker. Sie nimmt sofort die brüderliche Verbindung mit diesen Völkern auf. Dagegen lehnt sie jedes Zusammenarbeiten mit der verächtlichen Regierung Ebert-Scheidemann-Noske-Erzberger ab, weil diese unter der Flagge einer sozialistischen Republik das imperialistisch-kapitalistisch-militaristische Geschäft des in Schmach zusammengebrochenen deutschen Kaiserreichs fortsetzt.

Sie ruft alle deutschen Brudervölker auf, den gleichen Weg zu gehen. Allen Proletariern, wo immer sie für Freiheit und Gerechtigkeit, wo immer sie für den revolutionären Sozialismus kämpfen, in Württemberg und im Ruhrgebiet, in der ganzen Welt, entbietet die bairische Räterepublik ihre Grüße.

Zum Zeichen der freudigen Hoffnung auf eine glückliche Zukunft für die ganze Menschheit wird hiemit der 7. April zum Nationalfeiertag erklärt. Zum Zeichen des beginnenden Abschieds vom fluchwürdigen Zeitalter des Kapitalismus ruht am Montag, den 7. April 1919, in ganz Baiern die Arbeit, soweit sie nicht für das Leben des werktätigen Volkes notwendig ist, worüber gleichzeitig nähere Bestimmungen ergehen. —

Es lebe das freie Baiern! Es lebe die Räterepublik! Es lebe die Weltrevolution!

Der revolutionäre Zentralrat Baierns:

Niekisch, Gustav Landauer, Erich Mühsam, Gandorfer (Bauernrat), Dr. Franz Lipp, Albert Schmid.

Für den revolutionären Soldatenrat:

Kohlschmid, Johann Wimmer, Max Mehrer.

An das werktätige Volk Baierns!

Baiern ist Räterepublik!

Tolle Gerüchte werden von denen in die Welt gesetzt, welche eure Interessen schädigen wollen. In München ist alles ruhig. Kein Schuß ist gefallen. Arbeiter, Bauern, Handwerker, das schaffende Volk hat sich für die Räterepublik erklärt.

Was ist der Unterschied zwischen den Räten und dem Landtag?

Die Volksvertreter, welche ehemals von euch in den Landtag gewählt wurden, waren von Parteien und Parteivereinen aufgestellt. Die Partei, welche das meiste Geld hatte, konnte die meiste Reklame machen und gewann den Kampf. So kam es, daß, obwohl das ganze Volk anders dachte oder wenigstens fühlte, wichtige Entscheidungen zugunsten der Riesenvermögen und Riesengewinne getroffen wurden. Die Nöte der Unbesitzenden wurden jeden Tag größer, das Elend in den Städten vermehrte sich, während die Preise für das Notwendigste und damit die Gewinne der Großkapitalisten ins Unendliche anwuchsen.

Jetzt aber will das Volk nicht mehr von Männern, welche die Geldherrschaft aufrecht erhalten wollen, regiert werden.

Die Riesengewinne des Krieges dürfen nicht mehr als eine Last auf Bauern und Arbeitern liegen!

Das werktätige Volk will selbst durch seine Räte Ordnung schaffen. Alle Kreise des schaffenden Volkes, Bauern, Arbeiter, Handwerker, Kleinbeamte, wählen aus ihren Kreisen heraus die tüchtigsten Männer als ihre Vertreter in das Landtagsgebäude. Es kann nicht mehr vorkommen, daß Männer, für jahrelang hinausgewählt, für das Volk Unheil stiften; denn die Wähler können jederzeit einen solchen Vertreter abberufen. Nur durch die Räte können die Tüchtigen mitarbeiten an der Neugestaltung des Staates zu unser aller Wohl.

In Fragen der Landwirtschaft werden nur die Bauern mit dem Landwirtschaftsministerium, in Fragen der Handwerker nur diese selbst mit dem Ministerium für Handel und Industrie entscheiden. Niemand denkt daran, den Besitz der Bauern anzutasten und die Existenz der Handwerker zu gefährden.

Arbeiter, Handwerker, Beamte und Bauern, alle, die ihr Brot im Schweiße des Angesichts verdienen müssen, haben nur einen einzigen Feind, nämlich diejenigen, welche den Krieg verschuldet und zum Unglück des ganzen Volkes geführt haben, die Großkapitalisten! Erst nach deren Niederkämpfung werden wir uns in einem neuen Gemeinsinn zusammenfinden.

Dann sind wir erst frei!

Dann sind wir nicht mehr gezwungen, uns gegenseitig zu bekämpfen in der Hast nach dem Gelde.

Im Kriege hat uns der eigene und der feindliche Kapitalismus ausgehungert.

Jetzt wollen es die von den eigenen Kapitalisten verführten Volksbrüder tun!

Der Landwirt muß an seinem Pflug, der Schmied an seinem Amboß stehen, wenn das ganze Volk nicht darunter zu Schaden kommen soll.

Alles Mißtrauen ist Mißverstehen!

Deswegen seid einig in der Räterepublik Baiern!

Prov. revolutionärer Zentralrat

I. A.: Ernst Toller

III. Aspekte des literarischen Lebens

1. *Die Legitimationskrise der Schriftsteller*

a) *Dichterberuf und Intellektuellenrolle*

Im Versuch, »die ›neue Wirklichkeit‹ (die Wirklichkeit des Imperialismus, die Epoche der Weltkriege und der Weltrevolution) [...] gedanklich wie künstlerisch zu bewältigen«[1], stieß die expressionistische Autorengeneration fraglos an eine Grenze der künstlerischen Profession überhaupt. Eine gravierende Legitimationskrise der schöpferischen Intelligenz spricht aus den einschlägigen Dokumenten, die den Übergang von der »ästhetischen« zur »politisch-revolutionären Avantgarde« markiert. [2]Diese Irritation war auch eine Konsequenz des historischen Entfremdungsprozesses zwischen Künstlerschaft und literarisch gebildeter Intelligenz (s. den Abschnitt »Kunst und Öffentlichkeit«), der sich neben der Spaltung zwischen »Elite-« und »Massenkultur« seit dem frühen 19. Jahrhundert abzeichnete. [3] Spielten literarische Autoren in der Emanzipation bürgerlicher Gesellschaften zuvor die Rolle geistiger Wegbereiter und ideologischer Exponenten, so sahen sie sich nun mit einem rasanten gesellschaftlichen Funktionsverlust und dem Geltungsverfall ästhetisch vermittelter Weltbilder konfrontiert. [4] Während die Doktrin des »L'art pour l'art« den Fortgang dieser sozialen Isolation der künstlerisch produktiven Intelligenz als beabsichtigte Selbstexilierung vortäuschte, vollzogen die Expressionisten eine bewußte »Wendung zur Öffentlichkeit«. [5] Der Weg zum »politischen Dichter«[6] und zum systemkritischen Schriftsteller war damit zweifach vorprogrammiert, denn nur der Raum der politischen Ideologie und das Engagement für gesellschaftlich nicht-emanzipierte Schichten versprachen die ersehnte öffentliche Wirkung und die Erfüllung einer historischen Mission, die das etablierte Bürgertum dem Dichter längst nicht mehr abverlangte. [7] So erkannte man im Kult des einsam Schaffenden, des Dichterfürsten und des gesellschaftsfernen Ästhetentums das anachronistische Ritual. [8] Seine Negation führte expressionistische Autoren folgerichtig zur Position des antiästhetischen Provokateurs, des experimentellen Avantgardisten, des kulturellen Revolteurs und schließlich zur Rolle des politischen Revolutionärs. Doch scheute man sich nicht, die weitgehend zu ideologischen Attrappen verkommenen Selbststilisierungen des Dichters zum Priester, Seher, Propheten, Schöpfer und Genie wiederzubeleben. [9] Zu Recht hat schon Walter H. Sokel die zwischen Überlegenheitsgesten und Gefühlen der »Isolierung und Wurzellosigkeit« schwankende Reaktionsform expressionistischer Autoren dem »introvertierten, artistisch-intellektuellen Typ« zugeordnet, der sich der »philiströsen und materialistischen Gesellschaft« seiner Zeit verweigert.[10] Der stark subjektive Zug und die autobiographische Selbstreflexivität, die der expressionistischen Literatur eigen sind, nährten vielfach den Zweifel an der ›allgemein-menschlichen‹ Bedeutung der Kunstbewegung überhaupt: »Sie, weltfremder als alle Dichter vor ihnen, warfen ihr eigenes Ich in alle ihre Gestalten, waren unfähig etwas zu erfassen, was nicht sie selbst waren«. [11]

Mit Alfred Kerr, Karl Kraus und vor allem Heinrich Mann war ein Autorentypus aufgetreten, der dichterische Sprachkultur, erhöhte Kritikfähigkeit und öffentlichen Anspruch vereinte. Auf solche Vorbilder konnte man sich bei der Ablehnung impressionistischer oder neuromantischer Esoterik berufen. Der Abkehr von der »nichts als ästhetischen Gefühlsart« (vgl. Dok. 8), d. h. von neutraler Deskription und passivischer Indifferenz, folgte zunächst die Besinnung auf das Innenleben; die Sensibilisierung des Subjekts und die Regeneration durch ein Pathos des Unmittelbaren und Alltäglichen schienen genug, das Dichterische und Elementare gegen den Bildungsballast der »Skribenten« zu behaupten (Dok. 89). Als »Weltfreund« [12] und Verkünder gesteigerter Daseinslust hoffte der Dichter-»Jüngling« [13], Furore zu machen. Das »unausdenkliche, ungeheure Wort: Wir sind« wurde zur ersten Chiffre des »gewaltigen Existenzbewußtseins« dieser jungen Schriftstellergeneration. [14] Herausfordernd war die Hypostasierung der »Jugendlichkeit« gemeint: der »junge Dichter« par excellence (Dok. 90) sollte nicht nur im Generationswechsel den etablierten literarischen ›Größen‹ Paroli bieten, sondern sich als »Empörer«, als »Abenteurer des Geistes«, ja als »Barbar« gerieren dürfen. (s. den Abschnitt »Alter und Jugend, Väter und Söhne«) Unverkennbar unter futuristischem Einfluß [15] schlug die Lust an der Provokation der Welt der Väter, der Vorgesetzten, des Hergebrachten, Traditionellen und Konservativen vielfach um in kaum noch ästhetisch drapierte Verbalaggressionen und entlud sich in einer gegenkulturellen Offensive. Das antibürgerliche Element des Dichterbegriffs erhielt seinen symptomatischen Akzent: der Dichter als »der geborene Widerspruchsgeist«. [16] Man gefiel sich in der Sympathie für ›Outcasts‹ und ›Outsiders‹: »Paria ist der Künstler, wie der letzte der Lumpen [...] Jeder der Opfer ist, gehört zu uns«, verkündete Erich Mühsam als »Geist« des neuen Dichtertums. [17] Der propagierte Kampf gegen die »Herrschaft der Unkultur« verlangte nach kraftvoll-kämpferischen Protagonisten. [18] Rudolf Leonhards vor dem Krieg entstandene Proklamation (Dok. 91) dokumentiert in Diktion und Intention wohl am genauesten den im Grunde noch vorpolitischen Charakter der frühexpressionistischen Dichterrevolte.

Erst der Kriegsausbruch erzwang die Politisierung des dichterischen Rollenverständnisses und verschaffte einem Kernsatz der Epoche Geltung auch unter den noch zögernden Autoren: »Es ist unmöglich, dem Politischen zu entrinnen. Jede Leugnung dieser Unmöglichkeit ist ein barer Trugschluß«. [19] Das pazifistische Engagement, zu dem viele Expressionisten sich durchrangen, zehrte weiter an der Aura des reserviert-unpolitischen Dichters und machte die Isolation der schöpferischen Intelligenz in Form der Publikumslosigkeit schmerzlich bewußt. Das hohe dichterische Selbstbewußtsein schien endgültig ad absurdum geführt: ob Zeitvertreiber, Kabarettsänger oder beliebter Erzähler, »was immer ihr wollt, das bin ich, nur – daß ihr mich hört [...]« [20], lautete ein damaliger Appell. Vollends die Revolutionsphase erzwang im Pro und Contra die Neuformulierung der gesellschaftlichen Selbstdeutung des literarischen Autors, weil sie den Konflikt zwischen Kunstanspruch und Veränderungswille, den Bruch zwischen Dichten und Handeln aufs schärfste erleben ließ. Die Forderung des Tages sprach Friedrich Burschell so aus: »Der Schriftsteller hat sich seiner Rolle bewußt zu sein. Er ist das Gewissen der Zeit, er sollte es wenigstens sein, und hat danach zu handeln«. [21] In dieser nachgerade klassischen Definition des Intellektuellen wird ein wesentlicher Aspekt der expressionistischen

Autorenkrise sichtbar: die Zeit des Expressionismus als historischer Ort der Intellektuellendebatte in Deutschland. [22]René Schickeles Aufsatz über die *Politik der Geistigen* zeigt, wie genau man im Frühexpressionismus um die Herkunft des Signalworts »Intellektueller« wußte:

Er ist Anstifter und Sieger der dreyfusistischen Revolution. Er ist der Mann, der mit der Feder den Säbel, mit der Vernunft die Phrase niedergerungen und diese ihrer wahren Gefährlichkeit, ihres Blutzaubers, beraubt hat [...]Es war eine Partei geistiger Freischärler, die Partei der Unprofessionellen oder gar Parteilosen, hochherzig empfindender und radikal denkender Bürger, die vor allem geistige Ziele verfolgten. Kulturpolitiker. [23]

In diesem Sinne hatte das Manifest *Geist und Tat* von Heinrich Mann (vgl. Dok. 68) die Schriftsteller zur öffentlichen Verantwortung aufgerufen.

Ludwig Rubiners Verteidigungsrede auf das Schimpfwort »Literat« (Dok. 92) läßt den Grad gesellschaftlicher Mißachtung durchscheinen, dem der ästhetisch ambitionierte, kritisch eingestellte Publizist damals ausgesetzt war. Der Versuch, über Literatur hinaus zum direkten politischen Handeln zu gelangen, bestimmte dann wesentlich die Selbstdeutung des aktivistischen »politischen Literaten«. [24] Krieg und Revolution hatten der Vorordnung des Ästhetischen und Unpolitischen das Ende bereitet. (s. den Abschnitt »Literatur und Politik«) Vorbei schien die Zeit, in welcher der Schriftsteller gezwungen war, »als platonischer Kapaun die Anerkennung verwirrend sinnloser Begriffe zu erschmeicheln« [25], etwa des Prädikats »Dichter«. Der Losung getreu: »Der Typus des geistigen Menschen muß auch im politischen Leben Deutschlands herrschend werden«, fühlten sich nicht wenige Autoren in die Rolle politischer Anführer gedrängt. [26] Häufig bekannte man sich zu religiösem Kommunismus und utopischem Sozialismus oder man unterstützte USPD und Spartakusbund, manche wirkten maßgeblich am Aufbau der Räterepublik mit. Das einigende Motiv formulierte der Maler Ludwig Meidner stellvertretend: »Damit wir uns nicht mehr vor dem Firmament zu schämen haben, müssen wir uns endlich aufmachen und mithelfen, daß eine gerechte Ordnung in Staat und Gesellschaft eingesetzt werde. Wir Künstler und Dichter müssen da in erster Reihe mittun. Es darf keine Ausbeuter und Ausgebeuteten mehr geben«. [27] Oskar Loerkes Artikel »von rührender Bescheidenheit, ganz unpolitisch und weit entfernt von dem ekstatischen O-Mensch-Gestammel, das damals Mode zu werden begann« [28], verdeutlicht das für den einen Teil der Expressionisten typische Gefühl, als Schriftsteller dennoch zwischen den Fronten zu stehen (Dok 93). Ernst Tollers »schöpferische Konfession« (Dok. 94) erhellt die Absichten der wenigen, die sich politisch aktiv exponierten. Als Dilettanten der politischen Gewalt verstanden sie sich selbst. [29] Souverän hat Heinrich Mann die Problematik der politisierten Expressionisten, wie sie sich in der Rätezeit darstellte, auf den Begriff gebracht:

Die größte Gefahr des Literaten, der in die Politik eingreift, wird eben dadurch bedingt, daß er lange unterdrückt war. Er wird versucht sein, sich zu rächen. Er wird vielleicht in Übereilung nachholen wollen. Die Welt soll ohne längeren Verzug auf die Höhe seiner Idee gebracht werden – weniger um ihrer willen als zur Ehre der Idee. Die Welt hat nicht zu wollen, noch zu widerstehen, sie ist nur Gegenstand, und auch die Menschen sind nichts weiter. [30]

Der gesellschaftlichen Bewußtseinswandel literarischer Autoren in der Zeit des Expressionismus befreite einerseits von der Glorifizierung und Ideologisierung der Dichterberufs:

So wurden aus den Expressionisten Aktivisten, aus den Programmatikern eine Naturtreue, die zunächst Seelentreue war, Fanatiker der Melioration des Außenlebens, das ihnen freilich stets zugleich Innenleben war. Und so entstand wirklich und wahrhaftig eine Art Antidichtertum [...].[31]

Andererseits war mit der Aufwertung der Intellektuellenrolle eine nicht weniger ideologieanfällige Konkurrenz der Gesinnung verbunden.

1 Georg Lukács: »*Größe und Verfall*« *des Expressionismus* (1934). Zit. nach: Hans Gerd Rötzer (Hrsg.): *Begriffsbestimmung des literarischen Expressionismus.* – Darmstadt 1976, S. 19–66, Zitat S. 19.
2 Helmut Kreuzer: *Eine Epoche des Übergangs.* In: H. K. u. a.: *Jahrhundertende – Jahrhundertwende.* Teil I. – Wiesbaden 1976 (*Neues Handbuch der Literaturwissenschaft,* Bd. 18), S. 1–32, Zitat S. 28.
3 Vgl. den Abriß von Dietrich Harth: *Kritische und konservative Aufgaben der Philologie. Zur Sozialgeschichte der literarisch gebildeten Intelligenz.* In: D. H. (Hrsg.): *Propädeutik der Literaturwissenschaft.* – München 1973, S. 23–51.
4 Vgl. den soziopolitischen Ansatz von Lothar Peter: *Literarische Intelligenz und Klassenkampf.* »*Die Aktion*« *1911–1933.* – Köln 1972.
5 So ist der wirkungsästhetische Interpretationsabschnitt einer neueren Epochendarstellung überschrieben: Richard Hamann u. Jost Hermand: *Expressionismus.* – München 1976 (*Epochen deutscher Kultur von 1870 bis zur Gegenwart,* Bd. 5), S. 32 ff.
6 Vgl. das expressionistische Schlagwort als Buchtitel: Walter Hasenclever: *Der politische Dichter.* – Berlin: Ernst Rowohlt 1919 (*Umsturz und Aufbau,* Bd. 2); dazu vgl. Carl Maria Weber: *Der politische Dichter.* In: *Tätiger Geist! Zweites der Ziel-Jahrbücher.* Hrsg. von Kurt Hiller. 1917/18. – München: Georg Müller Verlag 1918, S. 330–338; wiederabgedr. in: Wolfgang Rothe (Hrsg.): *Der Aktivismus 1915–1920.* – München 1969, S. 88–95.
7 Vgl. die Einschränkungen bei Christoph Eykman: *Zum Problem des politischen Dichters im Expressionismus.* In: C. E.: *Denk- und Stilformen des Expressionismus.* – München 1974, S. 9–27.
8 Zur interpretatorischen Überhöhung der objektiven Isolation der künstlerischen Intelligenz um die Jahrhundertwende durch die Kategorie der »neuen Einsamkeit« vgl. schon Georg Lukács: *Die neue Einsamkeit und ihre Lyrik: Stefan George.* In: G. L.: *Die Seele und die Formen. Essays.* – Berlin: Egon Fleischel & Co. 1911, S. 171–194. Sie wurde ohne sozialgeschichtliche Indizierung als künstlerisch-anthropologische Konstante später wieder aufgegriffen bes. von Walther Rehm: *Der Dichter und die neue Einsamkeit. Aufsätze zur Literatur um 1900.* Hrsg. von Reinhardt Habel. – Göttingen 1969.
9 Vgl. die damalige, stark polemische Studie von Edgar Zilsel: *Die Geniereligion. Ein kritischer Versuch über das moderne Persönlichkeitsideal mit einer historischen Begründung.* Bd. 1 – Wien: W. Braumüller 1918.
10 Walter H. Sokel: *Der literarische Expressionismus. Der Expressionismus in der deutschen Literatur des Zwanzigsten Jahrhunderts.* – München 1970 (Amerik. Originalausgabe: *The Writer in Extremis.* – Stanford University Press 1959), S. 222.
11 Gerhard Reinboth: *Die Betonung der schaffenden Persönlichkeit bei den* »*Jüngsten*«. In: *Das literarische Echo* 23. Jg. (1920/21), H. 16, 15. Mai 1921, Sp. 966–968, Zitat Sp. 967.
12 Vgl. das so titulierte Gedichtbuch von Franz Werfel: *Der Weltfreud. Gedichte.* – Berlin-Charlottenburg: Axel Juncker 1911.
13 Vgl. auch hier das Titelbuch von Walter Hasenclever: *Der Jüngling.* – Leipzig: Kurt Wolff 1913.
14 Franz Werfel: *Nachwort zur ersten Auflage.* In: F. W.: *Wir sind. Neue Gedichte.* – Leipzig: Kurt Wolff 1913, S. 123–125, Zitat S. 125. Zu Werfels Dichterbegriff vgl. im übrigen F. W.: *Die Versuchung. Ein Gespräch des Dichters mit dem Erzengel und Luzifer.* – Leipzig: Kurt Wolff 1913 (*Der jüngste Tag,* Bd. 1).
15 Nicht zufällig schrieb Kurtz das Vorwort zu F. T. Marinettis Opus: *Futuristische Dichtungen.* Aut. Übertr. von Else Hadwiger. – Berlin-Wilmersdorf: A. R. Meyer [1912] (Lyrisches Flugblatt).
16 Gustav Landauer: *Eine Ansprache an die Dichter.* In: *Die Erhebung. Jahrbuch für neue Dichtung und Wertung.* Hrsg. von Alfred Wolfenstein. – Berlin: S. Fischer o. J. [1919], S. 296–304, Zitat S. 303.
17 Erich Mühsam: *Appell an den Geist.* In: *Kain* 1. (1911), Nr. 2 (Mai), S. 18–21, Zitat S. 20 f.
18 Vgl. die Betrachtung von Alfred Wolfenstein: *Kämpfer Künstler.* In: *Zeit-Echo* 2. Jg. (1915/16), H. 12, S. 177–179.

19 Wilhelm Hausenstein: *Die Politisierung der Unpolitischen.* In: *Der neue Merkur* 2. Jg. (1915), Bd. 1 (April/September), S. 174–188, Zitat S. 174.
20 Franz Blei: *An die Armen, die Reichen und die Dichter.* In: *Die weißen Blätter* 2. Jg. (1915), H. 4 (April), S. 518–520, Zitat S. 518.
21 Friedrich Burschell: *Der Schriftsteller.* In: *Neue Erde* 1. Jg. (1919), H. 1, S. 24.
22 Vgl. Michael Stark: *Für und wider den Expressionismus. Die Entstehung der Intellektuellendebatte in der deutschen Literaturgeschichte.* – Stuttgart 1982. Die aus der Dreyfus-Affäre stammende Reizvokabel besitzt neben normativen Bedeutungskomponenten ein negatives Konnotationsfeld, das für die denunziative Expressionismusrezeption konstitutiv war. Dietz Berings Studie: *Die Intellektuellen. Geschichte eines Schimpfwortes.* – Stuttgart 1978 hat die geschichtsträchtigen Negativbegriffe präzise herausgearbeitet: »kalt«, »blutleer«, »verbildet«, »jüdisch«, »zersetzend«, »krank«, »wurzellos«, »großstädtisch«, »negativ«, »antinational«, »dekadent« usw. In dem expressionistischen Alternativbegriff »Geistige« wird zweierlei wirksam. Erstens die Absicht literarischer Intellektueller, der bereits eingeschliffenen Schelte zu entgehen, und zweitens der Versuch, eine spezifische Form der Intellektuellenkritik mit einem progressiv-kritischen Ideal intellektueller Verantwortlichkeit zu verbinden.
23 René Schickele: *Politik der Geistigen II.* In: *März* (1913), Nr., 22 März, S. 440 - 441, Zitat S. 440.
24 Vgl. z. B. Kurt Hiller: *Der politische Literat.* In: *Der Osten* 1. Jg. (1918), Nr. 6/8, S. 81–83; wiederabgedr. in: Paul Pörtner (Hrsg.): *Literatur-Revolution 1910–1925*, Bd. 2, S. 429–432.H.8.
25 Carl Sternheim: *An die Dichter.* In: *Die Aktion* 8. Jg. (1918), Nr. 7/8, 23. Februar, Sp. 90–91, Zitat Sp. 90.
26 Vgl. etwa Wilhelm Herzog: *Der geistige Typus des Revolutionärs.* In: *Das Forum* 3. Jg. (1918/19), H. 3, Dezemberheft v. 30. 1. 1919, S. 181–185, Zitat S. 183.
27 Ludwig Meidner: *An alle Künstler, Dichter, Musiker.* In: *Das Kunstblatt* 3. Jg. (1919), H. 1, S. 29–30, Zitat S. 29.
28 Friedrich Burschell: *»Revolution« und »Neue Erde«. München 1918/19. Aus meinen Erinnerungen.* In: Paul Raabe (Hrsg.): *Expressionismus. Aufzeichnungen und Erinnerungen der Zeitgenossen*, S. 254.
29 Vgl. Kurt Kreiler: *Die Schriftstellerrepublik. Zum Verhältnis von Literatur und Politik in der Münchner Räterepublik. Ein systematisches Kapitel politischer Literaturgeschichte.* – Berlin 1978.
30 Heinrich Mann: *Gedenkrede auf Kurt Eisner* am 16. März 1919. In: H. M.: *Macht und Mensch.* – München: Kurt Wolff 1919, S. 173.
31 Ludwig Ullmann: *Die »Anti-Dichter«.* In: *Saturn* 5 (1919), H. 3 (Juli), S. 136 - 140, Zitat S. 138f.

89
[Franz Werfel:] *Der Jüngste Tag. Neue Dichtungen.* (Prospekt des Kurt Wolff Verlags 1913).

Wie jeder Mensch die transzendente Vernunft besitzt, unverständlich warum, eine Zusammenstellung von Gesichtszügen schön zu nennen, eine Reihe von Eigenschaften, unverständlich warum, Tugend zu heißen, so ruht im Dichter die transzendente Vernunft der Menschheit. Er ist die Chronik des Wesentlichen der Weltgeschichte. In ihm wird das Wahrhafte Ereignis, das Zufällige erlischt in ihm, das Vergessenswerte bleibt dem Historiker, im Dichter wird Johanna Sebus [1] unvergänglich.

In keiner menschlichen Produktion ist das Kunstwerk an sich so bedeutungslos wie in der Dichtkunst. Denn hier ist mehr als in jeder anderen Kunst der Organismus das Maß der Menschlichkeit. Hinfällig ist deshalb die Dichtung, die einen Dualismus Kunst und Leben betont. Eine Abkehr des ergriffenen Geistes von seiner Zeit ist der wahnwitzigste Widerspruch.

Das literarische Leben, die Beziehung auf die Clique, die Angst liegen zu bleiben, gestrig zu sein, zwang den Dichter, der mittönen wollte im Chor des Ruhms, mit dem herrschenden Raffinement mitzufliegen, um es bei der ersten Gelegenheit zu überholen. Man denke an die Fabel des Zaunkönigs, der bei einem Wettfliegen der Vögel sich von den Schwingen des Adlers tragen läßt, um ausgeruht, wie der Adler sich senkt, den Rekord zu schlagen.

Der neue Dichter wird unbedingt sein, von vorn anfangen, für ihn gibt es keine Reminiszenz, denn er, wie kein anderer, wird fühlen, wie wesenlos die Retrospektive auf die Literatur ist, wie unnötig das Vergnügen am Tonfall. Er wird wissen, daß sein Gedicht nicht ein Satzbild im Buche ist, sondern ein Teil, ein schwacher, unsäglich feiner Tropfen seines großen, allerbarmenden, zugewandten, überall eingreifenden Lebens, ein Blitz seines Herzens, in dem sich allein die bebende Welt empfindet.

Seine Pflicht ist es, ewig aufzustehen, der weite Prediger zu sein der Koexistenz und des Todes, der allen uns gemeinsam ist. Wo die Menschen über der minderen Kausalität allenthalben die Welt vergessen, mag er sich frisch, jauchzend, väterlich und gebräunt erheben und das Unendliche wieder herstellen. Er wahrhaft wird der große Unpolitische, der Absolut Unparteiische sein (nicht der Indifferente)[2]. Er wird weder exklusiv noch ornamentaler Demokrat sein. Er wird wissen, daß jeder teleologische Zusammenschluß Gemeinheit ist. Er wird nichts ernst nehmen, weil er sich überall opfern wird. Die Frage der Poeteneitelkeit wird nicht mehr da sein, weil in ihm nichts entstehen wird für die Schrift, und alles Hingabe und Güte sein wird und Notwendigkeit.

O, möchten die Skribenten fühlen, wie verächtlich sie sind! Wie ihre Intellektualität Verrat und Unwahrheit ist.

Möchten sie sich abkehren von dem ungeheueren Beruf, den sie nicht ertragen können. Möchten sie ahnen den Schritt des Wahren! Möchten sie fühlen, daß diese Erde Jesaia und Tolstoi getragen hat. Daß bei einem Sonnenuntergang Whitman [3] weinend im Lazarett blessierte Brüder gepflegt hat, daß Liliencron [4] das sterbende Kind der Hauswirtin an die nackte Brust riß, und dem Tode zubrüllte: Wull du woll, du Aas!

– In diesen kleinen Büchern sei der wahre, wahre Dichter begrüßt, das heißt derjenige, der sich stündlich daran blutig reißt, daß die Äußerung, die Realisierung schon Trübung ist und Verblendung.

Wir sind überzeugt, daß wir in diesen Sätzen nur ein Idol geformt haben. Wir maßen uns nicht an, in unsern Büchern diese erhabene Gestalt zu finden. Sagen wollen wir jedoch, daß uns in dieser Bücherei die Kunst, sofern sie nur eine hohe Stufe des Raffinements – ein Grad ablehnender Bewußtheit ist – Richtung nicht sein soll. Wir erkennen die Wichtigkeit der formgewordenen Einsamkeit einer kleinen Kabarettistin im Krankenhaus über die Wiederbelebung der Céremonie Turque [5] in einem Molièreschen Hofspiel. Wo nicht immer der Genius erscheint, seien hier geboten das Schauspiel des nahen Temperaments und die Freuden und Schmerzen des *wahren* Naturells.

Die Welt fängt in jeder Sekunde neu an – laßt uns die Literatur vergessen!!

Ein Faksimile des Prospekts ist in *Imprimatur* N. F. Bd. 3 (1961/62), S. 200–201 zu finden. Dieser, der Gebrauchsfunktion nach als Werbung zu klassifizierende Text war vermutlich schon Mitte April 1913 von Franz Werfel vorgelegt worden, also noch vor der Ankündigung der Reihe durch Kurt Wolff (*Börsenblatt des deutschen Buchhandels* 72. Jg. (1913), Nr. 99, 22. Mai, S. 4650 f.) fertig formuliert. Dies geht aus einem Brief des Verlegers an Georg Trakl vom 23.4.1913 hervor:»Herr Werfel hat Ihnen wohl geschrieben, daß wir einen Teil Ihrer Gedichte zunächst in unserem ›Jüngsten Tag‹ erscheinen lassen wollen. Zur Orientierung sende ich Ihnen einen ungelesenen Korrekturabzug des Prospektes mit« (Zit. nach: *Kurt Wolff, Briefwechsel eines Verlegers*, S. 79). Über die Namenwahl für die berühmte Verlagsserie berichtet Kurt Pinthus: *Leipzig und der frühe Expressionismus.* In: Paul Raabe (Hrsg.): *Expressionismus. Aufzeichnungen und Erinnerungen der Zeitgenossen*, S. 74–83, hier S. 82. Danach fiel sie zufällig auf die Gedichtzeile »O, jüngster Tag! O, Wiedersehn!« (Franz Werfel: *Das Opfer. Dramatisches Gedicht.* In: *Wir sind. Neue Gedichte.* – Leipzig: Kurt Wolff 1913, S. 116).

1 Johanna Sebus (1791–1809), deren Andenken Johann Wolfgang von Goethe eine »Kantate« gewidmet hat.

2 Verweis auf die im frühen Expressionismus intensiv diskutierte Frage des Indifferentismus.Vgl. Max Brod: *Schloß Nornepygge. Der Roman des Indifferenten.*– Stuttgart u. Berlin-Charlottenburg: Axel Juncker 1908.

3 Walt Whitman (1819 – 1892), amerikanischer Dichter, der wegen seiner rauschhaft hymnischen Lyrik im Expressionismus als Vorbild in Anspruch genommen und als ein Wegbereiter des neuen Rhythmus, des entprivatisierten Gedichts und des neuen Pathos begeistert begrüßt wurde. Sein berühmtes Evangeliar der Demokratie: *Democratic Vistas.* – Washington 1871 entstand nach der Tätigkeit als freiwilliger Krankenpfleger während des amerikanischen Bürgerkriegs.

4 Detlev von Liliencron (1844 – 1909), impressionistischer Lyriker der Jahrhundertwende. Vgl. Franz Pfemfert: *Detlev von Liliencron (Zu seinem Todestage).* In: *Die Aktion* 1. Jg. (1911), Nr. 23, 24. Juli, Sp. 724–727. Walter Hasenclever gab die Briefsammlung *Dichter und Verleger. Briefe von Wilhelm Friedrich an Detlev von Liliencron* (München: Georg Müller 1914) mit einer Einleitung heraus.

5 Vermutlich die türkische Maskerade am Ende der Charakterkomödie *Le Bourgeois Gentilhomme.* - Paris 1671 (Dt.: *Der Bürger als Edelmann.* Übers. von Graf Baudissin.-Leipzig 1912).

90
Rudolf Kurtz: *Der junge Dichter.* In: *Die neue Kunst* 1 (1913), H. 1, 25. Juli, S. 1–3, Auszug S. 1 u. 3.

Zu den peinlichen Geschäften, die die Gesellschaft mit der Moral abschließt gehört der Versuch aus Defekten Normen herzustellen. Verlangsamter Blutumlauf gibt sich wilden heftigen Gebärden gegenüber als Reife aus. Sturmvolle Explosionen werden von der Erfahrung belächelt. Der verschimmelste Greis murmelt: Reif sein ist alles. (Ohne daß in seine rechteckige Lebensweisheit der Gedanke hineinschlägt, daß schöpferische Unreife erst einmal die Disposition schaffen muß, reif zu werden). Wer ungestalten Überschwang mit dem beschwörenden Ruf Reife zu entwerten sucht, verbirgt sich hinter dem alten Trick der bürgerlichen Moral, Impotenz als normales Verhalten, Ruhebedürfnis als regulative Idee auszugeben. Denn dies verleiht dem jungen Dichter seine historische Attitüde: die Unbekümmertheit um reale Möglichkeiten, die herrliche Gebärde des sich in die Welt Schleuderns, die zügellose Liebe zum Außerordentlichen. Wer den Bluff nicht feurig umwirbt, ist nicht zwanzig Jahre alt, und wer mit zwanzig Jahren zögert, geheiligten Konventionen höhnisch in das Gesäß zu treten, ist ein Seminarist. Der junge Dichter muß demolieren: und wenn kein Objekt des Angriffs da ist, wird – eine Tradition seit Jahrhunderten – eine Normalfigur des Bürgers erfunden, der zerfetzt und verhöhnt wird. (Beispiel aus letzter Zeit: die jüngste Lyrik erfindet violenhafte Gefühle, blaue Sentiments um Stoff für ihre Attacken zu haben). Der junge Dichter hat nur eine Mission: ruhestörenden

Lärm zu verursachen. Die Hochspannungen seiner Seele schwungvoll in die Menschheit zu schleudern – unbekümmert um das Schwanken und Krachen vermorschter Gebeine.

Wundervolles Schicksal des jungen Dichters. Was die Gesellschaftsformen verbieten, was zu bezwingen die Aufgabe des sozialen Trainings ist: dessen hemmungsloses Ausströmen macht den Typus des jungen Dichters erst möglich. Er ist spielerisch, boshaft, unverschämt, ungerecht, brutal; brückenlos vom gewagtesten Bluff zu strahlendem Pathos sich schwingend, in einem unirdischen Lärm wie in einer Gloriole lebend. Ein dämonisch Getriebener, der erstarrte Formen mit Dynamit sprengt, das Beruhigte aufrüttelt, Gesichertes zu unruhvoller Skepsis drängt. Der in der Reife die Anbequemung an Konventionen verachtet, an denen sein Haß glühend wird. Ist Alter (und Reife vielleicht) unser aller Schicksal: was bedeutet es für den jungen Dichter, wer darf ihm raten, in seinem Überfluß ökonomisch denken zu lernen, pathetisches Träumen haushälterisch zu dosieren? Wer darf ihm raten, die Stelle, an die er gestellt ist, zu verraten, in der Geschichte gleichsam die Lücke zu lassen, die nur er allein in seiner Stunde mit feurigen Gährstoffen zu erfüllen vermag? Wer jung ist, soll es bis zur Katastrophe sein: und Unreife ist das triebkräftigste Ferment der Weltgeschichte.

[...]

Die Stunde ist unwiederbringlich, in der der Dichter jung ist. Was an ihm Defekt ist, macht seine Sendung historisch. Ein brausender Strom, nur um seiner Selbst willen strömend, durch nichts Ungeistiges abgelenkt. Er ersehnt nur die Bewegung in der Welt, in der er den Herzschlag seines eigenen Seins erfühlt. Getragen von dem guten Haß gegen Alles, was starr ist: voll brennender Verachtung dessen, was aus Prinzip starr erhalten wird. Hier öffnet sich der Kreis seines Daseins zur weitesten, kräftigsten, notwendigsten Wirkung. Nie wird der Zorn des jungen Dichters strahlender, sichtbar leuchtender, als wenn sein reiner Wille gegen Privilegien prallt: weil das Privileg das Ungeistige in seiner reinsten Gestalt ist, das seinen Sinn nur daher hat, daß es nicht in Bewegung, in Fluß zu bringen ist. (Undenkbar, daß der junge Dichter nicht ein Feind privilegisierter Gesellschaftsformen ist.) Es liegt eine höchste Gewähr, eine ewige Versicherung in diesem wundervollen Haß junger Menschen: eine ideale Parole, die weithin in die Welt der Gutgesinnten schwingt. Der junge Dichter bemißt den Wert seines Daseins an der Tiefe des Abscheus, der Erbitterung, die um ihn brodelt und keine Pflicht als diese tritt an ihn heran, jung zu sein, in einer Atmosphäre von Glut und Schauer zu leben, bereit seine bürgerliche Existenz preiszugeben: denn allein die Bewegung ist es, die den Geist zu immer neuen Formen antreibt, die Bewegung ist es, an der der junge Dichter seine Jugend allein erfühlt – den höchst aktiven, vorwärtsdrängenden Wunsch, ruhestörenden Lärm zu verursachen.

Forcierte Jugendlichkeit als eine biographische Basis oder als das notwendige Temperament künstlerischer Neuerer wurde von Kurtz mehrfach hymnisch beschworen. Neben einem weiteren Manifest, das die poetische Provokation bürgerlicher Liberalität durch jugendlich-unbedingten Elan feiert (vgl. Dok. 133), entwirft ein bereits 1909 veröffentlichter Aufsatz dieses Publizisten das Bild einer aufrührerischen, betont jugendlichen Literatengeneration. Mit der Randbemerkung: »Diese Attacke erschien vor zwei Jahren in der *Zukunft*. Daß man ihren erneuten Abdruck für notwendig halten kann, mag Zeugnis für die Entwicklungsträgheit in deutschen Landen ablegen« druckte Franz Pfemfert diesen, den expressionistischen Umschwung ankündigenden Text in seiner Zeitschrift wieder ab. Gegen den epigonal-traditionellen Neuklassizismus gewandt, hatte Kurtz dort die rebellische Geste der jungen Generation gut typisiert: »Die junge Generation. Sich äußern, darstellen, die Welt seines Innern in einem Sturm von Begeisterung hinausschreien, sich ergießen in die trübdunkle Fülle der Gestalten, strahlend voll siegreicher Empörung: so läuten sich junge Generationen ein. Darstellen im Feuer des Enthusiasmus, der die Last einer trägen Zeit mit lachender Revolte von sich schleudert« (*Die junge Generation I. Der Angriff.* In: *Die Aktion* 1. Jg. (1911), Nr. 8, 10. April, Sp. 237–242, Zitat Sp. 242). An dieser Stelle findet sich auch die Kontroverse mit dem Kunstschriftsteller Karl Scheffler (1869 – 1951) publiziert: [Karl Scheffler]: *Die junge Generation II. Die Erwiderung* (Nr. 9, 17. April, Sp. 267–268); [Rudolf Kurtz]: *III. Duplik* (Sp. 268–271), der die Definition des kraftgenialischen jungen Dichtertypus als das Produkt großstädtischer Kaffeehaus-Geister abgetan hatte.

91
Rudolf Leonhard: *Die Politik der Dichter.* In: *Die weißen Blätter* 2 (1915), H. 6 (Juni), S. 814–816.

Wenn die Dichter den heutigen politischen Läuften fern bleiben, so scheint dies schon darum an der Politik und nicht an den Dichtern zu liegen, weil, dies ist nun genug beklagt worden, die Gesamtheit der Intellektuellen es nicht anders tut. [1] Zwar ist am Charakter der Dichter meist nicht mehr viel zu verderben, aber sie haben irgendein Gefühl, sich vor Schmutz bewahren zu wollen, und stürzen sich, statt in die großen bürgerlichen Auseinandersetzungen, in Intrigen und »Literaturpolitik«[2], die mit der Politik zwar zusammenhängt, aber ein Gebiet kleiner und persönlicher Kämpfe ist. Dies zeigt einen politischen Trieb der Dichter; und es liegt eben in Deutschland so, daß gerade alle Geistigen, durch kein Klassenbewußtsein verbunden und durch Negation vereinzelt, sich der politischen Öffentlichkeit fernhalten. Unser Volk ist, trotz aller oft formulierten Wünsche, weit davon, politisiert zu sein; nicht einmal die (wirklich) Gebildeten sind es, nicht einmal, wie die Ereignisse jedes Tages erweisen, die Regierenden sind es.

Denn unter Politik ist im ersten, tiefen, umfassenden Sinne eine Energie, eine Dichtung, eine Gesinnung zu verstehen, dann erst ein Handeln und ein Beruf. Und in diesem Sinne sind die Dichter wahrhaft politisch. Wenn wir von der selbstsüchtigen Beziehungslosigkeit der ursprünglichen künstlerischen Kraft absehen, ist Wirkung die einzige soziale Bedeutung des Dichters, und der Wille zur Wirkung seine stärkste Beziehung auf das Leben und zu den Lebenden. Die im Ursprung ganz zwecklose dichterische Äußerung hat in der Erscheinung den einzigen Zweck, zu wirken, zu bewegen, zu verführen; und noch das zarteste lyrische Gedicht des Esoterischen ist ein Stück unabsichtlicher Demagogie.

Und gar der Epiker und Dramatiker, an Zuständen, an Menschen und menschlichen Beziehungen leidenschaftlich interessiert, stößt fast überall an die »politischen Probleme«. Sehen wir doch auf die politischen Dichter: ich will nicht an Uhland und Herwegh erinnern, die liberale Männer, aber keine Politiker waren; nicht an Schenkendorf [3] und seine Gleichen, die Patrioten, aber keine Politiker waren; nicht an Schiller, der politisch teilnahmsvoll, Politiker in eben der Art seines Dichtens war. Aber vielleicht hat der Politiker Björnson [4] den Dichter, in dem er wohnte, erdrosselt; und wenn Ibsen eher Moralist als Politiker war, was für ein Politiker war dafür Strindberg! Ich erinnere daran, daß Hebbels im Grunde einziges Problem das einzige politische Grundproblem ist; daß die *Hermannsschlacht* und der *Prinz von Homburg* nicht nur patriotische, sondern auch sehr politische Dramen sind. Und wenn das eine große politische Drama des Deutschen – verständlich genug bei seiner politischen Schwerfälligkeit und Gleichgültigkeit – und vor allem seine große politische Komödie noch nicht geschrieben sind, so haben wir genug Dichtwerke der eigentlichen politischen Art und genügend Politik in jedem Dichter.

Es liegt zu zwei Dritteln an den Vorgängen und Verhältnissen, daß der Dichter in die Opposition gedrängt wird, und zum Drittel an seinem Wesen, daß er sich dort festsetzt. Er, der bei aller etwaiger Liebe zum allgemeinen Menschen ein gut Teil Verachtung gegen jeden einzelnen aus der Masse trägt; den Schmerz dazu verhärtet hat, seine Stellung außer allen Kreisen zu bejahen und stolz vor seiner Einsamkeit zu heucheln, er, der allein den Mut zu jeder Willkür kennt, tritt in die Reihen der Oppositionsbataillone und beginnt, ein resignierter Anarchist, das organisierte Volk anzubeten und das leer schallende Wort Demokratie für den Namen seines Ideals zu halten.

Er steht, lässiger als die andern, auf der Barrikade. Er hat sich am Rufe Revolution entzückt, und hebt, betrunken von den rauhen schwellenden Buchstaben, die rote Fahne in seiner ungewöhnten Faust – und nun hütet Euch; es kann geschehen, daß er, jäh ernüchtert oder gerade im Übermaß des Rausches, sich kehrt und den Genossen der Barrikade breit die Zunge herausbleckt; wenn er auch kaum auf sie schießen wird.

Denn er ist der Revolutionär in allen Lagern, der Unzufriedene mit allen Zuständen, glaubt an alle Ideale und hat zu allen Göttern gebetet. Wie der Tritt und Schwall der Massen seine Leidenschaft erregt, bewundert er die klare kalte Gewalt der Reaktion, und er, dem die Erscheinung gar zu teuer ist, oft wichtiger als der Sinn, trägt die Culotte des Marquis so gern und so gut wie die Haube des Jakobiners, die harte Geste Cäsars ist ihm so lieb wie die schwärmerische des Republikaners. Die Männer des Esprits haben gewiß die Revolution geschürt, vielleicht den Brand gelegt; aber Voltaire plauderte gern mit dem König, Rousseau schenkte Gräfinnen seine traurige Verehrung, und Beaumarchais wußte, wie sie alle, auf dem alten Vulkan lustig genug zu tanzen. Später vertrug Heine den Aristokratismus seines Geistes gut mit dem sonderbaren St. Simonismus [5] seiner letzten Jahre.

So war es und so ist es. Der Dichter liebt mit dem Auge das Seiende wie mit dem Geiste die Zukunft, und mit dem regsamen Trotze, was hinter der Zukunft sein wird. Und wenn ein Dichter sich Sozialist oder Sozialdemokrat nennt – freilich scheint die Zeit vorüber, da die Dichter sich, weil der Sozialismus gleich ihnen in der Opposition stand und der Kapitalismus ihnen als Feind gemeinsam war, für Sozialisten hielten – dann wird er doch beim Alkohol wenigstens bleiben.

Denn die Geschichte besteht aus einer Reihenfolge von Zuständen, und Bewegung und Geschehnis der Politik dienen ihr nur als Mittel, den neuen Zustand zu erreichen. Der Dichter, der immer Unruhige und in allen Zuständen Unzufriedne, ist der Politiker dieser Mittel, die er, das Ziel im Glücke des Erlebens bald vergessend, überschätzt. Der Bürger verlangt, daß das für ihn Gute, das Nützliche, geschieht, um im erreichten Zustande des Behagens wieder auszuruhen. Der Philosoph will das objektiv Gute, das Wahre, getan und erreicht wissen, um dann die in sich und um ihn kreisende Harmonie tätig anzuschaun. Bewahre uns Gott vor diesem Erreichen des geliebten Ideals, vor dem Tod im Absoluten, denkt der Dichter – denn er will vor allem, daß überhaupt etwas geschieht, um der Kraft in den Taten willen, und um der Seligkeit im Rausch der Vorgänge. Auch Schickeles Radikalismus [6] ist mehr nach seinem Ursprunge aus der Leidenschaft des Dichters, als nach der Klarheit eines wirklichen Ziels orientiert, und betont sich um so mehr, als ihn hier und da Resignation trübt. Wie auch in Heinrich Manns politischen Aufrufen ein Pessimismus gärt, der sich gegen die Masse, da der Geist nicht realisierbar ist, mit gleicher kalter Wut wie heute gegen die Macht kehren würde. [7]

Und nur darum hat Plato recht, die Dichter von der Ordnung des Staates zu verbannen, die er verblendet in die Hand der Philosophen spielen will; der Philosophen, die an der Lebendigkeit der Staaten schon genug verdarben. Hier kann der Dichter gegenwirken; der Staat kann ohne ihn nicht auskommen. Er braucht die treibende Unruhe im Getriebe, er sollte Revolutionäre anstellen, zweideutige, die verzweifelt gegen alle Seiten sich empören. Dies ist die Politik des Dichters; nutzt ihn und hütet Euch vor ihm, dem Ferment jedes Gemeinwesens, dem Ruin jedes Parlaments.

Dieser zum Aufsatz geratenen Glosse, die vor dem Krieg entstanden war, hielt René Schickele in seinem skeptischen *Nachwort des Herausgebers* (S. 816–817) entgegen:
Darf ich dazu sagen, daß ich mir von einer Beteiligung der Künstler, wie aller andern »Intellektuellen«, an der Politik nur etwas verspreche, wenn sie sich im politischen Leben ebenso disziplinieren, wie jeder andre? Sie brauchen sich keiner Partei zu »verschreiben«. Aber solange Parteien über den Apparat der Willensermittlung (oder Willensbestimmung) verfügen, die man Wahlen nennt, Wahlen aber über die Gestaltung der Politik entscheiden, solange braucht der Geist die Partei mindestens ebenso sehr, wie die Partei ihn. Der Gedanke, aus den Dichtern, aus den »Intellektuellen« eine neue Partei von Dilettanten und Gespenstern zu machen, den könnte nur ein größenwahnsinniger Literat aushecken, der vom Mechanismus des politischen Lebens keine Ahnung hätte. Das Ergebnis wäre immer wieder das bekannte Redekränzchen. Vielmehr gilt es, sehr bescheiden in Reih und Glied zu treten, ein Stück Arbeit zu übernehmen und es nach besten Kräften auszuführen. [...]Anders verhält es sich mit starken Individuen, die neben den Parteien, außerhalb der politischen Tages- und Jahresarbeit, als »Einpeitscher« wirken. Ihrer können nie genug sein, der Freischärler des Geistes, der unerbittlichen Ausrufer ihres Ideals, der Schlangenbeschwörer und Geheimpolizisten im Dienste der Menschlichkeit. Aber sie sind selten, und wenn Schwächlinge ihre Rolle übernehmen, wirkt sie teils komisch, teils ekelerregend. Deshalb solle man diese Rolle nicht propagieren; umsomehr aber den Parteigänger, der dem Geiste dient mit seiner Hände Werk und seinem geduldigen Herzen, eine kluge Stirn in der Masse, ein heller Rhythmus im dumpfen Marsch der vielen.

1 Vgl. Wilhelm Herzog: *Politik und Literatur*. In: *Die Schaubühne* 6 Jg.(1910), Nr. 19, 12. Mai, S. 499–500.
2 Hinweis auf das umstrittene Konzept einer sogenannten Literaturpolitik, wie es, unterschiedlich akzentuiert, in der Frühphase von Kurt Hiller und Ludwig Rubiner vertreten wurde. (S. den Abschnitt »Geist und Tat«).
3 Max Gottlob Friedrich von Schenkendorf (1783 - 1817), patriotischer Lyriker der Freiheitskriege.
4 Bjornstjerne Bjornson (1832 - 1910), norwegischer Dichter und Nobelpreisträger 1903, der sich in politischen und sozialen Fragen stark engagierte.
5 Von der Schülern Claude Henri Graf Saint-Simons (1760 - 1825) entwickelte politisch-sozialistische und religiös-pantheistische Lehre. Vgl. E. M. Butler: *The Saint-Simonian Religion in Germany*. Cambridge 1926; W. Scherer: *Heine und der Saint-Simonismus*. Diss. Phil. Bonn 1950.
6 Seit seinen Pariser Feuilletons, die René Schickele unter dem Titel *Schreie auf dem Boulevard* als Buch herausgab (Berlin u. Leipzig: Verlag der weißen Bücher 1913), galt der elsässische Schriftsteller als radikaler Literat. Die häufig geäußerte Hoffnung auf »die große Revolution der Geister« (*August Strindberg*. In: *Die Aktion* 1. Jg. (1912), Nr. 4, 22. Januar, Sp. 103–104, Zitat Sp. 104) trug ihm diesen Ruf ein, zumal er sich auf den französischen Sozialistenführer Jean Jaurès (1859 – 1914) und auf das Vorbild des 14. Juli 1789 als historisches Modell der weiterzutreibenden Volksbefreiung in Europa berief.
7 Gemeint ist vor allem das voraktivistische Manifest *Geist und Tat* (Dok. 68).

92
Ludwig Rubiner: *Hören Sie!* In: *Die Aktion* 6 (1916), Nr. 27/28, 8. Juli, Sp. 377–380.

Hören Sie, Kamerad, Mitarbeiter, Leser, immer wieder den Bannruf »Literat«, den Fluch, der uns exkommuniziert, den Fall des Roßapfels, der nach uns geworfen wird?

Hören Sie den Hohnschrei: »Literat«?

Das Scherbengeklirr eingeworfener Fenster: »Literat«?

O Schwindler, die, geduckt in die laufende Menge, rufen: »Haltet ihn, Literat!«

Der lehrhafte Rauschebart, verhinderter Tolstoi, der seine gutmöblierte aufständische Eigendung-Grube bewacht und eifrig in Kapitalszeitungen schreibt,

Der Theaterdirektor, mit Unehre an Possen verkracht, der sich in die Tageskritik geflüchtet hat vor dem Tode,

Der feierliche Verleger, der jedes große Werk eines toten Literaten in eine glatt mühelose, geheimnisvolle Öligkeit verwandelt in die Buchläden schickt (immer noch imitiert Bütten),

Der Kokottenhälter, der unter den Betten seiner Freunde auf Literaturmögliches lauscht,

Der dreihundertste Gottfried-Keller-Imitator,

Der Gründer von Kneipen mit humanitärem Augenaufschlag, der zwecks Empfehlung die Redaktionen besteigt,

Der Spezialist in Verkündigungen,

Der an sich haltende Mystiker, der jede alte Legende, jedes Märchen, jede Erfindung fremder Köpfe in die Marktgängigkeit eines tiefen Buches schmalzt,

Diese, die nur Literatur machen, von Literatur leben, hinter der Literatur her sind, schweißbedeckt,

Alle diese, die eine widerspenstige Literatenbemerkung sofort auf den Quivive bringt (wie merkwürdig!),

Alle sie beschimpfen mit »Literat«, sie entehren im Wort »Literat«, sie arbeiten an Mißkredit mit »Literat«,

Sie entkameradisieren damit.

Der Aufrührer, der sein ganzes Leben lang nur Zeitungen liest und schlechtgeschriebene Sätze nachweist, schäumend,

Der Romanschreiber, der mit seinen Kritiken nicht zufrieden ist,

Der saure Klassiker, der nach alten Vorbildern hohe Dramen sich entstößt und auf Papier drucken läßt,

Der Nutznießer des Geistes, der Arzt, Beamte, Bankier, Gewerbetreibende, Direktor, der, ach, nur in Freistunden dichtet,

Der Zeitungsmann, der auf seine Hirnkraft nicht mehr stolz ist,

Und der Literat selbst, der Untüchtige, Ängstliche, zur Nachwelt Schielende, der Murmler, der Nachsprecher, der profunde Feintuer, der Wortklauber (durchaus auf Posthumität bedacht), dieser Feigling

Sie alle sollen sich schämen und ihrem Leben ein Ende machen,

Denn es ist nutzlos gewesen.
Oder warum schreiben sie?
Nur weil andere schreiben?
Was hatten sie uns zu sagen?
Nur Selbstbetrug, Eigenschwindel? Privatsache!
Oder den Betrug gegen andere?
Kerle, die in der wichtigsten Stunde ihren Platz verlassen,
Ihr Platz ist nicht, Worte zu machen über Gewesenes.
Wir brauchen nicht Interpreten, heute dolmetscht jeder sich selbst.
Ihr Platz ist,
Worte zu machen für Dinge, die gut sind. Für Menschliches, das kommen soll.
Worte zu machen gegen Schändung des Geistes,
Worte zu machen gegen Verrat am göttlichen Menschen,
Worte zu machen!
Denn Würste zu geben, Anzüge, Handschuhe, Schränke, Bier, Stiefel, Semmeln kann der andere besser als sie.
Aber ihre Sache ist es, das Wort zu machen, das diese Menschen treibt und selig auf der Erdkugel macht,
Das Wort, nach dem die Generation handelt,
Das Wort, das sie, Literaten, besser wissen als ihre Leser.
Ihre Aufgabe: Nicht Erklärer, sondern Führer zu sein.
Wer das nicht ist – Abtreten!
Klägliche Mittelwesen, Dazwischenkünftler, Kammerdiener mit alten Geheimnissen – Abtreten!
Wimmernde Malcontenten, Verräter, Spitzel am Wort, an der Hingabe, Verdächtiger der Führung – Abtreten!
Nieder die Schwindler!
Es lebe die Stimme! Die Stimme für die
Anderen!
Es lebe das Wort, hell wie Cornetsignal!
Es lebe der runde geöffnete Mund, der laut gellt:
Es lebe der Führer!
Es lebe der Literat!

Diese Apologie des zur Verbalinjurie verkommenen Begriffs vom Literaten ist im literarischen Teil der *Ausgewählten Werke* wiederabgedruckt (Ludwig Rubiner: *Der Dichter greift in die Politik. Ausgewählte Werke 1908–1919.* Hrsg. u. mit einem Nachwort von Klaus Schuhmann. – Frankfurt a. M. 1976, S. 37–38). Auf Rubiners allgemeine Attacke reagierte Hugo Ball mit einem interessanten Kommentar, der freilich der aktivistischen Intention Rubiners nicht gerecht wird, obwohl auch er sich vom Schimpfwortgebrauch distanzieren zu müssen meinte. Unter dem Datum: Ascona, 15.9. [1916] steht im Tagebucheintrag ein Passus zu lesen, der als ergänzendes Dokument mitgeteilt wird (*Die Flucht aus der Zeit.* – München u. Leipzig: Duncker & Humblot 1927, S. 115–116, Auszug S. 115):

Rubiner verteidigt in der *Aktion* den Literaten gegen verschiedene imaginäre und wirkliche Angriffe. Auch ich gehöre zu den Angreifern, gegen die man sich wehren muß. »Sie alle beschimpfen mit ›Literat‹, sie entehren im Wort ›Literat‹, sie arbeiten am Mißkredit mit ›Literat‹.«– Es ist aber gar nicht richtig, daß auch ich zu den Angreifern gehöre; auch für mich ist das Wort ein Ehrentitel. Der Literat ist einer, der das Wort um seiner selbst willen pflegt. Nur hat bei der weitgehenden Spezialisierung der Zeit zwischen dem Literaten einer- und dem Dichter und dem Gelehrten andererseits eine Teilung stattgefunden, die meiner Ansicht nach von Übel ist. Es gibt heute anerkannte Dichter, die jede Ahnung dafür verloren haben, daß das Wort vor allem und zunächst über ihre Höhe und ihren Wert aussagt. Und es gibt Gelehrte, deren Sätze zu zitieren man sich scheuen muß, ohne sie vorher stilisiert zu haben. Doch es gibt auch von Literaten einen Schwarm, der sich allen energischen Studien und jedem geordneten, aufschließenden Zug seiner Gedanken überhoben, zu jeder Kritik aber gleichwohl berechtigt glaubt. Man kann in diesem Sinne vom ewigen oder verbummelten Literaten sprechen, wie man von einem ewigen oder verbummelten Studenten spricht. Es wäre gut, wenn die Dichter und die Gelehrten wieder mehr Literaten (Wortkünstler, Buchstabenfuchser) und die Literaten wieder mehr Gelehrte und Dichter (Logiker und Wundersüchtige) würden.

93
Oskar Loerke: *Die Stimme des Dichters*. In: *Revolution* 1(1918), Nr. 2, 30. November, S. 14–15.

Ich bin ein Dichter ohne Ruhm, mein Wort ballt keinen Kampf für mich oder gegen mich zusammen. Es gibt manche meinesgleichen. Zusammen bilden wir eine kleine Gruppe, über das Land (und über alle Länder) verstreut. Nach unserer Lebenshaltung sind wir zumeist Proletarier – nach unserer Erziehung sind wir Bürger – und wir würden es wie die meisten Proletarier werden mögen, wenn wir unser Geschick zu wählen hätten. Denn auch wir trügen gern reichere Kleidung, wünschten uns mehr Zeit, mehr Bildungsmittel, kurz mehr Glück. So zwischen den Rändern der beiden Klassen, aus denen sich heute die Bewohnerschaft der Erde zusammensetzt, hin- und hergeworfen, reichen wir mit unserem inneren Anteil in ihre Extreme. Eben darum gehören wir zu keiner von beiden. Das spüren wir oft bitter genug, wenn wir von rechts und links hören, unsere Armut sei keine eigentliche Armut und leicht zu tragen. Unser Alltag hat die falsche Uniform angezogen. Von der Uniform liest man den Rang ab, und rechnet daran unseren Nöten das Zuviel und Zuwenig vor. Haben wir beispielsweise eine Familie, so ist man zuweilen bereit, uns um der Familie willen ein Almosen zu gewähren, haben wir keine, so preist man unsere Klugheit und fragt nie, ob diese unerzwungen ist. Man zeigt sich in allen Fällen hurtig, uns selbst auszuschalten und aus unserer sozialen Situation ein edles Vorrecht unserer Künstlerschaft oder die automatische Gerechtigkeit menschlicher Schwächen und Vorzüge zu konstruieren, zumal wir in der Gesellschaftsschichtung vorübergehend rasch ein wenig steigen und sinken.

Wir stehen wirklich zwischen zwei Parteien. Unsere Aufgabe war, zu fühlen und auszusprechen, was *ist*. Sie hat sich durch die Ereignisse dieser Tage nicht verändert. Unsere Sinne lögen, könnte die schnelle Weltgeschichte sie jemals übereilen, – mögen sie gleich in den Sternen geweilt haben. Den Grund unseres Mitleidens mit den Armen und Unterdrückten finden wir in unserer heutigen Mitfreude mit ihnen wieder. Wer von uns mit seinem Geist die Zeit zur Eile gepeitscht hat, wird jetzt seine beiden Hände leihen, um zuzugreifen. Aber er vergesse nicht, daß ihm nur zwei Hände gewachsen sind, und er schreie nicht, er habe so viele wie ein asiatischer Dämon. Scham und Zorn brennt uns angesichts der tatenlos beflissenen Ruhmredigkeit der anerkannten Künstler von Rang und der mit ihnen verbündeten anmaßenden Geschäftsmänner der Kunstbranchen, die ein größeres Gehör haben als wir. Wir erlebten im November 1918 den August 1914 mit all seinem eitlen Donnerhall, Schwertgeklirr und Wogenprall. Wer damals mit hohlen Reden auf dem Plane war, ist heute wieder da. Neben frechem Renegatentum hohle Prahlerei und Verlogenheit.

Da es sich wieder um Kämpfe handelt, schwillt es wieder von den äußersten Begriffen der Schlacht, von letzten Dingen: von Heldentum und Heldentod. Auch aus den Reihen der Unliterarischen! Wie man 1914 denen, die sterben geschickt wurden, mit schnöder Gefühlsverbohrtheit und -Rohheit fast allenthalben verhieß, sie sollten nicht *umsonst* sterben, so tiftelt man heute heraus, sie seien wirklich nicht umsonst gestorben. Diese Negation im Urteil über ihr Leben ist noch entsetzlicher als die Position.

Nicht umsonst gefallen! Ich leihe mir das Wort »gefallen« nur und mache mir weder die Bagatellisierung zu eigen, noch die Ehrung, die in ihm beschlossen liegen. Wie oft heißt es heute in den Zeitungen: Wenn die Revolution ans Ziel dringt, sind die Millionen Opfer des Krieges nicht umsonst gebracht. Darüber werde ich im tiefsten traurig. Der Militarismus mag nicht sterben, scheint nicht ausrottbar zu sein. Kommt er von rechts, so ist ihm die Eroberung eines Stückchens Land – ach, nur eines Zipfels Staat! denn Erde ist in keinem tatsächlichen Sinne zu erobern – Blutströme wert. Kommt er von links, so tröstet ihn die errungene Reform, also wieder ein Zipfel Staat! Daß doch jeder Trauernde sagte: mein Bruder, mein Mann, mein Kind, mein Vater ist *umsonst* gefallen, grauenhaft umsonst! Daß er nicht vergäße: mein Bruder war wehrlos, so wehrlos wie die Kinder, auf die man Bomben warf. Daß er an Maschinen Handgriffe auszuführen gezwungen war bei Todesstrafe, die vielleicht den Tod Hunderter zur Folge hatten, machte ihn damals nicht wehrhafter als jene Kinder, die unschuldig spielten. Kein Widerstreben, keine Geschicklichkeit und kein göttlicher Gedanke in seinem Kopfe halfen ihm. Er war doppelt wehrlos, weil sein Eigenwille geknebelt war, bis nur ein geduldiges Tier übrig blieb. Aber das hebt ja jeden Krieg auf? Ja, es sollte ihn aufheben!

Und wer ist ein Held? (Könnte man nicht *ein* Wort der Sprachen historisch werden lassen?) Jemand, der um seiner Idee willen, wenn es sein muß, sein Leben opfert. Niemand aber, der für seine Idee andere erschlägt oder erschlagen läßt. Eine Idee reicht so weit, wie sie *freiwillige* Unterwerfung unwiderstehlich hervorzwingt. Verlängert sie ihren Zwang darüber hinaus, so wird sie Unrat. Lieben wir die Helden ihrer Idee und trauern wir um die Opfer der falschen Helden mehr, als wir die Würger hassen! Haß züchtet die Gehaßten. Verachtung erstickt sie vielleicht wie ein luftleerer Raum, in dem man nicht leben kann. Sie werden in geringerer Zahl geboren werden.

Weil wir aber kein Volk verachten können, darum sind wir, soweit wir Dichter sind, unpolitisch. Die ganze Erde gehört unseren Augen und Ohren und ihrem Geiste, einen anderen Besitz dieses für alle Menschen gleich großen Vaterlandes als den der Liebe begehren wir nicht. Wir wissen überall auf dem Planeten Menschen, die darin mit uns einig sind. Wir hoffen, daß ihre

Schar wachsen wird trotz allem. Wir sind immer am Ziel und werden es daher nie sein. Die Proletarier jedoch tun mehr als wir: sie sind auf dem Wege. Vorerst können wir uns nur mit ihnen freuen und ihrer Sache schlichte Gehilfen sein, noch keine Gesellen. Ans Ziel gelangt, mögen sie uns anerkennen: dann wäre unsere und ihre Politik oder Nicht-Politik im Einklang.

Dieser Versuch einer Ortsbestimmung des Künstlers, eine von Loerkes wenigen direkten Aussagen zur Novemberrevolution, wird hier erstmals wieder abgedruckt. Das scharfe Urteil Loerkes über die politisch-utopischen Spätentwicklungen der Literatur und die extrem politisierten Literaten wird zur Ergänzung zitiert (*Ein Laie*. In: *Der neue Merkur* 3 (1919/20), H. 5, Oktober 1919, S. 335–340, hier S. 337):

Heute herrscht der Radikale oder meint doch, das ausschließliche Anrecht auf Herrschaft zu haben. Als politisch Extremer wirft er seine ganze Leidenschaft, sein ganzes Hirn, seine Nerven, sein Leben hin, um die Herrlichkeit des bisherigen Reiches zu verewigen oder seine Verruchtheit bis auf den letzten Fäulnisgestank auszurotten [...] Ebenso überlärmt der Radikale den Willen der Kunst mit seinem Willen. Bis vor kurzem wurde der Sinn künstlerischer Entwicklungen nachträglich bedacht, wie erst nach der Geburt eines Kindes sein Geschlecht, sein Gewicht und seine Lebensfähigkeit erkannt wird.

Heute heißt es etwa: ich zeuge hiermit den Riesen Megaprazon, er wird hundertjährig auf die Welt kommen, Artikel verspeisen und ein anerkannter Flegel sein. Obgleich der sogenannte Expressionismus (der sogenannte!) schon jetzt als eine Welle von geringerer Mächtigkeit als die impressionistische erkennbar ist, sucht er mit scharlatanischen Begründungen seinen Ursprung vor der Sintflut. – Der Radikale tritt in der Moral als der unduldsame Liebesprediger, als der blutrünstige Gütige auf. Seine religiöse Gläubigkeit bezeugt eine mechanische Gebetmühle von ungemeiner Handlichkeit, die auf allen vier Flügeln in stolzer Fraktur das Wort Gott trägt.

94
Ernst Toller: *I. Brief an Gustav Landauer, II. Bemerkungen zu meinem Drama »Die Wandlung«*. In: *Schöpferische Konfession*. Hrsg. von Kasimir Edschmid – Berlin: Erich Reiss 1920 (*Tribüne der Kunst und Zeit*. Bd. 13), S. 41–48.

I.
Brief an Gustav Landauer.

Morgen früh fahre ich fort. [1] Wer weiß, ob mir die Rückkehr gestattet ist – und nun soll ich noch heute abend zu Ihnen sprechen, damit Sie zu unserem Wollen unbedingtes Vertrauen haben, denn ohne das, wie könnte ich mich da wohl mit Bitte um Mitarbeit an Sie wenden?

Aber wie soll ich es nur ausdrücken. Was ich tue, tue ich nicht aus Not *allein*, nicht aus Leid am *häßlichen* Alltagsgeschehen *allein*, nicht aus Empörung über politische und wirtschaftliche Ordnung *allein*, das alles sind Gründe, aber nicht die einzigen. Aus meiner – ich kann es heute sagen, denn ich empfinde sie als beglückend – lebendigen Fülle heraus kämpfe ich. Ich bin kein religiöser Ekstatiker, der *nur* sich und Gott und nicht die Menschen sieht, ich bin kein Opportunist, der nur äußerliche Einrichtungen sieht, ich bemitleide jene Verkrüppelten, die letzthin an sich, nur an sich, ihrem kleinen persönlichen Mangel leiden, ich bemitleide jene Verkümmerten, die aus »Freude-an-der-Bewegung«-Gründen abwechselnd futuristische Kabaretts und Revolutionen fordern.*

Ich will das Lebendige durchdringen, in welcher Gestalt es sich auch immer zeigt. Ich will es mit Liebe umpflügen, aber ich will auch das Erstarrte, wenn es sein muß, umstürzen, um des Geistes willen. Ich will, daß niemand Einsatz des Lebens fordert, wenn er nicht selbst von sich weiß, daß er sein Leben einzusetzen willens ist, nicht nur das, daß er es einsetzen *wird*. Ich fordere von denen, die mit uns gehen, daß sie sich nicht damit begnügen, ihr Leben entweder seelisch oder geistig oder körperlich einzusetzen, sie sollen wissen, daß sie es seelisch, geistig und körperlich als Einheit einsetzen werden.

Ich will nicht, daß jemand *auch* unsere Erkenntnis annehmen kann und darum zu uns kommt. Zu einer Erkenntnis, wie ich sie verstehe, muß man durch Not, Leiden an seiner Fülle, gekommen sein, muß geglaubt haben, »entwurzelt« zu sein, muß mit dem Leben gespielt und mit dem Tode getanzt, muß am Intellekt gelitten und ihn durch den Geist überwunden – muß *mit dem Menschen gerungen haben*.

Nicht daß ich nach mechanistischer Art verlange, jede einzelne Phase mußt du durchlebt haben, sonst bist du nicht »reif« oder »rein« – mein Gott, der Hochmut jener Geistigen, die Reinheit mit Krämerherzen abschätzen, steht für mich ebenso tief wie die Beurteilungen borniertester Spießer.

Nicht Sekte gemeinsam Schöpferischer träume ich, das Schöpferische hat jeder als Eigenbesitz, das Schöpferische kann sich in seinem reinsten Ausdruck nur in der Arbeit des Einzelnen offenbaren – aber das Gefühl der Gemeinschaft ist beglückend und stärkend für jeden Schöpferischen.

Wenn wir »Zweckeinrichtungen« schaffen, Widerstand bekämpfen, können und müssen wir gemeinsam vorgehen und werden Werk leisten, da wir aus gleicher Menschheitsgesinnung vorgehen.

In *letzten* seelischen Dingen müssen wir unsere Einsamkeit, d. h. unser Alleinsein mit Gott nicht »tragisch«, sondern *freudig* empfinden.

Ich glaube, daß ich nun nackt vor Ihnen stehe, aber wenn Sie mich mit rechten Augen anschauen, werden Sie auch meine Nacktheit schauen *können*, sonst tut es auch nichts. Sie sähen nur Hüllen.

Was könnte ich Ihnen nun noch sagen? Daß ich glaube, wir müssen vor allen Dingen den Krieg, die Armut und den Staat bekämpfen, der letzthin nur die Gewalt und nicht das Recht (als Besitz) kennt und an seine Stelle die Gemeinschaft setzen, wirtschaftlich gebunden durch den

* »Anmerkung von 1919: Nicht nur bemitleidenswert, sondern verächtlich erscheinen mir jene Revolutionsliteraten, die 1918 noch gegen den Krieg aufrufend, sich »Märtyrer der Menschlichkeit« wähnten, heute in blutrünstiger Revolutionsromantik schwelgen und Lissauersche Haßgesänge (Hymnen der Rache, Hymnen des Ressentiments) [2] – nur auf anderer Ebene – veröffentlichen. Sie sind die wahren »Revolutionswanzen«, die mit *allen* geistigen Waffen bekämpft werden müssen. Denn sie sind *gewissenlos* und können namenloses Unheil anrichten. (Wenn die Massen sie lesen: Glücklicherweise geschieht das meistens nicht.) Sie verstärken und heiligen jene Erscheinungen der allgemeinen Korruption, denen wir oft tief erschüttert und aufgewühlt gegenüberstehen.«

friedlichen Tausch von Arbeitsprodukten gegen gleichwertige andere, die Gemeinschaft freier Menschen, die durch den Geist besteht.

Daß ich also weiß, welche Inhalte ich bekämpfe, daß ich auch zu wissen glaube, welche neuen Inhalte da sein müssen, weil sie *wirklich* da sind, daß ich aber noch keine Klarheit besitze, welche äußeren Bindungen, welche *detaillierten* Formen diese neuen Inhalte haben müssen.

Zum Schluß nur das noch, daß ich in meinem innersten Kern eine Ruhe spüre, die *ist* und mir Freiheit gibt, daß ich in größter Unruhe leben, daß ich gegen Schmutz oder beschränkten Unverstand hitzig und erregt ankämpfen kann und mir diese innerste Ruhe doch bleibt.

Auf diesen Brief sollen Sie mir *ganz* antworten oder *gar nicht*, ich bitte Sie darum!

Heidelberg 1917.

II.

Bemerkungen zu meinem Drama »Die Wandlung«.

»Diese Arbeit entstand in ihrer ersten Niederschrift 1917, im dritten Jahr des Erdgemetzels. Die endgültige Form wurde in der Haft des Militärgefängnisses im Februar und März 1918 vollendet.« [3]

Irgendwo las ich: »Dies Stück mutet nach München wie eine Erklärung, wie eine Rechtfertigung an und das verstimmt.« – »Verstimmt« es die Zuhälter des Krieges, so ist schon manches gewonnen!

Wenn politisches Flugblatt Wegweiser, geboren aus Not der äußeren Wirklichkeit, Gewissensnot Fülle der inneren Kraft bedeutet, so mag *Die Wandlung* getrost als »Flugblatt« gelten.

1917 war das Drama für mich Flugblatt. Ich las Szenen daraus vor im Kreise junger Menschen in Heidelberg und wollte sie *aufwühlen* (»aufhetzen« gegen den Krieg!), ich fuhr nach der Ausweisung aus Heidelberg nach Berlin und las hier wieder das Stück. [4] Immer mit der Absicht, Dumpfe aufzurütteln, Widerstrebende zum Marschieren zu bewegen, Tastenden den Weg zu zeigen . . . und sie alle zu gewinnen für revolutionäre sachliche Kleinarbeit. In Eisners Zusammenkünften vor dem Januar-Streik 1918 verteilte ich Zettel, auf denen gewisse Szenen der *Wandlung* gedruckt standen, in Streikversammlungen las ich in meinen Reden Fetzen daraus vor. [5]

Also Tendenzdrama? Tendenzdrama liegt im Bezirk des bürgerlichen Reformismus. (Motto: Seid wohltätig und verachtet nicht die Huren, die *auch* Menschen sind.)

Ein politisches Drama? Vielleicht ein brüchiger Schritt dazu.

Aus der Unbedingtheit revolutionären *Müssens* (Synthese aus seelischem Trieb und Zwang der Vernunft) wird das politische Drama geboren, das nicht bewußt umpflügen und aufbauen *will*, sondern umpflügen und aufbauen *wird*, das den geistigen Inhalt menschlichen Gemeinschaftslebens erneuern, verweste Formen zerstören *wird*.

Voraussetzung des politischen Dichters (der stets irgendwie religiöser Dichter ist): ein Mensch, der sich verantwortlich fühlt für sich und für jeden Bruder menschheitlicher Gemeinschaft. Noch einmal: der sich verantwortlich fühlt.

Festungsgefängnis Eichstätt, Oktober 1919. [6]

Die Sammlung *Schöpferische Konfession*, in der nach Kasimir Edschmids Vorbemerkung die »schärfsten künstlerischen Profile« der Epoche zu Wort kamen, lag bereits Ende 1919 im Druck vor. Die hier wie dort als ein Dokument behandelten Stellungnahmen Tollers wurden auch separat publiziert in: *Der Freihafen*. Blätter der Hamburger Kammerspiele. 2. Jg. (1919/20), H. 10, S. 145–146 (Text II, zusammen mit drei Sonetten von Toller) und in: Jg. 3 (1920/21), H. 1, S. 5–7 (Text I, zusammen mit dem Vorspruch *Aufrüttelung*). Hans Harbeck stellte den »idealistischen Weltverbesserer« und sein »erhebendes Schauspiel« dem Publikum der – am 31. August 1919 gegründeten – *Hamburger Kammerspiele* enthusiastisch vor (*Der Freihafen* 3 (1920/21), H. 1, S. 1f.):

Ernst Toller, der Student, Dichter und (notgedrungene) Heerführer der Räterepublik, muß betrachtet werden als Repräsentant des neuen Glaubens an die eingeborene Menschengüte und sein Drama *Die Wandlung* als eine kunstreich geschmiedete Waffe gegen das imperialistisch und materialistisch verseuchte Deutschland des großen Krieges. Ernst Toller ist kein »Kommis des Tages«, der Gesinnungen wie Spielbälle handhabt und das Dasein zu einer Konjunkturfrage erniedrigt. Er ist durchaus ein ehrlicher und opfermutiger Diener der Idee, und nur verstockte Narren werden leugnen wollen, daß die Idee, der er mit ungestümem Eifer seine Kraft geweiht hat, die Hingabe der Edelsten verdient und adlergleich über den vom Qualm der Materialkämpfe erfüllten Ebenen schwebt. Denn dieses ist vornehmlich zu beachten: Ernst Toller predigt den unblutigen Aufruhr des Geistes und verwirft unbedingt jede Handlung, die die Heiligkeit des Lebens antastet.

1 Gemeint ist die erzwungene Abreise nach Berlin im Dezember 1917. Toller war wegen politischer Aktivitäten an der Universität Heidelberg, wo er sich in den Fächern Nationalökonomie und Philosophie immatrikuliert hatte, behördlich aufgefallen.

2 Ernst Lissauer (1882 – 1937) schrieb chauvinistische Kriegslyrik; weitverbreitet war sein *Haßgesang gegen England* (In: *Worte in der Zeit*.– Göttingen, Berlin: Hapke 1914).

3 So lautet der Eintrag in der Buchveröffentlichung des Dramas: *Die Wandlung. Das Ringen eines Menschen*. – Potsdam: Gustav Kiepenheuer 1919 (*Der dramatische Wille*, Bd. 3).

4 Toller veranstaltete Versammlungen pazifistischer Studenten, auf denen er aus seinen Texten las. Ende 1917, nunmehr Leiter eines »Kulturpolitischen Bundes«, verfaßte er – der »warmen Zustimmung« Friedrich Wilhelm Foersters, Walter Hasenclevers, Heinrich Manns, Walter von Molos und Alfred Wolfensteins sicher – einen Aufruf an alle deutschen Universitäten, in dem es hieß: »Statt Machterweiterung: Vertiefung der Kultur, die Menschheitssittlichkeit zum Inhalt hat! Statt geistloser Organisation – Organisation des Geistes. Wir erklären, daß wir Achtung empfinden vor allen den Studenten in fremden Ländern, die gegen die unfaßbare Sinnlosigkeit und Entsetzlichkeit der Kriege sowie gegen jegliche Militarisierung schon jetzt protestieren.« (Zit. nach Kurt Kreiler: *Die Schriftstellerrepublik*, S. 21) Zur Politisierung des Schriftstellers Toller nach dem für ihn enttäuschenden Kongreß auf Burg Lauenstein, den der Verleger Eugen Diederichs im Herbst 1917 veranstaltet hatte, vgl. die Autobiographie *Eine Jugend in Deutschland*. – Amsterdam: Querido Verlag 1933. In: Ernst Toller: *Gesammelte Werke*. Hrsg. von Wolfgang Frühwald und John M. Spalek. Bd. 4. – München 1978, bes. S. 77ff.

5 Im Januar 1918 fuhr Toller nach München und nahm an Versammlungen Kurt Eisners teil. Nach dessen Aufruf zum Massenstreik am 28.1.1918 auf einer Gewerkschaftsversammlung, kam es am Morgen des 31.1.1918 zu teilweisen Arbeitsniederlegungen in einigen Münchner Großbetrieben, dem sog. »Januar-Streik«. Auf den politischen Versammlungen trug Toller aus seinen Texten vor und sprach noch nach der Verhaftung Eisners auf der Theresienwiese vor ca. 6 000 Streikenden am 2.2.1918 (Vgl. Gerhard Schmolze (Hrsg.): *Revolution und Räterepublik in München 1918/19 in Augenzeugenberichten*. – Düsseldorf 1969, S. 43–65.).

6 Wegen »Hochverrats« war Toller im Prozeß vom 14. bis 16. Juli 1919 zu fünf Jahren Festungshaft verurteilt worden. Strafgefangen in den Gefängnissen Stadelheim, Neuburg, Eichstätt und Niederschönenfeld, kam er erst am 16. Juli 1924 wieder frei.

b) Der jüdische Künstler

Der hohe Anteil des deutschen Judentums an der expressionistischen Literaturbewegung – etwa die Hälfte der maßgeblichen Autoren waren jüdischer Herkunft – würde den Versuch rechtfertigen, die künstlerische Produktivität, die innere Problematik und die äußere Bedrohung dieser kulturellen Symbiose eigens zu dokumentieren. [1] Zwar unterscheidet sich der Expressionismus jüdischer Schriftsteller nicht substantiell von den literarischen Themen, Motiven und Darstellungsweisen nicht-jüdischer Autoren, doch belegen zeitgenössische Publikationen die besondere Affinität des Jüdischen zum Expressionismus, die bei Produzenten wie im Publikum festgestellt werden konnte. [2] Zu Recht wurde behauptet: »Noch mehr als wie vor fünfundzwanzig Jahren von der naturalistischen sind die Juden heute von der expressionistischen Strömung ergriffen [...]«. [3] Des latenten Antisemitismus [4], aber auch der Vorbehalte assimilierter Juden bewußt, hielt man es notgedrungen für »ein ungemein verdächtiges Unternehmen«, »den Juden innerhalb des deutschen Kulturkreises als eine Sondererscheinung zu sehen [...] Denn es scheint in diesem Deutschland fast nicht anders denkbar, als daß die Geschäfte einer finsteren Reaktion betreibt, wer das Wesen des Juden als ein unterschiedliches überhaupt nur zu betrachten wagt«. [5] In heute kaum noch vorstellbarer Weise hatte das Dasein dieser religiös-ethnisch-kulturellen Minderheit von intellektuell, publizistisch und wirtschaftlich prägendem Rang und Einfluß zum Oktroi der sogenannten »Judenfrage« geführt. [6] Der gesellschaftlich-ideologisch eingeschliffene Abgrenzungszwang gegen das vermeintlich ›Undeutsche‹, pseudowissenschaftliche Rassenlehren, Minoritätenfeindlichkeit, unheilvoll-unbedachte Schlagworte, – z. B. August Bebels Deutung des Antisemitismus als »Sozialismus des dummen Kerls« oder Heinrich von Treitschkes »Die Juden sind unser Unglück« – befestigten das damals weit unterschätzte Ressentiment, dessen tief irrationale Verwurzelung noch unerkannt blieb. Albert Ehrensteins *Ansichten eines Exterritorialen* sind ein Reflex auf das sozialpsychologische Stigma, das die Bewahrung jüdischer Identität bedrohte: »Bemerkenswert ist: sowohl diese Juden, als auch die wegen ihrer schwarzen Farben mißachteten Neger [...] halten sich gar nicht für Juden und Neger, werden nur dafür gehalten: er selbst, der Jude oder Neger, fühlt sich ebenso wie die anderen Menschen [...]«. [7]

Bereits in der expressionistischen Synchronie begann die kulturkonservative Kritik damit, den Expressionismus in toto als »jüdische Kunst« zu diskriminieren. Dieser Strang der Rezeptionsgeschichte reicht bis hin zu Börries von Münchhausens Verteufelung der sogenannten »jüdischen Asphaltliteraten«[8], auf die Gottfried Benn mit seinem *Bekenntnis zum Expressionismus* [9] reagierte. Die ›Entartungskampagne‹ gegen die vom Expressionismus mitgeprägte moderne Kunst [10] und der Genozid am jüdischen Volk im nationalsozialistischen Deutschland standen in einer Tradition des Ungeistes, der in der Zeit des Expressionismus Konturen annahm. Sogar dort, wo sich angeblich fortschrittliche Kritiker von den Tiraden eines Adolf Bartels [11] distanzierten, denunzierten sie ›typisch jüdische Kunst‹ mit dem Klischee »faule Daseinsfreude, niedrige Sinnlichkeit, platter Naturalismus«. Expressionismus wurde zum angeblichen Beweis für die haltlose These von den »Verheerungen, die das freisinnige Judentum in unserer Literatur anrichtet«. [12] Vor diesem zeitgeschichtlichen Hintergrund wird das geschärfte Bewußtsein existentieller Entfremdung bei den jüdischen Schriftstellern des Expressionismus verständlich. Die gesellschaftliche Position jüdischer Expressionisten scheint so exemplarisch für die Isolationserfahrung und das Außenseitertum moderner Künstler überhaupt. Nach Georg Simmels Kulturtheorie (vgl. Dok. 55) fällt die Rolle des Außenseiters »dem kulturschöpferisch Kreativen gewissermaßen existentiell und unverschuldet zu, da die Mehrzahl der Gesellschaftsangehörigen mit seinen Fähigkeiten und den aus diesen resultierenden Verhaltensweisen nicht Schritt halten kann«. [13] Die meisten Expressionisten waren überzeugt, »daß Literatur immer Außenseitertum bedeutet«.[14] Das intentionelle Außenseitertum des von seiner Gesellschaft mißachteten oder ignorierten Künstlers ist dem existentiellen Außenseitertum des um gesellschaftliche Integration gebrachten jüdischen »Fremdlings« analog. Jakob Wassermann, ein Vertreter der älteren jüdischen Dichtergeneration, der unter dem chauvinistischen Ressentiment seiner Kritiker besonders litt[15], bemerkte in einem Brief an Martin Buber über das Judentum: »Das Schicksal der Nation, ihre Vereinzelung unter fremden Nationen, ihre ungeheueren wirtschaftlichen und geistigen Anstrengungen gegen die widrigsten Umstände, der fortwährende Zustand der Abwehr, der Selbstbehauptung [...], die [...] gewaltsame Unterdrükkung und Zerschneidung der Tradition, all das hat die Juden als ganzes Volk zu einer Art von Literatenrolle vorbestimmt«. [16] Gemeint war hier wieder die Intellektuellenrolle, für die ja die Momente distanzierte Objektivität, publizistische Selbstbehauptung und die Kritik des bloß traditionell Gültigen konstitutiv sind. [17]

Ehrensteins Ablehnung des emigrativen Zionismus und der identitätsverleugnenden Assimilation um einer allgemeinen »Menschlichkeit« willen (Dok. 95) verweist auf den ideologischen Konflikt des jüdischen Intellektuellen, der trotz herrschender Intoleranz an der Idee gesellschaftlicher Integration des kulturell oder religiös Eigenständigen festzuhalten versucht. John Höxters polemische Entlarvung antisemitischer Banalitäten (Dok. 96) steht stellvertretend für die Versuche jüdischer Publizisten in dieser Zeit, die öffentliche Denunziation und Diffamierung nicht mehr unwidersprochen hinzunehmen. Ungeachtet des großen Blutopfers deutscher jüdischer Soldaten im Krieg [18] hatte das antisemitische Ressentiment in seiner nationalistisch-politischen Spielart durch die Beteiligung markanter jüdischer Persönlichkeiten am revolutionären Umsturzversuch 1918/19 neuen Zulauf gefunden [19], obwohl das Bürgertum jüdischer Herkunft genauso antirevolutionär eingestellt war wie das übrige. Eine »wundersame Prädestination und eine erschütternde Tragik« nahm man auf der Gegenseite für die Träger der revolutionären Idee in Anspruch, die wie »Sendboten des erlösenden Messiasgedankens« erschienen. [20] Die Illusion einer human-gewaltlosen Revolution, das Martyrium des ungeliebten Führers und die Religiosität des expressionistischen Messianismus verleugneten nicht das mosaische Erbe:

»Immer wacht eine kleine Schar Versprengter, Verlästerter, Schutzloser vor der Macht der ›Rechtgläubigen‹ [...] immer gilt von ihnen diese wunderbare Charakterisierung: ›Wie die Propheten Israels, so waren auch diese seine späten Söhne keine Reformer, sondern Revolutionäre; sie forderten nicht das Bessere, sondern das Unbedingte; sie wollten nicht erziehen, sondern erlösen«. [21]

Martin Bubers Reflexionen (vgl. Dok. 67,151), seine Deutung der expressionistischen Ekstase [22] und seine Philosophie des Dialogs waren letztlich Reklamationen dessen, woran es fehlte und weiter fehlen sollte: an der echten Begegnung zwischen Juden und Deutschen, an »dialogischer Existenz«. [23] Alfred Wolfensteins großartiger Essay über das »jüdische Dichtertum« (Dok. 97) beschwor vergeblich die kulturelle Symbiose deutsch-jüdischer Sensibilität. Dennoch drang »über die in der jüdischen Eigenart mitgegebene Bewußtheit« [24] der aufgeklärte Intellektualismus endgültig in das Selbstbewußtsein der Schriftsteller ein.

1 Vgl. zu diesem überfälligen Thema Hans Tramer: *Der Expressionismus. Bemerkungen zum Anteil der Juden an einer Kunstepoche.* In: *Bulletin für die Mitglieder der »Gesellschaft der Freunde des Leo Baeck Instituts«* 5 (1958), S. 33–56.
2 Vgl. z. B. *Das jüdische Prag. Eine Sammelschrift.* Hrsg. von der Redaktion der »Selbstwehr«. – Prag: Verlag der Selbstwehr 1917; *Lyrische Dichtungen deutscher Juden.* – Berlin: Welt-Verlag (1920) (Welt-Bücher, Bd. 15/16); *Juden in der deutschen Literatur. Essays über zeitgenössische Schriftsteller.* Hrsg. von Gustav Krojanker. – Berlin: Welt-Verlag 1922.
3 Alfred Lemm (d. i. Alfred Lehmann): *Von der Aufgabe der Juden in Europa.* In: *Tätiger Geist! Zweites der Ziel-Jahrbücher.* von Kurt Hiller. 1917/18. – München u. Berlin 1918, S. 183–201, Zitat S. 190.
4 Zur historischen Genese und zum Terminus »Antisemitismus« vgl. Reinhard Rürup: *Emanzipation und Antisemitismus. Studien zur »Judenfrage« der bürgerlichen Gesellschaft.* – Göttingen 1975 sowie den Sammelband von H. Huss und A. Schröder (Hrsg.): *Antisemitismus. Zur Pathologie der bürgerlichen Gesellschaft.* – Frankfurt a. M. 1965.
5 Gustav Krojanker: *Vorwort.* In: *Juden in der deutschen Literatur,* S. 7.
6 Vgl. Julius Moses: *Die Lösung der Judenfrage. Eine Rundfrage.* – Berlin, Leipzig: Modernes Verlagsbureau Curt Wigand 1907.
7 Albert Ehrenstein: *Ansichten eines Exterritorialen.* In: *Die Fackel* 13. Jg. (1911), Nr. 323, S. 1–8, Zitat S. 4.
8 Vgl. Börries von Münchhausen: *Die neue Dichtung.* In: *Deutscher Almanach auf das Jahr 1934.* – Leipzig: Reclam-Verlag 1933, S. 28–34; wiederabgedr. in: Paul Raabe (Hrsg.): *Expressionismus. Der Kampf um eine literarische Bewegung,* S. 229–234.
9 Vgl. Gottfried Benn: *Bekenntnis zum Expressionismus.* In: *Deutsche Zukunft,* 5.11.1933; u. d. T.: *Expressionismus.* In: G. B.: *Gesammelte Werke in acht Bänden.* Hrsg. von Dieter Wellershoff. Bd. 3: Essays und Aufsätze. – Wiesbaden 1968, S. 802–818.
10 Das Schlagwort »entartete Kunst« diente zur Diffamierung der expressionistischen, dadaistischen und surrealistischen Kunst als »undeutsch«, »zersetzend«, »kulturbolschewistisch«. Ursprünglich sprach Max Nordau (d. i. M. Simon Südfeld) von der »Kunst der Entarteten« Nietzsche, Zola, Baudelaire, Wagner u. a. (*Entartung.* 2 Bde. – Berlin: C. Duncker 1892/93). Rassenideologisch aufgegriffen und propagiert wurde die kulturreaktionäre Kategorie von Alfred Rosenbergs »Kampfbund für die deutsche Kultur«. Am 31.5.1939 verbrannten Nationalsozialisten im Zeichen dieser Kampagne fast 5 000 Werke der bildenden Kunst. Vgl. Hildegard Brenner: *Die Kunstpolitik des Nationalsozialismus.* – Hamburg 1963.
11 Vgl. etwa Adolf Bartels: *Kritiker und Kritikaster. Pro domo et pro arte. Mit einem Anhange: Das Judentum in der deutschen Literatur.* –Leipzig: Avenarius 1903.
12 Jakob Overmanns: *Die deutsche Literatur und die Juden.* In: *Stimmen aus Maria-Laach. Katholische Blätter* Bd. 81 (1911), S. 535–543.
13 Hans Peter Thurn: *Soziologie der Kultur,* S. 55.
14 Gerd Ueding (Hrsg.): *Materialien zu Hans Mayer »Außenseiter«.* – Frankfurt a. M. 1978, S. 50.
15 Vgl. Jakob Wassermann: *Mein Weg als Deutscher und Jude.* – Berlin: S. Fischer 1921.
16 Jakob Wassermann: *Der Jude als Orientale (Ein Brief aus dem Sammelbuch »Vom Judentum«).* In: *Das bunte Buch.* – Leipzig: Kurt Wolff 1914, S. 131–135, Zitat S. 131f. Vgl. auch *Der Literat oder Mythos und Persönlichkeit.* – Leipzig: Insel Verlag 1910.
17 Vgl. dazu Edgar Roij Wiehn: *Intellektuelle in Politik und Gesellschaft.* Stuttgart 1971.
18 Vgl. Ludwig Geiger: *Die deutschen Juden und der Krieg.* – Berlin o. J. 1915: C. A. Schwetschke & Sohn (*Kriegspolitische Einzelschriften,* Bd. 3).
19 Von verheerender Wirkung waren die 1897 in Frankreich entstandenen sog. *Protokolle der Weisen*

von Zion (1919), lancierte Aufzeichnungen über ein angebliches jüdisches Komplott zur Errichtung der Weltherrschaft.

20 Heinrich Berl: *Der Jude als Revolutionär*. In: *Der Revolutionär* 1. Jg. (1919), H. 5, 26. März, S. 10–16, Zitat S. 10.

21 M. H.: *Mehr lieben*. In: *Neue Jugend* 1. Jg. (1917), Nr. 1, 23. Mai, Zitat S. 4.

22 Vgl. *Ekstatische Konfessionen. Gesammelt von Martin Buber*. – Jena: Eugen Diederichs 1909; *Drei Reden über das Judentum*. – Frankfurt: Rütten & Loening 1911; *Vom Geist des Judentums. Reden und Geleitworte*. – Leipzig: Kurt Wolff 1916.

23 Vgl. das 1916 entworfene, 1919 niedergeschriebene philosophische Hauptwerk: *Ich und Du*. Leipzig: Insel Verlag 1923.

24 Max Brod: *Der jüdische Künstler*. In: *Die neue Rundschau* 31. Jg. (1920), Bd. 2, S. 1216–1218, Zitat S. 1216. Vgl. außerdem M. B. *Heidentum, Christentum, Judentum. Ein Bekenntnisbuch*. 2 Bde. – München: Kurt Wolff 1921.

95
Albert Ehrenstein: *Zionismus und Menschlichkeit*. In: *Das Flugblatt* H. 5 (1918), (Herbst), S. 12.

Zum Wesen meiner Religionslehrer gehörte, daß sie hebräische Fibeln und Grammatiken verfaßt hatten, deren Erwerb den hauptsächlichsten Teil des nichtigen Unterrichtes bildete; sie bevorzugten wohlhabende, unwissende Schüler vor ärmeren, die jenes hebräische Wissen besaßen, das die Lehrer selbst nicht vermittelten. Es gab Maturanten, die ihre Bibel noch nicht einmal buchstabieren konnten und gleichwohl mit vorzüglichen Noten traktiert wurden, nur weil sie jüdische Geschichte, historischen Schwefel phrasenreich wiedergeben konnten – hie und da schwamm in die Sprechstunde des darob brillantinebeglückten Professors ein edelsteinbehangenes, seidenrauschendes Häufchen Gänseschmalz, die Frau Kommerzialrat.

Ein übler »Trost«: Ich sah, auch anderen Religionen waren Pedanten, Schwindler, Gaukler, nicht gesalbte, doch salbungsvolle Scheinheilige als Priester beschieden. Den Zusammenhang des synagogalen Wunders zu erkennen, blieb mir nicht erspart. Die Ernennung der Gegenstände meines schmerzlichen Ärgers und karikaturistischen Vergnügens geschah nicht ohne Einflußnahme jenes geschäftetriefenden Konsortiums »kaiserlicher Räte«, das in gewissen Kultusgemeinden zu herrschen pflegt.

So wurde der Assimilant, der Vollblutaffe mit Monokel und Eisernem Kreuz, gezüchtet, das Protzensöhnchen, das früh anhob mit den Worten »Gestern hab ich den *ganzen* Nietzsche geschenkt gekriegt« oder »Mein Vater ist Sammler; er hat sechstausend Spazierstöcke«, enden wird nach unglücklichem Feldzug, am Pogromtag unter dem losgelassen »Dö Juden san schuld« brüllenden Volk.

Trotzdem: Exzessiver Zionismus [1] ist für mich nicht der Weg zur Erfüllung. Ein jüdischer Nationalpark, ein Indianerterritorium, eine Reservation, in der statt wilder Bisons gemäßigte Israeliten verwahrt werden, etwa unter der milden Herrschaft eines mittlerweile zum Dschingiscohn avancierten kaiserlichen Rats und Großrabbiners – das wäre Flucht, Flucht ins Herbarium. Und neue freiwillige Kasernierung, Uniformierung des Judentums. Die blutige Polemik zwischen den beiden mehr und weniger demokratisch geschminkten Warenhäusertrusts und Plutokratien könnte gezeigt haben, wohin der Mißbrauch nationalen Gefühls und des Besitztriebs führen mußte. Ein Altersheim für dem Antisemitismus Weichende, weite Siedlungsgebiete für Vertriebene pogromliebender Horden, dies ist denkbar, mußte es sein. Aber *den* Juden asiatisch zu neutralisieren, hieße, wichtigste Blutkörper, adlerstarken Sprengstoff der europäischen Menschheit entziehen. Es gibt eine höhere Dienstpflicht als die allgemeine, nationale, konfessionelle, wirtschaftliche. Das Reich Gottes auf Erden wird nicht dadurch näher gebracht, daß sich eines der wenigen Gott tragenden Völker »selbständig« macht, in engstem Weltbezirk wie die anderen Völkerkommis etabliert, sich lokalisiert.

Man jammere nicht allzusehr über die Diaspora! In welcher entsetzlichen Diaspora haben nicht Moses, die Propheten, Sokrates, Christus, Buddha gelebt! Palästina ist nicht die Entelechie, sondern ein entwundener, überwundener Zustand. Historizismus will neue Inzucht treiben, Blutschande mit dem Mutterlande.

Wenn ich Jude bin: victrix causa Dis placuit, victa Catoni! Wenn ich vom Gottesreich sprach, könnte es einem neokatholischen Urchristen einfallen, mich hier mißzuverstehen und für sich zu reklamieren. Aber diese Richtung möchte ich ebenso ablehnen, wie es mir nicht beifällt, dem Judentum höchste Potenz, messianisches Aufblühen in aller Zukunft zu prophezeien, wenn es sich quietistisch, allzu palästinensisch durchaus auf sich zurückzöge – nur weil vor ein paar Jahrtausenden Räuber, Habiri, ägyptische Söldner sich der Stadt Ursalima und nach und nach des ganzen Landes Kinahi für einige Zeit bemächtigten.

Und letzten Endes: wozu die vielen Stammgottheiten und Spezial-Baale der vielen Völker? Hätten die Konfessionslehrer sämtlicher Sekten sich darauf »beschränkt«, den Kindern als Inbegriff aller Religion nur zwei Sätze ins Herz zu treiben, in die innerste Seele zu gießen, wären wir aller Kriege und Ismen enthoben. Ich meine die Sprüche: »Du sollst nicht töten« und »Behandle deinen Nächsten wie dich selbst«.

Bei diesem Text handelt es sich um die stark gekürzte, aber konzisere Fassung des Artikels *Menschlichkeit!* (Zuerst in: *Zeit-Echo* 3. Jg. (1917), 1. u. 2. Juniheft, S. 14–19; wiederabgedr. in: *Die Aktion* 7. Jg. (1917), Nr. 29/30, 28. Juli Sp. 391–395). In der Anmerkung der Herausgeber (Oskar Maurus Fontana u. Alfons Wallis) ist die Intention des Dokuments nochmals unterstrichen: »Nebenbei bemerkt: Ist *der* Jude, *der* Deutsche, *der* Tscheche das Ziel oder war ein Weg? Nein. Ziel ist der Mensch und jeder Nationalismus, ob er nun aus einem paragraphierten Staatsrecht oder einer mystischen Ekstase kommt, ein Irrweg, eine Sackgasse. Lassen wir uns nicht täuschen, der Nationalismus liegt in den letzten Zügen. Was uns in Österreich schüttelt und noch schütteln wird, ist seine letzte Zuckung, aber kein Neubeginn. Mit dem Judenstaat Palästina stehts ebenso« (S. 12).

1 Absage an die »Zionismus« genannte, von Theodor Herzl (1860 – 1904) begründete politische Bewegung gläubiger Juden, die einen souveränen Judenstaat anstrebte. Das auf dem am 1.8.1897 eröffneten 1. Zionistischen Weltkongreß verabschiedete Programm der »Schaffung einer öffentlich gesicherten Heimstätte für das jüdische Volk in Palästina« wurde im Jahre 1917 in der sogenannten »Balfour-Declaration« der britischen Regierung erstmals anerkannt.

96
John Höxter: *Der Weg des Juden*. In: *Der blutige Ernst* 1 (1919), Nr. 2, [S. 6–7].

Wenn nicht Richter und Psychiater, der antisemitischen Hetzmeute krankhafte bezw. verbrecherische Motive enthüllend, gelegentlich die ärgsten Kläffer einfingen, manchem wohlmeinenden Bürger würde (bei der latenten Animosität des Deutschen gegen alles Fremde) [1] niemals bewußt werden, wie gänzlich unerhört schon allein die Methode der auf die Juden gerichteten Angriffe beschaffen ist. Der Versuch, sie gegen irgend ein anderes Volk angewandt sich vorzustellen, würde ihre geist- und gewissenlose Absurdität zyklopenhaft monumentalisieren. Wollten welfische Blätter etwa einzig und ausnahmslos von Preußen (und Preußengenossen) begangene Verbrechen registrieren, jeden preußischen Rinaldo, Hiesel oder Sternickel als typischen Vertreter seines Volkes hinstellen, man würde das nur komisch finden. Dem Juden gegenüber konstruiert man sogar aus der beschämenden Tatsache seiner auf diesem, einem ehrlichen Gegner ungangbaren Wege bekannt gewordenen, auffallend geringen Kriminalität (jüdische Mörder und Einbrecher gibt es in deutschen Gerichtsakten kaum), gewissermaßen also durch antisemitische Abfallverwertung, den Vorwurf – – der Feigheit! Ein plumper Verlegenheitshieb, den es lockt mit der ironischen Antithese »Feiger Mord – kühner Betrug« zu parieren. Was sagen übrigens die eingeschworenen Antisemiten zu dem patriotischen Feuer und der militärischen Tatkraft des verspotteten kleinen Rappaport-d'Annunzio, zu der begeisterten Hingabe christlicher Soldaten an ihren jüdischen Führer (eine stets bestrittene Möglichkeit) und zu der kniefälligen Huldigung der nach so vielen Kriegsjahren freiwillig herbeiströmenden Bersaglieri? [2] Ein anderes Bild als das erzwungene, zähneknirschende Strammstehen vor dem verhaßten Junker-Offizier. Jedes Land hat die Juden, die es verdient.

Unermüdlich hat man das tausendjährige, rein religiös-philosophische Schrifttum der Juden nach christenfeindlich oder sonst inhuman klingenden Worten durchspitzelt. Verlorene (Nächsten-) Liebesmüh'! Aus der fast unübersehbaren Literatur eines schreibseligen Volkes fischte man kaum ein paar armselige Sätze, ohne kanonischen Wert und nicht einmal eindeutigen Sinnes, die schon rein quantitativ antisemitischer Verwertung spotten.

Diese so seltenen Verirrungen, Zeugnisse der raren Augenblicke einer durch immer erneute, jahrhundertelange Folterqualen gestörten Kontemplation, konfrontiere man doch einmal mit der Unsumme von Vernichtung wünschenden, Verachtung fordernden, Haß predigenden, ja in majorem patriae gloriam Lug und Trug empfehlenden Worten und Werken der deutschen Literatur! Hätte irgend ein prominenter Jude je etwas verlauten lassen im Tone von »Pardon wird nicht gegeben, Gefangene werden nicht gemacht« [3], alle Juden wären zumindest für Menschenfresser und Amokläufer erklärt worden. Tatsächlich erklingt aus den Worten seiner Denker und Dichter das Echo seiner Sittlichkeit so rein, als man es vom Volke des Gesetzes erwarten darf. – Aber wie, ist nicht Schmock, der gesinnungslose Schnorralist, eine zu 75 Proz. jüdische Erscheinung? Leider ja, es ist so; schämige Schönfärberei und Mohrenwäsche betreiben wir nicht. Aber trotzdem wir diesen Fehler vieler Juden zugeben, daß es ein jüdischer Fehler sei, werden wir immer bestreiten und leicht widerlegen. Er ist (wie fast alles scheinbar mit Recht dem Juden Vorgehaltene) rein individuell. Nicht dem Wesen des Judentums, vielmehr seiner besonderen Situation entspringt er, und die Herren der Situation sind, gibt es solche überhaupt, die Schuldigen. Wie kommt also der Jude in die Journaille? Der jüdische Gymnasiast, seinem südlicheren Blute gemäß, gerät 2 bis 3 Jahre vor den germanischen Mitschülern in die körperlichen Wirren und die geistige Problematik der Pubertät. Unfähig, den wahren Grund seiner höheren Interessen und Fähigkeiten zu erkennen (in der kurzen Blütezeit der Geschlechtsreife dichtet und philosophiert ja der stumpfboldigste Banause), überschätzt er fast notwendig seine persönliche Begabung, vernachlässigt und verläßt er endlich die Schule, um freier Schriftsteller zu werden. Mit unvollkommener Schulbildung und zu spät erkannter, ungenügender Begabung auf den Ertrag seiner Feder angewiesen, wird »das talentierte Jüngelche« der schleichenden Versuchung dauernd mehr nachgeben und ihr endlich erliegen. Ein Lump, gewiß, aber ein Opfer der Verhältnisse, nicht eines Rassenfehlers.

Wie verhält es sich denn überhaupt mit der vielberufenen Zaubermacht des Geldes über den Juden? Stets derselbe traurige Situationswitz! Wann und wo immer bei dauernd gesicherten Verhältnissen Juden innerhalb ihres eigenen Kulturkreises leben konnten, im alten Palästina sowohl als heute im Osten, hat niemals das Geld irgend eine ausschlaggebende Rolle gespielt. Ansehen und Würde der Person bestimmten allein Frömmigkeit, Wohltätigkeit und Gelahrtheit (um es jüdisch zu sagen: Gesetzeskunde und Gesetzestreue). Die Träger der glänzendsten Namen lebten von Freitischen, die freudige Verehrung der Gemeindemitglieder ihnen deckte, oder von ohne falschen Stolz neben ihren Studien betriebenem Handwerk. Man denke nur an die Armut des sich durch Brillenschleifen ernährenden, schwindsüchtigen Spinoza und vergleiche den bei solchem Elend königlich stolzen Unabhängigkeitssinn eines das Forschen nach Wahrheit über alles stellenden echten Philosophen in seinem Schreiben an den Kurfürsten von der Pfalz mit der bis in das Wesentliche seiner Werke fühlbaren, fast kläglichen Haltung selbst eines Mannes wie Kant gelegentlich der Bedrohung seines Königsberger Lehrstuhles. Der jüdische Denker, auf Grund einer rein theoretischen Hypothese von der Möglichkeit eines Konfliktes zwischen der Konsequenz seiner Ideen und dem Interesse eines staatlichen Institutes, aber außerstande, seine Gedanken unsachlicher Motive wegen zu modifizieren, verzichtet auf die ihm zugedachte, zu seiner Zeit einem Juden gegenüber unerhörte Ehrung durch eine Heidelberger Professur. Wert der Person und Höhe des Vermögens haben also in rein jüdischer Schätzung sehr wenig miteinander zu schaffen, wie sich auch mit überzeugender Klarheit dem Doppelsinn des Jargonwortes »bekowed« entnehmen läßt, das neben der eigentlichen Bedeutung »vornehm«, »würdig« die von »unvermögend«, »arm« angenommen hat.

Wie aber ist es dann möglich, daß der Jude so auffällig als geldgieriger, rücksichtslos auf den Erwerb bedachter Händler in die Erscheinung tritt? Bedarf es wirklich der den historischen Verdiensten Israels um Moral und Religion so widersprechenden Insinuation einer allgemeinen, niedrig-materiellen Rassengesinnung? Folgendes gibt die Situation. Der Jude, obwohl durch Pogrome, Sondergesetze oder Gouverneurschikanen zur Auswanderung getrieben, erlebt in dem ihn empfangenden Hohn, Spott und Haß der westlichen Zivilisation etwas umwandelnd Neues. Bei aller äußeren Gefährdung hatte die kulturell unendlich tiefer stehende, bauerlich-russische Umwelt niemals seine Selbstachtung bedroht; einzig der beschränkte Europäerdünkel, unfähig fremde Werte und Würde unter ungewohntem Äußeren zu erkennen (man mache sich einmal die ungeheuerliche Dummdreistigkeit eines mittleren Bürgers klar, dem einer hoher Mandarin, ein sanskritgelehrter Hindu, ein Menelik von Abessinien, ältester Erbe christlicher Kultur, nur als komische Figuren vorstellbar sind), zwingt den überlieferungstreuen Kaftanträger, äußere und innere Traditionen vorläufig aufgebend, alle Kräfte auf den Erwerb jenes Reichtums zu konzentrieren, der allein ihm die Achtung seiner neuen Umgebung sichert. – Eine Anpassungserscheinung also, die das Wesen des Judentums nicht trifft, ein Wesen, das eher bezeichnet wird durch die bekannte Art des Juden, das Erworbene anzuwenden. Kaum hat er im Westen festen Fuß gefaßt, so sind Wohltätigkeit, Bildung und (neu dazukommend) Kunst die einzigen, aller Opfer würdigen Ziele. Diese drei bis vier Generationen dauernde, durch jede Stichprobe nachweisbare Entwicklung (1. Händler, 2. Akademiker, 3. Dichter-Künstler-Philosoph oder altruistischer Politiker) bringt den Juden auf einem trotz aller Anfeindungen geraden Wege wieder zu sich selbst zurück.

Muß es durchaus ein Leidesweg sein? Maulkörbe für gehässige Köter würden ihn sichern und ehrliches Verstehenwollen erleuchten. Klar würde dann, daß auch der Weg des Juden nur zu jenen Zielen führt, die alle Menschen erbarmend vereinen.

Die Sondernummer der satirischen Wochenschrift enthält auch einen Beitrag des damaligen Dadaisten Walter Mehring. Dort findet sich die folgende satirisch-polemische Definition: »Der Antisemitismus stellt sich so letzten Endes dar: als der klägliche Versuch eines Volkes mit nur negativer Rassenreagenz, sich am konstatierten Gegensatz fremder Merkmale den nationalen Embonpoint anzufressen« (*Die Schuld der Juden am Weltkrieg, der Revolution und den nivellierenden Witterungsverhältnissen*, S. [2]). Vor allem in den Monaten der Räterepublik hatte der diffuse Antisemitismus reaktionärer Kreise gerade auf der Beteiligung jüdischer Schriftsteller und Künstler eine politisch motivierte, antisemitische Kampagne aufbauen können, die nicht offen rassistisch aufzutreten brauchte, um Mitläufer zu gewinnen. Ein Dokument der entfesselten Hetze druckten Hans Theodor Joel und Eduard Trautner u. d. T. *Zur Kritik der eigenen Intelligenz* ab (*Der Weg* 1. Jg. (1919), H. 5/6, (Mai-Juni), S. 14):

Von einem Deutschen!

Wehe Euch jüdischen Schweinehunden! Euch Spartakisten! Nichtskönner! Spekulanten! Hunde! Gesindel!

Wehe Euch, die ihr das deutsche Vaterland und die deutsche Kunst ruiniert! Der Tag wird kommen! Dann verkriecht Euch, oder . . . Hundsbande verfluchte! Dasselbe Gesindel, wie Mühsam, Levien etc. und Konsorten Kokoschka! Heckel! Kirchner! Eberz! Unold! Seewald! Dawringhausen! etc. etc. Auch Habermann. Niestle etc. Max Liebermann etc. Gnade Gott!

Wehe Euch Kunstschriftstellern, die diese Sache verteidigen und preisen zu eigenem Nutzen!«

Vorstehend der wortgetreue Text einer anonymen Karte, die ein Münchner Kunstfreund erhielt. Uns liegt viel derartiges Material vor.

1 Hinweis auf die chauvinistische Ideologie des radikalen Konservatismus in Deutschland, die sich der abstrakt-unklaren Folie des »Fremden« bediente, um den deutsch-völkischen Impuls vor der angeblichen Bedrohung durch das internationale Judentum zu schützen. Die theoretisch-kulturkritischen Grundlagen dieses fremdenfeindlichen, noch nicht als rassistisch zu bezeichnenden Antisemitismus lieferte der Orientalist Paul Anton de Lagarde (1827 – 1891) in seinem Buch: *Deutsche Schriften*. 2 Bde. – Göttingen: Dieterich 1878/1881.

2 Anspielung auf tollkühne militärische Aktionen des italienischen Dichters Gabriele d'Annunzio (1863 – 1938), der mit 287 Soldaten 1919 die Stadt Fiume besetzte und sie 16 Monate als Kommandant regierte.

3 Zitat der Rede Wilhelms II. anläßlich der Truppenbesichtigung in Bremerhaven am 27. 7. 1900 vor der Einschiffung der deutschen Soldaten nach Ostasien zur Niederschlagung des sogenannten Boxer-Aufstands. Fürst Bernhard von Bülow überliefert den fraglichen Teil so (*Denkwürdigkeiten*. Hrsg. von Franz von Stockhammern. 4 Bde. – Berlin 1930, Bd. 1, S. 359f.): »Pardon wird nicht gegeben, Gefangene werden nicht gemacht! Wie vor tausend Jahren die Hunnen unter König Etzel sich einen Namen gemacht haben, der sie jetzt noch in Überlieferung und Märchen gewaltig erscheinen läßt, so möge der Name Deutscher in China auf tausend Jahre durch euch in einer Weise betätigt werden, daß niemals wieder ein Chinese es wagt, einen Deutschen auch nur scheel anzusehen«.

97

Alfred Wolfenstein: *Jüdisches Wesen und Dichtertum (Aus einer größeren Arbeit).* In: *Der Jude* 6 (1922), H. 7, (April), S. 428–440; Auszug S. 429–430, 433–434, 437–438, 439–440.

I

Der Dichter ist der unter die Völker Verstreute; aus tieferem Grunde kommend und in höherem Sinne ortlos; der Verbannte. Er ist, heute zumal, der ungewiß Wohnende unter Fremden, – denen er sich doch glühend zugehörig fühlt. Sie übertragen sein Werk in ihr Leben, in ihren Glauben. Aber ihn selbst und seinesgleichen sehen sie mit anderen Augen an und täglich wird die Mauer seines Zion neu zerstört. Besitz von seinem Lande ergreift der Bürger, eine dem Dichter ferne Einrichtung: der fremde Staat. Ihm selbst, von dessen Seele die Dichtung ausgeht, begegnen sie in Wirklichkeit mit Feindschaft und Furcht, wie einem Besessenen. Sie sträuben sich, die wohlvertrauten Schöpfungen, deren Wesen sie überall in ihre Kultur eingefügt finden, Personen von so dunkler Haltung wie den Dichtern zuzuschreiben. Sind sie tot und ruhig überblickbar, so errichtet man ein heiliges Grab und pilgert, als liege ein Bürger darin. Auf des Dichters lebende Rasse überträgt sich die Verehrung nicht. Ihr Werk wird angenommen, ihr Dasein unterdrückt und abgewiesen; wie der Großinquisitor bei Dostojewski [1], der Verwalter des Werkes Jesu, ihn selbst erschrocken und tyrannisch fortstößt.

Ähnlich ergeht es dem Juden. Doch der Dichter empfindet den Unterschied zwischen der Wirkung seines Werkes und seines Lebens trotz allem als ein wesenhaft mit der Kunst verbundenes Geschick. Wie aber soll der Jude, wenn er nicht Dichter ist, ganz allgemein ein so dichterisches Schicksal ertragen? Wie soll jeder einzelne dieser Spannung gewachsen sein? Denn es bedeutet eine Selbstlosigkeit von unmenschlicher Art, nur auf den abstrakten Wert der geduldeten Leistung gestellt zu sein. (Gleicht seine Lage nicht auch der des deutschen Arbeiters im wilhelminischen Beamtenstaat?) Er schafft sich nicht, wie jeder Tätige sonst, mit dem Werk auch die lebendige Atmosphäre. Statt daß sein Erfolg zugleich seine Ehrung, seine Magie verkörperte Macht, seine Hilfe Liebe zu ihm, der Anklang seines Schaffens sein Vaterland wird: bleibt seine Person übersehen, als verhexe ihn Hoffmanns Klein Zaches. Er ist kein König, dessen Purpur mit dem Glanz seines Landes wächst. Seine Wirksamkeit wird ihm fortgekauft wie dem Maler das Bild.

Das nimmt ihm die unmittelbare Allgemeinheit der Wirkung. Ein Volkswesen kann sich entweder so ausdrücken, daß wenige Hohe es ganz erfüllen und die übrigen sich von ihnen führen lassen. Oder so, daß alle in ihrer Gesamtheit es darstellen und sich nur in der Ausführung vertreten lassen. Der Jude aber, jeder einzelne, will das Ganze für sich sein und ausführen, jeder ist auf das äußerste gespannt.

Man glaube nicht, daß ich hierin einen Vorzug sehe: Es ist eine Not und eine Sendung. (In Selbstüberhebung verfallen jetzt manche Juden; und unterscheiden sich nicht von anderen Chauvinisten, die auf eine Knechtschaft oder Niederlage zurückblicken.) Alle großen Gruppen innerhalb der Menschheit haben Anspruch auf Unvergleichbarkeit, wie geniale Kunstwerke. *Ob* es sich freilich um eine *große* Menschenart handelt, erkennen wir, wie bei einem Drama Shakespeares, so wenig an den geringeren wie selbst nicht an den hervorragendsten Figuren: Die Geschlossenheit, die innen durchgeführte Bezogenheit alles Einzelnen auf eine Bedeutung, das ist maßgebend.

Ist der Jude aber ein Dichter, so sieht er sein Schicksal doppelt erfüllt. Das wird ihn begeisternd bestätigen – oder verwirren und aufheben.

Denn aus jener Vergleichbarkeit des jüdischen mit dem dichterischen Schicksal ist nicht etwa zu folgern, als stelle der Jude geradezu *den* Dichter dar. Vielmehr, dies gefährdet ihn. Durch die Nähe seiner Wirklichkeit zu seinem Dichtertum kann beides unsicher werden, sich begrenzen, ineinander übergehn; dann greift das eine zu den Mitteln der anderen, notwendige Grenzen fallen, und nicht zugunsten der Unendlichkeit.

Dies Problem der Übergänge zwischen seiner Lebendigkeit und seinem Schaffen wird hier in mancherlei Zusammenhang erscheinen.

[...]

Jenseits der Vermengung von Wort und Tat steht die Dichtung – und jenseits auch die Überwindung des Wortes. Wir haben das Beispiel *Gustav Landauers* erlebt, der am Ende über die Sprache seines Werkes hinaus ging, in die Wirklichkeit: der Tat, der Opfertat.

Sein Auftreten schien, bis es abschloß, wirkungslos zu bleiben. Nicht nur deshalb, weil er sich schon bald dem Verlauf der Revolution entfremdet fühlte. Steigen hier nicht wieder die allgemeineren Beziehungen auf, mit geheimnisvollerem Anschein: als sei der Jude noch kein Täter, sondern müsse, sofern er als schöpferischer Mensch komme, Künstler sein – oder jener Künstler unter den Tätern: Märtyrer, das Leben formen oder es sterben?

Der Tod des Märtyrers macht sein Leben erst ganz sichtbar. Sein Tod ist sein Dasein. Der Märtyrer ist der leidende Führer. Der Jude als tätiger Führer aber – mythisches Versagen: Moses erblickte das Land, doch er hat auf seinen menschlichen Willen einmal mehr als auf den göttlichen gehört und muß auf dem Gipfel sterben. Marx sieht seinen Staat vor Augen, aber er hat in der sozialen Lehre das Göttliche vergessen, die Verwirklichung rückt in die ferne Zukunft, eines anderen Verwirklichung. Erst Josua leitet aus der Wüste, durch das Martyrium ins Paradies.

Der Jude, der innig am Leben hängt, gewinnt sich im Opfertode das größte Volk der Erde, die Menschheit. Als Gustav Landauer in jenem seltsamen Frühling zu München (den noch immer niemand kennt, der ihm nicht beiwohnte) in seiner lebendigen Gestalt unter die Menge trat, blieb er ihr noch fern. Und dies war keineswegs nur die notwendige Ferne des Führers, der über die Seinen hinaus, doch aus ihnen hervor ragt; noch weniger der gewollte Abstand eines über sie Erhabenen: Sondern es war die tatsächliche Ferne des Volkes von ihm. Ein Kind stand da, geisterhaft umgeben von den Umrissen eines Meisters – ein Seher der Utopie, doch nur ein Sehnsüchtiger nach Verwirklichung. Sein Versammlungsraum glich einem gespenstisch auf und absteigenden Meer, darin das Volk bald hilflos unter seinen hochschwebenden Geist hinabsank, bald überlegen an eigner Wirklichkeit die verlorene große Gestalt überwogte.

Dann drängte der sichtbare und unsichtbare Lauf der Dinge diese wundervolle Erscheinung in den Untergang, als sei es der einzige ebenbürtige Aufgang. Das Schweigen des Todes vereinte in sich Wort und Tat. Lautlos wurde er der verständliche selbstverständliche Führer, aus der Unschuld seines Todes.

Es ist die spirituelle Sendung des Juden, deren Schritt über diesen letzten Rand führt.

Die Mörder im Gefängnishof krönten seinen Sinn.[2] Er starb als ein »Dichter im Lebendigen«. [3]

[...]

II

Es ist Frühling im Abendlande. Die Dichtung mit zwei Gesichtern singt Untergang und Aufgang – der Erde und der Sonne –.

Wie zum Sinnbild einer späten Vereinung begegnen sich im neuen Gedicht jüdisches Wesen und deutsche Sprache.

Unter den westeuropäischen Sprachen scheint sich die deutsche anders als die übrigen zum jüdischen Wesen zu verhalten: In ihr bewahrt es sich selbst, es bleibt lebendig, in die romanischen Sprachen eher spurlos aufgelöst. Hier bewegt es sich souverän, ihr verbunden wie ein Schwimmer seinem Element. So geschieht es nicht deshalb, weil die deutsche Sprache nachgiebiger und freier ist und über die feststehenden Dinge weicher hinwegströmt. Wir sehen, an allen Unterschieden vorbei, in eine seltsame Verwandtschaft.

Manchmal, wenn Gegensatz und Liebe zwischen ihnen hervortritt, erscheint der Jude wie ein Doppelgänger des Deutschen.

Ausdruck der deutschen Unruhe, eines Wesens der Bewegung, ist diese Sprache. Ihre Ruhe ist nur vordergründig. Keiner, außer dem Juden, lebt so vielfältig verstreut in allen Völkern und Erdteilen wie der Deutsche. Er hat zwar eine Heimat, aber vom Übermaß an rings offenen Grenzen ist sein Reich, von drängenden Nachbarschaften wie aufgehoben. Das deutsche Schicksal, sagt Fichte [4], hat keine eigne Geschichte mehr. Sein geographisches Schicksal hält ihn in der Schwebe. Das ist Gefahr und Vorzug, viele Blicke der Geister sehen erwartungsvoll auf ihn, die Straßen Europas laufen seiner Mitte zu: Er fühlt bald überheblich bald demütig die Aufgabe, sie wie Ströme wieder auszusenden. Ungleichmäßigkeit wohnt in seinem Lande und Geist. Der innere Wetteifer, die arbeitsame Seite der Unruhe, scheidet sein Volk wie einen Wald in Stämme, – die umso brausender nach Stürmen verlangen müssen, sich über Partei und Meinung hinweg ineinander zu neigen. »Was wir sind, ist nichts, was wir suchen ist alles.«

Die deutsche Ruhelosigkeit des Idealismus erscheint wie eine Schwester der jüdischen ruhelosen Sucht nach Unbedingtheit. Die Wege zur Idee liegen nicht weit von denen, die zur Einheit führen, beide über der Wirklichkeit. Aber die Schritte unermüdlich –. (Es gibt, wie den ewigen Juden auch den ewigen Deutschen, als den vor der eignen Rastlosigkeit, vor der eignen Wandlung Fliehenden.)

Ihre inneren oder äußeren Schicksale werfen sich zwischen Gipfel und Abgrund hin und her. Während der Jude seine Geschichte allzusehr »als seine eigene« durchleben mußte, unsichtbar, eingeschlossen, noch mehr ins Innere zurückgeworfen, zwischen messianischer Schwermut und letzter Zuversicht, die atemlosen Reihen aller Wünsche und Würfe ganz in den Geist verlegt –: Zog auch die Geschichte des Deutschen von Pol zu Pol, sichtbarer und tönender, und nicht weniger heillos –: Von erster wandernder und karlovingischer Weltbegierde empor zur wahren Himmelslust der Gotik, hinab ins Gemisch der Religionsmordsucht hinauf zu blumenhafter Romantik, und wieder begraben unter eiserner Politik. Maßloses Volk, das um seiner Besten willen groß ist: sein Reich ist von der Welt der Musik. Hier findet es sein Maß! Und wird der Deutsche nicht genau in dem Grade unfähiger und ohnmächtiger, je weiter er sich von der Musik entfernt, bis zum entgegengesetzten Ende der Politik?

[...]

III

Es ist nicht zufällig, daß der Jude an der realistischen Bewegung epigonenhafter, weit geringer beteiligt war als an der neuen. Die jüngere Generation schlug geistige Richtungen ein, mit denen sein Wesen zusammentraf, um spirituelle Dichtung zu werden.

Aber es widerspricht diesem Wesen nicht, daß sein Verhältnis zum Körperlichen und Gegenständlichen sich immer erneuern muß. Die Kunst allgemein geht in eine frische Vermählung mit den Dingen, nicht naturalistisch sondern mythisch.

Aber nur die Zeit, die auch zum Körper Beziehung hat, erhält den Mythos. In ihm wird das Göttliche körperlich, das Körperliche göttlich. Gott gedenkt der lebenden Gestalt, der Menschengestalt, und durchdringt sie in Verwandlung. Empfänglich dafür ist nur ein Mensch, der auch selbst wieder seiner Gestalt gedenkt.

Sie wird unserem Leben bewußter. Und die Dichtung verläßt ihr letztes Symbol einer kantigen, um sich selbst sich drehenden Intellektualität. Die große Stadt sieht sich im Walde stehn, umrauscht, das große Ghetto, in dem nur der halbe Mensch frei lebte. Der Geist regte sich da beliebig und schärfte seine äußersten Spitzen. Aber die fühlende Hand lag eher brach, die Kräfte des Blutes hungerten.

Aus den halben Zeugungskräften, aus der Selbstwollust des Willens entstehen »unechte Zeugungen«, wie man die Gespenster benannt hat. Und nicht jeder weiß: wann er selbst in solchem Wüstenkreise wirkte. Manche Tat (maskiertes Programm) und manches Gedicht geistern dort verweht umher. Zahlreich hängen die Verirrten an den Dornen, dahin sie als allzu eifrige Teilnehmer am neuen Zug gerieten.

Andere aber entdecken im Bau ihrer Jugend eine Schicht, zugeschüttet von einem Feuerberg. Sie waren empfänglich aus der Landschaft in den großen städtischen Ausbruch der Intellektualität gekommen und wurden von vielen Blitzen und vielem Rauch geblendet, gerissen in den erstarrenden Schlackenstrom. Sie fühlen, daß sie hindurch gelangt sind. Sie atmen gut, wie

Menschen, die keine wesentliche Last verwerfen; die nicht nur ihren Druck sondern auch ihre Notwendigkeit in sich aufnahmen.

Die auf die Spitze getriebene Zeit und ihr bewohntester Ort mußten einmal sein. Der Jude vor allem konnte sie nicht umgehen. Das will ihn nun desto stärker weitertreiben. Eine neue Stadt erglänzt in der Dichtung, ihre Mauern Wellen, weithin alle zu verbinden; ihre Blüte aus der Nacktheit der Erde und der Leibhaftigkeit des Menschen. Nur mit der Teilnahme des vollen Seins sind auch die Welten des Geistes zu verwirklichen! Grund und Ziel schlagen zusammen. Und wie im Macbeth der Wald von Dunsinan vorrückt, kommt freudig und drohend die Landschaft zur Stadt heran, Zweige, vom Geist getragen, Kreaturgefühl mischt sich in das Straßentum des Willens.

Das jüdische Verlangen nach Einheit hat die Stadt mit ihren Gleichformtrieben mitgebaut. Sie enthüllt sich als Stätte der Einseitigkeit. [5] Das ist die falsche Einheit. Sie kommt, wenn die hohe Aufgabe zu leicht gestellt wird. Der Umkreis dessen, was der hier herrschende ungeistige Kopf einbezieht, ergibt nur die punkthafte Einheit dieses Kopfes. Wer die Welt ahnt, wird nicht weniger als diese ganze zur Einheit zu bringen sich mühen. Er sieht von keinem Stoffe ab, – bis er von allem absehen kann.

Dies gerade leistet der Bewohner dieser Zeit nicht. Zu billig ist in ihm das Übergewicht des vom Zweck bestimmten Willens. Im Juden ist dies nicht die sogenannte Bewußtheit: Denn diese bedeutet nur schärferes Wissen um die Mittlerschaft des Menschen mitten zwischen leblosen und göttlichen Dingen, gleichend einem Auge im Innern. Doch der Willensmensch, der sich vom Zweck zusammensetzen läßt, ist ein gottloses Mittelding. Für ihn gibt es keine Einheit, auch die menschlichste nicht, die Einfachheit. Er entzieht sich der Seite des Schicksals. Sein Gegenteil der Baum, der den Sturm an Ort und Stelle erwarten muß, ist ganz körperliches Schicksal; und der Mensch wird so nicht erfüllt. Aber er darf auch nicht, entzogen den Griffen der Notwendigkeit, mit Willen sich unsichtbar machen – statt aus dem Geist sichtbar zu werden.

In den Knieen der Epoche wartet, nach dem ersten irren Falle, vielleicht ein großer Sprung. Auch der Jude wird eine neue Gestalt gewinnen. Sein Auftreten im Aufruhr der Gegenwart, Leben, Tod und Dichtung, kündigt sie schon an.

Sie wird nur noch entschiedener seine spirituelle Sendung zu erkennen geben. So aber wird sie nicht nur deshalb wirken, weil dies Wesen sich in ihr wie für die Ewigkeit verstärkt, sondern auch weil die Gestalt, die es trägt, an Eigenschaften, es zu tragen und es auszudrücken, wachsen wird.

Viele wünschen sich neuen Boden. Herrlicher ist die Unabhängigkeit einer neuen jüdischen Gestalt. Der Boden kann verloren gehen, das Geschick kann sich wütend immer wiederholen, weil man es nicht erkennt, ewige Zerstreuung, – Jerusalem kann wieder zerstört werden: die schwebende Sendung nicht.

Sie fühlt grenzenlos durch Länder hindurch die unverwehrte Welt, die Gott gehört und ihre Bewohner von ihm erlangt.

Die im Untertitel des Aufsatzes erwähnte »größere Arbeit« ist der umfangreichere Essay *Jüdisches Wesen und neue Dichtung*, der als selbständige Publikation erschien (Berlin: Erich Reiss Verlag 1922), und zwar als 29. Band der von Kasimir Edschmid herausgegebenen Reihe *Tribüne der Kunst und Zeit*. Der Essay trägt die Widmung »Dem Andenken Gustav Landauers München, im Frühjahr 1921«. Bis auf die breiter ausgeführten Interpretationen zur expressionistischen Lyrik jüdischer Autoren ist dieser Essay nahezu identisch mit der Fassung *Das neue Dichtertum des Juden*, der als Beitrag in einem im Sommer 1922 erschienenen Sammmelbuch abgedruckt wurde: Gustav Krojanker (Hrsg.): *Juden in der deutschen Literatur. Essays über zeitgenössische Schriftsteller*. – Berlin: Welt-Verlag 1922, S. 333–359.

1 Gemeint ist die »Legende vom Großinquisitor« aus Fedor M. Dostojevskijs Werk *Brat'ja Karamazovy*. Petersburg 1879/80 (Dt.: *Die Brüder Karamasow*. Leipzig 1884, 4 Bde.).
2 Gustav Landauer wurde am 1. Mai 1919 durch die Freikorps-Soldateska brutal ermordet. Voneinander abweichende Augenzeugenberichte und offizielle Zeitungsdarstellungen sind nachzusehen bei Ulrich Linse: *Gustav Landauer und die Revolutionszeit 1918/19. Politische Reden, Schriften, Erlasse und Briefe Landauers aus der November-Revolution 1918/19*. – Berlin 1974, S. 253–260.
3 Verweisung auf Landauers utopisch-populistischen Leitgedanken vom »Dichter im Lebendigen«. Vgl. G. L.: *Eine Ansprache an die Dichter*. In: *Die Erhebung. Jahrbuch für neue Dichtung und Wertung*. – Berlin: S. Fischer [1919], S. 296 - 329.
4 Zur Passage vgl. J. G. Fichte: *Reden an die deutsche Nation*. – Berlin: Realschulbuchhandlung 1808.
5 Zur Abkehr vom Expressionismus als einer betont großstädtischen Intellekt-Literatur vgl. A. Wolfenstein: *Bildersturm. Ein Nachwort*. In: *Die Erhebung. Jahrbuch für neue Dichtung und Wertung*. Zweites Buch. – Berlin: S. Fischer 1920, S. 379 - 385, S. 380ff.

c) *Boheme und Avantgarde*

»Es geht nicht an«, dozierte ein bekannter Kunstsoziologe im Jahre 1913, »daß die Literarhistoriker der Zukunft [...] um ein paar einflußreicher Narren halber, die sich soziologisch nicht schwer klassifizieren ließen, uns allgemein Expressionismus, Kubismus u. a. auf's Konto setzen dürfen«. [1] Absolutem Unverständnis begegneten die jüngsten Entwicklungen in bildender Kunst und Literatur, die von der »kulturtragenden Schicht«, dem mittleren Bürgertum, für Ausdrucksformen einer exzentrisch-verrückten Boheme-Subkultur gehalten wurden. In reaktionären Kreisen förderte man gar die Fama, der sogenannte Expressionismus »werde durch geschäftstüchtige Kunsthändler und korrupte Kunstschriftsteller dem braven Volke aufgezwungen«. [2] Kulturelle Feindbilder dieser Art waren eine der Kehrseiten der scheinbar gesicherten bürgerlichen Zivilisation des wilhelminischen Kaiserreichs, dessen »versteinerte Gesellschaftsordnung [...] alle kulturellen Alternativen in das Schattendasein von Gegenkulturen verbannte«. [3]

Im Begriff der Boheme [4], den der Historiker »auf bewußt unkonventionell existierende Gruppen der marginalen ›Intelligenz‹ in einem Zeitalter historisch bedingter Spannungen zwischen angepaßten Klassen und einer Subkultur von Literaten oder Künstlern bezieht« [5], fand das Vorurteil ein Schlagwort sowohl gegen sozial heterogene Elemente als auch gegen abweichende Lebensformen und fremde Denkungsart überhaupt, die man nur tolerierte, soweit sie amüsierten. Das selbstbewußte Fanal der provokativ-antibürgerlichen Anarcho-Boheme von Erich Mühsam (Dok. 98) aus vorexpressionistischer Zeit feiert die künstlerische Solidarität mit den Erniedrigten, Beleidigten, Verfemten und Verachteten, welche die historische Boheme der Jahrhundertwende den Expressionisten vererbte. Immer wieder beschworen Ludwig Rubiner,

Johannes R. Becher, Ludwig Meidner u. a. den Aufruhr des »fünften Stands« als Beginn kultureller und menschlicher Erneuerung. [6] Fraglos existieren ideologische, aber auch interaktionelle und personelle Berührungspunkte zwischen Boheme und Expressionismus, man denke nur an die Bedeutung der Literatencafés im literarischen Leben des expressionistischen Jahrzehnts oder an die überragende Bohemegestalt Else Lasker-Schüler. [7] »Nicht mehr die Akademien und Universitäten, sondern die freie und oft zügellose Boheme ist die Pflegestätte des modernen Großstadttalents [...]«, erläuterte damals ein Korrespondent der »Münchener Allgemeinen Zeitung« seinen Lesern. [8] Herwarth Waldens humoreske Pseudo-Reportage aus dem »Café des Westens« (Dok. 99) fängt die Atmosphäre dieses Treffpunkts der Berliner Boheme ein, die junge expressionistische Autoren faszinierte.

Georg Lukács meinte die Großstadtpoesie des Expressionismus » [...] als eine etwas übersteigerte, ironisch zugespitzte Zustandsschilderung aus dem Kaffeehausbohemeleben der Intelligenz« abtun zu können, [9] Walter Mehring dagegen betonte in seiner Skizze der »Berliner Avantgarde« gerade die künstlerische Produktivität des Bohememilieus. [10] Und für Frank Thiess bedurfte es nicht eigens »einleuchtender Beweise«, daß der Expressionismus deswegen noch »kein Gespinst eigenbrötlerischer Caféhausintelligenzen« war. [11] Wie er heben auch andere Zeugen gerade die Emanzipation der frühexpressionistischen Autoren vom Typ der unverbindlich-spielerischen antibürgerlichen Boheme hervor: »Das spielerische ›Epatez le bourgeois!‹ der Bohème war dem bitterernsten Kampfgeist gewichen [...]« [12], erinnerte C. F. W. Behl, » [...] auf jeden Fall waren wir keine Bohèmiens im gemeinen Sinn, wir hatten ein scharfes Verantwortungsgefühl [...]« [13], so liest man in den Erinnerungen von Ernst Blass. In der Tat hatte die Boheme als subkulturelle Kombination von Sprach- und Lebensform bereits an Attraktivität eingebüßt. In Franz Pfemferts *Aktion* sprach Hans von Hülsen von »der Übersättigung am Typ des Bohemiens, der nachgerade wirklich ein wenig vieux jeu geworden« sei. [14] In späteren Absagen an die apolitisch-unprogrammatische Mentalität vieler Bohemiens vollzogen expressionistische Autoren den Trennungsstrich noch deutlicher. Iwan Goll z. B. spottete: »Wundere dich nicht, du kleiner, zentrifugaler Erotiker aus den Bohèmeateliers und Cafés, wenn man dich nicht versteht, verkanntes Genie [...]«. [15] Helmut Kreuzer machte in seinen profunden Studien zur Boheme darauf aufmerksam, daß Expressionismus und Boheme bereits damals zu Unrecht zeitweilig miteinander identifiziert wurden, weil »der Expressionismus teilweise aus der Boheme hervorging und zunächst nur in ihr einen sozialen Resonanzraum fand [...]«. [16] Die expressionistische Garde formierte sich aber außerdem in literarischen Clubs und Vereinigungen, legte sich auf Programmatisches fest und betrieb »organisierte Öffentlichkeitsarbeit«. [17] Mit solchen Fixierungen gab sie ihrer veränderten Auffassung von der Rolle des Dichters in der Gesellschaft einen konzeptionellen Halt, der dem nur bohemehaften Habitus völlig fremd war.

Wo der kulturpolitische Anspruch einmal erwacht war, konnten sich Individualanarchisten vom Rang Senna Hoys (d. i. Johannes Holzmann), Erich Mühsams oder Gustav Landauers, die bohemisch lebten, besser profilieren; »Boheme aber, im literarhistorischen Sinn«, meinte René Schickele schon 1904, »ist Decadence mit schlechter Haltung«. [18] Von den Boheme-Asozialisten individualanarchistischer Prägung laufen dagegen »unmittelbar Fäden zum Expressionismus«.[19] Hugo Balls, aus der Perspektive des Exils geschriebene, Rückschau auf die frühexpressionistischen Initiativen (Dok. 100) bringt die ideologischen ›Familienähnlichkeiten‹ zwischen expressionistischer Revolte und anarchistischer Geistopposition, die im Dadaismus eine neue Synthese eingingen, wieder in Erinnerung. Nicht wenige der Dadaisten lösten sich dann in der Revolutionszeit vom gewaltlosen Individualanarchismus und vertraten einen »Anarcho-Kommunismus«, der sich der »Gewalt (der Diktatur des Proletariats)« beugte. [20]

Anders als Dada und der frühe Surrealismus realisierten die expressionistischen Literaten den »radikalen Traditionsbruch« und die Negation der »Institution Kunst«, die Peter Bürger zufolge die »historischen Avantgardebewegungen« definieren [21], aber keineswegs total. Rudolf Kaysers Retrospektive der Anfänge und seine Diagnose der Errungenschaften des Expressionismus (Dok. 101) dokumentiert das fortgeschrittene Künstlerbewußtsein in kunstfeindlicher Umgebung, mit dem die Expressionisten der Selbstdeutung der Avantgarde recht nahekamen. Doch teilt der Expressionismus eben nicht alle Signa der historischen Avantgardebewegungen. Er bereitete die Aufhebung der Kunst erst vor, die in der dadaistischen Auflösung herkömmlicher Vorstellungen vom Werk-Original oder vom schöpferischen Subjekt weit radikaler Gestalt gewann.

1 Lewin Ludwig Schücking: *Literaturgeschichte und Geschmacksgeschichte. Ein Versuch einer neuen Problemstellung.* In: *Germanisch-Romanische Monatsschrift* 5. Jg. (1913), S. 561ff. Zit. nach: Gunter Reiss (Hrsg.): *Materialien zur Ideologiekritik der deutschen Literaturwissenschaft.* Bd. 1: *Von Scherer bis zum Ersten Weltkrieg.* – Tübingen 1973, S. 99.

2 Paul Pörtner: *Einführung.* In: P. P. (Hrsg.): *Literatur-Revolution 1910–1925.* Bd. 2, S. 15.

3 Hans Peter Thurn: *Soziologie der Kultur.* – Stuttgart u. a. 1976, S. 53.

4 Über das Wort merkt Robert Michels an: »Das Dictionaire de l'Académie Française hält heute darauf, zwischen zwei phonetischen Synonymen orthographisch streng zu unterscheiden und somit ihre Sinnverschiedenheit zu unterstreichen. Bohême und bohème. Ersteres, mit Zirkumflex, ist ein Gebiet in Mitteleuropa, zu deutsch: Böhmen, das politische Zentrum (mit Mähren) der Tschechoslowakischen Republik, ein Gebiet, dessen Einwohner bohêmiens (Böhmen) sind bzw. heißen; letzteres dagegen ist eine Klasse junger und armer Literaten oder Künstler, die von den mäßigen Produkten ihrer Intelligenz in den Tag hinein leben. Die Einwohner dieses ›Landes‹ heißen die bohèmes: la bohème, die Klasse; le bohème, das Einzelmitglied derselben (also nicht bohémien, wie man früher mißverständlich im Französischen sagte, und von dort übertragen heute noch im Deutschen zu sagen pflegt).« (*Zur Soziologie der Bohème und ihrer Zusammenhänge mit dem geistigen Proletariat.* In: *Jahrbücher für Nationalökonomik und Statistik* 136, III. Folge 81 (1932), S. 801–816, Zitat S. 801).

5 Helmut Kreuzer: *Die Boheme. Beiträge zur Beschreibung einer intellektuellen Subkultur.* – Stuttgart 1968, S. 34.

6 Vgl. Ludwig Rubiner: *Der Dichter greift in die Politik* I. In: Die Aktion 2 (1912), Nr. 21, 22. Mai, Sp. 645 - 652; Johannes R. Becher: *Freiheitslied.* In: *Revolution* 1. Jg. (1913), Nr. 1, S. 2; Ludwig Meidner: *Im Nacken das Sternemeer.* – Leipzig: Kurt Wolff o. J. (1918), S. 64f.

7 Dokumentarische Quellen: John Höxter: *So lebten wir. 25 Jahre Berliner Bohème. Erinnerungen.* – Berlin: Biko-Verlag 1929; Wolfgang Goetz: *Im »Größenwahn«, bei Pschorr und anderswo . . .* – Berlin: Collignon 1936; Willy Hellpach: *Abende im »Café Größenwahn«.* In: W. H.: *Wirken und Wirren.* – Hamburg 1948, Bd. 1, S. 370–381; außerdem das Berlin-Kapitel in: Paul Raabe (Hrsg.): *Expressionismus. Aufzeichnungen und Erinnerungen der Zeitgenossen,* S. 15–58.

8 Hans Landsberg: *Zur Naturgeschichte der Bohème.* In: *Münchener Allgemeine Zeitung* v. 12. 2. 1910, S. 129.

9 Georg Lukács: *»Größe und Verfall« des Expressionismus.* Zit. nach: Hans Gerd Rötzer (Hrsg.): *Begriffsbestimmung des literarischen Expressionismus,* S. 29.

10 Vgl. Walter Mehring: *Berlin Avantgarde*. In: Josef Halperin (Hrsg.): *Als das Jahrhundert jung war*. – Zürich u. Stuttgart 1961, S. 31–40.
11 Frank Thiess: *Expressionistische Bauern*. In: *Wieland* 5. Jg. (1919/20), Nr. 9, S. 20–22; zit. nach Paul Pörtner (Hrsg.): *Literatur-Revolution 1910–1925*, Bd. 2, S. 299.
12 C. F. W. Behl: *Begegnungen mit dem Expressionismus*. In: *Imprimatur* N. F. Bd. 3 (1961/62), S. 240–243; zit. nach: Paul Raabe (Hrsg.): *Expressionismus. Aufzeichnungen und Erinnerungen der Zeitgenossen*, S. 295.
13 Ernst Blass: *Das alte Café des Westens*. In: *Die literarische Welt* 4. Jg. (1928), Nr. 35, 31. August, S. 3–4; zit. nach: Paul Raabe (Hrsg.): *Expressionismus. Aufzeichnungen und Erinnerungen der Zeitgenossen*, S. 39.
14 Hans von Hülsen: *Vom Ranggefühl des Dichters*. In: *Die Aktion* 1. Jg. (1911), Nr. 43, 11. Dezember, Sp. 1354.
15 Iwan Goll: *Appell an die Kunst* (Dok. 136).
16 Helmut Kreuzer: *Die Boheme*, S. 55.
17 So urteilt auch Roy F. Allen: *Literary life in German expressionism and the Berlin circles*. – Göppingen 1974 (Göppinger Arbeiten zur Germanistik, Bd. 129), S. 51ff.
18 René Schickele: *Bohème und Berlin*. In: *Das neue Magazin* 73. Jg. (1904), H. 9, 27. August, S. 262–264, Zitat S. 263.
19 Vgl. zu diesem wenig bearbeiteten Untersuchungsbereich Ulrich Linse: *Organisierter Anarchismus im Deutschen Kaiserreich von 1871*. – Berlin 1969, S. 105.
20 Vgl. z. B. Raoul Hausmann: *Der individualistische Anarchist und die Diktatur*. In: *Die Erde* 1. Jg. (1919), H. 9, 1. Mai, S. 276–278, Zitat S. 276.
21 Peter Bürger: *Theorie der Avantgarde*. – Frankfurt a. M. 1974, S. 44.

98
Erich Mühsam: *Bohème*. In: *Die Fackel* 8 (1906), Nr. 202 (30. April), S. 4–10.

Philistrosität ist die Tendenz zur Verallgemeinerung. Präziser: Philistrosität ist die Tendenz, den eigenen sittlichen Horizont als moralischen Schutzkordon um die Menschheit zu legen. Der Satz erhellt aus der Gegenprobe. Der einwandfreieste Nichtphilister ist der, dessen soziales Verhalten am wenigsten von Forderungen und Verboten gegen die Mitmenschen bestimmt ist. Das Kriterium der Philistrosität ist nämlich nicht die größtmögliche Anpassung an die Gepflogenheiten der Mehrzahl, sondern die eifersüchtige Bewachung des Nebenmenschen, ob er nicht etwa die Grenzen des Philisterhorizonts überschreitet und sich so der moralischen Wertung und der Vergleichungsmöglichkeit mit den übrigen Philistern entzieht. Der wesentlichste Charakterzug des Philisters ist also die schlotternde Angst vor der sittlichen Entgleisung des Zeitgenossen und ihrer psychologischen Unkontrollierbarkeit.

Die Waffe des Philisters gegen den Unfügsamen ist sittliche Entrüstung, eine Fehlgeburt aus Angst und Größenwahn. Ihr verdanken die Gesetzbücher – die einzigen im eigentlichsten Sinn unsittlichen Schriften – mit allen ihren generalisierenden Verlogenheiten, den Rechtsgütern, den öffentlichen Interessen und allen übrigen abstrakten Fetischen, die Entstehung. Das zentralistische Staatsprinzip mit seiner auf Formeln gezogenen Verallgemeinerungstendenz gibt der sittlichen Entrüstung des Philisters die Möglichkeit, sich in soziale Ächtung und mithin in wirtschaftliche Ruinierung des ethischen Outsiders umzusetzen. Dem Staat, der wirtschaftlichen und »rechtlichen« Organisation zur Verhütung der Überschreitung des Philisterhorizontes, untrennbar verehelicht, hat die Kirche die Zentralisierung der seelischen Bedingungen, der Angst, des Neides, der Begriffsstutzigkeit und der Plattheit durchzuführen. Die liberale Forderung der Trennung von Staat und Kirche ist somit ein Unding. Beide Institutionen sind durcheinander geworden und leben von einander. Der Weg zur Kultur führt über ihr gemeinsames Grab.

Dem in Staat und Kirche zentralistisch organisierten, durch die raffiniert-unsinnige kapitalistische Gesellschaftsordnung ökonomisch gefestigten Philistertum – politisch ausgedrückt: der Bourgeoisie – steht die Minderheit der untereinander fast gar nicht liierten, materiell gänzlich wehrlosen, von den Konkurrenz- und Bildungsmöglichkeiten nahezu ausgeschlossenen, verhaßten Paria gegenüber. – Von der werktätigen Arbeiterschaft, die naturgemäß im Klassenkampf gegen den Besitz (der mit dem Philistertum identisch ist) in der vordersten Reihe stehen müßte, will ich hier ganz absehen. Das Proletariat – übrigens gehört das Wort zu den abgründigsten Unwahrhaftigkeiten – ist von der zukunftstaatsbesessenen Sozialdemokratie, wenigstens in Deutschland und Österreich, dem Klassenkampf völlig entfremdet worden. Die, dem Staat nachgebildeten, zentralistischen Arbeiterorganisationen haben durch die Ausschaltung des individuellen Temperaments des Einzelnen die revolutionäre Kernidee des gewerkschaftlichen Kampfes verwischt und den Arbeiter, den natürlichen Träger der sozialen Revolution, in die Rolle eines mit seinen Feinden Schacher treibenden Politikers gedrängt. Die Arbeiterschaft steht also jetzt in der Mitte zwischen Bourgeoisie und den Tschandala, auf deren Seite nur noch die unorganisierten Gruppen kämpfen: Verbrecher, Landstreicher, Huren und Künstler.

Mit den ersten drei Gruppen dieser Ausgestoßenen weiß die sittliche Entrüstung des Philisters schnell fertig zu werden. Der Verbrecher, den Wut oder Verzweiflung den moralischen Kordon der ökonomischen Zweckmäßigkeit für den Philister durchbrechen hieß, wird im Zuchthaus interniert. Der Landstreicher, der sich nicht für traurigen Hungerlohn zum Kuli eines Ausbeuters machen will, wird zur Zwangsarbeit verurteilt. Die Hure, in deren wildem Lachen mehr Genialität steckt, als der gute Bürger, der sie sich für eine Nacht erstanden hat, mitsamt seiner Ehefrau bei verzehnfachter Lebensdauer jemals aufbringen könnte, wird mit ihrem, dem entrüsteten Philister, ach, so notwendigen »Schandgewerbe« ins Bordell gebracht und bekommt ihr Kontrollbuch, damit der lüsterne Kunde nicht von der Lustseuche befallen werde. Kurz, überall findet die sittliche Entrüstung ein äußeres Zeichen ihrer Berechtigung.

Nur mit dem Künstler gerät der Spießer in die Brüche. Ich will hier bemerken, daß ich unter »Künstlern« nur solche verstanden wissen will, die ihre Kunst nicht zum Gewerbe erniedrigen, die es also unter allen Umständen ablehnen, ohne künstlerischen Antrieb zu produzieren. Dagegen gehören zu den Künstlern, die ich als Outsider der Gesellschaft behandle, auch solche, die ohne künstlerisch überhaupt produktiv zu sein, in allen ihren Lebensäußerungen von künstlerischen Impulsen geleitet werden.

Hier sind Menschen, die die gesellschaftliche Nutzarbeit verweigern, die in ihrem Gehaben vielfach die Schranken des philiströsen Horizonts durchbrechen, denen man aber doch nicht beikommen kann, weil hier und da ein Dichter, ein Maler, ein Bildhauer, ein Komponist darunter ist, den Autoritäten anerkennen und – auf den man seine Kulturfreundlichkeit loslassen kann, indem man ihn feiert und verhungern läßt. Den Künstlern gegenüber tritt die bleiche Angst des Philister vor dem Außergewöhnlichen am jammervollsten in die Erscheinung. Dieses Hosenschlottern von Respekt und Furchtsamkeit ist nämlich nicht nur der Ausdruck der Besorgtheit um das korrekte Benehmen des andern, sondern hier wirkt auch ein instinktives Gefühl für die kritische Überlegenheit des Künstlers mit, die die Nichtigkeit des Philisters durchschauen könnte.

So hilft sich denn die Gesellschaftsstütze dadurch, daß sie dieser Art Künstler einen Freibrief für unkonventionelle Schaustellungen ausstellt und sie unter einen Sammelbegriff registriert: Bohême. Da aber dem braven Mann des besitzenden Bürgerstandes jede künstlerische Betätigung, weil brotlos, verächtlich erscheint, und er auf der andern Seite doch ganz gern einmal so ein Monstrum um sich sieht – nur aus der eigenen Familie darfs keiner sein; der würde schonungslos verstoßen werden –, so dünkt ihn in seiner Unterscheidungsunfähigkeit bald jeder pinselnde Millionärssprößling ein »Bohémien«.

Das Wort »Bohémien« ist, wie mir sprachkundige Leute versichern, falsch. Es muß richtig auch »der Bohême« heißen. Trotzdem werde ich den Vertreter der Bohême einen Bohémien nennen, da mir eine Vokabelunterscheidung zwischen dem Gattungsbegriff und der Bezeichnung der einzelnen zur Gattung gehörigen Person sprachlich willkommen erscheint.

Um den Begriff der Bohême zu definieren, ist das Wort zunächst von den Schlacken zu säubern, die ihm die Sensationslust und die Unterscheidungsunfähigkeit grinsender Banausen angesetzt haben, und die es besonders der Renommierwut durch irgend ein Talentchen in die Künstlerschaft verirrter Philister verdankt. Ein Kartoffelhändler entdeckt eines Tages seine Stimme, läßt sich zum Konzert-Tenor ausbilden und hält sich von Stund' an für einen Bohémien. Ein entlassener Kommis, der an das Stubenmädel seines Prinzipals Gedichte richtet, setzt sich abends in ein Literatencafé, trinkt Absinth und nennt sich, wenn ihn jemand fragt, »Schriftsteller«; des Sonntags aber spielt er sich beim Onkel Töpfermeister als »Bohémien« auf. Ein verbummelter Student schmeißt sich einem Künstler an den Hals, schmarotzt ihn aus und glaubt sich auch zur Bohême zählen zu dürfen.

Arge Verwirrung in der Auffassung des Wesens der Bohême hat Murger mit seinem bekannten Roman angerichtet. [2] Es stehen ja sehr hübsche Sachen drin, aber Bohémiens sind die Helden seiner Geschichte nicht. Das sind besitzlose Lebeleute, die sich recht lustig über ihren Dalles hinwegzuhelfen wissen – aber am Schlusse des Buches, wo alle zu Geld und Ruhm kommen, da dampfen sie friedlich in den sicheren Hafen des Philistertums ein, und die Bohêmezeit liegt hinter ihnen.

Die Eigenschaft des Bohémiens von der Besitzlosigkeit herzuleiten, ist doch ein äußerst primitiver Standpunkt. Noch absurder ist die Auffassung, der Bohémien gäbe seinen Charakter in dem Augenblicke auf, wo er es nicht mehr nötig hat, unphiliströs zu leben. Nein, Bohême ist eine Eigenschaft, die tief im Wesen des Menschen wurzelt, die weder erworben oder anerzogen werden, noch durch die Veränderung der äußeren Lebenskonstellation verloren gehen kann.

Ich persönlich, der ich bei der Untugend der Deutschen, jeden Menschen, mit dem sie sich abzugeben haben, auf eine bestimmte Note festzulegen, das Pech habe, wo immer von mir die Rede ist, mich als das Musterexemplar eines Bohémiens bezeichnet zu finden, verwahre mich entschieden und ausdrücklich gegen diese Charakterisierung, solange sie von den äußeren Symptomen meines Wesens, etwa von meiner Haartracht oder meiner nicht eben übermäßig eleganten Toilette hergeleitet wird.

Was in Wahrheit den Bohémien ausmacht, ist die radikale Skepsis in der Weltbetrachtung, die gründliche Negation aller konventionellen Werte, das nihilistische Temperament, wie es etwa in Turgenjeffs *Väter und Söhne* zum Ausdruck kommt, und wie es Peter Krapotkin als das Charakteristikum der russischen Nihilisten in den *Memoiren eines Revolutionärs* [3] schildert.

Gewiß offenbart sich dieses Temperament, das alle Anpassung an die uniforme Lebensart des Philisters fanatisch perhorresziert, äußerlich in der Methode, die der Bohémien wählt, um sein eigenes Ich gegen die Masseninstinkte der Gesellschaft durchzusetzen. Immer wird der Bohémien ein Sonderling sein, und schon deshalb wäre es lächerlich, ein Schema für die Lebensweise der Bohéme aufzeigen zu wollen. Ganz allgemein läßt sich über die Anpackung des Lebens seitens des Bohémiens kaum mehr sagen, als was ich früher einmal in einer Broschüre (*Ascona* – Locarno 1905) [4] so ausgedrückt habe: Ein Bohémien ist ein Mensch, »der aus der großen Verzweiflung heraus, mit der Masse der Mitmenschen innerlich nie Fühlung gewinnen zu können – und diese Verzweiflung ist die eigentlichste Künstlernot –, drauf losgeht ins Leben, mit dem Zufall experimentiert, mit dem Augenblick Fangball spielt und der allzeit gegenwärtigen Ewigkeit sich verschwistert.«

Die Verzweiflung über die Unüberbrückbarkeit der Kluft zwischen sich und der Masse, die Wut gegen den vertrottelten Konventionsdrill der Gesellschaft mag natürlich den Bohémien oft genug zum bewußten Auftrotzen gegen das Gewöhnliche verführen, das sich in der brutal zur Schau getragenen Unterstreichung des Andersseins äußert. Den Schluß, den Julius Bab in seiner Arbeit über die Berliner Bohême [5] daraus zieht, indem er den Bohémien »asozial« nennt, halte ich für falsch. Im Gegenteil wird die schroffe Ablehnung der bestehenden Zustände mit allen ihren Ausdrucksformen in den allermeisten Fällen mit der sehr sozialen Sehnsucht nach einer idealen Menschheitskultur verbunden sein.

Sehr verdienstvoll ist dagegen die Parallele, die Bab zwischen der Bohême und dem Anarchismus zieht. Der Haß gegen alle zentralistischen Organisationen, der dem Anarchismus zugrunde liegt, die antipolitische Tendenz des Anarchismus und das anarchistische Prinzip der sozialen Selbsthilfe sind wesentliche Eigenschaften der Bohêmenaturen. Daher stammt denn auch das innige Solidaritätsgefühl zum sogenannten fünften Stande, zum Lumpenproletariat [6], das fast jedem Bohémien eigen ist.

Es ist dieselbe Sehnsucht, die die Ausgestoßenen der Gesellschaft verbindet, seien sie nun ausgestoßen von der kaltherzigen Brutalität des Philistertums, oder seien sie Verworfene aus eigener, vom Temperament diktierter Machtvollkommenheit. Die Mitmenschen, die mit lachendem Munde und weinendem Herzen die Kaschemmen und Bordells, die Herbergen der Landstraße und die Wärmehallen der Großstadt bevölkern, der Janhagel und Mob von dem selbst die patentierte Vertretung des sogenannten Proletariats weit abrückt – sie sind die engsten Verwandten der gutmütig belächelten, als Folie philiströsen Größenwahns spöttisch geduldeten Künstlerschaft, die in ihrer verzweifelten Verlassenheit mit der Sehnsucht eines erhabenen Zukunftsideals die Welt befruchtet.

Verbrecher, Landstreicher, Huren und Künstler – das ist die Bohême, die einer neuen Kultur die Wege weist.

In der Anmerkung des Herausgebers legte Karl Kraus auf die Unterscheidung zwischen der echten Boheme und der Pseudoboheme des merkantilen Kabarett-Milieus besonderen Wert: »Wenn der Verfasser dieses Aufsatzes, der neulich hier der wahren Cabaretkunst als einem Vergnügen der Künstler für die Künstler das Wort geredet hat, in den Ankündigungen des Cabarets ausdrücklich als ›Berliner Bohémien‹ bezeichnet wird, so ist damit die Unechtheit einer Bohême, die sich selbst bestaunt, so ist die Entfernung bezeichnet, in der der Geist des deutschen und wiener Cabarets von dem Geist der Bohême waltet. Eine Fülle künstlerischer Darbietungen kann über den Verdacht nicht hinweghelfen, daß die legere Form dieser Cabaretkunst nicht dem Künstler, sondern dem Philister frommen soll, an den Impresariogeschicklichkeit die Geheimnisse der Bohême zu verraten scheint« (S. 8).

1 Vgl. Anm. 4 der Vorbemerkung.
2 Das klassisch gewordene Werk des französischen Schriftstellers Henri Murger (1822 – 1861): *Scènes de la vie de bohème*. – Paris: Calman Lévy 1851.
3 Eigentlich Fürst Pjotr Aleksejewitsch Kropotkin (1842–1921); die Ausgabe, auf die sich Mühsam bezieht: Fürst Petr Krapotkin: *Memoiren eines Revolutionärs*. Aut. Übers. von Max Pannwitz. 2 Bde. – Stuttgart: R. Lutz 1900/01 (Memoiren-Bibliothek).
4 E. Mühsam: *Ascona*. – Locarno: Carlson 1905.
5 Julius Bab: *Die Berliner Bohème*. – Berlin: H. Seemann Nachf. 1904 (*Großstadt-Dokumente*, Bd. 2).
6 Vgl. E. Mühsams Aufsatz *Der fünfte Stand (Der Sozialist* 2. Jg. (1910), H. 13, 1. Juli, S. 97–99; Wiederabdruck in E. M.: *Fanal. Aufsätze und Gedichte 1905–1932*. Hrsg. von Kurt Kreiler. Berlin 1977, S. 62–66).

99
[Herwarth Walden:] *Café Größenwahn*. In: *Der Sturm* 2 (1911/12), Nr. 82, Oktober 1911, S. 652.

»Wir lassen nunmehr den Bericht unseres eigens entsandten xw-Spezialberichterstatters über das Café Größenwahn folgen. Derselbe schreibt uns über dasselbe«

Café Größenwahn

Dort, wo die Joachimsthalerstraße den Kurfürstendamm schneidet, haben sie den Sitz der Hölle aufgeschlagen. Noch rasch vor seinem Tode hat Messel [1] das Café erbaut, und Cassirer [2] hat die Wände mit Klimtschen Satanswerken [3] ringsum behängt. Die Fußböden sind mit Mosaiken ausgelegt, auf denen Hodlers [4] anatomische Selbstherrlichkeit lagert. Getische und Gestühle und alles Geschirr und Geräte, der letzte Schrei der Wiener Werkstätten. [5]

Scheu und geängstigt hastet der schlichte Bürger am Höllenpfuhl vorbei. Der ehrbare Kaufmann, der sparsame Rentier, der mutige Offizier, der tiefe Gelehrte, der berufene Theaterdirektor, der standesbewußte Schauspieler, der sich Zeit lassende Handwerker, der herkömmliche Maler, der klassische Dichter, der rasende Fuhrmann, der treue Dramaturg, der tennisverdammte Demi-Jüngling, die handkoffertragende Jungfrau, und last not least der bescheidene

Lumpensammler werfen einen scheuen Blick durch die revolutionären Scheiben und empfehlen ihre Seele Wildenbruch [6] und allen guten Geistern der großen Kunstausstellung. Bleicher Schauer rieselt durch ihr normales Gebein, durch ihr gesundes Blut. Tief im Innern haben sie dämonische Gestalten sitzen sehen. Männer mit langen Haaren, schlangenhaft geringelten Locken, wildflatternden Kravatten, sezessionistischen Socken und alkoholfreien Unterhosen leben sich aus. Drücken sich bedeutsam in die Sofaecken, bespiegeln sich selbst und gegenseitig, schleudern sich biertonnengroße Weihgefäße um die stefangeorgeschen Ohrmuscheln, und bringen durch ruchloses, dekadentes Kaffeetrinken die deutsche Kunst an den Rand des Abgrunds. Gurgelnde, röchelnde Pereatrufe auf Schiller und Konsorten unterbrechen die Stille des modernen Denkens, und Holz und Schlafs *Familie Selicke* ist der Gral der Tafelrunde. [7]

Ermunternd, erweckend, aufreizend und zum ewigen Haß gegen Weimar mahnend, schreitet Arno Holz selbst von Tisch zu Tisch, und die Modernen küssen des Meisters Hände. Krachend fliegen die Tagesblätter in die Ecken, die Brockhausbände mit Goethe und Schiller sind verbrannt, aber von Hand zu Hand gehen die gesammelten Werke Alfred Momberts. [8] Altenberg [9] kann leider das Reisen nicht vertragen, aber Hermann Bahr [10] kommt zweimal in der Woche herüber, und Alfred Kerr steht in ununterbrochener telephonischer Verbindung mit der modernen Clique, während Karl Kraus von der Wiener *Fackel* Depeschen sendet. Dann schwirrt es in Telephon- und Telegraphendrähten von Ibsen und Hauptmann, von Strindberg und Wedekind, von Hoffmannsthal und Maeterlinck, von Shaw und d'Annunzio.

So vergeht der Tag, bis abends die große Orgie der täglichen modernen Nacht beginnt: die markzerfressende Zersetzungsarbeit der Caféhausliteraten. Dann kommt es herangekrochen aus Wilmersdorf und Halensee, sezessionistisches Gewürm, krankhaft Empfindende, bizarre Gesellen, »vom Größenwahn« geschlagene. Und es beginnt ein irrsinniges Lallen. Klein Eyolfschen Banalitäten [11] werden Shakespeares unsterblichste Wortspiele geopfert. Hauptmanns naturalistische Platitüden Schillers Betrachtungen über die Lebenskraft der Sonne vorgezogen. Lerchenjubel, wogendes Ährenfeld, braune Scholle, schmucke Bauerndirnen, der Schrei der Möwe und all die tausend Vögel, die in der Brust der heimatkünstlichen Menschen singen, alle die alten geheiligten Güter der Kunst werden verlacht und verhöhnt. Scheerbarts Muse wird mit metaphysischer Inbrunst abgeknutscht. Heinrich Manns Romane in den unmöglichen Melodien Herwarth Waldens gesungen.

Und um Mitternacht hebt an das große Opfer der gegenseitigen Beweihräucherung: ein gigantisches Überschreien, Einandervorlesen; tolle Wortgebilde durchdringen die Lüfte, Sätze, die man weder bei Schiller noch bei Goethe findet, unverständliches Gestammle, französische, italienische Wortkonstruktionen ohne germanische Deutlichkeit, unreife Ansichten über Grillparzer und Hebbel. Junge Fante, die nie den Ernst des Lebens kennen gelernt haben, entziehen sich weimarscher Zucht und weigern sich, in fünffüßigen Jamben zu dichten. Auf kristallenen Schalen werden die wertvollsten unaufgeklärten Dramen in Lilasamt und Silberschnitt gebunden herumgereicht. Kaffee rinnt auf Kaffee, nur selten vom schlichten Selters unterbrochen. Der Taumel wächst. Baudelaire, Verlaine und Flaubert werden in eine einzige Silbe geschweißt, Monet wird zu Manet und Manet zu Monet. Peter Hille [12] wird durch Tischrücken herangeholt, Begrüßungstelegramme werden gesandt an Paul Claudel und Thaddäus Rittner [13]. Und nachdem Else Lasker-Schüler sechs Gedichte vorgelesen hat, in denen sich nichts reimt und keine Verbindung mit Heine oder Busse-Palma [14] zu finden ist, läuten fingerfertige Jünglinge zum Beardsley-Dienst. Und während Speisen- und Getränkekarten, Tage-, Wochen- und Monatsblätter, Wände und Marmorplatten mit schamlosen amourösen Verrenkungen gedeckt werden, kauern sezessionistische Maler auf der Treppe und verzeichnen anatomisch feststehende Tatsachen. Lovis Corinth stöhnt nach degoutanten Vorwürfen. [15] Oskar Kokoschka hat sich etwas Straßenstaub mitgebracht, den er für ein Kolossalgemälde braucht, Max Pechstein hält Menschenleiber für Paletten. Wild dröhnt die Tschudikantate. [16] Hungrige verlangen Speisekarten mit Peter Behrens-Typen. [17] Aber anstatt zu essen schreien sie unaufhörlich Greco, Greco – a bas Velasquez! und Minderjährige bringen Hochs auf Munch und Julius Meier-Graefe [18] aus. Und dann spreizt der Wahnsinn der Moderne seine Fangarme aus: lange Arme, viel länger als anatomisch denkbar und erweislich wahr ist, mit Flederhänden, die es so wenig gibt als das Wort selbst, und Neo-Krallen: weißlich grüner Gischt tritt den Besessenen vor den Mund, ihre Augen werden van-Goghisch grün, was sich durch Lichtreflexe allerdings *erklären* läßt . . .

Und die beliebtesten Genien in ihren respektiven Heimen aufgescheucht, und an ihren traditionellsten Gefühlen verhindert brechen auf und suchen das Land, wo der koffeinfreie Kaffee gedeiht und der koholhaltige Kohol.

Die humorig-ästimierende »Reportage« über die Berliner Avantgarde-Lokalität bezieht sich auf das »Café des Westens«, Berlin W 15, Kurfürstendamm 18/19 (Altes Café; Neubau, Eröffnung Ende September 1913, Kurfürstendamm 26), den 1893 begründeten Treffpunkt der Berliner Bohème, der im Volksmund und in Literaten- wie »Spießer«-Kreisen »Café Größenwahn« genannt wurde. Mit dem Kürzel B. unterzeichnet, findet sich in Ernst Paulys kleiner Erinnerungsgabe (*20 Jahre Café des Westens. Erinnerungen vom Kurfürstendamm*. – Berlin-Charlottenburg: Richard Labisch 1913/14, S. 51–53) ein Beitrag m. d. T. *Die jungen Dichter*, der hier anmerkungsweise zitiert wird:

Es ist gar nicht so sehr übertrieben, zu sagen, daß die literarischen Stammtische des Café Größenwahn in der Geschichte des Schrifttums unserer Zeit an irgendeiner Stelle erwähnt werden müssen. Es war da wirklich so etwas wie eine sprudelnde Hexenküche der Lyrik; aus den glühenden Diskussionen fiebernder Naivität wurde wahrhaftig manch seliges Gedicht, manch stürzendes Drama geboren. Darum: Respekt auch vor dem, was dem Mann der kalten Vernunft wie blankes Narrentum erscheint. Sie meinen es bitter ernst, diese Jungen, sie bluten um Wahrheit. Und wenn sie schon belächelt werden sollen, so muß es ein Lächeln der Liebe sein.Zwei Kreise waren es, die im Café Größenwahn die Krater heizten: *Der Sturm* und *Die Aktion*. Beide Flaggen bedeuten Bewegung, Heftigkeit, Draufgängertum. Man mag gut reden, daß in diesen zwei Blättern viel Törichtes, Wirbliges und Formloses zu finden ist; man würde dabei übersehen, daß gärende Kraft oft Kapriolen schießt. Der *Sturm* hat uns die Futuristen herangefegt; er half uns aber auch die Else Lasker-Schüler und den Kokoschka kennen zu lernen. Die *Aktion* schenkte uns (von der Wohltat ihres Radikalismus still zu sein) manch erlebtes Gedicht.

1 Alfred Messel (1853 – 1909), in Berlin tätiger Architekt.
3 Paul Cassirer (1871 – 1926), Kunsthändler u. Verleger, der 1898 mit seinem Vetter Bruno C. einen Salon begründete, aus dem sich Verlag und Kunsthandlung entwickelten.
3 Gustav Klimt (1862 – 1918), österreichischer Maler des raffiniert-erotischen Jugendstils.
4 Ferdinand Hodler (1853 – 1918), impressionistischer Maler.
5 »Wiener Werkstätte des österreichischen Museums für Kunst und Industrie«, Förderungsinitiative einiger Mitglieder der W. Sezession. Vgl. *Die Wiener Werkstätte*. Wien 1967.
6 Ernst von Wildenbruch (1845 – 1909), von den Hohenzollern geschätzter, epigonaler und pathetisch-rhetorischer Dramatiker der Wilhelminischen Epoche.

7 Arno Holz und Johannes Schlaf: *Die Familie Selicke.* Drama. – Berlin: Issleib (1890).
8 Vermutlich Alfred Mombert: *Der himmlische Zecher.* Ausgewählte Gedichte. – Berlin: Schuster & Loeffler 1909.
9 Peter Altenberg (Richard Engländer; 1859 – 1919), Kaffeehausliterat und bekannter Bohemien auf dem Semmering.
10 Hermann Bahr (1863 – 1934), ein sehr wandlungsfähiger und dem Aktuellen besonders aufgeschlossener Essayist und Kritiker, dessen Expressionismusbuch (München: Delphin-Verlag 1916) unterschiedlich aufgenommen wurde; ein Vorabdruck m. d. T. *Expressionismus und Goethe* wurde in der *Neuen Rundschau* 25. Jg. (1914), Bd. 2, S. 913–926 veröffentlicht.
11 *Klein Eyolf* (eig. *Lille Eyolf*) ist der Name der Titelfigur eines Dramas von Henrik Ibsen (Kopenhagen: 1894).
12 Peter Hille (1854 – 1904), Vagant und Bohemien; mit Else Lasker-Schüler befreundet, die 1906 bei Axel Juncker *Das Peter Hille-Buch* herausbrachte.
13 Thaddäus Rittner (1873 – 1921), polnischer Schriftsteller, Beiträger des *Sturm.*
14 Georg Busse-Palma (1876 – 1915), Vagabund und literarischer Autodidakt.
15 Lovis Corinth (1858 – 1925), Maler und Graphiker, führendes Mitglied der Berliner Sezession; vgl. dazu Ludwig Bäumer: *Lovis Corinths »Aufruf an die Jugend, für die deutsche Kunst«. Eine Entgegnung.* In: *Die Aktion* 4. Jg. (1914), Nr. 7, 21. Februar, Sp. 161-163.
16 Hugo von Tschudi (1851 – 1911), Kunsthistoriker, seit 1896 Direktor der Berliner Nationalgalerie. Ab 1909 Direktor der Münchener Alten Pinakothek. Das Sammelbuch *Der Blaue Reiter* (München: R. Piper & Co. Verlag 1912) von Franz Marc und Wassily Kandinsky war dem Andenken dieses bedeutenden Experten gewidmet. Vgl. auch Hugo von Tschudi: *Gesammelte Schriften zur neueren Kunst.* Hrsg. von E. Schwedeler-Meyer. – München: F. Bruckmann 1912.
17 Peter Behrens (1868 – 1940), Architekt, ursprünglich Maler, der bahnbrechend für die neue Gesinnung in Architektur und Kunstgewerbe tätig war.
18 Julius Meier-Graefe (1867 – 1935), Kunstgelehrter und Schriftsteller, bedeutender Kenner der französischen Malerei des 19. Jahrhunderts und der zeitgenössischen Strömungen. Verfaßte Aufsätze zum Expressionismus der bildenden Kunst; Mithg. des »alten« *Pan*, 1895–1900.

100
Hugo Ball: *Die junge Literatur in Deutschland.* In: *Der Revoluzzer* 1 (1915), Nr. 10, 14. August, S. 3–4.

Der Kampf, den die junge Literatur in Deutschland heute zu führen hat, geht um die Bildung einer oppositionellen Partei.

Opposition gegen die hier wie in keinem Lande allmächtige Bourgeoisie; Opposition gegen den krassen Materialismus in Leben, Kunst, Politik, Presse; Opposition gegen die offizielle Oppositionspartei (die Sozialdemokratie): das sind die Aufgaben, die sich die junge Literatur von heute mehr und mehr zu Bewußtsein bringt.

Die Situation ist schwierig. Zunächst: Es fehlt jede Tradition. Dreierlei hat man in Deutschland noch nicht genügend begriffen: Erstens, daß die verantwortlichen Denker der letzten fünf Jahrzehnte, Bakunin und Nietzsche, den Deutschen als Typus ablehnten. Daß man sich also in einem Lande befindet, das vor Europa und vor aller Intellektualität (Radikalität) kompromittiert ist. Zweitens, daß man in Dingen politischer Intelligenz seit den Dekabristen (1825) von Rußland zu lernen hat statt von Frankreich. Drittens, daß es in Deutschland trotz hunderttausend Büchern, Zeitschriften und Bibliotheken so etwas wie ein öffentliches geistiges Leben, das heißt unmittelbare Ausprägung dessen, was man denkt und fühlt (auf dem Podium, in der Versammlung, in der Tagespresse) noch nicht gibt.

Wenn man den Deutschen vorwirft, daß sie ihren Nietzsche (und dessen vielgliedrige Kritik der Moral, der Philosophie, der Religion, des Idealismus) nicht verstanden haben, so zitieren sie den *Zarathustra* (das nutzloseste Buch, das einer geschrieben hat) und den *Willen zur Macht*, statt *Ecce homo, Morgenröthe* und den *Fall Wagner* (sie zitieren immer, was ihnen gerade in den Kram paßt). Wenn man sie nach Bakunin frägt, so wissen sie, daß bei Cotta in Stuttgart der Briefwechsel mit Herzen und Ogarjeff erschienen ist. [1] Das pamphletisch-antigermanische *l'empire knoutogermanique** ist noch in keiner, selbst der schlechtesten Übersetzung zu erhalten; die Biographie Nettlaus nur in einem Abriß. [2]

Die Bücherei *Vorwärts* ihrerseits (marxistisch wie sie ist) tut alles, um die bakunistische Theorie, und was schlimmer ist: die bakunistische Praxis, ad absurdum zu führen. Eine sozialrevolutionäre Partei aber gibt es heute in Deutschland nicht. Revolutionäre Propaganda in Deutschland ist ein Unding. Vor allem fehlt es an einem radikal kultivierenden Verlag. Es gibt keinen Verlag in Deutschland, der nur oppositionelle Literatur aufnimmt. Oppositionelle Blätter wie die *Aktion* (Herausgeber Franz Pfemfert, Wilmersdorf, Nassauischestr. 17), das Organ der Jüngsten, Stärksten, Kritischsten, behaupten sich mit Mühe und unter nahezu vollkommener Ignoranz.

Damit im Zusammenhang steht die Richtung auf das Ästhetisierende, Formale, Dekorative, von der die jüngste Literatur noch immer beherrscht ist: Sympathie und Tendenz mit und nach Frankreich. Radikale politische Lektüre muß sich der Junge mühsam zusammensuchen aus polemischen Schriften der Vorwärts'-Offizin! Eigene radikale Bücher schreibt der junge Deutsche nicht, einmal, weil er keine Muster hat, kein eigentlich öffentliches Leben von Bedeutung und Widerspruch vorfindet; sodann, weil er auch keinen Verleger fände, der sich seiner Produktion annähme, und dieser Verleger wiederum kein Publikum (kurz, weil jede Voraussetzung fehlt). So neigt der junge Literat zu Frankreich, das müde der großen Vergangenheit, mehr und mehr die Tradition von 1789 verliert; zu einem Frankreich, als dessen oppositionellen Extrakt der Verlag Diederichs in Jena die im besten Falle antiprussianische *Armee française* des Jaurès [3] anbietet; zu Frankreich, dessen ästhetische Kultur ihm die notwendigere politische ersetzen muß.

Der Gewinn ist eine ästhetisch-antibourgoise, von Flaubert her orientierte Gesinnung. Das Resultat: etwa Heinrich Manns undeutsche Romane [4] oder die Komödien Carl Sternheims (*Die Hose, Bürger Schippel, Snob, 1913*), entzückend geschliffene, kristallklare Komödien »aus dem bürgerlichen Heldenleben« [5] mit viel begeistertem Spott gegen den verschollenen deutschen Raubritterheroismus, gegen veilchenblaues Banausentum, Komödien, von denen sich indessen schon das großbürgerlich- »weltpolitische« Berliner Tageblatt nicht mehr getroffen fühlt.

Drittens: hat es bis jetzt für die junge deutsche Literatur so etwas wie ein öffentliches Leben

* Das knuto-germanische Reich.

noch nicht gegeben. Es sind noch keine 10 Jahre her, daß in Berlin eine gewiße Propaganda des öffentlichen Ausdrucks einsetzte (unterm Einfluß nihilistisch erzogener russischer Frauen). [6] Man wurde, mehr und mehr, der Meinung, es komme alles darauf an, nicht nur zu denken und zu fühlen. Wichtiger als »Literatur« sei das Eingreifen, das Sich-Beteiligen an der Öffentlichkeit. Wichtiger als Verse, Aufsätze, Dramen irgend welcher Art sei das Ausprägen etwelcher *Gedanken* coram publico, sei es im Vortragssaal, mit der Reitpeitsche oder in der Debatte. Man dachte an Manifeste, wo man früher Gedichtbände und Romane veröffentlichte. Man veranstaltete jetzt Abende auf eigene Faust unter Umgehung der Zeitschriften. Man trieb Polemik, Propaganda und schrieb (dies alles erst in den letzten Jahren) »Aufrufe an die Partei des deutschen Geistes«. [7] Eine neue Art von Publizistik, sehr fanatisch und direkt, schien sich vorzubereiten. Leider noch außer Kontakt mit der proletarisch-ökonomischen Situation, aber doch tastend danach. Bezeichnend scheint mir die Tatsache zu sein, daß nach Ausbruch des Kriegs die ihrer Herkunft nach bürgerliche Intelligenz dringenden Anschluß suchte bei Gustav Landauer [8], dessen müde gewordener, degoutierter Kämpfernatur es nach persönlichen Erfahrungen des Unterzeichneten nur an Blick für die in ihren Überzeugungen irre gewordenen bürgerlichen Elemente fehlte. Bezeichnend scheint mir auch, daß die junge bürgerliche Intelligenz es war, von der im Februar dieses Jahres, als das Fortbestehen der Berliner »Freien Volksbühne« in Frage stand, ein Aufruf für Erhaltung des proletarischen Gründungsgedankens dieses Theaters ausging. [9] Der Krieg hat eine Annäherung der intellektuellen Elemente zu den proletarischen eingeleitet. Die Gemeinsamkeit liegt in der Opposition gegen den Krieg, gegen den Patriotismus. Der Krieg hat darüber hinaus aber auch die ökonomische Deklassierung der Intelligenz angebahnt, eine Tatsache, von der noch manches zu erwarten ist. Der junge Literat bürgerlicher Herkunft findet heute keinen Boden und kein Publikum mehr. Irgendwie empfindet er in Lebensfragen realer, radikaler als je. Irgendwie gerät er dadurch mit der Kriminalität in Konflikt. Irgendwie fühlt er sich ohne Schutz und Subsistenz. Er vertreibt sich die Zeit mit Psychoanalyse und neigt zur Hochstapelei. Er stänkert in 20 Berufen und zieht sich zurück, um überhaupt zu verzichten.

Wie die Dinge heute liegen, ist nur zu wünschen, daß die Situation sich noch verschlimmert. Denn nur so kann in Deutschland die Verbindung zwischen Proletariat und Intelligenz zustande kommen, die fehlt und nottut, wenn auf der einen Seite nicht lächerlichste Anmaßung, auf der andern ein geistig unzulängliches Führertum die Folge sein soll.

1 *Michail Bakunin's sozialpolitischer Briefwechsel mit Alexander Iw. Herzen und Ogariow.* Mit einer biographischen Einleitung, Beilagen u. Erläuterungen v. Michail Dragomanow. Aut. Übers. a. d. Russ. von Boris Minzès. – Stuttgart: J. G. Cotta Nachf. 1895 (*Bibliothek russischer Denkwürdigkeiten*. Hrsg. von Theodor Schiemann, Bd. 6).

2 Das Pamphlet *L'empire knoutogermanique* (Dat.: Lyon 29. September 1870) erschien erst am Ende des expressionistischen Jahrzehnts in dt. Übers.: Michael Bakunin: *Gesammelte Werke*. Hrsg. von Erwin Rohlfs. Bd. 1. – Berlin: Verlag Der Syndikalist 1921, S. 5–72 u. d. T.: *Das knoutogermanische Kaiserreich und die soziale Revolution*; bei der erwähnten Biographie handelt es sich wohl um das englischsprachige Werk von Max Nettlau: *The Life of Michail Bakunin*. 3 Bde. – London: 1896–1900.

3 Jean Jaurès: *Armee française. Die neue Armee*. – Jena: Eugen Diederichs 1913.

4 Gemeint sind die Romane *Professor Unrat oder Das Ende eines Tyrannen*. Roman. – München: Langen 1905; *Zwischen den Rassen*. Roman. – München und Berlin: Cassirer 1907; *Die kleine Stadt*. Roman.

– Leipzig: Insel Verlag 1909; der Höhepunkt des »undeutschen« Romans war zweifellos *Der Untertan. [Geschichte der öffentlichen Seele unter Wilhelm II.]*, der nach Vorabdrucken im *Simplicissimus* ab 1. Januar 1914 in der Münchner Zeitschrift *Zeit im Bild. Moderne Illustr. Wochenschrift* in Fortsetzungen erschien, bis am 13. August die Veröffentlichung wegen des Kriegsbeginns abgebrochen wurde.

5 Der Zyklentitel *Aus dem bürgerlichen Heldenleben* verbindet die genannten Werke Carl Sternheims: *Die Hose. Ein bürgerliches Lustspiel in vier Akten.* – Berlin und Leipzig: Insel-Verlag 1911; *Bürger Schippel. Komödie in fünf Aufzügen.* – Leipzig: Insel-Verlag 1913; *Der Snob. Komödie in drei Aufzügen.* – Leipzig: Insel-Verlag 1914; *1913. Schauspiel in drei Aufzügen.* – Leipzig und München: Kurt Wolff 1915. Der Zyklentitel steht in der 1. Fassung von *Der Snob,* La Hulpe, Sommer 1913; Carl Sternheim Nachlaß im Deutschen Literaturarchiv Marbach: Sig. 60.251a.

6 Es ist nicht sicher zu beantworten, ob Ball hierbei an die russischen Studentinnen aus dem Anarchistenkreis um Johannes Holzmann (Ps. Senna Hoy; 1882 – 1914) und an die Öffentlichkeitsarbeit des *Kampf. Zeitschrift für gesunden Menschenverstand* N. F. [Jg. 1.] – Berlin 1904/05 dachte oder an Frauen wie Nadja Strasser (1871 – 1955) und Alexandra Ramm, die 1908 nach Berlin kam und die Ehefrau Franz Pfemferts wurde.

7 Einen Aufruf mit dem zitierten Titel verfaßte Kurt Hiller 1914: *An die Partei des deutschen Geistes!* In: *Der neue Merkur* 1. Jg. (1914/15), Bd. 2 (Oktober – März), S. 645–653.

8 Großes Echo fand der utopische Populist Gustav Landauer in der Vorkriegszeit mit seinem *Aufruf zum Sozialismus.* Vortrag. – Berlin: Verlag des sozialistischen Bundes 1911. Vgl. Dok. 86.

9 Hugo Ball und Richard Huelsenbeck waren die Initiatoren dieser Kampagne; unter dem Stichwort »Bühne und Konzertsaal« berichtete die *Frankfurter Zeitung* 59 (1915) im 2. Morgenblatt v. 2. März 1915, S. 2: »Für die Sache der *Freien Volksbühnen in Berlin*, die, wie man weiß, unlängst ein eigenes Theater errichtet haben, erläßt jetzt eine Reihe von bekannten Persönlichkeiten, darunter Franz Blei, Lovis Corinth, Prof. Max Dessoir, Maximilian Harden, Julius Hart, Wolfgang Heine, Arthur Kampf, Max Liebermann, Paul Schlenther usw. einen *Aufruf.* Das Institut ist nämlich durch den Krieg in seinem Weiterbestande gefährdet. Eine Sympathiekundgebung für die bedrohte Volksbühne am Bülowplatz soll nun in die Wege geleitet und ein Komitee gebildet werden, das in Gemeinschaft mit der Verwaltung die Zukunft des Instituts beraten wird. Wer ein Interesse am ungestörten selbständigen Fortbestehen der Volksbühne hat, möge Namen und Adresse den Herren Hugo Ball und Richard Huelsenbeck, Berlin W 15 (Uhlandstraße 31) mitteilen. Die Leitung des Theaters ist, dem ›Berliner Tageblatt‹ zufolge, Max *Reinhardt* angeboten worden.« In einem Aufsatz hatte sich Ball für eine Restaurierung des ursprünglichen Konzepts von Bruno Wille (1860 – 1928) eingesetzt, der mit seinem am 29. Juli 1890 begründeten Verein »Freie Volksbühne« und dem vom 22. Oktober 1892 stammenden Aufruf für die »Neue Freie Volksbühne« die Schaffung eines dem Proletariat zugänglichen Theaters beabsichtigt hatte (Hugo Ball: *Das neue Volkstheater am Bülowplatz.* In: *Zeit im Bild* 13. Jg. (1915), Nr. 8, 21. Februar, S. 183–184). Balls Engagement hatte keinen Erfolg, wie sein Bericht drei Wochen später dokumentiert: »Ein in letzter Stunde von Hugo Ball und Richard Huelsenbeck für die Volksbühne und ihre bedrohte ideelle und geschäftliche Situation erwirkter Aufruf [...] wurde von seiten der Volksbühne abgelehnt und in der Presse verhindert« (*Das Theater am Bülowplatz.* In: *Zeit im Bild* 13. Jg. (1915), Nr. 11, 14. März, S. 263–264; Zitat S. 264).

101
Rudolf Kayser: *Literatur in Berlin.* In: *Das junge Deutschland* 1 (1918), Nr. 2, S. 41–42.

Diese Stadt schien bis vor kurzem kaum geeignet, die Heimat neuer Kunstgesinnungen zu werden. Es fehlte ihr Atmosphäre und öffentliche Leidenschaft, ein Leben, das mehr ist als Lärm. Sie verfügte nicht über die schillernde Atelier-Luft Münchens, die reife Anmut von Paris, die tiefe Südlichkeit italienischer Städte. Als europäische Stadt erstand sie auf der Grenze zweier Welten, die beide keine Beziehung zum Geist haben: der korrekten Nüchternheit des alten Preußens und der schrankenlosen Gewinngier der Gründerjahre. Darum mangelte dem neuen Berlin: Eindeutigkeit, Gesinnung, Stil. Der Bewohner ward eine groteske Mischung eckigen Beamtentums und waghalsiger Unternehmerlust. Die Stadt, die sich um ihn emportürmte, schien ihm ein Produkt von Polizeiverordnungen, Geschäften und Operetten zu sein. In ihr blieben die Menschen liebeleer, ihren privaten Zwecken hingegeben, auch keinem Gewitter politischer Leidenschaft unterstellt.

In diesem unsicheren Berlin, seiner verbissenen Geldgier und zweifelhaften Lustigkeit, mußten rebellische Literaten verfahren wie die Urchristen im alten Rom: man war gezwungen, krypterisch Gott zu opfern. Die Öffentlichkeit lachte und spottete über sie, meist aber schwieg man. Diese Lage, verbunden mit einem leicht genialischen Aristokratismus, bewirkte es, daß man sich in die verrauchten Hinterzimmer westlicher Cafés oder in mondäne Buchhandlungen zurückzog, um dort einem kleinen Publikum vorzulesen. Und doch lag keinem die tolpatschige Weltstadt mehr im Blut als uns Zwanzigjährigen. In unserem Innern erbauten wir sie mit steilen Rhythmen, tosenden Straßenecken, Abenteuern und Barrikaden. Während an ihren nüchternen Alltagshäusern kein Blick sich entzündete, belebten wir sie phantastisch durch abseitige Gefühle. Darin offenbart sich ja die neue Kunst: daß sie die empirische Wirklichkeit der geistigen unterwirft, allen Lärm und Schein der Erde den Ideen unterstellt, die nur unserem Willen entstammen.

Die entscheidenden Vorstöße befehltigte Kurt Hiller. Er schuf, französisch in der Farbe, deutsch in der Sachlichkeit, literarische Cabarets: 1909 das »neopathetische«, 1911 das »Gnu«. [1] Dort las man, unter den Lachsalven einiger verirrter Bürger und dem schnellen Erwärmen vieler Junger: Aufrufe, Polemiken, Philosophien und Dichtungen. Hiller eröffnete mit Worten heiterer Feierlichkeit und – trotz stürmischer Musik – stahlharter Logik. Manche Hinrichtung ward vollzogen; ein neues Pathos verkündet: »nicht als gemessener Gebärdengang leidender Prophetensöhne, sondern als universale Heiterkeit, als panisches Lachen«. [2]

Die Dichter hatten durch George und Rilke die Wunderhaftigkeit der Sprache erfahren. Doch anders als diese stürzten sie sich auf die Welt. Mit züngelnden Nerven und Leidenschaften. Man ver-dichtete die Erde bis zum konzentrierten Ich-Erlebnis; der Atem der Stadt kehrte zurück in die Seelen. So Jakob van Hoddis, ein lyrischer Futurist und rasender Beweger. Ihm verwandt: die tragischen Grotesken des (gefallenen) Alfred Lichtenstein. Georg Heym, der 24-jährig im Wannsee ertrank, läßt das Dasein in neuen Mythen des Grauens und Schreckens vorüberziehen. Paul Boldts Sinnlichkeit schafft statuarische Bilder. Ernst Blass, der unlängst zur George-Gemeinde übertrat [3], gibt in unendlich beschwingten Versen die weicheren Manifestationen des neuen Städtertums. Alfred Wolfensteins Gedichte sind die überaus redlichen Projektionen einer tiefst empfundenen Hirnlichkeit.

Bald gewann man Anschluß an Prag. [4] Dort, in dieser Welt des Mittelalters und Nationalitätenhaders, erblühte ein neuer, sehr innerlicher Realismus. Max Brod schrieb in seinem Roman *Schloß Nornepygge* [5] die Bibel unserer nihilistischen Jahre; hier fanden wir in symbolischer Deutlichkeit unsere Revolutionen und Zweifel, Bewegungen und Zerrüttungen wieder; wir spürten den Atem unserer wilden, doch skeptischen Jugend, die vor entscheidende Entschlüsse sich gestellt sah. Franz Werfels erste Verse sangen ein neues Weltgefühl, das jenes starke Prophetentum erahnen ließ, um dessentwillen wir den heutigen Werfel so herzlich lieben.

Im Jahre 1912 wagte es Kurt Hiller, die neue Lyriker-Generation in einer Anthologie zu sammeln. *Der Kondor* hieß dieses (schon heute fast verschollene) Buch und wollte ein Manifest, »eine rigorose Sammlung radikaler Strophen« sein. [6] Hier fand man Gedichte auch von Ferdinand Hardekopf und Ludwig Rubiner, deren gallisch-hirnliche bezw. ethisch-furorhafte Prosa dem Essay neue Wege öffnete. Zwei junge Zeitschriften, ***Sturm*** und *Aktion* [7], taten sich auf und druckten unsere Verse, Glossen, Essays. Neue Freunde schlossen sich an. Hasenclevers jung-schillersche Leidenschaft, E. W. Lotz, der als erster den »Aufbruch der Jugend« [8] sang und den als ersten der Krieg uns entriß, Leo Matthias' Suchen zum Drama [9] . . .

Inzwischen folgte Berlin unseren Träumen. Aus dem Chaos der Geschmacksverirrungen und Gegen-Strömungen formte sich langsam ein Gesicht, das, wenn auch der Schönheit bar, europäische Rasse, Intensität und Sehnsucht zeigt. Jetzt, wo alles auf Erwartungen und Entscheidungen sich spannte, mußte es uns leichter fallen, Raum zu gewinnen, unseren Weg in hellerer Öffentlichkeit zu gehen. In weiten Kreisen regte sich der Wunsch, die vergangene Passivität wieder gut zu machen, der Jugend aufmerksamer zuzusehen. So wurden die »Jüngsten«, ihre älteren Meister nach sich ziehend, Konjunktur; Redaktionen und Verleger änderten ihre Taktik und verwandelten sich in freundlich-willige Mäcene. Berlin, der Kultiviertheit entschieden näher gerückt, strahlt sein Bogenlicht auch über den Geist.

Da kam der Krieg und verdunkelte unsere jungen Himmel. Doch niemandes Richtung konnte er umbiegen. Stärker als je fühlen wir die Verantwortung unserer Entscheidungen, das Gebot des Wesentlichen. Die Welt, einer früheren Generation der Gegenstand sorgsamer Beschreibung, bedeutet uns das letzte Leid und Glück, der glühende Boden unserer Gemeinschaft, der runde Herd unserer Brände. Ihre letzte Realität aber ist der Mensch. »Die Welt fängt im Menschen an« (Werfel). [10] Zwei der prinzipiellsten Bücher des letzten Jahres machen ihn zum Kern der Erde: Rubiners Essays *Der Mensch in der Mitte* [11], Leonhard Franks Novellen *Der Mensch ist gut* [12].

So weisen alle unsere Instinkte ins Politische, zum tätigen Geist. [13] Aus ihnen heraus suchen viele von uns Anschluß an Bewegungen zur Erneuerung und Besserung des öffentlichen Lebens. Es kommt nicht mehr auf das »Erlebnis« an; nicht Komplikationen und psychische Abläufe gilt es wiederzugeben. Uns treibt ein starkes Ethos zum großen Bund des Menschengeistes, zur Verwirklichung des Messias in dieser Welt. Nach den Forderungen dieses Ziels wird die Zukunft uns richten.

1 Der erste Kabarett-Abend der »Neopathetiker« fand am 1. Juni 1910 statt; Kayser erwähnt hier irrtümlich das Gründungsjahr des »Neuen Club«, der sich im März 1909 unter der Leitung Kurt Hillers konstituierte; die erste Veranstaltung des Kabaretts »Gnu« wurde am 2. November 1911 durchgeführt.

2 Zitat aus der als Dok. 112 abgedruckten Eröffnungsrede Kurt Hillers.

3 Ernst Blass, Mitbegründer des »Neuen Club« und des »Gnu«, der 1912 mit seiner Lyriksammlung *Die Straßen komme ich entlang geweht* (vgl. Dok. 167) debütierte, siedelte im Frühjahr 1913 nach Heidelberg über; dabei verschärfte sich der Bruch mit den Berliner Frühexpressionisten, die Blass' Wendung zur formenstrengen klassizistischen Lyrik verulkten (Alfred Wolfenstein: *Ernst Frauenlob*. In: *Die Ak-*

tion 3. Jg. (1913), Nr. 24, 11. Juni, Sp. 598–600 u. Alfred Lichtenstein: *Etwa an einen blassen Neuklassiker*. In: *Die Aktion* 4. Jg. (1914), Nr. 29, 18. Juli, Sp. 628). Blass' Wendung zum George-Kreis war schon früh angelegt, bevor er in seiner Schrift *Über den Stil Stefan Georges. Dialogische Abhandlung* (Heidelberg: 1920) die Prämissen seiner ästhetischen und ideologischen Konversion durchblikken ließ.

4 Schon der »Zweite Autoren-Abend« der *Aktion* am 15. Dezember 1911 im Harmoniumsaal war den Pragern vorbehalten; Max Brod trug aus eigenen Texten und denen Franz Werfels vor (vgl. Anselm Ruest d. i. Ernst Samuel: *Der Max Brod-Abend*. In: *Die Aktion* 1. Jg. (1911), Nr. 45, 25. Dezember, Sp. 1425–1426). Zur literarisch-kulturellen Achse Prag-Berlin vgl. bes. Max Brod: *Der Prager Kreis*. Stuttgart u. a. 1966.

5 Max Brod: *Schloß Nornepygge. Der Roman des Indifferenten*. – Berlin, Stuttgart, Leipzig: Axel Junker [1908].

6 Zitat aus der Vorbemerkung Kurt Hillers zu der Lyrikanthologie *Der Kondor* (Dok. 110).

7 Vgl. Dok. 106 und Dok. 107.

8 Gedichttitel, aufgenommen in den postum erschienenen Gedichtband *Wolkenüberflaggt*. – Leipzig: Kurt Wolff 1916 (*Der jüngste Tag*, Bd. 36), S. 56.

9 Leo Matthias: *Der jüngste Tag. Ein groteskes Spiel*. – Leipzig: Kurt Wolff 1914 (*Der jüngste Tag*, Bd. 15).

10 Wortlaut der drittletzten Zeile aus dem Gedicht »Lächeln Atmen Schreiten«. Vgl. Franz Werfel: *Einander. Oden, Lieder, Gestalten*. – Leipzig: Kurt Wolff 1915, S. 7 - 8, Zitat S. 8.

11 Gemeint ist die wichtige Programmschrift des messianischen Expressionismus von Ludwig Rubiner: *Der Mensch in der Mitte*. (s. Dok. 59).

12 Leonhard Frank: *Der Mensch ist gut*. – Zürich: Rascher 1918 (Europäische Bibliothek).

13 Vgl. den Titel: *Tätiger Geist! Zweites der Ziel-Jahrbücher*. Hrsg. von Kurt Hiller. 1917/18. – München u. Berlin: Georg Müller 1918.

2. *Gruppenbildung in Kunst und Politik*

Wie in keiner Phase der Literaturgeschichte sonst wurden Künstlervereinigungen und Schriftstellerkreise, subpolitische Zirkel und programmatische Gruppierungen in der Zeit des Expressionismus zu kommunikativen Zentren des literarischen Lebens. Der »Neue Club« [1], die Künstler um Herwarth Waldens *Sturm* und *Sturmbühne* [2], Franz Pfemferts *Aktions*-Kreis, Alfred Richard Meyers Literaturzirkel, Paul Cassirers *Pan*-Mitarbeiter und die »Pathetiker« um Ludwig Meidner, die Gruppe der Zeitschrift *Neue Jugend*, Wolf Przygode und die *Dichtung*, nicht zuletzt auch die Künstler des *Blauen Reiters* waren neben vielen anderen Gemeinschaften (vgl. Dok. 2, 23,145) um Zeitschriften oder Verlage die organisatorische Basis der Bewegung und Movens ihrer Entwicklung. [3] Überzeugt von der »Macht der Minoritäten« in der Literaturgeschichte [4], sammelte man sich in künstlerischen Arbeitsgemeinschaften, die im Gegensatz zu den älteren Arkan-Kreisen wie der um Stefan George [5] oder Otto zur Lindes *Charon* an die Öffentlichkeit drängten.Rudolf Leonhards Kritik des zeittypischen Phänomens »Gruppenbildung« (Dok. 102) setzt sich mit der Eigenart literarischer Fraktionen im frühen Expressionismus auseinander. Den Sezessionen der Maler vergleichbar propagierte man die »Dichter-Sezession« [6], den »Abmarsch des Volkes auf den heiligen Berg«, von dem aus »die Welt des Ausruhens und Genießens, die Welt der Tradition, Dekoration und Imitation erschüttert« werden sollte. [7] Im Kampf um die Moderne bedingungslos auf seiten der künstlerischen Innovation, trat mit dem »Sturmkreis« eine relativ homogene Gruppe auf, die ihren eigenen Expressionismus und die Theorie der »Wortkunst« (s. den Abschnitt »Spracherneuerung und Wortkunsttheorie«) kreierte. Rudolf Blümners Propagandaschrift (Dok. 103) vergegenwärtigt nicht allein die Fülle der Aktivitäten dieser Gruppe, sondern konfrontiert auch mit der für sie typischen Tendenz zur kunsttheoretischen Orthodoxie und avantgardistischen Esoterik. Ähnliche Strukturen ließen sich für den im September 1917 initiierten Dresdner Arbeitskreis »Gruppe 1917« (vgl. Dok. 131) nachweisen, der mit Veranstaltungen, Manifesten, den Zeitschriften *Menschen, Komet* und *Neue Schaubühne*, Schriftenreihen und einem eigenen Verlag den »Selbstzweck Gemeinschaftsbildung für neue Kunst« verfolgte. [8]

Obwohl dieser »kollektive Aufmarsch« [9] expressionistischer Künstler zweifellos die erhoffte breitere Resonanz förderte, störten Querelen und ästhetischer Individualismus häufig die Kohärenz der Gruppen. Die zeitgenössische Kritik, die ohnehin nur die überragende dichterische Einzelpersönlichkeit gelten lassen wollte, amüsierte sich über »die Organisation, das Planmäßige [...]die Absicht: ›In geschlossener Kolonne die Unsterblichkeit zu nehmen‹«. [10] In einem offenen Brief Kurt Heynickes dokumentiert sich das zwiespältige Verhältnis expressionistischer Künstler zu literarischen Kreisen sehr deutlich:

Sie kennen Kreisen gegenüber meinen ablehnenden Standpunkt. Ich selbst gehörte dem *Sturm* an, aber ich kann nicht sagen, daß jene Richtung meine innere Linie bestimmend beeinflußt hat.

Und damit komme ich auf die eigentliche Ungefährlichkeit der »Schulen« und »Kreise«, wenn man sie vom zeitlosen Standpunkt betrachtet.

Denn: Der echte Dichter geht unbestritten eigene Wege, und die Gewächse vom Charon bis Dada werden ihn daran nicht hindern.

Es besteht nur die Gefahr, daß diese Kreise durch möglichstes M-undaufreißen den Glauben suggerieren, daß sie die wahre Kunst gepachtet hätten. Und der Bürger hört es gerne. Es schmeichelt ihn, umschmeichelt zu werden. Er identifiziert die Kreise mit der Kunst, stürzt sich hinein, und die Mode ist gemacht. Das ist leicht in einer Zeit, in der Christus im Millionenfilm und der Buddha in der *Eleganten Welt* erscheint.

Vielleicht darf man von der Einsicht des kommenden Alters der jungen Kreisdichter erwarten, daß sie ihres Pegasus Abfall-Produkte verhindern. Jeder Kreis hat sein dressiertes Musen-Roß, und: an den Äpfeln werdet ihr sie erkennen.

Stärker augenscheinlich ist die unbewußte (oder bewußte?) Kreisbildung, die sich von Becher über Werfel bis zu Kaiser verfolgen läßt. Die Nachdichter dieser Dichter machen so Propaganda für ihren Herrn und Meister, der aber alles andere als dafür kann. Dessen einziges Schicksal es ist, eigener Ausdruck dieser eigenen Zeit zu sein. Viel sündigt hier auch die Kritik. Sie teilt ein. Und braucht einen Namen. So wird von außen eine Gruppe geschaffen. Aber auch hier wird das Rad der Zeit zermalmen und übrig lassen, je nachdem. Früher Heine, heute Werfel. Oder ein anderer.

Wir aber, wissend, daß aus uns das All spricht, sitzen am Stuhl der Zeit und halten die Fäden, die uns zu halten bestimmt sind.

Denn das Einfache ist immer einsam und die letzte Erkenntnis ist kühl wie ein Dolch. Und die Armut eines engen Kreises kann Erfüllte nicht erfüllen.

Die Erfüllten aber erbauen namenlos der neuen Menschheit Tempel. Helfen daran kann jeder. Aber besser durch gute menschliche Tat, als durch unkünstlerisches Wort. Wer nicht berufen ist, soll sich nicht auserwählt dünken. [11]

Dennoch gibt der überhöhte Dichterbegriff keinen Anlaß, die legitimen Motive ästhetisch-publizistischer Gruppenbildung zu unterschlagen. Der Versuch, »der gleichgültigen Zwangsgesellschaft ringsum eine absichtsvolle, freie, aus unabhängiger Wahl [...]bestimmte Vereinigung entgegenzubilden« [12], stellte sich der Isolation und Vereinzelung schöpferischer Arbeit entgegen. Auch wenn die soziale Abkapselung durch solche exklusive Kollektivität nicht aufzuheben war, sie antizipierte zumindest jene Lebensform, die mit dem expressionistischen Stichwort »Gemeinschaft« (vgl. den Abschnitt »Soziale Entfremdung und Gemeinschaft«) ihr Recht einklagte: die Integration des Menschen in überschaubare, nicht-entfremdete Zusammenhänge, die der anonyme Prozeß totaler Vergesellschaftung immer weniger gewährte.

Von Anfang an forcierte ein kulturrevolutionärer Impuls die Bildung expressionistischer Gruppen, ein vorpolitischer Protest, der dem Engagement zugrundelag, schuf das Bedürfnis, sich zu organisieren und »als eine von den bestehenden Parteien und politischen Organisationen unabhängige politische Kraft zu behaupten«. [13] Die Idee einer *Organisierung der Intelligenz* [14] machte zwar schon vor dem Krieg von sich reden, spielte aber erst im Laufe des Krieges und um die Revolutionszeit eine wichtige Rolle. Für viele aus der »Großen deutschen Linken« war nämlich die Distanz zu politischen Parteien unüberbrückbar (s. die Abschnitte »Geist und Tat« und »Expressionismus und Revolution«). Der wohl konsequenteste Versuch, sich eigenständig als politische Kraft zu profilieren, waren die »Politischen Räte geistiger Arbeiter« (vgl. Dok. 71). Kurt Hiller hatte die personelle Basis für diese Organisation vorbereitet, deren geistesaristokratischer Charakter ganz auf der Linie des »Bundes zum Ziel« lag:

Der Bund zum Ziel ist die tätige Gemeinschaft geistig gerichteter Menschen, denen Geist kein Spiel der Erkenntnis oder des schönen Formens, sondern Aktivität bedeutet: eine Kraft, zutiefst nicht auf sich selbst aus, vielmehr auf Umgestaltung des Gegebenen, auf Änderung der Welt.

Getragen von den Ideen der großen europäischen Bewegungen, die sich seit beinahe zwei Jahrhunderten um die Freiheit des Menschen und die Verbrüderung der Völker bemühen, glaubt der Bund, daß die Erde dem Standpunkt aller utopischen Absichten um keinen Schritt näherrücken wird, solange die besten Köpfe, die verantwortlichsten und leidenschaftlichsten Herzen, die geistigen Führer der Nationen zögern, die wirkliche, das ist die politische Führung zu übernehmen.

Als erste Vorbedingung solcher Übernahme erscheint dem Bunde: das Bündnis der Führer untereinander (bei Wahrung der Selbständigkeit des Einzelnen) und ihr Zusammenschluß mit allen denen, die ihnen um des Geistes willen zu folgen bereit sind. Durchaus nicht geneigt, neben jene Gruppen, deren Gesinnung er sich verwandt weiß, als eine neue zu treten, ruft der Bund zu dieser Einung Führer und Folgende auf.[15]

Schon während des Krieges und vermehrt nach der Revolution war eine Vielzahl von Initiativen entstanden, mit Gruppen der europäischen Intelligenz auf supranationaler Ebene zu kooperieren, etwa mit der von Henri Barbusse ins Leben gerufenen »Clarté«. [16] Wilhelm Michels zweisprachig publiziertes Manifest (Dok. 104) ist ein eindrucksvolles Zeugnis der »Internationale des Gedankens« aus der Gruppe um die Zeitschrift *Das Tribunal*, die den blindwütigen Revolutionarismus und die politische Führungsrolle der Schriftsteller einer Kritik unterzog. Weder den Anhängern des Clarté-Programmes noch den Aktivisten gelang es freilich, in die politische Realität zu wirken. Wie Franz Pfemferts ephemerer Versuch, durch die Gründung der Antinationalen Sozialistischen Partei (vgl. Dok. 81) realpolitisch Fuß zu fassen, blieben sie, durch die Gesinnungskonkurrenz der Geistigen ohnehin gelähmt, praktisch bedeutungslos. Der offene Brief an die zunächst mit revolutionärem Elan angetretene Novembergruppe (Dok. 105) wirft ein Licht auf die aus Resignation und Radikalität gemischte Stimmung, die in der Zersplitterungsphase Mitte 1919 mehr und mehr um sich griff.

Sowohl die genuin künstlerischen als auch die dezidiert politischen Gruppen des literarischen Expressionismus wurden durch den Konflikt zwischen Individualitätsstreben und Kollektivforderungen immer wieder auf die Probe gestellt. Mit dem Problem, den politischen oder ästhetischen Konsens unter individualistischen Einzelgängern nicht dauerhaft stiften zu können, hängt auch der geringe Halt der spontanistischen Gruppen des Dada zusammen. [17] Hiller kommentierte persönlich indigniert die Situation: »Soviel Köpfe, soviel Sekten muß man heute beinahe sagen [...]Es gibt nichts Komischeres als diese Konkurrenz zwischen den Idealistenrotten – aber auch nichts Tragischeres, da ja die Idee es ist, die den Schaden davon hat«. [18] In der Rivalität der Parteiungen und Fraktionierungen, von denen jede Hort der historischen Wahrheit sein wollte, zerstreuten sich die Ideale der neuen Brüderlichkeit, der neuen Gemeinschaft und Gesellschaft.

1 Zur literarhistorischen Bedeutung dieser Keimzelle des Expressionismus vgl. Gunter Martens: *Georg Heym und der »Neue Club«*. In: G. H.: *Dichtungen und Schriften*. Bd. 4: *Dokumente zu seinem Leben und Werk*. – Hamburg und München 1968, S. 390–401; Thomas B. Schumann: *Geschichte des »Neuen Clubs« in Berlin als wichtigster Anreger des literarischen Expressionismus. Eine Dokumentation.* In: *Emuna* 9. Jg. (1974), S. 55–70; Richard W. Sheppard (Hrsg.): *Die Schriften des »Neuen Clubs« 1908–1914.* 2 Bde. Hildesheim 1980 und 1982.

2 Dokumentarisch vgl. *Der Sturm. Ein Erinnerungsbuch an Herwarth Walden und die Künstler aus dem Sturmkreis.* Hrsg. von Nell Walden und Lothar Schreyer. – Baden-Baden 1954; Lothar Schreyer: *Erinnerungen an Sturm und Bauhaus. Was ist das Bild des Menschen.* – München 1956.

3 Vgl. die autobiographischen Quellen: *Imprimatur* N. F. Bd. 3 (1960/61) und Paul Raabe (Hrsg.): *Expressionismus. Aufzeichnungen und Erinnerungen der Zeitgenossen.* Über die Berliner Künstlerkreise informiert Roy F. Allen: *Literary life in German expressionism and the Berlin circles.* – Göppingen 1974.

4 Vgl. Ralph Waldo Emerson: *Die Macht der Minoritäten.* In: *Die Aktion* 2. Jg. (1912), Nr. 5, 29. Januar, Sp. 135–137.

5 Zu Verbindungen zwischen Expressionisten und dem Georgekreis vgl. bes. Manfred Durzak: *Zwischen Symbolismus und Expressionismus: Stefan George.* – Stuttgart 1974. S. 107–153 sowie Lothar Helbing u. a. (Hrsg.): *Stefan George. Dokumente seiner Wirkung.* – Amsterdam 1974.

6 Vgl. das Vorwort von Kurt Hiller zum *Kondor* (Dok. 110).

7 Ludwig Rubiner: *Maler bauen Barrikaden.* In: *Die Aktion* 4. Jg. (1914), Nr. 17, 25. April, Sp. 353–365, Zitat Sp. 356f.

8 Heinar Schilling: *Bericht über die Verlagsjahre 1917/19.* In: *Menschen* 2. Jg. (1919)(68/69) S. 5–10; Abgedr. in: Paul Pörtner (Hrsg.): *Literatur-Revolution 1910–1925*, Bd. 2, S. 281.

9 Eduard Korrodi: *Die Jüngsten der Literatur.* In: *Neue Züricher Zeitung* 1914, Nr. 771, 775, 779. In: Paul Raabe (Hrsg.): *Expressionismus. Der Kampf um eine literarische Bewegung*, S. 40.

10 Hans Leybold: *Ulrich Rauscher und die neue Lyrik.* In: *Revolution* 1. Jg. (1913), Nr. 2, 1. November, S. [5].

11 Kurt Heynicke: *Kreise. Brief an den Herausgeber.* In: *Das neue Rheinland* 1. Jg. (1919/20), S. 220–221.

12 Otto Stoessl: *Kameraderie.* In: *Der Sturm* 1. Jg. (1910/11), Nr. 5, S. 33.

13 Lothar Peter: *Literarische Intelligenz und Klassenkampf*, S. 7.

14 Vgl. Siegfried Lederer: *Die Organisierung der Intelligenz.* In: *Die Aktion* 1. Jg. (1911), Nr. 3, 6. März, Sp. 65–68. Das Programm dieser Initiative, der sich die »Aktion« als Mitteilungsblatt in den ersten Nummern zur Verfügung stellte, geht zurück auf das Buch von Viktor Hueber: *Die Organisierung der Intelligenz* (1910). – 3. Aufl. Leipzig: Verlag Johann Ambrosius Barth 1911.

15 *Das Ziel. Jahrbücher für geistige Politik.* Hg. von Kurt Hiller. Erster Halbbd. – Leibzig: Kurt Wolff 1919, S. 218; vgl. dazu auch K.H.: *Der Bund der Geistigen.* In: *Die Schaubühne* 11. Jg. (1915), Nr. 24, 17. Juni, S. 557 - 562.

16 Zur frz. Gruppe Clarté, der »Internationale des Gedankens« vgl. Nicole Racine: *The Clarté Movement in France 1918–1921.* In: *Journal of Contemporary History* 2. Jg. (1967), S. 195–208. Vgl. zur Auseinandersetzung mit der Clarté-Bewegung seitens der Aktivisten: Kurt Hiller: *Clarté. Eine Auseinandersetzung. Offene Antwort an Victor Cyril, Generalsekretär der Clarté*, Paris. In: *Die Erde* 1. Jg. (1919), H. 22/23, S. 661–664. Das Clarté-Programm findet sich abgedruckt in: *Die weißen Blätter* 7. Jg. (1920), H. 3, S. 142 f. u. d. T.: »*15 Leitsätze der Clarté*«.

17 Vgl. dazu die soziologisch und gruppenpsychologisch argumentierende Fallstudie von Miklávz Prosenč: *Die Dadaisten in Zürich.* – Bonn 1967 (*Abhandlungen zur Kunst-, Musik- und Literaturwissenschaft*, Bd. 42).

18 Kurt Hiller: *Überlegungen zur Eschatologie und Methodologie des Aktivismus.* In: K. H.: *Verwirklichung des Geistes im Staat. Beiträge zu einem System des logokratischen Aktivismus.* – Leipzig: Ernst Oldenburg 1925. [dat. 1919]. Zit. nach: Paul Pörtner (Hrsg.): *Literatur-Revolution 1910–1925*, Bd. 2, S. 441.

102
Rudolf Leonhard: *Über Gruppenbildung in der Literatur.* In: *Das neue Pathos* 1 (1913), H. 1, S. 28–31.

Diese junge Generation, die jetzt im Reifen steht, dazu heranwächst und, in den jüngsten Mitgliedern, vielleicht erst im Geiste geboren wird, greift anders in die Welt als je eine Jugend: sie ist nicht, wie jede bisher, entschieden feindlich gegen die vorige gekehrt, es fehlt die entschlossene Absage an die geistige Gesamtheit ihrer letzten Vorfahren, wie sie Romantik, Junges Deutschland, Sturm und Drang und alle sonstigen früheren hatten. Bei aller Feindschaft, die vielleicht manchen einzelnen kränkt und angreift, wird doch mancher andre so hoch verehrt und laut gepriesen, wie es je die Brüder des Hains mit Klopstock und die ersten Romantiker in ihren öffentlichen Äußerungen mit Goethe taten. Es werden mitunter Dichter, die in den letzten Kämpfen nächst verbunden waren, getrennt und der eine gepriesen, der andre geschmäht. Dies liegt nicht an der jetzigen Jugend; daran liegt es, daß die Gesamtheit derer, die vor ihr gingen, uneinig strebend vielleicht auch sie schon von Anfang an, nicht verstorben – sondern verschollen ist; daß Ziele nicht erreicht wurden, die hätten erreicht werden müssen, die noch vor den Heutigen liegen und doch nur halb, kaum halb ihnen Ziele sein können. Ihren unsicheren Wegen fehlt das einige klare Ziel, und hinter ihnen die Schar derer, die sie auf ihrem Stande festhalten wollen, gegen die sie kämpfen könnten. So bleibt jedem der Neuen, die kampflustig sind in heißer Inbrunst und wildem Übermut wie je eine Jugend, nur die Ziele derer zu schmähn – und es werden so viele Ziele genannt – die nach andern wollen als er selbst; und ihnen allen statt des Kampfs das Kämpflein, ein opferloses geistiges Plänkeln, geräuschvoll wie Mensuren: die Polemik. Häufleinweis gegeneinander gewandt, in Gruppen wie in Parteien gespalten.

In mancher von ihnen steht mittens als Haupt und Gott einer der Großen der vorigen Generation, und Verehrung, Liebe, Gefolgschaftstreue sind es, die die Gruppe schlossen. Aber regelmäßig ist nicht er, der nur ragend Opfer erträgt und nicht Zeit und Interesse hat für die kleinen Kämpfe, für *Literaturpolitik* [1], der Führer, sondern der Minderen einer; und dieser, der nichts anderes weiß als den Kult seines Großen und Befehdung aller andern, dieser, Pfaffe statt Priester, sorgt im Wahne des Ausschließlichen schon dafür, daß der Gott zum Götzen wird und zur Sekte die gläubige Gemeinde, blindwütig nur nach innen die Augen gerichtet, starr und fanatisch geschlossen.

Hier ist es doch noch die innerlich wesentliche literarische Genealogie, die die Einzelnen zur Gruppe bindet, der Anschluß geschieht doch noch freiwillig, nicht auf äußere Zufälligkeiten hin. Ähnlich ist es dann noch, wenn alle in der von einem bestimmten Verleger gepflegten Tendenz Schaffenden sich zur Gruppe – wohl leicht genug – schließen. Aber sonst ist es meist nicht das gleiche Klingen verwandten Geblüts, das zum An- und Abschließen ruft; es ist noch heute oft, wie in den unseligen friedlichen Zeiten der Literaturbrüderschaften und -orden, die gleiche geographische Heimat, die eine geistige – konstruieren läßt; und es ist zumeist die Zufälligkeit persönlicher Begegnungen und Bekanntschaften. Verständlich genug ist dies bei unsern verworrenen (aber darum bunten und lebensvollen) »literarischen Zuständen«, bei der trotz aller lauten Breite der heutigen Öffentlichkeit vorhandenen Unmöglichkeit, sich gegen Mißwollen,

Gleichgültigkeit und Schund durchzusetzen: daß solche Hände, die sich zufällig berührten, als Stützen fernerhin sich halten. Aber so steht die literarische Gruppe *vor* der literarischen Leistung, die persönliche Beziehung folgt nicht aus verwandtem Schaffen, sondern leitet, bestimmt, verändert es gar. Falsche Beeinflussungen wirken: nicht die – selbst schon gefährlichen und doch so notwendigen – großer Muster, nicht die aus der Tiefe und Weite, sondern die der Redenden, in blassem Alleswissen Konstruierenden. Die Tradition wird nicht als Last abgelegt, sondern verengt, vereinzelt, und so noch gewichtiger ihr Wirken. Und da die Gruppe, nicht aneinandergewachsen, sondern zusammengedrängt, sich ständig feststellen und rechtfertigen muß, zwingt sie ihre Glieder in Zuneigungen und Feindschaften, die ihnen wesensfremd sind. Es erstehn die Süßigkeiten und Gefahren gemeinsamen Lebens: neben der warmen Teilnahme, der Treue und Kameradschaftlichkeit – Tugenden, die zu schaffen bei der dem Künstler leicht genug eignen Perfidie (braucht es Namen und Beweise?) höchst rühmenswert ist – die Verblendung, die Lobhudelei, die Weltentfremdung; und das Berauschen am Gleichen, während, außer in den schwachen Stunden, die reibende und treibende Kraft des Gegensätzlichen zu suchen wäre.

So sind die Werte, die die Gruppe hat und gibt, ehtischer, nicht ästhetischer Art: dem Charakter wohl, aber nicht dem schaffenden Geiste nützt sie, und hilft nur genießen, nicht hervorbringen. Der freie Einzelne, der Schöpferische erwächst nicht in seinen Anfängen aus der Gruppe, er kommt hinein – seine Wiege ist sie nicht, aber sie kann ihn einfesseln und am Ende einsargen. Denn wie alles Verbindende trennt die Gruppe, die enge, zugleich vom sonst verwandten Leben – und es ist wichtiger, heute wie immer, die Beziehungen zu fühlen als die Trennungen. So viele sind es doch: wir stehen uns alle gar nicht so fern, wie diese gekünstelte Zerlegung scheinen läßt, alle Kinder dieser Zeit, ihr gleich froh und ähnlich feindlich ergeben! Es kommt nicht drauf an, wo wir stehn – wir wollen gehn: nur die Richtung ist wichtig – ach, im Grunde auch sie nicht, dem Künstler sind Kräfte wichtiger als Tendenzen: es kommt nur auf das Eine an, vortwärts zu gehn, immer weiter, heiß, begeistert, blind vielleicht und taumelnd, doch immer die eignen Wege vorwärts – den Zielen zu, die keiner kennt und die nie erreicht werden.

Dem wahrscheinlichen Einwurf, daß wir, die Jungen unter den diesen Blättern Nahestehenden, selbst eine Gruppe bilden oder eine gruppenmäßige Gesinnung tragen, sei zu allem Anfang widersprochen. Wir sind Einzelne, die sich hier in gleichem Streben zusammentun, um doch Einzelne zu bleiben. Das Interesse, das naturgemäß jeder von uns für den andern hat, ist kritisch genug geartet. Und jeder von uns will *sein* Pathos ausdrücken oder zu ihm hinfinden; das gehört grade zu den Zeichen des »neuen« Pathos, daß es unendlich vielfältig ist! Wir wollen auch nicht etwa bewußt dieses »neue Pathos« [2] schaffen, der gewählte Name ist mehr eine Feststellung als ein Programm. Wir wissen wohl, daß noch andre Bestrebungen als die hier vereinten, nicht einmal nur solche der Kunst, so heißen könnten. Und wir glauben zu erkennen, daß die besten Kräfte des Heute, die vielen Einzelnen, und die echtesten, am meisten kennzeichnenden, grade die wahrhaft neuen Äußerungen diesen Namen verlangen und verdienen.

1 Vgl. Kurt Hiller: *Literaturpolitik.* In: *Die Aktion* 1 (1911), Nr. 5, 20. März, Sp. 138–139; wiederabgedr. in Paul Raabe (Hrsg.): *Ich schneide die Zeit aus*, S. 22–24.

2 Das Schlagwort brachte Stefan Zweig zuerst ins Gespräch (vgl. Dok. 150). Über die Neu-Pathetiker führte Zweig an anderer Stelle aus: »Das Neue in ihnen wird sich persönlich entwickeln und hat nur dies mit dem Neuen unserer Lyrik gemein: daß sie nicht mehr sentimental sind, wehleidig gereizt von dem Anschwall der Dinge, sondern froh und in dem Maße mehr, als es ihnen gegeben ist, sie in Form zu zwingen. Sie klagen nicht mehr, sie wollen nicht Bedauern, sondern Mitgenuß, kurz – ich halte dies für den wesentlichen Wandel unseres Gedichts – sie wollen nicht mehr Weibisches, sondern sprechen von Mann zu Mann [...]Etwas Handwerkerhaftes ist in dieser neuen Jugend, sie hämmern den Vers bis es hart klingt, Stahl auf Stahl. Sie haben die Flöte zerbrochen: der Meißel des Bildners, spüren sie, paßt besser in eine nervige Faust. Rhythmus ist ihre höchste Melodie, der Rhythmus unserer schwingenden Welt« (*Geleitworte.* In: Paul Mayer: *Wunden und Wunder. Gedichte.* – Heidelberg: Saturn Verlag Hermann Meister 1913 (Lyrische Bibliothek, Bd. 1), S. [3–5], hier S. [3 f.]).

103
[Rudolf Blümner:] *Der Sturm. Eine Einführung.* – Berlin-Pankow: [Verlag Der Sturm]. [1917], S. 2, 10–14.

Der Sturm

Der Sturm wurde im Jahre 1910 von *Herwarth Walden* durch die Herausgabe der gleichnamigen Zeitschrift gegründet. Sie erscheint gegenwärtig im achten Jahrgang.

Die acht Jahrgänge des Sturm umfassen einen der bedeutsamsten Abschnitte des deutschen und europäischen Kultur- und Kunstlebens. Der Sturm hat auf dem Gebiet der Dichtung, der Literatur, der Musik, der Zeichnung und des Holzschnitts stets nur die Arbeiten jener Jüngeren und Neuen veröffentlicht, die eine Entwicklung zu größerer Bedeutung erwarten ließen. Er mußte daher immer wieder die ausscheiden, deren Schaffen die neuen künstlerischen Ziele nicht erreichen konnte. So geben die Jahrgänge des Sturm einen Überblick über die literarische und malerische Entwicklung der letzten sieben Jahre bis zum heutigen Expressionismus.

Schon im Jahre 1912 hatte Herwarth Walden die Kunstausstellung Der Sturm gegründet, um den Malern, die heute zum Sturm gehören, eine dauernde Ausstellungsmöglichkeit in Berlin zu schaffen. [1] Seitdem wurden ihre Werke außer durch fünfundfünfzig Ausstellungen in Berlin in mehr als dreißig deutschen Städten, in zahlreichen Städten des europäischen Auslands sowie in Japan gezeigt.

Um der heranwachsenden künstlerischen Generation Gelegenheit zu geben, sich in den Anschauungen des Expressionismus heranzubilden, wurde im Jahre 1916 die Kunstschule Der Sturm gegründet. Durch den Unterricht auf allen künstlerischen Gebieten bringt sie die innere Gemeinsamkeit der Künste zum Ausdruck.

Gleichzeitig mit der Kunstschule wurden die Sturm-Kunstabende [2] ins Leben gerufen, die ausschließlich den Dichtern des Sturm und der expressionistischen Vortragskunst gewidmet sind. Mit ihnen nimmt auch der jetzt im vierzehnten Jahr bestehende Verein für Kunst [3] seine Abende wieder auf.

Der Vorbereitung des expressionistischen Theaters des Sturm dient der neugegründete Verein »Sturmbühne«. [4]

Kunstschule Der Sturm

Die Kunstschule Der Sturm dient der Heranbildung der jüngeren Generation in der gesamten expressionistischen Kunst. Sie lehrt die Kunst als Gestaltung des persönlichen Erlebnisses. Sie lehrt vor allem das Wesen und die Technik der Ausdrucksmittel und erzieht zu selbständigem Schaffen.

Die Kunstschule Der Sturm lehrt die Bühnenkunst, Schauspielkunst und Vortragskunst, die Malerei, die Dichtung und die Musik. Die Einheit der Kunst fordert die Kenntnis aller Künste und die Einheitlichkeit im Unterricht, die Verschiedenheit ihrer Ausdrucksmittel die Trennung in die einzelnen Kunstabteilungen der Schule.

In der Bühnenkunst unterrichtet Lothar Schreyer, in der Schauspielkunst und Vortragskunst Rudolf Blümner, in der Malerei Rudolf Bauer, Campendonk, Paul Klee, Jacoba van Heemskerck, Gabriele Münter, in der Dichtkunst und Musik Herwarth Walden.

In einer Reihe öffentlicher Vorträge spricht Lothar Schreyer über die expressionistische Dichtung und die expressionistische Bühne.

Die Sturm-Kunstabende

Vom 1. September 1916 bis Ende April 1917 hat Der Sturm dreiunddreißig Kunstabende veranstaltet, an denen der Schauspieler und Rezitator Rudolf Blümner Dichtungen des Sturm zum Vortrag brachte. Diese Kunstabende bleiben auch ferner eine ständige Einrichtung des Sturm.

Die bisherige Vortragskunst war teils abstrakt pathetisch, teils trocken naturalistisch. Rudolf Blümner hat die Rezitation von der Schablone eines mehr oder weniger ausdrucksvollen Hersagens befreit und die selbständige Kunstgattung der Rezitation wieder hergestellt: Gestaltung eines eigenen Kunstwerkes durch die ihm eigenen Mittel des Sprechtonfalles und des sprachlichen Rhythmus. Er hat als erster und einziger die Ausdrucksformen geschaffen, die der expressionistischen Dichtung entsprechen. Seine Kunst der freien Rezitation ist in letzter Selbstentäußerung lautgewordene Kunstschöpfung, die in Laut und Rhythmus eine Dichtung weiterschafft.

Die Sturmbühne

Uns fehlt das expressionistische Theater. Wir besitzen weder ein zweckdienliches Gebäude, noch haben wir die Schauspieler, die imstande sind, das expressionistische Drama zu spielen. Unsere gegenwärtige Schauspielkunst ist in der Entwicklung weiter zurückgeblieben als die anderen Künste. Von einer Richtung und einem Stil kann bei der Veräußerlichung des heutigen Theaters nicht gesprochen werden. An die Stelle des Naturalismus ist keine schauspielerische Ausdrucksform unserer Zeit getreten. Gegenwärtig herrschen auf den Bühnen alle Darstellungsweisen früherer Zeiten, vom leeren Pathos bis zum trockenen Naturalismus. Einige bedeutendere schauspielerische Erscheinungen streben zwar aus dem herrschenden Impressionismus heraus. Sie sind aber höchstens zu einer Ausdrucksform gekommen, die etwa der Übergangserscheinung des malerischen Pointillismus entspricht.

Der Sturm bereitet das expressionistische Theater vor. Er erzieht in der Kunstschule die expressionistischen Schauspieler. Zur Heranbildung eines Publikums, das durch Interesse und Teilnahme am neuen Theater mitarbeitet, hat sich der Verein »Sturmbühne« gegründet. Sein Vorsitzender ist Dr. John Schikowski, der sich schon bei der Gründung der freien Bühnen ausgezeichnet hat.

Die Privatsammlung Herwarth Walden

Den Besuchern der Sturmausstellung ist Gelegenheit gegeben, an jedem Montag und Donnerstag um 4 Uhr die Privatsammlung Herwarth Walden zu besichtigen.

In ihrer Reichhaltigkeit und ihrem ausgewählten Inhalt ist sie die bedeutendste moderne Sammlung. Sie ist daher allein geeignet, einen umfassenden Überblick über die Entwicklung der neuen Malerei zu geben. In ihr sind die Führer der Futuristen und Kubisten sowie die führenden Expressionisten aller Länder, unter ihnen Chagall und Kandinsky, Marc, Campendonk und Jacoba van Heemskerck besonders reich vertreten. Von den Jüngeren enthält die Sammlung zahlreiche Gemälde und Zeichnungen von Kokoschka, von Rudolf Bauer, Georg Schrimpf, Georg Muche, Fritz Stuckenberg und die Glasmalereien von Nell Walden.

Die Sturm-Buchhandlung

Im Laufe der letzten Jahre hatte sich im Publikum ein Bedürfnis geltend gemacht, die expressionistische Literatur und die graphischen Werke des Sturm an einer einheitlichen Stelle zu beziehen. Zu diesem Zwecke wurde im Jahre 1917 die Sturmbuchhandlung eröffnet. Sie dient in erster Linie der expressionistischen Dichtung, Literatur, Musik und der Graphik des Sturm. Darüber hinaus führt sie die gute Literatur aller Zeiten, wie sie sich nach einer von der Leitung des Sturm getroffenen Auswahl darstellt.

Um dem von expressionistischen Ideen beeinflußten Kunstgewerbe gleichfalls eine Stätte zu schaffen, ist der Sturmbuchhandlung eine ständige Verkaufs-Ausstellung kunstgewerblicher Arbeiten, zum Beispiel von Schöpfungen Georg Schrimpfs und Maria Uhdens, angegliedert.

Die nicht selten irrtümlich Herwarth Walden zugeschriebene Broschüre enthält außer den abgedruckten Texten auch Abschnitte über die expressionistische Malerei (S. 4 f.), Plastik (S. 6), Musik (S. 9) und eine Begriffsbestimmung (S. 3).

1 Zur Anfangsphase der Kunstausstellungen im Sturm, ab Juni 1913, vgl. die in der Zeitschrift *Der Sturm* publizierten jeweiligen Eröffnungsreden. Über den »Ersten Deutschen Herbstsalon« 1913 schrieb Max Deri eine freundlich-wohlwollende Rezension, (*Sturm-Glossen.* In: *Die Schaubühne* 9. Jg. (1913), Nr. 46, 13. November, S. 1103–1106).

2 Eine Anthologie mit rezitierten Texten erschien 1918: *Sturm-Abende. Ausgewählte Gedichte.* – Berlin: Verlag Der Sturm. Auf S. 78 heißt es über die Veranstaltungen: »Die Sturm-Abende dienen der expressionistischen Wortkunst. Der Vortragende ist Rudolf Blümner. Der erste Sturm-Abend am 1. September 1916 war eine Gedächtnisfeier für August Stramm. In den Wintermonaten 1916–1917 fanden 67 öffentliche Abende zu Berlin in der Kunstausstellung *Der Sturm* statt. Auch in Dresden, Frankfurt am Main, Hamburg, Hannover, Jena und Leipzig wurden *Sturm-Abende* veranstaltet. Das Programm der *Sturm-Abende* ist aus den Werken der Dichter dieses Buches ausgewählt.«

3 Herwarth Walden hatte im April 1904 den »Verein für Kunst« annonciert, der am 4. Oktober 1904 mit einer Lesung Detlev von Liliencrons seine Veranstaltungsreihen im Berliner Architektenhaus begann. Über Waldens Verdienste um diesen als Keimzelle des frühexpressionistischen Aufbruchs bislang noch unterschätzten Verein sagte Karl Kraus: »Er hat den ›Verein für Kunst‹ gegründet und hat von einer großen Fähigkeit, sich zu begeistern, und von einem kleinen Besitz an Nervenkraft und sonstigen Lebensgütern nichts für sich behalten, um alles an die undankbare Aufgabe zu wenden, den Künstlern zu einem Publikum, an die trostlose Aufgabe, einem Publikum zu den Künstlern zu verhelfen. Die literarische Propaganda der Tat, die ein Handwerk der Routiniers und Schwindler geworden war, hat durch ihn ihre Ehre wiedergewonnen« (*Berechtigte Interessen.* In: *Die Fackel* 11. Jg. (1909), Nr. 290, 11. November, S. 28).

4 Der *Aufruf* der »Sturm-Bühne« erschien in: *Der Sturm* 8. Jg. (1917), H. 6, (September), S. 94.

104
Wilhelm Michel: *Zum Weltkongreß der Geistigen.* In: *Das Tribunal* 1 (1919), H. 8/9, (August/September), S. 97–98.

Seit der Beendigung des Krieges sind Worte der Versöhnung, Manifeste des Neuen Europa, hin und her über die Grenzen der Staaten gegangen. Wir haben die Stimme der russischen Intellektuellen vernommen, die zur Anerkennung und Verteidigung des gemeinsamen geistigen Interesses aufrief. Dieselbe Solidarität betonte im Westen Romain Rolland. [1] Henri Barbusse entwickelte sein Programm »Clarté« [2], zielend auf Dämpfung schädlicher Leidenschaften und innere Erleuchtung der Völker. Auch aus Asien drang die neue Stimme zu uns, das Wort des großen indischen Dichters [3], voll klarer Begeisterung für einen aus Blut und Dunkel aufsteigenden neuen Kontinent des Geistes und der Liebe. Alle diese Kundgebungen fanden im neuen geistigen Deutschland ein bereitwilliges, edelmütiges Echo. Die zahllosen jungen Zeitschriften, die in Deutschland nach Abschüttelung der Tyrannei entstanden sind, kennen kein lieberes Wort als das von der Schaffung der neuen Menschengemeinschaft. Die Geistigen der Welt haben heute keinen glühenderen Wunsch als den, ihren Völkern Führer zu werden zur inneren Abrüstung, zum Aufbau der neuen menschlichen Solidarität. Es zeigt sich, daß jedes Land eine verschüttete Tradition des Geistes und der Menschenliebe hat. Während man auf den Schlachtfeldern die Wunden der vom Krieg mißhandelten Erde zuschüttend schließt, gräbt man diese Traditionen wieder aus.

Gewiß, auch die Regierenden werden sich wieder finden. Auch die Prediger des Hasses und des nationalen Eigennutzes werden wieder lernen, miteinander zu handeln und zu wandeln. Aber dies wird keine wahre neue Gemeinschaft sein. Es wird eine Gemeinschaft der Galeerensklaven sein, aneinander geschmiedet durch den Dienst des Mammons mit alten wölfischen Gedanken im Herzen. Wir wollen diese Armen nicht hassen. Aber wir müssen wissen, daß aus ihren armen, alten, verbrauchten Leidenschaften keine neue Welt entstehen kann. Wir wollen sie nicht hassen. Aber wir wollen und müssen sie erlösen. In der Welt der Vorteile ist jeder Mitstrebende ein Gegner. In der Welt des Geistes ist jeder Mitstrebende ein Bundesgenosse, eine Verdoppelung unseres Ichs.

Wir rufen die Geistigen der Welt auf, ihrer hohen Aufgabe ein Organ zu schaffen. Das gedruckte Wort reicht nicht aus, um die letzte Glut des neuen Gemeinschaftsgefühls zu entfachen und zu nähren. Persönliche Kenntnis und Sympathie muß hinzukommen, so geben wir unserer Arbeit feste Grundlage.

Wir beantragen die Schaffung eines alljährlichen *Kongresses der Geistigen aller Länder*. Jedes Land wird Dichter, Schriftsteller, Künstler, Gelehrte, Friedensfreunde erwählen und mit seiner Vertretung betrauen. Diese werden, ein erstes Parlament des neuen Geistes, jedes Jahr in einem anderen Lande zusammentreten, um die großen Probleme zu beraten, die die Erziehung der Völker zu vernünftiger nachbarlicher Gesinnung, zur Bekriegung des Hasses, uns stellen wird. Eine internationale Kommission wird jeweils den Versammlungsort bestimmen. Das Land des Versammlungsortes wird die Einladungen ergehen lassen, die praktischen Vorbereitungen treffen, den Sitzungen präsidieren.

War bisher die allumfassende Menschengemeinschaft ein nebelhaftes Ideal, so wird sie dann die Möglichkeit haben, eine Wirklichkeit zu werden. Sie wird sich stufenweise verdichten, wird Wege zu allen Herzen und Sonderinteressen suchen und wird den Block Bosheit und Gewalt, den die heutige zivilisierte Welt darstellt, im Feuer des Geistes und der Liebe zerstören.

Dieser Aufruf, der gleichzeitig in französischer Sprache mit der Überschrift *Aux Intellectuels de tous les Pays* veröffentlicht wurde, gehört in den Kontext der vielstimmigen, international appellierenden, letztlich aber erfolglos gebliebenen Bemühungen, eine »geistige Internationale« organisatorisch zu etablieren; vgl. etwa auch Wilhelm Herzog: *An die geistige Internationale. Aufruf an Romain Rolland* (Dok. 82). Spezieller ist er zu der in der Zeitschrift *Das Tribunal* geführten Diskussion über die aktuelle Verantwortlichkeit der literarischen Intellektuellen zu rechnen, die von Mitte 1918 bis Ende 1919 geführt wurde. Friedrich Markus Huebner reagierte auf Michels Manifest mit dem Lob auf die »Clarté«-Bewegung: »In Frankreich zeichnet sich immer deutlicher das Verfahren ab, das man realiter einschlagen wird. Es geht von der Grundüberlegung aus, daß die Reaktion droht und daß die Arbeiterschaft, der Revolution müde, sich wieder mit den legalen Kampfmitteln des Parlamentariums zufriedenstellen will. Wer hütet nun die Revolution? Die Geistigen. Jedoch nicht in Gedichten, Büchern und Theaterstücken, sondern praktisch politisch, indem sie versuchen werden, sich so stark zu machen, daß sie, von den Arbeitern bisher scheel angesehen, in der roten Internationale selber die Zügel in die Hand bekommen. Die Intellektuellen Deutschlands – denken sie bereits an diese außerordentlichen Möglichkeiten und die ihnen hieraus erwachsenden Organisationsverpflichtungen? Also keine Wunschkundgebungen mehr und keine Erlasse zur Bezeugung geistiger Solidarität, sondern vorwärts ans Werk und den Vorsprung der Freunde in den andern Ländern praktisch eingeholt« (*Zum Weltkongreß der Geistigen*. In: *Das Tribunal* 1. Jg. (1919), H. 10/11, (Oktober/November), S. 112–113, Zitat S. 113).

1 Romain Rolland (1866 – 1944), französischer Schriftsteller und Nobelpreisträger, der mehrfach zur internationalen Solidarität der geistigen Arbeiter aufrief: vgl. bes. *Für die Unabhängigkeit des Geistes*. In: *Die Sichel* 1. Jg. (1919), H. 4, S. 17–18; *Die Intellektuellen – ihr Versagen – ihre Möglichkeiten*. In: *Der neue Merkur* 3. Jg. (1919/20), H. 6, S. 438–439).

2 Der französische Schriftsteller Henri Barbusse (1873 – 1935) sammelte in seiner Antikriegsfront »Clarté« antifaschistische und pazifistische Intellektuelle. Zur »Clarté-Bewegung« vgl. Nicole Racine: *The Clarté Movement in France, 1918–1921*. In: *Journal of Contemporary History* 2. Jg. (1967), S. 195–208. Der programmatische Aufruf der »Clarté« wurde von Wilhelm Herzog abgedruckt in: *Das Forum* 4. Jg. (1919/20), H. 3, (Dezember 1919), S. 180ff.

3 Gemeint ist Rabindranāth Tagore (1861 – 1941), indischer Dichter und Philosoph, Nobelpreisträger und Unterzeichner der internationalen *Unabhängigkeits-Erklärung des Geistes* (abgedruckt in: *Das Forum* 3. Jg. (1918/19), H. 11, August 1919, S. 833–834).

105
Offener Brief an die Novembergruppe. In: *Der Gegner* 2 (1920/21), H. 8/9 [abgeschl. 20. Juni 1921], S. 297–301, Auszug S. 298–301.

Die Novembergruppe wurde angeblich gegründet von den Künstlern, die außerhalb der Taktiken und Schiebungen der snobistischen Künstlerklubs und der Kunsthändlerspekulation eine revolutionäre Sehnsucht nach einer reineren Gemeinschaft und nach einem Zusammenhang mit den Massen der Arbeitenden verwirklichen wollten. [1] Darum schlossen sich der Novembergruppe junge und proletarisch gesonnene Künstler an. In unzähligen Sitzungen und Aussprachen wurde immer wieder betont, daß die Novembergruppe nur Grenzen nach rechts, aber keinerlei Grenzen nach links zu errichten habe. Keinen Augenblick lang dachte eines der führenden Mitglieder daran, irgendwie, durch die Klarheit seiner Einstellung gegenüber der proletarischen Revolution etwa, Ernst zu machen mit dem Aufgeben der in jeder anderen bürgerlichen Künstlergruppe üblichen Prominentensituation – sie hatten nur mit gleißnerischen Redensarten eine Meinungsverwirrung hervorgerufen, um nun umso besser in der alten, lumpigen Künstlermanier ihren eigenen Individualitätsdünkel zu stärken durch eine von ihnen als Herde betrachtete möglichst große Mitgliederzahl, auf die sie von der Höhe ihres Ruhmes verächtlich herabblickten. Statt irgend einer versuchten Ablehnung der dem Künstler in der kapitalistischen Gesellschaft aufgezwungenen Drohnen- und Prostituiertenrolle taten diese Prominenten alles, um sich und ihre persönlichen Interessen mit Hilfe der als Stimmvieh benützten Mitglieder durchzusetzen. Sie stellten Statuten auf, die jede Spur von Freiheit und Kameradschaft vermissen lassen, sie buhlten um die Gunst einer von Ludendorff [2], Kapp [3] und Stinnes [4] am Halfter gehaltenen Regierung und sie gingen in ihrer Schamlosigkeit und Gesinnungslosigkeit so weit, daß sie sich willig von dieser Regierung und ihren Subalternen beschimpfen und vergewaltigen ließen. Ihre Herzen und ihre Gedanken sind unrevolutionär und, noch viel schlimmer: sie haben eine Höhe der Gesinnungslosigkeit erreicht, die es unmöglich macht, mit ihnen weiter zu sprechen, wie Menschen zu Menschen sprechen sollten. Den Prominenten war es bekannt, daß unter den jüngeren Mitgliedern eine gewisse Anzahl den Glauben an die proletarische Revolution besaß und die Notwendigkeit der Einordnung des Künstlers in die Masse der Werktätigen fühlte, daß ein gewisser Teil der Mitglieder nicht Künstler im Sinne der bürgerlichen Kulturvorstellung sein wollte, weil sie nicht in der Aufstellung einer angeblich revolutionären Ästhetik den Weg zur Befreiung ihres Menschlichen erblickten, sondern das Entscheidende des Künstlerseins darin suchten, Instrument der schlummernden Sehnsüchte der Massen nach einem reinen und unvergifteten Leben zu werden und weil sie nicht mehr mit Werten, die der bürgerlichen Ästhetik entlehnt waren, eine menschliche Arbeitsmethode oder Bemühung als hochfahrende und dünkelhafte Sachverständige durch eine willkürliche Juryierung aburteilen und erledigen wollten. [5] Alle Hoffnungen und Wünsche dieses Teils der Mitglieder wurden von den Prominenten zum Teil mit Kaufmannskniffen und mit lügenhaften Hinweisen auf die »bekannte Uneinigkeit der Künstler«, zum anderen Teil unter brutaler Ausnützung ihrer Machtmittel zunichte gemacht. Die korrumpierte Clique der Prominenten behielt ihre Diktatorengeste bei, sie setzte allen Bestrebungen nach einem wirklich revolutionären und menschlichen Ziel hin ihr Nein entgegen und sie schämte sich nicht, einzugestehen, daß eine Verwechslung oder gar Gleichsetzung der Aufgaben der Novembergruppe mit den revolutionären und menschlichen Aufgaben der Zeit ihnen unangenehm und verhaßt war, weil sie ihnen, den Prominenten, das Geschäft und den Ruhm verdorben hätte. Was half es, wenn der revolutionäre Teil der Mitglieder anläßlich der Drohungen und Schwierigkeiten, die der N. G. wegen ihrer Beteiligung an der Großen Berliner Kunstausstellung am Lehrter Bahnhof von seiten des Kultusministeriums gemacht wurden, eine scharfe Stellungnahme gegen diese Behörden forderte? Nichts, denn die Prominenten hatten ihren Ruhm und ihre Pfründe zu retten, gegen die Absichten der lebendigen Kräfte der Gruppe. Das Ministerium hatte gedroht, die Abteilung der N. G. nicht eröffnen zu lassen, wenn wieder, wie im Vorjahre Arbeiten ausgestellt würden, die den Anschauungen der Behörden über Kunst nicht entsprächen. Man beugte sich; der Vorsitzende der Ausstellungsleitung der Großen Berliner, Schlichting [6], machte seine ganze verlogene Moral gegen zwei ihm mißliebige Bilder von Rudolf Schlichter und Otto Dix mobil, er drohte mit dem Staatsanwalt, und auch die Gruppe, fand man, müsse sich beugen; der Reichspräsident Ebert [7] walzte bei der Eröffnung durch die Säle und gab der Zwecklosigkeit der Bemühung Ausdruck. Und diese Knechtsseelen von Künstlern waren befriedigt – ihre Eitelkeit hatte sich in der Nähe des »Herrschers« sonnen dürfen, dieses Lakaien des Ausbeutertums und Förderers der Ausnahmegerichte. Die Prominenten haben alle Ohrfeigen für ihre Gesinnungslosigkeit erhalten, wir aber, die wir uns verantwortlich fühlen für eine unbeschmutzte Menschlichkeit, wir haben nie und nimmermehr etwas mit ihnen gemein. Unsere Liebe gehört dem Proletariat, weil nur das Proletariat im Kommunismus die Gleichwertigkeit aller Menschen und aller Arbeitswerte und die Freiheit von der Sklaverei und Ausbeutung herbeiführen wird. Wir sind nicht dazu Künstler, um auf eine bequeme und verantwortungslose Art zu leben von der Ausbeuter Luxussucht. Wir fühlen uns solidarisch mit dem Streben und der Sehnsucht des Proletariats nach der Verwirklichung einer menschlichen Gemeinschaft, in der es keine Drohnen gibt, in der man nicht, wie wir jetzt, aus Widerspruch gegen die Gesellschaft arbeitet, um dann als Parasit aus ihrer Gnade zu leben; wir fühlen die Verpflichtung, die uns das Ringen des Proletariats der Welt nach einem mit reinem Geist durchdrungenen Leben auferlegt. Wir spüren die Verpflichtung, mit den Massen zusammen die Wege der Verwirklichung dieser Gemeinschaft zu gehen. Und darum sagen wir den Prominenten: Es muß als Ziel angesehen werden, die ästhetische Formelkrämerei zu überwinden, durch eine neue Gegenständlichkeit, die aus dem Abscheu über die ausbeutende bürgerliche Gesellschaft geboren wird, oder durch vorbereitende Versuche ungegenständlicher Optik, die ebenfalls in Ablehnung dieser Ästhetik und Gesellschaft eine Überwindung der Individualität zu Gunsten eines neuen Menschentypus sucht. Für diese Willensrichtungen ist in der N. G. wie sie jetzt zusammengesetzt ist, kein Verständnis und kein Platz; die Prominenten bezeichneten ein solches Wollen als Kitsch und Unsinn und betonten demgegenüber ihren ästhetisierenden Standpunkt, der einer Diktatur der Geschmäckler und Kaufleute über die energisch vorwärtsstoßenden Mitglieder gleichkommt. Die N. G. hat nicht die Aufgabe, den täuschenden Sammelnamen für ein Mitläufertum herzugeben, das zehn Jahre in der Geschichte nachhinkt, und unsere Opposition muß sich dieser Diktatur erwehren, die Prominenten abschütteln und durch unseren Austritt die einzelnen vor eine

Entscheidung stellen. Die Tätigkeit der Prominenten, die obendrein ratlos sind und daher nie leiten, sondern nur in ihrem persönlichen Interesse unterdrücken können, hat zu den elendsten Kompromissen wie zum Beugen unter die Anordnungen des Kultusministeriums und den Verein Berliner Künstler geführt; sie hat dazu geführt, die N. G. zum Gipfel der Ahnungslosigkeit gegenüber der Öffentlichkeit zu machen und sie hat dazu geführt, durch die Duldung der Bestrebungen der proletarisch Gesonnenen der Gruppe eine revolutionäre Maske zu verleihen; sie hat alle vorwärtsstrebenden Geister, soweit sie überhaupt noch vorhanden sind, abgestoßen, statt ihnen kameradschaftlich die Hand zu bieten. Eine Gruppe aber, die heute nicht fähig ist, die Bestrebungen und Ziele der selbständigen Geister anzuerkennen und sie zu den ihren zu machen, hat keine Existenzberechtigung. Die Stunde der Entscheidung: Ausdruck für das Suchen der Massen zu werden, produktive Arbeit für eine neue, heraufkommende Gemeinschaft zu leisten, fordert Unerbittlichkeit und die Ablehnung der Kompromißwirtschaft. Wir fordern die Mitglieder, die begreifen, daß heute die Kunst Protest gegen den bürgerlichen Schlafwandel und gegen die Verewigung der Ausbeutung und der Spießerindividualität ist, auf, sich unserer Opposition anzuschließen und die notwendige Reinigung der Absichten herbeiführen zu helfen. Wir wissen, daß wir Ausdruck der revolutionären Kräfte, Instrument der Notwendigkeiten unserer Zeit und der Massen zu sein haben und wir leugnen jede Verwandtschaft mit den ästhetischen Schiebern und Akademikern von morgen ab. Uns ist das Bekenntnis zur Revolution, zur neuen Gemeinschaft, kein Lippenbekenntnis, und so wollen wir mit unserer erkannten Aufgabe Ernst machen: mitzuarbeiten am Aufbau der neuen menschlichen Gemeinschaft, der Gemeinschaft der Werktätigen!

DIE OPPOSITION DER NOVEMBERGRUPPE:

Otto Dix. Max Dungert. George Grosz. Raoul Hausmann. Hanna Höch. Ernst Krantz. Mutzenbecher. Thomas Ring. Rudolf Schlichter. Georg Scholz. Willy Zierath.

Dieser öffentlichen Abrechnung der Oppositionellen innerhalb der Novembergruppe mit der Leitung der Künstlervereinigung war eine *Vorbemerkung* vorangestellt (S. 297–298), in der aus den Gründungsmanifesten zitiert wird, um an die ursprünglich revolutionären politischen Ziele der Gruppe zu erinnern: »Die heutigen Leiter der Novembergruppe erklären andauernd, daß die Novembergruppe nur eine rein ästhetisch-revolutionäre Gründung mit ökonomischen Grundlagen sei. Sie sagen die Unwahrheit.« (S. 297) Tatsächlich präsentierte sich die Ende 1918 von Max Pechstein, Cesar Klein, Georg Tappert, Heinrich Richter, Moritz Melzer u. a. gegründete Vereinigung in ihren »Richtlinien« vom Januar 1919 als »die (deutsche) Vereinigung der radikalen bildenden Künstler«, für die zweifellos ästhetische und politische Revolution zusammengingen. In dem Rundschreiben vom 13. Dezember 1918, mit dem der Arbeitsausschuß bildende Künstler zum Beitritt aufforderte, heißt es: »Die Zukunft der Kunst und der Ernst der jetzigen Stunde zwingt uns Revolutionäre des Geistes (Expressionisten, Kubisten, Futuristen) zur Einigung und engem Zusammenschluß« (Zit. nach Helga Kliemann (Hrsg.): *Die Novembergruppe.* – Berlin: Deutsche Gesellschaft für Bildende Kunst e. V. 1969, S. 57 u. 55.

1 Vgl. das *Manifest der Novembristen* vom Frühjahr 1919, in dem verkündet worden war: »Wir stehen auf dem fruchtbaren Boden der Revolution. Unser Wahlspruch heißt: *Freiheit, Gleichheit, Brüderlichkeit!* Unser Zusammenschluß erfolgte aus der Gleichheit menschlicher und künstlerischer Gesinnung.

Wir betrachten es als unsere vornehmste Pflicht, dem sittlichen Aufbau des jungen freien Deutschland unsere besten Kräfte zu widmen«. (Zit. nach Helga Kliemann: *Die Novembergruppe*, S. 56).

2 Erich Ludendorff (1865 – 1937), preußischer General, Teilnehmer am Hitler-Putsch von 1923 und späteres Reichstagsmitglied der NSDAP.

3 Wolfgang Kapp (1858 – 1922), konservativ-alldeutscher Politiker, dessen Putsch im März 1920 gegen die Reichsregierung scheiterte.

4 Hugo Stinnes (1870 – 1924), Großindustrieller, der als ›Kriegs‹- und ›Inflationsgewinnler‹ den von expressionistischen und dadaistischen Revolutionären angeprangerten Typ des Großkapitalisten verkörperte.

5 So z. B. Otto Freundlich in einem brieflichen Appell vom 11. Februar 1919: »Wenn die Novembergruppe in sich die Pflicht fühlt, jene Gesinnungen zu pflegen, die allein von allen Brüdern der Welt verstanden werden, d. h. wenn sie aus einem egozentrischen Bewußtsein, aus einem Machtbewußtsein, aus einem kapitalistischen Bewußtsein heraustritt und das Gesetz der Teilung, der Verteilung zu dem ihrigen macht, dann erst wird sie den radikalen Kampf der Künstler verstanden haben [. . .]darum läge mir viel daran, daß es in der Novembergruppe nicht nur beim guten Willen bleibe, nicht nur ein kompromißliches Scheinmanöver sei, sondern daß das, was geschieht, mit der ganzen sittlichen Verantwortung für die Geistigkeit der gesamten Menschheit und für die kommenden Jahrhunderte geschehe«. (Zit. nach: Diether Schmidt (Hrsg.): *Manifeste. Manifeste 1905–1933. Schriften deutscher Künstler des zwanzigsten Jahrhunderts.* Bd. 1. Dresden 1965, S. 182–183).

6 Max Schlichting (1866 – 1935), Maler und späterer Kunstprofessor.

7 Friedrich Ebert (1871 – 1925), sozialdemokratischer Politiker, von der Weimarer Nationalversammlung am 11. 2. 1919 zum vorläufigen Reichspräsidenten gewählt.

3. *Formen der Literaturvermittlung*

a) Arten der Publikation

Neben dem Autorenbuch gewannen kollektive Formen der Veröffentlichung einen entscheidenden Anteil an der Verbreitung expressionistischer Literatur. Sammelwerke, Schriftenreihen, Anthologien und Almanache gab es in einer Vielfalt wie in keiner Epoche zuvor. [1] Insbesondere die über hundert Zeitschriften bildeten den publizistischen Ort des Expressionismus. [2] Mit ironisch gebrochener Sympathie kommentierte Alfred Döblin deren hektische Produktion in der Spätphase: »Jeder Verlag, der etwas auf sich hält, ist genötigt, für seine Bekannten eine besondere Zeitschrift herauszugeben«. [3] Nach Wirkungsradius, Niveau, Tendenz und Aufmachung ergibt sich indes ein recht buntes Bild. [4] Literarische Kampfschriften, politische Tribünen, Agitationshefte, bibliophile Raritäten und hektographierte Kuriosa sind ebenso zu finden wie Zeitungsformate mit einigen tausend Stück Auflage und Blätter in hundert und weniger Exemplaren. Kurzlebige Publikationen und solche, die sich über das Jahrzehnt hinaus behaupteten, internationale, regionale und lokale Organe gehörten zum weitgefächerten Spektrum. [5] Streitschriften aber waren die meisten von ihnen. »Scheuen Sie das gute Papier und die schönen Typen«, hatte Julius Meier-Graefe den Herausgebern des neuen *Pan* geraten, denn die »Würde« sei »der Ruin aller Zeitschriften«. [6] Wie er forderte auch Kurt Hiller bewußte Parteilichkeit, »frei von dem schwächlichen Ehrgeiz, einen ›Überblick‹ über ›das Geistesleben der Zeit‹ zu ›bieten‹, vielmehr einseitig bis in die Knochen und programmatisch«. [7] Herwarth Waldens *Der Sturm* und *Die Aktion* Franz Pfemferts kreierten die paradigmatische Präsentation: das Nebeneinander von neuer Graphik, spitzer Kultur- und Zeitkritik und provokativem Poem. [8]

Hans von Webers generöse Rezension (Dok. 106) und Heinz Eckenroths Solidaradresse (Dok. 107) stellen die beiden führenden Organe des literarischen Expressionismus vor. Mehr als in ihnen spiegelt sich in der dritten maßgeblichen Zeitschrift, den *Weißen Blättern* [9], der Anspruch, Bleibendes zu sammeln und den künstlerischen Rang der Beiträge zu betonen. Mit ihr entstand eine repräsentative Rundschau von hoher Qualität, die Hermann Hesse z. B. jedem empfahl, »der etwa Willens ist, das Neuland selber zu betreten«. [10] Unter René Schickeles Leitung entwickelte auch sie sich zu einer pazifistisch-antimilitaristischen Streitschrift und wurde, was Alfred Polgar für das Zeichen jedes guten Blattes hielt: »eine Art Uhr, die die politische, soziale, literarische Stunde schlägt«. [11] Ludwig Rubiners Definition des aktivistischen »Organs« (Dok. 108) steht stellvertretend für die epochentypischen Versuche, der ideologischen Position von Minderheiten durch eine Zeitschrift Ausdruck zu verleihen. Gerade das Problem der Wirkung blieb die Crux aller expressionistischen Zeitschriften (s. den Abschnitt »Kunst und Öffentlichkeit«). Der Vorwurf an die älteren Blätter, in ihnen halte »eine gewisse Geistes- oder Gesinnungsgruppe einen Monolog mit sich selbst« [12], fiel nämlich auf die Neugründungen der Expressionisten doppelt zurück. Zum einen scheiterte der häufig hypertrophe Wirkungsanspruch an der Struktur der literarischen Öffentlichkeit. Felix Stiemer erwartete von den Blättern letzten Endes nur noch Antworten auf die Frage, »wohin heute die sogenannten Intellektuellen sich zu stellen haben«. [13] Zum andern stieß der extreme Kurs mancher spätexpressionistischen Zeitschrift zusätzlich ab. Dennoch bleibt als ursprüngliches Motiv expressionistischer Zeitschriften zu würdigen, was ein ehemaliger Beiträger der *Aktion* hervorhob: der Kampf gegen ästhetischen und politischen »Unverstand, sanctissima simplicitas« und das aufklärerische Eintreten für »ein Quentchen Toleranz«. [14]

Aufsehen erregte um 1910 ein weiteres publizistisches Mittel, über dessen Novitätscharakter regelrecht gestritten wurde: das lyrische Flugblatt, Alfred Richard Meyers verlegerischer Beitrag zum Expressionismus. [15] Gottfried Benns *Morgue und andere Gedichte* erwies sich im März 1912 als der expressionistische Paukenschlag in der schon laufenden Schriftenreihe, die mit Texten von Viktor Hadwiger, F. T. Marinetti, Else Lasker-Schüler, Alfred Lichtenstein, Paul Zech, Rudolf Leonhard, Max Herrmann-Neiße, Ernst Wilhelm Lotz, Alfred Döblin, Georg Heym, Iwan Goll und vielen anderen ein expressionistisches Profil erhielt. [16] Hans Harbecks kritische Betrachtung der publizistischen Gattung »Flugblatt« (Dok. 109) rückt den bibliophilen Aspekt in den Mittelpunkt und weist zutreffend darauf hin, daß sich Auflage und Ausstattung keineswegs mit der etwaigen Intention, für den Tag zu wirken oder das Publikum auf schnellstem Wege zu erreichen, vertrugen. Ihren Reiz bezog die »so originale Sache« [17] gerade aus dem Kontrast zwischen der die Schöngeister frappierenden Anti-Lyrik und drucktechnischer Bibliophilie. Hans von Weber befand: »Wirklich diese kleinen Meyerschen Flugblätter sind eine famose Idee! das ist wie in einem Zirkus eines kleinen Jahrmarktes [...] kommt man aber aus solch kleinem Zirkus, dann sagt man ›Verrückte Bande‹ und meint es eigentlich recht herzlich«. [18]

Eine weitere bevorzugte Publikationsform für expressionistische Literatur war die Anthologie. Eine der ca. 30 Sammlungen, die von Kurt Pinthus edierte *Menschheitsdämmerung* [19], machte in der Wirkung des Expressionismus Geschichte (vgl. Dok. 27). Keinesfalls folgte man darin bloß einem Zug der Zeit, der vielfach kritisiert wurde; Julius Bab beispielsweise hatte ihn längst moniert: »Über unserm Büchermarkte hängt schwer und schwillt ständig die Wolke der Anthologien [...] Denn wer eigentlich gibt heute nicht so eine Auswahl lyrischer Poesie heraus?« [20] Expressionistische Sammlungen freilich suchten konzeptionell zu vermeiden, »dem Bildungsparvenu das abgerundete Bild, dem oberflächlichen, aber abgeklärten Philister den Gesamtüberblick, die große Linie« zu liefern. [21] Pinthus stellte sich gar im Vorwort seiner lyrischen Bilanz des Jahrzehnts als ein »Gegner von Anthologien« vor (Dok. 13) und grenzte den Typ der expressionistischen Anthologie negativ ab: »Dies Buch hat nicht den pädagogischen Ehrgeiz, Musterbeispiele guter Poesie zu bieten; es flicht nicht nach der Mode biederer Großväterzeit Blüten der Lyrik, noch Perlen der Dichtung zum Kranz«. [22] Und doch wurde die wirkungsvollste Anthologie der Zeit geschmäht: »Wie bequem! [...] Ein Massenartikel, meine Leser!« [23] Noch härter ging der Beiträger Johannes R. Becher mit der »berüchtigten« Sammlung ins Gericht, die als Produkt des späten Expressionismus heute weniger authentisch wirken mag und hauptsächlich das ekstatisch-pathetische Gedicht als »typisch expressionistisch« überliefert hat. Er nannte die *Menschheitsdämmerung* eine »Grimassengalerie«, »eine Abfallgrube, angehäuft mit dem Unrat an Eitelkeit, Geschwätz und verlogenem Phrasengebimmel«. [24] Kurt Hillers propagandistisches Vorwort zur ersten lyrischen Anthologie des Expressionismus, das einen publizistischen »Kondor-Krieg« auslöste [25], veranschaulicht den Protest-, Manifest- und Sezessionscharakter der frühen Sammlungen vor dem Hintergrund einer fechtlustigen Poetik (vgl. Dok. 112). Der von George und Rilke verachtete Anthologismus erschien durch die expressionistischen Anthologien in einem neuen Licht, ging es hier doch darum, »Vorkämpfer für die Jugend« zu sein und der Literatur »wirklich neue Werte zuzuführen«. [26]

Unter den Schriftenreihen des Expressionismus ragt Kurt Wolffs Bücherserie *Der jüngste Tag* [27] hervor, die ein marktschreierisches Extrablatt der Zeitschrift *Orkan* zum »Erzbestand des mitteleuropäischen Büchermarktes« zählte. [28] Die Reihe, die nach den Worten Walter Hasenclevers »mehr als ein Buch sein und weniger als eine Bücherei« werden sollte [29], wird durch den in anderem Kontext bereits abgedruckten Prospekt Franz Werfels (vgl. Dok. 89) mitdokumentiert. Er verbindet den neuen dichterischen Anspruch mit dem Programm der avantgardistischen Taschenbuchreihe, die, »gleichweit entfernt von lebensfremder Literatenliteratur wie von populärem Kitsch« [30], der Insel-Bücherei und Reclams Universal-Bibliothek einen verlegerisch nicht ungewagten Einsatz für das Neue entgegenstellte. Hanns Martin Elsters Besprechung der *Silbergäule* (Dok. 111) vergegenwärtigt jene von Paul Steegemann verlegte spätexpressionistisch-dadaistische Schriftenreihe, deren »Bestseller« aus der Feder Kurt Schwitters' stammten. [31] Nicht eigens dokumentiert werden die expressionistischen Jahrbücher und Almanache, die zum Gesamtbild der expressionistischen Expansion publizistischer Mittel gleichwohl gehören. [32] Den Zeitschriften und Bücherreihen analog brachten auch Almanach und Jahrbuch, also eine »Form zwischen Zeitschrift und Wälzer«, das kollektive Moment der ästhetischen Produktion in der Zeit des Expressionismus zur Geltung und wollten als »ein Erzeugnis der Arbeitsgemeinschaft« künstlerisch Tätiger verstanden werden. [33]

1 Vgl. das bibliographische Standardwerk von Paul Raabe: *Die Zeitschriften und Sammlungen des literarischen Expressionismus.* – Stuttgart 1964. Dort sind wichtige programmatische Dokumente auszugsweise zitiert. Zur Ergänzung sind heranzuziehen: Fritz Schlawe: *Literarische Zeitschriften 1910–1933.* – Stuttgart ^{2}1973 und Hans Bollinger: *Dokumentations-Bibliothek zur Kunst und Literatur des 20. Jahrhunderts.* – Bern: Gutekunst & Klipstein 1957/58.

2 Vgl. allgemein die Dissertationen von Lillian Schacherl: *Die Zeitschriften des Expressionismus.* Versuch einer zeitungswissenschaftlichen Strukturanalyse. – München 1957 und Giselher Sorge: *Die literarischen Zeitschriften des Expressionismus in Wien.* – Wien 1967.

3 Alfred Döblin: *Neue Zeitschriften.* In: *Die neue Rundschau* 30. Jg. (1919), Bd. 1, S. 621–632, Zitat S. 623.

4 Fraglos überwiegt der Trend zur literarisch-politischen Zeitschrift; vgl. dazu die Untersuchungen von Eva Kolinsky: *Engagierter Expressionismus.* Politik und Literatur zwischen Weltkrieg und Weimarer Republik. Eine Analyse expressionistischer Zeitschriften. – Stuttgart 1969 und Lothar Peter: *Literarische Intelligenz und Klassenkampf.* »Die Aktion« 1911–1932. – Köln 1972.

5 Vgl. die weniger beachteten Kleinprojekte: *Torpedo.* Monatsschrift für groß-österreichische Kultur und Politik. Hrsg. von Robert Müller. 1. Jg. (1914), Nr. 1 (April). Wien 1914; *Das Ziel.* Eine Zeitschrift. Hrsg. von A. J. Schranzhofer. 1. Jg. (1913), H. 1 (Jänner), Nr. 2 (Mai). Wien 1913; *Der Knock-*

about. Eine Zeitschrift. Hrsg. von Karl Adler und A. P. Gütersloh. 1. Jg. (1914), Nr. 1 (Anfang Juni). Wien 1914; *Wiecker Bote.* Akademische Monatsschrift. Hrsg. von Oskar Kanehl. 1. Jg. Greifswald 1913/14; *Die Dachstube.* Flugblätter. Hrsg. von C. F. Lehr und Joseph Würth. 1.–4. Jg. Darmstadt 1915–1918.

6 Julius Meier-Graefe: *Der Pan.* In: *Pan* 1. Jg. (1910), Nr. 1 (November), S. 1–4, Zitat S. 1.

7 Kurt Hiller: *Zeitschriften.* In: *Der Aufbruch* 1. Jg. (1915), H. 2/3 (August/September), S. 55–59, Zitat S. 58 f.

8 Neben den abgedruckten Dokumenten und den zitierten vgl. zum *Sturm* folgende Texte: Herwarth Walden: *Der teure Courier.* In: *Der Sturm* 6. Jg. (1915), Nr. 9/10 (August), S. 52; H. W.: *Weit und weiter – weiter.* In: *Der Sturm* 14. Jg. (1923), S. 161–162 und R[udolf] B[lümner]: *An die Leser des Sturm!* In: *Der Sturm* 14. Jg. (1923), S. 191–192; Bekenntnisse zu Franz Pfemfert und *Die Aktion* von Max Herrmann-Neiße, Victor Fraenkl, Julius Moser, Georg Davidsohn, Paul Robin, Oskar Kanehl, Albert Ehrenstein und Wilhelm Klemm stehen im Jubiläumsheft *10 Jahre Aktion, Die Aktion* 11. Jg. (1921), H. 7/8, 19. Februar.

9 Zur moderaten Programmatik dieser Zeitschrift vgl. den anonym erschienenen Leitaufsatz von Franz Blei: *Von dem Charakter der kommenden Literatur.* In: *Die weißen Blätter* 1 (1913), Nr. 1 (September), S. 1–5 und die Betrachtung von Max Brod: *Die neue Zeitschrift.* In: *Die weißen Blätter* 1.(1913/14), Nr. 11/12 (Juli/August 1914), S. 1227–1230.

10 Hermann Hesse: *Die Lyrik der Jüngsten* (1914). In: *Gesammelte Werke in zwölf Bänden.* Bd. 11: *Schriften zur Literatur 1.* – Frankfurt a. M. 1970, S. 156–162, Zitate S. 157 und 162.

11 Alfred Polgar: *Zeitschrift in Wien.* In: *Der Friede* 1. Jg. (1918), Bd. 1 (Januar–Juli), Nr. 1, 26. Januar, S. 46–47, Zitat S. 46.

12 Franz Pfemfert: *Die Presse* (Dok. 120).

13 Felix Stiemer: *Freie Zeitschriften.* In: *Die Bücherkiste* 1. Jg. (1919), S. 84–85, Zitat S. 84.

14 Georg Davidsohn: *Reminiscere.* In: *Die Aktion* 11. Jg. (1921), H. 7/8 vom 19. Februar, Sp. 96–97, Zitat Sp. 97.

15 Vgl. die zeitgenössische Diskussion: K. W.: Der Verlag A. R. Meyer. In: *Beiblatt der Zeitschrift für Bücherfreunde* N. F. 2. Jg. (1910/11), H. 5/6, S. 188–189; Hans Feigl: *Lyrische Flugblätter,* ebd. H. 8, S. 257; Adolf Niggemann: *Lyrische Flugblätter.* In: *Der Merker* 4. Jg. (1913), Nr. 17 (September), S. 678–679 und K[arl] W[illy] St[raub]: *Die lyrischen Flugblätter.* In: *Deutsches Literaturblatt* 3. Jg. (1913), Nr. 9 vom 1. September, S. 11–12.

16 Die wichtigsten Dokumente der *Morgue*-Resonanz sind abgedruckt bei Peter Uwe Hohendahl (Hrsg.): *Benn – Wirkung wider Willen.* Dokumente zur Wirkungsgeschichte Gottfried Benns. – Frankfurt a. M. 1971, S. 89–98; vgl. außerdem: Hermann Meister: *Lyriker.* In: *Saturn* 2. Jg. (1912), H. 7 (Juni), S. 142 f.

17 Hermann Meister: *Neue lyrische Flugblätter.* In: *Saturn* 3. Jg. (1913), H. 5 (Mai), S. 144–146, Zitat S. 146.

18 Hans von Weber: *Ballhaus. Ein lyrisches Flugblatt.* In: *Der Zwiebelfisch* 4. Jg. (1912/13), H. 5 (Dezember 1912), S. 217–218, Zitat S. 218.

19 Zur Entstehung der berühmten Sammlung vgl. Kurt Pinthus: *Die Geschichte der ›Menschheitsdämmerung‹.* In: Horst Denkler (Hrsg.): *Gedichte der ›Menschheitsdämmerung‹.* Interpretationen expressionistischer Lyrik. – München 1971, S. VII–XXVIII.

20 Julius Bab: *Altland und Neuland.* In: *Die neue Rundschau* 22. Jg. (1911), Bd. 1, S. 283.

21 Adolf Kobitzsch: *Kameraden der Menschheit.* In: *Menschen* 3. Jg. (1920), H. 1, S. 60.

22 Kurt Pinthus: *Zuvor (Berlin, Herbst 1919).* In: *Menschheitsdämmerung* (Dok. 13).

23 Alfred Günther: *Menschheitsdämmerung.* In: *Menschen* 3. Jg. (1920), H. 1, S. 61.

24 Johannes R. Becher: Brief an Heinar Schilling vom 26. Juli 1921. Zit. nach Hans Daiber: *Vor Deutschland wird gewarnt.* 17 exemplarische Lebensläufe. – Gütersloh 1967, S. 12.

25 Vgl. die Apologien der heftig attackierten Sammlung: Kurt Hiller: *Kondorkritiker.* In: *Die Aktion* 2. Jg. (1912), Nr. 30 vom 24. Juli, Sp. 941–942; K. H.: *Kondorkritiker II*, ebd. Nr. 32 vom 7. August, Sp. 1002–1003; Ernst Blass: *Kondorkritiker III*, ebd. Nr. 37 vom 11. September, Sp. 1163–1165; A[lexandra] Ra[mm]: *Kondorkritiker*, ebd. Nr. 41 vom 9. Oktober, Sp. 1293–1294.

26 Alfred Richard Meyer: *An Stelle eines Vorworts.* In: *Der Mistral.* Beiblatt zur Bücherei Maiandros. IV–V. Buch vom 1. Mai 1913, S. 1–2, Zitat S. 1. [Vorwort zur lyrischen Anthologie].

27 Zur Schriftenreihe *Der jüngste Tag* vgl. Ludwig Dietz: ›*Der jüngste Tag*‹. *Seine Geschichte und Bibliographie.* In: *Philobiblon* 7 (1963), S. 96–118; das Reprint der Serie: *Der jüngste Tag.* Die Bücherei einer Epoche. Hrsg. und mit einem dokumentarischen Anhang versehen von Heinz Schöffler. 2 Bde. – Frankfurt a. M. 1970.
28 [Rudolf Conrad Cunz:] *Der jüngste Tag.* In: *Der Orkan* 1. Jahresfolge, H. 1 (1917), S. 23–24, Zitat S. 23.
29 Walter Hasenclever: [Ankündigung]. In: *Börsenblatt* des deutschen Buchhandels 72 vom 2. 5. 1913, S. 4650.
30 [Walter Hasenklever]: [2. Prospekt Herbst 1913]. Zit. nach Paul Raabe: *Die Zeitschriften,* S. 172.
31 Das verlegerische Credo Paul Steegemanns: *Fünf Jahre Verleger.* In: *Das Stachelschwein* 1. Jg. (1924), H. 6, 25. Oktober, S. 3–5; vgl. Jochen Meyer: *Paul Steegemann Verlag (1919–1935 und 1949–1960).* Geschichte Programm, Bibliographie. – Stuttgart 1975
32 Wie schwierig die Zuordnung einzelner Publikationen zum Expressionismus ist, zeigt das Jahrbuch *Arkadia*. Zwar sprechen Erscheinungsdatum (Frühjahr 1913), Verlag (Kurt Wolff) und einzelne Beiträge (Kafka, Werfel, Wolfenstein) für eine Zuschreibung, doch erweist sich das Vorwort Max Brods als ein Widerruf sämtlicher Intentionen, die für expressionistische Veröffentlichungstypen signifikant sind; vgl. Ludwig Dietz: *Das Jahrbuch für Dichtkunst »Arkadia«.* In: *Philobiblon* 17 (1973), S. 178–188.
33 Willi Wolfradt: *Zwischen den Kulturen.* In: *Die neue Rundschau* 30. Jg. (1919), Bd. 2, S. 1188–1206, Zitat S. 1190.

106
[Hans von Weber:] *Der Sturm, Wochenschrift für Kultur und die Künste.* In: *Der Zwiebelfisch* 2 (1910/11), H. 4 (November 1910), S. 139–140.

Da heißt es so oft, wir hätten heute keine Stürmer und Dränger mehr! Wir hätten eine Jugend, über die selbst die ältesten Leute nicht die Köpfe zu schütteln vermöchten. Und manchem von uns ist es wohl allerdings schon ganz »mau« geworden beim Anblick all der abgezirkelten, gut temperierten, kunstästhetisch und philosophisch so fest im Sattel sitzenden jungen Herren der jüngsten Generation, die sich lyrisch oder manchmal auch unlyrisch betätigen und zu irgend einem Nichts – als – »Sprachkünstler« oder Hofmannsthalschüler, schon wieder wie zu einem kleinen Meister aufblicken. – Da kommt nun auf einmal – nicht minder wild und streitbar als ehedem *Die Gesellschaft* [1] der fast schon vergessenen Conrad-Conradi-Epoche, genialisch, wüst und herzerfrischend jugendlich dieser kraftvolle *Sturm* dahergebraust und kündet neue Ziele, die zwar von unsern 25jährigen Kunstgreisen kein Verständnis erwarten dürfen, aber nach einer schon allzulange ertragenen Schwüle von Snobismus und Geschäftsschriftstellerei jedenfalls eine heilsame Luftreinigung bedeuten. [2] Diese Sturmgesellen gehen gescheit und mit richtigem Instinkte von Ibsen aus, haben Wedekind »überwunden« und verehren in jugendlichem Überschwange den Karl Kraus der Wiener *Fackel*, der bei all seiner messerscharfen Bosheit doch so etwas wie ein legitimer Erbe des »goldnen Wiener Herzens« ist. Und Zeichner haben sie – um mit einem ihrer Wedekindtöter zu reden: – »Verrrdammt! Verrrdammt!« Oscar Kokoschka heißt der tollste von ihnen; der zeichnet wie aus der Pistole geschossen und dichtet daneben in einer so fabelhaften Temperatur, daß wer ihn verstehen will, schon selber ein Genie sein muß. Und wer da nicht Lachkrämpfe kriegt, der ist ein affektierter Heuchler. Und wer da nicht merkt, daß hier – vielleicht – ein sehr beträchtlicher Wille nach Atem ringt, der ist ein Philister! Vielleicht! Der Teufel weiß es und der Teufel wird aus solchem amüsanten Unsinn klug! Wir andern mögen unterdessen weiter unsre maßvollen Bücher lesen, schreiben, drucken und verlegen und in Geduld abwarten, was sich etwa daraus entwickelt. Geht aber die Geduld mal einem Heißsporn von uns durch, so dürfte das der jungen Bande gerade recht sein – eine erwünschte Hürde mehr bei ihrem rabiaten Hindernisrennen. Ich für meine Person muß gestehen, daß ich mich lange nicht so wohl und vergnügt gefühlt habe wie bei diesem frischfröhlichen und verdrehten Sturmwind.

Der Herausgeber heißt Herwarth Walden. In Berlin-Halensee, Katharinenstr. 5 abonniert man für 1,25 M. das Quartal.

Rezension des Herausgebers des *Zwiebelfisch* in der Rubrik *Von Büchern und anderen Dingen.*

1 *Die Gesellschaft. Realistische Wochenschrift.* von Michael Georg Conrad. Jg. 1–18. München: G. Franz 1885–1902; die unter wechselnden Herausgebern und mit veränderten Untertiteln erschienene Rundschau war das wichtigste Blatt des süddeutsch-geprägten Naturalismus. Den Zeitschriften der expressionistischen Generation entsprach sein programmatisches Eintreten für die jungen Literaten, für eine prinzipielle Erneuerung des Geisteslebens und für die Demaskierung des verlogenen Idealismus des sogenannten Philistertums.

2 Michael Georg Conrad (1846 – 1927), ein führender Vertreter der »naturalistischen« Schriftstellergeneration, bestritt dagegen verwandte Motive und Ziele zwischen dem Aufbruch der Naturalisten und dem der Expressionisten auf sehr schroffe Weise (vgl. seine Rezension: *Der Kondor*. In: *Deutsches Literaturblatt* 2 (1912), Nr. 12, 1. Dezember, S. 9). Andererseits setzte er sich für ein inkriminiertes Gedicht Hugo Balls solidarisch ein (vgl. Dok. 139). Hermann Conradi (1862 – 1890), radikaler Vorkämpfer des Naturalismus, Mithrsg. der *Modernen Dichtercharaktere* (1885).

107
[Heinz Eckenroth:] *Drei Jahre Aktions-Arbeit.* In: *Phoebus* 1 (1914), Heft 2 (Mai), S. 85–86; *Für die Aktion*, ebd. S. 87.

Drei Jahre Aktions-Arbeit

Wenn in einer Tageszeitung, auf einer Postkarte, in einem Witzblatte die Zensur irgend etwas für anstößig und (politisch oder geschlechtlich) aufreizend erachtet, so wirkt das natürlich nur komisch. Sind Tageszeitungen, sind denn Postkarten oder Witzblätter auf irgend eine Weise ernstzunehmen? Sind oder bedeuten sie Wirklichkeiten, an denen man nicht vorbei kann? Tatsachen, deren Bestimmung wäre, einzugreifen, stofflich und mechanisch mit den Teig der Zeit zu kneten? Sie sind Fiktionen, leere Papierhülsen, skurrile Auch-Vergnügungen, nichts weiter. Sie richten sich an die Vorstellungsgabe des Volkes; aber wie sie den Willen zu beeinflussen und damit sittliche (bez. unsittliche) Phänomene hervorzulocken vermöchten, bleibt unersichtlich.

Die *Aktion* – der Name unterstreicht es für die Engstirnigen – steht außerhalb dieses üblichen Drucksachenschemas. Sie identifiziert sich mit dem, was sie jede Woche bringt, restlos. Sie kolportiert und klatscht nicht. Sie nimmt zum Papier und zu den schwarzen Lettern ihre Zuflucht nur, weil ein Wirken auf kürzerem handgreiflichem Wege nicht möglich ist. Denn *sie will die Wirkung*, sie ist, sie inkarniert Wirkung. Auch wenn sie bloß einen einzigen Leser zählte. Denn nicht aus der Beistimmung oder Ablehnung seitens einer Leserschaft rechtfertigt sich die Notwendigkeit und der Aktivwert eines Organs, sondern aus der absoluten Güte seiner Machart, aus der transzendenten Lauterkeit seiner Gesinnung.

Die *Aktion* hat sich stets dahingestellt, wo das kleine, das verfolgte, das gebrandmarkte Häuflein der geistig Regen sich zu sammeln suchte. Sie hat, zu wieviel Malen, für eingekerkerte, für verbannte, für im Irrenhaus gewaltsam internierte Feuerköpfe sich eingesetzt. [1] Sie hat ständig, ständig, ständig den faulen Kompromiß der deutschen Sozialdemokratie bespöttelt, verhöhnt, angeklagt. [2] Sie hat jungen Künstlern, Malern wie Denkern, eine erste Möglichkeit geschaffen, sich in die Diskussion, ins Angegriffenwerden, in die Front des Fortschritts zu begeben. Sie hat mit Rußland, mit Frankreich, mit Italien Beziehungen unterhalten und durch Übersetzungen auf die neuen Dinge, die dort geschehen, zuerst unseren Blick gelenkt. Sie hat über das Schriftdeutsch in unserer Tagespresse gewacht, hat die Urteilsfähigkeit der Redakteure, der Referenten auf Herz und Nieren geprüft, hat alles in allem in unserem begriffsstutzigen, schläfrigen Lande für ein wenig Erregung, Neugier, Zunder und südliche Reizbarkeit gesorgt. Darum ihre Ausnahmestellung: Sie ist nicht Meinung und unverbindliches Presseelaborat, sondern Bekennen, Wirklichsein, unmittelbares Wollen und Erreichen.

Gegen sie den Staatsanwalt sich rüsten zu sehen, ist sonach nicht mehr komisch und bloß unterhaltsam, sondern schafft einen Zustand der rechtens nicht diese Zeitschrift, sondern die Einrichtung der Zensur in Frage stellen müßte. Hier kompromittiert und verneint sich nur die eine Partei, und zwar bestimmter, restloser als durch hundert Konfiskationen schlüpfriger oder aufhetzerischer Winkeltraktätchen. Drei Nummern der *Aktion* sind beschlagnahmt; sieben Autoren machten sich irgend einer Paragraphenverletzung schuldig; [3] gibt es denn überhaupt soviel Möglichkeiten, unsittlich, gottlos, feindbürgerlich zu sein? Was die Behörde hier tut, wird schwerlich die Entfaltung des Geistes und der männlichen Courage hemmen, aber an ihr, nur an ihr sich mit bitteren Folgen rächen.

Für die Aktion

Nachdem kurz hintereinander drei Nummern der *Aktion* beschlagnahmt wurden, scheint es, als wollte man diesem kleinen, tapferen und gescheiten Organ der literarischen Linken grundsätzlich an den Kragen. [4] Wie immer man über die einzelnen inkriminierten Beiträge und deren Autoren denken mag, eins ist gewiß, daß die ästhetische und moralische Ernsthaftigkeit der Zeitschrift über jeder Diskussion steht. Eine Massenkonfiskation, wie sie hier vorliegt, bedroht nicht nur das Weitererscheinen dieses für die jüngste Literatur charakteristischsten Organs, sondern bringt, was wichtiger ist, die Gesinnung und das kulturelle Wollen der um die *Aktion* gruppierten Literaturbewegung in Verruf. Wir halten es darum für geboten, zur Tendenz der *Aktion* und ganz besonders zu ihrer Leitung durch Franz Pfemfert unsere Sympathie kundzugeben und versichern, daß der Staatsanwalt durch den törichten Versuch einer Unterdrückung der Zeitschrift die Lauterkeit ihrer Gesinnung nicht in Frage ziehen kann.

Hugo Ball
Johannes R. Becher
Heinz Eckenroth
Richard Elchinger
Friedrich Eisenlohr
Efraim Frisch
Robert Forster-Larrinaga
W. Fred
Joachim Friedenthal
Max Halbe
Hans Harbeck
Wilhelm Hausenstein
Georg Hecht
Hans Ludwig Held
Karl Henckell
Wilhelm Herzog
Friedrich M. Huebner
W. Kandinsky
Klabund
Gottfried Kölwel
Walter Kühn
Artur Kutscher
Heinrich Mann
Thomas Mann
Kurt Martens
Nadja Strasser
Friedrich W. Wagner
Hans von Weber
Frank Wedekind

Das zweite der hier als ein Dokument behandelten Voten für die *Aktion* druckte Franz Pfemfert u. d. T. *Eine Kundgebung* nochmals ab (*Die Aktion* 4 (1914), Nr. 24, 31. Juni, Sp. 532–533). Beide Texte gehören in den Zusammenhang des Künstlerprotestes gegen die Konfiskation der Zeitschrift durch die Berliner Staatsanwaltschaft im Frühjahr 1914. Der von ihr angestrengte Prozeß, der zuletzt auf den 24. November 1914 festgesetzt worden war, wurde mehrmals vertagt und endete 1915 mit einem Schuldspruch gegen Pfemfert. Kasimir Edschmid dagegen wurde »auf Antrag des Staatsanwalts subjektiv und objektiv freigesprochen« (Brief an Kurt Wolff vom 22.3.1915, zit. nach: *K. W. Briefwechsel eines Verlegers 1911–1963*. Hrsg. von Bernhard Zeller und Ellen Otten. – Frankfurt a. M. 1966, S. 171 f.). In seiner Rubrik *Kleiner Briefkasten* behielt Pfemfert das letzte Wort (*Die Aktion* 5. Jg. (1915), Nr. 13, 20. März, Sp. 168): Der Prozeß gegen mich, der den 9. März vor der Strafkammer des Berliner Landgerichts III verhandelt wurde, verlief – wie eben solche Prozesse zu verlaufen pflegen. Die Anklagebehörde und der Angeklagte sprachen aneinander vorbei; und das Gericht, das zum Geist der *Aktion* keine Brücke sah, mußte urteilen. Schlußergebnis: von der Anklage, zur Durchprügelung der Revolverjournalisten aufgereizt zu haben, wurde ich freigesprochen; freigesprochen wurde ich von dem Vorwurf, durch den Abdruck des Gedichts des *Mönchs von Montaudon* (Nr. 14) der Sittlichkeit eine Verletzung zugefügt zu haben; verurteilt wurde ich für den Abdruck der Novellen *Die Vorgeschichte* und *Reflexionen* (Nr. 14) und für den Abdruck des Beitrags *Ein und kein Frühlingsgedicht* (Nr. 13). In meiner Verteidigungsrede habe ich gesagt, es sei ungerecht, Dichtungen in den Gerichtssaal zu zerren; daß auch die Teilnehmerinnen an Hofbällen, schleppte man sie in ihrer Balltracht vor die Schranken des Gerichts, »unsittlich« wirken würden. Herr Dr. Storck vom *Türmer* (dessen Objektivität als Sachverständiger der Staatsanwaltschaft wohltuend war) gab der Anklage keine Stütze. Trotz meinem überzeugten Rechtsanwalt Martin Lesser und trotz meinem Hinweis, daß eine Verurteilung zwecklos sein würde, da ich gewiß bin, sittlich zu fühlen und nicht zu »bessern« sein dürfte, blieb der Freispruch aus.

1 Gemeint ist der publizistische Einsatz für den Psychoanalytiker Otto Groß (Dok. 42). Gegen dessen Inhaftierung hatte eine ihm gewidmete Sondernummer der *Aktion* protestiert, in der Ludwig Rubiner die Schriftsteller zu einer Kampagne für die Freilassung des Kulturrevolutionärs aufrief (*Aufruf an Literaten.* In: *Die Aktion* 3. Jg. (1913), Nr. 51, 20. Dezember, Sp. 1175–1180).

2 Die wichtigsten Artikel gegen die zeitgenössische Sozialdemokratie aus den ersten Jahrgängen der *Aktion* stellte Pfemfert u. d. T. *Die deutsche Sozialdemokratie. Auf dem Wege zu ihrem Zusammenbruch* (*Das Aktionsbuch.* Hrsg. von F. P. – Berlin-Wilmersdorf: Verlag der Wochenschrift *Die Aktion* 1917, S. 151–166) zusammen; typisch für die anarcho-individualistische Kritik ist auch die überspitzte Glosse *Die Sozialdemokratie* von Carl Einstein (*Die Aktion* 4. Jg. (1914), Nr. 12, 21. März, Sp. 246).

3 Beschlagnahmt wurde zunächst die Nr. 14 wegen angeblichen Verstoßes gegen die §§ 111 und 184 des Strafgesetzbuches. Die der »Unzucht« bzw. der Aufreizung zum »Widerstand gegen die Staatsgewalt« inkriminierten Beiträge stammten von Kasimir Edschmid (*Zwei Gedichte des Mönchs von Montaudon. Aus dem Altprovenzalischen.* In: Nr. 14, 4. April, Sp. 303–304) und von Hugo Kersten (*Madame Caillaux*, Sp. 293–294). Beanstandet wurde außerdem ein Text von Ferdinand Hardekopf (*Die Vorgeschichte. Aus dem konventionellen Detektiv-Roman »Manon«*, Sp. 304–305). Am 16. Mai sollte dann auch die Nr. 13 wegen des Gedichts von Ha Hu Baley Hugo Ball und Hans Leybold: *Ein und kein Frühlingsgedicht* (Nr. 13, 28. März, Sp. 267) eingezogen werden, jedoch war die Nummer bereits vergriffen. Konfisziert wurde danach die Nr. 21, in der Pfemfert die Staatsanwaltschaft offen angegriffen hatte (*Die Aktion und der Staatsanwalt*, Nr. vom 23. Mai 1914, Sp. 445–447). In der darauffolgenden Nummer ging Pfemfert auf die »Massenkonfiskation« nicht weiter ein, berichtete aber statt dessen von einer neuen Initiative: » [...]in München werden, von Hugo Ball und Klabund aufgerufen, Dichter wie Blei, Dehmel, Kerr, Przybyszewski, Panizza, Schnitzler, Sternheim, Scher, Schmidtbonn, Thoma, Unruh, Wedekind in einer »Anthologie der Konfiszierten« gegen die Tyrannei des Zensors demonstrieren« (*Mit ungleichen Waffen.* In: *Die Aktion* 4. Jg. (1914), Nr. 22, 30. Mai, Sp. 467); das Projekt konnte allerdings nicht realisiert werden.

4 Diese Klassifikation entsprach der von Kurt Hiller (nicht von Pfemfert) verfaßten *Note*, die das Programm der Zeitschrift knapp charakterisiert hatte (*Die Aktion* 1. Jg. (1911), Nr. 1, 20. Februar, Sp. 24 u. ö.): *Die Aktion* tritt, ohne sich auf den Boden einer bestimmten politischen Partei zu stellen, für die Idee der Großen Deutschen Linken ein. *Die Aktion* will den imposanten Gedanken einer »Organisierung der Intelligenz« fördern und dem lange verpönten Wort »Kulturkampf« (in einem freilich nicht bloß kirchenpolitischen Sinne) wieder zu seinem alten Glanze verhelfen. In den Dingen der Kunst und der Literatur sucht *Die Aktion* ein Gegengewicht zu bilden zu der traurigen Gewohnheit der pseudoliberalen Presse, neuere Regungen lediglich vom Geschäftsstandpunkt aus zu bewerten, also sie totzuschweigen. Bei vollkommener Unabhängigkeit von Rechts und von Links ist *Die Aktion* eine Tribüne, von der aus jede Persönlichkeit, die Sagenswertes zu sagen hat, ungehindert sprechen kann. *Die Aktion* hat den Ehrgeiz, ein Organ des ehrlichen Radikalismus zu sein.

108
[Ludwig Rubiner:] *Organ.* In: *Zeit-Echo* 3 (1917), 1. u. 2. Maiheft, S. 1–2.

Eine Zeitschrift hat heute gar keinen lebendigen Sinn. Sie ist ein Konversationsmittel geworden, wie es vor hundert Jahren das Lexikon war. Zeitvertreib mit Betrachtung.

Aber Geschriebenes, Gezeichnetes, Gedrucktes hat nur noch Wert, wenn seine Formulierung äußerste Notwendigkeit ist; wenn es so notwendig ist, daß es aufreizend wirkt durch den Mut zum Schlagwort; wenn seinem Urheber die Hingabe so wichtig ist, daß er auch vor der Einfachheit der Platitüde nicht zurückschreckt. Also das Gegenteil von Bibliophilie.

Eine Zeitschrift hat auch im besten Fall noch das Unglück, leicht bibliophilen Charakter zu tragen, immer noch nicht unmittelbar zu sein.

Dies eingestanden. [1]

Aber gerade der Inhalt, der Wert, das Geistige, das Wort, das die Menschen vor die Entscheidung zur Unbedingtheit stellt, muß auf die unmittelbarste, direkteste Art unter die Menschen gebracht werden. Das Ideal ist: das Flugblatt, der bibliothekarisch ganz wertlose Wisch, der einfache bedruckte Fetzen Papier, den man in die Tasche stopft. Oder man wirft ihn weg, und nur darauf kommt es an, daß man ihn nie wieder vergessen kann, wenn man einen Blick auf ihn warf: so tief hat er getroffen.

Eine Zeitschrift wird oft ein *Organ* genannt. Aber die einzige, die allereinzige Existenzberechtigung, die eine Zeitschrift heute hoch haben kann, ist, daß sie ein Organ ist. Ein wirkliches Organ, unsymbolisch gemeint. Ein Organ wie Kopf, Augen, Mund, Arme, Beine des Menschen, eine Fortsetzung und Erweiterung der menschlichen Glieder bis zur lebendigen Berührung des andern Menschen.

Eine Zeitschrift ist nicht zur Erkenntnis da. Nicht zur Betrachtung, nicht zum Genuß. Sie ist auch keine Tribüne, an der Meinungen zur Diskussion gestellt werden. Sie hat Lebensrecht nur, wenn sie Bewegung, Griff und Darreichung dieser letzten, unbedingten und verzweifelten Menschen ist, die bereit sind, ihre Person völlig mit ihrer Sache zu identifizieren; die ihr Ziel des Geistes mit jedem Mittel ihres Körpers durchsetzen wollen; denen Reden, Handeln, Schreiben keinen Unterschied bedeutet, sondern bloße verschiedene Äußerungsformen der menschlichen Liebestätigkeit. Und die zuletzt gedruckt werden, nicht um des Veröffentlichens willen, sondern nur weil sie so gleichzeitig zu mehr und verschiedeneren Menschen gelangen, als allein durch die gesprochenen Worte im kleinen Zimmer.

Jeder weiß heute, daß in allen Ländern die Menschen nur schweigen, weil sie glauben, von den andern nicht gehört zu werden. Aber es gilt nur, ihnen ein Zeichen zu geben, daß das Klopfen ihres Herzens drüben unter den fernen, unbekannten Brüdern wahrgenommen wird, daß ihre Sprache wie ein Händedruck herüberkommt, daß vor dem Geiste die Entfernungen nichts sind: Und Grenzen, Drahtverhaue, Heere sind überholt.

Dieses ohne Verfasserangabe veröffentlichte Programm zum 3. Jahrgang der Zeitschrift unterstreicht das redaktionelle Gewicht des neuen Herausgebers. Während das erste Jahr des *Zeit-Echos* unter der Ägide von Otto Haas-Heye und Friedrich Markus Huebner noch ganz im Zeichen des ursprünglichen Untertitels stand, nämlich ein »Kriegstagebuch der Künstler« zu sein, hatte Hans Siemsen die Abkehr von der literarischen Reflexion des Kriegserlebnisses im Programm zum 2. Jahrgang noch recht vorsichtig formuliert (*Zum neuen Jahrgang*. In: *Zeit-Echo* 2. Jg. (1915/16), H. 1, S. 1–2). Mit Ludwig Rubiners Übernahme der Schriftleitung trat das pazifistische Profil erst konsequent hervor. (Vgl. Dok. 74)

1 Hinweis auf den bisherigen, eher esoterischen Charakter der Zeitschrift; die zugehörige Erwartungshaltung ist in einer zeitgenössischen Rezension klar ausgedrückt: danach erwartete man, die Zeitschrift werde » [...]auch weiterhin besinnlichen Leuten, die nicht das Laute, und nicht das Alltägliche lieben, zu Stunden verhelfen, in denen sie eine stille geistige Aussprache mit verwandten Geistern halten dürfen« (Hans Bethge: *Das »Zeit-Echo«*. In: *Zeitschrift für Bücherfreunde* N. F. 7. (1915/16), H. 12, Beibl. S. 618 f.).

109
Hans Harbeck: *Das lyrische Flugblatt.* In: *Das literarische Echo* 12 (1909/10), H. 17, 1. Juni 1910, Sp. 1275–1277.

Das Tempo des Daseinsprozesses ist durch die erstaunlichen Erfindungen der Technik, die Begriffe wie »Entfernung« und »Das ist unmöglich!« gänzlich beseitigen zu wollen scheint, ständig beschleunigt worden. Man arbeitet überall rasch und gewandt. Man paßt sich dem »Zeitgeist« an. Daß das vielfach zur Oberflächenkultur, zu gewissenloser Geschwindfabrikation, zu einem neuen Materialismus geführt hat, ist bedauerlich, wird aber wohl als eine Art Kinderkrankheit angesehen werden dürfen. Jedenfalls wollen wir nicht verkennen, daß die Folgen der rascheren Abwicklung der Lebensgeschäfte nicht *nur* unerquicklich, ja, zum Teil sogar amüsant und ersprießlich sind. Man werfe beispielshalber einen flüchtigen Blick auf das deutsche Literaturleben der Gegenwart und prüfe, wie es sich in diesen Industriezeitläufen entwickelt hat!

Da gewahrt man zum Exempel, daß der Essay, eine verständige, praktische und gefällige Schriftform, dem ballastschweren »Kompendium« mit lobenswertem Schneid zu Leibe gerückt ist. Wir sind mit Essaysammlungen der verschiedensten Art geradezu überschwemmt worden, und vermutlich hat manch eine fein und klug geschriebene Monographie irgendeinem Lehrbuch, das bis dahin als »grundlegend« und unentbehrlich gegolten, das Lebenslicht ausgeblasen. Daß der Essay neben seinen selbstverständlichen Vorzügen starke Schattenseiten aufweist, ist nicht zu verkennen. Er ist leicht unhistorisch, einseitig, parteiisch, und er verleitet vielleicht zu oberflächlicher Scheinbildung. Daß er wertvolle und nützliche Kenntnisse in breite Kreise des Volkes getragen hat, ist jedoch ein Verdienst, das durch die angedeuteten Mängel kaum beeinträchtigt werden kann.

Aber eine noch weit charakteristischere Publikationsform ist neuerdings aufgetaucht, das literarische Flugblatt!

Gewiß, Deutschland, recht eigentlich die Heimat der Flugschrift, hat schon in den stürmischen Reformationszeiten das »fliegende Blatt« gekannt. [1] Aber die damalige Flugschrift hatte doch ein wesentlich anderes Gesicht. Sie erörterte, zumeist mit heftiger Parteilichkeit, die politischen Angelegenheiten des Tages. Sie polemisierte, räsonierte, griff an, feuerte an. Sie wurde in großen Massen verteilt und entsprach eher den »Aufrufen«, die die heutige Sozialdemokratie in Umlauf bringt, um die »Genossen« gegen die »Zwingherren« aufzuwiegeln. Die von echtestem nationalen Pathos beflügelten Blätter, die Franz von Sickingen und Ulrich von Hutten durch die deutschen Gaue flattern ließen, waren, obschon sie häufig das schmucke Gewand des Versdialogs trugen, doch zunächst und vornehmlich in agitatorischer Absicht »an das Vaterland« gerichtet. [2]

Das *lyrische* Flugblatt ist, glaube ich, eine funkelnagelneue Spezies und darf als ein kennzeichnendes Phänomen des Industriezeitalters gebucht werden. Über dieses neue literarische Lebewesen ist zunächst Unfreundliches zu sagen. Es ist gelegentlich zu einem schäbigen Reklamemittel erniedrigt worden. Ein Beispiel: Im Winter des Jahres 1907 erschreckte ein Herr Edmund *Harst* das harmlose Publikum der Stadt Göttingen durch ein »poetisches« Flugblatt, das auf billigem Papier billigere Verse zur Schau trug, die unbegreiflich luxuriöse Überschrift *Auf silberner Schale* führte und auf der letzten Seite die Urteile einiger »Autoritäten« – der Feuilletonredakteur eines Provinzblattes hatte dem Autor etwa versichert, daß er schon schlechtere Verse gelesen hätte – und eine lange Liste erschienener und in Vorbereitung befindlicher Bücher des Verfassers aufmarschieren ließ. (Ein ähnliches Unternehmen, das der Eitelkeit dilettantischer Poeten durch die Beigabe ihres Porträts und ihrer Biographie erfolgreich schmeichelte, wurde vor etwa einem Jahrzehnt längere Zeit von Wien aus betrieben.) [3]

Ich bin nunmehr in der angenehmen Lage, auf einige stilvolle Versuche dieser Gattung hinweisen zu können. Außer auf die s. Zt. von Karl Henckell unter Mithilfe des vortrefflichen Hugo Höppener (Fidus) in die Welt gesandten *Sonnenblumen* [4] und auf John Henry Mackays *Freunde und Gefährten* [5] sei hier besonders auf die von dem jungen Verleger *A. R. Meyer* (Berlin-Wilmersdorf) herausgegebenen Flugblätter [6] aufmerksam gemacht. Sie sind auf echtes Büttenpapier gedruckt, durch einen klaren, noblen Druck ausgezeichnet und gewähren ein hohes ästhetisches Wohlgefallen.

[...]

Es liegt kein Anlaß vor, diese Flugblätter überschwänglich zu feiern. [7] Es ist schwer ersichtlich, welche Zwecke sie verfolgen. Ist es ihnen um eine intime Wirkung zu tun, so ist es unnütz, sie im Buchhandel zu vertreiben. Cäsar Flaischlen schickt alljährlich seinen Freunden ein kleines Heft mit neuen Versen als einen Neujahrsgruß; für private Dedikationen sind wohl auch diese nur in 500 numerierten Exemplaren aufgelegten Flugblätter am ehesten geeignet.

Unsere Ausführungen münden in einen interessanten Widerspruch. Ein Flugblatt und wenige auf Bütten gedruckte Exemplare, das ist eine *contradictio in adjecto!* So wird dieses lyrische Flugblatt, wenn es dem gierigen Zahn der Zeit zu entgehen imstande ist, dem Historiker späterer Tage wahrscheinlich als ein Kuriosum unserer widerspruchsvollen Übergangskultur in die Augen fallen.

Diese Betrachtung der publizistischen Gattung »lyrisches« oder »poetisches Flugblatt« datiert aus der vorexpressionistischen Phase der Meyerschen Unternehmung. Die unbeantwortet gelassene Frage nach dem letztendlichen »Zweck« der Reihe schien Karl Willy Straub weniger rätselhaft: »Geht man doch bei jeder Neuerscheinung ziemlich sicher, daß das Entdeckertalent des Verlegers wieder einem ›Originale‹ auf die Spur gekommen ist, das ohne die glückliche Einrichtung der *Lyrischen Flugblätter* einem größeren Leserkreise unbekannt geblieben wäre« (*Deutsches Literaturblatt* 3. Jg. (1913), Nr. 9, 1. September, S. 11).

1 Siehe die Sammlungen *Die fliegenden Blätter des XVI. und XVII. Jahrhunderts.* Hrsg. von J. Scheible. – Stuttgart 1850. Reprint: Hildesheim 1972; *Deutsche illustrierte Flugbläter des 16. und 17. Jahrhunderts.* Reihe 1: Die Sammlungen der Herzog August Bibliothek in Wolfenbüttel. Hrsg. von Wolfgang Harms in Zusammenarbeit mit Michael Schilling u. Andreas Wang. 3 Bde. – Nendeln/Liechtenstein 1979–80 (Bd. 1 u. 2).

2 Reichsritter Franz von Sickingen (1481–1532), politisch prolutheranischer Verfechter der eigenständigen Reichsritterschaft, der 1520 den verfolgten Humanisten und idealistischen Nationaldichter Ulrich von Hutten (1488–1523) beherbergte. Vgl. *Huttens deutsche Schriften.* Ausgew. u. hrsg. von H. Mettke. 2 Bde. – Leipzig 1972–74.

3 Gemeint ist die Reihe: *Poetische Flugblätter. Auslese zeitgenössischer Dichtungen.* Hrsg. von Josef Kitir und Carl Maria Klob. Jg. 1–2 (August 1898 – Juli 1899). Wien: Verlag Szelinski & Cie.

4 Vgl. Karl Henckell und Hugo Höppener: *Sonnenblumen.* Jg. 1–4 (Oktober 1895 – September 1899). Zürich: Karl Henckell & Co.

5 Vgl. John Henry Mackay: *Freunde und Gefährten.* – Berlin: Schuster & Loeffler 1901.

6 *Lyrische Flugblätter.* – Berlin-Wilmersdorf: Alfred Richard Meyer 1907–1923; wenig später nahm Alfred Richard Meyer selbst Stellung zu Programm und Gestaltung seiner Reihe: »Karl Henckell's *Sonnenblumen* freilich haben wohl einst dieselbe Idee verfolgt wie meine 17 Flugblätter; der Hauptunterschied zwischen beiden Versuchen, für lyrische Kleinkunst eine Lanze zu brechen, liegt jedoch in einer einwandfreien Ausstattung, Satz in reinen Frakturschriften, gutem Druck auf echtem Bütten und billigster Preisansetzung« (*Lyrische Flugblätter.* In: *Zeitschrift für Bücherfreunde* N. F. 2. Jg. (1910/11), Beibl. vom 10. Januar 1911, S. 364–365, Zitat S. 364).

7 Aus A. R. Meyers Reihe wurden genannt: Hans Brandenburg: *Lieder eines Knaben*, 1908; Maximilian Brantl: *Von einer Toten.* Herrn und Frau Karl Wolfskehl in Verehrung, 1908; Hans Carossa: *Stella mystica.* Traum eines Toren. Leo Greiner zugeeignet, 1907; Heinrich Lautensack: *Fünf Gedichte*, 1907 sowie: *Jud und Christ. Christ und Jud.* Ein poetisches Flugblatt, 1908; Toni Schwabe: *Verse*, 1907; Sophie Hoechstetter: *Sechs Sonette.* Städte und Menschen, 1907.

110
Kurt Hiller: [Vorwort]. In: *Der Kondor.* Verse von Ernst Blass [u. a.] Hrsg. von K. H. – Heidelberg: Richard Weissbach 1912, S. 5–9.

Am Sinn der Kunst, als welche aus exuberierendem Leben stammt und selber wieder Leben erzeugt, darf nur zweifeln, wer Skeptiker am Sinne des Lebens ist. Das pflegt der männisch Empfindsamkeit rügende Staats- oder Erkenntnisbeamte, der abgeklärte Dandy, der feixende Fabrikant nicht gerade zu sein; und die Philosophen sind die letzten, die dem Wert der Kunst mißtraun; die letzten zumindest, die sie verraten . . .

Hat sie einen Sinn, so den: daß jemand sein Erleben gestaltet – und andere aus der Gestaltung ein Erleben schöpfen. Da zu beiderlei Tätigkeit eine seelische Struktur gehört, die selten Ereignis wird, bleibt Kunst eine Angelegenheit der Wenigen. Sie zum Gemeingut der Bewohner zu machen, mag als Maxime von Weltverbesserern, als edle Forderung der Zivilisatoren Geltung haben; als Kriterium ist Volkstümlichkeit immer ein Unfug. [1] Freilich kein leicht auszurottender; besonders wo *Sprache* des Künstlers Material bildet, glaubt jeder Absolvent einer höheren Schule und Unvorbestrafte, die Qualität der Leistung am Maßstab seines Empfängnisvermögens messen zu sollen. Worte dienen ja dem Verkehr, dem Handel, der Wissenschaft; dienen als Werkzeug der gemeinen täglichen Verständigung; und Herr Meyer, der vor einem Gemälde oder gar vor einer Symphonie sich bescheiden als »Laie« fühlt, erinnert sich vor einem Gedicht, daß er schreiben und lesen lernte. Nun gleicht ein Gedicht einem Spiegel; und (Lichtenberg war dieser Weisheit Vorläufer): ein Esel, der hineinschaut, sollte, falls er klug ist, nicht verwundert sein, wenn er dabei die Impression von etwas sehr Esligem gewinnt. Aber statt in seines Gesichtes Ausdruck wittert er dann in dem Ausdruck des Dichters meist die Ursache; nennt rasch, was er nicht versteht, unverständlich; und hat, für alle Fälle, die Diagnose »pathologisch!« bereit. [2]

Darin allerdings zeigt der Aristokratismus der Kunst sich nicht, daß ein Poet uns unaufhörlich seiner Hehrheit und seines Herrschertums versichert; nicht darin, daß einer, stirnrunzelnd und renaissancehaft, Brokate mit Blut besprengt oder Landschaften der Feudalzeit voll Minne, Mönchen und Mannen mystisch heraufbeschwört. Keineswegs die Meister – die wir ehrfürchtig lieben (auch wo sie uns befremden) –, sondern ihre traurigen Nachäffer sind es, deren sakrales Gouvernantentum und steife, stiefe Pose wir nicht mehr ertragen können. [3] Auch wir sind Verächter pöbelmäßigen Schluderns und wissen den Wert einer strengen Technik wohl zu schätzen; aber Hochnäsigkeit als konstitutives Prinzip von Dichtungen lehnen wir entschlossen ab. Und wir bestreiten schlechterdings, daß die Verwendung von Vokabeln wie »Wasen«, »getarnt«, »Gewäfer« an sich ein Beweis für Tiefe sei. Er ist es ebensowenig wie jene hysterische Angst vor Deutlichkeit und aufrichtigem Bekennen, die viele, ihrem eignen sauern Theorem (: ein »Gebild« müsse »gewachsen«, nicht »gemacht« sein) zuwider, zwingt, ihr Erleben, bevor sie es formen, stofflich umzuformen und etwa, wo der erotische Typus einer Schauspielerin sie reizt, Penthesileen »ewiger und schöner denn Sterben« werden zu lassen. Man tut sich dann viel zugute auf einen Unterschied zwischen »Gestaltetem« und »bloß Geredetem«; und es ist doch nur der Unterschied zwischen Schwindel und Wahrheit.

Nicht besser als das mürrische Pathos dieser feierlichen Magister aus des großen George Seminar ist das wirr-gottsälige der Quallen, welche die Flut der »literarischen Revolution« den Kontraïnstinkten aller guten Lateiner zurückgelassen hat. Grenzenloses Weltfühlen, metapyhsische Schwärmerei, Pantheismus geben allein noch kein Gedicht; und ein erkenntniskritischer Schnitzer wird nicht dadurch zu Kunst, daß ihn einer in freien Rhythmen vorträgt. Man kann als Religionslehrer monistischen Gemeinden vorzügliche Dienste leisten und braucht unter Dichtern dennoch kein Begnadeter zu sein.

Die pädagogesken Assoziationen häufen sich . . . Turnlehrer bilden die dritte Gruppe: Karg sind sie, strack und wuchtend; wandern schweißbedeckt und analytikerfeindlich ins Grüne und Braune; effektuieren zum Schluß masochistischgymnastische Akte – durch Verwandlung ihres fetten Leibes in Scholle (die ein Pflug massiert) oder in Stücke Brots (die brunnenhaft springen) . . .

Was diese alle treiben, ist nicht Kitsch, sondern immerhin schlechte Kunst. Aber wir finden es fast ebenso abscheulich wie jenes böseste Gestümper von vergißmeinnichtblauer Werdantiotie [4] und jodelbar gemachter Popularsternkunde, das die lyrischen Hausbücher noch heute füllt.

Und so plant *Der Kondor* [5], ein Manifest zu sein. Eine Dichter-Sezession; eine rigorose Sammlung radikaler Strophen. Zum erstenmal sollen hier lebende Künstler der Gedichtschreibung, und nur Künstler, vereinigt werden. Mit Proben, die ausreichen, ein Bild zu geben: Künstler einer Generation. (Die ältesten sind Ende der siebziger Jahre geboren, die jüngsten 1890; gemeinsam ist ihnen vielleicht nichts als die Gegensätzlichkeit zu den beregten Sorten und allenfalls das Stigma des Neuen.)

Eine Richtung? Eine »Richtung« will *Der Kondor* nicht fördern. Erscheint die Erlebensart des geistigen Städters, die uneinfache, bewußtere, nervöse (mit Dynamos und Massenstreiken hat sie nichts zu tun!), hier als bevorzugt, so rührt das nur daher, daß man sie anderswo quäkerisch vernachlässigt hat. [6] So ausgeschöpft der Behälter der agrarischen Emotionen auch ist: unsre Einwände kleben nicht am Gegenstand; und ein Beispiel im *Kondor* wird zeigen, daß sogar die kompromittiertesten Wörter (»Acker« und »verhalten«), neu geboren und gut gesetzt, die künstlerische Wirkung eines Gedichts nicht hemmen können.

In dem Augenblick, da ich diese etlichen Meinungen heiterwütend, zukunftsgewiß und unsäglich unabhängig niederschreibe, überkommt mich das Begehren, manchem zu danken. Dem idealen Verleger, der eine ernsthafte, kunsthafte, abseitige Sache ermöglicht hat, und den Mitarbeitern allen, weil sie mir das Ihrige zu meinem Zwecke anvertrauten.

Besonders stark wird in diesem Bande Georg Heym vertreten sein; Georg Heym, der Anfang Januar 1912 – aufreizender Mißgriff Gottes! – zu vierundzwanzig Jahren in der Havel ertrank. Es gibt Einwände gegen Heyms Kunst, und es paßt mir nicht, sie hier zu äußern. [7] Feststeht, daß er ein wundervoller, genialischer Kerl war und daß man von ihm den tausendjährigen Revolutions-Päan erhoffen durfte, den Friedrich Schiller nicht gesungen hat. Unter denen mit Mark, roten Wangen und Phantasie war Heym der einzige, auf den man diese Bezeichnungen unironisch anwenden konnte . . . (Seine hier veröffentlichten Gedichte sind, bis auf eines, den Korrekturbogen zu seinem Buch *Der Ewige Tag* [8] entnommen, die er mir, mit Genehmigung des Verlages Ernst Rowohlt-Leipzig, kurz vor seinem Tode für den *Kondor* zur Verfügung gestellt hat.)

Noch einen Zusatz der Bescheidenheit: Der Herausgeber, offen und schlicht gesagt, glaubt zwar, daß auf diesen Blättern die wertvollsten Verse stehn, die seit Rilke in deutscher Sprache geschrieben wurden, aber seine eigenen rechnet er darunter nicht. Er sieht in sich eine Person, die imstande ist, zerlegende Prosa zu liefern; einen Dialektiker oder Polemiker; vielleicht einen Glossendichter; nicht: einen Dichter. Wenn er dennoch, wie Hämlinge zu krähen sich nicht entblöden werden, die »Gelegenheit wahrnahm«, ein paar eigne (Lieblings-)Verse »einzuschmuggeln«, so tat er das durchaus nicht etwa auf Bitten seiner Freunde, sondern aus Eitelkeit.

Die Ende Mai 1912 erschienene Anthologie rief in erster Linie wegen dieser provokativen und streitbarnervösen Vorrede einen publizistischen »Kondor-Krieg« hervor, in dem sich konzeptionell-poetologische Differenzen mit privatesten Sym- und Antipathien mischten. Immerhin gelang Hiller mit diesem wirkungsbedachten Fanal einer Lyriker-Sezession nicht nur die beabsichtigte Provokation; er umschrieb zugleich den antitraditionalistischen und intellektuell-kritischen Anspruch der Dichter aus dem Umkreis des »Neuen Club« durchaus zutreffend. Man wandte sich gegen die aristokratisch-arkane Formsucht der George-Schüler, gegen schwärmerische und pseudometaphysische Symbolismen und Neoromantizismen und gegen die von der Tagespresse hochgelobten Pedanten des Reims und der lyrikspezifischen Wortwahl. Ernst Stadler beispielsweise schien dies zeitnah und sinnvoll zu sein – »mag auch der Ton der überflüssig provozierenden Vorrede manchmal fehlgreifen« (*Der Kondor.* In: *Elsässer Hefte* 1. Jg. (1912), Nr. 6 (November), S. 316–319; zit. nach: *Dichtungen.* Hrsg. von Karl Ludwig Schneider. Bd. 2. Hamburg 1954, S. 15 f.).

1 Hiller hat das Kriterium »Volkstümlichkeit« pädagogisch zu interpretieren versucht: *Die Neue Volkstümlichkeit.* In: *Tätiger Geist*, S. 324–329.
2 Über das Problem der sprachlichen Verständlichkeit moderner Literatur äußerte sich Hiller mehrfach; vgl. *Zur Frage der Verständlichkeit (Eine Predigt für Laien).* In: *Die Weisheit der Langeweile. Eine Zeit- und Streitschrift.* Bd. 1. – Leipzig: Kurt Wolff 1913, S. 209–216; *Zur Frage der Verständlichkeit, zusätzlich für Kenner*, ebd. S. 217–218. Unverkennbar ist dort ebenfalls der Widerspruch zwischen forciertem Geistesaristokratismus und wirkungsbedachter, ja zuweilen effekthaschender Formulierung bei gleichzeitiger Klage über das kulturelle Gefälle.
3 Zur ambivalenten Kritik der Georgeaner siehe auch Dok. 28 in diesem Band.
4 Abwertung der kulturkonservativ völkisch-radikalen Vereinigung, die sich nach einer Norne der germanischen Mythologie »Werdandi-Bund« nannte; vgl. Friedrich Seeßelberg: *Aufgaben und Ziele des Werdandi-Bundes.* In: A. Ernst (Hrsg.): *Wetterleuchten im Osten.* Kulturbetrachtungen – Leipzig: F. Ekkert 1909, S. 1–13.

5 Der Name *Kondor* wurde ähnlich wie der (gift-)grüne Einband der Anthologie von der wohlwollenden und der ablehnenden Kritik als Signal der herausfordernd-spitzen und provokativ-düpierenden Intention ihres Herausgebers erkannt; so z. B. in der launigen Dialogrezension von Herbert Eulenberg: *Jüngste Lyrik, betrachtet, nicht beurteilt* ... In: *Die neue Rundschau* 24. Jg. (1912), Bd. 1, S. 425–429. Rudolf Borchardt äußerte sich in einem Brief an Hugo von Hofmannsthal vom 7. September 1912 weit weniger angetan: »Von neuen Erscheinungen merke ich als letzte Phase dessen, was als Lyrik Drucker und Lobredner findet, den Condor an, – kein so übler Name, wenn das tertium comparationis aufs Aasfressen beschränkt bleibt. Verse eines gewissen Heym die drin sind, eines Verstorbenen übrigens, sind gleichwohl nicht ohne Potenz [...]« (Zit. nach: Reinhard Tgahrt u. Werner Volke (Hrsg.): *Borchardt Heymel Schröder*. Eine Ausstellung des Deutschen Literaturarchivs im Schiller-Nationalmuseum Marbach a. N., Katalog Nr. 29. – Marbach 1978, S. 220).

6 Die erste Definition eines Expressionismus der Lyrik als literarischer Thematisierung der Erlebnisse des intellektuellen Städters gab Hiller selbst (Vgl. Dok. 7).

7 Wie bei der Bewertung Gottfried Benns, den Hiller im Blick auf die *Morgue*-Lyrik als »Medizyniker« bezeichnete, fällt an seiner Kritik an Heym eine bemerkenswerte Koventionalität des ästhetischen Urteils auf; vgl. die Aussagen zur neuen Lyrik in *Die Weisheit der Langeweile*, Bd. 1, S. 119–137 (Wiederabdruck in: Paul Raabe (Hrsg.): *Expressionismus. Der Kampf um eine literarische Bewegung*, S. 25–34). Dort reduzierte er die revolutionäre Bildlichkeit des Lyrikers auf die Qualität metaphorischer Landschaftsbeschreibung und nannte Heym einen »Landschafter«.

8 Georg Heym: *Der ewige Tag*. – Leipzig: Ernst Rowohlt 1911. Gemeint ist Heyms Gedicht *Träumerei in Hellblau* [dat. 1. September 1911]; es ist postum veröffentlicht in: G. H.: *Umbra vitae. Nachgelassene Gedichte*. – Leipzig: Ernst Rowohlt 1912.

111
Hanns Martin Elster: *Die Silbergäule. Eine radikale Bücherreihe.* In: *Die Flöte* 3 (1920/21), H. 5 (August 1920), S. 116–120, Auszug S. 116–118, 120.

Merkwürdiger Name für eine Buchreihe Dichtung, Graphik, Essays! *Die Silbergäule* [1]. »Verstehe ich nicht«, kopfschüttelt der Bürger: Und trifft damit sofort die ganze Falschheit seiner Einstellung. Schon hier, bei dem Namen der Buchreihe ist nichts zu verstehen, mit dem Verstande zu zergliedern, denkend, erkennend auseinanderzulegen. Schon hier ist nur zu fühlen. Fühlst du nichts, wenn du hörst *Silbergäule*, erschaust du nichts, wenn du liest *Silbergäule*? Ich fühle Heiterkeit, innere Freiheit, seelisches Gehobensein. Ich sehe helle, silberne Linien, in Rhythmus springend wie galoppierende Gäule. Das Wort *Silbergäule* gibt meinem Innern eine Lebensstimmung, läßt mich erleben, daß ich da bin, daß in mir das Da-Sein das All ist. Und so ist es auch gemeint, das Wort *Silbergäule*.

Lieber Mitmensch, wenn du es nicht fühlst, du wirst es nie begreifen! Entweder wird dir sofort beim Aufspringen dieses Wortes seine innere, seine geistige Spannung und sein Gehalt offenbar, oder du bleibst ewig stumm. Nicht weil – wie dein kalter, nüchterner Verstand will – etwa das Wort sinnlos, verrückt wäre. Sondern weil in dir nicht der Sinn, das Gefühl ist, die aller Kunst zugrundeliegen. Hier scheiden sich in der Tat die Geister und die Wege, hier stehst du, lieber Mitmensch, am Scheidewege von Impressionismus und Expressionismus, am Scheidewege von »alter« und »neuer« Kunst, obwohl es keine alte noch neue Kunst, sondern nur Kunst gibt;

hier stehst du an der Grenze einer vergehenden und einer aufsteigenden Zeit, der verwesenden und der werdenden Menschheit.

Wir alle erleben die schweren Erschütterungen, unter denen ein Neues geboren wird. Dies Neue ist doch das ewig Alte: das rein Menschliche. Der Mensch besinnt sich auf sein Wesentlichstes. Auf das, was sein Leben wertvoll macht, sein Gottsein bedeutet: auf das Gefühl. Nichts ist er ohne das Gefühl, nichts wird in ihm und außer ihm ohne das Gefühl. Freilich, es ist kein Gefühl im Alltagssinne. Sondern jenes, das atmend lebt in jedem Kunstwerke, das von jeher aus religiöser Tiefe hervorbrach, das den Einzelnen verknüpft mit dem All, mit Gott: das Weltgefühl, das Schauen der Mystiker, die Sehnsucht der Gotiker, die Ekstase der Fanatiker, die Hingabe der Verzückten. Das Allgefühl als Mittelpunkt des Menschseins, als dessen Wesentlichstes, weswegen allein zu leben sich lohnt, der Quell alles Schöpferischen.

Die Jugend hat diese Klarheit im chaotischen Zusammenbruch einer auf den Verstand, den materialistischen Willen und den Historismus eingestellten Welt in sich *erlebt*, in sich erfühlt. Nicht erfahren nach stofflicher Bewußtseinsmethode. Sondern als Gewißheit seelisch erlebt! Getrieben von dieser Gewißheit und von der Sehnsucht nach ihrer Erfüllung, lebt sie nun ausschließlich diesem Allgefühl. Es ist ihr Ziel, Richtungspunkt, Anhalt, Aufgabe, Urteil, Maßstab, einzige Lebensmöglichkeit: in allem, was du tust, das All fühlen lassen und alles, was du tust, im Zusammenhange mit dem All, dem Ewigen, Unendlichen tun, das allein ist leben, ist schaffen, ist Kunst.

Leidenschaftlichste Ehrlichkeit ist ihr bei der Offenbarung und Verwirklichung ihres Gefühlserlebens durch ihr Werk erste Pflicht. Alles, was hemmen, verzerren, auf eine falsche Bahn schieben kann, wird bekämpft. Die schaffende Jugend stellt die Welt heute absolut ein auf das reine Allgefühl, auf die restlos erfühlte Menschlichkeit: damit muß sie revolutionär sein und wirken. Aus Ehrlichkeit. Aus Reife. Aus Sittlichkeit. Weil sie erlebt hat, wie jedes Festhalten am Materiellen, am Stofflichen, am Impressionistischen, an der Individualform das Wesentliche des Menschseins zerstört, davon abhält, irre macht. Ihr geht es aber nur um dies Wesentliche – das Allgefühl – es zum Entscheidenden aller Lebensformen und -inhalte zu machen, ist ihr mehr als aller Stoff der Erde, ist ihre Lebensaufgabe. Nur auf diesem Wege sieht sie die Möglichkeit, die Menschheit aus dem Chaos des nun Jahrzehnte andauernden Zusammenbruches der seelisch-geistigen Welt wieder zu erheben. Unter Aufgabe aller anderen Schwergewichte und Bindungen, ganz Geist, ganz Seele, ganz Hingabe an das Gefühl sein: so allein wird das allzu materialistische Sein soweit entmaterialisiert, daß der Mensch sich wieder auf Menschsein zu besinnen, ihm gemäß zu leben vermag.

Aus solcher Stimmung wachsen die Werke der Jungen hinüber in das Reich des reinen, abstrakten Geistes, wie die Schöpfungen der Mathematik. Hier ist die Quelle des Kubismus geboren, nachdem zuvor der Futurismus die stofflichen Formen der alten Schaffenswelt zerschlagen hatte. Hier ist die Quelle des Expressionismus: sein Ziel einzig und allein der absolute Ausdruck des Allerlebens, des Allgefühls, des geistigen Weltschauens auf der Grundlage des innerlich erlebten Übersinnlichen. Zu erfassen ist diese Kunst des Kubismus, des Expressionismus nur mit dem Gefühl: sie ist, wie einer ihrer Führer, Christof Spengemann, es einmal ausgedrückt hat, »freies Schweben, Ursprung, Geist, Göttliches.« [2] Wie jede echte Kunst, werden auch Expressionismus, Kubismus nur erlebt, sie sind unerlernbar, nicht zu erfahren noch durch Wissen oder Vernunftoperationen zu erkennen. Göttliche Kraft wirkt sich in der Kunst von jeher aus: es gilt, sie schweigend zu verehren. Alle denen, die ahnungslos den Werken der Kunst in der heute von der Jugend erlebten Absolutheit der Offenbarung gegenüberstehen, sei nur gesagt, daß kein abschätziges Übelwollen die Kraft zu vernichten vermag, die gegenwärtig unter der Jugend der Welt immer stärker durchdringt. Das Wesentliche des Menschseins ist erlebt: Wer sich den Sinn dieses Satzes klarmacht, weiß, daß die Quellen der Kunst mehr unter dem Schutt und unter den Trümmern stoffgebundener Vergangenheit wieder entdeckt worden sind. »Silbergäulen« gleich springt sie nun ins Leben; ihr junges Sprudeln schwillt zum Strom . . .

Von der Literatur her werden weitere Kreise noch am ehesten in den Kern und das Wesen der Welt- und Kunstanschauungen der jungen Kunst eindringen. Die Buchreihe, von der hier die Rede ist, ist wie kaum eine zweite geeignet, allen etwas zu geben, die suchen und begehren, von der Kunst für ihren Innenmenschen rein menschliche Erlebnisse zu erobern, ethische Kräfte zu erwerben, über den Sinn des Lebens klar zu werden.

[...]

Die Lektüre der *Silbergäule* macht froh bewegt. Hier lebt Jugend einer starken, edlen Sittlichkeit. Hoffnungen umfangreicher Art werden erweckt. Bleiben die Geister ihrem Welterleben treu, tragen sie das Entscheidende zur Erneuerung der Menschheit herbei. Nicht zerstörerisch wirken sie, sondern aufbauend wie nur je menschliche Tat.

Diese Rezension, deren pauschal positiver Besprechungsteil hier unabgedruckt bleibt, wurde in geringfügig gekürzter Form von Paul Steegemann in die Werbe-Zeitschrift für die *Silbergäule* aufgenommen (*Der Marstall* 1. Jg. (1920), H. 1/2, S. 53–[56]). Über Qualität und Programm der recht heterogenen Reihe hat Wilhelm Michel wohl am genauesten referiert: »Der wesentliche Zug der Sammlung ist eine grenzenlose Bereitschaft zu allem Neuen und Erregenden, zu den Wichtigkeiten des Jahrzehnts, des Tages, selbst der Minute. Ein kecker, unruhiger Geist, ein rasch zugreifender, etwas flatternder, vorfühlender Geschmack zeichnet sich ab, deutlich verliebt in alles, was irgendwie Grenzen überspringt, keineswegs ohne geistigen Ehrgeiz, doch auch gebannt in die Empfindung für das Marktgängige der gegenwärtigen und der kommenden Stunde [...]Das Ganze ist sehr bunt, stellenweise grell und überschrien, doch auch aufgeräumt und vorkämpferisch, leicht und heiter; als ein Unternehmen zur Popularisierung kecker Literaturstimmungen nicht zu unterschätzen« (*Frankfurter Zeitung*, 11. Januar 1921, 1. Morgenbl.).

1 Elster war sich über die Herkunft und die Bedeutung des Reihentitels nicht im klaren. Bei näherer Betrachtung erweist sich das Etikett *Silbergäule* nämlich keineswegs als eine dada-phantastische Erfindung, sondern als höchst beziehungsreiche Prägung mit rationalen Komponenten: zunächst handelt es sich um ein Literaturzitat (»Hört ihr den Ruf der Silbergäule« lautet eine Zeile im *Bundeslied der Galgenbrüder*), mit dem Steegemann die Patenschaft der Poesie Christian Morgensterns (1871 – 1914) für seine Reihe reklamierte; sodann um eine heraldische Anspielung auf das weiße Welfenpferd im Wappen der Provinz Hannover, dem Erscheinungsort der Serie; schließlich ist eine biographische Assoziation des Zirkusmilieus, aus dem Steegemann stammte, bei der Namengebung anzunehmen. Informationen aus: Jochen Meyer: *Der Paul Steegemann Verlag (1919–1935 und 1949–1960) Geschichte, Programm, Bibliographie.* Stuttgart 1975, S. 17 f.

2 Zitat aus Christof Spengemann: *Kunst, Künstler, Publikum. Fünf Kapitel zur Einführung in die heutige Kunst.* – Hannover: Paul Steegemann 1919. Es lautet im Kontext: »Impressionismus ist Gebundensein, Formel, Verstand, Irdisches. Expressionismus ist freies Schweben, Ursprung, Geist, Göttliches. – Die Kunst von heute heißt Expressionismus [...]im weitesten Sinn trifft er alles, was je an absoluter Kunst geschaffen wurde« (S. 67).

b) *Kabarett und Aktionskunst*

In der Fülle öffentlicher Präsentationen der neuen Kunst gewannen das literarische Kabarett und das Varieté-Theater ein eigenes epochentypisches Profil. [1] Schon um die Jahrhundertwende hatte Ernst von Wolzogens »Überbrettl«-Theorie Literaten und Schriftsteller angeregt, dem »gebildeten deutschen Publikum echte Kunst im Variétéstil vorzuführen«. [2] Den öffentlichen Vortrag literarischer Werke kabarettistisch aufzulockern, entsprach nicht zuletzt der veränderten ästhetischen Erlebnisfähigkeit einer hektischen Zeit: »So schnell wie die elektrischen Lampen aufleuchten und verlöschen konnten, so schnell mußte der Eindruck des Zuschauers wechseln«, berichtete René Schickele und nahm die Effekte des Variétés gegen ihre Kritiker in Schutz; was andere als triviale Schaulust und Zerstreuungssucht diskreditierten, erschien ihm als eine befreiende sinnliche Sensation. [3] Bald jedoch verkamen die großstädtischen Kabaretts zu Stätten der Unterhaltung: »Kunstlos, poesielos, kastriert vegetiert so in Berlin das Cabaret weiter«, klagte Erich Mühsam bereits im Jahre 1906. [4] Vor allem das geistreiche und künstlerisch niveauvolle Kabarett zu erneuern, daran war den jungen Literaten des Frühexpressionismus besonders gelegen. Über seinen Auftritt bei den Neopathetikern schrieb Georg Heym: »Die Veranstalter beabsichtigen offenbar, dem Cabaret von ehemals seine literarischen Tendenzen zurückzuerobern«. [5] Ein »Ensemble aus den Typen Theoret, Poet, Interpret« trug dort jüngste Literatur, Kritik und Musik einem avantgardistischen Publikum vor: Studenten, Bohemiens, Schauspieler, Maler und Schriftsteller waren unter sich. [6] Die fortschrittliche Kritik machte den Veranstaltern Mut: »Statt des obligaten Klaviergeklimpers zu schleimigen Zoten kann man plötzlich eine kritisch-psychologische Lustbarkeit hören oder eine Anfrage an das Schicksal oder die ungenierte Ermordung einer Berühmtheit«, lobte ein wohlwollender Rezensent. [7]

Zwei Eröffnungsreden, die eine zum ersten Abend des »Neopathetischen Cabarets« (Dok. 112), die andere zur ersten Veranstaltung des Kabaretts »Gnu« (siehe Dok. 113), stellen die beiden wichtigsten frühexpressionistischen Initiativen auf diesem Gebiet vor. [8] Das Kabarett »Die feindlichen Brüder«, in dem Gottfried Benn las, erlangte nicht diese Bedeutung. [9]

Anders als in den frühexpressionistischen Kabaretts, die keine Kleinkunstbühnen sein wollten, sondern eine zwanglosere Form des literarischen Vortrags inszenierten, spielten die Schaueffekte des Variétés in der Folgezeit eine bemerkenswerte konzeptionelle Rolle. Schon früh wertete Franz Pfemfert das Varieté zum »Kleinkunst-Theater« auf [10], vor allem aber Herwarth Walden pries die »Naivität des Schauens« und die Steigerung der »sinnlichen Aufnahmefähigkeit« durch das Varieté als Ausgangspunkt einer neuen theatralischen Form. [11] Heinrich Mann nannte einen Einakter *Variété*, und Jakob van Hoddis wurde zu seinem Gedichtzyklus *Variété* inspiriert. Unkonventionell und antibürgerlich wie die Stilisten des Variétéhaften sich gaben, so sollte auch die »Sturm-Bühne« wirken: William Wauers *Fiametta*-Pantomimen in der musikalischen Bearbeitung Waldens gehörten schließlich zum Programm des »Cabaret Größenwahn«. [12] Von der vitalen Turbulenz und der bildungskritischen Komik erwartete man sich eine Verjüngung der Bühnenkunst und die Provokation des institutionalisierten Theaterbetriebs. [13] Besonders Filippo Tommaso Marinettis Manifest *Das Variété*, das die

Demontage des bürgerlichen Kunst- und Bildungsbegriffs durch variété-spezifische Irritationen feierte, wirkte auf das dadaistische Kabarett in prägender Weise. Wie sonst niemand verherrlichten die Futuristen das Variété als die Hohe Schule »der Schockwirkungen, des Rekords und der Psychotollheit«, als das authentische Theater der Aktualität, der Geschwindigkeit, der Improvisation, des erotischen Reizes und der exzentrischen Sensibilität. [14] Die Veranstaltungen des Züricher und mehr noch des Berliner Dadaismus setzten ganz auf Schock, Publikumsbeschimpfung und groteske Selbstdarstellung des clownesken Künstlers. Die literarischen Provokationen der durch die Zeit provozierten Autoren steigerten sich zu aggressiver Aktionskunst. »Die Bildungs- und Kunstideale als Variétéprogramm –: das ist unsere Art von ›Candide‹ gegen die Zeit«, lautete eine Tagebuchnotiz Hugo Balls. [15]

Sein Vorwort zur Publikation *Cabaret Voltaire* (Dok. 114) vergegenwärtigt die improvisierten Anfänge des gleichnamigen Kabaretts. Ätzende Zeitsatire, intelligente Harlekinade und verzweifelt-kritischer Nonsens kennzeichneten die Aktionen des Berliner »Cabaret Dada«. [16] Richard Huelsenbecks fingierter Bericht über eine Dada-Vorstellung (Dok. 115) dokumentiert die Idee des Happenings, dessen spontanistischer Aktionismus die Zeitgenossen schreckte.

In den Zwanziger Jahren beerbten die literarische Revue, das Chanson und das Polit-Kabarett die unterschiedlichen Experimente des expressionistischen Jahrzehnts, welche die Gattungsmischung zwischen Variété, Kabarett und Einaktdrama antizipiert hatten. [17] Als eine Bewegung zur Regeneration von Kunst und Leben gab der Expressionismus der alten Forderung nach einer »Renaissance aller Künste und des ganzen Lebens vom Tingeltangel her!« [18] eine Wendung ins intellektuell Kritische, ästhetisch Avantgardistische und politische Agitative.

1 Zur Geschichte des literarischen Kabaretts vgl. bes. den Abriß von Fritz Martini in: *Reallexikon der deutschen Literaturgeschichte.* Hrsg. von Werner Kohlschmidt und Wolfgang Mohr, Bd. 1. – Berlin 1958, S. 798–803. Die ersten Darstellungen zum Thema: Arthur Moeller van den Bruck: *Das Variété.* – Berlin: J. Bard 1902; über die Entwicklung des Kabaretts seit der Gründung des »Chat Noir« am 18. November 1881 in Paris, über die »Überbrettl«-Bewegung, die »Elf Scharfrichter« und die Berliner Kabaretts nach der Jahrhundertwende orientiert zeitgenössisch Hanns Heinz Ewers: *Das Cabaret.* – Berlin und Leipzig: Schuster & Loeffler 1904. Zu allgemeinen Orientierung vgl.: Rainer Otto u. Walter Rösler: *Kabarettgeschichte. Abriß des deutschsprachigen Kabaretts.* – Berlin: Henschelverlag 1977.

2 Ernst von Wolzogen: *Das Überbrettl.* In: *Das literarische Echo* 3. Jg. (1900/01), Sp. 542 f. Abdruck in: Beate Pinkerneil u. a. (Hrsg.): *Literatur und Gesellschaft. Zur Sozialgeschichte der Literatur seit der Jahrhundertwende.* – Frankfurt a. M. 1973, S. 47 - 55, Zitat S. 52.

3 René Schickele: *Variété und Kultur.* In: *Das Leben* 2. Jg. (1906), Nr. 41, S. 887–889, Zitat S. 889.

4 Erich Mühsam: *Das Cabaret.* In: *Die Fackel* 7. Jg. (1906), Nr. 199 vom 23. März, S. 16–21, Zitat S. 20.

5 Georg Heym: (Besprechung einer Veranstaltung des Neopathetischen Cabarets vom 6. Juli 1910). In: G. H.: *Dichtungen und Schriften.* Hrsg. von Karl Ludwig Schneider. Bd. 2: Prosa und Dramen. – Hamburg und München 1962, S. 179.

6 Kurt Hiller: *Leben gegen die Zeit.* Logos. – Reinbek b. Hamburg 1969, S. 81.

7 E[mil] T[uchmann]: *Im Neopathetischen Cabaret.* In: *Der Demokrat* 2 (1910), Nr. 52, 21. Dezember, S. 3. Abdruck in Jakob van Hoddis: *Weltende.* Gesammelte Dichtungen. Hrsg. von Paul Pörtner. Zürich 1958, S. 120.

8 Vgl. weitere Dokumente zu den Kabaretts der Neopathetiker und des Club Gnu: Else Lasker-Schüler: *Im neopathetischen Cabaret.* In: *Der Sturm* 1. Jg. (1910/11), Nr. 38 vom 17. November 1910, S. 304; Kurt Hiller: *Fliegenklappe.* Der neue Klub bittet um Veröffentlichung der folgenden Erklä-

rung. In: *Der Sturm* 1. Jg. (1910/11), Nr. 43 vom 22. Dezember 1910, S. 344; Rezensionen zu Kabarettabenden sind abgedruckt in Georg Heym: *Dichtungen und Schriften.* Bd. 6: Dokumente zu seinem Leben und Werk. – Hamburg und München 1968, S. 412–428. Daneben vgl. die Anm. 6 und das Dok. 52 dieses Bandes. Kurt Hiller: Das *Litterarische Cabaret Gnu.* In: *Revolution.* 1913, Nr. 1 vom 15. Oktober, o. S.; Egmont Seyerlen-Farussi: *Gnu.* In: *Der Merker* 5. Jg. (1914), 1./2. Januarheft, Nr. 103/4, S. 65–67. Außerdem vgl. die Anm. 1, S. 406.

9 Vgl. Leo L. Matthias: *Erinnerungen an Gottfried Benn.* In: Max Niedermayer und Marguerite Schlüter (Hrsg.): *Gottfried Benn.* Lyrik und Prosa, Briefe und Dokumente. Eine Auswahl. – Wiesbaden 1962, [8]1971, S. 320.

10 Franz Pfemfert: *Varietekritik.* In: *Die Aktion* 1. Jg. (1911), Nr. 42 vom 4. Dezember, Sp. 1326.

11 Herwarth Walden: *Variété.* In: *Der Sturm* 1. Jg. (1910/11), Nr. 48 vom 28. Januar 1911, S. 384 und: *Theater und Variété.* In: *Der Sturm* 2. Jg. (1911/12), Nr. 90 vom Dezember 1911, S. 719–720.

12 Siehe die Rezension: N. N.: *Cabaret Größenwahn.* In: *Der Kritiker* 4. Jg. (1922), H. 7, 1. u. 2. Januarheft, S. 25; zur Konzeption des theatralischen Variétés vgl. auch Herwarth Walden: *Variété delectat.* In: *Der Sturm* 13. Jg. (1922), H. 5, S. 71–72.

13 Vgl. Herwarth Walden: *Variété.* In: *Sturm-Bühne.* Folge 4/5 (1918), S. 17.

14 Filippo Tommaso Marinetti: *Das Variété.* In: *Daily Mail* vom 21. November 1913; dt. Übers. in: Umbro Apollonio (Hrsg.): *Der Futurismus,* S. 170–177, Zitat S. 175.

15 Hugo Ball: *Die Flucht aus der Zeit.* – München und Leipzig: Duncker & Humblot 1927; Neuausgabe Luzern 1946, Eintrag vom 16. 6. 1916, S. 94.

16 Vgl. weitere Dokumente zu den Kabaretts der Dadaisten in Zürich und Berlin gesammelt in: Peter Schifferli (Hrsg.): *Das war Dada. Dichtungen und Dokumente.* – München 1963; zur Datierung und Rekonstruktion der Ereignisse im »Cabaret Voltaire« sind Hugo Balls und Tristan Tzaras Erinnerungsbücher heranzuziehen. Dazu vgl. die kurze Retrospektive von Richard Huelsenbeck: *Das Cabaret Voltaire.* In: *Der Querschnitt* 7. Jg. (1927), S. 137–138. Dokumente und Daten zu den Veranstaltungen des Berliner »Club Dada« sind abgedruckt in: *Dada Berlin*; dort auch weitere bibliographische Angaben. Zur Relativierung des von den Dadaisten überlieferten Bildes der Veranstaltungen vgl. folgende Dokumente: Willi Wolfradt: *Der Dadaismus.* In: *Der Friede* 1. Jg. (1918), Nr. 18 vom 24. Mai, S. 434–435; Alfred Polgar: *Ein paar Tage in Berlin* 3. Dada. In: *Das Tage-Buch* 1. Jg. (1920), H. 1 vom 10. Januar, S. 24–25 und Kurt Tucholsky: *Dada.* In: *Berliner Tageblatt* vom 20. Juli 1920. Abdruck in: K. T.: *Gesammelte Werke.* Hrsg. von Mary Gerold-Tucholsky und Fritz J. Raddatz. Bd. 1. – Reinbek b. Hamburg, S. 702–703; wiederabgedruckt in: *Dada Berlin,* S. 125–126.

17 Vgl. etwa Max Hermann-Neiße: *Variété, Kabarett, Einakterbühne.* In: *Der Kritiker* 4. Jg. (1922), H. 7 (1. Aprilheft), S. 7–8; monographische Untersuchungen und Darstellungen von Klaus Budzinski: *Die Muse mit der scharfen Zunge.* Vom Cabaret zum Kabarett. – München 1961 und Rudolf Hösch: *Kabarett von gestern und heute nach zeitgenössischen Urteilen, Texten und Erinnerungen.* – Berlin 1972.

18 Otto Julius Bierbaum: *Stilpe.* Ein Roman aus der Froschperspektive. – Berlin: Schuster & Loeffler 1897; zit. nach der Neuausgabe: München 1963, S. 171.

112
Kurt Hiller: *Das Cabaret und die Gehirne Salut. Rede zur Eröffnung des Neopathetischen Cabarets.* In: *Der Sturm* 1 (1910/11), Nr. 44, 29. Dezember 1910, S. 351.

Meine Verehrten

Sie alle sind in der biblischen Geschichte sehr bewandert. Sie kennen daher auch die Anekdote vom lieben Gott und dem utilitaristischen Engel. Nein? Dann will ich sie Ihnen rasch erzählen. Als Gott fertig war mit der Welt und, unendlich glühend vor Schöpferfreude, sein Werk übersah, da erlaubte sich ein etwas dürrer Engel die Frage an ihn zu richten, zu welchem Zweck er denn eigentlich die Welt gemacht habe, und ob sie überhaupt unter verständigen Gesichtspunkten daseinsberechtigt sei. Der liebe Gott war einfach sprachlos und wußte nichts zu erwidern; denn obwohl er im großen Ganzen allwissend ist, so versagt er doch stets, wenn man ihm teleologisch kommt.

Nun liegt es mir fern, die guten Leute, die bisher es für angebracht hielten oder die künftighin noch es für angebracht halten werden, nach dem »Zweck« des Neopathetischen Cabarets sarkastisch zu fragen, mit jenem dürren Engel zu vergleichen; und noch ferner, unsern Club mit dem lieben Gott. Dennoch erschien mir jene biblische Anekdote ununterdrückbar, gerade in einem Augenblick, wo ich befürchten mußte, daß mancher unter Ihnen von mir erwartete, ich würde unser auch für gewiegte Abenteurer des Geistes etwas ungewöhnliches Unternehmen zu »rechtfertigen« suchen.

Erlassen Sie mir das und seien Sie weise genug, jedwede gebenedeite Extravaganz – Welt oder Cabaret – als Zweck ihrer selbst zu betrachten!

... Über das neue Pathos [1] hingegen werden zwei aufklärende Worte vorauszuschicken sein. Ein Literat, der sich im Privatleben unliterarisch benimmt, ist ein Schmierer; ein Psycholog, der es kindisch oder philiströs findet, abends im Kaffeehaus fanatisch zu psychologisieren, ist ein Krämer; ein Philosoph, der nach des Tages Last und Bücherwalz philosophische Gespräche als Fachsimpelei ablehnt, ist ein Schwein; glattweg ein übles Schwein und sollte gehenkt werden! Nur solche Gehirne sind anständig und zu billigen, in denen das Geistige unaufhörlich fluktuiert und nicht bei Sonnenuntergang (oder sonstwann) Feierabend macht. Das Geistige als eine Flamme, von der die Seele ständig geheizt ist; Problematik und die Erschütterungen der Formen nicht als Gewerbe, erst recht nicht als Amüsement, sondern als die Bedürfnisse jeder wachen Sekunde ...

Dies ist das Kennzeichen einer höher gestimmten Lebendigkeit und des neuen Pathos: das alleweil lodernde Erfülltsein von unserm geliebten Ideelichen, vom Willen zur Erkenntnis und zur Kunst und zu den sehr wundersamen Köstlichkeiten dazwischen. Das neue Pathos ist weiter nichts als: erhöhte psychische Temperatur.

Man verwechsle es aber nicht mit der mürrischen Feierlichkeit, dem vergnetterten Enthusiasmus, der schulmeisternden Sublimität, von welchen gewisse Jahrbücher für esoterische Bewegungen [2] durchtönt sind; wo das Bestreben obwaltet, überall die geläufige deutsche Sprache durch die verschnörkelte Getragenheit eines imaginären Jargons zu ersetzen, das Tempo der Rede asketisch zu zügeln und überhaupt die geistigen Angelegenheiten als etwas hinzustellen, was sehr viel Puritanität, Strenge, Ehrpussligkeit, Brillentum und einen enormen Aufwand an sittlichem Ernst erfordert ... Dieses peinliche Pathos derer, die den großen George in Prosa überorgeln, ist vielleicht nicht weniger hohl als das geschmähte Schillerische, und es hat mit dem unseren nichts zu schaffen. Unser Begriff von Pathos dürfte eher übereinstimmen mit dem Begriff, den Friedrich Nietzsche davon hat – Nietzsche, welcher im *Ecce Homo* bekennt: »Ich schätze den Wert von Menschen, von Rassen darnach ab, wie notwendig sie den Gott nicht abgetrennt von Satyr zu verstehen wissen« ... Pathos: nicht als gemessener Gebärdengang leidender Prophetensöhne, sondern als universale Heiterkeit, als panisches Lachen.

So versteht es sich auch, daß wir es keineswegs für unwürdig und unvornehm halten, seriöseste Philosopheme zwischen Chansons und (cerebrale) Ulkigkeiten zu strueuen; im Gegenteil: gerade weil für uns Philosophie nicht fachliche, sondern vitale Bedeutung hat, nicht Lehrsache, Geschäft, Moralität oder Schweißausbruch ist, sondern: Erlebnis – scheint sie uns viel eher in ein Cabaret zu passen, als auf ein Katheder oder in eine Vierteljahresschrift!

– Aber die letzten Worte klingen am Ende doch schon wie ein Rechtfertigungsversuch; haben Schritte tapsend wie der Geist der Schwere; tanzen nicht selbstsicher, wie jener frohe Intellektualismus, den wir ersehen. Darum schließe ich den Salut und eröffne das Neopathetische Cabaret für Abenteurer des Geistes.

Die am 1. Juni 1910 gehaltene Eröffnungsansprache nahm Hiller mit geringfügigen Änderungen in Schreibweise und Vokabular u. d. T.: *Beitrag zur Litteraturgeschichte: I (Juni 1910)* in sein frühes Rechtfertigungsbuch auf: *Die Weisheit der Langeweile*, Bd. 1, S. 236–239. Idee und Name des »Neopathetischen Cabarets« stammen von Erwin Loewenson.

1 Während Hiller das »Neue Pathos« intellektualistisch deutete, kehrte Loewenson die vitalistische Komponente hervor. Vgl. dazu außer Dok. 52 seine Retrospektive: *Bemerkungen über das »Neopathos«.* In Georg Heym: *Gesammelte Gedichte.* Mit einer Darstellung seines Lebens und Sterbens. Hrsg. von Carl Seelig. – Zürich 1947, S. 243–(246). Stefan Zweig, der zuerst vom »Neuen Pathos« als einer veränderten literarischen Konzeption sprach (s. Dok. 150), distanzierte sich ausdrücklich von der Pathetik der Mitglieder des »Neuen Club«, »deren aufdringliches Wesen« ihm »antipathisch« war, und zwar in einem Brief an Paul Zech vom 14. September 1912 (abgedr. von Paul Raabe: *Morgenrot! – Die Tage dämmern!*« Zwanzig Briefe aus dem Frühexpressionismus. In: *Der Monat* 16. Jg. (1964), H. 191, S. 58–59, Zitat S. 58).

2 Gemeint ist: *Jahrbuch für die geistige Bewegung.* Hrsg. v. Friedrich Gundolf und Friedrich Wolters. Jg. [1–] 3. – Berlin: Georg Bondi 1910–1912. Zur speziellen Auseinandersetzung der »Club«-Leute mit dem George-Kreis vgl. Dok. 28.

113
Ernst Blass: *Vor-Worte (Gesprochen zur Eröffnung des Literarischen Cabarets GNU in Berlin am 2. November 1911).* In: *Herder-Blätter* 1 (1911/12), Nr. 4/5 (Oktober 1912), S. 49–50.

I.

Bei Christian Morgenstern gibt es ein Wiesel; das sitzt auf einem Kiesel, inmitten Bachgeriesel. Für dies Verhalten des Tiers glaubt der Dichter an keinen andern Grund, als den Reimgrund. Er glaubt schlechterdings, das Tier handle so um des Reimes willen.

So das Wiesel. Was nun das GNU anlangt, meine sehr Geehrten, so ist es zunächst ein seiner Plakatwirkung wegen sympathisches . . . und ein haariges Tier; vom Forscher »Catoblepas Gnu Sund« geheißen. Ein Wildgeschöpf, doch aus der Antilopenrasse, trägt es einen weißlichen Kinnbart und ist, sagt Meyers Konversationslexikon, in seinem Wesen absonderlich. Es lebt (absonderlich) in Südafrika.

Eine wuchtige Antilope. Etwas Feines, dem die Schlagkraft ausgegangen ist. Dies die literarische Formel für das GNU.

II.

Zoologische Details habe ich mitgeteilt, nicht nur, um mich des Wohlwollens eventueller Positivisten, so unter Ihnen sein mögen, zu versichern; sondern noch aus einem andern Grunde. Sie werden fühlen, welche Leichtigkeit es für mich wäre, eine Beziehung zwischen der wuchtigen Antilope, will sagen: jener schlagkraftvollen Feinheit, die literarische Formel für das Gnu ist, und unserm Cabaret herauszuheben. Nachdem Sie es gefühlt, schenke ich mir Näheres, zufrieden es angedeutet zu haben, und komme auf den Untertitel »Literarisches Cabaret«.

III.

Wir wollen demnach, zunächst diesen Winter, literarische Cabaretabende geben. Einfach, um Dinge zu propagieren, auf deren Propagierung, und um Dinge zu bekämpfen, auf deren Bekämpfung es uns anzukommen scheint. Um gehört zu werden. Um mitzuwirken, unsrerseits, an der Kultivierung einzelner Lebenskreise. Um das zu sagen, was wir zu sagen haben.

Und: um mitzusiegen.

IV.

Wir wollen, des Näheren, ein Ethos des Erkennens, der Redlichkeit, der Lügenfeindlichkeit verfechten, gelehrt durch die großen Beispiele Ibsens, Alfred Kerrs [1]; und Nietzsches, der über die »Hinterweltler« das Wort prägte: »Wütend hassen sie den Erkennenden und jene jüngste der Tugenden, welche heißt: Redlichkeit. Rückwärts blicken sie immer nach dunklen Zeiten: Da freilich war Wahn und Glaube ein ander Ding; Raserei der Vernunft war Gottähnlichkeit, und Zweifel Sünde«. [2] Man muß morsche Gebäude, so den Blick ins Weite verwehren, umlegen; mulmige Begeisterungen durch Fragen zerlöchern. Beispielsweise, die Frage stellen: warum soll man dumpf, hingerissen *gläubig* sein, so: die eigne Beschränktheit verehrend? Es ist Schwindel, wenn einer Masse die selbst gefühlte Beschränktheit als Stärke, Tiefe, Pflicht aufgeredet wird. Warum gilt nicht lieber als Pflicht, das, was man *weiß*, zu glauben; nichts zu verschweigen und nichts hinzuzusetzen?

Wir werden ferner *den* einen Idioten nennen, der es wagt, einem Neurastheniker etwa Mangel an Löwenwucht vorzuwerfen. Ein Neurastheniker ist in jedem einzelnen Fall klüger als ein Löwe. *Groß ist, was am Feinsten, vorgeschrittensten ist; nichts Dumpf-Heroisches – und nicht was als enorme Raumvorstellung imponiert.*

Wir wollen die Frage stellen, welchen Sinn es habe, Keuschheit oder Haltung zu fordern. Und ob es geistreich ist, da wir morgen tot sein werden, heute nicht rot zu sein.

Es kommt darauf an, mulmige Enthusiasmen fortgesetzt durch Fragen zu zerlöchern; aus dem Wege zu räumen, *um eine haltbare Grundlage zu schaffen – für Vermehrung der Glückschancen von Menschen*. Durchaus auch Dinge zu propagieren, die selbstverständlich sind; weil gerade *die* durch dumme und falsche Ansichten oft verdrängt werden; weil oft falschere Ansichten als feinere verkauft werden – von einer neuen Gauneration.

Es gilt z. B. Front zu machen gegen eine Kunscht des Rückwärtsertums; die von der Verfeinerung, als besonders fein, zur Massenwirkung zurückstrebt; die statt ein Theater für *den* letzten, beseeltesten, tiefsten Menschen zu wollen, den Ehrgeiz bekennt, ein Theater der fünftausend Schlachtermeister vom Stapel zu lassen.

Es gilt auch Front zu machen gegen eine Sorte von Schriftstellern, die solche Bewegungen propagieren. Gegen Menschen, die eigentlich keine sind, vielmehr Leichen mit Ideen; gegen eine Sorte von Blindschleichen, Dunstkopen, Brechmittelmäßigen. [3] Man muß solche Erscheinungen zurückdrängen, damit die geistige Luft besser wird; damit man atmen kann, leben, glücklicher sein. Auf nichts kommt es so sehr an wie hierauf. Wir wollen mitarbeiten an der Zurückdrängung der Dummheit; an der Bildung eines Lebens und einer Kunst für aufrichtige Menschenseelen, an der Auffindung einiger haltbarer Grundpunkte, von denen aus ein Steigen der Glückschancen für Menschen . . . zu berechnen und zu realisieren ist.

Eine weitere Eröffnungsrede m. d. T. *Gnu*, die Hiller am 31. Oktober 1912 zum 2. Jahr des Cabarets hielt, findet sich auszugsweise abgedruckt in: *Pan* Jg. 3 (1912), Nr. 6 vom 8. November, S. 143–145; vollständig veröffentlicht in: K. H. *Die Weisheit der Langeweile*. Bd. 1, S. 239–250 u. d. T.: *Beitrag zur Litteraturgeschichte II (Oktober 1912).*

1 Anspielung auf Alfred Kerrs politischen Kritizismus, den er als Schriftleiter des *Pan* propagierte. Vgl. dazu die hymnischen Aufsätze Ludwig Rubiners: *Der Dichter greift in die Politik*. In: *Die Aktion* 2. Jg. (1912), Nr. 21 vom 22. Mai, Sp. 645–652 und Nr. 23 vom 5. Juni, Sp. 709–715.

2 Friedrich Nietzsche: *Also sprach Zarathustra. Ein Buch für Alle und Keinen*. (Sämtliche Werke. Kritische Studienausgabe in 15 Bänden. Hrsg. von Giorgio Colli und Mazzino Montinari. Bd. 4. – München und Berlin/New York 1980, S. 37).

3 Hiller präzisierte die Gegnerschaft der »Jüngst-Berliner« in dem kleinen Manifest *Literaturpolitik*. In: *Die Aktion* 1. Jg. (1911), Nr. 5 vom 20. März, Sp. 138–139, wo er in teilweise verschlüsselter Form gegen Neuklassiker, Neuromantiker, Heimatkünstler, Mystizisten, Positivisten, Darwinisten und Volksbildungs-Initiatoren vom Schlage Ferdinand Avenarius und Eugen Diederichs Front machte.

114
Hugo Ball: [Einleitung]. In: *Cabaret Voltaire. Eine Sammlung künstlerischer und literarischer Beiträge* . . . Hrsg. von H. B. [H. 1] – Zürich: Meierei Spiegelgasse 1, 1916, S. [5].

Als ich das Cabaret Voltaire gründete, war ich der Meinung, es möchten sich in der Schweiz einige junge Leute finden, denen gleich mir daran gelegen wäre, ihre Unabhängigkeit nicht nur zu geniessen, sondern auch zu dokumentieren. Ich ging zu Herrn Ephraim, dem Besitzer der „Meierei" und sagte: „Bitte, Herr Ephraim, geben Sie mir Ihren Saal. Ich möchte ein Cabaret machen." Herr Ephraim war einverstanden und gab mir den Saal. Und ich ging zu einigen Bekannten und bat sie: „Bitte geben Sie mir ein Bild, eine Zeichnung, eine Gravüre. Ich möchte eine kleine Ausstellung mit meinem Cabaret verbinden." Ging zu der freundlichen Züricher Presse und bat sie: „Bringen sie einige Notizen. Es soll ein internationales Cabaret werden. Wir wollen schöne Dinge machen," Und man gab mir Bilder und brachte meine Notizen. Da hatten wir am 5. Februar ein Cabaret. Mde. Hennings und Mde. Leconte sangen französische und dänische Chansons. Herr Tristan Tzara rezitierte rumänische Verse. Ein Balalaika-Orchester spielte entzückende russische Volkslieder und Tänze.

Viel Unterstützung und Sympathie fand ich bei Herrn M. Slodki, der das Plakat des Cabarets entwarf, bei Herrn Hans Arp, der mir neben eigenen Arbeiten einige Picassos zur Verfügung stellte und mir Bilder seiner Freunde O. van Rees und Artur Segall vermittelte. Viel Unterstützung bei den Herren Tristan Tzara, Marcel Janco und Max Oppenheimer, die sich gerne bereit erklärten, im Cabaret auch aufzutreten. Wir veranstalteten eine RUSSISCHE und bald darauf eine FRANZÖSISCHE Soirée (aus Werken von Apollinaire, Max Jacob, André Salmon, A. Jarry, Laforgue und Rimbaud). Am 26. Februar kam Richard Huelsenbeck aus Berlin und am 30. März führten wir eine wundervolle Negermusik auf (toujours avec la grosse caisse: boum boum boum boum — drabatja mo gere drabatja mo bonooooooooooo—)[1]Monsieur Laban assistierte der Vorstellung und war begeistert. Und durch die Initiative des Herrn Tristan Tzara führten die Herren Tzara, Huelsenbeck und Janco (zum ersten Mal in Zürich und in der ganzen Welt) simultanistische Verse der Herren Henri Barzun und Fernand Divoire auf, sowie ein Poème simultan[2] eigener Composition, das auf der sechsten und siebenten Seite abgedruckt ist.

1 Das kleine Heft, das wir heute herausgeben, verdanken wir unserer Initiative
und der Beihilfe unserer Freunde in Frankreich, ITALIEN und Russland.
Es soll die Aktivität und die Interessen des Cabarets bezeichnen, dessen
2 ganze Absicht darauf gerichtetet ist, über den Krieg und die Vaterländer
hinweg an die wenigen Unabhängigen zu erinnern, die anderen Idealen leben.
Das nächste Ziel der hier vereinigten Künstler ist die Herausgabe einer Revue Internationale.
3 La revue paraîtra à Zurich et portera le nom „DADA". [3](„Dada") Dada Dada Dada Dada.

ZÜRICH, 15. Mai 1916

Dieses unbetitelte Vorwort leitet das Heft *Cabaret Voltaire* ein, das auch als Katalog zur 1. Ausstellung der Dadaisten in Zürich betrachtet werden kann. Über die literargeschichtliche Bedeutung der Publikation äußerte sich Ball in seinem Tagebuch überschwänglich: »Es ist auf zwei Bogen die ersten Synthese der modernen Kunst- und Literaturrichtungen. Die Gründer des Expressionisme, Futurisme und Kubisme sind mit Beiträgen darin vertreten« (*Die Flucht aus der Zeit*, Eintrag vom 4.6.1916, S. 91). Das Motiv, den Eigennamen des französischen Aufklärers Voltaire als Aushängeschild des Kabaretts zu wählen, erläuterte Richard Huelsenbeck später so: »Daß Ball sein Cabaret ›Voltaire‹ nannte, deutet darauf hin, daß er vom kulturellen Kritizismus besessen war« (*Zürich 1916, wie es wirklich war.* In: *Die neue Bücherschau* 6. Jg. (1928), S. 612).

1 In der *Ersten Dadarede in Deutschland* [gehalten im Februar 1918 im Saal der »Neuen Sezession« der Kunsthandlung I. B. Neumann in Berlin] berichtete Huelsenbeck von diesem Experiment: »Das Cabaret Voltaire war unsere Versuchsbühne [...]Wir machten zusammen einen wunderschönen Negergesang mit Klappern, Holzklöppeln und vielen primitiven Instrumenten« (*Dada-Almanach. Im Auftrag des Zentralamts der deutschen Dadabewegung.* Hrsg. von R. H. – Berlin: Erich Reiss 1920, S. 104–108; wiederabgedruckt in: *Dada Berlin*, S. 16–19, Zitat S. 17).

2 Zur Definition des »Poème simultan« (Simultangedicht) vgl. bes. Ball: *Die Flucht aus der Zeit*, Eintrag vom 30. 3. 1916, S. 79 f. Huelsenbeck lieferte als Kurzerläuterung: »ein Gedicht, das in verschiedenen Sprachen, Rhythmen, Tönen zugleich von mehreren Personen vorgetragen wird« (*Erste Dadarede in Deutschland*, zit. nach: *Dada Berlin*, S. 17). »Das *simultanistische* Gedicht lehrt den Sinn des Durcheinanderjagens aller Dinge«, ergänzt das von Huelsenbeck und anderen Dadaisten verfaßte *Dadaistische Manifest* (Vgl. Dok. 17). Das erwähnte Simultangedicht trug den Titel *L'amiral cherche une maison à louer*; es wurde als erste szenische Realisierung des simultanistischen Konzepts von Huelsenbeck, Marcel Janco und Tristan Tzara am 31.3.1916 aufgeführt.

3 Vgl. die wichtigste Zeitschrift des Züricher Dadaismus, an der Ball allerdings nicht mehr mitwirkte: *Dada. Recueil littéraire et artistique.* Ed. Tristan Tzara. 1–7. – Zürich: Julius Heuberger [ab Nr. 6: Paris]. 1917–1920.

115
R[ichard] Huelsenbeck: *Ein Besuch im Cabaret Dada.* In: *Der Dada* Nr. 3 (1920), S. 6 ZB – 75 % [6 – 8].

Also, meine Herren, der Spektakel beginnt, ehe Sie sich's versehen. Wir gingen durch einen langen Gang, jeder eine Kerze in der Hand, vorn die Damen, hinten die Herren. Der Führer in weißem Pelz mit der Mitra auf dem Kopf rief manchmal: »Nehmen Sie die Hände hoch und lassen Sie den Bauch fallen. Greifen Sie nach der Kesselpauke in ihrem Ohr und ziehen Sie sich den Sarg aus der Nase; denn keiner weiß, wozu es gut ist.« Dann stieß er in sein Muschelhorn, daß der Kalk von den Wänden fiel. Wir aber fühlten uns stets sehr gesichert, wenn seine Stimme ertönte; denn die Ungewißheit lagerte schwer auf unserer Brust und dem Geheimrat Spätzle, dem bekannten Mitglied der deutschnationalen Volkspartei [1], begannen die Knie einzusinken, obwohl er sich durch sein moralisches Rückgrat bis zum Letzten aufrecht zu halten suchte. Wir gingen über zwei Stunden durch diesen Gang, in dem es nach Kohl und Abfall roch ... kletterten über Eisenbahnschwellen, Holzklötze und faulende Matratzen und fanden uns am Ende in einem offenbar zu kirchlichen Zwecken bestimmten Raum . . . Dort stand der erste dadaistische *Priester*, den ich in meinem Leben gesehen habe, in violetten Unterhosen mit einer Katze im Arm. Auf dem Kopf trug er eine große Perücke, aus der 2 Pfauenfedern stachen. Beim Sprechen fielen ihm die Zähne aus dem Mund und in seinen Ohren drehten sich die Girandolen beim Klang einer Militärmusik . . . Der Boden wankte und stellte sich manchmal so schräg, daß viele der Gäste hinfielen, und einige Damen fürchteten, durch den Anblick ihrer Beine die Aufmerksamkeit liberaler Männer auf sich zu lenken. Durch die Ritzen des Gemäuers kam Dampf, und heiße Wasserstrahlen schossen aus den Ecken. Meine Herrschaften, es war einfach überwältigend. Der Priester hob die Papiermaché-Brust und ließ die Augen, die er an einem Bindfaden dirigierte, hin- und herblitzen. Seine Stimme war wie der Donner, der aus den Gießkannen aufsteigt, wenn sie die Abendsonne bescheint. Er hatte einen Bart, in dem sich die jungen Mäuse »Gute Nacht« sagten, und die Schnellzüge standen wartend am Abgrund seines Nackens. »Ich bin der Priester«, sagte er, »von Anbeginn bis zum Ende. Ich bin die Tulpe aus Valparaiso und das Butterfaß aus dem Bismarck-Archipel.« In unserer Gesellschaft mehrten sich die Stimmen derer, die den Schwindel durchschauten und nichts sehnlicher wünschten, als zur Ruhe und zur Ordnung zurückzukehren. »Wir brauchen Arbeit und einen organischen Aufbau unseres Vaterlandes«, sagte ein Herr neben mir, der sich später als ein sehr radikaler Politiker deflorierte. »Mer wolln unsern Geenig, unsern kuten Geenig wiederhamm«, meinte eine Dame, die durch den Baß auffiel, mit dem sie ihre Meinung vorbrachte. Im allgemeinen war die Stimmung die, daß man den Abend hätte besser damit verbringen können, ein gutes Buch zu lesen, Goethe zu verehren, Bier zu trinken, kurz die deutsche Kultur zu fördern. – Unterdessen hatte sich der Priester auf seine rechte Seite niedergelassen, zog einen Hasen aus seinen Zehen und sagte: »Ich bin der junge Mond, der an den Wasserfällen steht. Wenn ich lache, geht die Erde auf und die Häuser, die eben noch dastanden, als wüßten sie nichts, sammeln sich auf dem Kaiser-Friedrich-Platz. Heil! Heil! Der Himmel zerbarst und die Flöte zerbrach, noch ist nicht aller Nächte Morgen, noch ist nicht das Äquinoctium des Reisebureaus.« Der Herr neben mir sagte: »Sie dürfen nicht glauben, daß hinter dem Dadaismus der geringste Sinn steht. Diese Menschen sind sehr schlaue Betrüger, die sehr wohl wissen, daß der Unsinn die Leute anlockt, und die ihnen auf diese gerissene Weise das Geld aus der Tasche ziehen. Sehen Sie doch nur, der Kerl lacht ja selbst, daß ihm die Tränen aus den Augen kommen.« Jetzt entrüstete sich eine junge Dame. »Er lacht nicht«, fistelte ihr Stimmlein, »das ist ehrliche Begeisterung. Ich habe die Dadaisten in Dresden gesehen, als man Stühle auf ihnen zerhieb und Pianos nach ihrem Kopf abschoß. Dada sein, heißt tapfer sein.« Der Priester in seinen violetten Unterhosen begann, sich auf dem Boden herumzuwälzen. Ein Trottoir-roulant kam mit der Primadonna vom Metropolitan Opera-house, die auf ihren eigenen Beinen den Ragtime »Le delice« zu pfeifen wußte, – man konnte es kaum ohne Erröten und Rührung mitansehen. Die Seekühe kamen ganz nahe heran, als wollten sie aus der Hand fressen, und die ungeheueren grünen Lazerten, die an den Decken zwischen den Phiolen und Retorten hingen, begannen sich wie Ventilatoren zu drehen. Es war jene Treibhausluft und Ventriloque-Stimmung, von der Capasses in seinem berühmten Roman »Chevilles« so manches bedeutende Wort sagt. [2] Ohne, daß ich es bemerkte, war Geheimrat Spätzle in eine ungeheuere Wut geraten. »Was?«, schrie er, »was? dies wagt man mir zu bieten, der ich von anständigen Eltern geboren bin, eine gute Kinderstube gehabt habe und neun Jahre lang die Klassen eines humanistischen Gymnasiums drückte? Ich bin immer für Fortschritt eingetreten – aber was zuviel ist, ist zuviel.« Er sah sich um. »Und vom nationalen Standpunkt aus (er lachte höhnisch), diese Dadaisten sind alle von der Entente [3] gemietet, um hier Revolution zu machen. Sehen Sie den an (der Dadasoph war aufgetaucht) – ist der ein Mensch oder ein Tier?« Eine eifrige Diskussion entstand, ob der Dadasoph, der gerade aus einer Versenkung hochkam, ein Mensch oder ein Tier sei. Man entschied sich für das Letztere. Kaum war der Geheimrat verstummt, da begann der große Einzug des dadaistischen Weltgerichts. Es war, als sollte das Gebäude über unserem Kopf zusammenfallen. Unter einem mächtigen Baldachin brachten sie den sogenannten Präsidenten des Weltalls Johannes Baader, einen früheren Schneidergesellen, versehen mit allen Legitimationen des Irrsinns und der dionysischen Beschränktheit. Aus seinen Ohren fiel das heiße Wasser pfundweise, auf das Gesäß hatten sie ihm Boxhandschuhe genäht, in dem er die Motti zu seinem unsterblichen Werk »Das Liebesleben der Dadaisten« verwahrt haben soll. Dicht neben dem Präsidenten hielten sich der Dadasoph Hausmann und jener Huelsenbeck, dem man die Gründerschaft dieses ganzen Unfugs zuschreibt. Der Dadasoph ritt auf einer Eule, dem Tier der Weisheit, und hatte die Symbole Zarathustras, die Schlange und den Adler, in seiner Hand. »Die Welt als Erkenntnisproblem,« meinte er, »ist Tabu-Dada. Vom All-Einen kommen wir zu den Schweinen, hopsassa.« Bei diesen Worten regte sich ein Herr in unserer Gesellschaft auf, der mit heißem Bemühen Hegel und Schopenhauer gelesen hatte. Der Propagandamarschall Grosz kam mit der Kesselpauke, dem Zeichen der dadaistischen Weltherrschaft. Dicht hinter ihm folgte der bekannte dadaistische Verkehrsminister und Monteurdada Heartfield. Es war eine illustre Gesellschaft. Ein unendlicher Zug schloß sich an. Auf Kühen und Pferden oder zu Fuß mit Kindertrompeten und Knarren folgten die Dadaisten aller Herren Länder, alle gekennzeichnet durch den gleichen dadaistischen Gesichtsausdruck. Da war der Troubadour und Lebemann der dadaistischen Bewegung in Paris, Herr Tristan Tzara, in der Uniform eines Untergrundbahnangestellten. Man sah ferner Kurt Schwitters, den weltberühmten Autor der *Anna Blume*. [4] Der Lärm wurde so groß, daß unsere Trommelfelle jammerten wie kleine Kinder. Die große Knochenerweichung fiel von den Dächern. Kein Mensch wußte, wozu das gut war. Da schrie der Schneidergeselle Baader: »Dada ist der Sieg der kosmischen Vernunft über den Demiurgos. Dada ist das Cabaret der Welt so gut, wie die Welt das Cabaret Dada ist. Dada ist Gott, Geist, Materie und Kalbsbraten zu gleicher Zeit.« Der Herr neben mir schrie vor Wut. »Dada«, sagte er, »ist der ausgemachte Quatsch. Dada bedeutet die Auflösung der deutschen Volksschule – und die Zerstörung des deutschen Gemütes.« Ich schloß mich dieser Argumentation an und verließ mit ihm das Lokal auf demselben Weg, auf dem wir gekommen waren. – –

Das in dadaistischer Manier Elemente der Reportage, der Rezension, der politischen Glosse und des literarischen Manifestes mischende Dokument wurde unter dem Pseudonym Alexis aufgenommen in: *Dada-Almanach*, S. 135–140. Wiederabgedruckt in: *Dada Berlin*, S. 92–96.

1 Politische Attacke gegen die im November 1918 gegründete, bei den Reichstagswahlen 1920 gestärkte D.N.V.P., deren antiparlamentarische Haltung das Scheitern der Weimarer Republik mitverursachte. Vor allem wegen ihrer sozialreaktionären Ziele bot sich diese Partei als verachteter politischer Antipode der dadaistischen Kampagnen an.

2 Nicht zu ermitteln; vermutlich sind Autorenname und Romantitel fingiert.
3 Eigentlich: *Entente cordiale*, bündnisähnliche diplomatische Absprache zwischen der englischen und der französischen Regierung vom 8.4.1904; hier dem Schlagwortgebrauch entsprechend als politisches Verbalsymbol der Kriegsgegner des deutschen Reiches zitiert.
4 Siehe Kurt Schwitters: *Anna Blume. Dichtungen.* – Hannover: Paul Steegemann 1919 (*Die Silbergäule*, Nr. 39/40).

c) Literaturkritik als Propaganda

Die Kunst- und Literaturkritik steckte in einer tiefen Grundlagenkrise, als der Expressionismus historisch auf den Plan trat. Das Defizit an verbindlichen Wertkategorien, das die Instanz der Kritik sowohl institutionell als auch interaktionell längst hatte fragwürdig werden lassen, wurde angesichts avantgardistischer Bestrebungen nur stärker bewußt. [1] Absolute Ignoranz kennzeichnete das Verhältnis der Dichter um die Jahrhundertwende zum kritischen Geschäft. »Die literarische Kritik, die in den deutschen Zeitungen und Zeitschriften ausgeübt wird, hat weder durch den Grad ihrer Erziehung noch durch den ihrer Einsichten den gemeinsten Anspruch auf Achtung«, so war es Rudolf Borchardts *Rede über Hofmannsthal* zu entnehmen. [2] Die Kritik schien Franz Blei »schon bis auf das Wort selbst verludert und alles Normativen ganz verlustig« zu sein, ein »Vermittlungsamt, gedrängt voll von Autoren und Rezensenten« [3] zwar, doch ohne das Mandat einer literarischen Öffentlichkeit. Im »Gefühl gänzlicher Wirkungslosigkeit« der Kritik stellte man nur noch die Isolation der Kritiker sowohl gegenüber den Autoren als auch den Lesern fest. [4] Die Moderne mit ihrer Vielzahl sich rasch überholender Künstlerästhetiken erschwerte jeden Versuch, traditionelle oder aktuelle Kanones überhaupt noch anzuwenden. Vom Rezensionswesen des Massenjournalismus an den Rand gedrängt, hielt die avantgardistische Kritik in spezialisierten Literaturzeitschriften Ausschau nach einer »Zukunftsreligion« und konstatierte resigniert: »Nur Sekten, tausend Sekten! Die Symbolik, der Neuromanticismus, die Heimatkunst, der Neuidealismus! Und wie sie alle heißen mögen«. [5]

Den ersten Verrissen der neuen Kunst folgte der erbitterte Kampf gegen die Orthodoxie. Kurt Hiller stand in vorderster Front: »Ich brülle: Daß Kunstfeinde, Temperamentsfeinde, blutleere und denkfaule Spießbürger [...] die Kunstkritik verwesen dürfen (die Kunst verwest unter ihrem Anhauch)«. [6] Berthold Viertel stellte die Vorurteile der bieder-gebildeten Kritiker bloß: »Die Hüter des bürgerlichen Geschmackes toben in gleicher Weise gegen schöpferischen Realismus und schöpferische Phantastik, die Satiren sind ihnen zu bösartig und die Grotesken zu vertrackt und verschoben, die Lyrik zu überspannt und die Dramatik zu brutal, das Heiße ist ihnen zu heiß und das Kalte zu kalt, nur lau soll es sein und süß, um Himmelswillen nicht sauer und nicht bitter«. [7] Doch auch fortgeschrittene Kritiker wie Wilhelm Hausenstein zeigten sich zunächst reserviert: »Wir können kaum werten. Wir können nur aufnehmen, registrieren«. [8] Daher waren Selbstrezensionen gang und gäbe, und die Voten der schriftstellerischen Mitstreiter gerieten zu Apologien der neuen Literatur. Ohne sofort eine Theorie und Pragmatik expressionistischer Kunstkritik zu entwickeln, hielt man sich vor allem an die Devise: neue Subjektivität (Dok. 116).

Durch die Verabschiedung der biographisch-psychologischen Wertung und des an sie geknüpften ästhetischen Moralismus [9], insbesondere aber durch die Anerkennung der historischen Relativität der Wertkriterien [10] kam ein quasi-wissenschaftliches »Ideal der Kritik: die technische« [11] in Sicht, dies freilich im Sinne der antimusealen Haltung der *Fröhlichen Wissenschaft* Friedrich Nietzsches: »Als solche ist sie fern aller Schulmeisterei [...] Junge Dichter, euch werden diese Kritiker Propheten sein« [12], verkündete ein Aufsatz im *Wiecker Boten*. Nicht der aktualistische Kritiker, der wie Hermann Bahr [13] »atemlos hinter dem Neuen und Neuesten« [14] herlief, sondern der Kritiker mit einer »Dichterseele« [15] erschien als der ideale Partner des Künstlers. Alfred Kerrs kritisches Brevier (Dok. 118) galt vielen als das in Sprache und Sache vorbildliche Programm für die avantgardistische Vermittlung zwischen Werk und Publikum. Die erwünschte »Umsetzung des Intellektualismus in einen sehr entschiedenen, und sei es drum barbarischen Voluntarismus« der Kunstkritik hatte man bei ihm gefunden. [16] Er bot »Extrakte«, »Erschütterungen, eine Weltanschauung in einem Wort« [17]. Zum Bonmot wurde, daß die expressionistischen Lyriker Gedichte schrieben wie Kerr seine Kritiken. Erst die Kriegsbegeisterung des Kritikers Kerr rief die Distanz der Expressionisten hervor, deren innovatorischer Produktion er allerdings praktisch nie gerecht wurde. [18] Bertolt Brecht bezichtigte ihn später der bloßen »Kulinarik«. [19]

Hatte Kerr auf den Funktionsverlust der Literaturkritik mit der konsequenten Aufwertung der Kritik zum autonomen Kunstwerk reagiert, so tendierte die eigentliche expressionistische Kritik dazu, sich durch gesellschaftskritischen Anspruch und ethisch-politische Impulse Gehör zu verschaffen. Kurt Pinthus' Beschwörung des zukünftigen politischen Kunstkritikers (Dok. 117) dokumentiert, wie sehr man dabei das Problem der artistischen Wertunsicherheit zur Politisierung des ganzen Metiers hin verschob. Bereits im Jahre 1913 war in der *Aktion* zu lesen: »Es dämmert über der ganzen Kulturwelt die große Idee der bewußten Entwicklung der menschlichen Zustände [...] Ein jeder Kritiker arbeite für diese Idee [...] ›Rühre die Trommel und fürchte dich nicht‹«. [20] Wie Kasimir Edschmids Manifest einer ethisch-pädagogischen Kritik schließlich zeigt (Dok. 119), lief die expressionistische Kritik Gefahr, die Aufgabe des kritischen Räsonnements über avantgardistische Kunstwerke fast völlig durch die ergänzende Propaganda der künstlerischen Bewegung zu ersetzen. Letzlich ging es ihr darum, »eine intellektuelle Situation zu schaffen«, die der Aufnahme der Werke selbst entgegenkommen sollte. [21]

Obwohl der hartnäckige Versuch, das Wertvakuum im Bereich der Kunstkritik ethisch-politisch zu überwinden, an der Esoterik der Kritik nichts zu ändern vermochte, ist die Einbeziehung gesellschafts- und ideologiekritischer Wertungen in die ästhetische Kritik als eine zukunftsweisende Leistung der expressionistischen Kunstkritik zu bewerten. In ihren besten Beispielen widersetzte sie sich der zunehmenden Kommerzialisierung, und ihre Kürze hatte eher mit der Pointierung als mit der Flüchtigkeit des journalistischen Rezensionswesens zu tun. [22] Mit ihren schwächeren Beispielen folgte sie der im 20. Jahrhundert vorherrschenden fatalen Tendenz zum ästhetischen und weltanschaulichen Diktat, das sich nicht selten eben jener pathetisch-hohlen Phraseologie bediente, welche man dem sprichwörtlichen expressionistischen Pathos der Literatur ankreiden konnte. [23]

1 Vgl. zum Doppelcharakter der Kritik und zum Problem der Literaturkritik im Expressionismus bes. Peter Uwe Hohendahl: *Literaturkritik und Öffentlichkeit.* In: *Lili.* Zeitschrift für Literaturwissenschaft und Linguistik 1 (1971), H. 1/2, S. 11–46 und Rüdiger Steinlein: *Theaterkritische Rezeption des expressionistischen Dramas. Ästhetische und politische Grundpositionen.* – Kronberg/Ts. 1974.

2 Rudolf Borchardt: *Rede über Hofmannsthal* [gehalten am 8. September 1902 in Göttingen; Buchausgabe Leipzig: Julius Zeitler 1905, ausgel. 1907]. Zit. nach: *Reden.* Hrsg. von M. L. Borchardt, R. A. Schröder und S. Rizzi. – Stuttgart 1955, S. 47.

3 Franz Blei: *Über Wedekind, Sternheim und das Theater.* Fünfzehn Kapitel. – Leipzig: Kurt Wolff 1915, S. 7.

4 Ludwig Hatvany: *Ich und die Bücher.* (Selbstvorwürfe des Kritikers). – Berlin: Cassirer 1910, S. 12.

5 Friedrich Stieve: *Die Selbstentwertung der Kritik.* In: *Janus* 1. Jg. (1912), Nr. 9 vom 1. Januar, S. 204–206, Zitat S. 205.

6 Kurt Hiller: *Ausstellung der Pathetiker.* In: *Die Aktion* 2. Jg. (1912), Nr. 48 27. November, Sp. 1514–1516, Zitat Sp. 1514.

7 Bertold Viertel: *Neue Kunst und die Kritik.* In: *Der Strom* 1. Jg. (1911), Nr. 2 (Mai), S. 37–41, Zitat S. 41.

8 Wilhelm Hausenstein: *Vom Kubismus.* In: *Der Sturm* 4. Jg. (1914), Nr. 170/71 (Juli 1913), S. 67–70, Zitat S. 70.

9 Vgl. Franz Blei: *Werk und Leben.* In: *Pan* 1. Jg. (1911), Nr. 12 vom 16. April, S. 414–418.

10 Vgl. den wissenschaftsgeschichtlich interessanten Aufsatz von Levin L. Schücking: *Literaturgeschichte und Geschmacksgeschichte. Ein Versuch zu einer neuen Problemstellung.* In: *GRM* 5. Jg. (1913), S. 561–577.

11 Max Brod: *Technische Kritik.* In: *Saturn* 2. Jg. (1912), H. 11, S. 239–241; zit. nach der erw. Fassung in: *Die Neue Kunst* 1. Jg. (1913/14), Bd. 1, H. 2, S. 212–214, Zitat S. 212; vgl. auch den auf Formalismen und Gewohnheiten der Kunstkritik abgestellten kritischen Aufsatz von Max Brod: *Von den Gesetzmäßigkeiten der Kritik.* In: *Die Weißen Blätter* 1. Jg. (1913), Nr. 2 (Oktober), S. 99–106 und Max Brod: *Zu dem Essai »In critikos«.* In: *Die Aktion* 4. Jg. (1914), Nr. 4, 24. Januar, Sp. 78–79.

12 Oskar Kanehl: *Forderung einer wissenschaftlichen Kunstkritik.* In: *Wiecker Bote* 1. Jg. (1914), H. 8/9, S. 16–19, Zitat S. 18 f.

13 Vgl. das Ad-hoc-Buch von Hermann Bahr: *Expressionismus.* München: Delphin-Verlag 1916.

14 Fritz Martini: *Kritik der Kritik.* In: *Jahrbuch der deutschen Akademie für Sprache und Dichtung* 1 (1953/54), S. 97.

15 Wassily Kandinsky: *Über die Formfrage.* In: *Der Blaue Reiter.* Hrsg. von W. K. und Franz Marc. – München: R. Piper 1912; zit. nach der Neuausgabe von Klaus Lankheit. – München 1965, S. 132–182, Zitat S. 166.

16 F[riedrich] M[arkus] Huebner: *In critikos* (Als Anhang zur Arbeit Max Brods). In *Die Aktion* 4. Jg. (1914), Nr. 3, 17. Januar, Sp. 57–60, Zitat Sp. 58.

17 N. N.: *Rundfrage über Alfred Kerr.* In: *Die Aktion* 1. Jg. (1911), Nr. 12 8. Mai, Sp. 370–371; wiederabgedruckt in: Paul Raabe (Hrsg.): *Ich schneide die Zeit aus,* Zitat S. 25.

18 Vgl. das kleine Referat von Frank D. Hirschbach: *Alfred Kerr und der Expressionismus.* In: *German Quarterly* 40 (1967), S. 204–211.

19 Vgl. Bertolt Brecht: *Über kulinarische Kritik* und *Der Fall des Herrn Kerr.* In: *Gesammelte Werke in 20 Bänden.* Hrsg. vom Suhrkamp Verlag in Zusammenarbeit mit Elisabeth Hauptmann. Bd. 18. – Frankfurt a. M. 1967, S. 98 bzw. 99.

20 Kurt Kersten: *Entwaffnung der Kritik.* In: *Die Aktion* 3. Jg. (1913), Nr. 39 vom 27. September, Sp. 914–915, Zitat Sp. 915.

21 M. A.: *Vom Wesen der Kritik.* In: *Summa* 3. Jg. (1918), 3. Viertel, S. 159–166, Zitat S. 161.

22 Vgl. das Resümee von Hans Mayer (Hrsg.): *Deutsche Literaturkritik im zwanzigsten Jahrhundert.* – Stuttgart 1965, bes. S. 38.

23 Vgl. die Kritik der expressionistischen Literaturkritik z. B. von Norbert Jacques: *Moderne Kritik.* In: *März* 11. Jg. (1917), H. 24 vom 16. Juni, S. 567–568.

116
Marie Holzer: *Vom Wesen der Kritik.* In: *Die Aktion* 3 (1913), Nr. 4, 22. Januar, Sp. 113–115.

Die Kritik ist im Gefolge der Kunst entstanden, ist ihr Trabant, der sie unaufhörlich umkreist. Sie steht teils erklärend, teils vermittelnd zwischen dem Künstler und dem Publikum. Sie bildet einen breiten, gewichtigen Arm des großen Schaffensstromes.

Denn die Zeitung ist das gewaltigste, lauteste, weithinreichendste Sprachrohr der Zeit, das tausend Verbindungsstellen hat, zu gleicher Stunde, dessen Worte aber nicht verhallen sondern aufbewahrt werden können bis sie die Zukunft widerlegt oder bestätigt.

Die Kritik ist in erster Linie also Reklame. Reklame im besten Sinne. Weil es in innerem Widerspruch mit dem Geist künstlerisch Schaffender steht, für sich zu werben, weil der Dichter, der Künstler sein Werk lautlos hinausschickt, auf daß es Freunde, Anhänger finde, seine Ideen und Gefühle Jünger, stellt sich die Kritik in den Dienst der Kunst, etikettiert das Werk, wird zum Apostel oder Henker.

Die Kritik sitzt wohlorganisiert an der Zentrale und meldet durch das riesige Sprachrohr der Zeitung Hunderttausenden: »Schaut her, hier ist einer der etwas kann oder einer der will euch etwas sagen und kann es nicht.« »Die Journalistik hat nicht, wie sie wähnt, Macht über das Urteil sondern bloß über die Aufmerksamkeit des Publikums, daher ihr einziger Gewaltstreich im Schweigen besteht. Hingegen muß jedem Schriftsteller von Verdienst ihr Tadel ebenso willkommen sein wie ihr Lob, es ist ganz eins.« Diese bittere Bemerkung Schopenhauers ist heute nur zum Teil wahr. Die Zeitung ist in unseren Tagen eine unendliche Macht aber dadurch, daß die Presse tausende der widersprechendsten Richtungen vertritt, jede Sache, jeder Gedanke, jedes Ziel, jede Gestaltung da und dort einen Anwalt findet, so ist ein völliges Verschweigen, ein künstliches Indenhimmelheben schwer denkbar.

Ich möchte nun nicht von den Mängeln der Kritik sprechen, sondern von der Idee der Kritik, die von vielen heilig und als reines Ideal hochgehalten wird.

Es hat sich jetzt eine zwiefache Art in der Kunstbeurteilung gebildet, die ich als objektive und subjektive Kritik gegenüberstellen möchte, um ihre hauptsächlichsten Merkmale zu unterstreichen. Möglichste Objektivität galt und gilt immer als erstrebenswertestes Ziel. Ein Sichloslösen vom Persönlichen. Nun wissen wir, daß das doch immer bis zu einem gewissen Grade eine Fiktion bleibt. Da wir doch von Antipathien und Sympathien gelenkt werden wie die Magnetnadel von elektrischen Strömen, natürlich nicht allein von Personen, die uns ja in hundert Fällen völlig fremd sind, sondern für Ideen, Gedanken, Formen, Ziele streiten. Hermann Bahr hat einmal den Ausspruch getan: Ich schreibe nur über Bücher, die mir sympathisch sind. Weil jenseits der Sympathie ein dunkles Land sich vor uns öffnet.

Das Streben nach Objektivität, das Unbeeinflußtbleiben von Sympathie und Antipathie wird also bei manchen zur sachlichen Objektivität, die sich von der reinen Subjektivität folgendermaßen unterscheidet.

Die objektive Kritik geht von einem Kunstideal aus, macht Vergleichsstudien, hat bestimmte Gewichte und Maßstäbe.

Die subjektive formt sich beim Lesen und Empfinden täglich neue Maße.

Der objektive Kritiker beurteilt die Arbeit an sich. Der subjektive sieht nur ihr Bild, als Reflex, als Widerspiel. Er fühlt nur ihr Spiegelbild in der eigenen Seele.

Der Objektive steht hinter dem Werk, der Subjektive vor ihm, er seziert nicht, er schildert nur den Lösungsprozeß.

Der Objektive identifiziert sich mit allen. Er ist der Anwalt der Vielen, sein Urteil ist der Ausdruck der Gesamtwirkung. Ist die Kubikwurzel gezogen aus dem Effekt. Er fühlt sich als Repräsentant des geistigen Publikums.

Der Subjektive ist sich selbst Publikum. Er hält Zwiesprache mit dem Künstler wie mit seinem Gott im weiten Dom, sein Urteil ist das Resultat inneren Erlebens, die Worte kommen ihm oft traumhaft über die Lippen nach einer Andachtsstunde. Er faßt die Gefühle in Worte, wie man den Edelstein in Silberfiligran faßt. Er gibt sein Empfinden, sein Fühlen, zeigt den Lösungsprozeß in der eigenen Seele.

Der objektive Kritiker geht von Voraussetzungen aus und kommt zu Resultaten, der subjektive horcht nur auf seiner eigenen Seele Klang und Widerhall.

Dort ein Analysieren.

Hier ein Amalgamieren.

Das Werk wird leuchtend auf eine Standarte gehoben.

Hier sehen wir nur des eigenen Temperamentes facettierte Lichter in bestimmtester Beleuchtung. Der objektive Kritiker sieht in die Vergangenheit und deutet in die Zukunft.

Der Subjektive empfindet nur die Gegenwart.

Der Objektive beurteilt und reiht ein. Der Subjektive genießt.

Die subjektive Kritik möchte ich als Korrektiv der objektiven bezeichnen. Sie wird nicht auf »kaltem Wege« erzeugt, sie geht durch den Hochofen der Empfindung und das Temperament formt sie zu Werten.

117
Kurt Pinthus: *Über Kritik.* In: *Die Aktion* 7 (1917), Nr. 20/21, 19. Mai, Sp. 264–267.

Wenn ich Geist als Bewegung des Bewußtseins zum Zweck der Vervollkommnung bestimme, so ergibt sich, daß der Kritiker nicht nur Propagator des geistigen Werks (anderer), sondern vorausstürmendster Gebärer, Aufpeitscher, Verkörperer des Geistes selbst zu sein hat.

Freilich seien als Kritiker nicht verstanden die Deskribenten und Hintergründer, nicht analytische Nacherzähler oder salbadernde Verdunkler, nicht historische Einreiher und Abhängigkeitsschnüffler, – die alle in der Finsternis ihrer funken- und gedankenleeren Hirne sich sonnen unter der stolzen Demut, Kärrner zu sein.

Es ist selbstverständlich Erfordernis, daß der Kritiker die Historie, die Tatsache beherrscht, – nicht um sie zu besitzen, sondern um sie verschwinden zu lassen. Nicht mit Luft, sondern mit

Steinen baut der Architekt, nicht der Steine halber, sondern um der Idee vermittelst der zu ordnenden und zu ändernden Materie Gestalt zu schaffen. Das Material der Realität ist erforderlich, um sie zu beseitigen, damit der Idee Verwirklichung gegeben werden kann. Der Kritiker hat die Aufgabe, das Kausalitätsgesetz, kraft seiner Kraft, aufzuheben durch eine andere Kausalität, – die Kausalität der Tatsache zu verbessern durch die der Idee. Er feuert den Künstler an, durch das Werk zu bewirken, daß erkannt sei: Realität, Ens sei das Imaginäre, Spiel- und Werkzeug; der Geist als Movens das Reale.

Man könnte einwenden, daß das Kunstwerk, über das der Kritiker spricht, schon nicht mehr Realität der Tatsache sei, sondern bereits geformter Geist, Strahl der Idee. Dem ist zu entgegnen, daß sich der Kritiker zum Werk verhält wie der Künstler zur Realität. Wie der Künstler die Realität als Ausdrucksmittel braucht, um aus sich eine neue, höhere Realität sichtbar zu machen, so braucht der Kritiker das Werk . . . nicht um sich am Werk, sondern um das Werk an seinem Geist zu entzünden. Hiermit soll nicht die absolute Willkürlichkeit des Kritikers statuiert, sondern die Wechselwirkung bezeichnet werden, durch welche die Kritik sich erzeugt.

Denn Kritik ist nicht Selbstzweck, auch nicht Zensierung des Kunstwerks, sondern Entzündung, Schöpfung, Wirkung, entspringend aus dem geheimnisvollen Dreieck, dessen Seiten sich aus Künstler, Publikum und Kritiker bilden; so daß die drei Winkel entstehen, die sich unauflöslich selbst einander in die Arme werfen, da jeder ihrer Schenkelarme gleichzeitig der des andern ist, und die zum Zentrum hin jene sich ballende magische Kraft schleudern, durch die bewirkt ward, daß ehrfürchtige Menschheit seit alters in dieser Figur das strahlende, zündende Auge Gottes sah.

Der Kritiker ist der Künstler über den Künstler; [1] das Werk auflösend knüpft er neu die Idee, läßt sie wirken, indem er untersucht, was der Künstler will und was er kann. Und mit diesem Augenblick ist er nicht mehr nur Künstler. Weil er das Werk, das des Künstlers gezügelte Willkür ins Absolute stellt, in Beziehung zum Publikum sowie wiederum zum Schöpfer bringt, weil er dem Werk Sinn und Ziel gibt . . . wird er Politiker! Er zieht die flammende Linie von Menschen, der das Werk schuf – über den Menschen, den dieser schuf – zum Menschen, für den er es schuf. Diese Trinität wandelt er zur Einheit durch Sichtbarmachen der Idee. Er läßt das Ethos auferstehen, aus dessen Glut das Werk nicht nur erwuchs, sondern das ihm auch die Form gab. Er sucht nicht das Kunstvollste, sondern das Wertvollste, das Wesentliche. Er wertet. Wertet das Werk für die Kunst und die Menschheit. Wirkt. Und damit ist die Idee seiner Existenz verwirklicht.

Im Kritiker also fügt sich der künstlerische und der politische Mensch zu vollkommenster Harmonie. Das ist sein tragischer und zugleich beglückender Beruf.

Seine Arbeit birgt nicht die konzentrierte Ruhe des Wissenschaftlers und die Sicherheit, welche die Beherrschung des Spezialgebiets gewährt. Er kennt nicht die Erlösung durch das Schaffen, die das Glück des Künstlers ausmacht. Die Erscheinungen der Kunst geben ihm nicht Genuß, sondern schleudern ihn pausenlos in die krampfhafte Ruhelosigkeit seines Berufs. Er bohrt Tunnel ins Unendliche, belichtet mit schnellem Handgriff Horizonte. Er klärt das Dunkel im Künstler; er wirbt für das Werk anderer, indem er es aufleuchten läßt im Strahl seines Geistes; er wird durch Dienen Führer und verschleudert sich zu zündenden Atomen, um die Idee zur Wirkung zu bringen. Er ist nicht der ästhetische, sondern der ethische Mensch.

Denn er wäre verloren und verrucht, wenn er nur Schöngeist ist. Er muß durch alle Straßen des Lebens, durch alle Schluchten der Verdammnis, alle Paradiese der Beglückung getrieben sein, die Mannigfaltigkeit und Menschlichkeit aller Menschheit erfühlt haben, Tragödien und Bilder müssen tausendfach in ihm zerbrochen sein, Gedichte und Symphonien seine Seele durchrauscht, unzählige Schicksale sein Herz zermürbt, unendliche Ideen sein Hirn zerpflügt haben . . . die Geselligkeit spie ihn aus, die Einsamkeit zerschmetterte ihn, und aus Parteien und Freundschaften, die ihn binden und beirren, hat er sich wiederum in die Einsamkeit retten müssen . . . bis er richtet, errichtet, vernichtet. Erst der Geprüfte darf prüfen, erst der Wert-volle werten. Und, da dieser tragische Mensch zu erweisen hat, daß der Geist jene promesse de bonheur Stendhals bedeutet, wird er zur furchtbarsten Geißel des Künstlers, der Menschheit und seiner selbst.

Er nämlich ist es, der den Menschen rastlos aufpeitscht, den Aufschwung aus dem Sumpf des effektiven Zustandes zu dem in der Idee bereits erreichten Hochstand zu wagen. Er züchtigt den säumigen Künstler; wacht, daß der Bürger nicht triumphiere. Er hetzt den Geist aufs Publikum; beunruhigt, quält, reizt, lockt die Menschheit, indem er Wesen und Werk des Menschen zerlegt, prüft und wertet. Seine Aufgabe ist: Aufrüttelung! Aufrütteln zur Vervollkommnung!

Sein Ziel zu erreichen, wird jedes Mittel zur Wirkung ihm Pflicht. Er läßt aufwirbeln den Sturm der Beredsamkeit, stößt ins Horn des Zornes, jagt dem Überraschten Witze und Ironien ins Gesicht, läßt Lieblichkeit läuten, das Pathos der Propheten erdröhnen, den Schrei der Reklame leuchten, filmt Zukunftslandschaften, ruft Beispiele der Historie und Tatsachen der Wissenschaft auf, illustriert mit Anekdoten, wölbt Brücken über Epochen, bohrt mit Analysen letzte Tropfen des Lebens. Er ist der am wenigsten spezialisierte, er ist der umfassendste, der expansivste, explosivste Mensch. Und noch seine Negationen sprühen positive Forderungen.

Doch treibt nicht Haß seinen Kampf, sondern Sehnsucht nach Vollkommenheit. Güte schärft sein Wort, Mitgefühl stärkt seine Stimme. Er wird für die Menschheit, was der Pastor einst für die Gemeinde war. Durch diesen Menschen, der Paradox und Harmonie zugleich ist, wird das Trägheitsgesetz im irdischen Dasein aufgehoben, da seine Leidenschaft die Idee in Bewegung und Verwirklichung umsetzt.

Der Einwand, der hier umrissene Typus des Kritikers existiere nicht, spricht nicht gegen diese Bemerkungen, sondern läßt um so fordernder die Notwendigkeit seiner Erscheinung erkennen.

Diese aktivistische Proklamation eines neuen Kritikertypus wurde wiederabgedruckt in dem Sammelband: *Der Zeitgenosse.* Literarische Portraits und Kritiken von Kurt Pinthus. Ausgewählt zu seinem 85. Geburtstag am 29. April 1971 von Reinhard Tgahrt. – Marbach 1971 (*Marbacher Schriften.* 4), S. 27–30.

1 Indirektes Zitat von Alfred Kerr. Es lautet im Kontext: »Der blöden Abgrenzung: ›Dieser ist kein Dichter, sondern ein Kritiker‹ setzt das Buch ein Ziel. Der wahre Kritiker bleibt für mich ein Dichter: ein Gestalter [...]Der Dichter ist ein Konstruktor. Der Kritiker ist eine Konstruktor von Konstruktoren.« (*Vorrede zum ersten Band* (1904). In: *Die Welt im Drama.* Bd. 1: Das neue Drama. – Berlin: S. Fischer, 1917, S. 11).

118
Alfred Kerr: *Einleitung zu den Gesammelten Schriften.* In: *Gesammelte Schriften in zwei Reihen.* Die Welt im Drama. Bd. 1: Das neue Drama. Berlin: S. Fischer Verlag 1917, S. 6–8, 10–14.

IV.

Aus dem Grundbuch des Kritikers.

1. Erkennend eine Schönheit schaffen . . . und alles ist erledigt. (Erkennend eine Schönheit schaffen . . . und alles ist erledigt.)

Der Satz steht im zweiten Bande dieses Werks.

2. Im selben Bande heißt es:

Hier der Unterschied zwischen Bestrahlten und Betropften; die letzten können im geringsten nicht, was die andren können: in Schönheit nützen. Darauf kommt es an: in Schönheit nützen.

3. Mozart schrieb: »Bei uns in Deutschland ist der lange Geschmack; in der Tat ist es aber besser, kurz und gut.« Ein Satz meiner Seele.

4. Was ist eines Kritikers Sendung? Er braucht (steht im zweiten Bande) die unwägbare Kraft, die von Vielen im Grunde gehaßt wird – die Kraft: fortzureißen; zu singen; zu zünden; zu schweben. Er braucht Hände, Finger, Augen. Und die Macht, ein Dasein im Blitze zucken zu lassen . . . als Gegenschöpfer.

5. Im dritten Bande dieses Werks heißt es:

Denn ich bin hier: eine Wirkung zu üben auf das Aussondern des Minderen, auf das Stützen des Wertvollen; jeden ernsten Versuch zu schirmen und jede reine Absicht (sofern sie gekonnt, nicht bloß gewollt ist; man ist Kunstrichter, nicht Wulstrichter).

Tastende stützen; den Irrungen der Äffchen einen Damm schieben; sie herumwerfen; Ringenden helfen; Blender und Tamtamiten verspotten; einen reuigen Sünder so lieb haben wie einen Gerechten: das ist es, was . . . nicht als Grundsatz vorschwebt, sondern als Praxis herauskommt.

V.

6. Der criticus tut sich nicht als Weltenrichter auf. Er haßt, was ihn wurmt. Er liebt, was ihn lockt. Und sagt es. (Er haßt, was ihn wurmt. Er liebt, was ihn lockt. Und sagt es.)

Kritik des Hasses und der Liebe, verkündet im Vorwort vor dreizehn Jahren, wird hier fortgesetzt. [1]

7. Der criticus hält es für dumm, ein Gesetzgeber – doch für klug ein Gesetzfinder zu sein.

VI.

8. In dem criticus lebt ein exaktester Anatom. Kein bloßer Impressionist.

(Vor dreizehn Jahren schrieb ich: »Ein Nur-Impressionist könnte sich als Kritiker begraben lassen. Impressionismus ist nicht Kritik, es gilt auch sachliche Förderungen.«) [2]

[. . .]

VIII.

14. Der wahre Kritiker wird auf einer Handvoll Seiten mehr über einen Kerl sagen, als ein Buch zu geben vermag. Wahre Kritik erstrebt nie Vollständigkeit; sondern Wesentlichkeit.

15. Der Kritiker spricht von einem Stück . . . und meint den ganzen Autor. Er spricht von einem Autor . . . und meint sein halbes eignes Leben.

16. Meine Kritik zeigt, wie man Dichter nimmt, sie wendet, in ihre letzten Fugen fliegt, – kurz: wie man etwas, das jemand gebaut hat, von sich her abermals baut.

17. Wie soll man sich wider ein mißratenes Stück verhalten? –

Man soll ihm, nach Lage des Falls, zubilligen, was ihm ziemt. Wenn es Hoffnungen birgt, soll man sie stärken. Wenn es anspruchslos und schlecht ist, soll man es mit Lächeln abtun. Nur was anspruchsvoll kommt und schundhaft ist: dem frommt Schadenfroheit und Spott, . . . wenn man zu alt nicht ist, ihn aufzubringen.

In jedem Winter sieht man hundert Dramen: um zwei herauszulesen, die vielleicht dauern könnten. Zwei? Hoffentlich: zwei. Soll man bei den achtundneunzig Nieten immer bloß ein mittelmäßiges, gleichbleibendes, ernsthaftes Gequatsch bringen? Versucht schon lieber, die blöd vergängliche Leistung der Bretter zum Anlaß einer guten und vielleicht dauernden zu machen: damit von dem Abend etwas doch herauskomme.

In Heiterkeit. Erst wenn euch die Zähne ausfallen, umhüllt euch mit Würde; mißbilligt (fremden) Kritikerwitz; erklärt als unethisch, was euch mangelt; sucht anzuschwärzen, was ihr nicht vermögt; und ersetzt das castigare durch ein Gesabber.

»Als David kam ins Alter, da sang er fromme Psalter.«

18. Der Kritiker hat keine Angst als Tadler zu gelten. Jeder vernünftige Mensch ist gefaßt, daß die Mehrzahl aller Kritiken tadeln muß. Es wären sonst die mehrsten Stücke, die man spielt, lobenswürdig. Aber wie viele bleiben denn? also wie wenige sind zu rühmen!

Gesagt ist schon, daß es Unterschiede gibt innerhalb der tadelnswerten Masse. Je nach solchen Unterschieden arbeite der Kritiker. Handelt sich's um Fehler, – gut. Liegt aber ein Schwund an allem vor: was soll man da machen? Ich kann nicht jedes Stück noch einmal schreiben. Ich kann nicht Szene vor Szene nehmen und zweierlei dartun: erstens, wie sie ist; dann, wie sie sein müßte. Welche Möglichkeiten also gibt es? Man kann (ab und zu) die einfache Versicherung abgeben: caccatum non est pictum.

(Etliches von alledem steht im vierten Band.)

IX.

19. Mein Werk ist nicht Literaturbetrachtung; sondern Ganglienbetrachtung.

20. Bei allem freut sich der criticus unterirdisch an der skurrilen Poesie, nichtsahnend von Poeten verleiblicht, – er hat eine grausig-putzige Menschenfreude: wenn hinter einem Stück der besessene Stümper vorguckt; wenn pfuschend ein Erdensohn wieder mottenhaft ins Dramenlicht rudert.

Mein Werk mit seinem Zergliedern ist ein Beleg: wo nicht für Hirnerkrankungen; so doch für Brägenabweichungen. Es ist eine Besserungsanstalt; oder ein Siechenheim; oder eine Anatomie, je nachdem; die Sassen ins Letzte gestuft; in den Spalten behellt von einem Strahl, der das

Hirn durchlacht, mit dem Rückenmark spielt, Geschlecht und Gemächt umglimmt, durchflitzt, zerblitzt. Es ist eine Seelenwerkstatt. Dichterhirne hängen herum. Das Ganze fordert in seiner Gliederung, in seiner Besonnung des Einzelnen, in seiner Vielfalt, in seinem Bau den Platz neben göttlich dunkelsten und göttlich klarsten Komödien Dantischer Bezirke. Von einem heutigen Augenstern gesehn.

X.

21. Ethos des Kritikers. Er sei vor allem ein Wahrheitssager. Im dritten Bande heißt es: »Man entfremdet sich noch die wenigen Freunde, die man hat: indem man genau die Eindrücke wiedergibt, so man von ihrer Werke einem empfing.« Im zweiten Bande heißt es: »Kritiker ist nicht, wer alle Verpuppungen mitmacht – nur weil sie vor sich gehn. (Kritiker ist, wer verkleidetem Durchschnitt ins Gesicht haut) . . . Kritiker ist nicht, wer alle Versandungen mitmacht – nur weil sie vor sich gehn.«

22. Höchste Namen erwirken das Recht nie, vom Sachbestand abzulocken. Vergangene Dichtungsideale werden nicht geliebkost. Nur den Dingen wird in die Pupille geglotzt. Der Kritiker ehrt keinen anerzogenen Irrtum. Nicht bei der Betrachtung des Griechenvolks. Nicht beim Shakespeare. Nicht bei Molière.

23. Der echte Kritiker hat nicht falsche Achtung vor dem Chaos; er überschätzt kein Genialisches, das verhältnismäßig leicht hergestellt wird. Den Fall beklopft im dritten Bande die Don-Juan-Kritik. Der Kritiker sträubt sich auch, in gewisse Dichtungen mit Gewalt eine Einheit zu bringen (die der Poet nicht gehabt). Er fühlt, noch bei Kleist, das Zufallsmäßige des Schaffens – in das wir ein System geheimnissen.

XI.

24. Weltgefühl des Kritikers. Er zeigt die Belanglosigkeit der Kunst. Hernach den Belang der Kunst. Dann, drittens, den Kampf der zwei Wallungen, der ewig in ihm herrscht. Auch die Sänftigung des Zwistes vor einem Brunnen, der rauscht. Mit einem Bewußtsein, das in Passau niedersteigt, – wenn eine Seele den Atem anhält, tastend und rastend.

25. Der falsche Kritiker zeigt, wie er Bauernstücke; der echte, wie er Bauern wertet. Ihre Verhimmelung belächelt er. Der wahre Kritiker höhnt allemal das Überschätzen der Einfalt. Einfalt erlangt jemand mit Gesinnung, er bedarf des Könnens nicht. Aber im Können steckt ja doch hienieden das größere Wunder; – beides wachse zusammen.

26. Der Kritiker sagt (im dritten Band):

Es versteht sich von selber, daß die Zukunft nicht nur des Dramas: unserer inneren Entwicklung überhaupt, niemals auf »herzlicher Einfachheit« ruhen kann. Es bedeutete die Näherung ans Einfältige. Ein Herabschrauben. Wir sind keine Kindbauern mehr. Sondern mit Augen wie Schießhunde – auch wo wir Erschütterungen durchleben.

Man mache sich nichts vor: wir sind hier, um diese Erschütterungen festzuhalten, anzupakken, zu beziffern, so zu überwinden. Nicht ihnen fromm und groß und treu und schlicht zu erliegen. Ich vermute, daß die »große Einfachheit« oft ein Akt des Willens, wo kein Können winkt, sein muß. Daß es nicht hierauf ankommen wird: die (vielen Schichten der Menschheit gemeinsamen) groben Grundzüge so recht voll Herzlichkeit mit einer großen Linie gradäugig zu zeichnen.

Sondern (bleibt sitzen) es kommt darauf an, kleinlich, knifflig, mißtrauisch, nachprüfend, bloßlegend, beklopfend . . . und landgewinnend nach mühsamen Tiefseefahrten zu sein. Ein Sieger voll zehntausend Zerstuftheiten.

Keine Mißverständnisse. Der große, schlichte Zug hat eine fatale Ähnlichkeit . . . mit der Gesinnung, statt mit dem Können. Etwas Inhaltsleeres. Ich will Sonderzüge, nicht Leerzüge. Der treueste Mensch (deren es viele gibt) soll zunächst ein verflucht guter Musikant sein.

Aus dem großen Können, aus dem vielgliedrig blitzenden Reichtum ergibt sich dann die Schlichtheit von selber. Dann erst! Lobsinget dem eroberten Feld gestufter Einzelheiten, des Geistreichen, des Schlagenden, des Errungenen. Es muß überleuchtet, durchwittert sein von einem lächelnd-großen Daseinsgefühl. Nur dem gestuftesten Reichtum (in, in, in der Einfachheit) gehört künftig die Welt.

Das Geblüt macht letzterdings die Schlichtheit.

Was not tut, ist also nicht ein Gefühl, das aus technischen Künsten erzeugt wird: sondern unendlich viele Züge glitzernden Einzelreichtums, hinter denen ein (nie loszulösendes) Grundgefühl steckt: ein Ich. Auf die Schlichtheit kommt es wenig an: bloß noch auf die allerreichste Schlichtheit. Darauf, daß nicht nur Einzelheiten da sind: sondern ein Kerl, der sie hat. Ecco.

[. . .]

Der abgedruckte Auszug aus der Einleitung zu den *Gesammelten Schriften* (S. 5–22) stellt das literaturkritische Credo odes Theaterkritikers dar (vollständiger Wiederabdruck in Jürgen Behrens (Hrsg.): *Alfred Kerr, Theaterkritiken.* – Stuttgart 1971, S. 3–19. Seine angewandte Kritik in der für ihn typischen Form des mit römischen Zahlen gegliederten kritischen Aphorismus dokumentiert ein ambivalentes Verhältnis zum expressionistischen Drama. Vgl. die Sammelrezensionen: *Junges Deutschland.* In: *Die neue Rundschau 29* (1918), Bd. 2, S. 976–983 (Wiederabgedruckt in Paul Raabe (Hrsg.): *Expressionismus. Der Kampf um eine literarische Bewegung,* S. 121–130); *Dramen-Expressionismus.* In: *Die neue Rundschau* 30. Jg. (1919), Bd. 2, S. 1005–1014 (Wiederabgedruckt in: Paul Pörtner (Hrsg.): *Literatur-Revolution,* Bd. 1, S. 377–379 auszugsweise).

1 Gemeint ist die wichtige *Vorrede zum ersten Band (Die Welt im Drama.* Bd. 1: *Das neue Drama.* – Berlin: S. Fischer 1917, S. 7–18) von 1904, auf die sich frühexpressionistische Autoren immer wieder bezogen. Kerr selbst betrachtete dieses frühe Programm als wegweisend für die avantgardistische Kritik. Vgl. Alfred Kerr: *Über die Kritik.* Antwort auf eine Umfrage. In: *Kritik der Kritik* 1. Jg. (1905/06), S. 16–17.

2 Hinweis auf das »expressionistische« Selbstverständnis des Kritikers, dem vor allem die pointiert-knappe sprachliche Gestaltung und die subjektiv-überspitzte Perspektive seiner Rezensionen entsprach. Kerr selbst sah sich als Erfinder und Purist der expressionistischen Sprache: »Ich bin der Sprachschöpfer des Expressionismus. Ich schuf Gedrängtheit. Ihr aber machtet hieraus (im Drama) Labbriges; und (in der Kritik) Schmuß« (*Die Komik des Übergangs. Sätze zum Drama.* In: *Die neue Rundschau* 34. Jg. (1923), Bd. 2, S. 910–924, Zitat S. 913); in seiner Rezension zu Carl Zuckmayers *Der fröhliche Weinberg* vom 23. Dezember 1925 resümierte er: »Sic transit gloria expressionismi [. . .] Ja, so endet jener Expressionismus – den, in der Sprache (man macht sich verhaßt, wenn man es feststellt . . . doch ein anderer stellt es nicht fest), ich einst schuf« (Zit. nach: Jürgen Behrens (Hrsg.): *Alfred Kerr,* S. 130).

119
Kasimir Edschmid: *Kritik.* In: *Die neue Bücherschau* 1 (1919), H. 1 (April), S. 3–4.

Kritik heißt nie: über eine Sache reden, sondern über ihr stehn. Nicht sie zerfasern, sondern ihr gütig nahen. Kritik heißt nicht wahlloses Urteil, sondern sie verlangt große Politik. Die Kritik unserer Zeit ist noch nicht erfunden. Ihr heutiges Niveau ist eine Unerträglichkeit. Auf keinem Gebiet der geistigen Disziplinen würde gewagt werden, mit solcher Verantwortungslosigkeit vorzugehen. Zur Kanarienvogelzucht, zu Petroleumtrusts würde nie ein Laie delegiert. Über Bücher schreibt jeder Dilettant. Doch selbst Fähigkeiten genügten nicht. Es bedarf des Menschen.

Denn Kritik heißt Aufbau. Nicht Zerstörung. Heißt Liebe haben und nicht Haß. Dies ist das Zentrum. Nur eine große Persönlichkeit kann die ungemeine Verantwortung tragen. Kritik ist nichts Artistisches. Es ist eine humane Angelegenheit.

Es ist der sicherste und direkteste Weg zur Kultur. Denn ihr Sinn ist, Niveau zu schaffen. Aus Liebe das Ungenügende zu zerstören, aus Liebe das Große immer wieder zu betonen. Das Wichtige zu plakatieren. Immer Diener sein der eigenen Verantwortung. Durch keinen Zweck der Person, durch keinen Gewinn, keine Frau, keinen Ehrgeiz gestört, getrübt zu werden. Nicht im Zeitlichen stehen bleiben, nicht dem Augenblicksreiz unterliegen, sondern immer das Momentane messen an der Verantwortung. Aber den Geist der Zeit fördern. Sagen: dies ist eine Fanfare in unser Gewissen aber noch kein Kunstwerk, jenes aber ist außerhalb unserer zeitlichen Kämpfe, aber rund und schön. Zeigen, daß Pazifismus nötig ist, aber noch lange nicht Rechtfertigung eines mißlungenen Gedichts. Aber kühn behaupten, daß Hölderlins Hymnen ein ungeheures Ethos tragen ohne einen zeitlichen Gehalt. Immer die Idee der Qualität als das Letzte nehmen. Den expressionistischen Nachläufer stäupen, den besseren Impressionisten unseres Tages bedauern aber loben. Immer den Weg finden aus Zeit und Unzeit zur ewigen Prägung des Fürstworts. Feurig sein gegen das Gesinnungslose, kühl gegen Anmaßung. Fehler bekennen. Immer Linie halten. Nie den großen Dichter um Kleinigkeiten tadeln, während den Nebbich man laufen läßt als das, was er ist. Vielmehr auf das Wichtige sehen. In jahrelanger Arbeit nie den Lesenden verwirren, sondern ihn erziehen. Kritik ist im allerletzten und bedeutendsten Sinne Aufbau, Architektur, Arbeit am Leib des Volkes. Es bedarf nur neuer Rasse, das Werk zu machen. Radikal zu sein im Dienst am Geist. Klug wiederum mit Bescheidenheit auf vieles Wissen, da es nichts ist als Voraussetzung. Göttlich streitbar für Junges, ohne es innerlich zu überschätzen. Ohne literarische Geste, ohne Kunst *zu* wichtig zu nehmen, aber wissen, daß alles groß Erlebte in sie zurückströmt. Vieles gesehen haben, das Meiste kennen und Menschliches verstehen in seinen Wurzeln, Fehlern und Güte – und dann zu richten . . . eine Aufgabe von solcher Humanität auszuüben, ja allein auf diesem Boden der Gesinnung zu stehen, dazu bedarf es so ungewöhnlicher Menschlichkeit, daß es nicht erstaunt, heute keine Urteilenden gerecht am Werke zu sehen. Ist der neue Mensch geschaffen mit Einkehr, Lust an der kämpfenden Liebe und Hingabe am Werk, wird eine Generation von Kritikern aufstehn. Keine Eitelkeit wird mehr Triebfeder sein, kein geistiger Imperialismus Ziel, Diktatur nicht der Zweck, sondern ameisenhafte Arbeit an der Größe und Aufgabe. Und so Kultur und eine Tradition guten Sinnes. Und eine nicht zerstörerische und idiotische Kritik, sondern eine schöpferische, helfende, keine Analyse, sondern eine dauernde Tat.

Dieses Manifest der expressionistischen Kritik ist u. d. T. *Marginalien zur Kritik* wiederabgedruckt in: K. Edschmid: *Frühe Manifeste, Epochen des Expressionismus*. – Hamburg 1957, S. 137–138.

4. *Medienkonkurrenz und Massenkommunikation*

a) Das Elend der Presse

Der auf Öffentlichkeit in besonderer Weise angelegte kultur- und gesellschaftskritische Impetus des literarischen Expressionismus kollidierte notgedrungen mit kontemporärem »Preßbetrieb« und zeitgenössischer »Journaille«. Abfällig nannte man so in expressionistischen Kreisen das Zeitungs- und Zeitschriftenwesen, das in Deutschland erst eigentlich gegen Ende des 19. Jahrhunderts zum Mittel der Massenkommunikation aufgerückt war. [1] Die Massenblätter zogen schriftstellerische Kritik auf sich, weil ihr primärer Effekt, den Prozeß der Meinungsbildung zu monopolisieren, als ein negativer gesellschaftspolitischer Machtfaktor erkennbar wurde: statt korrekter Information und sachbestimmter Argumentation schienen sie der Manipulation Tür und Tor zu öffnen. [2] Immer wieder berief man sich auf Ferdinand Lassalles berühmte Rede *Die Feste, die Presse und der Frankfurter Abgeordnetentag* vom September 1863 und ihr absolutes Diktum: »Eines müssen Sie ohne Unterlaß festhalten, ohne Unterlaß verbreiten: Unser Hauptfeind, der Hauptfeind aller gesunden Entwicklung des deutschen Geistes und des deutschen Volkstums, das ist heutzutage die Presse!« [3] Zum prinzipiellen Ideologieverdacht trat zugleich die Erfahrung rezeptionshemmender Wirkungen durch mangelhafte, einseitige oder nicht selten auch denunziative Darstellungen der neuen Kunst. Nach einer summarischen Feststellung inszenierte sich damals »im Blätterwald« gewöhnlich, »wo nicht das Grienen und der psychiatrische Gesichtspunkt, so die gemeinste Totschweigerei«. [4] Entsprechend affektgeladen reagierten die jüngsten der Literaten: mit der »Druckerschwärze, die man bei Scherl auf die Rotationsmaschinen tut«, wollte Hugo Kersten »den Redakteuren die Fresse zuschmieren«. [5] Franz Pfemferts Leitartikel zum Thema (Dok. 120) gibt nicht nur eine realistische Selbsteinschätzung der publizistischen »Macht« expressionistischer Zeitschriften wieder, sondern dokumentiert die frühe Übertragung des Gewaltbegriffs auf die Presse, wo sie zum Instrument der Gegenaufklärung absinkt. Neben der Entlarvung der »Sensationspresse«, die übrigens mit der kulturkonservativen Kritik des marktschreierischen »Amerikanismus« [6] nicht zu verwechseln ist, galt die expressionistische Medienkritik dem ausschließlich auf Aktualität fixierten Tagesjournalismus und seinem formalen Pendant, dem Feuilletonismus. Lion Feuchtwanger schrieb über dessen Ursachen: »Man will neu bleiben, immer Neues, Überraschendes, Unerwartetes bringen. Reicht der Inhalt nicht aus, so muß eben die Form es bieten«. [7] Journalismus und Feuilletonismus zu vermeiden, gehörte, wie die Herausgebernotiz zur ersten Nummer des »Sturm« bezeugt, zur Programmatik expressionistischer Zeitschriften:

Zum vierten Male treten wir mit einer neuen Zeitschrift in die Öffentlichkeit. Dreimal versuchte man, mit gröbsten Vertragsbrüchen unsere Tätigkeit zu verhindern, die von den Vielzuvielen peinlich empfunden wird. Wir haben uns entschlossen, unsere eigenen Verleger zu sein. Denn wir sind noch immer so glücklich, glauben zu können, daß an die Stelle des Journalismus und des Feuilletonismus wieder Kultur und die Künste treten können. Die Schriftleitung der Wochenschrift *Der Sturm*. Berlin im Februar 1910. [8]

Die Notiz dokumentiert das missionarische Motiv dessen, der den zeittypischen Konflikt zwischen Literatur und Journalistik wie kein anderer zur eigenen Sache erklärte: Karl Kraus, der Herausgeber der *Fackel*. [9] Aus seiner Kritik des stimmungshaft-beliebigen Feuilletonstils und der publizistischen Degeneration der Sprache (Dok. 121) wird allerdings jener Purismus der Sprachkritik ablesbar, der Kraus nach Veröffentlichung seines Pamphlets gegen Heinrich Heine [10] die Achtung vieler Bewunderer kostete. [11] Pfemfert prophezeite im *Demokraten* vom 1. Januar 1911: »Der Kulturkritiker Karl Kraus wird gequält zusammenzucken, wenn ihm die Zeitplage Adolf Bartels für diese Tat Beifall klatscht [...]Es ist eine böse Schrift.« [12] Nach der Kontroverse mit dem »Heineisten« Alfred Kerr verfestigte sich auch Kraus' Ablehnung des Expressionismus (vgl. Dok.19), dessen antibürgerliche und zivilisationskritische Denkformen er gleichwohl teilte. [13]

Kurt Hiller stellte das Manifest des ideellen Journalisten von Hermann Kesser (Dok. 122) in Opposition zum Konzept des Wiener Kritikers vor: »Das Kind Journalismus, das Karl Kraus (auf unsterbliche Art übrigens) mit dem Bade ausgeschüttet hat, hebt Kesser liebevoll von den Fliesen und schaukelt es [...] Ich gestehe, daß ich sub specie aeternitatis der Kraus'schen [Art der Kinderpflege] den Vorzug gebe, in Anbetracht der Forderungen von morgen der Kesser'schen«. [14] Kessers [15] Aufruf für revolutionären Journalismus, der diesen als flankierendes Mittel zur Durchsetzung des politischen Wandels vorsah, wurde nach dem Scheitern der Novemberrevolution durch einen Typus der Pressekritik abgelöst, der in totalen Ideologie-, Korruptions- und Manipulationsverdacht umschlug. Nicht zuletzt machte man Presse und Massenjournalismus für Bolschewismusangst und für die Morde an Kurt Eisner, Gustav Landauer, Karl Liebknecht und Rosa Luxemburg verantwortlich – »hätten nicht die Zeitungen gelogen, gehetzt, geschürt und verführt«, so klagte die Zeitschrift *Der Revolutionär* an. [16]

Schien der Wilhelminischen Zensur gegenüber das bürgerliche Recht der Pressefreiheit reklamierbar, so trat nunmehr die Reflexion über die innere Dialektik dieses Freiheitsrechts ins Zentrum der Mediendiskussion. Das emanzipatorische Postulat der Freiheit öffentlicher Meinungskundgabe fand man in sein Gegenteil verkehrt: die liberalistische Pressefreiheit »ist die Möglichkeit, ohne Vorbehalt, ohne Kontrolle von außen durch Druckerschwärze öffentliche Meinung zu erzeugen«, keineswegs aber die Garantie der Freiheit veröffentlichter Meinung generell. [17] Wie Hans Natoneks polemischer Aufsatz (Dok. 123) indessen zeigt, war der publizistische Gegenentwurf der Expressionisten, der häufig »die vollständige Trennung von Zeitung [...] und Anzeigenwesen« forderte und in der Einrichtung »besonderer Preßgerichtshöfe« ein Heilmittel sah, nicht dagegen gefeit, selbst erneut die konzeptionellen Grundlagen einer repressiven Meinungsbildung akzeptieren zu müssen. [18] Trotz der wesentlich negativ bestimmten Haltung der Expressionisten zu den Massenmedien sind Einflüsse der technisch-publizistischen Produktion bis in die Poetik hinein nachzuweisen. [19] Ganz analog sind auch die Schwemme expressionistischer Publikationen, die extensive Nutzung medialer Möglichkeiten und schließlich das erhöhte »Geräuschniveau« der Manifeste, Programme und Pamphlete im Expressionismus ein Reflex auf die Expansion der Massenmedien selbst.

1 Zum geschichtsnotorisch gespannten Verhältnis vgl. Theodor Curti: *Der Literatenstand und die Presse.* In: *Vorträge der Gehe-Stiftung in Dresden* 3 (1911), S. 173–190; Zeitgenössische Artikel bezeugen die damalige Aktualität der mit dem Aufkommen der massenmedialen Kommunikationsformen verbundenen Probleme: z. B. Ernst von Wolzogen: *Pathologie des Zeitungsschreibers.* In: *Das literarische Echo* 5. Jg. (1902/03), Sp. 1233–1239; G. Hölscher: *Die Zeitung.* In: *Soziale Kultur* 27. Jg. (1907), S. 665–673; A. Koch: *Entstehung der modernen Zeitung.* In: *Germanisch Romanische Monatsschrift* 2. Jg. (1910), S. 193–203.

2 Des unterschiedlichen Wirkungsradius wegen gewann damals die Zeitung neben der literarischen Zeitschrift als Träger der Literaturvermittlung an Bedeutung. Vgl. Hans Natonek: *Zeitung und Zeitschrift.* In: *Die Schaubühne* 12. Jg. (1916), Bd. 2, S. 403–409.

3 Ferdinand Lassalle: *Die Feste, die Presse und der Frankfurter Abgeordnetentag.* Drei Symptome des öffentlichen Geistes. Eine Rede, gehalten in den Versammlungen des Allgemeinen Deutschen Arbeiter-Vereins zu Barmen, Solingen und Düsseldorf. – Düsseldorf: Verlag der Schaubschen Buchhandlung 1863. Wiederabgedruckt in: F. Lassalle: *Gesammelte Reden und Schriften.* Hrsg. und eingel. von Eduard Bernstein. Bd. 3. – Berlin: Paul Cassirer 1919, S. 341–402. Zit. nach dem veränd. Auszug m. d. T.: *Unser Hauptfeind – die Presse!* In: Kurt Hiller (Hrsg.): *Tätiger Geist!* Zweites der Ziel-Jahrbücher 1917/18. – München: Georg Müller Verlag 1918, S. 318–323, Zitat S. 318; vgl. auch die Erläuterung zu Dok. Nr. 120.

4 Kurt Hiller: *Ausstellung der Pathetiker.* In: *Die Aktion* 2. Jg. (1912), Nr. 48, 27. November, Sp. 1514–1516, Zitat Sp. 1514.

5 Hugo Kersten: *Die sieben Weltwunder der Gegenwart.* In: *Die Aktion* 4. Jg. (1914), Nr. 8, 21. Februar, Sp. 161.

6 Vgl. z. B. Hermann Diez: *Der Amerikanismus in der deutschen Presse.* In: *Süddeutsche Monatshefte* 7. Jg. (1910), H. 5 (Mai), S. 671–676.

7 Lion Feuchtwanger: *Was bedeutet journalistisch?* In: *Das literarische Echo* 13. Jg. (1910/11), H. 21, 1. August 1911, Sp. 1501–1507, Zitat Sp. 1507.

8 [Karl Kraus:] *Zwei Worte.* In: *Der Sturm* 1. Jg. (1910/11), Nr. 1, 3. März 1910, S. 1.

9 Vgl. dazu bes. Helmut Arntzen: *Karl Kraus und die Presse.* München 1975 (*Literatur und Presse. Karl-Kraus-Studien.* 1).

10 Zu literarhistorischen Implikationen der Heine-Kontroverse vgl. Mechthild Borries: *Ein Angriff auf Heinrich Heine.* Kritische Betrachtungen zu Karl Kraus. – Stuttgart u. a. 1971.

11 Zu den Beziehungen zwischen dem Literatursatiriker Karl Kraus und den Autoren des Expressionismus vgl. Eduard Haueis: *Karl Kraus und der Expressionismus.* Phil. Diss. Erlangen 1968.

12 Franz Pfemfert zit. nach: *Die Fackel* 12. Jg. (1911), Nr. 315/316, 26. Januar, S. 50; vgl. auch Pfemferts Replik zur Kraus-Kerr-Kontroverse: *Der kleine Kraus ist tot.* In: *Die Aktion* 1. Jg. (1911), Nr. 8, 10. April, Sp. 242–243.

13 Zunächst beteiligte sich Kraus mit Beiträgen an Waldens *Der Sturm*, dessen erste Nummern neben Berlin auch Wien als Erscheinungsort der Zeitschrift auswiesen. Am 31.12.1910 schloß er das Berliner Büro der *Fackel.* In einer Polemik m. d. T. *Der gordische Knoten* heißt es bereits am 18. Februar 1910 in Nr. 296/297 des 11. Jahrgangs der *Fackel:* »In Berlin kann es mir nicht erspart bleiben, daß ich von den Literaturbuben, die sich durch mich einen Namen machen oder an mir ein Geschäft verrichten wollen, genau so verunreinigt werde, wie es mir vor einem Jahrzehnt in Wien geschah« (S. 47).

14 Kurt Hiller: *Nachwort des Herausgebers.* In: *Tätiger Geist!*, S. 317.

15 Der unterschätzte Hermann Kesser stand am Rande des eigentlichen Expressionismus. Vgl. Jean-Edouard Spenlê: *L'Expressionisme dans les nouvelles de Hermann Kesser.* In: *Mercure de France* 15. Jg. (1926), Septembre, S. 595–610; Kesser veröffentlichte einen Aufsatz über *Expressionismus-Zeitgeschichte.* In: *Die neue Bücherschau* 6. Jg. (1928), S. 549–553, sein auf 8.1.1930 datierter Rundfunkvortrag *Überblick über den Expressionismus* wurde erstmals veröffentlicht in: Paul Raabe (Hrsg.): *Expressionismus. Der Kampf um eine literarische Bewegung*, S. 217–225.

16 Eduard Levi: *Die Presse als Mörderin.* In: *Der Revolutionär* 1. Jg. (1919), Nr. 11, S. 14–15, Zitat S. 14.

17 Hans Natonek: *Kritik der Pressefreiheit.* In: *Der Revolutionär* 1. Jg. (1919), H. 5, S. 17–20, Zitat S. 17.

18 Martin Sommerfeld: *Wider die sogenannte Pressefreiheit.* In: *Neue Erde* 1. Jg. (1919), H. 1, S. 9–12,

Zitat S. 11 f. Vgl. auch: Herwarth Walden: *Die Freiheit der Presse.* In: *Der Sturm* 10. Jg. (1919/20), H. 3, S. 34–35.

19 Dies hat Silvio Vietta nachdrücklich festgestellt: *Akzeleriertes Tempo, die Massenmedien und ihr Einfluß auf den Expressionismus.* In: S. V. u. Hans-Georg Kemper: *Expressionismus.* S. 110–134.

120
Franz Pfemfert: *Die Presse.* In: *Die Aktion* 2 (1912), Nr. 15, 10. April, Sp. 453–454.

Wir sind zu hoffnungshungrig, deuten Zufälligkeiten, Einmaligkeiten gar zu gern in bedeutungsvoll Symptomatisches um, hinter jeder starken Geste wittern wir Gestaltendes, Zukunftverheißendes, Aufbegehrendes. Wir begrüßen Taten, bevor sie vollbracht, nur weil wir ihr Geschehen erhoffen. Wir agitieren mittels der Schnellpresse; wir nennen das »kämpfen«. Kämpfen wir? Einer, der Mitkämpfer war, hat einmal diesen »Kampf« gewürdigt: »Man verschmiert ein paar Zentner Druckerschwärze, welche in ihren eigenen Bart hineinmurmelt«. Und weiter: »In einer Zeitung hält eine gewisse Geistes- oder Gesinnungsgruppe einen Monolog mit sich selbst; das ist alles. Aber der Monolog ist unfruchtbar, fruchtbar ist nur der *Dialog* . . .« Unser Preßbetrieb aber hat den Dialog peinlich streng ausgeschaltet. Der freisinnige Zeitungsleser wird nie erfahren, was er nach dem Ratschluß der absolutistisch herrschenden Redaktion nicht erfahren soll. Ihm muß z. B. der Hinrichtungs-Enthusiast v. Liszt das bleiben, was die Sippe aus ihm macht. [1] Und wenn schon »liberale« Papiere unbequeme Äußerungen infam erdrosseln, darf man von konservativen Organen bessere Manieren fordern?

Darum: wir sind zu hoffnungshungrig. Wir überschätzen die Agitationswerte des gedruckten Wortes, das nicht Parteiphrase ist. Da hat Heinrich Mann ein radikales, mutiges, funkelndes Manifest *Geist und Tat* ins Land geschleudert. [2] Wir atmen tief auf: dieses unerhörte Ereignis, »der Einbruch der Literatur in die Politik« muß, hoffen wir, die Geister Deutschlands aufpeitschen. Die Zeitungen werden ihrer Informationspflicht genügen müssen und ihren Lesern diesen Aufsatz übermitteln, werden (einer der Größten unter den lebenden deutschen Dichtern hatte gesprochen!) diese Tatsache nicht totschweigen können. Sie konnten es. Heinrich Manns Worte verhallten wirkungslos, da unser Blätterwald nur echot, was der Parteischablone gleicht.

Das ist so trostlos, so unsagbar trostlos; und ist so niederdrückend erbärmlich. Unsere Presse hat längst aufgehört, eine Macht zu sein. Sie ist eine Gewalt, eine Gewalttätigkeit.

Wir werden ihr nichts antun, wenn wir ihr mahnend, sanft, mit Vernunftsgründen zu begegnen suchen. Hinter ihren Inseratenwällen fühlt sie sich zu sicher. Was können, was müssen wir also tun? Wir haben nicht das Recht, Halbes, Morgenerreichbares anzustreben. Unsere Wirkung beschränkt sich auf einen kleinen Kreis; mögen es auch einige Zehntausend sein: die Parteipapiere beherrschen das Land. Laßt uns doch wenigstens den Zehntausenden unsre Sehnsucht ins Hirn hämmern! In einer Zeit, in der Berufssozialdemokraten es fertig bringen, »ein

Volksheer, groß und stark an Zahl« zu wünschen, das, »bereit dem fremden Eroberer . . .«, in dieser Zeit ist es heilige Pflicht, die Ehre der Vaterlandslosigkeit zu verteidigen. Welches Deutschland? Das kommende Land kennt keine Pfahlgrenzen, kein »nach außen«, es empfindet die »Wehrfähigkeit« als Schmach. Für *dieses* Land laßt uns arbeiten.

Diesem Leitartikel gegen den »Preßbetrieb« der Zeit ließ Pfemfert einen weiteren, nicht unterzeichneten Angriff auf das Pressewesen folgen: *Über die Presse.* In: *Die Aktion* 3. Jg. (1913), Nr. 5, 29. Januar, Sp. 133–134. In Spalte 133 stand zu lesen: »Einst war die Presse wirklich der Vorkämpfer für die geistigen Interessen in Politik, Kunst und Wissenschaft, der Bildner, Lehrer und geistige Erzieher des großen Publikums [. . .] Allmählich aber begann die Gewohnheit der bezahlten Anzeigen [. . .] Von dieser Stunde an wurde die Zeitung eine äußerst lucrative Spekulation für einen kapitalbegabten oder kapitalhungrigen Verleger [. . .] Von Stunde an also wurden die Zeitungen [. . .] zu schnöden Augendienern des abonnierenden Publikums und dessen Geschmacks«. Diese Pressekritik stammt von Ferdinand Lassalle (wiederabgedr. in F. Pfemfert (Hrsg.): *Das Aktionsbuch.* Berlin-Wilmersdorf: Verlag Die Aktion 1917, S. 11–12).

1 D. i. Franz von Liszt, (1851 – 1919) o. Prof., Geheimer Justizrat, Direktor des Kriminal. Seminars der Universität Berlin, Mitgl. des Reichstages seit 1912; vgl. F. Pfemfert: *Professor von Liszt's Abschied vom Liberalismus.* In: *Die Aktion* 1. Jg. (1911), Nr. 16, 5. Juni, Sp. 481–482.
2 Vgl. Dok. 68.

121
Karl Kraus: *Untergang der Welt durch schwarze Magie.* In: *Die Fackel* 14 (1912), Nr. 363/364/365 vom 12. Dezember, S. [1]–28, Auszug S. 3–5 und S. 6–8.

[. . .] Eine Gesellschaft ist dann auf dem Krepierstandpunkt, wenn sie zum Schmuck des Tatsachenlebens Einbrüche in kulturelles Gebiet begeht und duldet. Nirgendwo auf der Welt erlebt sich das Ende so anschaulich wie in Österreich. Hier kann sich die Entwicklung, deren Sendbote Heine war, täglich zweimal im Spiegel sehen. [1] Die grauenvolle Abbindung der Phantasie durch die Ornamentierung geistiger Nachttöpfe hat hier schon zu jener vollständigen Verjauchung geführt, die der europäischen Kultur im Allgemeinen noch vorbehalten bleibt. Die Zeitung ruiniert alle Einbildungskraft: unmittelbar, da sie, die Tatsache mit der Phantasie servierend, dem Empfänger die eigene Leistung wegnimmt; mittelbar, indem sie ihn unempfänglich für die Kunst macht und diese reizlos für ihn, weil sie deren Oberflächenwerte weggenommen hat. Die Zeitung ist eine unlautere Konkurrenz, die beim Nachbarn Einbruch begeht und gegen die Kundschaft Gewalt anwendet. Wenn der alte journalistische Typus in den Krieg zog, so log er. Aber er begnügte sich damit, unwahre Tatsachen mitzuteilen. Der neue ist dazu unfähig und stiehlt Stimmungen. Natürlich verfaulen sie in seiner Hand sofort zur Phrase, deren Mißgeruch noch gegen den ersten Erzeuger einnimmt. Von Wippchen zu Zifferer sind wir arg heruntergekommen: die Lüge eines türkischen Siegs wäre schöner als die Poesie einer bulgarischen Landschaft. [2] Hier sind wir ganz im Elend. Die Vorstellung ist pfutsch, es kann keinen Dichter mehr geben, weil schon der Reporter einer ist, und der Staat hat nicht mehr genug Phantasie, um die letzte Steuer zu erfinden, die wenigstens etwas wie eine Ausflucht wäre und wie der ehrliche Versuch, aus dem geistigen Elend Kapital zu schlagen: die *Phrasensteuer*. Oder den Zehent an Nuancen. Tausendmal größer noch wäre der wirtschaftliche Gewinn als bei jener Ersparnis am Ornament, auf die es einer der seltenen Antiwiener, Adolf Loos, abgesehen hat, ein Rechtsgeher der Kultur, der das Parsifal-Motiv von den Automobilhupen separieren will und den der Idiotismus deshalb für einen Bejaher der Automobilhupen hält und nicht für den Befreier des Parsifal-Motivs. [3] Was ist aber die surrogatbedürftige Leere des Zeitgenossen, der ohne Zierat nicht fahren und nicht essen kann, gegen die furchtbare Anwendung des Geistes auf die Dinge des journalistischen Hausgebrauchs, auf eine Nutzbarkeit oder Unentbehrlichkeit, die sich in der Meldung, daß geschossen wurde, daß einer angekommen ist und daß ein Cafétier sein Lokal vergrößert hat, nicht mehr ausleben kann ohne Stimmung, Plastik oder Bedeutung? Für Reklame muß auch in anderen publizistischen Regionen gezahlt werden und sie bekommt im Ausland sogar den Platz vor der Politik, wenn sie mehr einträgt. Gerade eine Presse, die sich auf den Ehrgeiz beschränkt, eine Bedürfnisanstalt zu sein, wird dem Cafétier, der sein Geschäft empfehlen will, den Platz vor Herrn Iswolsky [4] ausnahmsweise zur Verfügung stellen. Aber sie wird an ihn nicht den Vorrat der Geistigkeit wenden, den sie Künstlern vorenthält, nachdem sie ihn von Künstlern gestohlen hat. Nur eine infame Meinungspresse, wie wir sie haben, nur die Vertretung jenes schamlosen Anspruchs, daß ein meldender Bote Geist und eine Plakatsäule Gemüt habe, ist auch bereit, die Grenze zu verschieben. Die Korruption, die zwischen Text und Annonce Schiebungen macht, ist völlig belanglos neben der Schweinerei, die in allen Rubriken dichtet. Es kommt nicht darauf an, wo, sondern wie ein Händler empfohlen wird; es ist besser, wenn im Leitartikel eine Ware empfohlen wird, als wenn ein Jobber dort poetischen Unfug treibt, aber es ist besser, wenn dort die Ware beschrieben, als wenn im Annoncenteil der Händler besungen wird.

[...]

Eine Presse, die im Kriege den Mut zur Plauderei findet; die jetzt vor einer Ereignisfülle, wie sie sie auf dem heutigen Stand journalistischer Entwicklung in solcher Nähe noch nicht erlebt hat – denn 1866 hielt man den Rotz noch nicht für wichtiger als die Nase –, das schändlichste Debacle erlebt; eine Presse, die Mordbuben der Phantasie ausschickt, um betende Soldaten zu verhöhnen; eine Presse, die aller Verachtung trotzend den verruchten Ehrgeiz hat, die Schrecknisse einer im Frieden verreckenden Kultur zu mobilisieren, die fröhliche Geistesarmut einer ausgefressenen Zeit dick aufzutragen, allen Ekel ihrer malerischen Gemeinheit zu überbieten; eine Presse, die von einer kriegführenden Macht die Erlaubnis erpreßt, daß ihre dringenden Feuilletons über die Stimmungen des Kriegskorrespondenten vor den Staatstelegrammen befördert werden, die vor Europa mit der Nachdenklichkeit ihrer Analphabeten protzt, den ausrangiertesten Mist, den kein heimischer Schmock mehr zu erfinden wagte, zwischen Kanonen erleben läßt, der Welt nicht nur die Namen von Individuen aufdrängt, die ein Schlachtfeld in eine Judengasse verwandeln, sondern auch den Stolz dieser Individuen auf ihre Mission die Leistung der Soldaten im Kriege als Bagatelle behandeln läßt und »Eindrücke« für ehrenvoller hält als Narben; eine Presse, die im Angesicht des Blutes hunderttausend Kronen, nicht dem Roten Kreuz, sondern dem schwarzen Strich zuwendet und für die allerdreckigste Befriedigung des »Blattgefühls« und des Größenwahns eines Journalneros jene Opfer bringt, die selbst der Abonnent verabscheut; eine Presse, die das Bedürfnis des Publikums nach Erbärmlichkeit in einer Art sättigt, daß sich dem Publikum der Magen umdreht; eine Presse, die bereits die Zuchtrute jener Verworfenheit ist, deren Vertretung sie übernommen hat, weil sie alles übertrumpft, was tagszuvor die satirische Entrüstung ihr andichten wollte, und vor der wirklich nichts zu tun übrig bleibt als sie unaufhörlich nachzudrucken: von dieser Presse will ich eine gute Tat melden. Sie hat, ehe die Schande dieser Kriegsberichterstattung dem letzten Sklaven ihrer Macht die Augen geöffnet hat, in einem grandiosen Fall den Beweis erbracht, daß sie des schlichten Ausdrucks eines reinen Gefühles fähig sei. Diese Presse also, welche für jede Gelegenheit, der sich Personalien ablausen lassen, für jeden Zuckerlbazar, wo die Frau Schapira dem Herrn Schapiro ein belegtes Brot verkauft und das Fräulein Schapire mit dem Dichter Paul Wilhelm sich in den Löwenanteil des Erfolges teilt, [5] Schmalz und Pfanne bereit hält; diese Presse, die's unter fünfunddreißig Spalten nicht tut, wenn ein Gesangsverein auf der Amerikareise die Seekrankheit zwar nicht bekommt, aber bekommen könnte; diese ausgiebige Presse, die immer ihre eigenen Dejekte noch einmal verdaut und nach allen Details über das Unwohlsein eines Ministers, während deren Aufzählung er sich längst erholt hat, noch einmal meldet, daß er unwohl wurde, und also bei der Versteigerung jeder Sensation es auf den meistbietenden Leser abgesehen zu haben scheint; diese aus Krätze und Wohlwollen zusammengesetzte Presse, die für das elende Gewäsch auf einem Juristenbankett ihren ganzen Trog reserviert, die kein Zimmerfeuer vorübergehen läßt, ohne die Einrichtung zu beschreiben, keine Zugsverspätung, ohne mit der Verwandtschaft der verspäteten Gänslerin zu sympathisieren, kein Ereignis ohne Poesie, kein Nichts ohne Erschütterung, keine Tatsache ohne Furz, keinen Furz ohne Wiederholung: diese gottverlassene Presse hat den Einzug des Kardinal-Legaten in einem Bericht von stiller Schlichtheit beschrieben.

[...]

Der Text ist wiederabgedruckt als Titelaufsatz in: K. Kraus: *Untergang der Welt durch schwarze Magie*. Wien und Leipzig: Die Fackel 1922, S. 459–490; auch in: K. Kraus: *Werke*. Hrsg. von Heinrich Fischer. Bd. 8: *Untergang der Welt durch schwarze Magie*. München 1960, S. 422–451. Der in Kraus' typischer Manier voluminöse Fremdzitate und polemischen Kommentar aneinanderreihende Aufsatz schließt mit einem Angriff auf den Kreis der Wiener Frühexpressionisten um die vom Akademischen Verband für Literatur und Musik in Wien herausgegebene Zeitschrift *Der Ruf* (S. 25–28). Im Mittelpunkt der Polemik stand der aktivistisch argumentierende Robert Müller wegen eines Aufsatzes über *Roosevelt* (*Der Ruf* 1. Jg. (1912/13), H. 3, November 1912, S. 16–20). Der von Kraus als »philosophischer Pferdekraftmeier« abgetane Autor setzte sich im ersten und einzigen Heft seiner Zeitschrift *Torpedo* mit der Machart und Legitimation der *Fackel* auseinander. Müller reagierte nicht weniger polemisch und bestritt den Sinn der antijournalistischen »Mission« grundsätzlich: »Denn die Fackel ist nur eine neuere und freiere Presse – ja, eine etwas freiere und dekadentere Presse« (*Karl Kraus oder Dalai Lama der dunkle Priester*. Eine Nervenabtötung. *Torpedo* 1. Jg. (1914), Nr. 1, April, Zitat S. 5).

1 Vgl. dazu K. Kraus: *Heine und die Folgen*. – München: Albert Langen 1910. Der berühmt-berüchtigte Angriff gegen Heinrich Heine als angeblichen Urheber des stimmungshaft-feuilletonistischen Journalismus enthielt Sätze wie » [...] selbst im Stil der modernsten Impressionisjournalistik verleugnet sich das Heinesche Modell nicht. Ohne Heine kein Feuilleton. Das ist die Franzosenkrankheit, die er uns eingeschleppt hat« (S. 7).

2 Anspielung auf die Berichterstattung vom ersten Balkankrieg Mitte Oktober 1912, gegen die Kraus in der *Fackel* bereits ausführlich polemisiert hatte. Vgl. den Artikel: *Das ist der Krieg – c'est la guerre – das ist der Moloch*. In: *Die Fackel* 14. Jg. (1912), Nr. 360/361/362, November, S. 39–52. Wippchen war

das Pseudonym des deutschen Schriftstellers und Journalisten Julius Stettenheim (1831 – 1916). Paul Zifferer war ein österreichischer Literat und Journalist (1879–1929), der damals für die *Neue Freie Presse* Leitartikel zum sogenannten Kriegsgeschehen schrieb.
3 Vgl. den auf 1908 datierten, mehrfach gehaltenen Vortrag des österreichischen Architekten Adolf Loos (1870 – 1933): *Ornament und Verbrechen*. Abgedr. in: A. Loos: *Die Schriften in zwei Bänden*. Bd. 2: *Trotzdem 1900–1930*. Innsbruck: Brenner Verlag 1931, S. 79–92.
4 Gemeint ist der russische Diplomat Alexander Petrowitsch Iswolsky (1856 – 1919).
5 Paul Wilhelm war das Pseudonym des österreichischen Schriftstellers Wilhelm Dworaczek (1873 – 1916). Vgl. Kraus' spätere Polemiken gegen Dworaczek: *Jammer über Jammer*. In: *Die Fackel* (16. Jg. (1914), Nr. 398, 21. April, S. 12 und: *Zu wohltätigem Zweck*. In: *Die Fackel* 17. Jg. (1915), Nr. 413–417, 10. Dezember, S. 94–98.

122
Hermann Kesser: *Der Journalismus und die politische Seele. Nachwort.* In: *Vorbereitung. Vier Schriften.* – Frauenfeld u. Leipzig: Huber & Co. 1918, S. 28–33.

Journalismus ist heute und für einige Zeit:

Zusammenschluß der menschlichen Wortträger. Nach dieser bewußt aktuellen Auffassung zieht sich der Strich zwischen Ja und Nein von selbst. Hier ist Ethos: Erneutes Vaterland, Europa, Zukunft, Atem, Hoffnung und Helles; gegenüber Pathos: Chauvinistenwände, Stillstand, Krampf, Trostlosigkeit und dunkle Pflanzung für Haß und Unmenschliches.

Journalist nenne sich einer, der Tag schafft; einer, der Lichtgedanken (und nicht Finsternisse) verbreitet; einer, der sich zu lebenden Ideen bekennt; einer, der sich mit vorgehaltener Hand gegen die Zumutung wehrt, den Tag zu verdunkeln; einer, der nicht Imperative für Interessen, sondern Befehle an die menschliche Seele vertritt. Es gibt solche Männer. Sie allein sind politische Wirklichkeit; einzig aus ihnen strömt eine Sprache, die trägt. Das bestellte, unfreie Wort klingt nicht nach. Hunderte ziehen das verlangte Geläut. Sie liefern Sätze, Artikel, Schemen; sie machen Lärm, aber sie haben keine Stimme. Ihr Stil tastet sich zwangvoll hin, man hört keinen Schritt.

Das Gewissensgesetz der Sprache ist unüberwindlich. Die Sprache, göttlichen Ursprungs, ist Ausdruck des Menschlichen. Sie weigert sich jeder widernatürlichen Anwendung. (Man prüfe den Stil der Reaktion auf Verzerrungen, Grimassen und Hohlheiten nach!)

Zwei Motive müssen als Dux und Comes in der tönenden Fuge des führenden Publizisten enthalten sein: »So ist es!« und »So soll es sein!« Nur dann, wenn in einem allerhöchst demokratischen Sinn alle Wortträger, vom sprachschöpferischen Dichter bis zum unbeholfensten Diener am Wort zu einer gleichgesinnten Gemeinschaft verbunden sind, werden die geistigen Durchhalter in allen Ländern das ihnen gebührende Stimmrecht erobert haben. Die Presse, die sie erarbeiten müssen, ist neues Europa. Ohne eine solche Presse, in der die Dichter, Geister und Sprecher der Menschheit Partei ergreifen und entscheiden, wird bis auf weiteres eine Völkergemeinschaft unmöglich sein.

»Überschätzung der Presse« bleibt Unsinn und Ausrede, ehe nicht eine kommende, zunächst unerahnbare Epoche die Zeitung durch andere Übertragungsmittel ersetzt.

Heute ist mit der vorhandenen politischen Verkehrsinstitution zu rechnen, innerhalb welcher der Journalist eine ungeheure Aufgabe zu lösen hat. Geistiges kommt auf ihn zu; Eigenschaft des Journalisten muß ein innerster Trieb sein, Geistiges in Tat umzusetzen. Mehr als jemals wird er sich in dieser Gegenwart der fordernden Sprachform bedienen: »So soll es sein!« (Aufruf, Manifest.) Mehr als jemals wird er sprechen müssen: »So soll es nicht sein!« (Protest, Pamphlet.) Sein letzter Wunsch aber wird heißen: Verwirklichen.

Er sei mit dem Wort im Ereignis; er sei Ereignis; und lasse sich nicht, nachträglich prangend, im Train hinterherziehen!

Unter allen Wortträgern steht er dem politischen Geschehen am nächsten. Er wird in der Demokratie niemals zum negativen Gedankenspieler entarten. Vor dem Unglück kalter frivoler Sach- und Menschkenner (Relativist) zu werden, behütet ihn der demokratische Staat, der die starken politischen Weltverbesserer beim Wort nimmt – und ans Werk stellt. Ohne diese Aussicht ist der politische Publizist ein Zwerg ohne Bodenbesitz, der das Gefühl hat, in die leere Luft hinaus zu denken.

Mir ist, lange vor der vollendeten europäischen Katastrophe, aus groß-artigem Gebrause das Gesicht eines erwachenden Journalisten entgegengetaucht. (Ich habe dann diesen Journalisten Martin Jochner genannt; er ist in meinem Roman »aus der vorletzten Zeit« enthalten.) [1] Und ich sah diese Stirb-und-Werde-Gestalt immer mit Zügen ringender Ohnmacht: der neue, politisch keimende Mensch, von der Umwelt gefesselt, überschrien vom Betrieb; der Geistmensch am Rande der Leistung; mit ausgreifendem Arm; reich an jener letzten Verzweiflung, von der ein Wissender, nur zum Schreiben verdammter Politiker, seinem Volk und der Menschheit verantwortlich, erfüllt sein mußte. Denn furchtbar ist es, eine Wahrheit vor Tauben immer wiederholen zu müssen; und erniedrigend ist, wenn sich die Gehörlosen auf eine höhere Sittlichkeit berufen.

Einer, der gleich dem Mitra mit zehntausend Ohren und tausend Augen begabt ist, will mehr sein als geduldeter Zuschauer und Feststeller.

Es geht um Europa, um das Schicksal der Menschheit und um den Aufbau kommender Volksstaaten.

Für einen Volksstaat in seinem Sinne hat einst Friedrich Nietzsche (nicht ohne erhebliche Mitschuld von Rückwärtspolitikern gegen die Demokratie zitiert) ein Jahrhundert angesetzt. Aber er gab schon seinen Zeitgenossen zu lernen auf, »daß Regierung nichts als ein Organ des Volkes sei«, nicht etwa »ein vorsorgliches, verehrungswürdiges ›Oben‹ im Verhältnis zu einem an Bescheidenheit gewöhnten ›Unten‹.« So empfahl er: »Gemäß einem Prinzip, welches . . . erst Geschichte machen soll.« Keine Frage, wie er nach diesen Kriegsjahren, in denen Jahrzehnte durchmessen sind, urteilen würde; er, der – unvergeßlich – Europa und die »wirtschaftliche Einheit« bejaht, und (neben seinem mißbrauchten und mißverstandenen Exzeß als Machtlehrer) unermüdliche Aufrufe an den Geist außer Dienst und gegen die materialistischen Betriebs- und

Radmenschen gerichtet hat.

Unmittelbar ehe dieser (somit auch demokratische) Nietzsche in Turin zusammenstürzte, ummaß er mit verlöschendem Blick ringsum die geistige Finsternis. Sein verträgliches Herz bricht. Er sieht zweifelnd sein Lebenswerk: alles totes Wort. Ungehört verhallt! Erschüttert will er aufstehen; zur Tat schreiten; nicht mehr philosophieren, Psychologie treiben und feststellen. Wäre er nicht vor der Zeit verstört worden: er hätte noch irgendwie gehandelt. Er hätte sich gelegentlich aufgerichtet, mitten in einem Ereignis. Zwischen Zola im Westen und Tolstoi im Osten, zwischen »J'accuse« [2] und »Ich kann nicht schweigen« [3], jenen historisch-politischen Menschheitsaktionen unabhängiger Geisthelden, stünde vielleicht die entsprechende Tat Friedrich Nietzsches.

Denn einer, der mit zehntausend Ohren und tausend Augen beschenkt ist, wünscht schließlich: Wirkung seiner Gaben.

Der kommende Journalist (Gegenteil von Bestätigungsinstrument!) wird wirken:

wenn er, beruflich der Inbegriff eines tatbereiten Denkers, aufsammelt, was die menschheitlich-positive Geistkraft erzeugt;

wenn er Hand in Hand mit dem Parlamentarier zum Tagesgestalter aufsteigt;

wenn er sich der härtesten Zeit entgegen bekennend und tapfer als Mensch einsetzt;

wenn er, über nationalen Selbstgerechtigkeiten und salutistisch verhüllten Gewalten stehend, das Gemeinschaftsgefühl der Völker erweckt, das sich mit dem naturgegebenen Empfinden für ein einziges Land und eine einzige Sprache zu einer neuen und allgemeinen Einheit verbindet.

Es gibt Männer, die diesem kommenden Journalisten schon heute vorausgehen.

Von ihrer Nachfolge wird das Schicksal der Völker mitbestimmt.

Der auf Seite 9–28 abgedr. Essay, zuerst erschienen in der *Frankfurter Zeitung* 1916, wurde wiederabgedr. in: Kurt Hiller (Hrsg.): *Tätiger Geist!* Zweites der *Ziel*-Jahrbücher. 1917/18. – München und Berlin: Georg Müller 1918, S. 301–317; auch in: H. Kesser: *Vom Chaos zur Gestaltung*. Frankfurt a. M.: Societäts-Druckerei 1925, S. 51–77. Das hier abgedruckte Nachwort findet sich u. d. T. *Journalismus* in: *Der Revolutionär* 1 (1919), H. 11, 18. u. 25. Juni, S. 16–19.

1 Vgl. H. Kesser: *Martin Jochner*. Roman aus der vorletzten Zeit. – Leipzig: Kurt Wolff Verlag 1917. Über dieses Buch schrieb ein Rezensent: »Kesser will einer Form des Expressionismus zur Herrschaft verhelfen, die sich friedlich mit dem subtilsten Impressionismus paart [...] kein anderer Eindruck wird vorherrschend, als daß hier ein Kino der Worte errichtet sei. Es ist dieselbe flimmernde, flirrende Bewegung, wie sie die ewig ruhelosen Figuren des Kinos zeigen« (Friedrich Hirth: *Kino der Worte*. In: *Das literarische Echo* 19. Jg. (1916/17), H. 12, 15. März 1917, Sp. 733–736, Zitate Sp. 734 und 735).

2 Gemeint ist Emil Zolas berühmtes Pamphlet *J'accuse ...!* Lettre ouverte au Président de la République. In: *L'Aurore* vom 13. 1. 1898. Die Kampfschrift in Form eines offenen Briefes löste die innenpolitische Krise um die »Affäre Dreyfus« in Frankreich aus (Dt. Übers. Anon.: *Offener Brief an den Präsidenten der französischen Republik*. – Frankfurt a. M. 1898).

3 Verweisung auf Leo N. Tolstojs (1828–1910) Anklage *Ich kann nicht schweigen*. Über die Hinrichtungen in Rußland. Dt. von Edmund Rot. – Berlin: Ladyschnikow 1908.

123
Hans Natonek: *Vom Wesen der Preßfreiheit*. In: *Die Republik* 1 (1918/19), Nr. 21, Montag, 23. Dezember 1918, S. [1–2].

Unter allen Freiheiten ist zweifellos *die* die fragwürdigste, über die man sich keine Gedanken glaubt machen zu müssen, weil sie so selbstverständlich scheint. Diese Gedankenlosigkeit aber ist eine ungeheure Gefahr für den wahren Sinn der Freiheit. Sie fordern, hinnehmen und nicht den besten Gebrauch von ihr machen, wenn nicht gar sie mißbrauchen: dies ist meistens der Vorgang, wenn Unfreie das Geschenk der Freiheit empfangen.

Vom Wesen der Preßfreiheit hat man eine schandbar oberflächliche, seichte Auffassung. Die Möglichkeit, ohne jeden Vorbehalt, ohne Kontrolle von außen, durch die Mittel der Druckerschwärze öffentliche Meinung zu erzeugen – dies ist Preßfreiheit. Man fragte nicht, wie sieht diese Freiheit aus und was bewirkt sie, sondern man begnügte sich, sie zu fordern, um sie vielfach zu mißbrauchen, wenn man sie hatte. Daß gegen ihren Geist gesündigt wird, tut nichts, wenn es von innen, von den Nutznießern dieser Freiheit geschieht; geschieht es aber von außen, dann erhebt sich ein allgemeiner Protest, und der liberale Kulturdünkel der Oberflächlichen stellt sich schützend vor die bedrohte Freiheit. Daß der obrigkeitliche Eingriff in die Freiheit der Presse in der Tat meist dumm war und der Erhaltung der Lüge diente, kam der Entrüstung natürlich zugute. Darüber aber übersah man die vielen Unfreiheiten der Presse, die ganz anderswo ihre Ursache haben. Wenn hier der phrasenhafte Begriff der Preßfreiheit bloßgestellt wird, so geschieht dies gewiß nicht, um sie in reaktionärem Sinn zu bekämpfen, sondern nur, um zu zeigen, wie problematisch sie ist, um ihre Halbheit zu enthüllen und ihr die wahre Preßfreiheit, die, wie jede Freiheit, eine innere ist, entgegenzustellen. Denn die Freiheit muß zuerst innerlich begründet sein, ehe von einer Bedrohung von außen geredet werden kann. Noch schärfer gesagt: Freiheit muß überhaupt zuerst vorhanden sein, bevor sie verletzt werden kann. Gewiß, die Zensur des alten Regimes hat die Preßfreiheit in vielen Fällen entsetzlich gewürgt, während sich gleichzeitig andere Organe einer schrankenlosen, schrankenlos mißbrauchten Freiheit erfreuen durften, sofern sie nur den blutigen Abwärtstaumel verhüllten, die Gewalt stützten und die Wahrheit mit Phrasen fernhielten. Die Revolution hat jede äußere Beschränkung der Preßfreiheit beseitigt; nun muß sich, wenn je, ihr Segen enthüllen, nun wird sich ja zeigen müssen, was sie ist und ob sie überhaupt ist – denn wir stellen hier ihr Sein oder Nichtsein nur auf die innere Freiheit, die allein diesen Namen verdient.

Wenn Zeitungen es sich heute oder morgen einfallen lassen, den Revanchekrieg gegen Frankreich vorzubereiten, von neuem das blödsinnige Sprüchlein »si vis pacem, para bellum« herunterzuleiern, die Revolution heimlich zu schmähen und lieber ein Volk in Waffen, als ein Volk in Freiheit zu wünschen, so können sie dies ungehindert tun. Was heute noch nicht ist, kann aber morgen geschehen und wird geschehen. Sie werden sich wieder hervorwagen, die Aufwühler nationaler und imperialistischer Wünsche, die Verzögerer der Welterneuerung, sie werden ihr Handwerk wieder treiben dürfen, wie vorher, vielleicht mit demselben Ergebnis, (denn das Volk hat ein schlechtes Gedächtnis), und niemand wird sie daran hindern. Denn es ist ja Preßfreiheit. Und gerade jene werden das Panier dieser Freiheit (als einziges) hochhalten, bei deren Anblick man den Wunsch nicht unterdrücken kann, diese Freiheit wäre nie erfunden worden, um nicht so mißbraucht zu werden. Gerade jene Elemente, die sonst beileibe nichts Liberales an sich haben, nehmen am heftigsten diesen Liberalismus der freien Meinungsäußerung für sich in Anspruch.

Der ganze Hohn und lügenhafte Schwindel der sogenannten Preßfreiheit sei an diesem kleinen Beispiel enthüllt: Die einst alldeutschen *Leipziger Neuesten Nachrichten*, die in vier Kriegsjahren und früher schon reichlich schuldig geworden sind, eine Schuld, mit der leider nur deshalb nicht abgerechnet wird, weil die Instrumente der öffentlichen Meinung infolge einer gehirnlosen Überlieferung frei und geheiligt sind, diese schuldbeladenen *Leipziger Neuesten Nachrichten* waren in den Tagen des Umsturzes einer sehr begreiflichen feindlichen Gesinnung ausgesetzt, die sich übrigens in milden Formen äußerte. Die Preßfreiheit hat die *Leipziger Neuesten Nachrichten* vor jedem gewaltsamen Eingriff geschützt, für den das Volk mehr Verständnis zu haben schien, als für jene. Nichtsdestoweniger erhoben die gekränkten *Leipziger Neuesten Nachrichten* ein mörderisches Geschrei ob der Verletzung einer Preßfreiheit, die eine mit liberaler Milch genährte Revolutionsregierung leider voreilig und bedingungslos gewährleistet hatte. In einer Reihe polemischer Artikel zur Wahrung der Preßfreiheit enthüllte sich so unfreiwillig wie köstlich ihre ganze dumme Bestialität. Das Blatt schrieb, es hätte sehr wohl um die drohende Gefahr des militärischen Zusammenbruchs gewußt, hätte sich aber jeder Kritik enthalten, um dem »Siegeswillen« nicht Abbruch zu tun; überdies wäre ihre kritische Voraussicht der Zensur zum Opfer gefallen. (!) Dies das eine; das andere: Die Dummheit der *Leipziger Neuesten Nachrichten* ist schamlos genug, zu gestehen, sie schrieben so, wie es gewisse Bürger- und Abnehmerkreise von ihnen erwarten.* Sie verzichten also von vornherein auf die Freiheit einer selbständigen Meinung, die ihrer Kundschaft unlieb sein könnte. Dies ist die Preßfreiheit, die sie meinen, und so etwas läßt man frei herumlaufen!

Unter dem Schutz der Preßfreiheit wird sich wieder der Luxus eines überlebten Liberalismus breit machen dürfen, der auf das Recht der freien Meinungsäußerung pocht. Mit Überlegung sprechen wir vom Luxus eines überlebten Liberalismus, der jedem das Recht zubilligt, Meinungen, dumme, verderbliche, giftige, harmlose und auch gute mit den gleichen, sehr gewalttätigen Mitteln der Schwarzkunst durch tausend Kanäle in die Öffentlichkeit gelangen zu lassen. In ruhigen und satten Tagen mag eine solche Verschwendung angehen, in einer Zeit aber, die von Grund auf neu ersteht, ist das Gewirr widerstrebender Meinungen sträflicher Luxus. Wie die Werkleute am Turmbau zu Babel, so arbeiten die Träger der öffentlichen Meinung. Man sage nicht, daß erst durch das Abwägen, durch den Ausgleich *aller* Meinungen und Überzeugungen, von den dümmsten und schädlichsten bis zu den reinsten und klarsten, die Wahrheit sich resultiere. Solch langwierige (und höchst unsichere) Methode einer mittleren Diagonale mag früher angebracht gewesen sein, heute tut uns Einheitlichkeit, Übereinstimmung, Konzentration und der kürzeste und geradeste Weg zum Ziele not. Jene Preßfreiheit, die das schrankenlose, unbe-

*Es ist hier nicht ein Wortlaut zitiert, sondern der Ungeist wiedergegeben, der sich hinter dem Wortlaut verbirgt.

dingte Recht zu jeder Meinungsäußerung gibt, stammt noch aus der Zeit des individualistischen Manchestertums, dessen Schädlichkeit man endlich erkennen sollte, stammt aus der Zeit, da ein schon an sich gedankenschwacher Liberalismus sich vollends an der Phrase berauschte, daß das Wort frei ist. Das Wort frei! Undurchdringlich dunkles Dickicht verfilzter Lügen! Nichts ist so minderwertigen Interessen und Charakteren, wirtschaftlicher Bedrückung und tausend Abhängigkeiten unterworfen, wie das »freie Wort«. Wäre es frei, es stünde freiwillig im Dienste des Geistes und wüßte, empfände, fühlte glühend, was Geist ist. Aber das Wort, dem man die Freiheit gegeben hat, ist unfrei: aus diesem Widerstreit erwächst die ungeheure Fragwürdigkeit der als Geschenk des Fortschritts fraglos und freudig hingenommenen Preßfreiheit.

Keine Preßfreiheit der Welt kann diese hohe Freiwilligkeit des Worts im Dienste des Geistes ersetzen. Im Gegenteil, da es meist jener Freiheit nicht wert ist, ist ihr Mißbrauch die Folge. Und eine Freiheit, die von vornherein dem Mißbrauch ausgesetzt ist, vorbehaltlos zu verschenken, ist eine Kurzsichtigkeit, eine Dummheit, wenn nicht gar ein Verbrechen.

Nicht etwa, als ob wir geradezu eine Diktatur, die die öffentliche Meinung zu reglementieren hätte, als wünschenswert ansähen; unsere Skepsis zwingt uns zu dem Glauben, daß diese Diktatur ebenso unvollkommen wäre wie ihr Gegenteil, die schrankenlose Preßfreiheit. Die Zensur und Überwachung der Presse im Vornovember – nichts anderes als eine verschlechterte Diktatur – gibt einen Vorgeschmack, wie auch diese Gewalt, die an sich sehr heilsam sein könnte, mißbraucht werden kann. Aber eine Kontrolle, wo nötig, Eingriff und Strafvollzug (Preßgerichtshöfe!) scheint uns unerläßlich, zumindestens so lange, als die Preßfreiheit nicht ein *einheitliches Wirken in der Richtung auf den Geist*, sondern schlimmste Anarchie der öffentlichen Meinung zur Folge hat. Die Presse ist wohl ein sehr wesentliches, aber doch nicht genügend vollkommenes Instrument, als daß man sie, die von niemandem als von sich selbst autorisiert ist, sich selber überlassen könnte. Die wilde Existenz der Presse muß um so mehr als ein unverantwortliches Übermaß an Freiheit erscheinen, als es keine Prüfung, keine Berechtigungsscheine für Journalisten gibt, noch geben kann. Man muß fast daran verzweifeln, daß die öffentliche Meinung (durchaus nicht unter Preisgabe wertvoller individueller Differenzierung) jemals durch einen einheitlichen Willen zum Geist wird gebändigt und geformt werden können. Käme aber dieser Wille aus ihr von innen heraus, ohne Zwang einer Diktatur, vielmehr durch allmähliche Erziehung und behutsame Aufsicht – dann wäre die Presse reif für die Freiheit, dann hätte die öffentliche Meinung die Kraft, an der Gestaltung einer bis jetzt zerrütteten, nun aber beglückten Wirklichkeit mitzuarbeiten, in der zu leben es sich verlohnt.

b) Die Kinodebatte

Zu einer Herausforderung des literarischen Expressionismus, der im Zeichen großstädtischer Modernität und betonter Innovationslust angetreten war, entwickelte sich der Stummfilm. [1] Er schien das Neue und Weltstädtische schlechthin zu repräsentieren und das ohnedies durch Publikumskrise, widersprüchliche Konzepte und Selbstdeutungsprobleme der Schriftsteller gezeichnete Literatursystem zu bedrohen. Der objektiv angelegte Konflikt zwischen Kunstprinzip und Medienreiz evozierte bald eine kontrovers geführte Kinodebatte. [2] Der Kino – wie man damals noch sagte – galt bald als »die neue, wortlose Literatur« [3], die mit der ihr eigenen sensationellen Neuheit, visuell-unmittelbaren Wirkung und anspruchslosen Volkstümlichkeit in den Bann zog. Doch wirkte die Beliebtheit des Kinematographen zunächst verunsichernd auf die Autoren: »Der kleine Mann, die kleine Frau kennen keine Literatur«, notierte Alfred Döblin, »nunmehr schwärmt er in die Kientopps«. [4] »Typisch ist die Entwicklung in Berlin«, stellte eine erste soziologische Studie über das neue Medium fest, »wo zu den 34 Variétés, die es im Jahre 1908 daselbst gab, im Laufe der Jahre noch 300 Kinematographen hinzukamen«. [5] Immer weniger verfing die Geste ästhetischer Distanz zur Trivialität der abgefilmten Sujets, Hanns Heinz Ewers predigte den Intellektuellen gar: »Geht in den Kientopp«. [6] Der Abbau ästhetizistischer Vorurteile klingt auch noch bei Kurt Pinthus nach, der als einer der ersten aus dem Umkreis der Frühexpressionisten der »zappelnden Leinwand« das Image des unkünstlerischen Spektakels nahm; er betonte, »daß auch die wertvolleren Menschen unserer Zeit gern im Kino jene komprimierten Handlungen, stenographisch-mimetisch aufgezeichneten dramatischen und grotesken Ereignisse betrachten«. [7]

Vor allem dem Drama erwuchs in der filmischen Dramatik des lebenden Bildes ein nicht zu unterschätzender Konkurrent. Alfred Lichtensteins keineswegs vorbehaltlose Stellungnahme (Dok. 124) wendete das Problem prompt zugunsten des Theaters um und versprach sich vom Zulauf des Films die Chance zu gesteigertem Niveau für die Bühne. Die strikte Trennung zwischen Filmspiel und Theaterstück wirkte zwar lange nach, doch konnte man sich der Provokation überkommener ästhetischer Vorstellungen durch Kolportage, Klamotte und Slapstick schon deshalb nicht verschließen, weil man selbst Schock, Groteske und Literatur des nicht mehr »Schönen« unterstützte (s. den Abschnitt »Die nicht mehr schönen Künste«). Im Jahre 1919 versuchte Leo L. Matthias hierzu ein Schlußwort: »Der Film wird für die Dramatik das sein, was die Photographie für die Malerei war [...] Nur zwei Ziele für mimetische Kunst wird es noch geben: der Film und das platonische Drama«. [8] Zu Beginn der Diskussion hatte z. B. Peter Scher Drama und Kino noch gegeneinander ausgespielt, um das »Zeitalter der Lyrik« verkünden zu können. [9]

Wie Anton Kaes in seiner umfassenden Dokumentation der Kinodebatte durchschaubar gemacht hat, vollzog sich die Integration des neuen Mediums in den Kontext kulturell anerkannter Ausdrucksformen in mehreren Diskussionsschritten, die – zeitlich häufig parallel – von der »Apologie der Schaulust« über die Kritik der »Trivialität« und die Erörterung von »Konkurrenz«- und »Anpassungs«-Problemen zwischen Literatur und Film zur »Emanzipation« des neuen Mediums von der Literatur führten. Auch die Autoren, die dem Expressionismus nahestanden, lösten ihr Schwanken zwischen der Abneigung gegen das Triviale und der Faszination durch den optischen Reiz des Kino häufig durch ein Bekenntnis zur »Schaulust« ab: »Ein Schauen wars, das Tempo hatte und Leben, und das eine Lust war«, schrieb der spätere Dadaist Walter Serner. [10] Walter Hasenclevers Kino-Apologie (Dok. 125) bezeugt die zunehmend positive Reaktion der expressionistischen Avantgarde auf den Stummfilm. Zeitgleich trat schärfer die Frage hervor, »ob aus dem Kino eine Kunst werden kann; die Kunst der Zukunft«, wie später vielfach vermutet wurde. [11] Unter solch künstlerischem Gesichtspunkt stellte Kurt Pinthus bereits 1913 seine Anthologie filmischer Prosaskizzen zusammen, deren originelles Vorwort (Dok. 126) den jugendstilhaft-neuromantischen Szenarien von vorwiegend phantastischer Thematik überlegen war. Literarisierung sollte hier das Niveau des frühen Films heben. Erste Tendenzen zu einer Anpassung an das neue Medium sind nicht zu übersehen, die zur klaren Intention wurde, je anspruchsvoller und technisch perfekter das Kino sich entwickelte. Damit war aber auch der Weg frei für produktive Wechselbeziehungen, die endgültige Emanzipation des Films von der Literatur begann.

Phantastik, das Unheimliche, Schaurige und Groteske, nicht aber die expressionistische Verkündigungsdramatik selbst prägte die sogenannten expressionistischen Filme wie *Der Golem*, *Das Cabinet des Dr. Caligari* oder *Nosferatu*. Der Begriff »Caligarismus« [12] wurde zum Signal eines keinesfalls in toto expressionistischen Kinostils und eines eigenwillig-einmaligen Filmwerks (Dok. 128), das freilich die Stilisierungstechniken des expressionistischen Theaters (Kulisse, Gestik, Schauspielerführung) im Ausland bekannt machte. »Expressionismus und Film fordern sich gegenseitig heraus«, folgerte Herbert Ihering, weil jener »die Darstellungs- und Variationsmöglichkeit der Leinwand« und dieser »die Übersteigerung und Rhythmisierung der Gebärde« verlange. [13] Der Kritik verfiel jedoch die modische Anpassung der szenischen an die filmischen Konzepte; so etwa stellte sich Franz Werfel »in bewußten Gegensatz zum dramatischen Expressionismus, der ja nichts anderes als eine haltlose Verbeugung vor der Sketsch- und Kinotechnik der Zeit ist«. [14]

Eine Kritik des kommerziellen Spielfilms zwischen Kitsch und Klassikerkopie, das Programm einer autonomen Kinodramaturgie und die Utopie des Films als einer Universalsprache des Menschen lieferte Carlo Mierendorffs berühmte Streitschrift (Dok. 127). Doch verführte hier die Malaise des messianischen Expressionismus wie bei Iwan Goll dazu, die Hoffnung auf kulturelle Erneuerung und den Kontakt mit dem Massenpublikum ganz dem Film zu überantworten. [15] Radikal verabschiedete man das Buch als antiquiert und die Literatur als überholt. Noch Mitte der Zwanziger Jahre verwechselte Adolf Behne auf diese Weise die Herkunft des Mediums mit seiner Funktion; überzeugt davon, »daß der Film von seiner Geburtsstunde an demokratisch« sei, konfrontierte er die »aristokratische« Buchdichtung mit der »demokratischen« Filmdichtung und gab der vermeintlichen »Kunst von unten her« den Vorzug. [16] Wie an ökonomischer Analyse fehlte es in der Zeit des Expressionismus auch weitgehend an der Einsicht, daß die massengesellschaftliche Abspaltung einer Elitekultur sich im filmischen Bereich reproduzieren würde.

Nicht der atmosphärische Expressionismus des deutschen Stummfilms in der Weimarer Zeit [17], aber auch nicht die Vielzahl von Drehbuch-Exposés expressionistischer Autoren oder die Verfilmung einzelner Stücke [18] bringen in der Frage nach der strukturellen Konvergenz zwischen Expressionismus und Film unmittelbar weiter. Literarisch fällt das Kinoproblem als Thema und Werktitel auf, z. B. bei Claire und Iwan Goll [19], besonders aber poetologische Formulierungen weisen schlüssig Einflüsse der Struktur des neuen Mediums auf die expressionistische Ästhetik nach. Schon 1910 hatte Alfred Döblin den Dramatikern geraten: »Lernen Sie Kürze und Gedrängtheit vom Kinema« [20]; auch forderte er einen epischen »Kinostil«, worunter man die »höchste Gedrängtheit und Präzision« sowie »Plastik und Lebendigkeit«

der Prosa verstehen sollte. [21] Die erzähltechnische Montageform und die telegrammartige Sprachverknappung seines Romans *Berlin Alexanderplatz* wurde zum Paradigma dieser Poetik. Strukturelle Wechselbeziehungen zwischen literarischem Expressionismus und Kino scheinen der neueren Forschung vor allem in gestisch-visuellen Elementen, Collagetechnik und Reihungsstil greifbar. [22]

1 Zur dokumentarischen Erschließung des Verhältnisses von Literatur und Film in der Zeit des Expressionismus vgl. Ludwig Greve u. a. (Hrsg.): *Hätte ich das Kino!! Die Schriftsteller und der Stummfilm.* Eine Ausstellung des deutschen Literaturarchivs im Schiller-Nationalmuseum Marbach a. N. Katalog Nr. 27. München 1977 und die Textsammlung von Anton Kaes (Hrsg.): *Kino-Debatte. Texte zum Verhältnis von Literatur und Film 1909–1929.* München bzw. Tübingen 1978 (mit Bibliographie).

2 Die Wechselbeziehungen zwischen Kino und Expressionismus sind bislang nur ansatzweise untersucht: Victor Žmegač: *Exkurs über den Film im Umkreis des Expressionismus.* In: *Sprache im technischen Zeitalter* 35 (1970), S. 243–257; Lotte H. Eisner: *Le cinéma expressioniste.* In: *L'expressionisme dans le théâtre européen.* Paris 1971, S. 213–220; Silvio Vietta: *Expressionistische Literatur und Film. Einige Thesen zum wechselseitigen Einfluß ihrer Darstellung und Wirkung.* In: *Mannheimer Berichte* 10 (Juni 1975), S. 294–299; Thomas Koebner: *Der Film als neue Kunst – Reaktionen der literarischen Intelligenz. Zur Theorie des Stummfilms.* In: Helmut Kreuzer (Hrsg.): *Literaturwissenschaft – Medienwissenschaft.* Heidelberg 1977, S. 1–31 sowie die Einleitung von Anton Kaes in dem erwähnten Dokumentenband *Kino-Debatte*, S. 1–35.

3 Karl Neye: *Die neue »Literatur«.* In: *Das literarische Echo* 15. Jg. (1912/13), H. 4, 15. November 1912, Sp. 221–226, Zitat Sp. 221.

4 Alfred Döblin: *Das Theater der kleinen Leute.* In: *Das Theater* 1. Jg. (1909), H. 8 (Dezember), S. 191–192; zit. nach Ludwig Greve u. a. (Hrsg.): *Hätte ich das Kino!* Katalog, S. 32 f.

5 Emilie Altenloh: *Zur Soziologie des Kino.* Die Kino-Unternehmung und die sozialen Schichten ihrer Besucher. – Jena: Eugen Diederichs 1914 (Schriften zur Soziologie der Kultur. 3), S. 49 ff.

6 Hanns Heinz Ewers: *Kientopp.* In: *Morgen* 1. Jg. (1907), S. 578–579; zit. nach Ludwig Greve u. a. (Hrsg.): *Hätte ich das Kino!* Katalog, S. 18.

7 Kurt Pinthus: *Glosse, Aphorismus, Anekdote.* (Dok. 172)

8 Leo L. Matthias: *Der Stierkampf.* Ein Gespräch über das Drama. In: Alfred Wolfenstein (Hrsg.): *Die Erhebung. Jahrbuch für neue Dichtung und Wertung.* – Berlin: S. Fischer Verlag 1919 [1919], S. 359 f.

9 Peter Scher: *Das Zeitalter der Lyrik.* In: *Die Aktion* 3. Jg. (1913), Nr. 27, 5. Juli, Sp. 645 (2. Lyrische Anthologie); zur Trennung zwischen Theater- und Filmbelangen vgl. auch das Buch des Kunsthistorikers und Mitarbeiters der Mannheimer Kunsthalle Herbert Tannenbaum: *Kino & Theater.* – München: Steinebach 1912.

10 Walter Serner: *Kino und Schaulust.* In: *Die Schaubühne* 9. Jg. (1913), S. 807–811; zit. nach Anton Kaes (Hrsg.): *Kino-Debatte*, S. 55.

11 Otto Kaus: *Das Kino.* In: *Summa* 2. Jg. (1917), 2. Viertel, S. 154–157, Zitat S. 154.

12 Vgl. dazu *Caligari und Caligarismus.* Hrsg. von der deutschen Kinemathek. Nr. 17 Berlin 1970 und Siegfried Kracauer: *From Caligari to Hitler.* A Psychological History of the German Film. Princeton, N. J. 1947; dt. von Karsten Witte. Frankfurt a. M. 1976.

13 Herbert Ihering: *Ein expressionistischer Film.* Vgl. Anm. 1 zu Dok. 128.

14 Zit. nach: Paul Raabe (Hrsg.): *Der späte Expressionismus.* Biberach a. d. R. 1966 (Wege und Gestalten), S. [14].

15 Vgl. Iwan Goll: *Das Kinodram.* In: *Die neue Schaubühne* 2 (1920), H. 6, (Juni), S. 141–143; wiederabgedr. in Anton Kaes (Hrsg.): *Kino-Debatte*, S. 136–139. Zum Film als Gesamtkunstwerk vgl. auch das Programm des Architekten Bruno Taut: *Künstlerisches Filmprogramm.* In: *Das hohe Ufer* 2. Jg. (1920), H. 5/6, S. 86–88.

16 Adolf Behne: *Die Stellung des Publikums zur modernen deutschen Literatur.* In: *Die Weltbühne* 22. Jg. (1926), Bd. 2, S. 774–777, Zitat S. 776.

17 Vgl. Lotte H. Eisner: *Dämonische Leinwand.* Die Blütezeit des deutschen Films. Wiesbaden 1955; ih-

re zwar an programmatischen Expressionismen etwas einseitig orientierte Darstellung führt weiter als die zeitgenössische Darstellung von Rudolf Kurtz: *Expressionismus und Film.* – Berlin: Verlag der Lichtbildbühne 1926.

18 Vgl. Georg Kaiser: *Von morgens bis mitternachts.* Stück in zwei Teilen. – Berlin: S. Fischer Verlag 1916. Uraufführung am 28.4.1917 in den Münchener Kammerspielen. Verfilmung 1920; Drehbuch von Herbert Juttke und Karl Heinz Martin.

19 Iwan Goll: *Films.* Vierzehn Gedichte. – Berlin-Charlottenburg: Verlag der expressionistischen Monatshefte 1914; *Die Chaplinade.* Eine Kinodichtung. Kleines Kino der Menschlichkeit. – Dresden: Kaemmerer 1920; Claire Goll: *Lyrische Films.* Gedichte. – Basel, Leipzig: Rhein-Verlag 1922.

20 Alfred Döblin: *Antikritisches.* In: *Der Sturm* 1. Jg. (1910/11), Nr. 35, 27. Oktober 1910, S. 279–280, Zitat S. 280.

21 Alfred Döblin: *An Romanautoren und ihre Kritiker.* Berliner Programm (Dok. 174).

22 Vgl. z. B. Silvio Vietta: *Großstadtwahrnehmung und ihre literarische Darstellung.* Expressionistischer Reihungsstil und Collage. In: DVjs 48 (1974), S. 354–373.

124
Alfred Lichtenstein: *Retter des Theaters.* In: *Die Aktion* 3. Jg. (1913), Nr. 48, 29. November, Sp. 1107–1109.

Die Theater sollten aufhören, den Kinos Konkurrenz zu machen. Sie erreichen dadurch – freut euch, Theaterfreunde – das Gegenteil von dem, was sie wollen: sie krepieren.

Am besten erhalten sich diejenigen Theaterbetriebe, die dem Kino nicht das geringste einräumen: weder in der Auswahl der Stücke Konzessionen machen, noch in dem Rahmen. Dies ist erklärlich. Was die Kinos – nachgebend den Instinkten der Menge – bieten, werden die Theater in derselben Masse und Fülle niemals produzieren können, gebunden an ihre Schranken. Das Publikum bemerkt kopfschüttelnd das hilflose Bemühen. Und läuft in die Kinos. Denn was das Publikum an das Theater fesseln sollte: die Kunst, wird zumeist schandhaft vernachlässigt. (Wie wenn Filzhutfabrikanten den Einfall hätten, zu einer Zeit, wo allgemein Strohhüte getragen werden, Filzhüte in Form und Farbe von Strohhüten auf den Markt zu bringen.)

Bevor die Kinos kamen, waren die vielen »Theater« minderen Ranges die bei weitem größere Gefahr des Theaters. Charakteristischerweise sind durch die Kinos Institute dieser Art am meisten bedroht. Einige werden durch die Geschicklichkeit ihrer Direktoren oder durch andere Zufälle noch eine Weile erhalten bleiben. Unzweifelhaft ist das »Aussterben« der minderwertigen Theaterbetriebe binnen kurzer Zeit. Das Publikum, das an derlei Geschmack fand, hat im Kino erheblich üppigeren Ersatz: Mord und Totschlag in Hülle und Fülle. Komik bis zum Platzen. Fett aufgemachte Rührung. Und der Kinomime mit seinen faustdicken Unterstreichungen – etwa in einer tragischen, bunt kolorierten Ehebruchsgeschichte (in historischen Trachten) – übertrifft den Schmieren-Hamlet bedeutend an herzergreifender Wirkung.

Die Theater, die sich erhalten wollen, sind gezwungen, sich wieder auf sich zu besinnen. Die Direktoren müssen reine Schauspielkunst pflegen. Die Schauspieler – im Gegensatz zu den »Filmern«, besser »Kinistern« oder »Kinikern« – , um ihren Ruf zu wahren, alle Mätzchen und

Scherze fallen lassen. Das Publikum, das trotz der Kino in die Theater geht, ist anspruchsvoll und läßt sich nichts vormachen.

Es können nicht genug Kinos entstehen. Ich würde kulturpolizeilich verordnen, daß in jeder Straße ein halbes Dutzend aufgemacht werde.

Je mehr die Menschen sich in die Kinos stürzen, desto eher wird ein Teil des Schwindels überdrüssig werden. Von den Hunderttausenden, die Kinos bevölkern, werden jährlich einige Hundert sich wieder zum Theater bekehren.

Die Zahl der Theater wird in Zukunft geringer sein, aber ihre Qualität durchschnittlich unverhältnismäßig besser. Die unfähigen Direktoren, Dramaturgen, sonstigen Krachleute, die bisher am Theater schma-rotzten, werden im Kinobetrieb einen geeigneteren Ort für ihre Fähigkeiten entdecken. Die vielen mittelmäßigen und schlechten Schauspieler, die jetzt noch allerorten die Preise drücken und den Weg versperren, können vorzügliche Kiniker werden. Ein talentierter Schuster wird künftig nicht in die Theaterschule, sondern in die Kinoschule gehen. Lispeler, Schiefe, Bucklige, Stumme, ähnliche Defizitmimiker werden ihre persönliche Note leichter und glücklicher am Kino austoben können.

(Das Kino der unbegrenzten Möglichkeiten . . .)

Aber – das Theater wird, dank dem Kino freigeworden von hemmendem Ballast und ungünstigen Einflüssen, zurückkehren *müssen*: zur heiligen Schauspielkunst.

Der Text ist wiederabgedruckt in Alfred Lichtenstein: *Gesammelte Prosa*. Kritisch hrsg. von Klaus Kanzog. – Zürich 1966, S. 107–109. Lichtensteins kritische Haltung zum Stummfilm-Kino folgt dem Trivialitätsverdacht Franz Pfemferts. »Daß Kino der Trivialität Siege feiern hilft und den Geschmack des Volkes verwüstet«, war dessen Überzeugung (*Kino als Erzieher*. In: *Die Aktion* 1. Jg. (1911), Nr. 18, 19. Juni, Sp. 560–563, Zitat, Sp. 562; zuerst in: *Das Blaubuch* 4. Jg. (1909), S. 548–550). Wie seine Polemik gegen die mit ungeheuerem Reklameaufwand angepriesene Filmbearbeitung des Romans *Atlantis* (ersch. Frühjahr 1912, kurz vor dem Untergang des Ozeanriesen »Titanic« am 14. 4. 1912) von Gerhart Hauptmann zeigt, empörte Pfemfert allerdings vornehmlich die geldwirtschaftliche Seite des neuen Mediums. Das von der Nordisk Films Kompagni unter der Regie von August Blom produzierte Machwerk glossierte er schärfstens: »Hier schreien Unsummen zum Himmel [. . .] Hier hat man alle Scham in den Grund gebohrt und den nacktesten Realismus in das frivolste Gewand der Sensation gesteckt« (*Pirat Kino*. In: *Die Aktion* 4. Jg. (1914), Nr. 3, 17. Januar, Sp. 47).

125
Walter Hasenclever: *Der Kinotopp als Erzieher. Eine Apologie.* In: *Revolution* Nr. 4 (1913), 1. Dezember, S. [3–4].

In unserer an Ethik armen Zeit wirkt etwa folgende Pressenotiz sympathisch:

»Die Entführung einer reichen Erbin«

In London sollte am Sonnabend eine reiche Erbin, die den Bewerbungen ihres Liebhabers kein Gehör geschenkt hatte, entführt werden. Als sie von einem Spaziergang nach Hause kam, wurde sie vor dem Haustor von einigen bereit stehenden Männern gepackt und in das vor dem Hause haltende Automobil geworfen. Man band ihr die Hände und umschlang ihr den Kopf mit Tüchern. Als das Auto sich bereits in Bewegung gesetzt hatte, gelang es dem Mädchen, so viel Luft zu gewinnen, daß es schreien konnte, und der Chauffeur lenkte den Wagen nach der nächsten Polizeistation, wo die Entführer verhaftet wurden. Der Chauffeur sagte aus, daß er zu einer Hochzeitsreise über Land gedungen worden sei. Als er gesehen habe, wie man dem Fräulein Tücher über den Kopf warf, habe er geglaubt, es handle sich um einen Scherz, allein, als er die Dame um Hilfe schreien hörte, sei er kurzerhand zur nächsten Polizeiwache gefahren.«

Kaum einer, der diesen Großstadtextrakt unter »Vermischtem« in seiner Zeitung liest, bedenkt, daß es der dramatische Vorwurf eines modernen Kintopps ist. Von allen Kunstfertigkeiten unserer Zeit ist der Kintopp die stärkste, denn er ist die zeitgenössischste. Raum und Zeitlichkeit dienen bei ihm zur Hypnose von Zuschauern: wo ist eine Vitalität, wo eine Dimension auf der Erde, die seine unendliche Fähigkeit nicht erreichte? Er ist gleichsam die äußerste Konsequenz menschlicher Expansionen, und die Ungeheuerlichkeit des Daseins vermag nur in ihm, wie in einer letzten Form von Spiegelung wieder zu erscheinen. – Da wir das Chaos distanzieren, indem wir es, scheinbar, reproduziert haben, begeben wir uns seiner Realität.

Erscheint so der Kintopp, physiologisch betrachtet, von einem Reichtum des Requisits und der Kulissen wie nur Gottes eigene, in sieben Tagen geschaffene Welt, dann ist er auch notwendig. Neben entzücktem Durchschwärmen von Weltlichkeit aber wurde ihm ein Tieferes verliehen, und damit kehre ich zum Anfang zurück. Wenn jemand eine Hochzeit macht, oder bestohlen wird, oder nach Amerika fährt – sind das alles nur zufällige, schicksallose Ereignisse, oder ereignet sich nebenan für ihn eine metaphysische Begebenheit? Weshalb rührt ihn die Träne irgendeines von Schmerz beladenen fremden Menschen, weshalb erschrickt er vor den roten Händen einer alten Dienstfrau, weshalb drückt er plötzlich (selbst wenn er Meyer heißt) einem schmutzigen Bettler eine Mark in den Rock? Was wäre ihm die Welt, die er lebt, wenn sie nicht Sehnsucht und Symbol – eine bedrängende Erscheinung wäre! Hier schöpft der Kintopp aus gleichem Wesen wie die Lyrik: denn er *verkündigt* etwas; er wird zu einer Attraktion, er erregt einen Zustand.

Durch Aktivität beginnt der Kintopp, zum Lebensgefühl erhebt er sich, mit Sentimentalität hört er auf. Unphilosophisch möchte ich behaupten, daß er deshalb die psychologischste Darstellung in unserer Zeit bedeutet. Durch die Geschwindigkeit im Ausdruck seelischer Prozesse kompliziert er Mimik und Situationen; sein Bluff ist einzig und allein die dramatische Funktion – darin liegt seine Berauschung.

Die Feindschaft gegen den Kintopp beruht auf einem Mißverständnis: er ist keine Kunst im Sinne des Theaters, keine sterilisierte Geistigkeit; er ist durchaus keine Idee. Deshalb läßt er sich auch nicht (wie immer wieder versucht wird) mit sphärischer Musik impfen: er würde trotzdem jedesmal die Pocken kriegen. Der Kintopp bleibt etwas Amerikanisches, Geniales, Kitschiges. Das ist seine Volkstümlichkeit; so ist er gut. Und kein Ausnahmegesetz im Reichstag wird ihn hindern, gute Geschäfte zu machen, denn seine Modernität äußert sich darin, daß er Idioten und Geister in gleichem Maße, doch auf andere Art zu befriedigen vermag, jeden nach seiner seelischen Struktur.

Wer von uns ist nicht schon mit ihm zum Monde gereist, wie weiland der Herr Baron von Münchhausen! Wer wurde nicht als Goldsucher auf Prärien überfallen, wer kam nicht unter eine Droschke zu liegen und mußte (nicht deshalb allein) eine reiche Witwe heiraten! Wer sah nicht den Zaren Ferdinand aus seinem Coupéfenster winken und zog mit in den Krieg! Begreift man endlich, daß der Kintopp eine Steigerung von Lebensgenüssen, eine Bereicherung von Phantasien ist! Würde man Kindern ihre Indianergeschichten und Seehelden aus den Fingern reißen, weil sie deshalb des Nachts und am Tage von Ruhm und von Welt träumen? Würde man ein Herz haben, armen Dienstmädchen ihre Zwanzigpfennig-Liebesromane entwenden, mit denen sie sich über die Einsamkeit ihrer Küche eine heroische Wirklichkeit vorgaukeln? Wer möchte Karl May, ja selbst Nick Carter aus fieberhafter Kindheit missen? Man soll uns ruhig in den Kintopp lassen, wo wir, eine Zeit unseres diesseitigen Lebens, immer gewesen sind. Man soll uns diese Naivität nicht mit pastoralem Salbader einer edleren Kunst vergällen. Wir werden nicht schlechter werden als wir sind (wer Anlage zum Verbrecher und Geisteskranken hat, wird es auch so).

Eher werden wir glücklicher; denn lachen und weinen zu können, bedeutet Glück. Wie wenige vermögen das heute noch im Theater, wo wir gekitzelt werden – allenfalls erstaunt.

Von der Ethik des Kintopps wollte ich reden und vergaß es über seiner Melodie! Was einst *Die Braut von Messina* war, scheint heute »Die Braut des Sklavenhändlers« zu sein. Aber was Schiller in seiner Vorrede zur *Braut von Messina* meinte, wenn er von dem höchsten Genusse sprach, als der »Freiheit des Gemüts in dem lebendigen Spiel aller ihrer Kräfte« – wird, wenn man will, auch in der »Braut des Sklavenhändlers« Ereignis. Nicht die Burschikosität im Erleben von Automobiljagden und Freudenhäusern, sondern die Angst, das Mitfühlen, die Errettung. Ingenieur Karl Pfeil, der Edith liebt und sie aus den Klauen der Räuber befreit, um im Hause der Tante Verlobung zu feiern, gibt (trotzdem) zu denken. Er ist mehr als ein Typus, er ist etwas Uraltes. Eine Verheißung: daß jemand um die Berechtigung kämpft, zu lieben und zu hassen. Daß jemand, der liebt, helfen muß. Daß jemand leidet. »Sie sollten wissen, daß jeder mit Liebe beginnen muß!« sagt Philipp Keller in seinem Buch.[1]

Neben dieser Verteidigungsrede der filmischen Schaulust und seinem Text für Kino *Die Hochzeitsnacht*. Ein Film in drei Akten [Manuskript 1913] (in: *Das Kinobuch*, S. 35–44), verfaßte Hasenclever ein trivial-expressionistisches Kinostück: *Die Pest*. Ein Film. – Berlin: Cassirer 1920 (Vgl. Hans Franck: *Die Pest. Ein Film*. In: *Das literarische Echo* 23. Jg. (1920/21), Sp. 820–821). Anmerkungsweise sei die Inhaltsangabe aus einem nicht ermittelten Berliner Blatt zitiert: »Zuerst erscheint die Pest auf einem Schiff. Ratten brachten sie hin. Die ganze Mannschaft geht zugrunde, das Schiff geht unter. In einer Hafenstadt kauft eine Tänzerin ein indisches Tanzkostüm. Sie wird dadurch zur Keimträgerin der Pest, bleibt aber selbst immun. Als die Menschen schon zu Hunderttausenden sterben, gründet ein Überkapitalist des Jahres 2 000 eine Aktiengesellschaft, die ein Mittel gegen die Pest bewirtschaften soll. Als der Erfinder das Mittel an einem Kranken zum ersten Male ausprobiert, fällt er tot zusammen. Auch er hat die Pest bekommen. Er zerdrückt im Todeskampf das Fläschchen, so daß das Heilmittel für die Welt verloren ist. Dem Todeskampf des Erfinders folgt der Todeskampf der übrigen Menschheit« (Karl Lohs, zit. nach H. L. Greve u. a. (Hrsg.): *Hätte ich das Kino!* Katalog, S. 409).

1 Gemeint ist Philipp Keller: *Gemischte Gefühle*. Roman. – Leipzig: Ernst Rowohlt 1913. In einer zeitgenössischen Rezension heißt es über diesen Roman: »Dieses Buch, ein kleiner Roman des vermutlich jungen Philipp Keller, erinnert an die neuen expressionistischen Bilder« (Camill Hoffmann: *Gemischte Gefühle von Philipp Keller*. In: *Das literarische Echo* 15. Jg. (1912/13), H. 19, 1. Juli 1913, Sp. 1373 f.).

126
Kurt Pinthus: *Das Kinostück. Ernste Einleitung für Vor- und Nachdenkliche.* In: *Das Kinobuch.* Kinodramen von Bermann, Hasenclever, Langer [u. a.]. – Leipzig: Kurt Wolff 1914, S. 1–12.

Dem Urteil des Lesers ist es anheimgestellt, dies Kinobuch für einen unterhaltsamen Scherz zu erachten oder für ein ernstliches Bemühen, dem in Verlegenheit harrenden Kino neue Stücke und Anregungen zu schenken.

Die Berechtigung belehrender Films bestreitet niemand, geleugnet aber wird bisweilen die Möglichkeit des Kinostücks. Drum ist zu Beginn eines Buches Kinostücke das Wesen des Kinostücks zu erörtern.

Man scheide zwischen Kinodrama und Kinostück. [1] Das Kinodrama, welches Theaterdramen verfilmt oder Romane dramatisiert, muß absterben. Denn dies ist der Hauptfehler des Kinos: daß es sein eigentliches Wesen zu mißachten beginnt. Das Kino will Theater werden, ohne zu erkennen, daß es nichts mit dem Theater gemein hat. Das Kino wird sich nur halten und entwickeln können, wenn es wirklich Kino sein will, also wenn es sich seiner unendlichen Möglichkeiten erinnert und aufgibt, der Schaubühne nacheifern zu wollen.

Die Grenze zwischen Kino und Schaubühne muß schärfstens statuiert werden. Kurze Überlegung fördert dies Urteil: Das Wesentliche der Schaubühne ist Entwicklung eines Schicksals, ausgedrückt durch das Wort; das Wesentliche des Kinostücks: unterhaltsames Milieu belebt durch handgreifliche Handlung, ausgedrückt durch Bewegung und Geste. Das Wesentlichste des Theaters ist dem Kino versagt; der Dialog, das Wort. Den Hauptinhalt des Kinos aber machen gerade die Möglichkeiten aus, welche das edle Theater meidet oder nur andeutet: belebte Natur, fremdartiges Milieu, überraschende Tricks, stark bewegte Szenen.

Je besser eine Theaterszene ist, um so unkinogemäßer muß sie sein, je kinogemäßer eine Szene, um so unmöglicher wird sie auf dem Theater. Jede gute Theaterszene: gespitzter Dialog, Enthüllung, Vordeutung, Verwicklung wirken im Kino dargestellt matt, weil eben das Wort fehlt. Ein wirksamer Aktschluß, beispielsweise die Enthüllung einer furchtbaren Tatsache, Mitspieler und Zuhörer erschütternd, wird auf dem Film nur ein lautloses Geklapper der Unterkiefer und einige entsetzte Gesten erzeugen, und selbst das erklärende Täfelchen bleibt wirkungslos. Man erinnere sich hingegen des Films *Quo vadis* [2]: da waren die schönsten, aufwühlendsten, kinogemäßesten Bilder: der Brand Roms, das Prunkleben am Hofe Neros, die Arenaszenen. (Alle diese Massenbewegungen und Katastrophen hätte das Theater gar nicht oder nur schwach angedeutet vorführen können.)

Jedes Theaterstück verfilmt, ergibt ein rohes Exzerpt, verständlich nur durch unzählige erklärende Inschriften. Deshalb ist es frevelhaft, Stücke, die für die Technik des Theaters geschrieben sind, überhaupt zu verfilmen. Das Kino-»Drama« an sich verstößt gegen das Wesen des Kinos.

Eins aber, wird eingeworfen, ist Theater und Kino gemeinsam: der Mensch, der Darsteller. Jedoch nicht einmal den Schauspieler haben Theater und Kino gemein, denn jeglicher Kinoregisseur wird bestätigen, daß meistens ein guter Theaterschauspieler kein guter Kinodarsteller ist, und will er einer werden, so muß er umlernen. Die Mimik des Kinos muß eine andere sein als die des Theaters: die des Theaters ist gebunden und verknüpft ans Wort, – die des Kinos muß ohne Wort bestehen und verständlich werden. Muß deshalb derber, einprägsamer, gewaltsamer sein.

Viel mehr als dem Theaterstück könnte das Kinostück dem Roman ähnlich genannt werden. Während im Drama die Personen auf der Bühne festgehalten sind, kann im Kino wie im Roman der Zuschauer sich mit den Handelnden fortbewegen, und in steter Bewegung, unabhängig von räumlicher Begrenzung, Handlungen ausführen sehen. Er reist von Posemuckel nach Amerika oder besteigt den Eiffelturm. Das Kinopublikum ist im wesentlichen ein Romanlesepublikum. – Aber ein verfilmter Roman wird lediglich Illustrationen zur Erzählung geben: Milieudetails, Erläuterungen, Episoden. Ohne die primitiv erklärenden Texttafeln würde die Roman- (wie die Dramen-) Handlung unverständlich bleiben.

Der Irrweg und Niedergang des Kinos begann in dem Augenblick, als das Kino sein eigentliches Wesen vergaß, unselbständig wurde, sich anschickte, vorhandene Werke der Dichtung zu verfilmen. [3] Statt für seine Möglichkeiten eigene Stücke (nicht Theaterstücke) erfinden zu lernen.

Elend wäre das Kino, seine Unfruchtbarkeit erwiesen, wenn es nicht selbst aus seiner Art Stücke erzeugen könnte. Bevor also das Wesen des Kinostücks entschält werden kann, muß man sich wieder auf das fast vergessene urtümliche Wesen des Kinos besinnen.

Wenn der Mensch wirklich Theaterstücke sehen will, so geht er eben ins Theater, nicht ins Kino. Was also will er im Kino?

Ins Kino treibt den Menschen die Gier: den Kreis seines Wissens und Erlebens auf einfachste und schnellste Weise zu erweitern.

Der Schüler will die Prairien seiner Indianerbücher, seltsame Menschen bei seltsamen Verrichtungen, die üppigen, menschenfremden Ufer asiatischer Flüsse sehen. Der bescheidene Bureaubeamte, die im Haushalt eingespannte Frau sehnen sich nach schimmernden Festen der eleganten Gesellschaft, nach fernen, leuchtenden Küsten und Gebirgen, zu denen sie niemals reisen werden. Und die Wissenden oder Reichen freuen sich, die Entwicklung der Seidenraupe kennen zu lernen oder einer wirklichen Schlacht beizuwohnen. Aller Herzen dröhnen, wenn die Armeen jener Soldaten mit verzweifelt gehärteten Gesichtern aufziehen, wenn die Granaten qualmschleudernd zerplatzen und der Kinoapparat unbarmherzig das Schlachtfeld durchschreitet, starre und verstümmelte Leichen sinnlos getöteter Krieger in sich fressend.

Aber auch der unbedeutendste, unkomplizierteste Mensch fühlt irgendwo in sich unbewußt das, was der große Sophokles vor zweieinhalb Jahrtausenden unsterblich aussprach: Πολλα τα δεινα κ' ουδεν ἀνθρωπου δεινοτερον πολει. Vieles Gewaltige gibt es, doch nichts ist gewaltiger als der Mensch (und Menschengeschick). Darum will der Mensch seinesgleichen sehen. Er will im Kino den Menschen und sein Schicksal sehen. Und nicht nur seinesgleichen, nicht nur die Menschen seiner Umgebung, sondern auch die ferneren, geahnten, unerreichbaren: die Menschenformen, in die zu verwandeln er sich sehnt, oder die er haßt und höhnt. Und so begehrt er zu schauen: gebietende Herrscher, Mohren, erfolgreiche Detektive, belohnte edle

Arme, gefoppte Schutzleute, getrennte Liebespaare, Verbrecher, Kranke, Helden, schöne Frauen, Wüstlinge, Schwiegermütter, Millionäre.

Der im immer gleichen Alltag arbeitende Mensch unserer Tage wird in der Muße alsbald zum Romantiker. Er will nicht nur etwas Realistisches sehen, sondern dies Realistische soll in eine idealere, phantastischere Sphäre erhoben sein. Die Welt soll mit Abenteuern und Seltsamkeiten gespickt sein (wie ein Sonntagsbraten), eine plausiblere Logik soll obwalten, die Schwere und Kausalität soll von den Dingen abfallen. Und all dies findet der Mensch im Kino.

Der Mensch sieht den Reichen täglich im Auto vorübersausen; aber wie der Überfall auf dies Auto vorbereitet wird, wie niederträchtige Burschen ein Seil über die Chaussee spannen, wie im letzten Augenblick ein wackerer kleiner Ingenieur das Auto anhält und schließlich die Tochter des geretteten Reichen heiratet – das sieht man nur im Kino. Jeglicher fährt in der Eisenbahn, aber er erlebt nicht, wie der Zug durch ungekannte, exotische Länder rast, wie der Zug plötzlich über Flur und Gebirg fliegt, oder gar wie ein ahnungslos auf den Schienen spielendes Kind gerettet wird, weil es gerade einem Schmetterling nachläuft. Man hat noch nie gesehen, und lacht darum unbändig, wenn es tatsächlich vorgeführt wird, daß Leute plötzlich auf den Köpfen stehen, ein Wagen in stürzendes Geschirr fährt oder eine Schwiegermutter über die Dächer der Häuser flieht. Drum geht der Mensch ins Kino. Auch ausgedörrte Seelen lassen gern und billig süßen, wilden Saft in sich kochen.

Und so müssen sich die ernsten Kunstfreunde mit der vielleicht schmerzlichen Erkenntnis abfinden, daß der Kinobesucher das Ungewöhnliche, das Übertriebene im Kino sucht, neben dem Exakt-Tatsächlichen und Grotesken vor allem das, was man Kitsch genannt hat. Man muß sich an den Gedanken gewöhnen, daß der Kitsch niemals aus der Menschenwelt auszurotten ist. Nachdem wir uns jahrzehntelang bemüht haben, den Kitsch vom Theater zu vertreiben, erwacht er wieder im Kino. Und man sei überzeugt, wäre das Kino nicht erschienen, das Volk hätte den von der Schaubühne vertriebenen Kitsch anderswo wiedergefunden (so tatsächlich in der Operette). Wie ja andere von der Bühne gejagte Künste ins Varieté geflüchtet sind. Vielleicht ist es sogar von Vorteil für eine Aufblüte ernster dramatischer Kunst, daß die, welche früher im Theater den Kitsch gesucht haben, jetzt ins Kino gehen: die Reise um die Erde in 80 Tagen, Verwandlungsstücke, Kriminaldramen wird sich nunmehr niemand im Theater, sondern nur noch im Kino ansehen wollen.

Die Bekämpfer des Kinos aber mögen dies bedenken: Ist es nicht etwas Großes, wenn kleine Kaufleute, die Tag für Tag in ihrem Laden, Arbeiter, die an ihrer Maschine stehen, wenn alte Frauen, zermürbt und zerdrückt vom unerfüllten Leben, wenn zierliche Ladenmädchen und plumpe Kindermädchen, erfüllt von ungelebtem Leben, wenn Reiche und Dichter, fast erstickt von gelebtem Leben – plötzlich vor einem Film aus dem Gleichmaß ihrer Stunden herausgerissen werden? So daß sie glauben (während die Alltagswelt versinkt), Engel tragen schwebend ihre Herzen zum Himmel oder Teufel würgten ihre Seele zum Fegfeuer hinab, so daß Tränen dem sonst gleichgültigen oder nur neugierigen Auge entquellen, und ihr bewegtes Gemüt erst vor einer lieblichen Seelandschaft mit windbewegtem Gebüsch und langheranrollenden, friedsamen Wellen zur Ruhe sinkt?!

Drum können wir jüngeren Dichter und Schriftsteller, die wir glauben, daß Lebenserhöhung (vielleicht auch Kunstgenießen) heißt: Erschüttertwerden im Tiefsten, Menschlichstes und Metaphysisches aufrütteln, – wir können das Kino (trotzdem es ein Feind der höheren Kunst ist) nicht bekämpfen. Es entzückt durch Bewegung der Massen. Es erregt uns durch Niegeschehnes. Es weitet Horizonte. Es erschüttert die Herzen. Und Erschüttertwerden heißt (o Aristoteles, Lessing, Schiller, Nietzsche): edler und glücklicher werden . . .

Wenn der Beschauer die verlassene Frau in der Schneewüste unter dem Nachtfirmament von Wölfen bedrängt erblickt, so keimt in ihm leise die Empfindung der Einsamkeit und Ohnmacht des Menschen im Kosmos. Wenn der Geplagte über eine groteske, überschnell bewegte Verfolgungsszene in lautes Lachen ausbricht, so springt er aus der Qual des Alltags heraus. Und wenn der Jüngling oder die Dirne erschauert, weil auf dem Film die Geliebte, sich gräßlich opfernd, für den Geliebten stirbt, so dämmern in ihnen edle Gefühle, die – dem Himmel sei Dank – die Natur im Menschen blühen läßt, wie in dürrer Sandhalde jene zarte Erika.

Also was höchste Kunst will (o Aristoteles, Lessing, Schiller, Nietzsche) erreicht das Kinostück mit rohen, primitiven Mitteln: Menschlichstes, Metaphysisches aufrütteln . . . edler, glücklicher werden (ohne deshalb Kunst zu sein).

Und es ist wohl nicht die Schuld der Menschen, daß von jeher der größte Teil der Menschheit auf solche primitive, rohe Reize – auch in fortgeschrittenen Kulturen schneller reagiert als auf höchste Kunst.

Wenn darum der Mensch im Kino außer dem Exakt-Berichterstatterisch-Tatsächlichen noch anderes zu sehen begehrt, – wie etwa sollen solche Kinostücke beschaffen sein? Befriedigung der Wissensgier und Erschüttertwerden oder Belustigtsein durch Menschengeschick müssen vereinigt werden. Das was unsere Sinne lockt: schöne und fremde Landschaften, gesellschaftliche Kultur, bunte und seltsame Milieus, groteske Situationen, ungekannte Institutionen und Völker, das Wunderbare muß verknüpft und belebt werden, durch das was unsere Herzen weckt: Menschenschicksal, Menschentat, Liebesgeschichten, Verrat, Aufopferung, Intrigen, fröhliche Weltbetrachtung, aufwühlende Traurigkeit, Spannung, Abenteuer, Ruhe.

Das Kinostück ist, so wurde nachgewiesen, kein Theaterstück. Das hauptsächliche Ausdrucksmittel des Theaters: das Wort, der Dialog ist dem Kino versagt. Was also sind die Ausdrucksmittel des Kinostücks?

Das erste Ausdrucksmittel des Kinostücks ist das unbegrenzte Milieu. Das Geschehnis kann sich abspielen im Paradies, auf den Schneefeldern des Himalaya, in einer Spelunke, auf dem orkanzerwühlten Ozean. Das Milieu macht das Geschehnis »interessant«, entrückt uns aus der grauhaften Gewöhnlichkeit des Alltags in die Buntheit der Welt. Einfachstes Geschehen in die fremden Gassen, die üppige Natur, die Stierkampfarena Sevillas oder ins uralte Ninive verpflanzt, reißt unsere Herzen auf.

Das zweite Ausdrucksmittel des Kinostückes ist Bewegung. Bewegung in doppelter Bedeutung: Bewegung als Geste und als Tempo. Die diabolische Mimik des Verbrechers, das zarte Hinschmelzen des verliebten Mädchens, die katzenschlanken langfingrigen Bewegungen der erlebensgierigen Frau mit dem Knabenkörper ergreifen uns ebenso, wie uns im Tiefsten entzükken jene Horden heransprengender Pferde, der Spaziergang an den stürzenden Wassern des Niagara, der Alpenflug im Aeroplan. Und wir lachen, wenn auf einer Verfolgungsjagd die Menschen plötzlich so schnell zu rennen anfangen, wie wir noch niemals Menschen haben rennen sehen, – so schnell, als würden sie auf einer Rollbahn in rasendem Tempo vorübergezogen.

Des Kinostücks dritte Ausdrucksmöglichkeit ist die Situation, der Trick. Wir fallen in Erregung, wenn wir eine Verknüpfung der Geschehnisse sehen, die wir bisher noch niemals erlebt haben. Und diese Erregung, das Wunderbare, Ungewöhnliche, Unerhörte, sucht der Mensch im Kino (weil es ihm im Leben zu selten geschieht). Deshalb will der Mensch vor jener Zündschnur zittern, die, vom Rachsüchtigen angezündet, ein Bergwerk zu Schutt zersprengt, deshalb will er das auf dem Seil zwischen zwei Häusern turmhoch balancierende Paar beobachten, deshalb wartet er darauf, daß der Eisenbahnzug ohne Führer ziellos in die Welt rast oder plötzlich zu fliegen beginnt.

Und das Bindende dieser drei Ausdrucksmittel ist der Mensch und sein Geschick. Der handelnde Mensch, das Menschenschicksal, knüpft aus Milieu, Bewegung und Situation das Kinostück. Stärksten Anteil nimmt der Mensch erst am Film, wenn er seinesgleichen, den, welchen er liebt oder haßt, in den Landschaften, in den Stuben, in den gefährlichen und grotesken Situationen und Bewegungen erblickt. Denn die Abenteuer des Menschen auf dem Film werden seine eigenen Abenteuer. Und so muß das Kinostück die in allen Menschen niedergedrückte Gier zum Erlebenwollen, zum Umfassenwollen alles Menschenschicksals und alles Erdengeschehens aufstacheln – und zu befriedigen suchen . . .

Diese Meinungen stellen die Überlegungen eines Einzelnen dar. Weder sind sie aus gemeinsamen Erörterungen der Autoren dieses Kinobuchs emporgewachsen, noch sind sie als grundsätzliches Programm-Rezept an die Autoren versandt worden. Dennoch bestätigen die Kinostücke der in verschiedensten Gegenden Europas lebenden Autoren des Buches die Ergebnisse dieser Einleitung. [4]

Jeglicher wußte, es ist Wahnwitz, im Kino das hohe Drama nachzuahmen, – edelste Kunst kann das Kino niemals geben. Das Schönste im Kino ist das Wunderbare. Drum wollten die Autoren nicht viel mehr geben als mechanisierte Erfindung und Erregungen des Gemüts. Sie kurbelten ein buntes Potpourri der Milieus, der Situationen, der Schicksale, der bewegten sozialen und grotesken Bilder schmetternd, lustig und traurig herunter. Immer bewußt: dies ist keine hohe Kunst, keine Seelenkunst, keine Theaterkunst. Wir schreiben nur Stücke fürs Kino, nicht fürs Theater. Und mischen alles was im Kino möglich ist, Ernstes und Lächerliches, Schönes und Schauriges; und gerade dem Schrecklichen wird die Ironie mildernd zugesetzt.

Während bisher die geschriebenen Entwürfe der Kinostücke unbekannt geblieben sind, versuchte jeder der Autoren dieses Buches irgendeine literarische Form zu finden, die dem Kino irgendwie adäquat ist. Da diese Form weder die Novelle noch das Drama sein durfte, – denn das Drama ist aufgezeichnetes Theater, die Novelle aufgezeichnete Erzählung, so mag es ergötzlich und unterhaltsam sein, zu sehen, wie die Schriftsteller eine Form suchen, die in etwa aufgezeichnetes Kino ist.

Knappste, zusammengedrängteste Formen des Kinostücks haben wir erstrebt; wir bemühten uns, kinematographisch zu sehen, jede Situation verfilmbar zu erfinden. Aber wir wissen, diese Stücke sind blind wie – spricht Kant – Anschauungen ohne Begriffe. Erst der Kinoregisseur kann das in diesem Buche Aufgezeichnete zu spaßhaftem und rührendem Leben erwecken.

Und auch der Leser kann in seiner Phantasie diese kleinen Bouillonwürfel zu schmackhaften Suppen auflösen, diese Ereigniskonglomerate in erregende, bunte Träume verwandeln. Er kann sein eigener Regisseur sein und je nach seinem Temperament das Tempo befeuern oder zügeln. Gerade weil so viel Tatsächliches in diesem Buche eng zusammengedrängt ist, steigt eine unwirkliche, romantische, groteske, abenteuerliche Welt aus dem Gewirr der wirklichen Sätze. Und vielleicht spiegelt sich in dieser unwirklichen (im Kino aber verwirklichten) Welt mehr ab von unserer wirklichen Erdenwelt als wir zu glauben vermeinen.

Darum ist es eigentlich gleichgültig, ob diese Kinostücke jemals über die weiße Wand flimmern werden [5], oder ob sie bleiben wie sie entstanden: Kino der Seele.

Diese Vorbemerkung war im Manuskript von 1913 noch mit dem Motto überschrieben: »Diese ernste Einleitung soll jeder überschlagen, der nicht nachdenken, sondern nur sich leichthin unterhalten will«. In der Anzeige zu der bereits Ende 1913 erschienenen und auf 1914 vordatierten Publikation im *Börsenblatt für den deutschen Buchhandel* vom 30. 8. 1913 war zu lesen: »Das Kinobuch ist der erste Versuch, Kinostücke für die Allgemeinheit aufzuzeichnen. Das Kinobuch, halb ein preziöser Scherz, halb ein ernstliches Bemühen, dem Kino neue Stoffe und Motive zu geben, bietet eine Galerie von Films, die ohne schon vorhandene Erzählungen zu benutzen, eigens von Schriftstellern für das Kino erdacht sind [...] Das Kinobuch ist ein abwechslungsreiches Kinotheater, von jedermann in der Tasche zu tragen und jederzeit zu genießen« (Zitate laut H. L. Greve u. a. (Hrsg.): *Hätte ich das Kino!!* Katalog, S. 93 und S. 92). Die Vorrede ist wiederabgedr. in: *Das Kinobuch*. Hrsg. und eingel. von Kurt Pinthus. Dokumentarische Neuausgabe des »Kinobuchs« von 1913/14. – Zürich 1963 (Sammlung Cinema. 4), S. 19–28. In seiner Einleitung berichtet Pinthus (S. 9 f.) von der zufälligen Idee zu dem Buch anläßlich eines Schriftstellerausflugs nach Dessau mit Kinobesuch im Winter zu Beginn 1913.

1 In seinem offenen Brief gebrauchte Franz Blei, den man um ein Kinostück gebeten hatte, das Wort »Kinodrama« bemerkenswerterweise synonym mit »Kinostück«. Er antizipierte gedanklich bereits den Dokumentarfilm: »Wie lebt der Mensch? Dies zu zeigen halte ich für wertvoller als die gefilmten Ausgeburten einer Phantasie, die Himmel und Hölle braucht, um sich auszudrücken und um nichts zu sagen« (*Kinodramen. Ein Brief von Fr. B.*. In: *Das Kinobuch*, S. 161–162, Zitat S. 162).

2 Über diesen italienischen Monumentalfilm hatte Pinthus bereits im Frühjahr des Jahres 1913 geschrieben: »Gerade dieser Film zeigt die Möglichkeit des Kinos und seine Grenzen. Das Szenische, das Bild, die effektvolle Handlung (möglichst ohne Worte) [...] Er kann das Unmögliche möglich machen; aber das auf dem Theater Mögliche wird ihm unmöglich bleiben« (*Quo vadis – Kino? Zur Eröffnung des Königspavillon-Theaters*. In: *Leipziger Tageblatt* Nr. 207 vom 25. 4. 1913; zit. nach dem Wiederabdr. In: *K. P. Der Zeitgenosse*, S. 175–178, Zitat S. 177).

3 Am 15. Februar 1913 war der erste deutsche Autorenfilm *Der Andere* nach dem gleichnamigen Schauspiel von Paul Lindau, das 1893 in München uraufgeführt worden war, mit Albert Bassermann in der Hauptrolle und unter der Regie von Max Mack »erschienen«. In einer Anzeige wurde verkündet: »Der Film stammt von der Vitaskope-Gesellschaft in Berlin, die hiermit den ersten literarischen Film auf den Markt bringt. Das packende Drama Paul Lindaus kommt auch in der Kino-Darstellung voll zur Geltung, und dies um so mehr, als Bassermanns Mienenspiel von ergreifender Wirkung ist« (*Kinodrama »Der Andere«*. In: *Münchener Zeitung* Nr. 40 vom 18. Februar 1913, S. 5).

4 Die Beiträge späterer Vertreter des Expressionismus: Max Brod: *Ein Tag aus dem Leben Kühnebecks, des jungen Idealisten*, S. 71–75; Alfred Ehrenstein: *Der Tod Homers oder Das Martyrium eines Dichters*, S. 91–98; Else Lasker-Schüler: *Plumm-Pascha*, S. 49–52; Kurt Pinthus: *Die verrückte Lokomotive oder Abenteuer einer Hochzeitsfahrt*, S. 77–86; Ludwig Rubiner: *Der Aufstand*, S. 105–113; Paul Zech: *Der große Streik*, S. 115–125.

5 Das sechste Kinostück von Heinrich Lautensack: *Zwischen Himmel und Erde. Ein kinematographisches Stück in drei Akten* (S. 133–148) war bereits »über die weiße Wand geflimmert«. Lautensacks Travestie auf die Erzählung gleichen Titels von Otto Ludwig war mit der Notiz überschrieben: »Dieses (bereits aufgeführte) Szenarium ist Eigentum der Continental Kunstfilm GmbH« (S. 133).

127
Carlo Mierendorff: *Hätte ich das Kino.* In: *Die weißen Blätter* 7 (1920), H. 2 (Februar), S. 86–92.

Aus der Schaubude wuchs das Bild. Die blutrünstigen, bunten, hingekleckten Panoramen: das Erdbeben von Messina, die Ermordung des Grafen Eckesvordt, den Untergang der Nordpolexpedition erlebte das Volk, die Nasen an die Gläser gepreßt. Es war seine Zeitung, war Welt, Absonderliches, Irgendwo, Geheimnis, Grausamkeit, Fabelwelt. Dinge, ohne die der Mensch nicht sein kann, daß zutiefst sie lieben, wertvoll macht. Der Trieb zum Verteufelten hockt in uns, ist zu befriedigen.

Ehedem gab es den Orkus, die Hölle, den Blocksberg, gab es den Äthiopier – erschaffen von der amorphen Masse, die im Dunkeln irrt, Formung jenes rätselvollen Nebels, der die Erde umschließt.

Die schwankenden Leinwände der Meßbuden waren Vergewisserung der Phantasie. Hier rundet sich das Weltbild. Der Mensch, der sich bloß fragmentarisch spürt, hat den Drang, des Daseins Anfang und Ende in seine Hand zusammenzubiegen, auf dem Nabel der Erde zu stehen.

Aber in einer Zeit, die alle in Beziehung setzt mit allen, konnte das starre Bild nicht mehr genügen. Wechsel und Fülle mußten herbei. Da mußten die Leinwände lebendig werden, damit der Mensch, jener durch den höchsten Grund der Unbewußtheit bedrängteste, der von unten her auf die Welt blickend nur kleinsten Ausschnitt von ihr erfaßt, der ohne Überblick und ohne Hinflug über die Landkarten ist, seiner bewußt werde, sich begreife und abgebildet sehe. So wurde das Kino.

Und da im untersten Mensch, dem Abgesperrtesten von allen, dem Prolet, dieser Drang am gewaltigsten ist, wurde das Kino sein.

Das Kino ist sein Pan – optikum. [1]

Hier empfängt er das Leben.

Es ist die Klasse der ohne Buch Lebenden.

Die mit dem Sprachschatz von 60 Worten.

Die fernab allem Schönlingtum, das sich plustert beim Bravo seines Dutzend Leser (seien es auch 100, seien es auch 1000).

Die nie ein Autor erreicht, vielleicht noch eine Zeitung, vielleicht noch ein Flugblatt, vielleicht noch ein Fünfminuten-Redner während einer Wahlkampagne, und die dann zurücktauchen in ihre Anonymität.

Sie hat das Kino. Hierher kommen sie selbstverständlich, immer, hier sind sie ohne Mißtrauen, hier empfangen sie Begeisterung, Schmerz, Spaß, Entrückung. Ein Publikum millionenstark, das kommt, lebt und vergeht, das keinen Namen hat und das doch da ist, das, in seiner ungeheuren Masse sich bewegend, alles gestaltet, und das man darum in die Hand bekommen muß.

Es gibt kein anderes Mittel, als das Kino.

Was ist daneben das Buch?

Was ist daneben das Theater?

Literatur wurde längst Gespiel, ein Selbstbetrug. An einer Statistik der Leser würde die Überheblichkeit der Dichter zu einem Witz. Sie vermögen nicht in den Umschwung des Lebens einzugreifen. Sie stehen am Rand. Statt zu wirken, reden sie nach dem Diktionär der Akademie. Man sollte ein Pogrom gegen sie machen. Die Welt kann ohne sie laufen. Sie stünde still, nähme man das Kino heraus.

Kunst ist zentrifugal gerichtet. Das Publikum ist imstand, sich ihr zu entziehen. Gutes zu schreiben, erscheint heute hoffnungslos. Es wird Makulatur. Was Echo hat, dringt nur als Unterhaltung vor, nie als Kunst.

Auch im Theater. Es will das Publikum, aber es kämpft umsonst. Stücke werden *gesehen,* nicht mehr gehört. Wenn es in die Tiefe geht, hockt das Parterre öchsisch da. Eine reinliche Scheidung täte gut: kleine Theater für alle vom Wort Lebenden, für die anderen Kinos, viele Kinos, beste Kinos. Denn mehr und mehr verliert der Mensch die große Gabe, Welt sich aufzubauen aus dem Wort. Er lebt stumm: in Stockwerke geschichtet; sich in Trambahnen gegenüber; nebeneinander in Restaurants; stumm Passant an Passant auf der Straße. Der Naheste wird zum Entferntesten, Brücke zur Gemeinschaft schlägt manchmal noch das Wort, wenn Redner (o Rarität) von Autodächern herabreden. Schon überflügelt sie die Zeitung, die stumme, tonlose Zeichensprache der Leitartikel. Mit dem Auge hört der Mensch. Er verliert das innere Gesicht, das Wort wird Schemen. »Baum«, – »Pferd«, – »Himmel«, – da leuchtet nichts mehr auf. Sein Ohr ertaubt. Die Welt empfängt er nur noch durch das Auge.

Der Aktivismus genügt nicht, er bestürmt nur eine Klasse. Damit die ganze menschliche Gesellschaft revolutionieren? Von oben herab? Man ersprengt keine Geldschränke mit Zündplättchen. Man weiß: irgendwie müssen Idee und Masse in untrennbarem Konkubinat sein. Was hilft, sie in einzelne Köpfe rammen? Längst verlor, wer Masse noch zu profilieren vermöchte, seine Führerschaft, jene rätselvolle, wechselseitige Verbundenheit, die seismographischer Natur. Es muß versucht werden, an die Masse heranzukommen, soll nicht jeder Versuch hoffnungslos sein, das Dasein zu gestalten.

Wir müssen das Kino haben.

Seit das Kino aufgewachsen zu einem ungeheuren Vieh über Europa lagert, schmarotzert es aus allen Taschen. Es schlug alle in Bann. Niemand entgehet ihm. Da es für alle lebet, lebet es von allen.

Das Publikum des Kino ist das klassenlose Publikum.

Ich sehe in die U.T. [2], die Kammer-Lichtspiele, die Biograph, die Palastkinema, die Edison-, Bio-, die Eden-Theater: die schräg unter die Stadtsohle gebohrten Katakomben; die langen Schläuche, träg hingewälzt mit großem Maul einsaugend: in denen gespenstische

Leuchtkäfer vor Tastenden faszinierend herirren; die alles vorpressen nahe an das gewaltige quadratische flirrende Auge heran, das hext, bedroht und zu Boden hält:

Hafenarbeiter und Geldleute, Spülmädchen und Sängerinnen.

Kanzlist, der auf der flirrenden Wand sich – so meint er – aufsteigen sieht (Traum!) zu Chef und Direktor.

Ladnerin, beglückt, sieht sie da oben von Graf und Baron geliebt sich selbst.

Junger Mann, der sich den Chic abguckt.

Einer mit Sektgeruch.

Damen, auf das »Letzte« aus.

Person, dabei, einen zu beklauen.

Herren, die gähnen.

Ein Paar, schon das dritte Mal da.

Kellner und Büglerinnen, Dienstmänner und Modelle, Chauffeure und Ehefrauen, Maler und Milchmädchen, Jockeis und Schülerinnen, Rote Radler und Friseusen, Möbeltransporteure und Dienstboten, Damen mit Diamanten und Metzgerburschen, Pferdsjungen und Reisende. Nicht anders gespalten als in die vier Plätze. Ungetrennt, eins, verschweißt vom Schweiß der Erschütterung, Brücken geschlagen, geballt. In den Logen Parfüm und knisternd seidene Robe, vorne Wind aus Apfelsinenschalen und Mützen ins Genick. Größter Lust sei Leinwand am nächsten. Gekreisch vorn – hinten Gelächel; Monokels an Manchesterbeinen verächtlich vorbei. Eng gekeilt, kein hochgeklappter Sitz, keucht in der Verfinsterung der Zuschauer unter dem Bild, das vorüberprescht. Schweiß bricht aus. Der Film spult: Jetzt packt er das Weib an. Und jedes Weib fühlt *sich* da oben gepackt, packt jeder Mann. Fieber entsteht. Geseufz. Ein Schirm fällt. Man muß sich bückend unter Röcke langen. Fleisch tanzt an Fleisch. Dunkel hockt das Lokal auf unserem Genick. Durch die Dünstung prasseln – Projektile, grünlich: Zimmer, Waldsaum, Kavaliere. Wer kann noch entfliehen? Das Weiße blitzt. Das Schwarze huscht. Das Licht streut sich aus. Die Vibration ist süße Betäubung. Die Hast lullt ein. Dampf steigt aus der Haut! Dunst schwängert die Sinne torkelnd. Viele sind schon vorgebeugt im Schlaf schwankend. Ein Kopf an dürftige Brust sanft gelehnt. Umarmte. Wispernde. Applaus. Hallo. Protest. Stieräugige. Zoten. Gefeix.

Licht flammt auf, der Bann reißt, erleichtert, in Schweigen, erlöst, umblinzeln sich: Monteure, Briefträger, Zylinder, Matrosen, Schiffsknechte, Portiers, Kopftücher, Kommis, Bergarbeiter, Kokotten, Fuhrmänner, Dandys, Lehrlinge, Kellnerinnen, Rayonchefs, Sergeanten, Strohhüte, Herren im Cut, Ballonmützen, Dichter, Ehemänner, Gebildete. Schon scheint es, der Mensch muß ins Kino um sich zu erhalten.

Aus Maschinenhallen und Warenhäusern, aus Kellern und Mietsvierteln, aus Landhäusern, aus dem Osten der Großstädte, aus Untergrundbahn, Trams, aus Gießereien, Fabriken, Büros steigt der Mensch empor. Ein unendlicher Zug in die Kinos der Metropolen und der Provinzstädte.

Die in Dörfern sahen das Geschiebe der Citys, Lichtmaste, Autos, Fassaden der Hotels, Bahnhöfe.

Die in Städten sahen Waldgebirge, Telegraphendrähte, Chausseen, Friedlichkeit. Da war

Fremder fremdem Kontinent gegenüber, Wüsten, dem Meer, China und Indien.
Dunkle Verbrämung fiel.

Der ursprüngliche Film war nicht nur bloß sentimental oder cochonnerie. Er war es immerhin in Afrika, auf den Antillen oder in Whitechapel. Das ist ein Unterschied. Auch um dieses Kitzel willen mußte Film herbei.

Es kam auch an auf den Mord, die Vergewaltigung, den Einbruch, die Entführung. Gewiß. Aber es kam ebenso sehr an auf die Indienfahrer, die Bowiemesser und den Urwald. Sähen bloß das die durchschnittlichen Filmschreiber wieder ein, wären sie doch bloß burschikos statt elegisch, schon wäre Kitsch geflogen und das Kino hätte Eigenart und Wert.

Warum muß Henny Porten [3] Kitsch spielen? Den kitschigen Vorwurf fordere das Volk? Nichts verlogener als dies gedankenlose Gerede des profitverfetteten Phlegmas, das, um seine Taschen voll zu machen, den Instinkt der Masse proklamiert.

Henny Porten sollte nicht Kitsch spielen. Die Wirkung eines Kitschfilms ist verheerender als jede Romanserie. Den gleichen Aktionsradius könne das Gute haben. Was gesucht wird, sind die Lieblinge. Es geht nicht um den Film allein, es geht um Erna Morena so gut wie um Gunnar Tolnaes. [4] Zu ihnen drängt der Zuschauer. Ihr schönes Lächeln und sein Sturm überwindet, macht willenlos. Faszination gibt ihnen Gewalt über das Volk.

Henny Porten darf nicht mehr Kitsch spielen. So geliebt werden macht verantwortlich. Auf jeder Leinwand wird man sie suchen, auch im ungekitschten Stück.

Es gab gute Films. Wo sind sie? Wer durfte es wagen, sie zu Gerümpel zu werfen?

Es genügt, die Unterhaltung im Film sei Sensation, sein Terrain das Abenteuer. Besser Bombenattentate als Familienszene, besser Verwegenheit als Rührstück. Alle fabelhaften Erhebungen des Erdballs vom Großartigen hinab bis ins Gemeine mögen die Films anfüllen: Traum von Policeman, die Goldküste, Fjords und Robbenjäger, Achter auf der Seine, Lustmord und Long-Island, Nigger, Dompteure, Gletscher, Reiterkampf in Peru, elektrischer Stuhl von Sing-Sing, Hamburger Kai, Aufruhr in Mexiko, im Kanoe den Amazonas hinab, Lüstlinge, Lappen und Rentiere, Strand von Biarritz, Hurrikan, Zyklone und Blizzards, Spazierfahrt in Reykjavik, Schiffsalut und Schauspielerinnen, Insmen und Akrobaten, Jagd in den Dschungeln, Bordells von Hongkong, Chinesen, Grizzlys und Eisberge, Gärten Stockholms, Landgut in England, das Rote Meer, Niagarafall, Potsdamer Platz und Tiger, den Ätna, Sonne auf Kairo herab, Giftmorde, Gorillas, raketend San Franzisko, Mandelbäume unter dem Fujiyama, Rauferei in Grenzschenken, Mondsichel über der Alhambra, Tänzerinnen und Squaws, den Chimborasso, Feuerland und die Sierra Nevadas, Panorama auf Sidney, Blitzzüge und Santa Fé, Cañon des Colorado, die Sphinx, Stierkämpfe.

Irdische Phantasie von rasendster Aktualität.

Im Kino betrachte ich die Zeit. Am Kino bricht sich die Zeit. Zuckender Querschnitt durch sie, rüde, groß, gemein, Abschaum fliegt, Schwären, unecht und verlogen und doch zutiefst wahr.

Wo die Welt des Kino aber die diesseitige übertrifft, grenzt es an die Sphäre, die unbestreitbar nur des Kinos ist: die Phantastik. Technik vermag alles zu überwinden, alles zu ermöglichen.

Indes keine Übertragung der Romantik, keine platte Verfilmung von Poe, Hoffmann oder Barbey d'Aurévilly. Aufbau ganz eigener Phantastik, der alle Mechanik dienstbar ist.

Erst das Traumgefild, »die andere Seite« [5], wo alle Statik aufgehoben ist.

Dann eine neue Art von grotesken Mißverhältnissen. Aus dem Wortwitz wird im Bild das Groteske. Wo Köpfe sich vertauschen, einer einen lebenden Ochsen frißt, Beine allein promenieren, ein Furz die Nationalversammlung in Trümmer fegt. Das mag noch lustig sein, wenn alles auf dem Kopfe steht.

Dann mag es Spiegel werden, der sich allen vorhält: das bist du. Ich wünschte dem Film einen Rabelais.

Schauerlich aber wird es, wenn erst die Dinge lebendig werden, zur Revanche sich aufstemmen, Spießruten, wenn der Mensch gerichtet wird. Dann mag ihn seine eigene Visage angrinsen. Der Höllensturz, die große Revolution des Seelenlosen gegen die Entseelten. Wo Schoßhündchen die Damen an der Leine führen. Sänger in Käfige gesperrt hüpfen, Tramways sich heiraten, Fische die Fischer angeln, Federhalter ihre Herren erstechen.

Irgendwann muß einmal das große Exerzitium gegen das Hundsföttische im Menschen anheben.

(Gleichzeitig aber auch eine Kampagne unter die Noch-Lesenden. Es gibt Dichter, die wert sind, sich in Generalanzeigern zu verschwenden. Wir müssen kolportiert werden. Wir wollen nicht ewig sein, wir wollen wirken. Besser in Spezereiläden ausgelegt mit den Heringen abgehen, als im Luxusleder flegeln. Karl May war größer als Heinrich Mann. Er hatte die Gräfinnen und die Liftboys.)

Die Menschen verdienen es, gewalkt zu werden. Weise ist, der Erziehung Abschreckung und Zerknirschung vorauszuschicken. Sitzen sie im Kino und beginnt erst das Theater schwer zu schwanken wie breite Schuten auf dem Meer, wenn Orkan ist (nichts anderes als daß von Bord aus im Orkan das Meer gefilmt) wird Schwindel sie packen, Entsetzen und Aufschrei. Oder man hätte Lust, sie solange mit Kitsch zu bombardieren bis sie in die Knie gehen. Nichts reibt mehr auf als Tränen. Nichts macht gefügiger als Mond. Nichts pflügt tiefer als Harmonium, näselt es verschnupft, da ein Verlorener heimkehrt.

Dies alles aber geht nicht, solang die Freibeuter der Toleranz das Kino ausbeuten. Es muß ihnen entrissen werden. Es gibt Monopole für Kali, für Eisenbahnen und Salz. Es gibt Monopole der Religion und der Gesinnung. Leibliche Wohlfahrt ist unter Schutz gestellt. In Kultur darf jeder schmarotzen. Das Kino ist ein Lebens – mittel, kein Tennisball kapitalistischer Interessen.

Liberalität schafft keine Kultur.

Die wahre Revolution beginnt jenseits der Klassenkämpfe. Wo bleibt sie? Kann man, so schief sehend, das Kino als kulturelles Instrument unterschätzen? Man lasse es den ansetzen, der den Willen dazu hat.

Es liegt doch auf der Hand, das Wirksamste zuerst ins Feld zu führen. Nirgendwo noch so möglich, von *einer* Tribüne aus zu *allen* zu sprechen, daß milliardenfaches Echo den Gedanken in alle Winde trägt. Wie groß (weil verlohnend) ist doch die Verlockung, trifft es sich, daß von ungefähr ein Abort und ein Herd beisammenstehen, daneben im Verschlag ein Kino aufzutun.

Aus dem Kino werde eine gewaltige Waffe der Idee.

Films nicht der sozialen Aufklärung oder dem Mädchenhandel ins Stammbuch. (Zum Teufel mit allen Veredelungen!)

Warum nicht einen Feldzug nach salutistischer Methode?

Zehntausend Films gegen den Kapitalismus, die angesehen werden müssen, weil darin Henny Porten ist, die Negri lacht, Wegener [6] tobt, Erna Morena lächelt und Tolnaes seinen Telemark schwingt. Die Stars und die Kinoköniginnen müssen Helfershelfer werden.

Eine Million Manifeste von fünf Minuten. Weg mit den Deklamatoren. Zeigt Menschtum auf. Exemplarisch, daß es die Verstockten in die Ecke klatscht. Blitzlichte gegen die Zeit. In tausendstel Sekunde Ewiges.

Kilometer gegen die Grenzpfähle, gegen die Barrièren des Nationalismus, für Verbrüderung. (Nicht knallig, aber zerfetzend.) Sie werden ohne Wirkung sein. Aber sie werden dasein.

Wenn im Film einmal Bild ganz das Wort überwand, ist die Verwirrung von Babel überwunden. Er ist nicht Dialekt, er hat nicht Idiom. Er ist, Jargon aller Welt!, in allen Sprachen geschrieben, Brücke zu allen. Zu Dualas wie Deutschen, zu Armeniern wie Amerikanern kann ich gleichermaßen reden, kann Gutes geredet werden, haben es nur einmal im Atelier die Schauspieler in das Objektiv gedolmetscht.

Es schwillt über die Zonen, zuckt in die Winkel der Kontinente.

Gläserne Kugel, überspanne das Kino den ganzen Erdball.

In den Zenith blickend, mögen die Pole einander betrachten.

Gut und Böse zucke mahnend und eifernd über den Himmel.

Der letzte Einäugige auf der nördlichen oder südlichen Halbkugel wird mir nicht entgehen.

Wer das Kino hat, wird die Welt aushebeln.

Dieser Text zu Bedeutung und Dramaturgie des Kinos bildet den Kern der selbständigen Veröffentlichung des Essays *Hätte ich das Kino!!* – Berlin: Erich Reiß Verlag 1920 (*Tribüne der Kunst und Zeit*, 15), S. 7–16 und S. 35–44. Wiederabgedr. in: *Carlo Mierendorff*. Eine Einführung in sein Werk und eine Auswahl von Fritz Usinger. Wiesbaden 1965, S. 64–83. Der Titel des Essays hatte in den Zwanziger Jahren den Rang eines Slogans für die Beziehung zwischen Schriftsteller und Film.

1 Das Stichwort hier nicht in der pejorativen Bedeutung des Wachsfigurenkabinetts, sondern »als Allschau im wahrsten Sinne des Wortes. Die ganze Welt soll darin erscheinen, und gerade das, was für uns Fremdwelt ist«. So kommentiert Fritz Usinger diese Passage (in: *Carlo Mierendorff, S. 22).*

2 U. T. steht für Union Theater, Lichtspielhäuser der Berliner Projections Actien-Gesellschaft »Union«. Im Programm vom 15. – 21. Oktober 1910 des U. T. in Wedding, Reinickendorferstraße 14 stellte sich die Kette folgendermaßen vor: »Unser großer Erfolg und die Beliebtheit, deren sich alle unsere U. T. Theater seitens des Publikums erfreuen, liegt vor allem darin, daß unsere Direktion stets den Geschmack des Publikums trifft [...] Unser Wahlspruch lautet: Für *unser* Publikum ist uns das Beste noch nicht gut genug« (Zit. nach: H. L. Greve u. a. (Hrsg.): *Hätte ich das Kino!* Katalog, S. 19.).

3 Henny Porten (1890–1960), die Heroine des deutschen Stummfilms, bekannte sich zu einer durchaus antiexpressionistischen Kunstauffassung. Das Credo des Stars lautete: »Ebenso, wie ich im Leben das Harmonische, das sauber Abgerundete liebe, liebe ich es in der Kunst. Einen Film zu spielen, in dem etwas Häßliches, Krasses dargestellt wird, ist mir ebenso unmöglich, wie eine Gestalt zu verkörpern, die nicht schön ist« (*Wie ich wurde*. – Berlin: Volkskraftverlag 1919, S. 55). Die Bekanntheit der Diva veranlaßte Kurt Pinthus zu dem ironisch-bitteren Wahlvorschlag: *Henny Porten als Reichspräsident*. In: *Das Tage-Buch* 2. Jg. (1921), S. 1243–1247.

4 Der »Filmstern« Erna Morena und der populäre Gunnar Tolnaes, Hauptdarsteller in schwedischen und deutschen Filmen, waren wie die im folgenden erwähnte Pola Negri (d. i. Apollonia Chalupez) bald Objekt der trivial-gazettenhaften Gattung der Starbiographie: Vgl. Marie Luise Droop: *G. T. Aus seinem*

Leben und Wirken. – Berlin: Busch-Film-Verlag 1920; *P. N. Fragmente aus ihrem Leben.* – Berlin: Verlag Licht-Bild-Bühne 1920; Gustav Holberg: *Henny Porten.* – Berlin: Verlag Licht-Bild-Bühne 1920.

5 Verweisung auf Alfred Kubins phantastischen Roman *Die andere Seite.* – München u. Leipzig: Georg Müller 1909.

6 Pionier des deutschen Stummfilms, Darsteller des Balduin in *Der Student von Prag.* Romantisches Drama in vier Bildern von Hanns Heinz Ewers. Deutsche Bioscop 1913. Regie: Ewers und Stellan Rye. Uraufführung am 22. 8. 1913 im Mozartsaal am Berliner Nollendorfplatz. Berühmt als Hauptdarsteller, Drehbuchautor und Regisseur des Films *Der Golem.* Phantastischer Film, Drehbuch 1914 von Wegener und Heinrich Galeen. Uraufführung am 15. 1. 1915 im Union Theater Berlin Kurfürstendamm. Rudolf Blümner aus dem Sturm-Kreis spielte den Gelehrten. Wegener trat auch durch filmtheoretische Betrachtungen aus der Phalanx der »Filmsterne« hervor: *Neue Kinoziele.* Rede, gehalten am 24. 4. 1916 in der Berliner Singakademie (in: K. Möller: *Paul Wegener.* Sein Leben und seine Rollen. 1954, S. 102–113; gekürzt u. d. T.: *Von den künstlerischen Möglichkeiten des Wandelbildes.* In: *Der Kunstwart* 30. Jg. (1916/17), Bd. 2, S. 13–15).

128
Ernst Angel: *Ein expressionistischer Film.* In: *Die neue Schaubühne* 2 (1920), H. 4 (April), S. 103–105.

Die »Decla« hat ihn angekündigt, seine Programmatik stellt ihn in Frage: Expressionismus, der sich selbst beim Namen nennt, hat wenig Hoffnung, es zu sein. [1] Und kaum kommt er im Bild zu Wort, straft er sich auch schon Lügen: die Bildschriften treten unmotiviert aus ihrem Glied, sind unleserlich auf ein zerzacktes Bandornament gestreut. Dieser Expressionismus riecht nach Kunstgewerbe.

Ihn sucht des Weiteren eine ahnungslose Regie in Dekorationen und Versatzstücken zu beweisen. Ist er doch im Bau einer Filmfabel, in der Bewegung der Leiber problematisch; aber erkennt ihn nicht jedes Kind in schiefen Wänden? Verrutschten Türen? Verquollenen Möbeln? Sitzengebliebenen Häusern? – Man macht das Symptom selbständig, dessen Erreger man niemals kannte.

Solche Ausstattung läuft leer neben konventioneller Aktion und Geste und erntet selbst dort, wo sie Stofflichem begegnet, bestenfalls stilisierte Bühnenbilder, die den Film in ein »entworfenes« Milieu bis zur Atembeklemmung einpressen. Das Atelier sperrt die Türe hinter ihm ab und öffnet ihm nur selten auf sorgsam präparierten Streifen Bodens (jeder Quadratmeter frißt Honorar!) die Welt. Der Gefangene aber krepiert zwischen seinen entworfenen Möbeln.

Will die künstlich-künstlerische Filmbühne die Natur wieder einbeziehen, so wächst ihre Wirkung im umgekehrten Verhältnis zu der Weite ihres Schauplatzes: ein Dachfirst, ein Gewölbe, eine Treppe mögen gelingen; eine Stadt im Hintergrunde wirkt als flächiges Liliput.

Nun ist aber der Film angewiesen, durch Tiefe seines Schauplatzes die Fläche der Leinwand zu überwinden, durch Spannweite und Simultanität seiner Aktionen deren Metaphysik zu ersetzen. Die von Natur plastische, von Wort und Atmosphäre genährte Bühne läßt durch ihre drei Zimmerwände Welt hereinstürzen: mit ihren Mitteln arbeitend, verliert der Film seine eigenen aus der Hand und muß doch Abklatsch bleiben.

Mystik und Groteske sind Wirkungserscheinungen expressionistischen Ausdruckswillens, ohne ihm im Geringsten stoffliche Voraussetzung zu sein. *Das Cabinett des Dr. Caligari* [2] setzt mit mystisch-grotesken Begebnissen ein, stellt also anstatt innerer Übereinstimmung eine mißverständliche Gemeinsamkeit her. Und wenn diese Mystik nach einigen Kopfsprüngen durch die Serpentinen eines »Doppeldreh« unversehens in protestantisch-moralischer Aufklärung landet, so ist ihr »Expressionismus« weit hinter dem eines amerikanischen Exzentrik-Films zurückgeblieben, der sich seine Übersteigerungen aus dem täglichsten Leben sucht, ohne sie rationalistisch zu rechtfertigen.

Dr. Caligari, dämonischer Arzt und Mörder, ungreifbar dem Arm der Gerechtigkeit (er bedient sich eines Somnambulen als Werkzeug), wird von seinem Gegenspieler, dem er Freund und Geliebte raubte, im Irrenhause aufgespürt; dort haust der Unhold als Direktor. Der rächende Jüngling entlarvt den Hüter der Irren als selber Irren, dem das Exempel vergilbter Verbrechermemoiren zur fixen Idee wurde. Und alle diese Vorgänge, reproduziert als Erzählung des Jünglings, enthüllen sich schließlich als Phantasien eines abermals kranken Gehirnes und können darum mitsamt den anstößigen Dekorationen von einem geneigten Publico freundlichst zu Gute gehalten werden; umso eher, als auch der Direktor, ein de facto kreuzbraver Kerl, dem jungen Patienten nunmehr Genesung in Aussicht stellt. Man war schließlich im Irrenhause gewesen . . . Und ein einverständliches Lächeln streift den »Expressionismus«, der wieder einmal als Abwesender die Zeche zu bezahlen hat.

Denn es hätte des stofflichen Rückzuges nicht bedurft, um zwischen dem Kunstwillen unserer Zeit und dem Konjunkturwillen ihrer Unternehmer einen Strich zu ziehen: Expressionismus, der das Gegebene zerstört und die Trümmer durch seine Sehnsucht filtert, läßt sich nicht in eine Branche einführen wie etwa das Taylorsystem. Ehe die Natur ihre Anatomie opfert, muß sie einem Willen verfallen sein, der sie zu tieferer Natur vergewaltigt. Und ehe es schiefe Häuser gab, war ein Sturm in der Brust, sie zu knicken. Ausdrucksteigernde Entwürfe wird kein guter Regisseur in einen »naturalistischen« Film gelegentlich aufzunehmen verschmähen; oder sie durch Ortwahl, Beleuchtung, Perspektive zu ersetzen suchen. Mehr als illustrierenden Wert werden solche Versuche erst gewinnen, wenn sie aus Handlung und Gebärdenkunst erwachsen sind.

Zusammen mit diesem Beitrag des am Expressionismus beteiligten Lyrikers wurde eine weitere Besprechung angekündigt, die ebenfalls die Frage nach den expressionistischen Merkmalen des Films stellte. Der Rezensent Alexander Beßmertny meinte: »auf das Seelische des Produkts angewandt, bedeutet ›expressionistisch‹ hier, daß es sich um einen Film der Linie handelt, die mit dem *Golem* und dem *Studenten von Prag* besser begonnen hat. [...] Die Verfasser aber vermuten, scheints, gerade im Meta-Vernünftigen das Expressionistische« (*Ein expressionistischer Film.* In: *Die neue Schaubühne* 2. Jg. (1920), H. 5 (Mai), S. 136–137, Zitat S. 136).

1 Zu einem etwas positiveren Resultat kam Herbert Ihering in seiner im *Berliner Börsen-Courier* vom 29. 2. 1920 veröffentlichten Besprechung. Doch assoziierte auch er mit dem Adjektiv »expressionistisch« die Vorliebe für psychopathologische Verzerrung. (*Ein expressionistischer Film.* Abgedr. in H. I.: *Von Reinhardt bis Brecht.* Bd. 1. (Ost-)Berlin 1961, S. 374–375; Wiederabdr. in Anton Kaes (Hrsg.): *Kino-Debatte*, S. 133–134).

2 *Das Cabinet des Dr. Caligari.* Filmschauspiel in 6 Akten von Carl Mayer und Hans Janowitz. Im Verleih der Decla-Bioscop Produktionsgesellschaft. Uraufgeführt am 27.2.1920 im Berliner Marmorhaus. Mit Werner Krauss in der Hauptrolle, Conrad Veith als der Somnambule, Fritz Fehér und Lil Dagover. Gemalte Kulissen von Hermann Warm, Walter Reimann und Walter Röhrig. Regie: Robert Wiene. Nachdruck des Drehbuchs: Robert Wiene, Carl Mayer und Hans Janowitz: *The Cabinet of Dr. Caligari.* New York 1972 (Classic Film Scripts). Kurt Tucholsky lobte die phantastische Gestaltung des mit suggestiver Reklame angekündigten Streifens, meinte allerdings angesichts der ersten Wirkung: »Das Publikum schwankte zwischen Heiterkeit und Unverständnis [...] Ein Provinzgeschäft ist es nicht, und ich fürchte, nicht einmal ein berliner Geschäft« (u. d. Ps. P[eter] P[anter]: *Dr. Caligari.* In: *Die Weltbühne* 16. Jg. (1920), Nr. 11, 11.3., S. 347–348; zit. nach: *Gesammelte Werke.* Bd. 2: 1919–1920, S. 292–293, Zitat S. 293). Erfolgreicher war der Film in Paris, wo man das Schlagwort »le Caligarisme« als Synonym für das unheimlich-dämonische »gotische« Deutschland prägte.

c) Der literarische Markt

Der wirtschaftlichen Dynamik sowie der allgemeinen industriellen und technischen Entwicklung entsprechend hatte sich der litererarische Markt in der wilhelminischen Epoche erheblich ausgeweitet. Belief sich die Zahl der jährlichen Neuerscheinungen im Jahre 1890 noch auf 18 059 Titel, waren es 1910 bereits 30 317. [1] Allein die Neupublikationen schöner Literatur überschritten die Marke von 4 000 Stück. [2] Die wenigsten der kulturkritisch räsonierenden Zeitgenossen freilich trauten solcher Hochkonjunktur. Den Konflikt zwischen Bildungsanspruch und Marktinteresse seit langem vor Augen, bedauerten sie die fortschreitende Ablösung »qualitativer Produktion« durch eine bloß »quantitative« [3]; vielstimmig erhob sich empörter Protest gegen das »skandalöse Mißverhältnis« zwischen dem Verkaufserfolg sogenannter Trivialliteratur und den bescheidenen Auflagenziffern erstrangiger Werke. [4] Hermann Hesses *Peter Camenzind* und die *Buddenbrooks* von Thomas Mann gehörten zu den wenigen Ausnahmefällen.

»Hört man so herum«, verallgemeinerte die *Neue Rundschau,* »so wird von der Kunst gar nicht mehr recht als Schöpfung gesprochen, sondern als Wert, fast als Marktobjekt«. [5] Andernorts wurde die Sache ungeniert beim Namen genannt: *Literatur als Ware* lautete der Titel einer damals vielbeachteten Schrift. Ihr Verfasser, Alfred Wechsler, der auch in expressionistischen Zeitschriften publizierte, benannte das Problem lapidar und provokativ zugleich: »In einem bestimmten Augenblick wird auch das persönlichste Kunstwerk, auch die aus dem triebhaften Empfinden geborene Dichtung Ware. An diesem Zeitpunkt gilt für sie wie für jeden Verkaufsartikel nur ein Gesetz: die Wirklichkeit«. [6] War bislang die Frage nach den ökonomischen Bedingungen des künstlerischen Schaffens als Frage nach der Vermarktung des ästhetischen Objekts eher verpönt, war sie doch weder mit dem Kult der Dichterpersönlichkeit noch mit der Aura des Kunstwerks vereinbar, welche die Jahrhundertwende pflegte, so erschien sie nun als ein seriöses Thema. [7] Der Warencharakter des Kunstwerks auf dem Markt kultureller Produkte und der Autor als sozial abhängiger Produzent waren unwiderruflich ins Bewußtsein getreten. [8] Walter Hasenclever gab die Briefe des Verlegers Wilhelm Friedrich an Detlev von Liliencron heraus, in denen stereotyp von der »Poesie des Geldes« und der Lyrik als »unverkäufliche Waare« die Rede ist. [9] An Vorbildern wie Richard Dehmel erkannte man die prekäre Lage des Nur-Schriftstellers, der z. B. seine Weigerung, kostenlose Beiträge für *Das neue Pathos* zu liefern, bei Paul Zech mit der Klage entschuldigte: »Von meinen Büchern kann ich noch heute nicht meinen Haushalt bestreiten; so gehts den deutschen Dichtern«. [10] Mit Verachtung bedachte man die vermeintlich »feinsinnigen Poeten«, deren angebliche literarische Sensibilität in groteskem »Einklang« mit der gar nicht feinsinnigen Marktlogik von Angebot und Nachfrage stand. [11] In sarkastisch-koketten Worten distanzierte sich z. B. Gottfried Benn vom kommerzialisierten Literaturbetrieb, dessen äußerster Gegensatz die avantgardistische Kunstkommunikation zu sein hatte: » [...] Kunst ist eine Sache von 50 Leuten, davon noch 30 nicht normal sind. Was große Verlage verlegen, ist keine Kunst, sondern Arbeit von Leuten, die ihrer Mittelmäßigkeit schriftstellerisch gerecht werden. Nietzsche hat zeit seines Lebens seine Rechnungen nicht bezahlen können, van Gogh lebte von 28 Tassen Kaffee den Tag u. Heinrich Mann ist arm, soviel ich weiß. Kunst ist Irrsinn und gefährdet die Rasse. Was Allgemeingut wird, ist damit gerichtet.« [12] Bei aller Kritik spricht aus den Voten expressionistischer Autoren aber jene merkwürdige Ignoranz der literarischen Intelligenz gegenüber den Kausalitäten und Zwängen der ökonomischen Basis schriftstellerischer Existenz. Doch lag dies nicht am forcierten Geistesaristokratismus und der wesentlich idealistischen Grundhaltung der Richtung allein. Erik Ernst Schwabachs Polemik (Dok. 129) gegen das vorgewerkschaftliche Programm des damals begründeten »Schutzverbandes deutscher Schriftsteller« löst das Dilemma der »brotlosen Kunst« denn auch in einer Weise, die mit der realsoziologischen Situation vieler expressionistischer Autoren zu tun hatte: wem der akademische Beruf die materielle Existenz zu sichern vermag, ist der Tagesschriftstellerei und der Anpassung an das Diktat marktorientierter Verleger enthoben. So blieb es vielfach bei abstrakten Appellen zum »Schutz der Schaffenden« [13]; nur Alfred Richard Meyer und Paul Zech traten dem »Kartell lyrischer Autoren« bei. [14] Nicht der Konflikt zwischen Dichterberuf und journalistischem Geschäft war für die expressionistischen Autoren ausschlaggebend, sondern der Widerspruch zwischen bürgerlichem Beruf und literarischer Passion; Franz Kafkas Tagebücher handeln davon: »Mein Posten ist mir unerträglich, weil er meinem einzigen Verlangen und meinem einzigen Beruf, das ist der Literatur, widerspricht«. [15]

Noch aus anderem Grund stellt sich die expressionistische Literatursituation als Enklave innerhalb des Kunstmarktes dar. Man fand Verleger, deren Interessen und Neigungen mit denen der Autoren weitgehend konform gingen. [16] Über das Ziel des avantgardistischen Verlages schrieb Kurt Wolff später: »Wir anderen Verleger sind, wenn auch gewiß in bescheidenstem Maße, schöpferisch bemüht, versuchen Leser zu enthusiasmieren für das, was uns originell, dichterisch wertvoll, zukunftsträchtig erscheint, gleich viel, ob's leicht oder schwer zugänglich ist«. [17] Ein agitativer Verleger wie Franz Pfemfert teilte nicht nur die gegen Durchschnittsgeschmack und Kulturbetrieb gerichteten Impulse der Autoren, sondern verschrieb sich ganz dem Aufbau einer politischen Gegenkultur, ohne an wirtschaftlichen Profit zu denken: »Ich verlege nicht Bücher, um Geschäfte zu machen, sondern um Geschäfte zu erschweren [...]«, lautete sein Credo im Nachwort zum *Aktionsbuch*. [18] Die Reaktionen repräsentativer Autoren aus dem Umkreis des Expressionismus auf eine Rundfrage zum Thema »Schriftsteller, Verleger und Publikum«, die der Verleger Georg Müller veranstaltete (Dok. 130), bezeugen – offenkundig in

Übereinstimmung mit dem fortschrittlichen Verleger – das Bewußtsein der tiefen Kluft zwischen Kunst und Kommerz, aber ebenso den ratlosen Protest und überhebliche Distanzierung von den Lesern.

Ausgesprochen marktkonform war in der Zeit des Expressionismus der Aufschwung der Werbung für ästhetische Werke, doch war es häufig ideologische Gegnerschaft, welche die angeblich »ungeheuere Verbreitung« des Expressionismus auf die »entsetzliche Reklame« seiner Verleger zurückführte. [19] Zweifellos gab es das Geschäft mit dem Expressionismus in der Phase nach 1918, in der literarische Mitläufer an der Mode gleichen Namens verdienten, doch regte sich die schärfste Kritik im eigenen Lager: »Das *Junge Deutschland* verkroch sich hinter dem breiten goldnen Rücken der Bourgeoisie, um gut zu verdienen. Jugend ist ein Geschäft geworden, und nie waren Geschäfte geistige Angelegenheiten«, attackierte z. B. Pfemfert die gleichnamige Theatergesellschaft. [20] Die Angegriffenen selbst redeten ebenfalls einer Reform des Theaters das Wort, mit der » [...] der Theaterkapitalismus in seinen krassesten Auswüchsen noch für lange Zeit durch einen geistigen Widerstand in Schach gehalten werden [kann], welcher der Tradition deutscher Theaterkultur treu geblieben ist«. [21] Analog der parodistischen Entlarvung einer auf Kulinarik, Erfolg und Rendite fixierten Kulturindustrie durch die Dadaisten, radikalisierte Carl Einstein nicht bloß die Kritik der bürgerlich-kapitalistischen Kunstorganisation, sondern verabschiedete die Epoche in toto (Dok. 132). Die Enttäuschung über das Scheitern der Novemberrevolution, von der auch die Schriftsteller eine ökonomische Veränderung ihrer eigenen Situation erwartet hatten, wird hier offenkundig. Alfred Kerr z. B. verstieg sich zu der ahnungslosen Formel: »Die Wirtschaftslage des geistigen Arbeiters würde durch folgendes einfache Gesetz gefördert: ›Der Hauptverschleißer oder Verleger von 1. Büchern, 2. Tonschöpfungen, 3. Bildwerken darf 10 % von dem verdienen, was der Urheber daran verdient. Was darüber ist, wird als Wucher bestraft‹.« [22] Immerhin gab es Versuche expressionistischer Verleger, ihre Unternehmen zu sozialisieren (Dok. 131). Mit einem emphatischen Aufruf warben Alfred Adler, Albert Ehrenstein, Fritz Lampl, Jakob Moreno Levy, Hugo Sonnenschein und Franz Werfel für ihren *Genossenschaftsverlag*, der als Modell des reinen Autorenverlags damals singulär blieb:

Noch ist der Dichter, der Denker in der Hand des Kapitals. Noch entscheidet über Druck und Verbreitung erstarrtes Alter, persönliche Voreingenommenheit der Verleger, der Dünkel ichbefangener Herausgeber. Junge Dichter fielen, ehe sie ihr Wort sahen, verhungerten, blind geopfert, ehe man sie sehen wollte, niemand gab ihnen das Lebensmittel: Geld für ihre guten Worte. Verse und Prosa der starken Anfänger verkümmern im Dunkeln, weil der zarte Anfang oder der steile Wurf noch kein Geschäft ist. So beschlossen wir, uns und den Proletariern, die nach uns kommen, zu helfen. Wir fordern euch auf, ein Gleiches zu tun, mitzutun.

Wir selbst wollen, was wir zu geben haben, preisgeben.

Wir wollen jede neue gute Stimme, soweit unsere Kräfte reichen, schallend machen.

Wir: Genossen, Kameraden, Brüder, wollen zu allen sprechen, sagen, bekennen, was wir sind, was wir fühlen und denken. Wir wollen weder ausgebeutet werden, noch Ausbeuter sein.

Der Ertrag aus den Büchern der Klassiker, der großen Toten aller Zeiten, darf nicht Geschäftsleuten, Büchermachern, vor allem Neuen aufs Neue verlegenen Verlegern zuströmen, sondern den Erben der vergangenen Dichter, den lebenden, kommenden Dichtern: uns und unseresgleichen.

Das Wort muß frei werden, Gemeinbesitz aller. Unsere Arbeit gehört der Menschheit.

Der von uns Gefährten verwirklichte Genossenschaftsverlag stellt die Dichter endlich in die Reihe der

Arbeiter: die Ernte aus ihren Werken dient nicht mehr dem Wucher der Zwischenhändler, sondern dem Lebensunterhalt der Mitschaffenden.

Wer reine Hände hat, stehe zu uns! [23]

Die ideologisch bedingte Praxisferne führte diese Versuche jedoch bald in materielle Bedrängnis. Erst die »Not der geistigen Arbeiter« in der wirtschaftlichen Depression der frühen Weimarer Zeit setzte realistischere Diskussionen über die ökonomische Lage der Schriftsteller wieder in Gang. [24] Kurt Tucholsky verwies implizit auf die Versäumnisse der expressionistischen Generation in diesem Punkt und forderte dazu auf, sich endgültig vom Ideologem des sozial »freischwebenden« genialischen Künstlers zu lösen: »Wir können keine Primadonnen brauchen – dazu ist die Zeit zu hart. Und wir werden Erfolg haben, wenn wir uns zusammenschließen, jeder, jeder, jeder – und wenn uns das Standesinteresse über alles Persönliche geht. Denn einzig das wäre Solidarität.« [25] Theodor W. Adorno hat schließlich darauf hingewiesen, wie sehr der literarische Markt diese Generation nach 1920 einholte: »Soziologisch ist am Schicksal der Expressionisten der Primat des bürgerlichen Berufsbegriffs über das reine Ausdrucksbedürfnis zu lernen, das, wie immer naiv und verwässert, die Expressionisten inspirierte [...] Ausgediente Expressionisten haben nicht ungern verheißungsvoll marktgängige Themen sich ausgewählt.« [26]

1 Laut Wilhelm Moufang: *Die gegenwärtige Lage des deutschen Buchwesens. Eine Darstellung der Spannungen und Reformbewegungen am Büchermarkt.* – München u. a.: J. Schweitzer Verl. 1921, S. 19.

2 Curt Blaß: *Der Dichter in Staat und Gesellschaft.* In: *Die Hilfe* 18. Jg. (1912), Nr. 28, 11. Juli, S. 445 f.

3 Karl Lamprecht: *Bildungsinteressen und Marktinteressen.* In: *Die neue Rundschau* 21. Jg. (1910), Bd. 2, S. 628.

4 [Kurt Martens]: *Vom literarischen Klingelbeutel.* In: *Der Zwiebelfisch* 2. Jg. (1910), H. 2, S. 41.

5 Oskar Bie: *Kunst, Markt, Masse.* In: *Die neue Rundschau* 29. Jg. (1918), Bd. 1, S. 125.

6 W. Fred d. i. Alfred Wechsler: *Literatur als Ware. Bemerkungen über die Wertung schriftstellerischer Arbeit.* Hrsg. im Auftrage des »Schutzverbandes deutscher Schriftsteller«. – Berlin: Oesterheld & Co. 1911. Zit. nach: Wolfang Martens: *Lyrik kommerziell. Das Kartell lyrischer Autoren 1902–1933.* – München 1975, S. 34 f.

7 Neben Wechslers Schrift vgl. z. B.: W. Koehler: *Theorie des Literaturwerts in den wichtigsten Grundzügen nebst Tabelle der literarischen Rentabilität für die praktische Unterweisung aller Literaturfreunde aus nationalökonomischem Standpunkt.* – Gera-Untermhaus: W. Koehler 1908; Arthur Cohen: *Die geistige Arbeit und ihre Vergeltung. Zur Theorie und Praxis der geistigen Arbeit.* – München 1910 (Schriften des sozialwissenschaftlichen Vereins der Universität München, 7); vor allem Wechslers Schrift wurde lebhaft diskutiert, so von Theodor Heuß: *Literatur als Ware.* In: *Die Schaubühne* 7. Jg. (1911), S. 561–564 u. Georg Hermann: *Literatur als Ware.* In: *Das literarische Echo* 13. Jg. (1911/12), Sp. 1171–1176.

8 Vgl. dazu bes. Hans Heinz Holz: *Vom Kunstwerk zur Ware. Studien zur Funktion des ästhetischen Gegenstands im Spätkapitalismus.* – Neuwied u. Berlin 1972, u. a. über »Dadas absolute Rebellion«, S. 87–103.

9 Vgl. *Dichter und Verleger. Briefe von Wilhelm Friedrich an Detlev von Liliencron.* Hrsg. u. eingel. von Walter Hasenclever. – München: Georg Müller 1914. Vgl. auch die typische Schelte von Else Lasker-Schüler: *Ich räume auf. Meine Anklage gegen meine Verleger.* – Zürich: Lago-Verlag 1925.

10 Richard Dehmel: *Brief an Paul Zech* vom 15. 5. 1914. In: *Ausgewählte Briefe* Bd. 2: *Aus den Jahren 1902–1920.* – Berlin: S. Fischer 1923, S. 340.

11 Hermann Meister: *Der feinsinnige Poet.* In: *Saturn* 1. Jg. (1911), H. 5, S. 64–65.

12 Gottfried Benn: *Brief an Paul Zech* vom 2. 9. 1913. In: *Ausgewählte Briefe.* Nachwort von Max Rychner. – Wiesbaden 1957, S. 12.

13 Vgl. Heinrich Pudor: *Schutz den Schaffenden.* In: *Der Sturm* 1. Jg. (1910/11), Nr. 18, 30. Juni 1910, S. 140.
14 Vgl. das Statut und das Mitgliederverzeichnis von 1919. In Wolfgang Martens: *Lyrik kommerziell*, S. 183–243.
15 Franz Kafka: *Tagebücher 1910–1923.* Hrsg. von Max Brod. – Frankfurt a. M. 1973, S. 200 (Aufzeichnung vom 21. August 1913). Vgl. ebenso den Eintrag vom 28. März 1911, S. 39.
16 Vgl. dazu neuerdings die ausgezeichnet informierende Arbeit von Wolfram Göbel: *Der Kurt Wolff Verlag 1913–1930. Expressionismus als verlegerische Aufgabe.* – Frankfurt a. M. 1977 (Sonderdr. des Archivs für Geschichte des Buchwesens. Bd. XV, Lfgn. 3 u. 4, Bd. XVI, Lfg. 6 – 1976/77); einen allgemeinen Überblick gibt Herbert G. Göpfert: *Der expressionistische Verlag. Versuch einer Übersicht.* In: *Brannenburger Vorträge* 1962. – Gräfelfing vor München o. J. S. 41–69.
17 Kurt Wolff: *Vom Verlegen im allgemeinen und von der Frage: wie kommen Verleger und Autoren zusammen.* In: Paul Raabe (Hrsg.): *Expressionismus. Aufzeichnungen und Erinnerungen*, S. 283 f.
18 Franz Pfemfert: *Schlußbemerkung für Fernstehende.* In: F. Pf. (Hrsg.): *Das Aktions-Buch.* – Berlin-Wilmersdorf: Verlag Die Aktion 1917, S. 342.
19 Jacob Overmanns: *Der Verlag Kurt Wolff und seine neuen Dichter.* In: *Stimmen der Zeit* 48. Jg., Bd. 95 (1918), H. 9 (Juni), S. 281–289, Zitat S. 288.
20 [Franz Pfemfert]: *Kleiner Briefkasten.* In: *Die Aktion* 8. Jg. (1918), Nr. 27/28, 13. Juli, Sp. 364.
21 Hermann Levy: *Gedanken über Theater und Wirtschaft.* In: *Das junge Deutschland* 3. Jg. (1920), S. 177–185, Zitat S. 185.
22 Alfred Kerr [*Der geistige Arbeiter (Meinungen und Vorschläge.)*]. In: *Deutscher Revolutionsalmanach für das Jahr 1919.* – Hrsg. von Ernst Drahn und Ernst Friedegg. – Hamburg – Berlin: Hoffmann & Campe Verlag 1919, S. 119.
23 *Aufruf des Wiener Genossenschaftsverlags* vom Frühjahr 1919 zit. nach Wolfram Göbel: *Sozialisierungstendenzen expressionistischer Verlage nach dem Ersten Weltkrieg.* In: *Internationales Archiv für Sozialgeschichte der deutschen Literatur.* Bd. 1 (1976), S. 178–200, Zitat S. 193.
24 Vgl. Johannes Hofmann: *Die erste deutsche Schriftstellerorganisation und die Schriftstellerbewegung.* – Leipzig: Verlag Kurt Scholtze 1921; *Die geistigen Arbeiter.* Teil 1: *Freies Schriftstellertum und Literaturverlag.* Hrsg. im Auftrage des Vereins für Sozialpolitik von Ludwig Sinheimer. – München u. Leipzig: Duncker & Humblot 1922; bes. auch die bewegende Schrift von Alfred Weber: *Die Not der geistigen Arbeiter.* – München u. Leipzig: Duncker & Humblot 1923.
25 Kurt Tucholsky: *Solidarität.* In: *Der Schriftsteller* 8. Jg. (1921), H. 1/2, S. 5–7, Zitat S. 7.
26 Theodor W. Adorno: *Gesammelte Schriften* Bd. 7: *Ästhetische Theorie.* Hrsg. von Gretel Adorno und Rolf Tiedemann. – Frankfurt a. M. 1970, S. 341.

129
E[rik] E[rnst] S[chwabach]: *Der Beruf des Dichters.* In: *Die weißen Blätter* 1 (1913), Nr. 2 (Oktober), S. 97–98.

Der Schutzverband deutscher Schriftsteller [1] hat durch seine Gründung einen Zustand anerkannt: den Schriftsteller, den Dichter als einen Beruf, der für Bezahlung tätig ist. Wir stehen nun auf dem Standpunkt, daß nur wirtschaftliche Nutzwerte bezahlbar sind, und daß geistige Werte niemals einen in Zahlen auszudrückenden Geldwert besitzen. Der Dichter verrichtet keine irgendwie im wirtschaftlichen Sinne nutzbringende Arbeit. So wenig wie der Denker oder der Priester. Tritt ein, was jetzt zur kaum mehr beachteten, geschweige bedachten Tatsache wird, daß nämlich der Dichter seine Berufung zum Beruf macht, von dem er wirtschaftlich lebt, so stellt er, oft selbst ganz unbewußt, seine Tätigkeit unter die wirtschaftlichen Gesetze, fügt sich ihnen und wird, wie die Dinge heute liegen, kapitalistisch. Das Geistige wird an seiner Quelle vergiftet, sowie es ein Wert wird, von dessen Bezahlung der Schöpfer des Geistigen lebt.

Wir wollen nicht an frühere Zeiten erinnern, die den Dichter eo ipso als armen Teufel sahen und wollten, dem nicht anders zu helfen als durch Mäzenat oder Sinekure. Wir meinen auch ferner nicht, daß die Not für den Dichter Bedingung seiner geistigen Existenz sei, denn die Not würde ihn in seinem leiblichen Bestande schädigen, der das Gefäß seines Geistes ist. Aber dieses Übel, daß der Dichter heute ein Produzent wirtschaftlich gemachter Werte ist, macht sich in einer Weise bemerkbar, daß wir ihm einen Beruf wünschen müssen, in dem er wirtschaftlich nutzbringende Arbeit leistet, für die er bezahlt wird, und die ihn in den Stand setzt, seine Kunst abseits vom Markte zu verrichten.

Wir wollen gleich noch bemerken, daß ebensowenig wie die Not der Reichtum die dem Künstler notwendige äußere Form seines Lebens bedeutet. Heute ist es schon so, daß der Künstler nicht nur von seiner Arbeit gut leben, sondern durch sie reich werden will. Merkt man das nicht am Werke? Der Geist, der unbezahlbare, zieht sich aus ihm zurück. Eigentümliche Begabung und nicht nur das heute so billige Talent vorausgesetzt, braucht der Künstler das, wovon er lebt, und er braucht das Erlebnis. Stellt er sein künstlerisches Erlebnis in den Dienst dessen, wovon er als Mensch leben will, so wird er zum handwerksmäßigen Schreiben gezwungen, und sein Dichten wird ein literarisches Gewerbe oder ein Journalismus, der es verschämt nicht sein will. Eine Zeitlang versucht er noch zu trennen zwischen dem, was er für den Zeitungsbesitzer schreibt, und dem, was er für die Muse schreibt. Bald wird der Zeitungsbesitzer die Muse geheiratet haben, und jener Unterschied besteht nur mehr in der anmaßenden Einbildung jenes Dichters. Seine unnütze Arbeit, die geistige Produktion, wurde nutzbare Arbeit: Journalismus. Der Fall, daß ein Dichter bewußt journalistische Arbeit leistet, um von ihr zu leben für das Werk, das er als Dichter leistet, ist denkbar. Aber wohl nur denkbar. Wir können uns andere Tätigkeiten des Dichters denken, aus denen er sein Leben bestreitet, und solche, die ihn Distanz zu seinem Dichten gewinnen lassen und ihm andere arbeitsame und bedeutende Kreise des Lebens erschließen. Seine Produktion wird dadurch spärlicher, aber stärker werden, selbst wenn er zu denen zählt, die wie eine Pastorsfrau jährlich ein Kind zur Welt bringen. Und wir würden achtzig vom hundert aller heut geschriebenen und gedruckten Bücher los sein, die nichts weiter sind als offengestandener oder verschämt verschleierter Gelderwerb. Man würde wieder dem Dichter seine Aufmerksamkeit schenken, als dem in jeder Bedeutung unbestochenen.

1 Der im Jahre 1909 gegründete S.D.S. wurde nach dem Ersten Weltkrieg zur maßgeblichen schriftstellerischen Berufsorganisation und blieb dies während der Zeit der Weimarer Republik; die arbeitsrechtliche, vertragliche und soziale Sicherung der Autoren bildeten ein Hauptziel seiner Aktivitäten. Vgl. Friedhelm Kron: *Schriftsteller und Schriftstellerverbände. Schriftstellerberuf und Interessenpolitik 1842–1973.* Stuttgart 1976.

130
Schriftsteller, Verleger und Publikum. Eine Rundfrage. Zehnjahreskatalog Georg Müller Verlag München [1913], S. 10–11, 23–24, 27–31, 90–91, 95–96, 97–98. (Antworten von Max Brod, Alfred Döblin, Albert Ehrenstein, Kubin, Robert Musil, Kurt Pinthus)

Max Brod

Der Verleger steht heute an einem Punkt unserer Kultur, wo diese ihren ganzen Irrsinn offenbart. Er soll das gute Buch, das auf das große Publikum keine Rücksicht nimmt, unter eben dieses Publikum bringen, das nach dem guten Buch auch nicht verlangt. Dabei soll er noch dem Autor, dem Buchhändler und womöglich auch sich selbst materiell nützen. Er soll Kompromiß-Autoren verabscheuen und doch beruht, eingestandenermaßen, seine ganze Stellung auf einem Kompromiß . . .

Ich ersehne die freie große Menschen-Gemeinschaft, in der man (unter anderem) auch vom Verleger keine Zauberkunststücke wird verlangen müssen.

Alfred Döblin

Autor, Verleger, Publikum

Der Verleger soll Prophet sein, Brunnenvergifter, Hebamme und Gängelband. Ein Treibhaus, ein gnadeloses Zuchtinstitut. Die Autoren seine Helfershelfer, nichts mehr, seine Peitsche; das Publikum sein Material. – –

Nur die Vielheit der Verleger entschuldigt ihre Existenz.

Geldmangel allein macht den Verleger nicht, Dummheit allein nicht den Leser. Betriebsamkeit einer Badfrau nicht den Autor. Hinzukommen muß beim Verleger die Arroganz, die Giftigkeit beim Publikum, die Hohlheit beim Schriftsteller.

Wenn der Name eines Autors groß geworden ist, scheint er durch den Verleger hindurch, scheint er durch das Publikum und geistert in den leeren Raum. Und der Verleger bezahlt Honorare, das Publikum kauft Bücher, und keinen geht der Autor etwas mehr an.

Der Verleger schielt mit einem Auge nach dem Schriftsteller, mit dem andern nach dem Publikum. Aber das dritte Auge, das Auge der Weisheit, blickt unbeirrt ins Portemonnaie.

Das deutsche Publikum – das heißt die verwitwete Tante Aurelie, die Musikschülerin Fräulein Lucie Spitzmaus, der Theateraspirant Apollonius Überbein – nimmt Kenntnis von dem Inhalt der Bücher (Leihbibliothek 5 M. Jahresabonnement, drei Bücher auf einmal) in der Elektrischen; wenn es regnet; keine Hose zu bügeln ist; gerade kein Besuch kommt. Um in dieser Pause, diesem Hiatus von Langeweile, Verlegenheit und Verdauungsbeschwerden zu gelten, werfen sich Jünglinge und erwachsene Männer in Ekstasen, vernachlässigen nützliche Gewerbe, verhungern mit ihren Familien. Es werden über diese Jünglinge und erwachsenen Leute Literaturgeschichten geschrieben von andern Leuten, die nichts Besseres zu tun haben, werden geschrieben, um für alle Ewigkeit festzuhalten jene Genossen des Regenwetters, der Blähungen meiner Tante Aurelie, des schnüffelnden Fräulein Spitzmaus, des kariösen Großmauls Apollonius. Und diese drei fahren gähnend in der Elektrischen, wissen nicht, wieviel sich um sie dreht, plappern beim Aussteigen die Autornamen. Das ist unser Ruhm, Ruhm.

Die Volkserzieher, die Philosophen und Dichter, in Scharen vor den Bureaus der Verleger: welche Schande! Das Volk hinter Mauern, hinter Fabriktoren verrammelt; es gibt kein Volk mehr. Weh uns, wir bedürfen der Verleger!

Das Publikum: Dantes Hölle, in Etagen tiefer steigend, aber überall Hölle. Im tiefsten Schlund die »Kollegen«; ich gönne ihnen den Tod und die Wiedergeburten im Scheidewasser.

Albert Ehrenstein [1]

Ich muß gestehen: ich beziehe gern Wechsel von Verlegern. Aber was die Wechselbeziehungen vom Publikum anlangt, so ist mir dergleichen noch nicht fühlbar geworden. Ich kenne viele einzelne Heuochsen, doch das sogenannte »Publikum« ist mir, Gott sei Dank! unbekannt. Die lobhudelnden oder tadeltriefenden Briefe aus der Menge gebären immer wieder nur den mehr oder minder uninteressanten Alphabeten. Wer ist nun meistens dieser Alphabete? Ich fand – und ein Blick, geschickt in etwelche Leihbibliotheksräume, wird es jedem finden helfen – die Masse der Gewohnheitsleser besteht aus Unbefriedigten, aus Leuten, die im Leben zu kurz kamen, aus weiblichen oder weiblich veranlagten Naturen, ich gebrauche nicht ganz tautologisch gewählte Worte, wenn ich behaupte: sie besteht aus halbintelligenten Mädchen, Damen, jungen Juden und Literaten. Der Bürger, der robuste Normalmensch und Lebensmann liest nicht, läßt sich nicht von den Opiaten, Phantasien und Fiktionen der Schriftlichen behelligen, erwirbt dergleichen Quark höchstens wahllos, zu Geschenkszwecken oder zur Füllung eines präexistenten Bibliothekschrankes. Was erwirbt er wahllos? Utensilien, welche ihm von den Vermittlern: von den Verlegern, apotropisch wirkenden Zensoren und von den Besprecherichen als preiswert hingestellt werden. Das Werk des Autors ist fast immer einem nicht sehr korrekten Selektionsprozeß ausgesetzt. Oft genug überlebt es nicht die erste Instanz, bleibt vom Lektor unbenagt, wenn der Verfasser nicht Geld genug hatte, sein Manuskript maschinschreiben zu lassen. Der Durchschnittsverleger wieder wendet sich ab von Operaten, denen die behördlich vorgeschriebene Anzahl von Küssen fehlt, schaudert zurück vor jenen makelhaften Machwerken, deren »Schluß« keineswegs die ebenso geschickt als »keusch« hinausgezögerten Koitusaussichten Verlobter andeutet. Die Vervollkommnung des Durchschnittsverlegers: der Zensor und Sterilisator scheidet irreligiöse, unbyzantinische und vor allem jene Bücher aus, die Ausdrücke der Vulgärerotik enthalten, welche nur in phantastisch irrealen Räumen – Cafés, Weinstuben, Bordellen, Familienwohnungen – täglich xmal benützt werden.

Ist das Opus doch erschienen, hinkt die Presse, wenn es sich um wahrhaft etwas bedeutende Werke handelt, meist kläglich nach. Verleger, denen Zeitschriften als Verlagsprospekte zur Verfügung stehen, sind also relativ im Vorteil. Sie können ihre kostspieligsten Autoren durch häufige Nennung des zu schaffenden Namens und grellere Reklamemittel dem Gehirn des Lesers, des Literaten, des Redakteurs einleiten. In solchen Revuen beginnt die Beeinflussung kritischer Snobs . . . und der produktive Mensch, der Künstler, blickt, nicht gerade sehr gerecht, aber auch nicht ganz ungerecht auf den reproduktiven Halbmann, den Kritikastraten mit jener Verachtung, wie sie etwa das Gehirn »Mann« für den Geschlechtsteil »Frau« übrig hat, und umgekehrt. Abhilfe brächte da nur – Waschzettelfabrikation durch einen vibrographischen Apparat, durch einen Literaturautomaten. Denn die heute noch vegetierenden Surrogate sind Inkarnationen des Mangels. Gewiß, das Zeitungswesen nähme von mancher großen Erscheinung keine »Notiz«, wenn die vielverleumdete Freundschaftskritik nicht dazu zwänge. Ich verstehe allerdings unter Freundschaftskritik nicht jene in Berliner Cliquen herrschende süßliche gegenseitige Gleißnerei, nicht jene mit etwas Druckerschwärze ausgeübte mutuelle – Kritik, eher das mannhafte Nichtverschweigen der Vorzüge und Fehler des Beredeten. Aber das gesamte Rezensionswesen hebt an, in Hochstapelei auszuarten. Es ist schwer, eine Satire zu unterdrücken. Es gibt schon Autoren, die Meister sind; nämlich im Herauslocken von Kritiken. Bauernfänger, die unter dem Vorgeben, sich dereinst im Neutitscheiner Tageblatt zu »revanchieren«, übermäßige Gefälligkeiten eines Grünspechts in Anspruch nehmen, und wenn das jugendliche Opfer einmal keine Lust hat zu funktionieren, sofort tödlich beleidigt sind – bis zum Erscheinen ihres nächsten Buches. Sie selbst sind meist geübte Totschweiger und Mörder von Rezensionsexemplaren, harte, kluge Egoisten, die aus guten Gründen vorschützen, sie hätten kein Blatt, wo sie ihren kritischen Schleim absondern könnten; hüten sich weislich, derartige Organe zu akquirieren. Man mag dergleichen je nach dem Temperament einen traurigen oder lustigen Zustand nennen. Er ist der in den Berliner Literaturcafés stationäre. Aber Waschzettel, Freundschaftsrezensionen, mutuelle Kritiken oder wie man sonst diesen Propagatorenunfug nennen will: all dies versagt sofort einer gewaltigen Schöpfung gegenüber. Ihr tritt die Totenstille entgegen, selten vom Herzen kommendes Lob. Es ist ein fabelhafter Beweis für den Unwert der kritischen Kinkerlitzchen, daß Aage von Kohl, der stärkste Epiker, der seit dem Tode Dostojewskis erstand, mit seinem *Palast der Mikroben* [2], mit seinem *Weg durch die Nacht* [3], den besten, objektivsten Büchern, die je gegen Todes- und Kriegesstrafe geschrieben wurden, in Deutschland fast unbekannt blieb. Es ist ein unbarmherziger Beweis gegen den heute üblichen Literaturmarktbetrieb, daß aber schon sehr akademische Verleger, die sich im wesentlichen auf die Ausgabe modern frisierter, übertünchter Engelhornromane beschränken, daß die Staackmann, Ullstein, Fleischel, Cotta und auch der anno »Freie Bühne« [4] verdienstliche, weil damals radikalere S. Fischer prosperieren, während der deutsche Verlag, der sich gegenwärtig in seinen epischbelletristischen Neuerscheinungen wohl das höchste Durchschnittsniveau leistet: Rueten und Löning selten ein Buch über die 2. Auflage zu spedieren vermag!

Fachsimpelei? Ich konstatiere bloß allerhand. Beispielsweise noch ein paar Tatsachen. Einem Druckwerk, gleichgültig welcher Art, vermögen nach fachmännischer Ansicht – ich bin Laie – Feuilletons in den großen Tageszeitungen mehr zu »nützen« als seine Qualitäten. Gutenbergs Erfindung hat momentan die Wechselbeziehungen zwischen Dichter und Publikum auf diese sehr einfache Formel reduziert. Man kann antworten: wer das verschleierte Bild von Sais enthüllt, darf sich über den Achselschweiß dieser Person nicht beklagen. Aber es bleibt das Faktum bestehen, daß die meisten Schriftsteller im jungfräulichen, ungedruckten Zustande Besseres produzierten als es später der Ekel vor dem Betrieb und seinen schmierigen Folgen zuläßt. Ebenso unumstößlich fest steht: die kleinen Literaturblätter, die sich infolge der Indolenz des Publikums eine zahlungsfähige Moral und Ausstattung leider nicht gestatten können, stehen himmelhoch über den großen, dicken Schmalzrevuen, diesen Organen unserer Neunzigjährigen. Aber jede dieser fettig materialisierten Rundschauen, von denen keine einen anderen Namen als »Das Antiquariat« verdient, ist moralisch sympathischer als ihre beliebtesten Autoren, die gestern noch problemquasselnd, extrem-psychologisierend den jeweiligen Hamsun verzapften, heute bereits perfekt goetheln oder als Wellskopisten die prüdesten Monatshefte verschweinen. Ebenso erging es unseren vormals interessanten Witzblättern; sie sind längst bourgeoisreif geworden und das Entzücken der Bierbürger, im übrigen aber höchst überflüssige illustrierte Wochenausgaben der politischen Tageblätter. Viele Verleger und Schriftsteller rechnen nun, »um nicht letal abgehen zu müssen«, mit dieser Saturiertheit des Publikums, mit der Scheu des Massenhirn vor direkten, krassen Büchern, setzen ihm Allerweltssuppen vor, nicht gerade kondensierte Brühen. Aber ob die Verleger nun – geschäftstüchtig – Romanbibliotheken führen oder jeder ihrer Autoren sich selber eine schreiben muß, ob sie das Universum mit Rezensionsexemplaren überschwemmen oder sich einem ebenso berechtigten Geiz hingeben, ob sie einander zukunftbesitzende Autoren abspenstig machen oder einer weitgehenden Anständigkeit fröhnen, ob die Verleger unter der Rentenhysterie ihrer in Watte gewickelten Autoren jammern, die – zeitgemäß – am liebsten geschützte Verlagsbeamte sein möchten, oder ob sie nervöser, sadistischer ihre Autoren die Druckkosten bezahlen lassen: der Verleger kann sein Ziel erreichen, er kann prosperieren. Das Publikum auch, es kann aus dem Buch-Haschisch die wohligsten Betäubungen und Verdummungen ziehen. Nur der Dichter bleibt immer zielfern, erliegt immer irgendwann dem Kontrast zwischen seiner Zeitlichkeit, Zeitgebundenheit, Zeitgefangenheit und der endlich alles niederschmetternden Ewigkeit. Aus diesem Grunde, weil Publikum und Verleger konstant, ewig, sozusagen unausrottbar sind, immer da sind, bestenfalls als feinorganisierte Materie, Hyle . . . immer da sind, ohne Varianten, in identischen Wiedergeburten . . . der Dichter aber ärgerlicherweise inkonstant ist, das vergänglichste und seiner Vergänglichkeit heute frech, morgen bescheiden bewußteste Wesen ist: möchte ich vom Dichter, Verleger und den Publikümmernissen am liebsten absehen.

Kubin

Lieber Herr Müller!

Auf Ihre Bitte um einen Beitrag für den Zehnjahreskatalog fürchte ich zu versagen. Sie wissen von mir, wie unglaublich schwer mir so etwas fällt, wenn ich nicht von innen den Drang zu schriftlicher Äußerung fühle. – Ich weiß recht, daß ich über einen klaren und reichen Ausdruck verfüge, weiß auch, wie Sie sich die Idee des Zehnjahreskataloges denken (eine prachtvolle Idee nebenbei!), aber ich selbst habe zurzeit noch mehr wie früher die stärksten Hemmungen, Kritik und Abneigung gegen andere als künstlerische Äußerungen für die Öffentlichkeit. – Sie wissen selbstverständlich, daß ich Ihnen zuliebe gewiß ein paar Zeilen oder auch mehr gegeben hätte, um als immerhin einer der wichtigsten »Müller«-Illustratoren auch vertreten zu sein. Aber was hätte ich schreiben sollen? Mir kam es nur immer darauf an, mit Ihnen gute und tiefe Freundschaft zu halten, ein Gefühl, das mit meiner Produktion eigentlich gar nichts zu tun hat. – Ans Publikum habe ich aber überhaupt noch nie gedacht, weder als Zeichner noch sonst im Leben. – Ich ärgerte oder freute mich, je nachdem über die Komplikationen und deren Lösungen, die bei einem Zusammenarbeiten jedesmal vorkommen werden; – jedes macht seine Sache, und mehr kann man für den Verlag nicht tun, und mehr tat auch ich nicht. – Vorschläge, Anregungen usw. usw. werden andere, die darüber nachdachten, sicher mehr geben können als ich. Ich wußte nichts, als daß ich mich manchmal sehr wunderte, sobald ich hörte, welch ungeheure Kosten die bloße Reklame und Propaganda verschlingt, zudem sie oft in fast keinem Verhältnis zum Wert oder Unwert eines Werkes steht. – Vielleicht schreibt jemand im Zehnjahreskatalog über diesen Mißstand von grotesken Dimensionen, aber ich glaube selbst nicht, daß man hier auch nur das Geringste *tun kann,* da Verlage nach ihrer geschäftlichen Seite betrachtet mit Konkurrenzen zu rechnen haben. – Nein! über all dies kann ich nicht schreiben – In Ihnen, lieber Herr Müller, sehe ich aber nicht nur meinen Verleger und einen Freund meiner Kunst, sondern vor allem andern einen Freund meiner selbst, und die »Wechselbeziehungen«, welche aus diesem »Verhältnisse« entspringen, haben weder mit Publikum noch Verlag im Grunde etwas zu tun. –

Robert Musil

Ein vom Publikum favorisierter Schriftsteller hat heute durchschnittlich das Einkommen eines Hoteldirektors, in ganz seltenen Fällen das eines nicht sehr gutgestellten Bankdirektors. Ein vom Publikum nicht favorisierter Schriftsteller hat das Einkommen eines Liftboys, in ganz seltenen Fällen das eines Bankdieners. Häufig bloß das eines Volontärs. Schuld an diesen Zuständen will niemand haben, nicht der Schriftsteller, nicht der Verleger und nicht das Publikum. Wie alle weitgreifenden wirtschaftlichen Konstellationen sind sie unpersönlich oder überpersönlich. Daß sie von größtem Einfluß auf das künstlerische Schaffen sind, ist sicher. Daß sie geändert werden müssen, ist sicher. Wie – darüber habe ich nicht nur kein Urteil, sondern kann auch keines mit Überzeugung äußern, weil ich auf Reisen bin und das redlich übertreibungslose Leben eines Nichtschriftstellers führe.

Lavarone, im August 1913.

Dr. Kurt Pinthus

Wie der Prophet, Heilige und Heiland der alten Religionen ist der Verleger ein Mittler zwischen Himmel und Volk. Durch den Verleger wird das Heiligste, Schönste, Verständigste und Verbohrteste, was göttlichen Menschenseelen und -hirnen entsproß, dem Publikum übermittelt.

Sache des Propheten wie des Verlegers ist es, dem Volke gute oder schlechte Religion und Literatur zu geben. Aber das Volk erhält wie die Religion, so auch die Literatur, die es verdient. Drum auch müssen Verleger wie Heilige öfters gekreuzigt oder geopfert werden. Denn das Hohe ist dem Volke unbekömmlich wie Mayonnaise dem vulgären Magen.

Die Verleger schlechter Literatur gleichen jenen Propheten, die, um dem Volke zu gefallen, Götzenbilder und goldene Kälber errichteten. Schlechte Literatur wird immer gekauft werden, gute nur dann, wenn der Verleger sich so für sie einsetzt, wie er es im allgemeinen nur für die schlechte zu tun beliebt. Wenn das Volk schlechte Literatur begehrt, so hat der Verleger das Recht, sich zu bereichern. Der kunstfreundliche Verleger (wie der Gott liebende Heilige) aber wird sich durch die Dummheit des Publikums nicht abschrecken lassen. Denn der Ruhm (und Gewinn) des Verlegers steigt proportinal mit dem der bei ihm verlegten Autoren.

Niemand verlangt, daß der Verleger ein Franziskus sei, der alle Habe von sich wirft. Der Verleger soll sich aber daran erinnern, daß die Priester alter Religionen ihren Göttern ständig edle Speise und Trank vorzusetzen hatten. Seitdem die Verleger ihre Autoren nicht mehr verhungern lassen, ergeht es ihnen selbst besser.

Und der Verleger sollte seinen Autor ehren, sich um ihn bemühen und Zwiesprache mit ihm pflegen, denn Moses suchte Gott im feurigen Dornbusche und erklomm als alter Mann den Sinai, um die göttliche Botschaft zu empfangen.

Die Umfrage der am 1. Oktober 1903 von Georg Müller (1877 – 1917) gegründeten Verlags A.G. war vermutlich Ende September 1913 abgeschlossen.

1 Albert Ehrensteins Beitrag erschien u. d. T. *Literatur* auch in: *Der Sturm* 4. Jg. (1913/14), Nr. 186/187, November 1913, S. 135.
2 Aage von Kohl: *Im Palaste der Mikroben.* Übers. aus dem Dän. von Mathilde Mann. – Leipzig: Verlag Haupt und Hammon 1909 (München: Wolff 1919 in der Reihe *Der Neue Roman* wiederaufgelegt in 3 Bdn.).
3 Aage von Kohl: *Der Weg durch die Nacht. Erzählung.* Übers. aus dem Dän. von Mathilde Mann. – Frankfurt a. M.: Rütten und Loening 1912.
4 Vgl. die Anm. 1 zu Dok. 187

131
H[einar] Schilling: *Das Sozialisierungsstatut des Dresdner Verlag von 1917* vom 1. Juni 1919. In: *Menschen* 2 (1919), H. 10 (Nr. (68/69), 21. September, S. 2–4.

Der Dresdner Verlag von 1917 [1] wurde am 1. Juni 1919 sozialisiert, das heißt er wurde erstens in das Eigentum der Produzenten überführt, somit also zu einer Produktivgenossenschaft umgestaltet und zweitens hinsichtlich seiner Erträgnisse vergesellschaftet, wobei am Reingewinn sowohl Produzenten wie Angestellte beteiligt wurden. Ausgehend von der Überzeugung, daß Geist in keiner Weise Ware kapitalistischer Betriebsamkeit bleiben dürfe, vereinbarte der Gründer des Verlages mit seinen Autoren folgendes »bürgerlichrechtliches Instrument«.

Herr Heinar Schilling als alleiniger Inhaber des Dresdner Verlages von 1917 schließt mit den Verfassern der bei ihm erschienen Verlagswerke als:

1. Herrn Walter Rheiner
2. Herrn Dietrich
3. Frau Bess Brenck Kalischer
4. Herrn Dr. Kurt Bock
5. Herrn Klabund
6. Herrn Will Erich Peuckert
7. Herrn Max Hermann-Neisse
8. Herrn Dr. Friedrich Wolf

9. Herrn Felixmüller 10. Herrn Carl Hauptmann

sowie mit

Herrn Hugo Zehder als Schriftleiter der Neuen Schaubühne [2] folgenden

Vertrag.

Erster Teil:
Die Beteiligung der Urheber der Verlagswerke.

§ 1.

Herr Schilling nimmt die Urheber der Verlagswerke des Dresdner Verlags von 1917 als bürgerlich rechtliche Gesellschafter nach folgenden näheren Bestimmungen in das Verlagsunternehmen auf.

§ 2.

Die Urheber der Verlagswerke werden Miteigentümer des Verlagsgeschäftes zu gesamter Hand nach dem Verhältnis des mit einem jeden von ihnen vereinbarten Honorares.

Als Honorar der Schriftleiter der verlegten Zeitschriften gilt das Honorar des jeweils letztvergangenen Geschäftsjahres.

Volle je 200 Mk. des Honorars begründen Anspruch auf je einen Anteilschein mit einer Stimme.

§ 3.

Als Gegenwert für ihre Verlagswerke erhalten die Gesellschafter auf den Namen lautende Anteilscheine, die unkündbar und nicht übertragbar sind; die Anteilscheine sind mit der Unterschrift des Herrn Heinar Schilling versehen. Dividendenscheine werden nicht ausgegeben. Verlorene Anteilscheine werden ebenso wie durch den Tod des Inhabers oder durch Rückgabe erledigte, durch Stücke der gleichen Nummer, die die Bezeichnung »B«, »C« usw. tragen, ersetzt. Zunächst werden für 25 000 Mk. Anteilscheine des Dresdner Verlags von 1917, Nr. 1–35 ausgegeben. (Siehe Anlage).

Die unverteilten Anteilscheine werden von Herrn Heinar Schilling nach Maßgabe künftig zu zahlender Honorare ausgegeben.

§ 4.

Der Verfasser jedes neuaufzunehmenden Verlagswerkes wird nach Maßgabe dieses Vertrages Mitgesellschafter und erhält einen Anteilschein. Über Annahme oder Ablehnung neuer Verlagswerke, und somit über Aufnahme neuer Gesellschafter entscheidet im Auftrage der Gesellschafter der jeweilige künstlerische Leiter. Die Aufnahme als Gesellschafter gilt durch den Abschluß des Verlagsvertrages als bewirkt, falls der Autor nicht auf eine Beteiligung verzichtet (§ 7).

§ 5.

Als Beiträge der Gesellschafter gelten ihre Leistungen als Schriftleiter oder ihre Verlagswerke, und zwar: Bücher, Illustrationen zu Büchern, selbständige graphische Werke. Einzelbeiträge in den Zeitschriften gelten nicht als Verlagswerke.

§ 6.

Alle als Honorar gezahlten oder zu zahlenden Geldbeträge gelten als Vorschuß auf künftige Gewinnanteile. Sie können bei nicht ausreichendem Gewinn nicht zurückgefordert werden.

Die Anteilscheine Nr. 1–35 gelten als mit 100 % bevorschußt. Auf künftig auszugebende Anteilscheine wird ein Vorschuß von 100 % abzüglich der seit 31. 5. 1919 gezahlten Dividenden gewährt, sodaß sie in der Höhe der Belastung mit den Anteilscheinen 1–35 gleichstehen.

Am 1. 6. 1919 wird eine Rückdividende für 1917/18 von 20 % von den Vorschüssen auf die Anteilscheine 1–2, 5–8, 11–20 abgeschrieben. Weitere Dividenden werden solange abgeschrieben bis die gesamten Vorschüsse getilgt sind. Von diesem Zeitpunkt an werden sie bar ausgezahlt, eine weitere planmäßige Bevorschussung neuer Anteilscheine ist nicht zulässig.

§ 7.

Ein Gesellschafter kann bei Abschluß des Verlagsvertrages auf seinen Anteil verzichten; in diesem Falle wird das vereinbarte Honorar bar ausgezahlt.

Zweiter Teil.
Die Geschäftsführung.

§ 8.

Nach außen gilt Herr Schilling weiter als alleiniger Inhaber des Verlagsgeschäftes. Er allein ist den Gläubigern haftbar und trägt etwaige Verluste. Ihm allein steht das Recht der Vertretung und Geschäftsführung zu. Ihm wird die künstlerische Leitung zunächst auf 5 Jahre, das ist bis 1. 6. 1924 übertragen.

§ 9.

Sein in dem Geschäft angelegtes Kapital im Betrage von 100 000 Mk. überläßt Herr Schilling der Gesellschaft als Darlehn. Es ist ihm vom 1. Juni 1919 ab mit 6 % in vierteljährlichen Teilzahlungen zu verzinsen und wird erst bei Auflösung der Gesellschaft zur Rückzahlung fällig. Die Gesellschaft ist aber zu früherer, auch teilweiser Rückzahlung berechtigt.

§ 10.

Herr Schilling ist berechtigt, seinen Darlehnsanspruch in der Maßgabe abzutreten, daß der Erwerber in seine im § 8 gekennzeichnete Stelle tritt, und zwar, mit den dort und in § 4, 9, 10, 11 und 13 angeführten Rechten und Pflichten, sowie der Rechtsfolge des § 12. Die Übertragung der künstlerischen Leitung bedarf jedoch der Genehmigung der Gesellschafter.

§ 11.

Für seine Tätigkeit als Geschäftsführer und künstlerischer Leiter erhält Herr Schilling eine Vergütung in Höhe von mindestens jährlich 4000 Mk. zahlbar vierteljährlich pränumerando deren endgültige Höhe die Gesellschafterversammlung für das jeweils vergangene Geschäftsjahr rückwirkend festsetzt.

§ 12.

Stirbt Herr Schilling, während er nach außen Alleininhaber des Verlagsgeschäftes ist, so wird die Gesellschaft aufgelöst. In anderen Fällen löst der Tod oder die Eröffnung des Konkurses über das Vermögen eines Gesellschafters die Gesellschaft nicht auf.

§ 13.

Herr Schilling kann die Gesellschaft jederzeit kündigen.

Eine Kündigung der Gesellschaft durch einen anderen Gesellschafter ist nur beim Vorliegen eines wichtigen Grundes zulässig (§ 723 B. G. B.) Der ausscheidende Gesellschafter erhält seinen Geschäftsanteil abzüglich der noch nicht getilgten Vorschüsse ausgezahlt. Die Gesellschaft besteht in diesem Falle unter den übrigen verbleibenden Gesellschaftern fort. Ein Gesellschafter, in dessen Person ein die übrigen Gesellschafter zur Kündigung berechtigender Umstand eintritt, kann aus der Gesellschaft ausgeschlossen werden.

§ 14.

Alljährlich im Januar beruft Herr Schilling eine Gesellschafterversammlung, die den Aufsichtsrat, bestehend aus 3 Personen wählt. Die Gesellschafterversammlung beschließt mit einfacher Stimmenmehrheit; je 200 Mk. Anteil gewähren eine Stimme, Herr Schilling kann sein Stimmrecht aus Anteilscheinen in allen Angelegenheiten ausüben. Der Beschluß der Gesellschafterversammlung die Gesellschaft aufzulösen bedarf der Genehmigung des Herrn Schilling und erfordert ⅔ Mehrheit aller Stimmen.

Die erste Gesellschafterversammlung im Januar 1920 beschließt ein ausführliches Gesellschaftsstatut, das an Stelle dieses Vertrages treten wird.

§ 15.

Herr Schilling hat dem Aufsichtsrat nach Schluß jeden Geschäftsjahres Rechenschaft abzulegen und Abrechnung zu erteilen. Der Aufsichtsrat erstattet der Gesellschaftsversammlung Bericht. Während des Geschäftsjahres können die Gesellschafter das Recht, sich jederzeit von den Angelegenheiten der Gesellschaft einzusehen, lediglich durch den Aufsichtsrat oder dessen Mitglieder ausüben.

Als provisorischer Aufsichtsrat für das Geschäftsjahr 1919 gelten die Herren Hugo Zehder, Walter Rheiner und Friedrich Wolf.

§ 16.

Von der Gesellschafterversammlung wird alljährlich ein Teil des Reingewinns zur Verteilung als Dividende festgesetzt. Die Dividende wird unter die Gesellschafter nach Maßgabe ihrer Anteile verteilt.

§ 17.

Die während des betreffenden Geschäftsjahres, mindestens 3 Monate lang beim Verlag beschäftigt gewesenen Angestellten nehmen am Reingewinn nach dem Verhältnis ihres Gehaltes und der Zeitdauer ihrer Anstellung teil. Je volle 200 Mk. ihres Jahreseinkommens, nach dem Stand am Schlusse des Geschäftsjahres werden um Zwecke der Ermittelung des ihnen zukommenden Reingewinnes wie ein Anteilschein behandelt. Diese Anteile am Reingewinn werden auch ausgezahlt solange die Bevorschussung der Anteilscheine der Gesellschafter noch nicht abgeschrieben ist.

Dresden, den ersten Juni 1919.

Dresdner Verlag von 1917

Das Heft der Zeitschrift *Menschen*, dem dieser Vertragstext entnommen ist, war eine »Sondernummer für das Sozialisierungsstatut des Dresdner Verlag von 1917«. Sie enthielt außerdem Annoncen bisheriger Veröffentlichungen des Verlags und Heinar Schillings *Bericht über die Verlagsjahre 1917/19* (s. Anm. 1). Die in diesem Statut vorgesehene »Eigentumsverteilung war insoweit neu, als die Autoren Gesellschafteranteile in Höhe ihres Honorars erhielten, bei der Gesellschafterversammlung stimmberechtigt waren und einen Teil des Reingewinns als Dividende erwarten konnten. Über die ideologische Inkonsequenz solcher Sozialisierungsakte meint Wolfram Göbel: »Sozialisierung wurde als ein freiwilliger Akt eines intellektuellen Verlegers empfunden, der sich selbst einen Führungsanspruch vorbehielt. Partizipieren sollten wiederum in erster Linie nur die ›Geistigen‹, die ›Elite‹ der Künstler und Literaten.« (vgl. Vorbemerkung, Anm. 23).

1 Der Dresdner Verlag von 1917 war am 1. Dezember 1917 gegründet worden. Er ist hervorgegangen aus der »Expressionistischen Arbeitsgemeinschaft Dresden« bzw. der »Gruppe 1917«, zu deren Programm vom 2. Oktober 1917 sich folgende Personen bekannten: Recha Rotschild, Heinar Schilling, Walter Rheiner, Raoul Hausmann, Felix Stiemer, Bess Brenck Kalischer, Felix Müller, Max Bruhn, [Adrian] Dietrich, Richard Fischer, A. Rudolf Leinert, Dr. E. H. Müller, Oskar Maria Graf, Gerhard Ausleger, Kurt Bock, Georg Tappert, Walter O. Grimm. (Lt. Heinar Schilling: *Bericht über die Verlagsjahre 1917/19*. In: *Menschen* 2. Jg. (1919), H. 10, (Nr. 68/69), 21. September, S. 5–9).

2 *Die neue Schaubühne*. Monatshefte für Bühne und Drama [ab Jg. 2, H. 3: . . . für Bühne, Drama und Film], Schriftl.: Hugo Zehder [ab Jg. 3, H. 1: Begr. von Hugo Zehder, hrsg. von H. Z. und Heinar Schilling]. Jg. 1–4. – Dresden: Verlag Neue Schaubühne [Jg. 2 ff.: Rudolf Kaemmerer] 1919–1922.

132
Carl Einstein: *Zur primitiven Kunst.* In: *Die Gemeinschaft. Dokumente der geistigen Weltwende.* Hg. von Ludwig Rubiner. – Potsdam: Gustav Kiepenheuer o. J. [1919], S. 175–176.

Was der europäischen Welt an unmittelbarer Kunst fehlt, wiegen wir mit dem Überschuß der Kunstausbeuter auf, unter die vor allem die Paraphrasen-Maler wie Schreiber zu rechnen sind: Indirekte, Menschen zweiter Hand, Rentiers der Überlieferung, kurzum mittelbare Europäer.

Die europäische Kunst ist in den Prozeß differenzierter Kapitalisierung verstrickt. Die Zeit formaler Fiktionen ist zu Ende. Mit dem Verfall der Wirtschaft des Kontinents bricht auch seine Kunst zusammen.

Gegenüber dem menschlichen und wirtschaftlichen Elend muß man fragen: Was kann die Kunst noch leisten, die von unentschiedenen Kleinbürgern für Besitzende gefertigt wird, was von ihr kann in eine zweckmäßige Gesellschaft hinübergenommen werden; denn zweifellos hat die bestehende Gesellschaft als unzweckmäßig für die Majorität der Menschen sich erwiesen – vorausgesetzt, man verlegt die menschlichen Zwecke nicht in Erlangung von Emblemen, die der Vergottung des Staates entstammen.

Jedes Kunstwerk ist ein Stück von reaktionärem Snobismus, prähistorisch, wenn es nicht dem sozialen Umbau sich einordnet, von wo aus allein es Sinn erhält.

Was kann uns die kapitalistische Kunstüberlieferung wert sein, aus der Produzent und Abnehmer ihre Rente ziehen, und sei es nur in Form zweckloser, das ist: snobistischer Erregung. Das europäische Kunstwerk dient immer noch der innerlichen Sicherstellung und Stärkung des besitzenden Bürgers. Diese Kunst verabreicht dem Bürger die Fiktion ästhetisierender Revolte, die jeden Wunsch nach Änderung harmlos »seelisch« abreagieren läßt.

Die uns nötige Kollektivkunst: Nur die soziale Revolution enthält die Möglichkeit einer Änderung der Kunst, ist ihr Prämisse, bestimmt allein den Wert einer Kunstwandlung und stellt dem Künstler seine Aufgabe.

Primitive Kunst: Ablehnen der kapitalisierten Kunstüberlieferung. Europäische Mittelbarkeit und Überlieferung muß zerstört, das Ende der formalen Fiktionen festgestellt werden. Sprengen wir die Ideologie des Kapitalismus, so finden wir darunter den einzigen wertvollen Überrest des zerkrachten Erdteils, die Voraussetzung jedes Neuen, die einfache Masse, die heute noch im Leiden befangen ist. Sie ist der Künstler.

5. *Kunst und Öffentlichkeit*

Man sagt der expressionistischen Literaturbewegung als ganzer einen geradezu illusionären Wirkungsenthusiasmus nach. Das Laute, Öffentliche, Plakative, Predigthafte, die expressionistischen Schlagworte »Bekenntnis«, »Schrei« und »Verkündigung« legen dies zweifellos nahe. So betonte Helmut Gruber am Publikumsbezug der Expressionisten den Willen, »die Öffentlichkeit wachzurütteln und zu mobilisieren«. [1] Die Neigung zu Rhetorik, Demagogie und Agitation suchte R. Hinton Thomas aus dem Motiv expressionistischer Autoren abzuleiten, »ihre Ideale bei einem größeren Publikum durchzusetzen« [2], Paul Raabe zog angesichts der Vielzahl öffentlicher Veranstaltungen, Lesungen, Ausstellungen und Aktionen das Fazit, »unters Volk zu gehen und die Wand zwischen Autor und Leser einzureißen« [3] sei wirkungsästhetisch der Tenor des Expressionismus gewesen (s. den Abschnitt »Formen der Literaturvermittlung«).Im Blick auf die diachrone Entwicklung des Expressionismus lassen sich dabei drei Trends hervorheben: die avantgardistische Esoterik und die Provokation des bürgerlichen Publikums, die Fiktion einer Kunst für alle und schließlich die Wendung in die proletarische Öffentlichkeit. Der Glaube an die gesellschaftsverändernde und gemeinschaftsbildende Kraft der Kunst verführte aber zunehmend dazu, die Wirkungsbedingungen idealistisch umzukehren: »statt neuer Kunst aus einer verwandelten Gesellschaft hatte sich eine neue Gesellschaft aus verwandelter, visionärer Kunst zu ergeben«. [4] Um so enttäuschter sprach man am Ende vom »Fiasko des Expressionismus«, trotz konstruktiver Mühen den Bannkreis »ohnmächtiger Bildungsangelegenheit« nicht gebrochen zu haben; Rudolf Kayser, der dies formulierte, glaubte auch die Ursache der Wirkungsmalaise zu erkennen: Expressionismus war eine Sache der Intellektuellen, und »dieses [...]Intellektuellen-Publikum zeigt gegenüber dem Geist eine ähnliche Problematik wie der moderne schöpferische Mensch selbst. Auch hier das Fehlen einer Gemeinschaft [...]auch hier die Einsamkeit gegenüber dem Volk, der Masse [...]Dadurch aber führt der Geist ein schmales, künstliches Sonderdasein und bleibt fern dem Wesen der Zeit und ihren Wirklichkeiten«. [5]

Auch der Expressionismus begann also mit dem elitären Bewußtsein der Kunst für die Künstler, das ästhetischen Traditionsbrüchen eigen ist: »Daß uns heute die große Menge nicht folgen kann, wissen wir; ihr ist der Weg zu steil und unbegangen«, schrieb Franz Marc und warnte die Künstlerkollegen davor, die nötige »geistige Zucht« durch Rücksicht auf »Gier und Unreinheit der Menge« zu kompromittieren. [6] »Jeder Gedanke sozialer Absichten soll vermieden werden«, forderte der avantgardistische Architekt Bruno Taut, »das Ganze muß sich exklusiv geben«. [7] Dem »forcierten Geistesaristokratismus« [8] der Expressionisten ist es zuzuschreiben, daß der Widerspruch zwischen avantgardistischer Publikumsverachtung und kulturpolitisch motiviertem Öffentlichkeitsanspruch übersehen werden konnte (vgl. Dok. 130).

Ein anderer Grund des expressionistischen Wirkungsdilemmas lag aber in der Ignoranz des breiten Literaturpublikums. Das mittlere Bürgertum als größter und wichtigster Teil des kunstkonsumierenden Publikums verlangte nach anderem: »Was sie wollten, war eine gesunde deutsche Kunst, deren Zustandekommen sie durch eine Abkehr von der großstädtischen Modernität zum Heimatlichen, Ländlichen oder zu einem neuen Idealismus erhofften«. [9] Als es ein breiteres Theaterpublikum gab, das »unbedingt ›etwas Expressionistisches‹ haben« [10] wollte, distanzierten sich wiederum die meisten Autoren von ihren ›falschen‹ Verehrern. Es nimmt daher nicht wunder, daß der negative Adressat expressionistischer Literatur die Figur des Bürgers blieb: »der gesellschaftlich und wirtschaftlich streng, aber geistig überhaupt nicht eingeordnete Mann der Zivilisation «, der von Kunst »wie der Blinde von der Farbe spricht«. [11] Einem Lesertypus gegenüber, der Literatur durch Kauf quasi okkupiert und als Surrogat oder als »Leihanstalt für Phrasen und ›moderne‹ Ansichten« [12] benutzt, schien nur exzessive Provokation angemessen (Dok. 133). Spürbar steigert sich im Expressionismus das alte »Épater le Bourgeois« zum »Écraser l'infame«. [13] Ferdinand Hardekopfs Aeternistenproklamation (Dok. 134), in der sich expressionistische, futuristische und vordadaistische Tendenzen mischen, entwickelt das Programm des Impertinentismus (vgl. Dok. 14) weiter. »Ein Bürger muß jedes Kunstwerk als Satire auf sich empfinden« [14], hatte der Literat Hugo Kersten gefordert, der vor dem Krieg die aggressivsten Pamphlete gegen das bürgerliche Publikum verfaßte. Hanns Johsts Decouvrierung des vom stets prompten Markt bedienten Bedürfnisses nach Sensation, Trivialität und biederer Unterhaltung erweitert die Kritik des Kitsches zur Totalkritik des Publikums als einer Instanz des literarischen Lebens (Dok. 135). Vorfälle wie der »Kokoschka-Skandal« [15], die »Gleichmütigkeit mit der alles niedergebrüllt wurde, sei es Lasker-Schüler, sei es Kokoschka, sei es Dada, die Unterschiedslosigkeit der Brüllart« [16] bestätigte die Künstler in ihrer unverhohlenen Geringschätzung des Publikums. Doch konnte auch die schärfste Publikumsbeschimpfung nicht darüber hinwegtäuschen, daß die anti-bürgerliche Botschaft expressionistischer Literatur letztlich im Kulturbetrieb absorbiert werden konnte. [17]

Gegen Kriegsende, im Vorfeld der Revolution, erzwang das messianische Pathos der ›Zeitwende‹ die Überprüfung des Publikumskontakts, wobei man verstärkt über die Konzeption einer Kunst für alle debattierte. Volksferne war ein Vorwurf, der in der Expressionismusrezeption notorisch geworden war. »Historische Entwicklung, jeden Künstler zum Haß der Menge zwingend, ist Schuld am Verfall der Volkskunst« [18], lautete die Verteidigung; zur Hoffnung auf eine Konvergenz von Volk und Kunst gab erst der historisch-revolutionäre Prozeß Anlaß. Iwan Golls *Appell an die Kunst* (Dok. 136) indiziert die Bereitschaft des expressionistischen Künstlers, mit den Allüren der publikumsfeindlichen Anarcho-Boheme zu brechen. Das neue dichterische Kerygma ließ aber zugleich am Sinn der schriftlich fixierten Kommunikation überhaupt zweifeln: »[...] so peinigen ihn, den nach wahrer Äußerung Dürstenden, die Gedanken an den Leser, den im abgeschnittenen Zimmer nur die Buchstaben anflüstern«, schrieb Alfred Wolfenstein. [19] Auf der Suche nach einer »unmittelbaren Verständigungssprache« fand Ludwig Rubiner die Formel einer »ethischen Philologie«: »Internationalisierung des Ausdrucks. Die Lehre: Wichtige Dinge ohne Wortkunst zu sagen«. [20] Jakob Moreno Levy rief in Umkehrung der üblichen Publikumsverachtung gar zum »Aufstand« der Leser gegen die Autoren. [21] Nicht selten löste man dabei allerdings den Volksbegriff ins Abstrakte auf [22] und restaurierte die Forderung nach einer gefühlshaften und quasireligiösen Rezeptionshaltung. [23] Der von Gustav Landauer am Beginn des expressionistischen Jahrzehnts befürwortete Versuch einer Kultur von unten wurde erst um 1919 durch die Theorie und Organisation der »proletarisch-revolutionären Literatur« [24] in Angriff genommen. [25] Agitative Gedichte, vor allem aber das aktivistische Drama als *Volkstheater* (Dok. 137) sollten die Arbeiterschaft erreichen und zur Konstituierung einer politisch begründeten literarischen Öffentlichkeit beitragen. Mit Erwin Piscators Theorie des *Proletarischen Theaters* [26] etabliert sich in der Spätphase des Expressionismus eine klassenbewußte Theaterkonzeption [27], welche die Wirkung der Kunst von den Bedürfnissen eines proletarischen Publikums her beurteilt.

Sowohl der expressionistischen Wendung in die Öffentlichkeit als auch dem Versuch des Aktivismus, eine Literaturgesellschaft in der politischen Öffentlichkeit aufzubauen, blieb der Erfolg versagt. Die veränderte Öffentlichkeitsstruktur der Literatur, an der sie scheiterten, hat Franz Blei in seiner Schrift *Über Wedekind, Sternheim und das Theater* so beschrieben:

> Die Kunst ist längst keine Äußerung einer Gemeinschaft mehr [...] ist auch seit etwa hundert Jahren keine Sache der dünnen Bildungsschicht mehr, die sie aufnahm und hegte, denn diese ist verschwunden als huldvoller Faktor; sondern ist des Publikums, das irgendwas, –wer, –wie, alles und niemand, unverbunden und unverbindlich, gestaltet- und haltungslos ist [...] Hier ein entwurzeltes »Publikum«, auf der anderen Seite entwurzelte Verfasser. [28]

1 Helmut Gruber: *Die politisch-ethische Mission des deutschen Expressionismus* (1967). Zit. nach: Hans Gerd Rötzer (Hrsg.): *Begriffsbestimmung des literarischen Expressionismus*, S. 405.
2 R. Hinton Thomas: *Das Ich und die Welt: Expressionismus und Gesellschaft.* In: Wolfgang Rothe (Hrsg.): *Expressionismus als Literatur. Gesammelte Studien.* – Bern u. München 1969, S. 30.
3 Paul Raabe: *Das literarische Leben im Expressionismus. Eine historische Skizze.* In: *Die Zeitschriften und Sammlungen des literarischen Expressionismus*, S. 2.
4 Otto F. Best: *Einleitung.* In: *Expressionismus und Dadaismus.* – Stuttgart 1974, S. 15.
5 Rudolf Kayser: *Zur Soziologie der modernen Kultur.* In: *Die neue Rundschau* 33. Jg. (1922), 1. Januarheft, S. 4–15, Zitate S. 13 u. S. 6 f.
6 F[ranz] M[arc]: [Vorrede zur zweiten Aufl., März 1914]. Zit. nach *Der Blaue Reiter. Dokumentar. Neuausg.* Hrsg. von Klaus Lankheit, S. 322–324, Zitat S. 323.
7 Bruno Taut: *Eine Notwendigkeit.* In: *Der Sturm* 4. Jg. (1913/14), Nr. 196/97, 1. Februarheft 1914, S. 174–175, Zitat S. 175.
8 Gert Mattenklott u. Klaus R. Scherpe (Hrsg.): *Positionen der literarischen Intelligenz zwischen bürgerlicher Reaktion und Imperialismus.* – Kronberg/Ts. 1973, S. 7.
9 C. Geoffrey Perkins: *Einleitung.* In: *Expressionismus. Eine Bibliographie zeitgenössischer Dokumente 1910–1925.* – Zürich 1971, S. VII–XIX, Zitat S. X.
10 Gustav Wangenheim: *Klassischer Expressionismus. Impressionen eines sozialistischen Realisten* (1938). Zit. nach Hans-Jürgen Schmitt (Hrsg.): *Die Expressionismusdebatte*, S. 113.
11 Oswald Pander: *Kunst, Kitsch, Bürger.* In: *Der Sturmreiter* 2. Jg. (1920), H. 1, Oktober, S. 26–27, Zitat S. 26.
12 Otto Soyka: *Der Leser.* In: *Der Sturm* 1. Jg. (1910/11), Nr. 33, 13. Oktober 1910, S. 259–260, Zitat S. 260.
13 Alfred Döblin: *Die Bilder der Futuristen.* In: *Der Sturm* 3. Jg. (1912/13), Nr. 110 (Mai 1912), S. 42.
14 Hugo Kersten: *Der Leser und der Schreiber.* In: *Die Aktion* 4. Jg. (1914), Nr. 12, 21, März, Sp. [245].
15 Vgl. Heinz Herald: *Der Kokoschka-Skandal.* In: *Das junge Deutschland* 2. Jg. (1919), S. 170.
16 Michael Charol: *Das Publikum.* In: *Der Kritiker* 1. Jg. (1919), Nr. 18, S. 9–10, Zitat S. 9.
17 Vgl. Franz Blei: *Reichtum und Literatur.* In: *Die Aktion* 7. Jg. (1917), Nr. 49/50, 15. Dezember, Sp. 666–670. Über das Dilemma heißt es in Sp. 667 f.: »Sicher korrespondiert die jeweils neue Literatur mit der herrschenden Klasse, nicht in dem Taine'schen Sinn, daß die Literatur Ausdruck der herrschenden Gesellschaft sei, denn das ist sie so allgemein gesagt nicht, sondern sie steht in einer direkten

Beziehung zu dem Bildungsniveau, das die herrschende Klasse erreicht hat. Dieses Bildungsniveau setzt die herrschende Klasse instand, sogar eine Literatur zu goutieren, deren Tendenz ihren politischen und sonstigen Idealen und Interessen entgegengesetzt ist und diese angreift [...]«.

18 Paul Hatvani: *Volkskunst.* In: *Der Sturm* 4. Jg. (1913/14), Nr. 196/97, 1. Februarheft, S. 174.

19 Alfred Wolfenstein: *Über Lebendigkeit der Kunst.* In: *Die Aktion* 7. Jg. (1917), Nr. 22/23, 2. Juni, Sp. 287–293, Zitat Sp. 288.

20 Ludwig Rubiner: *Zwei Feststellungen.* In: *Die Aktion* 7. Jg. (1917), Nr. 5/6, 3. Februar, Sp. 53 f.

21 Vgl. Jakob Moreno Levy: *An die Leser zum Aufstand gegen die Autoren.* In: *Der neue Daimon* 1. Jg. (1918/19), H. 1/2 (Januar), S. 29–31.

22 Ein typisches Beispiel für den abstrahierten Volksbegriff ist ein Artikel von Herwarth Walden: *Künstler, Volk und Kunst.* In: *Der Sturm* 10. Jg. (1919/20), H. 1 (1919), S. 10–13.

23 Exemplarisch Christof Spengemann: *Kunst, Künstler, Publikum. Fünf Kapitel zur Einführung in die heutige Kunst.* – Hannover: Paul Steegemann 1919.

24 Vgl. die Dokumentation von Walter Fähnders u. Martin Rector (Hrsg.): *Literatur im Klassenkampf. Zur Proletarisch-revolutionären Literaturtheorie 1919–1923.* – Frankfurt a. M. 1974.

25 Vgl. Gustav Landauer: *Volk und Publikum.* In: *Das literarische Echo* 12. Jg. (1910/11), H. 17, 1. Juni 1910, Sp. 1205–1210.

26 Vgl. Erwin Piscator: *Über Grundlagen und Aufgaben des proletantischen Theaters.* In: *Der Gegner* 2 (1920/21), H. 4, S. 90–93.

27 Vgl. u. a. Klaus Kändler: *Drama und Klassenkampf.* Beziehungen zwischen Epochenproblematik und dramatischem Konflikt in der sozialistischen Dramatik der Weimarer Republik. – Berlin u. Weimar 1970.

28 Franz Blei: *Über Wedekind, Sternheim und das Theater.* Fünfzehn Kapitel. – Leipzig: Kurt Wolff 1915, S. 6f.

133
Rudolf Kurtz: *Programmatisches.* In: *Der Sturm* 1 (1910/11), Nr. 1, 3. März 1910, S. 2–3.

Die Tatsache einer neuen Zeitschrift mag ein Bemühen um Verständlichkeit entschuldigen, das selbst vor der Zerrüttung des eigenen Gehirns nicht zurückschreckt. Ich erkläre, daß ich mit peinlichstem Unbehagen durch eine Unzahl von Zeilen flösse, was in der Biegung eines gutgerichteten Nebensatzes einen kleinen Farbeneffekt erzielen könnte. Aber wir haben es dem Publikum so leicht gemacht, uns mißzuverstehen, daß es ein erlaubter Scherz ist, zu dem Niveau einer behaglich freundwilligen Unterhaltung herabzusteigen, wo handfeste Worte massive Gesinnungen illustrieren. Denn es gilt, ihre trägen Sinne von dem Dasein eines Willens zu unterrichten, wo sie im Glanz der bunten Feuerwerke schmunzelnd die Absicht zu unterhalten wittern. Es ist ein Irrtum. Wir wollen sie nicht unterhalten. Wir wollen ihnen ihr bequemes ernsterhabenes Weltbild tückisch demolieren. Denn wir halten ihren Ernst für Lebensträgheit, Hinterwäldler-Dumpfheit, deren Psychologie Nietzsche längst geschrieben hat. [1]

Als vor einiger Zeit ein paar provokante Notizen von mir einem gewichtigen Handwerksmeister vor die massive Stirn sprangen, sammelte sich seine biedere Empörung in diesem Wort: Unreife. [2] Und obschon das Pathos seiner Entrüstung durch keinen Versuch einer Widerlegung gehemmt war, hypnotisierte er seine Leser mit diesem Wort: Unreife.

Das ist es, was aus tausend triefenden Mäulern auf uns herabgespieen wird. Die Moral der brutalen Unempfindlichkeit, die in einem schnellgleitenden Paradox ihre monumentale Haltung gefährdet sieht. Als ich vor einem halben Jahrzehnt mit behäbigem Pathos einige Stichflammen unter dem Gesäß eines allzubequemen Literarhistorikers anzündete, stieß der Trommelwirbel jedem das Wort in den achtungsvoll geöffneten Schlund zurück. Das kritische Empfinden der Zeitgenossen mißt die verbrauchte Lungenkraft und antwortet nur auf die kunstvoll gerunzelte Stirn. Ihr Gefühl von Reife bestimmt sich durch Merkmale dieser Art: daß wohlperiodisierte Sätze in ernstem Trott über die Zeilen schleichen. Sie propagieren ein Ideal der Männlichkeit, das wetteifernd mit dem Tischlergewerbe um den Kranz der energischsten Transpiration streitet. Sie begreifen nicht, daß es aus der Not eines von der Fülle des Daseins überwältigten Lebens geschieht, wenn spitze Ironien den dunklen Spalt zwischen Schicksal und Welt überbrücken. Ihr Gehirn ruht zu unbewegt in dieser Kruste von Lebensernst, als daß sie spürten, wie sich in einer sorgsam von allen Sprachresten befreiten Antithese, die wie ein leichtsinniger Flügelschlag emporflattert, ein Schmerz befreit, der zu fieberhaft von allen Kräften des Lebens zittert, um in einer acherontischen Vereisung seines Sachgehalts erschöpft zu sein. Die deutsche Intelligenz ahnt nichts von der Leidenschaft des Schriftstellers, Musik zu werden, Sinn und Traum im Anschlag eines Wortes zu hören, das leicht und frei sich von der Erde löst. Ihr grober Sinn übersieht, wie Haß und Erbitterung aus der spielerisch geschnellten Kurve eines Relativsatzes in tödlicher Verdichtung aufblitzen kann, wie in einer heiteren Gebärde ein Wille seine befreiteste Form gefunden hat, der schmerzhaft und dumpf im Gestrüpp dunkler Vorstellungen vegetierte.

Nie hat die Kunst sie berührt. Ihr Verständnis ist ganz erfüllt von dem Ernst der Aufgabe: nie kommen sie über diese Sphäre hinaus zu jener Freiheit der Bewegung, die sie dumpfen Herzens als »Unreife«, »Spielerei« ablehnen. In jener glücklichen Epoche deutschen Daseins, als logische Begeisterung mit einer tiefen ästhetischen Intuition sich durchdrang, spiegelte sich dieses Gefühl in dem Begriff der Ironie und einer der wenigen ebenbürtigen Nachfahren jenes Geschlechts, Nietzsche, predigte einem dumpfen Ernst zwecklos die frohe Botschaft des »Tanzes« [3]. Die deutsche Intelligenz ist sich längst klar – soweit sie Snobismus oder fachliches Interesse nicht zu einem anderen Urteile bewegt – daß dies alles Dilettantismus ist.

Sie werden es nie anders begreifen. Nie wird ihr Gehirn ein Strahl des Gefühls erhellen, daß jenes Schweben über den Dingen, jene romantische Ironie nicht dilettantischer Hochmut ist, sondern ein wollüstiges Gefühl der unendlichen Fülle des Daseins: daß es heiter macht, diese Atmosphäre innig zu atmen, in einem Augenaufschlag den Reichtum der Landschaft polarisch zu umfassen, Bewegung und Licht der Sterne. (Und hier, aus einem tiefen Empfinden des Beschenktseins: unser Dank an Alfred Kerr.)

Mit gereizter Würde wehrt man ab, den Enthusiasmus für Dinge zu begreifen, die nicht im Brennpunkt der bürgerlichen Moral stehen. Der gelähmte Instinkt versagt vor der Erkenntnis, daß es begeisterte Hingabe an die Fülle der Gesichte ist, eine reizbare Verfeinerung und Steigerung des Daseinsgefühls, das neue Möglichkeiten in der Aufhebung der Schwerkraft durch japanische Akrobaten, der Charme einer durch behutsame Technik erfahrenen Sexualität einer Tänzerin, dem ungeheuren Tappen des Nilpferdes anschauend erlebt.

An Deutschlands Küsten wuchert fahlgrün und algenhaft das Würde-Infusor. Blinder Intellektualismus vergewaltigt die Wirklichkeit. Eine Kunst soll gezüchtet werden, in der der konstitutive Faktor der Anschauung bis auf ein Minimum geschwächt ist. Die deutschen Kunstbestrebungen, soweit sie einer Formulierung fähig sind, bewegen sich in den gleichen Gegensätzen wie zur Zeit der Romantik. Noch gilt die Polemik dieser Zeit gegen die Dramatik Schillers. Die Kunst stellt Entfaltung der Individualität dar: jeder dieser Zustände bedeutet zugleich einen Zustand der Menschheit. Objekt der Kunst ist nicht eine von ihrer Gebundenheit befreite Möglichkeit, sondern die gerade in dieser Bestimmtheit zu tiefst erschaute Wirklichkeit, die Schiller entmaterialisiert: »Der Dichter leiht der Welt eine Vollkommenheit, in der sie nie existiert hat.« Den Romantikern aber ist die Wirklichkeit schon das Kunstwerk, das zu seiner Vollkommenheit in der Kunst wohl künstlerischer Kraft, aber nicht Erweiterung bedarf. »Alle heiligen Spiele der Kunst sind nur ferne Nachbildungen von dem unendlichen Spiele der Welt, dem ewig sich selbst bildenden Kunstwerk.« (Friedrich Schlegel.) Und diese Unfähigkeit, das Gesetz vom Objekt zu empfangen (wie zitiert wird), beherrscht die zeitgenössische Kultur. Wohl drängt ein Wille zur Form, aber er wird trivialisiert durch die oberflächliche Unterordnung des Objekts unter ein willkürlich erfühltes Schema – sei es auf Grund einer empirischen Täuschung errichtet, sei es die entartete Fortbildung einer ehemals gerechtfertigten Gesetzlichkeit. Die Organe sind geschwächt, der Instinkt ohne Schwungkraft. Einmal war es in neuester Zeit denkbar, daß eine Epoche aufgewühlter Menschlichkeit als Vorfrühling späterer Blüte sich entfaltete: das war, als Nietzsche seine Bücher schrieb und es galt, sie in die dichterische Praxis aufzunehmen. Aber die Zeitgenossen wehrten den Impuls mit einer geradezu welthistorischen Banalität ab und brachten ihr Bedürfnis auf das engste, beschränkteste, widerspruchsvollste Bild: den Naturalismus.

Das Signal unserer Zeit ist der wohltemperierte Liberalismus. Man will aufbauen, wo die Basis von jedem Fingerdruck in ein schwammiges Gewebe zerrissen wird. Der Intellektualismus kann nur gedämpft werden von der lärmvollen Betonung der Instinkte, der dunklen Kräfte, die er organisierend im Dienst des Lebens stellen sollte und zu denen er längst alle Beziehungen verloren hat. Der Intellektualismus genügt seinem Stilbedürfnis, indem er das Leben einer vereinfachenden Schablone unterordnet. Die Sehschärfe des Auges ist gelähmt: es genügt die begriffliche Signatur der Dinge. (Und die Anschauungen füllt eine zweifelhafte, stillose Erinnerung hinein.) Über die Breite der deutschen Literatur kreist dieser perverse Stilbegriff: von der klassischen Gebärde Neuweimars bis zu der pragwienerischen Verklärung der Bügelfalte. [4]

Die Revision dieses lebensfernen Stilbegriffs wird uns Gelegenheit zu anmutigen Scherzen geben. Mit der provokantesten Geste werden wir jede Äußerung dieser Kultur verhöhnen, die statt auf Ausschöpfung des Lebens auf Erhaltung ihrer Konventionen abzielt. Jede liberale Schüchternheit, inhaltlose Gebräuche zu erhalten, werden wir mit radikaler Sorgfalt ausrupfen. Denn wir erleben das welthistorische Schauspiel einer Epoche, in der das Mittel, die Kräfte des Lebens zum vollendetsten Ausdruck zu bringen, von der allgemeinen Banalität gespeist, zu einer selbständigen Gestaltung sich auswächst und endlich dem Leben seine Kräfte entzieht, um seine nutzlosen, an sich leeren Dogmen zu erhalten.

Wir gedenken nicht, meine Herren, dieser armseligen Komödie nur als Zuschauer beizuwohnen.

Dieser programmatische Angriff gegen die moderat-nivellierende Kunst- und Kulturauffassung ist nicht – wie manchmal fälschlich angenommen – das Credo des *Sturm.* Der Verfasser fühlte sich gedrängt, eigens anzumerken: »Durch diesen Beitrag werden nicht Meinung und Absicht der Mitarbeiter charakterisiert. Diese Sätze treffen nur mich und die wenigen mir persönlich nahestehenden Freunde.«

1 Vgl. Anm. 2 zu Dok. 113.
2 Vgl. die Sacherläuterungen zu Dok. 90.
3 Das im frühen Expressionismus vielzitierte Wort Nietzsches bildete auch das Motto der Lyrikanthologie *Der Mistral:* »Tanzen wir gleich Troubadouren zwischen Heiligen und Huren, zwischen Gott und Welt den Tanz!« (A[lfred] R[ichard] M[eyer]: *An Stelle eines Vorwortes.* In: *Der Mistral. Eine lyrische Anthologie.* – Berlin-Wilmersdorf: Paul Knorr 1913 (*Die Bücherei Maiandros* IV.-V. Buch, Beibl.).
4 Polemik gegen den Neuklassizismus und die Neuromantik.

134
Stefan Wronski [Ferdinand Hardekopf]: *Die Äternisten. Erste Proklamation des Äternismus.* (Prospekt, April 1916).

Bisher gemachte Kunst: ein Spaß für Bürger. Wildnis Zerrüttung Schrei wurden säuberlich eingetragen in die dicken Kataloge der Nationalbibliotheken. Hm ja: manche versuchten den Bourgeois zu bluffen. Wie denn? Plattes platt machen? Der Bürger, ungeplättet, registrierte. Derlei langweilt uns sehr. Wir *Äternisten* wünschen uns keineswegs zu langweilen! Wir sind nicht enregistrabel. Kontrolle Kritik Approbation glitschen an uns ab, wie Wasser an Robbenleibern. Man enthalte sich jeder Anerkennung. Kübel von Hohn halten wir parat für Lobende.

Hier wird, auf einem Kap, Extremes geformt. Unsere Bücher werden euch unfaßlich sein, Bürger. Nicht für euch haben wir Alpen durchfressen von Monstruosität Delicatesse Neurose Luxus Orgie. Tiefstprivat sind wir gegangen durch alle Bücher alle Bilder alle Frauen. Durchwühlt haben wir die Eingeweide der Millionenstädte und phosphoreszierender Seelen. Lustig zu Hause sind wir auf macabren Redouten und bei scabreusen Dérouten, in geschminkten Katakomben und clair-obscuren Cafés, in subcutanen Bars und auf ogivalen Stil-Spitzen, in Rasta-Tavernen und bei Eusapia-Séancen, in syndikalistischen café-concerts und detektivischen Schlafwagen, bei Somn- und Noktambulen, Bistros, Erdarbeitern und Deputierten, in morphinistischen Boudouirs und Korruptions-Automobilen, Spielhöllen und Betthimmeln, in Disciplin und Spleen. In uns ist alle Vergangenheit Gegenwart Zukunft. Alles muß durch uns hindurch. Uns haben gesungen die Memnonsäule, ambrosianische Chöre, gommeuse Puder-Skelette, aufgewühlte Avenuen, intransigent-elektrische Hochspannungen, Aether, Meere, Apéritifs, Spelunken. Wir wissen um alle verstecktesten Nischen der Mystik und die absonderlichsten Sekreta der Museen; gesessen haben wir auf Pferden aller Tattersalls, auf allen Hörbänken und allen Esprit-Fauteuils; in uns gerissen haben wir alle Bibliotheken, Dämonologien und Eschatologien. Ein Kolon das wir irgendwo setzen wird dröhnend proklamieren unsere leidenschaftliche Kenntnis etwa des Shakespeare. Ein Komma das wir irgendwo sensationell weglassen wird verraten triumphalische Katastrophen nächtlicher exercitia spiritualia – ein Negativ-Bazillus vom überletzten Boot.

Durch erschütternde Stationen haben wir unseren Selbstmord geführt. Und daraus gemacht: Kunst Konzentration Extrakt Expression krassen Knall Artistokratie Entlarvung Creation definitive Definition *Äternismus.* Unsere Psychologie wird euch skandalisieren. Unsere Syntax wird euch asphyxiieren. Wir werden eure großen Konfusionen belächeln, abstrakt und augurisch. Erhabene Konjunktive werden zerstäuben, Futura exacta narkotisch verdampfen, und je-m'enfichistisch zergehen schaumige Duftbälle von Quintessenz. Das wird keine Affäre für Registratoren sein; es wird sein: *Äternismus!*

Außer der preziös-schockanten Proklamation existiert noch ein weiteres Dokument, aus dem die Bedeutung des Reihentitels besser zu entnehmen ist; der Herausgeber Franz Pfemfert nahm zum ersten Echo auf die Ankündigung der neuen Reihe in einem öffentlichen Brief Stellung:

»Übrigens, lieber Th. D. freut es uns, zu hören, daß das Wort, in dem die Autoren der Aktions-Bücher sich zusammenfinden: ›Äternisten‹, in literarischen Kreisen schon so eifrig diskutiert wird, daß man sogar die Reinheit seiner Abstammung angezweifelt hat. Man hat nämlich behauptet, das Wort *›aeternus‹*, ewig, sei kein klassisches Lateinisch, sondern gehöre dem Kirchenlatein, dem bas latin, an. Dem gegenüber wollen wir uns die Mühe machen, festzustellen, daß das Wort ›aeternus‹ durchaus der besten Periode des lateinischen Klassizismus angehört: es findet sich unendlich oft bei Cicero, bei Horaz, Livius, Vergil, Tacitus, Ovid, Sallust, Plinius usw. Es ist das normale, selbstverständliche Wort für den Begriff ›ewig‹, d. h. es bedeutet etwas, was ohne Anfang und Ende ist und über jede Zeit hinausreicht.

Sie werden jetzt selbst einsehen, lieber Th. D., daß es absolut das klassische, reine und passende Wort für die Beiträger der *Aktions-Bücher* ist. Das Wort ›sempiternus‹, das jenem kritischen Philologen besser zu gefallen scheint, ist lange nicht so gut geeignet; es bezeichnet nämlich etwas, was solange währt, wie die Zeit dauert, kommt also wirklich nicht in Frage« (*Kleiner Briefkasten.* In: *Die Aktion* 6. Jg. (1916), Nr. 13, 25. März, Sp. 182).

135
Hanns Johst: *Vom Geschmack des Publikums. In: Das literarische Echo* 19. Jg. (1916/17), H. 7, 1. Januar 1917, Sp. 417–420.

Das goldene Zeitalter der Operetten und der Kinos war sich der antiquarischen Weisheit bewußt »de gustibus non est disputandum« (oder es gibt nur einen Geschmack) und schuf den Mark-Roman.

Um das zehnfache lassen wir die seligen Kolportagegefilde eines Nikcarter oder den grellen Wildwestkitsch hinter uns, wohl wissend, daß wir uns von der wirtschaftlich gebundenen Klasse der Fortbildungsschulen und Domestiken fortentwickeln müssen direkt zur »Guten Stube« und »Salon«-Reife – um endgültige Geschäfte machen zu können. Es galt, die Reize und Kitzel der 10-Pfennig-Kolportage mit der süßen Breite und Schlagrahmverträumtheit des Gartenlaubenmilieus zu verschwistern; so mußte dieser Zucht der neue Roman aufgehen! Es gelang! Wie schriftstellerische Spekulationen immer gelingen werden, wenn man die Gewohnheit und Bedürfnislosigkeit auf Seiten des kaufenden Publikums voraussetzt. –

Versuchen wir, sachlich zu bleiben und uns einer vom Zufall zusammengewürfelten Ernte einmal die Bedingungen eines solchen Buches heraus zu destillieren. Was ist der Geschmack des

Publikums, nach dem solch ein Autor wie nach Maß sein Opus fix und fertig stellt?

Wer ist zunächst dieser geschäftlich absolut ausschlaggebende Faktor publicus? –

Diese species des homo sapiens ist die stete Gefahr jeder Kultur. In jeder Gemeinschaft von Menschen, in jeder Bewegung jeder Zeit erbt sich diese Erscheinung fort, stabil wie das Trägheitsgesetz, auf ewig gleichem Niveau. Was positiv die Geschichte des Geistes ersann und schuf, die *äußeren Bedingungen, die Erleichterungen seiner physischen Natur* nahm die Unsumme dieses Typus in sich auf und machte sie für die eigene Bequemlichkeit nutzbar. So entstand aus einem förmlichen Mißverständnis der eigentlichen und primären Idee heraus die Presse, das Kino und was dergleichen technisch-seelische Förderungen und Entwicklungen mehr sind. Die Mittel steigerten sich, die Art des aktuellen Raffinements wechselte: nur der publicus blieb.

Ein breitmäuliger, fetter Götze verschlingt er gierig, was ihm eine läufige Industrie liefert. Fragen wir nach dem sozialen Niveau dieses Publikums, so werden wir finden, daß es keine Grenzen gibt. Gesalbte wie Profane, Arm und Reich stellen zahlreichst Männlein und Weiblein. Auch selbst die Grade der Bildung liefern keine strenge Begrenzung; die Wurzeln dieser Erscheinung müssen in der physiologischen Beschaffenheit des Menschengeistes direkt zu suchen sein. Ich möchte es das *Gesetz der Abwechslung* nennen, dem der Markt der Unterhaltungsliteratur dient. Und ich meine, um einfach zu illustrieren, daß ein Schuster, der tagsüber schusterte, am Abend gern von seinen Leisten läßt, der Akademiker nicht gern »fachsimpelt«, kurz, daß die freie Zeit den Menschen gern aus seiner Arbeit, Stellung, seinem Milieu lockt und nicht nur äußerlich, sondern daß sich auch sein relatives Vorstellungsvermögen gern illusionistisch erleichtert und das Gewohnte gewöhnlich findet – um auf den breiten Flügeln einer billigen (rein ökonomisch!) Phantasie ein Bad im Menschenmöglichen zu nehmen. –

In der guten, alten Zeit wanderten die Zünfte – d. h. in einer Zeit, in der ein Mensch noch zu jung, zu eigen, zu unverbraucht ist, um das endgültige Glück seiner Seßhaftigkeit überhaupt verstehen zu können, in solch einer unruhigen und vielleicht leise romantischen Periode des Menschenlebens überhaupt – wanderte der Bursche. Der Geselle erprobte sich an der Weite; die temperamentvollsten Naturen ergriffen das Kriegs- oder Komödiantenhandwerk und ließen sich dafür engagieren. Was dann der Seßhafte am Feierabend erfahren wollte, lag entweder in eigener Rückerinnerung vergraben und wurde am Wirtshaustisch von Jüngeren angeregt, mündlich weitererzählt; ein Fahrender rezitierte am Brunnen unter der Linde seine sentimentalen Balladen oder saftigen Schnurren, oder auf den Märkten brachte ein Bänkelsänger seine furchtbaren Moritaten zum Vortrag und die öffentliche und sozusagen gemeinsame Phantasie zum Gruseln. Aber immer nur *mündlich!* Immer gemeinsam und sozusagen unter freiem Himmel. Das Buch wurde diesem Bedürfnis: Katastrophe. Erst jetzt sind wir tatsächlich so weit, daß jeder seinem Geschmacke dienen kann. Er braucht sich nicht mehr selbst seine Vorstellungen aus eigener Kraft etwa zu schaffen, er braucht nicht mehr die fröhliche Anregung der Geselligkeit, er kauft sich schlankweg für 1 Mark seine Welt, schließt sich in sein Kämmerlein und genießt, berauscht sich. – Nur daß dieser Rausch, den er sich holt, bedeutend gefährlicher ist, als jener gute alte! Denn das gesprochene Wort verfliegt – verwandt einer Stimmung – aber der gelesene Satz gewinnt im Druck für den naiven Menschen erhöhten Wert, gewichtigere Bedeutung und wird leider somit pädagogischer Faktor! Oder sozial ethisch gefaßt: viel größere Gefahr!

Der junge Mensch und ebenso auch der alte, der sich erholen wollte, liest sich ein in diese Welt, mit der ihn sein Buch vertraut macht. Er fühlt sich unter seinesgleichen, er »versteht« alles (heimlich vom Großvater her kam er mit einem Stück Respekt zur Lektüre; denn der kannte nur Bibel, Gesangbuch und den treuherzigen, erbauenden Kalender!). Er wird amüsiert und animiert! Er darf für eine Mark die Wäsche einer Gräfin mustern, die Toiletten einer Halbweltlerin aussuchen, und immer sind die Kavaliere seinesgleichen, ganz herzlich, sogar zuvorkommend! Ich bitte! Immer: lieber Leser! Ist die Losung! – Der Herr Dichter ist wie ein kleines Mädel, das ihrem Liebsten ein Zimmer einrichtete beim ersten Besuch: äußerst aufmerksam und zu allem willig. Kein Rayonchef in einem besseren Warenhaus dienert so viel und so tief und so wahllos wie solch ein Menschenfreund von der tintenklecksenden Branche! Der gute Mensch ist eingestellt auf zwei hauptsächliche Bedürfnisse: *Wohlleben und Liebe.* Diesen zwei Arten seelischer Wollust zu dienen, wird also primäre Aufgabe dieser Romane sein. Zunächst läßt sich der Begriff Wohlleben wieder gliedern in ungezählte Versionen. Wohlleben zerfällt für den verschiedenen Menschenschlag und für verschiedene Menschenalter in romantische Befriedigung gewisser Abenteuerlust (sei es kriminell, sei es Tropenkoller, Künstlertraum oder soziale Mode). Die Liebe läßt sich ja bekanntlich am leichtesten für den weitesten Leserkreis mundgerecht machen; denn je mehr man um Wesentliches in diesem Punkte herumschreibt, um so begeisterter schwärmt die Gemeinde der Heiratsseligen und Eheunseligen um den plaudernden »Dichter«. –

Zurzeit, um auf vorgenannte Bücher [1] einzugehen, wird die Spezies Abenteuerlust unter patriotischer Flagge besonders ausgenutzt. Der Leser will vom Kriege wissen. Die Berichterstatter der Zeitungen genügen nicht, die Berichte sind noch nicht genügend aufgelöst in Einzelschicksal, sondern sprechen womöglich noch von Regimentern (und unter solchem Sammelnamen kann sich der rechte und schlechte Leser nichts vorstellen). Hier hilft nun der Unterhaltungsschriftsteller endgültig nach.

[...]

Mögen so die Themen rein stofflich weit auseinandergehen, sie haben alle mit geringer Veränderung das gleiche Niveau. Ein Niveau, so, wie es die behagliche, denkträge Freiheit eines beleibteren Bürgers sich wünscht, nicht aufregend und vor allem keine Problematik, sondern im Grunde muß doch alles so sein in der Welt, wie sie sich zwischen den Horizonten eben des obengenannten Herrn vorstellt, glatt und riesig amüsant, trotz kleiner Betriebsstörungen riesig amüsant!

1 Johst rezensierte Otto von Gottberg: *Frauenschneider Gutschmidt.* Roman. Berlin: Ullstein & Co. o. J. [1916]; Karl Figdor: *Das Reich von Morgen.* Roman. – Berlin: Ullstein & Co. 1916; Karl Frhr. von Perfall: *Das Schicksal der Agathe Rottenau.* Roman. – Berlin o. J. [1916] *(Ullstein-Bücher,* Bd. 78); Friedel Merzenich: *Das Tor der Wünsche.* Roman. – Berlin: Ullstein & Co. 1916; Helene Kalisch: *Charlotte Klinger. Ein Roman aus dem Geschäftsviertel Berlins.* – Berlin o. J. [1916] *(Ullstein-Bücher,* Bd. 76); Otto von Gottberg: *Kriegsgetraut. Novelle.* – Berlin o. J. [1916] *(Ullstein-Bücher,* Bd. 72); Otto von Wolzogen: *Das Mädchen mit den Schwänen. Drei Geschichten.* – Berlin o. J. [1916] *(Ullstein-Bücher,* Bd. 79); Max Geißler: *Jockele und die Mädchen. Roman aus dem heutigen Weimar.* – Berlin o. J. [1916] *(Ullstein-Bücher,* Bd. 75); Ludwig Wolff: *Das Flaggenlied. Roman.* – Berlin o. J. [1916] *(Ullstein-Bücher,* Bd. 77); Frhr. von Schlicht [Ps. für Wolf Graf von Baudissin]: *Meiers Hose und der Gefechtsesel. Ausgew. Militärhumoresken.* – München: A. Langen o. J. [1916]; Olga Wohlbrück: *Des*

Ratsherrn Lenius Tochter. Novelle. – Leipzig o. J. [1916] (*Wiking-Bücher*, Bd. 20); Rudolf Hirschberg-Jura: *Die Schulbank der Liebe*. – Leipzig o. J. [1916] (*Wiking-Bücher*, Bd. 18); Robert Fuchs-Liska: *Des Mitleids Liebe. Roman*. – Leipzig o. J. [1916] (*Wiking-Bücher*, Bd. 21); Wilhelm Schaer: *Kerstorf. Roman*. – Leipzig o. J. [1916] (*Wiking-Bücher*, Bd. 19).

136
Iwan Goll: *Appell an die Kunst*. In: *Die Aktion* 7 (1917), Nr. 45/46, 17. November, Sp. 599–600.

Kunst ist kein Beruf. Kunst ist kein Schicksal. Kunst ist Liebe.

Liebe erheischt Gegenliebe, ist eine bilaterale Angelegenheit. Kunst erheischt Publikum, ist eine öffentliche Angelegenheit.

Kunst wird heute zur sozialen Liebestätigkeit. Darum, Künstler, tritt ins Volk und zeige ihm dein großes Herz. Deine Rufe an den Menschen, deine Volksreden, werden Gedichte sein.

Du hast das äußerste Mittel der Liebe zur Verfügung: du hast Gott. Deshalb, wer es auch sei, der Lohnkutscher wie der Kanalschiffer, sie werden dich hören und dir glauben müssen. Deine Arbeit ist Kampf: Kampf wider den Schlaf und die Stumpfheit, Kampf gegen den Nichtgeist und die Nacht. Der Mensch hat sich die Sterne erfunden.

Vor allem aber Kampf gegen dich selbst: gegen die lastende Erbschaft, die du in dir trägst. Vor allem, Künstler, unterscheide dich vom »Talent« dadurch, daß du kein Egoist mehr bist.

Der Ich-Lyriker lügt, der sich von der Menschheit abtrennt und seinen imaginären Schmerz mit Rosenöl beträuft.

Der Maler lügt, der sich in Miniaturen und Personenporträts einzwängt: er hat kein großes, offenes Herz, nicht die gottgefüllte Geste.

Wundere dich nicht, du kleiner, zentrifugaler Erotiker aus den Boheme-Ateliers und Cafés, wenn man dich nicht versteht, verkanntes Genie: Du hast keine Liebe.

Wer ein Herz hat, der stellt sich vor die Menschen hin, der reißt sich auf und sagt den Schmerz der Millionen, die um ihn herum leiden.

Der baut Tempel, weite Hallen, unendliche Gärten, zwitschernde Paradiese, die runden Gewölbe des Volkshauses, wo Brudermenschen zusammenstehn und zusammen leiden; Tribünen, von denen die rote Wahrheit erbarmungslos in die schwarze Welt geschüttet wird, Wahrheit, eine ätzende Helligkeit, schwerer zu vertragen für Menschenaugen als die Flüssigkeit der Sonne.

Der Maler zeigt in erschütternden Fresken die große Berufung der Menschheit: den großen, irisierenden Mann, die ewige Allegorie von der Schönheit.

Und du, Dichter, schäme dich nicht, in die verlachte Tuba zu stoßen. Komm mit Sturm. Zerdonnere die Wölklein romantischer Träumerei, wirf den Blitz des Geistes in die Menge. Laß ab von den zarten Verirrungen und leichten Verzweiflungen des Regenwetters und der Dämmerungsblumen.

Licht brauchen wir: Licht, Wahrheit, Idee, Liebe, Güte, Geist!

Sing Hymnen, schrei Manifeste, mach Programme für den Himmel und die Erde. Für den Geist!

Künstler, schenke uns dein großes Herz. Tritt mit deinen Flügeln ins dumpfe, arme Volk. Tritt in die schwälenden Stuben der jungen Mütter, in die schreidurchzuckten Spitäler voll Sterbender, Hoffender, tritt in die atembenommenen Kerker, in die zornverstampften Kasernen, in die Justizpaläste und die Greisenasyle.

Lächle immer und verzeih wie der Engel, der unerkannte. Je schlechter und tiefer und dumpfer sie sind, desto schöner, höher und heller sei dein Gesang.

Künstler, liebe!

137
Moritz Lederer: *Volkstheater*. In: *Die Aktion* 11 (1921), H. 3/4, 22. Januar, Sp. 52.

In einigen Wochen wird das Mannheimer Volkstheater mit der ersten Aufführung des »Judas« von Erich Mühsam eröffnet. [1]

Alle schaffen für den Einen: den Künstler.

Das Kunstwerk ist die höchste produktive Möglichkeit einer kulturellen Gemeinschaft und einer kulturell umgrenzten Epoche; Volkswille und Zeitgeist sind seine Väter. Das Kunstwerk ist vom Organismus der lebendigen Kraft; sein Wesen ist nicht von metaphysischer Beschaffenheit. Das Kunstwerk ist nicht heilig. Es ist politischer Exponent.

Wenn der Organismus aus Volk, Zeit, Kunstwerk zerrissen ist, dann ist nicht Kunst, sondern Kunstersatz: Talmi. Museen sind Krematorien; Konzertsäle sind von Tonwellen durchflutete Modeschauhallen. Weil die Zerstörung des Bandes zwischen Volkswille, Zeitgeist und Kunstwerk nicht begriffen wurde, weil Fähigkeit und Möglichkeit fehlten, zwischen oberschichtiger Bourgeoisie und stets in Unterschichten wurzelnder künstlerischer Schöpfung eine Kette zu schmieden, deshalb entstand der Irrtum: Kunst walte außerhalb realer Organismen, sei nur metaphysisch begreifbar, sei heilig. Aus Mißverstand wuchs eine Religion; aus dem Kunstwerk ein Götzenbild, aus dem Künstler ein Gott. (Dieser kam plötzlich, weil Gottum magnetisch anzieht, nur noch in Massen vor; Masse entweihte das göttliche Wesen; es entstanden, massenhaft, bourgeoise Gottzwerge.) Nennt die Oberschicht, die Kulturclique, das Kunstwerk, so schwellt die Sprache in Pathos; die Gottzwerge leben nur in Sagen, Anekdoten, Gerüchten; und das Volk steht draußen und schaut vergnügt halb, halb verständnislos auf das Gekitsche und Getue. So ist das gegenwärtige bourgeoise Theater.

Das Volkstheater muß politische Tribüne sein. Der lebendige Organismus aus Volkswille, Zeitgeist, Kunstwerk muß geschmiedet werden. Die Sehnsucht dieser Zeit muß auf dem Theater sich manifestieren. Unsinnig ist das Unternehmen, einem kleinen Volksteil (es kann stets nur ein Tröpflein eines Ozeans sein) das bourgeoise Theater zu öffnen. Unsinnig ist das Unternehmen, für die Bourgeoisie das Volkstheater zu errichten. (Nur hieran krankt Reinhardts grandioses Schauspielhaus [2], das zweifellos dem werdenden Volkstheater seine Form leihen wird.) Unsinnig ist das Unternehmen, das bourgeoise Theater zu vergrößern und es dann »Volkstheater« zu nennen. Das Volkstheater hat mit dem bourgeoisen Theater nichts gemeinsam. Es werden vor dem Volk, vor Massen – weil hier nur das Erlebnis des Zeitgeists lebendig ist – andere Werke gespielt werden als im Cliquentheater; es werden die gleichen Werke – etwa der revolutionären Klassiker – anders gespielt werden als im Cliquentheater; es werden dem Volkstheater eigentümliche Repertoir und Spielform geschaffen. Die Gottzwerge wird das Volkstheater in ihren Beruf zurückführen; wir brauchen nicht Götzen – auch nicht Dilettanten –, aber lebendige, von der Volkssehnsucht erfüllte und beflügelte Spieler.

Ich zerschlage die Gesetze des Cliquentheaters und sage: was dem bourgeoisen Theater »Kunst« ist, das bedeutet dem Volkstheater: Nonsens. Das Volkstheater ist die helle Fanfare der Zeit; die Stimme der Volkssehnsucht; die Manifestation des Zeitgeists. Das Volkstheater ist die Tribüne, von der das Volk seine Qual und sein Sehnen der Menschheit ins Gewissen schreit. So ist das Volkstheater politische Tribüne, so sind seine Produkte politische Manifeste; denn so ist diese Zeit.

1 Erich Mühsam: *Judas. Arbeiter-Drama in fünf Akten.* – Berlin: Der Malik-Verlag 1921 (*Sammlung revolutionärer Bühnenwerke,* Bd. IV) ^{2}1924. Dieses erfolgreichste Drama von Mühsam wurde vermutlich in der zweiten Märzwoche 1921 durch das *Mannheimer Volkstheater* im Nibelungensaal vor »fünftausend Arbeitern ohne Vorhang, ohne Pausen«, »teils von Schauspielern, teils von Arbeitern« uraufgeführt (Stefan J. Klein: ›*Judas*‹. *Arbeiterdrama in fünf Akten von Erich Mühsam* (Eröffnungsvorstellung des ›Mannheimer Volkstheaters‹). In: *Die Rote Fahne* 4. Jg. (1921), Nr. 125, 16. März, S. 6).

2 Max Reinhardt eröffnete das monumentale *Große Schauspielhaus* (früher Zirkus Schumann) in Berlin am 28. November 1919 mit einer Inszenierung der *Orestie* von Aischylos. Die von Hans Poelzig geschaffene stalaktitenartige Architektur des Hauses, das 3200 Zuschauern Platz bot, galt als ein Musterbeispiel expressionistischer Baukunst, die Bühnenkonzeption mit ihrer in den Zuschauersaal reichenden Vorbühne als Modell des neuen Bühnentyps.

6. *Zensur und Künstlerprotest*

Das wirksamste Mittel der preußisch-wilhelminischen »Obrigkeit«, eine künstlerische und ideologische Gegenbewegung wie den Expressionismus in das Abseits subkultureller Randerscheinungen zu drängen, war die Institution der Zensur. [1] Mit ihren Schikanen war nach wie vor zu rechnen, obwohl der erfolgreiche Künstlerprotest gegen die sogenannte »Lex Heinze« [2] – ein Gesetz gegen Pornographie, das auf bildende Kunst und Literatur übertragen werden sollte – schon um die Jahrhundertwende breite Zustimmung gefunden hatte. Der 1900 gegründete »Goethe-Bund« trat programmgemäß für die Freiheit des geistigen Schaffens ein und unterstützte die Künstler in ihrer Opposition gegen die Polizeizensur. Schärfstens attackierte man dieses anachronistische Skandalon und inszenierte Kampagnen in der Hoffnung, daß »die Zensur mit anderem Gerümpel dahin wandern wird, wohin sie gehört, auf den Kehricht«. [3] Angeblich gegen »Schund« gerichtet, nahmen sich die Zensurbehörden künstlerische Provokationen zum Ziel ihres Eingriffs, »um doch ihre einmal bezahlte Existenz zu motivieren«, wie eine Polemik im *Losen Vogel* besagte. [4] Auf obligate Anfrage hin konnte es geschehen – so am 11. 2. 1911 der Direktion des Deutschen Theaters –, daß der Berliner Polizeipräsident von Jagow »die Genehmigung zur öffentlichen Aufführung des Stückes *Die Hose* von Karl Sternheim in den Kammerspielen aus Gründen der Sittlichkeit auf Grund des § 10 II 17 A. L. R.« einfach verweigerte. [5]

Mit unnachsichtiger Härte traf die Zensur vor dem Krieg das Werk des exzentrischen Dramatikers Frank Wedekind, der als Vertreter einer schockierenden, antibürgerlichen Großstadtliteratur unter Verboten besonders zu leiden hatte. Dem »Fall Wedekind« galt auch Heinrich Lautensacks Idee des *Heimlichen Theaters* (Dok. 138), die durch Aufführung vor geschlossener Gesellschaft das Öffentlichkeitsverbot unterlaufen wollte. Der H. F. S. Bachmair-Verlag wandte sich an den »Schutzverband Deutscher Schriftsteller« mit dem Hinweis, »daß Verbote, die z. B. einen Dichter wie Frank Wedekind vor Jahren noch als singuläre Erscheinung trafen, heute eine ganze Richtung [...] treffen und aufs Empfindlichste schädigen würden«. [6] Man war sich natürlich einig, daß solche Proteste die Ursachen der Zensur nicht beheben konnten, denn es wurde hauptsächlich aus politischen Gründen zensiert. Die Konfiskation der *Aktion* z. B. (vgl. Dok. 107) richtete sich in erster Linie dagegen, ein Organ der »Deutschen Linken« ungehindert zu Wort kommen zu lassen. Die formaljuristischen Begründungen waren meist lächerlich: »Bald kitzelt ein Gedicht der Behörde in die Nase, daß sie den Unsittlichkeitsparagraphen, bald ein Artikel, daß sie das Aufreizungsgesetz niest«. [7] Ein solcher Fall war das Verbot der Münchner *Revolution,* hinter dem die Unterdrückung der Anarcho-Boheme stand. Das publizistische Echo auf diese Konfiskation (Dok. 139) macht die Kluft zwischen Künstlerurteil und dem immer wieder herbeizitierten »gesunden Volksempfinden« sichtbar. Zugleich führt dieses Beispiel zum juristischen Problem der Zensur, d. h. zum Konflikt zwischen Kunst und jeweils geltendem Recht, insofern es ein markantes Urteil nach sich zog.

Ein ähnlich prominenter Fall war das Verfahren gegen Alfred Kerr, der in der Nummer 21 seines *Pan* zwei als »unzüchtig« inkriminierte Gedichte Klabunds unter der »fortgeschrittenen Erklärung«: »Junge Menschen sind anständig, indem sie unanständig sind« abgedruckt hatte. [8] Kerr wurde zwar freigesprochen, doch das Reichsgericht distanzierte sich in seinem Urteil vom 15. 5. 1914 von dieser Entscheidung. [9] Im Grunde assistierte in der Zeit des Expressionismus die Rechtsprechung einer Staatsidee des unbedingten Gehorsams vor »Thron und Altar« und ahndete künstlerische Provokationen als Verstöße gegen die öffentliche Ordnung. Als Vollzugsorgan eines illiberalen Systems zog sie den Unmut der expressionistischen Revolteure auf sich, die ja nicht selten aus juristisch gebildeten Elternhäusern kamen und zum nicht geringen Teil selbst Jurisprudenz studierten. »Mag die juristische Scheiße links liegen bleiben«, so artikulierte der Staatsanwaltssohn Georg Heym seinen Ekel an der Wissenschaft vom Recht. [10] »Staatsanwälte, die ahnungslos vor der Wucht künstlerischer und geistiger Fragen das Leben mittelmäßiger Beamten zwischen Zahlenerörterungen und Bestimmungen vollbringen, stehen heute noch am Rande der Seelenäußerungen und zählen mit Uhr und staatlichem Messer Erlaubtes und Verfehltes als letzte Kompetenz. Der Zustand ist schamlos«, protestierte Kasimir Edschmid noch am Ende des Jahrzehnts. [11] Wie weit juristische Hybris gehen konnte, zeigt der von Herwarth Walden hohnlachend angeprangerte Juristenstreit um Else Lasker-Schülers Gedicht *Leise sagen,* das in der Hamburger *Wahrheit* als »vollständige Gehirnerweichung« verunglimpft worden war. [12] Gerichte, die sich ein gegen die Moderne zielendes ästhetisches Urteil anmaßten, über Rang und Verstehbarkeit von Kunstwerken rätselten, entsprachen präzise dem individualanarchistischen Bild vom wilhelminischen als einem philiströsen Polizei- und Zwangsstaat, wie es in Erich Mühsams Pamphlet *Wider die Zensur* entworfen wird (Dok. 140). Mühsam, den die Zensurmaßnahmen gegen Schriftsteller nicht ruhen ließen, sah in ihnen nur das Symptom einer Herrschaftsform, die sich letztlich auf die globale Bevormundung und autoritäre Zensurierung der »Untertanen« stütze.

Mit Kriegsausbruch verstärkte sich der Druck der Zensur auf die expressionistischen Pazifisten (s. den Abschnitt »Expressionismus und Krieg«). Das Schimpfwort vom »vaterlandslosen Europäertum« (vgl. Dok. 78) kam damals auf, und eine Vielzahl von Publikationen und Stücken fiel wegen angeblichen Defaitismus der Zensur zum Opfer. [13] Entlarvend sind die Feindbilder, welche die Verbote begründen sollten. Das erste *Ziel-Jahrbuch* z. B. wurde von der Oberzensurstelle mit dem Hinweis aus dem Verkehr gezogen, »das Buch enthalte revolutionäre, antireligiöse, antimilitaristische, frauenrechtlerisch-pazifistische und homosexuelle (Blüher!) Beiträge«. [14]

Im Januar 1919 lautete die Parole: »Die Zensur ist gefallen. Der Geist ist frei«. [15] Nun glaubte man erkennen zu können, daß die Zensur »nur ein kleines Hindernis« für die Wirkung expressionistischer Literatur gewesen war: »Die Hauptbarrikaden, die es zu nehmen gilt, heißen [. . .] Publikumsstumpfheit und Theateretat«. [16] Die administrative und exekutive Festigung der Weimarer Republik setzte indes ungeachtet des politischen Wandels zur formalen Demokratie kunstfeindliche Zensurmaßnahmen wieder ins Recht, die vor allem die öffentlichen Aktivitäten der Dadaisten beschnitten. Die Berliner Dadazeitschriften wie *Jedermann sein eigener Fußball, Der Dada, Der Gegner, Der blutige Ernst* brachten es, immer wieder verboten, nur auf wenige Hefte. Sie und die spektakulären Ausstellungen provozierten gerichtliche Nachspiele (Dok. 141), bei denen sich politische Gegnerschaft erneut in juristischer Kasuistik verbarg. Bei Gelegenheit des Berliner Dadaistenprozesses merkte Kurt Tucholsky weitblickend an: »Bestraft wird in allen diesen Fällen nicht das Delikt. Bestraft wird – nach bestem Wissen und Gewissen – die Gesinnung«. [17]

Von der wilhelminischen »Klassenjustiz« gegen die Arbeiteranarchisten über die Zensur der Moderne und des Expressionismus bis hin zur rechtslastigen Urteilsfindung der Gerichte während der ersten deutschen Republik reichte eine Kontinuität des Ressentiments in juristischer Maske. Wo Dadaisten den »Geist von Weimar« [18] attackierten, hatten sie die Wiederkehr der alten Mächte unter neuem Etikett vor Augen, d. h. das Fortwirken des »Geistes von Potsdam«, der den frühexpressionistischen Protest, den pazifistischen Internationalismus und den utopischen Sozialismus gleichermaßen mit Zensur und Verbot verfolgt hatte.

1 Vgl. grundsätzlich die juristisch-literarische Darstellung von Ludwig Leiss: *Kunst im Konflikt. Kunst und Künstler im Widerstreit mit der »Obrigkeit«.* – Berlin, New York 1971, bes. Abschnitt 2, Kap. 1–3.
2 Unter Hermann Sudermanns Leitung veranstaltete der Goethe-Bund in Berlin am 22. Mai 1900 eine öffentliche Volksversammlung im Circus Renz gegen die »Lex Heinze«. Vgl. Robin J. V. Lenman: *Art, Society and the Law in Wilhelmine Germany: the Lex Heinze.* In: *Oxford German Studies* 8 (1973), S. 86–113.
3 Kurt Tucholsky: *Kunst und Zensur.* In: *Vorwärts* 25. 4. 1911.
4 N. N.: *Zensur.* In: *Der lose Vogel* 1. Jg. (1912), Nr. 2, S. 80–81, Zitat S. 80.
5 Zit. nach: Paul Raabe u. Hans Ludwig Greve (Hrsg.): *Expressionismus. Literatur und Kunst 1910–1923,* S. 288.
6 N. N.: *Die Zensur und wir. Offener Brief an den Schutzverband Deutscher Schriftsteller.* In: *Revolution* 1. Jg. (1913), Nr. 4, 1. Dezember, S. [2].
7 Erich Mühsam: *Protest.* In: *Kain* 4. Jg. (1914), Nr. 3 (Juni), S. 48.
8 Vgl. die ausführliche Replik von Alfred Kerr: *Den Richtern.* In: *Pan* 3. Jg. (1913/14), Nr. 31, 23. 12. 1913, S. 715–725.
9 Die Urteilsbegründungen sind abgedruckt in Ludwig Leiss: *Kunst im Konflikt,* S. 236–239.
10 Georg Heym: Dichtungen und Schriften, Hg. von Karl Ludwig Schneider. Bd. 3. Hamburg 1960, S. 151 (Tagebucheintrag vom 18. 11. 1910)
11 Kasimir Edschmid: *Dichtung, Unzucht, Freiheit, Staatsanwalt.* In: *Die weißen Blätter* 7. Jg. (1920), S. 10–19, Zitat S. 17.
12 Vgl. H[erwarth] W[alden]: *Deutsche Dichter und deutsche Richter, 1/Hamburg.* In: *Der Sturm* 3. Jg. (1912/13), Nr. 119/20, Juli 1912, S. 102–104 u. *2/Berlin.* Ebd. Nr. 121/22, August 1912, S. 114–115.
13 Zum Verbot von René Schickeles *Hans im Schnakenloch* vgl. die ausführliche Darstellung von Heinrich Hubert Houben: *Verbotene Literatur von der Klassischen Zeit bis zur Gegenwart. Ein kritisch-historisches Lexikon über verbotene Bücher, Zeitschriften und Theaterstücke, Schriftsteller und Verleger.* 2 Bde. – Berlin: 1924–28. Nachdr. Hildesheim 1965, Bd. 2, S. 508–518.
14 Zit. nach der Notiz *Zensur.* In: *Die literarische Gesellschaft* 2. Jg. (1916), H. 8, S. 351–352, Zitat S. 351.
15 In: *Das hohe Ufer* 1. Jg. (1919), H. 1 (Januar), S. 20.
16 Heinz Herald: *Zensur und Junges Deutschland.* In: *Das junge Deutschland* 2. Jg. (1919), H. 1, S. 23–25, Zitat S. 24.
17 Ignaz Wrobel [d. i. K. Tucholsky]: *Dada-Prozeß.* In: *Die Weltbühne* 17. Jg. (1921), Nr. 17, 28. April, S. 454–457, Zitat S. 456.

18 Vgl. das Manifest von Raoul Hausmann: *Pamphlet gegen die Weimarische Lebensauffassung*. In: *Der Einzige* 1. Jg. (1919), Nr. 14, S. 163–164. Wiederabgedr. in: Karl Riha u. Hanne Bergius (Hrsg.): *Dada Berlin,* S. 49–52, hier heißt es auf S. 50: »Ich bin nicht nur gegen den Geist des Potsdam – ich bin vor allem gegen Weimar. Noch kläglichere Folgen als der alte Fritz zeitigten Goethe und Schiller – die Regierung Ebert-Scheidemann war eine Selbstverständlichkeit aus der dummen und habgierigen Haltlosigkeit des dichterischen Klassizismus.«

138
Heinrich Lautensack: *Das Heimliche Theater, Ein Weg zur Überwindung des Zensors.* In: *Die Aktion* 2 (1912), Nr. 4, 22. Januar, Sp. 97–100.

Um aus den letzten zehn Jahren bloß diese zwei Beispiele zu nehmen:

Wir alle haben's kürzlich wieder mitangesehn, wie die berliner Privat-Gesellschaft »Pan« [1], die mit Umgehung der Zensur Theatervorstellungen veranstalten wollte, sogleich von der Behörde erdrosselt wurde; und ich selber hab's einstmals hart miterlebt, wie man unsern heimeligen Fuchsbau, genannt die münchener Elf Scharfrichter, nach nicht allzu langer Zeit uns gründlich zerstörte. [2]

Ja sogar, dem Pan ging's unlängst schneller an den Kragen als seinerzeit den münchener Elf. Was den wenigen, die's noch nicht wissen sollten, beweisen mag, daß die Härte der Zensur in den letzten Jahren durchaus nicht abgenommen hat, sondern vielmehr nur noch grimmiger geworden ist.

Was tun? *Die Zensur ist ein öffentliches Unglück* – ein solcher oder ähnlicher Satz gelingt leicht einem jeden Anfänger-Raisonneur. Was aber *tun*? Die Kalamitosen Wedekind Frank, Borngräber Otto [3], Dülberg Franz [4], Ilgenstein [5] und Lautensack Heinrich (diese Liste macht keinen Anspruch auf Vollständigkeit) bilden einen einzigen schreienden Haufen – nützt denn das zu was? Es nützt, ach, gleichfalls zu nichts. Es nützt eben weder räsonieren, noch auch glückt es, wenn wir Betroffenen uns vor Jammer und Wut heiser schreien. All das hat noch um keines Haares Breite zur womöglichen Abschaffung der Zensur vorwärts gebracht; denken wir also –

Denken wir also lieber rückwärts und sinnen uns eine *wirkliche Privat*-Gesellschaft aus à la Pan, d. h. eine, die nicht sogleich erdrosselt werden kann, und einen Fuchsbau, einen heimlichen, ähnlich den Elf Scharfrichtern, bloß daß der dann *in Wahrheit unzerstörbar* sein soll.

Baldowern – ei ja: *baldowern* – wir uns eine Gelegenheit aus, dergegenüber die Polizei einmal ohnmächtig ist mit ihrer ewigen und schnell bereiten Umstellung und Aushebung, als ob's faktisch das infamste Verbrechernest gälte.

Mit einem Wort (welches ich mir keineswegs groß schmeichle gefunden zu haben): gründen wir das Heimliche Theater.

Denn – ich will all das, was man gegen die Zensur bis zum heutigen Tage vorgebracht hat, an dieser Stelle doch noch einmal in zwei Hauptpunkten zusammenfassen, selbst auf die Gefahr hin, daß ich unbewußt vom Goethe-Bund [6] abschreibe – denn was soll

1. aus den von einem Verbot heimgesuchten Schriftstellern und deren Werken werden, wenn wir allemiteinander uns in christlicher Geduld üben wollen, bis die Zensur ein Einsehen bekommt und sich in ihren eigenen Rotstift stürzt? – Wir können ebensowenig annähernd abschätzen, wieviel künftighin rein durch die leidige Zensur ungeschrieben bleiben wird, als wir bei weitem zu ermessen vermögen, was seit Jahrzehnten bereits von unsern produzierenden Mitmenschen durch die ewige kalte Douche des Zensors nur mit einer Gänsehaut behaftet auf die Welt kam.

Und – 2. – was soll inzwischen aus uns werden? aus uns andern? aus uns Publikum? aus uns Parkettgenossen? Wir möchten doch um Gottes willen *Teil haben* daran, daß dies und jenes Werk in unseren Tagen ausgerechnet entstanden ist! daß es an einem Schreibtisch geschaffen wurde, der etwa nur zwei, drei Straßen von unserer Wohnung oder unserem Bureau entfernt steht! möchten um's Himmels und aller Heiligen willen Teil haben an einem Werk, das zumindest in einer Stadt wie München ausgedacht und hingeschrieben wurde, einer Stadt wie München, mit der wir uns hier von Berlin aus *doch sonst – doch sonst* binnen einer kurzen Viertelstunde telephonisch verbinden lassen können! – Ei ja – und dieser zweite Punkt ist m. E. bis dato viel zu wenig herausgekehrt worden – *wir heute in diesem Zeichen des Verkehrs* sollen einzig auf die endliche Aufführung eines Werkes, das die Zensur durch ihr Verbot (mit einer Treffsicherheit, die *Prof. Dr. Ed. Engel* anzuwünschen wäre) [7] noch dazu vor sovielen andern gebührendst hervorgehoben hat, warten, warten, warten, warten, bis wir ins Grab sinken?

Das war zu aller Zeit ein gar blödes Argument gegen die Zensur: daß sie sich das eine oder andere Mal irrte und ein ganz harmloses Stück verbot. – Im geraden Gegenteil haut die Zensur fast niemals daneben; sie ist nur ihrer ganzen Veranlagung nach so rückständig, die öffentliche Herausbringung von Werken, an denen wirklich endlich wieder einmal etwas dran ist, sofort als (staats-, religions-, sitten-) gefährlich zu verhindern.

Und darum, Herrschaften, laßt uns das Heimliche Theater auftun *und das Wort »heimlich« dabei so auf unsere Zungen nehmen, daß wir einen Geschmack davon abkriegen – heimliches Gericht, heilige Feme!*

Wie denn auch: – wir würden uns ja anders zu sehr sträflichen Mitschuldigen machen an jenem öffentlichen Unglück, welches die Zensur ist.

Wie dieses Heimliche Theater (ein jeder Leser darf sich derweil getrost ein noch besseres Epitheton ausdenken) nun aber inszeniert werden soll? – Jetzt schäm ich mich wahrhaftig fast, daß ich es sein soll und nur grad ich, dem dieses eingefallen ist, und ich kann es immer noch nicht recht für möglich halten, daß nicht längst schon andere vor mir auf den Gedanken gekommen sind. – Doch, nun endlich frei herausgesagt, ist das Ei des Kolumbus dieses:

Du und ich und noch etwer, Freunde, Mitkämpfer der *Aktion* machen einen Verein und laden die und die Leute zu einer Aufführung von (dieser Anfang ist beschlossene Sache) Frank Wedekinds *Totentanz* [8] *durchaus gratis* ein. Das will heißen: wir verzichten auf jene naiven Praktiken, durch die nach längerer oder kürzerer Zeit, so die Elf Scharfrichter, so der Pan, elendiglich gleich Froschverbindungen aufgeflogen sind, auf jene Mittelchen, Manöverchen: beileibe keinen Eintritt und jedennoch dafür eine Garderobengebühr von neun Mark neunundneunzig

Pfennigen oder einen so oder so angemessenen Mitgliedermonats- oder Jahresbeitrag zu erheben. Nein also, wir *verzichten* darauf! wir *bedanken* uns schönstens dafür! wir haben derlei großmütig genug *nicht nötig!* und *soviel* ist uns – sublimst – die Hetz oder Gaudi *wert!* Und wenn wir – jetzt kommt mich wahrlich etwas Pathos an – *und wenn wir den heiligen Christ gleich ein zweites Mal nur im geringsten Stall von Bethlehem gebären müßten*: wir, du und ich und noch etwer wollen uns die Portoauslagen zu den Einladungen an das halbe Berlin W. ausschließlich von unseren mageren Schriftstellerhonoraren abknapsen –

und was benötigen wir denn für den Anfang (gemeint ist immer der einzige Frank Wedekind'sche *Totentanz*) groß noch weiter?

Dazu brauchen wir zumindest noch einen Stall, sagst du, eine Krippen?

Darauf entgegne ich dir: Wenn wir diesen Stall und diese Krippen ebenfalls bereits hätten – hm?

Da überschlägst du in deinem Gedächtnis schnell die Bilanz, die da heißt Berliner Theaterdirektoren, und triumphierst: Ausgeschlossen! aus . . ge . . schlossen! – Und fährst mir gleich darauf in meine immer noch stolze Parade: Aber selbst gesetzt den unmöglichen Fall, ein berliner Theaterdirektor u. s. w. u. s. f.: wo wollt ihr »for bechinem« die Schauspieler herkriegen? Schauspieler und for bechinem??

Mich dünkt, ich hab dem Pessimisten und Allesmiesmacher längst einen allzu breiten Raum eingeräumt. In diesem einzigen Wedekind'schen *Totentanz*, der die Eröffnung des Heimlichen Theaters bilden würde, liegt die Sache so, daß ich mir in der Tat bereits ein »Lokal« weiß. Und falls wider alles Erwarten der »Lokalbesitzer« – durch *Warnungen, ja Drohungen von seiten des Zensors* – doch noch zurückzuppen sollte, hat sich ein reicher Freund von mir willens erklärt, das dadurch entstehende Loch zuzumachen. Und was das Schauspielermaterial anbetrifft, übernehmen Herr und Frau Wedekind die Hauptrollen . . . und außerdem (unkt jene Unke) sollen im heutigen Berlin nicht *zwei* Schauspielkräfte vorhanden sein, die herzlich gern *umsonst* die beiden restierenden Sprechrollen übernehmen? *In eben diesen Tagen, wo die Bühnengenossenschaft* [9] *noch dazu wirksam darauf aus ist, durch Eröffnung von soundsovielen Saalbühnen die hier engagementslos sich herumtreibenden Mimen auf ein Minimum reduzieren.*

Diese Einwände alle – sind sie nicht Kleinig- und Unnützigkeiten? Kaffeehausdebatten, mit denen wir uns die längste Zeit lächerlich gemacht haben sollten? – Und warum sollten vierzehn Tage etwa nach diesen unsern Weihnachten nicht ebenfalls drei Heiligedreikönige, nicht einmal besonders stark nach amerikanischen Multimillionären duftende Kaspar, Melchior und Balthasare angezogen kommen, die uns 100 Dollar darbringen? Oder gar 300 Dollar?

Sehen wir vor allen Dingen zu, ob dieser unserige projizierte Waffenstillstand mit der Zensur (wie man es, weniger feindlich und zähneknirschend und mehr verbindlich grinsend, schließlich gleichfalls nennen könnte) überhaupt möglich ist und ob es überhaupt sein kann, daß dieser Stern uns aufgeht und leuchtet.

Vorbesprechungen (weshalb ich nicht so ausführlich zu sein brauche und hier frühzeitig schließen kann) mit Rechtsanwälten, Schauspielern, Theaterdirektoren, Bühnenvertriebsvorständen, verbotenen und nicht verbotenen Autoren, wohlhabenden Dilettanten, dito Dramaturgen, Theaterkritikern, auch nicht zu vergessen Prof. Dr. Ed. Engel, Zensurbeiräten und mit Zensoren selbst, Polizeipräsidenten, Staatsanwälten usw. usw. von heute ab in jeder Nummer der *Aktion*, d. h. es soll eine ***publike*** Debatte eröffnet werden und eine Rundfrage. Alles zusammen über – in allen größeren Städten Deutschlands – das *Heimliche Theater!*

Franz Pfemfert unterstrich mit einer Randbemerkung die Relevanz dieses Aufsatzes (Sp. 100–101): »Ich räume diesem tatbedeutenden Aufsatz die Stelle des politischen Leitartikels ein: es ist eine eminent politische, eine kulturpolitische Frage, die hier gelöst werden soll. Es gilt eine Kulturtat. Was bedeuten daneben all die Stichwahlgeschäftssorgen der Berufspolitiker? Und nun noch einige Worte an unsere Presse. An die Herrscher vom Feuilleton. An die, so da empfinden, daß das Stück Mittelalter, Bühnenzensor geheißen, zu beseitigen ist. Wir werden unser Heimliches Theater zu schaffen suchen, ob mit, ob gegen euch. Aber wir geben euch zu bedenken, daß ihr hier eine Gelegenheit findet, ernstlich eure Pflicht zu tun. Bedenket: die Sache wills, daß ihr zu unserem Vorhaben Stellung nehmet! Ihr könnt euren Lesern die Tatsache nicht verschweigen, daß nunmehr ein gesetzlich zulässiges Mittel gefunden ist, dem Zensor in aller Offenheit den Rotstift aus der Hand zu nehmen. *Die Aktion* wird in der nächsten Zeit in einer öffentlichen Volksversammlung, in der unsere Besten sprechen werden, die Überwindung des Zensors proklamieren. Trotz aller Rücksichten, meine Herren: nehmet im Feuilleton von unserer Aktion Notiz!« Lautensacks Vorschlag zog in den Spalten der *Aktion* eine rege Diskussion nach sich: *Das heimliche Theater.* In: *Die Aktion* 2. Jg. (1912), Nr. 5, 29. Januar, Sp. 140–144 (Beiträge von RA Dr. Halpert, Alfred Richard Meyer, Maximilian Harden); Nr. 6, 5. Februar, Sp. 169–170 (Beiträge von Peter Scher [d. i. Fritz Schweynert], RA Victor Fraenkl, Alfred Kerr); Nr. 7, 12. Februar, Sp. 204–206 (Beiträge von Alfred Wolfenstein, R. Wolfgang Martens, Franz Pfemfert); Nr. 8, 19. Februar, Sp. 237–238 (Beiträge von Kurt Peschke u. Ferdinand Hardekopf); Nr. 10, 4. März, Sp. 308–310 (Beiträge von Arthur Silbergleit u. Albert Ullrich). Die öffentliche Versammlung sollte am Montag, 26. Februar 1912, abends 9 Uhr im großen Saal der Prachtsäle des Westens, Berlin W 50, Spichernstr. 3, stattfinden; Reflexe auf dieses Treffen finden sich in Nr. 10 der *Aktion.* Bereits aus der Nr. 11, 11. März, Sp. 325 geht hervor, daß Lautensack selbst »die Lust an dem Experiment verloren« habe. Mit ihm rechnete Franz Pfemfert danach ab (*Der Vater der Idee.* In: *Die Aktion* 2. Jg. (1912), Nr. 12, 18. März, Sp. 358–361); die Aufführung von Frank Wedekinds *Totentanz* im Rahmen des »Heimlichen Theaters« war für den 30. 3. im Lessing-Theater geplant, das Otto Brahm für diese Veranstaltung zur Verfügung gestellt hatte (vgl. Nr. 13, 25. März, Sp. 399), doch folgte in der Nr. 14, 1. April die Bitte um Retournierung der bereits angeforderten Einladungskarten. Das Projekt des »Heimlichen Theaters« war gescheitert.

1 Über den Versuch der Privatgesellschaft *Pan,* Frank Wedekinds *Die Büchse der Pandora* 1911 »privat« aufzuführen, liest man unter Bezugnahme auf Lautensacks Konzept unter der Überschrift *Das heimliche Theater und Wedekind.* In: *Pan* 2. Jg. (1911/12), Nr. 11, 1. Februar 1912, S. 347–348: »Die Idee des heimlichen Theaters ist gut, aber nicht für Wedekind. Für ihn: das öffentliche Theater. Wedekind ist ein Dichter und ein Prophet. Er erstickt, wenn man ihm das Maul verbindet.« (S. 347)

2 An dem 1901 gegründeten literarischen Kabarett war Frank Wedekind entscheidend beteiligt. Vgl. dazu auch die Vorbemerkung zum Abschnitt »Kabarett und Aktionskunst«.

3 Otto Borngräber (1874 – 1916), Dramatiker.

4 Franz Dülberg (1873 – 1934), Verfasser wirkungsvoller neuromantischer Dramen.

5 Heinrich Ilgenstein (1875 – 1948), Schriftsteller. U. a. Herausgeber des *Blaubuchs. Wochenschrift für öffentliches Leben,* deren 6. Jg. (1911) ab H. 4 von Franz Pfemfert mitredigiert wurde.

6 Zu den Zielen der 1900 gegründeten »Deutschen Goethebünde« gehörte »die Abwehr aller gegen die freie Entwickelung des geistigen Lebens, insbes. von Wissenschaft, Kunst und Literatur gerichteten Angriffe (Polizeizensur) [...] Zit. nach: *Kürschners Deutscher Literatur-Kalender auf das Jahr 1913.* 35. Jg. – Berlin u. Leipzig: G. J. Göschen'sche Verlagsbuchhandlung GmbH 1913, Sp. 12 f.

7 Professor Dr. Eduard Engel (1851 – 1938), Schriftsteller und Literarhistoriker, bis 1919 Reichstagsstenograph.

8 Frank Wedekind: *Totentanz. Drei Szenen.* – München: Albert Langen 1906.
9 Vgl. zur Rolle und Entwicklung dieser Organisation: Max Hochdorf: *Die Deutsche Bühnengenossenschaft.* Fünfzig Jahre Geschichte. Geschr. im Auftrage der Genossenschaft Dt. Bühnenangehöriger. – Potsdam: Gustav Kiepenheuer Verlag 1921.

139
Die Konfiskation. In: *Revolution* Nr. 3 (1913), 15. November, S. [2].

Die Konfiskation

Die Beschlagnahme der Nummer 1 erfolgte wegen des Gedichts von Hugo Ball „Der Henker“[1] und nicht (wie eine Korrespondenz verbreitete) wegen der Novelle von Leonhard Frank „Der Erotomane und diese Jungfrau“.

Eine Auslese

Das Berliner Tageblatt schreibt, unterm 30. Oktober:

„**Die Beschlagnahme einer literarischen Zeitschrift in München.** In München soll eine junge literarische Zeitschrift „Revolution“ in nächster Zeit ihr Erscheinen beginnen. Gleich das erste Heft wurde jedoch mit Beschlag belegt. Die Zeitschrift, für die eine Reihe jüngerer Schriftsteller ihre Mitarbeit zugesagt hat, trägt auf dem Titelblatte in roter Tinte das geschriebene Wort „Revolution“. Die Beschlagnahme ist anscheinend wegen Verwechslung mit pornographischer Literatur erfolgt. Das erste Heft enthält von Leonhard Frank eine Geschichte „Der Erotomane und dieses Mädchen“ die wohl das Gericht zum Einschreiten veranlaßt hat.“

Die Pasinger Zeitung (auch Würmtal-Zeitung und Amtsblatt der Gemeinden Obermenzing und Gräfelfing) schreibt, unterm 5. November (unter „Vermischtes“):

Revolution

„-bh- Nach Blättermeldungen sollte im Verlage von Heinrich F. S. Bachmair-München eine junge literarische Zeitschrift erscheinen. Gleich das erste Heft, das auf dem Titelblatte in roter Tinte das geschriebene Wort „Revolution“ trägt, wurde beschlagnahmt „anscheinend wegen Verwechselung mit pornographischer Literatur“.

In eingeweihten Kreisen wird dieser neue Schwabenstreich der gestrengen Zensur viel belacht. Da die jugendlichen Mitarbeiter die Beschlagnahme schon mit aller Bestimmtheit voraussahen, statteten sie das erste Heft ihrer vielversprechenden Halbmonatsflugschrift entgegen allersonstigen Gepflogenheit nicht mit programmatischen Erklärungen aus, sondern füllten die nun einmal dem Zensor verfallenen Seiten mit den schwächsten und unreifsten Kindern ihrer Muse, wobei sie es an übermütiger Selbstverulkung nicht fehlen ließen. In ihrer bekannten Naivität ist die hohe Behörde nun glücklich darauf hereingefallen. —

Oder glaubt sie gar, bahnbrechende Revolutionen durch Konfiskation aus der Welt schaffen zu können?

Dasselbige (liberale) Blättchen, unterm 30. November:

„)(**Revolution.** Zu dem Artikel in Nr. 257 unseres Blattes vom 5. November 1913, in dem wir von der Beschlagnahme der Zeitschrift „Revolution“ Kenntnis gaben, wird uns vom Anwalt des Verlegers und der Mitarbeiter dieser Zeitschrift mitgeteilt, daß diese der Veröffentlichung unseres Artikes vollständig ferne stehen (was wir nur bestätigen können) und nicht im Entferntesten daran dachten, daß der Inhalt der ersten Nummer den Behörden Anlaß zur Beschlagnahme geben würde. Die Herren konnten unmöglich damit rechnen, daß der Inhalt der ersten Nummer so mißverstanden werden konnte, wie dies nun anscheinend doch geschehen ist.“

Die „Tägliche Rundschau“ vom 30. Oktober meint:

„* **Zur Beschlagnahme einer neuen Zeitschrift in München.** Ein Teil der Berliner Presse regt sich darüber auf, daß auf Antrag der Münchener Staatsanwaltschaft eine neue Zeitschrift beschlagnahmt worden ist, die nach den ziemlich vagen Nachrichten einer hiesigen Korrespondenz den ebenso schönen wie billigen Titel „Revolution“ führt und im Verlage von H. F. S. Bachmair in München erscheint. Die Beschlagnahme soll erfolgt sein, weil die „Zeitschrift“ angeblich unzüchtige Beiträge enthält. — Nach unseren Informationen erscheint bei H. F. S. Bachmair ein Zeitschriftchen, das sich „Die Neue Kunst“ benamset, und keine andere. Sollte diese Ueberflüssigkeit beschlagnahmt worden sein, so kann sich jeder Mensch von einigem Geschmack nur auf seiten der Münchener Staatsanwaltschaft stellen. Denn nach einer Probe, die das eben erschienene Heft des ausgezeichneten Weberschen „Zwiebelfisch“ daraus mitteilt, leistet sich da ein allerjüngster „Dichter“, Johannes R. Becher, so Ungeheuerliches an Geschmacklosigkeit, daß wir fast einer Anklage wegen Verbreitung unzüchtiger Schriften gewärtig sein müßten, wenn wir dies Ungeheuerliche hier wiedergäben. Ob die Beschlagnahme deshalb oder wegen anderer „Dichtungen“ erfolgt ist, wissen wir nicht. Es ist aber auch völlig gleichgültig. Sollten die Neuen, die so gerne im Schmutz wühlen, das doch in ihrem Kämmerlein tun. Sobald sie mit dieser Vorliebe auf offenem Markte, und noch dazn witz- und geistlos, prahlen, kann man es keiner Behörde verdenken, wenn sie ihnen den unbotmäßig weit aufgerissenen Mund mit irgendwelchen Zwangsmaßregeln schließt Denn dies Geschrei und Gestammel und dies Schwelgen in Gräßlichkeiten hat mit Kunst nicht das geringste mehr zu tun.

Str.“

„Str.“ korrigiert sich, am 1. November:

* **„Zur Beschlagnahme einer neuen Zeitschrift in München.“** Das beschlagnahmte Schmutzblättchen liegt uns nunmehr vor. Es ist allerdings nicht „Die neue Kunst“ des Verlages H. F. S. Bachmair, aber es ist ein armseliger Ableger davon. „Revolution“ ist mit roter Tinte als Titel daraufgespritzt, zehn Pfennig kostet die Nummer, ist also auf Massenvertrieb berechnet, und man kann der Staatsanwaltschaft München im Hinblick darauf nur beistimmen, wenn sie dies Machwerk einer nicht weniger großmäuligen als unbegabten Literatenclique beschlagnahmt. Wir sprachen gestern von ungeheuerlicher Geschmacklosigkeit. Dieser starke Ausdruck reicht heute, wo das ekelhafte Heft unsern Schreibtisch verunziert, nicht mehr aus. Denn zu dem schon erwähnten Eindruck tritt nun noch der einer ganz unerhörten Geistlosigkeit. Und unter solchen unerzogenen Leuten prangt Franz Blei, der keinem Menschen sympathisch zu sein braucht, aber immerhin etwas kann und viel weiß. Ob „Neue Kunst“ wie gestern oder „Revolution“ wie heute — das ist gleichgültig. Beides ist ekelhaft.“

Ein Brief an die Revolution

München, 8. 11. 13.

An die Redaktion und den Verlag der „Revolution“.

Ich habe das Gedicht von Hugo Ball „Der Henker“ mit Aufmerksamkeit gelesen. Es ist eine Schauer-Vision, mehr als ein Totentanz, ein lugubrer Kankan in präzis, aber grell malenden Worten. Literarisch ist das sehr eindrucksvoll gemacht, braucht deswegen aber nicht nach jedermanns Geschmack zu sein. Da es ein Künstler und kein Pfuscher, ein ernsthafter Mann und kein unreifer Junge in der Absicht verfaßte, sein Thema zu einer starken dichterischen Leistung auszuarbeiten, so war die Redaktion der „Revolution“ vollkommen berechtigt, dieses Gedicht einem weiteren Leserkreise anzubieten. Es ist ein Kunstwerk, jenseits von gut und bös, ein menschliches Dokument. Gruß dem Dichter!

Michael Georg Conrad

Robert Musil: Analyse und Synthese

Nachdenkende Menschen sind immer analytisch. Dichter sind analytsich. Denn jedes Gleichnis ist eine ungewollte

Die Inkriminierung des Gedichts *Der Henker* von Hugo Ball (vgl. Anm. 1), die Konfiskation der ersten Nummer der Zeitschrift *Revolution* und die spätere Reichsgerichts-Entscheidung zu diesem Fall bilden ein paradigmatisches Kapitel im Konflikt zwischen Kunst und Strafrecht zu Beginn des 20. Jahrhunderts. Zwar hatte das Landgericht München I bereits am 17. 2. 1913 den Antrag auf Einziehung der Zeitschrift zurückgewiesen, und auch die gegen das Urteil eingelegte Revision wurde durch das Reichsgericht am 6. 4. 1914 verworfen; doch beruhte die Zurückweisung auf der problematischen »juristischen Erkenntnis«, daß ein unverständliches Kunstwerk nicht unzüchtig sein könne, d. h. daß ein Objekt »mangels normaler Verständlichkeit nicht unzüchtig im Sinne des § 184 StGB« sei. Gleichfalls wurde entschieden: »ein Religionsvergehen nach § 166 StGB liegt [...] nicht vor, weil eine sich in verletzend roher Weise dokumentierende Verachtung des Heiligen, eine Beschimpfung der Einrichtungen und Gebräuche einer der christlichen Kirchen nicht angenommen werden kann«. Die Prozeßakten überliefern auch die Stellungnahme des Verlegers: »Der als Einziehungsinteressent anwesende Verleger Bachmeier [!] erklärte, daß die meisten Menschen das Gedicht nicht verstehen werden, daß es aber doch von hoher künstlerischer Bedeutung sei; das Gedicht sei lyrisch, der Henker solle die Verkörperung eines verworfenen Menschen sein, da ja der Henker im Mittelalter eine dem Tode verfallene Person war, die nur durch die Übernahme des Henkeramtes dem Tode entronnen ist; ein solcher Henker muß sehen, wie die zum Tode Verurteilten noch im Augenblick des Todes die Gnade der Kirche erlangen, während ihm, dem Henker, täglich die gleiche grausige Verworfenheit seines Berufes vor Augen geführt wird, so daß er von den Hinrichtungen und der Verworfenheit der Welt träumt. Er sieht das Weib, das er hinrichten muß, die rote Decke ist das Blut, das fließt. Harmlose Gegenstände haben für ihn etwas Drohendes, sehen wie Messer aus. Er sieht die Mißgeburten aller Laster, den Syphiliszwerg, wie er in alten Bildern dargestellt ist, fühlt die Versuchung des Weibes, seine eigene Verkommenheit, seine eigene geschlechtliche Sündhaftigkeit, und in diesem Moment entringt sich ihm der Stoßseufzer zu Maria, der Reinen und Erhabenen; das Gedicht sei daher nicht unzüchtig, sondern habe einen tief-religiösen Hintergrund.« (Zitate nach Ludwig Leiss: *Kunst im Konflikt. Kunst und Künstler im Widerstreit mit der Obrigkeit.* Berlin, New York 1971, S. 233 f.) Das Gericht kam dagegen zu der Überzeugung, Wortlaut und Inhalt des Gedichts seien überhaupt unverständlich. Obwohl damit das Verfahren vordergründig zugunsten der Angeklagten entschieden werden konnte, war die Aufwertung des Kriteriums der »Unverständlichkeit« zur juristischen Realie ein erster Schritt, sich ein juristisches Urteil über den Kunstwert eines Objektes anzumaßen. (In der fatalsten Konsequenz erlaubte diese »Kompetenz« später, Kunstwerke wegen vermeintlicher Unverständlichkeit juristisch als »entartete Kunst« abqualifizieren zu dürfen.)

1 Vgl. Hugo Ball: *Der Henker.* In: *Revolution* Nr. 1 (1913), 15. Oktober, S. 2:
Ich kugle Dich auf Deiner roten Decke.
Ich bin am Werk: blank wie ein Metzgermeister.
Tische und Bänke stehen wie blitzende Messer
der Syphiliszwerg stochert in Töpfen voll Gallert und Kleister.

Dein Leib ist gekrümmt und blendend und glänzt wie der gelbe Mond
deine Augen sind kleine lüsterne Monde
dein Mund ist geborsten in Wollust und in der Jüdinnen Not
deine Hand eine Schnecke, die in den blutroten Gärten voll Weintrauben und Rosen wohnte.

Hilf, heilige Maria! Dir sprang die Frucht aus dem Leibe
sei gebenedeit! Mir rinnt geiler Brand an den Beinen herunter.
Mein Haar ein Sturm, mein Gehirn ein Zunder
meine Finger zehn gierige Zimmermannsnägel
die schlage ich in der Christenheit Götzenplunder.

Als dein Wehgeschrei dir die Zähne aus den Kiefern sprengte
da brach auch ein Goldprasseln durch die Himmelssparren nieder.
Eine gigantische Hostie gerann und blieb zwischen Rosabergen stehen
ein Hallelujah gurgelte durch Apostel- und Hirtenglieder.

Da tanzten nackichte Männer und Huren in verrückter Ekstase
Heiden, Türken, Kaffern und Muhammedaner zumal
Da stoben die Engel den Erdkreis hinunter
Und brachten auf feurigem Teller die Finsternis und die Qual.
Da war keine Mutterknospe, kein Auge mehr blutunterlaufen und ohne Hoffen
Jede Seele stand für die Kindheit und für das Wunder offen.

140
Erich Mühsam: *Wider die Zensur.* In: *Kain* 4 (1914), Nr. 4 (Juli), 54 bis 60, Auszug S. 54–56.

Wo die Kultur des Geistes frei, stark, um kein Reglement bekümmert Werte schafft, da weckt sie zugleich mit der Freude zukunftsfroher Menschen das Mißtrauen aller, die in der Versteinung der Gewohnheiten die Gewähr für die Ungestörtheit ihrer Bequemlichkeit ehren. Das sind die Spießbürger, die (mögen sie politisch wählen, wen sie wollen) die Kerntruppe aller Reaktion bilden, weil sie sich in der Stagnation ihres eigenen Lebensinhaltes nur sicher fühlen, wenn auch außerhalb ihrer persönlichen Gehirnsphäre jede Emotion gebremst ist. Es läßt sich leider nicht in Abrede stellen, daß der dem Geiste widerstrebende Rumpf der Unkultur aus der gewaltigen Überzahl aller Mitmenschen besteht. Die einzige, aber furchtbare Waffe dieses Heeres gegen den Geist ist Indolenz und Passivität. Die völlige Teilnahmslosigkeit der Meisten, die gänzliche Abwesenheit von Initiative, Produktivität und Kritik bei ihnen, die die letzte Ursache aller Regierung ist, hat sich unbewußt und ohne Ahnung von solchen Zusammenhängen das aktive Werkzeug gegen die vitalen Mächte schaffender Geistigkeit selbst geboren. Der dumpfe Haß der Bequemlichkeit gegen das Leben ist Behörde geworden. Das gähnende Maul träger Geschäftlichkeit schnaubt Paragraphen aus.

Die Polizei, ihrem ursprünglichen Wesen nach die Dienstmagd der Allgemeinheit, hat sich, da sie ihren Auftraggeber willenlos und zur Abwehr unlustig fand, zu ihrer Herrin gemacht. Die nahezu unumschränkte Macht, die die Polizei sich nach und nach und ohne bei ihrem Brotherrn Widerstand zu finden, erobert hat, und die heute schon weit größer ist, als die Macht von Fürsten und Gesetzgebern, mußte ganz natürlich eine unbändige Herrschsucht mit sich großziehen, eine Herrschsucht, die – ebenso natürlich – ihre Spitze hauptsächlich gegen die Wenigen richtet, die sich nicht gottergeben in jede Laune fügen mögen.

Man mag sagen, Polizei ist ein Abstraktum, etwas Unpersönliches also, das persönliche Eigenschaften nicht haben und nur in einzelnen Beamten betätigen kann. Aber das ist falsch. Es gibt Abstrakta, die in ihren Daseinsäußerungen völlig ausgeprägte Charakteristika zeigen, als wenn ein leibhaft funktionierendes Gehirn in ihnen arbeitete. Das gilt für den Staat, für die Polizei, für Ministerien, Redaktionen, Gerichtsbarkeiten etc. Das einzelne Individuum, das als Beamter oder Teilnehmer Substrat des abstrakten Wesens ist, denkt, fühlt und handelt ganz anders als der Organismus, dessen Teil er ist. Der einzelne Polizeibeamte kann ein ganz prächtiger Mensch sein, ja, alle Polizeibeamte können vortreffliche Menschen sein, die in ihrem privaten

Charakter niemandem wehtun möchten und ganz freiheitlich empfinden. Aber zur Behörde vereinigt, streifen sie ihre persönliche Wesenheit ab, und es entsteht ein unsichtbares abstraktes Ungeheuer, es entsteht eine korporative Seele, die selbständige Persönlichkeit in sich entwikkelt, selbständig denkt und selbständig fühlt, die sogar ausgeprägter Affekte fähig ist, aber, weil sie keinen Horizont hat, in all ihren Maßnahmen lähmend und lebenerstickend wirkt.

Wenn diese fast metaphysische Erklärung richtig ist, kann ich, ohne einzelnen Personen nahezutreten, die ihre Funktionäre sind, von der Polizei behaupten, daß sie herrsch- und rachsüchtig ist, und daß ihren Sinn gegen alles, was sich gegen ihre Tyrannei auflehnt, ein unversöhnlicher und ungebändigter Haß beseelt.

Wesen und Zweck der Polizei ist, die Abwicklung alles öffentlichen Geschehens zu regulieren, einzuschachteln und zu numerieren. Das Recht zu verbieten und zu strafen hilft ihr zur Erfüllung ihrer Aufgabe und das indifferente Allesdulden der Spießbürger erleichtert ihr die Tätigkeit. Außerhalb der paragraphierten Geschäftsordnung steht der Mensch des geistigen Lebens, der Forscher und der Künstler. Die Polizei hat einen Instinkt dafür, daß auch hier ein Korporativwille waltet und zwar ein solcher, der der Beschaffenheit der amtlichen Seele diametral entgegensteht. Auf diesen Willen reagiert die Polizei mit Haß, und dieser Haß ist gemeingefährlich, weil er sich auf physische Machtmittel stützt.

Am unerfreulichsten ist der Polizei das Phänomen der Kunst. Denn – auch hier ist sie von richtigem Instinkt geleitet – Kunst als individuellster Ausdruck seelischer Beweglichkeit duldet kein Reglementieren und widersetzt sich seiner Natur gemäß gegen den Zwang einer schematischen Ordnung. Um diesen Widerstand zu beugen hat sich die Polizei wenigstens gegen die Art Kunst, die zur Vermittlung an den Genießer fest organisierter Anstalten bedarf, eine Handhabe der Oberaufsicht geschaffen: die Zensur.

Durch die Hintertür der Verordnung, da ein Staatsgesetz ihr den Weg nicht freigab, hat sich die Polizei die Möglichkeit gesichert, Kunst zu verhindern. Den Vorwand aber, Theater, Dichter und kunstwilliges Publikum zu schädigen, bietet ihr die Sittlichkeit, diese von Priestern eingeführte Institution, die der Kirche ihr Lebenselement, die Sünde, liefert. Damit trifft die Polizei die Kunst an ihrem wichtigsten Nerv, damit durchsticht sie ihr die Schlagader. Denn die Achse, um die alles Leben kreist, ist die Sinnlichkeit, und der stärkste Antrieb aller Kunst ist die Erotik. Das abstrakte Gehirn der Polizei aber ist unsinnlich, unerotisch, daher verfolgt sie alles, was vom Geschlechtlichen weiß, was das Geschlechtliche im Menschen bejaht, mit ihrem Haß. [...]

Dieser Künstlerprotest galt dem von den Zensurbehörden des wilhelminischen Deutschland in besonderer Weise kriminalisierten Dichter Frank Wedekind. Das (ohne richterliche Verfügung) ausgesprochene Verbot des Theaterstücks *Simson oder Scham und Eifersucht* durch die königliche Polizeidirektion München veranlaßte Mühsam zu einer – erfolglosen – Gegenaktion. Auf einer von ihm einberufenen Protestversammlung sprach er am 6. Juli 1914 im Saal der »Schwabinger Brauerei« über *Die Bevormundung des Geistes durch den Säbel;* anmerkungsweise sei die dort verabschiedete Resolution abgedruckt:

Die polizeiliche Theaterzensur ist ein Rudiment vormärzlicher politischer Zustände. Sie bewirkt die Unterbindung einer Verständigung zwischen den geistig Schaffenden und dem Volk. Sie bedeutet eine Bevormundung des kunstfreundlichen Publikums, die die Versammlung als überflüssig, schädlich und unwürdig bezeichnen muß.

Die Münchener Zensurbehörde insbesondere handhabt ihr Amt in einer Weise, die unausgesetzt Mißtrauen und Verbitterung erregt. Das Verbot des dramatischen Gedichts *Simson* von Frank Wedekind muß, nachdem das Werk in Wien und Berlin ohne Beanstandung aufgeführt worden ist, wie beabsichtigte Schikane wirken. Die Versammlung protestiert nachdrücklich gegen dieses Verbot und verurteilt gleichzeitig das Verhalten des Zensurbeirates in der Angelegenheit.

Die Versammlung erwartet, daß die dem Zensurbeirat angehörenden Herren angesichts des subalternen Charakters und der Einflußlosigkeit ihrer Tätigkeit unverzüglich auf ihr Ehrenamt verzichten und sich solidarisch den gegen die Zensur gerichteten Bestrebungen ihrer Standes- und Bildungsgenossen anschließen werden.

Die Versammlung hält eine starke Volksbewegung für zeitgemäß und geboten, die die völlige Abschaffung der als überlebt und kulturwidrig erwiesenen Polizeizensur zum Ziele hat. (*Kain* 4. Jg. (1914), Nr. 4, Juli, S. 57)

141
[Raoul Hausmann:] *Dada vor Gericht.* In: *Der Ararat* 2 (1921), H. 6, S. 180–181.

Der Architekt, Schriftsteller und Führer der Dadaisten, Johannes Baader, der sich »Oberdada« nennt, hatte sich vor der Strafkammer des Landgerichts II unter Vorsitz des Landgerichtsrats Oertel wegen Beleidigung der Angehörigen der Reichswehr zu verantworten. Mit ihm der Kunsthändler Dr. Otto Burchardt, der Kunstmaler George Grosz, der Schriftsteller Herzfelde und der Kunstmaler Rudolf Schlichter.

Im Juli und August hatten die »Dadaisten« im Hause Lützowufer 13 eine Ausstellung unter dem Titel »Erste Internationale Dadamesse« veranstaltet. [1] Auf dieser war auch folgendes zu sehen: An der Decke des Ausstellungsraumes hing ein ausgestopfter feldgrauer Soldat mit Offiziersachselstücken und der Maske eines Schweinekopfes unter der Feldmütze. An der Wand stand ein aus schwarzem Leinen ausgestopfter Frauenrumpf ohne Arme und Beine, an dessen Brust waren ein verrostetes Messer und eine zerbrochene Gabel angenäht. An der einen Schulter auch eine elektrische Klingel, auf der anderen ein Spirituskocher. Am Hinterteil des Frauenkörpers befand sich ein Eisernes Kreuz. Ferner lag eine Mappe *Gott mit uns* aus, die Karikaturen von Militärs enthielt. [2] Diese Mappe war im *Malik-Verlag erschienen,* dessen Inhaber der der Angeklagte *Herzfelde* ist, während die Bilder vom Angeklagten Grosz stammen. Zu der schwebenden Puppe in der Ausstellung war folgende Anmerkung gegeben: Um dieses Kunstwerk zu begreifen, exerziere man täglich zwölf Stunden mit vollgepacktem Affen und feldmarschmäßig ausgerüstet auf dem Tempelhofer Feld.

Bei Beginn der Sitzung erklärte der Oberdada Baader, der Dadaismus habe es sich zur Aufgabe gemacht, kulturell schädlichen Sedimentbildungen entgegenzuwirken. Dies geschehe am besten durch den Humor, denn dieser fehle uns Deutschen am meisten.

Der Zeuge Hauptmann Matthäi, der die Ausstellung besucht hat, hat den Eindruck gewonnen, daß die Ausstellung eine systematische Hetze gegen die Offiziere und Mannschaften des Heeres darstellte. Die Zeichnungen von George Grosz in den Mappen enthielten nach seiner Überzeugung beinahe auf jedem Blatt in der Darstellung von Majoren, Offizieren und Unteroffizieren so infame und verabscheuungswürdige Verunglimpfungen, wie er sie noch nicht gesehen habe. Auf jedem Blatt standen drei Inschriften in deutscher, englischer und französischer Sprache; *zwei Ausländer, die mit ihm zugleich die Blätter besichtigten, hätten sich über die ganze Sache sehr gefreut.* Die Angeklagten Grosz und Herzfelde bestritten entschieden, die Absicht einer Beleidigung der Reichswehr gehabt zu haben. Es handle sich um eine in durchaus künstlerischer Form ausgeführte Satire auf militärische Auswüchse.

Als Sachverständiger äußert sich der Direktor der Städtischen Sammlungen in Dresden, Dr. Paul Schmidt [3], wie folgt: Der Charakter der Ausstellung sei durchaus humoristisch und persiflierend. Der Dadaismus mache sich auch über sich selbst lustig. Grosz sei einer der stärksten und bedeutendsten Zeichner der heutigen Zeit sowohl in Deutschland und auch in Europa. Seine darstellenden Formen lehnen an Kinderzeichnungen an, geben diesen aber eine höchst künstlerische Form. Seine Zeichnungen seien *mit das Wertvollste unserer Tage.*

Schriftsteller Stefan Großmann [4], als Zeuge vernommen, erklärte, bei der offensichtlichen Ulkstimmung der Ausstellung habe er sich nicht empört.

Staatsanwalt Ortmann hält eine Beleidigung für vorliegend. Es lasse sich aber nicht nachweisen, daß der Angeklagte Baader an der Ausstellung mitbeteiligt sei. Der Staatsanwalt beantragt daher die Freisprechung des »Oberdada«. Im übrigen handle es sich hier nicht um eine Art studentischen Bierulks, sondern um eine grobe Verunglimpfung des Reichsheeres in niederträchtigster Weise. Der Staatsanwalt beantragte gegen Burchardt und Schlichter je 600 M. Geldstrafe, gegen Grosz und Herzfeld je sechs Wochen Gefängnis.

Das Gericht verurteilte den Angeklagten Grosz, der als Künstler entgleist sei, zu 300 M., Herzfelde zu 600 M. Geldstrafe und sprach die übrigen Angeklagten frei. Es wurde auch auf die Nebenstrafen, Einziehung bezw. Vernichtung der Platten und Formen erkannt und dem Reichswehrminister die Publikationsbefugnis zugesprochen.

Zur Ergänzung dieser scheinbar unbeteiligt-distanzierten Prozeß-Reportage, die anonym erschien, ist der Bericht Kurt Tucholskys heranzuziehen. Er kommentierte das Verhalten der Dadaisten vor Gericht sehr kritisch: »Die Angeklagten haben mich enttäuscht. Fünf Lebewesen saßen auf der Anklagebank, darunter ein Mann: Wieland Herzfelde. Er war der Einzige, der hier und da das Nötige sagte und nicht zurückzuckte. Im übrigen glich das Unternehmen dem Kapp-Putsch: einen Führer hatte es nicht. Niemand von den Jugens war derjenige gewesen, der die Fensterscheibe eingeworfen hatte [...]Was Grosz angeht, so weiß ich nicht, ob die Schlappheit seiner Verteidigung darauf zurückzuführen ist, daß er nicht sprechen kann. Er sagte kein Wort, das auch nur einem Strich seiner Blätter adäquat gewesen wäre. Die Verteidigung war im großen Ganzen darauf gerichtet, bei Grosz als Spaß hinzustellen, was bitterster und bester Ernst ist. Fritz Grünspach, der gleichermaßen Zeichner und Gezeichnete verteidigen kann, war geschickt genug, nicht den starken Angriff auf Kaisers Geist, sondern auf dessen Auswüchse in den Vordergrund zu schieben. Sein Plädoyer rettete Grosz den Kragen und war vernichtend für ihn und seine Freunde. So sieht eure Verteidigung aus? Ihr habt es nicht so gemeint?« (Ignaz Wrobel [d. i. K. Tucholsky]: *Dada-Prozeß.* In: *Die Weltbühne* 17. Jg. (1921), Nr. 17, 28. April, S. 454–457, Zitat S. 455).
Das verhältnismäßig »milde Urteil« war nicht zuletzt auf ein Gutachten des damaligen Reichskunstwarts Edwin Redslob (1884 – 1973) zurückzuführen, »der forsch und energisch für Grosz Partei ergriffen und dabei mit feinstem Takt vermieden hatte, auf das Politische der Sache einzugehen« (S. 455 f.); der Kunsthistoriker und spätere Mitbegründer der »Freien Universität Berlin« hatte darin Grosz' Mappe für »einwandfrei künstlerisch« erklärt (vgl. Wieland Herzfelde: *Die beleidigte Reichswehr.* In: *Der Gegner* 2. Jg. (1920/21), H. 7, S. 271–273).

1 Vgl. die Publikation: *Erste internationale Dada-Messe.* Veranstaltet von Marschall G. Grosz, Dadasoph Raoul Hausmann, Monteurdada John Heartfield. Katalog der Buchhandlung Dr. Otto Burchard[t]. Typogr. und Illustr. von John Heartfield. – Berlin: [Der Malik-Verlag] Juni 1920.

2 Gemeint ist: *Gott mit uns.* Politische Mappe von George Grosz. 9 Originallithographien. – Berlin-Halensee: Der Malik-Verlag 1920.

3 Paul Ferdinand Schmidt (1878 – 1955), Museumsdirektor und Kunsthistoriker.

4 Stef[ph]an Großmann (1875 – 1935), Schriftsteller, linksgerichteter Journalist und späterer Herausgeber der literarischen Zeitschrift *Das Tage-Buch* (1920–1933).

IV. Ästhetische und Literarische Positionen

1. *Postulate der Neuen Kunst*

a) *Konvergenz der Künste und das Gesamtkunstwerk*

Der Expressionismus war weder eine rein literarische Bewegung noch eine wesentlich von der Literatur vorbereitete Epoche des künstlerischen Traditionsbruchs. Die neue »Formfrage« [1] und *Das neue Programm* [2], nicht zuletzt das epochale Schlagwort selbst kamen zunächst in der avantgardistischen Malerei auf (s. den Abschnitt »Frühe Proklamationen zur ›jüngsten Kunst‹ und zum ›Expressionismus‹«). Vor allem die Malerei, aber auch Plastik, Musik, Film und Architektur [3] dieser Zeit lassen zugleich eine allgemeine Konvergenz der Künste erkennen, an der die Literatur zunehmenden Anteil hatte. So klar aber die Kooperation der Schriftsteller und Künstler zur Signatur des Expressionismus gehört, so schwierig bleibt es, identische Strukturen in allen Künsten über programmatische Analogien und thematische Parallelen hinaus nachzuweisen oder gar eine ›Semiotik‹ des typisch Expressionistischen in Wort und Bild, Ton und Farbe aufzuzeigen. [4] Ohne Zweifel aber fühlten sich die Künstler gemeinsamen Kriterien der Kulturkritik, des utopisch-ideologischen Denkens und des anti-ästhetischen sowie des anti-traditionellen Normbruchs verpflichtet. [5] Nicht von ungefähr stammt das interpretationstheoretische Postulat »wechselseitiger Erhellung von Poesie und bildender Kunst« [6] aus eben dieser Epoche. Oskar Walzel, der sich damals aktuell mit den Problemen der expressionistischen Ästhetik auseinandersetzte, führte diesen Terminus Anfang 1917 in die Debatte ein. [7]

Einem vielfach verlachten neuen künstlerischen Paradigma zum Durchbruch zu verhelfen und die Postulate einer bahnbrechenden Kunstidee kollektiv zu entwickeln, waren die Absichten, die viele Künstler und Intellektuelle zu produktiver Solidarität drängten. Ludwig Meidners Dichtergruß entsprach ganz dieser kooperativen Intention der Kunstproduzenten: »Ihr Dichter seid gegrüßt! Der Maler grüßt Euch. Er schämt sich seiner zähen Farben, seines langsamen, klanglosen Handwerks. Der Maler findet nicht Worte genug, seine Bewunderung vor Euch ausschütten zu können.« [8] Ähnlich bezeugt die für den Expressionismus typische Form der publizistischen Präsentation mit ihrer suggestiven Verbindung von Wort und Bild den Willen zur Sammlung und gegenseitigen Verstärkung der künstlerischen Medien. [9] Künstler wie Hans Arp, Ernst Barlach, Oskar Kokoschka, Alfred Kubin, Paul Klee, Wassily Kandinsky und viele andere, die Doppelbegabungen waren, vollzogen die erstrebte Konvergenz der Künste als Literaten und bildende Künstler in ihrer Person. Dem provozierten Argwohn biederer Kunstkritik begegnete Paul Kornfeld damals mit spottender Logik: »Fragt man: ›Warum schreibt der Maler Kokoschka Dramen, statt nur Bilder zu malen?‹ – so erwidere ich mit der Gegenfrage: ›Warum komponiert er nicht auch Symphonien, Opern, Lieder, warum ist er nicht auch Bildhauer?‹ « [10] Noch deutlicher geht diese propagierte Tendenz zur Synthese der künstlerischen Ausdrucksmittel aus einem kunsttechnischen Bekenntnis Kurt Schwitters' hervor:

Die Beschäftigung mit verschiedenen Kunstarten war mir ein künstlerisches Bedürfnis. Der Grund dafür war nicht etwa der Trieb nach Erweiterung des Gebietes meiner Tätigkeit, sondern das Streben, nicht Spezialist einer Kunstart, sondern Künstler zu sein. Mein Ziel ist das Merzgesamtkunstwerk, das alle Kunstarten zusammenfaßt zur künstlerischen Einheit. Ich habe Gedichte aus Worten und Sätzen so zusammengeklebt, daß die Anordnung rhythmisch eine Zeichnung ergibt. Ich habe umgekehrt Bilder und Zeichnungen geklebt, auf denen Sätze gelesen werden sollen. Ich habe Bilder so genagelt, daß neben der malerischen Bildwirkung eine plastische Reliefwirkung entsteht. Dieses geschah, um die Grenzen der Kunstarten zu verwischen. [11]

Seine Ausführungen über die *Merzbühne* (Dok. 144) sind ein Beispiel für die dadaistischen Prinzipien des materiell ›montierten‹ Gesamtkunstwerks. Konventioneller waren die Überlegungen zur expressionistischen Oper als eines Gesamtkunstwerks, die etwa Rolf Lauckner anstellte. [12] Auf verschiedenartige Weise also bewegte der romantische Traum vom Gesamtkunstwerk aus Licht, Farbe, Wort, Musik und Gestik das kunsttheoretische Denken expressionistischer Künstler erneut, und zwar besonders »die bewußte Auffassung des Theaters als Gesamtkunstwerk«. [13]

In der Tat eröffnet das Bühnenstück die günstigsten Möglichkeiten zur Realisierung der Kunstkonvergenz in einem Werk. So widmen sich die expliziten Dokumente zur Frage nach dem Gesamtkunstwerk im Expressionismus dem Thema der synthetischen Bühnenkomposition (Dok. 142). Dieser nach Richard Wagners Programmschriften [14] kunstrevolutionär gebliebenen Idee nahm sich sehr konsequent Hugo Ball an, der – unter Mitwirkung der Künstler des »Blauen Reiters« – das seit 1908 existierende Münchener Künstlertheater zu einer synthetischen Experimentierbühne umformen wollte. Über den Charakter dieser gescheiterten Initiative berichtete er 1914:

Was gedacht war, war ein ›Theater der Neuen Kunst‹, wenn man will: Des Expressionismus. Hervorragende Vertreter neuer malerischer und theatralischer Ideen sahen neue Ziele von umstürzlerischer Bedeutung. Es handelte sich darum [...] Stücke zu finden, die nicht nur ›Dramen‹ wären, sondern den Geburtsgrund alles dramatischen Lebens darstellten und sich so aus der Wurzel heraus zugleich in Tanz, Farbe, Mimus, Musik und Wort entlüden. Den Schwerpunkt legte man dabei auf das Wort ›Entladung‹, womit sich die Herkunft der Idee aus Kreisen des Expressionismus signiert. [15]

Bis in die Spätphase der expressionistischen Periode ließ dieser Gedanke die Künstler nicht mehr los, wie auch das Beispiel des absoluten Tanztheaters des *Sturm*-Kreises belegt: »Das Theater ›Pré‹ will die vollkommene Gesetzmäßigkeit und Klarheit der raumzeitlichen Bewegung in der Einheitform von Körper, Fläche und Ton verwirklichen: in einer neuen Form des Tanzes, der Bühne und der Musik.« [16]

Am universellsten entwickelten die Gründer des »Bauhauses« das Programm des Gesamtkunstwerks weiter, von denen nicht wenige aus dem Mitarbeiterkreis des *Sturm* kamen: Lyonel Feininger, Johannes Itten, Kandinsky, Klee, Laszlo Moholy-Nagy, Georg Muche, Oskar Schlemmer und Lothar Schreyer etwa, der seine Vorstellungen vom Gesamtkunstwerk aus der Wortkunst- und Spielgang-Theorie des Kreises formulierte (Dok. 143). Walter Gropius stellte die Bauhaus-Idee ganz in den Kontext einer zukünftigen Totalität aller Künste: »Der beherrschende Gedanke des Bauhauses ist also die Idee der neuen Einheit, die Sammlung der vielen ›Künste‹, ›Richtungen‹ und Erscheinungen zu einem unteilbaren Ganzen, das im Menschen selbst verankert ist und erst durch das lebendige Leben Sinn und Bedeutung gewinnt.« [17]

Weil das Projekt eines umfassenden Gesamtkunstwerks im Zentrum der Bauhausidee stand, und das Bauhaus als eine in der Zeit des Expressionismus entstandene Institution eine Summe zeitgenössischer Kunstentwicklung zunächst gerade mit der typisch expressionistischen Verquickung von Ästhetik und Sozialethik zu ziehen versuchte, wird das Bauhaus-Manifest vom April 1919 in den Rahmen der Literaturdokumentation hier einbezogen (Dok. 145).

Die Idee des Gesamtkunstwerks und das Programm der Konvergenz aller Kunstmittel haben auch dazu beigetragen, daß der Expressionismus der ›Zehner Jahre‹ unseres Jahrhunderts sich nachträglich doch als eine kompakte Epocheneinheit behaupten konnte.

Sieht man die Bilder der Expressionisten, ihre Bildhauereien und Gedichte, mag einen die Empfindung wohl bedrücken, daß bösartige oder gar impotente Destruktion diese Werke diktiere. Landschaft zerstäubt, Menschen entsprengen ihre Körperlichkeit, Gegenständliches entformt sich – was treibt dazu daß diese Künstler der Irdischkeit entfliehend untertauchen in die magischen Gründe einer visionären Welt?

Diese Frage zielt auf Grundprobleme der neuen Kunst. In ihr stößt man die seelische Struktur einer ganzen Künstlergeneration an [...]. [18]

Theodor Haubachs am Ausgang des Expressionismus formulierte Sentenz leitet den künstlerisch-ideellen Gehalt der Epoche letztlich aus den Übereinstimmungen der einzelnen Kunstarten ab und deutet an, daß die expressionistische Steigerung der »progressiven Universalpoesie« der Romantiker die Konzeption des Gesamtkunstwerks wie der Kunstformen zu ekstatisch-magischer Vision und anti-realistischer Abstraktion führte (vgl. Dok. 12).

1 Vgl. Wassily Kandinsky: *Über die Formfrage.* In: *Der Blaue Reiter.* Hrsg. von K. u. Franz Marc. – München: Piper & Co. Verlag 1912, S. 74–102.

2 Vgl. z. B. die Umfrage *Das neue Programm.* In: *Kunst und Künstler* 12. Jg. (1914) u. a. mit Beiträgen von Ludwig Meidner (*Anleitung zum Malen von Großstadtbildern*), S. 312–314 u. Karl Schmidt-Rottluff (*Kunstprogramm*), S. 308. Wiederabgedr. in Paul Pörtner (Hrsg.): *Literatur-Revolution,* Bd. 2, S. 164–169 bzw. S. 170.

3 Vgl. dazu die Monographie von Wolfgang Pehnt: *Die Architektur des Expressionismus.* – Stuttgart 1973.

4 Zur Konvergenz zwischen Dichtung und Malerei vgl. Brigitte Kühl-Wiese: *Georg Trakl – der blaue Reiter.* Form- und Farbstrukturen in Dichtung und Malerei des Expressionismus. Münster 1963; Ronald Salter: *Georg Heyms Lyrik.* Ein Vergleich von Wortkunst und Bildkunst. München 1972; Karl Ludwig Schneider: *Zerbrochene Formen. Wort und Bild im Expressionismus.* – Hamburg 1967; Zum Gesamtkunstwerk vgl. Richard W. Sheppard: *Kandinskys Abstract Drama Der gelbe Klang: An Interpretation.* In: *Forum for Modern Languages Studies* 11 (1975), S. 165–176.

5 Eine Auswahl von Dokumenten zur Konvergenz der Künste in der Zeit des Expressionismus verzeichnet Paolo Chiarini: *Caos e Geometria.* Per un regesto delle poetiche espressioniste. Firenze[2] 1969.

6 Oskar Walzel: *Wechselseitige Erhellung der Künste.* In: *Gehalt und Gestalt im Kunstwerk des Dichters.* – Berlin-Neubabelsberg: Akademische Verlagsgesellschaft Athenaion mbH 1923 (Handbuch der Literaturwissenschaft), S. 265–281.

7 Oskar Walzel: *Wechselseitige Erhellung der Künste. Ein Beitrag zur Würdigung kunstgeschichtlicher Begriffe.* – Berlin 1917 (Philosophische Vorträge der Kant-Gesellschaft, Nr. 15).

8 Ludwig Meidner: *Im Nacken das Sternemeer. Rufe eines Malers.* – Leipzig u. München: Kurt Wolff 1918, S. 75.

9 Vgl. dazu die Monographie von Lothar Lang: *Expressionistische Buchillustration in Deutschland 1907–1927.* – Luzern u. Frankfurt a. M. 1975.

10 Paul Kornfeld: *Kokoschka*. (Dok. 181).
11 Kurt Schwitters: *Merz*. In: *Ararat* 2. Jg. (1921), S. 2–9. Zit; zit. nach Paul Pörtner (Hrsg.): *Literatur-Revolution*, Bd. 2, S. 540–541, Zitat S. 540.
12 Rolf Lauckner: *Von den Forderungen an eine neue Oper*. In: *Frau im Stein. Drama für Musik*. – Berlin: Erich Reiss 1918, S. 73–90.
13 Fritz Steiner: *Das Theater und der Expressionismus*. In: *Die deutsche Bühne* 12. Jg. (1920), H. 17, 19. April, S. 309–312, Zitat S. 309.
14 Siehe Richard Wagner: *Das Kunstwerk der Zukunft*. – Leipzig: Wigand 1850; *Oper und Drama*. – Ebd. 1852.
15 Hugo Ball: *Das Münchner Künstlertheater (Eine prinzipielle Beleuchtung)*. In: *Phöbus* 1. Jg. (1914), 2. Heft (Mai), S. 68–74, Zitat S. 73.
16 (Raoul) Hausmann u. Peri: *Die Absichten des Theaters Pré*. In: *Der Sturm* 13. Jg. (1922), Nr. 9, S. 138.
17 Walter Gropius: *Idee und Aufbau des staatlichen Bauhauses*. In: *Staatliches Bauhaus in Weimar 1919–1923*. Hrsg. Das staatliche Bauhaus in Weimar und Karl Nierendorf in Köln. – Weimar u. München 1923, S. 7–18, Zitat S. 9.
18 Theodor Haubach: *Expressionismus. Ein Querschnitt durch die künstlerische Bewegung unserer Tage*. In: *Deutsche Kunst und Dekoration* 45. Jg. (1919/20), Oktober–März, S. 13–19, Zitat S. 13.

142
[Wassily] Kandinsky: *Über Bühnenkomposition*. In: *Der Blaue Reiter*. Hg. von W. K. u. Franz Marc. – München: R. Piper & Co. Verlag 1912, S. 103–113.

Jede Kunst hat eine eigene Sprache, d. h. die nur ihr eigenen Mittel.

So ist jede Kunst etwas in sich Geschlossenes. Jede Kunst ist ein eigenes Leben. Sie ist ein Reich für sich.

Deswegen sind die Mittel verschiedener Künste äußerlich vollkommen verschieden. Klang, Farbe, Wort!...

Im letzten innerlichen Grunde sind diese Mittel vollkommen gleich: das letzte Ziel löscht die äußeren Verschiedenheiten und entblößt die innere Identität.

Dieses *letzte* Ziel (Erkenntnis) wird in der menschlichen Seele erreicht durch feinere Vibrationen derselben. Diese feineren Vibrationen, die im letzten Ziele identisch sind, haben aber an und für sich verschiedene innere Bewegungen und unterscheiden sich dadurch voneinander.

Der undefinierbare und doch bestimmte Seelenvorgang (Vibration) ist das Ziel der einzelnen Kunstmittel.

Ein bestimmter Komplex der Vibrationen – das Ziel eines Werkes.

Die durch das Summieren bestimmter Komplexe vor sich gehende Verfeinerung der Seele – das Ziel der Kunst.

Die Kunst ist deswegen unentbehrlich und *zweckmäßig*.

Das vom Künstler richtig gefundene Mittel ist eine materielle Form seiner Seelenvibration, welcher einen Ausdruck zu finden er gezwungen ist.

Wenn dieses Mittel richtig ist, so verursacht es eine beinahe identische Vibration in der Seele des Empfängers.

Das ist unvermeidlich. Nur ist diese zweite Vibration kompliziert. Sie kann erstens stark oder schwach sein, was von dem Grad der Entwicklung des Empfängers und auch von zeitlichen Einflüssen (absorbierte Seele) abhängt. Zweitens wird diese Vibration der Seele des Empfängers entsprechend auch andere Saiten der Seele in Schwingung bringen. Das ist die Anregung der »Phantasie« des Empfängers, welcher am Werke »weiter schafft«*. Die öfter vibrierenden Saiten der Seele werden beinahe bei jeder Berührung auch anderer Saiten mitklingen. Und manchmal so stark, daß sie den ursprünglichen Klang übertönen: es gibt Menschen, die durch »lustige« Musik zum Weinen gebracht werden und umgekehrt. Deswegen werden einzelne Wirkungen eines Werkes bei verschiedenen Empfängern mehr oder weniger gefärbt.

Der ursprüngliche Klang wird aber in diesem Falle nicht vernichtet, sondern lebt weiter und verrichtet, wenn auch unmerklich, seine Arbeit an der Seele**.

Es gibt also keinen Menschen, welcher die Kunst nicht empfängt. Jedes Werk und jedes einzelne Mittel des Werkes verursacht in jedem Menschen ohne Ausnahme eine Vibration, die im Grunde der des Künstlers identisch ist.

Die innere, im letzten Grunde entdeckbare Identität der einzelnen Mittel verschiedener Künste ist der Boden gewesen, auf welchem versucht wurde, einen bestimmten Klang einer Kunst durch den identischen Klang einer anderen Kunst zu unterstützen, zu stärken und dadurch eine besonders gewaltige Wirkung zu erzielen. Das ist ein Wirkungsmittel.

Die Wiederholung aber des einen Mittels einer Kunst (z. B. Musik) durch ein identisches Mittel einer anderen Kunst (z. B. Malerei) ist nur *ein* Fall, *eine* Möglichkeit. Wenn diese Möglichkeit auch als ein inneres Mittel verwendet wird (z. B. bei Skrjabin [3])***, so finden wir auf dem Gebiete des Gegensatzes und der komplizierten Komposition erst einen Antipoden dieser Wiederholung und später eine Reihe von Möglichkeiten, die zwischen der Mit- und Gegenwirkung liegen. Das ist ein unerschöpfliches Material.

Das 19. Jahrhundert zeichnete sich als eine Zeit aus, welcher innere Schöpfung fern lag. Das Konzentrieren auf materielle Erscheinungen und auf die materielle Seite der Erscheinungen mußte die schöpferische Kraft auf dem Gebiete des Inneren logisch zum Sinken bringen, was scheinbar bis zum letzten Grad des Versinkens führte.

Aus dieser Einseitigkeit mußten sich natürlich auch andere Einseitigkeiten entwickeln.

So auch auf der Bühne:

1. kam auch hier (wie auf anderen Gebieten) notgedrungen die minutiöse Ausarbeitung der einzelnen schon existierenden (früher geschaffenen) Teile, die der Bequemlichkeit halber stark

---

* Heutzutage rechnen u. a. besonders Theaterinszenierungen auf diese »Mitwirkung«, welche natürlich stets vom Künstler gebraucht wurde. Daher stammte auch das Verlangen nach einem gewissen freien Raum, welcher das Werk vom letzten Grade des Ausdruckes trennen mußte. Dieses Nicht-bis-zuletzt-Sagen verlangten z. B. Lessing [1], Delacroix [2] u. a. Dieser Raum ist das freie Feld für die Arbeit der Phantasie.

** So wird mit der Zeit jedes Werk richtig »verstanden«.

*** S. den Artikel L. Sabanejews in diesem Buch. [4]

und definitiv voneinander getrennt wurden. Hier spiegelte sich die Spezialisierung ab, die immer sofort entsteht, wenn keine neuen Formen geschaffen werden, und

2. der positive Charakter des Zeitgeistes konnte nur zu einer Form der Kombinierung führen, die ebenso positiv war. Man dachte eben: zwei ist mehr als eins, und suchte jede Wirkung durch Wiederholung zu verstärken. In der inneren Wirkung kann es aber umgekehrt sein, und oft ist eins mehr als zwei. Mathematisch ist $1 + 1 = 2$. Seelisch kann $1 - 1 = 2$ sein.

ad 1. Durch die *erste Folge des Materialismus,* d. h. durch die Spezialisierung und die damit verbundene weitere äußerliche Ausarbeitung der einzelnen Teile, entstanden und versteinerten sich drei Gruppen von Bühnenwerken, die voneinander durch hohe Mauern abgeteilt wurden:

a) Drama,

b) Oper,

c) Ballett.

a) Das Drama des 19. Jahrhunderts ist im allgemeinen eine mehr oder weniger raffinierte und in die Tiefen gehende Erzählung eines Vorganges von mehr oder weniger persönlichem Charakter. Es ist gewöhnlich eine Beschreibung des äußeren Lebens, wo das seelische Leben des Menschen auch nur soweit mitspielt, als es mit dem äußeren Leben zu tun hat*. *Das kosmische Element fehlt vollkommen.*

Der äußere Vorgang und der äußere Zusammenhang der Handlung ist die Form des heutigen Dramas.

b) Die Oper ist ein Drama, zu welchem Musik als Hauptelement hinzugefügt wird, wobei Raffiniertheit und Vertiefung des dramatischen Teiles stark leiden. Die beiden Teile sind vollkommen äußerlich miteinander verbunden. D. h. entweder illustriert (bzw. verstärkt) die Musik den dramatischen Vorgang, oder der dramatische Vorgang wird als Erklärung der Musik zu Hilfe gezogen.

Dieser wunde Punkt wurde von Wagner bemerkt, und er suchte ihm durch verschiedene Mittel abzuhelfen. Der Grundgedanke war dabei, die einzelnen Teile organisch miteinander zu verbinden und auf diese Weise ein monumentales Werk zu schaffen**. [8]

Durch Wiederholung einer und derselben äußeren Bewegung in zwei Substanzformen suchte Wagner die Verstärkung der Mittel zu erreichen und die Wirkung zu einer monumentalen Höhe zu bringen. Sein Fehler war in diesem Falle der Gedanke, daß er über ein Universalmittel verfügte. Dieses Mittel ist in Wirklichkeit nur eines aus der Reihe von oft gewaltigeren Möglichkeiten in der monumentalen Kunst.

Abgesehen aber davon, daß eine parallele Wiederholung nur *ein* Mittel ist, und davon, daß diese Wiederholung nur äußerlich ist, hat Wagner ihr eine neue Gestaltung gegeben, die zu weiteren führen mußte. Vor Wagner hat z. B. die Bewegung einen rein äußerlichen und oberfläch-

---

* Ausnahmen finden wir wenige. Und auch diese wenigen (z. B. Maeterlink [5], Ibsens *Gespenster* [6], Andrejews *Das Leben des Menschen* [7] u. dgl.) bleiben doch im Banne des äußeren Vorganges.

** Dieser Gedanke Wagners hat über ein halbes Jahrhundert gebraucht, um über die Alpen zu gelangen, wo er eine offiziell ausgedrückte Paragraphengestalt erhält. Das musikalische »Manifest« der »Futuristi« lautet: »Proclamer comme une nécessité absolue que le musicien soit l'auteur du poème dramatique ou tragique qui'l doit mettre en musique« (Mai 1911, Mailand). [9]

lichen Sinn in der Oper gehabt (vielleicht nur Entartung). Es war ein naives Anhängsel der Oper: das An-die-Brust-Drücken der Hände – Liebe, das Heben der Arme – Gebet, das Ausbreiten der Arme – starke Gemütsbewegung u. dgl. Diese kindlichen Formen (die man noch heute jeden Abend sehen kann) standen in äußerlichem Zusammenhang mit dem Text der Oper, der wieder durch die Musik illustriert wurde. Wagner hat hier eine direkte (künstlerische) Verbindung zwischen der Bewegung und dem musikalischen Takt geschaffen: die Bewegung wurde dem Takt untergeordnet.

Diese Verbindung ist aber doch nur äußerlicher Natur. Der innere Klang der Bewegung bleibt aus dem Spiel.

Auf dieselbe künstlerische, aber auch äußerliche Weise wurde bei Wagner andererseits die Musik dem Text untergeordnet, d. h. der Bewegung in breitem Sinne. Es wurde musikalisch das Zischen des glühenden Eisens im Wasser, das Schlagen des Hammers beim Schmieden u. dgl. dargestellt.

Diese *wechselnde* Unterordnung ist aber auch wieder eine Bereicherung der Mittel gewesen, die zu weiteren Kombinationen führen mußte.

Also einerseits bereicherte Wagner die Wirkung eines Mittels und verminderte andererseits den inneren Sinn – die rein künstlerische innere Bedeutung des Hilfsmittels.

Diese Formen sind nur mechanische Reproduktionen (nicht innere Mitwirkungen) der zweckmäßigen Vorgänge der Handlung. Ähnlicher Natur ist auch die andere Verbindung der Musik mit Bewegung (im breiten Sinne des Wortes), d. h. die musikalische »Charakteristik« der einzelnen Rollen. Dieses hartnäckige Auftauchen eines musikalischen Satzes bei dem Erscheinen eines Helden verliert schließlich an Kraft und wirkt auf das Ohr wie eine altbekannte Flaschenetikette auf das Auge. Das Gefühl sträubt sich schließlich gegen derartige konsequent programmatische Anwendungen einer und derselben Form.*

Endlich das Wort braucht Wagner als Mittel der Erzählung oder zum Ausdruck seiner Gedanken. Es wurde hier aber kein geeignetes Milieu für solche Zwecke geschaffen, da in der Regel die Worte vom Orchester übertönt werden. Es ist kein genügendes Mittel, in vielen Rezitativen das Wort klingen zu lassen. Aber der Versuch, das unaufhörliche Singen zu unterbrechen, versetzte dem »Einheitlichen« schon einen gewaltigen Stoß. Doch der äußere Vorgang blieb auch davon unberührt.

Abgesehen davon, daß Wagner trotz seinen Bestrebungen, einen Text (Bewegung) zu schaffen, hier vollkommen in der alten Tradition des Äußerlichen blieb, ließ er das dritte Element ohne Beachtung, welches heute in einer noch primitiven Form vereinzelt angewendet wird** – die Farbe und die damit verbundene malerische Form (Dekoration).

* Dieses Programmatische durchdringt das Schaffen Wagners und erklärt sich scheinbar nicht nur aus dem Charakter des Künstlers, sondern auch aus dem Bestreben, eine präzise Form zu dem neuen Schaffen zu finden, wobei der Geist des 19. Jahrhunderts seinen Stempel des »Positiven« darauf abdrückte.

** S. den Artikel Sabanejews.

Der äußere Vorgang, der äußere Zusammenhang der einzelnen Teile desselben und der beiden Mittel (Drama und Musik) ist die Form der heutigen Oper.

c) Das Ballett ist ein Drama mit allen schon beschriebenen Kennzeichen und demselben Inhalt. Nur verliert hier der Ernst des Dramas noch mehr als in der Oper. In der Oper kommen außer Liebe auch andere Themen vor: religiöse, politische, soziale Verhältnisse sind der Boden, auf welchem Begeisterung, Verzweiflung, Ehrlichkeit, Haß und gleichartige andere Gefühle wachsen. Das Ballett begnügt sich mit Liebe in einer kindlichen Märchenform. Außer Musik werden hier die einzelnen und Gruppenbewegungen zu Hilfe genommen. Alles bleibt in einer naiven Form des äußerlichen Zusammenhanges. Es werden sogar in der Praxis nach Belieben einzelne Tänze eingeschoben oder ausgelassen. Das »Ganze« ist so problematisch, daß solche Operationen vollkommen unbemerkt bleiben.

Der äußere Vorgang, der äußere Zusammenhang der einzelnen Teile und der drei Mittel (Drama, Musik und Tanz) ist die Form des heutigen Balletts.

ad 2. Durch die *zweite Folge des Materialismus,* d. h. durch die positive Addierung (1 + 1 = 2, 2 + 1 = 3), wurde nur eine Kombinierungs- (bzw. Verstärkungs-)form gebraucht, die ein Parallellaufen der Mittel verlangte. Z. B. starke Gemütsbewegung bekommt sofort ein ff. als unterstreichendes Element in der Musik. *Dieses mathematische Prinzip baut auch die Wirkungsformen auf einer rein äußerlichen Basis auf.*

Alle die genannten *Formen,* die ich Substanzformen nenne (Drama – Wort, Oper – Klang, Ballett – Bewegung), und ebenso die Kombinationen der einzelnen Mittel, die ich Wirkungsmittel nenne, werden zu einer *äußerlichen Einheit* konstruiert. *Da alle diese Formen aus dem Prinzip der äußeren Notwendigkeit entstanden.*

Daraus fließt als logisches Resultat die Begrenzung, die Einseitigkeit (= die Verarmung) der Formen und Mittel. Sie werden allmählich orthodox, und jede minutiöse Änderung erscheint revolutionär.

Stellen wir uns auf den Boden des Innerlichen. Die ganze Sachlage verändert sich wesentlich.

1. Es verschwindet plötzlich der äußere Schein jedes Elementes. Und sein innerer Wert bekommt vollen Klang.

2. Es wird klar, daß bei Anwendung des inneren Klanges der äußere Vorgang nicht nur nebensächlich sein kann, sondern als Verdunklung schädlich.

3. Es erscheint der Wert des äußeren Zusammenhangs im richtigen Licht, d. h. als unnötig beschränkend und die innere Wirkung abschwächend.

4. Es kommt von selbst das Gefühl der Notwendigkeit der *inneren Einheitlichkeit,* die durch äußere Uneinheitlichkeit unterstützt und sogar gebildet wird.

5. Es entblößt sich die Möglichkeit, jedem der Elemente das eigene äußere Leben zu behalten, welches äußerlich im Widerspruch zum äußeren Leben eines anderen Elementes steht.

Wenn wir weiter aus diesen abstrakten Entdeckungen praktische schaffen, so sehen wir, daß es möglich ist,

ad 1. nur den inneren Klang eines Elementes als Mittel zu nehmen,

ad 2. den äußeren Vorgang (= Handlung) zu streichen,

ad 3. wodurch der äußere Zusammenhang von selbst fällt, ebenso wie

ad 4. die äußere Einheitlichkeit, und

ad 5. daß die innere Einheitlichkeit eine unzählige Reihe von Mitteln in die Hand gibt, die früher nicht da sein konnten.

Hier wird also zur einzigen Quelle die innere Notwendigkeit.

Die folgende kleine Bühnenkomposition [10] ist ein Versuch, aus dieser Quelle zu schöpfen.

Es sind hier drei Elemente, die zu äußeren Mitteln im *inneren Werte* dienen:

1. musikalischer Ton und seine Bewegung,
2. körperlich-seelischer Klang und seine Bewegung durch Menschen und Gegenstände ausgedrückt,
3. farbiger Ton und seine Bewegung (ein spezielle Bühnenmöglichkeit).

So besteht hier schließlich das Drama aus dem Komplex der inneren Erlebnisse (Seelenvibrationen) des Zuschauers.

ad 1. Von der Oper wurde das Hauptelement – die Musik als Quelle der inneren Klänge – genommen, die in keiner Weise äußerlich dem Vorgang untergeordnet sein muß.

ad 2. Aus dem Ballett wurde der Tanz genommen, welcher als abstrakt wirkende Bewegung mit innerem Klang gebracht wird.

ad 3. Der farbige Ton bekommt eine selbständige Bedeutung und wird als gleichberechtigtes Mittel behandelt.

Alle drei Elemente spielen eine gleich wichtige Rolle, bleiben äußerlich selbständig und werden gleich behandelt, d. h. dem inneren Ziele untergeordnet.

Es kann also z. B. die Musik vollkommen zurückgeschoben oder in den Hintergrund geschoben werden, wenn die Wirkung z. B. der Bewegung ausdrucksvoll genug ist und durch starke musikalische Mitwirkung geschwächt werden könnte. Dem Wachsen der Bewegung in der Musik kann ein Abnehmen der Bewegung im Tanz entsprechen, wodurch beide Bewegungen (positive und negative) größeren inneren Wert bekommen usw. usw. Eine Reihe von Kombinationen, die zwischen den zwei Polen liegen: Mitwirkung und Gegenwirkung. Graphisch gedacht können die drei Elemente vollkommen eigene, voneinander äußerlich unabhängige Wege laufen.

Das Wort als solches oder in Sätze gebunden wurde angewendet, um eine gewisse »Stimmung« zu bilden, die den Seelenboden befreit und empfänglich macht. Der Klang der menschlichen Stimme wurde auch rein angewendet, d. h. ohne Verdunkelung desselben durch das Wort, durch den Sinn des Wortes.

Neudruck des Dokuments in: *Der Blaue Reiter.* Hrsg. von Wassily Kandinsky und Franz Marc. Dokumentarische Neuausgabe von Klaus Lankheit. München: R. Piper & Co. Verlag 1965, S. 189–208. An Kandinskys Abhandlung schloß sich die Bühnenkomposition *Der gelbe Klang* an (Erstausgabe S. 115–131, Neuausgabe 1965, S. 209–229), der einzige Entwurf des Künstlers für ein abstraktes Gesamtkunstwerk, der vollständig publiziert wurde. Diese Textur für die ihm vorschwebende Bühnensynthese war besonders für die Konzeptionen von Hugo Ball und Lothar Schreyer wesentlich.

1 Gotthold Ephraim Lessing (1729–1781). Gemeint ist die *Hamburgische Dramaturgie* 2 Bde. – Hamburg Bremen: Cramer 1767–1769.
2 Eugène Delacroix (1798–1863), französischer Maler der Romantik. Vgl. E. Delacroix: *Mein Tagebuch (Bibliothek ausgewählter Kunstschriftsteller*, Bd. 2) – Berlin 1903.
3 Alexander Nikolajewitsch Skrjabin (1872–1915), russischer Komponist des ekstatischen Klangstils.
4 Leonid Sabanejew: *Prometheus von Skrjabin.* In: *Der Blaue Reiter*, S. 57–68. L. Leonidowitsch Sabanejew (1881– ?), russischer Komponist und Musikschriftsteller aus der Schule Mussorgskys.
5 Maurice Maeterlinck (1862 – 1949), belgischer Schriftsteller, bedeutender symbolistischer Lyriker und Dramatiker.
6 Henrik Ibsen: *Gengangere. Et familjedrama i tre akter.* Kopenhagen 1881. Dt. Übers.: *Gespenster. Ein Familiendrama in drei Akten.* Übers. von W. Borch. – Leipzig [1884].
7 Leonid Nikolaevič Andreev (1871 – 1919), russischer Erzähler und Dramatiker. Vgl. *Žizn' Čelovcka.* Petersburg 1907. Dt. Übers.: *Das Leben der Menschen.* Übers. von A. Scholz. – Berlin 1908.
8 Vgl. Anm. 14 der Einleitung.
9 Vgl. die Pamphlete von Balilla Pratella: *Manifesto del Musici futuriste* v. 11. 1. 1911 und *La Musica. Manifesto tecnico* v. 29. 3. 1911. Dt. Übers. bei Umbro Apollonio (Hrsg.): *Der Futurismus*, S. 44–58.
10 Gemeint ist die in der Erstausgabe abgedruckte Bühnenkomposition *Der gelbe Klang*, die Kandinsky am Ende dieses Dokuments folgendermaßen präludiert: »Der Leser wird gebeten, die Schwächen der folgenden kleinen Komposition *Gelber Klang* nicht dem Prinzip zuzuschreiben, sondern sie auf die Rechnung des Verfassers zu stellen.« (S. 113).

143
Lothar Schreyer: *Das Drama.* In: *Der Sturm* 7 (1916/17), H. 10 (Januar 1917), S. 119.

Das Drama ist tot. Es lebe das Drama!

Die Toten sind dargestellt. Das neue Werk ist gestaltet.

Das neue Werk ist das Bühnenkunstwerk. Es ist die Einheit und die Gestalt der Kunstmittel Form und Farbe und Bewegung und Ton.

Der Sprachton des Bühnenkunstwerkes ist vom Wort getragen. Die Wortgestalt ist Dichtung.

Das neue Drama ist die Wortgestalt der Vision des Bühnenkunstwerkes.

Das neue Drama ist nicht Handlung. Die Dichtung stellt keine Handlung dar. Der Mensch handelt. Das Kunstwerk ist. Das Drama bedeutet nicht die Welt. Es deutet nicht die Welt. Die Kunst ist die Welt. Das Kunstwerk ist die endliche Gestalt der unendlichen Welt. Der Künstler sieht das Gesicht der Unendlichkeit. Der Künstler kündet das Gesicht.

Die innere Gestalt des Dramas ist das kosmische Erlebnis. Der Erlebende ist nicht Mensch. Er und der Kosmos sind eins. Er ist weltmächtig.

Die innere Gestalt ist gekündet in der äußeren Gestalt. Die äußere Gestalt ist mit Kunstmitteln geschaffen. Das Kunstmittel des Dichters ist der Sprachton.

Der Sprachton ist gesprochener Ton. Er ist an die Sprache gebunden. Er ist tönendes Wort.

Das Wort der Dichtung kündet keine natürliche Wirklichkeit. Eine natürliche Wirklichkeit bedeutet das Wort durch seine Beziehung auf eine natürliche Wirklichkeit. Die grammatikalisch logische Verknüpfung vermittelt die Beziehung von Geist und Natur. Sie schafft die Umgangssprache. Die Sprache des Wortkunstwerkes ist nicht umgänglich. Wer mit dem Kunstwerk umgehen will, geht um es herum. Das Kunstwerk vermittelt nicht die Beziehungen von Geist und Natur. Das Kunstwerk kennt diese Beziehungen nicht. Die Grammatik der Umgangssprache ist für das Wortkunstwerk belanglos. Jedes Wort kann auch im Kunstwerk seine Gestalt ändern. Die geänderte Gestalt kann die Gestalt einer grammatikalischen Beziehungsform sein. Ohne den grammatikalischen Zusammenhang sind die Beziehungsformen isolierte Werte, deren Beziehungsmacht ohne Ziel ins Unendliche wirkt. Die Macht wirkt nicht in einer bestimmten Richtung, sondern nach allen Richtungen. Die Wirkung des einen Wortes kreuzt die Wirkung anderer Worte. Die Worte geben keinen grammatikalischen Zusammenhang. Sie fließen nicht ineinander. Sie schneiden sich. Sie wirken über sich hinaus. Bringt das Wortkunstwerk die Gestalt eines grammatikalischen Zusammenhangs, so ist er eine Einheit wie das Wort. Ein Wortsatz entsteht, wenn die künstlerische Notwendigkeit ihn fordert.

Die Worte als gestaltete Begriffe sind im Drama Gestaltungen des Erlebnisses in die Wortgestalt. Das Erlebnis wird nicht beschrieben. Es kann nicht beschrieben werden. Die Gestaltung ist eine Konzentration des Erlebnisses in die Gestalt. Die Kunstgestalt ist ein Organismus. Das Kunstwerk ist organisch und nicht abstrakt. Es gibt keine abstrakten Organismen. Der Organismus des Kunstwerkes kündet die geistige Welt. Das Kunstwerk ist keine Abstraktion der natürlichen Welt. Der Begriff im Kunstwerk ist eine Wirklichkeit des Geistes. Die Gestaltung formt den Begriff. Der gestaltete Begriff ist ungreifbar, unendlich. Er ist rhythmisch.

Die Gestalt des Dramas ist aharmonisch, rhythmisch. Jedes gestaltete Wort, jeder gestaltete Wortsatz hat seinen Rhythmus. Jede Wortgestalt ist ein rhythmisches Glied im Rhythmus des Werkes. Jede Wortgestalt ist eine rhythmische Einheit.

Die rhythmische Wortreihe des Dramas ist rhythmische Tonreihe.

Der Sprachton des Wortes ist Klang und Geräusch. Die gesprochenen Vokale sind Klang, die gesprochenen Konsonanten Geräusch.

Die Macht des Sprachtones ist bedingt durch den Wortton. Jedes Wort hat einen bestimmten Wortton, der abhängig ist von dem Klang der Vokale und dem Geräusch der Konsonanten.

Die Kunstmacht der Vokale ist die Kunstmacht ihrer Klänge.

Die Konsonanten wandeln die Macht der Vokale. Die Konsonanten sind Tonmischungen, in denen sich die Teiltöne nicht zu Klängen, sondern Geräuschen zusammenschließen.

Die Geräusche wirken mit der Macht der Assoziationen. Assoziationen ergeben sich aus der Ähnlichkeit von Tönen der Naturgeräusche und der Konsonanten. Assoziationen ergeben sich aus dem Wortinhalt und den Gefühlsvorstellungen des Wortinhaltes. Assoziationen von Wortform zu Wortform sind nur dann Kunstmittel, wenn sie dem Inhalt nach Assoziationen sind.

Die meisten Worte haben aus sich selbst einen Gefühlswert. Worte, die keinen Gefühlswert haben, erhalten ihn im Ton.

Die Gefühlswerte des Wortes und desWorttones sind nicht notwendig die gleichen, oft wirkt der Ton ein Teilgefühl des gestalteten Begriffs. Auch der Ton jedes anderen Gefühles, besonders der Kontrastgefühle, kann im Wort tönen.

Das Drama ist die Wortgestalt des Bühnenkunstwerkes. Im Drama ist das Wort gestaltet.

Die Sprachtongestalt ist vom Wort abhängig, nicht vom Wort bestimmt.

Das Drama gibt die Wortgestalt der tönenden Farbformgestalten.

Jede Farbformgestalt ist ein Begriff anderer Art. Anderer Art ist jede Wortgestalt. Die Wortgestalt jeder tönenden Farbformgestalt ist eine Einheit. Sie unterscheidet sich von den Wortreihen der anderen Farbformgestalten. Die ineinander und nacheinander tönenden Wortreihen sind das Sprachtonspiel.

Das Drama gibt die Farbformgestalt des Bühnenkunstwerkes in Wortgestalt. Es gibt die Bewegungsgestalt und die Tongestalt des Bühnenkunstwerkes in Wortgestalt.

Das Drama ist ein Teil des Bühnenkunstwerkes und ist dem Bühnenkunstwerk fremd. Teil des Bühnenkunstwerkes sind die Wortreihen der Farbformgestalten. Die Gesamtheit des Wortkunstwerkes ist selbständige Dichtung, ist Drama.

Das Drama kann nicht gespielt werden. Es wird vorgetragen. Gespielt wird das Bühnenkunstwerk.

Das Drama lebt.

Das Bühnenkunstwerk lebt.

Menschwerk stirbt.

Kunstwerk stirbt nie.

144
Kurt Schwitters: *Die Merzbühne. Erklärungen meiner Forderungen zur Merzbühne.* In: *Sturm-Bühne* Folge 8 (1919), [Oktober], S. [31].

Die Merzbühne

Die Merzbühne dient zur Aufführung des Merzbühnenwerkes. Das Merzbühnenwerk ist ein abstraktes Kunstwerk. Das Drama und die Oper entstehen in der Regel aus der Form des geschriebenen Textes, der an sich schon, ohne die Bühne, als geschriebener Text ein abgerundetes Werk ist. Bühnenbild, Musik und Aufführung dienen nur zur Illustration dieses Textes, der selbst schon eine Illustration der Handlung ist. Im Gegensatz zum Drama oder zur Oper sind sämtliche Teile des Merzbühnenwerkes untrennbar mit einander verbunden; es kann nicht geschrieben, gelesen oder gehört, es kann nur im Theater erlebt werden. Bislang unterschied man zwischen Bühnenbild, Text und Partitur bei den Vorführungen im Theater. Man bearbeitete jeden Faktor einzeln und konnte ihn auch einzeln genießen. Die Merzbühne kennt nur die Verschmelzung aller Faktoren zum Gesamtwerk. Materialien für das Bühnenbild sind sämtliche feste, flüssige und luftförmige Körper: wie weiße Wand, Mensch, Drahtverhau, Wasserstrahl, blaue Ferne, Lichtkegel. Man verwende Flächen, die sich verdichten, oder in Gewebe auflösen können, Flächen, die sich vorhangartig falten, sich verkleinern oder erweitern können. Man lasse Dinge sich drehen und bewegen und lasse Linien sich zu Flächen erweitern. Man schiebe Teile in das Bühnenbild hinein und nehme Teile heraus. Materialien für die Partitur sind sämtliche Töne und Geräusche, die durch Violine, Trommel, Posaune, Nähmaschine, Ticktackuhr,

Wasserstrahl usw. gebildet werden können. Materialien für die Dichtung sind sämtliche den Verstand und das Gefühl erregende Erlebnisse. Die Materialien sind nicht logisch in ihren gegenständlichen Beziehungen, sondern nur innerhalb der Logik des Kunstwerkes zu verwenden. Je intensiver das Kunstwerk die verstandesmäßig gegenständliche Logik zerstört, um so größer ist die Möglichkeit künstlerischen Aufbauens. Wie man bei der Dichtung Wort gegen Wort wertet, so werte man hier Faktor gegen Faktor, Material gegen Material. Man kann sich das Bühnenbild etwa in der Art eines Merzbildes vorstellen. Die Teile des Bildes bewegen und verändern sich, und das Bild lebt sich aus. Die Bewegung des Bildes vollzieht sich stumm, oder begleitet von Geräuschen oder Musik. Ich fordere die Merzbühne. Wo ist die Experimentierbühne?

Erklärungen meiner Forderungen zur Merzbühne

Man setze riesenhafte Flächen, erfasse sie bis zur gedachten Unendlichkeit, bemäntele sie mit Farbe, verschiebe sie drohend und zerwölbe ihre glatte Schamigkeit. Man zerknicke und turbuliere endliche Teile und krumme löchernde Teile des Nichts unendlich zusammen. Glattende Flächen überkleben. Man drahte Linien Bewegung, wirkliche Bewegung steigt wirkliches Tau eines Drahtgeflechtes. Flammende Linien, schleichende Linien, flächende Linien überquert. Man lasse Linien miteinander kämpfen und sich streicheln in schenkender Zärtlichkeit. Punkte sollen dazwischensternen, sich reigen, und einander verwirklichen zur Linie. Man biege die Linien, knacke und zerknicke Ecken würgend wirbelt um einen Punkt. In Wellen wirbelnden Sturmes rausche vorbei eine Linie, greifbar aus Draht. Man kugele Kugeln wirbelnd Luft berühren sich. Einander durchdringend zereinen Flächen. Kisten kanten empor, gerade und schief und bemalt. In sich Klappzylinder versinken erdrosselt Kisten Kasten. Man setze Linien ziehend zeichnen ein Netz lasurierend. Netze umfassen verengen Qual des Antonius. Man lasse Netze brandenwogen und zerfließen in Linien, dichten in Flächen. Netzen die Netze. Man lasse Schleier wehen, weiche Falten fallen, man lasse Watte tropfen und Wasser sprühen. Luft bäume man weich und weiß durch tausendkerzige Bogenlampen. Dann nehme man Räder und Achsen, bäume sie auf und lasse sie singen (Wasserriesenüberständer). Achsen tanzen mitterad rollen Kugeln Faß. Zahnräder wittern Zähne, finden eine Nähmaschine, welche gähnt. Empordrehend oder geduckt die Nähmaschine köpft sich selbst, die Füße zu oben. Man nehme Zahnarztbohrmaschine, Fleischhackmaschine, Ritzenkratzer von der Straßenbahn, Omnibusse und Automobile, Fahrräder, Tandems und deren Bereifung, auch Kriegsersatzreifen und deformiere sie. Man nehme Lichte und deformiere sie in brutalster Weise. Lokomotiven lasse man gegeneinander fahren, Gardinen und Portieren lasse man Spinnwebfaden mit Fensterrahmen tanzen und zerbreche winselndes Glas. Dampfkessel bringe man zur Explosion zur Erzeugung von Eisenbahnqualm. Man nehme Unterröcke und andere ähnliche Sachen, Schuhe und falsche Haare, auch Schlittschuhe und werfe sie an die richtige Stelle, wohin sie gehören, und zwar immer zur richtigen Zeit. Man nehme meinetwegen auch Fußangeln, Selbstschüsse, Höllenmaschinen, den Blechfisch und den Trichter, natürlich alles in künstlerisch deformiertem Zustande. Schläuche sind sehr zu empfehlen. Man nehme kurz alles vom Haarnetz der vornehmen Dame bis zur Schraube des Imperator, jedesmal entsprechend den Größenverhältnissen, die das Werk verlangt.

Menschen selbst können auch verwendet werden.

Menschen selbst können auf Kulissen gebunden werden.

Menschen selbst können auch aktiv auftreten, sogar in ihrer alltäglichen Lage, zweibeinig sprechen, sogar in vernünftigen Sätzen.

Nun beginne man die Materialien miteinander zu vermählen. Man verheirate z. B. die Wachstuchdecke mit der Heimstättenaktiengesellschaft, den Lampenputzer bringe man in ein Verhältnis zu der Ehe zwischen Anna Blume und dem Kammerton a. Die Kugel gebe man der Fläche zum Fraß und eine rissige Ecke lasse man vernichten durch 22tausendkerzigen Bogenlampenschein. Man lasse den Menschen auf den Händen gehen und auf seinen Füßen einen Hut tragen, wie Anna Blume. (Katarakte.) Schaum wird gespritzt.

Und nun beginnt die Glut musikalischer Durchtränkung. Orgeln hinter der Bühne singen und sagen: »Fütt, Fütt«. Die Nähmaschine rattert voran. Ein Mensch in der einen Kulisse sagt: »Bah«. Ein anderer tritt plötzlich auf und sagt: »Ich bin dumm«. (Nachdruck verboten.) Kniet umgekehrt ein Geistlicher dazwischen und ruft und betet laut: »O Gnade wimmelt zerstaunen Halleluja Junge, Junge vermählt tropfen Wasser.« Eine Wasserleitung tröpfelt ungehemmt eintönig. 8. Pauken und Flöten blitzen Tod, und eine Straßenbahnschaffnerspfeife leuchtet hell. Dem Mann auf der einen Kulisse läuft ein Strahl eiskaltes Wasser über den Rücken in einen Topf. Er singt dazu cis d, dis es, das ganze Arbeiterlied. Unter dem Topfe hat man eine Gasflamme angezündet, um das Wasser zu kochen und eine Melodie von Violinen schimmert rein und Mädchenzart. Ein Schleier überbreitet Breiten. Tief dunkelrot kocht die Mitte Glut. Es raschelt leise. Anschwellen lange Seufzer Geigen und verhauchen. Licht dunkelt Bühne, auch die Nähmaschine ist dunkel.

Eine veränderte Fassung der »Forderungen« findet sich u. d. T. *An alle Bühnen der Welt* in Kurt Schwitters: *Anna Blume.* – Hannover: Paul Steegemann 1919 (*Die Silbergäule,* 39/40), S. 31–35. Der dort hinzugesetzte provokativ-parodistische Anfang und der Schluß lauten:
Ich fordere die Merzbühne.
Ich fordere die restlose Zusammenfassung aller künstlerischen Kräfte zur Erlangung des Gesamtkunstwerkes.
Ich fordere die prinzipielle Gleichberechtigung aller Materialien, Gleichberechtigung zwischen Vollmenschen, Idiot, pfeifendem Drahtnetz und Gedankenpumpe.
Ich fordere die restlose Erfassung aller Materialien vom Doppelschienenschweißer bis zur Dreiviertelgeige.
Ich fordere die gewissenhafteste Vergewaltigung der Technik bis zur vollständigen Durchführung der verschmelzenden Verschmelzungen.
Ich fordere die abstrakte Verwendung der Kritiker und die Unteilbarkeit aller ihrer Aufsätze über die Veränderlichkeit des Bühnenbildes und die Unzulänglichkeit der menschlichen Erkenntnisse überhaupt.
Ich fordere den Bismarckhering.
[...]
Ich fordere Einheitlichkeit in der Raumgestaltung.
Ich fordere Einheitlichkeit in der Zeitformung.
Ich fordere Einheitlichkeit in der Begattungsfrage, in bezug auf Deformieren, Kopulieren, Überschneiden.
Das ist die Merzbühne, wie sie unsere Zeit braucht.
Ich fordere Revision aller Bühnen der Welt auf der Grundlage der Merzidee.
Ich fordere sofortige Beseitigung aller Übelstände.
Vor allen Dingen aber fordere ich die sofortige Errichtung einer internationalen Experimentierbühne zur Ausarbeitung des Merzgesamtkunstwerkes.

Ich fordere in jeder größeren Stadt die Errichtung von Merzbühnen zur einwandfreien Darstellung von Schaustellungen jeder Art. (Kinder zahlen die Hälfte).

145
Walter Gropius: *Bauhaus-Manifest* (April 1919), S. [2–3].

Das Endziel aller bildnerischen Tätigkeit ist der Bau! Ihn zu schmücken war einst die vornehmste Aufgabe der bildenden Künste, sie waren unablösliche Bestandteile der großen Baukunst. Heute stehen sie in selbstgenügsamer Eigenheit, aus der sie erst wieder erlöst werden können durch bewußtes Mit- und Ineinanderwirken aller Werkleute untereinander. Architekten, Maler und Bildhauer müssen die vielgliedrige Gestalt des Baues in seiner Gesamtheit und in seinen Teilen wieder kennen und begreifen lernen, dann werden sich von selbst ihre Werke wieder mit architektonischem Geiste füllen, den sie in der Salonkunst verloren.

Die alten Kunstschulen vermochten diese Einheit nicht zu erzeugen, wie sollten sie auch, da Kunst nicht lehrbar ist. Sie müssen wieder in der *Werkstatt* aufgehen. Diese nur zeichnende und malende Welt der Musterzeichner und Kunstgewerbler muß endlich wieder eine *bauende* werden. Wenn der junge Mensch, der Liebe zur bildnerischen Tätigkeit in sich verspürt, wieder wie einst seine Bahn damit beginnt, ein Handwerk zu erlernen, so bleibt der unproduktive »Künstler« künftig nicht mehr zu unvollkommener Kunstübung verdammt, denn seine Fertigkeit bleibt nun dem Handwerk erhalten, wo er Vortreffliches zu leisten vermag.

Architekten, Bildhauer, Maler, wir alle müssen zum Handwerk zurück! Denn es gibt keine »Kunst von Beruf«. Es gibt keinen Wesensunterschied zwischen dem Künstler und dem Handwerker. *Der Künstler ist eine Steigerung des Handwerkers.* Gnade des Himmels läßt in seltenen Lichtmomenten, die jenseits seines Wollens stehen, unbewußt Kunst aus dem Werk seiner Hand erblühen, *die Grundlage des Werkmäßigen aber ist unerläßlich für jeden Künstler.* Dort ist der Urquell des schöpferischen Gestaltens.

Bilden wir also eine *neue Zunft der Handwerker* ohne die klassentrennende Anmaßung, die eine hochmütige Mauer zwischen Handwerkern und Künstlern errichten wollte! Wollen, erdenken, erschaffen wir gemeinsam den neuen Bau der Zukunft, der alles *in einer Gestalt* sein wird: Architektur *und* Plastik *und* Malerei, der aus Millionen Händen der Handwerker einst gen Himmel steigen wird als kristallenes Sinnbild eines neuen kommenden Glaubens.

PROGRAMM DES STAATLICHEN BAUHAUSES IN WEIMAR

Das Staatliche Bauhaus in Weimar ist durch Vereinigung der *ehemaligen Großherzoglich Sächsischen Hochschule für bildende Kunst* mit der *ehemaligen Großherzoglich Sächsischen Kunstgewerbeschule* unter Neuangliederung einer Abteilung für Baukunst entstanden. [1]

Ziele des Bauhauses.

Das Bauhaus erstrebt die Sammlung alles künstlerischen Schaffens zur *Einheit, die Wiedervereinigung aller werkkünstlerischen Disziplinen* – Bildhauerei, Malerei, Kunstgewerbe und

Handwerk – zu einer neuen Baukunst als deren unablösliche Bestandteile. Das letzte, wenn auch ferne Ziel des Bauhauses ist das *Einheitskunstwerk – der große Bau –*, in dem es keine Grenze gibt zwischen monumentaler und dekorativer Kunst.

Das Bauhaus will Architekten, Maler und Bildhauer aller Grade je nach ihren Fähigkeiten zu *tüchtigen Handwerkern* oder *selbständig schaffenden Künstlern* erziehen und eine Arbeitsgemeinschaft führender und werdender Werkkünstler gründen, die Bauwerke in ihrer Gesamtheit – Rohbau, Ausbau, Ausschmückung und Einrichtung – aus gleichgeartetem Geist heraus einheitlich zu gestalten weiß.

Grundsätze des Bauhauses.

Kunst entsteht oberhalb aller Methoden, sie ist an sich nicht lehrbar, wohl aber *das Handwerk.* Architekten, Maler, Bildhauer sind Handwerker im Ursinn des Wortes, deshalb wird als *unerläßliche Grundlage für alles bildnerische Schaffen die gründliche handwerkliche Ausbildung* aller Studierenden in Werkstätten und auf Probier- und Werkplätzen gefordert. Die eigenen Werkstätten sollen allmählich ausgebaut, mit fremden Werkstätten Lehrverträge abgeschlossen werden.

Die Schule ist die Dienerin der Werkstatt, sie wird eines Tages in ihr aufgehen. Deshalb nicht Lehrer und Schüler im Bauhaus, sondern *Meister, Gesellen und Lehrlinge.*

Die Art der Lehre entspringt dem Wesen der Werkstatt:

Organisches Gestalten aus handwerklichem Können entwickelt.

Vermeidung alles Starren; Bevorzugung des Schöpferischen; Freiheit der Individualität, aber strenges Studium.

Zunftgemäße Meister- und Gesellenproben vor dem Meisterrat des Bauhauses oder vor fremden Meistern.

Mitarbeit der Studierenden an den Arbeiten der Meister.

Auftragsvermittlung auch an Studierende.

Gemeinsame Planung umfangreicher utopischer Bauentwürfe – Volks- und Kultbauten – mit weitgestecktem Ziel. Mitarbeit aller Meister und Studierenden – Architekten, Maler, Bildhauer – an diesen Entwürfen mit dem Ziel allmählichen Einklangs aller zum Bau gehörigen Glieder und Teile.

Ständige Fühlung mit Führern des Handwerks und Industrien im Lande.

Fühlung mit dem öffentlichen Leben, mit dem Volke durch Ausstellungen und andere Veranstaltungen.

Neue Versuche im Ausstellungswesen zur Lösung des Problems, Bild und Plastik im architektonischen Rahmen zu zeigen.

Pflege freundschaftlichen Verkehrs zwischen Meistern und Studierenden außerhalb der Arbeit; dabei Theater, Vorträge, Dichtkunst, Musik, Kostümfeste. Aufbau eines heiteren Zeremoniells bei diesen Zusammenkünften.

[. . .]

[Dem hier abgedruckten Aufruf zur Begründung des Bauhauses folgen Ausführungen über den »Umfang der Lehre«, die »Einteilung der Lehre« und die »Aufnahme«.]

Dieses Manifest stand am Ende der fortgesetzten Bemühungen von Walter Gropius, ein staatliches Institut für seine Kunstvorstellungen zu gründen. Bereits im April 1910 hatte er eine Denkschrift *Programm zur Gründung einer allgemeinen Hausbaugesellschaft auf künstlerisch einheitlicher Grundlage* dem Berliner Industriellen Emil Rathenau vorgelegt; am 25. Januar 1916 folgte das Manuskript *Vorschläge zur Gründung einer Lehranstalt als künstlerische Beratungsstelle für Industrie, Gewerbe und Handwerk,* das Gropius dem Großherzoglich Sächsischen Staatsministerium in Weimar einsandte. Das nachgedruckte Manifest war ein vierseitiges Flugblatt mit einem Holzschnitt von Lyonel Feininger *(Die Kathedrale des Sozialismus)* auf der Titelseite.

1 Am 20. März 1919 beantragte der Direktor der Großherzoglichen Sächsischen Hochschule für Bildende Kunst in Weimar auf Anregung des Architekten Gropius die Umbenennung in »Staatliches Bauhaus in Weimar. Vereinigte ehemalige großherzogliche Hochschule für bildende Kunst und ehemalige großherzogliche Kunstgewerbeschule«. Die Umbenennung wurde von der Regierung im März 1919 genehmigt; die Bestätigung seitens des Hofmarschallamts erfolgte am 12. April 1919.

b) Visionen und Abstraktionen

Die expressionistische Kunst gilt weithin als Prototyp der gegen Naturalismus und Realismus gerichteten Wende in der Entwicklung der modernen Ästhetik. Zum kunstkritischen Gemeinplatz wurde es, den Gehalt der Epoche als eine ästhetisch vermittelte gesellschafts- und kulturkritische Negation des »Gegebenen« [1] zu fassen, deren Radikalität künstlerisch wie ideologisch zu einem Übergewicht des utopisch Visionären und zum Umschlag in formalistische Abstraktionen geführt habe. [2] Die etwa am expressionistischen Drama beobachtbare Typisierung der Figuren zu ideellen Protagonisten, die in der Lyrik greifbare Tendenz zu Prophetie und hyperbolischer Intuition sowie der Zug zur absoluten Prosa sind solche Kennzeichen des »Abstraktionismus«, den man damals vielstimmig proklamierte:

Über die Ausdrucksform muß der Weg zur absoluten Form führen und die Steigerung alles Gegenständlichen in Farbe und Form muß zur Gegenstandslosigkeit verklärt werden. Gewinnung der reinen Form und der reinen Farbe ist die zukunftsreiche Losung. [3]

Dagegen scheint der Aspekt des Visionären das kunsthistorisch weniger interessante Problem zu sein, weil er sich weitgehend mit dem deckt, was Georg Kaiser zum visionären Inhalt erklärte: »Von welcher Art ist die Vision? Es gibt nur eine: die von der Erneuerung des Menschen« [4] (s. den Abschnitt »Der alte und der neue Mensch«). Oskar Kokoschkas in Wien gehaltene Rede (Dok. 146) verdeutlicht indes: Vision ist vielfach weder völlig abstrakt gebraucht im Sinne von Eingebung noch rein ideologisch im Sinne eines utopischen Totalentwurfs. [5]

Zunächst drückt sich in der Wendung gegen die naturalistische Mimesis aber nichts anderes aus als der moderne Versuch, die Emanzipation der Kunst weiterzutreiben. Diesen Willen zur ästhetischen Autonomie stellte Carl Einstein nicht ohne Grund apologetisch dar:

Man warf uns vor – ›Ihr seid Schulmeister, von Abstraktionen verführt; steril ist euch Hirn und Auge, ihr vergeßt die Kraft der Anwendung. Abstraktion ist unsinnlich, undichterisch [...]‹ Dichten gilt den Neuen nicht für geschmackvolles Ordnen des irgendwie gegebenen Stoffes. Sie glauben, daß den autonomen Formen des Dichterischen autonome Gebilde entsprechen, die gleichsam von Beginn an spezifisch dichterisch sind. [6]

Die der Subjektivierung vergleichbare Abstraktionstendenz bedeutete nämlich zugleich sowohl eine Lösung vom abbildenden Bezug zur Realität als auch einen Schwund der referentiellen Sprachfunktion überhaupt, wodurch der geläufige Rezeptionshorizont für Kunst extrem verunsichert wurde. Paul Fechter faßte dies in die Formel: »Der Expressionismus [. . .] gibt dem Betrachter nicht mehr Halt an der Welt, an den Dingen, sondern stellt ihn rücksichtslos auf sich selbst.« [7] Abstraktion ist daneben ein Verfahren der Reduktion komplexer Wirklichkeit und war damals Symptom einer Desorientierung der Erkenntnis und des Wissens ebenso wie ein Versuch, die disparat und unübersichtlich empfundene Welt der Phänomene neu zu gliedern und auf Wesentliches zu ›reduzieren‹. [8] Theodor Däublers Definition der *Simultanität* ist für diesen Aspekt aufschlußreich:

»Simultanität ist unser gefährlicher Reichtum, der Charakter ist Expressionismus [...] Die simultanistische Überfülle von Gelerntem, nur flüchtig Aneigenbarem, führt zu Abstraktionen, nervischen Erkenntlichkeitszeichen mehr als zu erschöpfendem Wissen, Eingeweihtsein. Wir tragen ganze Namensregister herum [. . .] hinter jedem Namen eine Wichtigkeit, oft ganz winzig, aber doch stenogrammatisch in uns eingesetzt, versponnen. [9]

Otto Freundlichs assoziative Erkenntniskritik (Dok. 147) ist ein typisches Beispiel für das aggressive Unbehagen der Expressionisten am Alexandrinismus der Bildung und Kultur. In seiner Vorrede zum geplanten zweiten Buch *Der Blaue Reiter* schrieb Franz Marc ganz analog:

Die Welt ist zum Ersticken voll. Auf jeden Stein hat der Mensch ein Pfand seiner Klugheit gelegt. Jedes Wort ist gepachtet und belehnt. Was kann man thun zur Seligkeit als alles aufgeben und fliehen? als einen Strich ziehen zwischen dem Gestern und dem Heute? [...]

So wandern wir fort in neue Gebiete und erleben die große Erschütterung, daß alles noch unbetreten, ungesagt ist, undurchfurcht und unerforscht. Die Welt liegt rein vor uns [...]. [10]

Die Zuwendung der expressionistischen Programmatik zur Kultur der Primitiven entspricht diesem antizivilisatorischen und antitraditionellen Aspekt des Abstraktionspostulats. Kulturmüdigkeit, Bildungskritik und Erneuerungspathos gaben den Blick frei für den desolaten Zustand der gepflegt-bürgerlichen Kunstrezeption überhaupt, dem Hanns Johst die elementare Verbindlichkeit des primitiven Kunstwerks konfrontierte:

Das europäische Kunstwerk wurde geradezu die Metapher der Wirkung, die den Beschauer zu lässiger Freiheit herausfordert. Das religiöse Negerkunstwerk ist kategorisch und besitzt ein prägnantes Sein, das jede Einschränkung ausschließt. [11]

Oswald Herzogs Manifest des abstrakten Expressionismus (Dok. Nr. 148) bezeugt den kategorischen Imperativ innerhalb der expressionistischen Ästhetik. Wilhelm Worringer hat in seiner grundlegenden Arbeit über *Abstraktion und Einfühlung* [12], die expressionistische Ästhetik antizipierend, den »Abstraktionsdrang des Menschen« als die psychosoziale Folge einer Wahrnehmungskrise beschrieben, von der die literarische Intelligenz der Zeit tatsächlich betroffen war:

Während der Einfühlungsdrang ein glückliches pantheistisches Vertraulichkeitsverhältnis zwischen dem Menschen und den Außenwelterscheinungen zur Bedingung hat, ist der Abstraktionsdrang die Folge einer großen inneren Beunruhigung des Menschen durch die Erscheinungen der Außenwelt [...]. [13]

Entsprechend lautet ein zentraler Passus in Wassily Kandinskys Programmschrift der abstrakten Kunst, der von der »geistigen Wendung« in Wissenschaft, Literatur, Malerei und Musik spricht:

In diesen höheren Abteilungen [des geistigen Dreiecks] ist trotz der sichtbar großen Ordnung, Sicherheit und trotz der Prinzipien, die unfehlbar sind, jedoch eine versteckte Angst zu finden, eine Verwirrung, ein Wackeln und eine Unsicherheit, wie in den Köpfen der Passagiere eines großen, festen überseeischen Dampfers, wenn auf der hohen See bei in Nebeln verschwundenem festen Land sich schwarze Wolken sammeln und der düstere Wind das Wasser zu schwarzen Bergen auftürmt. Und dies ist dank ihrer Bildung. Sie wissen, daß der heute angebetete Gelehrte, Staatsmann, Künstler noch gestern ein ausgespotteter, keines ernsten Blickes würdiger Streber, Schwindler, Pfuscher war. [14]

Das Postulat visionärer Abstraktion gehört so zu den zeitdiagnostischen Implikationen der expressionistischen Kunsttheorie, die vom »Chaos« zur »Gestaltung« führen wollte (Dok. 149). Auf der anderen Seite führte der latente Dualismus zwischen Abstraktion und Einfühlung nicht selten zu einem salto mortale ins Konkret-Unmittelbare, der an der inflationären Verwendung des Wortes »Seele« in expressionistischen Manifesten der Spätzeit erkennbar wird. [15] Der Wunsch nach neuer Unmittelbarkeit und die Fiktion voraussetzungsloser Direktheit einerseits und die Tendenz zum Abstrakten andererseits waren dialektisch aufeinander bezogen. Gerade diese beiden Pole künstlerischer Vermittlung der schriftstellerischen Erfahrung moderner »Weltlosigkeit« [16] machen aber auf die innere Problematik der ästhetischen Abstraktion aufmerksam, soweit sie als die kunstideologische Entsprechung existentieller Realitätsflucht verstanden werden kann. Einen weiterführenden Beitrag zur ästhetischen Theorie der abstrakten Kunst lieferten die Manifeste des Dadaismus und vor allem des Surrealismus. [17]

1 Diesen Epochenbegriff expliziert z. B. Herbert Kraft: *Kunst und Wirklichkeit im Expressionismus. Mit einer Dokumentation zu Carl Einstein.* – Bebenhausen 1977.

2 So etwa die kunstideologische Kritik von Georg Lukács: *Größe und Verfall des Expressionismus.* In: *Internationale Literatur* 4 (1934), S. 153–173. Neuerdings wiederabgedr. in: Hans Gerd Rötzer (Hrsg.): *Begriffsbestimmung des literarischen Expressionismus,* S. 19–66; ders.: *Es geht um den Realismus.* In: *Das Wort* 6 (1938), S. 112–138. Wiederabgedr. in Hans-Jürgen Schmitt (Hrsg.): *Die Expressionismusdebatte,* S. 192–230.

3 Kurt Gerstenberg: *Abstraktionismus.* In: *Der Weg* 1. Jg. (1919), H. 1, Januar, S. 6.

4 Georg Kaiser: *Vision und Figur.* Dok. 37.

5 Vgl. dazu Horst Denkler über Oskar Kokoschkas Einakter in: *Drama des Expressionismus. Programm – Spieltext – Theater.* – München 1967, ^{2}1979.

6 Carl Einstein: *Zu Paul Claudel.* In: *Die weißen Blätter* 1. Jg. (1914), H. 3, S. 289–297. Zit. nach: *Gesammelte Werke,* S. 62–72, hier S. 63. Vgl. auch weitere für diskursive Abstraktion im Expressionismus typische Texte Einsteins wie z. B.: *Totalität I, II.* In: *Die Aktion* 4. Jg. (1914), Nr. 16, 18. April, Sp. 345–347 bzw. Nr. 22, 30. Mai, Sp. 476–478.

7 Paul Fechter: *Der Expressionismus.* – München: Delphin-Verlag 1914, S. 24.

8 Zur Wahrnehmungsproblematik im Expressionismus und zum Programm des »neuen Sehens« vgl. auch Dok. 30 und 31 und die Einleitung auf S. 115 ff in diesem Band.

9 Theodor Däubler: *Simultanität.* In: *Die weißen Blätter* 3. Jg. (1916), 1. Quartal (Januar/März), S. 108–121. Däublers Autobiographische Fragmente *Wir wollen nicht verweilen* (Dresden-Hellerau: Hellerauer-Verlag 1915) galten als literarisches Modell des schriftstellerischen Simultanismus.

10 Fr[anz] Marc: [*Vorrede zum geplanten 2. Buch Der Blaue Reiter*]. In: *Der Blaue Reiter.* Dokument. Neuausg., S. 325–326, Zitat S. 325.

11 Hanns Johst: *Carl Einsteins Negerplastik.* In: *Die Aktion* 5. Jg. (1915), Nr. 37/38, 18. September, Sp.

458. Rez. zu Carl Einstein: *Negerplastik.* – Leipzig: Kurt Wolff 1915. Zum Problem des expressionistischen Primitivismus vgl. bes. John Christopher Middleton: *The Rise of Primitivism and its Relevance for the Poetry of Expressionism and Dada.* In: *The Discontinuous Tradition. Studies in German Literature in Honour of Ernest Ludwig Stahl.* Hrsg. von Peter Felix Ganz. – Oxford 1971, S. 182–203.

12 Wilhelm Worringer: *Abstraktion und Einfühlung. Ein Beitrag zur Stilpsychologie.* – Diss. Bern 1907. München: R. Piper & Co, Verlag 1908.

13 Ebd. S. 27.

14 [Wassily] Kandinsky: *Über das Geistige in der Kunst, insbesonders in der Malerei.* – München: R. Piper & Co. Verlag 1912, S. 20.

15 Vgl. z. B. die Manifeste Kurt Heynickes: *Predigt.* In: *Romantik* 2. Jg. (1919), H. 1, Oktober, S. 2; ders.: *Seele zur Kunst.* In: *Das Kunstblatt* 1. Jg. (1917), S. 348.

16 So der hermeneutische Terminus von Paul Nikolaus Maier: *Paradies der Weltlosigkeit. Untersuchungen zur abstrakten Dichtung seit 1909.* – Stuttgart 1964.

17 Vgl. bes. André Breton: *Die Manifeste des Surrealismus.* Dt. von Ruth Henry. – Reinbek b. Hamburg 1968.

146
Oskar Kokoschka: *Von der Natur der Gesichte.* In: *Menschen* 4 (1921), H. 1 (Nr. 99), 25. Januar 1921, S. 7–10.

Das Bewußtsein der Gesichte ist kein Zustand, in welchem man die Dinge erkennt oder einsieht, sondern ein Stand desselben, an dem es sich selbst erlebt.

In Gesichten ist Bewußtsein selber niemals zu begreifen, welche ein Bewegen, Eindruckwerden und Sichtbarsein, eine ertheilte Macht sind und hervorzurufen.

Bewußtsein der Gesichte ist aber Leben selber, welches von Bildungen, die ihm zuströmen, wählt und ebenso sich solcher enthalten kann, wo es ihm nicht gefällt.

Ein sich selbst Macht ertheilendes Leben führt das Bewußtsein der Gesichte. Und in seiner freien Wahl aufgenommene Gesichte, ungeachtet, wie sie sich vereinigen, ausgereifte oder kaum wahrzunehmende, und auch was den Raum und die zeitlichen Umstände betrifft, völlig ungebundene, verbindet diese Macht derart, daß sie Einfluß auf das Bewußtsein zu üben scheinen in allem, was als ihre Ordnung und Rang ihrer Sichtbarkeit hervortritt. Dieser Einfluß nach dem Eintreten der Gesichte in die Seele ist aber wirklich eher eine Äußerung des Bewußtseins, daß es ihrer gewärtig war, und ein Erguß der Seele in die Gesichte; der Seele, welche nun beginnt, die Gesichte leibhaftig zu formen. Der Stand der Aufmerksamkeit der Seele oder das Bewußtsein ist etwas Ähnliches, ein Harrendes, Wahrnehmendes wie ein ungeborenes Kind, das selber der Mutter unempfunden bleiben kann, zu dem auch nichts von der Außenwelt hereinschlüpft. Und trotzdem, wovon immer seine Mutter erschauern wird, Alles, bis aufs Blutmal, dessen sich diese auch versehen haben mag, pflanzt sich ihm ein; und als ob es sich der Augen der Mutter bediente, Gesichte nimmt das Ungeborene auf, ohne selber faßbar zu sein.

Schrankenlos lebt das Bewußtsein und in die Dinge aufgegangen, wie eingewirkt in die Gesichte. So hat es mit dem Wesen alle Qualitäten des Lebens gemeinsam. In jedem Gesicht mit seiner ganzen eigenen Natur beruhend. Wie ein Samen eines einzigen von der Dürre lebend gelassenen Baumes die Fülle enthält, darin Wurzeln aller Wälder der Erde neu entsprossen sein könnten, so geschieht es, daß, wenn einmal wir aufhören selber und im Bewußtsein zu sein, dieses von eigener Macht wach aufkommt und findet nicht mehr, wo es sein Haupt hinlege. Es gibt keinen Platz des Todes mehr, weil sich die Gesichte wohl auflösen und zerstreuen, doch nur, um sich in anderer Weise wieder zu sammeln.

Denn achten wir mit der vollkommenen Aufmerksamkeit auf solche Rede von Innen und streiften wir durch die Schatten der Worte bis zu ihrem Quell heran, »da ist das Wort nun Fleisch geworden und hat unter uns gewohnt« und entreißt der innere Quell bald heftiger bald schwächlich sich den Worten, worin er wie ein Zauber lebt, »mir geschah nach dem Worte.«

Nun, weil wir imstande sind, unter Aufgabe unserer entgegenstrebenden Geschlossenheit solches magische Lebewesen zu empfangen als Gedanken, Ahnung und Relation; weil wir alle Tage sahen, daß Wesen ineinander sich versenken, Lebende, Lehrende, Wollende und Absichtslose, so ist alles einmal in die Welt Gekommene, Mitgeteilte, Eingeflossene durch seine sich selbst gestaltende Kraft im Bewußtsein und am Selbstleben erhalten und bewahrt sich wie ein Wesen hoher Art vor dem Absterben. Man nenne dieses Wesen Ich, man nenne es Du, je nachdem, wie man seine Regel und Unendlichkeit unter Absehen von sich selber und das eigene Dasein als darin Verlorensein betrachtet. Man lasse also mit sich tun, was von uns in Einklang kommen will. Ich glaube auch, wenn man neugierig von Stufe zu Stufe sich selber erhebt und kreisend so um die ganze Natur als ein regelloser Mensch von der ganzen Welt mit der eigenen Seele widerbebt, also tue man neugierig auch mit dem Wort: Das Bewußtsein der Gesichte!

Das Bewußtsein der Gesichte wird nie ganz zu beschreiben sein und seine Geschichte nie zu begrenzen, weil es das Leben selber ist. Sein Wesen ist ein Strömenlassen und Gesichtesein, ist die Liebe, die sich darin gefällt, sich ins Bewußtsein zu betten. Beigefügt zu werden, ob wir es gehen lassen oder nicht, dies geschieht auf eine Eingebung, sobald wir von dem athmenden Leben gewinnen. Als plötzlicher Stand wird uns ein Gesicht, wie der erste Blick, wie der erste Schrei eines Kindes, das eben geboren aus dem Leib der Mutter fällt.

Was das entscheidende Kennzeichen von Leben ist, Wesenhaftes ist das Bewußtsein der Gesichte; Wesenhaftes körperlosen oder leiblichen Charakters, je nach der Richtung wahrgenommen, wie man auf seine Strömung hinsieht, die heraufsteigt oder abebbt.

In Gesichten, welche also eine Bewegung, ein Eindruckwerden, ein Sichtbarsein ausführen, welche eine ertheilte Macht sind und willkürlich hervorzurufen, ist aber Bewußtsein nicht erschöpfend zu erfassen. Weil das Bewußtsein von den Bildungen, die ihm zuströmen, wählt und sich solcher willkürlich ebenso enthalten kann.

Bewußtsein der Gesichte beschreibe ich, was da ein Standpunkt meines Lebens ist und ein Hochstand dort, wie ein Schiff sowohl Hinabtauchen in die Wogen und Beflügeltsein in der Luft ist.

Bewußtsein ist die Ursache aller Dinge, auch der Vorstellungen. Es ist ein Meer, dessen Horizonte Gesichte sind.

Bewußtsein ist das Grab für die Dinge wo sie aufhören, das Jenseits in dem sie eingehen. Sodaß sie alsdann bei ihrem Ende in nichts Wesentlichem mehr zu bestehen scheinen als meinem Gesicht in mir. Sie hauchen ihren Geist aus wie die Lampe leuchtet und läßt vom Docht das Öl ziehen.

In diesem Maße hat jedes Ding sich seiner selbst entledigt in das Jenseits, wie es mich anschaut. Ich bin davon Gesicht, das ohne Vermittlung des Traumes eingegeben wird. Wo Sie, Zwei oder Drei, in Meinem Namen beisammen sind, da bin ich mitten unter Ihnen. Und als ob sich dieses mitzuteilen verstände, da wird mein Gesicht von den Menschen unterhalten, gespeist wie die Lampe von dem Öl, von dem Überflusse der im Leben ist. Jetzt aber hieße man mich, solches auf natürliche Weise zu erklären. Es wird da sein, daß die Dinge für mich eintreten und sich von selber eingestehen; Ich habe an Ihrer statt mit Ihrem Schein, mit Meinem Gesicht geredet. Mein Geist, Es hat geredet!

Ich suche, rate, frage: mit wessen Wärme begehrt wohl der brennende Docht das Öl, daß die Flamme auf einmal vor mir nun an Lebhaftigkeit zunimmt, im selben Grade wie drüben sich mit ihr das Öl verbindet? Mir ist es vollkommen bewußt, gewiß, daß ich es mir einbilde, was dort als Flamme brennt! Ist mir aber solches an der Flamme aufgefallen und Euch entgangen, nun möchte ich die hören, die klar sehen. Ist mein Gesicht nicht so: Ich ziehe aus der Welt absichtslos etwas als Dinge empor. Dann aber werde ich nichts mehr sein als ihre Einbildung. Dann ist die Einbildung in allen Dingen das, was natürlich ist. Dann ist Einbildung Natur, Gesicht, das Leben.

Dieser programmatische Aufsatz, der erstmals Kokoschkas Idee der visuellen Erziehung entwickelt, ist die fragmentarische Niederschrift eines Vortrags, gehalten am 26. Januar 1912 in Wien. Wiederabgedr. in: Oskar Kokoschka: *Schriften 1907–1955.* Zusammengestellt und mit Erläuterungen und bibliographischen Angaben hrsg. von Hans Maria Wingler. – München 1956, S. 337–341. Zum Vergleich heranzuziehen ist der Aufsatz *Vom Bewußtsein der Gesichte* (u. d. T.: *Vorrede zum Orbis pictus.* In: *Unser Weg.* Ein Jahrbuch des Verlags Paul Cassirer. – Berlin 1919, S. 9–21; wiederabgedr. in: Oskar Kokoschka: *Schriften 1907–1955,* S. 342–352). Dem mährischen Erzieher Johann Amos Comenius (1592–1670), der als Begründer der systematischen Pädagogik und einer auf visueller Erfahrung beruhenden Erziehungslehre gilt (*Orbis pictus,* 1657), widmete Kokoschka das gleichnamige Dramenfragment (*Comenius.* In: Oskar Kokoschka: *Schriften 1907–1955,* S. 307–334). Über seine pädagogische Intention sagte Kokoschka: »Die Vision vermag eher als jede akademische Routine den Menschen guten Willens ein Weltgesicht mitzuteilen. Gebt uns endlich eine Vision von einer Welt, in welcher die Ignoranz der Väter nicht an ihren Kindern bestraft wird.« (Zit. nach: Hans Maria Wingler: *Kokoschkas pädagogische Konzeption.* In: *Das Kunstwerk* 5 (1951), H. 3, S. 46–49, Zitat S. 49).

147
Otto Freundlich: *Die namenlose Welt.* In: *Der Strom* 1 (1919), Nr. 1, S. 14–16.

Nicht Mißtrauen! Nein. Aber wenn es Dir vergönnt war, zu leiden; wenn die Erinnerung Deiner Schicksale der glatten Wandung der Haut nicht Glauben schenkt; wenn, Deine Mitmenschen sehen, Du Zeuge ihrer Monologe bist, sie, die unermüdlichen Architekten und stillen Furchenbildner ihrer Physiognomien; wenn Du sinnend betrachtest die Rinnen, ausgewaschen durch Wolkenbrüche, Rinnen, durch die der Sturm wilde Bäche peitschte; wenn die kleine Runzel Dich fragen macht nach der finsteren Wolke, die ihre Mitrailleusen auf diesen Strich richtete, und zu jeder Form Du sagen mußt: Du hast kein Selbst; aber wo sind die Kräfte, die Dich bildeten? Wirst Du dann noch zwischen den Dingen gehen wie ein Pfahl und alles um Dich herum pfahlhaft machen, sagend: dies ist ein Baum; dies ist ein Mensch; dies ist dies; das ist das? Dein Wissen, die Gewöhnungen langer Kerkernacht machen schon freiheitsahnende Augen weinen. Du wirst zu Deinem Wissen reden, wie der unschuldig Angeklagte zu seinem Richter, der ihn verderben will; der ihm ein Verbrechen beweisen will, das er nie begangen hat; der ihn durch Fragen und juristische Kniffe schließlich so ermüdet, daß wenigstens der Schein einer Möglichkeit entsteht, er habe die Atmosphäre jener verbrecherischen Denkart gestreift: nun aber hageln zu seiner Bestürzung auf ihn die Behauptungen, Beschuldigungen, die vom Richter, nicht vom Angeklagten zu Ende gedachten Gedanken, kurz, die Schuld ist erwiesen an einem, in dessen mildem Herzen nur ein der Trauer geweihter Tempel war, wo dem Bösen üppige Pflanzen der Bosheit sprießen.

So wirst Du zu Deinem Wissen reden, Dein Wissen aber wird Dich festhalten an Deinem Namen. Es wird Dich festhalten an allen Namen, die es allen Dingen gab. Verpflichtet, verkettet, angeschmiedet hat es Dich an die Pforte des Jetzt, durch das gebückt alle Erscheinungen schleichen, abgetriebene, unreife, nie reifende Geburten aus dem Mutterschoße des Alls. Gezeichnet und gestempelt wie eine Viehherde, die zum Schlachthof getrieben wird, so treten *namentlich* die Erscheinungen in Dein Wissen, in Dein Sehen.

Sie, die namenlos Geborenen, sie, deren Formen Auszeichnungen waren, als noch keine Bezeichnungen sie uniformierten; Auszeichnungen waren sie jener allgegenwärtigen Kräfte, die sich in sichtbaren Formen den Sitz ihrer Erscheinung gewählt hatten, und so begnadet waren einst alle Formen, daß das Bewußtsein ihrer Herkunft sie dicht umdrängte und mühelos die schöpferischen Wege des Alls beging.

Ein Baum? Es gibt einen Baum? Bist Du verdammt worden Abschied zu nehmen von allen Erinnerungen der Liebe, allen Hoffnungen der Liebe? Dies wäre ein Baum? Dieser despotische Befehl, auf *Deine* Selbstbestimmung zu verzichten und an *seine* nicht zu glauben und sie nicht zu achten? Dies wäre ein Baum, dieser von einer Atmosphäre des Hohns umgebene leblose Stumpf; dies von den Giften des Neides, der Herrschsucht und der dauernd für ihren Thron zitternden Feigheit umgebene Wesen wäre ein Baum, entwurzelt aus allen seinen Hoffnungen der Ferne, getrennt von der übersichtigen Wahrheit seines *echten* Seins?

Du mußt wissen, daß Deine Bestimmung und Benennung der Dinge eine List ist, ein lauernder Hinterhalt, eine geschickt versteckte Falle; Du rechnest mit dem vertrauensvollen Entgegenkommen aller Dinge, mit der arglosen, restlosen Hingabe ihrer Liebe, Du machst die verräterische Geste der Liebe zu ihnen hin, und sie stürzen mit ihrer ungeheuren Freude zu schenken in Deine Empfängnis; sie ahnen aber nicht Dein scharfgeschliffenes Messer, mit dem Du über dem Rande Deiner kleinen Gefäße alles abschneidest: Du Henker des Seins, Du Gelehrter, Du Profitjäger, Du Organisator von Begriffen, Waren und Menschen.

Deine ganze Nomenklatur der Wissenschaft ist eine Sammlung von Totenschädeln. Wer fragt nach dem Aussehen und den Leidenschaften des lebendigen Antlitzes und dem Wunder des lebenden Leibes? Und Dich danach zu fragen, hieße einen fragen, dem Wahrheit und Lebensfülle gleichgültig ist, der nur lauert, auf hinterhältigen Überfall sinnend, o Du Philister, Du Urfeind aller simsonischen Kraft und Selbstbestimmung.

Daß die Grimassen unserer Naturanschauung photographiert werden; ein Beweis, daß *sie* so aussähe, die Natur? Nein; ein Beweis, daß *wir* so aussehen. Ja, es ist uns gelungen, die oberflächliche Einsicht in uns selbst automatisch zu machen. Ha, auf dieser Yacht das Sein zu durchsegeln. Welche Offenbarungen!

Dies ist ein Baum!?

Ich sage Euch, an diesem Orte schlagen dauernd die Blitze ein aller Entladungen der Welt und des Alls, die sich an diesem Orte treffen. Und dauernd fliehen aus diesem Akkumulator die Kräfte ihrer Heimat zu und verbinden sich mit langen Sehnsuchtsarmen dem Herd ihrer Kraft. –

Das blöde Auge sagt nein: ein Baum ist ein Baum. Ein Baum ist der Gartenlauben-Frieden eindeutiger Achenbachscher Existenzberechtigung [1]; und eine Landschaft, und die Erdkugel selbst, und die Steine, o, sie sind alle herrlich eingebettet in die Horizonte von Taschenkrebsen.

Gelehrte Herren, Erfinder! Hat Eure Optik schon je den Bilderschatz der Schulfibel verlassen? Handeltreibende! hat Eure im Handel eingespielte Seele schon je die Erweckung höherer Weltkommunikation erlebt?

Wenn Ihr plötzlich fühltet, Eure ausgelaugte Existenz bedürfe der Gnade eines Überflusses, der über sie hereinbricht, wie nach einem Dammbruch das Meer in die Niederungen. Wenn Ihr merktet, daß Eure Bezeichnungen und Naturvorstellungen die Standarten unerkannter Armut, nein, unerkannter Trägheit sind. Wenn Ihr endlich merktet, daß die Addition und Substraktion monotone Funktionen einer Tretmühlenkultur sind, wenn Ihr aber auch mit blendender Klarheit einsähet, daß Ihr selbst unentrinnbar in dieser Tretmühlenkultur gefangen bleibt, solange Ihr nicht feine Sucher *zwischen* den Dingen werdet und nicht den Aberglauben der wissenschaftlichen Systeme verlaßt. Die Dämonie eines tiefen Grimmes gegen Euer eignes Auge muß Euch ergreifen; zum Sklaven seines Sklaven geworden, hat sich der Geist schon zu lange den ängstlichen Hüpfschritt eines kleinen Tieres angewöhnt. Schlagt Euch ab die Hand, die Euch ärgert; reißt Euch aus das Auge, das Euch ärgert. Noch, und noch lange wird die untergeordnete Gewöhnung von Jahrhunderten uns das bindungslose Nebeneinander sehen machen; noch lange werden wir *sehen*: dies ist Baum, dies ist Tier, dies ist Mensch. Aber schon gehorcht der *Geist* nicht mehr diesem leiblichen Befehl. Schon läßt er ihn seine Befehle ins Leere rufen, schon warf der Geist einen neuen Blick zwischen die Dinge, schon sind ihm Körper dicht verhäkelte Beziehungszentren, und in rastloser Wandlung der Formen suchen und binden und lösen sich wieder in diesem stets bewegten Meer des kosmischen Gesamtleibes alle Arten, Gattungen, Stoffe, Kräfte.

Über jeder Klassenordnung beginnt erst das Reich der Versöhnung, der dauernd tätigen Liebesbindung; dort erst sprießen und werden empfangen in freiheitlicher Lust die Liebkosungen, die die Räume durchwirken.

1 Polemik gegen den ‚gutbürgerlichen' Realismus in Kunst und Kultur. Andreas Achenbach (1815–1910) und sein Bruder Oswald (1827–1905) waren akademisch-realistische Landschafts- und Genremaler. *Die Gartenlaube*. Illustrierte Familienzeitschrift (1856–1944), hier Inbegriff der anspruchslos-spießigen Unterhaltung des Bürgertums in der Wilhelminischen Epoche.

148
Oswald Herzog: *Der abstrakte Expressionismus.* In: *Der Sturm* 10 (1919/20), H. 2 (April/Mai 1919), S. 29.

Expressionismus ist Ausdruck des Geistigen durch Form. Form ist Bewegung-Rhythmus. Das Materielle der Form für die bildenden Künste sind: die Linie, Fläche und das Licht (Farbe). Abstrakter Expressionismus ist vollendeter Expressionismus; er ist die Reinheit der Gestaltung. Er gestaltet geistiges Geschehen körperlich, er *schafft* Objekte und nimmt nicht Objekte – Gegenstände. Gegenstände sind an sich schon ganze Komplexe von Ausdrucks-Bewegungsvorgängen.

Dem *materiellen* Expressionismus dient noch das Objekt zur Gestaltung. Er abstrahiert das Wesen eines Gegenstandes durch Ausscheiden alles Unwesentlichen zur Reinheit und Größe. Es ist das *Nacherleben* eines Objekts – Gestaltung in Vergangenheit. Die Abstraktion offenbart den Willen des Künstlers; sie wird Ausdruck. Der Künstler zwingt durch seinen Willen zum Miterleben.

Der *abstrakte* Expressionismus ist das Gestalten des Geschehens – des Lebens an sich; es ist Gestaltung in Gegenwart. Der Künstler hat bei seiner Intuition keine Vorstellung von Gegenständen. Leben fordert nur Gestaltung. Er läßt Formen entstehen, die Träger seines Erlebens sind und sein müssen. Nichts ist Willkür, alles ist Wille. Wille ist Kunst.

Gestaltung des Geschehens durch Abstraktion der Form ist ein Gebären in der Natur. Es werden Objekte, die nicht der Natur entnommen aber der Natur verwandt sind. Die Einheit des allumfassenden Lebens – der Rhythmus – ergibt die Verwandtschaft. Dinge zu schaffen, die sich jeder Verwandtschaft der Natur entziehen, wird es niemals geben. Selbst die freiste Gestaltungsform – die Gestaltung des Dinges an sich – das Spiel der Fantasie – ein intellektueller Impressionismus – wird seine objektive Spiegelung dort finden, wo das Leben der Natur zerstört ist – im Chaos – wo der Wille vernichtet ist und es jedem überlassen bleibt zu sehen, was er will. Der intellektuelle Impressionismus ist das Spiel des Künstlers mit Formen nach Willkür und Laune. Es ist eine rein persönliche Angelegenheit, die nicht zum Miterleben zwingt; es fehlt die Überzeugung der Gestaltung. *Schönheit* in der Freiheit der Fantasie zu empfinden ist eine Verflachung der Kunst, wie wir es erst vor kurzem im Realismus erfahren haben. Schönheit im allgemeinen Sinne ist dekorative – oberflächliche – Geistigkeit. Absolute Schönheit ist der Wille. Wo kein Wille ist der Zufall; Zufälligkeit ist das Chaos – die Unordnung – das Fehlen organischen Lebens. Jeder großen Kunstepoche ist die Gestaltung des Willens eigen – in Form einer Neugestaltung.

Der abstrakte Expressionismus ist die Evolution des Naturalismus, die aus der Revolution des Kubismus und Primitivismus hervorgegangen ist. Jede Flucht zur alten Kunst war eine Kunstlaune – Mode – und keine Kunst. Nur aus *Reaktion* zum Naturalismus bildeten sich Kubisten und Primitivisten. Durch Nacherleben ältester Kunstformen werden sie zu einseitigen Stilisten. Will man Kunst nacherleben, darf man nicht einseitig nur etwa die Kunst des Barocks und Rokokos unbeachtet lassen. Oder will man sie für eine größere Kunstlaune reservieren? Der Rhythmus des Barocks und Rokokos ist an sich eine ebenso starke Form als der Rhythmus der ägyptischen oder frühgriechischen Kunst. Das einseitige, aus Reaktion hervorgegangene Nacherleben ältester Kunst hat wenig mit einer Vergeistigung der Kunst gemein. Aus rein geistigem Gestaltungsdrange ging der Futurismus hervor. Er sucht Gestaltung der Expression durch Gegenstände. Gegenstände sind aber schon gestaltet. Er benutzt demnach das Gleichnis – Sinnbild – er ist erzählend aber nicht seiend. Kunst gestaltet das Geschehen selbst.

149
Max Picard: *Expressionismus. Ein Vortrag.* In: *Die Erhebung. Jahrbuch für neue Dichtung und Wertung.* Hg. von Alfred Wolfenstein. Berlin: S. Fischer (1919), S. 329–338, Auszug S. 329, 332–338.

Durch den Impressionismus hat sich der Mensch der Verantwortung enthoben.

Die Dinge im Impressionismus sind in so enger Beziehung untereinander, daß man ein Ding gar nicht isolieren kann, man kann gar nicht sagen, was *eines* ist, es ist immer schon von dem anderen dabei.

[...]

In der expressionistischen Zeit soll ja alles anders sein. Aus dem Chaos, in dem die Dinge kaum einen Namen haben, damit sie von allem und zu allem gerufen werden können, aus diesem *namenlosen* Chaos ruft der neue, expressionistische Mensch das Ding heraus zu sich. Er ruft die Dinge bei ihrem *Namen* an: Du Wald, sagt er, und du Stadt, damit der Wald und die Stadt sich aus dem Chaos wieder auseinander ordnen.

Du Mississippi, singt Walt Whitman [1]; die Impressionisten haben nur das *alles* verbindende *Du* gehört, und Lublinksi nennt Whitman in seinem *Ausgang der Moderne* [2] einen urwüchsigen Impressionisten.

Du Mississippi, singt Walt Whitman; die Expressionisten hören nur den isolierenden Namen Mississippi, und Whitman ist ihnen ein Künder des Expressionismus.

Aber weder holt Walt Whitman den Mississippi zu den Dingen heran, wie der Impressionist halb sieht; noch ruft er den Mississippi aus den Dingen heraus, wie der Expressionist halb hört. Du Mississippi, nicht ruft es, sondern singt es.

Charakteristisch für den Expressionismus ist also nicht, daß Walt Whitman propagiert wird, sondern was an ihm propagiert wird.

Der Expressionist liebt Whitman, weil durch den Anruf die Dinge aus dem Chaos heraus fixiert werden. Er ruft aber die gleichen Worte lauter als sie Walt Whitman gerufen, denn es ist für ihn eine größere Not, vom Chaos gehört zu werden als für Walt Whitman. Der Expressionist ruft darum laut und ist pathetisch, nicht aus einem *primären Lebensgefühl* heraus, sondern aus Zwang.

Er ist pathetisch, damit es scheint, als ob er niemals mitten unter den Dingen *mit* reagiert hätte, sondern, als ob er erst mit einem großen Schwung von weit her sich habe zu den Dingen schleudern müssen, und weil mit diesem Schwung des Pathos die Dinge aus dem Wirbel des Chaos eingefangen werden können.

Das Pathos aber allein genügt nicht, ein Ding aus dem Chaos zu fixieren. Man muß ein Ding noch verwandeln, als ob es niemals mit den anderen Dingen des Chaos in Beziehung gewesen wäre, damit es von ihnen nicht mehr erkannt wird und nicht mehr auf sie reagieren kann. Man muß abstrakt sein, typisieren, damit das Erreichte nicht wieder ins Chaos zurückgleitet. Man drückt also so viel Leidenschaftlichkeit in ein Ding hinein, bis es fast auseinanderbricht und das Ding sich nur damit abgeben kann, die Spannung des eigenen Bruches zu bewahren; es kann sich dann gar nicht mehr zu einem andern hinspannen.

Oder man statuiert Typen. Wie bei Marionetten spürt man, wenn die Bewegung beginnt, auf einmal, plötzlich, gerade als ob die Bewegung nicht mehr im Ding selber wäre, sondern als Ding von außen hinzukommen müsse, gerade als ob es hier zwei Dinge wären: Typus und Bewegung. Bewegung und Ding sind getrennt. Man kann nun gleich ein Ding ohne Bewegung haben. Man ist also im Expressionismus nicht leidenschaftlich um der Leidenschaft willen, nicht typisch um des Typus willen, man benützt die Verschwendung der Leidenschaft, die Abstraktion, die Typisierung nur, um aus dem Chaos das Bewegte in die Ruhe zu isolieren.

So sehr ist man jetzt bestrebt zu fixieren, daß man sogar die *Herkunft* der Abstraktion aus der *Bewegtheit* zu verbergen sucht. Man sucht zu verbergen, daß die Abstraktion aus der Anschauung des Chaos entstanden ist. Darum konstruiert man zum Begriff der Abstraktion den polaren Begriff der Einfühlung. [3] Anstatt daß sich ein *Gefälle* von der Anschauung des Chaos hin zur Abstraktion *bewegt*, fixieren sich die polaren Begriffe Abstraktion und Einfühlung. Das bewegte Vorstellungsgebilde soll in ein fixiertes verwandelt werden.

Diese Möglichkeit, durch polare Gegenüberstellung auch die Vorstellungsgebilde zu fixieren, ist zu einer ganzen Weltanschauung systematisiert worden. »Es gibt gar kein Ding«, sagt Mynona [4], »sondern immer erlebt ein positives Ding sein negatives. Das Geheimnis liegt aber präzis in einer Mitte, welche so lebt, daß sie das positive und negative paralysiert.« Also: das Ding ist aus dem Chaos erlöst und bleibt isoliert, weil es nur sich selber in polarer Gegensätzlichkeit anschaut. Man benützt den Gegensatz nicht mehr wie der Impressionismus als eine Gelegenheit die Dinge zu lockern, man empfindet ihn nicht mehr *zentrifugal*, daß von den zwei einander entgegengesetzten Dingen jedes der beiden hin zu andern Dingen flieht, man empfindet den Gegensatz zentri-petal, d. h. in einer ungeheuren Spannung streben die beiden entgegengesetzten Dinge zu einander.

Im Gegensatz der Geschlechter problematisiert sich das Erlebnis nicht mehr als Zufälliges von *einem* Mann hin zu *vielen* Frauen und von einer Frau hin zu *vielen* Männern, sondern als einmaliges ganz allein zwischen dem einen Mann und der einen Frau. Es soll scheinen, als ob es das Chaos nicht mehr gäbe, sondern nur diese beiden, diesen einen Mann, diese eine Frau. Und da es das Chaos nicht mehr geben soll, so müssen sich die beiden ungeheuer hassen oder auch ungeheuer lieben, als ob aller Haß und alle Liebe aus dem vertriebenen Chaos nun bei ihnen sei.

Der Expressionist will nichts sehen als dieses Entgegengesetzte, das sich nur selber ansieht; das eine hier, das andere dort, beides einander aus dem Chaos heraus sich fixierend, markierend. So markieren, fixieren sich ihm noch Vater und Sohn, der Geistige und der Bürger.

Diese Möglichkeit, das Chaos zu verkleinern, indem man ein Ding herausnimmt und es in seiner Gegensätzlichkeit fixiert, isoliert, diese Möglichkeit ist dem Expressionisten schon beinahe eine *Formel* geworden, die das Erleben von vornherein in Gegensätzen gestaltet. So erlebt man z. B. das Religiöse nicht als das *eine* Absolute, als Gott, sondern als absoluten *Gegensatz* zwischen metaphysischer Beschaulichkeit und ethischer Tatenhaftigkeit (Hans Blüher). [5]

Diese Tendenz, aus den Beziehungen zu isolieren, hat sogar die entfernten Begriffe der Logik und der Erkenntnistheorie erreicht. »Wir wollen uns nicht mehr mit einem symbolischen Wortverständnis zufrieden geben«, sagt Husserl [6]. »Bedeutungen, die nur von entfernten, verschwommenen, uneigentlichen Anschauungen – wenn überhaupt von irgend welchen – belebt sind, können uns nicht genug tun.«

Man will nicht mehr, wie der Repräsentant der impressionistischen Philosophie Simmel in seiner *Philosophie des Geldes* [7], die tausend Assoziationen des Begriffes Geld benützen, um in tausend Anschauungen hineinzugleiten. Man will jetzt mit einem Begriff bei dem einzelnen Ding bleiben. Doch verliert man sich nicht an die Relativität *realer* Zustände, man fixiert intuitiv das reine absolute Wesen. Und statt der psychologischen wie der Impressionismus hat der Expressionismus eine *reine* Logik.

Die Psychologie gab im Impressionismus den Dingen die nuancenreichste Bereitschaft, sich überall hinein zu beziehen. Diese Beziehungshaftigkeit will der Expressionismus wieder auseinander wehren; das bedingt die scharfe Ablehnung der Psychologie im Expressionismus. [8]

»Der Schwindel Psychologismus, dieser nette Kniff, Tragischem zu entfliehen: anstatt die quälenden Rätsel zu lösen, lehrt er den Prozeß ihres Entstehens im Gemüt verfolgen und die umwogenden Gefühle aufzeichnen. Eine schmerzvolle Frage wird erlebt, aber kraft des psychologischen Hokuspokus ist die Frage plötzlich verschwunden und bloß das Erlebnis des Schmerzes ist da.« (Hiller) [9]

Man will im Expressionismus nicht den Schmerz um ein Ding, man will das Ding selber haben, der Schmerz mag dabei sein oder nicht. Schmerz und Freude an einem Ding will man nur darum kennen, damit man sie von dem Ding trennen kann, damit hier das Ding sei, das ganz für sich allein sein kann, und dort die Affekte, die überall sein können. Man will also den Gegenstand von der Relativität der Affekte lösen, man will ihn nicht sich verwandeln lassen durch Schmerz oder Freude. Man kümmert sich nur darum, daß ein Ding sei, isoliert sei.

Der Expressionist ist also nicht psychologisch, aber er ist psycho-analytisch. Das ist kein Widerspruch. Im Gegenteil: Die Psychologie läßt von *einem* Ding auf tausend Dinge gleiten, die Psycho-Analyse geleitet von tausend Dingen zu einem. Sie sammelt tausend zerstreute Erlebnisse, bis sie sich in *eine* Reihe ordnen und schließlich zu einem *einzigen* Erlebnis hinführen. Dieses einzige Erlebnis erstrebt man, nach ihm orientieren sich alle andern; das Chaos aber ist kleiner worden, weil tausend Erlebnisse aus ihm gesichtet und aus der Zerstreutheit um ein einziges Erlebnis gruppiert wurden.

Diese Tendenz zur Orientierung im Chaos, Fixierung des Chaos ist so groß, daß sie dieses Paradox geschaffen hat: Das Revolutionäre, das ist das ungeheuer Bewegte und ungeheuer Bewegende, wird nicht mehr wie im Impressionismus als das ungeheuer Bewegte und ungeheuer Bewegende erlebt, sondern eben paradox: fixierend-orientierend. Denn durch die revolutionäre Plötzlichkeit sieht man die Dinge aus dem Chaos angezogen und um die Explosion in bestimmter Distanz gruppiert: Fixierung, Orientierung. Also dieses Paradox geschieht dem Revolutionären im Expressionismus: Es wird nicht um des dionysischen Rausches willen erlebt, sondern um der *apollinischen* Gestaltung willen, in die sich der Rausch ordnet.

Dieser Wille zur Verkleinerung des Chaos bestimmt auch dem Expressionisten das Verhältnis zur Wissenschaft: Ganz abgesehen davon, daß der Expressionist nicht wissen will, wie ein Ding entstanden ist, daß er nur schauen will, nicht einmal was ein Ding ist, sondern nur, daß es ist, ganz abgesehen davon: der Begriff, Ursache, Wirkung, diese kategorische Voraussetzung der Wissenschaft läßt zwischen dem Ding Wirkung und dem Ding Ursache neue Dinge entstehen, in die alle sich das eine Ding Ursache erst verwandeln muß, bis es das zweite Ding Wirkung geworden ist. Statt zweier Dinge, die es ohne die Erklärung der Kausalität waren, sind es jetzt mehrere. Die Kausalität hat die Zahl der Dinge im Chaos vermehrt durch die Verwandlungsgebilde zwischen Ursache und Wirkung.

Der Expressionist ist also unwissenschaftlich, er lehnt es ab, Dinge aus dem Chaos nicht anders binden zu können, als daß er für diese Bindung neue Objektformen findet. Er lehnt es ab, für zwei aus dem Chaos gelöste Dinge mehr als die gelösten wieder zurückzutauschen.

Es gab auch Impressionisten, die die Wissenschaft gering achteten; Mauthner [10] z. B., aber die nahmen nur darum das Wissenschaftliche nicht an, weil es ihm noch nicht *genug* Dinge gab. Der Expressionist dagegen nimmt diese Wissenschaft nicht an, weil es ihm zu viel Dinge geben würde.

Durch diesen Verzicht, Dinge zu isolieren, weil durch diese Isolation das Chaos nur vergrössert würde, durch diesen Verzicht wird die Verlorenheit der Dinge im Chaos erst recht tief erschaut. Man hat zwei Dinge schon fast erfaßt, aber man muß sie wieder ins Chaos entgleiten lassen. Der Blick folgt den entgleitenden Dingen, bis sie ganz im Chaos verschwunden sind. Nie war der Blick tiefer ins Chaos geschickt, nie hat ein Blick *so lange* gebraucht, bis er wieder in sich selber zurückgekehrt ist. Man will die *Dinge* nicht vergessen, die entglitten sind, und kann das *Chaos* nicht vergessen, in dem die entgleitenden verschwunden sind.

Das Symbol dieser expressionistischen Zeit wäre etwa nicht Buddha, der nach einem Blick in die Welt, die Welt aus seinen Händen entlassen hat, sondern ein Herakles, der nach einem Blick in die Welt unendlich viele Hände haben möchte, damit er mit jeder dieser unendlich vielen Hände eines der unendlich vielen Dinge des Chaos erfassen kann.

1 Zu W. Whitman vgl. Anm. 3 zu Dok. 89.
2 Samuel Lublinski: *Der Ausgang der Moderne. Ein Buch der Opposition.* – Dresden: Carl Reissner 1909. Neu hrsg. von Gotthart Wunberg (Ausgewählte Schriften, Bd. 2). – Tübingen 1976.
3 Anspielung auf das für die Kunsttheorie des Expressionismus wichtig gewordene Buch von Wilhelm Worringer: *Abstraktion und Einfühlung.* Vgl. Anm. 12 der Einleitung.
4 Mynona (Salomo Friedlaender) hat seine Polaritätsphilosophie vor allem in seinem philosophischen Hauptwerk *Schöpferische Indifferenz* (München: G. Müller 1918) entwickelt.
5 Zitat nicht ermittelt.
6 Die Herkunft des Zitats konnte nicht ermittelt werden. Es steht in gedanklicher Nähe von Edmund Husserls Hauptwerk *Logische Untersuchungen* (Halle 1900/01; 2. umgearbeitete Aufl. Bd. 1. 1913, Bd. 2. 1921), das die psychologisierende Sprache der zeitgenössischen Logik kritisiert und statt dessen eine formal-abstrakte, durch Intuition gewonnene Begrifflichkeit propagiert, die unter Ausschaltung alles Empirisch-Faktischen und Vereinzelten das »Wesen« der Dinge trifft. Hierin zeigt Husserls

Phänomenologie Analogien zu den von Picard z. T. in ihrem Vokabular beschriebenen antipsychologistischen Abstraktionstendenzen des Expressionismus.

7 Georg Simmel: *Philosophie des Geldes.* Leipzig: Duncker & Humblot 1900. Berlin^{6}1958.

8 Vgl. dazu besonders P. Kornfeld: *Der beseelte und der psychologische Mensch* (Dok. 61). Vgl. auch die Erläuterung zu Dok. 44.

9 Gekürzter Passus aus K. Hiller: *Philosophie des Ziels.* In: *Das Ziel.* Aufrufe zu tätigem Geist. Hrsg. von K. H. – München und Berlin: Georg Müller Verlag 1916, S. 187–217.

10 Anspielung auf die mystischen Tendenzen im Denken des vor allem um 1900 wirksamen Sprachkritikers (und Dichters) Fritz Mauthner (vgl. Walter Eschenbacher: *Fritz Mauthner und die deutsche Literatur um 1900. Eine Untersuchung zur Sprachkrise um die Jahrhundertwende.* Frankfurt, Bern 1977).

c) Pathos, Ekstase, Schrei

Unter den zeitgenössischen Begriffen der expressionistischen Programmatik, die von poetologischer und stilistischer Bedeutung sind, waren die terminologisch unscharfen Schlagworte »Pathos«, »Ekstase« und »Schrei« die meistgebrauchten. Von ihrer historischen Dominanz zehrte auch die Rezeption, die ein entsprechendes Epochenbild begründete. Ein Rundfunkbeitrag von Hermann Kesser brachte es auf den Nenner: »Nicht die künstlerischen Eigenschaften waren das entscheidende Vermächtnis des Expressionismus. Das entscheidende Vermächtnis des Expressionismus war sein Pathos [...]«. [1] Erst die literaturwissenschaftliche Forschung hat das Stereotyp des Expressionismus als einer Zeit exaltierter O-Mensch-Pathetik, lärmender Heilsekstatik und rhetorischer Utopieverkündigung zu den Akten gelegt und die Ausdrucksformen negativer Existenzerfahrung [2] sowie individueller und kollektiver Dissoziationserlebnisse [3] gegen den hyperbolischen Messianismus der Hoch- und Spätphase kontrastiert. Der utopiegläubige Salvationismus und der ideologiekritische Skeptizismus sind indes zwei komplementäre Aspekte der expressionistischen Programmatik. [4]

Diese Zweiseitigkeit zeigt sich bereits in der Poetik der »Neopathetiker« [5], die mit Stefan Zweigs Proklamation eines »neuen Pathos« (Dok. 150) Ernst machten. Schon im »Neuen Club« [6] nämlich tat sich die poetologische und zugleich weltanschauliche Kluft zwischen dem ethisch-kritischen Pathos (vgl. Dok. 110 u. Dok. 112) und dem vitalistisch-voluntaristischen Pathos (vgl. Dok. 52) kund, das Erwin Loewenson nachträglich so charakterisierte:

> Unser ›neues‹ Pathos war zunächst wie jedes ein Ergriffensein, aber nicht nur des Gefühls, wie die alte, geistig-unselbständige, daher um so hohler dröhnende ›Pathetik‹, die wir ebenso als ›Strukturverlogenheit‹ bekämpften wie die leisetreterische ›A-pathie‹, die sich als ›Verhaltenheit‹ und gravitätische Würde gab und in Wirklichkeit bürgerlich-konformistische Indolenz gegenüber den Zeitzuständen, genau genommen, Furcht vor allem Erregenden war [...]. ›Neopathos‹ wurde uns gleichbedeutend mit ›vitalisierendem Weltaspekt‹. [7]

Die dem Expressionismus eigene Problematik entstand dort, wo solch vitales Pathos in irrationalen Furor abglitt oder als sprachliches Pathos zur Phrase degenerierte. Rhetorisch selbstentlarvend waren die Programmformeln des Dramen-Expressionismus, deren theatralisches Pathos jede Definition überfrachtete. Hochtrabend tönte es da:

Nun aber ist die Zeit bereit für die Gehobenheit und Selbstherrlichkeit des Wortes. Nun ist die Zeit bereit für eine pathetische Bühnenkunst. Pathos ist das Gegenteil von Technik. Pathos ist Stil aus Geist, ist Inhalt, ist Essenz. [8]

Die vernichtende Kritik des zu leerem Pathos sich überschlagenden Vitalismus hat Hermann Broch, in vielem ein reflektierter Erbe des Expressionismus, geliefert:

Es gibt ein pathetisches Wort äußerster Verworfenheit, und das hat das Ethos dieser Zeit geprägt: Reichtum des Lebens. Wer vom Reichtum des Lebens spricht, kennt nicht die reine Skepsis des Erkennens [...]. Hier setzt das Pathos des bösen Willens ein. Denn es ist das Wesen des Pathos, daß es Endliches zum Unendlichen, daß es die Relativität einer platten Gegebenheit und sogenannter Wirklichkeit zur Absolutheit emporschrauben will [...]. [9]

Ganz sicher stand hinter dem Votum für das Pathetische zunächst hauptsächlich die Absicht, der literarischen Sprache neue Verbindlichkeit und Wirkung zurückzugewinnen. Von da aus wird auch die Aufwertung der ekstatischen Ausdrucksform im Expressionismus verständlich. Martin Bubers Einleitung zu seinem Sammelband »Ekstase und Bekenntnis« (Dok. 151) nimmt sich des Begriffs religionsphilosophisch und historisch an. Sein Essay verweist auf die mystische und kryptoreligiöse Dimension des Expressionismus überhaupt. [10]

Ludwig Rubiners diskursiver Hymnus *Intensität* (Dok. 152), der sich auf die Befreiung des Literaten zur selbstbewußten Entäußerung und leidenschaftlichen Stellungnahme bezieht, belegt den Zusammenhang zwischen dem Gebrauch intensivierender Sprachmittel und dem Rollenverständnis des politischen Schriftstellers im Expressionismus. Daß »Intensität« eine zentrale Kategorie der expressionistischen Poetik war, vermag auch Kurt Pinthus' Vorwort zur berühmten *Menschheitsdämmerung* zu dokumentieren; vielleicht die einzige Gemeinsamkeit der expressionistischen Autoren, wird dort behauptet, sei »die Intensität und der Radikalismus des Gefühls, der Gesinnung, des Ausdrucks, der Form; und diese Intensität, dieser Radikalismus zwingt die Dichter wiederum zum Kampf gegen die Menschheit der zu Ende gehenden Epoche und zur sehnsüchtigen Vorbereitung und Forderung neuer, besserer Menschheit.« [11] Bei Buber findet man die anthropologische Interpretation des Pathetisch-Ekstatischen: »Was den entscheidenden Menschen von dem vorübergleitenden ewiglich abhebt, ist nicht, was er meint und will, sondern daß das, was er meint und will, nicht in seinem Gemüt stecken bleibt, sondern Ereignis wird.« [12] So sind die Ergriffenen, die überschwänglich Redenden, die in Ekstase Sprechenden Expressionisten an sich, d. h. Menschen »die das, was sie bekennen, mit der gleichen Intensität, Ehrlichkeit, Direktheit betätigen.« [13] In dieser Weise versucht das Programm des Pathos, Menschenbild und Sprachfigur zur Deckung zu bringen (s. die Abschnitte »Spracherneuerung und Wortkunsttheorie«, »Allgemeines Erneuerungspathos«).

Rudolf Leonhards Aphorismen (Dok. 153 und 154) beleuchten die Forderung nach einer Literatur als Manifestation des existentiellen Schreis. Für Margarete Susman war diese Steigerung der pathetischen Schreibweise zum Akt des literarisch verbalisierten Schreis letztlich die einzig mögliche noch-poetische Reaktion auf den Kriegswahnsinn:

Was ist zu tun? Nur eines! nur schreien können wir – schreien mit aller Kraft unserer armen, erstickten Menschenstimme – schreien, daß wir den grauenhaften Lärm des Geschehens übertönen – schreien, daß wir gehört werden von den Menschen, von Gott.

Dieser Schrei, der zum Himmel gellende Schrei, der nicht mehr wie noch der einsame Sehnsuchtsschrei Stefan Georges ›durch güldne Harfe sausen‹ will, den keine an den Mund gesetzte Flöte mehr zum Klang verschönt, der nur gehört werden will, gehört werden um jeden Preis als lebendige menschliche Entscheidung – er allein ist die Antwort der wachen Seele auf die furchtbare Umklammerung unserer Zeit [...].
Heraus, gleichviel ob in Schönheit oder Häßlichkeit, Ehre oder Schmach, ja selbst ob in Liebe oder Haß. Nur heraus: den großen, gellenden Schrei ausstoßen, der uns auf ewig trenne von dem Wollen der dumpf hinnehmenden Menge, der jede Gemeinschaft mit den dumpf treibenden Mächten unserer Zeit verwirft. Entscheidung für oder wider – dies ist heute die einzige Frage an unser Menschentum.
Und diese Entscheidung, dieser Aufschrei der sich entscheidenden Seele ist Expressionismus. [14]

Auch dieses Zitat beweist, daß die Erneuerung der pathetisch-ekstatischen Literatursprache im Expressionismus Kennzeichen seiner kryptischen Eschatologie ist, in der Prophetie, Mystik und Utopie zusammenrücken und der Literaturkommunikation neuen Anspruch und existentielle Gültigkeit verleihen sollen.

1 Hermann Kesser: *Überblick über den Expressionismus* [Rundfunkmanuskript vom 8. 1. 1930]. Zit. nach: Paul Raabe (Hrsg.): *Expressionismus. Der Kampf um eine literarische Bewegung*, S. 225.
2 Hierzu vgl. die Untersuchung von Thomas Anz: *Literatur der Existenz. Literarische Psychopathographie und ihre soziale Bedeutung im Frühexpressionismus.* – Stuttgart 1977.
3 Zur Einführung des sozialpsychologischen Terminus »Ichdissoziation« in die Expressionismusforschung vgl. Silvio Vietta und Hans-Georg Kemper: *Expressionismus*, S. 30 ff.
4 Zu diesem Doppelaspekt der Epoche vgl. Wolfgang Rothe: *Der Expressionismus*, Theologische, soziologische und anthropologische Aspekte einer Literatur. Frankfurt a. M. 1977, bes. S. 13 ff.
5 Vgl. die Erläuterungen zu Dok. 112 u. die Dok. 22 u. 28. Als Gruppenbezeichnung mit literarhistorischem Anspruch wiederaufgenommen von Heinrich Eduard Jacob: *Zur Geschichte der deutschen Lyrik seit 1910.* In: *Verse der Lebenden. Deutsche Lyrik seit 1910.* Hrsg. von H. E. J. – Berlin: Propyläen-Verlag [1924], S. 5–29.
6 Zum »Neuen Club« vgl. den Abschnitt »Gruppenbildung in Literatur und Politik«.
7 Erwin Loewenson: *Zum Neopathos.* In: *Georg Heym oder Vom Geist des Schicksals.* – Hamburg 1962, S. 61 f.
8 Hermann Sinsheimer: *Das neue Pathos auf der Bühne.* In: *Das Reich* 2. Jg. (1917), 3. Buch, S. 478–494, Zitat S. 490 f.
9 Zit. nach Manfred Durzak: *Hermann Broch* – Reinbek b. Hamburg 1966, S. 54.
10 Zur Dokumentation des religiösen und mystischen Moments der expressionistischen Dichtung vgl. Dok. 63; Hanns Braun: *Das Religiöse und die jüngste Dichtung.* In: *Der neue Merkur* 3. Jg. (1919/20), S. 600–610; Friedrich Muckermann: *Von der Mystik des Expressionismus.* In: *Gral* 15. Jg. (1921), S. 194–203; Franz Herwig: *Das religiöse Gefühl in der zeitgenössischen Dichtung.* In: *Gral* 16. Jg. (1921), S. 194–201, 244–248, 360–363; Wilhelm Knevels: *Expressionismus und Religion.Gezeigt an der neuesten deutschen expressionistischen Lyrik. – Tübingen: Mohr 1927 (Sammlung gemeinverständlicher Vorträge und Schriften aus dem Gebiet der Theologie und Religionswissenschaft*, Bd. 123).
11 Kurt Pinthus: *Zuvor.* Dok. 13.
12 Martin Buber: *Bewegung. Aus einem Brief an einen Holländer.* In: *Der neue Merkur* 1. Jg. (1914/15), Bd. 2 (Oktober–März), S. 489–492, Zitat S. 490.
13 Ebd. S. 490.
14 Margarete Susman: *Expressionismus. 1918.* In: *Die Masken. Blätter des Düsseldorfer Schauspielhauses* 14. Jg. (1918/19), S. 93–96. Zit. nach: Paul Raabe (Hrsg.): *Expressionismus. Der Kampf um eine literarische Bewegung*, S. 153–157, Zitat S. 156 f.

150
Stefan Zweig: *Das neue Pathos.* In: *Das literarische Echo* 11 (1908/09), H. 24, 15. September 1909, Sp. 1701–1709, Auszug Sp. 1701–1704, 1706–1707.

Das Urgedicht, jenes, das längst entstand vor Schrift und Druck, war nichts als ein modulierter, kaum Sprache gewordener Schrei, aus Lust oder Schmerz, aus Trauer oder Verzagung, aus Erinnerung oder Beschwörung gewonnen, aber immer aus dem Überschwang einer Empfindung. Es war pathetisch, weil es aus Leidenschaft entstanden war, pathetisch, weil es Leidenschaft erzeugen wollte. Das Gedicht jener Großen und Fernen, die zuerst aus dem aufspringenden Schrei des Gefühls Wort und Rede fanden, war eine Ansprache an die Menge, eine Mahnung, eine Anfeuerung, eine Ekstatik, eine direkte elektrische Entladung von Gefühl zu Gefühl. Der Dichter sprach zu den anderen, ein Einzelner zu einem Kreise. Die Hörer standen vor ihm in Erwartung – etwa wie Max Klinger [1] in seinem neuen Gemälde sie vor Homer dem Blinden versammelt sein ließ –, warteten, harrten, hörten, gaben nach, ließen sich mitreißen oder leisteten Widerstand. Jenes Gedicht und sein Vortrag war nicht zur Prüfung gebotene Vorzeigung eines Fertigen, ein Gerät oder ein Schmuck, schon gehämmert und ganz gefügt, sondern ein noch Entstehendes, ein im Augenblick neu Werdendes, ein Kampf mit dem Hörer, ein Ringen um seine Leidenschaft.

Diesen innigen, glühenden Kontakt mit der Masse haben die Dichter seit der Schrift verloren. Was die Verbreitung des geschriebenen Wortes und noch mehr dann die unendliche Vervielfältigung des Druckes an neuem Raum und an neuer Wirkung verlieh, daß in Ländern ihre Worte lebendig wurden, zu denen sie niemals selbst gezogen waren, daß Menschen aus ihrem Worte Kraft, Begeisterung und Lebensmut noch saugten, als ihr eigener Leib schon längst zerfallen war, dieses Ungeheure und Gewaltige war nur gewonnen worden durch einen Verzicht auf diese andere und vielleicht nicht geringere Wirkung, auf den Dialog, das Aug'-in-Auge-stehen mit der Menge. Langsam wurde das Publikum für die Dichter etwas Imaginäres. Wenn sie sprachen, hörten sie eigentlich nur sich selbst zu, ihr Gedicht wurde immer mehr einsame Zwiesprache, Monolog aus der Anrede, immer mehr lyrisch in einem neuen Sinne und immer weniger pathetisch. Immer mehr entfernte sich ihr Gedicht von der Rede, immer mehr verlor es von jenem geheimnisvollen pathetischen Feuer, das nur genährt wird vom Augenblick, vom Gegenüberstehen einer erregten Menge, durch die magische Einströmung von Anspannung und Reiz aus dem Herzen des Hörers in das eigene Wort. Denn jeder Zuhörer tut mit seiner Erwartung, mit seinem Blick, mit seiner Spannung und aufschäumender Erregung ein Gewisses für den Sprechenden, er stachelt ihn an, er drängt etwas von seiner erwartenden Unruhe wie eine Frage in die noch nicht gegebene Antwort hinein. Im Augenblicke aber, wo der Dichter nicht mehr zur Menge sprach, nicht mehr zu einem Kreise, sondern das Wort für den Druck und für die Schrift schuf, entwickelte sich in ihm ein Eigengefühl. Er gewöhnte sich daran, eigentlich nur für sich zu sprechen, sein eigenes Empfinden, ohne Hinblick auf Wirkung und Gewalt, als wichtig zu empfinden, Zwiesprache nur mit sich selbst und mit dem Schweigen zu führen. Und immer mehr wandelte sich das Gedicht. Seit der Dichter nicht mehr das große, atmende Rauschen der Antwort, den Schrei der Leidenschaft, den Jubel der Begeisterung als Finale seiner Dichtung hatte, als den letzten, gleichsam noch zu seiner Musik gehörenden Akkord, suchte er den Klang im Verse aus ihnen selbst zu ergänzen. Die Dichter rundeten ihr Gedicht wie Tongefäße, sorgsam und künstlerisch, ließen es voll Farben sein wie ein Bild, füllten es an mit Musik, immer verzichteten sie darauf, zu überreden, zu überführen und zu begeistern. Sie ließen es fühllos sein für die anderen und gaben ihm nur das Stimmungsleben seiner eigenen Welt. In jener Zeit des Überganges entstand wohl zuerst die »poetische« Sprache, jene Sprache neben der lebendigen, die oft und öfter erstarrte zu einem weltfremden Dialekt, die Marmor ist und nicht mehr Blut. Früher war die poetische Sprache nicht eine neben der wirklichen, sondern nur ihre letzte Steigerung. Durch den Rhythmus der höheren Leidenschaft, durch das Feuer der Ansprache wurde sie ein heiliges Fieber, ein seliger Rausch, ein Festliches im Alltag. So als gesteigerte Lebendigkeit konnte die Sprache anders sein, ohne je unverständlich zu werden, konnte mit dem Volke bleiben und doch über dem Volk, während die Lyrik von heute zum größten Teil den Tätigen, den Wirklichen, dem Arbeiter und dem Werkmann fremd und wertlos geworden ist.

Aber eben in unseren Tagen scheint sich wieder eine Rückkehr zu diesem ursprünglichen, innigen Kontakt zwischen dem Dichter und dem Hörer vorzubereiten, ein neues Pathos wieder zu entstehen. Das Theater war die erste Brücke zwischen der Poesie und der Menge. Aber noch war hier der Schauspieler Mittler des gesprochenen Wortes, war das rein Lyrische nicht Selbstzweck, sondern nur Hilfe im Trug für drei oder vier Stunden. Aber die Zeit der Absonderung des Dichters von der Menge, die einst bedingt war durch die großen Distanzen der Nationen, scheint heute überwunden, durch die neue Annäherung, durch die Industrialisierung der Städte. Die Dichter lesen heute wieder selbst in Sälen ihre Verse vor, in den Volksuniversitäten Amerikas, selbst in den Kirchen klingen die Verse Walt Whitmans [2] zu amerikanischem Bewußtsein, und was sonst nur die heißen Sekunden politisch bewegter Tage schufen – man möge an Petöfy [3] denken, wie er sein Nationallied *Talpra magyar* vor den Stufen der Universität zur revolutionären Menge deklamierte – das gibt fast jeder Tag. Wieder wie einst scheint heute wieder der lyrische Dichter befähigt, wenn nicht der geistige Führer der Zeit, so doch der Bändiger und Erreger ihrer Leidenschaften zu werden, der Anrufende und Befeuernde, der Entfachende des heiligen Feuers: der Energie. Ein Warten scheint für ihn zu sein, der das ganze Leben im Blitze zusammenfaßt und über die Dunkelheiten sprühen läßt.

[...]

Freilich anders muß das Gedicht sein, das zur Menge sprechen will. Es muß vor allem selbst ein Wille, selbst eine Absicht, eine Energie, eine Evokation sein. Was die Zeiten der Absonderung erzeugt haben an technischen Fähigkeiten und Werten, an süßer Musik, an schwingender Rhythmik, an Geschmeidigkeit und Biegsamkeit der Sprache, darf hier nicht mehr Selbstzweck sein, sondern nur Mittel zur Erregung von Enthusiasmus. Ein solches Gedicht darf nicht mehr sentimentaler Dialog des Einsamen mit irgendeinem unbekannten Einsamen irgendwo in der Ferne sein, darf nicht die kurze, flüchtig zitternde Stimme sein, die schon verlischt, ehe die Flamme des Wortes in ihr emporgeschlagen hat, dieses neue Gedicht muß stark, jubelnd und beseelt sein, weit ausholend und hinstürmend in raschem Schwung. Nicht für leise Stimmen ist es geschrieben, sondern für laute, hallende Worte. Wer die Menge zwingen will, muß den

Rhythmus ihres neuen und unruhigen Lebens in sich haben, wer zu ihr spricht, muß beseelt sein von neuem Pathos. Und dieses neue Pathos, das »ja sagende Pathos *par excellence*« im Sinne Nietzsches, ist vor allem Lust, Kraft und Wille, Ekstase zu erzeugen. Nicht sensitiv und wehleidig darf dieses Gedicht sein, nicht ein persönliches Leid ausdrücken, damit ein anderer sich darin einfühle, sondern beseelt von Freude und Überschwang, von dem Willen aus Freude wieder Schwung und Leidenschaft erzeugen. Nur große Gefühle tragen das Wort zur Menge hin, kleine, die nur im Schweigen wie in unbewegter Luft auffliegen können, stürzen hin. *Das neue Pathos muß den Willen nicht zu einer seelischen Vibration, zu einem feinen ästhetischen Wohlgefühl enthalten, sondern zu einer Tat.* Es muß mitreißen, muß die zersprengten Kräfte des Dichters von einst wieder in sich versammeln, muß im Dichter den Demagogen, den Musiker, den Schauspieler, den Redner für eine Stunde wieder erschaffen, muß das Wort vom Papier wieder aufreißen in die Luft, das Gefühl nicht sorgfältig als eine Heimlichkeit dem einzelnen anvertrauen, sondern in den Gischt einer Masse schleudern. Gedichte von solchem neuen Pathos können nicht schwache, passive Menschen schaffen, deren Stimmung von der Umwelt in jeder Minute gewandelt wird, sondern nur Kampfnaturen, die beherrscht sind von einer Idee, vom Gedanken einer Pflicht, die ihre Empfindung aufzwingen wollen, ihre Begeisterung zur Begeisterung der ganzen Welt erheben.

[...]

Und je mehr unsere Umwelt wuchtig, grandios und leidenschaftlich wird, je mehr sie durch die Zusammendrängung ihrer Kraft heroisch wird – heroisch in jenem neuen Sinne Emersons [4] –, um so mehr muß auch die Lyrik im neuen Sinn, vielleicht in dem Verhaerens [5], pathetisch werden. Gigantische Impressionen lassen sich nicht in kleinen Eindrücken, in zersplitterten Formen zwingen, lauter Anruf braucht laute Antwort. Mehr, als wir es wissen, ist jede Kunst von ihrer Epoche abhängig. Auch im Künstlerischen scheint die geheimnisvolle Abhängigkeit zwischen Bedarf und Produktion zu bestehen, Gesetze jenseits unserer Erkenntnisse, die manchmal in flüchtigen Beispielen unsicher wie eine Ahnung aufschimmern, aber jeder Formel entfliehen.

Vorabdruck des gleichlautenden Kapitels »Das neue Pathos« aus St. Zweigs Buch über *Emile Verhaeren*. – Leipzig: Insel-Verlag 1910, S. 107–109 (Wiederabgedr. in: Paul Raabe [Hrsg.]: *Expressionismus. Der Kampf um eine literarische Bewegung*, S. 15–21). Diese vorexpressionistische Bestimmung des lyrischen Neopathos erschien in erheblich gekürzter Form auch als Leitaufsatz in der Zeitschrift *Das neue Pathos* 1. Jg. (1913), H. 1, S. 1–6. Der hier wiedergegebene Auszug aus dem Erstdruck des Aufsatzes ist mit dieser gekürzten Fassung identisch. Nachgetragen sei der Passus des Erstdrucks, der die Schwächen der expressionistischen Pathetik voraussah. Über die poetische Problematik des Pathos und die »Gefahren« des neuen Pathos bei Verhaeren heißt es (Sp. 1706): »Die erste [...] war die Leere, die Hohlheit des Gefühles, das Überdecken eines Nichts durch eine große Geste, das Begeistern aus bloßer Technik und nicht aus innerer Nötigung. Die Phrase ist und bleibt die erste Gefahr des pathetischen Gedichtes. Die Banalisierung der Worte [...] ist die andere. Hier aber in diesem neuen Pathos ist dazu noch eine neue, die der Überhitzung des Gefühls, die der übermäßigen, ungesunden Exaltation, die dann notwendig einer Abspannung weichen muß. Man kann nicht konstant fiebern in Erregung, nicht ununterbrochen begeistert sein. Und in diesen Gedichten ist der Wille zu einer unaufhörlichen Ekstase.« Zweig schrieb auch ein Geleitwort zu der Schriftenreihe *Lyrische Bibliothek* des Saturn-Verlages Hermann Meister, in dem er sich für das »heroisch-männliche« Pathos der frühexpressionistischen Lyrik einsetzte (In: Paul Mayer: *Wunden und Wunder. Gedichte. Mit Geleitworten von Stefan Zweig*. – Heidelberg: Verlag Hermann Meister 1913, S. [3–5]; wiederabgedr. in: Paul Raabe: *Die Zeitschriften und Sammlungen des literarischen Expressionismus*, S. 173–174).

1 Max Klinger (1857 – 1920), Maler, Radierer, Bildhauer; gemeint ist das 1909 für die Aula der Universität Leipzig fertiggestellte, 1943 zerstörte Monumentalbild *Die Blüte Griechenlands*.
2 Walt Whitmann, vgl. Kommentar zu Dok. 89, Anm. 3. Vgl. Vincent J. Cosentino: *Walt Whitman und die deutsche Literaturrevolution*. Untersuchungen über Whitmans Einfluß auf die deutsche Dichtung seit Arno Holz. München 1968.
3 Sándor Petöfi, d. i. Sándor Petrovics (1823 – 1849), ungarischer Nationaldichter, dessen Lyrik sich direkt an den Leser wendet.
4 Ralph Waldo Emerson (1803 – 1882), amerikanischer Dichter und Kulturphilosoph.
5 Emile Verhaeren (1855–1916), von Whitman beeinflußter rauschhaft-hymnischer Lyriker belgischer Herkunft.

151
Martin Buber: *Ekstase und Bekenntnis*. In: *Ekstatische Konfessionen*. Gesammelt von M. B. – Jena: Eugen Diederichs 1909, S. XI–XXVI, Auszug S. XI, XII–XIII, XVI–XIX, XX–XXI, XXIII–XXIV.

Unser menschliches Lebensgetriebe, das alles einläßt, das ganze Licht und die ganze Musik, alle Tollheiten des Gedankens und alle Varianten des Schmerzes, die Fülle des Gedächtnisses und die Fülle der Erwartung, ist nur einem verschlossen: der Einheit. In jedem Blick blinzeln heimlich tausend Blicke mit, die sich ihm nicht verschwistern wollen, jedes schöne reine Staunen wird von tausend Erinnerungen verwirrt, und noch in das stillste Leid zischeln tausend Fragen. Das Getriebe ist üppig und karg, es häuft und versagt das Umfangen, es baut einen Wirbel von Gegenständen und einen Wirbel von Gefühlen, Wirbelwand zu Wirbelwand, daß es gegeneinander und übereinander fliegt, und läßt uns hindurchgehen, diesen unsern Weg lang, ohne Einheit. Das Getriebe läßt mich die Dinge haben und die Ideen dazu, nur nicht die Einheit: Welt oder Ich, gleichviel. Ich, die Welt, wir – nein, ich Welt bin das Entrückte, das nicht zu Fassende, nicht zu Erlebende. Ich gebe dem Bündel einen Namen und sage Welt zu ihm, aber der Name ist keine Einheit, die erlebt wird. Ich gebe dem Bündel ein Subjekt und sage Ich zu ihm, aber das Subjekt ist keine Einheit, die erlebt wird. Name und Subjekt sind des Getriebes, und mein ist die Hand, die sich ausstreckt – ins Leere.

[...]

Allein es gibt ein Erlebnis, das aus der Seele selber in ihr wächst, ohne Berührung und ohne Hemmung, in nackter Eigenheit. Es wird und vollendet sich jenseits des Getriebes, vom Andern frei, dem Andern unzugänglich. Es braucht keine Nahrung und kein Gift kann es erreichen. Die Seele, die in ihm steht, steht in sich selber, hat sich selber, erlebt sich selber – schrankenlos. Nicht mehr weil sie sich ganz an ein Ding der Welt hingegeben, sich ganz in einem Ding der Welt gesammelt hat, erlebt sie sich als die Einheit, sondern weil sie sich ganz in sich eingesenkt hat, ganz auf ihren Grund getaucht ist, Kern und Schale, Sonne und Auge, Zecher und Trank zugleich. Dieses allerinnerlichste Erlebnis ist es, das die Griechen Ekstasis, das ist Hinaustreten, nannten.

[...]

Von allen Erlebnissen, von denen man, um ihre Unvergleichbarkeit zu kennzeichnen, sagt, sie könnten nicht mitgeteilt werden, ist die Ekstase allein ihrem Wesen nach das Unaussprechliche. Sie ist es, weil der Mensch, der sie erlebt, eine Einheit geworden ist, in die keine Zweiheit mehr hineinreicht.

Das, was in der Ekstase erlebt wird (wenn wirklich von einem Was geredet werden darf), ist die Einheit des Ich. Aber um als Einheit erlebt zu werden, muß das Ich eine Einheit geworden sein. Nur der vollkommen Geeinte kann die Einheit empfangen. Nun ist er kein Bündel mehr, er ist ein Feuer. Nun sind der Inhalt seiner Erfahrung und das Subjekt seiner Erfahrung, nun sind Welt und Ich zusammengeflossen. Nun sind alle Kräfte zusammengeschwungen zu einer Gewalt, nun sind alle Funken zusammengelodert zu einer Flamme. Nun ist er dem Getriebe entrückt, entrückt ins stillste, sprachloseste Himmelreich, – entrückt auch der Sprache, die das Getriebe sich einst in der Mühsal schuf zu seiner Botenmagd und die, seitdem sie lebt, ewig nach dem Einen, Unmöglichen verlangt: ihren Fuß zu setzen auf den Nacken des Getriebes und ganz Gedicht zu werden – Wahrheit, Reinheit, Gedicht.

»Nun spricht« – so heißt es bei Meister Eckhart – »die Braut im Hohenliede: Ich habe überstiegen alle Berge und all meine Vermögen, bis an die dunkle Kraft des Vaters. Da hörte ich ohne Laut, da sah ich ohne Licht, da roch ich ohne Bewegen, da schmeckte ich das was nicht war, da spürte ich das was nicht bestand. Dann wurde mein Herz grundlos, meine Seele lieblos, mein Geist formlos und meine Natur wesenlos. Nun vernehmet, was sie meint! Daß sie spricht, sie habe überstiegen alle Berge, damit meint sie ein Überschreiten aller Rede, die sie irgend üben kann aus ihren Vermögen, – bis an die dunkle Kraft des Vaters, wo alle Rede endet.«[1]

So ganz über die Vielheit des Ich, über das Spiel der Sinne und des Denkens gehoben, ist der Ekstatiker auch von der Sprache geschieden, die ihm nicht folgen kann. Sie ist als eine Speicherung von Zeichen für die Affektionen und Nöte des Menschenleibes entstanden; sie ist gewachsen, indem sie Zeichen bildete für die empfindbaren Dinge in Nähe und Ferne des Menschenleibes; sie ist der werdenden Menschenseele nachgegangen auf immer heimlicheren Wegen und hat Namen geformt, gelötet, ziseliert für die trotzigsten Künste und für die wildesten Mysterien der Tausendfältigen; sie hat den Olymp des Menschengeistes erstürmt, nein, sie hat den Olymp des Menschengeistes gemacht, indem sie Bildwort auf Bildwort türmte, bis auch noch die höchste Aufgipfelung des Gedankens im Worte stand; und solches tut sie und wird sie tun; aber sie kann immer nur von Einem empfangen, Einem Genüge tun: der zeichenzeugenden Vielheit des Ich. Niemals wird sie in das Reich der Ekstase eingehen, welches das Reich der Einheit ist.

Sprache ist Erkenntnis: Erkenntnis der Nähe oder der Ferne, der Empfindung oder der Idee, und Erkenntnis ist das Werk des Getriebes, in ihren größten Wundern ein gigantisches Koordinatensystem des Geistes. Aber das Erleben der Ekstase ist kein Erkennen.

[...]

Aber nicht bloß seiner früheren Vielheit gegenüber ist, der die Ekstase erlebt, eine Einheit geworden. Seine Einheit ist nicht relativ, nicht vom Anderen begrenzt, sie ist grenzenlos, denn sie ist die Einheit von Ich und Welt. Seine Einheit ist Einsamkeit, die absolute Einsamkeit: die Einsamkeit dessen, der ohne Grenzen ist. Er hat das Andere, die Anderen mit in sich, in seiner Einheit: als Welt; aber er hat außer sich keine Anderen mehr, er hat keine Gemeinschaft mehr mit ihnen, keine Gemeinsamkeit. Die Sprache aber ist eine Funktion der Gemeinschaft und sie kann nichts als Gemeinsamkeit sagen. Auch das Persönlichste muß sie irgendwie in das gemeinsame Erlebnis der Menschen überführen, irgendwie aus diesem zurechtmischen, um es auszusprechen. Die Ekstase steht jenseits des gemeinsamen Erlebnisses. Sie ist die Einheit, sie ist die Einsamkeit, sie ist die Einzigkeit: die nicht überführt werden kann. Sie ist der Abgrund, den kein Senkblei mißt: das Unsagbare.

[...]

Das Bewußtsein stellte die Ekstase hinaus in der Projektion; der Wille stellt sie zum andern Mal hinaus in dem Versuch, das Unsagbare zu sagen. Auch das innerlichste Erlebnis bleibt vor dem Triebe zur Veräußerung nicht bewahrt. Ich glaube an die Ekstasen, die nie ein Laut berührte, wie an ein unsichtbares Heiligtum der Menschheit; die Dokumente derer, die in Worten mündeten, liegen vor mir. Hier sind Menschen, die ihre Einsamkeit, die höchste, die absolute, nicht ertrugen, die aus dem Unendlichen, das sie erlebt hatten, mitten ins Endliche stiegen, aus der Einheit mitten in die wimmelnde Vielheit. Sobald sie sprachen, sobald sie – wie es der Rede Vorspiel zu sein pflegt – zu sich sprachen, waren sie schon an der Kette, in den Grenzen; der Unbegrenzte spricht auch nicht zu sich, in sich, weil auch in ihm keine Grenzen sind: keine Vielheit, keine Zweiheit, kein Du im Ich mehr. Sobald sie reden, sind sie schon der Sprache verfallen, die allem gewachsen ist, nur nicht dem Grund des Erlebens, der Einheit. Sobald sie sagen, sagen sie schon das Andere.

Es gibt freilich ein allerstillstes Sprechen, das nur Dasein mitteilen, nicht beschreiben will. Es ist so hoch und still, als sei es garnicht in der Sprache, sondern wie ein Heben der Lider im Schweigen. Es übt keine Untreue, denn es sagt nur aus, daß etwas ist.

[...]

Ja, es ist wahr: der Ekstatiker kann das Unsagbare nicht sagen. Er sagt das Andere, Bilder, Träume, Gesichte; die Einheit nicht. Er redet, er muß reden, weil das Wort in ihm brennt. Der nicht zu den Menschen redete, hat zu sich geredet; er war heiliger, weil er nach außen einsam blieb, aber vielleicht blieb er einsam, weil es ihn nicht so schlug und stieß, Botschaft zu den Andern zu tragen, die unmögliche Botschaft?

Er lügt nicht, der in Bildern, Träumen, Gesichten von der Einheit redet, von der Einheit stammelt. Gestalten und Klänge, die, aus seinem Gottgefühl geboren, um das Urerlebnis kreisten, sind in seinem Gedächtnis geblieben: rings um den treibenden Brand, der allein als Spur des Erlebnisses selber in ihm lebt; vielleicht mischen sich, aus dunklen Sphären seiner Seele tauchend, andere Gestalten und Klänge darein, von denen er nicht weiß, woher sie kommen, und nach denen er greift, um sich selber zu verstehen. Denn er versteht sich nicht; und doch ist in ihm das Verlangen erwacht, das in der Ekstase erloschen war: sich zu verstehen. Er sagt die Gestalten und Klänge, und merkt, daß er nicht das Erlebnis sagt, nicht den Grund, nicht die Einheit, und möchte innehalten und kann nicht, und fühlt die Unsagbarkeit wie ein Tor mit sieben Schlössern, an dem er rüttelt, und weiß, daß es nie aufgehen wird, und darf nicht ablassen. Denn das Wort brennt in ihm. Die Ekstase ist gestorben, hinterrücks ermordet von der Zeit, die nicht will, daß man ihrer spotte; aber sterbend hat sie das Wort in ihn geworfen, und das Wort brennt in ihm. Und er redet, redet, er kann nicht schweigen, es treibt ihn die Flamme im Worte, er weiß, daß er es nicht sagen kann, und versucht es doch immer und immer, bis seine Seele erschöpft ist zum Tode und das Wort ihn verläßt. Dies ist die exaltatio dessen, der in das Getriebe zurückgekehrt ist und sich mit ihm nicht abfinden kann; dies ist seine Erhebung, die Erhebung eines Redenden: der Erhebung des Dichters verwandt, geringer als sie im Besitz, gewaltiger im Dasein. Dies ist die Spannung zum Sagen des Unsagbaren, eine Arbeit am Unmöglichen, eine Schöpfung im Dunkel. Ihr Werk, die Konfession, trägt ihr Zeichen.

[...]

Im Vorwort zu seiner Sammlung orientalischer und christlich-abendländischer Mystiker und Ekstatikerinnen gibt Buber folgende Definition der »Ekstase«, die sein Erkenntnisinteresse beleuchtet (S. Vf.):
Diese Mitteilungen von Menschen über ein Erlebnis, das sie als ein übermenschliches empfanden, sind weder um einer Definition noch um einer Wertung willen zusammengestellt worden, sondern deshalb, weil in ihnen die Gewalt des Erlebnisses, das Sagenwollen des Unsagbaren und die vox humana eine denkwürdige Einheit geschaffen haben. Was von diesen Elementen zeugte, was das Zeichen des *Wortes* trug, ist mir der Aufnahme wert erschienen.
Es ist mir nicht darum zu tun, die Ekstase »einzureihen«. Was mich angeht, ist das an ihr, was nicht eingereiht werden kann. Gewiß hat auch sie eine Seite, durch die sie in den kausalen Zusammenhang der Vorgänge eingestellt werden kann; aber die ist nicht der Gegenstand dieses Buches. Der Ekstatiker mag psychologisch, physiologisch, pathologisch erklärt werden; uns ist das wesentlich, was jenseits der Erklärung bleibt: sein Erlebnis. Hier hören wir nicht den Begriffen zu, die Ordnung schaffen wollen auch noch in den dunkelsten Verstecken; wir lauschen dem Sprechen eines Menschen von seiner Seele und von seiner Seele unaussprechlichstem Geheimnis.

[...]

So ist es mit der Ekstase: das Wort geht uns an, das Wort des Ich.

[...]

Also ästhetisch? Nein, auch nicht ästhetisch. Ich meine nicht die Worte und ob sie schön gefügt sind, ich meine das Wort. Dies ist eine andere Schönheit als die des Ästhetischen: die Stimme des Menschen, die in meinen Ohren schallt.

1 Meister Eckhart (um 1260–1328), deutscher Mystiker. Vgl. *Meister Eckharts mystische Schriften.* In unsere Sprache übertragen von Gustav Landauer. – Berlin: Karl Schnabel 1903. – Im letztwilligen Auftrag Gustav Landauers u. unter Benützung seiner nachgel. Aufzeichnungen bearb. u. neu hg. von Martin Buber. – Berlin 1920.

152
Ludwig Rubiner: *Intensität.* In: *Die Aktion* 3 (1913), Nr. 20, 1. Mai, Sp. 511–512.

(Zu meinen in der AKTION erschienenen Aufsätzen *Der Dichter greift in die Politik* und *Brief an einen Aufrührer*.)

Intensität ist Symptom für das bewußte Handeln im Geist. – Man fragt mich, ob auch Intensität nicht am Ende eine Formidee sei. – Aber es gibt kaum etwas, das von Mitläufern der Schule des dekorativen Denkens, oder auch von Künstlern, nicht als Formidee gedreht werden kann.

Zunächst: es ist natürlich nicht eine Formidee. Doch selbst wenn es eine wäre? Unsere Aufgabe (die der Gesetzgebenden und Kämpfer) fürs Leben ist es, die Dinge aus einem Plan des Daseins (aus ihrem vegetativen, genußhaften Fürsichsein, ihrer »Wert«-losigkeit) in einen anderen zu heben; sie die Brandmarken der Wertung durchmachen zu lassen. Man kann sich »Verhalten« (existere) als eine Ebene vorstellen und »Bedeutung« als eine andere. *Wir* zwingen die Ebenen, sich zu schneiden. Die Schnittlinie ist der Ort »Wert«. Der Zustand jeder denkbaren Kategorie ist, mit linearen Begriffen ausgedrückt, lediglich flächenhaft. (Daher die dekorativen Gehirne, z. B. dekorierende Künstler, mit der bloßen Beschreibung der Kategorie schon das Letzte ausgedrückt zu haben glauben.) Lassen wir selbst den »Wert« zu einer neuen Kategorie werden, indem wir ihn zum Durchmesser eines unendlich großen Kreises machen – also wenn wir die beiden Ebenen »Verhalten« und »Bedeutung« umeinander drehen! – so ist das neuentstehende Gebilde keine Kategorie mehr. Es ist räumlich, dreidimensional. Schon dieses neue Wesen fällt nicht mehr unter die »Formidee«, weil seine Konstruktion sich in unendlich viel möglichen Bewegungen ändern kann.

Aber ganz frei, unabhängig von den Gebilden der Fläche und des Raumes – himmelshaft unvergleichbar, gottartig bestehend und allein – ist das Agens, der Antrieb, das Zwingende für die Bewegung und Schneidung jener Ebenen. Innerhalb dieser Analogie steht das absolut Freie, Außen-Seiende, das Treibende, das Geistige = für Intensität.

Außerhalb des vorstellbaren Schemas einer neuen (doch endlich notwendigen) Scholastik unserer Zeit, müßte man sich in der Vorstellbarkeit der faktenmäßigen Wirklichkeit so ausdrükken: *Intensität = Platzen vor Geistes-Gegenwart.* (Doch in Zukunft ist noch zu zeigen, worauf Intensität beruht.)

Auch für alle anderen Fälle ist es wichtig, daß wir nachweisen: Überhaupt nur die Möglichkeit von Formideen anzunehmen, ist schon ein Irrtum. Nicht einmal jene oben angesetzte Konstruktion ist in Wahrheit auszudenken möglich. Es ist zu vergleichen, daß alles, was in der Welt über »Form« gesagt wurde, nie Darstellung sondern vages, mit Lyrismus verbrämtes Gerede ist. Während »Wert« etwas ungeheuer Bestimmtes und Eindeutiges blieb. So elementar eindeutig, daß die meisten Menschen sich (vor sich selbst) genieren, daran zu denken. Darum arbeiten alle romantischen Köpfe mit dem Begriffe »Form«; denn Form wäre ja ein *Zustand* (man vergleiche von Plato bis auf die Absickerungen in den Jahrbüchern [1] der Freunde des Dichters George).

Es gibt aber keinen Zustand. Der einzig mögliche Zustand wäre das Eingedrungensein des Menschen in Gott. Dies ist *ganz* unmöglich, denn Gott ist eine ganz freie, absolute, d. i. unabhängige, nicht passive Existenz. (Der halb gnostisierende halb rationalutilitarisierende Scherz, Gott für reziprok dem Menschen zu halten – dünnstes Wässerchen: Feuerbach [2] ist natürlich ganzer Unsinn. Gott als wechselwirkendes Wesen wäre überflüssig zu denken. Aber wer ist dann gezwungen, Bücher in Lexikonformat über ein Nichtvorhandenes zu verbreiten? Das war eine triste Verlegenheit!)

Der vollkommenste Fall des praktischen Lebens ist: bis zum deutlichen Bewußtwerden der absoluten, gänzlich für sich abgetrennten, bewegungsfreien Existenz Gottes vorzudringen.

Wiederum ist der *Vorgang* dieses Bewußtwerdens: Intensität.

Diese abstrakt-theoretisierende Ergänzung zu den programmatischen Ovationen für Alfred Kerr gibt zugleich eine Vorstellung von dem erwachten Selbstbewußtsein der expressionistischen Intellektuellen. Die im Vorspann erwähnten Manifeste sind *Der Dichter greift in die Politik I.* In: *Die Aktion* 2. Jg. (1912), Nr. 21 vom 22. Mai, Sp. 645–652; II. In: *Die Aktion* 2. Jg. (1912), Nr. 23 vom 5. Juni, Sp. 709–715; ders.: *Brief an einen Aufrührer.* In: *Die Aktion* 3. Jg. (1913), Nr. 12 vom 19. März, Sp. 341–347. Rubiners Kerr-Ovation schloß mit den Worten: »Der politische Dichter glaube an sein Leben, an seinen Körper, an seine Bewegung. Der Dichter greift in die Politik, dieses heißt: er reißt auf, er legt bloß. Er glaube an seine Intensität, an seine Bewegung [...]. Es gilt nur, daß wir schreiten. Es gilt jetzt die Bewegung. Die Intensität, und den Willen zur Katastrophe.« (Sp. 76).

1 Siehe Dok. 112, Anm. 2.
2 Ludwig Feuerbach (1804 – 1872), junghegelianischer Philosoph und Religionskritiker.

153
Rudolf Leonhard: *Aeonen des Fegefeuers. Aphorismen.* – Leipzig: Kurt Wolff Verlag 1917, S. 112–113, S. 138–139.

Der Dichtung darf genau so viel Rhetorik verstattet werden, wie sie der Sprache kraft ihrer suggestiven Zwänge und Tendenzen ohne weiteres eignet.

Man muß den »Gegensatz« recht verstehn – Gegensätze sind, Beispiels halber, Nervosität und Rhetorik.

Man kann nur in Hyptertropen dichten, denn beim Superlativ fängt das Dichten erst an.

[...]

Das Wesen des lyrischen Vorgangs ist Assoziation auf dem Wege des Klanges; darum sind so viele Gedanken lyrisch.

Der Geist ist niemals frei von seiner erlauchten Willkür, und die Mittel der Mitteilung sind approximativ; vergleichen, beispielshalber, heißt von den Unterschieden absehn. Und hier helfen nur – die Formen der Kunst.

Gedanken sind immer, Gefühle niemals unverständlich.

Die Unendlichkeit des Gefühls liegt im Intellekt; die Aktivität des Intellekts in der Phantasie.

[...]

Lasset mich Euch sagen, wer wir sind: treulos um unsrer Treue willen, herrisch zum Wort, ungeduldig in den Revolutionen; im allmächtigen Fühlen unsrer Gedanken gedrängt, unsre Gefühle zu formulieren; skeptisch aus dem Unbewußten, mißtrauisch gegen die ekstatischen Rationalisten in der eignen Vernunft unsrer Ekstase; schweigsam vor Übermaß, schreiend im Fanatismus des Gewöhnlichen; inbrünstig vor Gott und der gehaßten Kausalität – erleben wir die Minute des Mittags, die gleich Mitternacht steht, und das Grauen des Schattens im grellsten Licht, und leben im tiefsten Schmerz an den Wegbiegungen, denen unser Weg vorüber muß.

Laut Vorwort ist die Aphorismensammlung von Leonhard im November 1915 abgeschlossen worden.

154
Rudolf Leonhard: *Alles und Nichts! Aphorismen.* – Berlin: Ernst Rowohlt Verlag 1920, S. 191–192.

Keusch sind wir nicht. Wir zeigen unsre Wunden vor und halten unsre Schreie nicht zurück. Nicht mehr nur die erschütterten Nächte: wir füllen die dumpfen Tage mit unsern Schreien. Wir haben den Mut zu schreien, und werden uns daher im Übermut nicht überschrein. Wir haben sogar den Mut, uns dem Geheul unsrer Schreie nicht nur, sondern uns auch den Verdächtigungen auszusetzen: wir wissen, daß manchmal welche aus lauter Feigheit mutig schrein; aber wir können nicht verwechselt werden, denn jenen wird die Feigheit nicht an den Schreien, sondern an andern Zeichen, von denen aus erst die Schreie als Feigheit interpretiert werden können, nachgewiesen – von Euch, und von uns. Gewiß, das wissen wir, ist es manchmal leichter, zu schrein: aber wir wollen uns himmlisch leicht machen – es soll Euch schwer darunter zumute werden. Und in lauten Zeiten, auch das wissen wir, ist es noch viel leichter, nicht zu schrein. Ihr sollt nicht merken, daß wir uns zu schreien manchmal zwingen – d. h. dazu, unsre Schreie nicht zu unterdrücken. Wir schreien mit dem ganzen Blut, in die Ewigkeit, unser ganzes Blut schreit, und Ihr werdet mit dem ganzen Leibe hören müssen; oder fühlen. Schreie, die sich aus unsern Wunden wühlen; hört ihr unser schreiendes Blut? Wir gießen es offen hin, hoffentlich, öffentlich; wir, als Sozialisten die besten Individualisten, und Sozialisten aus Individualismus, unkeusch im Leiden und leidend um unsrer Keuschheit willen, wir haben unsre private Existenz hinter uns geworfen. Das heißt Gemeinschaft. Und wir werden Eure Privatheit, den Sündenpfuhl nicht mehr dulden, in einem öffentlichen, einem tragischen Zeitalter. Gütig verzeihn wir uns die Wut; wir lassen schrein unser Blut; wir sinken einander in die Arme, und den künftigen Jahrhunderten, die wir schon bewunderten, und die wissen werden, dessen wir gewiß sind: unsre Schreie waren gut.

Laut Vorwort »geschrieben 1917 im Lazarett«.

d) *Die nicht mehr schönen Künste*

»Die verfluchten Worte Ästhetik und ästhetisch! Jeder fühlt sich in ihrem Gebrauch wichtig [...]. Kein Ding ist ästhetisch, kein Bewußtsein. Nichts ist unästhetisch.« [1] Mit apodiktischen Aussagen zur Theorie des Schönen, welche die Tradition klassischer Kunstlehre und nachklassischer Ästhetik der Vormoderne destruierten, wurde in der Zeit des Expressionismus nicht gespart. Die in den Künstler-Ästhetiken etwa seit Mitte des 19. Jahrhunderts bewußt gehaltene Differenz zwischen dem Künstlerischen und dem Ästhetischen [2] verschärfte sich damit zur Verneinung von Kunsttheorien überhaupt, die das Ästhetische als eine Objekteigenschaft postulierten. Hinzukam, daß sich der Kanon der als schön oder ästhetisch bislang noch anerkannten Formen und Gehalte im Denken und Geschmack der Avantgarde längst aufgelöst hatte: »Es wurde zum Axiom der modernen Kunst, daß die Schönheit auch das Furchtbare und Grausige, die Vernichtung und das Unbegreifliche umfaßt. Es entstand die Ästhetik des Häßlichen und Schrecklichen, der verletzenden Dissonanz und Deformation, die als Ausgeburt der Trauer und Verzweiflung über die Welt das beruhigende humanistische Ideal hinwegfegte.« [3]

Um den Beitrag der expressionistischen Ästhetik und Poetik zur Theorie der »nicht mehr schönen Künste« [4] genauer einzuordnen, ist es nötig, den historischen Index zu präzisieren, welcher der expressionistischen ›Ästhetik des Häßlichen‹ eigentlich zukommt. Zunächst war der Anti-Ästhetizismus der Expressionisten vorrangig eine Absage an den Schönheitskult der Jahrhundertwende, an das Theorem des ›L'art pour l'art‹. Der Aktivist Kurt Hiller sah in der Georgeschen Forderung nach einer »Kunst für die Kunst« [5] ganz einfach die »Parole des Bösen« [6]. Gerade unter den moralisch-politisch argumentierenden Literaten knüpfte der Anti-Ästhetizismus ferner an das naturalistische Engagement an, das im Schönheitsbegriff ein Klassenideal und in der schönen Kunst eine harmonisierende Lüge angesichts desolater sozialer Wirklichkeit erkennen zu können glaubte. Daneben entsprach die expressionistische Negation traditioneller Schönheitswerte als dekorativer Elemente einer bürgerlichen Scheinkultur ganz der revoltierenden Anti-Bürgerlichkeit der Bewegung an sich. »Die Schönheit ist ein Lebensbedürfnis des deutschsprechenden Bürgers. Ihm schmeckt sogar das Essen schön«, mokierte sich Herwarth Walden. [7] Zum expressionistischen Kunstpostulat wurde so die Kunst der Provokation, eine Noch- oder Anti-Kunst, »fern aller Tendenz schön zu sein«. [8]

Die Thematisierung des Unschönen war nun allerdings bereits als ästhetisches Verfahren legitimiert, noch bevor der Expressionismus auf den Plan trat. Die schon vollzogene Veränderung der Kategorien konnte man etwa an Auguste Rodins Definition ablesen:

> Häßlich ist in der Kunst das, was keinen Charakter, das heißt weder eine äußere noch eine innere Wahrheit besitzt, ferner das, was falsch und künstlich ist, was anstatt ausdrucksvoll zu sein, einnehmend oder schön sein möchte, was gekünstelt und gesucht ist, was ohne Grund lächelt, was ohne Ursache sich aufdrängt und sich spreizt, alles, was ohne Seele und Wahrheit ist, was sich nur mit Schönheit oder Anmut brüstet, alles, was lügt. Wenn ein Künstler, in der Absicht, die Natur zu verschönern, die Wirkung des Frühlings mit grünen, der Morgenröte mit rosigen und die jugendfrischen Lippen mit purpurnen Tönen übertreibt, so schafft er etwas Häßliches, weil er lügt. Wenn er schmerzverzerrte Züge, die Senilität des Alters, die Scheußlichkeit der Perversität im Ausdruck mildert, wenn er die Natur verbessert, wichtige Dinge in ihr umnebelt, verhüllt, mäßigt, um der unwissenden Menge zu gefallen, so kann nur etwas Häßliches dabei herauskommen, weil er Furcht vor der Wahrheit hat. [9]

In anderer Weise hatte vor allem das naturalistische Drama die Empirie des Unschönen aufgenommen. 1909 resümierte ein Beiträger der *Neuen Rundschau*: »Das Kleine, Schwache, Häßliche, Unzulängliche und Unnatürliche hat sich sein Daseinsrecht auf den Brettern erkauft«. [10] Bertold Viertel konstatierte in seiner Kritik zu Gerhart Hauptmanns *Die Ratten*, die symbolistische und die naturalistische Ästhetik des Häßlichen aufgreifend: »Das Schöne ist dem Häßlichen wesensverwandter als dem Hübschen. Es gibt, nach der Gesetzmäßigkeit der Menschenseele, keine produktive Harmonie ohne energische Dissonanzen.« [11]

Die Darstellung des Häßlichen verliert in der expressionistischen Literatur nun völlig den Charakter des noch-ästhetischen Reizwertes. Sie bricht endgültig mit jenem Erwartungshorizont, der aus einer zeitgenössischen Studie über das *Häßliche in der Literatur* einem entgegentritt: »Wird dem Häßlichen [...] eine selbständige ästhetische Bedeutung eingeräumt und dabei das Schöne zu einer Sklavin herabgedrückt, so erregt es ästhetisch Mißfallen und gehört nicht in die Kunst.« [12] Gerade diese Emanzipation der Darstellung des Häßlichen von Geschmack und ästhetischem Takt beurteilte die Avantgarde positiv, z. B. bei Georg Heym: »Schön, gewiß, ist nicht, was er dargestellt hat, das Grauen, die Verwesung, die Irren, die Tauben, die blinden Frauen, die Somnambulen, die Morgue – schön ist aber das strahlende Können, mit dem er es tat, die fortreißende Wucht, das mächtig Packende.« [13] Nur so ließ sich das schockierend Anti-Ästhetische der radikalen Stoffe vor dem Hintergrund eines unkonventionellen Ästhetikbegriffs rechtfertigen. Die konservative Kritik dagegen reagierte mit typischen Philippika:

> Wenn früher jemand verrückt war, so sah er nur weiße Mäuse tanzen. Jungberlin hat hierin entschieden einen Fortschritt gemacht, es sieht Ratten [...] über die Perversität dieser Gedichte zu schreiben, ist als Lyrikkritiker nicht meine Sache. Ich überlasse diesen interessanten Fall den Psychiatern. Die neueste Dichtung der Reichshauptstadt (denn nur in ihrer Luft können solche Mißgeburten gedeihen und nur dort findet sich ein Verleger, der geschmacklos genug ist, sie in Druck zu bringen) treibt seltsame Blüten, aber sie riechen übel nach Verwesung. Und man zieht sie wegen der Sensation und stellt sich damit auf die gleiche Stufe mit Seiltänzern und Akrobaten. Aber man nennt es Kunst und salviert damit seine dekadente und ästhetenhafte Seele, die von Tag zu Tag stärkere Reize braucht, um weiter vegetieren zu können. [14]

Mit Tiraden dieser Art entlarvte sich das hergebrachte Schönheitsideal als ideologisch-illusionäres Wirklichkeitsverhältnis. Weithin wurde verkannt, daß hier provozierte Provokateure dem Leser zumuteten, was sich als faktischer Realitätsaspekt aufdrängte, ohne ihn mit Harmonisierungs- und Wertungsstrategien zu versorgen.

Das Manifest des Futurismus (Dok. 155) war eine erste perfekte Kriegserklärung an das traditionelle Schönheitsideal. Sein kulturrevolutionärer Totalangriff beeindruckte die Expressionisten tief, wenngleich man zunehmend von der dort vollzogenen Ästhetisierung der Gewalt abrückte. In der Aufwertung der Phänomene des Abseitigen, Abnormen und Anomalen, die sich durchsetzte, widerspiegelte sich natürlich auch die Ablehnung des repräsentativen Realismus in der Kunst, »die Abweichung vom ›Normalen‹« ergab sich insoweit »als künstlerische Notwendigkeit«. [15] Hugo Kersten, ein *Aktions*-Mitarbeiter, der das Programm des Futurismus nachhaltig popularisierte, erhob konsequent den permanenten Normbruch zum einzigen und wichtigsten Theorem der Kunst (Dok. 156). Seine Pamphlete im ganzen führen entschieden über die »fröhliche Frechtheit« des bloß Unanständigen [16] hinaus und münden mit ihrer impertinenten Polemik und zynischen Frivolität direkt in die dadaistische Revolte gegen die Erstarrung der expressionistischen Postulate zur Kunstdoktrin. [17]

Eine besondere Steigerung erfuhr die Problematisierung des nicht mehr Schönen in der Kunst durch die Darstellung des physisch oder psychisch Kranken (s. den Abschnitt »Der normale und der pathologische Typus«). Wie sehr dabei sozialethische Motivationen eine Rolle spielten, verdeutlicht Robert Musils Beitrag zu diesem Thema (Dok. 157). Zum Inbegriff der antiklassischen Wendung und Verneinung des Schönheitsideals wurde die Groteske, zu deren Theorie und Praxis expressionistische Autoren wesentliche Beiträge lieferten. Wie z. B. Jakob van Hoddis' Prosagroteske *Doktor Hackers Ende* zeigt, wirkten hier eine solipsistische Erkenntniskritik und die Erfahrung der Desorientierung und Dissoziation zusammen: »Wie die Dinge an und für sich sind, kann man nicht wissen! – Irgend etwas, das sich Erscheinung nennt, wird mir gegeben. Das ordne ich. Jede Ordnung ist richtig, die ich durchführen kann«, sagt dort die groteske Figur, der jeder Versuch, Reales in ein System zu bringen, beliebig wird. [18] Neben Carl Einstein, van Hoddis und Alfred Lichtenstein trug der Schriftsteller und Philosoph Salomo Friedlaender Gewichtiges zur expressionistischen Grotesk-Kunst bei (Dok. 158). Man erkannte in der Groteske zugleich ein Produkt der Auflösung herkömmlicher Gattungsgrenzen: »Wer fühlt nicht, daß diese Grotesken seltsame Grenzgewächse und Zwitterwesen sind, mit all dem schillernden Reiz, all der oberflächigen Unergründlichkeit der Geschöpfe, die auf der Grenze leben«. [19] Seit der phantastischen Literatur eines Paul Scheerbart war es zwar geläufig, das Groteske nicht mehr dem Schönen entgegenzusetzen, doch galt ihr als Form ein Verdikt, das häufig dem Expressionismus als einer nicht mehr schönen Kunstrichtung in toto angelastet wurde:

> Eine Kunst [...] die nur grotesk ist, zeigt ihre Unfähigkeit, sich über das Häßliche mittels des Ideals emporzuschwingen [...]. Sie weist stets auf ihre von Gefühlen des Zweifels, der Angst und Kaltherzigkeit geschwängerte Zeit als auf das ihr natürliche Milieu. [20]

Daß ein aufgeklärt sich gebender Neuidealismus passé sein könnte und die eigene Gegenwart um 1910 eine Zeit der Angst und Kaltherzigkeit sein sollte, das vermochten damals die wenigsten Zeitgenossen zu glauben. Entsprechend verkannte man vielfach die erkenntnis-, ideologie- und moralkritische Leistung der nicht mehr schönen Kunst des Expressionismus. Dem Klischee gemäß bediente sich sogar Thomas Mann der allzueinfachen Formel: »Groteskkunst, das heißt: Expressionismus [. . .]« [21] lediglich polemisch.

1 Oskar Kanehl: *Wider die Ästhetik.* In: *Wiecker Bote* 1. Jg. (1914), H. 11/12 (Juli), S. 12–15, hier S. 14 f.

2 Vgl. dazu die sprachlogische Kritik von Siegfried J. Schmidt: *Ästhetizität. Philosophische Beiträge zu einer Theorie des Ästhetischen.* – München 1971, bes. S. 7–18.

3 Walter Muschg: *Von Trakl zu Brecht. Dichter des Expressionismus.* München 1961, S. 44.

4 Zur Geschichte und Terminologie anti-ästhetischer Kunsttheorie und Interpretation vgl. den gleichbetitelten Sammelband der Reihe »Poetik und Hermeneutik« von Hans Robert Jauß (Hrsg.): *Die nicht mehr schönen Künste. Grenzphänomene des Ästhetischen.* München 1968 (Bd. 3).

5 Vgl. die Programm-Formel aus den *Blättern für die Kunst*, 1. Folge, 1. Bd. (1892). Wiederabgedr. in: Georg Peter Landmann (Hrsg.): Der *George-Kreis. Eine Auswahl aus seinen Schriften.* – Köln, Berlin 1965, S. 15.

6 Kurt Hiller: *Gedenkrede* [auf Ernst Wilhelm Lotz]. In: *Die neue Rundschau* 26. Jg. (1915), Bd. 1, S. 561.

7 Trust (d. i. Herwarth Walden): *Schönheit! Schönheit! Der Fall Adolf Loos.* In: *Der Sturm* 1. Jg. (1910/11), Nr. 70, Juli 1911, S. 556.
8 [Konrad] Felixmüller: *Zur Kunst.* In: *Die Schöne Rarität* 2. Jg. (1918), H. 3 (Juni), S. 40.
9 Auguste Rodin: *Natur und Kunst.* In: *Das bunte Buch.* Leipzig: Kurt Wolff 1914, S. 55–75, Zitat S. 55 f.
10 Kurt Singer: *Das Häßliche im Drama.* In: *Die Schaubühne* 5. Jg. (1909), Nr. 11, 18. März, S. 297–300 u. Nr. 12, 25. März, S. 325–330, hier S. 330.
11 Bertold Viertel: *Neue Kunst und die Kritik.* In: *Der Strom* 1. Jg. (1911), Nr. 2 (Mai), S. 37–41, Zitat S. 39 f.
12 Hermann Hölzke: *Das Häßliche in der modernen deutschen Literatur. Eine kritische Studie.* Braunschweig u. Leipzig: Verlag von Richard Sattler 1902, S. 4.
13 Ernst Blass: *Georg Heym.* In: *Die Aktion* 2. Jg. (1912), Nr. 28, 10. Juli, Sp. 882–885, Zitat Sp. 883.
14 Hans Friedrich: *Gedichtbände.* In: *Janus* 1. Jg. (1912), 1. April-H., Nr. 15, S. 358–359, Zitat S. 358 f.
15 Ludwig Bäumer: *Lovis Corinths Aufruf an die Jugend, für die deutsche Kunst Eine Entgegnung.* In: *Die Aktion* 4. Jg. (1914), Nr. 8, 21. Februar, Sp. 161–162, Zitat Sp. 162.
16 Otto Flake: *Das Unanständige in der Kunst.* In: *März* 7. Jg. (1913), H. 1, 11. Januar, S. 87–88, Zitat S. 88.
17 Vgl. Michael Stark: *Impertinenter Expressionismus. Hugo Kerstens Revolte.* Nachwort zu: *Impertinenter Expressionismus. Texte von Hugo Kersten.* Stuttgart 1980, S. 137–164.
18 Jakob van Hoddis: *Doktor Hackers Ende.* In: *Die neue Kunst* 1. Jg. (1913/14), Bd. 1, H. 1, S. 78. Wiederabgedr. in: J. v. H.: *Weltende. Gesammelte Dichtungen.* Hrsg. von Paul Pörtner. Zürich 1958, S. 80.
19 Anselm Ruest (d. i. Ernst Samuel): *Ein Vorleseabend.* In: *Die Aktion* 1. Jg. (1911), Nr. 42, 4. Dezember, Sp. 1328–1329, hier Sp. 1328. Bericht vom Auftritt S. Friedlaenders bei einem Leseabend des Alfred Richard Meyer Verlags im Berliner Architektenhaus.
20 Karl Scheffler: *Vom Wesen des Grotesken.* In: *Gesammelte Essays.* Leipzig: Insel-Verlag 1912, S. 78–98. Zit. nach: Ludwig Rohner (Hrsg.): *Deutsche Essays. Prosa aus zwei Jahrhunderten.* Bd. 4: *Neuere deutsche Essays* I. München 1972, S. 245–262, Zitat S. 246 f.
21 Thomas Mann: *Betrachtungen eines Unpolitischen.* Dok. 21.

155
F[ilippo] T[ommaso] Marinetti: *Manifest des Futurismus.* In: *Der Sturm* 2 (1911/12), Nr. 104 (März 1912), S. 828–829.

[...]

1 Wir wollen die Liebe zur Gefahr singen, die gewohnheitsmäßige Energie und die Tollkühnheit.

2 Die Hauptelemente unserer Poesie werden der Mut, die Kühnheit und die Empörung sein.

3 Wie die Literatur bisher die nachdenkliche Unbeweglichkeit, die Ekstase, den Schlummer gepriesen hat, so wollen wir die aggressive Bewegung, die fiebrige Schlaflosigkeit, den gymnastischen Schritt, den gefahrvollen Sprung, die Ohrfeige und den Faustschlag preisen.

4 Wir erklären, daß der Glanz der Welt sich um eine neue Schönheit bereichert hat: um die Schönheit der Schnelligkeit. Ein Rennautomobil, dessen Wagenkasten mit großen Rohren bepackt sind, die Schlangen mit explosivem Atem gleichen, ein heulendes Automobil, das auf Kartätschen zu laufen scheint, ist schöner als der »Sieg bei Samothrake«.

5 Wir wollen den Mann preisen, der am Lenkrad sitzt, dessen gedachte Achse die auf den Umkreis ihrer Planetenbahn geschleuderte Erde durchbohrt.

6 Der Dichter muß sich mit Wärme ausgeben, mit glanzvoller Verschwendung, um den begeisterten Eifer der Uranfänglichen zu vergrößern.

7 Nur im Kampf ist Schönheit. Kein Meisterwerk ohne aggressives Moment. Die Dichtung muß ein heftiger Ansturm gegen unbekannte Kräfte sein, um sie aufzufordern sich vor den Menschen zu legen.

8 Wir sind auf dem äußersten Vorgebirge der Jahrhunderte!... Wozu hinter uns blicken, da wir gerade die geheimnisvollen Tore des Unmöglichen brechen? Zeit und Raum sind gestern dahinaufgegangen. Wir leben schon im Absoluten, denn wir haben schon die ewige, allgegenwärtige Schnelligkeit geschaffen.

9 Wir wollen den Krieg preisen, – diese einzige Hygiene der Welt – den Militarismus, den Patriotismus, die zerstörende Geste der Anarchisten, die schönen Gedanken, die töten, und die Verachtung des Weibes.

10 Wir wollen die Museen, die Bibliotheken zerstören, den Moralismus bekämpfen, den Feminismus und alle opportunistischen und Nützlichkeit bezweckenden Feigheiten.

11 Wir werden die arbeitbewegten Mengen, das Vergnügen, die Empörung singen, die vielfarbigen, die vieltönigen Brandungen der Revolutionen in den modernen Hauptstädten; die nächtliche Vibration der Arsenale und Zimmerplätze unter ihren heftigen, elektrischen Monden; die gefräßigen Bahnhöfe voller rauchender Schlangen; die durch ihre Rauchfäden an die Wolken gehängten Fabriken; die gymnastisch hüpfenden Brücken über der Messerschmiede der sonndurchflimmernden Flüsse; die abenteuerlichen Dampfer, die den Horizont wittern; die breitbrüstigen Lokomotiven, die auf den Schienen stampfen wie riesige, mit langen Röhren gezügelte Stahlrosse, und den gleitenden Flug der Aeroplane, deren Schraube knattert wie eine im Winde wehende Flagge und die klatscht wie eine beifallstobende Menge.

In Italien veröffentlichen wir dieses feurige, gewaltige Manifest, durch das wir heute den *Futurismus* schaffen, weil wir Italien von seinem Krebs von Professoren, Archäologen, Ciceronen und Antiquaren befreien wollen.

Italien ist lange genug der große Markt der Trödler gewesen. Wir wollen es von den unzähligen Museen befreien, die es wie unzählige Kirchhöfe bedecken.

Museen, Kirchhöfe!... Wirklich identisch sind sie im finsteren Berühren ihrer Körper, die einander nicht kennen. Öffentliche Schlafstellen, wo man auf ewig verhaßten und unbekannten Wesen gegenüber schläft. Reziprokes Ungestüm der Maler, die sich mit Linien- und Farbenschlägen gegenseitig in demselben Museum töten.

Man besuche sie jedes Jahr, wie man alljährlich die Gräber seiner Lieben besucht... Einverstanden!... Man lege meinetwegen jährlich der »Gioconda« Blumen zu Füßen, wir verstehen es! ... Aber täglich unsere Traurigkeit, unseren zerbrechlichen Mut und unsere Unruhe in die Museen spazieren führen, das lassen wir nicht zu!... Will man sich denn vergiften? Will man verwesen?

Was kann man gut an einem alten Bilde finden, wenn nicht die mühseligen Verrenkungen des Künstlers, der sich bemüht, die undurchdringbaren Tore zu durchdringen, nur weil er wünscht seinen Traum auszudrücken?

Ein altes Bild bewundern heißt unsere Empfindsamkeit auf eine Totenurne verschwenden, statt sie nach vorn zu schleudern mit heftigen Stößen, die schöpfen und tatkräftig sind. Will man denn so seine besten Kräfte durch die Bewunderung des Vergangenen verschwenden, um gänzlich erschöpft, geschwächt zu sein?

In Wirklichkeit ist der tägliche Besuch der Museen, der Bibliotheken, der Akademien (dieser Friedhöfe verlorener Anstrengungen, dieser Golgatha gekreuzigter Träume, dieser Register gebrochenen Schwunges) für den Künstler dasselbe, was verlängerte Vormundschaft für intelligente, an ihrem Talent berauschte Jünglinge ist.

Für Tatkranke, Invaliden und Gefangene, meinetwegen. Es ist vielleicht ein Balsam für ihre Wunden, die bewunderungswürdige Vergangenheit, da ihnen die Zukunft versagt ist... Aber wir wollen so etwas nicht, wir jungen, starken, lebendigen Futuristen!

Laßt sie doch kommen, die guten Brandstifter mit den karbolduftenden Fingern!... Da sind sie! Da sind sie ja!... Steckt doch die Bibliotheken in Brand! Leitet die Kanäle ab, um die Museen zu überschwemmen!... Ha! Laßt sie dahintreiben, die glorreichen Bilder! Nehmt Spitzhacken und Hammer! Untergrabt die Grundmauern der hochehrwürdigen Städte!

Die Ältesten von uns sind dreißig Jahre alt; wir können also wenigstens zehn Jahre unsere Pflicht tun. Sind wir vierzig Jahre, so mögen Jüngere und Tapfere uns in den Papierkorb werfen wie unnütze Manuskripte! Von weither werden sie uns entgegenkommen, tanzend nach dem leichten Rhythmus ihrer ersten Gedichte. Mit ihren hakenförmigen Fingern werden sie in die Luft kritzeln und vor den Türen der Akademien den guten Geruch unserer verwesenden Geister einatmen, die schon den Katakomben der Bibliotheken versprochen sind.

Aber wir werden nicht da sein. Sie werden uns in einer Winternacht mitten auf dem Lande vor einem düsteren Hangar finden bei unseren bebenden Aeroplanen; und wir werden uns gerade die Hände über dem Feuer unserer Bücher von heute die Hände wärmen und hoch wird die Flamme aus ihnen unter dem Fluge ihrer Bilder herausschlagen.

Sie werden uns umringen, keuchend vor Angst und Ärger, und verzweifelt durch unseren stolzen unermüdlichen Mut; sie werden sich auf uns stürzen mit ebenso viel Haß, wie ihr Herz trunken von Liebe und Bewunderung für uns sein wird. Und die starke, heilige Ungerechtigkeit wird hell aus ihren Augen strahlen. Denn Kunst kann nur Gewalt, Grausamkeit sein.

Die Ältesten von uns sind dreißig Jahre alt, und doch haben wir schon Schätze vergeudet. Schätze der Kraft, Liebe, Mut und strengen Willen, eilig, im Delirium, ohne zu rechnen, im Handumdrehen, zum Atemverlieren.

Blickt uns an! Wir sind nicht außer Atem... Unser Herz ist nicht im mindesten erschöpft! Denn Feuer, Haß, Schnelligkeit ernähren es!... Das setzt euch in Erstaunen? Ja, weil ihr euch nicht einmal erinnert gelebt zu haben. Auf dem Gipfel der Welt stehend schleudern wir noch einmal unsere Herausforderung den Sternen zu!

Eure Einwürfe? Genug, genug! Versteht sich! Wir wissen sehr gut, was unsere schöne falsche Intelligenz uns bestätigt. – Wir sind nur, sagt sie, der Inbegriff und die Verlängerung unserer

Ahnen. – Vielleicht! Meinetwegen! ... Was tuts? ... Aber wir wollen nicht begreifen. Wiederholt ja nicht diese infamen Worte! Kopf hoch! Das ist besser!

Auf dem Gipfel der Welt stehend schleudern wir noch einmal unsere Herausforderung den Sternen zu!

Autorisierte Übersetzung von Jean-Jacques [1]

Dieses berühmte und in mehreren Sprachen veröffentlichte Manifest erschien zuerst in frz. Sprache in der Pariser Tageszeitung »Le Figaro« am 20. Februar 1909. Marinettis Manifest wird rhetorisch präludiert durch die futuristische Exposition einer imaginären Sprechsituation. Zu dieser Übersetzung aus dem Französischen vgl. die abweichende Übertragung nach der italienischen Vorlage von Christa Baumgarth in: *Futurismus 1909–1917*. Katalog, Städtische Kunsthalle Düsseldorf 1974.

1 Jean-Jacques (Ps. für Hans Jacob; 1896 – 1961), als Schriftsteller und Übersetzer aus dem Französischen vor allem in den Zwanziger Jahren bekannt.

156
Hugo Kersten: *Über Kunst, Künstler und Idioten.* In: *Die Aktion* 4 (1914), Nr. 23, 6. Juni, Sp. 491–494.

Es ist ein schlechtes Zeichen für die jeweilige Literatur, wenn sich die Wissenschaftlichkeit in ihr so anmaßend gebärdet, wie sie es heute tut.

Es kommt nicht darauf an, mit Hilfe gewonnener wissenschaftlicher Erkenntnisse Charaktere dichterisch zu gestalten, sondern höchstens kann die Wissenschaft ihre Erkenntnisse aus den dichterisch gestalteten Charakteren ziehen.

Bücher entstehen aus überströmendem Mut zum Bekenntnis und haben nur durch das Bekenntnis eine Berechtigung.

Eine Dichtung, die psychoanalytische Erkenntnisse als Prämisse nimmt, ist psychoanalytischer Plunder.

Sie ist entweder ein frivoles Prunken mit philosophischem Wissen oder eine höchst überflüssige Folgerung, die auf jeden Fall belanglos sein muß, da sie ihr Resultat in die Voraussetzung nimmt, und die deshalb nicht einmal der Wissenschaft von Nutzen sein kann.

Der Normalmensch gebraucht die Worte der Dinge wegen; der Künstler die Dinge der Worte wegen. In der Kunst entheiligt ein Zweck die Mittel. Doch schließt dies nicht die Tendenz eines Kunstwerkes aus: Kunst *ist* Tendenz.

Der vollkommenste Künstler wäre der, der in einem Worte alles sagen könnte, was es zu sagen gibt. Wer mehr Zeit dazu braucht, eine Stimmung wiederzugeben, als sie zu erleben, hat pädagogische Interessen. Kunst und Pädagogik schließen sich aus. Pädagoge zu sein ist eine Unverschämtheit seinem Leser gegenüber. Ich wünsche mir ein anderes Auditorium als bildungsbeflissene Kommis.

Der Künstler hat nicht den Willen zur Schönheit oder zur Wahrheit oder zu sonst irgend etwas. Er hat nur den Willen zum Werke.

Jeder Künstler ist begeistert: von sich und seiner Kunst. Niemals und unter keinen Umständen von etwas anderem. Man muß die Dinge einseitig sehen, um sie zu gestalten.

Wer es gelernt hat, in sich zu sehen, hat kein Interesse mehr daran, um sich zu sehen. Doch ist die Welt nicht überflüssig: wir brauchen die Dinge, um Worte zu bilden, und die Worte als Vorwände.

Der Künstler steht immer außerhalb. Auch von sich selbst. Es genügt nicht, abseits zu stehen. Das ist immer noch ein Verhältnis. Es genügt auch nicht, die Bourgeoisie zu verneinen. Eine Verneinung läßt immer noch die Möglichkeit einer Beziehung zu.

»Mitten im Leben stehen«, das ist kein Standpunkt für Künstler. Wir ersehnen oder verachten das Leben!

Es gibt Menschen, denen die Kunst nur ein Vorwand ist, um zum Leben zu gelangen. Diese machen bestenfalls aus ihrem Leben ein Kunstwerk. Künstlern ist das Leben nur ein Vorwand, um zum Werk zu kommen.

Ein Künstler, der aufhört, mit sich selber im Widerspruche zu sein, hört auf, ein Künstler zu sein. Eine harmonische Persönlichkeit ist eine erschöpfte Persönlichkeit. Werke entstehen aus Zwiespältigkeit.

Gestalten kann man auch, was man nicht fühlt. Verächtlich ist nur der, der etwas nicht gestalten kann, was er fühlt. Es gibt Menschen, die fest davon überzeugt sind, daß sie an sich glauben. Sie fühlen etwas, das sie nicht ausdrücken können, und meinen deshalb, sie empfinden mehr, als sich ausdrücken läßt.

Man kann alles gestalten, was es auf der Welt und im Geiste gibt. Stoffliche Beschränktheit ist meistens ein Vorwand für Beschränktheit im Gehirne: das Problem der sogenannten Heimatkunst.

Der Gegensatz der Kunst ist Wissenschaft. Kunst ist Beweglichkeit des Gehirns; Wissen Ruhe. Doch ist nicht gesagt, daß jedes Wissen von Nachteil ist. Die Entwicklungsgesetze sind zwar sehr peinlich, aber sie lassen sich doch nicht wegleugnen. Auch der produktive Kopf muß alle Stadien bewältigen, bevor er über sie hinaus gelangt. Und es ist immerhin besser, seinen Weg vorher zu kennen. Nachher, wenn man das Kulturgequatsch von Jahrtausenden in sich hat, gibt es nur ein Ziel: darüber hinaus zu gelangen. Diejenigen, die von hier aus eigene Wege finden, nennt man Künstler. Aber um bis zu diesem Punkte zu gelangen, darf man skrupellos in der Wahl seiner Mittel sein. (Wer aber über diesen Punkt nicht hinaus gelangt, bleibt im Zeitgeist stecken und ist Journalist.)

Ein Kunstwerk zu loben, ist eine Anmaßung. Kunst steht über Religion, denn sie kann nicht entweiht werden. Sonst wäre jede Rezension Tempelschändung. Man kann es nicht vermeiden, angegriffen zu werden. Aber man kann verhindern, daß man verteidigt wird. Das Wort Rezensent ist eine Blasphemie. Und jemand, der es ernsthaft aussprechen kann, hat weder den Glauben an sich noch an die Kunst. Der Glaube aber und die Liebe sind das Höchste auf der Welt: der Glaube an sich und die Liebe zu seinem Werke.

Der Künstler muß sich entweder verschwenden oder ganz enthaltsam sein. Ein Mittelding gibt es nicht. Jeder Künstler hat die große Liebe zur Pose. Primitiv sein ist pervers. Ein Künstler kann nicht ehrlich im gewöhnlichen Sinne sein. Der Bürger ringt sich zur Wahrheit empor, der

Künstler hinab. Jeder Künstler liegt ständig auf der Lauer, um sich selbst hinter die Kulissen zu sehen. Erst wenn er gefunden hat, daß die auch nur von Pappe sind, beginnt er sich als Experiment zu betrachten. Ich glaube wohl daran, daß man einer Leidenschaft willen sein Leben lassen kann; doch glaube ich nicht an die Leidenschaft. Selbstkritik bringt uns um den Lebensgenuß. Aber das muß so sein. Schon der Glaube an eine Erfüllung macht unfruchtbar.

Die Dichtkunst ist die stofflichste und daher unkünstlerischste aller Künste. Es gehört eine gewisse Roheit zum Schriftsteller. Menschen mit differenziertem Schamgefühl können nicht schreiben. Lyrik ist Prostitution. Oder besser: ein Surrogat für die Prostitution. Sie ist das Verhängnis des geistigen Mannes, dessen Dirnennatur in seiner Psyche begründet ist. Lyrik ist aber infolgedessen auch die ehrlichste Kunst.

Ihr Gegensatz ist Epik. Sie steht hart an der äußersten Grenze (wenn sie nicht schon jenseits der Grenze steht und Geschäft ist). Epik ist nur zu dulden, wenn sie keine ist. Wer da behauptet, daß Epik Kunst sei, ist ein Rindvieh, das von der Seligkeit des Wiederkauens träumt. Ein Romanschreiber ist ein Mensch, der vom Schicksal dazu bestimmt ist, das in einem Satze zu sagen, was man in einem Worte sagen kann. Romane sind divergente Aphorismen. Aber sie sind notwendig: unvermischter Spiritus taugt nicht für den Pöbel.

Wer sich durch Division multiplizieren kann, ist Dramatiker. Ein Dramatiker, der dramatische Stoffe braucht, lebt in dem Irrtum, daß die Kunst Gattungen hat. Die Sehnsucht nach *dem* Menschen und die Verachtung für die Menschen sind die beiden ersten Notwendigkeiten für den, der Menschen gestalten will.

Wer Satiren schreibt, ist ein verschämter Lyriker. Ironie ist die Fähigkeit, Gehirnsrudimente glauben zu machen, daß sie Gehirne seien. Man glaubt gar nicht, wie naiv einer sein muß, der ironisch schreiben kann.

Was so der normale Mensch Literatur nennt, ist für ihn überhaupt nur ein Präzedenzfall für Heimatkunst und Bodenständigkeit.

Deutschlands Literatur ist in eine Kruste eingekapselt, die sich aus dem Gehirnschweiß vieler Philologengenerationen kristallisiert hat.

Wenn jemand behauptet, das Genie sei notwendig und nützlich, so zeugt das zwar von strebsamer Gesinnung, aber auch von mangelhaftem Verständnis. Notwendig ist das Genie immer nur für sich selbst und nützlich für niemand. Und für die Weiterentwicklung des Menschengeschlechts tragen Bankdirektoren, Fabrikanten und Handlungsreisende sicher mehr bei. Der ist ein Optimist, der da glaubt, daß die Nachwelt ihn gerecht zu würdigen wissen wird. Aber die Anwartschaft auf Ruhm ist notwendig für die, die ohne Existenzentschuldigung nicht zu leben wissen. Menschenverachtung ist zugleich Furcht vor den Menschen. Die Menschenverachtung des Künstlers ist ein Gefühl der Keuschheit. Wir fürchten, daß die Schnodderigkeit unseres Jahrhunderts uns jemals etwas anderes sein konnte, als Stoff zu einer Satire.

Kunstrichtungen gibt es zwei: Wer nicht für mich ist, ist wider mich. Man kann nicht zugleich an sich selbst und an andere glauben. Kunst ist Inzest. Es gibt keine Brücke zu fremden Menschen. Das oberste und letzte Kunstgesetz ist: *jedes* zu brechen!

157
Robert Musil: *Das Unanständige und Kranke in der Kunst.* In: *Pan* 1 (1910/11), Nr. 9, 1. März 1911, S. 303–310, Auszug S. 305–310.

[...] Es gibt Dinge, über die man in der Kulturgemeinschaft Deutschlands nicht spricht. Diese Tatsache erfüllt nicht nur mich mit Scham und Zorn und ich werde ihr entgegen den Standpunkt vertreten, daß die Kunst das Unmoralische und Verwerflichste nicht nur darstellen, sondern auch lieben dürfe.

Ich setze dabei voraus, daß es – was man vernünftigerweise nicht im allgemeinen leugnen wird – Unmoralisches und Verwerfliches und Krankes vom Standpunkt der Gesellschaft aus ganz mit Recht gibt. Dann gibt es aber nur drei Möglichkeiten für die aufgestellte Behauptung: Entweder das Unanständige und Kranke ist, von einem Künstler dargestellt, gar nicht mehr es selbst. Oder man müßte annehmen (abgesehen von den Fällen, wo es nur zur Kontrastwirkung, um angeklagt zu werden und dergleichen, dargestellt wird –, Fällen, die es überdies nicht gibt), daß die Liebe eines Künstlers dafür etwas anderes ist, als was man sohin an Wirklichkeiternst fordert (nämlich – um keine Sekunde lang die schlipsumflatterte Verwechslung mit dem Schalk und Überschwang von Künstler zuzulassen –: ein Kunsternst). Oder das Unanständige und Kranke hat überhaupt auch im Leben seine guten Seiten.

Alle drei Behauptungen sind in gewissem Sinne richtig.

Kunst kann Unanständiges und Krankes wohl zum Ausgangspunkt wählen, aber das daraufhin Dargestellte – nicht die Darstellung, sondern das dargestellte Unanständige und Kranke – ist weder unanständig mehr noch krank. Ohne alles Sakristeigeplapper von der Mission des Künstlers ist das ein Axiom, das allein schon aus der nüchternen Betrachtung der spezifischen Funktionen folgt, durch die das Kunstwerk zustande kommt. Andere Begierden als künstlerische befriedigt man nämlich nicht durch sie; man kann solche viel einfacher und ohne ablenkende Anstrengungen in der Wirklichkeit befriedigen und man befriedigt sie mit hinreichender Genugtuung überhaupt nur in der Wirklichkeit. Das Bedürfnis nach (künstlerischer) Darstellung empfinden, heißt – selbst dann, wenn Begierden des wirklichen Lebens den Anstoß geben sollten – kein dringendes Bedürfnis nach ihrer direkten Befriedigung haben. Es heißt etwas darstellen: seine Beziehungen zu hundert andern Dingen darstellen; weil es objektiv nicht anders möglich ist, weil man nur so etwas begreifbar und fühlbar machen kann, ... wie ja auch wissenschaftliches Verständnis nur durch Vergleichen und Verknüpfen entsteht, wie menschliches Verstehen überhaupt entsteht. Und wenn auch diese hundert anderen Dinge wieder unanständig oder krank wären: die Beziehungen sind es nicht, das Auffinden von Beziehungen ist es niemals.

Es ist nicht anders als bei der Wissenschaft; in wissenschaftlichen Büchern findet man alles, die harmlosen anatomischen Unanständigkeiten und Perversitäten, deren inneres Bild man aus den Elementen einer gesunden Seele kaum mehr rekonstruieren kann; man lasse sich durch Deckeinstellungen, wie Mitgefühl, soziale Verpflichtung oder die (zwinkernde) Heilandsmaske der Mediziner nicht täuschen, das Interesse an den Vorgängen ist ein direktes, es sucht Wissen. Und auch die Kunst sucht Wissen; sie stellt das Unanständige und Kranke durch seine Beziehungen zum Anständigen und Gesunden dar, das heißt nichts anderes als: sie erweitert ihr Wissen vom Anständigen und Gesunden.

Der Eindruck, den ein Künstler erhält, irgend etwas Gemiedenes, eine unbestimmte Empfindung, ein Gefühl, eine Willensregung, zerlegt sich in ihm und die Bestandteile, losgelöst aus ihrem gewohnheitsstarren Zusammenhange, gewinnen plötzlich unerwartete Beziehungen zu oft ganz anderen Gegenständen, deren Zerlegung dabei unwillkürlich mit anklingt. Bahnungen werden so geschaffen und Zusammenhänge gesprengt, das Bewußtsein bohrt sich seine Zugänge. Das Ergebnis ist: eine meist nur ungenaue Vorstellung des zu schildernden Vorganges, aber ringsherum ein dunkles Klingen seelischer Verwandtschaften, ein langsames Bewegen weiter Gefühls-, Willens- und Gedankenzusammenhänge. Dies ist, was wirklich geschieht, und so sieht ein kranker, häßlicher, unverständlicher oder bloß konventionell mißachteter Vorgang in dem Gehirn des Künstlers aus. So aber – in eine Kette von Beziehungen verknüpft, von einer Bewegung ergriffen, die ihn hebt, mit sich zieht und den Druck seiner Schwere aufhebt – muß er auch in dem Gehirn dessen aussehen, der die Darstellung versteht. Dieses Ganze ist der Gegenstand, der dargestellt wird, und darauf beruht – und auf nichts anderem, auf keiner mit Hofschauspielerdezenz leierschlagenden Sittlichkeit – eine reinigende, automatisch entsinnlichende Wirkung der Kunst. Was in der Wirklichkeit wie ein heißer Tropfen zusammengeballt bleibt, wird hier aufgelöst, auseinandergezogen, verflochten, – verseligt, vermenschlicht. Es genügt, einmal das Werk eines Kranken in Händen gehabt zu haben, um den Unterschied des Produktes zu verstehen.

Freilich, die Kunst stellt nicht begrifflich, sondern sinnfällig dar, nicht Allgemeines, sondern Einzelfälle, in deren kompliziertem Klang die Allgemeinheiten ungewiß mittönen, und während bei dem gleichen Fall ein Mediziner für den allgemeingültigen Kausalzusammenhang sich interessiert, interessiert sich der Künstler für einen individuellen Gefühlszusammenhang, der Wissenschaftler für ein zusammenfassendes Schema des Wirklichen, der Künstler für die Erweiterung des Registers von innerlich noch Möglichem und darum ist Kunst auch nicht Rechtsklugheit, sondern – eine andere. Sie legt die Personen, Regungen, Geschehnisse, die sie bildet, nicht allseitig, sondern einseitig dar. Etwas als Künstler lieben, heißt somit, erschüttert sein, nicht von seinem Wert oder Unwert im letzten, sondern von einer Seite, die sich plötzlich daran öffnet. Kunst zeigt, wo sie Wert hat, Dinge, die noch wenige gesehen haben. Sie ist erobernd, nicht pazifizierend.

Sie sieht also auch an Geschehnissen, vor denen anderen graut, Wertseiten, Zusammenhänge. Bei den meisten Zusammenstößen zwischen Kunst und öffentlicher Meinung werden nun entweder diese Werte nicht erkannt, der typische Fall aber ist, daß schon der Versuch, sie zu erkennen, abgelehnt wird, aus Grauen über die Umstände, unter denen sie gewonnen werden. Man belehrt den Künstler, in einem gesunden Menschen habe die Impression, die er da zerlege, keine Bestandteile, sie sei durch und durch Ekel. Und dagegen bleibt Besseres als bescheiden der Evidenz zu gedenken, die der Drehung der Sonne um die Erde immerhin reichlich lange anhaftete, nur eines: auf dem letzten Grund dieser Widersprüche den Kampf aufzunehmen, die Theorie zu verfechten, daß man – in dieser Zeit, die sich mit Dekadence und Gesundheit so viel ängstigt – die Grenze zwischen seelischer Gesundheit und Krankheit, Moral und Unmoral viel zu grob geometrisch sucht, wie eine Linie, die zu bestimmen und zu respektieren sei (und jede Handlung muß entweder diesseits oder jenseits sein), statt anzuerkennen, daß es keine seelischen Gifte schlechtweg gibt, sondern nur die giftige Wirkung eines funktionellen Überwiegens des einen oder andern der seelischen Mischungsbestandteile – wobei man an einem Übermaß wohlgelittener nicht weniger eklig erkrankt als am Gegenteil –, daß jede Handlung, jedes Gefühl, jeder Wille, jede Interesserichtung – oder wie sonst man das aufzählen soll, was vorgebracht zu werden pflegt, um einen Dichter und seine Figuren seelischer Minderwertigkeit zu verdächtigen – an und für sich sowohl gesund wie krank sein kann, daß es in jeder gesunden Seele Stellen gibt, die solchen in kranken gleichen, und daß es zur Entscheidung nur auf das Ganze ankommt, auf ein Zahl-, Flächen-, Gewichts-, Spannungs-, Wert- oder noch so kompliziertes Verhältnis der heute als krank und gesund geschiedenen Einzelheiten, die nicht ein für allemal diese Bedeutung haben dürfen, sondern nur jeweils gemäß ihrem Ergebnis in einem bestimmten Fall einer bestimmten Seele.

In Wahrheit gibt es keine Perversität oder Unmoral, die nicht eine sozusagen korrelate Gesundheit und Moral hätte. Das setzt voraus, daß zu allen Bestandteilen, aus denen sie sich aufbaut, analoge auch in der gesunden und zusammenlebenstüchtigen Seele sich finden. Und diese Voraussetzung ist richtig und wird keinem Dichter zu beweisen schwierig sein, welche Beispiele immer man ihm vorlegt. Jede Perversität läßt sich darstellen. Sie läßt sich darstellen durch ihren Aufbau aus Normalem, da man die Darstellung sonst nicht verstünde. Beruht auf der Tätigkeit dieses Aufbaues die Entsinnlichung der Darstellung, so auf seiner Möglichkeit die Menschlichmachung des Vorbilds. Kann der Aufbau aber überdies an entscheidender Stelle wertvolle Bestandteile enthalten, so die Wertmachung. Dies ist der Schlüssel zu der Kombinatorik, welche das Verständnis und die künstlerische Liebe auch des Unmoralischen und Perversen möglich macht.

Sie gilt einem intellektualisierten, wie ein Chemiker sagen würde, »angereicherten« Abbild. Aber zu ihm kann es im Leben auch ein genaues Urbild geben. Obzwar also nicht geleugnet werden soll, daß es Krankes und Unmoralisches gibt, muß doch in den Denkbereich gerückt werden, daß man die Grenze anders bestimmen müsse. An einem Beispiel: man wird anerkennen müssen, daß ein Lustmörder krank sein kann, daß er gesund und unmoralisch sein kann und daß er gesund und moralisch sein kann; bei Mördern tut man's ja.

Sobald durch eine Kunst, die solches nicht vermeidet, Werte gezeitigt werden, ist es unwürdig und zaghaft, dagegen zu eifern. Man wird das Gebiet nicht betreten, wenn nicht bestimmte Werte locken, aber der Pausbäckchen-Standpunkt mit der um jeden Preis gesunden deutschen Kunst ist beschränkt. Gefahren brauchen nicht geleugnet zu werden. Es gibt halbe Begierden, die nicht hinreichen, um ihre Verwirklichung im Leben zu wagen, dennoch um sie in der Kunst zu versuchen, und es kann Menschen geben, die dazu Leben wie Kunst benutzen. Aber entweder erleiden sie dabei jene energieverwandelnde Wirkung (und dann ist es ganz gleich, ob die Leute nebenbei auch krank sind), oder es kann von Kunst eigentlich nicht gesprochen werden. Trotzdem mag dies alles nicht hinreichen, um jede Nebenwirkung auszuschließen, es mag auch richtig sein, daß man im Publikum gern bloß den Rohstoff aufnimmt, richtig, daß Kunst auf beweglichere, undiszipliniertere Innerlichkeiten wirkt als Wissenschaft und darum gefährlicher wird: aber all das sind Schwierigkeiten und keine Gegengründe. Auch die Wissenschaft hat ihr Gefolge seelischer Marodeure, und trotzdem wird man sie nicht verbieten, wenn sie – was sich anbahnt – weiter ins Volk gedrungen sein wird als heute. Was man für sie tut, muß man auch für die Kunst tun: ungern gesehene Nebenwirkungen um des Hauptziels willen in Kauf nehmen, überdies durch gesteigerte Wunderbarkeit dieses Hauptziels sie entwerten. Denn man soll nach vorwärts reformieren und nicht nach rückwärts; gesellschaftliche Krankheiten, Revolutionen sind durch konservierende Dummheit gehemmte Evolutionen.

Man wird auch im wirklichen Leben anders denken lernen müssen, um Kunst zu verstehen. Man definiere als Moral irgend ein Gemeinsamkeitsziel, aber mit einem größeren Maß gestatteter Seitenpfade. Und stimme die Bewegung darauf zu auf starken Vorwärtswillen, um nicht bei jedem Grübelchen am Weg Gefahr zu leiden, hineinzuplumpsen.

Mit diesem auszugsweise abgedruckten Aufsatz schaltete sich Musil in eine aktuelle Polemik ein, die der *Pan*-Herausgeber Alfred Kerr gegen den Berliner Polizeipräsidenten Traugott von Jagow wegen Zensurierung seiner Zeitschrift führte (vgl. A. Kerr: *Vorletzter Brief an Jagow.* In: *Pan* 1. Jg. (1910/11), Nr. 9 u. ders.: *Jagow, Flaubert, Pan / An den Polizeipräsidenten.* In: ebd., Nr. 7). Anlaß der Polemik war die Konfiskation der *Pan*-Nr. 6, in der Reiseaufzeichnungen Gustave Flauberts erstmals veröffentlicht worden waren. In der nicht abgedruckten Einleitung des Aufsatzes bezog sich Musil auch auf Auftrittsverbote gegen die dänische Erzählerin Karin Michaölis, eig. Katharina Marie M.-Stangeland (1872 – 1950), anläßlich ihres Vortrags über das »Kritische Alter der Frauen« in Frankfurt. Vgl. den Roman von K. Michaölis: [*Den farlige alder*] *Das gefährliche Alter. Tagebuch-Aufzeichnungen und Briefe.* Aus dem Dän. von Mathilde Mann. – Berlin: Concordia Dt. Verlagsanstalt 1910. Wilhelm Herzog, der neben Alfred Kerr und Franz Blei das Erstlingswerk Musils (*Die Verwirrungen des Zöglings Törleß.* – Wien, Leipzig: Wiener Verlag 1906; München: Georg Müller 1911) anerkennend besprochen hatte, stellte einleitend den Verfasser als Experten für die ›amoralische Behandlung‹ des Abnormen in der Literatur vor (S. 303): »Der Verfasser dieses Aufsatzes ist der Dichter jenes psychologisch so fesselnden Buches, das vor mehreren Jahren als sein Erstlingswerk erschien und von der ernsten Kritik aufs höchste gerühmt wurde. Es hieß: »Die Verwirrungen des Zöglings Törleß«, und hat bis heute die Auflage des »gefährlichen Alters« noch nicht erreicht.«

158
S[alomo] Friedlaender*: *Mynona.* In: *Der Einzige* 1 (1919), Nr. 27/28, 1. November 1919, S. 326–327.

»Grotesk« – das Wort und seine Bedeutung soll von den seltsamen, bizarren, phantastischen Formen hergenommen sein, welche die Kalksintersteine in den sogenannten Tropfsteinhöhlen annehmen. Damit man aber etwas als verzerrt, entstellt, verrenkt, als seltsam, anormal, häßlich empfinde und beurteile, muß es sich von einem normalen Muster abheben, das wir als schön, ordentlich, richtig proportioniert ansehen und einschätzen; es muß dagegen kontrastieren. Leider verwechseln die meisten Menschen das ihnen Vertraute, Gewohnte, von Natur Sympathi-

* Demnächst erscheint im *Kurt Wolff*-Verlag: *Die Bank der Spötter. Ein Unroman,* und die von *Alfred Kubin* illustrierte Novelle *Der Schöpfer.* (Zuerst abgedruckt im *Einzigen,* Heft IX–XVI.) [1]

sche mit der Norm, und in einem Lande, wo alle buckelig wären, würde man über einen Menschen mit geradem Rücken herzlich lachen. Deshalb ist es wichtig, das gesetzlich Richtige, Musterhafte, wie es in der Logik und Mathematik präzisiert wird, die echte Norm, nicht mit den Gewohnheiten der natürlichen Instinkte zu vermengen. Ja, wer dem Geheimnis der echten Norm, des absolut Rechten, Wahren, Guten, Schönen, des göttlich Stimmenden, himmlisch Reinen, Unfehlbaren, Urmusterhaften lange und tief nachsinnt, der wird die erstaunliche Entdeckung machen, daß sogar auch unsere Logik und Mathemathik, alle unsere menschlichen Normen, nur Jargons, Gewohnheiten, Provinzialismen sind, in Vergleich mit jenem unsäglichen Muster und Urbild der Reinheit und Richtigkeit, welches uns eigentlich jedesmal, wenn wir über eine Abweichung lachen, dunkel vorschwebt. Wir lachen oder weinen über das Zerrbild des echten Lebens, dessen unverzerrte Urgestalt wir aber gar nicht eigentlich kennen, sondern nur ahnen, fühlen, glauben, lieben und hoffen. Dabei ist das Weinen im Grunde nur eine ungeschickte, dilettantische, kindische Form des Lachens: der Säugling weint früher, als er lächelt und lacht; zum Lachen, und sei es bitter, gehört mehr Reife als zum Weinen, das hoffentlich sehr bald zu den Atavismen gezählt werden wird. Und dann wird es sich darum handeln, auch noch das Lachen von aller Galle zu befreien und Galle immer bienenhafter im Honig umwandeln zu lernen.

Der groteske Humorist speziell hat den Willen, die Erinnerung an das göttlich geheimnisvolle Urbild des echten Lebens dadurch aufzufrischen, daß er das Zerrbild dieses verschlossenen Paradieses bis ins Unmögliche absichtlich übertreibt. Er kuriert das verweichlichte Gemüt mit Härte, das sentimentale durch Zynismen, das in Gewohnheiten abgestandene durch Paradoxie: er ärgert und schockiert den fast unausrottbaren Philister in uns, der sich, aus Vergeßlichkeit, mitten in der Karikatur des echten Lebens ahnungslos wohlfühlt, dadurch, daß er die Karikatur bis in das Groteske eben übertreibt, solange, bis es gelingt, ihn aus dem nur gewähnten Paradies seiner Gewöhnlichkeiten zu vertreiben und ihm das echte wenigstens in der Ahnung nahezulegen: das echte, das so leicht deswegen geleugnet wird, weil es zwar innerlich gewiß und bestimmt, äußerlich aber nicht wahrnehmbar ist, und weil auch die geistreichsten Menschen weit mehr Vertrauen zu dem haben, was sie sehen, hören, schmecken, riechen und tasten können, als zu sich selber im allerinnerlichsten Sinn, der das urmusterhafte Paradies bedeutet. Bei dieser seiner inwendigen Schwäche packt der gute Humorist und besonders der Groteskenmacher sich selber und die Menschen. Und zu diesem Zwecke wird er so ähnlich zum Heuchler, wie der Clown, der eine Kreidedecke über sein Antlitz legt, um seine menschlichen Gefühle nicht mehr zu verraten. Der Gefühlvolle heuchelt Trockenheit, um das echte Gefühl vom philisterhaft schalen zu trennen und dieses mit jenem zu verhöhnen, zu verspotten. Der Groteskenmacher ist davon durchdrungen, daß man diese Welt hier, die uns umgibt, gleichsam ausschwefeln muß, um sie von allem Ungeziefer zu reinigen; und er wird zum Kammerjäger der Seelen. Aus einer Art Schamhaftigkeit macht er aber den Vorhang über seinem Allerheiligsten so starr und fest und stickt so groteske Gestalten hinein, daß er eher abschreckt als anmutet. Also ist die Groteske der Prüfstein, der offenbart, wie nah oder wie fern man dem Echten noch mit seiner Seele sei. Wer die nicht immer gleich offenbare Groteske dieses unseres Lebens hier zum grellen, schreienden Vorschein bringt, der eröffnet einen indirekten Ausblick auf ein göttliches Leben, das ebenso finster wie gewiß ist. Hüte man sich also vor dem Mißverständnis, als ob der Groteskenhumorist im Häßlichen an sich selber schwelge; sondern es ist ihm nur ein scharfes Mittel, um uns auch noch aus dem Häßlichen aufzuschrecken, das wir deswegen schon für schön, wahr, heilig und rein halten, weil wir uns daran gewöhnt haben. Der Groteskenmacher peitscht auf alle menschlichen Heiligtümer ein, um die göttlichen wenigstens unsichtbar an deren Stelle zu setzen. Verstehe man also diese umgekehrte Heuchelei, welche die häßlichste Maske über ein Antlitz zieht, welches, umgekehrt wie das der Meduse, so paradiesisch herrlich ist, daß kein menschliches Auge ungeblendet bliebe. Genießen wir so auch die Häßlichkeit und Schrecklichkeit des Lebens wie die Maske eines Gottes, der der Gemeinheit im Incognito des Todes und des Teufels erscheinen will.

Selbstrezension des Philosophen und Groteskdichters Dr. Salomo Friedlaender, der seine belletristischen Werke mit dem Pseudonym »Mynona« (Anagramm für »Anonym«) unterzeichnete. Über die Funktion der Namensmaske schrieb er in seinem Lebenslauf: »Als Groteskenschreiber nahm ich das Pseudonym ›Mynona‹ an. Da meine metaphysische Intention zwar stark war, die wissenschaftliche objektiv systematische Ausgestaltung jedoch, um nicht im Keime stecken zu bleiben, eines ›besseren Lenzes‹ bedurft hätte; so verhalf sich meine philosophisch gehemmte, verdrängte und abgelegte Produktivität auf Schleichwegen zur grotesken Mißgeburt. In meinem Buch über Nietzsche [*Friedrich Nietzsche. Eine intellektuale Biographie.* – Leipzig: G. J. Göschen 1911] ist das dionysisch individual verfaßte Subjekt nicht mehr nur indisch verinnerlicht, sondern mit amerikanischer Verve weltlich nach außen gerichtet. Man ließ diesen Schlüssel zum Erlebnis ›Nietzsche‹ als zum Selbsterlebnis unbenutzt liegen, und so schloß ich damit als Mynona mein Lachkabinett auf.« (Zit. nach: *Expressionismus-Katalog,* S. 165 f.; Handschrift von 1921)

1 Mynona: *Die Bank der Spötter. Ein Unroman.* – München, Leipzig: Kurt Wolff 1919; *Der Schöpfer. Phantasie von Mynona.* Mit achtzehn Federzeichnungen von Alfred Kubin. – München: Kurt Wolff 1920.

2. *Spracherneuerung und Wortkunsttheorie*

Wenn vom Sprachzweifel und vom modernen Bewußtsein der Krise literarischer Sprache die Rede ist, wird zumeist Hugo von Hofmannsthals berühmter *Brief des Lord Chandos* [1] an erster Stelle genannt, obschon dieses Dokument der Jahrhundertwende – paradoxerweise – in kultiviert verfeinerter Sprache vom Ende der Metaphysik, von kognitiver Skepsis und dem daraus begründeten Wortzerfall handelt. In der Zeit des Expressionismus hielt man sich jedenfalls mit skrupulöser Sprachskepsis dieser Provenienz nicht lange auf. So ist es für die poetische Sprachverwendung der Zeit charakteristisch, »daß sie das ganze mögliche Sprachspektrum umfaßt« [2], und sich im Spannungsfeld zwischen der Konstruktion einer neuen Sprache und Sprachdestruktion bewegt. Dezidierte Sprachskepsis findet sich allenfalls im Werk des Einzelgängers Gustav Sack [3], der die Wendung zur Mystik als Quietismus und die rhetorische Ekstase als Illusion betrachtete. [4] Sprachkritisch beerbte der Expressionismus Karl Kraus' Angriffe gegen die journalistische »Verschweinung« der Sprache, ohne jedoch dessen Fanatismus für die reine und richtige Sprache zu teilen. Analytische Bedeutung für die Sprachtheorie des Expressionismus gewann daneben Fritz Mauthners Sprachkritik. [5] Seine sprachphilosophische Konzeption, die Adjektiv, Verbum und Substantiv voneinander losgelöst sah als die »drei Sprachen, in denen wir je nach der Richtung unserer Aufmerksamkeit unsere Kenntnis von einer und derselben Welt ausdrücken« [6], findet Parallelen in der Verselbständigung grammatischer Elemente expressionistischer Literatur, z. B. im Substantiv-Stil (»Sein« bei Mauthner) oder in der Poetik des Verbums (»Werden« bei Mauthner). [7] Nicht zuletzt sollte auch die aktivistische Mystik Gustav Landauers in diesem Zusammenhang erwähnt werden. [8] Insgesamt überwiegt im literarischen Expressionismus aber das Vertrauen in die eigene sprachliche Kreativität, sprachkritische Bedenken und gedankenlose Rhetorik koexistieren ebenso wie die Klage über gestörte Kommunikation und der enthusiastische, häufig illusionäre Glaube an die Macht der Worte. Allgemeinverbindlich war wohl nur der Wille zur sprachlichen Veränderung, zur sprachlichen Erneuerung: »Denn wir sind hier, alles Geschaffene noch einmal zu schaffen: in der Sprache. Alles Lebende durch uns erst leben zu lassen: in der Sprache. Sine verecundia. Kritik der Sprache haben Viele versucht [Mauthner bloß am lärmendsten]. Dringender als Kritik ist Zeugung der Sprache.« [9]

Besonders auffallend ist an der expressionistischen Sprachreflexion nämlich ein ausgeprägter antihistorischer Affekt, der sich allererst gegen die Sprache als Ausdruck der bürgerlichen Kultur wendet. Dieser Affekt, der neben der erkenntniskritischen Haltung zur Sprache das eigentliche Motiv der »Erneuerung der Sprache« offenbart, liegt der dadaistischen ›Erfindung‹ des Lautgedichts zugrunde. [10] Natürlich konnte die bürgerlich-konservative Kritik mit dieser Art der ‚Sprachzeugung'nichts anfangen: »Der radikal und konsequent gefaßte Expressionismus ist das, was man Dadaismus nennt, die Zurückführung des Sprachlichen auf seinen ausschließlich subjektiven Ausdruckswillen, auf den unartikulierten Naturlaut« [11]. Sie sah darin die Liquidation der zivilisatorischen Errungenschaft Sprache. Für die Expressionisten kam umgekehrt Sprache als desolate gesellschaftliche Instanz in den Blick, in deren Krise sich lediglich die Krise des Kulturzustandes dokumentiere:

Ein Abbild dieser Zersplitterung, der anarchischen Zerrissenheit, des unbekümmerten Nebeneinanderherlebens gibt die Sprache, die Gott gab, als das unzerstörbar starke einzige Band, das alle umfaßt und alle zusammenhalten kann. Sie wurde von den Menschen zerstört. Die wirkliche Verwirrung von Babel geschah erst im vorigen Jahrhundert, denn was bedeutet die Trennung in tausend Idiome gegen die Zerspellung in eineinhalb Milliarden Einzelner? Was mußte da aus der Sprache werden, wo jegliches Gemeinschaftliche aufgehört hat, wo Sezessionen über Sezessionen sind. Das Konzert des Kontinents von 1914 war ein gigantisches Solistengezwitscher, kein Symphon. Jede Logik fand ihre Jünger, jede Losung Freiwillige, jede Tribüne Applaus. Irren in Wildnis, kein Zuschnitt auf das Wichtigste. Man pries die Mannigfaltigkeit, es war Tohuwabohu. Betrieb hatten wir, keine Brüderlichkeit. Ellenbogen, kein Händereichen. Menschtum zerfiel. Gestoßen in den Strudel der Geschäftigkeit schurrten die Individuen aneinander, wie Steine sich in Gießbächen abschleifen. Moränen Schutt fielen zur Seite. In Großstädte ineinandergepfercht, frönend um Existenz, lebte der Mensch, Augen geradeaus, stumm nebeneinander her. Müde nebeneinander, fremd zu einander. Und so entwickelte sich die seltsame Fähigkeit, die Welt immer mehr durch das Auge zu empfangen. Der Mensch hört schon mit den Augen. Da es unmöglich ist, so vielen Nächsten nahe zu kommen, treibt er vorüber: stumm Passant an Passant vorbei, stumm sich gegenüber in Trams und Vorortzügen, stumm in Stockwerke geschichtet. Wo hätte er die Gabe pflegen sollen, zu einander zu kommen, Innerstes austauschend, sich zu geben und zu empfangen? Wann reden noch (o Rarität) Redner von Autodächern herab? Die stumme tonlose Zeichensprache der Leitartikel hat sie längst verdrängt. Das Wort wurde Schemen. Sagt einer »Baum«, »Pferd« oder »Himmel« – da leuchtet nichts mehr auf. Man lebt nur noch vom Bilde: der Lustbarkeit der illustrierten Blätter, den Rhapsodien langen Kinodramas. Dazu kommt jener plötzlich mitwirkende Zustrom der untersten Menschen, die nicht bloß Beachtung heischen, sondern an allem teilnehmend, Anspruch und Berücksichtigung erzwingen. So profilieren sie die Kultur irgendwie. Sie, die Klasse der ohne Gedrucktes Lebenden, die mit dem Sprachschatz von 60 Worten, die vielleicht noch ein Flugblatt erreicht – in einer Wahlkampagne. Seht also die zwei Seiten: von unten die noch nicht zur Station heiligender Mitteilsamkeit Durchgebrochenen, oben der irre Veitstanz in bedrucktem Papier. In Saus und Braus verjubelt man die Worte. Jede Prägung verschleißt. Revolution und endlose Wahlkämpfe, Millionenauflagen und Geschwätzigkeit haben das Wort endgültig degradiert; es ist billig und schal und kann niemand mehr berauschen. Wie wir Papier haben statt blankem Gold, haben wir Schall und Speichel aus dem Maul, nicht harte, gezirkelte elastische, zu festem Schnitt geschärfte Klinge der Sprache.

Carlo Mierendorff erhoffte also von expressionistischer *Revolution der Sprache* (Dok. 161) die Erziehung zukünftiger Menschheit:

Expressionismus, der die Sprache siebt, nichts will, als für jede Sache den treffendsten, knappsten und deutlichsten Ausdruck. In dem Wort selbst die ganze Dynamik eines Vorganges. Das ist (sieht man die Bäuche Ullsteins) Askese; das ist nicht Spielerei oder Hirnverrücktheit [...]. Die Dichtungen dieser Generation zeigen eine Geladenheit, die wie Muskelspiel unter der Haut ist [...]. [12]

Doch das Sprachpathos des sozialistischen Expressionismus (s. den Abschnitt »Pathos, Ekstase, Schrei«), das die Worte »wieder in den Dienst der menschlichen Verständigung« stellen wollte, vertiefte die erkannte Sprachbarriere und endete in der Fiktion einer Einheitssprache: »Damit eine Gemeinschaft werde, kann nur eine Sprache sein [...]. Es gibt nur Menschen, für sie nur ein Ethos, dies nur durch eine Sprache.« [13] Iwan Golls *Versuch einer neuen Poetik* (Dok. 162) ist dagegen ein Dokument der beginnenden Resignation der Schriftsteller, für die das Programm der direkten Kommunikation längst gescheitert war. Der Wunsch nach einer Erneuerung der Sprache und die Suche nach einem funktionalen Zeitstil führt hier zur Bereitschaft, von der Literatur primitiver Kulturen zu lernen.

Was den poetischen Sprachstil betrifft, richtete sich der traditionskritische Impuls des Expressionismus gegen die Sprachkorrektheit des Realismus, gegen den naturalistischen Trivialton und gegen die sensible Sprachmanier von Symbolismus und Impressionismus, die man als literatursprachliche Klischees betrachtete. Das sprachlich Neue im Expressionismus ist theoretisch in erster Linie in der Futurismusrezeption und in der Wortkunsttheorie des *Sturm*-Kreises greifbar. F. T. Marinettis *Manifesto tecnico della letteratura futurista* vom 11. Mai 1912 (Dok. 159) war ein epochemachendes linguistisches Manifest, das die Künstler vielerorts zur Revision althergebrachter poetischer Grammatik zwang. Seine Forderungen nach Konzentration und Vereinfachung der literarischen Sprache, sein Plädoyer für den Substantiv-Stil, für das Verb im Infinitiv, für die Reduktion von Adverb und Adjektiv sowie für die Abschaffung von Konjunktionen und Interpunktion beeinflußten die expressionistische Poetik nachhaltig, ohne die Schriftsteller zu strikter Befolgung des neuen Reglements zu bringen. Vor allem die Parataxe [14] wird zu einer epochalen sprachlichen Struktur. Sie wird zum Sinnbild gestörter Kommunikation, zum literarischen Indiz der Entfremdung in der zwischenmenschlichen Interaktion: »Man sparte an Blick und Ton füreinander, rief sich und antwortete in Hauptworten, denen die verbindenden Verben und Partikeln fehlten, um schließlich bei Begriffen, die man als bekannt oder erwartet voraussetzen konnte, auch an den Endsilben zu sparen.« [15] Auf diese Weise wird in Carl Sternheims Novelle *Busekow* die parataktische Anrede der Protagonisten zum Ausdruck ihrer Entfremdung. Parataxe, Reihungsstil [16] und Nominalstil, mit denen expressionistische Autoren die Erfahrungen mangelnden Wirklichkeitszusammenhangs und die Problematik koordinierter Aussage thematisieren, wurden von der zeitgenössischen Kritik in ihrer erkenntnis- und sprachkritischen Dimension häufig verkannt. Typisch ist, was ein Feuilletonist der *Neuen Züricher Zeitung* über die expressionistischen »Sprachgrimassen« sagte:

> Die gegenwärtige Mode, aus der Sprache die Artikel kurzerhand zu eskamotieren, ihr die Gelenke zu stauchen und so sie zu jämmerlichem Gestelz zu nötigen, wurde von Sternheim zuerst praktiziert, und eine Schar Schreibbeflissener sind [!] ihm darin flugs nachgefolgt [...]. Die heutige Konjunktur verbannt auch alle Konjunktionen aus dem Satze. Die kurzen Sätze werden nur so hingeschmissen und Wichtiges wie Unwichtiges in der gleichen Hast flink hergezählt; es gibt keine Hauptsache mehr, der sich anderes unterzuordnen hätte, so daß eben alles zur Nebensache wird. Das sinnverwirrende Tempo solcher kurzatmigen Sätze, welche die ›wild und verzehrende, gegen alle Grenzen stürmende Glut‹ ausdrücken sollen, wie bei Kasimir Edschmid, nimmt man leicht als jene Geschwindigkeit wahr, welche keine Hexerei ist. Es ist nicht nötig, alle stilistischen Kniffe aufzuzeigen, durch die das expressionistische Volapük, das als schöpferische Sprachkunst gelten möchte, zustande kommt, damit man einsehe, wie als Sprachschöpfung sich gebärdet, was nichts anderes als gräßliche Wortvermanschung ist. [17]

Sprachliche Elemente als absolute Qualitäten dem Leser zu konfrontieren, ist das poetische Grundprinzip der Wortkunsttheorie, die sogar innerhalb der Avantgarde analog kritisiert wurde. Friedrich Wolff befürchtete angesichts wortkünstlerischer »Sprachverstümmelung« den *Untergang der Sprache*: »Die Tonmalerei der Neuro-mantiker, das lautmimische Gelalle der ›Sturm‹-Leute, das 200 Kilometer-Tempo eines August Stramm, Formung des Formerlebnisses, sind Reflexe aufzuckenden Nabelbeschauers, aber keine Dichtkunst.« [18]

Einen ersten Schritt zur Wortkunsttheorie vollzog Paul Hatvani (Dok. 160), der die Wiederherstellung der sinnlich-erotischen Qualität der Sprache, ihres elementaren »chaotischen Urzustands«, durch die Befreiung der Worte vom Gedanklichen erwartete. Ganz im Zeichen dieses Anti-Intellektualismus steht Herwarth Waldens Absage an das *Begriffliche in der Dichtung* (Dok. 164), die dem Wort als Material der Dichtung gegenüber anderen Kunstmaterialien keine Sonderstellung einräumt und den Bedeutungsbezug abstreift. Die Anlehnung an die Malerei und deren Materialbewußtsein ist hier offensichtlich, und es ist kein Zufall, daß die Abstraktion von der Semantizität des Wortes sehr früh von Wassily Kandinsky gefordert wurde, der ganz auf den Charakter des Klangmittels abstellte (Dok. 163). In der Theorie des *Sturm*-Kreises wird sowohl die Lautkomponente der Sprache als auch die Klangkomponente des Wortes verabsolutiert:

> Der Künstler hat als Material nicht die Sprache, sondern das Wort. Das Wort ist unmittelbar, denn es ist die typische Gestaltung eines äußern oder inneren Erlebnisses. Die Zusammenstellung der Wörter, ihre Komposition, ist das dichterische Kunstwerk. Wörter sind Klanggebärden. Die organische das heißt optisch gegliederte Gestaltung der Gebärden ergibt das Kunstwerk Tanz. Die organische das heißt phonetisch gegliederte Gestaltung der Klanggebärden ergibt das Kunstwerk Dichtung. [19]

Die Doktrin der expressionistischen Wortkunst, die sich zunehmend zur poetologischen Orthodoxie verfestigte, faßte Herwarth Walden häufig in tautologischen Formulierungen; dabei fiel dem Postulat einer spezifisch »künstlerischen Logik« die zentrale Funktion zu:

> Jedes Wort sagt etwas aus, aber nicht durch Aussage, sondern durch das Mittel der Wortkunst, durch das künstlerisch logische Bild« – »Das expressionistische Bild der Wortkunst bringt das Gleichnis ohne Rücksicht auf die Erfahrungswelt, sogar unter gänzlichen Verzicht unter Umständen. Es ist also die höhere Form. Deshalb ist es aber nicht willkürlich.« – »Die Gestaltung für ein Gedicht wäre, diese Bilder rhythmisch einwandfrei in künstlerisch logischen Zusammenhang zu bringen. [20]

Bei Lothar Schreyer werden die abstrakten Manifeste der Wortkunsttheorie durch eine religiöse Metaphorik zusätzlich verklausuliert, um der poetischen Theorie quasi-dogmatische Geltung zu verleihen. [21] Aus der Reduktion der Sprache auf ihre klanglich-rhythmische Ausdrucksqualität, die dem Wort eine der Farbe in der Malerei analoge Materialfunktion zuweist, ergibt sich sofort ein Ansatzpunkt zur Kritik der Wortkunsttheorie. Immerhin kommt ihr das Verdienst zu, das Problem der Sprache jenseits thematischer Sujets als eine Grundfrage modernen Dichtens in den Vordergrund gerückt zu haben (Dok. 165).

1 Hugo von Hofmannsthal: *Ein Brief.* In: *Das erzählerische Werk.* – Frankfurt a. M. 1969, S. 102–113.
2 Armin Arnold: *Die Literatur des Expressionismus. Sprachliche und thematische Quellen.* – Stuttgart u. a. 1966, [2]1971, S. 55.
3 Vgl. bes. Karl Eibl: *Die Sprachskepsis im Werk Gustav Sacks.* – München 1970.
4 Gustav Sack: *Moderne Mystik* [1913]. In: *Gesammelte Werke.* Hg. von Paula Sack. – Berlin: S. Fischer Verlag, 1920, Bd. 2, S. 292 ff.
5 Vgl. Fritz Mauthner: *Beiträge zu einer Kritik der Sprache.* Bd. 1–3. – Stuttgart: Cotta 1901–02; ders.: *Die Sprache.* – Frankfurt a. M.: Rütten & Loening 1906 (*Die Gesellschaft*, 9).
6 Fritz Mauthner: *Wörterbuch der Philosophie. Neue Beiträge zu einer Kritik der Sprache.* – Bd. 2. Leipzig: Müller 1910, S. 530.
7 Vgl. zur Bedeutung Mauthners für die Reflexion der literarischen Sprache bes. Walter Eschenbacher: *Fritz Mauthner und die deutsche Literatur um 1900.* Eine Untersuchung zur Sprachkrise der Jahrhundertwende. Frankfurt a. M., Bern 1977.

8 Vgl. Gustav Landauer: *Skepsis und Mystik. Versuch im Anschluß an Mauthners Sprachkritik.* – Berlin: Egon Feischel & Co. 1903.
9 [Alfred] K[err]: *Sexueller Ursprung der Sprache.* In: *Pan* 3. Jg. (1913/14), Nr. 16, 17. Januar, S. 373–380, Zitat S. 380.
10 Vgl. etwa Raoul Hausmann: *Manifest von der Gesetzmäßigkeit des Lautes.* Flugblatt 1918. In: *Der blutige Ernst* 3 (1919), S. 6. Wiederabgedr. in: *Dada Berlin,* S. 33–35.
11 Hermann Hefele: *Das Problem des Expressionismus.* In: *Der schwäbische Bund* Bd. 1 (1919/20), Oktober–März 1920, S. 306–312, hier S. 310.
12 Carlo Mierendorff: *Erneuerung der Sprache.* In: *Feuer* 1. Jg. (1919/20), Februar-Heft 1920, S. 371–374, Zitat S. 373.
13 Ebd., S. 374.
14 Vgl. Thomas Anz: *Exkurs zum Begriff und zur Deskription der Parataxe.* In: *Literatur der Existenz,* S. 77–85.
15 Carl Sternheim: *Busekow. Novelle.* – Leipzig: Kurt Wolff 1913 (*Der jüngste Tag,* Bd. 14), S. 10.
16 Vgl. dazu Jürgen Ziegler: *Form und Subjektivität. Zur Gedichtstruktur im frühen Expressionismus.* – Bonn 1972, bes. 119–128; Rudolf Dirk Schier: *Die Sprache Georg Trakls.* – Heidelberg 1970, bes. S. 34–44.
17 Walter Meier: *Expressionismus und Sprachgewissen.* In: *Neue Züricher Zeitung* (1919), Nr. 1311.
18 Friedrich Wolff: *Vom Untergang der Sprache.* In: *Die neue Schaubühne* 1. Jg. (1919), H. 1, 1. Januar, S. 11–14, Zitat S. 11.
19 Herwarth Walden: *Kritik der vorexpressionistischen Dichtung* I. In: *Der Sturm* 11 Jg. (1920), Nr. 7/8, S. 98–100, Zitat S. 100.
20 Herwarth Walden: *Einblick in Kunst. Vortrag.* In: *Der Sturm* 6. Jg. (1916/17), Nr. 21/22, 1. u. 2. Februar-Heft, S. 122–124, Zitat S. 123.
21 Vgl. etwa Lothar Schreyer: *Das Wort, 1. Die Entwicklung des Wortes.* In: *Der Sturm* 13. Jg. (1922), H. 9, S. 125–128; 2. *Der Kubismus des Wortes, 3. Der Futurismus des Wortes.* Ebd. H. 10, S. 141–150; 4. *Der Expressionismus des Wortes, 5. Die Gemeinschaft des Wortes.* Ebd. H. 11, S. 168–172.

159
F[ilippo] T[ommaso] Marinetti: *Die futuristische Literatur. Technisches Manifest.* In: *Der Sturm* 3 (1912/13), Nr. 133, (Oktober 1912), S. 194–195.

Im Aeroplan auf einem Ölzylinder, den Kopf am Bauche des Aviatikers, fühlte ich plötzlich die lächerliche Leere der alten, von Homer ererbten Grammatik. Stürmisches Bedürfnis die Worte aus dem Gefängnisse der lateinischen Periode zu befreien. Sie hat natürlich – wie alles dumme – einen großen Kopf, einen Schmerbauch, zwei Beine und zwei Plattfüße, aber niemals zwei Flügel. Sie kann gehen, einige Augenblicke laufen, um fast gleichzeitig schnaufend anzuhalten.

So sprach der surrende Propeller, während ich in einer Höhe von zweihundert Metern über die mächtigen Schlote Mailands flog. Und er fügte hinzu:

1 Man muß die Grammatik dadurch zerstören, daß man die Substantiva nach der Art ihrer Entstehung anordnet.

2 Man muß das Verb im Infinitiv gebrauchen, damit es sich elastisch dem Substantiv anpaßt und es nicht dem »Typ« des Schriftstellers unterwirft, der beobachtet oder erfindet. Das Verb

im Infinitiv kann einzig den Sinn der Fortdauer des Lebens und die Elastizität der wahrnehmenden Intuition geben.

3 Man muß das Adjektiv beseitigen, damit das nackte Substantiv seine eigentliche Färbung behält. Das Adjektiv, das das Prinzip der Abstufung und Nuancierung in sich trägt, ist unvereinbar mit unserer dynamischen Vision, da es einen Stillstand, eine Überlegung voraussetzt.

4 Man muß das Adverb beseitigen, die alte Agraffe, die die Wörter zusammenhält. Das Adverb gibt dem Satze einen langweilig gleichmäßigen Ton.

5 Jedes Substantiv muß seine Verdopplung haben, das heißt, das Substantiv muß ohne Konjunktion dem Substantiv folgen, dem es durch Analogie verbunden ist. Beispiel: Mann – Torpedoboot, Frau – Hafen, Menge – Brandung, Platz – Trichter, Tür – Maschinenhahn.

Die aviatische Schnelligkeit hat unsere Weltkenntnis vervielfacht; deshalb wird die Erkenntnis durch Analogie dem Menschen immer natürlicher. Man soll also die Redewendungen: wie, gleich, ebenso wie, ähnlich unterdrücken. Besser noch sollte man den Gegenstand mit dem von ihm erweckten Bild zu einem kennzeichnenden Wort zusammenziehen.

6 Keine Interpunktion mehr. Wenn die Adjektiva, Adverbien und die Konjunktionen unterdrückt sind, dann macht sich die Interpunktion selbst überflüssig, in der Abwechslung eines lebhaften, durch sich selbst geschaffenen Stiles, ohne die absurde Unterbrechung, durch Komma und Punkte. Um gewisse Bewegungen hervorzuheben und ihre Richtung anzugeben, wird man sich der mathematischen Zeichen × + : — = > < und der musikalischen Zeichen bedienen.

7 Der Schriftsteller hat sich bis jetzt der unmittelbaren Analogie überlassen. Er hat beispielsweise ein Tier mit einem Menschen verglichen, oder wieder mit einem Tier, was fast Photographie ist. Er hat beispielsweise einen Fox-Terrier mit einem ganz kleinen Vollblut verglichen. Andere Vorgeschrittenere können denselben Fox-Terrier mit einer kleinen Morsemaschine vergleichen. Ich vergleiche ihn mit wallendem Wasser. Es ist dies eine immer ausgedehntere Steigerung von Analogien auf immer tiefere, wenn auch sehr fernliegende Beziehungen.

Analogie ist nur die tiefe Liebe, die fernstehende, offenbar verschiedene und feindliche Dinge verbindet. Nur mit weiten Analogien kann ein orchestraler Stil, der gleichzeitig polymorph, polyphon und polychrom ist, die Leben der Materie umfassen.

Wenn ich in meiner *Bataille de Tripoli* [1] einen von Bajonetten starrenden Laufgraben mit einem Orchester, eine Mitrailleuse mit einer verhängnisvollen Frau vergleiche, so habe ich anschaulich einen großen Teil des Weltalls in einer kurzen afrikanischen Schlachtepisode eingeführt.

Die Bilder sind nicht Blumen, die man mit Sparsamkeit auswählen und pflücken muß, wie Voltaire sagte. Sie bilden das Blut selbst der Dichtung. Die Dichtung muß eine ununterbrochene Folge neuer Bilder sein, ohne die sie blutarm und bleichsüchtig ist.

Je mehr die Bilder weite Beziehungen enthalten, desto länger behalten sie ihre bestürzende Kraft. Man muß, sagt man, die Betroffenheit des Lesers schonen. Ach! wo! Kümmern wir uns lieber um die unangenehme Abnutzung der Zeit, die nicht nur die Wucht, sondern auch die beizende Kraft des Ausdrucks eines Meisterwerkes zerstört. Haben nicht unsere zu oft begeisterten Ohren Beethoven und Wagner »abgenutzt«? Man muß also in der Sprache zerstören: Bilder-Clichés, farblose Metaphern, also fast alles.

8 Es gibt keine Kategorien vornehmer oder gräßlicher, eleganter oder ärmlicher, übertriebener oder natürlicher Bilder. Die Intuition, die sie wahrnimmt, kennt keine Rücksichtnahme oder Parteilichkeit. Der vergleichende Stil ist also unumschränkter Herrscher der ganzen Materie und ihres intensiven Lebens.

9 Um die aufeinanderfolgenden Bewegungen eines Gegenstandes darzustellen, muß man eine Kette der Analogien bilden, die er hervorruft, eine jede gedrängt, in ein kennzeichnendes Wort zusammengefaßt.

Ein ausdrucksvolles Beispiel einer Kette von Analogien, die nur durch traditionelle Syntax verborgen wird, ist dies zum Beispiel:

»Gewiß, Sie sind, kleine Mitrailleuse, eine reizende Frau, unglückverheißend und göttlich, am Steuer eines unsichtbaren 100 PS, der schnaubt und vor Ungeduld stampft... Und bald werden Sie den Umkreis des Todes erreicht haben, Sie werden dem verderblichen Helmbusch oder dem Siege entgegenlaufen! Wollen Sie anmutige, farbvolle Madrigale über dieses Thema? Nach ihrem Belieben, gnädige Frau! Ich finde, Sie gleichen auch einem gestikulierenden Volksredner, dessen beredete und unermüdliche Zunge seine erregten Zuhörer bis ans Herz rührt. Sie sind in diesem Augenblick ein allmächtiger Steinbohrer, der den allzu festen Schädel der Nacht anbohrt. Sie sind auch ein stählernes Walzwerk, eine elektrische Drechselbank, und was noch? ... ein großes, verkohlendes Schilfrohr, das schneidet und die metallischen Spitzen der letzten Sterne verschmelzen macht.« (*Bataille de Tripoli*.)

In gewissen Fällen muß man die Bilder je zwei zu zwei vereinigen, wie eine Kanonenkugel im Fluge einige nebeneinander stehende Bäume durchbohren kann.

Um alles zu entwickeln und zu erfassen, was es an Flüchtigem und Unfaßbaren in der Materie gibt, muß man ein engmaschiges Netz von Analogien bilden, das man in das Meer der Erscheinungen versenken wird. Abgesehen von der traditionellen Form ist folgender Satz aus meinem Roman *Mafarka der Futurist* [2] ein solch engmaschiges Netz: »All die herbe Süße seiner Jugend stieg aus seiner Kehle, wie vom Schulhof die Schreie der Kinder zu ihren alten Lehrern aufsteigen, die an die Brüstung des Dachgartens gelehnt, die Schiffe aufs offene Meer fliehen sehen.«

Noch drei Beispiele:

»Um den Brunnen Bumelianas, unter dichtbelaubten Olivenbäumen zusammengekauert drei Kamele, lässig im Sande, die vor Freude ihren Speichel wie eine Wasserrinne fließen ließen. Und dies Geräusch mischte sich mit dem Fauchen der Dampfpumpe, die die Stadt mit Wasser versorgt.«

»Gekreisch und futuristische Dissonanzen in dem tiefen Orchester der krumm sich öffnenden Laufgräben mit den wiederhallenden Höhlungen inmitten dem Auf und Ab der Bajonette, Violinbogen, die der rote Taktstock des himmlischen Dirigenten begeistert aufflammen läßt.«

»Er sammelt mit einer weiten Armbewegung die zerstreuten Flöten der Vögel in den Bäumen und die klagenden Harfen der Insekten, das Knacken der Äste und das Knirschen der Steine... Plötzlich winkt er den Pauken der Suppennäpfe und aneinanderstoßenden Gewehre ab, um mit voller Stimme unter Begleitung des gedämpften Orchesters alle Sterne in goldenem Gewand singen zu lassen, an der Rampe des Himmels. Und siehe, eine Dame bei diesem Schauspiel. Weit ausgeschnitten zeigt die Wüste ihren ungeheuren Busen mit den feuchten Kurven, rosig geschminkt unter den glänzenden Steinen der verschwenderischen Nacht.« (*Bataille de Tripoli*)

10 Da jede Art von Ordnung notwendig das Ergebnis eines vorsichtigen Verstandes ist, muß man die Analogien orchestrieren, verteilen nach einem Maximum von Unordnung.

11 Man muß das »Ich« in der Literatur zerstören, das heißt alle Psychologie. Die Menschen sind vollkommen verblödet durch Bibliotheken und Museen und einer schrecklichen Logik und Weisheit unterworfen: das interessiert nicht mehr. Man muß sie also in der Literatur abschaffen. Man muß sie durch die Materie ersetzen, deren Wesen man mit der Intuition fassen muß, was Physiker und Chemiker niemals erreichen werden. Man muß die Objekte in Freiheit überraschen, ihre launenhaften Beweger, das Atmen, die Empfindsamkeit und den Instinkt der Metalle, der Hölzer, des Gesteins. Man muß die erschöpfte Psychologie der Menschen durch die lyrische Eindringlichkeit der Materie ersetzen.

Hütet Euch, der Materie menschliche Gefühle zu unterschieben, erratet lieber ihre verschiedenen unmittelbaren Anlässe, die kraftvolle Fähigkeit sich zu zerstreuen, die zahllosen Moleküle und die Wirbel der Elektronen. Man muß nicht Dramen der vermenschlichten Materie geben. Die Festigkeit einer Stahlplatte erweckt unsere Teilnahme durch sich selbst, die unverständliche und übermenschliche Verbindung ihrer Moleküle und Elektronen, die sich etwa dem Eindringen eines Schrapnells widersetzen. Von nun an ist die Hitze eines Stücks Eisen oder Holz weit anregender als das Lachen oder Weinen einer Frau.

Wir wollen in der Literatur das Leben eines Motors geben, dieses neuen instinktiven Tieres, dessen Hauptinstinkt wir kennen, wenn wir die Instinkte der einzelnen Kräfte erkannt haben, aus denen er besteht.

Es gibt nichts interessanteres, für den futuristischen Dichter wenigstens, als die Bewegung der Klaviatur eines mechanischen Pianinos. Der Kinematograph bietet uns den Tanz eines Gegenstandes, der sich teilt und sich ohne menschliche Hilfe wieder zusammensetzt. Er zeigt den Schwung eines Tauchers, dessen Füße aus dem Wasser ragen und heftig auf das Sprungbrett aufprallen. Er zeigt uns Menschen, die zweihundert Kilometer in der Stunde laufen. Lauter Bewegungen der Materie außerhalb der Gesetze der Intelligenz als Produkt einer bedeutsamen Substanz.

Außerdem muß man die Leichtigkeit (Flugfähigkeit) und den *Geruch* (Verteilungsfähigkeit) der Gegenstände wiedergeben, was man bisher in der Literatur versäumt hat. Man muß sich etwa bemühen, die Landschaft in Gerüchen anzugeben, die ein Hund wahrnimmt, die Motore hören und ihre Reden wiedergeben.

Die Materie wurde immer von einem Ich beobachtet, das zerstreut ist, kalt, zu eingenommen von sich und voller Vorurteile der Weisheit und menschlicher Besessenheiten.

Der Mensch versucht mit seiner jungen Freude oder mit seinem alten Schmerz die Materie zu besudeln, die weder jung noch alt ist, die eine bewundernswerte Stetigkeit an Feuer, Begeisterung, Bewegung und Zerstreuung besitzt. Die Materie ist nicht froh noch traurig. Ihre Substanz besteht aus Mut, Wille und absoluter Kraft. Sie gehört vollkommen dem erfinderischen Dichter, der sich von der traditionellen, schwerfälligen, engen, an den Boden geketteten Syntax wird befreien können, die weder Arme noch Flügel hat, denn sie wird nur vom Verstand geleitet. Nur der unsyntaktische Dichter, der sich der losgelösten Wörter bedient, wird in die Substanz der Materie eindringen können und die dumpfe Feindlichkeit, die sie von uns trennt, zerstören.

Die lateinische Periode, die wir bisher gebrauchten, war eine anspruchsvolle Geste, durch die eine anmaßende und kurzsichtige Intelligenz das vielgestaltige und geheimnisvolle Leben der Materie zu bändigen versuchte. Die lateinische Periode war Totgeburt.

Die tiefe Intuition des Lebens verbindet Wort an Wort nach der unlogischen Entstehung, sie gibt die Hauptlinien einer intuitiven Psychologie der Materie. Sie entstand in meinem Geiste hoch oben im Aeroplan. Als ich die Objekte von diesem neuen Gesichtspunkte betrachtete, nicht von vorn oder von hinten, sondern von oben, also verkürzt, da konnte ich die alten Fesseln der Logik und das Blei der alten Begriffe zerstören.

Die Ihr mich geliebt habt und mir bis jetzt gefolgt seid, futuristische Dichter, Ihr waret wie ich begeisterte Bilderkonstrukteure und kühne Analogienforscher. Aber das engmaschige Netz der Metaphern ist beschwert durch die bleierne Logik. Ich rate Euch, es zu erleichtern, damit Eure Geste in das Unendliche es fortschleudert: breitet es auf dem weiten Ozean aus.

Zusammen werden wir etwas erfinden, was ich drahtlose Vorstellung nenne. Einst werden wir zu einer noch wesenseinheitlicheren Kunst gelangen, wenn wir erst die ersten Ausdrücke unser Analogien zu unterdrücken wagen und nur eine ununterbrochene Folge von zweiten Ausdrücken geben. Wir müssen darauf verzichten, verstanden zu werden. Verstanden zu werden ist überflüssig. Wir haben auch schon darauf verzichtet, als wir Fragmente futuristischer Sensibilität mit Hilfe der traditionellen Verstandessyntax ausdrückten.

Die Syntax war eine Art abstrakte Geheimschrift, die dem Dichter dazu diente, die Menge über die Farben, die Musik, Plastik und Architektur der Welt zu belehren.

Die Syntax war eine Art Unterhändler und langweiliger Führer. Man muß diesen Zwischenträger beseitigen, damit die Literatur unmittelbar in das Weltall gelangt und einen Körper mit ihm bildet.

Unbestreitbar unterscheidet sich mein Werk einfach von den übrigen durch die große Wucht der Analogien. Sein erstaunlicher Bilderreichtum wirkt beinahe wie die Unordnung der logischen Interpunktion. Es beginnt mit dem ersten futuristischen Manifest, die Synthese eines 100 PS mit tollster Geschwindigkeit.

Warum soll man sich noch der verzweifelt dahinrasenden Räder bedienen, jetzt, da man sich vom Boden trennen kann! Befreiung des Wortes, schweifende Flügel der Einbildung, analogische Synthese: die Erde, mit einem einzigen Blick umfaßt, mit einem einzigen, wesentlichen Worte gestaltet.

Man schreit: »Eure Literatur wird nicht schön sein! Wir werden nicht mehr eine Wortsymphonie haben mit den harmonischen Schwankungen und beruhigenden Kadenzen.« Natürlich. Ein Glück. Im Gegenteil, wir werden alle brutalen Töne gebrauchen, alle ausdrucksvollen Schreie des heftigen Lebens, das uns umkreist.

Gebrauchen wir das »Häßliche« in der Literatur und töten wir überall die Feierlichkeit. Nehmt doch nicht die Allüren von Hohepriestern an, wenn Ihr mir zuhört. Man muß täglich den »Altar der Kunst« anspeien. Wir betreten die unbegrenzten Gebiete der freien Intuition.

Nach dem freien Vers auch das freie Wort.

Es gibt nichts Absolutes noch Systematisches. Das Genie hat heftige Stürme und schlammige Ströme. Es erfordert manchmal analytische und erklärende Langsamkeiten. Man kann seine Sensibilität nicht plötzlich erneuern. Die toten Zellen sind mit den lebenden vermischt. Die Kunst bedeutet das Bedürfnis sich zu zerstören und sich zu zerstreuen, indem sie, eine riesige Gießkanne, das Land mit Heldentum überschwemmt. Die Mikroben, vergeßt es nicht, sind notwendig für das Blut und für die Kunst, für die Verlängerung des Waldes unserer Adern, der sich außerhalb unseres Körpers ins Unendliche des Raumes und der Zeit ausdehnt.

Futuristische Dichter! Ich habe Euch den Haß gegen die Bibliotheken und Museen gelehrt; nur um Euch auf den Haß gegen die Intelligenz vorzubereiten, indem ich die göttliche Intuition erweckte, das charakteristische Geschenk der lateinischen Rassen. Durch die Intuition werden wir den scheinbar unverrückbaren Widerstand brechen, den unser menschliches Fleisch vom Metall der Motore trennt.

Nach der Herrschaft der Lebenden beginnt das Reich der Maschinen. Durch die Bekanntschaft und Freundschaft der Materie, von der die Gelehrten nur die physikalisch-chemischen Beziehungen kennen, bereiten wir die Schöpfung des mechanischen Menschen mit Ersatzteilen vor. Wir werden ihn vom Todesgedanken befreien und daher auch vom Tode, dieser höchsten Definition logischer Intelligenz.

Autorisierte Übersetzung von Jean-Jacques [3]

Das sprachtechnische Manifest ist datiert vom 11. Mai 1912. Marinetti hat dieses epochemachende Manifest auf teilweise wütende Angriffe hin durch ein zweites Manifest futuristischer Sprachgestaltung ergänzt. Vgl. F. T. Marinetti: *Supplement zum technischen Manifest der Futuristischen Literatur.* In: *Der Sturm* 3. Jg. (1912/13), Nr. 150/51, (März 1913), S. 279–280. Wiederabgedr. in: Paul Pörtner (Hrsg.): *Literaturrevolution,* Bd. 2, S. 56–63. Zu denen, die nach anfänglicher Begeisterung für den antitraditionellen Geist des Futurismus sich wieder abkehrten, gehörte Alfred Döblin. Herwarth Walden druckte sein Contra in derselben Nummer ab und brachte das Gegenpamphlet direkt nach Marinettis Supplement: Alfred Döblin: *Futuristische Worttechnik. Offener Brief an F. T. Marinetti.* In: *Der Sturm* 3 (1912/13), Nr. 150/51 (März 1913), S. 280–281. Dieser Text wird hier als Subdokument auszugsweise wiedergegeben (S. 280 u. S. 281):

Lieber Marinetti, das erste Mal waren Sie im vergangenen Sommer bei uns, zur Ausstellung der futuristischen Bilder. [4] Ich schrieb damals für den Sturm: »Der Futurismus ist ein großer Schritt. Er stellt einen Befreiungsakt dar. Er ist keine Richtung, sondern eine Bewegung. Besser: er ist die Bewegung des Künstlers nach vorwärts.« [5] Die Intensität und Ursprünglichkeit, das Kühne und gänzlich Zwanglose schlug bei mir ein. Ich dachte mehrfach und sagte zu Ihnen – bei Dalbelli–: »Wenn wir in der Literatur auch so etwas hätten!« Damals schwiegen Sie. Nach einigen Monaten schwirrten die literarischen Manifeste über unsere Häuser. Das Unzulängliche war Ereignis geworden. [...]

Lieber Marinetti, in Ihrem *Marfarka* gaben Sie eine leidenschaftliche Mischung von Drama, Roman, Lyrik; Ihre Gedichtsammlung nennen Sie *Destruction* [6]; Ihre letzte Bemühung wirft sich auf das stählerne Gerüst der Sprache: die Matratze blieb heil; Sie flogen in die Luft. An der Ehrlichkeit Ihrer Bemühungen ist kein Zweifel; aber ich finde es bedauerlich für Sie, daß Sie dauernd Mauern vor sich sehen müssen, daß Sie immer anrennen müssen und Ihnen nicht die Leichtigkeit des reinen untheoretischen Dichters gegeben ist, der die Mauern überfliegt. Sie werden vergeblich Ihre Überredungsgabe an uns verschwenden, die selbst schreiben. Man erzielt Plastik, Konzentration und Intensität auf viele Weisen; Ihre Weise ist sicher nicht die beste, kaum eine gute. Bemühen Sie sich, und lernen Sie bei uns! Ihre Bücher haben bewiesen, daß Sie Künstler, Dichter sind, und die Energie Ihrer Instinkte, die Freiheit und Reinheit Ihres Naturalismus, Ihre Antierotik finden unsere volle Sympathie, meine volle Sympathie. Aber vergessen Sie nie, daß es keine Kunst, sondern nur Künstler gibt, daß jeder auf seine Weise wächst, daß einer behutsam mit dem andern umspringen muß. Es gibt keine literarischen Massen- und Universalartikel. Was man sich nicht selbst erobert, bleibt verloren. Gehen Sie nicht weiter auf Herdenzüchtung aus; es gibt viel Lärm dabei und wenig Wolle. Bringen Sie Ihr Schaf ins Trockne. Pflegen Sie Ihren Futurismus. Ich pflege meinen Döblinismus.

1 F. T. Marinetti: *La Bataille de Tripoli. (26. octobre 1911) recue et chanté par F. T. M.* – Mailand: Edizione Futuriste di »Poesica« 1912.
2 F. T. Marinette: *Mafarka le futuriste.* Roman africaine. – Paris: Sansot 1910; *Mafarka il futurista.* – Übers. von Decio Cinti. – Mailand: Edizione Futuriste di »Poesia« 1910.
3 Jean Jacques (Ps. von Hans Jacob), vgl. Anm. 1 zu Dok. Nr. 155. Zu den Ungenauigkeiten der Übersetzung vgl. die Anmerkungen von Paul Pörtner zum Wiederabdr. in: *Literatur-Revolution 1910–1925*, Bd. 2, S. 47–56.
4 Marinetti war zur Futuristenausstellung im April 1912 zum erstenmal in Berlin. Im Frühjahr 1913 las Marinetti im Choralionssaal in Berlin. Rudolf Leonhard schrieb darüber in: *Die Bücherei Maiandros.* Buch 4/5, Beiblatt vom 1. Mai 1913, S. 6–7.
5 Vgl. Alfred Döblin: *Die Bilder der Futuristen.* In: *Der Sturm.* 2. Jg. (1911/12), Nr. 110, (Mai 1912), S. 42.
6 F. T. Marinetti: *Destruction. Poèmes Lyriques.* – Paris: Vanier-Messein 1904; *Distruzione, Poema.* Übers. von Decio Cinti, Mailand: Edizione Futuriste di »Poesia« 1911.

160
Paul Hatvani: *Spracherotik.* In: *Der Sturm* 3 (1912/13), Nr. 136/37 (November 1912), S. 210.

Die Wissenschaft macht sich über Endlichkeit und Unendlichkeit schon deshalb keine Gedanken, weil sie behauptet, daß die Gedanken die Wissenschaft machen. Aber die Sprache kommt zu kurz. Wohl glaubt man zu wissen, daß es Worte gibt und man sich bei jedem Wort etwas denken müsse ... aber man ist jedesmal sehr entrüstet, wenn man erfahren hat, daß das Wort auf die Gedanken seiner Erzeugers verzichtend, sich sein Teil selber denkt. Und zwischen Endlichkeit und Unendlichkeit hat das Wort Raum genug, um auf die Mithilfe der Gedanken verzichten zu können. Aber in der Gedankenlosigkeit der »wissenschaftlich« – d. h. mechanistisch – gebildeten Hirne ist kein Platz zum Spracherlebnis. Die Sprache ist eine Grenzenlosigkeit, die sich durch Gedanken nicht beschränken läßt. Das Wort ist eine Grenze und von Wort zu Wort ist ein weiter Weg. Die Wortbeziehungen, die man Grammatik nennt, dünken mir wie kaum erahnte Symbole einer transzendenten Sprachlogik – oder *der* Logik überhaupt –; eine neue Dimension der Geschehnisse baut sich auf, die Welt ist sprachlos, denn sie kann den Raum nicht finden, wo sich die Sprache selbst erlebt. Die uralte Tatsache des Spracherlebens muß erst neu entdeckt werden, zu einer Zeit, wo auch neben der Bildnismalerei eine neue Kunst der Farben und Formen zu entstehen scheint.

Jedes Erlebnis ist erotisch und wird am Weiblichen, – ein formloser Ausdruck einer Ausdruckslosigkeit –, zum Problem des Schaffens. Und der erlebende Künstler ist umso *männlicher*, je mehr er seine Umgebung, seine Materie, den Raum seines Erlebens, das Dasein oder die Welt, als »Weib« empfindet. Größtes Erleben ist höchste Männlichkeit und darum ist *Gott*, als Former und Gestalter einer formlosen Weiblichkeit »Welt« der absolute Mann, das Genie. Die Welt ist das Weib Gottes und seine Liebe ist unser Leben.

Den schaffenden Künstler bindet ein sexuelles Verhältnis zu seiner Materie und daher zur Welt überhaupt; denn die Materie seiner Kunst ist für ihn ein symbolisches Abbild der Welt. Der Sprachkünstler muß die Sprache vorerst zertrümmern, den chaotischen Urzustand, eine absolute Homogenität der Materie herstellen, damit das Formlose, das Weib daraus werde. Dann beginnt sein Werk. »Im Anfange schuf Gott den Himmel und die Erde... Und Gott sprach...« Die Gegensätze teilen sich, das Formlose bekommt Inhalt und das Inhaltlose Form, – und siehe, das Weib wird schwanger bei der Berührung des Mannes. Klang und Kasus werden logisch wie alle Alliterationen und der Genitivus ist wie ein herrischer Ruf nach dem Besitz des Weibes. Die Bedeutungen streiten um das Vorrecht des besten Platzes und Alles will symphonisch in die Welt dringen, liebend und siegend, eine Welt für sich. »So sehr siegt die bloße Stellung, sei es der Krieger, sei es der Sätze«.

Der geniale Künstler – genial ist keine Relation, sondern eine organische Eigenschaft – wird schöpferisch an seiner Welt, die er als Weib fühlt; das Material seiner Kunst aber muß ihm die Welt *ersetzen*. Der Schriftsteller muß in der Sprache das Weib entdecken können und alle Phantasie, die er zur Zeugung seiner Werke nötig hat, muß eine Indukation der Sprache sein.

Die Sexualität des Künstlers muß einen Umweg gehen: sie führt vom Weibe zur Kunst. Das Weib ist der Nullpunkt, auf den die Wertkoordinaten des Mannes bezogen werden; die Liebe zum Weibe aber ist die psychomotorische Kraft des Mannes.

Der Mann, ein Einzelner, Einsamer im Raume, kreist wie ein Planet um die Sonne der Weiblichkeit; alle Frauen der Welt zusammengenommen bilden eine einzige Homogenität, Stützpunkt und Abgrund zugleich für die Monade »Mann«.

... Die Sprache, die dem Gedanken dient, ist ebenso ein Werkzeug, wie es die Gedanken sind, die der Sprache dienen. Die Sprache des Künstlers ist Eindruck und Ausdruck zugleich, sie verzichtet es, »Stimmungen« zu *be*schreiben, da ihr Ton allein schon imstande ist, sich von den Verstimmungen des Tonlosen zu unterscheiden. »Stimmung« ist in der Sprache und nicht »zwischen den Zeilen«.

Ebenso ist »Stil« – in der Baukunst z. B. immer nur eine Ausrede für historische Plagiate, also ein Deckmantel, die eigene Gedankenlosigkeit zu verbergen – ist Stil ein Plagiat der Sprache an den Gedanken. Die Sprache des Künstlers ist ebenso wie das Weib Gottes stillos; denn »Stil« ist die Differenziertheit des Mannes.

Wohl ist die Sprache Ausdrucksform; aber eben das eignet sie dazu, ein Spiegel zu sein für die Eitelkeit des Weibes »Welt« und deshalb gibt es eine Sprachkunst. *Kunst* aber ist das erotische Verhältnis eines Mannes, – oder des »Männlichen« –, zu einer Materie, die die Eigenschaften des Weiblichen hat: sie ist zwar homogen, ein Ganzes, besitzt aber die Fähigkeit, *alle* Gestalt anzunehmen, ein Mimicry des Lebens, – ein Weltembryo, das seines Schöpfers harrt.

Das aber ist der Sinn der Welt: sie ist das Weib Gottes und seine Liebe ist unser Leben.

161
Oswald Pander: *Revolution der Sprache.* In: *Das junge Deutschland* 1 (1918), Nr. 5, 147–148.

Wind und Gestirne, Blumen und Tiere haben Sprache. Aber: Die Sprache erfand sich der Mensch. Gehör nahm Schall auf vom Tönenden. Stimme ahmte Tönendem nach. Erinnerung setzte die Schallplatte in Schwung. – Dem scharfohrigen Naturmenschen ward alles Ton. Selbst das Stumme war doch dem Tönenden irgendwie verbunden, wie dem Donner der Blitz. Wenigstens Verhältnisse (der Farben zum Beispiel) ließen sich in Verhältnissen – abtönen. Am Naturwörterbuch solcher Sprache, die nichts war zuerst als Sammlung von Ausrufen, Ausbrüchen, schärfte sich Verstand, ordnete, verband, trennte. Die Worte schossen zu vielen bunten Mustern zusammen, aber jedes Muster kehrte eines Tages wieder und hatte von da an Bedeutung – als Muster. Sammlung der Muster hieß später Grammatik und war Besinnung der Sprache auf eigenes Gesetz.

Als wachsendes Wissen Welt in Schubfächer zwängte, Bewegtes im Geist hemmte, Farbiges schwarz-weiß sah, Heißfließendes kühl erstarren hieß, ward Sprache mechanisiert, schablonisiert. Erinnerungsschälle für den jungen Löwen, für den alten Löwen, für den kämpfenden Löwen, den fressenden Löwen, den brüllenden Löwen, den schlafenden Löwen, den zeugenden Löwen, den verendenden Löwen schmolzen in westlichen Sprachen zum einen Wort: Löwe, als Begriff, Abstraktionshülse. Begriff hat die Nabelschnur des Erlebens abgerissen. Worte sind aus tönendem Erleben leise Zeichen und stumme blasse Bilder für kärglich Gedachtes geworden, – Evolution der Sprache!

Heute lesen wir: »Durch B wird der scheinbare Widerspruch zwischen A und C aufgehoben.« Mosaikbild der Begriffe, Mustervorlage aus der Denksprache. Wo ist Anschauung darin, Erleben? Schien je ein Spruch, ward je gehoben? Sprache liegt so in Begriffen versteint. Grammatik ist zweite Folge, zweites Zeugnis des Erstarrens. Psychologische Funktion der Grammatik: Bequemlichkeit fertiger Denkformen für unfertig Gedachtes. Fertige Denkformen machen das Krumme gerade, das Vielfache einfach, geben dem Gestaltlosen Gestalt. Und der Dumme spricht gelehrt, – Evolution der Sprache!

Kunstgriff des Taschenspielers Grammatik klappt Wesens Fülle in zwei hohle Hälften auf: Ding und Tun. *Cogito, ergo sum.* Descartes enträtselt den alten Sprachmythus, entdeckt, beweist das Ich. Doch in der Philosophie der Sprache hatte es sich schon bewiesen und mehr als bewiesen: behauptet. Man widerlegt Descartes. Stellt den Satz an den Pranger, als Pleonasmus, Tautologie, in der Voraussetzung versteckte Behauptung, (Taschenspieler Grammatik!) Schlange, die sich in den Schwanz beißt. Nicht widerlegt, nicht gestäupt wird Demagoge Grammatik. Der macht noch heute in uralten Formen denken: Subjekt, Prädikat, in den Formen der Wilden, die vom Donnern auf den Donnerer schließen. Sprache, naivste Kausalsucht, hat Jahrtausende verschlafen, ein Dornröschen, ein Donnerkeil aus Götterzeiten. Ist durch Wissenschaft unwissenschaftlich, durch Umgang unumgänglich, durch Begriffe unbegreiflich geworden, – Evolution der Sprache!

Expressionismus brachte ihr: Revolution. Beweis: jedes radikal expressionistische Gedicht, das in der bunten Ecke der Zeitungen auf den Scheiterhaufen öffentlicher Lächerlichkeit gezerrt wird: seht! kein Subjekt, kein Objekt, kein Prädikat, keine Deklination, keine Konjugation, keine Grammatik und, ach! keine Logik; wir verstehen das nicht, es hat keinen Verstand!

Verständige Sprache, Verstandessprache setzt eine ruhende, erstarrte Welt, eine übersichtliche Mosaik voraus, die bloß abzubilden ist in Begriffen und ihrer logischen Verknüpfung. Aber Welt ist nicht starr, sondern fließt. Erlebnisse sind durchaus vieldeutig. Begriff erdrosselt Schauen und Wollen im Schraubstock; die Leiche heißt Klischee. Welt ist nicht logisch, ist nicht bloß logisch, ist alogisch, überlogisch. Sprache, Gedicht, Musik wollen wie Welt nicht durch Verstand aufgenommen sein, der, Narziß, nur eigenes Spiegelbild schaut. Will Sprache tönende Welt auffangen und weitertönen, wird sie nicht Nebel in Netzen fischen.

Neuem Menschen genügt nicht alte Voraussetzung: Erkennbarkeit der Welt. Ihm geht es um mehr und weniger als Erkennen: er bemächtigt sich der Welt. Durch Wollen, Schauen, Formen. Wie der Urmensch bemächtigt er sich der tönenden Welt in Tönen. Die Irrgänge sprachlicher Evolution liegen hinter ihm. Die Sophismen der Grammatik belächelt er. Das grobmaschige Netz der Logik verwirft er, ohne es übrigens zu zerreißen. Die versteinten Denkformen überläßt er dem Verwittern. Und schafft: Sprache.

Die neue Sprache ist noch nicht da, aber sie ist auf dem Wege. Sie wird Musik und Gebärde sein, vielleicht einmal Tanz und Weissagung. All das ist nicht etwa eine neue, wahnwitzige Erfindung. Lesen wir Herder, *Ursprung der Sprache* [1]: »Aber wie hat eine Sprache ganz ohne Grammatik sein können? Ein bloßer Zusammenfluß von Bildern und Empfindungen, ohne Zusammenhang und Bestimmung? Für beide war gesorgt: Es war lebendige Sprache. Da gab die große Einstimmung der Gebärden gleichsam den Takt und die Sphäre, wohin das, was man sprach, gehörte, und der große *Reichtum* der Bestimmungen ersetzte die Kunst der Grammatik.« Poesie ist älter als Prosa. Gesang älter als Sprache. Gebärde älter als Gesang.

Expressionismus will dem Erleben abgestorbene Sprache aus Erleben neu gebären. Expressionismus ist nicht wilder Ausbruch des Ich. Expressionismus drückt der Welt das Gesicht des Menschen auf.

1 Johann Gottfried Herder: *Abhandlung über den Ursprung der Sprache.* – Berlin: 1772.

162
Iwan Goll: *Das Wort an sich. Versuch einer neuen Poetik.* In: *Die neue Rundschau* 32 (1921), H. 10 (Oktober), S. 1082–1085.

Expressionismus, Lunapark aus Pappe und Stuck, mit all den Illusionspalästen und Menschenmenagerien, wird abgebaut. Der Karussellbesitzer zählt die Kassa. Der Revolutionsmann hängt sich hinterm Lattenzaun auf. Bald, in einer Stunde, ist der Platz ein Haufen Balken und Staub und Papier.

Expressionismus ist eine verschossene, verlassene Barrikade.

Expressionismus ist ein verkrachter Kriegsschieber: es wurden zuviel Sterne produziert für den Frieden. Die Warenhäuser machen die Bestellung rückgängig. Pathos ist um 80 %, Bruderliebe um 130 % gesunken. Erpressionismus der Malerei, dieser neue Jugendstil, konnte leider nicht exportiert werden: der Kubismus hatte die Nachbarländer schon versorgt.

Was nun? Was fehlte dem Expressionismus? Form!

Wir sind Menschen und leben von den Dingen, wir sind Fleisch und leben von Fleisch. Form = Fleisch! Eine Seele in einem rachitischen Körper ist nicht zu beneiden.

Und was ist denn Form? Viereckig wie ein Sonett, dreieckig wie ein klassisches Drama, der runde Shakespeare und der parallelenbegeisterte Whitman [1]. Form muß der adäquate, innerlich wie äußerlich begründete *Ausdruck eines Zeitinhaltes* sein.

Die heutige Form ist eine Vertikale.

Unsere Zeit ist steil. Wir bewegen uns nach oben. Wir sind Aeroplane. In Wolkenkratzern leben die Lifts immer senkrecht. Telegraphenstangen und Antennen und Schlote. Wir nähern uns dem Zenit.

Steil müßte unsere Sprache sein: steil, schmal, steinern, wie ein Obelisk. Steil wie die Strahlen der Mittagssonne. Hart. Nackt. Und vor allem eindeutig, denn das Telegraphenamt hat keine Zeit, Phrasen zu funken: Strom ist zu teuer.

Wir Expressionisten haben diese Notwendigkeiten alle gespürt und gewußt, sie aber nicht gelöst. Vor allem ist das Prinzip der Eindeutigkeit nicht befolgt worden. Die Sprache wurde vergewaltigt und verhurt, statt zur großen Einfachheit und Keuschheit erhoben. Zum Ausdruck neuen Empfindens gehörte eine Ursprache, eine *einfache, eindeutige Kunst!*

Ich bin überzeugt, daß Neger das Erlebnis Telephon und Radium viel intensiver, adäquater und naturrichtiger besingen würden als wir. Unsere Sprache ist abgenutzt wie ein Zehnpfennigstück, von Pathos geschwollen wie ein rheumatischer Lüstling, schwach, schlapp. Becher hat ihr Medikamente über Medikamente eingeträufelt. Tagelanges Stärkegefühl. Aber im Grunde geht's der Person nicht besser.

Lyrik muß eindeutig sein. Kann es eine europäische Sprache mit so viel Klassikern im Blut noch sein?

Ich werde versuchen, Esperanto zu dichten und erwarte davon einen großen Genuß.

Vorläufig können wir nichts anderes tun, als einmal die Ergebnisse der letzten Dekade sichten. Mit dem Luftschiff aufsteigen und vom Zenit aus den zusammenschrumpfenden Globus beäugen. Zenitismus [2] könnte man nennen die Bändigung und Zusammenballung aller Ismen, und man müßte das Beste nehmen aus allen, die da hießen: Futurismus, Kubismus, Kreationismus, Ultraismus, Dadaismus; ich hätte noch weitere vorgeschlagen: Negrismus, Mongolismus, Derwischismus, Internationalismus. Ist ein Name eine Überhebung? Jeder Name ist es. Und ich heiße Iwan Goll.

Die Lyrik wird elektro-radial werden, wie alles ringsum, wie auch die Sterne es langsam für uns werden. Ist nicht Radium Urnatur, Ausgang neuer Leben und Tode, göttlich unerhört? Und wir tragen in unsere Kunst dies neue Element, weil wir ein neues »Ur« brauchen. Oder Europa ist kaputt und hat den größten Heldenmut, zu sagen: »Schluß. Unsere Kultur ist Gerümpel. Kommt, Barbaren, Skythen, Neger, Indianer, stampft.« Das tun die übrigens auch. Lest die neue russische, die alte Herero- und die Eskimolyrik: daneben gähnen Goethe und Werfel nur!

Also es gilt, tiefstes Erlebnis in Telegramme zu komprimieren, und zwar stenographiert. Es gilt, den größtmöglichen Inhalt in die akuteste und zugleich einfachste Form zu bringen. Und dabei doch Gesang sein? Nicht gerade Gesang, aber Rhythmus. Nicht Flöte, aber Banjo.

Anderer Weg: die Lakonik der japanischen Tanka. [3] Wiederum Asien und Urdichtung. Man kommt nicht drum herum. So ein spartanisches Kablogramm der Seele ist im Lift zu lesen, zwischen Abschied von einer Frau und fiebriger Börsenorder:

Schmerz, ein Lebender zu sein;
Schmerz, Mensch zu sein;
Schmerz, Japaner zu sein:
Das alles ist schuld an meiner Magerkeit.

(Horigutschi.) [4]

Eine Lyrik, die also modernen Forderungen gerecht wird, kommt einmal zur wunderbaren Formel: *Das Wort an sich.* Marinetti in seinem Buch *Les mots en liberte* [5] hat »Wort« und Dichtung materialistisch aufgefaßt: wir glauben an die metaphysische Sendung der Poesie.

Das »Wort an sich« ist Materie, ist Erde, die gestanzt, Diamant, der ziseliert sein will. Es ist meist Hauptwort. Sehr *realistisch.* Wort-an-sich-Dichtung ist nicht Ausdruck, sondern Andeutung (vielleicht ist das die beste Formulierung). Das Gegenteil ist die dekadende, gedankliche, ausspinnende Kunst, die der müden, sentimentalen Geschlechter. »Ich weiß nicht, was soll es bedeuten« usw. Nirgends ein Wort an sich.

Demgegenüber dies Negertanzlied:

Mond,
Mond,
vielleicht stirbst auch du,
doch heute sehe ich dich.
So will ich dir den Kopf schmücken
mit Federn roten Bluts.
(Von Carl Einstein mitgeteilt.) [6]

Von 1500–1920 hätte jeder europäische Dichter mindestens angefangen: »Der Mond ist wie ein Indianerhäuptling« (und das wäre prächtig, denn er war meist nur ein blasser »Mann«, der später usw.).

Das Wort ist der brennende Reiter durch die Landschaft der stillen Gedanken. Das funkende Signal zwischen den Assoziationen der Seele. Und nur Worte allein können so rasch wie Streichhölzer die Nacht anflackern. Versuchen Sie es mit einem Ast, mit einem Satz, der Gedanken anhäuft: es geht nicht, der Schwefelgeist brennt nicht mehr an. Es muß alles Pathos einer schwerblütigen Grammatik, alle Logik widernatürlichen Satzgefüges aus den Versen schwinden. Wir müssen *einfach* werden!

Einfach? Ist das nicht zum Lachen? Fragen Sie einen volksgebildeten Sozialdemokraten, was einfach ist: Herwegh [7] oder die Lyrik, die ich meine. Also hat die neue Kunst diese immense Aufgabe, die ganze Verbildung sogenannter Zivilisation abzubremsen und zurückzubewegen, sie hat zu erreichen, daß das Volk den nicht für es erfundenen Phrasenbausch ablehne und sich *seiner* Sprache bediene. Allerdings ist das Volk einesteils zu unkompliziert, anderenteils zu unnaiv, um Wort-an-sich-Dichtung sofort genießen zu können. Zu unnaiv, weil der Ausdruck »Roter Büffel« ihm niemals soviel Welt suggerieren wird wie dem Neger, der ihn sinnend mit Mystik durchsetzt. Zu unkompliziert, weil der Arbeiter schließlich doch nicht das Assoziationsvermögen der schnelldenkenden Gebildeten aufbringt oder zu faul dazu wäre. Zur Stenographie gehört Training.

Es gibt eine andere Einfachheit: *den alleinstehenden Satz.* Immer Hauptsätze. Jeder Satzvers in seine eigene Atmosphäre gestellt, wie Telegraphendrähte, alle isoliert, jeder seine eigene Meldung tragend und alle zusammen doch das nervöse Leben einer Stadt darstellend. Jeder Vers isoliert . . ., deshalb *kann* es keinen Reim, keine Strophe usw. mehr geben! Diese Dinge sind nicht nur unmodern oder langweilig geworden, sondern direkt unmöglich. Kurzschluß!

Einfachheit: die Dinge einfach sagen. Der neue telegraphierende Mensch liest nur noch Titel, andeutende Hauptworte: die Entwicklung ist banal.

Der Mensch wirkt nur je nach der Gesellschaft, in der er sich befindet. Der Vers auch. Jeder Vers muß ein Ganzes in sich sein und bewußter Träger eines Ganzen. Jeder Vers gedrungen, gedichtet. Die japanischen Gedichte brauchen nur drei Verse, um die Welt auszudrücken. Einfachheit ist also Überbordwerfen ralentierender Grammatik, ist letzte Reduzierung auf das Notwendige, und also läutert sie den Gedanken. Das Göttliche nicht pathetisch, sondern selbstverständlich. Die Luft des Gedichtes Ozon, daß wir leichter atmen. Und vor allem dort ist Einfachheit der Sprache nötig, wo der *Inhalt* des Verses zum Platzen geladen ist, die Elektrifizierung des Intellekts erfolgt ist: Hochspannung. Unser Denk-Registrierapparat vervollkommnet sich täglich. Reminiszenzen tacken Schlag auf Schlag in unser Hirn. Durch Zeitung, Börsenkurse, Film, Postkarten sind wir allmählich mit Millionen Begebenheiten der Erde und des Kosmos verbunden.

Es kommt auf Wirkung der Dichtung an, nicht auf die Melodie.

Ist diese Forderung des »Wortes an sich« aber nicht eine groteske Anmaßung unsererseits? Wieder einmal kommt Primitivität aufs Tapet. Wir: Leute des Fortschritts, der Kultuuur! Nun, wem diese noch imponiert, der zucke die Achseln über die Inkas. Bekanntlich wird aber in Europa ein Gott gesucht, unter großer Belohnung. O so, Sie meinen: Kultur und Aeroplan? Nein, Herr, die haben nichts miteinander gemein. Wohl aber: Kultur und Reichsgerichtspräsident. Im Vergleich zum vierten Jahrtausend sind wir elende Steinklopfer – und doch nicht primitiv. Wir könnten es aber werden (im Verhältnis zum vierten Jahrtausend), wenn wir dem neuen Prinzip, der gewaltigen *Geschwindigkeit* des Lebens, die durch die Technik hervorgerufen und durch Expreß, Telephon, Luftschiff verwirklicht ist – neues Gefühl, Wirken und Dichten aneignen, eine neue Sprache erfinden, primitiv für das vierte Jahrtausend!

1 Walt Whitman, vgl. Kommentar zu Dok. 150.

2 Unter den hier genannten »Ismen« hat sich Iwan Goll besonders mit der programmatischen Kreation »Zenitismus« bzw. »Zenitosophie« identifiziert. Ein Manifest dieser Bewegung wurde erst Jahre später übersetzt und veröffentlicht: Lioubomir Mitzitch: *No made in Serbia. Zenitosophie oder Energetik des schöpferischen Zenitismus.* In: *Der Sturm* 15 (1924), 4. Vjsheft, S. 219–222 u. 224–226. S. 219 Fußnote: »Zenitismus wurde am 1. Februar 1921 mit der Zeitschrift *ZENIT* durch den Dichter Lioubomir Mitzitch, als internationale Bewegung gegründet.« In dieser »Internationalen Revue für Kunst und Kultur« veröffentlichte Goll u. a. sein Poem *Paris brennt*, seinen Nekrolog *Der Expressionismus stirbt* (vgl.

Dok. 26 dieses Bandes) und sein *Zenitistisches Manifest* (Erstdr. in: *Zenit* 1. Jg. (1921), Nr. 5 (Juni), S.; wiederabgedr. in: Paul Pörtner (Hrsg.): *Literatur-Revolution*, Bd. 2, S. 580–581.

3 Das Tan-ka oder Waka ist eine altjapanische Gedichtform. Die epigrammatischen, 31 Silben zählenden Kurzgedichte sind antithetisch aufgebaut und enden mit einer lakonischen Pointe.

4 Horigutschi, nicht ermittelt.

5 Gemeint ist F. T. Marinetti: *Parole in Libertà*. Mailand 1914.

6 Carl Einsteins Nachdichtung dieses Baluba-Tanzlieds erschien mit zwei weiteren Übertragungen von Negerliedern zuerst u. d. T. *Drei Tanzlieder*. In: *Die Aktion* 6 (1916), Nr. 47/48, 25. November, Sp. 651; wiederabgedr. in: C. Einstein: *Gesammelte Werke*. Hrsg. von Ernst Nef. Wiesbaden 1962, S. 155.

7 Georg Herwegh (1817–1875), politischer Dichter des Vormärz, Mitglied des revolutionären Flügels der sozialdemokratischen Arbeiterpartei.

163
Wassily Kandinsky: *Über das Geistige in der Kunst, insbesondere in der Malerei.* – München: R. Piper & Co. 1912. Auszug S. 45–47.

Das Wort ist ein innerer Klang. Dieser innere Klang entspringt teilweise (vielleicht hauptsächlich) dem Gegenstand, welchem das Wort zum Namen dient. Wenn aber der Gegenstand nicht selbst gesehen wird, sondern nur sein Name gehört wird, so entsteht im Kopfe des Hörers die abstrakte Vorstellung, der dematerialisierte Gegenstand, welcher im »Herzen« eine Vibration sofort hervorruft. So ist der *grüne, gelbe, rote Baum* auf der Wiese nur ein materieller Fall, eine zufällige materialisierte Form des Baumes, welchen wir in uns fühlen, wenn wir das Wort Baum hören. Geschickte Anwendung (nach dichterischem *Gefühl)* eines Wortes, eine *innerlich* nötige Wiederholung desselben zweimal, dreimal, mehrere Male nacheinander kann nicht nur zum Wachsen des inneren Klanges führen, sondern noch andere nicht geahnte geistige Eigenschaften des Wortes zutage bringen. Schließlich bei öfterer Wiederholung des Wortes (beliebtes Spiel der Jugend, welches später vergessen wird) verliert es den äußeren Sinn der Benennung. Ebenso wird sogar der abstrakt gewordene Sinn des bezeichneten Gegenstandes vergessen und nur der reine *Klang* des Wortes entblößt. Diesen »reinen« Klang hören wir vielleicht unbewußt auch im Zusammenklange mit dem realen oder später abstrakt gewordenen Gegenstande. Im letzten Falle aber tritt dieser reine Klang in den Vordergrund und übt einen direkten Druck auf die Seele aus. Die Seele kommt zu einer gegenstandslosen Vibration, die noch komplizierter, ich möchte sagen »übersinnlicher« ist als eine Seelenerschütterung von einer Glocke, einer klingenden Saite, einem gefallenen Brette usw. Hier öffnen sich große Möglichkeiten für die Zukunftsliteratur. In embryonaler Form wird diese Kraft des Wortes z. B. schon in den *Serres chaudes* [1] angewendet. In Maeterlincks Anwendung klingt deswegen düster ein Wort, welches auf den ersten Eindruck neutral erscheint. Ein einfaches, gewohntes Wort (wie z. B. Haare) kann in richtig *gefühlter* Anwendung die Atmosphäre von Trostlosigkeit, Verzweiflung verbreiten. Und dies ist das Mittel Maeterlincks. Er zeigt den Weg, auf welchem man bald sieht, daß Donner, Blitz und Mond hinter jagenden Wolken äußerliche materielle Mittel sind, welche auf der Bühne noch mehr wie in der Natur »dem schwarzen Mann« der Kinder gleichen. Wirkliche innere Mittel verlieren nicht so leicht ihre Kraft und Wirkung*. Und das *Wort*, welches also zwei Bedeutungen hat – die erste direkte und zweite innere –, ist das reine Material der *Dichtung* und der Literatur, das Material, welches nur diese Kunst anwenden kann und durch welches sie zur Seele spricht.

[...]

---

* Dieses tritt klar zutage bei Vergleich der Werke Maeterlincks und Poes. Und dies ist wieder ein Beispiel für das Fortschreiten auch der künstlerischen Mittel vom Materiellen zum Abstrakten.

1 Maurice Maeterlinck: *Serres chaudes.* (1889). Übers.: M. M.: *Gedichte.* Dt. von K. L. Ammer [d. i. Karl Klammer] u. Friedrich von Oppeln – Bronikowski. – Jena: Diederichs 1906.

164
Herwarth Walden: *Das Begriffliche in der Dichtung.* In: *Der Sturm* 9 (1918/19), H. 5 (August 1918), S. 66–67.

Das Material der Dichtung ist das Wort. Die Form der Dichtung ist der Rhythmus.

In keiner Kunst sind die Elemente so wenig erkannt worden. Der Schriftsteller stellt die Schrift, statt das Wort zu setzen. Schrift ist die Zusammenstellung der Wörter zu Begriffen. Mit diesen Begriffen arbeiten Schriftsteller und Dichter. Der Begriff aber ist etwas Gewonnenes. Die Kunst jedoch muß sich jedes Wort neu gewinnen. Man kann kein Gebäude aus Mauern aufrichten. Stein muß zu Stein gefügt werden. Wort muß zu Wort gefügt werden, wenn ein Wortgebäude entstehen soll, das man Dichtung nennt. Die Sichtbarkeit jeder Kunst ist die Form. Form ist die äußere Gestaltung der Gesichte als Ausdruck ihres inneren Lebens. Jedes Gesicht hat seine eigene Form. Nicht zwei Gesichter sind gleich, um so weniger zwei Gesichte. Ein Kunstwerk gestalten heißt ein Gesicht sichtbar machen. Nicht aber, sich über das Gesicht zu verständigen. Kein Mensch wirkt auf den andern gleich. Wie darf man diese Gleichheit von dem Übermenschlichen, von dem Unmenschlichen fordern. Nichts darf vom Kunstwerk gefordert werden, aber das Kunstwerk selbst fordert. Jedes Kunstwerk fordert seinen Ausdruck. Der äußere Ausdruck ist die innere Geschlossenheit. Die innere Geschlossenheit ist die Schönheit des Kunstwerks. Die innere Geschlossenheit wird durch die logischen Beziehungen der Wortkörper und der Wortlinien zueinander geschaffen. Sie sind in den bildenden Künsten räumlich sichtbar, in der Musik und der Dichtkunst zeitlich hörbar. Man nennt sie Rhythmus. Jede Bewegung entsteht durch Bewegen, nicht durch Bewegtsein. Die Dichter sind gewöhnlich bewegt über sich oder über andere oder über anderes, aber sie bewegen nicht. Sie sind gerührt aber sie rühren nicht. Sie fühlen Gedachtes, statt Fühlendes zu denken. Sie nehmen Formen statt Formen zu geben. Der Vergleich wird hingestellt statt daß ein Gleichnis steht. Diese Dichter betrachten statt zu schauen. Sie berichten Übersinnliches unsinnlich, statt Übersinnliches den Sinnen sichtbar zu machen. Aussagen sind unkünstlerisch, weil sie nicht zum Glauben zwingen können. Aussprachen sind unkünstlerisch, weil sie nicht einmal etwas aussagen. Das künstlerische Verstehen ist keine Verständigung. Das künstlerische Verstehen ist das Fühlen. Nur das Fühlen ist Begreifen. Wir geben uns die Hand und wir fühlen, wir wissen das Fühlen, wir geben uns den Mund und wir fühlen, wir wissen das Fühlen. Wir brauchen nichts zu sagen. Das ist das Wissen um die Kunst. Das ist das Wissen der Kunst. Die Kunst begreift das Unbegreifliche, nicht aber das Begriffliche.

Kind! Es wäre Dein Verderben,
Und ich geb' mir selber Mühe,
Daß Dein liebes Herz in Liebe
Nimmermehr für mich erglühe. [1]

Höhne meine sanfte Plage!
Einmal muß ich doch gestehen
Daß ich Dich im Traum gesehen
Und seitdem im Busen trage. [2]

Ihr verblühet, süße Rosen,
Meine Liebe trug Euch nicht,
Blühtet ach! dem Hoffnungslosen,
Dem der Gram die Seele bricht. [3]

Der Rhythmus dieses Gedichtes ist durchaus einheitlich. Nur ist es kein Rhythmus. Das Einheitliche ist das Metrum, das Maß. Der Rhythmus, die Bewegung ist gemessen, und zwar nach der Betonung. Der Ton bestimmt, damit die Stimme betont. Die Stimme betont:

Kind	Höhne	Ihr
Und	Einmal	Meine
Daß	Daß	Blühtet
Nimmermehr	Und	Dem

Der Ton bestimmt und der Wille des Dichters offenbart sich. Er wird sinnfällig. Schon in der Beschränkung zeigt sich jeder Meister. Keine wilde maßlose Rhythmik. Alles milde maßvolle Metrik. Geschlossenheit der Form. Jede Zeile bekommt ihre wohlgezählten vier Betonungen zugemessen. Was ist Wort. Das Wort hat sich nach der Betonung zu richten. Dafür geben die Wörter auch einen Sinn. Der Dichter begreift das Sinnliche unsinnlich. Und zwar mit Hilfe des Begrifflichen. Er sagt aus, daß er sich selber Mühe gibt. Das liebe Herz darf nimmermehr in Liebe für ihn erglühen, weil das Kind vor dem Verderben geschützt werden muß. Er trägt es deshalb im Busen, nachdem er es im Traum gesehen hat. Er konnte es aber nicht tragen, weshalb ihm der bekannte Gram die Seele bricht. Das Gedicht ist ohne weiteres zu verstehen. Es ist also ein Gedicht. Denn es ist logisch. Da der Dichter aber aussagt, habe ich das Recht, seine Aussagen zu prüfen. Ich möchte es noch dahingestellt sein lassen, ob es für das Kind ein Verderben wäre. Bei der betonten Sorge wäre es doch möglich, daß er es doch etwa heiraten könnte, wenn er sich Mühe gäbe und daß auf diese einfache Weise die ganze Angelegenheit tonlos geregelt werden könnte. Oder aber ich glaube das Geständnis nicht, daß er das Kind im Traum gesehen hat. Wenn Dichten Träumen heißt, ist jeder Träumer ein Dichter. Hingegen geht dieser Dichter schon in das Unnatürliche hinüber, wenn er das Kind im Busen trägt. Das Unnatürliche scheint also doch schon auf die Meister einen gewissen Reiz ausgeübt zu haben. Es ist ebenso natürlich, daß Rosen verblühen, wenn man sie in die Liebe pflanzt. Bei dieser Unnatur ist es dem Gram nicht zu verdenken, daß er die Seele bricht. Die Wortverfechter meisterlicher Kunst werden um sich schlagen. Was ist das Wort. Man darf das Wort eben nicht wörtlich nehmen. Ist es nicht ein tieferer Sinn, daß der Gram die Seele bricht oder daß das Herz nimmermehr erglüht. Was kann man sich nicht alles unter einer brechenden Seele vorstellen oder unter einem glühenden Herzen, einem nimmermehr glühenden Herzen. Die Seele ist schon an sich poetisch und das Brechen auch, wenn die Seele der leidtragende Teil ist. Der Beinbruch ist unpoetisch, weil man ihn sehen kann, der Seelenbruch poetisch, weil man sich ihn denken muß. Was man sich denken kann ist geistig, also künstlerisch. Wer kann sich einen Beinbruch denken.

Man sieht, die Meister kommen ganz gut ohne Wort und Rhythmus aus. Und wer dieses Gedicht etwa noch nicht für ein Gedicht gehalten hat, wird sofort seine Haltung wiedergewinnen, wenn ich die Namen der drei Meister nenne, die ich gebeten habe, sich zu einem Gedicht zu vereinigen. Wir danken die erste Strophe Heinrich Heine, die zweite Stefan George und die dritte keinem Geringeren als Johann Wolfgang von Goethe. Sie alle zeigen sich genau auf der gleichen Höhe der Meisterschaft. Sie sind zum Verwechseln ähnlich. Meisterschaftsringer der deutschen Lyrik, die man durch Nummern unterscheiden müßte, wenn man sie durchaus unterscheiden will. Mit andern Worten: Nur das Wort, jedes Wort ist Material der Dichtung, nicht der Begriff, der das Wort verstellt. Oder: Der Beinbruch ist sichtbar der Seelenbruch nicht. Und auf die Sichtbarkeit kommt es an. Es entsteht kein Bild, wenn Sichtbares mit Unsichtbarem verbunden wird. Das Leben des Sichtbaren oder des Unsichtbaren ist der Rhythmus. Nur Bewegung ist Leben. Die sachliche Aussage sogar wird künstlerisch, sogar ohne die sogenannten dichterischen Hilfsmittel, wenn das einzelne Wort lebt und die Wörter in ihren Beziehungen zueinander durch ihren Rhythmus leben.

Es war eine schöne Jüdin,
Ein wunderschönes Weib.
Sie hat eine schöne Tochter
Ihr Haar war schön geflochten.
Zum Tanz war sie bereit.

Ach Mutter liebste Mutter
Mir tut das Herz so weh
ach laß mich eine Weile
spazieren auf gründer Heide
bis daß mir besser wird.

Die Mutter wandt den Rücken
Die Tochter sprang in die Gaß'
Wo alle Schreiber saßen
Ach Schreiber lieber Schreiber
Was tut mir mein Herz so weh

Wenn Du Dich läßest taufen
Luisa sollst Du heißen
Mein Weibchen sollst Du sein

Eh ich mich lasse taufen
Lieber will ich mich versaufen
ins tiefe, tiefe Meer

Gut Nacht mein Vater und Mutter
wie auch mein stolzer Bruder
Ihr seht mich nimmermehr.
Die Sonne ist untergegangen
im tiefen tiefen Meer.

Das ist von Goethe nicht, von Schiller kein Gedicht. Es ist ein sogenanntes Volkslied. Veröffentlicht in der Sammlung *Des Knaben Wunderhorn.* [4] Aber der Dichter ist mehr Künstler als dieser Meister, die kaum Dichter, viel weniger also noch Künstler, nämlich Gestalter sind. In diesem Gedicht ist nichts bemessen, aber alles bewegt. Nichts gedacht, aber alles gefühlt. Es ist ganz schlicht natürlich. Das Herz bricht nicht, es tut nur so weh. Es ist nicht das Höchste der

Kunst, es steht aber auf der Höhe der Kunst. Denn das Gesicht ist sichtbar. Es ist nicht das Höchste der Kunst, weil es noch einen Gedanken voraussetzt. Kunst aber ist ohne jede Voraussetzung. Kunst ist gegenwärtig, nichts darf voraus sein, wenn Kunst gesetzt wird. Nur was das Auge sieht, das Äußere oder das Innere ist sichtbar. Die Jüdin ist nicht zu sehen.

Die gegenständliche Dichtung ist also dann Kunstwerk, wenn das zu Fühlende durch sachliche und logische Gegenständlichkeit sichtbar und begreifbar gemacht wird. Wird aber das Mittel, das Gegenständliche, mit dem Zweck, dem Gefühl, für das es Gleichnis ist, in derselben Dichtung angewandt, so wird der Zweck unvermittelt neben das Mittel gestellt, das Mittel selbst also zwecklos. Es ist überflüssig weil es den Fluß, den Rhythmus, hemmt.

Die gegenständliche Dichtung ist also mittelbar,
Die ungegenständliche Dichtung ist unmittelbar.

Jede Dichtung ist aber alogisch. Die Dichtung als Kunstwerk hat nichts mit der Logik zu tun, die aus der Erfahrung hergeleitet wird, aus der Erfahrung der Sinne oder aus der Erfahrung der Tatsachen. Jede Erfahrung entsteht aus der Wiederholung des Erfahrenen. Aus der Kunst holen wir, was unerfahren ist. Deshalb hat der Unerfahrene nicht die Hemmungen bei der Kunst, weil er noch erfahren kann. Nur wer die Erfahrung aufgibt, kann Kunst aufnehmen, denn jede Erfahrung ist nur ein Mittel, nicht ein Zweck.

Das Gegenständliche in der Dichtung ist stets Gleichnis und darf nie Vergleich sein. Der Vergleich hängt von dem Vergleichenden ab, er ist also persönlich gebunden. Das Gleichnis aber ist unpersönlich und ungebunden. Sichtbar wird es nur durch seine innere Bindung. Die Bindung der Kunst ist aber ihre Bewegung. Der Rhythmus.

Jede Verständigung ist willkürlich. Jede Dichtung unwillkürlich. Oder ist es nicht willkürlich, daß der B sagen muß, wer A sagt. Oder ist es nicht willkürlich, daß ein Hauptwort ein Zeitwort bedingt. Ist das Haupt nicht ohne Zeit. Oder ist die Zeit nicht nur im Haupt. Oder was zwingt das Haupt, eine Eigenschaft zu haben. Oder was hat das Wort mit dem Geschlecht zu tun. Oder warum sieht man für ein Neutrum an, was man nicht deklinieren kann. Oder ist es nicht Willkür, wenn man die Sonne in Deutschland für eine Dame und in Frankreich für einen Herrn hält. Oder warum sind Zeitwörter manchmal regelmäßig und manchmal unregelmäßig. Oder warum ist keine Regel ohne Ausnahme, aber jede Ausnahme ohne Regel. Diese Grammatik ist so regellos, weil ihre Regeln Willkür sind. Gewollt aus der Erfahrung. Wiederholungen. Kunst kann die Grammatik verwenden, wenn ihre Regeln durch die Kunst ihre Bestätigung finden. Kunst ist aber keine Grammatik. Und noch weniger ist Grammatik Kunst. Warum soll nur der Satz zu begreifen sein und nicht das Wort. Da doch der Satz erst das Begriffliche des Wortes ist. Nur die Wörter greifen den Satz zusammen.

Wenn das einzelne Wort so steht, daß es unmittelbar zu fassen ist, so braucht man eben nicht viele Worte zu machen. Man darf es dann sogar nicht, weil man sonst das Wort umstellt, unsichtbar macht. Die Kunst aber ist es, das sichtbare Wort sichtbar oder wieder sichtbar zu machen. Welchem Künstler ist es je eingefallen, ein Gebäude aus edlen Steinen zu bemalen. Man bemalt, um edle Steine vorzutäuschen. Und doch ist jeder Stein edel, wenn er Stein ist. Und jedes Wort ist edel, wenn es Wort ist. Und diese Dichter bemalen diese edlen Wörter, oder sie stimmen sie nach ihren Verstimmungen ab. Dem einen paßt die Liebe, dem andern paßt sie nicht, dem einen paßt die Sonne, dem andern paßt der Regen. Und alle diese endlichen Verstimmungen werden als unendliche Stimmungen vorgesagt und eingeredet. Was geht das Wort die Stimmung an. Was geht das Wort die Persönlichkeit an. Die Persönlichkeit bedient sich des Wortes. Das Wort wehrt sich, indem es der Persönlichkeit nicht dient. Das Wort herrscht, das Wort beherrscht die Dichter. Und weil die Dichter herrschen wollen, machen sie gleich einen Satz über das Wort hinweg. Aber das Wort herrscht. Das Wort zerreißt den Satz, und die Dichtung ist Stückwerk. Nur Wörter binden. Sätze sind stets aufgelesen.

Die Sätze werden in Absätze aufgeteilt und der Rhythmus ist fertig. Nur ist es kein Rhythmus; denn diese Verse sind willkürlich. Der Dichter mißt sie und bricht sie ab wie es ihm paßt. Er macht die Zeilen gleich. Und der Versfuß hinkt. Man kann eben nichts Wesentliches gestalten, wenn man nur mit Füßen arbeitet und den Versen wohl gezählt auf die Füße tritt. Man kann den Fuß nicht stellen, wenn man sich bewegt. Kunst aber ist Bewegung. Rhythmus.

Jedes Wort hat seine Bewegung in sich. Es wird durch die Bewegung sichtbar. Die einzelnen Wörter werden nur durch ihre Bewegung zueinander, aufeinander, nacheinander gebunden. Nichts steht, was sich nicht bewegt. Kreist doch selbst die Erde. Kreist doch die Welt. Das ist die innere Sichtbarkeit. Die ungegenständliche Dichtung.

Auch die innere Sichtbarkeit ist sinnlich sichtbar. Auch sie hat eine Oberfläche, die man fassen, also fühlen kann. Aber sie bewegt sich unter dem Stehenden. Sie steht, wenn man nicht verstehen will. Sie greift, wenn man sich nicht vergreift. Denn nicht der die das Mensch greift die Kunst. Kunst greift über Menschheit hinaus, ballt Menschheit zusammen.

Kunst kreist die Menschheit in ihrem All.

Vorabdruck des gleichbetitelten Beitrags aus dem am 1. September 1918 erschienenen Sammelband *Expressionismus. Die Kunstwende.* Hrsg. von Herwarth Walden. – Berlin: Verlag Der Sturm 1918.

1 Heinrich Heine: *Kind! Es wäre dein Verderben.* Aus: *Die Heimkehr.* In: *Reisebilder von H. H.* Erster Theil. – Hamburg: Hoffmann und Campe 1826, Nr. XLVIII erste Strophe. Vgl. H. H.: *Historisch-kritische Gesamtausgabe der Werke.* Hrsg. von Manfred Windfuhr. Bd. I,1 *Buch der Lieder.* Bearb. von Pierre Grappin. – Hamburg 1975, S. 260 f.

2 Stefan George: *Worte trügen · Worte fliehen«. Sänge eines fahrenden Spielmanns.* Dritte Strophe. Aus: *Die Bücher der Hirten und Preisgedichte. Der Sagen und Sänge. Und der hängenden Gärten.* – Berlin: Blätter für die Kunst 1895, S. 70. Vgl. St. G.: *Werke. Ausgabe in zwei Bänden.* – München u. Düsseldorf 1958, Bd. 1, S. 93.

3 Aus Johann Wolfgang von Goethes Singspiel *Erwin und Elmire.* Erstdr. in: *Iris* 2. Jg. (1775). Hg. von Johann Georg Jacobi (2. Aufzug, 1. Auftritt). Als Gedicht o. T. in: *Sämtliche Werke in 18 Bänden. Bd. 2. München 1977, S. 43* (Unveränderter Nachdr. der Artemis-Gedenkausgabe. Hg. von Ernst Beutler, Zürich[2] 1961–66).

4 Es handelt sich um das (mündl.) Volkslied *Die Judentochter.* Aus: *Des Knaben Wunderhorn. Alte deutsche Lieder.* [Hrsg. v.] Achim von Arnim, Clemens Brentano. – Heidelberg: Mohr und Zimmer, Frankfurt: J. C. B. Mohr 1806. Vgl. Clemens von Brentano: *Sämtliche Werke und Briefe.* Historisch-kritische Ausgabe. Hrsg. von Jürgen Behrens, Wolfgang Frühwald, Detlev Lüders. Bd. 6 *Des Knaben Wunderhorn.* – Stuttgart u. a. 1975, S. 237.

165
Lothar Schreyer: *Expressionistische Dichtung*. In: *Sturm-Bühne* Folge 4/5 (1918/1919), S. 19–20, Folge 6 (1918/19). S. [1–3], Auszug S. [1–2].

Der Expressionismus ist die geistige Bewegung einer Zeit, die das innere Erlebnis über das äußere Leben stellt.

Der Expressionismus in der Kunst schafft die Gestalt, in der der Mensch sein inneres Erlebnis kündet.

Die Gegenwart errichtet ein Reich des Geistes.

Expressionisten sind die Künstler und Dichter der Gegenwart.

Die Kunst hat ihre Stellung zum Leben, im Leben gewandelt. Weil wir Menschen uns gewandelt haben. Von der äußeren Welt haben wir uns wieder zur inneren Welt gefunden. Der Machtwille, der unser äußeres Leben beherrscht, hat sich unserem inneren Leben zugewandt. Die Grenzen, die das äußere Leben unserem Machtwillen setzt, fallen in unserem inneren Leben. Das Grenzenlose zu fassen, ist unser Machtsehnen. Wir kämpfen um mehr als ein Reich der Natur. Wir kämpfen, das Reich des Geistes zu gewinnen, das grenzenlos ist. Erst im Grenzenlosen werden wir der Macht bewußt. Der Eine versinkt im All, für dessen Sein er wird.

In der Kunst künden wir das geistige Reich. Das Geistesleben ist nicht das Leben der Wissenschaften, sondern das Leben der Visionen. Neben das äußere Leben der natürlichen Erfahrung tritt ein Erleben intuitiver Erkenntnis. Die europäische Kunst der letzten Jahrhunderte gibt Abbilder der natürlichen Erfahrung. Die Kunst der Gegenwart gibt Bilder intuitiven Erlebnisses. Es gilt nicht mehr, eine natürliche Erscheinung zur Vollkommenheit, zur Harmonie zu führen. Der Künstler von heute gibt im Kunstwerk nicht eine natürliche Erscheinung, so wie er sie sieht, oder sucht sie nicht in eine so vollkommene Erscheinung zu wandeln, wie er sie sich wünscht. Er gestaltet das innere Gesicht, das sich ihm gibt, in dem er intuitiv die Welt erkennt. Das innere Gesicht ist unabhängig vom äußeren Sehen. Es ist Vision, Offenbarung. Das ist das Wesen des Expressionismus.

Die Kunst der Gegenwart ist Kunde einer offenbarten Erkenntnis.

Diese Kunde der Offenbarung, die Kunst, ist der Mittelpunkt des geistigen Lebens der Gegenwart. Die Kunst schafft den geistigen Menschen. Jeder Mensch kann ein geistiger Mensch sein. Wer lebt, vermag auch zu erleben.

Die Wirkung des Kunstwerkes ist Genuß und Erlebnis. Jeder Mensch mit gesunden Sinnen kann das Kunstwerk genießen. Es gehört kein Verstand dazu, kein Wissen, kein Können, keine Bildung. Die Gebildeten haben kein Bild. Der Mensch ist verbildet. Er stellt sich vor das Bild und verlangt, daß das Bild etwas vorstelle, aber nicht, daß es ein Gebilde sei. Jeder Mensch, jeder unverbildete, kann die Worttöne der Dichtung hören, die Worttongestalt genießen. Wir nehmen die Kunstgestalt in uns auf, daß sie unser ist, daß wir sie sind. Was wir genossen haben, ist nicht mehr außer uns. Der Rhythmus des Werkes wirkt in uns. Er fließt mit unserem eigenen Rhythmus zusammen. Wir sind außer uns. Der erlebende Mensch, der Schöpfer ist der ekstatische Mensch. Wir und der Kosmos sind eins. All ist eins.

Jede Kultur, die eine Erkenntnis in Offenbarung findet, kündet diese Erkenntnis mit Kunstmitteln. Jede Zeit, die das Geistesleben herrschend über das Naturleben stellt, die im Geist nicht den Diener der Natur, sondern in der Natur ein Mittel des Geistes sieht, hat die Kunst. Es sind die Zeiten, denen das Licht der Aufklärung ein Irrlicht ist, die Zeiten, deren Menschen im Dunkel sehen können. Durch die Nacht des Lebens, die keine Aufklärung klärt, sieht das Gesicht. Alle Menschen sind Seher. Alle sind umrauscht von der Ekstase. Ekstatische Menschen, Schöpfer und Erlebende, sind die Naturvölker, sind die Bekenner Buddhas, sind die Menschen des deutschen Mittelalters. Sie gehören dem Reich an, das heute wieder aufersteht. Die Zeit, deren Rhythmus den Geist zur Macht hebt, macht uns zu rhythmischen Menschen, denen die Harmonie der Persönlichkeit nichts ist, denen der Rhythmus der Ekstase Erfüllung ist.

Wir haben keine Weltanschauung mehr. Wir schauen die Welt nicht an. Wir schauen. In der Schau, im Gesicht sind wir und die Welt eins. Gelöst von der Natur sind wir erlöst. Erlöst vom Leben sind wir lebendigen Geister Geist.

Das Gedicht der deutschen Gegenwart, das Wortkunstwerk, strebt nicht danach, eine natürliche Erscheinung zur Vollkommenheit zu wandeln. Wir wissen, daß die Erscheinung nur vollkommen scheint. Es gibt keine Vollkommenheit. Das Wortkunstwerk gibt keine Vollkommenheit. Es ist nicht harmonisch. Es ist wie jedes Kunstwerk der Gegenwart rhythmisch.

Die Gegenwart zertrümmert die Vergangenheit. Unsere Kunst hat eine andere Wahrheit als die Kunst der Vergangenheit. Unsere Kunst hat eine andere Schönheit als die Kunst der Vergangenheit. Unsere Wahrheit ist nicht die Lebenswahrheit. Denn es gibt keine Lebenswahrheit. Wir leben nicht wahr. Es gibt in Wahrheit kein Leben. Unsere Schönheit ist nicht ein Wohlgefallen. Solche Schönheit kann wohl zu Fall kommen. Unser Leben ist eine solche gefallene Schönheit. Aber unsere Schönheit und unsere Wahrheit ist das Alleins des kosmischen Erlebnisses.

Wir verlernen die Dichtung der Vergangenheit, weil sie keine Gestalt der Gegenwart ist.

Das Wortkunstwerk, das Kunstwerk bildet uns ein in den Kosmos. Der Eingebildete ist der Gebildete der Gegenwart. Die Bildung der Vergangenheit ist tot. Räumen wir die tote Bildung fort, daß Raum wird für die lebendige Einbildung des Eins ins All, des Menschen in die Welt.

Die humanistische Bildung ist der Feind des Geistes. Die humanistische Bildung und ihre harmonische Gestalt haben die deutsche Sprache in Fesseln geschlagen. Die Fesseln sind zersprengt. Die Kraft des Rhythmus, der ungeheueren Machtgestalt der Gegenwart, macht die gebundene Sprache ungebunden. Nur die ungebundene Sprache wirkt den Geist. Nur die freie Sprache wirkt das Wortkunstwerk. Nur die Ungebundenheit des Rhythmus kündet das geistige Erlebnis.

Der Rhythmus ist das Gestaltungsprinzip der Gegenwart. Denn er ist der Ausdruck der Macht. Die Harmonie will Endlichkeit, Vollkommenheit. Die Macht will kein Ende. Sie ist nie vollkommen. Unvollkommen, unendlich ist der Rhythmus. Er ist die Auflösung jedes Maßes. Das Kunstwerk der Gegenwart ist aharmonisch, ist rhythmisch.

Die Dichtung der humanistischen Vergangenheit hat keinen Rhythmus. An Stelle des Rhythmus setzt sie das Metrum.

Das Metrum ist eine Gestalt der Sprachtonbewegtheit der griechischen, klassischen Weltanschauung. Die griechische Weltanschauung hat die Gestalt der Harmonie zu einem Sieg geführt, der die Kunstgestalt von Jahrhunderten bestimmt hat. Der Grieche fühlt die Vollkommenheit seiner Persönlichkeit, wenn er »Frieden mit dem Dämon in seiner Brust gefunden hat«. Im klassischen Griechenland hat Apollo den Dionys gebunden. Das Maß, das Metrum besiegt den dämonischen Rausch. Das Metrum zwingt die ungebundene Sprache der Italer in seine Fesseln und schafft das klassische Latein. Klassisch heißt mustergültig. Uns ist die Klassik ein Muster ohne Wert.

Das Metrum, das Maß ist mäßig. Jede metrische Dichtung, jede Dichtung, die sich ein Maß setzt, der durch das Metrum ein Maß gesetzt ist, ist mäßig. Nicht das Maßvolle ist das Künstlerische, sondern das Maßlose. Ein Werk, das mit einem Maß ausgemessen werden kann, ein Werk, das nach einem Maß gearbeitet ist, ist ein Handwerk und kein Geistwerk, kein Kunstwerk. Der verhängnisvolle Irrtum der Vergangenheit war der Glaube an das Alleinseligmachen des Könnens. Der Vergangenheit ist Kunst ein Können. Und das Können ist lernbar. Lernbar ist aber nur ein Fremdes. Das Eigene können wir nicht lernen. Das Eigene ist in uns. Es wächst in uns. Wir wachsen in die Welt. Kunst ist Kunde dieses Wachstums.

Die Vergangenheit hat das deutsche Wortkunstwerk gezwungen, in eine bestimmte feste Form hineinzuwachsen. Solche Formen sind der Hexameter, der fünffüßige Jambus, Romanze, Ode, Sonett. Die gegebene Form mit Inhalt zu füllen, war das Werk des Dichters. Also: die Form wurde nicht vom Inhalt geschaffen, sondern der Inhalt wurde für die Form geschaffen. Von der großen Anzahl der bestehenden Formen wurde eine gewählt, die für den Inhalt geeignet schien, und in dieses Maß suchte man das maßlose künstlerische Erlebnis zu pressen. Dies ist nur dort möglich, wo das künstlerische Erlebnis kein kosmisches Erlebnis ist. Das Gedicht der Vergangenheit gibt nur, wie man so schön sagt, »Schöne Gedanken in schöner Form«. Es vermittelt Gedanken und Formen, aber das Erlebnis fehlt. Die Vergangenheit hat wirklich gebundene und ungebundene Rede. Wer, was er sagen wollte, in gebundener Rede, also metrisch sagen konnte, wurde Dichter genannt. Die gebundene Rede hieß Poesie, die ungebundene Prosa. Es gibt keine Poesie und keine Prosa. Es gibt auch in der Sprache nur Kunst und Nichtkunst.

Der Dichter der humanistischen Bildung gibt nicht eine Fülle von Gesichten, sondern eine Fülle von Vergleichen. Vergleichen aber ist nicht dichten. Vergleichen ist nicht bilden. Das Bild ist ein Gebilde. Der Vergleich ist ein Ersatz für die Wirklichkeit. Das Bild ist eine Wirklichkeit. Es ist eine geistige Wirklichkeit. Dichten ist: diese geistige Wirklichkeit dicht machen. Dichten ist konzentrieren, auf die komprimierteste, einfachste Form bringen. Jedes gedichtete Erlebnis hat eine andere Gestalt. Die feste metrische Gestalt schafft keine Dichtung. Sie macht nicht dicht. Sie erweitert, sie vervielfacht. Sie gibt keine Tatsache, sondern sie schmückt eine Tatsache, sie macht die »unpoetische« Tatsache »poetisch«.

Die Zusammengehörigkeit gleicher Metren wird durch den Endreim betont. Der Endreim ist außerordentlich verbreitet in der Dichtung der Vergangenheit. Er ist eine Formspielerei. Er ist nur dort Spiel, also Kunst, wo die Zusammengehörigkeit verschiedener Wortgestalten in der gleichen Lautgestalt gestaltet ist.

Der Vers der humanistisch geschulten Dichtung ist ein metrischer Abschnitt. Der Vers unserer Dichtung ist eine rhythmische Einheit, ohne Metrum, aharmonisch. Nur rhythmisch bewegt die expressionistische Dichtung den Sprachton.

Der Rhythmus gestaltet die Sprachtonbewegtheit. Er gibt die Reihe der Entwicklungsstufen der Bewegungsrichtung. Das Wortkunstwerk wirkt in der Zeit, ist ein Nacheinander von Wortgestalten, die nur durch die Bewegung, das Nebeneinander zu einer Einheit zusammengeschlossen werden können. Die Bewegung jedes Wortkunstwerkes, jeder künstlerischen Einheit ist in bestimmter Richtung gestaltet. Soviel Gefühlsrichtungen im Kunstwerk gekreuzt sind, so viel Bewegungsrichtungen lassen sich auch feststellen. Aus dem Verhältnis der Bewegungsrichtungen resultiert das Gefühl, das vom Wortkunstwerk ausgelöst wird. Jede einzelne Bewegung zerfällt in Entwicklungsstufen. Die Reihe der Entwicklungsstufen ist die rhythmische Reihe der Bewegungsrichtung. Jede Entwicklungsstufe ist eine rhythmische Einheit. Diese rhythmische Einheit ist der Vers.

Die Worte im Vers sind aus den Grundwortarten gebildet. Jedes Wort im Wortkunstwerk ist ein selbstständiger Wert. Alle Worte im Wortkunstwerk stehen untereinander in Beziehung. Diese Beziehung kann in der einzelnen Wortgestalt selbst gestaltet sein. Solche Beziehungsarten sind die Deklination und die Konjugation. Es kann also jede Biegungsform jedes Wortes eine Kunstgestalt sein. Die Biegung beschränkt die Beziehungsmacht in bestimmter Richtung oder in bestimmten Richtungen.

Eine Wortreihe, in der alle Worte derart zueinander in Beziehung stehen und also auch in Beziehungsformen gebracht sind, daß die ganze Wortreihe eine in sich geschlossene Einheit bildet, ist ein Satz. Der Satz ist ein Formbegriff. Es ist nicht notwendig, daß der Satz im Wortkunstwerk eine gedankliche Einheit ist. Der Satz der Umgangssprache ist freilich eine gedankliche Einheit. Für das Wortkunstwerk ist es wesentlich, daß der Gedanke der Wortreihe ein konstruktiver ist. Die Wortreihe, der Satz hat nur dann einen über den konstruktiven Gedanken hinausgehenden Gedankeninhalt, wenn der Satz gleichwertig neben der einzelnen Wortgestalt steht. Der Satz ist dann für das Wort gesetzt.

Jedes Wort, jeder Wortsatz hat einen Inhalt. Ein Wort kündet nur dann seinen Inhalt, wenn Gestalt und Inhalt adäquat sind. Der Begriff ist der Ausdruck für das Erlebnis von etwas Ungreifbaren. Jeder Begriff ist unbestimmt, vieldeutig. Jeder Begriff ist ein komplexer Wert. Für den komplexen Wert die Sprachtongestalt zu schaffen, ist Wortschöpfung. Jeder Dichter ist Wortschöpfer. Jeder Dichter hat jedes Wort neu zu schaffen. Der Ausdruck für das ungreifbare Erlebnis des Kosmos kann von niemandem übernommen werden. Die Gestalt stellt sich mit Notwendigkeit ein, wenn der Mensch eingestellt ist in die Einheit des Alls. Wo der Dichter die Gestalt aus der Notwendigkeit schöpft, schafft er.

Die Grundsätze, die unsere Gegenwart, unsere Kunst gestalten, sind Organisation und Rhythmus.

Die Organisation ist die Machtform des Endlichen, der Rhythmus die Machtform des Unendlichen. Beide verbinden sich in der Sprachtongestalt der Dichtung, und zwar ist die Organisation dem Rhythmus untergeordnet.

Die Gestaltungsarten des Rhythmus sind Konzentration und Dezentration.

Die Wortgestalt als Einzelwort konzentriert den Begriff in ein einzelnes Wort. Diese Wortkonzentration ist eine Konzentration des Inhalts und der Gestalt. Mit möglichst wenig Lautmitteln den Begriff zu gestalten, ist das Ziel. Wortverkürzung ist die Folge.

Die Wortverkürzung kann auf das Stammwort zurück gehen.

Bären für gebären
schwenden für verschwenden
wandeln für verwandeln.

Die Endungen der Deklination und der Konjugation können wegbleiben.

Der Artikel fehlt überall, wo er nicht notwendig bedingt ist.

Aus den Wortverkürzungen werden Wortveränderungen.

Die Wortveränderungen führen zur Bildung neuer Worte. Aus Verben werden Substantive, aus Substantiven Verben gebildet, z. B. aus Kind das Verb kinden.

Die Wortgestalt ist ein Wortsatz, wenn die Begriffsgestalt nicht in einem Einzelwort zu geben ist. Der Wortsatz ist wie das Einzelwort eine Einheit nach Inhalt und Gestalt.

Die Konzentration wird im Wortsatz erreicht durch Umstellung der Worte oder durch Satzverkürzung.

Die Hauptstellungen des einfachen Aussagesatzes mit verschiedener Konzentration sind folgende:

1. Der Frühling ist gekommen.
2. Ist der Frühling gekommen.
3. Gekommen ist der Frühling.
4. Der Frühling gekommen ist.
5. Ist gekommen der Frühling.
6. Gekommen der Frühling ist.

Die Satzverkürzung ist eine Erweiterung der Wortverkürzung.

Einfache Satzverkürzungen sind das Auslassen der Präpositionen, der Kopula und die transitive Verwendung intransitiver Verben.

In den einfachen Satzverkürzungen wird das für die Aussage Überflüssige weggelassen. Sie sind noch keine eigentlichen Konzentrationen.

Wie sich aus der einfachen Verkürzung die Konzentration nach Inhalt und Gestalt entwikkelt, zeigt folgendes Beispiel:

Die Bäume und die Blumen blühen

ist eine einfache Aussage.

Die Bäume, die Blumen blühen

ist eine einfache Verkürzung. Die Kopula bleibt weg. Ebenso ist

Bäume und Blumen blühen

eine einfache Verkürzung. Die Artikel fallen weg. Aber

Baum und Blume blüht

ist keine einfache Verkürzung mehr, sondern eine Konzentration. Der Begriff ist tiefer gefaßt. Aber die Einheit der Begriffe Baum und Blume und Blühen kann noch konzentrierter gestaltet werden. So ist die Form möglich

Blühender Baum, blühende Blume.

Aber hier ist nur die Einheit des Blühens gebildet. Baum und Blume sind als Gegensätze gefaßt.

Erst die Form

Baum blüht Blume

fügt die drei Begriffe zu einem Einheitsbegriff zusammen.

Dies ist ein Wortsatz.

Dieser Wortsatz kann noch bis in ein Einzelwort konzentriert werden, wenn die Wortreihe keinen Satz, sondern ein Wort fordert. Dieses Wort heißt dann

Blüte.

Die komplexe Vorstellung des Wortes Blüte umfaßt Baum und Blume im Blühen.

Wichtige Mittel der Dezentration sind die Wortfiguren.

Solche Wortfiguren sind die unmittelbare Wiederholung, die Wiederholung in Zwischenräumen, die Parallelismen der Wortsätze. Die Umkehrung der Wortstellung wirkt die Einheit umgekehrter Begriffe.

Nicht nur die Umkehrung der Begriffe, auch die Abwandlung der Begriffe nach Unterbegriffen und Oberbegriffen ist ein wichtiges Dezentrationsmittel. Auch der Teilbegriff kann abgewandelt werden. Seine Abwandlung wird bezeichnet durch die Stellung des Wortes in der Wortfamilie.

Mittel der Dezentration ist vor allem die Assoziation von Wortform zu Wortform. Die Assoziation ist eine komplexe Vorstellung. Kunstmittel ist sie, wenn der Assoziation der Wortgestalt eine Assoziation des Wortinhaltes entspricht.

Konzentration und Dezentration sind die Mittel, die Begriffsgestalten der Worte in Kunstgestalten der Worte zu wandeln.

Der Rhythmus ist das Band, das die einzelnen Wortgestalten zur Einheit bindet. Die rhythmische Kette gestaltet die Einheit des Wortkunstwerkes, die logische Kette gibt die Einheit der Umgangssprache. Die logische Kette ist unwesentlich im Wortkunstwerk. Denn die logische Kette beschränkt das einzelne Wort, gibt ihm einen singulären Wert durch eine bestimmte Beziehungsmacht. Die Beziehungsmacht des Wortes als Kunstgestalt aber ist unbestimmt, vielfältig. Das einzelne Wort ist ein komplexer Wert, dessen Kunstmacht auf der Vieldeutigkeit der Assoziation beruht.

Es ergibt sich eine Handwerkslehre der Dichtung, völlig abweichend von den Lehren der humanistischen Ästhetik. Die Leitsätze sind folgende:

1. Das Wortkunstwerk ist keine Mitteilung von Gedanken oder von Gefühlen, sondern Kunde einer Offenbarung. Das Wortkunstwerk kann wohl Gedanken und Gefühle auslösen, aber kein Gedanke und kein Gefühl gibt uns den Zustand der Offenbarung. Erst im Nichtdenken und Nichtfühlen sind wir und das Kunstwerk eins.

2. Diese Einheit wird von der Kunstmacht gewirkt. Die Kunstmacht ist die Wirkung der Kunstmittel.

3. Kunstmittel der Wortkunst sind Laut und Rhythmus.

4. Die Sprachtongestalt, das Wort, ist rhythmische Lautgestalt.

5. Das Wortkunstwerk ist Einheit und Gestalt. Die rhythmische Einheit schließt die rhythmischen Einheiten zur Gestalt zusammen.

6. Jede Sprachtongestalt als rhythmische Einheit ist rhythmische Lautgestalt eines Begriffes.

7. Der Begriff ist gestaltet, d. h. er ist kein Begriff mehr, sondern Kunstgestalt.

8. Die Wortkunstgestalt ist eine Wirklichkeit, kein Vergleich.

9. Die Logik des Wortkunstwerkes ist der Rhythmus. Die Grammatik der Umgangssprache ist für die Dichtung belanglos.

10. Das Wortkunstwerk ist Sprachtonwerk.

Diese Leitsätze sind keine Kunstregeln. Jedes Werk trägt seine Regel in sich. Es gibt kein Gesetz für die Kunst. Aber es gibt unwandelbare Voraussetzungen, ohne die kein Kunstwerk möglich ist. Zeiten, die diese Voraussetzungen verkennen oder nicht kennen, sind keine künstlerischen Zeiten, haben keine geistige Welt und schaffen Nichtkunst und Unkunst, die ihnen Kunstersatz ist. Solche Zeiten durchlebte das Europa der letzten Jahrhunderte. Erst die Gegenwart des Expressionismus hat uns von ihnen befreit. Wir wissen heute wieder die Voraussetzungen der Kunst. Sie sind in den Leitsätzen der Dichtung ausgesprochen. Sie können ausgesprochen werden, nachdem sie ein deutscher Dichter zum ersten Mal seit Jahrhunderten wieder im Kunstwerk gestaltet hat. Dieser Dichter heißt August Stramm.

[...]

3. *Probleme der modernen Lyrik*

Den Blick auf die deutsche Lyrik seit 1910 richten, heißt seinen Blick auf das Chaos richten [...]. Die vier Epochen *Vor-Krieg* (1910–13) mit ihrem individualistischen Weltschmerz, *Krieg* (1914–15) mit ihrem fast naiven Erlebnis eines kollektiven Abenteuers, *Vor-Revolution* (1916–1918) mit der gläubigen Hymnik des pazifistischen Erwachens, *Deutscher Bürgerkrieg* (1919–1923) mit ihrer heiser monotonen Dynamik haben sich nicht etwa reinlich abgelöst, sondern mit ihren Empfindungsfeldern rettungslos ineinander verhaspelt [...]. Hier ist Verwirrung und keine klare Gemeinsamkeit; man muß den Mut haben, sie zu sehen und auszusagen. [1]

Diesem skeptischen Urteil über die Einheit der *Lyrik des expressionistischen Jahrzehnts* [2], das Heinrich Eduard Jacob am Ausgang der Epoche fällte, wird man nachträglich den Vorzug geben müssen vor der suggestiven Zusammenschau des Heterogenen, wie sie von Kurt Pinthus in seiner *Symphonie jüngster Dichtung* [3] vorgestellt wurde (vgl. Dok. 13 u. Dok. 27). Angesichts der Diskontinuität in der formalen Entwicklung, der stilistischen Unterschiede und der überwiegend auf Analogien der Bewußtseinslage oder auf Parallelen in Bildlichkeit und Thematik beruhenden gemeinsamen Merkmale, ist die Rede von einer typisch expressionistischen Gedichtstruktur höchst problematisch. [4] Der Forschung ist auch noch fraglich geworden, was Jacob als einziges sicheres Datum expressionistischer Lyrik gelten lassen wollte: »Ganz unhomogen im Innern, ist sie doch homogen im Äußern – in ihrem scharfen Gegensatz zu der Epoche, die 1910 abschloß.« [5] Wenn überhaupt, so ist dies nur für die herausragenden Lyriker und die avantgardistischen Gedichtformen richtig. [6] Im Ganzen wäre eher von einer Zwischenstellung der expressionistischen Lyrik zwischen Modernität und traditioneller Bindung zu sprechen. [7] Wer etwa den Formbruch der Lyrik als das »Paradigma der Moderne« [8] zu betrachten gewohnt ist, wird die dem Expressionismus nachgesagte ›Formzertrümmerung‹ vielfach vergebens suchen und neben der futuristisch-konstruktivistischen Wortkunst z. B. August Stramms [9] den Gebrauch konventioneller Formen bemerkenswert finden. Fraglos ist der bedeutende Beitrag des lyrischen Schaffens im Expressionismus zu der literarischen Auseinandersetzung mit den Gegebenheiten und Krisenerscheinungen der modernen Zivilisation, den ästhetische Einwände nicht schmälern können. Oskar Loerke hat das gleichwohl vorhandene künstlerische Problem der hochexpressionistischen Lyrik sehr genau bezeichnet:

Leser und Schreiber suchten zumeist im Gedicht nicht das Gedicht, sondern ein Bekenntnis, das überall reif geworden war und das zu vernehmen man nicht satt werden konnte, eine Verbindung mit anderen durch gemeinsame Leidenschaft oder gemeinsame Niedergeschlagenheit, einen Anschluß, sei es auch nur den an die neuen, mit Prophetengesten und Sektiererzorn verkündeten literarischen Conventionen [...] Schreiber und Leser suchten im Gedicht mehr als nur ein Gedicht und übersehen daher gern seine Unvollkommenheit. [10]

In einem früh veröffentlichten Diskussionsbeitrag (Dok. 168) wurde von Loerke die Frage nach der Modernität und Lyrizität der damaligen ›jüngsten‹ Lyrik als eine prinzipielle aufgeworfen.

Im Versuch, das Avantgardistische der expressionistischen Poetik zu dokumentieren, gerät man also schnell in Verlegenheit, zumal – wie neuerdings wieder festgestellt wurde [11] – kein Lyriker des Expressionismus eine zusammenhängende Theorie formuliert hat. Dies verwundert um so mehr, als die Affinität zur lyrischen Gattung offensichtlich ist. Nicht zu Unrecht sprach man damals vom *Zeitalter der Lyrik* [12]. Die lyrische Gattung war nicht allein der »sprunghaften Intellektualität« des frühen Expressionismus adäquat, das Gedicht als Kleinform kam der Freude am künstlerischen Experiment und der Darstellung von Krisen moderner Subjektivität entgegen. [13] »Die einzig mögliche Ausdrucksform ist für uns das Gedicht und die Glosse. Alles andere ist eitle Produktionsaffigkeit«, behauptete Hugo Kersten für viele, die nicht nur von hektischem Zeitempfinden mitgerissen wurden, sondern sich auch schnell gedruckt sehen wollten. [14] Was die Tradition anlangte, lief man Sturm gegen die Vorherrschaft der subjektiven Gefühlspoesie und die profillose Epigonallyrik, aber auch die Lyrik Stefan Georges und Rainer Maria Rilkes entsprach mit ihrem getragenen Pathos, ihrer exklusiven Themenwahl und ihrer sensiblen Eleganz keineswegs mehr dem Lyrikbegriff der *Jüngst-Berliner* (vgl. Dok. 7). Unbestritten blieb dagegen die Lyrik als Paradigma der literarischen Avantgarde. Samuel Lublinskis *Wort über Lyrik* erwies sich in diesem Punkt als eine zutreffende Prognose der Gattungsdominanz im frühen Expressionismus:

> In Wirklichkeit äußert sich jede Wandlung des Kulturzustandes am frühesten in der Lyrik, die stets zuerst in Gährung gerät, in eine innere Unruhe, ohne daß es ihr immer gelingt, einem neuen Inhalt die neue Form zu finden. [15]

Ansonsten aber unternahm man alles, den hohen Begriff der Lyrik als der Dichtkunst schlechthin zu verabschieden. Kurt Hillers Plädoyer für die Abschaffung des Wortes ›Lyrik‹ (Dok. 166) parodiert den Prestigewert der Gattung, mit dem das Programm der ›intellektuellen Poesie‹ im Frühexpressionismus zu brechen versuchte. Im Hochgefühl der avantgardistischen Provokation entstanden damals die Anthologie *Der Kondor* (vgl. Dok. 110) und das typische Gedichtbuch von Ernst Blass, dessen Lyrikbegriff großstädtischer Nervosität und Sensitivität die Vereinigung von Pathos und Ethos, von Intellekt und Gefühl als Aufgabe der Zukunft postulierte (Dok. 167). Max Herrmann-Neisse schrieb über die zwei Seiten der jüngsten Lyrik in einem Brief an Paul Zech:

> Ich höre in unserer ganzen jetzigen Lyrik immer ein Gemeinsames heraus, das ich den ›Neuen Rhythmus‹ nennen möchte. In diesem ›Neuen Rhythmus‹ gibt es natürlich ›erfühlt-klingende‹ Gedichte und ›skeptisch-groteske‹, gibt es ›das Neue Pathos‹ und ›die neue Skepsis‹ (völlig gleichberechtigt). [16]

Eine bislang ungewohnte Skepsis etabliert sich neben dem vielberufenen »Neuen Pathos« (vgl. Dok. 150) vor allem dort, wo das Gedicht nicht mehr die Wiedergabe einer persönlichen Stimmungslage anstrebt, sondern Wahrnehmungsunsicherheiten und Irritationen der Bewertung von Phänomenen zum Thema hat oder scheinbar unbeteiligt Erscheinungsformen des Häßlichen, Abnormen und Perversen zu seinem Gegenstand macht (s. den Abschnitt »Die nicht mehr schönen Künste«). Die von der formkonservativen Kritik bemängelte »antilyrische Objektivität« [17] erscheint uns heute gerade als die eigentlich bahnbrechende Leistung frühexpressionistischer Lyrik. Lichtensteins Kommentar (Dok. 170) zu dem sensoriell-grotesken Gedicht

Die Dämmerung analysiert das Hauptgestaltungsprinzip dieser Lyrik, »Reflexe der Dinge statt der Dinge selbst« [18] darzubieten. Nicht zufällig taucht in der Zeit des Expressionismus der Begriff des »lyrischen Ich« auf, der die Spaltung zwischen empirischem Autor und einer anonym-vorbewußten Sprecher-Instanz signalisiert. Margarete Susman erkannte in der Autarkie des »lyrischen Ich« eine »Erhöhung des empirischen Ich zu einem übergeordneten formalen [...]«. [19] Gottfried Benn verdankt der Begriff seine spätere interpretatorische Selbstverständlichkeit. [20]

Neben die radikalen Stoffe der Großstadterfahrung, des Ichzerfalls, der Angst und der sozialen Impotenz wird die religiöse Sehnsucht als elementarer Drang nach Sinn als ein nach-nihilistischer Metaphysikbedarf zum zentralen Thema des expressionistischen Gedichts. Paul Zechs Aufsatz (Dok. 169) legt Zeugnis davon ab, daß in der expressionistischen Poetik gerade die Lyrik zum Medium des Metaphysikverlusts und gleichzeitig zum Ausdruck der ersatzmetaphysischen Erlösungsvisionen wurde. Das menschheitsverbrüdernde Sendungsbewußtsein findet sich früh im Werk Franz Werfels; seine Gedichte, so verkündet er im Nachwort zu dem Gedichtband *Wir sind*:

> [...] reden in mancherlei Gestalten nur von einem. Von dem permanenten Existenzbewußtsein, das ist Frömmigkeit. Wir, die wir in den Wirrwarr dieser Erdenteleologie, in den Betrieb und die mindere durchsichtige Kausalität gestoßen sind, vergessen nur allzurasch das unausdenkliche, ungeheure Wort: Wir sind. Ich glaube, daß alles menschlich Hohe, die Güte, die Freude, der Jubel, der Schmerz, die Einsamkeit, das Ideal, bloß aus diesem ewigen, undurchdringlichen gewaltigen Existenzbewußtsein sich erheben können. [21]

Dieses Pathos der Innerlichkeit steht in nächster Nähe zum rhetorisch-demagogischen bzw. zum politisch-utopischen Pathos, das die expressionistische Lyrik zeitweise völlig vereinnahmt. Johannes R. Bechers Einleitungs-Hymnus (Dok. 171) dokumentiert den Wirkungsanspruch jenes expressionistischen Gedichttyps.Das extreme Beispiel hierfür sind dann die lyrischen Propagandatexte des politischen Expressionismus und sozialistischen Aktivismus. Die ohnehin »übel beleumundete Gattung der politischen Lyrik« erfuhr durch ihre Überbeanspruchung im späten Expressionismus eine noch heute fortwirkende Abweisung. »Es werde nur bemerkt«, meinte Rudolf Leonhard in einer Rechtfertigung, »daß die Bezeichnung als ›politische Lyrik‹ eben nur, und zwar in stofflicher Hinsicht, eine Gattung bezeichnet und gar nichts über den möglichen und wirklichen Wert der politischen Lyrik aussagt. Sie verheißt nicht mehr als etwa ›Liebeslyrik‹, und es wird meistens übersehn, daß es auch unter den politischen Gedichten gute und schlechte gibt.« [22] Die politische Lyrik des Expressionismus, die agrammatische Wortkunstlyrik wie das dadaistische Lautgedicht dieser bewußten »Antilyriker« [23], rief freilich stets nachhaltige Zweifel hervor, ob »sich als grandiose Unbekümmertheit des Formungswillens ausgebe, was nur kümmerliches Nicht-zum-Gedicht-Kommen ist.« [24] In seinem »Prolog« zu der Gedichtsammlung *Verkündigung* versuchte Rudolf Kayser ein Schlußwort zur Paradoxie der antilyrischen Lyrik des Expressionismus: sie sei lyrisch für den, der den beabsichtigten Wandel des Lyrikbegriffs mitvollzieht: »[...] wenn ihr von diesem Wort alle Pseudo-Romantik, Waldeinsamkeit und Wiesengeruch abtut und es zum Namen herzlicher Gesänge und panischer Klänge macht.« [25]

Außer dieser Veränderung des Lyrikbegriffs zeichnet sich in der expressionistischen Poetik, nicht zuletzt als ästhetische Selbstkritik am rhetorischen Pathos, die zunehmende Reflexion der lyrischen Sprache ab. Besonders die Wortkunsttheoretiker (vgl. Dok. 164 u. Dok. 165) lassen erkennen, wie weitgehend das Problem der modernen Lyrik damit zu einer Frage der sprachlichen Modelle geworden ist. Der Enthusiasmus der frühen Lyrik, die mit ihrer erfinderischen Bildlichkeit, revolutionären Metaphorik und radikalen Thematik einen wichtigen Einschnitt in der Entwicklung der deutschen Lyrik markiert, wich der Einsicht in die Verbrauchtheit der lyrischen Sprachmuster (vgl. Dok. 162). Zwar führt der Weg von der Lyrik des »Sturm-Kreises« und den dadaistischen Sprachexperimenten zur konkreten Poesie, doch die Favorisierung des Dramas im Hochexpressionismus ist eher ein Indiz für die Erschöpfung eines lyrischen Sprachstils, der bereits vor dem Weltkrieg seine fortgeschrittensten Möglichkeiten erreicht hatte. [26]

1 Heinrich Eduard Jacob: *Zur Geschichte der deutschen Lyrik seit 1910.* In: *Verse der Lebenden. Deutsche Lyrik seit 1910.* Hrsg. von H. E. J. – Berlin: Propyläen-Verlag [1924], S. 5–29. Zit. nach dem Wiederabdr. in: Paul Raabe (Hrsg.): *Expressionismus. Der Kampf um eine literarische Bewegung,* S. 194–211, Zitat S. 194 f.

2 Vgl. die Anthologie von [Max Niedermayer u. Marguerite Schlüter (Hrsg.)]: *Lyrik des expressionistischen Jahrzehnts. Von den Wegbereitern bis zum Dada.* Einleitung von Gottfried Benn. – Wiesbaden 1955, München 1962.

3 *Menschheitsdämmerung. Symphonie jüngster Dichtung.* Hrsg. von Kurt Pinthus. – Berlin: Ernst Rowohlt 1920. *Menschheitsdämmerung. Ein Dokument des Expressionismus.* Mit Biographien u. Bibliographien neu hrsg. von K. P. – (Reinbek) (1959); *Menschheitsdämmerung.* Einleitung von Werner Mittenzwei. – Leipzig 1968.

4 Zum Problem einer angemessenen Systematik für expressionistische Lyrik vgl. z. B.: Edgar Lohner: *Die Lyrik des Expressionismus.* In: Wolfgang Rothe (Hrsg.): *Expressionismus. Gesammelte Studien.* – Bern u. München 1969, S. 107–126.

5 Heinrich Eduard Jacob: *Zur Geschichte der deutschen Lyrik seit 1910,* S. 195.

6 Vgl. die Arbeiten von Clemens Heselhaus: *Deutsche Lyrik der Moderne. Von Nietzsche bis Yvan Goll. Die Rückkehr zur Bildlichkeit der Sprache.* – Düsseldorf 1961; Hartwig Schultz: *Vom Rhythmus der modernen Lyrik. Parallele Versstrukturen bei Holz, George, Rilke, Brecht und den Expressionisten.* – München 1970; Jürgen Ziegler: *Form und Subjektivität. Zur Gedichtstruktur im frühen Expressionismus.* – Bonn 1972.

7 Zur Frage nach der Modernität expressionistischer Lyrik vgl. bes. Wilhelm Emrich: *Literaturrevolution 1910–1925.* In: *Protest und Verheißung. Studien zur klassischen und modernen Dichtung.* – Frankfurt u. Bonn 1960, S. 148–154; Beda Allemann: *Zur Form der expressionistischen Lyrik.* In: *Duitse Kroniek* 15 (1963), S. 45–52.

8 Vgl. die Interpretations-Sammlung von Wolfgang Iser (Hrsg.): *Immanente Ästhetik – Ästhetische Reflexion. Lyrik als Paradigma der Moderne.* – München 1966 (Poetik u. Hermeneutik, Bd. II).

9 Vgl. hierzu bes. Richard Brinkmann: *Zur Wortkunst des Sturm-Kreises. Anmerkungen über Möglichkeiten und Grenzen abstrakter Dichtung.* In: *Unterscheidung und Bewahrung.* Festschr. f. H. Kunisch. – Berlin 1961, S. 63–78.

10 Oskar Loerke: *Die sieben jüngsten Jahre der deutschen Lyrik.* [1921] Mitget. von Reinhard Tgahrt in: *Jahrbuch der Deutschen Schillergesellschaft* 8 (1964), S. 33–40, Zitat S. 35.

11 Vgl. Bruno Hillebrand: *Expressionismus als Anspruch. Zur Theorie der expressionistischen Lyrik.* In: *ZfdPh* 96 (1977), S. 234–269.

12 Peter Scher (d. i. Fritz Schweynert): *Das Zeitalter der Lyrik.* In: *Die Aktion* 3. Jg. (1913), Nr. 27, 5. Juli, Sp. 645.

13 Dietrich Bode: *Einleitung.* In: *Gedichte des Expressionismus.* Hrsg. von D. B. – Stuttgart 1966, ^{2}1976, S. 8.

14 Hugo Kersten: *Leo Matthias. Der jüngste Tag.* In: *Die Aktion* 4. Jg. (1914), Nr. 21, 23. Mai, Sp. 466.

15 Samuel Lublinski: *Der Ausgang der Moderne. Ein Buch der Opposition.* – Dresden: Carl Reissner 1909. Neu hrsg. von Gotthart Wunberg (*Ausgewählte Schriften*, Bd. 2). – Tübingen 1976, S. 194.
16 Brief vom 12. Dezember 1913 (Landesbibliothek Dortmund).
17 Ernst Lissauer: *Lyrik.* In: *Das literarische Echo* 14. Jg. (1911/12), Nr. XX, 1. November 1911, Sp. 175–179. Zit. nach: Georg Heym: *Dichtungen und Schriften*, Bd. 6, S. 208–215, Zitat S. 211.
18 Ferdinand Gregori: *Expressionismus in der Lyrik.* In: *Österreichische Rundschau* Bd. 61 (1919), S. 28–34, Zitat S. 29.
19 Margarete Susman: *Das Wesen der modernen deutschen Lyrik.* – Stuttgart 1910, bes. S. 15–20, Zitat S. 19.
20 Vgl. u. a. Gottfried Benn: *Epilog und lyrisches Ich* [Passus über das lyrische Ich dat. 1927]. In: *Gesammelte Werke*, Bd. 8, S. 1873–1880.
21 Franz Werfel: *Nachwort zur ersten Auflage.* In: *Wir sind. Neue Gedichte.* – Leipzig: Kurt Wolff 1913, S. 123–125, Zitat S. 125.
22 Rudolf Leonhard: [Nachwort, Ende September 1916]. In: *Polnische Gedichte.* – Leipzig: Kurt Wolff 1918 (*Der jüngste Tag*, 37), S. 34–37, Zitat S. 36.
23 Klabund (d. i. Alfred Henschke): *Aus neuer Lyrik.* In: *Die Neue* Bücherschau 1 (1919), H. 1, S. 6–8, Zitat S. 6.
24 Karl Vietor: *Die neue Lyrik.* In: *Das Programm. Blätter der Münchener Kammerspiele* 4. Jg. (1917/18), Nr. 3 (Dezember 1917 – Januar 1918), S. 10–11, Zitat S. 11.
25 Rudolf Kayser: *Prolog.* In: *Verkündigung. Anthologie junger Lyrik.* Hrsg. von R. K. – München: Roland-Verlag 1921, S. VI f.
26 Vgl. Karl Ludwig Schneider: *Der bildhafte Ausdruck in den Dichtungen Georg Heyms, Georg Trakls und Ernst Stadlers. Studien zum lyrischen Sprachstil des deutschen Expressionismus.* – Heidelberg 1954, [3]1968.

166
Kurt Hiller: *Gegen Lyrik.* In: *Der Sturm* 1 (1910/11), Nr. 52, 15. Februar 1911, S. 314 [414] – 315 [415].

Man höre endlich auf, von »Lyrik« zu reden. Dieses Wort riecht fade und nach Allegorie; an eine Leier erinnert es, die sehr geschwungen aussieht und von seelenvollen Wurstfingern einer weiblichen Gestalt (Muse) geschlagen wird; emphatisch gequetschter Speck sind die Finger, die Gestalt aber blickt gen Himmel und ist von Gulbransson [1] gezeichnet.

Dazu kommt, daß viele Leute das y in »Lyrik« wie i sprechen, wodurch der Wahn gefördert wird, ein gutes Gedicht müsse sangbar sein.

... Neben den Referaten über einen Ausschnitt Welt (Roman, Novelle), neben dem auf die Beine gestellten Stück Schicksal (Drama), neben den philosophäden Mischformen (Dialog, Glosse, Essay) haben wir nun einmal jene musikhafte Art: wie man aus tausend morgenländischen Rosenblättern ein einziges Tröpfchen Rosenöl preßt, so aus einer Unzahl von großen, kleinen Erlebnissen (Erfahrungen und Erfahrbarkeiten der Sinne, geliebt-gehaßten Problemdurchschnüffelungen, Vibrationen des namenlosen – »metaphysichen« – Zentrums) einen einzigen kleinen Komplex von Worten zusammenzustampfen; Komplex von Worten, der ein geordnet holdes Vagieren ist und worin die allerhand irdischen Sensationen – von den optischen bis zu den tastnervösen –, das allerhand Cerebrale, die allerhand Wollungen ineinanderschmilzen und einig zusammenfließen mit dem Weltgefühl, das unsere Seele kennt. All dies kraft einer Vision gemischt und gefaßt in das Gesetz einer Form –: das Gedicht ist da.

Warum aber der Name »Lyrik«? Hat denn dergleichen mit Lyra und Lied etwas zu schaffen? Mit fahrenden Sängern und dem pfeifenden Handwerksbursch? Mögen immer die strengen Magister der Fröhlichkeit, die behaglichen Lobpreiser einer gemeinverständlichen Melancholie, kurzum die (so aufrichtigen) Verfechter des klassischen und romantischen Volksgedudels diese Frage bejahen: das Beste von Goethe und die tränentreibende Wunderpracht, die Hölderlin, George, Rilke uns geschenkt, »Lyrik« zu nennen – darüber lacht mein Ohr und krümmt sich mein Sprachgefühl. Wenn wirklich Bezeichnungen wie Gedicht, Dichtung, Wortkunst nicht genügen, dann ziehe ich der »Lyrik« immer noch die »Poesie« vor – trotz allen Anklängen an Goldschnitt [2]und Goldschmidt [3]. »Poesie« kommt schließlich, ohne sich zu zieren, von ποιεῖν, machen, und heißt (falls das Einzelwerk gemeint ist) immerhin Machsal. Wogegen sich garnichts einwenden läßt; da doch jedes Gedicht komponiert, ziseliert, gemeißelt werden ... da jedes Gedicht am Ende qualvoll »gemacht« sein will. Wenn steifbeinige Prophetensöhne dies Fakt bestreiten und kühn behaupten, ein Gedicht müsse »nicht gemacht, sondern gewachsen« sein, so zeigt das nur, wie leicht Masochismus sich in alberne Theorien umsetzt...

Nun brauchte man sich ja über eine inadäquate Bezeichnung nicht besonders aufzuregen; aber diese hier birgt Gefahren. Sie ist gefährlich der Kunst jener Ersehnten, Kommenden, Köstlichen, welche Bedichter sind unserer grausig geliebten Städte; Gestalter unserer intellektischen Ekstasen, eisigen Gluten, süßen Flagellationen; unerhörte Zusammenraffer alles in letzten Menschen unerhört Durcheinanderwirbelnden. Diese kommende Kunst wird den Assoziationen von »Lyrik«, die der mittlere und auch der bessere Bürger notwendigerweise hat, noch heftiger zuwiderlaufen als selbst der Georgesche Brokat und die erschütternde Kondensiertheit Rilkescher Gesichte. Dieser kommenden Kunst, aus der auch die allerletzten Rudimente von Waldesgrün und Lerchensang, von Herz und Schmerz und Lust und Brust, von Sinnigkeit und Innigkeit und Kühen auf der Weide verduftet sein werden –: jeder schöngeistige Advokat und jede Lyzeumsziege wird dieser Kunst einfach das Dasein absprechen. Und ich höre schon, als Argument, entrüstet gefistelt die rhetorische Frage: »Ist denn das noch Lyrik?!«

Man wird dem Schöngeist und der Ziege sich sehr konträr fühlen, und wird dennoch sagen müssen: »Nein, Euer Liebden; Lyrik nun freilich ist dieses nicht!« – worauf dann der fatale Begriffsstreit entbrennt.

Rotten wir jedoch den dämlichen Terminus beizeiten aus, so werden Schöngeist und Ziege sich schon ein anderes Argument suchen müssen; und der Nachweis, daß sie Zulus sind, gestaltet sich dann bequemer.

Diese Desillusionierung des hohen Lyrikbegriffs ist wiederabgedr. in Kurt Hiller: *Die Weisheit der Langeweile. Eine Zeit- und Streitschrift.* Bd. 1 – Leipzig: Kurt Wolff Verlag 1913, S. 116–119. Zu Hillers Lyrikdefinition vgl. Dok. 110.

1 Olaf Gulbransson (1873–1958), norwegischer Zeichner und Maler, als ständiger Mitarbeiter des *Simplicissimus* vor allem durch seine Karikaturen bekannt.
2 Abkürzung für den literarkritischen Terminus »Goldschnittlyrik«. Die im Kreis des »Jungen Deutschland« aufgekommene Vokabel war eine negative Bezeichnung für die Epigonendichtung des 19. Jahrhunderts, die häufig in bibliophiler Aufmachung erschien.
3 Gemeint ist wohl der Maler und Astronom Hermann Mayer Salomon Goldschmidt (1802–1866) wegen seines bekannten Gemäldes *Die Poesie*.

167
Ernst Blass: *Vor-Worte.* In: E. Blass: *Die Straßen komme ich entlang geweht.* – Heidelberg: Richard Weissbach 1912, S. 3–8.

Ich gebe hier ein Buch heraus ... (doch ich weiß, etwas »Geschlossenes-Ganzes« gebe ich nicht heraus), eine Sammlung von Gedichten. Zeitlich auseinanderliegende Dinge, die getrennt empfunden und festgehalten wurden, sind hier zusammengebunden. Einheit liegt nicht vor.

Ich erinnere mich, wie mir zumute war, als ich Einiges von dem hier Aufgenommenen verfaßte. Wie man damals das Inhaltsmäßige fühlte; wie man die Straßen entlang geweht kam (am 31. Januar 1912; vorher war man mit Herrn W. F. und Herrn H. [1] zusammen im Englischen Café; dann die nachtumwaldete Tauentzienstraße); oder wie manchmal Bedrückendes beim Schaffen wich; wie aber doch manches bedrückend war ... Einzelnes; halbgespenstisch. Meine Empfindungen heut abend stehen in keinem Gedichte des Bandes, – dennoch sind die Gedichte des Bandes meine Empfindungen ... (Beim Herausgeben muß man das erwähnen.)

Kommt nun (wie jetzt) eine reiche Nachtluft hinzu, durch offne Fenster direkt ins Herz dringend, ist unten alles verstummt, unterhalten sich nur noch leise zwei Dienstmädchen, tickt meine Uhr, höre ich ab und zu die Hochbahn fern rollen – – –: so passiert es leicht, daß jemand, der sich anschickte, eine Vorrede kritisch-kämpferischen Wesens zu dichten, auf das Ganze dieses Daseins träumerisch reagiert, weil dieses Chaos so voll von Hinreißendem ist und, aus einiger Ferne gesehn, als etwas in seiner Art Einziges blüht ...

Dieses Chaotische nun ... wird der Lyriker der nächsten Zeit zwar auch in träumerisch-potenter Lust fühlen, doch zugleich mit einer erwachsenen Gier, die Kenntnis von den Dingen unsres Planeten zu vergrößern. Der Lyriker wird immer bewußter empfinden, daß es darauf ankommt (und daß eine große Schönheit darin liegt), für die Klärung der irdischen Phänomene zu sorgen, – ob er gleich weiß: Der Kern der *Lyrik* ist etwas andres.

Auch der Lyriker wird nächstens ein Erkennender sein, ein Kämpfer; einer, der haltbare Grundlagen sucht, um ein Steigen der Glückschancen für Menschen zu berechnen; einer, der für das Fortschreiten der Menschheit morastlosen Boden sucht; jemand, der (ich weiß was ich sage) für die Entwicklung kämpft.

Und das Ideal der Künstler, auch der Lyriker, wird sein: Aufrichtigkeit.

(Der erkennende Kämpfer allerdings wird auch ein Lyriker sein. Das ist nichts gewissenhafter Vernunfttätigkeit Entgegengesetztes, sondern etwas, das sie beflügelt, Philosophie wird nächstens nicht mehr verwechselt werden mit umständlichem Geräusper gelehrt anmutender Unrichtigkeiten und Unwichtigkeiten. Der Denker wird ganz sorgfältig und voll Verantwortungsgefühl, dennoch feurig sein.

Als Lyriker aber wird er dieses feurig fühlen: ... das ganze Sternschnuppenhafte einer Menschenexistenz, diese Einmaligkeit, das Umwogtsein – – und das Stürzen und die Lust und die Melodei –.)

Warum Erkennen? Warum Fortschritt? Warum Entwicklung? Wir sind in dieser herrlichen Weltwildnis mit unsern natürlichen Potenzen, sexuellen und künstlerischen, glücklicher, als wir bei schärferer Bewußtheit wären ...

Das ist heute nicht absehbar. Ich weiß indes, daß der Wille zur bewußten Erfassung des Umliegenden ein recht reicher Lustquell ist ...

Aufrichtig sein als ein Erkennender –: ein Ideal, das für Zweifler an der Fundiertheit und den Aussichten menschlichen Erkennens nichts Überzeugendes hat; das als letzte Wahrheit nicht behauptet werden darf; doch (schlimmstenfalls immer noch) die heut reichste Schönheit und Vitalität besitzt, also auch vormaligen Skeptikern an der *Wahrheit*, späteren Verherrlichern des Chaotisch-Lustspendenden genügen müßte, als der heutige *Glaube*. (Schlimmstenfalls.)

Als Dichter ein Erkenner: das wird der Lyriker der nächsten Jahrzehnte sein.

Weil er ehrlich ist und bewußt, wird er eins auch im Traume nie vergessen: daß er nicht immer ein Engel ist, nicht immer ein Urwesen, nicht immer schwebend und alltagsfern (sondern wie große Erdenreste ihm zu tragen peinlich bleiben). Das wird in seinen Klängen liegen: das Wissen um das Flache des Lebens, das Klebrige, das Alltägliche, das Stimmungslose, das Idiotische, die Schmach, die Mießheit. Die Klänge des nahenden Lyrikers werden nicht »rein« und »aus der Tiefe« sein. Er wird nicht einfach ein potentseliges Urgeschöpf sein, sondern einer, der erkennt und zugibt, daß man manchmal recht ins Alltägliche hineingeklebt ist; der noch in der Erhebung weiß, daß man nicht immer erhoben ist. So ist es. Und es wird eine *Erhebung* für ihn sein, dies zuzugeben.

Es wird für ihn darum eine sein, weil er für *Ehrlichkeit* ist. (Der Lyriker wird finden: der Fortschritt in der *Chaosklärung*, wenn es ihn nicht gibt, muß erfunden werden. Er streitet für die Wahrheit auch aus Gründen der Schönheit.)

Der Lyriker der nächsten Zeit wird sich nicht schämen.

Auch seiner mehr träumerischen Stimmungen nicht. Doch seine Träume werden anders aussehen, als die weniger Kultivierter; nämlich: gehetzter, weltstädtischer, mit dem lebhaften Willen zur Kritik, mit einem das Träumerische Nicht-Für-Voll-Nehmen. Noch als schwebender Engel im Traum aber weiß er, daß er vielfach als Herr Soundso auf Erden lebt – und viel Irdisches zu ertragen hat. Noch wenn er Lyrik dichtet, wünscht er nicht zu lügen.

Seine Art Lyrik ist »fortgeschrittene« Lyrik [2] genannt worden; von einem, der, ein großer Lehrer all dieser Dinge, für Europa schafft; von Alfred Kerr. Nicht wegen Großstadtmilieus so genannt, sondern wegen jener kritischen, beschwingten, fechtlustigen Daseinsstimmung selbst in der Lyrik.

Der neue Dichter (der den Alltag kennt, der den Schwindel durchschaut) wird gegen künstlerisches Schaffen überhaupt, soweit es unkritisch ist, etwas skeptisch sein, – dennoch wird er eine Melodie haben ...

Weil er wahrheitsliebend ist, werden seine Dichtungen um viel Melodieloses im Erdenleben wissen, – dennoch Dichtungen sein; Dichtungen voll der Schönheit und Intensität eines großen Willens zur Ehrlichkeit. Er wird etwas geben, was, wie Kurt Hiller sagt, funkelt »zwischen Stahl und der Blume Viola«. [3]

Zusammengefaßt: Der kommende Lyriker wird kritisch sein. Er wird träumerische Regungen in sich nicht niederdrücken. Noch im Traume wird er den ehrlichen Willen zur Klärung diesseitiger Dinge haben und den Alltag nicht leugnen. Und diese Ehrlichkeit wird die tiefste Schönheit sein.

Der kommende Lyriker wird, wie gesagt, auch ein Darsteller des Alltags sein. Kein alltäglicher Darsteller! Er wird aber kein Schilderer der Weltstadt sein, sondern ein weltstädtischer Schilderer ...

Sollte dann das Niveau noch nicht über kunstbehandelnde Dozenten vom Verstande des Herrn Bab [4] hinübergelangt sein und noch immer in den Gazetten gelegentlich der Gedanke auftauchen, Rhinozeroshaftigkeit und Neid auf Feiner-Behäutete lasse sich schon durch den Willen zu einer neuen, sozusagen synthetischen Andacht überwinden –: so wird der Lyriker für diese Frömmigkeit den gelinden Ausdruck »Lammfrömmigkeit« bereit haben.

Er selber wird voll Andacht sein, nicht voll dumpfig-stöhnender oder fett-enthusiasmierter Andacht, sondern voll einer skeptischen, gefiederten, fortgeschrittnen, kriegstüchtigen, voll einer tänzerischen und erkennenden und geschwinden Andacht.

Der Lyriker der nächsten Jahrzehnte wird im wesentlichen darauf bestehen, daß seelenlose, mechanische Intelligenz nichts Auszeichnendes, daß jedoch Antiintellektualismus (mit und ohne Schweiz) [5] zum Kotzen ist.

Der zukünftige intellektuelle Lyriker wird sich nicht schämen, weder wegen Intellektuellseins noch wegen Träumerischseins. Als Mann der Schönheit wird er voll irdisch-kämpferischer Stimmung und Kämpfer voll Stimmung und Schönheit sein ...

... Mit geflügelten Grüßen an diesen Menschen der nächsten Zeit sei *Die Straßen komme ich entlang geweht* herausgegeben.

(Berlin, 16. September 1912.)

1 Gemeint ist wohl Kurt Hiller.

2 Alfred Kerr hatte unter dieser Überschrift eine Rubrik für frühexpressionistische Lyrik in der Zeitschrift *Pan* eingerichtet: »Junge Dichter, untereinander nicht bekannt, schicken dem Pan ihre Strophen. Vielfach zeigt sich der durch Kritik und Beispiel oft geäußerte Wunsch, die fortgeschrittene Lyrik der großen Städte zu finden.« (*Stadtverse.* Fortgeschrittene Lyrik). In: *Pan* 2. Jg. [1911/12], Nr. 24, 2. Mai 1912, S. 698).

3 Zitat nicht ermittelt.

4 Julius Bab (1880–1955), Publizist und Dramaturg, der der frühexpressionistischen Lyrik verständnislos gegenüberstand; Blass reagiert hier auf Babs Kritik des *Kondor* (*Theatrum lyricum III.* In: *Die Gegenwart* 41. Jg., Bd. 82 (1912), Nr. 32, S. 501–503), mit der er sich während der Entstehung dieses Vorworts auseinandersetzte (vgl. E. Blass: *Kondor-Kritiker III.* In: *Die Aktion* 2. Jg. (1912). Nr. 37, 11. September, Sp. 1162–1165).

5 Anspielung auf Hermann Hesse (1877–1962), dessen Landschaftslyrik im »Neuen Club« kritisiert wurde; vgl. auch Dok. 7.

168
Oskar Loerke: *Von der modernen Lyrik.* In: *Zeit im Bild* 10 (1912), Nr. 27, 27. Juni, S. 691.

Die Lyriker des Neuen haben gemeinsam etwas künstlerisch Gewalttätiges, denn das Wachstum aller Felder, welche die Zeit besät und beackert, ist so erdrückend, veränderungs- und überraschungsvoll, daß es Kühnheit kostet, mit der Kunst nachzukommen. Keine Zeit hat das Aussehen der Welt und das Aussehen des Lebens so jäh bereichert wie unsere. Für jeden, der es betrachten will, ist es da, für den Dichter am meisten. Immer war erst dann etwas wirklich, sobald es in den Dichtern war. Immer waren erst wirklich Dichter, wenn sie etwas Neues auszusprechen hatten. Wohl konnten sie es niemals anderswo als in sich finden, doch sie sprachen es im Gleichnis der ganzen erneuten Welt. Heute ist diese Erleichterung zur äußeren Erschwerung geworden.

Darum wollen wir zunächst alle Lyriker preisen, die das Moderne sich überhaupt angehen lassen. Wir wollen die Großstädte, die Weltstädte dichten, die beinahe so jung wie wir sind. Wir wollen die Sinfonien des Stahls, des Eisens und aller schnellen Kräfte hören, die fast noch jünger sind als wir. Wir wollen das moderne Tempo wiederschaffen, weil es uns schafft. Wir wollen unsere feinen, kranken Nerven singen, sie werden davon gesund werden. Hinausgetrieben werde, wer die Mühe um all das bekämpft, totgeschlagen werde er, wenn er ein Künstler ist.

Dennoch! Wenn wir beim Lesen unserer jüngsten Gedichte uns über das durch seine bloße Nennung Erregende hinaus Rechenschaft geben, so stellen wir oft die grundsätzliche Frage: Was ist ein Gedicht? Nicht, weil das zufällig Gelesene schwach wäre; wir wissen, in jeder grossen, geistigen Bewegung ist der Wille öfter vorhanden als die Kraft. Im Gegenteil, gerade vor den starken Erzeugnissen regt sich jene Frage. Wir mögen eben nicht vergessen, daß unser Volk eine große lyrische Kunst besitzt. Wir mögen auch nicht unsere Erfahrung vergessen, daß in jeder Zeit zwei Arten von Dilletantismus nebeneinander hergehen, ein heruntergekommener altmodischer und ein angesehener moderner, und wir geben zu, daß der zweite Lob verdient, damit der erste daraus werde. Wir wollen die notwendigen Irrtümer begehen, zugleich aber eingestehen, daß es Irrtümer sind.

Noch konnten wir die Bestandteile unserer neuen Welt nicht zum Weltgebäude fügen. Uns waren nur zwei Arme gewachsen. Es hätten zweihundert sein müssen, und darum haben wir rasch alles zusammengehäuft und den Haufen als die neue Welt bezeichnet. Wirft jemand Backsteine, Kalk, Bretter, Glas, Nägel übereinander und sagt davon: es ist mein Haus? Kann man also dieses Verfahren etwa auf eine große Stadt ausdehnen und das, was daraus wird, anreden: O du mein Berlin? Wir sind zu stolz auf unseren Besitz, doch wenn wir ihn Stück für Stück in Rhythmen und Reime tun, so haben wir ihn schon ausgegeben, bevor wir ihn besaßen. Wir gehen zuviel an die Dinge heran, anstatt sie uns angehen zu lassen. Immerhin, sie werden ihr Schicksal fühlen, daß sie uns verfallen sind und werden uns morgen nicht mehr widerstehen. Wenn auf dem Umweg vorläufig wenigstens nur so viel herauskäme wie jener Ausruf an die Weltstadt! Das wäre schon ein Gedicht, wenn auch ein bescheidenes. – Soweit sind wir leider noch nicht. Wir leben auf Vorschuß. An den Gedichten fehlt noch das Gedicht.

Wir suchen die Leere zu erfüllen – und irren wieder. Uralte, an sich wahre Gefühle und Erlebnisse mögen sich nicht mehr in den Begriffen aussprechen, die ihnen früher zum künstlerischen Leben verhalfen. Sie suchen sich zu verjüngen, vermögen es aber erst teilweise. Daraus entstehen Widersprüche, und die Wahrheit der Empfindung wird auf halbem Wege zur Unwahrheit. Wenn man in einer Ode auf eine Postkutsche statt Postkutsche immer Aeroplan einsetzt und statt trabte flog sagt, so wird das Endergebnis doch wieder eine Postkutschenode sein. Umgekehrt gelingt bei manchem modernen Hymnus auf das Automobilfahren die Umwandlung nach rückwärts, indem man nur aus Motor Pferd und aus Hupe Posthorn macht. Wir wollen den Mut haben, einzugestehen: auch an diesen Versen fehlt das Gedicht. Auch an diesen hat das Moderne es zerstört.

So sucht man denn die Wandlung zum Guten organisch von innen zu schaffen. Dieser Pfad ist theoretisch derselbe wie die anderen. Nur wird er vom anderen Ende angetreten; das Ziel liegt in der Mitte. Der Rhythmus ist so ewig und so vergänglich wie der Mensch. Er ist da. Er ist nicht zu erfinden, sondern nur zu finden. Darum gibt es keinen modernen Rhythmus, wenn man ihn von 1900 an rechnet, aber es gibt einen modernen Rhythmus, wenn man den Beginn seiner Epoche vom Jahre 1 der Erde datiert. Das Wesen der Menschen hat sich in ein paar Jahrzehnten nicht so sehr verändert, wie wir gern behaupten. Darum wollen wir unserm Wörterbuch die neuen Vokabeln einreihen, anstatt alle alten Blätter auszureißen; es wird manche darin geben, die wir selten aufschlagen, andere sind ersetzt, die meisten bleiben unentbehrlich. Ist das Dichterwörterbuch fertig, so sprechen wir: Es gibt jetzt keinen unpoetischen Gegenstand. Es gibt aber auch keinen poetischen. Und nun mache sich der Dichter an eine Blinddarmoperation. Seine große oder kleine Kunst wird sie poetisch oder unpoetisch zeigen. – Stellen wir zum Wörterbuch das Musterbuch! Gegrüßt sei, wer die alten Formen zerbricht und neue bringt. Nie aber ist auch hier das Neue das Einzige, höchstens, wo es alles Alte groß in sich aufgehen ließe. Ist das vorstellbar? Etwa die doch immer neuen freien Rhythmen sind oft, wenn man sie prosaisch einrückt, weder Rhythmen noch frei. – Fügen wir endlich zum Wörter- und Musterbuch ebenso vollständig und nicht in einem Auszug das Lebensbuch! Vielleicht wird da ein guter Stadtdichter auch mitunter ein guter Landdichter sein? Vielleicht wird jemand, der seinen Gefühlen für einen Mühlenbach lyrisch Luft macht, wenn er sie noch hat, frei und unverwirrt genug sein, um auch ein reines, unstaffiertes Luftschiffgedicht zu schaffen. Eine freche Erotik sei so frech wie irgendmöglich, nur nicht gegen eine andere Erotik, sonst könnte diese einmal in sie schlüpfen und sie zum unvermögenden Zwitter machen. Diejenigen, denen die feinsten, unentschiedensten, hellhörigsten, jüngsten Stimmungen das Hirn bewegen, machen aus sich selbst kranke und unerfreuliche Erscheinungen, sobald sie das Starke und Strömende leugnen. Höchste Klarheit vor der modernen Wirrnis ist wünschenswert: deshalb ist es dumm, eine Lebensmystik zu bekämpfen, die, das Gegenteil von Verworrenheit, die unmittelbarste, ungetrübteste und untrüglichste, freilich seltenste Form ist, das Leben zu fassen. Sie ist auch ewig und auch modern.

Das Radikalste und das Konservativste bilden in der Kunst keinen Gegensatz, ja, wenn man Lust hat, ein Paradox gelten zu lassen, so sind sie dasselbe.

169
Paul Zech: *Die Grundbedingung der modernen Lyrik.* In: *Das neue Pathos* 1 (1913/14), H. 1, S. 2–3.

Das Bild unserer Zeit zeigt neben dem früherer deutscher Kulturepochen eine eigentümliche und heftige Verschiebung der Grundlinien. Das ehrwürdige Zentrum, das einst alle Kulturkräfte in sich sammelte, um sie erst alle nachträglich in die einzelnen Strahlen der anderen Kulturerscheinungen auszusenden, die Religion, ist verschüttet, verdeckt, von anderen Grundlinien gequert.

Es ist nicht zu bemessen, was für ein Abgrund uns hierin von den früheren Zeiten trennt, welch ungeheurer und unheimlicher Weg es ist, der uns von dem felsenfesten, schlichten Glauben eines Luther und Bach, von der leuchtenden Klarheit der letzten großen religiösen Zeit in unsere schwankende, losgerissene Existenz hinübergeführt hat. Solange die Religion im Zentrum der Kultur stand, bildete diese einen einfachen, von der Religion her organisierten Zusammenhang von Kräften, ein klares, überschaubares Bild, das von der Abwendung und Überzeugung des Einzelnen nicht betroffen wurde. In unserer Zeit bilden die einzelnen Überzeugungen das Ganze, und wenn man in ihr nach einem zentralen, zusammenfassenden Punkt ausblickt, so fühlt man durch ein bewegliches Gewirr von sich kreuzenden Linien jede Mitte verschoben. Und folgt das Festigkeit und Klarheit suchende Auge sehnsüchtig dem alten Grundquell, so wird es um so einschneidender gewahr, daß die große Zusammenfasserin aller geistig-seelischen Kräfte ihre führende Sellung im Kulturleben verloren hat, und daß eine unkontrollierbare persönliche Religiosität an die Stelle einer ungeheuren umfassenden Kulturmacht getreten ist. Aus dieser Religiosität als solcher aber ist für das Wesen der Zeit wenig mehr zu erschließen, weil sie in dieser innerlichen Form der Sachlichkeit entbehrt, die die Vermittlerin aller Kultur ist. Zu einer Macht, die etwas über das Ganze aussagt – wenn auch auf diesem Wege nie wieder zum selbständigen Zentrum –, kann sie erst da wieder werden, wo sie sich wiederum mit anderen sachlichen Kulturerscheinungen verbindet.

Und wenn die Religion mit ihrer wachsenden Verinnerlichung ihr Herzblut langsam in die Nachbargebilde der Philosophie und Kunst verströmt hat, so ist dies daraus entsprungen, daß die menschliche Kraft mit immer neuer Anspannung, immer neuen Mitteln selber wieder zu erreichen strebte, was ihr als gottgegebene Offenbarung immer unwiderbringlicher verloren gehen mußte: die metaphysische, überwirkliche Seite der Welt und ihr Wirken. Was der Menschheit in der einen, großen, ursprünglichen Form verloren gegangen war, das konnte, das durfte ihr nicht in jeder Form verloren gehen.

Die Form, in der die moderne Menschheit den Gehalt der Religion am vollendetsten sich gerettet hat, ist die Kunst.

Wie jenes Weib, welches über das göttliche Haupt köstliches Wasser goß um seiner Vergänglichkeit willen, so hat die Kunst das ewige Wesen der Religion, das, was nicht sterben darf, obwohl es in seiner ersten heiligen Realität begraben werden mußte, begossen mit den Strömen sehnsüchtiger Liebe und Schönheit. Sie hat es nicht verschmäht, den Balsam der Schönheit schrankenlos und unnützlich auszugießen über das Ewigste, was die Menschheit besitzt, als es in seiner körperlichen Form von ihr zu scheiden drohte. Und sie hat dadurch die Tiefen der menschlichen Seele, in die aller Glauben und Sehnen sich geflüchtet hatte, wieder aufgeschlossen zu einem Born, aus dem das Verschlossene wieder ans Tageslicht drang, um sichtbare Schönheit, sachliches Werk zu werden.

Von allen Künsten aber hat keine so sehr die Religion umworben und an ihr gelebt, wie die Lyrik; sie ist in ihrer Lebensbedeutung für die neue Zeit nur hieraus ganz zu begreifen. Was sie in früheren Zeiten von der Religion empfing, das sucht sie in der modernen Zeit, der Zeit ihrer eigentlichen, selbständigen Entwickelung, der Religion wieder zuzuführen, an religiösen Inhalten selbst zu erschaffen. Während in der Philosophie die Antwort der Einzelseele auf die ewigen Probleme Metaphysik werden mußte, wurde sie in der Lyrik zu einer eigenen Form dichterischer Religiosität, die zugleich mit ihrer eigenen Blüte auch das innerste Wesen der Lyrik entfaltete. Denn die Lyrik, die durch ihren Gegenstand der Religion von allen Künsten am nächsten stand, ja, die ihn im letzten Grunde wie die Philosophie mit der Religion teilt, scheidet sich dennoch durch ihr sachliches Wesen als Kunst nicht weniger grundlegend von ihr als die Philosophie.

Wo das Denken Elemente der religiösen Welt ausscheiden muß, um eine metaphysische zu erbauen, da nimmt die Lyrik eine geschlossene Welt nicht im Glauben, aber in der Gestaltung auf. Sie vermag darzustellen, was die Religion lebt, schrankenlos und weit – aber sie tut es unter jenem schweren Schleier von Sehnsucht und Verzicht, der es in eine andere Reihe der Realität einstellt, der nie vergessen läßt, daß sie das was in ihr lebt, zugleich als ein Gestorbnes beweint.

Da es Symbol wurde – Bild eines Ewigen an Stelle einer historischen Realität – ward das Glaubensverhältnis zu ihm aus dem Religiösen in das Künstlerische verlegt.

So vereinigt sich in der modernen Lyrik tiefste Religiosität mit dem Wissen um den Verlust der Religion. Die metaphysische Glut der sehnsüchtigen, auf das Ewige gerichteten Einzelseele, die soviel wirrer, beladener, verlassener vor dem Ewigen steht, als die von einem gemeinsamen Glauben und Geist getragene, lebt in dieser Religiosität, die nicht mehr in der Religion sich erlösen kann und mündet in die Gestaltung.

So schwillt das eudämonistische Element in ihr unermeßlich an, und mühsam und schwer muß die Seele den ewigen Weg des Mythos aus der Wildnis des eigenen dunklen, verworrenen Erlebens ergraben. Denn wo in der Erkenntnis das Denken eintritt und die eudämonistischen Elemente regelt, aufnimmt oder verwirft, da bleibt der Gestaltung nur der grade Weg der Religion, um sich von dem dunklen Zwange zu erlösen: die Verwandlung.

Mit der Religion aber teilt die Lyrik, wiewohl sie zu anderen Zielen führt, die Verwandlung und Überwindung des dunklen eudämonistischen Grundes im Erleben selbst.

Was der Gothik, der religiösesten aller Künste, aus der breiten Basis des religiösen Gesamtlebens aufsteigt, das ist erst in unserem, den großen religiösen Formen entfremdeten Einzelleben, als schöpferisches Prinzip wiedergeboren worden: als Affekt der individuellen Seele in der Lyrik. Wenn in den gothischen Kathedralen aus immer erneuten, innerlich gleichartigen Antrieben der Ekstase, aus der wachsenden und sich potenzierenden Intensität eines religiösen Erlebnisses immer neue und doch ihrem Wesen nach gleichartige Ausgestaltungen hervorbrechen, deren Sammlung erst den Gesamtbau bildet, so ist dagegen in der modernen Lyrik jedes Gebilde einzeln für sich mit der einzigartigen, nach innen geschlagenen Kraft des Ganzen belastet und begabt. Jeder dieser Affekte, von denen keiner dem anderen gleicht, ist bestimmt, aus sich selbst zu einer Weltanschauung zu werden. So ist Hölderlins *Abschied* die zerstörende und wieder zum Leben erweckende Kraft der religiösen Verwandlung in das Erlebnis dieser Einen Liebe gesetzt. Goethes *Selige Sehnsucht* setzt sie in das Liebeserlebnis überhaupt; und die Setzungen beider Gedichte sind vereinigt in der Trilogie der Leidenschaft, in die Reihe der großen geistig schöpferischen Mächte: Erkennen, Anschauen, Liebe.

170
Alfred Lichtenstein: *Die Verse des Alfred Lichtenstein.* In: *Die Aktion* 3 (1913), Nr. 40, 4. Oktober, Sp. 942–944.

Die folgenden Gedichte [1] können in drei Gruppen geteilt werden. Eine vereinigt phantastische, halb spielerische Gebilde: *Der Traurige. Die Gummischuhe. Capriccio. Der Lackschuh. Wüstes Schimpfen eines Wirtes.* (Zuerst erschienen in der *AKTION*, im *Simplizissimus*, im *März*, *Pan* und anderswo.) [2] Freude an reiner Artistik ist unverkennbar. Ein Beispiel:

Der Athlet [3]
Einer ging in zerrissenen Hausschuhen
hin und her durch das kleine Zimmer,
das er bewohnte.
Er sann über die Geschehnisse,
von denen in dem Abendblatt berichtet war.
Und gähnte traurig.
Wie nur einer gähnt,
der viel und Seltsames gelesen hat.
Und der Gedanke überkam ihn plötzlich –
wie wohl den Furchtsamen die Gänsehaut
und wie das Aufstoßen den Übersättigten,
wie Mutterwehen –:
das große Gähnen sei vielleicht ein Zeichen,
ein Wink des Schicksals, sich zur Ruh zu legen …
Und der Gedanke ließ ihn nicht mehr los.
Und also fing er an, sich zu entkleiden.

Als er ganz nackt war, hantelte er etwas.

Im Hintergrund ist Demonstration von Weltanschauung. Der Athlet … bedeutet: Daß der Mann auch geistig seine Notdurft verrichten muß, ist entsetzlich.

Das früheste Gedicht einer zweiten Gruppe ist:

Die Dämmerung* [4]
Ein dicker Junge spielt mit einem Teich.
Der Wind hat sich in einem Baum gefangen.
Der Himmel sieht verbummelt aus und bleich,
als wäre ihm die Schminke ausgegangen.

Auf lange Krücken schief herabgebückt
(und schwatzend) kriechen auf dem Feld zwei Lahme.
Ein blonder Dichter wird vielleicht verrückt.
Ein Pferdchen stolpert über eine Dame.

An einem Fenster klebt ein fetter Mann.
Ein Jüngling will ein weiches Weib besuchen.
Ein grauer Clown zieht sich die Stiefel an.
Ein Kinderwagen schreit. Und Hunde fluchen.

Absicht ist, die Unterschiede der Zeit und des Raumes zugunsten der Idee zu beseitigen. Das Gedicht will die Einwirkung der Dämmerung auf die Landschaft darstellen. In diesem Fall ist die Einheit der Zeit bis zu einem gewissen Grade notwendig. Die Einheit des Raumes ist nicht erforderlich, deshalb nicht beachtet. In den zwölf Zeilen ist die Dämmerung am Teich, am Baum, am Feld, am Fenster, irgendwo ... in ihrer Einwirkung auf die Erscheinung eines Jungen, eines Windes, eines Himmels, zweier Lahmer, eines Dichters, eines Pferdes, einer Dame, eines Mannes, eines Jünglings, eines Weibes, eines Clowns, eines Kinderwagens, einiger Hunde ... bildhaft dargestellt. (Der Ausdruck ist schlecht, aber ich finde keinen besseren.)

Der Urheber des Gedichtes will nicht eine als real denkbare Landschaft geben. Vorzug der Dichtkunst vor der Malkunst ist, daß sie »ideeliche« Bilder hat. Das bedeutet – angewandt auf die Dämmerung: Der dicke Knabe, der den großen Teich als Spielzeug benutzt und die beiden Lahmen auf Krücken über dem Feld und die Dame in einer Straße der Stadt, die von einem Wagenpferd im Halbdunkel umgestoßen wird, und der Dichter, der voll verzweifelter Sehnsucht in den Abend sinnt (wahrscheinlich aus einer Dachluke), und der Zirkusclown, der sich in dem grauen Hinterhaus seufzend die Stiefel anzieht, um pünktlich zu der Vorstellung zu kommen, in der er lustig sein muß – können ein dichterisches »Bild« hergeben, obwohl sie malerisch nicht komponierbar sind. Die meisten leugnen das noch, erkennen daher beispielsweise in der Dämmerung und ähnlichen Gebilden nichts als ein sinnloses Durcheinander komischer Vorstellungen. Andere glauben sogar – zu unrecht –, daß auch in der Malerei derartige »ideeliche« Bilder möglich sind. (Man denke an die Futuristenmanschepansche.)

Absicht ist weiterhin, die Reflexe der Dinge unmittelbar – ohne *überflüssige* Reflexionen aufzunehmen. Lichtenstein weiß, daß der Mann nicht an dem Fenster klebt, sondern hinter ihm steht. Daß nicht der Kinderwagen schreit, sondern das Kind in dem Kinderwagen. Da er nur

* Man erinnere sich des schönen: *Weltende* ... des Jacob van Hoddis, erschienen im ersten Jahre der *AKTION*. Tatsache ist, daß A. Li. (Wi:) dies Gedicht gelesen hatte; bevor er selbst »Derartiges« schrieb. Ich glaube also, daß van Hoddis das Verdienst hat, diesen »Stil« gefunden zu haben, Li. das geringere, ihn ausgebildet, bereichert, zur Geltung gebracht zu haben. [5]

den Kinderwagen sieht, schreibt er: Der Kinderwagen schreit. Lyrisch unwahr wäre, wenn er schriebe: Ein Mann steht hinter einem Fenster.

Zufällig auch begrifflich nicht unwahr ist: Ein Junge spielt *mit* einem Teich. Ein Pferd *stolpert* über eine Dame. Hunde *fluchen*. Zwar muß man sonderbar lachen, wenn man *sehen* lernt: Daß ein Junge einen Teich tatsächlich als Spielzeug benutzt. Wie Pferde die hilflose Bewegung des Stolperns haben ... Wie menschlich Hunde der Wut Ausdruck geben ...

Zuweilen ist die Darstellung der Reflexion wichtig. Ein Dichter wird vielleicht verrückt – macht einen tieferen Eindruck als: Ein Dichter sieht starr vor sich hin –

Anderes nötigt in dem Gedicht: *Angst* (Zweite Lyriknummer der *Aktion*) [6] und ähnlichen zu Reflexionen wie: Alle Menschen müssen sterben ... oder: Ich bin nur ein kleines Bilderbuch ... Das soll hier nicht auseinandergesetzt werden.

Daß die *Dämmerung* und andere Gedichte die Dinge komisch nehmen (das Komische wird tragisch empfunden. Die Darstellung ist »grotesk«), das Unausgeglichene, nicht Zusammengehörige der Dinge, das Zufällige, das Durcheinander bemerken ... ist jedenfalls nicht das Charakteristische des »Stils«. Beweis ist: In dieser Nummer sind Gedichte abgedruckt, in denen das »Groteske« unbetont hinter dem »Ungrotesken« verschwindet.

Auch andere Verschiedenheiten zwischen älteren Gedichten (z. B. *Die Dämmerung*) und später entstandenen (z. B. *Die Angst*) Gedichten desselben Stils sind nachweisbar. Man möge beachten, daß immer häufiger besondersartige Reflexionen das Landschaftsbild scheinbar durchbrechen. Wohl nicht ohne bestimmte künstlerische Absichten.

Die dritte Gruppe sind die Gedichte des Kuno Kohn. [7]

Von Lichtenstein sind zwanzig Gedichte unter dem Titel: *Die Dämmerung* in dem Verlag A. R. Meyer erschienen. [8]

1 Der Selbstrezension folgt in der gleichen Nummer der *Aktion* eine Gedichtauswahl, auf die sich die Erläuterung bezieht. Unter der Überschrift *Gedichte* sind Sp. 945–948 abgedruckt: *Die Stadt, Sommerfrische, Wanderer im Abend, Winterabend, Traum, Straßen, Ärgerliches Mädchen, Die fünf Marienlieder des Kuno Kohn.*

2 *Der Traurige.* Erstdr. in: *Der Sturm* 3. Jg. (1912/13), Nr. 112, Juni 1912, S. 62; *Die Gummischuhe.* Erstdr. in: *Die Aktion* 2. Jg. (1912), Nr. 36, 4. September 1912, Sp. 1137; *Capriccio.* Erstdr. in: *Simplicissimus* 17. Jg. (1912/13), Nr. 20, 12. August 1912, S. 318; *Der Lackschuh.* Erstdr. in: *Simplicissimus* 16. Jg. (1911/12), Nr. 42, 15. Januar 1912, S. 742; *Wüstes Schimpfen eines Wirtes.* Erstdr. in: *März* 7. Jg. (1913), Bd. 1, H. 3, 18. Januar 1913, S. 124–125.

3 Erstdr. in: *Simplicissimus* 16. Jg. (1911/12), Nr. 38, 18. Dezember 1911, S. 670.

4 Erstdr. in: *Der Sturm* 1. Jg. (1910/11), Nr. 55, 18. März 1911, S. 439 [dat. 5. März 1911].

5 Das *Weltende* des Jakob van Hoddis, das bereits am 11. Januar 1911 in der kulturpolitischen Zeitschrift *Der Demokrat* (Jg. 3, H. 2) erschienen war, galt damals als Modellgedicht des »neuen« – grotesken – »Tons« der Lyrik.

6 Erstdr. in: *Die Aktion* 3. Jg. (1913), Nr. 27, 5. Juli 1913, Sp. 655. Lichtenstein spricht von der [2.] Lyrischen Anthologie. Beiträge von Peter Scher, Hugo Ball, Ludwig Bäumert [!] (Worpswede), Johannes R. Becher [u. a. hrsg. von Franz Pfemfert]. – Berlin-Wilmersdorf: Verlag *Die Aktion* 1913, die als Sonder-Nummer der *Aktion* erschienen war.

7 Die Figur mit der Namensalliteration »Kuno Kohn« verwendete Lichtenstein zuerst in der gleichnamigen Prosa-Skizze (In: *Der Sturm* 1. Jg. (1910/11), Nr. 28, 8. September 1910, S. 224). Vereinzelt ironisierte sich der Autor selbst als »Kuno Kohn«, z. B. in dem Soldatengedicht *Vornehmer Morgen*: »Der königlich bayrische Gerichtspraktikant, Herr Doktor juris Kuno Kohn« (in: A. L.: *Gesammelte Gedichte*. Krit. hrsg. von Klaus Kanzog. – Zürich 1962, S. 94). Neben Kanzogs Versuch, das Textkorpus »Gedichte des Kuno Kohn« zusammenzustellen vgl. auch seinen ausführlichen Kommentar über Herkunft und Assoziationsspielraum der Bezeichnung (in: A. L.: *Gesammelte Prosa*. Krit. Hrsg. von Klaus Kanzog. – Zürich 1966, S. 127–129).

8 Der Band erschien 1913 als *Lyrisches Flugblatt*.

171
Johannes R[obert] Becher: *Einleitung zu meinem neuen Versbuche*. In: *Die Aktion* 5 (1915), Nr. 45/46, 6. November, Sp. 561–564.

Oh –: unser neues Buch, *An Europa* [1] betitelt, begnügt sich nicht mehr damit, was wir mit *Verfall und Triumph* [2] schon erreicht zu haben wähnen, nur weniger Eingeweihter sturmfester, immer sprungbereiter Kamerad zu sein; vor einem Parkett exzentrisch Erlesenster auf kleiner Bühne gedreht, mit dünnem Beifall zufrieden, Intime-, Schauer- und Revolteszenen weiter zu produzieren, erster literarischer Einordnung gemäß; bestenfalls einen oder anderen im Tran der Müdigkeit gefaßt in den Schwall tumultuösen Feuerwerks entreißend, aus dessen Blend-Schein der Illusionierte bald zurückgekehrt, er baudelaire-trüb wieder ölige Finsternis zerstampft.

Ja –: unser neues Buch, *An Europa* betitelt, stellt sich nicht geringer die Aufgabe (... zäher fanatischer Wille zur Politik, gespitzteste Technik, höllisches und himmlisches Erlebnis, so urteilt doch selbst!, berechtigen es allen voraus dazu ...), heilige, schwerste, ruhmreichste Aufgabe, als Jüngster repräsentative Kraft aus dem gleichsam zu eiterigen Porphyr geronnenen knirschendem! Blut-Chaos endloser wirr über-, in- und durcheinander geschobener Schlacht-Flächen aufgegebrochener Azure umwalltes Menschheits-Monument vereinter europäischer Völker mitzuerrichten.

Und so werden auch diese Gedichte keine andere Kritik je über sich anerkennen, als die nach der Weite tatsächlicher Wirkung.

Wieviel unendlich mal doch wertvoller –: geringste aktivste Leistung, sonneverschwemmten Vormarsch schaukelnde Kupferwüste durch, eines kleinen jüdischen Handlungsreisenden zirkulierenden Umgang hymnisch-hymnisch beschwingen; liebesschmerzzerrauftem Tippfräulein weichesten Regenbogen, Seliges knisternd, auf die Tastatur prallen zu lassen: Trottoir von knöcherigen Finger-Hufen schnell rhythmisch gehackt; elenden Droschkengaul ins kreisende Gefüg zu entzückt wiegend einhertrabendem Tier-Heiland ragend gesteigert glorreich eröffnen! Wieviel unendlich mal wertvoller –: sausende Diagonale Phosphor ringsum sprühend morgige Politik, polarer Nationen unterirdische (Gewölb)-Konstellation, Gefild der Fabriken, der Asyle Bezirk, abendliche summende Gewerkschaftsräume durchqueren! Wieviel unendlich mal wertvoller – gut es sei herausgesagt! – bescheiden und disziplinvoll Parteien helferischer

Tendenz jeder Art hochzuorganisieren; zimmert, zimmert Tribünen! redet! schallt! spaltet! entblättert, schält euch! streut euer Honig-Beet-Gesicht stäubend unter klaffende Krater-Menge; brüllende Verteilung euerer Manifeste. Kosmischer Verantwortung sich schwer lastend und erhaben zugleich bewußt zur ewigen Geschichte – hört hört! – feuerig, entscheidend und brav sein Teil beitragen. Wieviel unendlich mal wertvoller dies –: als fein korrekt, verbildet stolz, abseitig-zu unter einem Netz von Schweiß Ereignis-Subjekts Attribut erarbeiten; Gerücht, Referat, das marktschreierisch unerhörtester Tat nachschleimt.

Ein schlecht gemachtes Propaganda-Stück des Vereins zur Bekämpfung der Geschlechtskrankheiten zum Beispiel erscheint uns heute immerhin (... schroff ...) bei weitem gewichtiger als das ziselierteste gleitendste Rilke-Gebild. Gewisse Liebesdichter vollends – nicht der flammendste Zug zwanzigsten Jahrhunderts entrüttelte sie – treiben für uns dumm Süßliches flötend auf schwanke Sofa-Barke gelötet im Abgrund.

Gläubige –: unser neues Buch, *An Europa* betitelt, solcher Mission, laßt uns hier Herolde phantastisch geschmückt vorausreitend pathetischen Fanfaren-Ruf durchstoßen! Aber mehr als die blühendste, gesteilteste, bohrendste Fanfare es kann, wird unser neues Buch schmetternd, bah: dröhnend! hinauswirken!

Völker! Freunde! Ihr Angehörigen aller, aller Staaten! Provinzen des Geistes stellt euch! Erwidert! Erwidert! Haltet Versammlungen ab! Diskutiert! Von neuer Marseillaise elektrisch bengalisch flankiert –: entsteigst du neues Buch, *An Europa* betitelt, dem Tagesgestirn kunstvoll nachgebildet, aufgeprägt eueren Stirnen, auf die Brust als Amulett tätowiert: die internationale Kokarde! Genauestes Visier euch! Strahlender Panzer. Deutlichste brausende Parole.

(Aus vor zwei Jahren Geschriebenem.)

Es kann heutzutage nur mehr eine Art geben zu schreiben: Politik. Die besten Geister befeuern (Aus vor zwei Jahren Geschriebenem. Im Straßen-Sack. Mond-Gekröse platzt. Jäh an der Peripherie balanzierend. Aus schallenden Höfen empor, am Ende, nach Nächten: ölig, verworren und dumpf. Ekstatisch Herausgeschwungenes: näher, o näher – mütterliches Gefühl rings über- und überpsalmendes – näher o näher schon Erfüllung zieht. Hört! Eröffnet euch! Schlagt auf! Wacht! Erwägt! Meldet euch! Taghelle! Kristallene! Zukunftsspringer! Wir sammeln uns! Die Fahne, aus den dreihundertfünfzig Seiten des neuen Buchs, *An Europa* betitelt, einfarben zusammengestückt, die Fahne! die Fahne entrollt sich!! Orchester – Trommeln! Trommeln! Trommeln! Welch ein Wirbel!! – in der entrollten Fahne! Himmel, Städte, Abend und Morgen, Röte und Blau, Wachs- und Aprikosengesichter ... brausend saugt sie die entrollte, die entrollte Fahne! Ausschreiten wir!!!)

Aber ich werde wiederkommen (... ich bin es! ich bin es! ...) die Augen klar, die Muskeln Stahl, die Brust ein Panzer, (... betonierte Quaderbrust, euere aufgeschwemmten Grafenbrüste zermalmend ...), der Körper gebräunt, allen Anstrengungen, Gefahren, Strapazen gewachsen; die Beine gestrafft, elastisch, vibrierend: ein fabelhaftes, ekstatisch heroisches Nerveninstrumentalorchester. Ich werde sechsfacher Träger euerer Nobelpreise sein (... ja, ich werde es ...). Sätze werde ich bauen (... hier lest sie ...), unendlich kompliziert, rasend gefügt, stahlseitenhaft, dogmatisch, unverrückbar, im brausenden Rhythmus wimmelnder Cafés, toller Kapellen

(O Szigo: Primas: Tönemäher!) –: euch alle berauschend. Ich werde glänzende politische Reden halten, (zimmert! zimmert Tribünen! enormes Platz-Karussel mit Fetzen von Wimpeln besteckt). Meine Plakate, grell exzentrisch superb werden euch zur größten aller Revolutionen begeistern (ich schwöre es!). Erfinden werde ich den rapidesten Aeroplan, das phänomenalste Auto werde ich ausdenken. Diplomatisieren. Splendide Verträge abschließen. Frieden zwischen den Völkern stiften. (Ewigen Kantschen Frieden.) Pole werde ich entdecken, den Fermatschen Satz lösen [3], die Unzulänglichkeit alter Einrichtungen restlos erweisen. Meine Tragödien gekinntopt, werden zu Millionen sprechen, werden Millionen bewegen. Negerstämme, Fieber, tuberkulöse venerische Epidemien, intellektuelle psychische Defekte werde ich bekämpfen, bezwingen. (Analyse! Analyse!! Analyse!!! Insel der Verzweiflung du entschwandest. Ithakas Silbergestade schimmern: O Eiland du reiner Erlöstheit!). Die große physische Abstinenz werde ich euch lehren. Verkünder des intellektuellen, des enorm sublimierten Geschlechts.

Dieser als Einleitung zum Hauptwerk des jungen Becher geplante Prosahymnus wurde dem Anfang Juni 1916 erschienenen Band *An Europa. Neue Gedichte* nicht vorangestellt. Nur der Untertitel »Neue Gedichte« signalisiert, was der einführende Hymnus sprachlich und intentional als neuartig deklamierte: den Übergang zu einer bewußt expressionistischen, d. h. radikal wirkungs- und effektorientierten Stilhaltung der Lyrik. Die linguistisch-poetologischen Prinzipien dieses Stils thematisiert das berühmte Dichtungsgedicht *Die neue Syntax* (S. 78), denen Becher sowohl in seinen Gedichten als auch in diesem abgedruckten Prosahymnus zu entsprechen suchte:

Die Adjektiv-bengalischen-Schmetterlinge
Sie kreisen tönend um des Substantivs erhabenen Quaderbau.
Ein Brückenpartizip muß schwingen! schwingen!!
Derweil das kühne Verb sich klirrend Aeroplan in Höhen schraubt.

Artikeltanz zückt nett die Pendelbeinchen.
In Kicherrhythmen schaukelt ein Parkett.
Da aber springt metallisch tönend eine reine
Strophe heraus aus dem Trapez. Die Kett

Der Straßenbogenlampen ineinander splittern.
Trotz jener buntesten Dame heiligem Vokativ.
Ein junger Dichter sich Subjekte kittet.
Bohrt des Objekts Tunnel ... Imperativ

Schnellt steil empor. Phantastische Sätzelandschaft überzüngelnd.
Bläst sieben Hydratuben. Das Gewölke fällt.
Und Blaues fließt. Geharnischte Berge dringen.
So blühen auf wir in dem Glanz mailichter Überwelt.

1 Johannes R. Becher: *An Europa. Neue Gedichte.* – Leipzig: Kurt Wolff 1916. Der Band enthält das berühmte Vorgedicht *Der Dichter meidet strahlende Akkorde* (S. 1 f.), das offensichtlich den ursprünglichen Einleitungshymnus ersetzen soll. In seiner Rezension affirmierte Kurt Pinthus: »[...] bereichert durch zusammenhaltende Ideen der Berliner, Prager, Leipziger Neuerer springt Becher gewaltig aus der Reihe der Mitkämpfer vor, die Fackel schreiend schwingend, entgegen dem Ziel. Programm sind die Titel seiner Bücher, seiner großen Gedichte. Programm ist jedes Gedicht [...] Katarakte ungeheueren Wortreichtums stürzen nieder. Der Leser ist aufgerissen, zermalmt, entzündet.« (In: *Zeitschrift für Bücherfreunde* N. F. 8. Jg. (1916), H. 8, Sp. 404 ff.).

2 Johannes R. Becher: *Verfall und Triumph.* Teil 1–2. – Berlin: Hyperion-Verlag 1914. In Pinthus' Ver-

such einer ersten literarhistorischen Skizze der frühexpressionistischen Bewegung heißt es über Becher: »Übertönt werden alle von den ungeheuerlichen Ausbrüchen der wüststrotzenden Begabung Becher, den Verfall und Triumph der auf ihn schamlos eindringenden Umwelt zu den zerhackten, hinausgeschrienen, schwebenden, dröhnenden Versen eines fäkalischen Barock, zum anklagenden Taumeltanz auf dem verwüsteten Leib der Gegenwart aufreizt [...]« (*Zur jüngsten Dichtung*. In: *Die weißen Blätter* 2. Jg. (1915), H. 12, S. 1506).

3 Anspielung auf die beiden Satzintuitionen des frz. Mathematikers Pierre de Fermat (1601–1665). Der im Jahr 1907 verstorbene Mathematiker Paul Wolfskehl hatte für den endgültigen Beweis der Gültigkeit bzw. Unrichtigkeit des »großen Fermatschen Satzes« einen Preis von 100 000,– Mark ausgesetzt, der von der Göttinger Gesellschaft der Wissenschaften verliehen werden sollte.

4. *Poetik der Prosa und Romantheorie*

Eine explizite Erzähltheorie hat der literarische Expressionismus nicht hervorgebracht. Die erzählerischen Prinzipien seiner teilweise bedeutenden epischen Leistungen sind daher fast gänzlich aus der immanenten Poetik expressionistischer Prosawerke abgeleitet worden. So hat beispielsweise Walter H. Sokel auf dieser Basis zwei narrative Haupttendenzen expressionistischer Prosa unterschieden, und zwar eine durch Erzähltechnik und -perspektive definierte, empirisch-objektivierende, von Konkretheit und Bildlichkeit geprägte (Alfred Döblin, Georg Heym, Kasimir Edschmid) und eine weltanschaulich-ideelle, spielerisch-subjektivistische, intellektuell-abstrakte (Carl Einstein, Alfred Lichtenstein, Gottfried Benn, Albert Ehrenstein, Gustav Sack). [1] Die relativ disparaten Schreibweisen expressionistischer Prosa, die von hermetischer monologischer Reflexion bis hin zur predigthaften Rhetorik sozialer Traktate und Manifeste reicht [2], bringen freilich Zuordnungsprobleme mit sich. Akzentuiert man ferner die Spezifik der Prosa von Franz Kafka, Alfred Döblin, Hans Henny Jahnn und Curt Corrinth etwa, so scheint es an typisch expressionistischen Romanen zu fehlen.

In der Tat findet sich zu Beginn der literarischen Revolte die Forderung häufiger, der großen Prosaform gegenüber abstinent zu bleiben. Dies nicht allein, weil man »den epischen Papier-Gaurisankar, den hirnlose Fabulierer jährlich verursachen« [3], mit Verachtung betrachtete. Die Vorliebe für kleine Prosaformen ergab sich aus der hektisch-forcierten, von widersprüchlichsten Eindrücken faszinierten Erkenntnishaltung. Kurt Pinthus' Plädoyer für Formen der Kurzprosa (Dok. 172) erhob die ›unepische‹ Kürze zum Postulat, zeitgerecht schien die nervöskonzentrierte Sprachverknappung zu sein, deren novellistischer Charakter ohnedies romanfremd wirkte. Zu dem Erzählungsband *Die Ermordung einer Butterblume* notierte Joseph Adler: »Schriftsteller, die zeitraubende Romane schreiben, sollte man unter Kuratel stellen [...] Man möchte den Verschwendern zurufen: Seid kurz wie Döblin.« [4] Nicht selten betrachtet man deswegen die drastische Sprachverkürzung neben der betonten Originalitätssuche als das eigentliche Merkmal typisch expressionistischer Prosa. [5] Spät noch suchte Max Krell diesen Prosastil nachdrücklich zu rechtfertigen:

> Man wirft diesem Stil vor, daß er verschleiere statt zu klären, Bilder häufe, statt die Hitze der Metaphern zu mildern. Banal gesagt, bedarf es nur guten Willens, die oft stürmisch zerrissenen Sprachgebilde auch begrifflich sicher aufzunehmen. Nie bisher wurde so knapp, konzentriert geschrieben, nie ein Begriff so sehr bis ins Letzte gesättigt mit der Fülle der Möglichkeiten. Das ist ein Nachhall Nietzsches, von dem aus die tiefste Urbarmachung des Wortes begann. [6]

Die Assoziationstechnik der expressionistischen Prosa, die übrigens bereits August Mackes *Masken*-Essay im *Blauen Reiter* [7] verwendet, entsprach dem Erlebnisgefühl des *Rasenden Lebens* – so der Novellentitel von Kasimir Edschmid. [8] Analog definierte damals Robert Musil die Novelle als eine Form des spontan Exemplarischen:

»Eine plötzliche und umgrenzt bleibende geistige Erregung ergibt die Novelle; eine lang hin alles an sich saugende den Roman [...]« – Für den Schriftsteller sei sie ein Ereignis, »das über ihn hereinbricht, eine Erschütterung [...] eine Fügung des Geschicks. – In diesem einen Erlebnis vertieft sich plötzlich die Welt oder seine Augen kehren sich um; an diesem einen Beispiel glaubt er zu sehen, wie alles in Wahrheit sei: das ist das Erlebnis der Novelle. Dieses Erlebnis ist selten und wer es öfters hervorrufen will, betrügt sich.« [9]

Gegen Ende des Jahrzehnts wurde dann der Ruf nach dem neuen Roman allgemeiner: »Die Novelle war [...]Vorgelände, so sehr sie in Gebundenheit, ausschnitthafter Gezäuntheit der eigentliche zeitliche Ausdruck zu sein schien. Unzweifelhaft stellt sich der Drang zum großen Roman ein.« [10]

Der Beitrag der literarischen Revolte des Expressionismus zur theoretischen Reflexion von Problemen des modernen Romans ist in einigen wenigen Texten niedergelegt, deren Gewicht aber außer Frage steht. [11] Sie markieren den Bruch mit der Tradition des deutschen Bildungsromans und seinem bürgerlich-humanistischen Zentrum, dem Ideal der individualistischen Persönlichkeitsentwicklung, die Abkehr von der psychologischen Prosa gepflegten Stils und die Auflösung der auktorialen Erzählhaltung. Zugleich verweist die akausale und antipsychologische Tektonik der Romane in der Zeit des Expressionismus auf das Problem der Perzeption an sich.

Georg von Lukács' vielzitierte Romantheorie, die 1914/15 entstand, beschrieb die Romanform als »Ausdruck der transzendentalen Obdachlosigkeit«, als »die Epopöe der gottverlassenen Welt«, als »die Epopöe eines Zeitalters für das die extensive Totalität des Lebens nicht mehr sinnfällig gegeben ist, für das die Lebensimmanenz des Sinnes zum Problem geworden ist [...]«. [12] Obschon er die Möglichkeit eines antirealistischen utopischen Romans bestritt, traf sich der Wirklichkeitsbegriff der *Theorie des Romans,* der den Mangel »spontaner Seinstotalität« diagnostizierte, mit Lebensgefühl und Realitätsvorstellung des kulturkritischen Radikalismus der Expressionisten, die von den fratzenhaften Resten der Wirklichkeit redeten. [13]

Fundamentaler Kritik unterzog damals vor allem Heinrich Mann die deutsche Romantradition »eitler Persönlichkeitspflege«, indem er die politische Indolenz bürgerlicher Schriftsteller als Folge des krampfhaften Pochens auf innerer Freiheit rügte, jener klassisch-humanistischen Privatideologie, deren Surrogatcharakter er gegen die französische Tradition hielt. [14] Zwar gab auch Thomas Mann Mitte des Krieges die Misere des individualistisch-humanistischen Ideals und die »Zersetzung« des Bildungsromans zu [15], doch diente das Prinzip der Ironie letztlich der Modernisierung einer überkommenen, für den Expressionismus nicht mehr authentischen Erzählstrategie. Von antiklassischem Affekt getragen sind die wichtigen Beiträge Carl Einsteins zur Theorie des Romans. [16] In seinen *Anmerkungen* (Dok. 173) verwarf er jede Kausalität, jeden erzähltechnischen Nexus und forderte vom Epiker, Geschehnisse und Bewegungen phantastisch zu projizieren, das »Absurde zur Tatsache« zu machen. Alogizismus als Prinzip des neuen Epos demonstriert sein ›Roman‹ *Bebuquin* [17], der als avantgardistisches Modell der Tendenz zur Entstofflichung, der Auflösung der Handlungskontinuität, erhöhter Reflexivität und absoluter Prosa zu gelten hat. Auch Alfred Döblins Entwurf eines ›modernen Epos‹, sein polemisch gegen die futuristische Doktrin gerichtetes *Berliner Programm* (Dok. 174), destruiert die bürgerlich-humanistische Romantradition der individuellen Autonomie.

»Depersonation« lautet die Forderung an den Autor, »Kinostil«, d. h. die auf Montage, Simultaneität und Intensität beruhende Erzähltechnik, sollte das geeignete Mittel der Selbstverleugnung des Autors sein. Der chinesische Roman *Wang-lun* [18] war eine Realisierung der geforderten »Entselbstung, Entäußerung des Autors«. Döblin erinnerte sich später:

Ich drehte der überlieferten ›Schönheit‹ noch mehr den Rücken als meine Expressionisten, die mich deswegen für einen Abtrünnigen hielten. Ich hielt Literatur und Kunst überhaupt nicht für sehr ernst [...] Ich sah, wie die Welt – die Natur, die Gesellschaft – gleich einem tonnenschweren Tank über die Menschen, über den Menschen rollt. [19]

Auch Döblins Geschichtskritik trennt sich vom antihistorischen Denken vieler Expressionisten, und seine antihistoristische Konzeption, die gerade den aktiven Menschen als den Geschichte erleidenden auffaßt, erneuert den historischen Roman, der die Funktion alternativer Geschichtsschreibung erhält. [20]

Mit seinem Aufsatz *Über Roman und Prosa* (Dok. 175) greift Döblin die Kritik des Eindringens dramatischer Elemente in den zeitgenössischen Roman auf, die gegen »verkappte Dramatiker« wie René Schickele gerichtet war. [21] Der aktivistische Roman drängte zur Konzentration auf Problem und Konflikt, zum »Zielroman«:

Die Dokumentation des absoluten Geistigen erzwingt eine unmittelbare Aneinanderdrängung der Handlungen, jeder Ruhepunkt durch die Beschreibung (Bequemlichkeit der Deskription) wäre auch nur vor der Tatsache Gottes eine furchtbare Leere, es wäre eine Tatenlosigkeit auf der Welt, Verleugnung, ja Verstellung. [22]

Otto Flakes Romanprogramm (Dok. 176), das Denkkraft und Reflexion für die große Prosaform fruchtbar machen wollte und die »immerwährende, katastrophenrührende Aktivität des Geistigen« ins Zentrum rückte, führte zu einer Kontroverse mit Döblin, dem diese neue »Souveränität des Individuums« als Alternative zum Bildungsroman suspekt bleiben mußte. [23]

Am Ausgang der Epoche setzen die Bemühungen um den neuen Roman im Namen des Expressionismus vermehrt ein. [24] Kasimir Edschmid wollte dabei durch mythische und irrationale Momente im Roman die Zerstörung des bürgerlichen Individualismus weitertreiben (vgl. Dok. 12). [25] Mierendorff erhoffte von der Übertragung der in expressionistischer Kurzprosa entwickelten Erzähltechniken auf den Roman (Dok. 177) die schöpferische Summe der Epik des Jahrzehnts. Bereits die Kritik des Expressionismus als einer wesentlich idealistischen Revolte enthält Lion Feuchtwangers Konzept des dramatischen Romans, welches den radikalen Subjektivismus durch die Reflexion der politischen und sozialen Gegenwartsentwicklung ablöst:

Dramatischer Roman. Keiner schlampigen Grenzverwischung soll das Wort geredet sein! [...] Dramatischer Roman ist der Gegenpol des Anekdotendramas, des Bühnenwerks, das sich darauf beschränkt, eine Anekdote zu dramatisieren und von der Anekdote aus ein Perspektivchen in eine Zeit, in eine Idee, ins allgemein Seelische, ins Leben, in die Welt aufzutun. [26]

Diese Aufwertung des Stofflich-Konkreten, das Plädoyer für Zeitbild und Ursachen, Umwelt und Hintergründe mündet direkt in die Theorie des »epischen Dramas« bei Brecht.

1 Vgl. Walter H. Sokel: *Der literarische Expressionismus. Der Expressionismus in der deutschen Literatur des 20. Jahrhunderts.* – München 1970.

2 Vgl. etwa die Anthologie von Karl Otten (Hrsg.): *Ahnung und Aufbruch. Expressionistische Prosa.* – Darmstadt u. Neuwied 1957, Neuausg. 1977.
3 Kurt Hiller: *Colleg in Ophir.* In: *Die Aktion* 3. Jg. (1913), Nr. 13, 26. März, Sp. 371–375, Zitat Sp. 371.
4 Joseph Adler: *Ein Buch von Döblin.* In: *Der Sturm* 4. Jg. (1913/14), Nr. 170/71, Juli 1913, S. 71.
5 Vgl. die Gesamtdarstellung von Armin Arnold: *Prosa des Expressionismus. Herkunft, Analyse, Inventar.* – Stuttgart u. a. 1972 (*Sprache und Literatur*, 35).
6 Max Krell: *Vorbemerkung.* In: *Die Entfaltung. Novellen an die Zeit.* Hrsg. von M. K. – Berlin: Ernst Rowohlt Verlag 1921, S. V–XIII, Zitat S. X.
7 August Macke: *Die Masken.* In: Wassily Kandinsky u. Franz Marc (Hrsg.): *Der Blaue Reiter*, S. 21–26.
8 Kasimir Edschmid: *Das rasende Leben. Zwei Novellen.* – Leipzig: Kurt Wolff 1915 (*Der jüngste Tag*, 20).
9 Robert Musil: *Literarische Chronik. Die Novelle als Problem.* In: *Die neue Rundschau* 25. Jg. (1914), Bd. 2, S. 1166–1172, Zitat S. 1166.
10 Max Krell: *Über neue erzählende Prosa.* In: *Die neue Rundschau* 31. Jg. (1920), Bd. 2, S. 1190–1199, Zitat S. 1191.
11 Vgl. den Sammelband von Eberhard Lämmert u. a. (Hrsg.): *Romantheorie. Dokumentation ihrer Geschichte in Deutschland seit 1880.* – Köln 1975, bes. S. 98–133.
12 Georg Lukács: *Die Theorie des Romans. Ein geschichtsphilosophischer Versuch über die großen Formen der Epik.* – In: *Zeitschrift für Ästhetik und Allgemeine Kunstwissenschaft* 11. Jg. (1916), S. 225–271 u. S. 390–431. Buchausg.: Berlin: Paul Cassirer Verlag 1920. Zit. nach der 3. Aufl. Neuwied u. Berlin 1965, S. 35, S. 87, S. 53.
13 So das *Vorwort* (1962), ebd. S. 12 f.
14 Heinrich Mann: *Französischer Geist.* In: *Der Sozialist* 2. Jg. (1910), Nr. 11, S. 84–87; u. d. T.: *Voltaire – Goethe.* In: *Essays.* Hamburg 1960, S. 15–20.
15 Vgl. Thomas Mann: *Der Entwicklungsroman.* In: *Vossische Zeitung* v. 4. 11. 1916. Abgedr. in: *Gesammelte Werke in zwölf Bänden.* Bd. 11: *Reden und Aufsätze III.* – Frankfurt a. M. 1960, S. 700–703 u. d. T.: *Der autobiographische Roman.*
16 Vgl. auch Carl Einstein: *Anmerkungen.* – Berlin-Wilmersdorf: Verlag der Wochenschrift die Aktion 1916 (*Aktionsbücher der Aeternisten*, Bd. 2); ders.: *Die Kunst des 20. Jahrhunderts.* –Berlin: Propyläen-Verlag 1926.
17 Carl Einstein: *Bebuquin oder Die Dilettanten des Wunders. Ein Roman.* – Berlin-Wilmersdorf: Verlag der Wochenschrift Die Aktion 1912.
18 Alfred Döblin: *Die drei Sprünge des Wang-lun. Chinesischer Roman.* – Berlin: S. Fischer 1915.
19 Alfred Döblin: *Autobiographische Schriften.* – Olten u. Freiburg i. Br. 1977, S. 441 f.
20 Vgl. neuerdings Adalbert Wichert: *Alfred Döblins historisches Denken. Zur Poetik des modernen Geschichtsromans.* – Stuttgart 1978.
21 Alfred Döblin: *Bemerkungen zum Roman.* In: *Die neue Rundschau* 28. Jg. (1917), S. 410–415. Abgedr. in: Paul Pörtner (Hrsg.): *Literaturrevolution 1910–1925*, Bd. 1, S. 286–290.
22 Ludwig Rubiner: *Homer und Monte Christo.* In: *Die weißen Blätter* 1. Jg. (1914), Nr. 11/12, S. 1143–1156, Zitat S. 1153.
23 Alfred Döblin: *Reform des Romans.* In: *Der neue Merkur* 3. Jg. (1919/20), S. 189–202. Vgl. dazu auch die Erläuterungen zu Dok. 176.
24 Vgl. z. B. Max Krell: *Über neue Prosa.* – Berlin: Erich Reiss 1919 (*Tribüne der Kunst und Zeit*, Bd. 7).
25 Vgl. Oswald Pander: *Roman und Mythos.* In: *Die Flöte* 3. Jg. (1920/21), S. 241–244.
26 Lion Feuchtwanger: *Vorwort.* In: *Thomas Wendt. Ein dramatischer Roman.* – München: Georg Müller 1920, S. 5–8, Zitat S. 5.

172
Kurt Pinthus: *Glosse, Aphorismus, Anekdote.* In: *März* 7 (1913), H. 19, 10. Mai, S. 213–214.

Unsre Großväter, wenn sie nicht mehr weiter wußten, brachen ihre Tischreden harmlos-schlau ab mit dem Wort: »Kürze ist die Würze.« Jene Älteren waren kurz, wenn sie nichts zu sagen hatten (und sehr ausführlich, wenn sie gelegentlich etwas zu sagen hatten), wir Jüngeren sind kurz, weil wir etwas zu sagen haben (die Ausführlichen von heute sind meist belanglos).

Wir Jüngeren lieben das Essentielle; wir polken das Wesentliche aus dem Leben heraus. Schon unser aller Onkel, der gute Lebens-Reform-Peter A. schuf das Wort von den geistigen Bouillonkapseln. [1] Wir lieben die geschlossenen ungestörten Kulturen ferner Länder; wir schätzen die konzentrierten American-Drinks; wir sind Psychologisten, Analytiker, nur um eine stärkere Synthese des Zersetzten zu mixen. Wir jüngeren Dichter und Schriftsteller sind meist beruflos, weil wir das Leben tausend Getrennter in uns gehäuft, getürmt zu leben haben; unsre Werke sind der Extrakt von tausend Erlebnissen, Menschen, Gedanken. Wir walken, pressen, kneten, wirbeln, ballen das Leben. Wir lassen es durch uns rinnen wie durch Siebe, und bauen aus dem Gesiebten, wie Kinder aus Sand: Städte, Häuser, Menschen, Landschaften, Lust und Mord.

Weil wir das Essentielle lieben, sind wir knapp im Ausdruck und in der Form. Ältere Bürger spähen behaglich zunächst nach dem Leitartikel vorn im Blatt; wir Jüngeren blättern heftig alsbald in jenen Glossen und kurzen Kritiken, die hinten in den Zeitschriften stehen. Daher haben alle besseren Revüen unserer Tage neben dem Hauptteil einen Glossenteil aufzuweisen. Späteren Historikern werden diese Glossen wichtiger sein als jene langen Artikel. Die Glosse ist uns Ersatz für die langen kritischen und moralischen Abhandlungen früherer Zeiten. Die Glosse ist wirksamer; sie verhält sich zur Abhandlung wie der Witz zum Humor. Eine Unzahl von Assoziationen wird in der Glosse fortgelassen, nur die wesentlichsten spitz dargeboten. Der Leser muß zum Springer werden und wird mehr erschüttert als der frühere behagliche Schlenderer. Wie Zauberkünstler hantieren wir: wir zeigen den Tatbestand; dann ein geschickter Handgriff, die Sache offenbart sich verändert, aus dem Vogel ist ein Karnickel geworden. Verdutzt lacht oder wütet der Leser.

Leiter von Feuilletons und Zeitschriften klagen über die Unzahl von eingesandten Aphorismen, die teils Blödsinn, teils Abschriften oder Variationen früherer Aphorismenschreiber sind. Dies zeigt, daß selbst die Inferioreren von selbst nach Knappheit des Ausdrucks streben. Die Besseren sollten den Aphorismus nicht verschmähen, denn er ersetzt uns die alten, dicken Bücher der Philosophie. Freilich weiß ich, daß sich alle Aphorismen auf wenige Schemata zurückführen lassen; man könnte, wenn man Zeit hätte, eine Lehre von den Arten des Aphorismus aufstellen, wie die alte Logik eine Lehre von den Arten der Schlüsse aufweist. Doch man bedenke, daß sich in die bewegliche, heitere, bittere Form des Aphorismus mehr Weltweisheit gießen läßt, als in jene syllogistischen Formeln abgeströmter Jahrhunderte. Philosophiestudierende unserer Tage lieben deshalb sehr die erhaltenen aphoristischen urweisen Äußerungen der vorsokratischen Weltdenker; wir lesen Schopenhauers *Parerga und Paralipomena* lieber als sein dickes, dickes Hauptwerk [2]; man studiert die Musteraphorismen der Franzosen Montaigne [3], Pascal [4], Chamfort [5]; und wir sollten uns nicht schämen, zu gestehen, wie wir einst alle für Wilde [6] schwärmten. Es genügt, des ferneren den Namen Nietzsche zu nennen. – Unterbewußtes steigt oft als brillierender Blitz auf: der Aphorismus. Lang Bedachtes fügt sich plötzlich in die einzig mögliche runde Form: der Aphorismus. Ein wühlendes Erlebnis formt sich eines Tages zu einem Satz: der Aphorismus.

Es muß einmal betont werden, daß auch die wertvolleren Menschen unserer Zeit gern im Kino jene komprimierten Handlungen, stenographisch-mimisch aufgezeichneten dramatischen und grotesken Ereignisse betrachten. Und nicht nur im Kino. Man liest im *Simplizissimus* [7] am liebsten die Rubrik: »Lieber *Simplizissimus*«. Man schlürft wie ein halb Dutzend Austern schnell und intensiv etliche jener lang vergessenen, harten Anekdoten Heinrichs von Kleist [8]. Allenthalben beachtet, vielfach verehrt, auch bekämpft werden die *Anekdoten* W. Schäfers [9]. Und die *short-story* [10], das gedruckte Kinostück, ist der gesuchteste, gelesenste und bezahlteste Beitrag der Journale aller Länder. – All diese anekdotischen Produkte geben konzentrierteste Epik; jeder kann jederzeit für sich die Essenz auflösen zu Zuckerwasser oder Gift, kann den Kern realistisch oder stilisierend umschmücken. Ein Knopf wird angedrückt, ein Läutewerk beginnt in uns.

Zusammenfassend sei nochmals gesagt: die Glosse ersetzt die Abhandlung, den Leitartikel; der Aphorismus die philosophischen Schriften; die Anekdote längere epische Erzeugnisse. Wir gebrauchen diese knappen Formen, nicht aus Faulheit, nicht aus Unfähigkeit, Größeres zu schreiben, sondern weil sie uns Erfordernis sind. Weder wir noch andere haben Zeit zu verlieren. Wenn wir zu viel und zu lang schreiben oder lesen, rinnt draußen zu viel von dem süßen, wehen Leben vorbei, das wir fressen müssen, um weiter leben zu können.

1 Gemeint ist Peter Altenberg, d. i. Richard Engländer (1859–1919), Hauptvertreter des Wiener Impressionismus, Verfasser kulturkritischer Aphoristik, der sich gerne P. A. nennen ließ. Das Zitat lautet im Original: »Denn sind meine kleinen Sachen Dichtungen? Keineswegs. Es sind Extracte des Lebens [...] Dem Leser bleibe es überlassen, diese Extracte aus eigenen Kräften wieder aufzulösen, in genießbare Bouillon zu verwandeln, aufkochen zu lassen im eigenen Geiste, mit einem Worte sie dünnflüssig und verdaulich zu machen.« (Aus P. A.: *Was der Tag mir zuträgt. Fünfundzwanzig neue Studien.* – Berlin: S. Fischer 1901, S. 6 f.).

2 Arthur Schopenhauer: *Parerga und Paralipomena. Kleine philosophische Schriften.* 2 Bde. 1851; das Hauptwerk Schopenhauers: *Die Welt als Wille und Vorstellung.* 2 Bde. – Leipzig 1819, endgültige Fassg. 2 Bde. 1859 in 3. Auflage.

3 Michel de Montaigne (1533–1592), französischer Philosoph und Schriftsteller. Gemeint ist wohl das Hauptwerk: *Essais.* Bourdeaux 1580. Dt. Übers.: *Essays.* In: *Gesammelte Werke.* Hrsg. von Otto Flake u. W. Weigand. – München u. Leipzig 1908–1911. Bd. 1–6.

4 Blaise Pascal (1623–1662), französischer Religionsphilosoph, Schriftsteller u. Naturwissenschaftler. Sein Hauptwerk sind die fragmentarischen *Pensées de M. Pascal sur la religion, et sur quelques autres sujets, qui ont esté trouveés après sa mort parmy ses papiers (Gedanken von Pascal über die Religion und einige andere Gegenstände. Gefunden nach seinem Tode unter seinen Aufzeichnungen). Paris.* Hrsg. von Étienne Périer 1669. Dt. Übers. von B. v. Herber-Rohow. Jena 1905.

5 Sébastien-Roch Nicolas Chamfort (1741–1794), französischer Moralist, berühmt durch die postum erschienenen Aphorismen und Anekdoten: *Maximes, Pensées, Caractères et Anecdotes* (Maximen, Gedanken, Charaktere und Anekdoten). – Œuvres Paris 1795. Dt. Übers.: *Aphorismen und Anekdoten.* Hrsg. von H. Esswein. – München/Leipzig 1906.

6 Oscar Wilde (1854–1900), anglo-irischer Dichter. Zur Wilde-Verehrung vgl. den Aufruf des »Neuen Club«. Faksimile in Anm. 1 zu Dok. 52.
7 *Simplicissimus.* Illustrierte Wochenschrift. (1896–1944) Verlag Albert Langen München, bedeutende satirische Zeitschrift.
8 Vgl. z. B. Heinrich von Kleists *Anekdote aus dem letzten Preußischen Kriege.* In: H. v. K.: *Sämtliche Werke.* München 1968, S. 918 f.
9 Wilhelm Schäfer (1868–1952), volkstümlicher Erzähler und Dramatiker. Vgl. W. Sch.: *Anekdoten.* – Düsseldorf: Verlag der »Rheinlande« [1908]; ders.: *Dreiunddreißig Anekdoten.* – München: Georg Müller 1911.
10 Der Terminus »Short story« ist das englische Wort für »Novelle«, aus dem die deutsche Bezeichnung »Kurzgeschichte« entstanden ist.

173
Carl Einstein: *Über den Roman. Anmerkungen.* In: *Die Aktion* 2 (1912), Nr. 40, 2. Oktober, Sp. 1264–1269.

Ich schlage vor, bis auf weiteres die Bezeichnung Roman aufzugeben – das Wort Epos genügt und ist bei zeitlich ausreichender Distanz von Humanistischer Bildung und dem Idylliker Vergil weniger diskreditiert.

Der psychologische Roman beruht auf causaler Schlußweise und gibt keine Form, da nicht abzusehen ist, wohin das Schließen zurückführt und wo es endigt. Dies ist zumeist an die Anekdote gebunden – also induktive Wissenschaft.

Hingegen die Anekdote ist die Unkunst des Vermischten stets tendenziös und moralisch, denn die Pointe ist immer willkürlich. Welches Motiv und welches Ende einer Anekdote ließen sich nicht schmerzlos rumdrehen. Denn die Anekdote ist das nicht Seiende. Die Stärke der Darstellung bildet sie zum Faktum.

Lyrismus ist Koketterie. Zweifellos wirft man einen Pianisten, der eine Fuge von Bach spielt und darunter eigene Themen mischt, vor die Tür des Saales. Dies geschieht mit einigem Recht.

Der deskriptive schildernde Roman setzt vollständige Unkenntnis des Lesers von Tischen, Nachttöpfen, jungen Mädchen, Treppenstiegen, Schlafröcken, Busen, Hausklingeln usw. voraus. Die Ereignisse werden zu Begleiterscheinungen von traumhaft verschlungenen Fingern, opalschillernden Spucknäpfen usw. Ob dies neuartig gesagt wird oder im Ton der Marlitt, beruht nur auf Alter des Schreibers und ähnlichem Unfug.

Diesen Dingen Seele zu geben – ist immer pantheistischer Lyrism. Ein Nachttopf, ein Lokkenkopf, selbst Orchideen, die mit violettem Protoplasma genotzüchtigt sind – bleiben Dinge und und haben sich vor dem Schicksal der Menschen zu verkriechen.

Gefühl hat immer statt – wenn es gilt, Impotenz zu verbergen. Das Epos wurde in die Länge gezogen – aus dem sklavischen Nachahmen des Homer usw. Der Knabe Vergil liefert hierfür eklatante Beispiele. Die *Ilias* ist eine Ansammlung von Geschichten um ein zentrales Schicksal gerichtet und von dem und jenem gemacht. Vergil hingegen eine in die Länge gezogene Anekdote. Das zentrale Schicksal wurde vergessen – denn der Mythus ging verloren, was blieb – die Technik des in die Längeziehens.

Ein Ereignis mit Vorbedingungen und Folgen geben. Wo beginnen jene und endigen diese? Mit dem Tod der Beteiligten? Ich sehe nicht ein, warum nicht jeder, dem 7 Gattinnen, 4 hoffnungsvolle Söhne, 3 Töchter, 2 Väter, 1 Kind im Mutterleib verloren gingen, wenn er sich aufhängte, abgeknüpft werden kann? Der Abgeknüpfte ist wahrscheinlich bemerkenswerter und erfahrener als das Familienkaninchen. Jede Handlung kann auch anders endigen – wenn man nicht orthodox katholisch ist, und selbst hier gibt es die unerforschliche Güte Gottes, das Wunder usw.

Also das Kunstwerk ist Sache der Willkür resp. benommener Trunkenheit. Ich ziehe die erstere vor, da sie imstande ist, Rücksicht und Takt zu üben.

Das Kunstwerk ist Sache der Willkür, also der Wahl, des Wartens. Was soll gewählt werden? Sicher, man kann alles nehmen. Jedoch – es ist langweilig, von Dingen zu hören, die zu oft gesagt wurden. Was einmal mit Gottes Hilfe anständig traitiert ist, lasse man ruhen. Wir wiederholen ja doch.

Seien Sie versichert, mir sind *Tristan und Isolde* ganz egal – aber *Gullivers Reisen* bete ich an. Nichts wird einen Trottel hindern, Tristan zu machen – jedoch *Gullivers* Reisen bedingt Intelligenz, Erziehung, Gewalt.

Man stelle das Epos in Zukunft nicht mehr allein in den Dienst des geschlechtlichen Verkehrs. Das Besingen mehr oder weniger komplizierter Genitalien dürfte überflüssig sein – da der Zeugungsakt resp. Beischlaf mit seinen mitunter nicht ganz reizlosen Präludien und seinen meist sichern Folgen wie Kinder, Abtreibung, Ekel, Verdummung, gegenseitige Gewöhnung, regelmäßiges Vollziehen oder Lüderlichkeit usw. von jedem einigermaßen realisiert werden kann. Liebesgeschichten haben nur Sinn für von Jugend an kastrierte, schwer frauenleidende Personen.

Man gewöhnte sich, Dinge, die mit einer gewissen Anstrengung zu erreichen sind, als künstlich zu bezeichnen. In dieser Kategorie stehen Enthaltsamkeit, Gott, Denken usw. Wer aus der Empfindung schafft, ist meist auf die Liebe, das Weib usw. angewiesen. Ich hingegen schlage eine Literatur für differenzierte Junggesellen vor – Denken ist eine Leidenschaft ersten Ranges, die von den Philosophen, der Schule, dem Militär, dem Staat, vor allem der Ehe, vergewaltigt, nur mühsam im Religiösen fortbesteht. Wer hätte nicht ein philosophisches System? – Wer aber weiß um die Menschen, die nicht anwandten, die Gedanken erfanden, an ihnen beteten, Tee tranken, rauchten, ja starben.

Entscheidend für Einrichtungen und Übereinkünfte sind zweifellos Systeme. Die Ehe ist das System des allgemeinen Beischlafs, der gehemmten Erlebnisse, der moralischen Meinungen – dies alles sind Dressuranstalten für Menschen, die allein sich nicht benehmen können, ihre kleine Anbetung genießen müssen, die infolge dionysischen Lebens à la commis voyageurs, am Abgrund standen. Der größte Teil der Literatur ist eine Institution für Eheleute und solche, die es werden wollen, für beherrschte Naturen, Anleitung zum Flirt und Teesalon.

Wer edel und schön schreibt, treibt sein Handwerk für Gemeine.

Die erhabene Schreibweise ist oft gerade naturalistisch – da sie immer, wenn auch gegensätzlich, auf das gemeine Wesen hinzeigt. Sie wirkt oft grotesk, da sie als bezwungene Steigerung der Wirklichkeit empfunden wird – die verschönt usw. werden soll.

Es gilt, im Roman Bewegung darzustellen – eine Aufgabe, der das Deskriptive gänzlich fern liegt. Ich wüßte kaum – warum es als Kontrakt eingeführt werden sollte. Jedenfalls die Ruhe, das Deskriptive in die Gegenslände zu verlegen, ist sinnlos. Wertvoll im Roman ist – was Bewegung hervorbringt. Ruhe ist genug da – weil das Ganze schließlich doch fixiert ist.

Ich weiß nicht, ob man Typisches gibt. Häufig werden jedoch intensiv vorgetragene und fixierte Ereignisse später als typisch empfunden.

Das Absurde zur Tatsache machen! Kunst ist eine Technik, tatsächliche Bestände und Affekte zu erzeugen.

Außer dem hier abgedruckten Dokument hat sich Einstein in zwei weiteren Essays mit dem Problem des modernen Romans eingehender beschäftigt. Vgl. C. E.: *Brief über den Roman.* In: *Pan* 2. Jg. (1911/12), S. 477–482, und die überarbeitete Fassung: C. E.: *Didaktisches für Zurückgebliebene.* In: *Die Aktion* 6. Jg. (1916), Nr. 21/22, Sp. 268–272. Über den Roman heißt es dort ergänzend (Sp. 272):

Im Drama ist zumeist alles geschehen, wir erleben nur die Wirkung, das Ausbreiten der Geste. Im Epos geschieht es, und die Geste ist darum unmöglich. Um so mehr Formung verlangt der Roman. Er ist sicher keine Verbreiterung oder ein Abgeleitetes von irgendeiner Gattung. Ohne den Roman wäre die Menschheit unvollständig; denn sie bedarf des epischen Schauens. Hier gelange ich zum Wichtigen; der Erziehung zum Epiker. Das Ganze besteht darin, Menschen so stark zu sehen, daß sie einander zum Schicksal werden, aber nichts außer diesen Menschen. Das heißt, sie müssen von sich ausgehen und in sich verbleiben. Nicht von einer außenstehenden Sache oder Idee.

Es darf nichts mehr sein außer diesen Menschen; denn anderes schwächt und lenkt ab. Diese Menschen müssen sich stark lieben und befeinden und die Dinge zwischen ihnen absorbieren. Sie dürfen nicht selbstsüchtig sein und ihre Biographie bringen, keine Gedanken über Dinge oder Aperçus, keine Gegenstände zwischen sich aufbauen, keine Philosophien und Privatgefühle. Sie müssen sich ganz dem Geschehen hingeben. Der Sinn des Romans ist, Menschen und Dinge in einem Zug zu bewegen, der Roman gibt nicht das Leben der Menschen, sondern die Zeit, da sie sich bewegen, um ihr Schicksal zu erzeugen. Im Drama ist dies bereits fertig, im Roman wird es.

174
Alfred Döblin: *An Romanautoren und ihre Kritiker. Berliner Programm.* In: *Der Sturm* 4 (1913/14), Nr. 158/159 (Mai 1913), S. 17–18.

Der Künstler arbeitet in seiner verschlossenen Zelle. Sein Persönliches ist zwei drittel Selbsttäuschung und Blague. Die Tür zur Diskussion steht offen.

Gewisses ist unverrückbar in der Zeit; Homer läßt sich noch genießen: Kunst konserviert; aber die Arbeitsmethode ändert sich, wie die Oberfläche der Erde, in den Jahrhunderten; der Künstler kann nicht mehr zu Cervantes fliehen, ohne von den Motten gefressen zu werden. Die Welt ist in die Tiefe und Breite gewachsen; der alte Pegasus von der Technik überflügelt, hat sich verblüffen lassen und in einen störrischen Esel verwandelt. Ich behaupte, jeder gute Spekulant, Bankier, Soldat ist ein besserer Dichter als die Mehrzahl heutiger Autoren.

Die Prosaautoren, am ehesten zum Mitgehen-Mitwagen verpflichtet, erschließen die Welt nicht mittels neuer, strenger, kaltblütiger Methoden, sondern kauen unentwegt an »Stoffen« und Problemen ihrer inneren Unzulänglichkeit. Man soll seine vermeintlichen inneren Notwendigkeiten zügeln und die Zügel der Kunst in die Hand geben. Dichten ist nicht Nägelkauen und Zahnstochern, sondern eine öffentliche Angelegenheit.

Ein Grundgebrechen des gegenwärtigen ernsten Prosaikers ist seine psychologische Manier. Man muß erkennen, daß die Romanpsychologie, wie die meiste, täglich geübte, reine abstrakte Phantasmagorie ist. Die Analysen, Differenzierungsversuche haben mit dem Ablauf einer wirklichen Psyche nichts zu tun; man kommt damit an keine Wurzel. Das »Motiv« der Akteure ist im Roman so sehr ein Irrtum wie im Leben; es ist eine poetische Glosse. Psychologie ist ein dilettantisches Vermuten, scholastisches Gerede, spintisierender Bombast, verfehlte, verheuchelte Lyrik.

Immer war der Rationalismus der Tod der Kunst; der zudringlichste, meist gehätschelte Rationalismus heißt jetzt Psychologie. Viele als »fein« verschrieene Romane, Novellen, – vom Drama gilt dasselbe – bestehen fest nur aus Analyse von Gedankengängen der Akteure; es entstehen Konflikte innerhalb dieser Gedankenreihen, es kommt zu dürftigen oder hingepatzten »Handlungen«. Solche Gedankengänge gibt es vielleicht, aber nicht so isoliert; sie besagen an sich nichts, sie sind nicht darstellbar, ein amputierter Arm; Atem, ohne den Menschen der atmet: Blicke ohne Augen. Die wirklichen Motive kommen ganz anders woher; dieses da, der lebendigen Totalität ermangelnd, ist Schaumschlägerei, ästhetisches Gequerle, Geschwafel eines doktrinären, gelangweilten Autors, dem nichts einfällt, zu Gebildeten, die sich belehren lassen wollen.

Man lerne von der Psychiatrie, der einzigen Wissenschaft, die sich mit dem seelischen ganzen Menschen befaßt; sie hat das Naive der Psychologie längst erkannt, beschränkt sich auf die Notierung der Abläufe, Bewegungen, – mit einem Kopfschütteln, Achselzucken für das Weitere und das »Warum« und »Wie«. Die sprachlichen Formeln dienen nur dem praktischen Verkehr. »Zorn«, »Liebe«, »Verachtung« bezeichnen in die Sinne fallende Erscheinungskomplexe, darüber hinaus geben diese primitiven und abgeschmackten Buchstabenverbindungen nichts. Sie geben ursprünglich sichtbare, hörbare, zum Teil berechenbare Abläufe an, Veränderungen der Aktionsweise und Effekte. Sie können nie und nimmermehr als Mikroskope oder Fernrohre dienen, diese blinden Scheiben; sie können nicht zum Leitfaden einer lebennachbildenden Handlung werden. An dieses ursprüngliche Gemeinte, dieses Simple muß man sich streng halten, so hat man das Reale getroffen, das Wort entzaubert, die unkünstlerische Abstraktion vermieden. Genau wie der Wortkünstler jeden Augenblick das Wort auf seinen ersten Sinn zurück»sehen« muß, muß der Romanautor von »Zorn« und »Liebe« auf das Konkrete zurückdringen.

Damit ist der Weg aus der psychologischen Prosa gewiesen. Entweder offenes, nicht mehr verschämtes Lyrisma mit seiner Unmittelbarkeit; Sichergehen in Gehobenheiten und Niederungen; Ichreden, wobei das naive Räsonnement zulässig ist. Ich zweifle freilich, ob man diese Form Roman, Novelle nennen kann. Oder die eigentliche Romanprosa mit dem Prinzip: der Gegenstand des Romans ist die entseelte Realität. Der Leser in voller Unabhängigkeit, einem gestalteten, gewordenen Ablauf gegenübergestellt; er mag urteilen, nicht der Autor. Die Fassade des Romans kann nicht anders sein als aus Stein oder Stahl, elektrisch blitzend oder finster; sie schweigt. Die Dichtung schwingt im Ablauf wie die Musik zwischen den geformten Tönen.

Die Darstellung erfordert bei der ungeheuren Menge des Geformten einen Kinostil. In höchster Gedrängtheit und Präzision hat »die Fülle der Gesichte« vorbeizuziehen. Der Sprache das Äußerste der Plastik und Lebendigkeit abzuringen. Der Erzählerschlendrian hat im Roman keinen Platz; man erzählt nicht, sondern baut. Der Erzähler hat eine bäurische Vertraulichkeit. Knappheit, Sparsamkeit der Worte ist nötig; frische Wendungen. Von Perioden, die das Nebeneinander des Komplexen wie das Hintereinander rasch zusammenzufassen erlauben, ist umfänglicher Gebrauch zu machen. Rapide Abläufe, Durcheinander in bloßen Stichworten; wie überhaupt an allen Stellen die höchste Exaktheit in suggestiven Wendungen zu erreichen gesucht werden muß. Das Ganze darf nicht erscheinen wie gesprochen sondern wie vorhanden. Die Wortkunst muß sich negativ zeigen, in dem was sie vermeidet: ein fehlender Schmuck, im Fehlen der Absicht, im Fehlen des bloß sprachlich Schönen oder Schwunghaften, im Fernhalten der Manieriertheit. Bilder sind gefährlich und nur gelegentlich anzuwenden; man muß sich an die Einzigartigkeit jedes Vorgangs heranspüren, die Physiognomie und das besondere Wachstum eines Ereignisses begreifen und scharf und sachlich geben; Bilder sind bequem.

Die Hegemonie des Autors ist zu brechen; nicht weit genug kann der Fanatismus der Selbstverleugnung getrieben werden. Oder der Fanatismus der Entäußerung: ich bin nicht ich, sondern die Straße, die Laternen, dies und dies Ereignis, weiter nichts. Das ist es, was ich den steinernen Stil nenne.

Fortgerissen vom psychologischen Wahn hat man in übertriebener Weise den einzelnen Menschen in die Mitte der Romane und Novellen gestellt. Man hat tausende besondere, höchst outrierte Personen erfunden, an deren Kompliziertheit der Autor sich sonnte. Hinter dem verderblichen Rationalismus ist die ganze Welt mit der Vielheit ihrer Dimensionen völlig versunken; diese Autoren haben wirklich in einer verschlossenen Kammer gearbeitet. Der Künstler hat sich zum Handlanger dürftiger Gelehrten degradiert, sich geblendet, den Kunstfreund und Leser entwöhnt, in den Reichtum des Lebens zu blicken. Man hat eine Atelier-Schriftstellerei gezüchtet, eine systematische Verarmung der Kunst betrieben. Hier könnte sich der zweite Wahn, der erotische, etablieren. Die schriftstellerische Welt ist succesive vereinfacht auf das geschlechtliche Verhältnis; ein Prozeß, der durch das beifällige Interesse eines schlechten oder schlechtgeleiteten Publikums begünstigt wurde. Diese Verwässerung, Verdünnung des bißchen Lebens, das in die Schreibstuben drang.

Der Naturalismus ist kein historischer Ismus, sondern das Sturzbad, das immer wieder über die Kunst hereinbricht und hereinbrechen muß. Der Psychologismus, der Erotismus muß fortgeschwemmt werden; Entselbstung, Entäußerung des Autors, Depersonation. Die Erde muß wieder dampfen. Los vom Menschen! Mut zur kinetischen Phantasie und zum Erkennen der unglaublichen realen Konturen! Tatsachenphantasie! Der Roman muß seine Wiedergeburt erleben als Kunstwert und modernes Epos.

Döblins erste Fixierung seiner epischen Theorie weist mit ihrem Untertitel »Berliner Programm« auf die Polemik gegen F. T. Marinettis futuristisches »Programm« zurück und stellt sozusagen das Manifest des »Döblinismus« dar. Als Realisierung dieser Theorie eines »epischen« Romans gilt Döblins *Wang-lun.* Der erst 1916 publizierte Roman war im Mai 1913 bereits fertig, jedoch nur wenigen Freunden bekannt.

175
Alfred Döblin: *Über Roman und Prosa.* In: *Marsyas* 1 (1917), (20. September), S. 213–218.

Eine einseitige Bevorzugung erfährt in der gegenwärtigen Romanliteratur der Zielroman, der Spannungsroman; eine Frage wird gestellt, der Roman gibt die Antwort, einfach, in glatten, strammen Strichen. Dahin gehört die Mehrzahl der Konfliktsromane. Das Ganze ist notwendig dramatisch fortschreitend, gut verdaubar, rasch zu kapieren.

Dann der literarisch weit höher stehende Seelenroman. Es werden Stimmungen, Gedankenabläufe, innere Zustände sonstiger Art vorgebracht; ein Interesse für das Gemütliche, Innere wird beansprucht; der Autor ergeht sich menschenkennerisch, geistreich, tiefsinnig, witzig.

Weder gegen das eine noch das andere Schema läßt sich etwas sagen. Wohl gegen ihre einseitige Pflege.

Was ist uns für den Roman an die Hand gegeben? Die Worte der Sprache; so sollen wir alles damit machen, was wir können. Genau das, was wir können, dürfen, müssen wir leisten.

Vor allem handelt es sich um Darstellung, weil es sich um eine Kunstgattung handeln soll. Viel ist gewonnen, wenn dies festgehalten wird, wir schneiden damit recht tief. Der Lyriker soll nicht sein Gefühl ausströmen, sondern ausdrücken, nach außen hinstellen, darstellen; man soll das Gefühl umwandern können. Das Gedicht soll lebendig sein, leibhaftig wie das Gefühl, daher so gegenständlich, daß kein Bezweifeln möglich ist.

Der Dramatiker soll Menschen hinstellen, wenigstens in der Regel. Der Mensch braucht, darf nicht total sein; Hervortreibungen, Abkürzungen sind unvermeidlich, erforderlich. Alles, was geschieht im Drama, muß aus diesen zurechtgehauenen Menschen glaubhaft fließen; hinter diesen steht keine Welt, keinerlei Soffleur, kein erkenntlicher Dirigent; sie vollziehen ihr Schicksal unter sich. Unsinnig da Dispute, Logismen, Heroismen, Lyrismen; es hat keinen Wert, solche Dinge in das Drama zu stecken; so geht die Katze um den Brei. Entweder man weiß, wo man ist, oder man kann nicht.

Der Roman hat kein Drama zu referieren oder der Gebärde und den Affekten des Dramas nachzuahmen. Man muß wissen, wo man ist. Das Theater ist etwas für sich; das Theater schließt auch den Rennstall nicht aus, die Wiesen, Flußfahrten, Karussels; alles will nur sein Leben. Der Roman hat seine Existenzberechtigung zu erweisen mit eigenen Mitteln.

Der Autor verschwindet so total im Roman wie im Drama, in der Lyrik; im Roman muß alles sich selbst überlassen werden. Man schuldet das seinen Gestalten, seinen Geschöpfen. Unmittelbares Sprechen heißt hineinreden, unterbrechen; mittelbar spricht der Autor, das heißt: er gestaltet. Der Romanautor muß vor allem schweigen können; dies hält er sich Satz für Satz vor. Mit angehaltenem Atem, ganz lautlos, folgt er dem Leben seiner Figuren wie ein Naturforscher dem Spiel zarter, scheuer Tiere. Es ist schwer, immer zu schweigen, oft scheint es unmöglich, aber hier setzt die Geschicklichkeit ein. Man kann schildern, beschreiben, man hat sich jeder Äußerung der Teilnahme, des Wohlgefallens, Mißfallens zu enthalten, darf nicht sein eigener Zuschauer sein; es darf nicht aussehen, als ob man weiß, welche Wirkungen man erzielt. Der Autor als Narcissus. Er treibt Selbstbespiegelung wie Richard Wagner, der das Entsetzlichste, Peinlichste im Tristantext leistete, wo die Personen alles sagen, was die Zuschauer sagen müssen, sogar, daß sie sich der Gefühle, von denen sie reden, nicht bewußt sind; sie bedichten die Musik, die Weise, die der Hörer hört, »wundervoll und leise, mild erschallend«. Die Ägis des Homer aber wird schrecklich genannt, weil sie Schrecken erregt unter den Handelnden; er fällt damit nicht aus dem Darstellerischen.

Hier, scheint es, müssen ganze Serien beliebter, berühmter Romane geköpft werden, deren Autoren sich vorübergehend, dauernd der Umstände, der Personen bedienen, um ihre Ansichten zum besten zu geben. In der Tat müßten vorzügliche Werke stark zusammengestrichen werden, trotzdem viele sagen würden, daß es schade um die weggestrichenen Stellen sei. Von den Werken, wo alles Romanhafte nur durchsichtig um faustdicke Tendenz herumgelegt ist, schweige ich. Es gibt Werke, in denen sich Autoren ergehen zur Freude ihrer Leser in amüsanten und interessanten Räsonnements; oft fehlt nicht viel zu einem Rahmenroman. Es wird schwer, dazu Stellung zu nehmen; ich habe auch meine Freude an diesen Sachen. Jedoch glaube ich: wir halten das Prinzip und verdammen, wenn auch mit Nachsicht. Medisante Plaudertaschen, geistreiche Köpfe müssen sich ihre Form selbst schaffen. Halten wir es mit der Reinlichkeit. Kommt alles auf das Vermögen an, seinen Überluß im Roman auf wirklich tragfähige Esel abzuladen. Manche Herren sind sehr bequem, die Ehrlichkeit gegen die Form ist gering, das Gewissen; dazu läßt die Phantasie im Stich; so läßt man dies und das den und den sagen bei einer gezwungenen Gelegenheit, schafft Redefiguren, zieht Situation, Konflikte an den Haaren herbei. Außerordentlich geschickt sind darin einzelne ältere Franzosen, der Verfasser des *Sopha*, auch die Goncourts [1], wogegen Fontane zahllosemal versagt. Es gilt, Sentiments in Charakteristik umzuwandeln; Sache des Könnens, genauer der Phantasie.

Was heißt im Roman darstellen? Vorgänge plastisch sich ablaufen lassen. Da zeigt sich die künstlerische Minderwertigkeit des bloßen Erzählers gegenüber dem Darsteller. Der Historiker erzählt, die Sachen sind abgelaufen, vorbei, er hält das Abstrakte von ihnen in Händen und vor unsere Nase. Der darstellende Autor, viel gebundener, läßt keusch die Dinge gewähren, weiß nichts von der intellektuellen Gehobenheit jenes; schweigt, erzählt nicht, verwandelt sich gänzlich in den sehr konkreten Vorgang. Man erkennt ihn nicht als Autor, so wie man Zeus nicht als Stier erkannte, wie er die Europa raubte, nicht in dem Regen, wie er sich der Danae näherte. Nicht einmal er selbst erkennt sich in den Vorgängen. Der Leser, allein gelassen, muß durch wirkliche Straßen gehen, in denen er sich zu orientieren, zurechtzufinden hat. Vor einer eisernen, stummen Front muß er stehen.

Die Plastik des Vorgangs erscheinen zu lassen: höchster Ehrgeiz der Prosa. Die Prosa ist sinnlich bis zum äußersten. Der Prosaautor preßt soviel Gegenständlichkeit aus seinem Material, den Worten, als das Material hergibt. Prosa ist zugleich mit größter Intensität und größter Vorsicht zu schreiben. Verantwortlichkeitsgefühl stärkerer Art findet sich meist nur bei den Epigrammatikern, ferner bei einzelnen Novellisten. Man muß wissen, was mit Worten nicht zu leisten ist, dies vermeiden. Immer ist Darstellung die zu erzielende Leistung, ihre schlimmste Feindin hier wie überall die Deklamation. Die Rhetorik ist das anerkannt Schöne, das mit der jeweiligen Darstellung nichts zu tun hat, wie zum Beispiel die Fassade einer gotischen Kirche mit einem Warenhaus. Die Worte haben nicht mitzureden, die Sprache hat zu schweigen; man muß auf der Hut sein, überall liegen Fallen, Reminiszenzen, alte Einflüsse, Werte, die eine zwingende Dunstschicht um die Worte legen, vom Wege abführen. Das ist der alte Kampf des Autors gegen die Worte um sein Werk. Größte Skepsis gegen die Sprache; der Prosaautor muß sein Material ansehen wie der Chemiker seine Stoffe: sie müssen sauber, rein sein, bestimmbar quantitativ und qualitativ; müssen genau das sein, was sie an Ort und Stelle sein sollen.

Unendlich viel dünne, leere Worte, Wendungen sind im Gebrauch. Es kann im Roman nicht sehr weitgehend gestaltet oder gar individualisiert werden, um so mehr hat man das Äußerste zu leisten. Die Seiten vieler Romane stecken voller nichtgesehener Worte; viele Sätze stehen auf dem Niveau abstrakter Erzählungen. Jemand lächelt, weint, geht, läuft, schreit, sagt, antwortet: alles nunmehr Abstrakta; der Sinn, ihre Sinnlichkeit ist wie durch ein Sieb durchgefallen, durchgerieben. Der Autor sucht das Spezielle, Spezifische der jeweiligen Situation sprachlich einzufangen. Man bedenke, daß unsere Worte zu sehr praktischen Zwecken erfunden wurden, für Aufgaben dringenden Bedürfnisses, für Verkehrszwecke, zum Merken und Wiedererkennen; sie sind im allgemeinen recht blasse, vieldeutige Zeichen. Den Sätzen des Verkehrs geht Eigenartigkeit, Einzigartigkeit, die die Romanprosa braucht, durchweg ab. Die Prosa soll nun das Zeichen überwinden, muß etwas anderes tun als die Verkehrssprache, die nur andeuten kann, muß in ganz origineller Weise an einer besonderen Art Sprache arbeiten; wird sonst ihrer Aufgabe, Kunst und Darstellung, zu wenig gerecht. Gefordert ist Sprachwerdung eigentümlicher Situationen und Personen.

Es ist bequem und schlecht, sich an wichtigen Punkten mit den dünnen Wortzeichen der Verkehrssprache zu begnügen, sich auf die Phantasie des Lesers zu verlassen. Der Autor dichtet, nicht der Leser. Mit größter Ehrfurcht ist auf die Dinglichkeit bei Homer zu weisen, auf Dante, für den Seelenroman auf Dostojewski; die Bildlichkeit Homers ist unübertrefflich, er entgeht auf das Sicherste der Verworrenheit und Verwaschenheit der Verkehrssprache, die Sache geht bei ihm völlig ein in die Sprache.

Solch Bemühen, die Sprache zu beleben, Begriffe Kunstmaterial werden zu lassen, mittels

Worte und Satzbildungen zu Darstellungen zu gelangen, zeigt sich gewiß bei jüngeren Autoren. Es finden sich aber bemerkenswerte Abirrungen, Verkennungen, Übertreibungen. In manchen neueren Prosastücken, in der sprachlich bemühten Lyrik, wird eine gehetzte Sprache geschrieben, die darum darstellerisch mangelhaft ist. Gipsfiguren gewinnen nicht, wenn man sie vergoldet. Einigen dieser Produzenten fehlt es an Begabung, anderen an Aufrichtigkeit, andere sind völlig verlaufen. Bezüglich Aufrichtigkeit sage ich: Literatur um ihrer selbst willen ist eine traurige Sache, man produziere nicht, um die Kunst zu verbessern, man lasse überhaupt die Kunst außer Spiel, sage seinen Spruch her, kümmere sich nicht um ungelegte Eier. Es hat bisher keinem Menschen etwas an der Kunst gelegen, aber vielen an schönen, erfreulichen, erschütternden, beunruhigenden Dingen, an einer vorgespiegelten größeren, weicheren oder härteren Wirklichkeit und an Anreizen dazu. Man habe den Mut zu seiner Phantasie; ohne Blindheit kann man nicht Homer sein.

Ein Beispiel aus einem modernen Roman. Der Held kehrt in sein Zimmer zurück, »und das erhöhte Lebensgefühl von eben sank auf einmal zu Boden wie ein Papierdrache, weil plötzlich der Wind schweigt«. An sich gut sinnlicher Vergleich. Aber das Doktrinäre, Rationalistische der Wendung »erhöhtes Lebensgefühl«; »erhöhtes Lebensgefühl« gehört in Feuilletons, Essays. »Lebensgefühl von eben« ist einfach liederlich. Das »Gefühl« sinkt zu Boden? Auch das liederlich; es wirkt voraus der »Papierdrache«, aber es bleibt ein Verstoß gegen die Plastik. Das Unsinnliche, Gedankenmäßige am schärfsten in dem Wörtchen »weil«; der Papierdrache sinkt nicht zu Boden, »weil« der Wind schweigt, sondern »wenn« der Wind schweigt; Kausalität wird nicht erlebt, sondern erdacht. Schließlich »schweigt« der Wind nicht in diesem Zusammenhange, Akustisches ist gänzlich deplaziert, aufgepfropft, störend; der Wind läßt nach, hört auf. Es soll deklamiert werden; »der Wind schweigt«, eine beliebte Phrase. Dem Autor dieses Satzes geht Sicherheit des Stilgefühls ab, genauer: er verwendet ungesehene Abstrakta, schreibt ferner unsauber, unaufmerksam.

Schwierig ist es, psychische Vorgänge darzustellen. Der Romanautor hat einen Lehrer, den guten Lyriker, dieser kennt aufs genauste die Grenze von Darstellen und Erklären; der Erklärer ist in der Lyrik rasch entlarvt. Mittlere Romanautoren gleiten rasch aus der Darstellung in das bequeme, psychologisierende Erklären. Es ist nicht vielen gegeben, seelische Zusammenhänge zu erkennen; der gute, hier nicht speziell beschlagene Autor läßt die Hand davon. Das Leben quillt aus dem Irrationalen, auch das Lebendige, die Gestalten im Roman; die Wirkungsweise schon eines einfachen Fermentes ist nur in einer komplizierten Logarithmenkurve darstellbar; was denkt man von einer Zelle, von vielen Zellen, von einem Organismus, vom Menschen. Dieses Rationalisieren beruht auf Unvernunft. Die Deutlichkeit des Romans, jedes Kunstprodukts, ist die der Anschauung, des Gefühls.

Die Bevorzugung des Seelenromans hat ihre Ursache in der Lebensweise von Autor und Publikum. Sie sitzen in Städten zusammen, von Berufen festgehalten, sehen kaum um sich, kennen nur ihre und die kleinen Nachbarerlebnisse, haben schlechte Augen, schlechte Ohren, ruinierte Nerven. Alles ist zum Opfer gefallen einer Verkehrsfeinfühligkeit, der Ausforschung des andern, des Balanzierens mit ihm. Die Nerven sind ruiniert, aber nicht fein; Instinktsicherheit verloren. Das Leben bleibt stecken zwischen den registrierbaren Dingen Geburt, Schule, Besuch,

Reise, Todesfall usw. Mehr Fakta gibt es nicht. Ein paar Typen erschöpfen das Wesentliche; tausend kleine und kleinste Variationen; die Epik wird leer.

Sei des ewigen Romanthemas, der Liebe, gedacht. Es läßt sich wohl sagen, daß so, wie nach Strindbergs Auffassung das Weib am Leben des Mannes zehrt, die Liebe am Roman zehrt. Vergessen ist die unendliche Fülle sonstigen Lebens, Fühlens, des Heimwehs, der Kampflust, des Ehrgeizes, der Rachsucht, der Vaterlandsliebe. Erloschen alles; ein schlimmes Werk ist geschehen, verblüffend in dem strengen, harten Zeitalter. Männer, die ein Verantwortlichkeitsgefühl an der Menschheit haben, Künstler, versäumen ihre Arbeit. Ertrinken in Finessen, die nichts als Finessen sind. Wie drängt schon Flaubert dagegen. Die Frau unserer Tage vermännlicht sich im zunehmendem Maße, das heißt, sie nimmt Herrenmanieren an, so gewaltig ist der Eindruck des Männlichen; nicht einmal die Frau hält das Weibische fest; und eben dieses abgestandene, selbst vom Weib mißachtete Weibische kultiviert der Roman. Strindberg trieb den sentimentalen Teufel aus dem Mann; die Frau lobe Gott für Strindberg, er hat den Mann von Düsterkeiten befreit, gelehrt, die Frau ernst zu nehmen. Nichts mehr ist da zu verrichten. Der Exorzismus geschehen! Wollen da die Prosaautoren rückständig bleiben?

Die Welt steht offen; hier kann *keiner* sagen, der Platz an der Sonne fehle.

Warnung vor Winkeln und Ecken. Die Schiffe bestiegen. Zu neuen Taten junger Helde.

Zum Vergleich mit dem abgedr. Dokument ist ein weiterer Aufsatz Döblins heranzuziehen (A. D.: *Bemerkungen zum Roman.* In: *Die neue Rundschau* 28. Jg. (1917), Bd. 1, S. 410–413). Über die Unverträglichkeit des Postulats der »fortschreitenden Handlung« mit seiner eigenen Vorstellung vom spezifisch »modernen« Roman schreibt Döblin (S. 410 f.):

Vorwärts ist niemals die Parole des Romans. Die Vereinfachung des Romans auf jene fortschreitende eine Handlung hin hängt mit der zunehmenden, raffiniert gezüchteten Leseunfähigkeit des Publikums zusammen. Zeit ist genug da, aber sie werden völlig ruiniert durch die Zeitungen. Ungeduld ist das Maß aller ihrer Dinge, Spannung das A und Z des Buches. Anderthalb Stunden Folter, man spuckt aus, das Buch hat seine Pflicht getan. Was nicht spannt, ist langweilig; das ist die unverhüllte, naive Schamlosigkeit: Defekte als Vorzüge demonstrieren, Forderungen daran knüpfen. In die gleiche Kerbe wie die Zeitung schlägt der Film. Es ist das völlige Debakel des Romans. Mögen sich die besseren Autoren nicht bluffen lassen. Das Publikum ist frech, der gewöhnliche Verleger gehört zum Publikum.

1 Gemeint ist Claude-Prosper Jolyot de Crébillon (1707–1777) mit seiner Rahmenerzählung *Le Sopha. Conte moral.* – Paris 1742.

176
Otto Flake: *Vorwort.* In: O. F.: *Die Stadt des Hirns.* Roman. – Berlin: S. Fischer Verlag 1919, S. 9–11.

Bei einem Roman der um den Roman zu retten darauf ausgeht die Form des Romans zu sprengen, ist es erlaubt ein Vorwort voranzustellen.

Bildende Kunst läuft mit vollen Segeln von den behaglich bewohnten Küsten des Realismus Impressionismus durch die glückliche Ausfahrt des Expressionismus auf die unbefleckte Insel des ABSTRAKTEN die sich vielleicht zu einem neuen Kontinent weiten wird, Lyrik quillt aus geöffneter Tiefe des SIMULTANEN, Benn Ehrenstein Sternheim formten die Novelle des UNBÜRGERLICHEN – der Roman ist nicht über den Expressionismus hinausgelangt.

Der neue Roman wird möglich sein durch Vereinigung von Abstraktion Simultanität Unbürgerlichkeit. Es fallen fort konkrete Erzählung Ordnung des Nacheinander bürgerliche Probleme erobertes Mädchen Scheidungsgeschichte Schilderung des Milieus Landschaftsbeschreibung Sentiment.

Thema des alten Romans: gegebene Verhältnisse in die ein Moment der Erregung oder Auflehnung kommt, Kampf Sieg des Bestehenden Abgang des Aufrührers durch Selbstmord oder anerkannte Harmonie, das alles ist rührende aber unverbindliche Tragik der das letzte fehlt, Entschlossenheit Denkkraft wahre Souveränität des Individuums.

Was war der Roman soweit er nicht als verbreiterte Erzählung auftrat? Eine Kunstform in der die Gestaltung des Weltbilds versucht wurde. Seine höchste Form war der Entwicklungsroman, es ging einer durch die Fülle der Erscheinungen und unternahm es ihren Sinn zu finden. Guter Gedanke aber das Machtverhältnis war falsch gesehen: mächtig real gegeben die Verhältnisse Zustände der Welt, schwach demütig gehorsam der Wandrer durch sie. Deutlicher gesagt: die Romane waren dualistisch angelegt, ein moralischer theologischer Sinn in den Erscheinungen, das Apriori, einerseits – der Sucher des Sinns andrerseits. War er aufsässig und empfand Vielheit oder Gleichzeitigkeit der Gesichtspunkte, blieb ihm nichts übrig als zum Mittel des Nacheinander zu greifen wobei ihm stets passierte daß er den letzten Gesichtspunkt doch als den wahren erklärte – nachgebend durch Resignation oder Harmonie machte er seinen Frieden, der Roman war aus und nichts gesagt, Gleichzeitigkeit nicht gestaltet.

Verworfen Dualismus, proklamiert Monismus der mit Aufklärung der Naturwissenschaft nichts zu tun hat. Der Sinn ist nicht in den Erscheinungen, er ist im Wandrer der ihn in sie trägt. Aber es erhebt sich die entscheidende Frage ob der so hineingetragne Sinn Willkür sei oder nicht vielmehr auch er das Ergebnis der Beschäftigung mit den Erscheinungen der Existenz also doch Reflex des Sinns den man in dem Phänomen Existenz zu finden glaubt. Ganz recht: der Sinn den man zu finden glaubt, den man also mitbringt, aus dem die Produktion erst entspringt – es handelt sich um einen Zentralismus von noch nicht erreichter Intensität, es entrollt die Welt einem Hirn als Vorstellung, um die Achse der Grundauffassung legen sich Kristallisationen, alles was früher primär und Selbstzweck der Schildrung war, Erlebnis Gefühle Stimmungen, wird sekundäres Material Beleg Gelegenheit zur Demonstration, alles wird in den Strudel des kreisenden Mittelpunkts, in die Atmosphäre gezogen in der durch Anlagrung ein Kosmos entsteht rotiert ist. Anschaulichkeit wird überwunden an ihre Stelle tritt Anschauung, der Roman als Projektion.

Von Anschauung, dem Absoluten, her gibt es keinen Unterschied mehr von Phantasie (mattes Wort Damenwort, erlaubt nur noch: Vorstellungskraft) Denken Verstand Reflexion – Erobrung aller dieser Mittel für die Epik, Verzicht auf den Ehrgeiz ein klares leicht lesbares Buch nach bürgerlichem Ideal zu schreiben. Hilflos sitzt Leser da wie er hilflos vor einem kubistischen gar abstrakten Bild steht. Ihr sollt nicht mehr lesen um euch zu unterhalten, auch nicht um durch angenehmes Beiwohnen den Leidenschaften andrer ein wenig zum Sinnen angeregt zu werden; ihr sollt indem ihr den Kosmos eines Hirns anschaut in die denkende ruhende Sphäre der Anschauung, den philosophischen Zustand, gehoben werden. Mühe, hervorgerufen durch die Einschaltung von Erzählungen mit andren Vorgängen Menschen, ist beabsichtigt; ihr sollt euch nicht drei Stunden mit dem Buch beschäftigen, sondern drei Wochen denkend verbracht.

Zu diesem Romanvorwort vgl. bes. den Beitrag Flakes zu einem Sammelband des expressionistischen Aktivismus: O. F.: *Souveränität.* In: *Die Erhebung. Jahrbuch f. neue Dichtung und Wertung.* Hg. von Alfred Wolfenstein. Berlin o. J.: S. Fischer Verlag [1919], S. 338–347. Auf dieses Vorwort und den Roman selbst reagierte Alfred Döblin mit einer profunden Kritik am hochexpressionistischen Klischee der Stil- und Gattungs»sprengung« (A. D.: *Reform des Romans.* In: *Der neue Merkur* 3. Jg. (1919/20), H. 3, S. 189–202). Otto Flake antwortete mit einer Gegenpolemik (O. F.: *Über Die Stadt des Hirns Erwiderung auf Döblins Reform des Romans.* In: *Der neue Merkur* 3. Jg. (1919/20), H. 5, S. 353–357). Eine Passage aus Döblins Attacke sei hier auszugsweise mitgeteilt (S. 194–195):

Jeder Krämer lobt seine Ware. Ferner gehört Klappern zum Handwerk. Aber Ungerechtigkeiten sollten nicht Sache eines Geistigen sein, dessen zweites Wort Gerechtigkeit ist, Ablehnung und stolze Erhebung über den bisherigen »bloß« impressionistischen oder »bloß« expressionistischen Roman, den »bloßen« Erzähler oder Entwickler. Er sollte wissen, daß er eine kleine Phantasie hat (sie wird nicht größer dadurch, daß er sich das Wort »Phantasie« verbittet und »Vorstellungskraft« dafür verlangt) und daß ihm sowohl eigentliche Anschaulichkeit wie epische Darstellungsgabe versagt geblieben ist. Er kennt offenbar nicht die Fülle der Gesichte und die rettungslose Gerissenheit vor Gesichte, das Getriebensein von Gestaltungen. Was läge ihm auch sonst an den Abstraktionen, an der Eroberung des Verstandes für den Roman. Daß das Intellektuelle für den Autor wenigstens, den Gestalter weniger – sagen wir – Rauschwert, Zwangscharakter hat, darin niedriger als das Gesicht steht, davon weiß er nichts. Er wird gedrängt – warum eigentlich, muß ein Reh eine Giraffe sein – sein Heil wo anders zu suchen, und er konstruiert sich und preist uns an seinen Roman. Liebster! Als ob es nicht schon ein Defekt wäre, daß Ihnen überhaupt bei der Darstellung oder statt Darstellung das Verlangen nach – Aussprache kommt.

Denn ich habe den Roman gelesen. Ich hätte gewiß nicht über und gegen ihn geschrieben, wenn ich ihn ohne die Vorrede gelesen hätte. Es ist ein in den meisten Teilen lebhaft geschriebenes Buch, in vielen Teilen interessant, es enthält oft sehr schöne Stellen. Seine Stärke liegt in der Zartheit und Eindringlichkeit der Erotika. Freilich sind die Menschen weder sehr tief noch originell und auf eigenen Beinen stehen sie gar nicht; vielleicht sollen sie es auch nicht, aber manchmal sieht es doch so aus, und der Anschein hätte dann vermieden werden müssen. Sie sind aber schön und zart. Ich meine, sie haben keine Behaarung und riechen nicht besonders, so daß etwa ein Hund auf ihre Fährte käme; so innig dicht kommt er dem Leben nicht, ich habe nicht den Schauer und das Staunen der schöpferischen Wahrheit vor ihm gehabt.

177
Carlo Mierendorff: *Wortkunst / Von der Novelle zum Roman.* In: *Die weißen Blätter* 7 (1920), 2. Quartal, S. 278–282.

Die deutsche Dichtung, soweit ihr ein Ziel vorschwebte, das sich zum Begriff »Expressionismus« fixierte, unterschied sich äußerlich vornehmlich durch die Sprache, durch ihre formale Unerhörtheit.

Die Aufgabe, vor die sie sich zunächst einmal gestellt sah, war, eine Sprache schaffen, einen Sprachschatz schöpferisch erneuen. Im Tumult der Flug- und Extrablätter war das Wort verloren gegangen. Die Rotationspressen hatten es zerquetscht. Was die Morgenzeitungen und

Abendposten noch füllte, war ein stinkiger Absud. Es hieß die Sprache sieben, Abgegriffenes und Entwertetes entgültig außer Kurs setzen, das Gediegene aussondern. Im Grunde ein philologischer Akt. Zugleich aber ein Akt der Askese, denkt man an die Bäuche Ullsteins. Ganz unten war anzufangen; man wurde karg. Wog die Worte, überschärfte die Empfindlichkeit, operierte die Wucherungen weg, jätete, ätzte, beschnitt. Suchte nach dem Gesetz, wie denn ein Satz gefügt sein müsse, daß er gut sei. Raffte zusammen, baute sehr klug mit dem Hirn und sehr hell von Gehör, sich aufs heftigste bescheidend und genügsam. Die Diät von Rekonvaleszenten lebend, kam langsam die Kraft. In diesem Prozeß geschah es nicht von ungefähr, daß man gerade die Novelle an sich riß. Es bedurfte eines Gerüstes zum Exerzieren. Ehe für Marathon konkurriert werden kann, muß auf der 100 Meter Bahn trainiert sein. Die Novelle ist als eine Sache von geringem Format leicht durch- und überschaubar und darum eher zu bewältigen. Indes diente sie ja zuerst anderen Zwecken. Handlung, Stoff, Problem, Vorwurf und Inhalt waren subalterne Angelegenheiten. Die akademische Theorie des Expressionismus hat das hochtrabend begründet: »visionär schaffen«. In Wirklichkeit geschah, weil es viel näher stand, viel unmittelbarer beschäftigte: Das Problem der Wortgebung der Einzelheiten, die Erfassung *jeden* Dinges in der Welt, nicht ihrer Gesamtheit. Um der sprachlichen Bewältigung von Landschaft, Rednern, Blumen oder eines Droschkengauls war die Novelle da. Das Detail und die Fülle in ihr wichtig, nicht eine imposant verschrobene Komplikation von Geschehnissen oder ein noch so genial und weitmaschig angelegtes Netz von Verhältnissen. Soweit war man noch nicht. Erst galt es die Balken zurichten. In der Novelle ließ sich dann mit einem schlichten, zuweilen groß und schön gewölbten Bogen (was ein ästhetischer Reiz dazu ist) überspannen, indem ein X-beliebiger sein Leben von Geburt zum Tod hin abschritt, oder einem sehr zufälligen »Er« ein von wundersamen Ereignissen angefüllter Ausschnitt eines Tages unterschoben wurde. *Sein* Schicksal war nebensächlich und oft darum die Verknüpfung zwischen ihm und dem Erlebten äußerst bizarr. Von weltentdeckerischer Bedeutung wurde aber, wenn dieses oder jenes mit einem Griff gefaßt und hingestellt war. Dies zu erledigen blieb nicht der Genialität allein vorbehalten. Es mußten sehr viele mit Hand anlegen. Sie werden sich bescheiden müssen, dafür anonym in der Historie zu rangieren. Ihre Arbeit bleibt.

Zudem kommt noch ein anderes. Im Erblicken erlebte die Welt eine Wandlung. Sie begann sich aufzulösen. Sie zerfiel vor dem Beschauer. Sie bestand nicht mehr aus in sich Ruhendem, Gesetztem und Gefügtem. (Das rührt nicht bloß von den Autos, den Films, den Trambahnen und den Lifts her.) Die Dinge rückten sehr heran, wurden problematisch und enthüllten sich aus der Nähe als endlose Bewegungen in sich. Sie noch in statischem Übereinander zu reproduzieren, war fürderhin unmöglich. Das Problem, sie in ihrem Schwingen darzustellen, wurde brennend. Den *Flug* der Dinge statt ihres So-seins galt es zu geben, alle ihre Bezogenheiten aufeinander, ihr Nachbarliches, ihr Da-beginnen und Dorthin-weisen. Das hieß, in einem gesagt, die Sprache dynamisieren. Die Impressionisten hatten einmal etwas davon geahnt, als sie nervös zu kritzeln begannen; es blieb ein Nacheinander. Auch Naturtreue vermag nimmer das Wesen einer Sache aufzuspießen. Es *ist* geschehen, wurde ihre Athmosphäre eingefangen. In der Verspannung des Satzgefüges ist die Verspannung der Dinge ausgesagt, die so gewaltig sein kann, daß sich die Diktion bis zu skurillen Verschränkungen schrauben muß. Aber die ungeheuer differenzierten Spannungsunterschiede hört nur ein feines Ohr und das ist das Maß: Bild und Nachbild dürfen untereinander nicht divergieren. Sie müssen auf denselben Grad gestellt sein, dann ist es derselbe Klang.

Für solche völlig neue Einstellung gewann alles Diesseitige neuen Reiz, er war neu zu erschaffen. Denn erst was gesagt ist, existiert. In dergestalt Schilderung federt alles, lastet und wiegt sich, wippt und ist immer in Bewegung durch sich selbst. Da ist alles fabelhaft in einander verzahnt und verflochten. Alles ergreift Geschwindigkeit, nimmt Tempo an und strömt in Bewegung ein. Es zittert in den Planken, bäumt sich und schießt in unerhörter Gallopade los. Kein besseres Übungsfeld dafür als der schmale, lange, nach den Seiten durch Zäune wohl behütete Sprunggarten der Novelle.

Unter diesen Aufgaben stand eine Generation, erkennbar im Lauf der Zeit an den Exponenten der Linie von Frank, Döblin, über Sternheim und Edschmid bis Kaffka laufend. Heute, wo die Vorarbeit geschafft und das Werkzeug geschliffen ist, geht es an das eigentliche Werk. Jetzt braucht es nicht mehr Zurückhaltung, weil ein Versuch verfrüht und eine gefährliche Verführung sei. Man muß heran und wer stark ist, wird die Aufgabe suchen. Am Roman haben die Repräsentanten der Generation sich zu beweisen. Der Tag ist da. Novellenbücher, die hervorschießen haben keine Bedeutung mehr. In der Avantgarde steht der Roman. Um rechten zu können, ist aber immer zu bedenken, von welcher Seite her unsere Epoche an ihn herankommt, um wieviel schwerer hier der Ansprung ist. Denn niemand ist in diesem Jahrhundert, dem im Blut die Tradition der großen Form gegeben wäre. Sie will in jeder Hinsicht und Schritt für Schritt erst experimentell errungen werden. Es heißt sich über sie stürzen, um sie ringen. Ihr nach der Kehle fahren. Das wertet. Entgleiten ist keine endgültige Niederlage. Der Roman ist etwas durch und durch anderes. Nicht etwa eine Aufblähung der Novelle. Diese Arbeit aber ist erst gelernt.

Döblin* begann. Seine Bücher stehen starr und gefügt. Es liegt, meint man, faßt Jahre zurück. Nun zeigt Sternheim den Seinen** an. Auch Krell versucht sich, nennt es zurückhaltend noch Erzählung***, geht imponierend verbissen auf die Sache los. Man muß vor einem solchen Stück Arbeit salutieren, es ist diszipliniert gemacht, auch wenn es nicht gelang, so ehrlich und so sympathisch wie nicht alle Schmarren zusammen, die in den nächsten 50 Jahren noch bei Georg Müller erscheinen werden. Edschmid schließt die Arbeit von vier Jahren ab.**** Vielleicht mit dem entschiedenen Gefühl, hier einen Strich zu machen, sehr vieles damit abzutun, das an sich rund genug ist. Ein gedrucktes Buch ist für den Autor eine erledigte Sache, eine Befreiung und längst passé. Edschmid, einer von den paar Leuten, die die Gabe haben, in deutscher Sprache dynamisch zu schreiben, im seltenen Besitz eines inneren Reichtums an Figuren, Szenerie und Bild, was gelang ihm?

Dynamische Darstellung ergibt immer eine lineare Kurve, wie der Schuß einer Rakete, die Bögen eines Fliegers, das Zick-Zack eines Autos. Sie wird immer mit der Stirn vorstürzen, als

* *Die Sprünge des Wang-Lun, Woadzeks Kampf mit der Dampfmaschine.* (S. Fischer, Berlin.)
** *Europa,* bei Kurt Wolff, München.
*** *Die Waringotte.* Ernst Rohwolt Verlag Berlin.
**** *Die achatenen Kugeln.* Paul Cassirer, Berlin.

Bahn, Chausseen oder ein Schienengleis haben. Was mitgenommen wird, wird im Vorbeiflug errafft, vom Beschauer hereingerissen, erscheint kurz, in höchstens zwei Ansichten, von vorn, von der Seite, vielleicht noch einmal im Zurückblick. Es wird sich ein- und an- und aufeinanderreihen gleich einem Filmband. Baum, Haus, Passanten, Bahnhof, Lokomotive, Hotel, Pistole, Mond, Knie, Garten, Diamant und Pferde erscheinen stets nur in der Beziehung auf das Dasein dessen, der da durchläuft. So ordnet sich die Welt unter Perspektiven wie einem Forscher wohl ein neuentdeckter Kontinent, den er zum ersten Mal durchschreitet. Wohl hat er die Schau über das Land vom Ballon aus oder von Kamelssätteln. Aber soviel Steine er auch aufhebt, Gebirge übersteigt, Seen durchschifft – bei allem Kreuz und Quer bleibt das Land nur Projektion im Reisenden. Vieles wurde gesehen, betastet und gebucht, aber das meiste ist noch zu erraten, zu errechnen und zu kombinieren. Das Tatsächliche vermag erst Vermessung mit der Eindeutigkeit der Landkarte zu erschöpfen. So ist denn die Kurve dieses Romans, die alle Welt durchschwingt, der Art des Ablaufs nach im Grunde noch immer novellistisch. Sie zieht los, steigt sanft, stürzt hinab, wirft sich hinauf, überschlägt, rollt dumpf unterirdisch fort, verknotet sich, macht Arabesken, tänzelt, atmet auf, jagt, wird starr, donnert und steht. Solcherart, nicht aus dramatischer Konfrontation, entsteht die Skala der Affekte. *Ein* Mensch bewegt sich, *einer* erblickt, *einer* handelt, *einer* wünscht, *einer* treibt über die Kontinente. In *ihn* stürzt die ganze Fülle irdischer Sensationen, die jedergestalt Stationen sind, Prüfungen, Startlinien, Wendemarken, Kehren und Ziel. Durch die Entschlossenheit der Wendungen ist Milieu gegen Milieu scharfkantig abgesetzt. Das macht den Roman ungeheuer frisch. Daß eine Frau es ist, in der alles auf dieser Welt und dieser Lebzeiten sich abbildet, macht ihn einzigartig. So reizvoll könnte nur eines noch sein: eine Frau, an Begabung stark wie ein Mann, aber dennoch bis in die letzte Fiber Frau, stellte dar, wie von ihr, der Frau aus gesehen im Mann sich Wunsch, Lust, Aufgabe und was da mehr ist, Gestaltung des Lebens schlechthin sich ereignet. Denn darauf sind wir doch neugierig. Aber die Frauen pflegen heutzutage nur schlecht schreibende Männer zu klischieren, und die Männer, die schreiben, wissen nur Bescheid in der eigenen Sphäre, ordnen die Frau ein nach schematischen Rubriken als Ziel oder Objekt. Diese hier, Daisy, zum idealen Typ gemacht, vollkommen nach Rasse und Blutmischung, von Tradition geführt, in Gleichgewicht an Leib und Seele, ist also empfindlichste Membran, die Wellen der Weltbewegung abzuhorchen, den Wert der Dinge zu erproben. Indem sie alles durchkostet, vom Fabelhaften, ganz Seltenen bis ins Gemeine und Abscheuliche hinunter, nichts auslassend, es überwindet, abtut, immer auf ein Wertvolles und Letztes späht, wird ihr Geschick gleichnishaft – Anleitung zum Leben. Dies aber, hat man gefordert, sei der Roman, nicht Unterhaltsamkeit oder Amusement. Ist es überhaupt möglich (und es ist wohl richtig), so sehe hier ich es zum ersten Mal gelöst. Denn das Heikle daran ist doch: es nicht auf eine Formel zu bringen, die sich auswendig hersagen läßt. Es nicht logisch versuchen mittels philosophismender Dispute. Nicht über die Sache oder von ihr reden, – sie vorführen. Gescheitheit scheitert hier. Dichten heißt, das Gedankliche versinnlicht veranschaulichen, es bildlich verlautbaren, beispielhaft lehren. Nicht dem Gehirn beweisen, sondern das Blut bestimmen.

Was aber das Formale angeht, das vorerst noch so wichtig ist, so bricht es dennoch zum Roman durch. Ihn schreiben, erheischt Ökonomie der Kraft und langen Atem. Das Tempo ändern, die Stärke der Stimme wechseln können. In breiten Partien kündet sich das an. Der jähe Schuß des Stroms staut sich und bildet schöne glatte Seen. Landschaft bricht auf, Wind weht herein, strenge Heiterkeit der Verwurzelung in der Scholle und Verschwisterung mit den stummen Körpern. Und da wirft plötzlich die Diktion das Asketische ab, reckt sich und beginnt sich auf-zulockern. Tastet erst, dann bewegt sie sich mit der Sicherheit des in strengeren Exerzitien Ge-übten durch das Neue Element leicht und um sich selbst. Dies aber ist Symptom. Der Weg, der nun beschritten wird.

5. *Dramentheorie und Theaterpraxis*

Die späte Publizität des literarischen Expressionismus war ganz eine Sache des Dramas und seiner dramaturgischen Realisation. Daran hat u. a. Gustav Wangenheim im Verlauf der marxistischen Expressionismusdebatte nachdrücklich erinnert: »Wer las schon ›Sturm‹, ›Aktion‹, Lyrikbücher usw., wer ging schon in Ateliers und Ausstellungen? Aber das expressionistische Theater hat viele begeistert. Mode hin, Mode her.«[1] Ab der Spielzeit 1916/17 erlebten viele der noch vor dem Krieg geschriebenen Stücke ihre Erstaufführung, und es entstand – unter dem Vorzeichen einer sozusagen ›verspäteten‹ Rezeption[2] – der legendär gewordene »Dramen-Expressionismus« [3], dessen Bühnenwirkung bis weit in die Zwanziger Jahre reichte. Die dramatische Form, verstanden als die poetische Gattung direkter Inszenierung menschlicher Existenz vor einem realen Publikum, schien besonders geeignet, das wesentlich utopische Programm des Expressionismus als realisierbar oder als schon verwirklicht vor Augen zu führen und deshalb auch seinem kultur- und gesellschaftskritischen Impetus breitere Resonanz verschaffen zu können. [4] Nach Paul Kornfelds programmatischem Essay über *Kunst, Theater und Anderes* (vgl. Dok. 61) hatte das expressionistische Drama keine geringere Aufgabe als die, » [. . .] dem Menschen vorzuführen, wie alle Wirklichkeit nur Schein ist und hinschwindet vor dem wahren menschlichen Dasein.« Die Bühne sollte zu einem Forum der Wandlung des ›alten Menschen‹ und zum Schauplatz der Verkündigung des ›neuen Menschen‹ werden (s. den gleichbetitelten Abschnitt II,2).

Die sprachliche Emphase, der intellektuelle Rigorismus und die durchgängige Subjektivierung der dramatischen Perspektive, die dieser Konzeption entsprachen, trugen den jungen Dramatikern nicht nur den Ruf ein, den »heutigen Sturm und Drang«[5] zu verkörpern. Vor allem die Betonung des Generationskonfliktes machte es den Kritikern leicht, das Ideal des ›neuen Menschen‹, den Veränderungswillen und die Empörergeste voreilig auf pathogene Züge des Jugendalters zurückzuführen (vgl. Dok. 43). Der bewußtseinsgeschichtliche Horizont, aus dem das neue Drama und seine poetologischen Varianten erwuchsen, war damit freilich nicht zu erfassen. Franz Theodor Csokor hat ihn rückblickend skizziert: »Ein Streben nach geistiger Aufklärung der Lebensformen begann, nach neuer Bewertung ihrer Funktionen, nach deren Umdeutung in einem metaphysischen Sinn.«[6] Vom »metaphysischen Drama« spricht denn auch Kurt Pinthus' frühe kritische Analyse der jüngsten Dramatik am Beispiel von Walter Hasenclevers *Der Sohn* (Dok. 178). Ziel sei hier nicht mehr die Objektivität der Realitätsdarstellung, sondern die Vergegenwärtigung geistiger Prozesse durch eine expressive Darstellung des »Innerseelischen«. Zu R. J. Sorges »dramatischer Sendung« *Der Bettler* schrieb Robert Musil in seiner Rezension:

Es ist, als ob um die Logik der Absicht herum die erschaffenen Leidenschaften zu einer allgemeinen Erregtheit würden, die weder dem Dichter noch den Gestalten des Spiels mehr angehört, sondern einer seltsamen Zwischenwelt, voll eines bewegsameren, symbolischeren, etwas an die kaum mehr verständlichen Kurzschlüsse zwischen Gefühl und Ausdruck bei manisch Entrückten erinnernden Zustands des Denkens und Fühlens [. . .] Einem ganzen Stück unmittelbar von daher das Feuer zu holen, ist für mich das Eigentümlichste Sorges. Seine Bühne ist bald Szene, bald Proszenium, bald – Metaszenium. (Mit einer häufig meisterhaften Ausnützung des Sichtbaren für das Unsichtbare). Aber auch innerlich sind seine Auftritte gleichsam in Bildflächen aufgebaut, die ganz verschiedenen Abstand haben. Sie liegen seelisch bald in der gewöhnlichen Bühnenwirklichkeit, bald im Dichter, bald an irgendeinem unbestimmbaren Ort dazwischen. Sie folgen nicht in einem Kausal- oder psychologisch erklärbaren Zusammenhang aufeinander, der stellenweise durch Lyrisches, Geisteigertes, Visionäres unterbrochen oder überhöht wäre, sondern dieses ist legitime Fortsetzung, bis es unvermittelt wieder abgelöst wird. Die Handlung, die wie irgendeine begonnen hat, läuft ein Stückchen, versinkt dolinenhaft und plötzlich fliegt sie eine Strecke über den Köpfen; wenn sie sich dann wieder senkt, ist sie um diese weiter.[7]

Wandlung und Läuterung war die Absicht des expressionistischen »Erkenntnis- und Befreiungsdramas«[8]. »Nicht auf dem Theater wollen wir Handlung, sondern im Leben«, lautete die Devise[9]. In seinem zentralen Manifest zur expressionistischen Lyrodramatik dieses Typs hat Rudolf Kayser (Dok. 182) die wichtigsten Aspekte und Tendenzen erwähnt: den Anthropozentrismus des Dramas, das einen Protagonisten in den Mittelpunkt stellt[10], die Absage an den naturalistischen Bühnenrealismus und die Ablehnung seines Versuchs einer psychologischen Motivation der Figuren mit der »Absicht auf Entrechtung der Wirklichkeit und ihrer Attribute (z. B. Kausalität) und auf Verabsolutierung des Gedankens, des Gefühls, des Schicksals, der Idee.«[11] Die Auflösung der überkommenen Dramenform und die alogische Konstruktion aus Gründen der Typisierung und Abstraktion traten hinzu. So konnte Walter Rheiner behaupten: »es gibt kein expressionistisches Drama, sondern nur ein expressionistisches Schauspiel, d. h. eine Bühnenhandlung, an der die transzendentale Idee durch die auftretenden Objekte [. . .] zu realisieren versucht wird.«[12]

Mit Paul Kornfelds Kommentar zu den szenischen Visionen Oskar Kokoschkas (Dok. 181) kommt ein zweiter Aspekt der expressionistischen Dramenpoetik ins Spiel, der »die alle Realisitik verachtende Kraft [. . .] Wesentliches zu geben, nur Wesentliches, nur die Essenz des Auszusagenden und Darzustellenden«[13] zu archetypischer Gestaltung nutzt. Die konsequente Ausbildung des abstrakten Theaters vollzog sich dann in der Bühnenkunst des *Sturm*-Kreises, dessen Manifeste zur Theorie des Dramas (vgl. Dok. 143) bis hin zum Programm der Kampfbühne Hamburg in *Bühnenwerk, Spielgang und Spiel* [14] die abstrakte oder symbolisch-allegorische Bühnensynthese als Weg zum Gesamtkunstwerk beschworen (s. den Abschnitt »Konvergenz der Künste und das Gesamtkunstwerk«). Schulbildend hatten hier Kandinskys Überlegungen zur *Bühnenkomposition* (vgl. Dok. 142) gewirkt. Indes wurde diese Spielart des expressionistischen Dramas von den Zeitgenossen dem diskursiven Wortdrama nachgeordnet. Adolf Behne meinte zu August Stramms Szenarium *Sancta Susanna* etwa: »Farbe, Form und Klang – sie sind und bleiben Mittel. Sie erhalten ihren Sinn, ihre Reinheit und ihre Spannung erst durch eine bauende geistige Idee [. . .] Wir wollen kein lyrisches Theater, wir wollen ein architektionisches Theater [. . .].«[15] Am ehesten entsprach wohl die Konzeption Georg Kaisers, ›Schaulust‹ in ›Denklust‹ zu verwandeln, diesem Postulat. Er proklamierte sein platonisches Wortdrama (Dok. 180), das ein abstrakt-idealistisches Menschenbild utopischer Art zu transportieren versuchte. In seiner *Gas*-Trilogie aber erscheint die figurative Vision des ›neuen Menschen‹ (vgl. Dok. 37) allerdings bereits als Illusion.

Die antibürgerlichen Affekte und die oppositionellen Denkformen förderten in der Zeit des Expressionismus daneben die theatralische Satirik. Auf ihre sozialtherapeutische und entlarvende Funktion setzte u. a. Carl Sternheim (Dok. 179). In seinen »eiskalten Komödien« sah Julius Bab den »materiellen Expressionisten« am Werk, »der den geistigen Menschen nur als phantastischen Popanz empfindet und darstellt« und daher »überall an die Grenze des Grotesken« gerät.[16]. Ernst Stadler rühmte an Sternheims Zyklus *Aus dem bürgerlichen Heldenleben* die »revolutionäre Geistigkeit« dieser Dramensprache im Gegensatz zur »naturalistischen Geschwätzigkeit«.[17] Iwan Golls Programm des Grotesk-Theaters (Dok. 183) formuliert die Poetik des satirischen Dramas, für das er durch *Methusalem oder Der ewige Bürger* selbst ein Beispiel lieferte.

Die Idee eines politisch-aufklärerischen Theaters reicht weit in den Frühexpressionismus zurück: »Man gründe in Berlin ein Thesenstück-Theater, eine propagandistische Bühne, eine moralische Anstalt [. . .] propagieren wir das Theater radikaler Moralien«, hatte Ferdinand Hardekopf schon 1909 gefordert.[18] Von hier aus führt eine direkte Linie zu Hasenclevers aktivistischer *Forderung einer geistigen Bühne,* einer »Bühne für Kunst, Politik und Philosophie«.[19] Im pathetisch-idealistischen Vorwort zur Uraufführung seines Dramas *Der Sohn* am 30. September 1916 im Prager Deutschen Landestheater heißt es: »Dieses Stück [. . .] hat den Zweck, die Welt zu ändern. Es ist die Darstellung des Kampfes durch die Geburt des Lebens, der Aufruhr des Geistes gegen die Wirklichkeit [. . .]«. Und er fährt fort:

Dieses Drama ist die Menschwerdung. Der Umweg des Geschöpfes, sein Urbild zu erreichen; das Spiel des Sohnes zum Vater, das Vorspiel des Bürgers zum Staat. Nicht die Wahrscheinlichkeit besonderer Charaktere mit der allgemeinen Rechnung ihres Typs: es ist die Welt des Zwanzigjährigen, aus der Seele des Einzigen gesehen. Der Versuch, das Gegenspiel der Figuren in demselben Darsteller zu verkörpern, würde die Einheit des Ganzen erläutern; ein Zuschauer, der, dem Parkett und der Bühne entsagend, außerhalb stände, würde erkennen, daß alles, was hier geschieht, nur verschieden ist als Ausdruck des einen gleichen Gedankens. Wichtiger als dies Bekenntnis eines, wenn man will, expressionistischen Dramas, ist das Manifest, um dessen Willen es auf die Bühne gelangt. Ein Jahr vor dem Ausbruch des Krieges geschrieben, wird es heute zum Alarm an die Menschheit. Der Verfasser weiß, daß wir alle Söhne, daß wir mehr als Söhne: daß wir Brüder sind. Er hat in diesen Akten die Geschichte des Jünglings geschrieben, der von der Freiheit der anderen zu seiner Freiheit gelangt. Vor ihm liegt der Weg des Mannes; der Aufbruch des Gewissens in die Zeit. So darf sich der Dichter erheben in die große, noch ferne, schon politische Tragödie. . .[20]

Ernst Tollers Anmerkungen zu seinem Drama *Die Wandlung* (vgl. Dok. 94) dokumentieren diesen realpolitischen Impuls, die bürgerlichen Verhaltensschemata und die nationalistisch-materialistische Ideologie im Zeichen der aktivistischen Erneuerungsphilosophie zu überwinden. In seiner *Bilanz der jungen Dramatik* sagte Bernhard Diebold über die Affinität zwischen Theater und Politik im Spätexpressionismus:

Die Wollust, zu wirken, zu überzeugen [. . .], wieder ideelle Stoßkraft zu gewinnen, das Suchen nach einem neuen Ausdrucksinhalt schienen in der Ausdrucksform des Expressionismus die korrespondierende Antwort zu finden. Die Intensität seines von aller Psychologie abgezogenen Pathos, die Aggressivität seiner steil aufsteigenden Rhythmen, die Vehemenz seiner leidenschaftlichen Gebärden schienen die Kräfteleiter zu sein, denen man politische Überzeugungen am sichersten anvertrauen konnte. Deshalb war es kein Zufall, daß das aktivistische Drama und das expressionistische Theater in Berlin zugleich durchdrangen: bei der Aufführung von Ernst Tollers Revolutionsschauspiel *Wandlung*, und daß das Urteil von nun an künstlerischen Radikalismus mit dem politischen gleichsetzte. [21]

Hugo Zehder verkündete damals in seiner einflußreichen Theaterzeitschrift *Die neue Schaubühne* den Kommunikationsanspruch des Polit-Dramas und antizipierte damit das »Proletarische Theater«[22] der Weimarer Zeit: »Geist und Politik sind heute keine Gegensätze mehr, beide erstreben die neue Menschengemeinschaft [. . .] Das Theater ist die Tribüne, von der aus die Dichter dieses eine Ziel proklamieren werden.«[23] In der Umbruchsphase 1917–1920 zeigte eine breitere Öffentlichkeit Sinn für die revoltive Botschaft des politischen Bühnen-Expressionismus.

Seine Ausstrahlung war zugleich die Folge einer Innovation des Inszenierungsstils.[24] Hierbei kam das Worttheater der Expressionisten einer erhofften Aufwertung der schauspielerischen Leistung und der Emanzipation der Regie sehr entgegen. Von gesamtkünstlerischen Anstrengungen erwartete Franz Werfel die elementare Katharsis aller: »Das Theater ist der Ort, wo alle einander wechselseitig dienen, Schauspieler, Zuschauer, Licht und Dichter, Musik und Zufall, um besessen das Ganze zu bilden, das wir Wirkung nennen und Effekt.«[25] Noch im Zeichen der Stilkunst um 1900 hatten die Arbeiten von Adolphe Appia (*Die Musik und die Inszenierung* 1899) und Edward Gordon Craig (*Die Kunst des Theaters* 1905) gegen die herrschenden Theaterkonventionen polemisiert und einen artistischen Inszenierungsstil sowie den von Licht, Farbe und Linie strukturierten Bühnenraum entworfen. Ihre Anregungen sind früh von William Wauer (Dok. 185) aufgegriffen und in seiner Interpretation im *Sturm* veröffentlicht worden[26]. Er zog das Fazit: »Eine gründliche Theaterreform wird also heute damit anfangen müssen, die objektivierende ›Guckkastenbühne‹ und die zerstreuende ›Illusionsbühne‹ aus dem Theater wieder zu entfernen.«[27] Dieser ›Entrümpelung‹ der Bühne fiel insbesonders die milieutypische Kulisse zum Opfer. Die neue Bilddramaturgie nutzte statt dessen eindrucksvoll die zeitgenössischen technischen Neuerungen. Mit ihrem exzessiven Gebrauch rechnete Diebold später gründlich ab:

Drehbühne, Symbolgardine und Lichtstrahl wurden die Dramaturgen der neuen Dramatik. Namentlich der Dritte im Bunde, der wahre Luzifer der jungen Anarchisten verführte zu öder Stimmungsmacherei. Die claire-obskure Verdüsterung der Szene wurde Stil und Methode. Der Scheinwerfer erfüllte die Luft mit jenen Stimmungsgasen, von denen die Gewissensgespenster und Symbolschreier Atem und Leben erhielten. Der Raum, der völlig irreale Raum, war für die irrealen, weil nur noch typisch gültigen Ideenträger und Universal-Iche geschaffen.«[28]

Ganz anders hatte Franz Theodor Csokor anläßlich der Inszenierung von Tollers *Wandlung* durch Karl Heinz Martin geurteilt:

Souffleurkasten und Rampenlicht räumte er fort; Strahlen schrägen von der Decke auf die gegen den Zuschauer ausgebuchtete Bühne, deren Bild von äußerster Einfachheit ist: Vor einem dunklen Tuchhintergrund steht ein Wandschirm, der immer nur eine Skizze des jeweiligen Schauplatzes enthält, in ihrer Gestaltung deformiert durch das herrschende Gefühl des Protagonisten in der betreffenden Szene, das auch der ganzen Beleuchtungstechnik gebietet. Eine mit dem Psychischen organisch verknüpfte optische Wirkung tritt an die Stelle der früheren haptischen [. . .] Ein historischer Tag in der Theatergeschichte [. . .].[29]

Die theatralische Programmatik, der es nicht zuletzt um die Mobilisierung der Zuschauer ging, verlangte eine neue Bühnenarchitektur, die sich mit einer Vorbühne in das Publikum schob. Auch für das proletarische Volkstheater (vgl. Dok. 137) war das »Große Schauspielhaus« in Berlin vorbildlich, zu dessen Eröffnung Heinz Herald schrieb:

Der künstlerische Zeitwille drängte zur Errichtung eines neuen Bühnentyps, ebenso wie der soziale Zeitwille zur Schaffung eines neuen Zuschauerhauses trieb, das nicht mehr eine sichtbare Trennung der Klassen durch Rangeinteilung kannte.

Das Große Schauspielhaus wurde errichtet, um diesen beiden Geboten der Stunde, die für das Gefühl aller Beteiligten untrennbar verbunden sind, zu erfüllen. Während die Dekoration hier wirklich nichts mehr als ein abschließender Hintergrund ist, steht der Schauspieler auf weit vorgerückter Bühne zwischen den Menschen – steht nicht mehr vor einer Fläche, sondern im Raum: der Volksgemeinschaft, die ihn umgibt, nahe und innig verbunden.[30]

Die neuen Möglichkeiten der Wort- und Bilddramaturgie begründeten auch den Ruf: »Keiner Kunst ist der Expressionismus gemäßer als der Schauspielkunst [. . .] Expressionismus wird kommen, weil er die Besinnung des Schauspielers auf sich selbst ist und seine größte Möglichkeit.«[31] Paul Kornfeld hat diesen neuen Schauspielertypus in seinem *Nachwort an den Schauspieler* vom Mai 1916 (vgl. Dok. 61) charakterisiert:

[. . .] er sei also nicht Imitator [. . .] er schäme sich nicht, daß er spielt, er verleugne das Theater nicht [. . .] er abstrahiere also von den Attributen der Realität und sei nichts als der Vertreter des Gedankens, Gefühls oder Schicksals! Die Melodie einer großen Geste sagt mehr, als die höchste Vollendung dessen, das man Natürlichkeit nennt, es jemals sagen könnte.[32]

Der bisherigen psychologischen Schauspielkunst wurde damit eine ekstatische konfrontiert.[33] Rollen wie Bitterlich in Kornfelds *Verführung*, der Dichter in Sorges *Bettler*, Hasenclevers *Sohn* oder Hanns Johsts junger Mensch verliehen der Forderung Nachdruck: »Der Schauspieler muß zum Empörer werden!«[34] Für viele große Namen wurde der Weg durch die expressionistische Schauspielkunst (Dok. 186) zur hohen Schule: Ernst Deutsch, Tilla Durieux, Gertrud Eysoldt, Heinrich George, Alexander Granowski, Fritz Kortner, Gerda Müller, Agnes Straub u. v. a.

Mit Max Reinhards Inszenierung von Sorges *Bettler* am 23. Dezember 1917 begann nicht allein die Aufführungsfolge des Berliner Theatervereins *Das junge Deutschland* (vgl. Dok. 23), sondern auch der Siegeszug des Dramen-Expressionismus auf den Bühnen. Zwar hatten in Dresden, Frankfurt, Hamburg, Mannheim, München, Darmstadt und Königsberg bereits Aufführungen der jüngsten Dramatik stattgefunden, doch verband sich jetzt das Prestige des Regie-Potentaten mit dem expressionistischen Drama. Zum Anspruch des Theatervereins äußerte sich der Dramaturg Heinz Herald:

Was wollte das junge Deutschland?

Eine Tribüne sein der jungen Generation, die sich zu regen begann, aber überall auf Widerstand stieß, die verlacht und nicht ernst genommen wurde, gerade weil sie ernst genommen werden wollte, weil sie anders war und sein mußte als die Generation der Väter. Diese junge Generation verlangte herauszukommen aus der Passivität der herrschenden Kunstanschauung, sie verlangte nach Weite, Freiheit, Wirkung. Sie wollte durchgesetzt werden.

Das *Junge Deutschland* hatte nur den Zweck, dieser empordrängenden Generation das Sprungbrett zu sein; keinen andern. Es sollte zeigen, daß mit der Durchsetzung dieser Dichter Ernst gemacht wurde, sollte in das Gehirn, wenn auch eines kleinen Häufleins, das Verständnis für ihre Art, ihren Standpunkt, ihre neue Technik hämmern. Es sollte eine Stätte schaffen, von der aus Strahlen des Erkennens in die Welt gingen. [. . .] Das war der Wille[35]

An Reinhardts Auffassung der Regie als einer autonomen künstlerischen Leistung bildete sich das Programm des expressionistischen Inszenierungsstils:

Ein Stück inszenieren heißt nicht, dem Drama eine zufällige im Guten oder Bösen unbeträchtliche Spielform geben, sondern einen Bund mit dem Dicher schließen, sein eigenes Tiefstes mit dem Tiefsten des Dramas vereinigen, in seiner Brust die Seele des Dichters mit der Seele des Schauspielers verschmelzen, nicht nur eine Vision vom Drama haben, sondern seinen in dieser besonderen Beleuchtung nur dem Regisseur sichtbaren, tiefsten, zentralsten Punkt erkennen und von diesem Punkt aus das Ganze der Aufführung gestalten, so daß alle Linien, von dort ausgehend, auch dorthin wieder zusammenlaufen.[36]

In diesem Sinne wirkten Regisseure wie Herald, Felix Hollaender[37], Karlheinz Martin, Richart Weichert, Leopold Jessner u. a.[38] als »Ensemblekünstler«.[39] Das neue Selbstbewußtsein in der Regieavantgarde tat sich dabei nicht selten mit expressionistischer Pathetik kund: »War die Vorarbeit des Regisseurs (szenischer Einfall und Regiebuch) fast visionäre Eingebung, ähnlich der dichterischen Vision«, schrieb Weichert feierlich, »so ist die weitere Arbeit mit Darsteller und technischen Hilfskräften vor allem Leistung stahlharter Willensenergie; hier muß die Führernatur des Regisseurs triumphieren, hier muß, ich wage das kräftige Wort, dämonisches Hingerissensein spürbar werden [. . .].«[40] Neben solcher Selbsteinschätzung nimmt sich Gustav Hartungs akribe szenische Interpretationsarbeit (Dok. 187) recht bescheiden aus, gibt aber einen guten Einblick in die konkreten Überlegungen des Theaterpraktikers.

Bald nach 1920 geriet der Bühnen-Expressionismus in eine immer deutlicher werdende Krise.[41] Die veränderte Zeitsituation der Weimarer Republik entsprach der utopisch-idealistischen Botschaft des Expressionismus und dem Anspruch des Dramas immer weniger. Nicht nur die theoretischen Grundlagen der Dramenkonzeption hatten an Glaubwürdigkeit verloren (Dok. 184). »Wer glaubt an ein Theaterinstitut, das in der Sonntagsmatinee die Snobs mit neuesten Expressionismen labt; am Sonntagnachmittag das liebe Volk mit Possen amüsiert; am Sonntagabend dem Bourgeois solide Kost aus seelischen Problemen zu bereitet«, fragte die *Neue Rundschau* das *Junge Deutschland*.[42] Franz Werfel parodierte in seinem Zauberspiel *Der Spiegelmensch* die Inflation der Ideologeme des dramatischen Expressionismus als »seelisches Menue«:

[. . .]
Eucharistisch und tomistisch,
Doch daneben auch marxistisch
Theosophisch, kommunistisch,
Gotisch kleinstadt-dombau-mystisch,
Aktivistisch, erzbuddhistisch,
Überöstlich, taoistisch,
Rettung aus der Zeit-Schlamastik
Suchend in der Negerplastik,
Wort und Barrikaden wälzend,
Gott und Foxtrott fesch verschmelzend [. . .][43]

Wohl am radikalsten hat Robert Musil damals die Malaise des Dramen-Expressionismus und das Scheitern seines Versuchs, Ideen in Bewegung zu setzen, diagnostiziert:

Der Expressionismus wurde [. . .] nur in der Form bereichernd, während er im geistigen Wesen banal blieb und nicht über die Evokation ohnedies schon bekannter Ideen hinauskam. Was er mit Vorliebe tut, ist eine Art ›Ideen anbellen‹, denn in der Tat ist die – mit zwei Ausrufungszeichen statt einem Fragezeichen versehene – Anrufung großer Menschheitsideen, wie Leiden, Liebe, Ewigkeit, Güte, Gier, Dirne, Blut, Chaos usw., nicht wertvoller als die lyrische Tätigkeit eines Hundes, der den Mond anbellt, wobei ihm das Gefühl in der Runde antwortet.[44]

In der Tat war der utopische Idealismus des expressionistischen Dramas schnell passé. Mitte der Zwanziger Jahre hatten sich Hasenclever, Kaiser, Kornfeld, Toller, Fritz von Unruh und Werfel längst vom ekstatischen Theater abgewandt. Die satirische Komödie löste das Drama ab, und aktuelle Gesellschaftskritik trat an die Stelle des idealistischen Menschheitsentwurfs.[45] Mit seinem *Baal,* einer Parodie auf Johsts Grabbe-Drama *Der Einsame,* decouvrierte der junge Brecht den weithin solipsistischen Idealismus der Expressionisten. Arnolt Bronnens sensationeller Erfolg mit dem »schwarzen Expressionismus«[46] seines *Vatermord* signalisiert den Umschlag auch der Rezeption gegen den geistigen Impuls des messianischen Expressionismus. Auf diesen Überhang der bloß ideelichen Utopie spielte Brechts Urteil an: »Der Expressionismus der Nachkriegsepoche hatte die Welt als Wille und Vorstellung dargestellt [. . .] Der Expressionismus, der die Ausdrucksmittel des Theaters bereicherte und eine bisher ungenutzte ästhetische Ausbeute brachte, zeigte sich ganz außerstande, die Welt als Objekt menschlicher Praxis zu erklären.«[47]

1 Gustav Wangenheim: *Klassischer Expressionismus. Impressionen eines sozialistischen Realisten.* In: *Das Wort* 3 (1938), S. 81–93. Zit. nach Hans-Jürgen Schmitt (Hg.): *Die Expressionismusdebatte,* S. 104–120, Zitat S. 115.

2 Vgl. bes. Rüdiger Steinlein: *Theaterkritische Rezeption des expressionistischen Dramas. Ästhetische und politische Grundpositionen.* Kronberg/Ts. 1974, S. 24ff.

3 Alfred Kerr: *Dramen-Expressionismus.* In: *Die neue Rundschau* 30 (1919), Bd. 2, S. 1005–1014.

4 Zu Typologie, Poetik und Thematik des expressionistischen Dramas vgl. u. a. Horst Denkler: *Drama des Expressionismus. Programm, Spieltext, Theater.* München 1967; Viktor Zmegac: *Zur Poetik des expressionistischen Dramas.* In: Reinhold Grimm (Hg.): *Deutsche Dramentheorien, Beiträge zu einer historischen Poetik des Dramas in Deutschland.* Bd. 2. Frankfurt a. M. 1968, S. 482–515; Peter Uwe Hohendahl: *Das Bild der bürgerlichen Welt im expressionistischen Drama.* Heidelberg 1967.

5 Alfred Kerr: *Junges Deutschland.* In: *Die neue Rundschau* 29 (1918), Bd. 2, S. 976–983. Zit. nach Paul Raabe (Hg.): *Expressionismus. Der Kampf um eine literarische Bewegung,* S. 121–130, Zitat S. 122.

6 Franz Theodor Csokor: *Die neue dramatische Form. Die Wandlung und ihre Gründe.* In: *Die neue Schaubühne* 3 (1921), H. 2, S. 27.

7 Robert Musil: *Eine dramatische Sendung.* In: *Die neue Rundschau* 24 (1913), Bd. 1, H. 3, S. 127–129, Zitat S. 128.

8 Heinrich Stadelmann-Ringen: *Das neue Drama.* In: *Die Aktion* 7 (1917), Sp. 328–332, Zitat Sp. 329.

9 Heinz Kenter: *Das Theater als Tat.* In: *Die neue Schaubühne* 1 (1919), H. 11, 1. November, S. 333–336, Zitat S. 334.

10 Herbert Kühn: *Das Gegenständliche des expressionistischen Dramas.* In: *Die neue Schaubühne* 1 (1919), H. 7, 1. Juli, S. 204–206, Zitat S. 206.

11 Max Freyhan: *Das Drama der Gegenwart.* – Berlin: E. S. Mittler & Sohn 1922, S. 7.

12 Walter Rheiner: *Expressionismus und Schauspiel.* In: *Die neue Schaubühne* 1 (1919), H. 1, Januar, S. 14–17, Zitat S. 16.

13 Arnold Zweig: *Theater, Drama, Politik.* In: *Der Spiegel.* Beiträge zur sittlichen und künstlerischen Kultur 2 (1921), K. 16/17, 10. Januar, S. 4–9, Zitat S. 7f.
14 In: *Der Sturm* 12 (1921), H. 4, S. 65–68; vgl. außerdem Lothar Schreyer: *Das Bühnenkunstwerk.* In: *Der Sturm* 7(1916/17), H. 5 (August 1916), S. 50–51; *Das Bühnenkunstwerk. Die Wirklichkeit des Geistes.* In: *Der Sturm* 8 (1917/18), H. 2 (Mai 1917), S. 18–22; *Das Bühnenkunstwerk. Die Bühnenkunst im Menschenhaus.* In: ebd. H. 3 (Juni 1917), S. 36–40.
15 Adolf Behne: *Lyrische oder architektonische Bühne?* In: *Die neue Schaubühne* 1 (1919), H. 3, 1. März, S. 77–80, Zitat S. 78f.
16 Julius Bab: *Expressionistisches Drama.* In: *Deutsche Bühne. Jahrbuch der Frankfurter Städtischen Bühnen.* Bd. 1 (Spielzeit 1917/18), Hg. von Georg J. Plotke. – Frankfurt a. M. 1919, S. 107–122, Zitat S. 112f.
17 Ernst Stadler: *Dichtungen.* Hg. von Karl Ludwig Schneider. Bd. 2. Hamburg 1954, S. 34f.
18 Ferdinand Hardekopf: *Das moralische Theater.* In: *Die Schaubühne* 5 (1909), Nr. 45, 4. November, S. 496–498, Zitat S. 496.
19 Walter Hasenclever: *Das Theater von morgen.* I. *Vom Geist des Theaters und seinem Verfall.* In: *Die Schaubühne* 12 (1916), Nr. 19, 11. Mai, S. 453–456; II. *Die Forderung einer geistigen Bühne.* In: ebd., Nr. 20, 18. Mai, S. 474–477; III. *Entstehung.* In: ebd., Nr. 21, 25. Mai, S. 499–501, Zitat S. 477.
20 Walter Hasenclever: *(Vorwort).* Zit. nach W.H.: *Kunst und Definition.* In: *Neue Blätter für Kunst und Dichtung* 1 (1918), Juni-Heft, S. 40.
21 Bernhard Diebold: *Bilanz der jungen Dramatik.* In: *Die neue Rundschau* 34 (1923), Bd. 2, S. 734–754, Zitat S. 736.
22 Vgl. bes. Erwin Piscator: *Über Grundlagen und Aufgaben des proletarischen Theaters.* In: *Der Gegner* 2 (1920/21), H. 4, S. 90–93; Ludwig Rubiner: *Die kulturelle Stellung des Schauspielers.* In: ebd., H. 5, S. 153–159.
23 Hugo Zehder: *Zeit, Theater und Dichter.* In: *Die neue Schaubühne* 1 (1919), H. 1 (Januar), S. 1–3, Zitat S. 3.
24 Vgl. die Dokumentation von Günther Rühle (Hg.): *Theater für die Republik 1917–1933. Im Spiegel der Kritik.* Frankfurt a. M. 1967.
25 Franz Werfel: *Die Bühne von Hellerau.* In: *Die neue Rundschau* 24 (1913), Bd. 2, S. 1623–1624, Zitat S. 1623.
26 Vgl. außer dem abgedr. Dokument die Kapitel *Theatertechnisches.* In: *Der Sturm* 2 (1911/12), Nr. 70 (Juli 1911), S. 558–559 u. *Theaterkunst.* In: ebd., Nr. 76 (September 1911), S. 605.
27 William Wauer: *Theater als Kunstwerk.* – Berlin: Verlag Der Sturm [1923], S. 14f.
28 Bernhard Diebold: *Anarchie im Drama.* – Frankfurt am. M.: Frankfurter Verlagsanstalt 1921, S. 449.
29 Franz Theodor Csokor: *Der Expressionismus als Regieproblem.* In: *Die Deutsche Bühne* 12 (1920), H. 10, 1. März, S. 195–197, Zitat S. 196.
30 Heinz Herald: *Zur Eröffnung des Großen Schauspielhauses.* In: *Das junge Deutschland* 2 (1918), Nr. 8, S. 288.
31 Walter von Hollander: *Expressionismus des Schauspielers.* In: *Die neue Rundschau* 28 (1917), Bd. 1, S. 575–576, Zitat S. 575f.
32 Paul Kornfeld: *Nachwort an den Schauspieler. In: Die Verführung. Eine Tragödie in fünf Akten.* – Berlin: S. Fischer Verlag 1916, S. 201–204, Zitat S. 202 u. S. 204.
33 Vgl. u. a. Hermann Kasack: *Der Schauspieler.* In: *Die Neue Bühne. Eine Forderung.* Hg. von Hugo Zehder. – Dresden: Rudolf Kaemmerer Verlag 1920, S. 28–35; Friedrich Siegburg: *Der bürgerliche Schauspieler und sein Weg.* In: ebd., S. 41–44.
34 Erich Trummler: *Der Schauspieler als Empörer.* In: *Das Programm. Blätter der Münchener Kammerspiele* 4 (1917/18), Nr. 19 (Dezember 1917 – Januar 1918), S. 7–9, Zitat S. 8.
35 Heinz Herald: *Das junge Deutschland. Erstes Jahr.* In: *Das junge Deutschland* 1 (1918), H. 6, S. 193–194, Zitat S. 193.
36 Heinz Herald: *Das Entstehen einer Inszenierung.* In: *Reinhardt und seine Bühne.* Hg. von Ernst Stern u. H. H. Einleitung von Hugo von Hofmannsthal. Bilder von der Arbeit des Deutschen Theaters. – Berlin: Dr. Eyster & Co GmbH 1918, S. 9–34, Zitat S. 33f.
37 Vgl. u. a. Felix Hollaender: *Das junge Deutschland und R. J. Sorge.* In: *Das junge Deutschland* 1

(1918), H. 1, S. 18–21 u. F. H.: *Zu Kaisers ›Von morgens bis mitternachts‹.* In: *Das junge Deutschland* 2 (1919), Nr. 1, S. 25–26.
38 Erste Porträts der Regiekünstler gab Herbert Ihering: *Regisseure und Bühnemaler.* Mit Zeichnungen von Ludwig Meidner. – Berlin-Wilmersdorf: Bibliophiler Verlag O. Goldschmidt-Gabrielli 1921.
39 Vgl. Berthold Viertel: *Vom Regisseur aus gesehen.* In: *Die Neue Bühne. Eine Forderung,* S. 54–54.
40 Richart Weichert: *Die Arbeit des Regisseurs.* In: *Der Spiegel* 2 (1921), H. 16/17, 10. Januar, S. 21–24, Zitat S. 23.
41 Vgl. den Sammelband von Max Krell (Hg.): *Das Theater der Gegenwart.* Mit 21 Porträts und 12 Bühnenbildern. – München u. Leipzig: Rösl & Cie. 1923.
42 Bernhard Diebold: *Bilanz der jungen Dramatik,* S. 736.
43 Franz Werfel: *Der Spiegelmensch. Magische Trilogie.* München: Kurt Wolff 1920, S. 130.
44 Robert Musil: *Symptomen-Theater* I (Juni 1922). Zit. nach: *Gesammelte Werke.* Hg. von Adolf Frisé, Bd. 8: *Essays und Reden.* Reinbek b. Hamburg 1978, S. 1094–1103, Zitat S. 1097.
45 Vgl. die Darstellung von Hans-Jürgen Knobloch: *Das Ende des Expressionismus. Von der Tragödie zur Komödie.* Bern, Frankfurt a. M. 1975.
46 Vgl. Günther Rühle: *Einleitung.* In: G. R. (Hg.): *Zeit und Theater 1913–1925.* Bd. 1: *Vom Kaiserreich zur Republik.* Frankfurt a. M., Berlin, Wien 1973, S. 56ff.
47 Bertolt Brecht: *Über experimentelles Theater* (1930). In: *Gesammelte Werke. Schriften zum Theater* Bd. 3. Frankfurt a. M. 1963, S. 89.

178
Kurt Pinthus: *Versuch eines zukünftigen Dramas.* In: *Die Schaubühne* 10 (1914), Nr. 14, 2. April, S. 391–394.

Ein junger Mensch, magern Gesichts, glühenden Auges, las vor kurzem in Berlin ein Drama *Der Sohn* [1] vor, über das einiges Klärende, Proklamatorische gesagt werden muß. Zwar alle, die das Stück Walter Hasenclevers hörten, anerkannten den seelischen Furor, aus dem es sich gebar, die lyrische Beschwingtheit, die jeden Satz auf funkelnden Wolken schweben ließ, das Menschliche, das quellend zum Licht schrie. Nicht aber erkannte man das Wesentliche dieses jugendlich-lodernden Werkes. Denn *Der Sohn* muß als das erste Drama erachtet werden, welches auf dramatischem Gefilde zu dem von der neuesten Malerei und auch der Musik bereits erstrebten Ziel hinwill. Da man diese Bestrebungen: Seelischstes, Innerstes, Ewigstes mit Wut, Glut und Furioso herauszugestalten, mit dem allzu uniformen Wort ›Expressionismus‹ bedacht hat, so wäre also hier der Versuch eines expressionistischen, exhibitiven – kühne Jünglinge werden sogar sagen: metaphysischen – Dramas nachzuweisen.

Unreif, meinten die Einen, sei das Stück, weil es die tausendfach abgehandelte Pubertätsrevolte des Sohnes gegen den harten, verständnisfernen Vater mit jünglingshafter Parteilichkeit abermals aufrolle. Undramatisch nannten es die Anderen, denn wo sei hier die aufsteigende und abfallende Handlung? Der Konflikt entwickle sich nicht, sondern sei von der ersten Szene bis zur letzten drohend vorhanden, ohne geknüpft, ohne gelöst zu werden. Auch unorganisch sei es, da die Darsteller bald realistische Menschen, bald abstrahierte Typen seien, jetzt in rasender Dialektik diskutierten, dann in lyrisierenden Monologen einherschwelgten. Gar zum Verbrechen aufreizend, deshalb verbietenswert – als Predigt und Fanfare für die Söhne, alle obstinaten Väter niederzuknallen. Und alle meinten, kein Theater könne wagen, ein Stück aufzuführen, das nichts zeige als zwei erste Akte, worin ein durchgefallener Sohn mit dem Hauslehrer, dem Freund, dem Fräulein, dem Vater diskutiert; einen dritten wedekindlichen Akt, an dessen Schluß der vom Freund zur Flucht verführte Sohn vor kuriosen Jünglingen halbüberirdisch den Kampf gegen die Väter predigt; und einen vierten und fünften, worin, abermals vom Freund verführt, der zwangsweise Zurückgebrachte den Revolver gegen den Vater schwingt. Und selbst die zwei großen Effekte enttäuschen: denn die Rede an die Jünglinge geschieht hinter der Szene (teichoskopisch nur erleben wir sie mit), und der Vater wird nicht niedergeknallt, sondern stürzt (vielleicht eine Konzession an überempfindliche Nerven) vom Schlage getroffen in den Orkus.

Warum also will ich über ein Stück sprechen, von dem ich selbst sage, daß es kein Theaterstück (nach bisheriger Meinung) ist? Ich antworte mit einer Frage: Ist es möglich, daß ein Begabter wie Hasenclever überhaupt – wenn er sich vornimmt, ein Theaterstück zu schreiben – ein so schlechtes zusammenbrächte? Nein, Hasenclever hat hier, halb intuitiv, halb bewußt, zum ersten Mal das versucht, worauf hunderte von Jünglingen, müde des impressionistischen Realismus, des mathematisierenden Neuklassizismus, der gegenwartsfremden Neuromantik, wissend warten: er hat ein Drama versucht, das geformtes Urgefühl ist, das von Realität überschwellend über, hinter der Realität eine immanente Tragik entfaltet. Ein Stück, das uns alle angeht, denn sein aus unausgesprochenen Tiefen aufgeschleudertes Pathos, seine spielerisch grausame Dialektik wühlt uns mehr auf als mathematisch gegeneinanderbewegte, einzeln sorgfältig ausgeführte Figuren, die in einem getüftelten Konflikt zerrieben werden.

Ein Einwand erhebt sich alsbald: Weshalb hierfür die dramatische, nicht die lyrische oder epische Form? Weil für das Epos hier das kontinuierliche Geschehen fehlt; weil im Epos das notwendige Pathos falsch und exaltiert wirken müßte; weil keine lyrische Form die Intensität dieses Gefühls einspannen könnte, sondern zersprengt werden müßte. Denn der Inhalt des Stückes ist nicht das Handeln, sondern das Fühlen des Sohnes; dieser Sohn ist alle Söhne unsrer Zeit (und vergangener Zeiten), er ist der Sohn, als den wir beglückt und gequält im Traum uns fühlen. Der Sohn ist im Stück ganz und gar das Wesentliche; zu ihm, nur zu ihm strahlt alles; alles, was andre tun und sprechen, geschieht mit Rücksicht auf ihn allein.

Es müssen also Ältere gewarnt werden, ein Stück schnell abzutun, weil sie es mit Augen sehen, die an andere Optik gewöhnt sind. Shakespeare rollt Panoramen ab mit Explosionen, Idyllen, Scherzos. Ibsen nah vor dem Auge seziert unter dem Mikroskop zerwühlend, ergreifend Seelen. Eulenberg [2], Wedekind [3], Sternheim, jeder auf seine Weise, schoben die Figuren schon wieder zurück in fernere Sehweite, sodaß nicht mehr das realitätsgeschulte Auge ausreicht. In Hasenclevers Stück nun ist die Perspektive durchaus vom Sohne aus genommen. So müssen wir die Personen sehen, nicht nach bisherigem Brauch, vom Dichter objektiv umrissen, sondern so, wie der Sohn sie sieht. Also dieser Vater ist kein besonderer, differenzierter, einmaliger Vater, auch kein abstrahierter Typus, sondern ein Vater, wie jeder reifende Sohn ihn grobumrissen, simpel-hart-erzieherisch auf seine Macht pochend, stets das Stichwort zum Widerspruch gebend, zu sehen glaubt. Ebenso der Freund: der lockende, schnell paradox Urteile fixierende, verführende, selbst unfertige Freund, eine seelische Hebamme, ein bürgerlicher Mephisto – dergestalt gesehen, wie das wirkende Wesen des Freundes dem Sohne sich offenbart. Drittens das Gouvernanten-Fräulein: bisher ist es vom Sohn gar nicht als existent empfunden, nicht beachtet – plötzlich aber wird es Engel von fremdem Stern, das Blondbeglückende, erotisch Erlösende, beseligt Geliebte, und doch das schnell Überwundene, dann Belanglose.

Man ahnt jetzt, weshalb dies Stück trotz der Gegenwart, trotz der Realität unrealistisch, überirdisch wirkt: weil nicht die Realität abgespiegelt, nachgeformt wird, sondern das Abbild der Realität im Geiste des Sohnes. Also etwas an sich schon Geistiges. Das Grundgefühl des Sohnes, der, reifend, aus dem Zwang des Elternhauses in die Welt begehrt, ist aber ferner an sich schon so durchaus mit Tragik angefüllt, daß kein Konflikt mehr konstruiert zu werden braucht. In diesem Sohn ist alle Tragik der Welt latent vorhanden, und er explodiert, sobald er mit irgendwem, gleichviel ob Freund, Vater, Fräulein, Hure, andern Jünglingen zusammenprallt. Diese Explosion der Seele erblicken wir unmittelbar; ihre Folge zeigt uns die Evolution einer Jünglingsseele in drei Tagen vom Weltentfernten, Geleiteten, Glühenden bis zum Selbständigen, Kalten, Einsamen, den alle Himmel und Höllen des Daseins hartgebrannt haben zur Tat. Die Ursachen und Folgen dieser Evolution sind unwichtig; aber der Ausdruck der evolutionierten Seele springt, schreit, singt unmittelbar, nackt, direkt hervor (in pathetischen Monologen, dialektischen Dialogen), sodaß die rasende Abrollung dieser Evolution auf andre Jüngere wie Revolution wirken muß.

Nochmals: die Kunst eines solchen Dramas besteht nicht in der Fixierung der Handlungs-Linie, nicht in der Bewegung ausgeführter Charaktere, sondern in der eindringlichsten Formung der Expression einer tragisch geschwollenen Seele, nicht in der Intensität der Impression, sondern in der Intensität der Expression. Kein Sohn wird in Wirklichkeit so sprechen wie dieser Sohn; aber in jedes Menschensohnes Seele wird in jeglicher Situation all das mehr oder weniger unbewußt vorgehen, was dieser Sohn jedesmal, bei jedem Evenement lyrisch-pathetisch oder dialektisch ausspricht – ob er gegen den Vater aufschreit; ob er vor dem Selbstmord zurückschrickt, in der Erkenntnis: »Ich bin bei Euch – so will ich mit Euch leben«; ob er zum ersten Mal in die Welt tritt, vom Freund fest hypnotisch geleitet, sofort seinen Schmerz vor hundert Anderen exhibierend; oder ob er kalt und fest an der Seite des Vaters steht, den er nicht mehr liebt. Oft steigen dazwischen bisher ungeformte Erkenntnisse auf, sodaß selbst die erfahrene Hure, die erst über den Naiven lacht, zurückschrickt und spricht: »Aber Bubi, wer wird schon von so etwas reden – in deinem Alter!«

Der junge Schiller würde Hasenclever, dem ein gleiches Pathos aus erschütterter Seele quillt, begeistert umarmen; der Büchner des *Wozzek* [4] könnte einen Feineren, Kultivierteren hier als Bruder erkennen; Aristoteles und Lessing würden Furcht und Mitleid empfinden wie vor ihren Musterstücken; und selbst Zwecksuchende in der Kunst werden wie eine Fanfare das Ethos hören: »Unsre Söhne verlangen, daß wir ihnen helfen« (so spricht der Polizeikommissar), ohne den doch ein Tendenzstück erschiene.

All dies schreibe ich nicht hin, um über ein Drama Lobhudelndes zu sagen. Sondern einiges Klärende, Deutende, Warnende muß (aus einem größern Zusammenhange) ausgesprochen werden, weil im Versuch dieses Stückes ein tatsächliches Exempel schon entstanden ist zu dem, was seit einiger Zeit im Kopfe mancher Jüngerer programmatisch und gehofft vorhanden war. Denn wir Jüngeren wissen: durch die Technik haben wir Macht über die Wirklichkeit erhalten

– jetzt gilt es, die Realität durch den Geist nochmals zu überwinden. Dies geschieht nicht dadurch, daß wir sie abmalen, sondern der Geist muß die Irdischkeit aufsaugen, auflösen, und sie in eine neue überirdische Wirklichkeit (in der der Geist leben kann) zur Kunst formen.

Im Gegensatz zu der enthusiastischen Kritik von Kurt Pinthus stand, was ein Rezensent in der »Zeitschrift der Jugend« gegen das Drama vorbrachte. (H. K.: *Zu Hasenclevers Vorlesung seines Revolutionsdramas ›Der Sohn‹*. In: *Der Anfang* 1. Jg. (1913/14), H. 12, (April 1914), S. 383:
Hasenclever will den Konflikt zwischen Vater und Sohn gestalten. Er gibt den Sohn: den jungen Menschen, der das Leben fassen will, lebenssehnsüchtig und -brünstig. Er gibt den Vater: nur in seiner bornierten Zufälligkeit. Und wenn alle Väter dies täten: ihren Jungen bis zu seinem zwanzigsten Jahre im Zimmer festhalten, ihm die »Pflichten« einpeitschen, ihn in Ketten zurückholen lassen, wenn der Junge sich frei gemacht hat – wenn alle Väter dies täten, und man gäbe sie nur in dieser ihrer Scheußlichkeit, unverstehend wie Hasenclever, so würde solch ein Drama keine Weg-Weisung und auch keine Befreiung sein. Wir erwarten einen Dichter, der den Vater in seiner Wesenhaftigkeit erfaßt, bei dem das, was Hasenclever mit dem Blick des Sklaven alles zusammengerafft hat, fast nur zur zufälligen Erscheinungsform wird, der den Vater als notwendig entgegengesetzes Prinzip gestaltet.

1 Walter Hasenclever: *Der Sohn.* Ein Drama in fünf Akten. – Leipzig: Kurt Wolff 1914; Uraufführung: Deutsches Landestheater Prag, Kammerspiele, am 30. September 1916; Deutsche Erstaufführung: Albert-Theater Dresden, 8. Oktober 1916 (einmalige Matinee); die Lesung, auf die sich die Rezension bezieht, fand Mitte Februar 1914 in Kurt Hillers Kabarett »Gnu« statt.
2 Herbert Eulenberg (1876–1949), neuromantischer Dramatiker, als Kritiker Verbindungen zum Frühexpressionismus.
3 Vgl. dazu Robert Baruch: *Georg Büchner and Frank Wedekind – precursors of German expressionism.* University of Minnesota. Phil. Diss. 1971.
4 *Wozzek. Ein Trauerspielfragment.* In: *Sämtliche Werke und handschriftlicher Nachlaß.* Erste kritische Gesamtausgabe. Hrsg. von Karl Emil Franzos. – Frankfurt a. M.: Sauerländer 1879; die Bedeutung Georg Büchners (1813–1837) wurde erst von den Naturalisten und den Expressionisten erkannt. Der *Woyzeck* erlebte am 8. November 1913 im Münchener Residenztheater seine Uraufführung.

179
Carl Sternheim: *Gedanken über das Wesen des Dramas.* In: *Die Argonauten* 1 (1914), Nr. 5, S. 238–239.

Über dem Werk des Dichters, über dem des Dramatikers, da er sich seiner größten Stoßkraft bewußt ist, insbesondere, steht Verantwortung. Da sein Urteil aus seiner Sichtbarkeit von der Szene unmittelbar und weithin wirkt, muß es, in hundert Gewissen gewogen, alle Eigenschaften eines göttlichen, für das Wohl der Menschheit gewollten Machtspruchs haben.

Der Dichter folgt keiner Neigung. Sucht ihn der Held, die liebenswürdigste Heldin seines Spiels zu irgendeinem Schritt zu überreden, hört er von ihren Lockungen fort auf den Ruf der Stimme, die, nicht immer leicht hörbar, ihm die himmlischen Ratschlüsse mitteilt. Mit der Erkenntnis des Schaffenden, an irgendeiner Stelle irdischer Werteordnung ist ein Schaden sichtbar klaffend geworden, setzt mit empörter und eifernder Liebe die Arbeit ein, hierhin die allgemeine Aufmerksamkeit zu rufen und aus den in der Dichtung gegebenen Aufschlüssen im Sinne neuer Erkenntnis Heilung zu schaffen.

Der dramatische Dichter ist der Arzt am Leibe seiner Zeit. Alle Eigenschaften des idealen Menschen blank und strahlend zu erhalten, ist ihm unabweisbar Pflicht.

Zur Erreichung seines hohen Ziels bedient er sich, wie der medizinische Helfer der allopathischen oder homöopathischen Methode. Er kann den Finger auf die kranke Stelle des Menschtums legen und den erkennenden Helden eine dagegen mit Einsetzung seines Lebens eifernde Kampfstellung einnehmen lassen (Wesen der Tragödie), oder er kann die moribunde Eigenschaft in den Helden selbst senken und ihn mit fanatischer Eigenschaft von ihr besessen sein lassen (Wesen der Komödie). In der Tragödie wird die Welt um den Helden, als das Übel verkennend, tragisch wirken, in der Komödie aus gleichem Grund der Held selbst. Der Eindruck auf den Zuschauer ist in beiden Fällen der gleiche: Hinabschauend in den Abgrund, sah er das verzweifelte Ringen zwischen dem Göttlichen und dem sich der Erkenntnis verschließenden Menschen und bleibt erschüttert und erleuchtet.

Diese allgemein auf die Rolle des Dramatikers bezogene Reflexion hat Sternheim später in veränderter Form in den Schluß des Essays über *Molière* eingearbeitet (zuerst in: *Berliner Tageblatt.* Nr. 189, vom 14. April 1917). Siehe C. St.: *Prosa.* – Berlin-Wilmersdorf: Verlag der Wochenschrift Die Aktion (Franz Pfemfert) 1918, (*Der rote Hahn,* Bd. 12), S. 15–18. Der Schluß lautet dort: »Der Eindruck ist in beiden Fällen der gleiche: ihn überwältigt zum Schluß die Sehnsucht nach einem schönen Maß, das der Bühnenheld nicht hatte, zu dem er selbst aber durch des Dichters Aufklärung nunmehr leidenschaftlich gewillt ist.« Anläßlich der Uraufführung des »bürgerlichen Lustspiels« *Die Hose* u. d. T. *Der Riese* am 15. Februar 1911 in den Berliner Kammerspielen hatte Franz Blei als erster Sternheims Komödien mit denen Molières verglichen (vgl. F. B.: *Sternheim.* In: *Pan* 1. Jg. (1910/11), Nr. 8, 16. Februar 1911, S. 275 ff.).

180
Georg Kaiser: *Das Drama Platons.* In: *Das Programm. Blätter der Münchener Kammerspiele* 3 (1917), Nr. 14, April–Mai, S. 6–7.

Für die Würde seines Ausdrucksmittels sucht der Dramatiker in strenger Prüfung nach wichtiger Bestätigung. Zwingt er in die Dramaform seine Erkenntnisse und Erschütterungen? Läßt die Drängung zu Akten genügend Raum? Sind Auftritt, Erscheinung, Figur tiefe Gefäße jedem Inhalt? Ist Schauspiel fassende Hülse ohne Verlust?

Rechtfertigung seiner Werkbildung erlangen, will der Dramatiker. Dünnes und dummes Spiel entstellt oft die täglichen Theater. In dies Theater geht der Dramatiker mit Zögern – und dennoch zieht es ihn mit unduldsamer Forderung hin. Seine Scham ist nur flüchtig – und aufzitternd sieht er schon sein Werk scharf im Bühnenbild. Sein Widerstand ist vergeblich – Erkenntnis wird Erscheinung – und von der Erscheinung getragen überhöht sich seine Erkenntnis. Das Drama schenkt ihm die letzte Anschauung. An Figuren schießt der Gedanken zu größter Möglichkeit auf.

Ein Irrtum ist nicht mehr fürchterlich. Das Drama Platons legt Zeugnis ab. Es ist über allen Dramen. Rede stachelt Widerrede – neue Funde reizt jeder Satz – das Ja überspringt sein Nein zu vollerem Ja – die Steigerung ist von maßlosem Schwung – und auf den Schlüssen bläht sich geformter Geist wie die Hände Gottes über seiner Weltschöpfung.

Befriedigt wird die Schaulust – sich befriedigt Platon sein Vergnügen am Schauspiel: ins *Gastmahl* [1] tritt Alkibiades, auf die Flötenspielerin gestützt, Veilchen und Epheu im Haar, angetrunken, Sokrates an der Tafel.

Wann schaute ein Dramatiker eine kühnere Konfrontierung an als Sokrates und Alkibiades? Wo erfand noch einer dies Ja und Nein seinem Drama? Maßlos groß ist der Anblick. Zuerst war dieser sicherlich. Die Kontrastierung wurde aufrüttelnd schöpferisch – entriß dem Denkenden die Form zur Denkbarkeit seiner profunden Weisheit. Es entsteht kein Buch – es wird Bühne. Es wird immer vollkommener mit neuer Schöpfung. Jede Begegnung von Figuren wird Anlaß – bis nur noch aus Begegnungen Gedanken entstehen.

Die Plastik der Szene ist fabelhaft geworden. *Phaidon.* [2] Das Gefängniß um Sokrates. Sokrates von den Freunden umstellt. In wehem Abschied vom Weibe. Von den Kindern. Begrüßungen schwellen rasch zu Letztes entdeutenden Gesprächen an. Werden und Tod ist darin – von Figuren erjauchzt und erlitten. Das Wort ist das Kleid der Figur – ohne sie bleibt es unauffindbar. Die Szene besteht.

Für die Würde seines Ausdrucksmittels sucht der Dramatiker in strenger Prüfung nach wichtiger Bestätigung. Jetzt entdeckte er sich die Notwendigkeit der Dramaform. Mit festem Finger zeigt er auf Platon. Hier ist Aufruf und Verheißung von allem Anfang schon geschehen. Das Gebiet weitet sich in grenzenlosen Bezirk. Da befriedigt Schauspiel tiefere Begierde: ins Denk-Spiel sind wir eingezogen und bereits erzogen aus karger Schau-Lust zu glückvoller Denk-Lust.

Kaisers dramentheoretisches Statement wurde mehrfach publiziert. So u. a. in: *Masken* 14. Jg. (1918), Nr. 7, S. 97–98 und in: *Romantik* 2. Jg. (1919/20), H. 6, (August 1920), S. 5–6.

1 Vgl. dazu Georg Kaiser: *Der gerettete Alkibiades. Stück in drei Teilen.* – Potsdam: Kiepenheuer (1920).
2 Gemeint sind die Dialoge *Symposion* und *Phaidon* des antiken Philosophen. Vgl. Platon: *Meisterdialoge. Phaidon, Symposion, Phaidros.* Eingel. von Olof Gigon. Übertr. von Rudolf Rufener. – Zürich u. München 1958.

181
Paul Kornfeld: *Kokoschka.* In: (Programm zur Uraufführung der Einakter *Mörder, Hoffnung der Frauen, Hiob und Der brennende Dornbusch;* am 3. Juni 1917 im Albert-Theater Dresden), o. S.

Der Schriftsteller lebt davon, daß er die Sprache beherrscht, der Dichter, der Künstler lebt, indem er die Welt nicht versteht und sie zu erraten sucht. Wie sein Kampf um die Welt sich äußert, ist eine sekundäre Frage, eine Frage des Talentes. Es gibt große Seelen, deren Äußerungsmöglichkeiten beschränkt sind, wie Strindberg ja ein Genie, aber kein Talent war. – Fragt man: »Warum schreibt der Maler Kokoschka Dramen, statt nur Bilder zu malen?« – so erwidere ich mit der Gegenfrage: »Warum komponiert er nicht auch Symphonien, Opern, Lieder, warum ist er nicht auch Bildhauer? Ist nicht die Tatsache wunderbarer, daß einer Persönlichkeit nur die Mittel fehlen, sich auf alle Arten zu manifestieren, als der Zufall, daß sich in einem Menschen zwei Talente begegnen?« Wir wollen diesen Zufall nicht zu wichtig nehmen. Ein Drama Kokoschkas ist nur eine Variation seiner Bilder, und umgekehrt. Ton und Melodie, Rhythmus und Geste seiner Worte sind parallel jener seiner Bilder. Dem Chaos der Welt gegenübergestellt sieht er es an, als wäre er der erste Mensch, und als wäre er der erste Künstler, erfindet er einfältig hier wie dort Technik und Stil. Die Menschen seiner Dramen sind groß und einfach, wie der Koloß eines Berges und so sehr Natur, wie eine Landschaft.

Ibsens [1] Menschen sind ungewaltig genug, um psychologisch gestützt werden zu müssen, um des psychologischen Beweises zu bedürfen, daß solche Menschen – nicht der Tatsächlichkeit, sondern der Wahrheit nach – möglich sind. Strindberg bedarf der Hysterie seiner Gestalten, damit sie Ausdruck finden für ihr Leiden, für ihre reine oder schwarze Seele. Kokoschkas Menschen sind da, sind unmittelbar, vorbehaltlos, bedingungslos da als elementares Ereignis, sind Urmenschen, wie die Stoffe dieser drei Dramen Urprobleme der Menschheit sind.

Mörder, Hoffnung der Frauen [2] in konzentriertester Form der erotische Kampf zwischen Mann und Frau, die brutale Kraft des Mannes vor der sexuellen Überlegenheit der Frau, und am Ende doch der Sieg des geistigeren Mannes.

Hiob [3] das absolute Zerstörtwerden des geistigen und ethischen Mannes durch das ungeistige und unethische, aber ganz weibliche Weib, durch seine erotische Domination.

Der brennende Dornbusch [4] die lyrische, rein dichtungsmäßige Gestaltung der sexuellen Sehnsucht, des Sich-findens und Sich-abstoßens, des Leidens und der Versöhnung durch den Geist. Kokoschkas Menschen äußern sich nicht allein durchs Wort, sondern vornehmlich durch Geste und Bewegung; denn das Wort sagt den Inhalt des zu Sagenden, die Bewegung sagt seinen Geist, wie in der Oper Melodie und Ton vom Ewigen singt, das Wort nur von seinem Schatten: dem Ereignis und dem irdischen Menschen. Wir ahnen eine neue Stilmöglichkeit, vielleicht eine neue Kunstform, die eben jener der Oper am nächsten käme: die vom Wort gestützte Pantomime. Nicht nur um der Persönlichkeit Kokoschkas willen, um dieser Ahnung willen auch, seien diese Dramen vorgeführt, nicht nur dem Publikum, auch den Schaffenden unserer Zeit, in denen das Erlebnis dieser Werke vielleicht Samen werden und Wurzeln schlagen wird.

1 Henrik Ibsen (1828–1906), norwegischer Dramatiker, neben Emile Zola das wichtigste Vorbild für den deutschen Naturalismus. Zur Ibsen-Rezeption vgl. David E. R. George: *Henrik Ibsen in Deutschland. Rezeption und Revision.* – Göttingen 1968.

2 Oskar Kokoschka: *Mörder, Hoffnung der Frauen.* Zuerst ersch. in: *Der Sturm* 1, Jg. (1910/11), Nr. vom 14. Juli 1910. Buchausgabe: Berlin: Verlag Der Sturm 1916. Das 1907 entstandene Stück wurde im Gartentheater der Wiener Kunstschau im Frühjahr 1908 uraufgeführt. Oskar Kokoschka: *Dramen und Bilder.* Einleitung von P. Stefan. – Leipzig: Kurt Wolff 1913.

3 *Hiob.* Zuerst in: *Dramen und Bilder.* Buchausgabe: *Hiob. Ein Drama.* – Berlin: Paul Cassirer 1917.

4 *Der brennende Dornbusch.* Zuerst in: *Dramen und Bilder.* Buchausgabe: *Der brennende Dornbusch. Mörder, Hoffnung der Frauen.* – Leipzig: Kurt Wolff 1917 (*Der jüngste Tag*, Bd. 41).

182
Rudolf Kayser: *Das neue Drama.* In: *Das junge Deutschland* 1 (1918), Nr. 5, 138–141.

Das neue Drama ist Leidenschaft und Erkenntnis, Erlebnis und Sachlichkeit, Lyrik und Epik zugleich. Es stürzt hervor aus dem Ich, bekennt und nimmt Partei. Hier sind nicht mehr die geschlossenen Räume und Menschen, bei denen jeder Einblick nur Neugierde scheint. Die Welt ist weder abgeschrieben noch »gestaltet«, sondern aus starker Innerlichkeit geschaffen. Deshalb bedarf der neue Dramatiker auch nicht der alten Methoden, Handlungen zu erfinden und Menschen durch Kausalität begreiflich zu machen. Er braucht nicht die Motivierungen durch Psychologie. Denn sein Drama vollzieht sich nicht zwischen den durch soziale Instinkte verbundenen Gestalten, sondern im Dichter selbst. Er äußert sich (im eigentlichen Sinne des Worts), gibt seiner Leidenschaft ein Objekt, seinem Erlebnis die Legende.

Deshalb kann das Drama auch nicht mehr einen beliebigen Einzelfall behandeln, wie es etwa Shakespeare tut, der aus barbarischer Vitalität jede Lebensäußerung bejaht. Die Leidenschaft der neuen Dichter gipfelt im Geist; ihre Vitalität ist Produktion. Sie durchbricht alle Hindernisse der Empirie, jagt los auf das Ziel: die Idee. Geistiges Geschehen aber kann nicht individual, nur durch »Charaktere« bestimmt, bleiben; dann ist es nur Reflex. Es muß typisch und postulativ werden, zu einer platonischen Idee emporschnellend. Es stammt so sehr aus persönlichem Erleben, daß es notwendig über sich hinausstrebt: in den Geltungsbereich der Ideen; in sachliche Allgemeinheit; in Gebote und Forderungen. Jede Vereinzelung der Menschen und des Lebens, dargestellt durch Handlung und Psychologie, wirft den Dichter in den Abgrund seiner Gefühle zurück; seine Leidenschaft bleibt unerlöst. Aber die Befreiung des Dichters, seine Gipfelung in die Idee, die entfaltete Fahne des Propheten ist das einzige Schicksal, das zur Verhandlung steht. In den Ereignissen und Personen des Dramas vollzieht es sich weltlich. Da diese Welt ganz ichbezogen ist, noch im letzten Winkel vom Dichter durchglüht, erträgt sie auf ihrer Oberfläche keine Kolonisation fremder Mächte. Sie ist des Dichters Ver-Dichtung zu Sachlichkeit und Epik, die Konzentration der Welt in einem hirnlichen Herzen.

Die Gestalten sind alles andere als blutleere Träger von Ideen; sie demonstrieren nicht kalt und überlegt, sondern durch ihr glühendes Leben; doch sie sind Typen: Körperlichkeit nicht aus Zufall, sondern nach dem Gebot der Idee. Ihre Individualität kommt logisch nach ihrer Typik. So erscheinen sie fast als Marionetten, da sie alle von der Leidenschaft des Dichters durchströmt sind (auch wenn sie negative Vorzeichen tragen). Sie sind die Individuationen seines Gefühls und dürfen nicht selbstherrlich agieren.

Ort und Zeit sind nicht mehr die Anschauungsformen der Wirklichkeiten, auch keiner stilisierten. Sie sind die freiwillige Begrenzung, die sich die Dichtung setzt. In ihr geschieht das Drama als Fleisch gewordener Wille, als Ethos und Spannung. Dieser Wille kann Hemmungen haben, ja ihrer bedürfen: nicht um der »Konflikte« willen, sondern als Widerstände der einheitlichen Leidenschaft, als Kampf jenes Typus, der für den Dichter der richtige ist. Es gibt also keinen Willensknäuel, dessen Entwirrung Inhalt und Lösung des Dramas wäre. Der eine Wille wird in seiner Richtung nicht umgebogen, sondern durch solche Widerstände nur neu erregt.

Gibt das neue Drama nicht mehr Individuen, determiniert durch Um- und Innenwelt, sondern menschliche Typen, so sind diese keineswegs soziologisch zu verstehen: als Vertreter der bürgerlichen Gesellschaft. Sie sind vielmehr Vertreter ethischer Größen, Typen von Weltanschauungen und des Wollens. Ihre Konturen zeichnet nicht die Gesellschaft, deren Berufe und Konventionen, sondern die Gefühle und Gedanken gegenüber der Welt. Heißt eine Gestalt trotzdem »der Milliadär« [1], so bedeutet das weder Klassenkampf noch Milieu, sondern verkörpertes Schicksal, dessen Herkunft auch Richtung und Ziel bestimmt. Es kommt allein auf Menschliches an, auf die Haltung des Selbst gegenüber Gott und der Welt. Der neue Dramatiker verzichtet auf jede Umschreibung und verfährt direkt.

Die neue Dramatik konnte erst spät beginnen. Denn das ihr vorangehende Jahrhundert lebte von Konventionen und Routine und hatte zur Schöpfung weder Grund noch Mut. Ohne geistige Tradition hatte es keinen Mittelpunkt, aus dem ein Stil hätte entstehen können. Es begnügte sich mit der Mechanik von Naturwissenschaften, Wirtschaft und Staat. Deshalb gab es auch keine Kunst, die die Zeitkräfte und Bewegungen hätte zum Ausdruck bringen können; sie besaß keine Aufgaben. Sie ward zweck- und inhaltslos: private Äußerung weniger Einsamer; Übernahme und Bearbeitung fremder Stilideale, denen keine lebendige Kultur mehr gebot.

Das Drama, begnügte es sich nicht mit der Nachahmung älterer Meister oder jambischer Geschichtsverfälschung, ward schließlich zur Demonstration ästhetischer und metaphysischer Formprobleme. Nicht galt es, die erschütternde Dramatik der eigenen Zeit und Seele zu vollziehen, sondern »Stilkunst« zu treiben im Sinne einer konstruierten und kalten Idealität. Man löste nicht Aufgaben, sondern Rätsel.

Eine Änderung erreichte der Naturalismus, der im Grunde Nihilismus ist; alle Werte hatten ihre Geltung verloren, so auch die Kunst; sie ist aber nicht eine bestimmte Ästhetik, wie der Naturalist noch glaubt, sondern ein Verfahren: die Verwandlung der Welt. Auf sie aber verzichtet der Naturalist; sein Nihilismus macht gerade noch halt vor der materiellen Existenz der Dinge. Er bleibt in der Beschreibung von Unerheblichkeiten stecken, faßt den Menschen nur als Produkt sozialer Faktoren und ist ethos- und problemfrei. Doch aufräumend mit der Jambendramatik schuf er eine frische und gegenwärtige Atmosphäre, in der sich die Gewitter jungen Wollens entladen, die Höllenfahrten der Gewissen vollziehen können. Nur Gegenwart oder Zeitlosigkeit können die Rahmen von Werken sein, die weder Wiederholungen der Natur noch der Geschichte und ihrer Stile sein wollen, sondern: Abenteuer, Welterlebnis und Ethos.

Die Jungen machen sich frei von den Theorieen der Vergangenheit, von dem ganzen Gerede über Stil und Form, an dem der Naturalismus sich noch so sehr beteiligte. Nervisch bäumen sie sich auf und bauen Barrikaden gegen die Absolutheit von Kunst und Natur. Ihr Gefühl dringt empor bis zur Erkenntnis der Idee. Von der Wirklichkeit des Lebens und der Psyche trennen sie sich keineswegs ab; doch sie sammeln nicht Kenntnisse über sie, um sie mehraktig zu verarbeiten. Sie haben Strindberg erfahren: seine unerlöste Leidenschaft; seinen männlichen Trotz; sein freches Titanidentum.

Das wollen die neuen Dramatiker sein: Ekstatiker, nicht aber um privater Konfessionen willen, sondern um sich zu entscheiden zum Notwendigen und zum Geist.

Am Anfang steht Wedekind [2]. Er ist der erste Expressionist; die Intensität seiner Gefühle durchbricht die Konventions-Mauern seines Jahrhunderts. Zum ersten Mal seit Sturm und Drang und (dem echten, nicht nachgedachten) Klassizismus zeigt sich hier wieder die Identität zwischen Dichter und Dichtung. Wedekind »gestaltet« nicht und wiederholt nicht, sondern strömt seine Leidenschaft in eine eigene phantastische Welt. Durch die harte Personalität seines Schaffens ward er der Feind der farblosen und mechanischen Zeit, die er als Lüge empfand und die ihn zum Moralisten machte.

Wenn bei Wedekind das Drama, die menschlichen Katastrophen und Spannungen zusammenballend, von Anfang an Lebenselement ist, so bleibt Heinrich Mann der hohe Meister der Epik. Er kam erst spät zur Dramatik: als aus seinen Romanen die menschlichen Ziele sich immer heftiger emportürmten, eine langsame Wirklichkeit hell herausfordernd. In der *Großen Liebe* [3] ist alles noch Epik; das Gleiten und farbige Huschen in der Zeit; die Gefühle noch zwischen-menschlich und nicht dynamisch auf Wesentliches zielend. In *Madame Legros* [4] aber steigt, ohne psychologische Begründung, geradlinig politische Leidenschaft empor. Das Schauspiel *Brabach* [5] ist aufgebaut auf einer klaren und ganz menschlichen Polarität: zwischen schöpferischem Willen und dem stillen Entschluß des Dienen-Wollens. Zwanzigjährige Leidenschaft steht auf, als rasende Lust zur Beglückung. Ihr gegenüber der Alternde, der unverdient verdiente, nun aber blonder Geistigkeit, deren Genosse er nicht sein kann, helfen will. Zwischen beiden vollzieht sich das Drama, verwurzelt im tiefsten Bewußtsein des Dichters, der selbst auf der Schwelle zu jungem Tatenbrand steht. Wenn auch manchmal episch verebbend, so ist doch diese Dichtung nirgends der Umweg über Beschreibung, psychologische Verknüpfung oder Milieu.

Sternheim und Georg Kaiser sind echte Wede-kinder, sowohl im Formalen als auch in ihrem geistigen Wollen. Sternheim allerdings erstrebt für sein (politisches) Drama eine besondere Form, erreicht aber nur einen neuen Stil: ein sehr bewußtes Barock der Sprache, in der sich die vom Dichter gewünschte Neutralität seiner Gestalten zwar ausdrückt, aber statt logisch zu sein, häufig in Ornamenten verwildert. Doch sein kühles Gehirn erkennt bis in die letzte Verästelung Psychologie und Not des Bürgers, so daß er in der Beschreibung nicht zu verharren braucht; zum Lachen kommt ihm der Aufruf; zur Satire die Politik; zu den Bürgern der Schippel. Er will die politische Dichtung; die Darstellung des Sinnes der Zeit, den sie selbst durch Öffentlichkeit und Bürgerlichkeit sich nachdrücklich verstellt. Georg Kaiser erbte von Wedekind den stürmischen Rhythmus, die unruhigen Randstaaten des Lebens, das heiße Gefühl. Doch ihm fehlt noch ein sachliches Ziel, die krönende Idee. Dieser Mangel erlaubt ihm die persönliche und leidenschaftliche Sprache, läßt aber die meisten seiner Dramen nicht über das ekstatische Abenteuer hinauskommen (z. B. *Von Morgens bis Mitternacht* [6]); oder aber, wie in der *Koralle* [7], statt wesentlicher Entscheidung beginnt wieder eine verlegene, daher unrichtige Psychologie. Kaiser hat, vielleicht als einziger, aber den Atem und die Geistigkeit, die eine neue pathetische Dramatik verlangt.

Der Bildhauer Ernst Barlach schrieb das Drama *Der arme Vetter* [8]: ein gespenstisches Chaos; betrunkenes Gebrüll der Masse und (zu dreien) seltene Vogelstimmen. In ihrer Mitte: die Einsamkeit der Idee; der eine leuchtende Mensch, der das Zusammensein jener entlarvt, die im

Anderen nur das eigene Ich sehen. Er enthüllt: »Erst müssen sie ausgepowert sein, armgeseelt, schalgesetzt – dann, ja dann dulden sie üble Gerüche und das ganze faule Selbstsein eines anderen in sich, vorher nicht, sie nicht.« In Barlachs Holzplastik ist drohend und aufwühlend, was bei der größeren Deutlichkeit, die dem Wort nun einmal anhaftet, verworren und verwirrend wirken muß. Man spürt (ähnlich wie bei Kokoschka) noch eine gewisse Fremdheit gegenüber dem neuen Material, trotzdem es die starke und tiefe Eigenart von Barlachs Sehen und Wollen erraten läßt.

Walter Hasenclever schreibt Dramen stärksten freiheitlichen Wollens. Im *Sohn* [9] der Aufstand jungen Gefühls gegen alle väterlichen Widerstände; die Befreiung zur eigenen jugendlichen Mission. In der *Antigone* [10] wird der antiken Sage nicht ohne Gewalt die neue politische Tendenz aufgezwungen, um die Zeit des Friedens und der Liebe anbrechen zu lassen, der neuen Erde neue Menschen zu bescheren. Fritz von Unruh (*Ein Geschlecht* [11]) erlebt titanisch seinen Kampf gegen die Gewaltsamkeit der Welt und des Krieges. Leider verdunkelt das Cyklopenhaft-Quadratische seiner Gestalten noch die Richtung ihres (und seines) Fühlens. Die »geniale« Wildheit verschleiert die sachliche Problematik.

Im Gegensatz zu der stürmischen Musik dieser Politiker steht die scharfe Dialektik von Robert Müllers *Die Politiker des Geistes* [12]. Vielleicht öffnet sich unserer jungen politischen Dichtung hier ihr eigentümlichster Weg: »Es ist am Geiste, zu handeln. Geist und praktische Energie sind keine Widersprüche mehr, Analyse ist eine synthetische Harmonie aller menschlichen Tugenden geworden.« Verbunden mit aller Körperlichkeit des Lebens, mit und gegen sie, steigt hier ein neuer, unsriger, nordischer Geistestypus empor, der zwar erliegt, mit all seinen Instinkten und Gedanken aber auf ein neues Menschentum weist. Hier bereitet sich am sichersten vor, was so viele heute ersehnen: das neue platonische Drama. [13]

Reinhard Goerings *Seeschlacht* [14]: die Konzentrierung junger Menschentypen auf ein Ereignis, die Schlacht. Ihre Willen verschwinden; ihre Gefühle, ohne Empörung und Furcht, entblößen ihr letztes Innere. Vor dem Verbundensein im Tode und der Unabwendbarkeit des Schicksals stirbt auch der stärkste Entschluß: der des Meuterers. »Ich hätte auch gut gemeutert! Wie? Aber schießen lag uns wohl näher? Wie? Muß uns wohl näher gelegen haben.« Goering hat eine Intensität und Einheitlichkeit des (hier allerdings nur passiven) Gefühls, eine Absolutheit der Sprache und des Zeitmaßes, Mittelpunkts-Erkenntnisse letzter Prägung, so daß kein stärkerer Ausdruck für die Todesweihe durch die Schlacht mehr denkbar ist.

Goerings deutliches Gegenbild ist Reinhard Sorge. Er ist der Verzückte seines Gefühls und seiner Trauer. Im *Bettler* [15] bleibt er schmal und inbrünstig, weder der Männlichkeit seiner Flieger noch des Vaters brennendem Wahnsinn gewachsen. Ruhiger, der Aufgabe bewußt, erfüllt von freundlicher Menschengüte steht Max Brod da. Sein Drama *Eine Königin Esther* [16] ist alles andere als geschichtlich (ein Geschichtsdrama versuchte noch einmal Hermann von Boetticher in seinem *Friedrich der Große* [17]; es ist bezeichnend, daß nur jene Szenen ihm gelangen, in denen die Historie verschwindet, die sachliche Angelegenheit der Jugend aber verhandelt wird: der Kampf gegen den Vater). Es ist das Erlebnis seines jüdischen Volkes. Aller Stofflichkeit entkleidet, mündet die Legende im schönen Märchen. Das jüdische Wesen wird deutlich in seinen verschiedenen Typen: der Nächstenliebe und Versöhnung; der starren Gesetzlichkeit; der aufbrausenden Tatenlust. Das endgültige Bekenntnis Esthers zu diesem Volk ist die Entscheidung des Juden Max Brod.

Das sind die neuen Dramen und Menschen. Noch ist es Vermessenheit, ihnen eine umfassende Formel zu prägen. Doch was wir sehen, ist dies: daß wie in allen Bezirken des geistigen Lebens von heute so auch hier aus tiefstem Innern auf die letzten Entscheidungen, jenseits vom Alltag und der Kunst, losgegangen wird. Bei aller Differenzierung der Gesichter erkennt man die Integrierung zum neuen Geist, der, feindlich aller Beschaulichkeit und Betrachtung, den *Kampf mit dem Engel* [18] wagt. Er wertet, indem er Kunst schafft; er fordert, indem er Tragödien vollzieht; er verwirklicht, indem er sich entscheidet.

Franz Pfemfert, der die Theatergesellschaft »Das junge Deutschland« als bürgerliche Veranstaltung heftig angegriffen hatte, bezichtigte Kayser wegen dieses Artikels des geistigen Plagiats. (Vgl. *Die Aktion* 8. Jg. (1918), Sp. 463–465). Analoge Gedanken und ähnliche Formulierungen finden sich schon bei Heinrich Stadelmann-Ringen: *Das neue Drama.* In: *Die Aktion* 7. Jg. (1917), Nr. 25/25, Sp. 328–332. Hier heißt es u. a.: »Das neue Drama ist ein Erkenntnis- und Befreiungsdrama [...] Der neue Dramatiker stellt Gleichnismenschen auf die Bühne« (Sp. 329 f.). »Was will das neue Drama? Will es unterhalten? Erziehen? Aufregen? Spannen? Es will wirken durch seine Wahrheit fürs große Ziel, das Mensch heißt.« (Sp. 332).

1 Der Milliardär ist eine Figur aus Georg Kaisers Schauspiel *Die Koralle.* Schauspiel in fünf Akten. – Berlin: S. Fischer 1919.
2 Frank Wedekind. Vgl. Anm. 3 zu Dok. 178.
3 Heinrich Mann: *Die große Liebe.* Drama in 4 Akten. – Berlin: Paul Cassirer 1912.
4 Heinrich Mann: *Madame Legros.* Drama in 3 Akten. – Berlin: Paul Cassirer 1913.
5 Heinrich Mann: *Brabach.* Drama in 3 Akten. – Leipzig (München): Kurt Wolff 1917.
6 Georg Kaiser: *Von Morgens bis Mitternachts.* Stück in zwei Teilen. – Potsdam: Kiepenheuers 1916.
7 Vgl. Anm. 1.
8 Ernst Barlach: *Der arme Vetter.* Drama. – Berlin: Paul Cassirer 1918.
9 Vgl. Kommentar zu Dok. 178.
10 Walter Hasenclever: *Antigone.* Tragödie in fünf Akten. – Berlin: Paul Cassirer 1917.
11 Fritz von Unruh: *Ein Geschlecht.* Tragödie. – Leipzig u. München: Kurt Wolff 1917.
12 Robert Müller: *Die Politiker des Geistes. Sieben Situationen.* – Berlin: S. Fischer 1917.
13 Vgl. Dok. 180.
14 Reinhard Goering: *Seeschlacht.* Tragödie. – Berlin: S. Fischer 1917.
15 Reinhard Johannes Sorge: *Der Bettler. Eine dramatische Sendung.* Fünf Aufzüge. – Berlin: S. Fischer 1912.
16 Max Brod: *Eine Königin Esther. Drama in einem Vorspiel und drei Akten.* – Leipzig u. München: Kurt Wolff 1918.
17 Hermann von Boetticher: *Friedrich der Große.* Schauspiel. – Berlin: S. Fischer 1917.
18 Titel eines Essays von Ludwig Rubiner. Abgedr. in: *Die Aktion* 7 (1917), H. 16/17, 21. April, Sp. 211–232 und in: *Der Mensch in der Mitte.* – Berlin-Wilmersdorf: Verlag der Wochenschrift *Die Aktion* 1917 *(Politische Aktions-Bibliothek,* 2), S. 155–190.

183
Iwan Goll: *Das Überdrama.* In: *Die neue Schaubühne* 1 (1919), 9. Heft, 1. September, S. 265–267.

Ein schwerer Kampf ist entsponnen zum neuen Drama, zum Überdrama.

Das erste Drama war das der Griechen, in dem die Götter sich mit den Menschen maßen. Ein Großes: daß der Gott damals den Menschen dessen würdigte, etwas, was seither nicht mehr geschah. Das Drama bedeutete ungeheure Steigerung der Wirklichkeit, tiefstes dunkelstes, pythisches Versenken in die maßlose Leidenschaft, in den zerfressenden Schmerz: alles überreal koloriert.

Später kam das Drama des Menschen um des Menschen willen. Die Zerwürfnis mit sich selber, Psychologie, Problematik, Vernunft. Es wird nur gerechnet mit *einer* Wirklichkeit und *einem* Reich, und alle Maße sind darum beschränkt. Alles dreht sich um *einen* Menschen, nicht um *den* Menschen. Das Leben der Gesamtheit kommt auch schlecht zur Entwicklung: keine Massenszene erreicht die Wucht des alten Chores. Und wie groß die Lücke ist, merkt man an den mißlungenen Stücken des vergangenen Jahrhunderts, die nichts mehr anderes sein wollen als: interessant, advokatorisch herausfordernd oder einfach beschreibend, nachahmend.

Nun fühlt der neue Dramatiker, daß der Endkampf bevorsteht: die Auseinandersetzung des Menschen mit allem Ding- und Tierhaften um ihn und in ihm. Es ist ein Dringen in das Reich der Schatten, die an allem haften, hinter aller Wirklichkeit lauern. Erst nach ihrer Besiegung wird vielleicht Befreiung möglich. Der Dichter muß wieder wissen, daß es noch ganz andere Welten gibt als die der fünf Sinne: Überwelt. Er muß sich mit ihr auseinandersetzen. Das wird keineswegs ein Rückfall werden ins Mystische oder ins Romantische oder ins Clowneske des Variétés, wiewohl ein Gemeinsames darin zu finden ist, das Übersinnliche.

Zunächst wird alle äußere Form zu zerschlagen sein. Die vernünftige Haltung, das Konventionelle, das Moralische, unseres ganzen Lebens Formalitäten. Der Mensch und die Dinge werden möglichst nackt gezeigt werden und, zur besseren Wirkung, immer durch das Vergrößerungsglas.

Ja, man hat ganz vergessen, daß die Bühne nichts anderes ist als ein Vergrößerungsglas. Das wußte das große Drama immer: der Grieche schritt auf Kothurnen, Shakespeare sprach mit den toten Riesengeistern. Man hat ganz vergessen, daß erstes Sinnbild des Theaters die *Maske* ist. Die Maske ist starr, einmalig und eindringlich. Sie ist unabänderlich, unentrinnbar, Schicksal. Jeder Mensch trägt seine Maske, was der Antike seine Schuld nannte. Die Kinder haben Angst vor ihr und sie schreien. Der Mensch, der selbstgefällige, der nüchterne, soll wieder zu schreien lernen. Dazu ist die Bühne da. Und erscheint uns nicht sehr oft größtes Kunstwerk, ein Negergott oder ein ägyptischer König, als Maske?

In der Maske liegt ein Gesetz, und dies ist das Gesetz des Dramas. Das Unwirkliche wird zur Tatsache. Es wird für einen Augenblick bewiesen, daß das Banalste unwirklich und »göttlich« sein kann und daß gerade darin die größte Wahrheit liegt. Die Wahrheit ist nicht in der Vernunft enthalten, der Dichter findet sie, nicht der Philosoph. Das Leben, nicht das Erdachte. Und es wird ferner gezeigt, daß jeglicher Vorgang, der erschütterndste, wie das unbewußte Auf- und

Zuklappen eines Augenlids, von eminenter Wichtigkeit ist für das Gesamtleben dieser Welt. Die Bühne darf nicht mit nur »realem« Leben arbeiten, und sie wird »überreal«, wo sie auch von den Dingen hinter den Dingen weiß. Reiner Realismus war die größte Entgleisung aller Literaturen.

Die Kunst ist nicht dazu da, es dem fetten Bürger bequem zu machen, daß er den Kopf schüttele: Jaja, so ist es! Jetzt gehen wir zum Erfrischungsraum! Die Kunst, sofern sie erziehen, bessern oder sonst wirken will, muß den Alltagsmenschen erschlagen, ihn erschrecken, wie die Maske das Kind, wie Euripides die Athener, die nur taumelnd herausfanden. Die Kunst soll den Menschen wieder zum Kind machen. Das einfachste Mittel ist die Groteske, aber ohne daß sie zum Lachen reize. Die Monotonie und die Dummheit der Menschen sind so enorm, daß man ihnen nur mit Enormitäten beikommen kann. Das neue Drama sei enorm. Und auch abnorm.

Das neue Drama wird darum alle technischen Mittel zu Hilfe ziehen, die heute die Wirkung der Maske auslösen. Da ist zum Beispiel das Grammophon, die Maske der Stimme, das elektrische Plakat, oder das Sprachrohr. Die Darsteller müssen undimensionierte Gesichter-Masken tragen, in denen der Charakter grob-äußerlich schon erkennbar ist: ein zu großes Ohr, weiße Augen, Stelzbeine. Diesen physiognomischen Übertreibungen, die wir selbst notabene nicht als Übertreibungen auffassen, entsprechen die inneren der Handlung: die Situation möge kopfstehn, und oft möge, damit sie eindringlicher sei, ein Ausspruch mit dem Gegenteil ausgedrückt werden. Genau so wird es wirken, wie wenn man lange und fest auf ein Schachbrett sieht, und einem bald die schwarzen Felder weiß, die weißen Felder schwarz erscheinen: es überspringen einander die Begriffe, wo man an die Wahrheit grenzt.

Wir wollen Theater. Wir wollen unwirklichste Wahrheit. Wir nähern uns dem Überdrama.

Der Text findet sich als Vorwort abgedruckt in: *Die Unsterblichen. Zwei Possen.* – Potsdam: Gustav Kiepenheuer 1920 (*Der dramatische Wille*, Bd. 2), S. 5–7.

184
T[heodor] Wiesengrund [Adorno]: *Expressionismus und künstlerische Wahrhaftigkeit. Zur Kritik neuer Dichtung.* In: *Die neue Schaubühne* 2 (1920), H. 9, S. 233–236.

Primär als Ausdruck eines in Bildung begriffenen neuen Seelentums einerseits, Ergebnis wurzellos gewordener Stilgebundenheit andererseits, Schöpfung zugleich und Reaktion, setzt der Expressionismus das Ich absolut, fordert den reinen Ausschrei. Verrückt werden die gerosteten Drahtzäune zwischen Leben und Kunst; beide sind *eines* als Wirkung des großen Erlebnisses der Zeit, – verrückt scheinen den Trägen die Hirne derer, die Zäune verrücken, um Bau zu türmen. In neue und fremde Formen gewiesen, ist der Expressionismus erklärter Kampf. Alle überkommenen Formen, die er durchtobt, werden zu Reibungsflächen, an denen er sich zur Fackelglut entflammt. Kräfte ausschleudernd gegen ungezählte Widerstände, findet er nie Richtung ins Selbst, richtet das Selbst wider die Welt. Beschaulichkeit, Selbstbesinnung sind ihm fremd; wo er den Mut besitzt, klug zu sein, braucht er seine Klugheit nur, um die konträren Formen zu zersetzen. Die eigenen Voraussetzungen scheinen ihm endgültig, erhaben über den Zweifel.

So tobt die neue Kunst einer Krise entgegen.

Bedeutet Kunst schließlich das Auflösen des Ich in eine höhere Einheit, muß sie als Katharsis die ganze Tiefe des Ich umfassen, so hat sie dann erst Geltungsrecht, wenn sie wahrhaftig ist. Nicht etwa: einen Zustand, einen Vorgang, eine Seele spiegelt aus der Wirklichkeit von deren Umwelt, sondern: in ihr Blickfeld nur das einbezieht, was adäquat ist dem Erlebnisuntergrund, über dem die Kunst aufwächst. Die Wahrhaftigkeit des Erlebnisses ist das erste Gesetz der Gestaltung. Diese Wahrhaftigkeit aber ist zweifach – wie Kunst in Werden, Form, Wirkung zweifach ist. Ihre Komponenten sind Welt und Ich – ausgedrückt durch typisches und individuales Erlebnis. Die Wahrhaftigkeit des Ich-erlebnisses ist notwendig, das Werk aus dem Chaos der Seele zur Reinheit eines gesonderten Willens emporzuzwingen. Die Katharsis erfordert Wahrhaftigkeit des Welterlebnisses. Dann nur vermag die Dichtung das Ich in die überzeitliche Gesetzlichkeit der Menschheit überzuführen, wenn sie das Bild dieser Menschheit – bedeute sie nun noch Feind oder schon Ziel – nach ihrer typischen gemeinsamen Eignung entrollt. Nur eine wahre, aus dem typischen Erlebnis hervorquellende Menschheit vermag Ziel zu sein. Ist die individuale Wahrhaftigkeit Gebot in jeder Lebensform, so prägt der Gedanke der Katharsis die typische zum spezifisch künstlerischen Gebot.

War der vorexpressionistischen Kunst die individuale (und damit freilich auch die typische, insofern nämlich sie die Menschheitsschöpfung gar nicht mehr einbezog, die Katharsis überwunden glaubte!) Wahrhaftigkeit verloren gegangen, so droht der Expressionismus die typische zu verlieren.

Das dem Ich-Abbild entgegengesetze Weltbild bleibt Abbild des auf die Welt projizierten Ich, nicht Abbild der typischen Erlebnisinhalte. Soweit expressionistischer Wille aus *einem* Pol Kraft zu saugen versucht, lyrisch bleibt, ergibt die Welt schimmernden Spiegelsaal der Seele, durchflutet von einem unbezweifelbaren Licht. Wo jedoch der Strom des Schaffens Induktion sucht durch eine Vielheit, sich ballt zur Zweiheit kämpfenden Willens, Drama anstrebt – nimmt der Expressionismus den Weg über eine *Lüge* die, geschickt verdeckt, ethisch wohlverbrämt an irgendeiner Stelle doch den Wert vernichtet. Der Künstler, unfähig oder nicht willens, die Vielheit der Welt aus ihrer Totalität heraus zum Typus zu gestalten, setzt das individuale und im letzten zufällige Eindruckserlebnis zum Abbild der Welt, damit die Seele der Totalität, die zu gestalten er sich vorgenommen, einfach unterschlagend. Daß er dies eingesteht, erklärt aus der Notwendigkeit seiner Zeit, zum Programm erhebt, beweist nur die Unfähigkeit der Gestaltung. Die Freiheit des Ich ist dem Expressionisten noch nicht Gesetz geworden. Symptom für die letzte Unwahrhaftigkeit ist das Zersetzen der Wirklichkeiten – die ihrer Eigengesetzlichkeit beraubte Welt wird Spielzeug in der Hand dessen, der sie ergreift nur um der Zweiheit willen, nicht, um aus der Zweiheit ihren Sinn zu ergründen. Das Drama wird Scheinvorgang, Aufprall von Doppelgängern; die von ihm übergangene Welt bleibt gleichgültig an ihm. Das Drama wird sinnlos. Und der Schöpfer verfällt einer Unehrfürchtigkeit, die ihn an irgend einem Punkte lieblos macht und steril.

Um die Gefahr der Unwahrhaftigkeit an einem der ersten und richtungweisenden expressionistischen Dramen aufzuzeigen: es ist kein Zweifel, daß Reinhard Sorges *Bettler* [1] individual restlos ehrlich durchlebt wurde. Aber aus der Tatsache, daß eines Dichters Vater ein wahnsinniger Architekt ist (ohne daß die Wurzeln seines Wahnsinns irgendwie bloßgelegt würden!), folgt nicht das Recht, den »Vater« als typisches Erlebnis nun zum wahnsinnigen Architekten werden zu lassen. Ebenso gut könnte er besoffener Spießer sein. Das große typische Erlebnis von Vater und Sohn, weltgegensätzlich aufwachsend an der tragischen Antithese vom Werden und Vergehen, wird verzufälligt zum Kampf Irgendwelcher. Die Wahrheit der Welt wird zur Fratze verengt wie nur in irgendeinem naturalistischen Schmarren der neunziger Jahre. Die eherne Notdurft dramatischen Wuchses im Tiegel eines ganz nur ichhaften tout comprendre eingeschmolzen. Die ethische Geltung verschwindet – wo sie Forderung bleibt, ist sie unwahr geworden. – Daß über den nicht welthaften Zufall die Decke einer mystisch ungreifbaren Gesetzlichkeit gebreitet ist, mag man gelten lassen vielleicht als lyrisches Stilmittel spätlingsromantischer Form – nimmer aber als dramatischen Faktor.

Die Kunst der Zeit steht vor der Frage nach ihrem Bestand. Ihre Notwendigkeit droht zum Schein zu verblassen, und, wo sie ausgeschrien wird, zur Lüge herabzusinken. Ichhaft Zufälliggewordenes bleibt ichhaft zufällig auch in seiner Wirkung. Wir alle drohen Schuldige zu werden am Geiste. Es ist an der Zeit, das zu erkennen. Die kommenden Tage, in die wir gebannt unsern Blick eingesenkt halten, werden uns künden, ob der neue Wille neue Wahrhaftigkeit zu gebären, die Kraft in sich trägt.

1 Reinhard Johannes Sorge: *Der Bettler. Eine dramatische Sendung. Fünf Aufzüge.* – Berlin: S. Fischer 1912; Uraufgeführt am 23. Dezember 1917 am Deutschen Theater in Berlin unter der Regie von Max Reinhardt.

185
William Wauer: *Der Regisseur.* In: *Die Kunst im Theater. Bemerkungen und Gedanken von* W. W. – Berlin: Verlag von Priber & Lammers 1909, S. 8–14.

Der Regisseur ist ein Raumkünstler.

Innere Bewegungen in äußere umdeuten, heißt Regie führen.

Der Regisseur empfängt die Dichtung wie ein Prisma den Lichtstrahl: in tausend Farben zerlegt gibt er es weiter.

Wenn die Inscenierung als unerläßlicher Bestandteil eines Dramas empfunden werden soll, bedarf sie eines ordnenden Prinzips, welches aus dem ursprünglichen Schöpfungsgedanken hervorgegangen, die Inscenierung nach jeder Richtung hin und in jeder Beziehung vorschreibt.

Dieses Prinzip kann nirgends anders liegen als in der Gestaltung des Dramas in Bühnenmitteln durch den Regisseur.

Ohne das Wiederaufleben des Wortkunstwerkes in einer Phantasie, die bühnentechnisch gestalten kann, ist eine Aufführung unmöglich, denn diese ist ein neues Entstehen und ein neues Gestalten in einer neuen Kunst.

Die Anordnungen des Regisseurs sind sämtlich gestaltender, also formaler Natur. Er hat aber auch alle Anordnungen formaler Natur zu treffen, keine kann er und darf er einem Zufall, keine einem Dritten überlassen. Zwei Kapellmeister in einem Orchester sind ebenso undenkbar wie Mitarbeiter beim *Schaffen* eines Kunstwerks.

Die Auffassung und theatralische Gestaltung der Aufführung eines Dramas muß in einem Gehirn entstehen. Die Führung, Leitung und Anordnung der Kunstbetätigungen, die zu einer dramatischen Darstellung notwendig sind, können nicht gleichzeitig unter verschiedene Individuen verteilt werden, da alle jene Betätigungen dem gleichen ursprünglichen Schöpfungsgedanken entquellen müssen. Eine dramatische Darstellung kann sich ihre künstlerische Gesamtwirkung nur dann erhalten, wenn sie kein Element zuläßt oder in sich schließt, das nicht ganz unmittelbar in der Gewalt ihres Regisseurs liegt.

Was den Regisseur vom Schauspieler und seinen anderen Mitarbeitern unterscheidet, ist das fortwährende Verknüpfen des technischen Verfahrens, das jene ja auch kennen, mit der Bestimmung, der es jeweilig dient im Organismus des Ganzen.

Die Auffassung des Regisseurs von einem Drama bestimmt durch ihren individuellen Pulsschlag die Aufeinanderfolge und Schnelligkeit der Bewegungen, den Wechsel der Verhältnisse des ganzen Organismus »Aufführung«. Durch die kleinste Lücke kann sich die organische Lebenskraft verflüchtigen, durch eine wunde Stelle kann sich das ganze Kunstwerk verbluten.

Widerstände, die der Regisseur findet und nicht überwinden kann, zwingen ihn, unorganische Konzessionen zu machen, wenn seine Gestaltung des Dramas eine künstlerisch-organische war, wie sie es sein muß. Durch solche Konzessionen wird das Kunstwerk vernichtet.

Man muß zu begreifen suchen, zu welch unkünstlerischen Konflikten es führen muß, wenn der Regisseur bei seinen lebenden scenischen Ausdrucksmitteln, bei seinen Darstellern, auf Widerstand trifft, da ihm die größte Anpassungsfähigkeit grade gut genug sein kann. Jene in ihm latenten Maße und Verhältnisse, wie sie in seiner Auffassung, seiner Wiedergabe des Dichtwerks enthalten sind, suchen sich sehnsüchtig zu verkörpern. Die Schauspieler aber dürften taub bleiben für seine noch so beredte Sprache? Sie dürften ihre literarische Auffassung des Dramas, einer Rolle höher schätzen als die ihnen noch unbekannte Welt, da der Regisseur aus seiner Auffassung offenbaren möchte, höher schätzen, nur weil sie die ihre ist? Wie unvernünftige Kinder wollen sie die Bedingungen diktieren, wo sie erst urteilen könnten, wenn sie gehorcht hätten, d. h. wenn das Resultat: Gesamtaufführung (allein aus dem Geiste, aus der gestaltenden Kraft des Regisseurs heraus) erreicht worden wäre.

Dem Regisseur opponieren heißt sein Kunstwerk kritisieren, ehe es da ist.

Wieviel Opfer an Details der Regisseur bringen muß, um das Wesentliche, das innere Wesen einer Dichtung zur Geltung zu bringen, darüber ist jede Verständigung mit dem Schauspieler ausgeschlossen, zumal über die letzten Motivierungen eines Kunstwerks (die wichtigsten!) jede Erörterung unmöglich ist.

Der musikalische Sinn bemerkt in jedem Dinge vor allem, wieviel Rhythmus und Wohllaut in ihm vorhanden ist. Diese im Drama zu entdecken und in der Aufführung zum Ausdruck zu bringen, ist die musikalische Aufgabe für den Regisseur.

Ein unmusikalischer Regisseur wird schon die Tempi eines Dramas im Ganzen und in seinen Teilen nicht treffen können.

Ein Regisseur, der kein Dramaturg ist, ist auch kein Regisseur und umgekehrt.

Der Regisseur steht zum Dichter ungefähr im selben Verhältnis wie der Übersetzer.

Jede dramatische Konzeption muß, um lebendig zu werden, zweimal gedichtet werden, einmal in Worte vom Dichter, das zweite Mal in scenische Formen (in diese den Schauspieler eingerechnet) vom Regisseur.

Wie der Traum nur aus einem Gehirn, so kann auch die Vision einer dramatischen Darstellung nur aus einem Gehirn geboren werden.

Der künstlerische Wille des Dichters, wie er im Drama sich offenbart, genügt nicht, die einzelnen Faktoren der Darstellung mit diesem eins werden zu lassen. Der Regisseur hat allein die Möglichkeit, *seinen* künstlerischen Willen, *seine* Interpretation in scenische Ausdrucksmittel umzusetzen.

Der Regisseur schafft die Voraussetzungen, aus dem das Dichtwerk geboren wurde. Er dichtet das »Gesicht« des Dichters, das dieser in Worte formte, nochmals in seiner Weise. So scheint es dann auf der Bühne, als entstünde das Werk eben aus dem Nichts, als erlebe man es als etwas, das nur einmal und eben so ist, wie mans erlebt. In solchen Momenten wird Aufführung und Dichtung *eins.*

Der Regisseur organisiert für den Spieler das »poetische Geschehen« in Klang- und Bewegungsformen.

Der Regisseur ist dem Drama gegenüber in der Lage des Kapellmeisters, der ein Solostück orchestrieren muß.

Die charakteristischen Merkmale in Bewegung und Klang für die Zustände und Veränderungen festzustellen, die während des Sprechens der Dichtworte im Sprecher vorhanden sind oder vorgehen, das heißt für den Regisseur das, was man beim Musiker »orchestrieren« nennt.

Der Regisseur hat dieselben künstlerischen Freiheiten und Verantwortungen dem Dichtwerk gegenüber, wie etwa ein Maler gegenüber dem Porträt, oder ein Kapellmeister gegenüber der Partitur.

Der Regisseur bestimmt für den Schauspieler die Reihenfolge und das Tempo der Autosuggestionen, die sich dieser geben muß. Diese Bestimmungen bedeuten für die dramatische Aufführung das, was die »Stimmen« im Orchester für die musikalische Aufführung bedeuten. Diese Stimmen sind so von einander abhängig, so unter einander bestimmt, daß jeder Eingriff sinnlos ist.

Die menschlichen Darstellungsmittel zerlegen sich für den Regisseur in die rhythmischen Bewegungen des Körpers und die klingenden der Stimme.

Alle scenischen Mittel, den Darsteller inbegriffen, muß der Regisseur zu einem gemeinsamen organischen Leben verbinden.

Der Regisseur muß endlich die Darsteller aus den literarischen Fesseln wieder befreien, mit denen sich diese durch das selbstische Hervortreiben des dichterischen Wortes gebunden haben. Die sinntragenden Worte dürfen in den scenischen Ausdrucksmitteln nicht mehr sein als wieder ein solches. Sie dürfen nicht herrschen, sie müssen dienen.

Die Form der Darstellung ist beim wahren Regisseur nicht das Ziel, sondern das Ergebnis seiner Auffassung. Sie muß von innen gewachsen, nicht von außen zusammengesetzt sein.

Der Regisseur ist weder der Anwalt noch der Diener des Dichters. Er steht den Dichtwerken gegenüber, wie der Maler der Natur, der Landschaft. Er benutzt sie als Motiv, als Vorwand, seine Kunst zu produzieren.

Suggerieren kann man nur, was augenblicklich in einem selbst lebendig ist. Deshalb kann der Zuschauer nur dann unter den Einfluß einer Aufführung gebracht werden, wenn diese eine höchste individuelle Ausdrucksform erreicht. Diese höchste individuelle Ausdrucksform, der künstlerische Wille des Regisseurs, muß einheitlich und ungehemmt seine Kraft gegen das Publikum wenden können; denn der Widerstand, den sie dort überwinden muß, ist stark.

Allen Zuschauern die gleiche Art zu sehen und zu empfinden aufzuzwingen, das vermag der künstlerische Wille des Regisseurs nur dort, wo er souverän herrscht.

Für den Regisseur ist das Publikum nur eine einzige Individualität – er fragt nicht nach deren Geschmack und Forderungen, sondern reißt sie mächtig hinein in seine Anschauungsweise, er zwingt dem Zuschauer sein eigenes Erleben des Dramas auf. Damit erfüllt er alle Ansprüche und Forderungen des Publikums, das sich vergessen will, um sich in eines andern Erleben wiederzufinden.

Es ist eine gleich ernste künstlerische Aufgabe, ein tragisches oder ein komisches Werk zu gestalten.

Der Beitrag wurde zusammen mit weiteren Kapiteln aus Wauers Schrift wiederabgedr. in: *Der Sturm* 2. Jg. (1911/12). Nr. 68 (Juli 1911), S. 542–543. Vgl. Anm. 26 der Einleitung.

186
Rolf Lauckner: *Der Weg zur expressiven Schauspielkunst.* In: *Das junge Deutschland* 1 (1918), Nr. 3, S. 75–78.

Das Kunstwerk lebt aus der Vorstellungskraft seines Schöpfers. Ströme von Fantasie, geronnen in Stein, in Farben gelöst, in Wort und Ton gebunden, sprudeln fort durch die Jahrhunderte, reißen immer und immer wieder im andächtig Hingeneigten die Steigerungen hoch, als deren Inkarnation sie Form wurden, und wirken so dem Werk das ewige Leben.

Aller Kunst gemeinsam ist die seelische Spannung des Gestalters, die Notwendigkeit des Schöpfers sich mitzuteilen. Die Richtung, in der das geschieht, das besondere Werk, das ihr entspringt, und das sich aus Tönen, Bildern oder Worten zusammensetzt, bestimmt die dem Künstler vorzugsweise mitgegebene Fantasiebegabung. – Man muß von der Trennung zwischen einer tonlichen, einer bildnerischen und einer die seelischen Konflikte betreffenden, dichterischen Fantasiefähigkeit ausgehen, um zu verstehen, daß z. B. Shakespeare nicht Maler, Beethoven nicht Dichter und Velasquez nicht Musiker werden konnte. Die allgemeinen menschlichen zur Kunst führenden Voraussetzungen, die innere Spannung und Mitteilungsnot müßten sonst bei allen dreien auch zur Gestaltung in einer anderen Kunstart ausreichend gewesen sein. – Die Intensität der verschiedenen Vorstellungskomplexe also wirft den Künstler auf den Weg des Malers und Bildhauers, des Dichters und Musikers.

Besonders zwischen oder neben diesen Kunstgattungen steht die Kunst des Schauspielers. Gesondert deshalb, weil nicht im Überwiegen einer der Vorstellungskräfte, sondern in der möglichst ausgeglichenen Verteilung sämtlicher kunstgerichteten Fantasien in einer Persönlichkeit ihre beste Voraussetzung und also die Möglichkeit zu ihrer höchsten Vollendung liegt.

Die Meinung, die die szenische Darstellung als eine besondere Kunst nicht gelten läßt, ist weit verbreitet. Doch geht sie von der falschen Voraussetzung aus, daß der Schauspieler lediglich einfühlend, nachschaffend die vom Dichter geschauten Gestalten wiedergibt. Wäre das, dann gäbe es in der Tat keine eigene Kunst des Schauspielers, wie auch die beste Vermittlung Beethovenscher Sonaten nicht als selbständige Kunst angesprochen werden kann. Aber gerade gegenüber dem reproduzierenden Musiker, der ein in allen seinen Wirkungsmöglichkeiten festgelegtes Tonkunstwerk, sei's auch mit feinster Einfühlung mit stärkster Belebung durch seine eigene Psyche wiedergibt, hat der Dramendarsteller zum produktiven Kunstschaffen weit größere Gelegenheit. – Die Unterschiede liegen im Kunststoff. Das Tonwerk ist durch Lautstärke, Takt und Fermaten völlig ausgeformt. Der Mensch im Drama erhält durch Wort und Andeutung der Gebärde vom Dichter nur die Richtung. Die Offenheit der Gestalten nach allen Seiten ist sogar, wenn auch nicht einheitlich bestimmend, ein Zeichen ernster Kunst. Weiß nun ein Darsteller nicht mehr zu vermitteln als den vom Dichter notierten Text mit seinen für ungefähr die gleichen Konflikte in der Schauspielschule studierten Gesten, so wird er selbst bei geschickter Interpretierung von untergeordneter Bedeutung bleiben – (die hier naheliegende und berechtigte Parallele mit dem tüchtigen Konservatoriumsschüler darf übrigens nicht dazu verführen, die selbständigen Kunstmöglichkeiten weiter gleichlaufend anzusehen) – und kommt natürlich für diese Betrachtung der Darstellung als eigene Kunst nicht in Frage.

Der Ehrgeiz der heutigen Bühnenkünstler geht denn auch viel weiter. Individualität wird gelehrt. Die Formel für die pathetische Heldengebärde, der Schwung althergebrachter, aufs Stichwort geübter Armbewegungen ist vergessen, Spiel- und Standbein den antiken Marmorbildern zurückgegeben und die Stimme enterzt. (Dies Letztere leider! Denn der Dialekt, der infolge der Mißachtung äußerer Mundwerksübung auf allen deutschen Bühnen zu hören ist, bedeutet zunächst eine *reformatio in peius!)* Nichts von außen. Die Seele soll wirken. Kunst soll werden ! – Der Wille ist also da. Und das nach allen Seiten offene Wesen des guten Schauspiels erlaubt seine Betätigung. Bleibt als Voraussetzung die anfangs behauptete Notwendigkeit der verschiedenen zur Kunst gerichteten, schöpferischen Vorstellungsgaben für den Darsteller.

Mit der tonlichen Fantasie schafft er Gang und Sprache, Ansteigen und Verebben der Erregungen, den Klang der Pause usw. Die Vorstellung bildhaften Ausdrucks gibt ihm die Maske, den plastischen Einfall, die Geste, die über den Alltag der wiedergegebenen Expression hinausgreift. Und mit der dichterischen oder psychischen Fantasie wird er sich zunächst einmal in das vom Autor gezeichnete Seelenerlebnis einfühlen, darüber hinaus aber auch neugestaltend mit der Eigenkraft seiner Psyche die Konflikte weiten, Schwingungen ausstrahlen, die den Rahmen des dramatischen Erlebnisses überschreiten, Linien finden aus dem seelischen Brennpunkt seiner besonderen Figur ins Unbegrenzte, ins Allgemeine. So wird er sich als Musiker die Liebe, als bildender Künstler das Interesse und als Dichter die Erschütterung seiner Umgebung erringen.

Daß aus den Theatern, obgleich der Schauspieler-Beruf mit den lockenden inneren und äußeren Befriedigungen wohl alle in Frage kommenden Begabungen in seinen Lichtkreis reißt, so wenig Überragendes herauswächst, hat seinen guten Grund eben in der verzweigten, universellen und zugleich ausgeglichenen Fantasievoraussetzung.

Die *Ausgeglichenheit* ist das wesentliche. Teilbegabungen sind häufiger, durchbrechen dann leicht die Schranken der nur handwerklichen Wiedergabe eines Werkes, werden eigen, tollen über die Szene und gebärden sich als ein wildes sonderbares Künstchen so. Man lauscht den

Abend lang geblendet, verwirrt sie von jeder Steigerung. Einfälle wie Leuchtraketen. Der Hintergrund verflacht vor solcher Plastik. Die Partner sind verschwunden. Die Handlung zerfällt. Nur »Er« huscht hin und her, in jeder Hand ein Bild, zwei in den Augen; jeder Schritt, jede Geste erlebnisstark, mit dem Atem der Kunst. – – Später, wieder zur Besinnung gekommen, fällt erst der Schatten über den Zuschauer. War das ein Mensch? Dem Dargestellten irgend wie verwandt und eingeordnet? Nicht ein Bildhauer, der keine Masse fand, die Schöpfung festzuhalten und nur in Luft und tollem Durcheinander seine zerrinnenden Gedanken schrieb? Etwas Künstlerisches sicherlich, aber ... Oder es wird ein Ton laut. Bewegung fließt auf und ab aus einem Körper, der sich rhythmisch biegt. Worte steigen und fallen. Man möchte die Augen schließen. Das Drama verdämmert irgendwo. – War das Musik? ... Oder es kommt ein Mädchen auf die Bühne, steht stumm und wächst und wächst in ein Erlebnis hinein, so groß und laut mit seiner Seele, daß jeder weiß, sie weint, wenn es auch die vorne nur sehen können. – Dann aber geht sie und tut weh, und spricht und tut weh, und findet nicht das Bild der Hand. – Aber als sie schwieg und an ihrem Menschen litt – wurde da ein Stückchen Dichtung im Drama eigenlaut? ... All das ist täglich zu erleben. Aber nicht das Letzte der Schauspielkunst.

Weniger Intensität, wenn es sein muß! Das Hauptgewicht bleibt, man kann es nicht genug unterstreichen, auf der Totalität, der Ausgeglichenheit der verschiedenen Fantasiebegabungen ruhen.

Nun darf man allerdings bei der Beurteilung des bisher Geleisteten nicht vergessen, daß die Darstellung als eine selbständige Kunst vorläufig noch in Kinderschuhen geht. – Solange Soccus und Maske den Gang und die Gebärdensprache des Mimen festlegten, konnte von einer eigenen Schauspielkunst natürlich nicht die Rede sein. Diese Gebundenheiten der attischen Szene reichten aber weit über die griechisch-römische Kulturwelt hinaus. Ja bis in unsere Tage hinein. Denn als sich endlich der Ideenschatz der einzelnen nachrömischen Völker so weit gesammelt hatte, daß er auch nach dramatischen Eigenlauten suchte, spannten die Franzosen, Vorbild der damaligen Zivilisation, aufs neue mit ihren Alexandrinerdramen die klassische Formel um die Bühnen der Welt. Selbst Shakespeare erlag diesem Angriff! Der Kothurn wurde zwar abgelegt, aber dem Schauspieler unter die Seele geschnallt. Die Maske fiel, aber Ausdruck und Gesten blieben den schmerzlosen Erregungen der antiken Götter und Heldengestalten angepaßt, die jene Dramen bevölkerten. Damit war aber die psychische und bildnerische Fantasie der Bühnenkünstler von der eigenen Schöpfung weiter abgeschnitten.

Nur die Kunst zum Ton blieb unbelastet, entwicklungsfrei, wenn man von ihrer engen Beziehung zur Gebärde absehen will. Wenig, aber etwas: Die Sprache fing zu klingen an. Während der Körper verholzte, das Leid des Erlebens verschüttet blieb, sang die Sprache eigene, immer tiefere Melodien, auf und ab eine Seele, kunstgestaltend. Die große Rachel [1], die Sarah Bernhardt [2], sind die Ausläufer dieser einseitigen Entwicklung, die ganz allgemein, an kleinen Schwankungen vorbei, etwa bis zur Goethezeit reichte, bis zur Wiedererweckung Shakespeares.

Da erst löst der (im ganzen betrachtet jetzt einsetzende) Realismus den Schauspieler aus der Enge dieses korsettierten Bühnenlebens. In der jungen Darstellungskunst hat jene, besonders in den Ausläufen ganz folgerichtig ins handwerkliche abgeglittene Wirklichkeitsepoche ihre günstigsten Belebungen hinterlassen. – Die innerlich zwar nach dem Gerippe des Dramenakts gereckten, äußerlich aber immerhin vom Leben abphotographierten Menschen zwangen doch zum Sehen. Die bildnerische Fantasie wurde befreit und befruchtet. Waren es auch Äußerlichkeiten, Sacktuch und Gummischuhe, sie gaben wenigstens die Möglichkeit zu Selbständigem. Und tausend solcher Dinge ausgewählt und zurecht gefühlt, vermittelten später manchen Ausdruck mit tieferer Perspektive, spannten dann wohl auch einen Griff mitten ins Bildgesicht einer Expression. –

Heute sind wir nun daran diesen Realismus zu überwinden. Der Kampf um die neuen Ideale geht schwerer als die in Frage gestellten und dem Eingeweihten sonnenklaren Theoreme zunächst vermuten lassen. Und zwar deshalb, weil die an sich kunstfremde Masse zäher an einem Bilde hängt, das ihren eigenen Tisch und ihr eigenes Bett, getreulich konterfeit, in einen bequemeren Sehkreis stellte, als an den Verdichtungen solcher Einzelbeziehungen, an den Abstraktionen von all dem Unwesentlichen, von dem der Realismus fälschlich Wesens machte. Doch wie der profane Charakter jener Epoche damit schweren Schaden angerichtet hat, wie wir jetzt eben einen dem Gegenstand eigentlich nicht entsprechenden Kräfteaufwand zu seiner Bekämpfung brauchen, so hat er doch auf der anderen Seite das Interesse geweckt, die Mysterien der Kunst auf einen breiteren Boden gebracht, der auch eine größere Ernte in Aussicht stellt, hinter den Mühen des Ackerns.

Der Schauspieler merkt von den Kunstkämpfen des Augenblicks am wenigsten. Das Bedürfnis von seinen also reicher gewordenen Ausdrucksmitteln wieder abzustreichen, was abzustreichen? weiter auszufüllen, wie tief und wohin?, das alles werden ihm bei ferner günstigen Entwicklungsverhältnissen erst die folgenden Jahre sagen.

Es ist auch klar, daß der Bühnenkünstler, nicht aus Trägheit und späterer Einsicht, sondern immer wieder der universellen, mehrfach und gleich stark betonten Grundlagen seiner Kunst wegen, zuletzt in diesen Kampf gegen die Vermengung von Wirklichkeit und Kunst eingetreten ist; wie es auch verständlich ist, daß der Maler, durch das konkurrierende Auge der photographischen Kamera zunächst und am ärgsten bedroht, den Angriff eröffnete. – Es ist weiter auch deshalb klar, weil der darstellenden Kunst das Experimentieren in viel geringerem Maße erlaubt ist, als den übrigen Künsten. Das Schaffen des Schauspielers muß im Augenblick des Hervortretens bereits so reif sein, daß es das Publikum mitzureißen weiß. Oder richtiger, das Publikum muß durch die anderen Künste schon so weit vorbereitet sein, daß seine Beziehung zu einem mit ziemlichen Kosten erstrittenen ästhetischen Genuß nicht in Frage steht. Endlich ist der Zuschauer Masse, Einheit, und urteilt, Neuerungen gefährlich, als Einheit. – Das sind die Gründe, weshalb der Bühnenkünstler heute, während also ringsum der Kampf um die junge Kunst langsam schon ausblutet, noch tief im Realismus steckt. Er gewinnt jetzt erst Freude am Aufblühen seiner bildnerischen Vorstellungskräfte, übertreibt sie dementsprechend gern und braucht am liebsten noch zwei Buckelchen zum Charakterisieren, einen Zungenschlag usw.

Ganz wenige sind, die vorsichtig soeben erst eintreten in den letzten Kreis, der ihnen die psychische, die dichterische Fantasie noch erschließen soll. Natürlich im Rahmen ihrer Kunst. Bis zur Schöpfung von eigenen Gestalten aus eigenen Worten wird dieser Fortschritt schon deshalb nicht steigen können, weil wir dann eben von der Dichtung und nicht mehr von der Darstellungskunst sprechen würden. Aber ein gutes Stück ist die Bahn noch frei, auf der der Schauspieler selbständig zur inneren Erweiterung des Gegenständlichen ins Normative gelangen kann, auf der Einfälle der Seele wachsen, die nachbarliche Worte mitschwingen lassen, auf der die Abstrakta hinter den sinnfälligen Erlebnissen lebendig werden.

Warum dies Aufgaben der Darstellung und nicht der jungen Dichtkunst selbst sind? Natürlich sind es auch die Aufgaben der Dichtung und doch in weiterem Maße der Unterstützung durch den Schauspieler bedürftig, als die Gestaltungsart des Naturalismus. Weil die übergeordneten, größeren Wirklichkeiten, die Synthesen, die tieferen Erlebnisgleichungen, die wir suchen, nur hinter der dichterischen Bühnenerscheinung leben können, nicht ausgestaltet, begrenzt in Fleisch und Blut als Formelrealistik, statt Zustands- oder Zufallsrealistik von gestern, und in diesen Weiten hinter den Menschen der jungen Dichtkunst der Schauspieler von größerer Eigenbedeutung wird als bisher. Weil immer und immer wieder der Dichter auf der Wortbühne nur das, im weitesten Sinne freilich, Gegenständliche, das Einzelne, das Anormale gestalten kann, wenn er mit Blut schreibt, wenn er in einem Schema nicht erstarren, wenn er nicht erkenntnistheoretisch, sondern dramatisch wirken will.

Wie sich dann aber, ganz faßlich und zweifelsfrei, der junge expressionistische Dramatiker vom Realisten unterscheidet, wenn er doch auch Einzelheit zeigt und gegenständlich wirkt? Nicht so einfach und auf dem Vorhang schon vorm Werke plakatiert. Und doch untrüglich für den Eingeweihten deshalb, weil der seine Menschen und Leiden nicht von der Straße her und auf die Szene holt, sondern sie erst durch die Gärten gleich oder ähnlich gestimmter Herzen führt, sie so vom Schmutz und den Kleinlichkeiten der Gasse befreit, und sie nach diesem Ausflug verdichtet, von den tausend gleichen Schicksalen, die er traf, beschwert, verschmerzt und gesteigert wieder zurückleitet in ihre Einzelheit! Und weil er so die Grundlagen für den Bühnenkünstler schafft, auf seine Menschen tiefer hinzuhorchen. Weil er seine Gegenständlichkeiten so der Perspektive öffnet! Weil das Symbol der Menschengleiche hinter ihnen steht, die Mystik des Typus! Und weil er für diesen Weg jede technische Rücksicht ablehnt! All deshalb unterscheidet sich der Expressionist von dem Realisten der gestrigen Kunstrichtung! Darüber hinaus freilich auch nicht, es sei denn im modischen Umhang. –

Wird der Bühnenkünstler nun den so gespannten Menschenrahmen mit seiner psychischen Vorstellungskraft selbständig zu füllen erlernen, nachdem die tonliche Fantasie ihm als altes Erbteil, die bildnerische als jung erstrittener Gewinn, zugefallen ist, so muß auch diese Universalkunst der Darstellung einer Entwicklungshöhe entgegengehen, die sie, wohl einmal in der und jenen Ausnahme, als Kunstkomplex bisher aber noch nie erreicht hat.

Hier setzt nun eine Aufgabe des Regisseurs ein, die noch viel zu geringe Beachtung gefunden hat. Nämlich: Die *Menschen* zu entwickeln, nicht die einzelnen *Talente* zu steigern, damit in ihnen die Breite entsteht, die die Darstellung als Kunst braucht. Er muß die einzeln zu stark hervordrängenden, kunstschaffenden Fantasiekräfte ableiten, die weniger miterhaltenen befruchten. Vor allem die im Sinne dieser Betrachtung vielseitigen, wenn auch zumeist natürlich versteckteren Begabungen pflegen, höher heben, und die mit einseitiger Vorstellungskraft noch so laut schaffenden Talente, z. B. durch Beschäftigung gerade in ihnen *nicht* liegenden Rollen, an das Ende ihrer »Kunst« erinnern, um weiterzuhelfen. – Es blieben nicht viel Stars zunächst. Aber es würde dafür bald stärkere Wirkung auch von den Bühnen ausgehen, die nicht für jede Rolle das sie scheinbar deckende Spezialtalent in Bereitschaft halten können.

Heute hat sich diese Erkenntnis noch nicht besonders breite Bahn gebrochen. Vertypte Leistungen allenthalben. Gänzliches Versagen gerade unserer hervorragenden Bühnenkünstler von heute auf morgen, von einer Rolle zur andern.

Eine *heilige* Aufgabe des Regisseurs sollte es sein, hier Wandel zu schaffen in der Folgezeit. Und nicht nur eine Pflicht gegen die Kunst, auch wirtschaftlich wird der Bühnenleiter mit wenigen Vollkünstlern ergebnisreicher wirken, als mit der Schar der Spezialbefähigten. – In jeder methodischen und maschinellen Arbeit sind solche Spezialisierungen Zeitbedürfnis und bedeuten Fortschritt. Nur nicht in der Kunst!

Daß ihm die steigenden Bildungsgrundlagen der Bühnenkünstler selbst da entgegenkommen möchten!

1 Elisa Rachel Félix (1820–1858), frz. Schauspielerin besonders von Rollen der klassischen frz. Tragödie. Als *Adrienne Lecouvreur* feierte sie auf Gastspielreisen durch Europa und die USA nach 1849 wahre Triumphe.

2 Sarah Bernhardt, eig. Henriette Rosine Bernhard (1844–1923), berühmte französische Schauspielerin. Ihre Memoiren *Mein Doppelleben* waren 1908 auf Deutsch erschienen.

187
Gustav Hartung: *Vom Wesen der Regie.* In: *Deutsche Bühne. Jahrbuch der Frankfurter Städtischen Bühnen.* Bd. 1: Spielzeit 1917/18. Hrsg. von Georg J. Plotke. – Frankfurt a. M.: Rütten & Loening 1919, S. 330–341, Auszug S. 331–333, 334–338.

Von der Regie als Kunst

[...]

II.

Wer heute von Überschätzung der Regiekunst schreibt, verwechselt meistens die Art der Ausstattung mit dem Wesen der Regie: d. h. er steht, ist er Kritiker, ihm in beschämender Ahnungslosigkeit gegenüber. Er sieht in dem Regisseur, wie frühere Theaterzeiten, nur den Arrangeur der Szene und, vielleicht, einer gefälligen Darsteller-Gruppierung; er fühlt aus einer Aufführung nicht heraus, ob ihr Leiter eine innere Beziehung zu der aufgeführten Dichtung und den sie darstellenden Schauspielern gehabt hat oder nicht; er kann also auch aus der Art der Darstellung, ihrem Rhythmus und ihrer Dynamik, aus dem Verhältnis zwischen Gestaltung der Theaterszene und innerem Gehalt der Dichterszene, zwischen geistigem Inhalt und schauspielerischer Bewegung, aus dem, was vom Dichterwort fallen gelassen und was davon hervorgehoben wurde (und aus der Art: *wie* es fallen gelassen und wie es hervorgehoben wurde), er kann aus dem Stil der Aufführung die Qualität des Regisseurs nicht erkennen, für die einzig maßgebend war, ist und bleiben wird: wie klar er den Sinn des Kunstwerks herauszuarbeiten verstand und wie rein er seinen Gefühlswert zur Erscheinung brachte.

Denn das ist seine Aufgabe: für die sprachliche Form, die der Dichter seinem seelischen Erlebnis gab, den darstellerischen und szenischen Ausdruck zu finden: und je einfacher die Mittel sind, mit denen dieser Ausdruck erreicht wird, umso größer ist auch die Kunst des Regisseurs. (Während es die Größe einer schauspielerischen Leistung anzeigt, wie stark der Darsteller diesen Ausdruck zu erfüllen imstande war; und den Umfang seiner Begabung: wie weit die Kräfte seiner Seele in dichterisches Erleben reichen und wie reich sein Ausdruck dafür ist.)

Die Fälle, in denen tatsächlich vor der Regieleistung gewarnt werden müßte, werden meistens nicht erkannt, weil in ihnen am ehesten Leistung des Schauspielers und des Regisseurs auseinandergehalten werden können: es sind jene Aufführungen, in denen der Regisseur dem Werke einen Ausdruck aufzwingt, – der ihn selbst in Szene setzen soll.

III.

Eine Kunst, die am Anfang ihrer Entwicklung steht und schon so mißverständlicher Auffassung begegnet, fordert die, die sie üben, und jene, die als teilnahmsvolle Zuschauer die Entstehung ihrer leicht vergänglichen Werke erleben, zu Erklärungen heraus, durch die sie dem Verständnis der Öffentlichkeit nähergebracht werden soll. Es wird denn auch kaum von anderen Künstlern so viel über ihre Arbeit geschrieben, wie von den Regisseuren: da aber von fünfhundert Namen, die heute auf deutschen Theaterzetteln verantwortlich für den Gesamtcharakter einer Aufführung zeichnen, kaum zwölf für ihren *künstlerischen* Charakter bürgen, so muß der Wert der Veröffentlichungen darüber fast notwendig im selben Verhältnis stehen. Da ferner die 12 von ihrer Arbeit aufgefressen werden (denn kein anderer Beruf erfordert so die letzte Hingabe wie der künstlerische; jeder andere Beruf ist vom Menschen angenommen, der künstlerische »besitzt« ihn), so bleibt ihnen, auf die es ankommt, nicht Zeit, Kraft, Lust über das, was sie schaffen, auch noch auszusagen: von Otto Brahm [1], Richard Vallentin [2], Max Reinhardt [3], den drei größten Regisseuren der letzten Epoche, liegt aus der Zeit ihrer Theatertätigkeit keine Äußerung über ihre Schaffensart vor: dabei kam Otto Brahm aus dem Schriftstellerberuf und war Richard Vallentin und ist Max Reinhardt keineswegs unerfahren in der Kunst, geistige Arbeit schriftlich auszudrücken: ihre Regiebücher zeugen davon. Von drei Büchern über Max Reinhardt aber ist das eine Werk eines Kritikers: Siegfried Jacobsohn [4], und gibt nicht die Entstehung der Aufführungen, sondern ihren Eindruck; das andere: Max Epstein [5], eine leider in wesentlichen Teilen aus Prozeßakten zusammengetragene Gründungsgeschichte der Reinhardtschen Theater; das dritte: Heinz Herald [6], aus der Umgebung Reinhardts erwachsen und mit dem Anspruch: das Wesen seiner Regieführung zu treffen, schildert, allenfalls, die literarischen und allgemein-künstlerischen Voraussetzungen der Regiearbeit: nicht die Arbeit selbst.

Wer in sie sich einfühlen will, dem bleibt ein Weg: den Kritiker zu lesen, der Reinhardt als künstlerische Persönlichkeit am stärksten bejaht: Siegfried Jacobsohn, und jenen, der ihn im tiefsten verneint und gegen ihn Otto Brahm auf das Postament der Kunst erhebt: Alfred Kerr (in der ersten Reihe seiner *Gesammelten Schriften: Die Welt im Drama)* [7]; er wird eine Anschauung davon bekommen, was hier unter dem Begriff verstanden ist: Regie als Kunst.

[...]

Von der Kunst der Regie

I.

Dichterszene und Theaterszene. Die heutige Theaterszene ist meist noch nach aufführungspraktischen, nicht nach inner-künstlerischen Gesichtspunkten gebaut: der Raum in seiner Gestaltung unterstützt – wenn er das überhaupt tut – den Stimmungsgehalt der Dichterszene (durch Farbe, Licht), nicht ihren geistigen (durch Architektur); er gibt die erforderliche Anzahl Türen für die Auf- und Abgänge der Personen, die zur Handlung oder Milieu-Andeutung nötigen Fenster: selten, daß Türen und Fenster im Raum nach ihrer Bedeutung für die dichterische Absicht in ein Verhältnis zueinander gebracht sind. An der Gestaltung der Theaterszene für Paul Kornfelds *Verführung* sei dies beleuchtet. [8]

Die erste Szene des Dichters: »Zimmer bei Veilchen« erfüllt in knapper Form die Forderung der Dramaturgie nach schneller Exposition: alle Hauptpersonen (bis auf die des zweiten Teils: Wilhelm) werden vorgestellt, monologisch der seelische Zustand Bitterlichs bloßgelegt, in Auseinandersetzungen mit blutsverwandten Mädchen seine und ihre Stellung zu ihm und seiner Mutter festgestellt, das Eingreifen der »Verführerin« Ruth (zu neuem Lebenskampf) vorbereitet: Wenn der Raum dieser Szene bei so mannigfachen Zwecken, denen er dient, durch seine Anordnung einen betonen wollte, würde er der dichterischen Absicht vorgreifen, indem er zum Ausdruck brächte: aus dieser Szene, Publikum! erwächst der Konflikt; der Regisseur würde analysieren, statt gestalten.

Die Aufgabe war also, eine Szene zu stellen, die ohne besondere Betonung – es handelt sich um kein Milieustück! – das Milieu anzeigt, aus dem Bitterlich kommt, soviel Sitze bietet, als *auf einmal* von den Personen gebraucht werden und zugleich schon anzudeuten: die Dekoration in diesem Stück kann nur Hintergrund für Vorgänge der Seele sein.

Es wurde ein Wohnzimmer geschaffen, das die beiden notwendigen Türen, eine Flügeltür zum Eingang, eine kleine Tür zu den Innenräumen und nur die Möbel aufwies, welche das Bürgertum des Hauses dokumentieren konnten; ein siebenarmiger Leuchter und ein Familienbild verrieten die Konfession, und die Gestaltung des Raumes: eine vorspringende Ecke schob alle »wirklich« vorhandenen Gegenstände vom Zuschauer ab dem Hintergrunde zu, bereitete die in den nächsten Bildern immer stärker hervortretende Entwicklung der Dekoration vom Naturalismus zur Betonung des Wesentlichen vor.

Die zweite Szene: »ein anderes Zimmer bei Veilchen« bringt die Verirrung Bitterlichs in das Schlafzimmer Maries und das Auftreten ihres Bräutigams, der von Bitterlich bekämpften Personifikation bürgerlicher Trivialität, und dessen Tötung (woraus die Weltflucht Bitterlichs ins Gefängnis und daraus wiederum die Verführung Bitterlichs zum Leben durch Ruth erwächst). Das Schlafzimmer muß durch ein Bett angedeutet werden, da Bitterlich nach dem Willen des Dichters sich darüber zu werfen hat, für die ruhende Marie ist ein Sessel notwendig, wie auch für Bitterlich, der in einem Monolog an die Schlafende seine Gefühle für das andere Geschlecht überhaupt zergliedert; die Stellung des Schauspielers für solchen Monolog, sollen nicht Teile verloren gehen, ist gegeben: er muß fast ganz zum Publikum stehen oder sitzen und der Platz der monologisch apostrophierten Person ihm dafür die natürlich erscheinende Gelegenheit bieten. Die Linie für den ersten Teil dieser Szene und damit die Gestaltung des Bühnenbildes ist dadurch bedingt.

Der erste Teil der Szene aber ist wiederum nur Vorbereitung für den zweiten: das Auftreten und die Ermordung des Philister-Bräutigams: es muß, trotz des Erscheinen Bitterlichs, die Empfindung der Erwartung beim Zuschauer bleiben: die Tür also, die den entscheidenden Auftritt bringt, so stark im Raum betont sein, daß sie die Erwartungs-Empfindung aufrecht erhält und der neu auftretenden Figur einen Hintergrund gibt, von dem sie sich bildmäßig wirkungsvoll abhebt. Dieser Eindruck wurde durch Linienwirkung erzielt.

Die Tür in der schmäleren der beiden Bühnenwände wurde schräg gegen die breitere Bühnenwand gestellt, deren Linie dadurch auf die Tür wies. Den Eindruck der Linie aber unterstützte die Stellung der Möbel: Bett, Sessel, die ebenfalls dem Blick die Richtung auf die Tür gab.

Die Hauptszenen des zweiten Teils spielen sich in einem Zimmer »im Hause des Dr. Vogelfrei« ab, wo die Vergiftung Bitterlichs durch den Bruder der Ruth, Wilhelm, vorbereitet, dieser aber schließlich von seinem Opfer gezwungen wird, in dem anschließenden Zimmer sich zu erschießen. Die Flaschen, die das Gift enthalten, sollen auf der Fensterbank stehen, das Erschießen seines Gegners soll Bitterlich an der Tür lauschend abwarten. Wieder wird vom Dichter verlangt, nur das ihm Wesentliche der Dekoration in die Erscheinung treten zu lassen: nicht eine beliebige Zahl von Fenstern, sondern das Fenster, auf dem, durch die ganzen Szenen Gefahr für Bitterlichs Leben kündend, die Giftflaschen stehen; nicht die Türen, durch welche die Personen auf- und abgehen, sondern die eine Tür, hinter der Wilhelm gezwungen sein Leben beendet. Die Auf- und Abgänge wurden deshalb hinter die Szene verlegt: es waren für sie keine Türen sichtbar; die Tür aber, auf die es dem Dichter ankam, wurde zu dem Fenster, das die Giftflaschen beherbergte, durch zwei sich schneidende Linien in Beziehung gestellt.

Die nächste Szene: »Straße vor Dr. Vogelfreis Haus; früher Morgen« brachte die Verlegung der szenischen Schwierigkeiten von der Gestaltung des Raumes auf die Verteilung des Lichtes. Dr. Vogelfrei stürzt hilferufend aus seinem Haus, die Menge strömt zusammen: Strolche, Frübarbeiter, Nachtbummler. Ehe sie aber noch begreifen kann, was vorgegangen ist: ehe also die Menge aus Stumpfheit zu Aktivität erwacht, huscht hinter Vogelfrei die Mutter aus dem Haus und kämpft verzweiflungsvoll für ihren Sohn: »Der Herr ist ein wenig aufgeregt; er ist nicht ganz gesund; – – – er hat immer die Idee, daß ein gewisser Bitterlich, ein Verbrecher, der aus dem Zuchthaus entsprungen sein soll, in seinem Haus versteckt ist.« Vogelfrei wird ins Haus geführt, das Volk bleibt stumpf: ein Aufschrei gepeinigter Kreatur hat es einen Augenblick auf dem Weg festgehalten, noch ehe er aber an das Gefühl kam, ist er schon verklungen: »Geht nach Hause! Es war eben ein Kranker, jetzt ist ein Doktor oben und alles ist zu Ende! Nichts mehr zu sehen! Marsch! Alles zu Ende!« murmelt ein schlaftrunkener Schutzmann.

Die Aufgabe war: Vogelfrei ins Licht zu setzen und doch nicht deutlich die Erscheinung zu bringen; für Augenblicke die Mutter ins Licht zu rücken und wieder gespensterhaft in Finsternis zu tauchen. Die Menge mit den Häusern schemenhaft zusammenwachsen zu lassen.

Die Bühne bildete ein Quadrat zwischen vier Straßenecken im Zwielicht des Morgens. An der einen Ecke eine Straßenlaterne, deren Licht mit dem des Morgens kämpfte. Ihre Ausstrahlungen trafen schwach die Umrisse der Haustür im Hintergrund, in welcher der schreiende

Mann erschien. Die Leute sammelten sich an den andern drei Straßenecken. Die Mutter wird für Augenblicke sichtbar, wenn sie an der Laterne vorbei von einer Gruppe zur andern huscht. Fahler Morgentraum: die Wirkung war erreicht.

Der hier gekürzt wiedergegebene Aufsatz des Theaterpraktikers Hartung beginnt mit einer Apologie der künstlerischen Autonomie des damals noch immer umstrittenen »Regie-Amtes«, das häufig von der Theaterleitung mitverwaltet wurde. Daran schließt sich ein Plädoyer für die Verbesserung der »schlechten finanziellen und künstlerischen Voraussetzungen der Regisseur-Laufbahn« an (S. 330). Der Beitrag endet mit einem Abschnitt (II. Erforschung der dichterischen Absicht, S. 338 f.) über die intentional richtige Bühneneinrichtung zu Carl Sternheims Komödie *Perleberg* sowie einem Abschnitt (III. Vorbereitung einer Szene, S. 339 ff.) über die Szenenregie zu Goethes *Stella.* Der Aufsatz wurde ohne die Szenenzeichnungen wiederabgedruckt in: *Das Deutsche Theater der Gegenwart.* Hg. von Max Krell. – München und Leipzig: Rösl & Cie. 1923, S. 99–110.

1 Otto Brahm (1856 – 1912), Literarhistoriker, Kritiker und Bühnenleiter; begründete 1889 den Theaterverein »Freie Bühne«, Hauptvertreter des deutschen Bühnenrealismus. Vgl. *O. B. Kundgebungen zu seinem Gedenken.* Hrsg. von Willi Simon. – Berlin: Felix Lehmann 1913.
2 Richard Vallentin (1874 – 1908), Charakterdarsteller und Regisseur, inszenierte u. a. die deutsche Erstaufführung von *Nachtasyl* 1903 am Kleinen Theater Berlin bei Max Reinhardt.
3 Max Reinhardt, d. i. Max Goldmann (1873–1943), epochemachender Regisseur und Bühnenleiter. Zur zeitgenössischen Literatur über R. vgl. die folgenden Anm.
4 Siegfried Jacobsohn (1881–1926), Publizist und Begründer der Theaterzeitschrift *Die Schaubühne;* die erwähnte Publikation: S. J.: *Max Reinhardt.* – Berlin: Erich Reiß 1910.
5 Max Epstein (1874 – 1948), Jurist und Publizist, Herausgeber der Berliner Wochenschrift *Das Blaue Buch* und der Theaterzeitschrift *Freie Deutsche Bühne.* Die genannte Publikation: M. E.: *Max Reinhardt.* – Berlin: Winckelmann & Söhne 1918.
6 Heinz Herald: *Max Reinhardt. Ein Versuch über das Wesen der modernen Regie.* – Berlin-Charlottenburg: Felix Lehmann 1915.
7 Alfred Kerr: *Gesammelte Schriften in zwei Reihen. Erste Reihe in fünf Bänden: Die Welt im Dramareich. Lenker, Schauspieler, Tänzer, Dramaturgen.* – Berlin: S. Fischer Verlag 1917. Vgl. darin die Kapitel: »Brahms Wiederaufstieg und Reinhardt«, S. 71–97, und »Reinhardt«, S. 98–221.
8 Paul Kornfeld: *Die Verführung. Eine Tragödie in fünf Akten.* – Berlin: S. Fischer 1916. Gustav Hartung führte bei der Uraufführung des Stückes am Frankfurter Schauspielhaus am 8. Dezember 1917 Regie. Über diese Inszenierung schrieb Bernhard Diebold: »Der Regisseur, Herr Hartung, stand vor der schwierigen Aufgabe, eine neue Schauspielkunst in Fach und Rahmen zu setzen. Mit Unterstützung des vortrefflichen Herrn Delavilla, der mit einfachsten Mitteln symbolische Bilder von stimmungsvoller Atmosphäre (mit Ausnahme der zu wenig geheimnisvollen Kerkerakte) stellte, gelang eine den Stil treffende, wenn auch nicht für immer festhaltende Aufführung« (*Frankfurter Zeitung,* 10. 12. 1917); Kasimir Edschmid meinte: »Hartungs im ganzen ausgezeichnete Regie machte den Fehler, den Dichter zu übertreiben, statt ihn zu dämpfen ...« (*Vossische Zeitung,* 12. 12. 1917). Zitate nach: Günter Rühle (Hrsg.): *Theater für die Republik,* S. 93 u. S. 95.

Quellen-Nachweis

Für die freundlicherweise erteilte Genehmigung zum Abdruck sind wir folgenden Autoren, Rechtsnachfolgern bzw. ihren Verlagen zu Dank verpflichtet:

Wieland Herzfelde, Nina Auproux (Carl Einstein), Elisabeth Edschmid (Kasimir Edschmid), M. Hirsch-Hatvani (Paul Hatvani), Beate Hulbeck (Richard Huelsenbeck), Christa Johst (Hanns Johst), Eva A. Kayser (Rudolf Kayser), Hildegard Huhn (Klabund), Olda Kokoschka (Oskar Kokoschka), Horst Müller (Kurt Hiller), Rosemary Ostwald (Friedrich Gundolf), Else Pinthus (Kurt Pinthus), Annemarie Schütt-Hennings (Hugo Ball), Thomas B. Schumann (Ernst Blass), Otto Stangl (Franz Marc), Frank T. Wolfenstein (Alfred Wolfenstein)

Akademie der Künste der Deutschen Demokratischen Republik, Berlin DDR (Rudolf Leonhard), Anabas Verlag, Gießen (Roul Hausmann), Arche Verlag, Peter Schifferli, Zürich (Alfred Lichtenstein), Aufbau Verlag, Berlin und Weimar DDR (Heinrich Mann, Johannes R. Becher), Bibliothèque municipale, A. Ronsin, Saint-Dié (Yvan Goll), Du Mont Buchverlag, Köln (Kurt Schwitters), Verlag Heinrich Ellermann, München (Georg Heym), Verlag europäische ideen, Berlin (Erich Mühsam), S. Fischer Verlag, Frankfurt/Main (Otto Flake, Sigmund Freud, Thomas Mann, Max Picard, Stefan Zweig), Verlag Klaus Guhl, Berlin (Erich Mühsam), Carl Hanser Verlag, München (Heinrich Lautensack, Ernst Toller), Kösel Verlag, München (Karl Kraus), Karin Kramer Verlag, Berlin (Otto Groß), Verlagsgruppe Langen-Müller/Herbig, München (Franz Werfel), Literarische Agentur Niedick Linder, Zürich (Alfred Döblin, Alfred Kerr), Verlag Hermann Luchterhand, Neuwied (Carl Sternheim), Nymphenburger Verlagshandlung, München (Gottfried Benn), R. Piper Verlag, München (W. Worringer, Franz Marc, W. Kandinsky), Röderberg Verlag, Frankfurt/Main (Ludwig Rubiner), Rowohlt Verlag, Reinbek (Walter Hasenclever, Robert Musil), Suhrkamp Verlag, Frankfurt/Main (Ernst Bloch, Hermann Hesse, Th. Adorno), Verlag Lambert Schneider, Heidelberg (Martin Buber, Paul Kornfeld, Gustav Landauer).

In einigen Fällen ist es uns nicht gelungen, die Rechtsinhaber der abgedruckten Beiträge ausfindig zu machen. Hier ist der Verlag bereit, nach Meldung berechtigte Ansprüche abzugelten.

Literaturverzeichnis

(Die folgende Auswahlbibliographie enthält lediglich die wichtigsten Werke zur dokumentarischen Erschließung des Expressionismus sowie die mehrfach zitierte und abgekürzt genannte Forschungsliteratur)

1. Dokumentationen, Kataloge, Bibliographien

Apollonio, Umbro (Hg.): Der Futurismus. Manifeste und Dokumente einer künstlerischen Revolution 1909–1918. Köln 1972.

Best, Otto F. (Hg.): Theorie des Expressionismus. Stuttgart 1976.

Bollinger, Hans: Dokumentationsbibliothek zur Kunst und Literatur des 20. Jahrhunderts. Bern 1957/58.

Chiarini, Paolo: Caos e Geometria. Per un regesto delle poetiche espressioniste. Florenz 1964.

Durzak, Manfred: »Dokumente des Expressionismus. Das Kurt-Wolff-Archiv«. In: Euphorion 60 (1966), S. 337–369.

Edschmid, Kasimir: Frühe Manifeste. Epochen des Expressionismus. Hamburg 1957.

Edschmid, Kasimir (Hg.): Briefe der Expressionisten. Frankfurt a. M. u. Berlin 1964.

Fähnders, Walter u. Martin Rector (Hg.): Literatur im Klassenkampf. Zur proletarisch-revolutionären Literaturtheorie 1919–1923. Frankfurt a. M. 1974.

Gebhardt, Walter: »Das ›Sturm‹-Archiv Herwarth Waldens«. In: Jahrbuch der Deutschen Schillergesellschaft 2 (1958), S. 348–365.

Goette, Jürgen W. (Hg.): Expressionismus. Texte zum Selbstverständnis und zur Kritik. Frankfurt a. M. u. a. 1976.

Greve, Hans Ludwig u. a. (Hg.): Hätte ich das Kino! Die Schriftsteller und der Stummfilm. Marbach 1976.

Huelsenbeck, Richard (Hg.): Dada. Eine literarische Dokumentation. Reinbek b. Hamburg 1964.

Kaes, Anton (Hg.): Kino-Debatte. Texte zum Verhältnis von Literatur und Film 1909–1929. Tübingen bzw. München 1978.

Perkins, Geoffry C.: Expressionismus. Eine Bibliographie zeitgenössischer Dokumente 1910–1925. Zürich 1971.

Pörtner, Paul (Hg.): Literatur-Revolution 1910–1925. Dokumente, Manifeste, Programme. Bd. 1: Zur Ästhetik und Poetik. Bd. 2: Zur Begriffsbestimmung der Ismen. Darmstadt u. a. 1960 bzw. Berlin u. Neuwied 1961.

Raabe, Paul: Index Expressionismus. Bibliographie der Beiträge in den Zeitschriften und Jahrbüchern des literarischen Expressionismus 1910–1923. 18 Bde. Nendeln/Liechtenstein 1972.

Raabe, Paul: »Die Zeitschriften des literarischen Expressionismus 1910–1921«. In: Imprimatur 3 (1961/62), S. 126–177.

Raabe, Paul: Die Zeitschriften und Sammlungen des literarischen Expressionismus. Repertorium der Zeitschriften, Jahrbücher, Anthologien, Sammelwerke, Schriftenreihen und Almanache 1910–1921. Stuttgart 1964.

Raabe, Paul (Hg.): Expressionismus. Aufzeichnungen und Erinnerungen der Zeitgenossen. Olten u. Freiburg i. Br. 1965 (Bibliographie S. 401–408).

Raabe, Paul (Hg.): Expressionismus. Der Kampf um eine literarische Bewegung. München 1965 (Bibliographie S. 308–314).

Raabe, Paul (Hg.): Ich schneide die Zeit aus. Expressionismus und Politik in Franz Pfemferts »Aktion« 1911–1918. München 1964.

Raabe, Paul (Hg.): Der späte Expressionismus 1918–1922. Bücher, Bilder, Zeitschriften, Dokumente. Biberach a. d. Riß 1966.

Raabe, Paul u. Hans Ludwig Greve (Hg.): Expressionismus. Literatur und Kunst 1910–1923. Marbach 1960.
Riha, Karl u. Hanne Bergius (Hg.): Dada Berlin. Texte, Manifeste, Aktionen. Stuttgart 1977.
Rothe, Wolfgang (Hg.): Der Aktivismus 1915–1920. München 1969.
Rühle, Günter (Hg.): Theater für die Republik 1917–1933 im Spiegel der Kritik. Frankfurt a. M. 1967.
Schmidt, Diether (Hg.): Manifeste. Manifeste 1905–1933. Schriften deutscher Künstler des Zwanzigsten Jahrhunderts. Bd. 1. Dresden (1965).
Schmitt, Hans-Jürgen (Hg.): Die Expressionismusdebatte. Materialien zu einer marxistischen Realismuskonzeption. Frankfurt a. M. 1973.
Schmolze, Gerhard (Hg.): Revolution und Räterepublik in München 1918/19 in Augenzeugenberichten. Düsseldorf 1969, München 1978.
Sheppard, Richard W. (Hg.): Die Schriften des Neuen Clubs 1908–1914. Bd. 1. Hildesheim 1980.
Verkauf, Willy (Hg.): Dada. Monographie einer Bewegung. Teufen AR 1958.
Viesel, Hansjörg (Hg.): Literaten an der Wand. Die Münchner Räterepublik und die Schriftsteller. Frankfurt a. M. 1980.
Zeller, Bernhard u. Ellen Otten (Hg.): Kurt Wolff. Briefwechsel eines Verlegers 1911–1963. Frankfurt a. M. 1966.

2. *Forschungsliteratur*

Anz, Thomas: Literatur der Existenz. Literarische Psychopathographie und ihre soziale Bedeutung im Frühexpressionismus. Stuttgart 1977.
Anz. Thomas (Hg.): Phantasien über den Wahnsinn. Expressionistische Texte. München, Wien 1980.
Arnold, Armin: Die Literatur des Expressionismus. Sprachliche und thematische Quellen. Stuttgart u. a. 1966, 1971.
Brinkmann, Richard: Expressionismus. Internationale Forschung zu einem internationalen Phänomen. Stuttgart 1980.
Eykman, Christoph: Denk- und Stilformen des Expressionismus. München 1974.
Göbel, Wolfram: Der Kurt-Wolff Verlag 1913–1930. Expressionismus als verlegerische Aufgabe. In: Archiv für Geschichte des Buchwesens 15 (1975), Sp. 521–962.
Hamann, Richard u. Jost Hermand: Expressionismus. Epochen deutscher Kultur von 1870 bis zur Gegenwart. Bd. 5. Frankfurt a. M. 1977.
Koester, Eckart: Literatur und Weltkriegsideologie. Positionen und Begründungszusammenhänge des publizistischen Engagements deutscher Schriftsteller im Ersten Weltkrieg. Kronberg/Ts. 1977.
Kolinsky, Eva: Engagierter Expressionismus. Politik und Literatur zwischen Weltkrieg und Weimarer Republik. Eine Analyse expressionistischer Zeitschriften (1914–1920). Stuttgart 1970.
Kreuzer, Helmut: Die Boheme. Beiträge zur Beschreibung einer intellektuellen Subkultur. Stuttgart 1968.
Martens, Gunter: Vitalismus und Expressionismus. Ein Beitrag zur Genese und Deutung expressionistischer Stilstrukturen und Motive. Stuttgart 1971.
Perkins, Goeffry: Contemporary Theory of Expressionism. Bern u. Frankfurt a. M. 1974.
Peter, Lothar: Literarische Intelligenz und Klassenkampf. »Die Aktion« 1911–1932. Köln 1972.
Rötzer, Hans Gerd (Hg.): Begriffsbestimmung des literarischen Expressionismus. Darmstadt 1976.
Rothe, Wolfgang: Expressionismus. Theologische, soziologische und anthropologische Aspekte einer Literatur. Frankfurt a. M. 1977.
Sokel, Walter H.: Der literarische Expressionismus. Der Expressionismus in der deutschen Literatur des 20. Jahrhunderts. München 1970.
Stark, Michael: Für und wider den Expressionismus. Die Entstehung der Intellektuellendebatte in der deutschen Literaturgeschichte. Stuttgart (erscheint 1982).
Stark, Michael (Hg.): Impertinenter Expressionismus. Texte von Hugo Kersten. Stuttgart 1980.
Vietta, Silvio u. Hans-Georg Kemper: Expressionismus. München 1975.
Vietta, Silvio (Hg.): Lyrik des Expressionismus. Tübingen bzw. München 1976.

Register
von Joseph Vogl
mit biographischen Stichworten der Herausgeber

Das Register enthält alle in den Einleitungen, Dokumenten, Kommentaren und Anmerkungen genannten Personennamen. Das dem Personenregister untergeordnete Werkregister läßt die Titel der Forschungsliteratur unberücksichtigt. Die in diesem Band mit Dokumenten vertretenen Autoren erscheinen ***kursiv***, die Seitenzahlen zu den abgedruckten Dokumenten ebenfalls. Ein Stern (*) verweist auf biographische Kurzkommentare zu der jeweiligen Person im Anmerkungsapparat des Bandes.

Die biographischen Stichworte berücksichtigen Schriftsteller und Künstler aus dem Umkreis des Expressionismus und andere in diesem Band mit Dokumenten vertretene Autoren, soweit sich Informationen über sie nicht ohne weiteres aus den einschlägigen Konversations-, Literatur- und Kunstlexika ermitteln lassen. Die Angaben beschränken sich in der Regel auf Hinweise zur Biographie der betreffenden Personen in der Zeit des Expressionismus. In vielen Fällen konnte auf die biographischen Informationen in Paul Raabes Arbeiten zum Expressionismus zurückgegriffen werden.